LA VERDADERA
REPÚBLICA DE CUBA

COLECCIÓN CUBA Y SUS JUECES

EDICIONES UNIVERSAL, Miami, Florida, 2008

ANDRÉS CAO MENDIGUREN

LA VERDADERA
REPÚBLICA DE CUBA

...EDICIONES UNIVERSAL

PETICION DE LOS VETERANOS DE LA INDEPENDENCIA DE CUBA

A la Beatitud de Benedicto XV (para que se declare Patrona de Cuba la Virgen de la Caridad del Cobre). En la Villa del Cobre, el 24 de Septiembre de 1915, El Ejercito Libertador Cubano, hace su peticion sabiendo que solo la fe y el amor podran guiar a La Joven Republica en el sueño Martiano (con todos y para el bien de todos) Soldados que sabian morir de pie y solo doblaron rodilla ante la madre de Dios GLORIA A ESTOS HOMBRES Y MUJERES.

DIOS, PATRIA Y LIBERTAD

Caballeria Mambisa
Gen. Francisco V. Aguilera
Presente

Dedicatoria:

A mis padres, a mis profesores, a mis guías espirituales que con su esfuerzo hicieron posible que hoy disfrute de esta humanidad por la Gracia de Dios.

A mis compañeros en la lucha contra el castro-comunismo, muy especialmente a los mártires de las ciudades; los llanos, las montañas, las prisiones y los paredones de fusilamiento.

Andrés Cao Mendiguren
27122

ÍNDICE

PRÓLOGO

Para cada generación que llega a la vida el futuro es más importante que el pasado. La seducción de disponer de un escenario para llenarlo con las acciones propias, siempre margina el interés por un pasado que encierra sabiduría y guarda claves para descifrar el futuro que se va a obrar. El caso es más grave en los países jóvenes, porque en las viejas naciones el pasado se ha ido archivando en sus instituciones, y desde ellas ejerce su oportuna cátedra.

El caso cubano es típico: los cubanos "sabemos" arreglar todos los problemas del mundo, pero no sabemos de donde vienen nuestros propios problemas. Afortunadamente a nuestro país nunca le han faltado intelectuales ni historiadores que produjeran certeros análisis sobre el acontecer republicano de su tiempo. Precisamente muchos de ellos ahora tienen una nueva edición patrocinada por la encomiable labor de la Editorial Cubana Inc. También ha habido compendios valiosísimos como fue la Historia de la Nación Cubana que parceló la temática y la ofreció en ensayos por la pluma de excelentes especialistas en cada materia.

Pero todo ello pertenece a un tiempo previo al tornado revolucionario que evaporó la república y destruyó los hilos de la tradición. Nada menos que dos generaciones, quizás tres, fueron desviadas del rumbo por ese huracán y dejadas sin brújula para regresar siquiera a un punto de partida.

Algunos prefieren pensar que la revolución de 1959 fue como uno de esos fenómenos de nuestra meteorología que llegan desde el extranjero para asolar el territorio nacional. Y no cabe duda que hubo vientos ajenos que vinieron a reforzar el torbellino nacional. Pero los ingredientes básicos de la tormenta ya estaban en la isla, y hay que reconocer a la receta como un fracaso específicamente cubano.

Por eso es importante el buceo del pasado, para descubrir los escollos escondidos bajo la superficie y que pueden hacer zozobrar la navegación. Ahora en la víspera del final revolucionario es aconsejable repasar el pasado previo con los nuevos ojos que nos ha dejado la traumática y trágica experiencia de estar 50 años fuera de la historia.

El autor de este libro, el Dr. Andrés Cao Mendiguren, siempre ha demostrado un gran interés por la historia republicana de su país y ha sido un asiduo investigador de sus entresijos políticos. Su compromiso con los principios democráticos le llevaron a una lucha en contra del totalitarismo cubano, por lo que tuvo que pagar más de 15 años de Presidio Político. Ahora, con motivo de esta obra, hay que agradecerle también, el que haya realizado una ingente investigación de autores y textos para este libro. Una capacidad adicional que acreditarle al juicio lógico del Dr. Cao, es que por su profesión de médico está especialmente entrenado para evaluar el detalle y acertar el diagnóstico. Claro que este esfuerzo pudo haber sido baldío de no contar con la diligente ayuda de otro médico, el Dr. Esteban J. Palacios, que laboriosamente asumió todo el trabajo de las transcripciones y la edición. Todo ello añade gran valor al vistazo total y crítico que nos ofrece sobre el conjunto de la república fenecida. En el caso de los aciertos para hacer justicia a la capacidad cubana, que siempre la ha habido, y que logró llevar nuestra república a posiciones de vanguardia en el mundo latinoamericano. En el de los desaciertos para demostrar que la revolución de 1959 sólo fue el paroxismo de vicios políticos anteriores que culposamente fueron sostenidos y que deben ser erradicados definitivamente. El autor pone de manifiesto el clima de violencia permanente que ha dominado la política durante la república, pero también descubre perspectivas nuevas que desautorizan opiniones establecidas y redimen la conducta de hombres valiosos de nuestra historia.

Esta lectura puede ser muy útil para todas las generaciones de cubanos, tanto para las que guardan registros de la república democrática, como para las que lo ignoran todo y ahora van a tener el privilegio de poder hacer el recorrido completo bajo la guía de un especialista en el tema.

Salvador Subirá

INTRODUCCIÓN

Desde mi época de colegial he sentido una gran atracción por la historia, de cualquier nación, de cualquier época. Como es lógico, la primera que conocí fue la de Cuba. Esta atracción me ha acompañado durante toda la vida. De ahí que cada vez que puedo, leo y he leído sobre el tema, no importa la época, no importa el continente, no importa la nación. Preferentemente Cuba es el tema más atrayente para mí.

He adquirido, de acuerdo con mis posibilidades económicas, libros, folletos, trabajos, etc. sobre la misma. Algunos los perdí y ahora tengo una pequeña biblioteca.

En paralelo con las enseñanzas y las lecturas, me ha gustado oir los relatos de los personajes que participaron directamente en la formación de la historia de la Patria en la época en que ya tenía yo cierta madurez intelectual para poder apreciar si no todo, parte del problema. Me refiero a los gobiernos democráticos de Batista, Grau y Prío y el gobierno no democrático de Batista. Siempre he puesto gran atención a los relatos y conversaciones de estos personajes. Alguna que otra vez surgiría una pregunta, pero fundamentalmente escuchaba y guardaba en mi memoria estos datos.

Pese a todo este abigarrado conocimiento y a este gran interés, nunca pensé en escribir sobre la historia de Cuba. Lo poco que he escrito se ha relacionado con mi profesión y mi carrera: la medicina. No soy escritor, soy más bien conversador. La conversación es mi punto fuerte en la comunicación con los demás.

Así las cosas, en el mes de junio del año 2005, los que quedábamos de los graduados de mi curso de medicina, para celebrar el 50 aniversario, tuvimos una fraternal reunión muy concurrida y muy exitosa y pude reencontrar a una buena cantidad de compañeros que no veía o hablaba con ellos por años.

Uno de ellos, el doctor Esteban Palacios, visitó mi casa y nos pusimos a conversar y salió el tema de Cuba y de la historia de Cuba. A Esteban le agradó y me dijo: "Mira, yo publico un periodiquito para mis coterráneos de Los Arabos sobre diversos temas, una tirada corta. Si a ti no te importa, puedes grabarme esta conversación o alguna similar o algunas posteriores y yo las publico, las paso a Mecanografía a través de la computadora, y las mando a imprimir. ¿Qué te parece?" Muy bien, contesté. Sólo una condición: yo elijo el tema y doy mis opiniones. "No hay problema", dijo el doctor Palacios. Y así comenzó esta obra.

Mensualmente se editaba un trabajo y se enviaba a un reducido número de personas, unas 50, entre amigos y compañeros de curso, los que suponíamos estaban interesados en la historia de Cuba.

El primer tema que yo escogí fue el de la Enmienda Platt, debido a que apenas tres años antes, yo era un gran ignorante sobre la realidad y alcance de la Enmienda Platt, por la sencilla razón de que nunca la había leído. Estaba en el gran grupo, más del 99% de los cubanos que hemos hablado mucho sobre la Enmienda sin haberla leído.

En esas circunstancias, la ignorancia nos convertía en arrogantes y hablábamos de algo que desconocíamos, pontificando sobre todos los aspectos y alcances de la Enmienda Platt. Esto es un contrasentido pues el texto de la Enmienda Platt, el original está en la Constitución de 1901, no es largo, no es complicado, pero simplemente no lo leíamos y por lo tanto no lo conocíamos.

Se recibió una magnífica acogida por parte de los lectores: más del 90% estaba satisfecho y quería que se continuara. En comunicaciones telefónicas nos alentaban, nos hacían comentarios, nos hacían preguntas, nos daban su impresión, en fin, querían, al igual que nosotros, saber más de la historia de Cuba. El inicio había sido un éxito. Bajo este estímulo decidimos continuar hacia delante en la investigación, lo más profunda posible, de todos y cada uno de los gobiernos republicanos desde 1902 hasta el 31 de diciembre de 1958, ambos inclusive.

El interés por los trabajos que se realizaban no sólo se mantuvo, sino que se aumentó, lo mismo que el número de personas que querían se les enviara el material, lo cual no pudo hacerse en forma total por falta de medios, pero siempre se había aumentado la cantidad en unas 10 ó 15 personas.

Ante esta situación, Esteban y yo conversamos sobre algo que se caía de la mata: sería bueno que preparáramos al final de todo el estudio, un cotejo de los trabajos parciales y dándole forma, estructura, mayor corrección literaria, pues publicar un libro, que no sería más que este conjunto de todo lo que habíamos hecho y pensábamos seguir haciendo. Acordamos hacer un libro que reflejara la verdadera historia de la República de Cuba.

El material contenido en esta obra fue obtenido mediante la lectura y el estudio de numerosos libros escritos por diferentes autores y en diferentes épocas sobre los gobiernos republicanos especialmente de forma particular algún que otro gobierno; asimismo, localización, lectura y estudio de cuanto folleto o trabajo periodístico estuvieran a nuestro alcance en estos momentos. A esto añadimos datos obtenidos en Internet, que nos brindaba aportes de los que carecían algunos de los libros y un esclarecimiento de otros de los puntos no perfectamente claros en los medios.

El complemento final a todo esto fue el material almacenado en mi mente de las conversaciones, de los relatos, de las opiniones de una buena cantidad de personajes participantes activos en el desarrollo de los hechos de la historia de los años en que ellos habían vivido y actuado.

Mencionaré la mayor cantidad de estas personas, porque siempre quedarán muchas más que no aparecen con su nombre, pero que también contribuyeron en alguna medida al volumen de recuerdos y de anécdotas.

Comenzaré mencionando a aquellos con los cuales tuve contacto fuera del Presidio Político y después a aquellos que conocí durante mis quince años y tres meses de presidio político bajo el régimen de Castro.

Entre los primeros, Juan Antonio Rubio Padilla, Ministro de Salubridad en época de Prío; Pastor del Río, Representante a la Cámara en varios términos; Orencio Rodríguez, Gobernador de Las Villas en varios términos; Representante Ángel Fernández Varela, en varios términos; el Concejal de La Habana, doctor José Espín Díaz Garrido, miembro del Grupo "Los Intocables", en la época de

Mendieta; el Ministro de Gobernación y Representante a la Cámara en gobiernos auténticos, Lomberto Díaz; el periodista de larga trayectoria, director de periódicos, Guillero Martínez Márquez; la luchadora revolucionaria anti machadista Teté Casuso, amiga íntima de Pablo de la Torriente Brau; Gregorio García Bombín, secretario del dirigente de Acción Revolucionaria Guiteras, Jesús González Cartas, "El Extraño"; Enrique Comellas, dirigente de la Joven Guardia Guiteras; el líder sindical y miembro de la ARG, Marco Antonio Irigoyen; el miembro de la Policía Secreta, en época de Grau, asesinado en la puerta de su casa por sus investigaciones sobre las actividades gangsteriles, Julio Avril; el ex capitán de la Marina de Guerra Nacional, Leopoldo Cué, veterano de la lucha del Hotel Nacional; el ex teniente del Ejército Nacional, Enrique de la Cotera, también veterano de la lucha del Nacional. Y, como dije anteriormente, muchos más, cuyo papel fue de menor importancia en los hechos históricos.

Durante mi estancia en diferentes centros carcelarios de la dictadura de Castro pude obtener información de las siguientes personas:

En primer lugar, el Ministro y Parlamentario, Presidente del Banco Nacional, Joaquín Martínez Sáenz; Primer Ministro, Ministro de Educación, Senador de la República, doctor Félix Lancís Sánchez; el líder obrero y Ministro del Trabajo, Francisco Aguirre Vidaurreta; el periodista y Ministro de Información, Ernesto de la Fe; el Gobernador de Oriente, Waldo Pérez Almaguer; el doctor Emilio Sorondo, Alcalde de Bauta, en momentos de grandes dificultades laborales de los obreros textiles; el Concejal de La Habana, Erasmo Gómez, líder del Partido Ortodoxo; el Presidente de la FEU y testigo del "Bogotazo", Enrique Ovares; el General Jefe del Ejército, Eulogio Cantillo y su hermano, el Coronel Carlos Cantillo; el Brigadier Sánchez Gómez; el Brigadier Jefe de la Policía Nacional, Hernando Hernández y el Teniente Coronel del mismo cuerpo, Vivas Coca; el Jefe del Buró de Investigaciones durante el gobierno de Grau, distinguida figura revolucionaria contra Machado, veterano de la Guerra Civil Española, Mario Salabarría, eje fundamental de la llamada "Batalla de Orfila"; el Teniente, también del Buró, Sigfredo Díaz Viar; el Comandante de la Marina Constitucional, Leopoldo Álvarez Sanz; el Comandante del Ejército, Claudio Medel; el Capitán

Jesús Yanes Pelletier; el hombre de acción y revolucionario desde la época de Machado, líder sindical del Partido Auténtico, Lauro Blanco.

Otros hombres de acción, Raúl "El Patato Hernández"; Mario Taulert; los comandantes del Directorio Revolucionario, Rolando Cubelas y Ramón Lin; los comandantes del Segundo Frente del Escambray, Jesús Carreras y William Morgan; los veteranos del asalto al Moncada y/o del desembarco del Granma, Gustavo Arcos Bergnes, Jaime Costa, Orlando Castro, Fernando Sánchez Amaya y Mario Chanes de Armas.

El camarada de Castro en las acciones gangsteriles, durante los gobiernos auténticos en La Habana, desertor del campamento de entrenamiento de la futura expedición del Granma y después capturado en una trampa tendida por el gobierno, en 1959, condenado a prisión y asesinado por medio de terribles torturas sicológicas, Rafael del Pino, participante también en "El Bogotazo". Y muchos nombres más, que harían esta lista interminable.

Los datos aportados por todos estos personajes completaron la información obtenida en libros, folletos, trabajos periodísticos y en la Internet.

Durante la época de presidio tuve ocasión de leer cuanto libro, folleto, revista, etc. hablaba de Historia de Cuba, siempre y cuando no fuera de origen marxista. No fueron muchos, pero sí fueron algunos.

Este gran álbum de recuerdos ha sido de mucha utilidad en la confección del libro. La realización de la obra ha sido posible por la cooperación de un buen número de personas, que de diferentes formas y maneras me han ayudado. Mencionaré en primer lugar a mi esposa Mercedes, que me ayudó, no sólo con lecturas y dictados de una buena parte del material, sino que me estuvo estimulando todo el tiempo, estando a mi lado sin reservas, brindándome su gran amor, comprensión y tolerancia en aquellos momentos en los que el exceso de trabajo, me convertía en un ser insoportable, ya que los cambios de humor se sucedían con frecuencia como ocurre cuando se trabaja en un esfuerzo de esta naturaleza y durante largos meses. Junto con la reciprocidad en el amor a ella, mi agradecimiento eterno.

Por supuesto, la ayuda del doctor Esteban Palacios, que hizo una labor formidable y hercúlea, de mecanografía de los cassettes que yo dictaba, muchos de los cuales eran a menudo de mala calidad en cuanto a la grabación; revisión de lo escrito junto conmigo, la impresión del trabajo que se iba a enviar y el envío al grupo que él mismo se había asignado.

Esto que se ha dicho muy rápido, consumió muchas horas de trabajo, personal de él y conjunto conmigo. Sin esta colaboración de Esteban, la obra no hubiera pasado de ser un sueño de una noche de verano de junio.

En el trabajo de revisión, corrección, pulido en el estilo y ensamble literario, mis amigos y hermanos, Juan Falcón y Salvador Subirá. Esta ayuda ha sido sencillamente inestimable.

En el rastreo y obtención de textos agotados y de difícil obtención: Emilio Martínez, Néstor Penedo, Manuel Barba, María Luisa Trueba.

En el uso de la Internet, para complementar datos, en primer lugar, mi nieto, Eduardo González. Nuevamente Juan Falcón, mi colega, el doctor Miguel Ángel Núñez del Pino. Este trabajo enriqueció sobremanera lo leído y estudiado en los textos.

En el trabajo de composición fotográfica, esquemas, dibujos y gráficos, nuestra prima Millie Toñarelli y su hijo Ignacito. Otra prima nuestra Lourdes Marrero de consolidación electronica. La eficiente y oportuna colaboración de última hora de Miriam Santamaría. Y por si fuera poco, la constante comunicación, vía telefónica, con nuestros lectores, señalándonos errores, pidiendo aclaraciones de cosas que no estaban muy claras, brindando datos, en fin, ofreciendo un soporte inestimable también. Nuestro agradecimiento sempiterno para todos ellos.

El objetivo fundamental de esta obra es el de brindar a los cubanos que aún estamos sobre la tierra y que nos interesamos en la historia del país, a las generaciones venideras y a la generación más joven que nos sigue, un vehículo veraz, objetivo, detallado y exhaustivo de todo lo acontecido en la República de Cuba, de 1901 a diciembre de 1958.

La verdad de los hechos de una pequeña nación, que con su esfuerzo, siempre iba adelante, período tras período, no importaban los fracasos, los logros, los errores, los aciertos, la mala actuación de gobernantes o gobernados. En fin, la realidad de lo sucedido, que es el reverso de la medalla de lo que la propaganda comunista ha estado y sigue estando difundiendo por el mundo entero, para tratar de justificar su golpe de estado traidor y la terrible implantación de la dictadura que atenaza y destruye cada día más a nuestro país.

Para los incautos que todavía creen en esta propaganda, aquí tienen un lugar donde poder establecer con datos no nuestros, no cubanos, sino de organismos internacionales muy bien reconocidos, lo que era Cuba en 1958, el lugar que ocupaba dentro de los países de Latinoamérica en todos los rubros y el lugar que ocupaba en el mundo en todos los rubros. Esto para los incautos inocentes. Para los malvados mal intencionados, que repiten y difunden la mentira comunista, que sepan que se les puede contestar palabra por palabra y hecho con hecho, con verdades irrefutables. Su deseo de dañar a Cuba y a los cubanos, queda destruido ante esta realidad. Presentamos pues, la verdadera República de Cuba.

Tomás Estrada Palma
1902-1906

José Miguel Gómez y Gómez
1909-1913

Mario García Menocal
1913-1921

Alfredo Zayas y Alfonso
1921-1925

Gerardo Machado y Morales
1925 - Agosto, 1933

Alberto Herrera y Franch
Agosto 12 - Agosto 13, 1933

CAPÍTULO I

LA ENMIENDA PLATT

Introducción

Queremos desarrollar esta obra sobre la Historia de Cuba como si fuera una conversación informal entre el autor y sus lectores.

Sin embargo no vamos a desarrollar esta conversación a la manera de los libros de texto que aprendimos en la escuela primaria, que se iniciaban con el descubrimiento, ni tampoco vamos a ocuparnos de los hechos históricos acaecidos durante la mal llamada revolución de 1959 que clausuró nuestro ciclo republicano libre. Nuestro principal propósito está dirigido específicamente a determinados temas de la parte republicana de nuestra Historia, tratando de arrojar luz sobre la realidad del por qué ocurrió lo que nos pasó, y por qué razón aún hoy permanecemos desconcertados.

Para comenzar estimamos que la Enmienda Plata es un tema fundamental porque ella fue una condicionante para que pudiera nacer nuestra república, y porque durante más de tres decenios sirvió de poderoso argumento en debates y pugnas políticas que perturbaron nuestro ejercicio democrático. Empecemos por decir que esta enmienda impuesta a nuestra Constitución de 1901 ha sido la más "cacareada", la más mencionada, así como la más desconocida y distorsionada desdicha que ha sufrido la República de Cuba. Pregunte usted a cualquier cubano sobre la Enmienda y éste le dará una larga disertación sobre la misma. A seguidas pregúntele usted al disertante si es que la ha leído, y el 99.9 por ciento responderá ingenuamente que nunca lo ha hecho. ¿Cómo puede entonces hablar de algo que no conoce? Simplemente porque está repitiendo lo que ha escuchado decir a los políticos durante el transcurso de muchos años.

Los Estados Unidos ya se habían comprometido por la Resolución Conjunta (Joint Resolution del Congreso norteamericano) a que

Cuba fuese independiente y habían declarado que su país no tenía ambiciones territoriales sobre la Isla. No obstante ello, y bajo argumentos "humanitarios" las tropas norteamericanas desembarcaron en la Isla para poner fin a una contienda que ya España no podía sostener. Ellos creían que el conflicto duraría más tiempo del que fue, y que durante el mismo se produciría un desgaste de los españoles y de los cubanos, pero no ocurrió así. La guerra, que con justicia debe ser registrada como la guerra hispano-cubano-norteamericana, duró menos de lo que Washington esperaba y sus dos adversarios no se debilitaron para defender sus intereses.

Al terminar la contienda las tropas norteamericanas mantuvieron su ocupación del territorio cubano y procedieron a realizar un gobierno de intervención transitorio. Mas para dejar transados los resultados políticos de las partes se acordó firmar un tratado conocido como el Tratado de París. Increíblemente los políticos españoles de la época se opusieron a que los cubanos participaran en las deliberaciones que iban a sostenerse sobre el futuro de la Cuba independiente, y los norteamericanos se dejaron convencer de que a ellos les correspondía disponer a su arbitrio en todo lo referente a la futura república. Además los españoles se las arreglaron, con la anuencia norteamericana, para no definir con exactitud lo que constituía Cuba y su archipiélago, con lo que crearon un problema sobre la pertenencia de la Isla de Pinos. Y los norteamericanos se creyeron en la "necesidad" de establecer ciertas normas que le otorgaran las ventajas correspondientes al vencedor. En ese nido fue que se incubó la Enmienda Platt.

El principal objetivo de la Enmienda Platt era preservar la estabilidad de Cuba. Así lo dice uno de sus ocho artículos, en la mayoría de los cuales se establece las causas requeridas para que se produjera una intervención. Es interesante leer en detalle y estudiar cuidadosamente todo su articulado.

Los convencionales de 1901 estaban divididos en dos grupos, ambos numéricamente iguales. Un grupo rechazaba de plano la Enmienda, y el otro la aceptaba a regañadientes. Todos ellos guiados por un noble, aunque poco práctico, ideal de libertad e independencia.

Tal como su nombre indica, el documento, inicialmente fue una enmienda a la Constitución, y como tal podía desaparecer si la Constitución era derogada o sustituida por otra. Mas después de aprobada por la necesidad de hacerlo, el gobierno norteamericano quiso que se le cambiara su condición de enmienda por la de un tratado. Nótese que tenía que hacerse como una enmienda constitucional primero porque aun no había un gobierno que pudiera firmar un tratado. Así pues quedó convertida en un Tratado Permanente que sólo podría ser disuelto por un acuerdo bipartito.

Sólo una vez se aplicó la Enmienda Platt. Se hizo en ocasión de que el gobierno isleño quedara acéfalo por renuncia del Presidente y de sus Secretarios de Despacho, incluyendo al de Estado, que era el legal sustituto del Presidente en la ausencia de este último. La intervención cesó en el mismo instante en que tomó posesión un nuevo Presidente –José Miguel Gómez– electo por los votantes cubanos. La Enmienda Platt se empleaba para asustar al pueblo, a la oposición y hasta al gobierno, para servir los intereses políticos de los "asustadores". Otras veces la intimidación venía del delegado norteamericano. Desde el 1906 al 1934 se la enarbolaba amenazante por una u otra facción para servir sus intereses.

En 1903 el "Tratado Hay-Quesada" resolvió el problema de la Isla de Pinos que fue rápidamente ratificado por el Senado cubano, aunque no así por el Senado norteamericano. No obstante la Isla quedó finalmente bajo control cubano, y por la astucia política del Presidente Zayas y de su Ministro de Estado este dilema quedó totalmente resuelto.

Es mi opinión que la Enmienda Platt no se aplicó en el período post-Machado por razones de la catastrófica depresión económica mundial, que había impactado a ambos países, a los Estados Unidos y a Cuba. Los elementos revolucionarios que actuaban en Cuba y la desastrosa situación económica de la Isla, determinaban que para la solución de las dos crisis que abordaba el país, la política y la económica, se necesitaría emplear unos fondos monetarios que la nación del Norte no podía distraer de sus propias necesidades. Sin embargo la situación cubana estaba abocada a un caos que preocupaba al vecino del Norte, y éste se decidió a realizar una gestión política a través de su delegado Sumner Welles para que Gerardo Machado fuera depuesto, como muy pronto se logró, y que el gobierno de la isla no quedara sin cabeza legal. Para ello resultaba favorable el que la fraudulenta prórroga de poderes dictada por el propio Machado en años anteriores, no establecía la existencia de un Vicepresidente de gobierno. Así la maniobra política fue nombrar al General Herrera como Ministro de Estado que por la renuncia de Machado se convertiría automáticamente en el Presidente. El siguiente paso fue que en las 24 horas que duró la "Presidencia" de Herrera, éste nombró a Carlos Manuel de Céspedes como su Ministro de Estado, y ya estuvo preparado el terreno para que la renuncia del General Herrera convirtiera a Céspedes en el nuevo Presidente legal del país, y con ello no hubo la necesidad de intervenir.

La eliminación del Tratado Permanente durante la administración del Presidente Franklyn D. Roosevelt liberó a los Estados Unidos de su responsabilidad interventora. Mas ocupados como estaban los cubanos por la grave situación económica y política, la abolición de este tratado fue vista con indiferencia y casi que pasó inadvertida para ellos.

No obstante debemos señalar que desde los años de los primeros presidentes estadounidenses, existió la intención de anexarse a Cuba, mas no por la guerra, sino por compra. Y es probable que esta antigua ambición fuese el motor propulsor de la Enmienda y del Tratado. En su libro "Cuba y la anexión a los Estados Unidos" –publicado en el año 1900 y reproducido por la Editorial Cubana– su autor, José Ignacio Rodríguez, revela documentaciones oficiales donde se plantea la necesidad de expansión territorial por razones estratégicas.

Hoy vivimos en un mundo diferente, donde no es necesario tener presencia física en un territorio para dominarlo. Ya no hacen falta carboneras ni bases navales. Probablemente no existen ya ambiciones de expansión territorial. Sin embargo es innegable que Cuba, a través de su Historia y sin exceptuar una década de ella, siempre ha estado afectada e influenciada por las convulsiones y los intereses norteamericanos, latinoamericanos, europeos y de países en otras latitudes. Esta realidad geopolítica ha sido inevitable. Las luchas de todo tipo entre pueblos extranjeros nos afectan e influyen nuestro status como viene ocurriendo desde la segunda mitad del siglo XX, y sin que podamos ver el momento de quitarnos de encima el problema actual, lo que quizás pueda ser ayudado por un desarrollo económico y político de la Isla.

El libro titulado "La Enmienda Platt, la isla de corcho", original del notable jurista internacional Dr. Luís Machado, es una lectura provechosa, merecedora de meditación y estudio, y que recomendamos encarecidamente. El autor no es un advenedizo, ni un aventurero de la pluma. El Dr. Machado fue el principal ayudante del eminente Dr. Antonio Sánchez Bustamante, quien al publicarse el citado libro, ocupaba la posición cimera del Derecho Internacional en la Liga de las Naciones. Este libro ha sido reproducido por la Editorial Cubana, con sede en el Colegio de Belén.

Amigo lector, ahora una especulación que se las trae: ¿Cree usted que si en Enero del año 1959 hubiese estado vigente el Tratado Permanente, los Estados Unidos lo hubiesen ejercido? Daremos nuestra opinión a lo largo de este libro. De igual forma, esperamos que los elementos de reflexión que desarrollaremos a lo largo de esta obra, servirán para que Uds puedan llegar a sus propias conclusiones.

LA ENMIENDA PLATT: Articulado completo

Artículo I…El gobierno de Cuba nunca celebrará con ningún Poder o Poderes extranjeros ningún tratado u otro pacto que menoscabe o tienda a menoscabar la independencia de Cuba, ni en manera alguna autorice o permita a ningún Poder o Poderes extranjeros obtener por colonización o para fines navales o militares o de otra manera asiento o jurisdicción sobre ninguna porción de la Isla.

Artículo II…Dicho gobierno no asumirá ni contraerá ninguna deuda pública para el pago de cuyos intereses y amortización definitiva, después de cubiertos los gastos corrientes del Gobierno, resulten inadecuados los ingresos ordinarios.

Artículo III…El Gobierno de Cuba consiente que los Estados Unidos puedan ejercer el derecho de intervención para la preservación de la independencia de Cuba y el sostenimiento de un gobierno adecuado a la protección de la vida, la propiedad y la libertad individual y el cumplimiento de las obligaciones, con respecto a Cuba, impuestas a los Estados Unidos por el Tratado de París y que deben ahora ser asumidas y cumplidas por el Gobierno de Cuba.
[*Nota*: Este es el artículo más controversial. La gente llegó a creer que el único objetivo de la Enmienda era la intervención. Aunque ocurrieron interpretaciones caprichosas y arbitrarias por propios y extraños de lo que constituían causales para proceder con una intervención, eran tres las causas estipuladas:

1. Para conservar la independencia de Cuba;
2. Para mantener un gobierno adecuado a la protección de la vida, la propiedad y la libertad individual, y
3. Para cumplir las obligaciones asumidas en el Tratado de Paz con España.

Era difícil definir lo que era un gobierno adecuado y sobre ese punto hubo conferencias, y en una de ellas el Secretario de Guerra norteamericano Eliu Root declaró: "**la intervención es incompatible con la existencia de un Gobierno cubano y sólo tendría lugar en el caso de que en Cuba se llegara a un estado de anarquía que significara la ausencia de todo gobierno, salvo el caso de mediar una amenaza extranjera**". En la página 104 de su libro "La Enmienda Platt, la isla de corcho", el Dr. Luis Machado dice: "el derecho de intervención, como hemos visto, no encierra por sí peligro alguno para nuestra independencia"…"el tratado permanente es una protección y una garantía de nuestra independencia".

Artículo IV…Todos los actos realizados por los Estados Unidos en Cuba durante su ocupación militar, serán ratificados y tenidos por válidos y todos los derechos legalmente adquiridos a virtud de aquellos serán mantenidos y protegidos.

Artículo V…El Gobierno de Cuba ejecutará y hasta donde fuere necesario ampliará los planes ya proyectados u otros que mutuamente se convengan, para el saneamiento de las poblaciones de la Isla, con el fin de evitar la recurrencia de enfermedades epidémicas e infecciones, protegiendo así al pueblo y al comercio de Cuba, lo mismo que al comercio y al pueblo de los puertos del Sur de los Estados Unidos.

Artículo VI…La Isla de Pinos queda omitida de los límites de Cuba propuestos por la Constitución, dejando para un futuro tratado la fijación de su pertenencia.

[*Nota*: Desde que fue descubierta por Colón en su segundo viaje, y durante cuatro siglos, la Isla de Pinos fue considerada como parte del archipiélago cubano. La escasa profundidad de las aguas entre ella y Cuba hace imposible la navegación de gran calado y testimonian la unión geológica entre las dos islas, la más pequeña es una continuación de la mayor. El Dr. Machado fue de la opinión que esta omisión no se debió a ignorancia sino al naciente imperialismo norteamericano. Sin embargo todo eso se resolvió por la gestión inteligente de Gonzalo de Quesada, Embajador de Cuba en Washington quien con John Hay firmó un tratado que dio en llamarse el Tratado Hay Quesada, rápidamente aprobado por el Senado cubano, que regresó a Cuba la justa posesión de la Isla de Pinos.]

Artículo VII...Para poner en condiciones a los Estados Unidos de mantener la independencia de Cuba y proteger al pueblo de la misma, así como para su propia defensa, el Gobierno de Cuba venderá o arrendará a los Estados Unidos las tierras necesarias para carboneras o estaciones navales en ciertos puntos determinados que se convendrá con el Presidente de los Estados Unidos.

[Nota: Cuba dio en arrendamiento por tiempo indefinido dos zonas en Bahía Honda y en Guantánamo. Después de la apertura del Canal de Panamá, cesó el arrendamiento de Bahía Honda y se aumentó el territorio de Guantánamo. El Presidente Tomás Estrada Palma se negó a vender ningún territorio y también negó el arrendamiento de las bahías de Cienfuegos y de Nipe, los mejores puertos cubanos.]

Artículo VIII...El Gobierno de Cuba insertará las anteriores disposiciones en un tratado permanente con los Estados Unidos.

Comentarios finales

"El Tratado Permanente, aunque desigual y excesivo, no es un baldón ni una mancha para el honor de la República, sino un tratado de 'Alianza y Garantía'" –opinó el Dr. Luís Machado, quien también nos dice que las intervenciones son muy antiguas históricamente, las primeras en la Antigua Grecia cuando un conjunto de ciudades capitaneadas por Esparta intervinieron en Atenas, y continúa enumerando numerosos eventos similares a lo largo de la Historia. También la guerra que finalmente dio al traste con el dominio español en Cuba fue, por definición, una intervención.

Pero de hecho, la única vez que se hizo uso del derecho de intervención fue a petición de los propios cubanos cuando en 1906 se encontraban sin gobierno.

Avanzando en el tiempo y especulando con lo que estaba por venir, es lógico concluir que el Tratado Permanente hubiera sido un impedimento para los planes comunistas de apoderarse de Cuba. Es la opinión de algunos cubanos –mientras otros discrepan– que de no haber cesado dicho tratado, nuestro país no se hubiera visto envuelto en la situación totalitaria actual. Piense y analice el lector sobre este tópico, que si muy pronto quedó demostrado el respeto de la Unión por la independencia de Cuba, ¿por qué razón se combatió dicho tratado y se lo convirtió en un motivo de vergüenza nacional? Esgrimiendo esa vergüenza es que los rojos infiltrados en otros partidos, especialmente en el grupo estudiantil de 1933 y en el autenticismo, incendiaron y enfermaron a la opinión pública de nuestro país. Muchos lo hicieron a sabiendas, pero los más estaban ignorantes de que le estaban haciendo el juego a Moscú, y con ello contribuyeron a preparar el escenario para la tragedia que consume a Cuba por más de cuarenta ocho años.

Por supuesto que todo esto es pura especulación pues nunca podremos sabremos con certeza si la actual catástrofe se hubiera evitado de haber estado vigente el tratado.

Conversando con el lector

Una vez establecidos los elementos básicos para el entendimiento y el conocimiento de la Enmienda Platt, precisa hacer un pequeño recorrido histórico para comprender toda la situación relativa a la "imposición" –término empleado por Manuel Sanguily al momento de votar por su aprobación– de dicha enmienda.

Durante las deliberaciones del Tratado de París, España no solo procuró eliminar la presencia de los cubanos por todos los medios a su alcance –lo cual logró a plenitud–, sino que también dio a entender, más bien incitó, y pudiéramos decir que casi empujó a los Estados Unidos para que procediesen a la anexión de Cuba. A ese fin los peninsulares abrieron la posibilidad de que los estadounidenses concedieran una independencia total, una independencia recortada, un protectorado o una anexión, y siendo ésta última la que España prefería. Esto en parte estaba dirigido a la protección de los grandes intereses españoles que quedarían bajo el nuevo gobierno de la Isla. Fue tal el empeño manipulador español que los comisionados norteamericanos tuvieron que rechazar la torpe sugerencia y aclarar que la anexión no era su propósito. Y es que el fracaso de su empeño colonial había cegado a los españoles para traicionar a su raza criolla y no aceptar la posibilidad de que los cubanos pudieran tener una patria independiente y que pudieran gobernarla con justicia.

La postura norteamericana estaba obligada por la Resolución Conjunta del Congreso que los obligaba a dar la independencia a Cuba. Pero había también otra corriente de opinión en las esferas oficiales del país del Norte, como quedó expresado en las palabras de un alto funcionario del Departamento de Estado de la época que calificaba la Resolución como "un gravísimo error sentimental". Pero esta corriente de opinión comenzó a meditar en todas las posibilidades mediante las cuales pudieran quedarse con la Isla pero de una forma "honorable, diplomática y ajustada a su conciencia". Así se configuró un plan para dar al traste con la independencia y poder llegar a la anexión, pero sin que esto fuese obra de la fuerza, sino de la solicitud y voluntad de los cubanos.

El primer paso de toda esta urdimbre fue el nombramiento del General Wood como gobernador de Cuba. Era él un médico de estudio y profesión, político de vocación, hombre capaz, inteligente, hábil, duro como militar, y que supo cumplir plenamente el encargo del Presidente McKinley. En la gobernación de Cuba se distinguió por la honestidad de su gestión y por su capacidad para crear nuevas soluciones a los problemas que afrontaba la población cubana. Sin olvidar el asunto de la fiebre amarilla, Wood construyó escuelas, acueductos, carreteras y puentes. Todas eran obras por las que la ciudadanía cubana podía comprobar el avanzado estado de la sociedad y la civilización en los Estados Unidos, lo que obviamente era una especie de propaganda para la venta de un producto de gran calidad. Además Wood era un hombre perspicaz, penetrante, que supo captar los diversos matices políticos cubanos, tanto de sus líderes como de los incipientes partidos políticos.

Ese conocimiento le permitió manejar más o menos exitosamente muchas situaciones. Primero fueron las elecciones municipales, después las elecciones para elegir los delegados a la Asamblea Constituyente y por último las elecciones presidenciales. Todo esto perfectamente planeado en Washington y ejecutado en Cuba.

Los primeros barruntos de problemas se presentaron con ocasión de la convocatoria para elegir a los delegados que redactarían la Constitución de 1901, porque ellos serían los que habrían de adoptar las normas que se incorporarían a dicha Constitución y por las cuales se basarían las futuras relaciones entre Cuba y los Estados Unidos. Esto condujo al primer sobresalto y al inicio de las grandes dificultades que los cubanos tendrían que afrontar por la realidad que se les avecinaba. Los Estados Unidos no habían ido a la guerra con España por simples razones altruistas de obtener la independencia para Cuba. Como naciente potencia internacional estaba a la busca de ventajas. Estas estaban plasmadas en el pensamiento y en las expresiones escritas de los Presidentes norteamericanos, desde Adams hasta la fecha, y estaba definida "la necesidad" de que Cuba fuese, de alguna manera, parte de los Estados Unidos "para defender su flanco sur". Con estos mismos fines se habían adquirido los estados de la Florida, Texas, Louisiana, California, Nuevo México, etc. No hay que olvidar que en aquella época el mar era muy importante y precisamente Cuba, como "la llave del golfo", era parte de ese mar. Además de que abolida ya la esclavitud en ambos países, la gran nación norteña podía esperar que Cuba se convirtiese, como ya lo había sido, en un gran centro de producción fácil de amoldar a los sistemas de los Estados Unidos de un modo eficiente y poco traumático.

Finalmente la Convención fue convocada. Ocurrieron problemas. Se celebraron reuniones. Se trató de movilizar a los partidos políticos. Se expresaron opiniones. Porque los intereses existentes se veían enfrentados a la decisión de las reglas de juego que gobernarían el país. Los convencionales serían electos proporcional y equitativamente en función del censo de población realizado meses antes. Aunque el Partido Nacional, por ser muy fuerte en La Habana, trató de monopolizar la Convención, encontró la oposición del Partido Republicano que lo era en Santa Clara. Pero a la postre prevaleció la sensatez y los cubanos pudieron asistir a las urnas.

Un total de 31 delegados fueron elegidos: 3 por Pinar del Río, 8 por La Habana, 4 por Matanzas, 7 por Santa Clara, 2 por Camagüey y 7 por Oriente. Máximo Gómez, Carlos Roloff y Bartolomé Masó, que eran los principales generales sobrevivientes de la guerra, no asistieron a la Convención. Intransigentes como Juan Gualberto Gómez y Manuel Silva, sí asistieron a ella.

Los comisionados para redactar las normas en que se basarían las futuras relaciones entre Cuba y los Estados Unidos fueron invitados por el Gobernador Wood a un paseo en su yate hasta la Ciénaga de Zapata. Algunos dicen que para hablar con ellos sobre ciertos tópicos sobre el territorio norteamericano que era su nave y no en el de la Cuba intervenida. Les expresó que el deseo del Presidente McKinley era que hicieran una Constitución para Cuba, y que a la misma se le añadiera las normas que regirían el futuro entendimiento entre la Isla y los Estados Unidos con el fin de garantizar una debida protección a la independencia cubana. Al propio tiempo esbozó algunos de los elementos que luego formarían parte de la famosa Enmienda Platt. Diplomáticamente les dijo que aunque ese era el deseo de su Presidente, también sería necesaria la aprobación del Congreso estadounidense para que luego pudiesen ser ejecutadas esas normas. Los convencionales no quedaron muy satisfechos con lo que escucharon, pero no tuvieron otra opción.

La Convención se inició con grandes debates de variada intensidad y sesionó sin interrupciones hasta su conclusión. Para entonces el Presidente McKinley iniciaba su segundo período, y en su discurso de aceptación trató extensamente sobre el caso cubano. Declaró que no solamente era necesario aprobar la Constitución sino que también se requería la incorporación a la misma de las normas para regir las relaciones entre ambos países. Esto motivó que la parte cubana nombrara y enviara a Washington una comisión para discutir los tópicos preocupantes. El Presidente McKinley los recibió cordialmente y les ofreció una cena, pero se les aclaró que al no estar invitados oficialmente, ellos no podían esperar decisiones específicas sobre ningún asunto. Se les explicó que la Doctrina Monroe sólo tenía vigencia en este hemisferio, y que la misma no tenía vigencia jurídica internacional, por lo que en caso de un ataque a Cuba por potencias extranjeras, especialmente europeas, los Estados Unidos no podrían auxiliar a Cuba a menos que ésta incorporara en su Constitución la Enmienda que el Senador Platt había incluido en la Ley de Presupuestos del Ejército Norteamericano, pues sin esa ley ni él ni sus futuros sucesores estarían autorizados para retirar las tropas de Cuba. Por otra parte se les dijo que la cuestión de Isla de Pinos se decidiría en el futuro.

La Comisión regresó a Cuba y rindió su informe, que fue aprobado por sólo un voto de diferencia y el pleno se dispuso a trabajar. Pero cuando quedó redactado lo que los convencionales consideraban que era la aceptación de la Enmienda con una serie de modificaciones, más de palabras que de hecho, la propuesta fue rechazada por el gobierno norteamericano, pues según dijeron la Enmienda tenía que ser incorporada a la Constitución. Siguieron meses de "estira y encoge", y es cierto que si se hubiese podido actuar con más tino y más tiempo se habrían logrado toda una serie de concesiones. Un grupo de convencionales, divorciados de la realidad, llegaron hasta proponer que se fuera a la guerra. Mientras tanto el General Wood continuaba en sus viajes por el interior de la Isla. Entre las obras públicas y su diplomacia lograba conquistarse el apoyo de las clases productoras. Los hacendados y la Sociedad Económica de Amigos del País lanzaron sendas declaraciones apoyando la inclusión de la Enmienda y el comienzo de la nueva República. Finalmente la incorporación de la Enmienda fue aprobada con una votación de 16 a 11.

Para aliviar el pesimismo isleño por la reciente imposición, los Estados Unidos firmaron un tratado comercial que favorecía a la Isla. En aquella época, como en todas, existían los elementos que miraban más a las ventajas económicas que a las emociones y que por tanto apoyaban la Enmienda sin consideraciones para el sentimiento de menoscabo que pudieran experimentar los independentistas después de tantos años de lucha y martirologio. Es cierto que con el paso del tiempo la Enmienda probó no ser nada de mayor importancia, mas en aquella era como en las que le siguieron, en nuestro pueblo ha primado más el juicio del corazón que el del cerebro. Entre nosotros es frecuente preferir la guerra a la conversación, el grito verbal y el escrito incendiario a la cordura, la sensatez y la lógica. Sucedió entonces y continúa sucediendo hasta nuestros días.

Primera República:
Gobierno de Don Tomás Estrada Palma

Después del Pacto del Zanjón y de haber sido liberado Don Tomás de la prisión en España viajó a Honduras donde contrajo matrimonio. Más tarde se estableció en los Estados Unidos, en un pueblecito llamado Central Valley, situado en el estado de Nueva York y donde ejercía su profesión de maestro. Hasta allí fueron a buscarlo el Generalísimo Máximo Gómez, acompañado por Diego Tamayo. Era Gómez la figura más importante y popular en la Cuba de aquel tiempo.

La amistad entre Gómez y Estrada se había iniciado en el tiempo de la toma de Bayamo, cuando éste último era concejal, y el primero sargento del Ejército Mambí que estaba encargado de entrenar a los reclutas bisoños. Ambos mantuvieron un estrecho contacto durante toda la Guerra de los Diez Años y cimentaron una sólida amistad sólo interrumpida por la captura de Estrada Palma por los españoles.

Don Tomás Estrada tenía fama de honrado, de trabajador y de ser un hombre muy organizado en su trabajo. El General Gómez consideró que era la persona indicada para ocupar la primera magistratura de la naciente República. Frente a Don Tomás estaba la candidatura de Bartolomé Masó, Ni el uno ni el otro tenían un partido político ni en aquel tiempo existían partidos políticos nacionales, sino sólo locales que se agrupaban más o menos para establecer un candidato. No existían grandes programas políticos, sólo la credibilidad y las promesas de Estrada Palma para fundar la independencia de Cuba, con honradez administrativa, más maestros que soldados y buenas relaciones con los Estados Unidos. Eso era todo. Sin embargo el Partido Republicano de la mayoría de las provincias y el Partido Nacional, de principal vigencia en La Habana, decidieron apoyar a Don Tomás.

Masó y sus correligionarios optaron por el retraimiento por no tener representación en la Junta Electoral. El General Wood adujo que cuando ellos habían presentado la candidatura, ya la Junta estaba formada y que por lo tanto "no había marcha atrás". Realmente Wood favorecía la candidatura de Estrada Palma por considerarlo dócil y que –según él– era anexionista. Craso error el cometido por Wood, quien por otra parte había acertado en calibrar la mayoría de los políticos cubanos, pensando que más pronto que tarde ocurrirían serios problemas que facilitarían la aplicación de la Enmienda Platt y de hecho la anexión. Esto formaba parte de los planes del Presidente McKinley, Root y Platt, dejando después a su testaferro Herbert G. Squiers como delegado del presidente estadounidense y al General Bragg como Cónsul General. Squiers se pasó todo el tiempo haciendo labor de zapa al gobierno de Estrada Palma.

35

Escuchaba todas las quejas y las críticas, transmitiendo a Washington sus opiniones y amenazando de tanto en tanto con la Enmienda Platt, a la vez que oponiéndose prácticamente a todas las medidas importantes dictadas por el gobierno de Don Tomás. Cuando estalla la sublevación, Squiers envía informes a su gobierno aparentando que nada ocurría, que no había ningún problema, que no sucedía nada, posiblemente con la intención de que sucediera lo que al final ocurrió.

Bragg fue sustituido por inepto por Mr. Morgan, quien no era político de carrera y no estuvo presente en los momentos finales del gobierno de Estrada Palma, porque estaba de vacaciones. Desafortunadamente su puesto lo ocupó el principal testaferro de Wood y de su política, Frank Steinhart que era el Cónsul de La Habana. Este último, con sus telegramas mal intencionados y alarmantes, fue quien provocó el primer envío de tropas norteamericanas a La Habana, y mas tarde propulsó la intervención completa al fracasar las mediaciones de Taft.

El gobierno de Estrada Palma se enfrentaba de momento con estos personajes que lo estaban minando y con una Cuba totalmente desprovista de recursos y de medios económicos, con una deuda que le dejó Wood de unos dos millones de dólares y con la industria azucarera totalmente devastada. Además, la Enmienda Platt era un problema a resolver puesto que se había impuesto a la Constitución y había que convertirla en un tratado permanente, y también había que lograr un tratado de reciprocidad comercial con el fin de auxiliar a Cuba a salir del marasmo económico en que se encontraba.

Estrada Palma tuvo éxito en todas esas gestiones, logrando "desarticular" en la práctica varios de los incisos de la Enmienda Platt tales como la condición para solicitar empréstitos, la necesidad de una salubridad aceptable para los Estados Unidos, el que habían dejado a la Isla de Pinos fuera del territorio cubano y a aclarar lo de las bases, entonces llamadas carboneras, que los Estados Unidos solicitaban. De entrada el presidente cubano trataba directamente con Root y Hay, y tras largas discusiones logró que se regresara a los Estados Unidos la guarnición que pretendían dejar permanentemente en La Habana.

En lo referente a las bases solicitadas por los Estados Unidos, Bahía Honda y Nipe en el norte, así como Guantánamo y Cienfuegos en el sur, el primer mandatario cubano obtuvo que se redujeran a dos, a saber, Bahía Honda y Guantánamo y posteriormente sólo a esta última. Además, y lo que resulta más importante, la negativa de Estrada Palma de otorgar la propiedad de esas tierras a los Estados Unidos. Sólo accedió a arrendarlas por los precios vigentes en aquella época. También logró que se produjera el Tratado Hay Quesada, que aunque estuvo en el limbo durante veintiún años, finalmente logró, durante el gobierno de Alfredo Zayas, que la Isla de Pinos fuera regresada a la jurisdicción cubana.

La labor económica de la administración de Don Tomás fue de considerable significación. Se extendió el ferrocarril desde Santa Clara hasta Santiago de Cuba, terminándose esas obras en menor tiempo que el estipulado y a un costo más bajo que el presupuestado. Construyó caminos ferroviarios secundarios. Mejoró y amplió el sistema telegráfico, telefónico y eléctrico. Mejoró el sistema de correos, que previamente había sido víctima de un fraude perpetrado por un protegido del influyente senador Ana, y al cual "le fue tirada la toalla" por Wood a través de una transitoria de la Enmienda Platt que tapó el "chanchullo" y dejó las cosas como si no hubiera pasado nada.

El Presidente Estrada Palma estableció orden en la Secretaría de Justicia y en los tribunales, empleó el poder del indulto, aplicó la pena de muerte a veintitrés delincuentes comunes. Y cumpliendo lo prometido, Cuba tuvo más maestros que soldados durante su gestión presidencial, pues se llegó a tener cerca de 3000 aulas y 3500 maestros, aunque esto le costaría la presidencia cuando en el momento de una sublevación no dispuso de los soldados que requería. Cuba inició su independencia con un 82% de analfabetos que pasando el tiempo, y gracias a las gestiones de otros presidentes, se redujo a un 64% y continuó reduciéndose durante los diferentes gobiernos republicanos hasta uno de los mejores porcientos del área latinoamericana, pese a que se ha mentido lo contrario a partir del año 1959. La producción azucarera mejoró, hubo precios mas elevados, comenzaron a crearse pequeñas industrias y la llegada de unos treinta mil cubanos exiliados, algunos de ellos con sus haberes y muchos con su ganado, además de lo que habían aprendido, especialmente en los Estados Unidos, inyectó un vigor nada despreciable a la economía y a la calidad de la nación. Con justeza es apropiado decir que Don Tomás cumplió con lo que había prometido.

Estrada Palma se había enfrentado a la presión de los veteranos y de aquellos que habían comprado los certificados de pagos de haberes de los veteranos. Muy a su pesar tuvo que aprobar un empréstito de $35 millones, la mayor parte del cual fue a parar a las manos de los especuladores, pero al terminar su mandato esa deuda estaba saldada, de manera que la República no quedaba gravada. También al inicio de su mandato, Estrada Palma vetó una ley para el establecimiento de una lotería y que había sido una de las primeras leyes aprobadas por un Congreso que no era afecto al Presidente.

Lo que Don Tomás no pudo lograr es que el Congreso pasara y aprobara algunas leyes complementarias que eran muy necesarias, excepto la que establecía las relaciones entre el Senado y la Cámara que sí fue aprobada. De los seis presupuestos que el Presidente envió al Congreso sólo dos le fueron aprobados, teniendo que ponerse en efecto los otros cuatro por órdenes ejecutivas. El Congreso aprobó el Tratado Hay Quesada, pero realmente no hizo el trabajo que la nación requería en aquellos momentos.

En cuanto a las relaciones internacionales se establecieron las diplomáticas y comerciales con Alemania, Francia, Italia, España, Inglaterra y, por supuesto, con los Estados Unidos. Ya citamos que se logró el Tratado Permanente, pero además se logró un Tratado de Reciprocidad Comercial, que si bien favorecía mayoritariamente a los Estados Unidos, Cuba obtenía unas pequeñas ventajas que le dieron un buen impulso a su economía. Se enfrentó decididamente a la pretensión de unos trescientos cuarenta norteamericanos que se habían instalado en la Isla de Pinos y querían que se la reconociera como territorio norteamericano.

Hizo una magnífica obra de gobierno y como no tenía membresía en ningún partido político ni compromisos previamente establecidos, sus secretarios de despacho fueron dos del Partido Republicano, dos del Partido Nacional y dos independientes. Todos escogidos entre personas conocidas por su calidad de trabajo y sobre todo por su honradez administrativa. El Vice-Presidente fue Luís Estévez Romero, el esposo de Marta Abreu, que en el último año del gobierno renunció a su cargo mientras se encontraba en Francia.

Esto dio lugar a que el Presidente no tuviera sustituto, y así cuando el propio Don Tomás renunció por alzamientos que no pudo controlar, sobrevino la aplicación de la Enmienda Platt.

Frente a todo este cuadro uno se pregunta por qué razón se hizo una revolución contra Estrada Palma. La respuesta simplista que se ha dado es porque Don Tomás quiso reelegirse a la Presidencia, algo que estaba plenamente autorizado por la Constitución. Él había hecho una buena obra de gobierno, y por qué razón no se iba a reelegir. La respuesta a ello está en que los que lo habían apoyado en las primeras elecciones, sentían que no habían recibido los favores esperados, y por eso decidieron retirarle su apoyo. Estrada Palma quiso aspirar de nuevo porque consideró, y he aquí su gran error, que él era indispensable para terminar la obra de gobierno e impulsar a Cuba en todos los órdenes. Es cierto que él había sido muy bueno y que tenía las mejores intenciones, pero nadie es insustituible, y así quisieron demostrarlo quienes lo habían elegido para su primer mandato.

Sin embargo Estrada Palma estaba decidido a obtener su segundo período y para alcanzar ese cometido fundó un partido, el Partido Moderado, que fue dirigido por Freire de Andrade. Llevaría como Vicepresidente al senador Domingo Méndez Capote, y como parte de su estrategia Don Tomás cambió el personal de su gabinete y nombró a miembros de su nuevo partido. A éste se le llamó un "gabinete de combate" que se creyó obligado a reelegir a Estrada Palma a toda costa frente a los liberales que estaban empeñados en derrotarlo. No hubo nunca un diálogo político sino un enfrentamiento de fuerzas.

Mientras tanto Mr. Squiers, la persona designada por Wood para llevar a cabo el laborantismo pro anexionista, pasaba todo su tiempo recibiendo quejas reales o supuestas, y cuando empezó un movimiento sedicioso decidió entrevistarse con sus dirigentes a espaldas del Presidente, lo que molestó extraordinariamente a Estrada Palma que era de carácter irascible y violento, pues se sintió traicionado por quienes debían haberle sido fieles por la obra realizada.

Las elecciones parciales para elegir gobernadores, consejeros provinciales y alcaldes se llevaron a cabo prácticamente sin problemas. Pero cuando más tarde se acercaban las elecciones para elegir

Presidente, Vicepresidente y algunos congresistas, los dirigentes del Partido Liberal de José Miguel Gómez, candidato a Presidente con Alfredo Zayas de Vice, denunciaron los fraudes que se estaban organizando en algunas provincias y la presión que el gobierno ejercía a través de sus mayores recursos. En vista de ello José Miguel Gómez decidió retirar su candidatura, y Estrada Palma ganó las elecciones sin contrincantes. Entonces Gómez y Zayas reclamaron que aquellos comicios se declararan inválidos, como también todos los resultados habidos para los cargos de Presidente, Vice y miembros del Congreso. Su protesta fue tan enérgica que en Septiembre de 1905 ambos pidieron que los norteamericanos intervinieran para la celebración de nuevas elecciones. La situación se fue complicando. Se depositaban armas en diferentes provincias, armas que llegaban de contrabando desde los Estados Unidos, sufragadas por los anexionistas cubanos y también por los norteamericanos de Isla de Pinos, que querían provocar una situación de fuerza para que se produjera una intervención y dar al traste con la República.

Segunda intervención norteamericana

En el mes de febrero de 1906 aumentaron el malestar y la inquietud, y en agosto se produjo el alzamiento, especialmente en la provincia de Pinar del Río y bajo las órdenes de Pino Guerra, un oscuro oficial secundario de las campañas contra España, quien reunió una numerosa partida de seguidores y materializó tres escaramuzas contra las escasas fuerzas de la Guardia Rural, y la cual salió derrotada. Tomaron tres poblaciones, pero se dedicaron principalmente a la destrucción y al despojo de propiedades británicas y norteamericanas, con la clara intención de provocar una intervención. Los insurrectos se fueron acercando a La Habana, donde no existían fuerzas para defenderla. El Presidente y sus seguidores organizaron de "corre corre" una milicia para repeler el asalto pero fueron incapaces de detener el avance de los alzados.

Las comunicaciones de Steinhart ya preparaban el terreno para el acto final. El crucero norteamericano Denver llegó a la bahía habanera y Steinhart, de acuerdo con su capitán, desembarcó cien marinos sin contar con la orden del Departamento de Guerra –hoy llamado de Defensa– ni con la del Presidente estadounidense. Los marinos acamparon en la Plaza de Armas so pretexto de proteger al Palacio Presidencial. Estrada Palma protestó y los marinos fueron retirados.

Cuando Washington recibió la noticia de que La Habana estaba a punto de ser asaltada, atacada y tomada, y que todo estaba en peligro por las acciones de los alzados, se decidió enviar al Secretario de Guerra William Howard Taft –posteriormente presidente electo de su país– para mediar en la situación. Debido a que el Secretario de Estado Root se hallaba fuera del país en una misión diplomática, el subsecretario acompañó a Taft en su viaje a Cuba. Arribaron los mediadores en el mes de septiembre de 1906, comenzando sus gestiones con una entrevista con los dirigentes de la Junta Revolucionaria antes de ver al Presidente cubano, algo que irritó sobremanera a Don Tomás, de modo que cuando fueron a verlo ya Estrada Palma había tomado su decisión.

Por su parte los Generales Menocal y Sánchez Agramonte, a nombre de los veteranos, habían comenzado gestiones de mediación pero Estrada Palma y los miembros de su Partido Moderado, cuyo dirigente principal era el Senador Domingo Méndez Capote, electo Vice en las nuevas elecciones junto a Don Tomás, asumieron la posición de no conversar con la oposición mientras ésta no depusiera las armas. Obviamente la dirección oficial del país no quería negociar ante una situación de fuerza, y por tanto fracasó la gestión de los veteranos. La petición fundamental de los alzados era que se anularan las elecciones presidenciales y de congresistas recién celebradas. Por un momento aceptaron la permanencia de Estrada Palma y Méndez Capote en el Ejecutivo pero más tarde retiraron el apoyo. La clásica intolerancia de que: yo no doy lo que me piden y yo no acepto lo que me dan. Las cosas llegaron al extremo de que Estrada Palma, sintiéndose abandonado por los supuestos mediadores norteamericanos, comentó con Méndez Capote que Taft era "más liberal alzado que los liberales alzados", y tomó la errónea decisión de renunciar. La República quedaba así sin gobierno y cumpliendo una de las causales para la intervención militar.

En esa situación el Presidente Teodoro Roosevelt envió una carta dirigida a Don Tomás, pero ya era tarde y además inútil. El Presidente cubano, viejo, abatido, caprichoso y ofendido, no aceptó nada excepto el irse y dejar las cosas en manos de los norteamericanos. Así aparecieron las condiciones para la aplicación de la Enmienda Platt. Un aspecto muy interesante es que el Presidente Roosevelt tuvo que dar la orden para cumplir con el Tratado que prescribía que en esas circunstancias había que intervenir, pero la realidad es que lo hizo muy a su pesar. Fue Teddy Roosevelt el único funcionario político norteamericano que no quería la anexión de la Isla, que deseaba la independencia de Cuba por la cual había luchado en un gesto romántico. Éste es un personaje a quien la Historia recuerda como el hombre del "big stick", o "el hombre del garrote", sin embargo no lo empleó con Cuba, y dio la orden para que la intervención fuese por el menor tiempo posible, que trataran de poner las cosas en orden y que de nuevo dejaran a los cubanos en manos de su propio gobierno.

Es esta otra de las paradojas que ocurrió durante el gobierno de Estrada Palma. Un absurdo político que dio al traste con un magnífico gobierno de excelentes logros en todos los órdenes, pero cuyo final se malogró por la aparición de grandes ambiciones, gran tozudez, y falta de sentido político por las dos partes involucradas en este hecho. Estos fueron eventos que después iban a pesar bastante en la Historia de Cuba puesto que la amenaza con la Enmienda Platt se convirtió en un argumento para manipular al contrario político. Asimismo los Delegados norteamericanos de turno, y eso duró hasta el año 1922, también usaban la Enmienda para presionar al gobierno. Mas por suerte no se volvió a repetir una nueva intervención, pero de este trance histórico no se sacaron las enseñanzas sanas y lógicas que hubiera necesitado la República.

Así de esta manera, los norteamericanos volvieron a tomar posesión de Cuba bajo la dirección de Charles Magoon durante los años 1906, 1907 y 1908. Y tal como había previsto Don Tomás despilfarraron lo que él había ahorrado para su patria y de nuevo la República quedó endeudada. . Muchas veces la Historia juega malas partidas a los buenos jugadores y esto fue lo que le ocurrió a nuestro primer Presidente Don Tomás Estrada Palma.

Consideraciones finales

Cien años después es muy fácil analizar, criticar y decir lo que se debió haber hecho y no se hizo. Sin embargo, los que escribimos esto y nuestros contemporáneos cubanos, también cometimos los mismos errores cincuenta y nueve años después y con los drásticos resultados que aún estamos pagando.

La clase política cubana de entonces tuvo falta de madurez, de visión, de previsión, de entendimiento, tuvo una pobre comprensión de lo que ellos consideraron que eran los derechos del pueblo de Cuba, y no vieron los errores que hoy nosotros, en la distancia, percibimos con claridad. Pero repito, no se trata de reprocharles los errores de entonces a quienes fundaban una república porque hoy, y con la culpa de una segunda vez, también nosotros hemos cometido errores semejantes.

La guerra de independencia se había librado con un gobierno compuesto por el Ejecutivo y unos Secretarios, pero en realidad el peso político lo tenía la Asamblea de Representantes. El gobierno de Cuba en armas no tenía territorio, ni podía tener un asiento fijo porque no había control militar suficiente para eso. Sin embargo el poder civil era grande porque la Asamblea destituía generales, dictaba planes militares, incluso en algunos momentos y aunque fuera un craso error, tomó acción directa. Nuestros próceres se creían aptos, y lo eran, para fundar una república civil libre, pero quizás les hubiera sido útil tener noticias sobre lo que ocurría en las Filipinas del otro lado del mundo y que mostraba otro rostro de los norteamericanos. Lo que si no les llegó tarde fue el "mensaje a García".

El gobierno y el ejército norteamericano enviaron al Teniente Rowland a entrevistarse con Calixto García porque las tropas estadounidenses iban a desembarcar por Oriente y esa zona estaba más o menos dominada por el General García. Si los planes hubiesen sido desembarcar por Las Villas, el mensaje hubiese sido dirigido al General Máximo Gómez. Pero al dirigirlo directamente a un jefe militar, estaban ignorando al gobierno de la república en armas, a su representación oficial en los Estados Unidos y a la Asamblea de Representantes. Es decir, se ignoró todo lo que no fuera militar y el trato fue directo con el General Calixto García. El propósito de ese contacto fue el de asegurarse el apoyo de las tropas mambisas para el desembarco y las operaciones de las tropas norteamericanas en la región oriental, y también querían asegurarse en contra de una posible reacción del reciente gobierno autonomista que regía desde La Habana, que convocara a que todos los cubanos se unieran en contra de aquellos invasores extranjeros, como efectivamente ocurrió. Los miembros de la Asamblea no se percataron de este asunto, ni tampoco del increíble hecho de que a Calixto García no lo dejasen entrar en Santiago de Cuba con un absurdo pretexto. El hecho es que ya habían obtenido del General cubano lo que querían, y ya no les hacía falta. No se percataron de que la contratación de un empréstito para pagarle a los veteranos no se debía hablar directamente con el General Máximo Gómez y no se reconociera a la Asamblea, lo que motivó que ésta, ridícula y absurdamente, destituyera al sacrificado Gómez de dos guerras. También se dejaron convencer por los españoles y consintieron en que los cubanos no participaran, como era de elemental justicia, en los acuerdos del Tratado de París que puso fin a su guerra de independencia. Y es que los políticos norteamericanos estaban tan deseosos de anexarse a Cuba que, a pesar de estar impedidos por la Resolución Conjunta que el Secretario Root calificaba de gesto romántico, preferían ignorar los detalles más elementales.

El primer gobernador militar norteamericano, el General Brook, fue un hombre que actuó con nobleza y con respeto para los cubanos, excepto en el incidente del entierro del General Calixto García. Logró captarse el cariño dándole oportunidades a los cubanos. Pero como esto no era lo que Washington deseaba, pronto lo sustituyeron con Wood, un político anexionista del cual ya hemos hablado. Wood, capaz y hábil, tenía mucha trastienda y desde el principio hasta el final trabajó para lograr la anexión de Cuba a través de medios pacíficos. Los políticos cubanos, tan pronto se percataron de ello, empezaron a combatir a Wood aunque sin armas ideológicas ni políticas, y hasta algunos utópicos plantearon el enfrentarse bélicamente a los Estados Unidos, algo absurdo que el exhausto pueblo cubano no hubiera apoyado.

A su vez los convencionales, en vez de formar un frente común, se dividieron en facciones, y con su conducta alentaron las intenciones de Wood que había dicho que las diferencias políticas y de carácter entre los cubanos darían al traste con el gobierno independiente y la anexión caería por su propio peso. Tampoco Estrada Palma y Masó se pusieron de acuerdo para llegar a un candidato de consenso nacional cuando se celebró la primera elección presidencial. Peor aún fue que Masó fue al retraimiento y con ello se convirtió en la "víctima de los americanos" para enturbiar más aún el sentimiento popular de los cubanos.

Aunque Estrada Palma hizo una gran labor en su gobierno no pudo contar con el apoyo que debía haber tenido por parte de los políticos. La mayoría de ellos sólo pensaba en escalar posiciones, sin analizar las realidades apremiantes de la joven república, como era el Tratado de Reciprocidad Comercial que involucraba grandes compromisos, así como también el Tratado Permanente que incluía una Enmienda Platt que establecía condiciones por las que la Secretaría de Guerra norteamericana podía autorizar el retiro o la permanencia de sus tropas en la Isla. Con su actitud, los políticos cubanos, no demostraban tener conciencia de los peligros que atravesaba la república, ni estaban a la altura de los rejuegos y habilidades políticas que se requería elaborar y desplegar.

La segunda elección de Estrada Palma produjo una crisis, no porque se creyera que él había hecho un mal gobierno, sino porque para completar su misión, sólo le faltaba irse y darle la oportunidad a otro. En la manigua los cubanos se habían acostumbrado a cambiar de presidente cada dos años. El propio Máximo Gómez, que había propulsado a Estrada Palma en su primera elección, y que reconocía que esta posibilidad era constitucional, en esta segunda se opuso tenazmente a su reelección. El argumento de que podría sobrevenir una monarquía era bastante flojo, y aunque no se hizo mención de una dictadura, pudo haberse pensado.

Es nuestra opinión que Gómez, que se había ido alejando paulatinamente de Estrada Palma, bien porque su viejo amigo no le hacía caso o porque era inútil tratar de ser el poder detrás del trono, fue un feroz oponente de la reelección. De nuevo rechazó las insinuaciones de que aspirara a la presidencia… "yo luché por liberar a los cubanos, pero no para gobernarlos" –dijo varias veces. Inicialmente apoyó la candidatura de Emilio Núñez del Partido Nacional, pero la cosa política fue evolucionando y terminó apoyando a José Miguel Gómez. Sin embargo el Generalísimo Máximo Gómez no llegó a ver el resultado pues murió antes de las elecciones.

Quizás el General Gómez pudo haberse opuesto al segundo período presidencial de Estrada Palma porque el principal miembro de su llamado "gabinete de combate" era Freire de Andrade, que había sido uno de los que lo destituyeron. Es posible porque Gómez era humano y como tal no era inmune a los rencores que se guardan cuando nos han hecho una injusticia. Pero también Juan Gualberto Gómez se opuso a Estrada Palma aun antes de la primera elección. Él había sido el amigo, secretario y confidente de Martí. Fue el que preparó las primeras bases del Partido Revolucionario Cubano y el encargado por Martí de preparar la revolución. Fue el heredero del pensamiento martiano y el primero que se alzó, haciéndolo en Ibarra, aunque la Guerra del 95 no se la conoce como el Grito de Ibarra, sino como el Grito de Baire. Por lo tanto no sólo estuvo junto a Martí en la pre-guerra, sino también al comienzo de la misma. Pero Juan Gualberto cayó preso y toda su presencia e influencia desapareció, y tal vez se sentiría molesto, como pudiera estarlo cualquiera de nosotros en sus mismas circunstancias. Y no dudo que él pudiera considerar a Estrada Palma como un usurpador, aunque el bayamés no tuviera ninguna culpa.

Tanto José Miguel como Zayas estaban ansiosos por llegar a la Presidencia, y no pudieron soportar la idea de la reelección de Estrada Palma. Los responsables de la aplicación de la Enmienda Platt no fueron sólo unos pocos, la responsabilidad fue global. La clase política cubana no leyó algunas de las maniobras de Wood, de los Delegados y de los Cónsules enviados por el gobierno norte-americano. Tal como anteriormente dijimos el Presidente Teodoro Roosevelt fue la excepción en apoyar la independencia de Cuba, pues la mayoría de sus adláteres deseaban la anexión.

Amigo lector, antes de terminar estas consideraciones finales, es justo y honesto recordar que nosotros cometimos los mismos errores durante los acontecimientos que ocurrieron en nuestra patria en 1959, con la sola diferencia de que en lugar de una intervención norteamericana tuvimos una intervención soviética, y que las consecuencias de esas acciones nuestras alcanzan los momentos actuales de nuestra vivencia y sólo Dios sabe cuantos años más pasarán antes que los cubanos vean la luz al final del túnel.

Final de la Enmienda Platt

Trataremos ahora sobre el final de la Enmienda Platt, el momento histórico en el cual debió de haberse aplicado pero no se aplicó, y que prácticamente constituyó la muerte de la misma. Después veremos como ocurrió su muerte legal.

Gerardo Machado fue electo presidente en 1925 en unas elecciones democráticas, con algunos pequeños incidentes pero también con grandes esperanzas del pueblo. Durante los dos primeros años de su gobierno estuvo a la altura de las expectativas mejorando instituciones, arreglando aranceles, estableciendo orden y comenzando una serie de construcciones públicas bellas y grandiosas, de gran necesidad para la República de Cuba, pero se mantuvo en la tesis de hacerlas todas, una detrás de otra, e independientemente de la situación económica del país, por lo que concluyó con una deuda exterior muy superior a la que Cuba podía pagar. Aunque es bien cierto que las mencionadas obras públicas permanecen, prestigian al país y siguen siendo de gran utilidad.

Además de este grandioso plan de obras públicas, Machado hizo grandes esfuerzos por mejorar los aranceles que Cuba tenía que pagar en el extranjero y los que los extranjeros tenían que pagar en Cuba. Trató de organizar un cártel internacional de países productores de azúcar para proteger la industria más importante que tenía Cuba en esos momentos, pero fracasó en ello porque los Estados Unidos no participaron y boicotearon este proyecto. Firmó numerosos convenios internacionales que le dieron prestigio a Cuba en el ámbito internacional, y en 1927 logró que La Habana fuera la sede de la Sexta Conferencia Interamericana con la presencia, entre otros, del presidente norteamericano Calvin Coolidge.

Por este tiempo hubo algún instante en que el peso cubano era más apreciado internacionalmente que la libra esterlina, y esto es mucho decir de la situación económica cubana de la época. Esta actuación inicial de Machado hizo que un número de "guatacas", como se suele llamar en Cuba a los "aduladores", empezaran a alabarlo y a promocionarlo como el gran salvador, lo que trascendió a la prensa norteamericana con el apoyo de los banqueros que eran quienes concertaban sus empréstitos con el gobierno cubano.

Bajo la tutela intelectual del embajador Crowder el Presidente Machado se las arregló para que el Congreso –que le era totalmente fiel– pasara unos cambios en la Constitución de 1901. Dichos cambios, conocidos como la "prórroga de poderes", extendían en dos años el ejercicio del poder para el Presidente y todos los funcionarios electos, y otros cambios que también tenían importancia política. Con esa extensión de su período presidencial, Machado alargaría su actual estancia en el poder hasta 1931. Pero en el mismo 1927 también empezó el inicio del declive, no sólo de la popularidad y la justeza de su gobierno, sino de la situación general de Cuba, tanto en el orden económico como en el político y en el social. Y quizás por ello fue que Machado volvió a manipular al Congreso para que adelantara la elección de Presidente al siguiente Noviembre de 1928. Esta elección sería sólo para el cargo de Presidente puesto que todos los otros funcionarios electos mantendrían sus cargos hasta 1931. Machado había decidido concurrir a esa nueva elección donde esperaba ser elegido por el prestigio que aún tenía su gobierno, y así seguir ejerciendo el poder durante seis años más, lo que era decir hasta 1935.

Uno de los puntos fundamentales de estos cambios fue la eliminación de la Alcaldía de La Habana que había sido inaugurada en 1914 y cuyo alcalde en esos momentos era el Dr. Miguel Mariano Gómez Arias, un hombre que tenía extraordinaria simpatía en el pueblo, que era hijo del ex-presidente José Miguel Gómez, y quien con toda seguridad hubiese sido un obstáculo tremendo para la elección de Machado en 1928.

Eliminada la Alcaldía de La Habana y convertida en un distrito federal al igual que otras municipalidades importantes de Cuba, el Presidente Machado se estaba asegurando el control sobre los estamentos intermedios del poder. Ya él había concertado un convenio con los partidos políticos existentes, el Liberal que era el suyo, el Conservador de Menocal y el Popular de Zayas, llamado "cooperativismo" por el cual no habría partidos de oposición, ni los podría haber en un futuro. Esta fue la trampa política en que Machado cayó pensando que tenía no sólo el respaldo popular, sino también el de los partidos políticos, lo que le permitiría mantenerse en el poder hasta 1935. Pero eso fue ¡un grave error de su parte!

La economía empezó a declinar a partir del año 1929 debido a los bajos precios del azúcar que oscilaron entre poco menos de un centavo y poco más de un centavo, mientras los Estados Unidos mantenían un arancel de aduana de dos centavos. Por lo tanto no se podía vender azúcar al vecino del norte porque se perdía dinero. Machado "resolvió" la situación pidiendo empréstitos y más empréstitos, puesto que su obra final, la carretera central aún no estaba terminada. El Chase National Bank fue su principal proveedor y llegó a brindarle un empréstito de 80 millones de dólares en momentos en que la economía cubana estaba muy por debajo de las posibilidades de pagar, porque la recaudación del Estado cubano en aquellos instantes era inferior a 60 millones de pesos. Y un año después sería más inferior aún con sólo 40 millones, lo que es decir que no podía pagar. Hasta ese momento Machado se las había arreglado de maravillas con los banqueros norteamericanos y la prensa de ese país lo consideraba como el "egregio" salvador de la República Cubana y de un sistema democrático, etc, etc.

Cuando llegó el momento en que ya no pudo pagar más los intereses de los empréstitos usó el recurso de la moratoria, o sea, atrasar el pago de los intereses y del principal de los empréstitos. En esos momentos en que Machado se queda sin dinero, es cuando la prensa norteamericana "descubrió" que el gobierno del "egregio" Machado estaba lleno de corrupción, abusos, asesinatos, cárceles, en fin, todo lo incompatible con los sagrados derechos de las sociedades civilizadas.

Este crítica situación del gobierno cubano hubiera sido suficiente para que ocurriese una intervención de acuerdo con la violación del Artículo II de la Enmienda Platt, que especificaba que Cuba no podía obtener empréstitos de potencias extranjeras por encima de sus capacidades de pago y de las entradas fiscales del estado cubano. Pero tal vez –digo yo– había algo escrito con tinta invisible al final de este artículo que decía que los Estados Unidos no era una potencia extranjera. Es un chiste, pero da que pensar la inconsecuencia de los irresponsables empréstitos provenientes de bancos norteamericanos.

La realidad es que el incumplimiento de Machado con el Artículo II de la Enmienda Platt debió haber producido una intervención automática, pero no ocurrió porque aún algunos banqueros apoyaban a Machado, y porque tampoco los Estados Unidos estaban interesados ya que se encontraban en medio de la gran depresión, con grandes problemas nacionales que desaconsejaban una intervención en la Isla, pues de hacerlo, los Estados Unidos tendrían que asumir la deuda de Cuba, al menos mientras durase la intervención, y porque la economía cubana tampoco mostraba esperanzas de volver a ser rentable en un futuro próximo. En resumen, que costaría dinero y no se sacaría nada en concreto.

Machado había tratado en varias ocasiones de resolver algunos aspectos de la Enmienda Platt, específicamente este Artículo II, inclusive en conversación directa con el Presidente Calvin Coolidge, y después a través de la prensa norteamericana. Pero estos esfuerzos resultaron inútiles pues la Enmienda continuó tal y como había sido plasmada en 1901.

Una vez comenzado el derrumbe económico del régimen de Machado la prensa norteamericana inició una campaña "al revés" de lo que había sido hasta ese momento. En las planas de los periódicos empezaron a aparecer los asesinatos, las violaciones, los presos políticos, el incremento progresivo de la represión, y también las protestas públicas que se hacían a diario y en casi toda la Isla. En el New York Times ya Machado apareció como el asesino, el corrupto, el dictador, mientras que sólo unos meses atrás lo habían tratado de "egregio" y "salvador".

Como un dato curioso señalemos que en esta época Cuba estaba rodeada de muchos países donde regían gobiernos muy malos, con dictadores, y algunos aún peores que el de Gerardo Machado. Citaremos tres ejemplos. En República Dominicana comenzaba la era del General Rafael Leónidas Trujillo. En Venezuela gobernaba Juan Vicente Gómez, un dictador de tristísima recordación para los venezolanos. En México estaba el General Plutarco Elías Calles que daba los toques finales a su guerra contra los "cristeros" que costó decenas de miles de muertos a México y cuyos nombres ni se han dado a la publicidad ni nunca sabremos de ellos. Sin embargo, estos tres dictadores, junto a otros más de la América Latina, no eran noticia para los periódicos norteamericanos. ¡La noticia era Machado! Sus crímenes se denunciaban día a día y con gran profusión porque Machado ya no podía pagar, y por lo tanto había que deshacerse de él. Sin embargo la Enmienda Platt seguía durmiendo un plácido sueño, porque no se la quería utilizar.

Por ese tiempo Washington cambió su representante diplomático en La Habana que resultó ser el Embajador Guggenheim. Este era un millonario que había contribuido copiosamente a las campañas políticas de su país y al que ahora, como premio, se le había encomendado la gestión diplomática en Cuba. Y curiosamente, a pesar de la turbia situación que atravesaba la Isla, los informes que el Embajador Guggenheim enviaba al Departamento de Estado eran totalmente favorables a Machado. Decía que en Cuba no sucedía nada anormal y que Cuba estaba "quieta", lo que parecía ser el principal objetivo de la cancillería norteamericana. Hasta que ya no se pudo ocultar más la situación, y fue cuando un ciudadano norteamericano resultó muerto a balazos por unos soldados que reprimían una protesta callejera. Entonces fue que el embajador empezó a dar informes negativos pero mezclándolos con otros informes positivos, siempre exagerando lo bueno y disminuyendo lo malo, por lo que el Departamento de Estado no podía hacerse una idea clara de lo que realmente ocurría. Guggenheim tuvo además la peregrina idea de ejercer influencia directa para una mediación, que no fue inventada por Sumner Welles, y que Guggenheim justificó con que su amigo el periodista Pepín Rivero, Director del influyente Diario de la Marina, se lo había pedido. El Embajador pidió autorización a Washington para ejercerla, pero ésta le fue negada. Sin embargo el diplomático continuó con sus esfuerzos mediadores hasta que la detención de Pepín Rivero por publicar en su diario un artículo considerado "injurioso" hacia el Presidente, lo hizo desistir de su fantasioso empeño.

Vale decir que la mediación que Guggenheim había pretendido consistía simple y llanamente en la permanencia de Machado en el poder –al cual él apoyaba sin recato alguno– y que la oposición aceptara una serie de pequeños cambios que la tuviera tranquila y sin agitación. Esto demostraba que el Embajador no tenía la menor idea de lo que estaba pasando en Cuba, de cual era la situación política y que la oposición era algo más que un grupo de personas que querían acomodarse.

Así las cosas, la situación económica iba de peor a pésimo, la represión de menor a mayor, las protestas callejeras eran constantes y cada vez más violentas. Entonces apareció un fenómeno que hasta ese tiempo era desconocido en Cuba: el terrorismo. El terrorismo con la colocación de bombas, y la ejecución de atentados con ametralladora y escopeta recortada disparadas desde autos en marcha. En una palabra: se estrenó un nuevo y terrible fenómeno que dejaría huella en el futuro político del país.

El terrorismo no sólo incluía la colocación de bombas sino también su confección, lo que abarcaba la preparación de ingeniosos dispositivos para hacer explotar la bomba en un momento dado y eliminar así a un enemigo. Estos dispositivos eran tan sofisticados como conectar la bomba a teléfono para que ésta explotara cuando se respondiera una llamada, o al abrir una gaveta, o al usar una sorbetera, etc. O sea, que era un trabajo de profesionales en el terrorismo, Cabe pensar que era algo importado de Europa donde los anarquistas usaban esta práctica desde finales del siglo anterior y principios del siglo XX. Los comunistas siguieron utilizándola y los fascistas de Mussolini comenzaron a emplearla a mediados de la década de los años 20.

Estos métodos para derrocar un gobierno, repito, eran nuevos en Cuba. Siempre se había recurrido al alzamiento en los campos, en el exterior de la capital y desde allí provocar la caída del gobierno. En esta ocasión se hizo ese intento en dos oportunidades: cuando las expediciones de Gibara y la de Río Verde, pero ambas fracasaron. El terrorismo se mantuvo constante durante todo el tiempo de Machado y hasta su caída. Después continuó siendo una práctica constante en la política cubana durante todos los gobiernos de Grau, Mendieta, Laredo Brú, etc, de la década del 30, y continuó hasta los últimos días de la existencia de la República.

Ese método de subversión salvaje y cruel se hacía muy popular entre la juventud y llevaba al poco respeto por la vida y "al deporte de matar por matar". El ejemplo más significativo de este tipo de terrorismo fue el asesinato de Clemente Vázquez Bello, entonces presidente del Senado durante el período presidencial de Gerardo Machado, para que sirviera de señuelo y atrajera al verdadero objeto del crimen. Fue acribillado a balazos en un atentado "perfecto" con el plan de que al ser inhumado en el Cementerio de Colón –que había sido previamente dinamitado– ocurriera la asistencia obligada de Machado con las figuras prominentes de su gobierno y así murieran todos en la enorme explosión. Un hecho verdaderamente terrible que fue frustrado por la decisión de la familia de Vázquez Bello que quiso enterrarlo en Santa Clara, su ciudad natal. La situación general de la República empeoraba minuto a minuto, era prácticamente ingobernable. No había seguridad de ningún tipo. Se estaban destruyendo propiedades extranjeras. En fin, reinaba el caos.

En 1932 fue electo presidente Franklyn Delano Roosevelt en la Unión Americana. Al año siguiente, al tomar posesión, envió a Cuba a Benjamín Sumner Welles, recién nombrado Subsecretario de Estado y encargado de los asuntos latinoamericanos. Este funcionario había estado también como Enviado durante el gobierno de Zayas por lo que tenía cierta experiencia en los asuntos de la Isla. En aquel tiempo el que funcionaba en Cuba era el General Crowder, no como embajador sino como Delegado, y el cual se había aplicado sin éxito a tratar de sustituir a Zayas por Carlos Manuel de Céspedes, que coincidentemente era amigo de Welles. Pero esta segunda vez Sumner Welles venía nombrado para una tarea bien concreta la de lograr que se iniciara una mediación, pero muy distinta a la de Guggenheim, porque el objetivo era sacar a Machado del poder y poner en la Presidencia a Carlos Manuel de Céspedes.

Los trabajos de mediación se iniciaron con la ausencia de tres grupos minoritarios: el Partido Comunista, el Ala Izquierda Estudiantil que era subsidiaria del anterior, y el resto de los Conservadores de Menocal. Aunque la oposición concedió una tregua durante esos días la mediación fracasó porque el candidato que se quería promover era Carlos Manuel de Céspedes, que era un hombre honorable y de prestigio, pero que no había estado participando en la lucha contra Machado. Los principales grupos que se opusieron a su nominación fueron el ABC –de reciente creación y de gran fuerza popular y membresía–, el Directorio Estudiantil que estaba prácticamente envuelto en todos los hechos de protesta, violentos o no, que ocurrían en La Habana; y el Partido Unión Nacionalista del Coronel Mendieta que había sido derrotado por Machado en las primarias de 1924 mediante trucos políticos, además de otros grupos menores que también fueron considerados para el intento de mediación.

Inmediatamente después del fracaso de estas gestiones en Julio del año 1933, los comunistas –que entonces eran un grupo pequeño– hicieron una huelga que por razones del ambiente que se vivía se extendió a otros grupos no comunistas, pero Machado la pudo controlar. Pero ya el 12 de Agosto de 1933 ocurrió la deposición de Machado. Fijémonos bien en el siguiente detalle: Machado fue depuesto por un golpe militar que comenzó en la fortaleza de La Cabaña, se extendió al Castillo de la Fuerza y después al Campamento de Columbia. Un golpe militar que a todas luces fue espontáneo porque no tuvo una dirección clara ya que los oficiales intermedios del Ejército, que eran los que estaban más descontentos, no tuvieron un líder que se hiciera cargo de la situación. Simplemente la situación era tan insostenible que depusieron a Machado.

Ante este hecho el Presidente Machado se reunió en Palacio con Sumner Welles, algunos oficiales del Ejército y con el General Herrera que era su Secretario de la Guerra, para analizar cual podía ser la línea de acción. La "neo" Constitución que operaba en Cuba desde la prórroga y las modificaciones de 1927, había eliminado el cargo de Vicepresidente, luego Machado no tenía sustituto inmediato. Se podía pensar en que Machado firmara su renuncia, pero la Constitución vigente establecía que se deberían esperar seis meses para que su Secretario de Estado le sustituyera, y ese sería un período demasiado largo para un país en plena efervescencia política. Se podía pensar en que Machado pidiera seis meses de licencia, pero entonces la sustitución sólo podría realizarse en el período de un mes, y el pueblo no se sentiría satisfecho de que Machado no fuera depuesto de una vez y por todas. Si se pensaba en una licencia, que era lo más rápido, el sustituto reglamentario debía ser el Secretario de Estado que era Orestes Ferrara, pero éste se encontraba en Londres realizando una misión diplomática. Podía también pensarse en que Machado moviera al General Herrera de la Secretaría de la Guerra a la Secretaría de Estado, pero en cualquiera de ambos casos considerados el sustituto tendría que esperar un mes antes de tomar posesión y el país no estaba en condiciones de sentirse sin gobierno. Además a Herrera había que descartarlo porque los militares lo consideraban un traidor a la causa del Ejército. Se querían hacer todos los esfuerzos posibles para mantener los hechos dentro de un formato civilista y al que no se le pudiera discutir su legitimidad, pero ¿quién sería pues el que podría cubrir aquel vacío de poder? Y fue precisamente el General Herrera a quien se escogió para la obra de prestidigitación de Sumner Welles. ¿Por qué decimos esto?

Aquello no parecía tener solución pero Sumner Welles sí creyó que la tenía. Con un pequeño resto del Congreso que fue llamado a Palacio para convalidar unos últimos Decretos del Presidente Machado, se dictó un Decreto Presidencial que anulaba aquella parte de la Constitución que hablaba de los seis meses de espera para una sustitución en el caso de una renuncia presidencial. Con otro Decreto se anulaba la parte de la Constitución que para el caso de una licencia presidencial establecía el requisito de un mes de espera para la sustitución por el Secretario de Estado. Con otro Decreto se nombró como nuevo Secretario de Estado al General Herrera, lo que era una facultad del todavía Presidente Machado, y que ante la renuncia de éste y por los Decretos dictados y convalidados, ya pasaba automáticamente a convertirse en el nuevo Presidente. Una vez que Herrera ocupaba el nuevo cargo en propiedad pudo pedirle la renuncia a todos los demás Secretarios. El siguiente paso también lo dio Herrera al nombrar a Carlos Manuel de Céspedes como su Secretario de Estado. Y entonces sólo faltó la renuncia de Herrera para que se cumpliese el objetivo final de sustituir a Machado por Carlos Manuel de Céspedes.

Se había hecho un traspaso fulminante de Machado a Herrera, de Herrera a Céspedes, que era el candidato de Summer Wells, y del sombrero de copa de Mandrake el Mago se había sacado la "solución" a un problema que parecía insoluble. Pero el Ejército no estuvo de acuerdo y no apoyó a Céspedes, además de estar disgregado, disperso, carente de líderes y sin voluntad de actuar. Mientras tanto las fuerzas revolucionarias, que no fueron quienes depusieron a Machado, siguieron en su rutina de violencia durante el breve tiempo que duraría la Presidencia de Carlos Manuel de Céspedes. Y puede decirse sin temor a mentir, que durante ese tiempo el país estuvo en total anarquía y carente de gobierno.

¿Por qué no se aplicó la Enmienda Platt en ese momento? Sumner Welles creía que con esta sucesión "legal y constitucional" no habría necesidad de nada más. El gobierno de Roosevelt por medio de su Secretario de Estado, Cordell Hull, anunció que no había necesidad de reconocimiento puesto que el traspaso se había hecho ordenada y legalmente. ¡Un gran eufemismo! Pero Céspedes terminaría por caer porque no contaba con el apoyo popular, ni tampoco tuvo el apoyo de los grupos importantes de la oposición, y porque no tenía el apoyo de un Ejército que se estaba desintegrando conjuntamente con la República ya que la situación económica seguía de mal en peor.

Se ha especulado mucho sobre la figura del Brigadier Sanguily, que en aquellos momentos estaba hospitalizado por enfermedad, quien tenía un fuerte arraigo dentro del Ejército y que tal vez hubiera sido capaz de dirigir y aglutinar el golpe militar y hacer que el gobierno, en vez de haber pasado a Céspedes, hubiera pasado a una junta militar o cívico militar. Pero esta no hubiera sido una solución aceptable para

Sumner Welles como instrumento del "New Deal" que estrenaba el Presidente Roosevelt. No importaba que en América Latina gobernaran numerosos dictadores militares, pero en esta crisis de la gobernabilidad en Cuba, esto no podía pensarse siquiera.

Céspedes cayó por un nuevo golpe militar, pero esta vez de clases y soldados y algún que otro oficial de graduación que se sumó al golpe. Sin embargo Sumner Welles, después del fracaso de su taumaturgia política anterior, y con la rara habilidad que se le debe reconocer, logró seguir adelante con un nuevo plan completamente diferente al anterior de la mediación y que consistió en descubrir la potencialidad de "un sargento llamado Batista", frase despectiva del propio Welles, que más tarde él cambiaría por la de "nuestro hombre en La Habana". Ni corto ni perezoso, después del golpe del 4 de Septiembre, y tan temprano como en la tarde del 5 de Septiembre de 1933, Welles celebró su primera entrevista con Batista al que comenzó a darle apoyo, a dirigirlo, y a tratar de que por su medio se lograra un gobierno civil que fuera de su agrado.

El primer gobierno civil después del 4 de Septiembre fue la Pentarquía. Cinco cabezas y ninguna dirigía, cinco personas y ninguna decisión, hasta que en pocos días se determinó disolverla y nombrar al Dr. Ramón Grau San Martín como Presidente de la República. Grau resultó no ser del agrado de Sumner Welles, por ello se le negó el reconocimiento oficial de los Estados Unidos, y se hizo todo lo posible para que Grau cayera del trono. Fue depuesto en Enero de 1934. Sin embargo, y durante su breve tiempo de gobierno promulgó una serie de leyes, que se llamaron revolucionarias, que en su momento tuvieron un gran impacto, y que perduraron en el tiempo a través de los sucesivos gobiernos. Las principales de esas leyes fueron: la que establecía en ocho horas la jornada máxima de trabajo, la que obligaba a contratar un cincuenta por ciento de ciudadanos cubanos en todos los centros de trabajo, la que rebajaba las tarifas eléctricas y telefónicas, la moratoria de alquileres, etc. Grau tuvo que enfrentarse a grandes problemas y durante su gobierno no se pudo restablecer la seguridad pública, porque tanto los grupos revolucionarios que lo apoyaban como los que no lo apoyaban persistían en sus actividades terroristas.

¿Por qué no se había aplicado la Enmienda Platt en este estado de anarquía? ¿Por qué no se había actuado cuando Machado violó el Artículo II de la Enmienda? Ahora ocurría que era el Artículo III el que estaba siendo violado. Pero la explicación de esta inacción por parte de los Estados Unidos no fue la "famosa" oposición de México, Brasil, Argentina y Chile, que fueron consultados por el gobierno de Roosevelt, sino que el intervenir en Cuba según las especificaciones de la Enmienda Platt constituía un negocio muy malo para los Estados Unidos. Era malo desde el punto de vista económico, pero también era malo desde el punto de vista de las pérdidas de vidas norteamericanas que seguramente iba a ocasionar la presencia de tropas norteamericanas en La Habana, porque esta ciudad era un volcán en erupción donde cualquiera tenía una ametralladora, una escopeta recortada, pistolas automáticas o un cartucho de dinamita. No sólo lo tenían sino que sabían emplearlos. Por lo tanto una intervención militar no iba a ser un desfile militar como el de 1906, sino una guerra de ciudad, donde las bajas tanto civiles de cubanos como de militares norteamericanos iban a ser muy numerosas e impopulares para la opinión pública norteamericana. La consulta de Estados Unidos a los países latinoamericanos, y el escuchar sus recomendaciones, fue un hecho más que nada político, para crearle una buena opinión a la política exterior de este país. Pero si los Estados Unidos hubieran creído necesaria una intervención en Cuba nada los hubiera detenido, porque ninguna potencia se detiene cuando sus intereses le demandan intervenir en un territorio ajeno.

El mismo Presidente Roosevelt, unos pocos años después y en medio de la Guerra Civil Española, permitió u ordenó, eso no está especificado así en ningún texto, la creación, el entrenamiento, el avituallamiento, el armamento y el transporte de la Brigada Internacional Lincoln para pelear en ese conflicto del lado de la República. Como quiera que esto se mire siempre será una intervención, disfrazada o no, pero es una intervención. Sólo pocos años después y siguiendo la verdad de este aserto el Presidente Johnson intervendría en la República Dominicana ante la revuelta del coronel Caamaño, aunque liquidada la situación se procedió a la retirada de los "Marines". Luego el Presidente Reagan intervino en El Líbano aunque esta vez con poca fortuna, pero intervino. Un poco más adelante Reagan también intervino en la isla de Granada usando el pretexto de la seguridad de estudiantes norteamericanos en la isla, pero lo real era que el gobierno comunista de Cuba estaba construyendo una pista para el aterrizaje de bombarderos pesados soviéticos.

Y por último, en este período histórico, la intervención realizada en Panamá bajo el pretexto de un narcotráfico real, pero que sirvió de cobertura para sacar a Noriega del poder. En esos casos no ha importado que haya habido protestas de la OEA, de la ONU o de simples países. A los intereses de los Estados Unidos les convenían estas intervenciones y allá enviaron a sus "Marines". Pero este no fue el caso de Cuba en 1933.

No se intervino porque no les convino, simple y llanamente. Sin embargo esta abstención constituyó la muerte práctica de la Enmienda Platt. La muerte legal ocurriría más tarde, en los primeros meses del gobierno del Coronel Carlos Mendieta, cuando Sumner Welles ya había logrado la "renuncia" de Grau, y el Ingeniero Carlos Hevia no quiso aceptar la Presidencia por la situación imperante y sus escasas posibilidades de controlarla.

Mendieta era un hombre tranquilo, médico de profesión aunque no ejercía, persona decente y honrada, que aceptó la Presidencia y a los pocos meses de su gobierno logró que se cumpliera la promesa que Cordell Hull, el Secretario de Estado, había hecho durante la Séptima Conferencia Panamericana celebrada en Montevideo, de que se levantaría la Enmienda. En dicha conferencia fue el Dr. Herminio Portell Vilá quien denunció la existencia de la Enmienda Platt y pidió su revocación. Ya Grau lo había demandado en el primer discurso que realizó al tomar posesión de la Presidencia en Septiembre de 1933, porque ello tenía que ser un gesto unilateral de los Estados Unidos ya que los cubanos no tenían el poder para hacerlo. De todas formas el hecho no ocurrió hasta los primeros meses del año 1934. De esa manera se celebró el entierro legal de la tan controvertida Enmienda Platt.

También se renovó el Tratado de Reciprocidad Comercial mejorándose un tanto la presión que había sobre los aranceles impuestos al ingreso de los productos cubanos al mercado norteamericano. Fue especialmente importante la reducción del arancel que gravaba la venta del azúcar cubano y que fue reducido de dos centavos por libra a sólo 0.9 de centavo. En líneas generales el nuevo Tratado seguía manteniendo ventajas para los Estados Unidos.

Otro hecho vino también a proveer una gran ayuda para la recuperación económica de la Isla, y fue la aprobación de la Ley Costigan & Jones que hacía beneficiaria a Cuba de una cuota azucarera para vender al mercado norteamericano y que se había venido pidiendo desde 1923. Ello permitió el inicio de una etapa de resurgimiento económico lento pero constante del gobierno de Mendieta y los gobiernos sucesivos.

Señalaremos dos datos curiosos. Es que al desaparecer la Enmienda Platt el arrendamiento de la Base Naval de Guantánamo carecía de fundamento legal. Sin embargo todavía se ha permitido por los sucesivos gobiernos y regímenes cubanos el que continúe siendo operada por Estados Unidos a título de arriendo, y sin que ninguno de esos gobiernos lo haya denunciado en foros internacionales como el Tribunal de La Haya o cualquier otro.

El otro dato curioso, como apuntábamos previamente, es que uno de los objetivos encubiertos de la Enmienda Platt era lograr la anexión de la Isla por petición de los propios cubanos. Y en 1933 ni siquiera se intentó puesto que los tiempos habían cambiado y la anexión era algo que no tenía interés para Cuba ni tampoco para los Estados Unidos. Tal como dice el Dr. Luís Machado en su libro "La Enmienda Platt", ésta desapareció sin que los cubanos se enteraran de ello porque en aquellos tiempos de inseguridad pública, de falta de control de los gobiernos, de estado agónico de la economía cubana, en aquella época de caos económico, político y social de la República de Cuba, no había espacio en el pensamiento de la población para celebrar la muerte de la Enmienda. Lo que a todos importaba entonces era el poder salir de aquella situación económica tremenda, y de los enredados problemas políticos y sociales. Además ya se vislumbraba la severa y firme dictadura militar de Batista que avanzaba progresivamente para hacerse del control total del poder y manipular a los presidentes siguientes.

Por su parte Sumner Welles había terminado su misión en Cuba y regresó a Washington, siendo sustituido por su ayudante y seguidor Jefferson Caffrey, y el cual muy pronto se convertiría en íntimo de Batista durante el llamado decenio del Coronel Batista en el poder de Cuba.

El Presidente Machado también había pedido al gobierno de los Estados Unidos, inclusive directamente al Presidente Coolidge en 1928, una revisión de la Enmienda Platt, especialmente en el Artículo II referente a la petición de empréstitos. Su petición cayó en saco roto y nadie le hizo caso. Sus magníficas obras públicas terminaron por ahogar a la República en pagos que no podía realizar. Con dolor hemos visto recientemente como el ciclón Wilma destruyó parte del

Muro del Malecón que parecía indestructible, probándonos de esa manera que nada en este mundo lo es. El desgobierno actual es responsable de ello por su falta de cuidado a la obra de Machado. Como también, si es que no se logra un cambio político en Cuba, se irán arruinando las otras, como es el Paseo del Prado, el Hotel Nacional, el Parque de la Fraternidad, etc.

Resumiendo puede decirse que la Enmienda Platt debió haber sido aplicada en épocas de Machado y también en épocas subsiguientes por dos razones: primero por la violación del Artículo II, y después de su derrocamiento por violación del Artículo III en que Cuba hervía de efervescencia revolucionaria. La Enmienda no se empleó porque los Estados Unidos no podían hacerse cargo de las deudas cubanas en los momentos en que la depresión económica también hacía estragos en la economía norteamericana. La segunda razón de su no aplicación lo fue el pueblo armado de La Habana, que por su desboque terrorista seguramente hubiera causado numerosas bajas a los estadounidenses. Recordemos que la Enmienda se hizo, entre otras cosas, para proteger a la Isla de potencias extranjeras, para obtener bases en suelo cubano y en la esperanza de que los cubanos, "espontáneamente", pidieran la anexión. La no aplicación de la Enmienda para corregir el desorden en la Isla, a nuestro juicio, permitió la presencia y desarrollo del comunismo cubano que subrepticiamente socavó los cimientos democráticos del país. Pero este habrá de ser un tópico en capítulos futuros.

CAPÍTULO II

LA SEGUNDA REPÚBLICA
GOBIERNO DE JOSÉ MIGUEL GÓMEZ

Vamos a comenzar a hablar de los gobiernos republicanos que se sucedieron desde 1909 hasta 1959. Los historiadores han dividido el período republicano en la *primera república* que termina con la renuncia de Estrada Palma; la *segunda república* que comienza con José Miguel Gómez, continuando con los dos períodos de Menocal, el de Zayas y el gobierno de Machado hasta su destitución o caída; la *tercera república* se inicia con el gobierno de Carlos Manuel de Céspedes, continúa con los otros gobiernos provisionales y finaliza con el de Federico Laredo Brú. La *cuarta república* comprende el primer gobierno de Batista, el de Ramón Grau San Martín, el de Carlos Prío Socarrás y el segundo gobierno de Batista, terminando el 1º. de enero de 1959.

El gobierno de José Miguel Gómez (1909-1913) fue el primero en esta etapa llamada la *segunda república*, que estuvo constantemente asediado con amenazas de que se le aplicaría la Enmienda Platt. Estas amenazas provenían del Delegado Arthur Beaupre, que era el enviado especial, o factótum, del nuevo Secretario de Estado Philander C. Knox en el gobierno de William Taft. El Secretario Knox cambió por completo las reglas de juego que había establecido su predecesor Elihu Root, e interpretó caprichosamente el derecho de intervención prescrito en la Enmienda Platt.

Pero el gobierno de José Miguel logró vencer este asedio gracias a la tenacidad, a la valentía y a la brillantísima actuación del Secretario de Estado de su gobierno, el Coronel Manuel Sanguily, quien siempre recibió un firme apoyo del Presidente.

José Miguel Gómez pertenecía a una familia ganadera de buena posición en la zona de Sancti Spíritus. Su escolaridad no llegó más allá del Bachillerato. Tenía en su aval el haber participado en las tres guerras de independencia: la grande del 68, la chiquita y la guerra del 95. Fue el único primer magistrado cubano que tuvo esa distinción.

José Miguel aspiró a Presidente en las elecciones de 1908 llevando como Vice a Alfredo Zayas, y derrotó a su contrincante que era el General Mario García Menocal que llevaba a Rafael Montoro como Vice. Con su elección se restauraba la Presidencia cubana y terminaba el mandato que había venido ejerciendo el interventor Charles Edward Magoon desde la renuncia de Estrada Palma. Pero aunque el triunfo satisfacía la voluntad de hacer del nuevo Presidente, a José Miguel le tocó heredar los déficits y el desastre administrativo dejado por Magoon. Para que se tenga una idea, el interventor Magoon recibió el poder de manos de Estrada Palma con un superávit de trece millones de dólares en las arcas del Estado, y cuando él se lo entrega a José Miguel lo hace con un déficit de nueve millones de dólares. Pero además la administración de Magoon se caracterizó por el despilfarro, las corruptelas y las manipulaciones políticas. Magoon hizo concesiones por favoritismo económico y político, fue el que introdujo la "botella" en Cuba, un mal administrativo que perduró sobre el resto de la vida republicana, y en general hizo todo aquello que representaba un mal gobierno, pese a que se suponía que nos estaba enseñando a los cubanos a tener buenos gobiernos, honestos y capaces.

Su característica de patriota mambí, unida a la de su carácter simpático y jovial, le dio una popularidad sin paralelo, muy superior a la de los otros presidentes de la primera época, y esto a pesar de los yerros cometidos durante su administración por los actos de corrupción, la falta de pulcritud administrativa y el desvío de fondos públicos hacia fines distintos de los propuestos. La opinión pública lo identificaba con el mote de Tiburón que le endilgó la prensa, y por eso es que los cubanos al recordar a José Miguel, prefieren hacerlo con la frase festiva que él acuñó para defenderse de los ataques de peculado, y que decía "sí, Tiburón se baña pero salpica", y que se recuerda para la Historia. La prensa siempre lo fustigó ferozmente aunque muchas veces sin razones válidas. No obstante todo lo anterior, las aciertos y logros de su administración en diferentes órdenes, hacen que José Miguel haya tenido un saldo positivo en su administración, repito, a pesar de los errores y manchas de la misma.

Para la mejor apreciación de este mandato, y sin ceñirnos a un orden cronológico, vamos a enumerar brevemente, y luego a desarrollar, los aspectos en que su administración logró notables resultados. Estos fueron en el campo militar, en el de la educación y la cultura, en aspectos sociales como la salud, el obrerismo, etc., en las obras públicas, en cuestiones políticas, administrativas y económicas, en el manejo acertado de protestas populares y alzamientos que ocurrieron en su período, y sus aciertos en el manejo de la política internacional, especialmente con la Secretaría de Estado norteamericana y su Delegado en La Habana.

En el campo militar reestructuró y mejoró el Ejército Nacional en todos los órdenes. La reestructuración militar del Ejército se inició aumentando las plazas de oficiales y de alistados, también se aumentó el número de alistados de la Guardia Rural, y se unificó el mando de ambas instituciones cuya jefatura interina recayó en Faustino Pino Guerra, "el general de la guerrita de Agosto", para luego pasar al hábil mando del General José de Jesús Monteagudo, que era un hombre extraordinariamente capaz y un gran veterano de las guerras de independencia.

Al comenzar la Presidencia de José Miguel Gómez el Ejército contaba con 172 jefes y oficiales y 3,200 alistados. Estas cifras fueron elevadas a 212 jefes y oficiales y a 4,311 alistados. La Guardia Rural aumentó de 4,969 alistados a 5,266. En un país con tantas costas, puertos y lugares marítimos necesitados de vigilancia la Marina de Guerra era una necesidad imperiosa, y José Miguel la creó. Para ello se adquirieron los cruceros "Cuba" y el "Patria" y una decena de cañoneras que harían la función de guardacostas.

Este remodelamiento del Ejército, la Guardia Rural y la creación de la Marina de Guerra se hicieron bajo una fuerte oposición del Delegado Beaupre, pero sin que ello estorbara la decisión del Presidente Gómez. Había una razón práctica y era el hecho de que José Miguel había derrumbado a Estrada Palma que tenía más maestros que soldados, pero cuyos maestros no le habían servido para mantenerse en el poder, y esa lección ya se la había aprendido el Presidente de turno. Y estaba en lo cierto porque con el nuevo Ejército logró eliminar varias pequeñas intentonas como la del General Vicente Miniet Ginarte en Oriente, la de los Cortés y Labastida en Las Villas, y otras menores en La Habana, como la del

General Acevedo, etc, todas ellas con rapidez y eficiencia. Pero su mayor éxito fue la eliminación, en un tiempo brevísimo, del alzamiento de los hombres de color en la aventura que más adelante describiremos.

También en el período del Presidente Gómez se crearon el Hospital Militar, la Academia de Caballería de Columbia y la Academia de Cadetes del Ejército en el Morro.

Vayamos diciendo de paso que el Delegado Beaupre hacía una interpretación arbitraria de la Enmienda Platt. No sólo quizás por desconocimiento de la misma, sino por la intención semioculta de tratar de entorpecer la labor gubernativa de José Miguel para provocar una situación que diera al traste con la independencia y así lograr la anexión en que estaban empeñados los diplomáticos americanos de la época.

En el aspecto educacional José Miguel incrementó también el número de maestros, creó 150 aulas primarias y escuelas nocturnas para obreros, escuelas en las prisiones de las capitales de provincia. También se crearon las ciudades escolares. Se comenzó el acto de la jura de la bandera en las escuelas. Se autorizó la enseñanza privada. Se hizo el primer plan piloto para el desayuno escolar. Se dotó a los Institutos de Segunda Enseñanza de Museos de Historia Natural y de laboratorios de Física y de Química. Se fundó la Academia de la Historia así como la Academia de Artes y Letras. Redujo la cantidad a pagar por la matrícula universitaria. Se propuso –sin que el Congreso lo aprobara– la creación de una Universidad Obrera. Se establecieron granjas escuelas en todas las provincias. Se creó la Escuela de Comadronas. Se promulgó la ley sobre la regulación de la contratación de maestros.

En el orden social se aprobó la Ley Arteaga que prohibía la entrega de vales o fichas como pago de sueldos requeridos por los trabajadores. Se estableció una jornada de ocho horas de trabajo para los empleados del comercio, y el cierre dominical de los establecimientos hasta las seis de la tarde. Se fijó el sueldo mínimo para los empleados del Estado, de las provincias, de los municipios, y de los contratados por empresas que hacían trabajos para la Secretaría de Obras Públicas. Se creó un tribunal de arbitraje para los diferendos entre patronos y obreros. Se promulgó la ley sobre los accidentes del trabajo, la protección de la mujer y del niño. La construcción del

Reparto Redención en el municipio de Marianao consistente en 2000 casas pequeñas para ser vendidas a los trabajadores y que se hicieran propietarios de las mismas mediante el pago de módicas cantidades mensuales hasta pagar el costo total del inmueble.

También se mejoró el sistema telefónico y se inauguró el teléfono de larga distancia prácticamente a toda la República y mucho antes de que se hiciera en otros países, incluyendo a España.

Se creó la Cruz Roja Nacional. Se promulgó una nueva Ley de Inmigración con especial referencia a la inmigración proveniente de China. Se promulgó la ley de la Lotería Nacional, que tenía un gran arraigo popular, y se derogó la prohibición de celebrar peleas o lidias de gallos que eran tan gustadas entre la población campesina. Se prohibió que al cese de la concesión que disfrutaba el jai-alai para operar con apuestas, esta concesión pudiese ser renovada. Se evitó la aprobación de una legislación que permitiera el establecimiento de hipódromos con apuestas. Y en el terreno de la lucha contra el crimen se estableció la Policía Judicial y el Gabinete Nacional de Identificación.

En cuanto a las obras públicas, comencemos con el famoso cambio de los terrenos de la antigua estación de ferrocarril de Villanueva por los del arsenal junto a la bahía. Esta transacción se hizo con una compañía británica. El valor aproximado de los terrenos de Villanueva era un poco más de dos millones de dólares y los del arsenal valía un poco mas de tres millones, o sea, una diferencia de un millón y unos cuantos dólares más. La compañía británica se comprometía a fabricar la Estación Terminal con todas las reglas modernas de la época, sacar los trenes de la ciudad de manera que no obstruyeran el tránsito, edificar tres espigones en la bahía y construir un incinerador para la basura o desperdicios de la ciudad. Estas dos últimas especificaciones no fueron cumplidas por los ingleses y dejaron un tremendo margen de dinero del que se aprovecharon unos cuantos políticos cubanos muy "vivos", y otros cuantos políticos ingleses mucho más "vivos" que los cubanos. Este negocio constituyó el primer gran "affaire" del gobierno de José Miguel, que fue llamado también como "el gran chivo". Pero la ciudad de La Habana recibió el gran beneficio de ser dotada de una modernísima estación de ferrocarril, haber sacado de su seno la obsoleta estación ferroviaria de Villanueva, y ser dotada de unos terrenos que pudieran ser utilizados, como en el futuro lo fueron, para otras obras de interés público.

José Miguel trató de iniciar la construcción del Palacio Legislativo, o Capitolio como se le llamaría después, y destinó para ello el terreno que había dejado vacante la estación de Villanueva, pero no pudo iniciarlo y más tarde sería Machado el que lo materializó en el mismo lugar. José Miguel heredó un plan de carreteras, con una serie de ellas inconclusas, en las que el interventor Magoon había invertido muchísimo dinero, y que al finalizar su intervención aún estaban en malísimas condiciones. La administración del Presidente Gómez asumió esas obras y construyó más de 500 kilómetros de carreteras faltantes para terminar el plan satisfactoriamente. También se llevaron a cabo obras tan importantes como fueron la pavimentación de calles y la construcción de alcantarillados en las ciudades de La Habana y de Cienfuegos. Además se hicieron muchos parques en numerosas ciudades cubanas.

Consideraremos dos grandes obras públicas que no llegaron a realizarse porque fueron acusadas de "chivos". Veamos brevemente lo que sucedió.

El primer caso fue el de una concesión para la desecación de la Ciénaga de Zapata, dada a una compañía que obtendría no solamente pagos, sino también el beneficio de las maderas y los terrenos. Esto originó un escándalo público por la sospecha de que podría haber algún negocio turbio. Pero sobre todo fue que el Delegado Beaupre se enteró de que el concesionario era un norteamericano y que la Ciénaga de Zapata no era un emporio de maderas preciosas, puesto que no tenía bosques, siendo así que la empresa recipiente de la concesión perdería dinero y los beneficios sólo hubieran sido para la República de Cuba por las tierras recuperadas, así como por la mejora en la sanidad pública en esa área del país. El perjudicado empresario norteamericano protestó airadamente y el famoso Delegado Beaupre reconoció en comunicado a su gobierno el haberse equivocado por estar mal informado. Por todo ello el gobierno cubano desistió del proyecto que no se volvería a intentar hasta 1954, durante el segundo gobierno de Batista, donde tampoco prosperó. Después otra vez el gobierno de Castro volvería sobre el tema y contrató a una compañía holandesa, pero la Ciénaga de Zapata continúa en las mismas condiciones de siempre. Y quizás se perdió una preciosa oportunidad en el tiempo de José Miguel.

Otra obra que no se hizo, y también causó escándalo, fue el dragado de los puertos cubanos. Para ello se había autorizado a una compañía norteamericana sin contar con el gobierno de Washington. Pero de nuevo empezó la protesta norteamericana aduciendo que era un fraude completo y de nuevo José Miguel retiró la concesión otorgada. Cuando más tarde se hizo en Washington un estudio acucioso de la situación y vieron que era beneficioso para Cuba y que la concesión favorecía a una empresa norteamericana, trataron de imponerle a Cuba el que se llevara a cabo dicho proyecto, pero entonces José Miguel se opuso terminantemente a hacerlo. Los puertos de la Isla no se dragaron y ya en tiempos de Menocal hubo que pagar alrededor de siete millones de dólares para zanjar legalmente el embrollo.

En el orden político y administrativo hemos de señalar la restauración e institución de 27 municipios: Abreus, Agramonte, Banes, Caimito del Guayabal, Campechuela, Candelaria, Carlos Rojas, Cifuentes, Corralillo, Encrucijada, Guamacaro, La Salud, Los Palacios, Manguito, Mariel, Perico, Regla, Sabanilla del Encomendador –más adelante nombrado Juan Gualberto Gómez–, San Antonio de Cabezas, San Diego del Valle, San Fernando de Camarones, San José de los Ramos, San Juan de los Yeras, San Nicolás, Santa Ana de Cidra, Victoria de las Tunas y Zulueta.

Se reestructuró el Poder Judicial como paso previo a la Ley de Servicio Civil e Inamovilidad. Lo mismo se hizo con las Secretarías de Sanidad y la de Justicia, recientemente organizadas por Magoon. Se reorganizó el sistema consular diplomático debido al aumento del comercio exterior de Cuba bajo la enérgica protesta del Delegado Beaupre. Se creó el Archivo Nacional y también se creó el Archivo del Ejército Libertador.

En el plano económico se creó el Banco Territorial. Se construyeron nuevos centrales azucareros que figuraban entre los mejores y mayores del mundo: Delicias, Morón, Jobabo, Río Cauto y Manatí. Se promulgó la ley de suspensión de pagos. Se estableció la Junta Central de Estadísticas y el sello de garantía para los tabacos habanos. También se creó la Junta Nacional de Pesca.

En la época de Magoon se pidió un empréstito de 16 millones de dólares para obras que el interventor norteamericano no pudo terminar ni pagar durante su mandato, dejando pendiente una deuda de $9,350,000 que el nuevo gobierno tuvo que asumir. José Miguel autorizó a que la Casa Speyer comprara esta deuda, e hizo la declaración de que su administración no sólo amortizaría esa deuda, sino que además terminaría todas las obras inconclusas que habían sido planeadas. Y al terminar su mandato el Presidente Gómez, no sólo había cumplido sus compromisos, sino que además dejó tres millones y medio de dólares en caja En aquella época Cuba era el país de más rápido desarrollo en América Latina, pues en cuatro años había crecido un total de $500 millones de dólares, que era algo excepcional para aquel tiempo.

Hablemos ahora de algunos datos económicos. Las exportaciones durante el período de José Miguel fueron de $571,400,000 y las importaciones sólo alcanzaron $431,400,000, por lo tanto la balanza de pagos era favorable a Cuba en unos $140,100,000. El 86% de las exportaciones iban a los Estados Unidos y de allí venía sólo el 52% de nuestras importaciones. El valor de la exportación azucarera fue de 92 millones de dólares durante el primer año, 119 millones el segundo, $104,500,000 el tercero y $118,800,000 el último año de su mandato. El tabaco produjo $54,900,000 en el primer año, $53,200,000 el segundo año, $57,700,000 el tercero y $65,900,000 en su último año. Las inversiones norteamericanas en Cuba ya eran de $170 millones cuando José Miguel arribó al poder, pero ya en su período de gobierno las nuevas inversiones extranjeras alcanzaron un total de $112,400,000 repartidos así: $60.4 millones británicos, $12.5 millones franceses, $4.5 millones alemanes y $35 millones adicionales estadounidenses, lo que elevó la inversión norteamericana en el país a $205 millones en la época de Gómez.

Es de destacar su manejo acertado en problemas muy difíciles y de gran envergadura tales como la protesta veteranista y el alzamiento de los hombres de color del Partido Independentista de Color y por último aunque no lo de menos importancia, sino todo lo opuesto, sus aciertos en política internacional especialmente como ya hemos mencionado en sus luchas con la Secretaría de Estado norteamericana y su delegado en La Habana.

El gobierno de José Miguel demostró una gran habilidad en el manejo y solución de agudos problemas que aparecieron durante su administración. Uno de ellos fue el de los veteranos de la Guerra de Independencia, que en su mayoría, y sobre todo el personal de tropa, eran iletrados, trabajadores de campo que no tenían acomodo laboral, puesto que ni tenían tierras ni tampoco fácil acceso a los puestos de trabajo gubernamentales. Para atender a las necesidades de estos veteranos el Presidente Estrada Palma gestionó un empréstito de $35 millones, cuyos detalles requerían algún tiempo antes de que los fondos estuviesen disponibles. Para aliviar la presión y demostrar la voluntad del gobierno Estrada Palma procedió a la entrega de unos certificados que se podrían cobrar a la llegada de los fondos. Pero cuando José Miguel accedió al poder se encontró con que la mayoría de los veteranos, pensando que el empréstito nunca llegaría, le había vendido su certificado a especuladores que se los habían comprado por menos dinero que el valor nominal de los mismos. Así cuando por fin se materializó el empréstito nada o muy poco quedó en manos de los veteranos. Los grandes beneficiados fueron los especuladores y algunos veteranos que no habían vendido sus certificados. Una vez mas en la Historia se repetía el caso de que gente inescrupulosa se aprovechaba de la miseria de los pobres.

Esta situación se había agravado cuando Magoon nombró para ocupar puestos civiles a gente que había pertenecido al régimen colonial, porque eran individuos que tenían más preparación que los veteranos. Además el hecho de que esas plazas iban a ser inamovibles según prescribía la Ley de Servicio Civil, las hacía más apetecibles y sujetas a controversia. No se veía pues la forma de resolverle los problemas ni donde colocar a los veteranos. Esta fue la situación que se encontró José Miguel.

Esta situación se vio agravada por el "cranque" con que el Partido Conservador trataba de hacer fracasar a la administración de José Miguel. También los partidarios de la anexión, que aún soñaban con que se produjera una gran crisis que provocara la intervención y el cese de la República independiente, añadían leña a ese fuego. Otro tanto hacían algunos de los dirigentes de los veteranos, casualmente los que menos se habían distinguido en las guerras independentistas, creando una fuerte corriente de opinión que reclamaba el que se le diera a los veteranos los puestos que habían venido ocupando los que llamaban "guerrilleros" y "emboscados", que eran los que habían servido los intereses de España durante el período colonial Una mezcla de factores que ocurre en las grandes explosiones sociales. Se trataba pues de una mezcla explosiva y lista a estallar en cualquier momento.

El primer obstáculo para el intento de solucionar este grave problema era el enorme número de quienes reclamaban ser veteranos.

Recordemos la frase de Máximo Gómez cuando hizo su entrada triunfal en La Habana: *"si yo hubiera tenido tanta gente en el ejército, hace diez años que nos hubiéramos liberado"*. Es decir, había más veteranos después de la guerra, que durante el curso de la misma. Y para intentar una solución justa y posible, había que realizar primero una depuración cautelosa de los reclamantes. Mas los ánimos se iban exaltando, y tras una serie de reuniones menores se llegó a celebrar una grande en La Habana que estuvo presidida por el General Emilio Núñez. Pero no era fácil controlar aquella reunión levantisca, tanto, que el prestigio del General Núñez no fue suficiente para lograr calmar y enfocar aquella asamblea hacia una solución posible y viable. Otro veterano ilustre, el General Enrique Loynaz del Castillo, encabezó una manifestación que marchó hacia Palacio para solicitar el ser recibidos por el Presidente. Allí el General Loynaz del Castillo exageró la nota y amenazó al Presidente con grandes dificultades si es que no se resolvían los problemas de los veteranos. El Presidente, quien hasta ese instante había sido cauto y conciliador, perdió los estribos y dijo: "Oiga, ni usted ni nadie puede amenazarme a mí; fuera de aquí"…y los expulsó a todos de su despacho. La cosa no llegó a mayores por la intervención de veteranos de más rango que Loynaz y que finalmente lograron que éste y José Miguel se dieran un abrazo y se unieran para encontrar la solución del problema.

Se creó una comisión que analizara y depurara a los llamados "guerrilleros" y "emboscados", y también el certificar la verdadera membresía de los reclamantes como verdaderos veteranos de las fuerzas mambisas. El siguiente paso fue el derogar por un año y medio la Ley de Inamovilidad del Servicio Civil, lo que motivó una protesta del Delegado Beaupre, porque según él, las leyes de los interventores no podían ser modificadas. Pero la cosa no pasó de una protesta, y finalmente el conflicto se solucionó. Pero no sería ésta la última vez que los veteranos intervinieran en la política nacional como veremos cuando tratemos la Presidencia de Zayas.

Otro gran problema fue la guerra de los miembros del Partido Independentista de Color. Curiosamente el gobernador Magoon había autorizado la formación de un partido de miembros de la raza negra en 1907 para concurrir a las elecciones de 1908. Si alguien de la época hubiese hablado de organizar un partido similar en los Estados Unidos, lo hubiesen "linchado". Por supuesto que esto no fue ni un error, ni una casualidad, sino una de las tantas triquiñuelas de Magoon y del gobierno de Washington para ocasionarle dificultades a los gobiernos cubanos, de forma que al no ser viables hubiera motivos para una nueva intervención y alcanzar el objetivo final de la anexión.

El Senador Martín Morúa Delgado, mulato él, logró pasar una enmienda a una ley del Congreso Cubano que se conocería como la Ley Morúa, prohibiendo la creación de partidos políticos basados en raza, sexo o creencia religiosa. Aunque esta Ley prohibía varios tipos de partidos en realidad sólo afectaba al Partido Independentista de Color que ya era existente, y así sus líderes Evaristo Estenoz y Pedro Ivonet lo vieron como una violación de sus derechos y por tal motivo decidieron ir a la rebelión. Los "independentistas de color", dirigidos por Estenoz e Ivonet, fueron estableciendo comités municipales por casi toda la República y envalentonándose con la respuesta que iban obteniendo de sus partidarios. Aunque el censo de 1908 halló que menos del 27% de la población cubana era de la raza negra o mulata, o sea, menos de la tercera parte, los "independentistas de color" hacían mucho ruido. Y además empezaron a ser alentados por los conservadores y también por los anexionistas, de forma tan manifiesta que cuando la situación se agravó el Delegado Beaupre pudo informar a su gobierno que había fuerzas, indeterminadas para él, pero que estaban empujando a los hombres de color a hacer una verdadera revuelta. Entonces se aprehendió a Estenoz y a Ivonet por desacato, fueron juzgados y se les condenó a varios meses de prisión. Pero cumplida esa condena ambos salieron más envalentonados que nunca y lograron que su Partido creciera con nuevos miembros. Este Partido era más fuerte en las provincias orientales por la presencia en esa región de jamaicanos, haitianos y gente de las Antillas Menores, que por razones de raza, hacían causa común con el Partido Independentista. Cabe aclarar que con anterioridad a la revuelta y durante la misma, la mayoría de los cubanos de la raza negra no eran "independentistas de color" sino pertenecían al Partido Liberal. Con un permiso concedido por el Delegado Beaupre, Evaristo Estenoz viajó a Washington aunque con la advertencia hecha a su gobierno de que se trataba de un individuo muy peligroso con quien había que tener cuidado. Esto ocurría en los meses de abril y mayo del año 1912.

La insurrección estalló en casi todas partes, pero especialmente en Oriente. No hay que decir que enseguida cundió el pánico entre los dueños de las fincas cañeras, de los centrales azucareros, de las minas y de los ferrocarriles. Los europeos exigían protección de sus gobiernos. Los norteamericanos hacían lo mismo. Esta situación hizo que Washington realizase un desembarco de tropas pero sin carácter de una intervención oficial. Lo hizo sin permiso del gobierno cubano y con el argumento de que sólo trataba de proteger a sus nacionales. En ese momento el General Monteagudo pidió autorización al Presidente para rechazarlos, pero ésta le fue denegada. En realidad José Miguel estimó que con una mera presencia de aquellas tropas defensivas, su gobierno se vería libre de tener que distraer tropas cubanas, y así podría dedicarlas a la eliminación de aquella revuelta. El gobierno cubano emitió una declaración diciendo que aquellos desembarcos no habían sido autorizados por Cuba, y el Ejército Cubano fue rápidamente movilizado. En esta situación era evidente que los esfuerzos del Presidente Gómez por mejorar las fuerzas armadas estaban pagando dividendos. En realidad los rebeldes no ofrecían combate sino que huían, y en pocas semanas fue liquidada la revuelta, y sus líderes Estenoz e Ivonet con un número de sus partidarios, resultaron muertos. Es de notarse que durante la insurrección la prensa norteamericana exageró el peligro de sus nacionales en la Isla con lo que justificaba el desembarco de las tropas norteamericanas, también exageró la efectividad de las tropas insurgentes, lo que podía preparar la opinión pública para una posible intervención oficial, y después que la revuelta había sido reprimida, la misma prensa pasó a destacar "atropellos" y una supuesta crueldad excesiva del gobierno cubano. Y es curioso que un siglo después y en el tiempo que discurre, los hábitos de la prensa norteamericana no hayan cambiado en manipular peyorativamente sus informaciones sobre los verdaderos intereses de los demócratas cubanos.

Durante todos esos meses la Cancillería Cubana se mantuvo muy activa y al final pudo demostrar que todo estaba resuelto. Los cables alarmantes de Beaupre se archivaron en lugar de lanzarlos al cesto de los papeles, como merecían, por contener sus falsas apreciaciones. Si bien estos eventos fueron graves, no constituyeron los únicos en los que el Canciller Sanguily se anotaría éxitos significativos. También la reclamación tripartita por parte de Alemania, Francia e Inglaterra por gastos y pérdidas sufridas durante la Guerra de Independencia fue presentada en el año 1903, la que de inmediato fue rechazada. Mas ahora, durante el gobierno de José Miguel, y con los nuevos conceptos del Presidente Taft de nuevo esta reclamación asomaba su cabeza. Cuba le pidió al gobierno norteamericano que arbitrara esta disputa, pero esto fue rechazado por las potencias europeas. Taft no hizo ninguna presión para que se aceptara este arbitraje y el asunto terminó en el Tribunal Internacional de La Haya donde las potencias europeas eran dueños y señores. Los cubanos no podían ir ni tampoco dejar de ir pues Cuba estaba obligada por ser signataria de acuerdos internacionales. Y fue el arduo trabajo de Manuel Sanguily el que logró que los Estados Unidos apoyaran a la Isla. Todo este asunto resultó en nada, y Cuba no tuvo que desembolsar ni un centavo. La Cancillería Cubana se anotaba con ello un nuevo éxito.

Otro incidente serio que pudo haber tenido graves consecuencias si no se le hubiera manejado con destreza fue el que protagonizó el periodista Enrique de la Maza. El incidente se originó porque un   contratista norteamericano que había rendido algunos servicios, y mostrando duda sobre la solvencia del gobierno cubano, le exigió a éste que le realizara el pago en moneda corriente. Ante la negativa gubernamental de hacerlo así, el contratista fue a quejarse al Encargado de Negocios estadounidense, Hugh S. Gibson, para que éste lo respaldara. Conociendo del caso, y viendo que la situación creada era tema noticioso, el periodista de la Maza se personó en la residencia del funcionario norteamericano Gibson para solicitarle una entrevista sobre los hechos acaecidos. Pero el Encargado de Negocios se molestó por la intención del periodista y lo maltrató de palabra a él y a la República de Cuba. Fue entonces que el cubano reaccionó violentamente y le propinó un par de bofetadas al diplomático. Esta reacción fue un hecho muy popular pero que era inaceptable e inadecuado. El gobierno cubano se vio obligado a llevar al periodista ante los tribunales, pero el mismo fue absuelto. De nuevo el gobierno lo sometió a un segundo juicio donde un juez hubo de condenarlo a dos años y seis meses de prisión, que en realidad no cumpliría su totalidad pues fue amnistiado en época de Menocal.

Otro tema que tenemos que mencionar es la actuación del Canciller Sanguily en la revocación de la concesión para la base carbonera de Bahía Honda. La concesión de esta base en el excelente puerto de Bahía Honda, al norte de la provincia de Pinar del Río, había sido aprobada al inicio de la República junto con la de la bahía de Guantánamo en el otro extremo de la Isla. Pero la realidad es que la apertura del Canal de Panamá ya hacía obsoleta la presencia de tropas norteamericanas en Bahía Honda. Entonces Sanguily logró mediante hábiles negociaciones la evacuación total de Bahía Honda, a cambio de extender un poco el territorio de la base de Guantánamo.

Durante todo el tiempo en que el Coronel Sanguily fue Canciller, puede decirse que tuvo que estar lidiando a diario con las intromisiones del gobierno de Washington a través de su Delegado Beaupre. Éste se inmiscuía en casi todos los asuntos cubanos en total contravención de lo que Elihu Root había definido sobre la Enmienda Platt, y que era que la Enmienda sólo se aplicaría en caso de ocurrir violaciones de su Artículo III. Sin embargo, Philander Knox se la arreglaría para cambiar las reglas de juego, instruyendo a su representante en La Habana para que mantuviera un hostigamiento constante sobre el gobierno cubano con la amenaza de aplicar la Enmienda. Es lógico suponer que las instrucciones se originaban en el Presidente Taft, porque al igual que otros mandatarios, Taft no daba rienda suelta a sus Secretarios para actuar por cuenta propia. Curiosamente este Presidente efectuó una curiosa visita a la base de Guantánamo, en una época en que los presidentes estadounidenses sólo salían al extranjero en ocasión de importantes reuniones con otros mandatarios o en asuntos de mayor envergadura, mas no para visitar una base.

Este autor estima que buena parte de los logros de José Miguel estuvieron asociados a las habilidades de su Canciller. Y es de obligada memoria y reconocimiento el discurso que Sanguily hubo de pronunciar durante la visita que realizó su colega Knox a La Habana, y que fue con ocasión de llevarse a cabo los trabajos finales para la recuperación de los restos del acorazado Maine. La visita de por sí era importante puesto que constituía un reconocimiento a la existencia de Cuba como un estado soberano. Esos días fueron de una gran actividad diplomática, parte de la cual fue el banquete ofrecido por el Presidente Gómez al Canciller Knox, y donde Sanguily pronunció su brillante discurso, del que ofreceremos algunos párrafos al final de este capítulo. Puede decirse que Sanguily "le cantó las cuarenta y las diez de última a su colega de la nación norteña". Tal como correspondía, y aunque Sanguily dominaba el inglés, el discurso fue pronunciado en español por ser la lengua oficial de Cuba. Sin embargo la versión de los traductores norteamericanos estuvo plagada de errores y no reflejó en manera alguna la esencia y el significado de la pieza oratoria.

En algún momento José Miguel pensó en ir a su reelección, pero desechó la idea, y los candidatos para sucederle fueron el General Mario García Menocal y el Vicepresidente Zayas, donde el vencedor fue Menocal. El Vicepresidente Zayas perdió por no contar con el apoyo del Presidente Gómez ya que ellos "no se llevaban bien". Finalizado el primer término de Menocal, éste quiso aspirar de nuevo para la obtención de un segundo período. Por su parte el Partido Liberal, después de arduas discusiones internas, postuló nuevamente a Zayas. Pero la maquinaria política de Menocal se impuso de nuevo, aunque esta vez con grandes evidencias de fraude generalizado que encolerizaron a la dirección del Partido Liberal. Los liberales se dispusieron entonces a iniciar una insurrección armada para deponer a Menocal que empezó por la provincia central de Las Villas, se extendió a otras provincias y duró varios meses antes de que todo volviera a la normalidad. A esta asonada se la conoce como "la Chambelona" y José Miguel Gómez fue su líder principal. Esta revuelta estremeció el ambiente político nacional con enfrentamientos armados, muertos y prisioneros. Pero dos meses después de iniciadas las acciones armadas contra Menocal, los Estados Unidos entraron en la Primera Guerra Mundial, y estimando que estas acciones armadas en la Isla eran perjudiciales para la seguridad de Cuba, de los Estados Unidos y la causa de los aliados, los Estados Unidos amenazaron con intervenir nuevamente en Cuba y esto, unido al control demostrado por el Ejército que iba ganando terreno, tuvo un gran poder disuasorio que acabó con la rebelión.

Al finalizar el segundo período de Menocal, los liberales volvieron a postular a José Miguel Gómez en busca de su regreso al poder. Menocal ya no podía aspirar a otro período, pero su animadversión por Gómez, lo llevó a hacer unos amarres políticos que permitieron que Zayas aspirase por tercera vez, y esta en contra de su antiguo compañero en la Presidencia. Pero los resultados no favorecieron a José Miguel por aludidos fraudes que escamotearon su victoria. Tras esta derrota electoral José Miguel se retiró, y vivió practicamente exilado en los Estados Unidos, hasta que algún tiempo después falleció a resultas de una neumonía fulminante. Trasladado su cuerpo a La Habana, el pueblo le rindió su homenaje con una asistencia masiva que convirtió su entierro en un magno acontecimiento como no se había visto desde el sepelio del Generalísimo Máximo Gómez. Sobre su gobierno el periódico "El Mundo" dijo lo siguiente: *"tuvo yerros, tuvo aciertos, pero si analizamos el balance total, hubo más activos que pasivos; fue un buen gobernante aunque actuaciones personales y la de sus amigos ha hecho que en la Historia se le conozca más por el mote de 'tiburón que salpica' que por su buena obra de gobierno"*

Sobre sus funerales, en la edición del Diario de la Marina del 20 de junio de 1921, y en su columna "Impresiones", Pepín Rivero diría lo siguiente: *"el entierro fue grandioso, jamás una multitud tan grande acompañó en nuestra tierra a un cadáver"* añadiendo *"en los sepelios el muerto es conducido, en el de ayer era el muerto el que conducía. El General Gómez ha ganado su mejor batalla, al igual que El Cid, después de muerto"*.

Ahora tal como anunciamos anteriormente queremos incluir unas selecciones del discurso pronunciado por el canciller cubano Manuel Sanguily en el banquete ofrecido por el presidente José Miguel Gómez al secretario de estado de los Estados Unidos, Philander C. Knox, en la noche del 11 de abril de 1912, y que pone de manifiesto la independencia, seriedad y dignidad con que aquellos patricios asumían el desarrollo de nuestra república:

"Me ha honrado el señor Presidente de la República…de daros –en su nombre y en nombre del Gobierno y del pueblo de Cuba– la más cordial y afectuosa bienvenida a este solar amado donde se han mecido las cunas de muchos héroes y que ha sido siempre hogar hospitalario en que fácilmente olvidan los extraños su tierra nativa, entre las caricias de próvida naturaleza y la dulce hermandad de un pueblo tan noble como bueno." … "porque juntos los brillantes batallones americanos y las huestes cubanas, casi desnudas y demacradas, realizaron –los vuestros en rápida campaña, y nosotros guerreando incansables medio siglo– la obra grandiosa" … "responsabilidades mutuas y recíprocas a virtud de los cuales *ni os atribuís la potestad de supeditarnos, ni hemos sufrido el infortunio de retoñado vasallaje*". ... "Cualesquiera que sean las mudanzas y aplicaciones de la Doctrina de Monroe –la última fase de la cual Vuestra Excelencia mismo ha expuesto e interpretado autorizadamente en reciente y comentado discurso–, *nunca podría como gente malévola quisiera, implicar molesta, ilegítima y desdorosa soberanía que consistiese en continua, arbitraria y perturbadora intromisión de un gobierno extraño en la vida íntima y normal de naciones soberanas*" ... "Participando en nuestra áspera lucha con la metrópolis española, los americanos anticiparon probablemente algunos años nuestra independencia , a la vez que aseguraron a nuestro favor el éxito indeciso en una guerra muy larga y devastadora, ahorrándonos igual calamitoso período de furores, de sangre y de ruinas"... "Conociendo así nuestra condición y vuestros declarados propósitos, fuéramos recelosos y escépticos en demasía si temiéramos aún que, por torpe inspiración de la violencia, o por móviles inconfesables, estuviese amenazada la estabilidad de nuestras instituciones nacionales...que es demasiado grande y honrado vuestro país para codiciar ajenas soberanías, y demasiado extenso para necesitar de ajeno territorio..."... "aunque salta a la vista que es indispensable para la realización de fines tan beneficiosos que ni aquí ni fuera de aquí se consienta, ni menos se proclame sin correctivo, por la voz del agio desalmado y del dinero corruptor, que hay quien por derecho divino puede a su guisa, suprimiendo de una plumada la República, suplantar en Cuba la colonia subyugada; porque si no vivimos por derecho propio, y si nuestra condición nos ha sido otorgada en precario por ajenos caprichos o conveniencias, ni cabe dignidad en nuestra vida, ni autoridad respetable en el Estado, ni posibilidad siquiera de orden verdadero y paz permanente y honrosa..." Mas si el feroz propósito que persiguen y vienen anunciando inicuos agoreros debiera realizarse alguna vez, por causa de las mudanzas y flaquezas de los hombres, sobrevendría seguramente algún inaudito prodigio: acaso la majestuosa mujer que se yergue en medio del gran estuario sobre la isla Bedloe doblaría su cintura de metal para apagar en las aguas alteradas la gigantesca antorcha que ilumina el vasto océano y la conciencia humana, a tiempo de resonar un alarido pavoroso, arrancado al desencanto y al terror, que el eco repetiría de ola en ola y de cumbre en cumbre, anunciando en la noche del mundo que la libertad había muerto". *

---

* *Discursos y Conferencias,* Manuel Sanguily. Editorial Cubana.

CAPÍTULO III

LA SEGUNDA REPÚBLICA
GOBIERNO DE MARIO GARCIA MENOCAL

Ahora vamos a exponer y analizar el gobierno del Mayor General Mario García Menocal y Deop, el general más joven de la Guerra de Independencia del 95, que gobernó Cuba desde mayo del 1913 hasta mayo del 1921 en virtud de una re-elección considerada por todos los autores como fraudulenta. Él fue el tercer presidente de Cuba Republicana y el segundo presidente de la llamada Segunda República. Menocal, como se le conoce popularmente, había nacido en 1866 y murió en 1941 poco antes de cumplir los setenta y cinco años de edad. Tuvo una vida política muy intensa. Se puede decir que participó de una u otra forma en todos los eventos políticos desde 1901 hasta 1941 en que murió. Él no fue hombre de arraigo popular como lo fue José Miguel Gómez, pero sí de un gran arraigo entre los elementos políticos que lo rodeaban y lo siguieron durante todas estas décadas, y en las que muchas veces Menocal decidió cambios en la política nacional.

Nació en Jagüey Grande de una familia acomodada, y siendo aún niño su padre tuvo que emigrar con toda su familia a los Estados Unidos a causa de la Guerra del 68. Estuvieron un tiempo en los Estados Unidos, después pasaron a México, y más tarde regresaron a Cuba después del Pacto del Zanjón. Ya siendo un joven fue enviado a estudiar Ingeniería a los Estados Unidos y se graduó con honores en la Universidad de Cornell. Trabajó un tiempo en la nación del norte, incluso bajo las órdenes de su tío Aniceto que era un oficial naval norteamericano, y participó en los estudios que se hicieron en Nicaragua para explorar la posibilidad de un canal interoceánico, que en definitiva no se llevó a cabo. Entonces regresó a Cuba y comenzó a trabajar junto a su padre en el ingenio que éste regenteaba, pero al poco tiempo decidió ejercer su carrera de Ingeniero. Y estando en la provincia de Camagüey, ocupado en las obras de la línea férrea entre

Santa Cruz del Sur y la ciudad de Camagüey, lo sorprende la Guerra del 95. Inmediatamente deja el trabajo y se incorpora a las filas mambisas bajo las órdenes del General Alejandro Rodríguez, el cual le encomienda la voladura de la línea del ferrocarril de Nuevitas. Tras esta acción y otras de relevancia fue nombrado por la Asamblea de Representantes como Subsecretario de la Guerra. El Secretario de la Guerra en propiedad era Carlos Roloff, pero al estar éste fuera del país, Menocal pasó a ocupar sus funciones interinamente. No obstante después de algún tiempo Menocal sería nombrado como el titular de la Secretaría de la Guerra.

Mas cuando se decidió iniciar la invasión del Occidente de la Isla, Menocal partió con el Ejército Invasor desde Baraguá, y al llegar al cordón militar de la Trocha que intentaba ser una barrera desde Júcaro a Morón, Menocal renunció a sus cargos civiles y se incorporó a las acciones militares bajo las órdenes del Mayor General Calixto García, que lo nombró su Jefe de Estado Mayor. Entre otras acciones Menocal se distinguió en el ataque y toma de Victoria de las Tunas.

Durante la primera intervención norteamericana, la del General Brooke, Menocal ocupó la Jefatura de la Policía de La Habana por breve tiempo y después fue Inspector General de Obras Públicas por otro poco de tiempo. De ahí pasó a la vida civil, dedicándose con unos inversionistas norteamericanos al desarrollo de un ingenio azucarero en la provincia de Oriente conocido como el central Chaparra. Allí estaba durante el gobierno de Don Tomás. Mas tarde participó, junto con el General Sánchez Agramonte, en unos intentos de limar las asperezas surgidas entre los liberales y los moderados para evitar la "guerrita de Agosto" del gobierno de Estrada Palma, pero fracasó en sus gestiones y regresó a su central.

Durante la segunda intervención de los Estados Unidos en la Isla, la de Magoon, Menocal fundó el Partido Conservador, con el cual se preparó para ir a las elecciones de 1908 como candidato presidencial con Rafael Montoro de Vicepresidente. Pero fue derrotado por la pareja de José Miguel como Presidente y Alfredo Zayas como Vice.

A lo largo del gobierno de José Miguel el ingeniero Menocal se mantuvo trabajando en el central Chaparra y preparándose con el Partido Conservador para la siguiente elección de 1912. Como ya se ha dicho, en esa elección por la primera magistratura, Menocal, que llevaba como Vice a Enrique José Varona, se enfrentó a la pareja de

Alfredfo Zayas para Presidente y Eusebio Hernández como Vice, y en esta ocasión el ingeniero pudo salir vencedor. Este triunfo fue debido a dos factores importantes. El primero, que José Miguel no apoyó a Zayas, y el segundo, que el general Asbert de la "guerrita de Agosto" con su grupo de seguidores, y debido a que no se satisfacían sus aspiraciones, pactaron con los conservadores de Menocal, y esto por supuesto, le restó votos al Partido Liberal. Además puede añadirse que Enrique José Varona tenía mucho prestigio pues era el intelectual más distinguido de la República.

Obviamente Menocal había sacado lecciones de la protesta de los veteranos, y no repitió a Rafael Montoro en el ticket presidencial de 1912, pues éste había sido un destacado líder autonomista y diputado a cortes. Sin embargo, y una vez que hubo tomado posesión, lo nombró su Secretario de la Presidencia, y así Montoro lo acompañaría durante los ocho años que Menocal estuvo en el poder. Asbert, por su parte ganó la gobernatura de la provincia de La Habana en el ticket de la llamada "Conjunción Patriótica", o sea, conservadores más "asbertistas".

Inmediatamente después de la toma de posesión, Menocal lanzó una proclama a la nación, de cuyo texto reproducimos a continuación:

"...la tranquilidad pública sólo existe verdaderamente cuando en la conciencia de los ciudadanos honrados arraiga el convencimiento de que no ha de faltarle la suprema imparcialidad de la justicia a quien de buena fe la invocare".

En el propio documento se comprometió a proporcionar:

"...igual justicia para todos en la severa pero meditada aplicación de las disposiciones legales cuyo cumplimiento incumbe al Ejecutivo, sincera cooperación y armonía con el Poder Legislativo y profundo respeto a la independencia del Poder Judicial, hasta donde la garantiza la Constitución; escrupulosa observancia de todos los deberes y obligaciones de carácter internacional aceptados por Cuba a fin de mantener las más cordiales relaciones con todas las naciones amigas y, especialmente con la gran República vecina a la que nos ligan tan estrechos lazos políticos y comerciales; decidida protección a las fuerzas vivas de nuestra sociedad, a la agricultura, nuestra principal fuente de riqueza, al comercio, que la difunde y la sostiene, a las industrias que han realizado en corto número de años notorios adelantos, enriqueciendo a no pocas comarcas; prudentes economías en los gastos públicos; severa aplicación de las reglas y preceptos de la Contabilidad del Estado, procurando mejorarlos y complementarlos, que harto lo necesitan; adecuada preparación y resuelto acometimiento en su oportunidad, y si el Congreso como espero así lo acordare, de la reforma arancelaria que hace largos años reclama el interés fiscal, la previsión y la justicia, así como del sistema tributario, informe y desigual, que aún rige y que no responde al espíritu de la época ni a las necesidades de nuestro progreso social y económico; estricta observancia de las disposiciones relativas al buen orden de las oficinas del Estado, de modo tal que la pasión política no las invada, ni puedan en ellas descuidarse impunemente los deberes que a cada funcionario y empleado les están impuestos para con el Estado y con el público".

Con esta proclama y el lema de la Conjunción, que era "honradez, paz y trabajo", con el "gabinete de lujo" que formó Menocal, y con el vicepresidente Varona, hombre fuera de concurso en cuanto a conocimiento en casi todas las materias, de una honradez a prueba de todo, con una honestidad acrisolada y con una valentía sin límites, que dijo la verdad de lo que él veía mal durante todo el tiempo, las expectativas de la nación fueron muy favorables, y así lo valoraron especialmente las clases productoras y comerciales.

Antes de comenzar a hablar del gobierno de Menocal demos un rápido vistazo a la situación de Cuba en los aspectos económico, social y político. Económicamente la República estaba muy bien pues José Miguel había dejado mas de tres millones en caja, había logrado aumentos progresivos en el tamaño y beneficios de la zafra azucarera y de la zafra tabacalera. También habían ocurrido aumentos en la exportación de otros productos del agro y algo de la minería. José Miguel había logrado un buen desarrollo de la agricultura y de la ganadería, a más de haberse creado un cuerpo consular de muy buena calidad para las relaciones comerciales en el extranjero, y todo ello a pesar de la corrupción y el peculado que caracterizaron la época de José Miguel. Pero el problema ahora era que esta riqueza no pertenecía a los cubanos sino que estaba en manos extranjeras: norteamericanas, británicas, francesas, algo de alemanas y españolas.

Los españoles, que habían perdido la guerra, ganaron la paz. Prácticamente habían obligado a los norteamericanos a proteger todos sus intereses. Ellos habían despojado a los cubanos de sus riquezas durante las guerras del 68 y la del 95, dominaban el comercio, las pequeñas industrias, y además gran parte de los terrenos cultivados. Por eso, la riqueza como tal, era extranjera. Los cubanos sólo poseían el trabajo, pero trabajaron muy duro y poco a poco fueron prosperando, de forma que en pocos años ya empezaron a adueñarse de su destino económico.

Del censo realizado en época de Don Tomás al censo hecho en época de José Miguel la población cubana había aumentado casi al doble. El 27 por ciento de la población era de la raza negra o mulata, y su proporción se iría aumentando progresivamente en los años subsiguientes debido a la introducción de haitianos, jamaicanos y de otros sitios de las Antillas Menores con el objeto de trabajar en la industria azucarera. Todos estos inmigrantes de la raza negra eran traídos a Cuba porque eran una mano de obra muy barata que disminuía los costos de producción de la industria, y por ende aumentaban las ganancias. Pero hay que consignar que las condiciones de vida que se ofrecían a estos inmigrantes eran degradantes y casi de esclavitud. También debemos añadir que esto se hacía a expensas de la composición de la población porque todos estos braceros provenían de países muy pobres y cuyos hábitos de vida y civilización distaban mucho de alcanzar el nivel de nuestro país. Lo que es decir que eran una carga de difícil integración social, y cuya carencia de cultura no les permitía hacer aportes mayores para el beneficio de una sociedad en desarrollo.

En el aspecto sanitario y gracias al monumental trabajo del sabio cubano Carlos J. Finlay, se había erradicado la fiebre amarilla, y consecuentemente con el combate al mosquito, también se había eliminado el paludismo. Sin embargo, las enfermedades venéreas, como en el mundo entero, campeaban por toda la República. La gonorrea y sobre todo la sífilis con sus devastadores resultados a largo plazo, no tenían tratamiento y por ende, seguían extendiéndose debido a la indiscriminada actividad sexual. Igualmente la tuberculosis, de la que no se conocía mucho y que en esos momentos no tenía tratamiento curativo, se extendía y se multiplicaba, infectando a una apreciable parte de la población, que inevitablemente conducían a la muerte del paciente.

Otras epidemias como la de fiebre tifoidea, que constituía una ocurrencia casi anual, cuya prevención y tratamiento también eran desconocidos, causaban estragos en la época de las lluvias. La viruela

83

se había controlado gracias a los trabajos realizados en el siglo XIX por el sabio cubano Tomás Romay que introdujo la vacunación. El estado sanitario no podía ser bueno porque faltaba el alcantarillado en todas las poblaciones, y el suministro de agua dependía de medios sin control. Los gobiernos se ocupaban en la medida de sus posibilidades de solucionar los problemas sanitarios, pero la realidad es que se desconocían muchos aspectos sobre las enfermedades que se padecían, y hubo que esperar los logros científicos para lograr el tratamiento y curación de las mismas. El importante Hospital Calixto García fue creado y fundado en época de Menocal, así como hospitales provinciales, clínicas de maternidad y de otros tipos, ampliando y extendiendo esos servicios por el país.

Otro aspecto de la situación social era la debilidad del vínculo familiar debido a la práctica imperante de uniones conyugales libres y sin registro legal que le dieran solidez. Esto ocurría an ambos sectores raciales del país. Y esta falta de estabilidad en la institución básica de la sociedad ocasionaba toda una serie de problemas colaterales. La lotería a lo largo de toda la república, los garitos de juego en las poblaciones y la lidia de gallos con apuestas en las poblaciones del interior habían despertado la ambición de tratar de hacer dinero fácil por los juegos de azar en vez de por el trabajo dedicado y honesto, y ya esto empezaba a constituir un flagelo social importante.

En cuanto al sentimiento religioso existía una gran tibieza y el problema se debía a la carencia de suficientes clérigos, pues mientras la población aumentaba escaseaban las ordenaciones de cubanos y casi todos los españoles habían regresado a su patria. Lo mismo ocurría con las iglesias protestantes que habían venido a la Isla durante la intervención, y que también por la apatía religiosa generalizada, hacían pocos progresos. Sin embargo, la brujería y la práctica de la santería habían hecho explosión, especialmente la brujería asociada con hechos sangrientos. En esta época de Menocal ocurrieron más de una decena de asesinatos cometidos por brujos y que requirieron acciones drásticas y violentas por parte de las autoridades.

Un hecho muy importante desde el punto de vista del estado social, era la cantidad de armas en posesión de los ciudadanos por toda la República, de tal forma que cualquier discusión, ya bien fuera de orden político o de cualquiera otra índole, casi siempre se dirimía a balazos. La cantidad de muertos y de heridos era alarmante debido a esta situación de violencia que imperaba en toda la República. El punto culminante de estos hechos violentos fue la "guerra de la Chambelona" tras el fraude electoral de 1916, que será tratado en detalle más adelante.

La alfabetización avanzaba aunque no a paso rápido, no por falta de aulas y de maestros, ya que todos los gobiernos se habían encargado de crear escuelas y de preparar maestros, sino por la pobre asistencia de los niños a los colegios, lo cual demostraba una falta de conciencia de los padres sobre lo necesaria que era la educación, lo que se iría eliminando poco a poco hasta alcanzar uno de los mejores índices de alfabetización de la América Latina en la década de los años cincuenta. La enseñanza intermedia y universitaria mejoraba más rápidamente y la matrícula universitaria se había casi duplicado desde 1906 por todas las medidas gubernamentales que ya veremos en detalle.

La creación de instituciones culturales como la Academia de la Historia, y la de Artes y Letras, fueron hechos de gran valor para el avance cultural de la República. Los periódicos estaban más orientados a la política con frecuentes artículos de barricada para satisfacer a sus partidarios e inflamar a la opinión pública, pero no se ocupaban mucho de los temas culturales, aunque poco a poco fueron empezando a aparecer. Pero sí empezaron a publicarse revistas que incluían los temas literarios y culturales. El estamento social más elevado, desde el punto de vista cultural e intelectual, estaba grandemente influido por las teorías y la literatura francesa que obviamente habían sustituido a las españolas. Dentro de las teorías filosóficas de la época, el positivismo, el relativismo, el materialismo y aún el marxismo, fueron haciendo su entrada en la República y gestando consecuencias que traerían daños y consecuencias en el futuro. Dentro de toda esta información de las clases pensantes de Cuba, la obra del apóstol José Martí era prácticamente desconocida, no sólo su obra revolucionaria, sino también la literaria y en general su monumental trabajo periodístico, porque Martí sólo era conocido por las altas figuras de la revolución del 95 que habían estado en contacto con él, y sobre todo porque el Apóstol de nuestra independencia murió muy pronto. La masa, tanto la del Ejército Mambí, como el resto de la población cubana, prácticamente no tenía conocimiento de él, pues entonces su obra se estaba comenzando a imprimir y a propagar a través de discursos y en publicaciones. Como un hecho significativo diremos que aquella época en el Parque Central de La Habana, donde hoy se levanta la estatua del Apóstol, la que estaba era la estatua de la reina Isabel II.

En el aspecto político no existían partidos con programas nacionales definidos. Los liberales tenían un partido en Oriente, otro en Camagüey, otro en Santa Clara y otro en La Habana. De hecho los partidos provinciales no tenían nombre, y podían actuar cada cual por su cuenta. A veces estos se ponían de acuerdo para las elecciones, pero no constituían un organismo vertebrado con una política compartida, clara y definida. Con los conservadores pasaba otro tanto. La estrategia de todos consistía en destronar al que estaba gobernando y el luchar para quedarse en el poder si es que estaba gobernando.

José Antonio Ramos –un sociólogo de aquella época– describió la situación política de esta manera: "existen los fulanos y fulanillos, y además los fulanistas. Los fulanos son los que ocupan cargos electivos de poder como el presidente de la República, los Secretarios de Despacho, etc. Los fulanillos ocupan cargos menores, tales como alcaldes municipales, consejeros, etc. y los fulanistas son los que forman la masa que hace a los fulanos, los mantiene y los hace elegir y ellos son los sargentos políticos, sus propagandistas y en más de una ocasión su verdadera tropa de choque para ganar una elección a como sea. Los fulanistas aspiran a ser fulanos en algún momento y por tanto tratan de crecer a la sombra de uno de ellos. En otras palabras: "caudillos y seguidores de caudillos". Pocos programas, frases efectistas y algunos lemas de campaña, pero nada de sustancia ni que tuviera consistencia.

La situación no era nada halagüeña, pero si tomamos en cuenta que estábamos en 1913, que Cuba sólo había sido declarada independiente y soberana en 1902 y que había sufrido tres años de intervención norteamericana, tenemos que considerar que nuestra República estaba "gateando" y que todavía tenía un largo camino que recorrer para su estabilización como nación independiente y soberana. Que si bien es verdad que los sueños, las aspiraciones y las metas no se habían logrado, no era sólo por deficiencias de sus nacionales. Pero también hay que considerar que el estado de Cuba no era, ni con mucho, el peor de la América Latina o aún del mundo. Todo lo contrario. Habíamos avanzado mucho más rápidamente que lo que habían logrado otras naciones, mucho "más viejas" que nosotros y con muchos más recursos. Y se podía pensar que si los cubanos seguían trabajando y luchando, y pese a los errores normales que siempre ocurren en toda sociedad, se iría logrando una nación digna, progresista y feliz.

Cabe decir que aquellos pensamientos de 1913 expresaban una realidad porque esa nación se alcanzó muy pronto en décadas posteriores, aunque en 1959 fue demolida por los que usurparon el poder, y ha sido vilipendiada por una oleada de intelectuales comprometidos o mediocres. El testimonio de ello es que Cuba ocupaba las primeras posiciones en todos los renglones de los anuarios de las Naciones Unidas para la América Latina. Y hay que reconocer que estos logros tan destacados no se hubieran podido conseguir si nuestros gobernantes, y a pesar de sus errores, no hubieran tenido interés y acierto para resolver los problemas de la sociedad cubana, si nuestros legisladores no nos hubieran dado una legislación avanzada y moderna, o si el pueblo cubano no hubiera estudiado y trabajado para superarse. El pueblo cubano era exigente y siempre aspiraba a lo mejor, pero tenemos que acusarnos de un pecado, y es que cuando no lo lográbamos plenamente, en vez de analizar los fallos y aplaudir lo logrado, prodigábamos una crítica irresponsable.

Ya hemos dicho que Menocal inauguró su gobierno con un gabinete que podía llamarse "de lujo". Cosme de la Torriente en Estado, Cristóbal de la Guardia en Justicia, García Enseñat en Educación, Aurelio Hevia en Gobernación, Leopoldo Cancio en Hacienda, Enrique Núñez de Villavicencio en Sanidad, Emilio Núñez en Agricultura, Comercio y Trabajo, el Coronel Villalón en Obras Públicas y Rafontoro como Secretario de la Presidencia. El vicepresidente era Enrique José Varona, el hombre más destacado de la intelectualidad cubana.

Casi todas las leyes y decretos iniciales de Menocal fueron para derogar leyes y disposiciones de los últimos años del gobierno de José Miguel. Entre otras citaremos las siguientes: 1- separó nuevamente la unión de las posiciones de Capitán del Puerto de La Habana y Jefe de la Marina; 2- derogó el decreto que arreglaba lo de la concesión de los puertos; 3- derogó la constitución de la Institución Sanitaria Especial; 4- restableció la inamovilidad civil que el gobierno de José Miguel había suspendido por dieciocho meses cuando la protesta veteranista; 5- derogó la concesión para el acueducto de Santiago de Cuba; 6- derogó la concesión de las aguas termales de San Diego del Valle en Pinar del Río, pasando al Estado los manantiales y las obras allí realizadas; 7- ley que deroga la existente sobre la remuneración a los consejeros municipales y provinciales; 8- decreto que anula la concesión para la construcción de un puente de acero que uniría ambas márgenes de la entrada del puerto de La Habana; 9- modificó la ley que creaba una Sala de la Audiencia adicional en La Habana; 10- ley condonando la deuda de los municipios para la atención sanitaria y que estaba vigente desde la época de Magoon.

Pasando ahora a las nuevas leyes y decretos de la iniciativa de Menocal: 1- creación de la ley del Retiro de las Fuerzas Armadas; 2- la ley que creaba el Servicio de Sanidad Infantil en la ciudad de La Habana; 3- creación, equipamiento y adiestramiento del arma de Caballería en el Ejército Nacional; 4- la ley que regulaba las operaciones contables de la Lotería Nacional; 5- el decreto promulgando el reglamento para el funcionamiento de las cárceles en toda la República; 6- decreto eliminando la zona de tolerancia que existía en el barrio de San Isidro; 7- ley para la construcción del acueducto de Santa Clara; 8- ley autorizando la emisión de bonos de la República por valor de diez millones de dólares; 9- el que dispuso la creación de una comisión que redactaría el proyecto de ley para la previsión social y el trabajo; 10- creación de la Policía Sanitaria y de Supervisión Fitopatológica para la protección de las plantas indígenas y control de las extranjeras; y 11- un decreto que autorizaba las gestiones para traer a Cuba a los obreros excedentes de la construcción del Canal de Panamá. Cabe decir que este último decreto traería funestas consecuencias, porque en su mayoría se trataba de anarquistas y muchos de los cuales tuvieron que ser expulsados posteriormente de la Isla.

Sin embargo, pese a los buenos augurios de un "gabinete de lujo", un Vicepresidente de prestigio, a la proclama emitida al inicio de su gobierno con el esperanzador lema de "honradez, paz y trabajo", a las expectativas sembradas en la opinión pública (especialmente en las clases productoras), y al cierto apoyo de los Estados Unidos, ahora vamos a empezar a referir los acontecimientos reales que ocurrieron durante los ocho años de gobierno de Menocal.

Más o menos vamos a respetar el tiempo en que van ocurriendo los hechos pero no vamos a referirlos con un rigor cronológico, porque hay actos que generan otros hechos posteriores y que es imprescindible exponerlos en secuencia para poder comprenderlos y evaluarlos mejor. Empecemos por el primer año de 1913.

Menocal tenía el concepto de que él era el Presidente y que todo dependía de él, lo que lo llevó a hacer y deshacer a su antojo. A pesar de ser parte de un gobierno constituido por funcionarios electos o nombrados por él mismo, Menocal prefería asesorarse con la opinión de sus familiares y amigos íntimos. Muy pronto desoyó también los consejos del Vicepresidente Varona, de modo que éste se fue distanciando cada vez más del Presidente Menocal y de su gobierno.

Las colecturías de la Lotería Nacional eran una buena fuente de ingresos pues cada una de ellas producía unos trescientos pesos mensuales por la venta de los billetes. Menocal dispuso una reglamentación para la distribución de esas colecturías, y su forma de reglamentarla fue el distribuir las colecturías entre sus familiares, amigos, miembros del Congreso, Secretarios de Despacho, oficiales de las Fuerzas Armadas, directores de periódicos, periodistas, y otros, que aceptaran la prebenda y que pudieran hablar y estar a favor de él. Es decir, que Menocal inició una época de corrupción que él parecía entender como "justificada". También se hizo "de la vista gorda" sobre el amplio y extenso desarrollo del juego "prohibido", sobre todo en la Capital.

Esta corrupción dio origen al primer incidente grave y desagradable ocurrido durante su mandato. El Gobernador Asbert había venido dirigiendo varios clubes políticos, que tras su elección decidió convertir al más lucrativo negocio de los garitos de juego. Y ocurrió que una mañana del mes de julio en que el Jefe de la Policía, Armando J. Riva, iba por el Paseo del Prado acompañado de su familia, cuando éste hizo detener a un pistolero que salía de uno de esos garitos y se lo entregó a un oficial para que lo llevara hasta la Estación de Policía. Simultáneamente ocurrió que Asbert, que era el dueño de los garitos, el Senador Vidal Morales y el Representante Eugenio Arias, también viajaban con su coche por el Paseo, y al enterarse de lo sucedido se aparearon al del General Riva y empezaron a increparlo. La discusión subió de tono y de pronto Arias saltó al coche del Jefe de la Policía y se lió a golpes con él. El agredido entonces se apeó de su vehículo y se inició un tiroteo en el que Riva resultó herido, y falleciendo cinco días después, el 9 de Julio. Como resultado de este acto de violencia con la autoridad y del homicidio, Asbert, Morales y Arias fueron arrestados y encausados. Dos de ellos, Asbert y Arias, que se declaró culpable, fueron sancionados, y Vidal

Morales salió absuelto. Por su parte la Cámara y el Senado aceptaron eliminar la inmunidad de los dos legisladores involucrados en este suceso para que pudieran ser juzgados. Asbert había sido el factor fundamental para la elección de Menocal ya que le había conseguido los votos liberales que el gobernador controlaba, pero tuvo que ir a prisión, aunque más tarde fue indultado y desapareció de la vida pública. Y es curioso que este lamentable incidente tuvo beneficios políticos para Menocal, porque Asbert era un político en ascenso que controlaba una importante maquinaria política, que no ocultaba sus ambiciones presidenciales para la próxima elección, y que por los hechos acaecidos quedó fuera del juego político, despejándole el futuro político a Menocal.

Dentro del Partido Conservador se produjeron pugnas entre sus miembros para la obtención de candidaturas a cargos superiores. En la provincia de Pinar del Río fue especialmente notoria la pugna entre el Alcalde de la ciudad del mismo nombre y el Gobernador de la provincia por la obtención de una candidatura que los promoviera al Congreso. Dicha pugna hizo explosión y en una riña a balazos entre los seguidores del gobernador Sobrado y los de Porta, el alcalde de Pinar del Río, hubo cuatro muertos y varios heridos. Pero también hubo diferencias en diversas representaciones conservadoras por toda la República, lo que hacía que Menocal se fuera apartando cada vez más de su partido. Tampoco tardó mucho el Vicepresidente Enrique José Varona en renunciar a la presidencia del Comité Ejecutivo del Partido Conservador. Renuncia que no le fue aceptada de momento, pero que ante su persistencia fue finalmente aceptada. También hubo dificultades dentro del Gabinete, pues a fines de año ya Cosme de la Torriente no era el Canciller; la cosa ocurrió así, Torriente renunció a su cargo y Menocal le dio un mes de licencia con la esperanza de que revocara su decisión, pero al final de la misma Torriente mantuvo su renuncia y dejó el cargo. Su sustituto fue Pablo Desvernine que estaba funcionando como Delegado en Washington. El Secretario de Hacienda, Leopoldo Cancio, también tuvo dificultades y discusiones con el Interventor General de la República, que lo llevaron a presentar su renuncia, pero ésta no le fue aceptada y continuó en el cargo.

Al renunciar el vicepresidente Varona a la presidencia del Comité Ejecutivo del Partido Conservador y ser finalmente aceptada su renuncia, éste fue sustituido por el ex Canciller Cosme de la Torriente.

Y en medio de esa oleada de cambios los conservadores Alberto Barrera y González Lanuza sostuvieron una reunión con los "asbertistas", y las diferencias se arreglaron, al menos por algún tiempo.

Mientras tanto los liberales hacían todo lo posible por obstaculizar el gobierno de Menocal. Cuando éste citó a una sesión extraordinaria de la legislatura para aprobar un empréstito de quince millones de dólares para liquidar los adeudos de la pavimentación y el alcantarillado de las ciudades de La Habana y de Cienfuegos, los liberales boicotearon la legislatura con su ausencia. Teniendo que aprobarse el empréstito en sesión ordinaria posterior, y reducido a sólo diez millones de dólares. También quedó establecido que ese empréstito se pagaría con el diez porciento de las recaudaciones de aduana, pero después que a éstas se les dedujera un quince porciento que ya estaba comprometido para la amortización del primer empréstito de treinta y cinco millones gestionado por Estrada Palma para el pago de los veteranos.

Por su parte los congresistas aprobaron una ley de amnistía para el resto de los prisioneros que quedaban de la sublevación racista de 1912, ya que muchos de ellos habían sido liberados sin juicio, pero en pugna manifiesta Menocal vetó esa amnistía.

En La Habana hubo huelgas de carretoneros que transportaban las mercancías del puerto a los distintos almacenes, y también huelgas de los fogoneros de los barcos. En Santa Clara hubo huelgas de panaderos. En Camagüey ocurrieron manifestaciones y protestas obreras por la carestía de la vida. En el poblado de Regla y con motivo de la sustitución del Jefe de la Policía se produjo un altercado de tal magnitud que se impuso el estado de sitio y la toma militar del poblado hasta que se calmaron los ánimos. Todos estos incidentes fueron acompañados de algunos muertos y de bastantes heridos. Esta situación de inestabilidad hizo que se decretara el cierre de los cafés a las seis de la tarde, pero la medida fue tan impopular que pocos días después fue suspendida. Y es que los anarquistas empezaron a desarrollar una subversión creciente, y eran tan numerosos que antes de terminar el año celebraron una gran asamblea anarquista en el poblado de Güines.

En otro caso de violencia política se produjo la muerte del coronel de la Guerra de Independencia Simón Reyes, líder conservador de la zona de Ciego de Ávila y sin que nunca se esclareciera quienes fueron los autores, aunque un cabo y un soldado de la Guardia

Rural fueron detenidos por este hecho. Sin embargo los rumores que circulaban en la Capital indicaban que una alta figura del gobierno había sido la instigadora de dicho asesinato.

Un hecho positivo en medio de aquel año de problemas es que la Universidad de La Habana incrementó su matrícula. Ocho años antes sólo se habían matriculado 616 alumnos, y en el año que referimos esta cifra se elevó a 1,118 alumnos. Y Menocal quiso cobrar ese beneficio político asistiendo a la inauguración del curso de ese año en la Universidad de La Habana.

Otro acontecimiento importante fue la reorganización de las Fuerzas Militares con retiros, ascensos y promociones, que resultó de gran utilidad para eliminar las diversas intentonas que hubo contra su gobierno, y especialmente la llamada "guerra de la Chambelona" en 1917. Otros dos pequeños intentos también fueron rechazados. Uno de ellos ocurrió cerca de Remedios por una partida comandada por un tal Crescencio "Chencho" García, que pronto fue dispersada y su jefe desapareció sin rastro. El otro intento ocurrió en la provincia de Oriente al mando de un titulado Brigadier de los independentistas de color que se habían alzado en 1912, pero su actividad fue muy breve ya que enseguida fue aplastada por el Ejército.

Para añadir otro problema resurgió el bandolerismo, sobre todo en las zonas rurales y esto persistiría prácticamente durante los cuatro primeros años del gobierno de Menocal. Y esos nuevos brotes de bandolerismo obligaron al Secretario de Gobernación Hevia a tomar medidas especiales para eliminarlos. También ocurrieron actos sangrientos de brujería como el asesinato de una anciana a manos de tres brujos que querían su sangre para "curar" a una bruja. Los casos de mayor resonancia ocurrieron en Pedro Betancourt y en Artemisa, donde sus autores pudieron ser detenidos y juzgados. También la prostitución necesitó la atención del gobierno de Menocal, y por mediación del Secretario de Sanidad, el Dr. Enrique Núñez, se eliminó la zona de tolerancia que existía en el barrio de San Isidro en La Habana, y se suspendió la prestación de los servicios sanitarios especiales.

Durante el primer gobierno de Menocal fue que se inició la participación activa del estudiantado universitario en la vida pública de la nación con actos de protesta y de violencia. Algo que en las décadas posteriores se convertiría en un práctica demasiado frecuente. Todo empezó por una trifulca entre los estudiantes universitarios y los tranviarios, y en la cual tuvo que intervenir la Policía. Posteriormente los estudiantes se quejaron de que habían sido especialmente maltratados por los gendarmes, y en revancha por ello apedrearon a Duque Estrada que era el Segundo Jefe del cuerpo policíaco. A consecuencia de esto las clases fueron suspendidas en el alto centro docente. Más tarde Menocal recibió a una delegación de universitarios pero sin que resultara en una reanudación de las clases. Al final de ese mes hubo un desfile bastante numeroso de los estudiantes universitarios haciendo pública su protesta en contra de la Policía, y algún tiempo después se reanudaron las clases.

Otro hecho de expectativa nacional ocurrió cuando Desvernines, que era el Delegado cubano en Washington, anunció durante un discurso suyo ante la Cámara de Comercio de La Habana que en el Congreso norteamericano se estaba trabajando en una ley sobre nuevos aranceles para los productos cubanos, y especialmente para el azúcar. Pero la cosa no sólo quedó en el anuncio porque a finales de Diciembre del mismo año se aprobaría la Ley Underwood, por la cual el arancel existente de 1.256 fue rebajado a 1.048, lo que representó la mejor noticia que los cubanos podían esperar. Gracias a esta reducción no fue tan grande el impacto que causó una baja en los precios de mercado del azúcar en ese año, y que el valor total de la zafra cubana sólo tuviera una pérdida moderada de 4.7 millones.

En el mes de agosto llegó a La Habana el nuevo Delegado o Ministro Plenipotenciario norteamericano, de nombre William Elliot Gonzales. Su apellido de procedencia española sorprendía en un funcionario diplomático de Estados Unidos, pero sobre todo llamaba la atención su ortografía. Lo del acento era explicable pues no existen en la lengua inglesa, pero la sustitución de la "z" por la "s" tiene que haber sido un capricho personal, pues su padre era Ambrosio José González, un cubano anexionista que participó con Narciso López en la expedición del Creole que desembarcó en la ciudad de Cárdenas. Más tarde, el padre regresó a los Estados Unidos, donde participó en la Guerra Civil norteamericana como Coronel de los Confederados. Pues ahora su hijo llegaba como el representante de los Estados Unidos en Cuba. Obviamente este William Gonzales estaba muy influido por la manera de pensar de su padre, es decir, que era anexionista y sembraba el mismo mensaje que los Delegados anteriores, pero Menocal lo neutralizó rápidamente. Y tal fue su éxito en el manejo de Gonzales que hasta logró que éste lo apoyara decididamente en el asunto de su reelección y también en la resolución del diferendo con los bonistas de la Havana Port en el asunto de los dragados de los puertos. Pero esto se verá más adelante y con más detalle.

Una noticia que refrescó las preocupaciones nacionales fue que el campeón cubano de ajedrez José Raúl Capablanca rompió la marca de partidas simultáneas establecida por el campeón mundial Lasky. También en el mes de Diciembre, Manuel Márquez Sterling, diplomático y periodista de larga trayectoria, fundó el periódico "El Heraldo de Cuba".

Comienza el año 1914 cubriendo la vacante de Desvernine con el nombramiento de Carlos Manuel de Céspedes y Quesada, hijo del segundo matrimonio del Padre de la Patria, como Ministro Plenipotenciario en Washington, el cual tenía vasta experiencia diplomática adquirida en varios países de América del Sur y excelentes credenciales patrióticas.

Desde mayo de 1913 hasta junio de 1914 la Lotería Nacional le había dejado al estado tres millones setecientos sesenta mil dólares, lo cual le venía muy bien al presupuesto nacional. Sin embargo surgió una fuerte corriente de opinión contraria al juego y que reclamaba la prohibición del mismo. Hasta el Presidente llegaron las presiones en ese sentido, pero Menocal era contrario a esa opinión. No obstante y con un gesto de demagogia política, pues se sabía que aquella petición no prosperaría, le envió un mensaje al Congreso pidiéndole que se suprimiera la Lotería Nacional. Dicha solicitud pasó a la agenda de la Cámara que se dispuso a discutirla en una sesión que contaba con el quórum mínimo requerido, pues los conservadores no asistieron a la misma, pero todo se vino abajo cuando el representante Generoso Campos Marqueti decidió abandonar la sesión y con ello ésta se quedó sin el quorum requerido para tener validez. Y es que los representantes tampoco eran japoneses, sino cubanos. No obstante se redujo al ocho por ciento el gasto en personal y materiales de la Lotería Nacional

Por diferencias con la política gubernamental Torriente renunció a la presidencia del Partido Conservador y fue sustituido por el vice, el General Eugenio Sánchez Agramonte, y cuya posición pasó a ser cubierta por Coyula. También por discrepancias, González Lanuza, que era el Presidente de la Cámara de Representantes, renunció a esa posición y fue sustituido por el liberal Urquiaga. Otra renuncia fue la del Senador Maza y Artola que dejó la Secretaría de Actas, y su posición fue ocupada por Collantes.

Se promulgó una ley para la acuñación de una moneda nacional en oro, plata y níquel, y se establecieron los tipos y denominaciones que entrarían en vigor para sustituir la moneda española y otras circulantes en Cuba. Al mismo tiempo se prohibían las monedas extranjeras de níquel, plata y cobre, aunque todavía se permitió la circulación de los luises y centenes de oro hasta el mes de diciembre. También se decretó que todas las monedas extranjeras, y con excepción de la de los Estados Unidos, no tendrían valor de circulación dentro de Cuba. Dicha ley no contemplaba la impresión de papel moneda. Adicionalmente se decretó y reglamentó para aquellos contratos mercantiles en los cuales se hubiera acordado el pago en monedas españolas o francesas. También se prohibió exportar la moneda nacional. A tal efecto se procedió a citar a las instituciones bancarias existentes en Cuba para que participaran en la subasta que concedería el derecho de acuñación de la moneda nacional.

Por decreto se autorizó que la Secretaría de Sanidad y Beneficencia se hiciese cargo de los bienes de las herencias no reclamadas. Se promulgó la ley de Defensa Económica. Se eliminaron todas las leyes de la época colonial que restringían los derechos de imprenta y se liberalizó ésta. Se le concedió a los periódicos y revistas el carácter de propiedad intelectual, previa inscripción de los mismos. Se premió a los cultivadores de tabaco con el fin de mejorar la producción de este producto. Se le concedió personalidad jurídica y franquicia postal a las Academias de Historia y a la de Artes y Letras. Se promulgó una ley para la regulación de la minería cubana. Se emitieron bonos de la República por valor de cinco millones de dólares a un seis por ciento de interés anual. Se implementaron nuevos impuestos incluyendo el del timbre. Se dictó un decreto que reguló la inmigración china. Se autorizó la venta de varios edificios públicos para que con el dinero obtenido se construyeran nuevos edificios para la Universidad de La Habana.

También se autorizó al Presidente para reorganizar las Fuerzas Armadas. El Ejército y la Guardia Rural se fundieron en una sola institución que se llamó el Ejército de Cuba, y autorizando al Ejército para que apoyara los servicios encargados a la Guardia Rural cada vez que esto fuera necesario. Todas las academias militares fueron reunidas en una sola, que fue designada como la Academia Militar de la República de Cuba. Sólo faltaba establecer la Fuerza Aérea en el país y el Presidente la fundó mediante la firma de un decreto por el que nombró como aviador a un miembro de las Fuerzas Armadas, iniciándose así el nuevo cuerpo armado.

En los acontecimientos culturales hay que destacar que se celebró con grandes eventos el primer centenario del nacimiento de la excelsa poetisa camagüeyana Gertrudis Gómez Avellaneda. Esta fue una celebración que se extendió por varios días y que fue completada con la publicación de su obra y fomentando su lectura y difusión. También se celebró otro centenario en la ciudad de Matanzas, y fue el del poeta José Jacinto Milanés, que también se conmemoró con actos públicos, lecturas de sus obras y difusión de las mismas.

Refiriéndonos ahora a los hechos negativos, empezaremos por decir que se detectaron en La Habana cuatro casos de peste bubónica. Ello requirió que el Secretario de Sanidad, Don Enrique Núñez, ordenara su aislamiento, así como una cuarentena. Muy pronto se comprobó que el principal criadero de ratas de la ciudad estaba precisamente en el establo de la Secretaría de Sanidad en la calle Figuras. Por ello se ordenó la evacuación de varias casas aledañas al foco infeccioso, y se destruyó por el fuego el inmueble infectado, y con ello se logró controlar la situación.

En cuanto al bandolerismo se produjo un encuentro entre la Guardia Rural y un numeroso de bandoleros en las inmediaciones de Colón en la provincia de Matanzas con un saldo de varios muertos y heridos. Pero los tiroteos con muertos y heridos ocurrían en muchas partes de la República.

También corrieron rumores de sedición en el Campamento de Columbia y en la Fortaleza de la Cabaña. Lo de Columbia no fue cierto, pero sí fueron reales los rumores de la Cabaña. Pero la acción fue sofocada por el Comandante Gustavo Rodríguez de la Guardia Rural deteniendo a los 65 alistados conjurados mientras bordeaban la bahía en su tránsito hacia el centro de la capital. En el juicio que se celebró a estos sediciosos de la Cabaña se impusieron cinco penas de muerte, que eventualmente fueron conmutadas por Menocal.

Otro hecho de desorden ocurrió en la zona de Baracoa en la provincia de Oriente y fue por la protesta de unos campesinos del área que reaccionaron ante su desalojo de las tierras que venían ocupando desde hacía muchísimos años. También se crearon disturbios en la Escuela de Medicina de la Universidad de La Habana cuando se celebraban unas votaciones para la elección de delegados.

Con motivo del inicio de las hostilidades por la Primera Guerra Mundial en Europa, y en consonancia con una medida similar tomada por el gobierno de los Estados Unidos, el gobierno de Menocal emitió una proclama presidencial declarando que Cuba se mantendría neutral ante el conflicto europeo, y también decretó una serie de reglamentos para impedir que esta situación de guerra diera lugar al desarrollo del agio y la especulación con los productos de primera necesidad. La neutralidad significaba que Cuba se abstenía de tomar partido en el conflicto, y por lo tanto los puertos cubanos se mantenían abiertos para las embarcaciones de todos los países beligerantes. No obstante ello el gobierno británico presentó una protesta ante el hecho de que Cuba permitía el acceso de buques alemanes a los puertos de la Isla, pero dicha protesta fue desestimada por el gobierno cubano.

Ya se ha dicho que las disensiones internas del partido y la inestabilidad que experimentaba el país habían ido debilitando la fuerza del Partido Conservador. Por otra parte los liberales tampoco estaban exentos de estos problemas, ya que aparte de las ambiciones de los partidos provinciales, Zayas estaba trabajando su futura candidatura a la presidencia, y a pesar del control que lograba en las asambleas y en la reorganización del Partido Liberal, no lograba hacerse con la unanimidad dentro del Partido. Y esta situación tenia muy disgustados a otros dirigentes. Por lo tanto el cuadro político del país dejaba mucho que desear.

No obstante ello el día 1º. de noviembre se celebraron unas elecciones parciales que representaron un fracaso para Menocal puesto que los Conservadores sólo obtuvieron un acta senatorial y 22 representantes, mientras que los distintos grupos liberales obtuvieron 26 representantes, y con ello tomaron el control de la Cámara.

Más tarde también fallece Salvador Cisneros Betancourt que representaba a la provincia de Camagüey, y que era una figura de gran prestigio, arraigo y trayectoria en la República de Cuba, pues había sido uno de los primeros participantes en la Guerra de 1968, en que ocupó la Presidencia de la República en Armas, y cuyo cargo volvió a ocupar en la Guerra de 1895.

En el aspecto jurídico la República se iba perfeccionando con el dictado de leyes y decretos de mucha importancia que permitieron grandes avances. Pero los mayores logros ocurrieron en el terreno económico, sobre todo porque el año 1914 terminó con el mercado azucarero en alza, y así la zafra de ese año produjo un beneficio de 202 millones de dólares en comparación con los 104 del año anterior. Con lo que no cabía duda de que la economía iba avanzando.

Llegada a la primera mitad del primer gobierno del General Menocal, los hechos de mayor relevancia desde el punto de vista político fueron la separación del Vicepresidente Varona y su renuncia a la presidencia del Comité Ejecutivo del Partido Conservador, así como la de Torriente al cargo de Canciller y posteriormente al de presidente del Partido Conservador.

Año 1915

En el mes de enero del año 1915 fallece Gonzalo de Quesada y Aróstegui en la ciudad de Berlín donde se encontraba desempeñando el cargo de Embajador, y que fuera el discípulo preferido de José Martí. Precisamente Gonzalo de Quesada fue quien impulsó el reconocimiento nacional de José Martí como el Apóstol de nuestra independencia.

En el momento de su ingreso a la Academia de Artes y Letras, el Vice-Presidente Enrique José Varona, pronunció un discurso magistral y cuyos párrafos principales, que reproducimos a continuación, testimonian muy bien el momento político que vivía Cuba:

"…el monstruo que pensamos haber domeñado, resucita, … Cuba republicana parece hermana gemela de la Cuba colonial… han vuelto al asalto de la administración pública la incompetencia, el favor, el nepotismo y la corrupción. Hay quienes resisten, pero hay quienes flaquean y hay quienes se rinden, … se proclama la intangibilidad de lo mal adquirido, …en los lugares más pintorescos de los alrededores o en el corazón mismo de la ciudad bulliciosa se levantan los palacios de aquellos a quienes la suerte pródiga ha mirado con ojos risueños y ha descubierto el secreto de la fortuna improvisada,…sólo hemos progresado en que no son parásitos forasteros, son parásitos indígenas los que amamantamos al seno ubérrimo del tesoro nacional y estos parásitos se llaman legión…"

Se iba acercando el tiempo de las elecciones, y con ello el activismo de Menocal para tratar de continuar en el poder. Con tal propósito se creó el primer "Comité Reeleccionista Amigos de Menocal". El Coronel Aurelio Hevia, que actuaba como su Secretario de Gobernación se declaró por la reelección. Pero en una reunión del Partido Conservador, donde estaban presentes los presidentes de los partidos de las provincias, éstos se opusieron a la reelección de Menocal. La única voz discrepante fue la del presidente nacional del Consejo General Eugenio Sánchez Agramonte. Y como un índice de la escasa popularidad de los conservadores para las futuras elecciones presidenciales, resultó que en la elección especial para elegir al alcalde del municipio de Jatibonico el candidato liberal logró un fácil triunfo sobre el conservador, lo que constituía un mal augurio para el General Menocal.

Por su parte los liberales también se activaban para regresar al poder en 1916. Para ello se celebró una entrevista entre José Miguel Gómez y Alfredo Zayas, ahora reconciliados, para tratar de unificar a los distintos partidos liberales con vista a las próximas elecciones presidenciales de 1916. A tal fin enviaron cartas a otros líderes liberales importantes como Orestes Ferrara y Carlos Mendieta para que se incorporaran a su gestión. Orestes Ferrara era importante, no sólo por su historia personal, sino porque también había adquirido la propiedad del periódico "El Heraldo de Cuba". Sin embargo el General Eusebio Hernández y su grupo del Partido Liberal no participaron en esas reuniones unionistas, y decidieron ir a conversar con Menocal aunque no llegaron a ningún acuerdo. Otro golpe a la aspiración de Zayas provino de Eusebio Hernández, que había sido su Vicepresidente en la primera candidatura de Zayas, y que ahora le hizo el pobre servicio de declarar que la candidatura de Zayas para Presidente en 1916 sería la mayor calamidad que podía ocurrirle a Cuba.

Pero además las relaciones entre las respectivas membresías de ambos partidos eran tirantes y con frecuentes expresiones de violencia. El alcalde de Sancti Spíritus, que era Judas Martínez, murió en un encuentro a tiros con Joaquín Meruelo. En similar encuentro de violencia entre miembros de ambos partidos murió Emilio González Coya, que era el alcalde de Santa Clara. Otra riña a balazos por los motivos políticos que acaloraban el país acabó con la vida del periodista conservador Rafael Molina en Yaguajay.

También hubo problemas con los miembros del Gabinete. El Comandante Armado André del Ejército Libertador había sido nombrado director de Subsistencias para regular los abastecimientos y consumos del país, pero su gestión se caracterizó por grandes escándalos que lo llevaron a presentar su renuncia, mas la asamblea del Partido Conservador de La Habana se negó a aceptar su renuncia.

Se autorizó al Presidente para reorganizar las Fuerzas Armadas. El Ejército Permanente y la Guardia Rural se fundieron en una sola institución que se llamó el Ejército de Cuba bajo el mando del General Monteagudo, y autorizando a las fuerzas del Ejército para que apoyara los servicios encargados a la Guardia Rural cada vez que esto fuera necesario. Todas las academias militares fueron reunidas en una sola, que fue designada como la Academia Militar de la República de Cuba. Sólo faltaba establecer la Fuerza Aérea en el país y el Presidente la fundó mediante la firma de un decreto por el que nombró como aviador a Agustín Parlá, que era miembro de las Fuerzas Armadas y el primer piloto en volar de Cayo Hueso a La Habana, dándole así inicio al nuevo cuerpo armado.

La pronta muerte del General Monteagudo que fungía como Jefe del Ejército y de la Guardia Rural unificados, brindó la coyuntura para que el gobierno realizara otro cambio en las Fuerzas Armadas. A partir de este momento el Presidente de la República pasó a ser el Comandante en Jefe y se nombró al Coronel Pablo Mendieta como Jefe del Estado Mayor de las Fuerzas Armadas, que pasaron a ser designadas como el Ejército Nacional. Pero muy pronto Mendieta pidió su retiro del servicio activo, lo que le fue aceptado, concediéndosele el ascenso a General en excedencia y puesto al servicio directo del Secretario de Gobernación. El sustituto de Mendieta fue el Brigadier Ávalos, que muy poco tiempo después también falleció y fue reemplazado por el Coronel José Martí Zayas Bazán que era hijo del Apóstol Martí. Y el Coronel Ibrahín Consuegra fue nombrado para ocupar el cargo vacado por Martí.

También al Coronel Manuel Sanguily, que fuera Secretario de Estado durante el gobierno de José Miguel Gómez, se le nombra Brigadier y se le reincorpora al servicio activo como Inspector General de las Fuerzas Armadas. Más adelante, Sanguily pasará a ser el Director General de la Academia Militar.

Por ese tiempo se produce la primera expulsión de una parte de los anarco-sindicalistas que habían alborotado el patio cubano. Más tarde también habrá otras expulsiones pero siempre quedaría un remanente de ellos que influirían en los acontecimientos futuros de la República.

Un hecho de cierta notoriedad nacional fue el que originó Luis Díaz Fuentes, o Secundino Véliz, ya que se le conocía por ambos nombres y también por el apodo de "Cundingo", y que se había convertido en el bandolero más temido que asolara la zona de Vuelta Abajo en la provincia de Pinar del Río. Pues ocurrió que el mismo, al verse asediado y acorralado por la acción de la Guardia Rural, optó por la poco frecuente decisión de entregarse voluntariamente al Teniente Coronel Julio de Cepeda en el pueblo de Candelaria.

Tras el homicidio del Jefe de la Policía Nacional, el General Rivas, y del fallo judicial en contra de los autores, y transcurrido un tiempo, los amigos de Menocal empezaron a hacer presiones sobre el gobernante para que se les concediera una amnistía a los agresores de Rivas. Esta situación constituía una prueba para que el Presidente demostrara su compromiso con la justicia. Finalmente se impusieron los buenos oficios de los amigos de Menocal que amnistió a Asbert y a Morales, y casi un año después amnistió también a Eugenio Arias, que había confesado ser el autor material del crimen.

Bajo los cargos de proferir injurias contra el Presidente de la República, es arrestado y condenado a sesenta días de arresto el periodista liberal Napoleón Gálvez. Pero una comisión de periodistas presididas por Wilfredo Fernández hizo gestiones y logró su excarcelación. Más adelante el periodista Luís Radillo fue también arrestado en un caso similar, pero en su caso tuvo que cumplir la condena que se le impuso por la falta de "padrinos" que abogaran por su caso.

Un hecho muy lamentable ocurrió durante una distribución de premios en el Colegio La Salle, donde el distinguido intelectual cubano Manuel Aramburu, que estaba programado para pronunciar un discurso, decidió dedicarlo al tema de la corrupción imperante en el país. En su discurso Aramburu afirmó que el mayor centro de enseñanza de la corrupción en la nación estaba en los estamentos del estado, la provincia y el municipio. El General Emilio Núñez, que estaba allí presente, y sintió la crítica que se le hacía a la administración de Menocal, decidió rachazar y ripostar estas afirmaciones. Pero la cosa no quedó ahí, sino que a la salida del acto el Comandante Eugenio Silva Alfonso, que era un ayudante presidencial y vestía de completo uniforme, tuvo el deplorable gesto de abofetear al anciano Aramburu. Y aunque este acto había sido notorio y público, no se impuso ninguna pena al agresor.

Relacionado con lo anterior el Congreso aprobó una Ley que establecía que los delitos de desacato a la autoridad y las ofensas públicas debían ser juzgados por los tribunales ordinarios y no por otros tribunales especiales. Pero Menocal vetó dicha Ley y esta no pudo entrar en vigor. También el Congreso aprobó una Ley que disponía la comparecencia obligatoria de los Secretarios de Despacho para declarar sobre hechos relacionados con sus funciones ante el Congreso, pero esta Ley también fue vetada por Menocal.

Por ese tiempo Cuba participó en la Exposición Mundial de San Francisco para desarrollar su presencia internacional. También se inauguró el hipódromo de Oriental Park, lo que era consistente con la proliferación del juego y las apuestas. Se inicia el servicio de tranvías en la ciudad de Cárdenas. Se inaugura el ferrocarril entre Placetas y Fomento. Se establecen las Escuelas Normales para maestros en todas las provincias aunque la de Camagüey no se inaugurará hasta 1922, y se aprueba el reglamento que debe regirlas. Se decretó la inauguración de la Escuela del Hogar. Se aprobó la Ley que reglamentó las becas que se otorgaban a estudiantes de la Universidad de La Habana para realizar estudios de post-graduado en los Estados Unidos. Se dictó el Decreto que establecía la incorporación de los títulos extranjeros y se reglamentó el trabajo de los profesionales extranjeros en Cuba. Y se creó el Premio Nacional de Maternidad.

Entre las leyes y decretos de 1915 está la Ley que adjudica al Banco Nacional de Cuba la facultad de acuñar la moneda nacional. La Ley que fijó la fecha para iniciar el uso obligatorio de la moneda nacional en todas las transacciones comerciales. La Ley que fijaba el valor de las monedas de oro y plata extranjeras. El Decreto sobre la sustitución de las monedas de oro francés y español por el oro y la moneda nacional cubana.

Otras leyes fueron la Ley que autorizó al Ejecutivo para continuar las obras del Canal del Roque. La Ley que estableció y organizó el Departamento de Comunicaciones así como los beneficios de retiro para el personal que laboraba en esas comunicaciones. Se autorizó al director de la Lotería Nacional para que contratara personal sin tener que explicar las razones ni las funciones que éstos realizarían, siempre y cuando que no se excediera el 12 por ciento de su presupuesto. Ley que habilitaba al puerto del Mariel para el comercio interior y exterior. Ley que establecía las normas para solventar las dificultades que surgieran entre funcionarios judiciales y administrativos. Ley que autorizó la obtención de un préstamo de la Casa Morgan por 350,000 dólares con la garantía del millón y medio de dólares de los bonos emitidos en enero de 1915. También la Ley que creaba la Comisión Permanente de Tratados Comerciales. Pero el Presidente Menocal decidió vetar un proyecto de ley sobre el Servicio Exterior. Otro decreto que se firmó regulaba la inmigración china en el país.

Además el Presidente Menocal dispuso la ratificación de todos los funcionarios del Poder Judicial antes de que finalizaran los términos para los que habían sido nombrados, y por medio de un decreto el Presidente declaró la inamovilidad de todos los funcionarios del Poder Judicial. También ordenó una reestructuración de los jueces de instrucción a todos los niveles, tanto los provinciales como los municipales. Por fallo del Tribunal Supremo se confirmó el previo de la Audiencia que le negaba a los bonistas del dragado de los puertos el derecho a recibir una indemnización.

Desde casi un año antes los mambises de nuestras guerras de independencia habían solicitado del Papa Benedicto XV el que se declarara a la Virgen de la Caridad del Cobre como la Patrona de Cuba. Y ello aconteció el 24 de Septiembre de ese año. Como se comprenderá este hecho tuvo una profunda significación espiritual para todo el país. Para este acto hizo presencia en el Santuario del Cobre un numeroso grupo de altos jefes del Ejército Libertador, encabezado por los Mayores Generales Jesús Rabí y Agustín Cebreco y el General de Brigada Tomás Padró Griñán. Y como constancia de la solicitud se extendió el siguiente documento:

****

Petición de los Veteranos de la Independencia de Cuba

A la Beatitud de Benedicto XV Para que se declare como Patrona de Cuba a la Vírgen de la Caridad del Cobre.

En la Villa del Cobre, el 24 de Septiembre de 1915.

El Ejército Libertador Cubano hace su petición sabiendo que sólo la fe y el amor podrán guiar a la Joven República en el sueño Martiano de una patria con todos y para el bien de todos.

Los Soldados que sabían morir de pie y sólo doblaron la rodilla ante la madre de Dios.

GLORIA A ESTOS HOMBRES Y MUJERES
DIOS, PATRIA Y LIBERTAD
CABALLERÍA MAMBISA
GENERAL FRANCISCO V. AGUILERA
PRESENTE
****

Al patio cubano le tocó servir de escenario para transar un asunto que resultaba demasiado enojoso para el consolidado racismo norteamericano de la época. Se trataba del sostenido éxito con que Jack Johnson, que era un atleta excepcional de la raza negra, cuestionaba la primacía blanca en la sociedad norteamericana. Jack Johnson era un boxeador en la división de los pesos completos, que por su indiscutible superioridad física y deportiva, ganaba todas sus peleas y se sostenía como campeón imbatible de su división. Y esto, en el tiempo en que todavía se mantenía una estricta segregación racial en la sociedad y en el deporte norteamericano, hería profundamente el orgullo de la mayoría blanca. La sola presencia de un boxeador blanco y uno negro dentro de un cuadrilátero irritaba la sensibilidad racista, y esto quedaba aumentado porque los pocos boxeadores blancos que accedían a retar a Johnson sucumbían fácilmente ante él. También irritaba a los discriminadores blancos, el que Johnson siempre se proyectaba con orgullo y porque siempre prefería acompañarse de mujeres blancas. Así pues no fue extraño que los promotores de boxeo de aquel tiempo buscaran con afán al blanco que pudiera destronar a Johnson, y que cuando creyeron encontrarlo en Jack Willard, se escogiera presentar la pelea fuera del territorio de Estados Unidos. Y al recién estrenado hipódromo de Oriental Park en La Habana, que entonces no podía ser considerada una plaza boxística, fue que le tocó convertirse en el escenario para tan controvertido encuentro. La pelea duró 26 "rounds", y al final se decretó que Jack Johnson había perdido por "knockout", aunque curiosamente en las fotos y películas de la época se ve al boxeador negro acostado sobre la lona y cubriéndose la cara con los guantes en un gesto evidente de querer proteger su rostro del fuerte sol cubano. Lo que obviamente tuvo todas las características de ser una "pala", o sea, que se trató de una pelea arreglada para darle fin a aquella absurda situación.

En ese período ocurren una serie de decesos notables. Falleció el General de División Alejandro Rodríguez, que fue jefe de Menocal durante la guerra y que además fue Mayor General de la Guardia Rural. Falleció el Coronel del Ejército Libertador e hijo del primer matrimonio del Padre de la Patria, Carlos Manuel de Céspedes y Loynaz, que también era medio hermano de Carlos Manuel de Céspedes y Quesada que estaba representando los intereses cubanos en Washington. Murió el británico sir William Van Horne que fue quien hizo posible la construcción del Ferrocarril Central. Murió Charles A. Constant que era quien asesoraba para la emisión de la moneda nacional. Falleció el sabio médico e investigador Carlos J. Finlay, que fue el descubridor del mosquito como agente trasmisor de la fiebre amarilla, y a quien por muchos años, e injustamente, se le disputó ese honor. Y pocas semanas después de haber participado en la petición que se hizo al Papa para el patronazgo de la Virgen de la Caridad, fallece también el General Jesús Rabí.

En este momento vale la pena poner de manifiesto una situación que tendría que afrontar la República por décadas. Ya se ha dicho que por el injusto Tratado de París los terratenientes españoles mantuvieron su posesión sobre tierras privilegiadas del país. También desde la época de la colonia muchos norteamericanos habían hecho grandes inversiones en Cuba que requerían la posesión y el control de grandes extensiones de tierra. Pero ahora, debido a la pérdida de propiedades sufridas por los cubanos y a su falta de capital, el país se vio invadido y poseído por grandes intereses que condicionaban la política del gobierno de la Isla.

El 29 de Diciembre de 1915 y de acuerdo con las leyes del Estado de Nueva York, se constituyó la "Cuban Cane Sugar Corporation" para dedicarse a la explotación de la caña de azúcar en Cuba. Años más tarde en 1920 ésta corporación se asociaría con una subsidiaria suya, la "Eastern Cuba Sugar Corporation", y llegando a posser entre ambas un total de 13,162 caballerías de tierras propias (176,634 hectáreas), y 9,390 caballerías de tierras arrendadas (126,013 hectáreas), y todas ellas sumadas arrojaban un área de 22,552 caballerías (302,647 hectáreas) o 3,026 kilómetros cuadrados, lo cual constituía un buen pedazo del territorio nacional, y cuyas tierras estaban valoradas en 96 millones de dólares de aquel tiempo. Además esta misma corporación llegó a ser propietaria en 1924 de 18 centrales azucareros. Este fue uno de los mayores pecados capitales de la administración del Presidente Menocal, la entrega indiscriminada de grandes extensiones del territorio nacional a las compañías extranjeras, de modo que cuando más tarde muchos cubanos adquirieron capital y quisieron hacer inversiones tuvieron que empezar por comprarle la tierra a los extranjeros. Este fue el caso de José Manuel Cortina y Carlos Miguel de Céspedes que tuvieron que comprarle los terrenos que deseaban en la playa de Marianao al norteamericano Walter Fletcher Smith.

Regresando ahora al quehacer político. En vistas de la cercanía de las elecciones, el Partido Liberal celebra una reorganización que no es tal, ya que por las manipulaciones de Zayas se mantiene el statu quo pues los delegados que asisten a la nueva asamblea han sido nombrados por los mismos ejecutivos existentes, o sea, el mismo perro con diferente collar. Y por ello Zayas es atacado violentamente a través del "El Heraldo de Cuba". También el General Machado que exploraba sus oportunidades anuncia que se retira de la política para dedicarse a sus asuntos privados, pero desafortunadamente su promesa no fue cumplida.

Por su parte los conservadores también empezaron a sostener reuniones. El Vicepresidente Varona pidió que la reorganización del Partido Conservador no se llevara a cabo hasta después de las elecciones. Sánchez Agramonte fue ratificado como presidente de la Comisión Nacional del Partido Conservador. El gran tema a resolver era discernir sobre la reelección o no del Presidente Menocal. El General Emilio Núñez, en carta pública renunció a su aspiración presidencial para apoyar la reelección del General Menocal. En vista de las discrepancias se efectuó una reunión de conservadores notables para tratar de poner de acuerdo a los reeleccionistas con los no reeleccionistas. Al final la asamblea del Partido Conservador decidió nombrar una comisión para que se entrevistara con Menocal y lo hiciera desistir de su propósito re-eleccionista, pero esa reunión nunca se llegó a efectuar bajo la protesta de que ese era un asunto a ser tratado por el ejecutivo del partido.

Haciendo un análisis desde la distancia de muchos años, y rodeados como estamos por unas circunstancias sociales y culturales totalmente diferentes a las nuestras, nos preguntamos: ¿por qué es que Menocal tuvo que cometer un fraude para ganar su reelección en un país que estaba bailando "la danza de los millones"? Una danza que no sólo alcanzaba a los de arriba y a la clase media, sino también beneficiaba a los de abajo. Había dinero en abundancia, existía bienestar económico, se habían efectuado mejoras significativas a todos los niveles del campo educacional, desde la universidad hasta las escuelas primarias. Se había avanzado en el sector de la salud con beneficios para toda la población. Se había inaugurado el gran Hospital Calixto García. Se celebraban eventos culturales para todos los gustos, desde la ópera hasta la celebración de los grandes poetas nacionales Milanés y la Avellaneda. Se construían obras públicas, que si bien aceptamos que algunas dejaban algo que desear, otras eran de excelente calidad. Las industrias agrícolas y ganaderas se estaban desarrollando. Se había combatido en una forma bien efectiva al bandolerismo que había estado operando en los campos. Se había perseguido las prácticas de brujería con buenos resultados. El país disfrutaba de libertad de prensa con la sola ocurrencia de dos incidentes que ya relatamos. Se habían mejorado las fuerzas armadas de mar y de tierra e inclusive se había iniciado la fuerza aérea. Las comunicaciones habían ganado en eficiencia con la construcción de nuevas líneas férreas. En una palabra, habían sido cuatro años de éxitos con muy pocos fracasos. Entonces nos preguntamos de nuevo: ¿por qué es que había que sustituír al Presidente?, ¿por qué no se le permitía reelegirse cuando la Constitución lo autorizaba? La única respuesta razonable es que no se quería repetir un gobierno que se había caracterizado por el peculado, la corrupción y el despilfarro, ¿pero es que realmente había otras opciones entre los ambiciosos políticos que aspiraban a la Presidencia? No había más que recordar los "chivos" de la época de José Miguel, y uno de los cuales, el del dragado de los puertos, todavía estaba berreando.

Año 1916

Entramos ahora en 1916 que fue el último año del primer período presidencial de Menocal, y que estuvo caracterizado por la violencia política, la hiperactividad partidista, las polémicas elecciones de Noviembre de ese año y por el escandaloso fraude que se cometió para continuar en el poder. Pero algo curioso hay que añadir, y es que ese fraude para que Menocal retuviera el poder fue apoyado por Gonzales, el Delegado de los Estados Unidos en Cuba, y por ende apadrinado por Washington.

Se sabía que Menocal estaba decidido a reelegirse, y sin que entremos en mucho detalle, hubo una serie de personalidades que trataron de disuadirlo. En una entrevista entre el Presidente Menocal y el General Enrique Loynaz del Castillo, éste último le recordó al primero como el propio Menocal había condenado la reelección de Don Tomás en 1906, y asimismo los deseos que José Miguel tenía para reelegirse en 1912. También en una asamblea conservadora celebrada en La Habana los asambleístas Wilfredo Fernández, Fernando Freyre de Andrade y Juan José Maza y Artola, se pronunciaron en contra de la reelección.

Después de unas declaraciones del liberal Ferrara en las que indicaba que un fraude electoral podía llevar a Cuba a una revolución, y por tanto ser causa para otra aplicación de la Enmienda Platt, el Delegado Gonzales decidió terciar en el asunto con una declaración de franco apoyo a la reelección diciendo que: "como los cubanos creen que para provocar la intervención basta lanzarse a una revolución, sería conveniente hacer una declaración sobre la actitud que tomarían los Estados Unidos hoy en día si se presenta el caso. El Gobierno cubano está hoy mucho mejor preparado que en 1906 para aplastar la revolución".

Mucha prensa apoyaba la reelección de Menocal. No así algunos miembros de su propio partido como ya hemos visto. Por su oposición a la reelección Juan José Maza y Artola fue expulsado del Partido Conservador, y le pidieron que renunciara a la senaduría que había obtenido a través de ese partido, a lo que Maza se negó. También Maza atacó a la administración conservadora en un discurso donde hizo referencia a las "botellas" concedidas por el gobierno de Menocal, y concluyó con que la numerosa prensa que permanecía silente sobre estas "botellas" debía estar narcotizada. A lo cual Wilfredo Fernández, que era editor de un periódico, reaccionó drásticamente con el envío de padrinos para un duelo. Por su parte los estudiantes universitarios hicieron una manifestación a favor de Maza y Artola y que fue disuelta a palos por la Policía.

Pero Maza no era fácil de intimidar. También presentó una proposición en el Senado para que se repartieran las famosas colecturías de la Lotería entre los huérfanos y las viudas de los veteranos, pero que fue derrotada con una votación de 10 a 3, porque muchos senadores no querían perder los beneficios de su propia colecturía. Otro proyecto de ley presentado por el mismo senador planteaba que todo Presidente en ejercicio que fuese a su reelección debería cederle la Presidencia al Vice desde el momento de su nominación como candidato y hasta ocho días después de haber sido electo. Pero el proyecto era completamente inconstitucional y fue rechazado, entre otros por Juan Gualberto Gómez, y seguramente hubiera sido vetado por Menocal.

En Enero, conforme con eso, Milanés que presidía al Partido Conservador en la provincia de Oriente manifestó que los veintiún delegados de su partido le habían prometido votar en contra de la reelección de Menocal. Pero a pesar de estos malos pronósticos Menocal decidió viajar al Central Palma de su propiedad en la provincia de Oriente, y era obvio que con afanes de adelantar su política reeleccionista. Por ese tiempo también el Vicepresidente de la Asamblea del Partido Conservador de Oriente decidió convocar una reunión de la misma, y para la sorpresa de todos, la aspiración de Menocal fue aclamada por 149 votos a favor y 11 en blanco, con lo que ya quedó proclamada su candidatura para Presidente con Emilio Núñez de Vicepresidente.

Finalizando el año anterior el Comité Nacional Liberal había amenazado con que no se hacía responsable de lo que pudiera suceder en Cuba si Menocal cometía un fraude en las próximas elecciones. Por su parte Alfredo Zayas había trabajado arduamente para lograr el control de todas las asambleas del Partido Liberal, y ello empezó a rendir sus frutos. La Asamblea Liberal de la provincia de Oriente nombró a Zayas como su candidato a Presidente con Rafael Manduley de Vicepresidente. En Santa Clara la Asamblea Liberal se reunió y acordó aceptar como candidato al que fuera aprobado por una Asamblea Liberal Nacional unificada. En La Habana se celebró la Asamblea Liberal Nacional en el Teatro Martí y en medio de divisiones. El General Gerardo Machado había dicho que se retiraba de la política, pero ahora aceptó el voto de confianza que se le dio para que dirigiera todas las gestiones de unificación de la opinión liberal. Pero Eusebio Hernández y sus seguidores acordaron no asistir a esas reuniones gestoras para la unificación del Partido Liberal con el argumento de que Zayas había logrado gobernar todas las asambleas por medios antidemocráticos. También Asbert rehusó reunirse con los liberales y dijo que se iría con los conservadores, pero la mayoría de sus seguidores no tenían la misma opinión.

No obstante a principios del mes de marzo la Asamblea Liberal Nacional declaró la candidatura de Alfredo Zayas como Presidente y de Mendieta como Vicepresidente. Todavía Mendieta presentó su renuncia en favor de Machado, pero el que más tarde sería futuro presidente no lo aceptó, y Mendieta reasumió su candidatura. También en la Asamblea Liberal Municipal de la ciudad de La Habana, celebrada para decidir quien sería el candidato liberal para la Alcaldía de la capital, Eugenio Aspiazu derrotó a Orencio Nodarse.

En una reunión de los viejos liberales históricos sostenida en la casa de José Miguel, el expresidente calificó la candidatura de Zayas como de una derrota segura. Y ahora, después de terminada la Asamblea Nacional Liberal, una manifestación liberal se dirigió a la residencia de José Miguel Gómez solicitándole unas declaraciones pero éste rehusó el hacer uso de la palabra. No obstante en una carta privada José Miguel expresó que aunque no le agradaba la candidatura de Zayas tenían que apoyarlo, pues se trataba de un liberal. Como se ve esta manifestación fue más que un pronunciamiento partidista pues se aludía a motivos ideológicos.

Pero José Miguel fijó sus condiciones para apoyar a Zayas, y no eran pocas. La primera condición es que Gómez fuera nombrado como jefe y presidente del Partido Liberal. Segundo, que se le otorgara a Gómez la facultad para nombrar al Director de todas las Asambleas Provinciales. Tercero, que se le diera la facultad de designar a los Gobernadores de las provincias de Pinar del Río, la Habana y Camagüey, insistiendo en que ni Caballero ni Zayas Bazán serían considerados para la de Camagüey. Y cuarto, que se le permitiera nombrar a la mitad de los candidatos a senadores y representantes por el Partido Liberal.

Claro que toda esta situación preocupaba a Washington y el Jefe de la División de Asuntos Latinoamericanos del Departamento de Estado de los Estados Unidos cursó un memorando afirmando que las próximas elecciones presidenciales en la Isla iban a ser muy reñidas, y que Menocal no parecía contar con la fuerza electoral que ellos deseaban por lo que posiblemente sería derrotado. También el Secretario de Estado Lansing manifestó que la reelección del Presidente Menocal, graduado en la Universidad de Cornell, era de conveniencia para los intereses de los Estados Unidos porque si resultaba electo sería quien mejor podría resolver los problemas pendientes entre Cuba y la Unión Americana, pero que no parecía tener la fuerza electoral suficiente. Por su parte el Delegado Gonzales había pedido a Washington que hiciera una declaración sobre la situación política cubana, y entonces el Secretario Lansing le pidió al Presidente Woodrow Wilson que hiciera una declaración referente a las elecciones que debían celebrarse en Cuba. Dicha declaración, obviamente hecha para influir en los acontecimientos cubanos, se publicó semanas más tarde por un periódico habanero, y en ella Wilson expresaba que se debía mantener el orden constitucional y que no se podían utilizar medios violentos para obtener el poder.

En vista de lo incierta que resultaba la situación en la Isla, Washington decidió poner sus intereses económicos en regla y le envió instrucciones al Delegado Gonzales para que urgiera a Menocal sobre el pago pendiente a los bonistas, comunicándole que si no podía lograrse una ley del Congreso para liquidar ese pago, el Presidente debía dictar un nuevo Decreto anulando el Decreto anterior. Pero Menocal recibió esta nota y le respondió que dictar ese Decreto sería algo ilegal, y que él deseaba que Washington le enviara una nota más explícita y detallada para poder presentársela a los senadores. A lo que Washington respondió con la nota solicitada que incluía la amenaza hecha por el abogado que representaba a los bonistas, de que si se seguía tratando de retardar el asunto en beneficio de los congresistas de la época de José Miguel que habían intervenido en el negocio del dragado, los bonistas darían a conocer públicamente el nombre de todos esos congresistas.

También un Decreto que dispuso que la Secretaría de Obras Públicas asumiese la continuación de las obras del alcantarillado que se habían venido realizando bajo contrato con los contratistas McGivney y Rokeby, hizo que éstos presentaran una reclamación para el pago inmediato de más de setecientos mil dólares, a los que luego se añadió más de un millón adicional por supuestas violaciones contractuales, y otras reclamaciones posteriores.

Entre las Leyes de este período debemos citar la Ley que reorganizó la Escuela de Agronomía de la Universidad de La Habana y su plan de estudios, y que en adelante se llamaría Escuela de Ingenieros Agrónomos y Azucareros. La Ley que restringía la venta de drogas heroicas, especialmente la morfina. La Ley que establecía el Preventorio Antituberculoso de Cojímar bajo el nombre de "Martí" para la lucha porque los niños pretuberculosos no llegasen a contraer la enfermedad. La Ley que cuantificaba las indemnizaciones a recibir por accidentes del trabajo, y que también fue conocida como la "Ley Cortina". La Ley que establecía la mayoría de edad a los 21 años. La Ley que reglamentaba el sueldo de los cadetes, sus promociones, sus uniformes y otros aspectos de su carrera militar. Un Decreto que autorizaba al Ejército Permanente a actuar como Policía en caso de necesidad durante las elecciones que se habrían de celebrar el 1º de Noviembre. Un Decreto cediendo terrenos de las faldas del Castillo del Príncipe a la Universidad de La Habana para dedicarlos a campos deportivos, y también del Torreón de la Chorrera para casa club de su equipo náutico. Un importante Decreto por el que se cedían los servicios clínicos del Hospital Calixto García para la enseñanza de los alumnos de la Escuela de Medicina. Otro Decreto estableciendo una junta para estudiar los medios modernos que se utilizan para la prevención de los accidentes del trabajo, y la aprobación de una Ley posterior que amparaba a los obreros. Entre las obras públicas estuvo la inauguración de un monumento ecuestre para honrar la memoria del General Antonio Maceo.

Entre los Decretos dictados estuvo el que nombró una comisión para estudiar la nacionalización de los ferrocarriles de la República. El Decreto estableciendo una comisión y un crédito de 200 mil pesos para erigir un monumento al Generalísimo Máximo Gómez en La Habana. Un Decreto que redimía a la ciudad de Cienfuegos de los adeudos que tenía sobre los gastos para el acueducto y el alcantarillado, y que pasarían a ser cubiertos por el gobierno nacional. Un Decreto que autorizaba al Ejército Permanente a actuar como Policía en caso de necesidad durante las elecciones que se habrían de celebrar el 1º de Noviembre. Un Decreto cediendo terrenos de las faldas del Castillo del Príncipe a la Universidad de La Habana para dedicarlos a sus campos deportivos, y también del Torreón de la Chorrera para casa club de su equipo náutico. Un importante Decreto por el que se cedían los servicios clínicos del Hospital Calixto García para la enseñanza de los alumnos de la Escuela de Medicina. Otro Decreto estableciendo una junta para estudiar los medios modernos que se utilizan para la prevención de los accidentes del trabajo.

Todavía existen manifestaciones de bandolerismo a lo largo de la República que requieren la acción de las autoridades. Las fuerzas al mando de Arsenio Ortiz mataron al bandolero José Rivera alias Cholo, que era el bandolero más famoso de Oriente. Cerca de La Esperanza en la provincia de Santa Clara es secuestrado el hijo del rico hacendado Gregorio Marañón, haciéndole a éste una fuerte exigencia de dinero. Pero la Guardia Rural logró rescatar al joven sin condescender al pago exigido, y en días posteriores se enfrentó y le dio muerte al jefe del grupo de bandoleros. También los detenidos en 1915 por un crimen de brujería, que fue el asesinato de una anciana octogenaria en Camagüey y que habían estremecido el sentimiento de nacional, fueron juzgados, condenados y fusilados por su crimen.

Una muestra de la irrespetuosa ligereza cívica con que se conducían los cubanos hizo víctima al Coronel Villalón que era quien estaba al frente de la Secretaría de Obras Públicas. Ocurrió en su nativo Coliseo y a propósito de una fiesta que se celebraba en una placita del pueblo, y en que el público allí reunido empezó a recitar a coro un epigrama que se hizo famoso: "Honradez, paz y trabajo" lema de la Conjunción –si la muestra es Villalón– vayan todos al cara–".

Las maniobras politiqueras continuaban dentro de los grupos políticos, y se empezaron las incursiones políticas hacia el interior. Los liberales Miguel Mariano y Ferrara prometieron que los pactos entre los liberales de las distintas facciones serían respetados. No obstante lo cual la Asamblea Provincial Liberal de la Habana decidió despojar a Aspiazu de la candidatura oficial que ya había logrado para la Alcaldía de La Habana para concedérsela a Varona Suárez. La reacción no se hizo esperar y entonces los conservadores decidieron explotar la coyuntura política y postularon a Aspiazu como su propio candidato para la misma posición. Esto dio origen a otro de los estribillos más conocidos de la Chambelona, y que decía: "¡Aspiazu me dio botella y yo voté por Varona!". O sea que se aceptaba el soborno de una "botella" corrupta para traicionar luego al que se la dio. Y este estribillo también confirma el bajo nivel de civilidad con que se conducía el pueblo cubano.

Pasamos ahora a mencionar los innumerables incidentes políticos que precedieron a la discutida elección presidencial de 1916, y que ponen en evidencia el clima de violencia que vivía el país. En una sucesión de hechos violentos ocurrió una riña en el pueblo de

Manguito, en la provincia de Matanzas, con un saldo de varios muertos y heridos. Un concejal de Güines en la provincia de la Habana mató a un líder juvenil conservador. El Jefe de la Policía de Quemado de Güines en la provincia de Santa Clara, murió en otro tiroteo de matiz político. También en la provincia de Santa Clara y en el pueblo de Camajuaní se produjo una manifestación conservadora que fue atacada a tiros por los liberales con el resultado de muertos y heridos, encontrándose entre estos últimos el Capitán Arturo del Pino del Ejército Mambí que era el candidato conservador a la alcaldía de ese pueblo. En un tiroteo ocurrido en la ciudad de Cienfuegos y entre los partidarios del Alcalde conservador Cabrera y los del liberal Santiago Rey, ocurre un muerto y tres heridos. En la acera del Louvre en la ciudad de La Habana ocurre otro hecho de violencia política entre dos jóvenes y donde uno de ellos resulta muerto a balazos. Según los conservadores, en esta campaña política han muerto siete liberales y cuarenta y dos conservadores. Los liberales no presentan cifras.

En medio de todo este ambiente de inestabilidad el Secretario de Sanidad, Enrique Núñez de Villavicencio, fallece en la ciudad de Nueva York, y es reemplazado en el cargo por el Dr. Raimundo Menocal, tío del Presidente Menocal.

Los liberales eran los que aspiraban a conseguir el poder, y eran los más activos. Para promover su candidato efectuaron un gran mitin en el Parque Central de la ciudad de La Habana. Celebraron un acto en la Arena Deportiva Colón y otro en el Restaurante Miramar de Prado y Malecón, ambos también en La Habana.

Por su parte los conservadores celebraron un gran mitin en el Teatro Nacional de La Habana, y después organizaron una excursión proselitista por toda la provincia de Oriente.

Ante la repetición de actos de violencia el Delegado Gonzales de los Estados Unidos declara que la política se está inflamando, que los artículos del Heraldo de Cuba son incendiarios y que el General Eduardo Guzmán del Ejército Libertador ha declarado que tiene 500 hombres armados y listos para matar conservadores a derecha e izquierda.

La situación era tan tensa que los liberales se entrevistaron con Menocal con la intención de crear una comisión para la supervisión de las elecciones. La comisión la presidió Manuel Sanguily y a ella concurrieron Ferrara y Cortina por los liberales, y Dolz y Font por los conservadores.

Y como parte de los esfuerzos de último minuto por las partes contendientes, Zayas se fue con su Vice Mendieta a terminar la campaña en la provincia de Santa Clara que era el bastión liberal. Igualmente José Miguel incursionó en esa provincia que era su base política natural. Finalmente los tres regresaron juntos a La Habana donde fueron objeto de un tumultuoso recibimiento, y trayendo consigo a una orquesta procedente de Camajuaní que se llamaba "La Chambelona" que daría su nombre a los graves sucesos posteriores. Zayas por su parte se declaró satisfecho del buen trabajo que estaban realizando los supervisores militares. Sólo faltaba pues el esperar el resultado de las elecciones.

Por fin llegó el 1º de Noviembre y se desarrollaron las elecciones. Los primeros partes de unos veinte colegios electorales daban a Zayas como ganador, pero estos no eran suficientes para determinar el resultado de las elecciones. Y en una llamada que el Delegado Gonzales le hizo al candidato liberal, éste le reconoció al norteamericano que no veía la ocurrencia de grandes fraudes, y le aseveró que él aceptaría el dictamen de los jueces y de los tribunales electorales. Pero Montoro también hizo declaraciones a la prensa asegurando que los conservadores habían ganado la elección. Asimismo el personal del Servicio de Limpiezas de Calles que apoyaba a Menocal salió de recorrido por toda la ciudad celebrando el triunfo de su candidato conservador.

Ante esta dualidad comienza a haber reuniones políticas dentro de ambos partidos, el Liberal y el Conservador, y a intercambiar informes contadictorios entre ellos, lo que establece un clima de incertidumbre sobre el verdadero resultado final de las elecciones. Lo que motiva que Menocal manifieste que en estos momentos no se podía predecir quien era el ganador de las elecciones, porque había habido grandes evidencias de fraude y era necesaria la celebración de unas nuevas elecciones complementarias que debían ser convocadas por las autoridades electorales y serían las que definirían al triunfador. Y de hecho se suspendió la entrega de los telegramas provenientes de las mesas electorales para la Junta Central Electoral y también se cortaron las comunicaciones telefónicas y telegráficas. E inspectores de la Secretaría de Comunicaciones ocuparon la central telefónica habanera.

Pero Montoro y Dolz declaran que los liberales ya se habían adjudicado el triunfo, y que ahora estaban diciendo que se lo habían robado e inflamando con ello a la población. Entonces ocurrieron disturbios frente al local del Círculo Liberal con el resultado de varios heridos y un muerto.

En previsión de que hubiese garantías para la celebración de las elecciones complementarias que decidirían el resultado, Eduardo Guzmán sugirió que se gestionara la presencia de supervisores norteamericanos, pero esta propuesta fue rechazada tanto por los liberales como por los conservadores.

Mientras tanto seguían los preparativos de guerra del Partido Liberal. Se ocuparon armas entre las malezas de los alrededores del Hospital de Mazorra. También los conservadores boicotearon la toma de posesión de Varona como Alcalde de la ciudad de La Habana, aunque éste, finalmente y hacia finales de año, pudo tomar posesión de su cargo.

Entre otros hechos cabe señalar que durante ese año hubo una huelga de los carretoneros que hizo sentir sus efectos dado que ellos eran un importante medio de transporte en aquella época. También, y por su condición humanitaria, la protesta de los enfermos de lepra que estaban ingresados en el antiguo Hospital de San Lázaro y a quienes se quería trasladar para una nueva institución clínica en el puerto del Mariel en la provincia de Pinar del Río, con la consiguiente dificultad para los familiares que quisieran atenderlos o visitarlos. De hecho se le dio a los dueños del Hospital el plazo de un mes para destruirlo por medio del fuego, y así se realizó, lo que obligó al traslado de los enfermos hacia el Mariel.

Asimismo se celebró un Congreso Jurídico Nacional y se eligió para su presidencia al Dr. Antonio Sánchez Bustamante, quien a la conclusión del Congreso también fue honrado con un banquete por el Secretario de Justicia, que en ese momento era Cristóbal de la Guardia.

Así terminó el año 1916, con una bonanza económica extraordinaria pues el mercado azucarero estaba en alza y la zafra produjo 308 millones de dólares. Pero también con un problema político muy serio por el fraude efectuado en las elecciones presidenciales. Mientras los conservadores trataban por todos los medios de "vestir al muñeco" para que no apareciera su fealdad, los liberales se preparaban para la insurrección. Y como dice Portell Vilá, "los cubanos hablan mucho y muy alto", por lo que todo llegó a los oídos del gobierno, dando margen para que el Ejército se preparara con anticipación.

Año 1917

El período presidencial de Menocal se extendía hasta el 20 de mayo de 1917 en que debía tomar posesión el nuevo Presidente. Así a Menocal le quedaban más de cinco meses de gobierno, pero dada la situación de incertidumbre que se vivía por las grandes evidencias de fraude electoral, se presagiaba lo peor, y ciertamente que ese tiempo estaría lleno de acontecimientos que estremecieron a la República.

A las denuncias de fraude electoral ya mencionadas vino a añadirse una aclaración de la Audiencia de Camagüey explicando que allí también se había comprobado la existencia de fraude, y que por tanto se deberían celebrar elecciones complementarias. El Tribunal Superior Electoral desecha esta comunicación que sobreabunda en el fraude, y procede a dar datos oficiales de aquella tormentosa elección. El Tribunal Superior Electoral declara que desde el punto de vista numérico, es imposible que los Conservadores puedan haber ganado en Santa Clara y en Victoria de las Tunas, lo que parecía apuntar hacia un seguro triunfo liberal. Incluso Maza y Artola declara en una sesión del Senado que después de lo dicho por la máxima autoridad electoral del país lo patriótico era que los conservadores aceptaran su derrota y así se evitara una catástrofe política en la República.

El Delegado norteamericano Gonzales se sintió obligado a declarar que después de lo anunciado por el Tribunal Superior Electoral se vislumbraba un inevitable triunfo de los liberales. Por su parte algunos conservadores de prestigio que habían estado opuestos a la reelección de Menocal como Enrique José Varona, Cosme de la Torriente, Freire de Andrade, Maza y Artola y otros, sostuvieron reuniones en casa de Varona sobre la necesidad de convencer a la masa del Partido Conservador de que se debía aceptar el triunfo liberal. Pero el apasionamiento era tan grande que los reeleccionistas pidieron la expulsión del Partido Conservador de Varona, Torriente y otros, y que la Asamblea Provincial Liberal de Matanzas le retirara la candidatura senatorial a Torriente.

Ante la gravedad de los hechos otros liberales se reunieron en la residencia de Orestes Ferrara y llegaron a la conclusión de que se debía proponer un candidato de transacción para salir del problema. Pero Enrique José Varona insistió en que se dieran todas las garantías para la celebración de las elecciones complementarias como estaba indicado.

Mientras tanto la Primera Guerra Mundial se seguía desarrollando en el escenario europeo, y en medio de la agitación cubana llegó la noticia de que Alemania había anunciado su inicio de una guerra submarina indiscriminada. Pero dicha nota fue enérgicamente rechazada por Cuba, y no tuvo resonancia dentro de la opinión pública de la Isla que tenía sus propios afanes.

A comienzos de febrero se efectuó en casa de José Miguel una reunión de los principales líderes liberales que incluía a Zayas. Y tras analizar la situación acordaron ir a la insurrección, mas Zayas pidió que se esperara el resultado de las elecciones complementarias. José Miguel accede y se comprometió a esperar el resultado de las complementarias en su finca. Por su parte Zayas y Mendieta van a Santa Clara y el 9 de Febrero se les impide la entrada a un colegio donde unos días más tarde se iban a celebrar los comicios complementarios. Ante estos indicios José Miguel decide que no se puede esperar más y en una reunión sostenida con Ferrara y Cortina acuerdan iniciar el alzamiento de inmediato. Aunque es posible que José Miguel ya hubiera determinado de antemano el lanzarse a la lucha sin considerar el consejo de Zayas. Fijémonos que con sus demandas y acciones José Miguel le había quitado el control político del partido a Zayas, y ahora con la insurrección le quitaba el poder de las decisiones militares. Por su parte Zayas tomó el ferrocarril para regresar desde Santa Clara a La Habana y por el conductor del tren se enteró de que ya estaba dada la orden para la insurrección, y entonces decidió abandonar el tren en las proximidades del pueblo de Campo Florido, en las cercanías de la capital, y se dirigió en automóvil a la finca de Rosalía Abreu en Palatino. Allí permaneció durante todo el tiempo de la insurrección y sin tomar parte en la misma. Es muy probable que durante su estancia allí pensara que todo lo que José Miguel estaba realizando no era tanto por defender los métodos democráticos sino más bien para hacerse él mismo con la Presidencia. Más tarde el "choteo criollo" se referiría a los hechos ocurridos como "la guerra en la que Zayas no se alzó", pero injustamente porque Zayas no era cobarde sino que prefería los medios civilistas a los militares.

Decidido esto, José Miguel se dirige en unión de su hijo Miguel Mariano y de Dámaso Pasalodos, rumbo a Batabanó para abordar su yate. Su plan era desembarcar al sur de Camagüey y ponerse entonces al frente de la insurrección. Y justo es decir que su impaciencia recibiría justificación con el hecho de que en las elecciones complementarias de Santa Clara también se repetiría el fraude.

Por órdenes de José Miguel también partieron para Washington y Nueva York los líderes liberales Orestes Ferrara y Raimundo Cabrera para cabildear a favor de la causa liberal, y con la esperanza de tener un éxito rápido.

Estimamos que los liberales querían reeditar lo ocurrido en 1906 cuando con la "guerrita de Agosto" provocaron la intervención norteamericana. Es decir, derrotaron a Estrada Palma con la ayuda de los Estados Unidos, pero en esta ocasión la situación era muy diferente. En primer lugar el gobierno de Menocal era mucho más fuerte que el de Don Tomás. Su ejército estaba muy bien preparado y equipado, y tenía suficiente número de alistados. Además se habían hecho los movimientos militares necesarios para garantizar la lealtad, y por último la actitud de los norteamericanos era distinta.

En el año 1917, aunque los Estados Unidos todavía no habían entrado en la guerra europea, se sabía de antemano que la guerra con los Imperios Centrales era inevitable. Por otro lado la República Mejicana, que estaba viviendo un difícil proceso revolucionario, se convirtió en un objetivo político para los alemanes. El hecho de que Méjico compartiera una amplia frontera con los Estados Unidos y el que existiera un diferendo territorial reciente entre ambos, podía convertir a Méjico en un aliado que distrajera tropas norteamericanas para que el Presidente Wilson y su gobierno no intervinieran en la guerra europea.

Asimismo, y aunque con características distintas, no se podía esperar que los Estados Unidos tuviera el menor interés de intervenir con sus tropas en el territorio cubano, y todas estas circunstancias fueron muy bien aprovechadas por Menocal. Si se nos permite un símil boxístico diremos que José Miguel, el retador de 1911, tenía los recuerdos de haber ganado por "knock out" técnico en 1906, y ahora confiaba en que su planeamiento y mejor preparación darían al traste rápidamente con el gobierno de Menocal, pero en esta ocasión no contaba con que el campeón era mucho más fuerte, estaba mejor preparado, y que además tendría el favor del árbitro y de los jueces para ganar la pelea.

En la exposición de los hechos de la "guerra de la Chambelona", vamos a ir analizando, mes tras mes y en forma separada, cada uno de los hechos sucedidos en las distintas provincias, así como la fecha en que ocurrieron, para que se pueda comprender mejor el nivel de la lucha y el curso de estos acontecimientos tan poco recordados en los años posteriores de la República. Igualmente ocurrirá con todos los pronunciamientos de los Estados Unidos y su fecha de aparición, incluyendo la entrada de los Estados Unidos en la Primera Guerra Mundial y su seguimiento por Cuba.

Empecemos por decir que la posibilidad de una guerra civil en Cuba era muy mal vista por los políticos y por la opinión pública norteamericana, porque el recuerdo de la propia Guerra de Secesión con su devastación económica y su enorme cantidad de muertos, les infundía temor. Conocedor de este sentimiento, Carlos Manuel de Céspedes y Quesada, que permanecía como Delegado de Cuba en Washington y tenía una larga experiencia diplomática y numerosos contactos, tomó ventaja para neutralizar el activismo en pro de la insurrección liberal que Ferrara y Cabrera habían venido a realizar en Washington.

Mientras Ferrara y Cabrera tenían abierta la puerta de los inversionistas de los años 10, 11 y 12, Céspedes tenía mejores contactos con la prensa y con los políticos que ejercían el poder en aquellos momentos. Amén de que en los Estados Unidos, que habían acabado de reelegir a Wilson para un segundo término, no se podía entender el que un presidente que había sido exitoso desde el punto de vista económico, que no tenía presos políticos, y que no coartaba ningún tipo de libertad, fuera atacado por el solo hecho de ir a una reelección. Se trataba de un razonamiento muy simple, pero es que los pensamientos simples prosperan fácilmente en el pueblo americano.

En segundo lugar repasemos con un poco de detalle cual era el estado de las Fuerzas Armadas de la República de Cuba que estaban bajo el mando de Menocal. Él había comenzado su reestructuración para modernizarlas en 1915. A la muerte del General Monteagudo se había nombrado al Coronel Mendieta como Jefe del Ejército Permanente y al Brigadier Ávalos como Jefe de la Guardia Rural. Un poco más adelante se unieron los dos cuerpos bajo un solo nombre, el de Ejército de Cuba. También se sustituyeron los nombres de los titulares de ambos cuerpos por el de Jefes del Estado Mayor del Ejército y de la Guardia Rural, mientras el Presidente Menocal era constituido como Comandante en Jefe de todos los cuerpos armados.

Al poco tiempo de haber sido nombrado, Mendieta renunció y se le retiró con el grado de General en excedencia y puesto a las órdenes del Ministro de Gobernación, cargo que en ese momento era desempeñado por Aurelio Hevia. Por un tiempo el Brigadier Ávalos se hizo cargo de las dos jefaturas, pero poco después enfermó gravemente, y como ya hemos dicho, tuvo que ser sustituido por el Coronel José Martí Zayas Bazán, el hijo del Apóstol. Pero Ávalos no tardó mucho en fallecer también y entonces la estructura militar del país quedó establecida con el Presidente Menocal como Comandante en Jefe, el Secretario de Gobernación como su brazo ejecutivo para todo lo concerniente a los cuerpos armados, y el Coronel Martí como Jefe del Estado Mayor.

En los tiempos que vamos narrando se creó la Secretaría de Guerra y Marina como brazo ejecutivo para administrar las Fuerzas Armadas que antes habían estado bajo el Secretario de Gobernación. El Brigadier José Martí y Zayas Bazán fue designado como el nuevo Secretario, y como su sustituto como Jefe del Estado Mayor fue el Teniente Coronel Walfredo Efraín Consuegra, y quien como ya mencionamos, desempeñaría un papel importante en la derrota del alzamiento.

También en 1915 se habían constituido los distritos militares que eran el número 1 en Santiago de Cuba; el 2 en Camagüey; el 3 en Santa Clara; el 4 en Matanzas; el 5 en Habana; el 6 en Columbia, el 7 en La Cabaña y el 8 en Pinar del Río. Y dos años más tarde se agregaría un nuevo distrito con base en la ciudad de Bayamo.

En aquel momento el Ejército constaba de un Estado Mayor, las fuerzas de caballería, artillería e infantería; un cuerpo de ingenieros y de señales; los servicios de sanidad, veterinaria y auditoría; las Academias Militares; personal de oficiales y soldados retirados y las milicias que se formarían cuando fuese necesario. El Ejército tenía 305 oficiales, 75 cadetes y 16,487 entre clases y soldados, haciendo todo total de 17,169 miembros.

Un desglose de sus efectivos era: siete tercios de caballería, 41 escuadrones de caballería para el servicio de orden público –antigua Guardia Rural– seis batallones de infantería, tres batallones de artillería de costa, un batallón de artillería de montaña, un batallón de artillería ligera, una compañía de ingenieros, una compañía de señales y los servicios de sanidad, veterinaria y auditoría y ocho planas al inicio del alzamiento. La incipiente fuerza aérea todavía no tenía capacidad de acción, como tampoco lo tenía entre las potencias beligerantes de Europa. Como se ve era un ejército profesional, bien organizado, bien entrenado, bien armado, y bien dirigido por oficiales muy capaces como lo demostraron en la práctica.

Se ha dicho por muchos historiadores que por la falta de un cuerpo de inteligencia del ejército, el Teniente Coronel Figueroa pudo traicionarlo y estuvo dando que hacer en las provincias de Camagüey y Santa Clara en los primeros meses del alzamiento. Sin embargo se olvidan que en 1917, cuando esto ocurrió, el concepto de cuerpos de inteligencia que tenemos hoy en día en las fuerzas armadas y en los departamentos civiles estaba prácticamente por desarrollarse. Por ejemplo, en los Estados Unidos aún no se habían creado ni el FBI ni la CIA.

Por su parte la Marina de Guerra constaba de un Estado Mayor, un Cuerpo de Oficiales de Mando, un cuerpo de oficiales maquinistas; un cuerpo de administración, uno sanitario y otro de auditoría; un cuerpo encargado de los oficiales y alistados retirados; y un cuerpo de milicia naval cuando ésta, por necesidad, se organizase. La Marina constaba de 82 oficiales, 121 clases y 663 marineros, además de 20 guardamarinas. Su jefe, como mencionamos antes era el Teniente de Navío Morales Coello. Y durante los incidentes de la Chambelona no habría ni una sola deserción en la Marina de Guerra Nacional.

Por el camino además, Menocal había propuesto ascensos, retiros, promociones, nombramientos y, sobre todo, había establecido el Retiro de las Fuerzas Armadas, lo que era un hecho bien importante pues les daba a los miembros de las Fuerzas Armadas una seguridad económica tras retirarse del servicio activo. Y estos beneficios que se habían concedido ahora, muy pronto traerían buenos resultados para la administración que los había concedido. Uno de ellos fue que el Brigadier Consuegra, que sustituyó a Martí tras su ascenso, fue uno de los elementos decisivos para el triunfo de las fuerzas leales a Menocal. Pero muy pocos, poquísimos de los oficiales en activo se alzarían en contra de Menocal. Y esto era algo con lo que no contaba José Miguel Gómez.

Otra ventaja que tendría Menocal, y con la que no contaron los liberales, es que en el transcurso de los hechos de la Chambelona fue que los Estados Unidos le declararon la guerra a los Imperios Centrales europeos, acción que fue seguida por Cuba, lo que hizo posible una Resolución del Congreso Cubano autorizando al Presidente de la República, para que según su criterio, pudiese movilizar a todas las Fuerzas Armadas.

Además al iniciarse el conflicto y aprobarse una ley por la cual se podían establecer milicias, se elevó a 30,000 el número de los efectivos con los que el gobierno podía contar. Mientras los liberales sublevados sólo tenían alrededor de 10,000 hombres, las fuerzas gubernamentales los superaban en una proporción de 3 a 1.

Un hecho que vale la pena exponer es que para alistarse en el ejército se había establecido el requisito de saber leer y escribir, mas por la falta de alistamiento el gobierno decidió eliminar dicho requisito permitiendo la entrada de los analfabetos. Y esto que rebajaba el nivel educacional del Ejército dio lugar a un logro de gran prestigio para Cuba, pues uno de esos alistados fue un joven analfabeto del pueblo de Guaracabuya llamado Domingo Gómez Gimeranez, que se pudo superar en el Ejército y en menos de veinte años se convirtió en una gloria de la Cardiología internacional y de Cuba, pues llegó a ser el médico cardiólogo ayudante de Henri Vaquez, cuando éste fue el Premio Nobel de Medicina en 1934.

Ya todos los pasos necesarios estaban dados para echar a andar la sublevación que se proponía derrocar a un gobierno, el de Menocal, que descaradamente pretendía perpetuarse en el poder a través de un escandaloso fraude electoral. No le faltaban razones a los liberales para querer derrocarlo, pero posiblemente en sus cálculos los conspiradores no pensaron que los acontecimientos llegarían a la gravedad que luego adquirieron, pues la llamada Guerra de la Chambelona, que muchas veces se menciona con ligereza, fue una verdadera guerra civil con un alto sacrificio en vidas humanas, y malas consecuencias para la política posterior de la República de Cuba.

La fecha designada para la insurrección en todas las provincias fue el 11 de Febrero. No obstante el día anterior, o sea el 10 de Febrero, se empezaron a ver las acciones con una partida sediciosa en Alquízar, al Sur de la provincia Habana, y que fue rápidamente dispersada por el Ejército. Al día siguiente, que era el día acordado, se produjo el intento de sedición en Columbia, aunque ya había sido denunciado por el Teniente Milera al Coronel Miguel de Varona, Jefe del Distrito. Entonces el cadete Larubia hizo frente a los rebeldes y resultó herido, pero logró que se dispersaran. Un pequeño grupo de alistados abandonó entonces el campamento rumbo a las afueras donde lo esperaban Baldomero Acosta alcalde de Marianao, el Representante Carlos Guas y el "general" Pino Guerra de la "guerrita de Agosto", quien por breve tiempo fuera Jefe del Ejército en época de José Miguel. El grupo de oficiales del Castillo de la Fuerza que estaba comprometido para secuestrar a Menocal, a la postre no secundó el movimiento como estaba previsto y así se frustró un importante apoyo con el que José Miguel contaba para destituír a Menocal por su Vice Varona, y que luego éste propiciara unas nuevas elecciones. Mas Varona estaba ajeno a esta situación y posiblemente no hubiese colaborado con ella. Estos fueron los principales hechos acaecidos en la provincia Habana, y en lo adelante sólo se producirían hechos de menor importancia hasta el final de la guerra.

El mismo día 11 en la provincia de Santa Clara los liberales esperaban que un grupo de militares comprometidos con Machado tomasen el control de aquel Distrito Militar para iniciar un alzamiento en la provincia. Pero la realidad es que esos militares no procedieron como se esperaba de ellos y se frustró la toma del distrito militar que iniciaría las operaciones en esa provincia. Este fue otro grave revés para las aspiraciones liberales.

En la provincia de Camagüey el alzamiento liberal del 11 de Febrero estuvo mejor coordinado y tuvo un inicio exitoso. Desde La Habana, y con el pretexto de que iba a asegurarse de que las cosas estaban en orden, llegó el Teniente Coronel Figueroa, quien era el Supervisor militar para esa provincia, pero que en realidad estaba complotado para la insurrección. Su llegada coincidió con que el Jefe del Distrito, que era el Coronel Enrique Quiñones, se pronunció en contra del gobierno en unión del Comandante Luis Solano, que era el jefe del Tercio Táctico y el cual, aprovechando que era un día de Domingo y liberando a un grupo de militares presos para que se incorporaran a su grupo, pudo tomar el Cuartel Agramonte en horas de la madrugada.

Tomado dicho cuartel las fuerzas insurrectas se dirigieron hacia la Estación de Policía de la ciudad de Camagüey donde se habían refugiado más de cien personas de los principales elementos conservadores, desde el Gobernador Sánchez Batista hasta el Alcalde Sariol. Allí Solano le ordenó al Capitán José Izquierdo que procediera a tomar el lugar, y éste lo hizo abriendo un fuego indiscriminado que causó ocho muertos y decenas de heridos. Una vez rendida la plaza, y no contento con la carnicería que había ordenado, Izquierdo conminó a los prisioneros a que se pusieran de rodillas y juraran que no atacarían a los liberales, pero este acto de infamia fue suspendido por Gustavo Caballero que era Senador electo, ex-Gobernador de la provincia y uno de los principales líderes civiles de la revuelta. Así iniciaba Izquierdo una carrera pública como esbirro que culminaría en La Habana y al servicio de Gerardo Machado entre 1931 y 1933.

En la provincia de Santiago de Cuba también hubo pronunciamiento y alzamiento en el mismo día 11 en que ocurrieron los de las otras provincias. Cuando el Comandante Rigoberto Fernández que era el Jefe del Regimiento, y el Comandante Loret de Mola impartían sus órdenes a la tropa, ambos, junto a otros oficiales de menor graduación se pronunciaron contra el gobierno y lograron el apoyo de todos los alistados.

Arrestaron entonces al jefe interino del Distrito de Santiago de Cuba que era el Teniente Coronel Luís Lora Llorens, al Gobernador Rodríguez Fuentes, así como a otras autoridades civiles y militares que no favorecían la rebelión. Al igual que en Camagüey, numerosos militantes liberales de Santiago, Holguín, Songo, Baracoa y Guantánamo se sumaron al movimiento junto con algunos conservadores no re-eleccionistas, estos últimos dirigidos por el Coronel del Ejército Libertador y Representante Luís Milanés Tamayo, además de las guarniciones de la Guardia Rural de Guantánamo, Holguín, Songo y Baracoa que también se unieron al alzamiento.

Al iniciarse las hostilidades, y como era lógico, el gobierno dispuso una serie de medidas. Se separó de sus cargos y retiró del Ejército al Coronel Francisco Valiente y al Brigadier Manuel Sanguily que eran destacados liberales, aunque no participaron en modo alguno ni en los preparativos ni en el alzamiento en sí. Otro caso fue el del Teniente Coronel Morales Coello, que era Jefe de la Marina y yerno de José Miguel, y el cual presentó su renuncia pero sin que le fuera aceptada. A éste simplemente se le retiró del cargo y más tarde, en agosto del año 1917, se le nombraría Director de la Academia Naval del Mariel. Se clausuraron los diarios "Heraldo de Cuba", "La Nación" y "El Triunfo". Preventivamente se detuvo al indultado Asbert. El Presidente Menocal pidió la autorización del Congreso para la adquisición de 10,000 fusiles y 2 millones de cartuchos. Y el

Secretario de Gobernación Hevia partió hacia Santa Clara que era una plaza liberal fuerte.

El día 14 de febrero se celebraron las elecciones complementarias en Santa Clara, y tal como se suponía, los conservadores obtuvieron la victoria mediante un fraude, pues sólo había 2,401 votantes inscriptos y se contabilizaron 2,460 votos, y de ellos sólo 33 a favor de los liberales. Después de ello el Secretario de Estado Desvernine instruyó al Ministro Céspedes para que informara a la Cancillería norteamericana que no había otras elecciones pendientes que las de Victoria de las Tunas, pues las de Santa Clara ya se habían celebrado y no se había presentado ningún recurso contra ellas, por lo que cualquier interferencia con esas elecciones sería ilegal. Pero Menocal había suspendido hasta nuevo aviso las complementarias de Victoria de las Tunas. Y entonces Washington le envió un nuevo despacho a Gonzales instruyéndolo de que le hiciera saber a Menocal la importancia de que prometiera que se celebrarían esas elecciones constitucionales y que les señalara fecha.

También el día 14 de febrero se da a conocer una declaración de la cancillería norteamericana conforme a la cual "el gobierno de los Estados Unidos otorga su confianza y apoyo únicamente a los gobiernos establecidos por medios constitucionales y legales", y seguía diciendo "en los últimos cuatro años se ha venido declarando clara y terminantemente su actitud en cuanto a no reconocer gobiernos que obtengan el poder por revueltas u otros medios ilegales y desea reafirmar esta actitud respecto a la situación en Cuba". Y a partir de ese momento varias unidades navales norteamericanas comenzaron a rondar por las costas y los puertos cubanos.

El Delegado Gonzales era el encargado de comunicar oficialmente a Washington sobre los eventos políticos en la Isla. Los cónsules destacados en las distintas ciudades cubanas, tal como sus similares en todas las partes del mundo, tenían como tarea el dedicarse al problema comercial y al asunto de las visas. Su misión pues no era el meterse en los asuntos políticos ni diplomáticos. No obstante lo cual Mr. Rogers, que era el Cónsul General norteamericano en la Isla, estimó que debía informar a su país que la situación era grave para el gobierno y que tendía a empeorar porque el pueblo se iba adhiriendo secretamente a la causa rebelde. También el Cónsul británico mandaba numerosas notas a Washington con informaciones alarmantes para lograr el desembarco de tropas estadounidenses, y lo que sólo ocurrió en pocos lugares y con pequeños destacamentos con el fin de proteger vidas, centrales azucareros, campos de caña y otras propiedades norteamericanas. Pero los hechos posteriores demostraron que las informaciones de esos cónsules no eran exactas, aunque contribuían a la alarma del gobierno de Washington.

Sigamos ahora con las acciones que siguieron en las tres provincias orientales y que fue el verdadero desarrollo de la insurrección de la Chambelona.

Tomada ya la capital de la provincia de Camagüey, el Senador Caballero quedó en control de la ciudad con su partida de seguidores, mientras que el resto de las tropas, que en su mayor parte eran civiles y con muy poca disciplina, marchó hacia Ciego de Ávila para reunirse con José Miguel Gómez, que era el líder principal de la asonada, y cuyo plan era reunir todas sus fuerzas para avanzar triunfalmente hacia La Habana. Mas esta reunión se demoró cierto tiempo, y cuando por fin se produjo, el Teniente Coronel Figueroa decidió que debía hacerse una exhibición ecuestre, lo que aumentó la demora. Y esa demora es la que aprovechó el Coronel Consuegra que era leal al gobierno para volar los puentes ferroviarios sobre el río Jatibonico y sobre la alcantarilla de El Rubio con lo que quedaba cortada la comunicación rápida del oriente de la Isla con Santa Clara, y por lo tanto demoraba el paso de la fuerza insurrecta.

Cuando por fin llegaron al territorio de la provincia de Santa Clara el 14 de Febrero, José Miguel decidió que no se tomaran las ciudades y que se hiciera una guerra de guerrillas. No obstante ello el Comandante Solano pide permiso y lo obtiene para tomar la ciudad de Sancti Spíritus, lo que realiza fácilmente el 16 de Febrero y sólo encuentra reclutas en la cárcel por lo que decide abandonar la ciudad. No obstante antes de alejarse de allí Solano se dirigió a Tunas de Zaza, que era el puerto que servía a Sancti Spíritus, para intentar el asalto a un buque de guerra cubano surto en ese puerto que lo podría transportar con sus hombres hasta la ciudad de Cienfuegos y desde allí adelantar hacia La Habana, pero su intento fracasó con un costo de veinte muertos. Poco después el Teniente Coronel Figueroa entra en Sancti Spíritus pero también la abandona desilusionado por la carencia de apoyo.

Por su parte José Miguel decidió dividir sus fuerzas en cuatro grupos. Uno al mando de Zayas Bazán que regresa a Camagüey. El segundo al mando del Coronel Quiñones que se dirige al Jíbaro. El tercero al mando de Figueroa que incorpora las tropas de Solano y se queda en los alrededores de Sancti Spíritus. Y el cuarto a las órdenes de José Miguel con su Estado Mayor y que se dirige a su finca Bacuino.

Mendieta y Machado se unen entonces a la insurrección, y al batirse con las tropas del gobierno en La Solapa, el General Machado cae de su caballo y sufre el atropello de su propia tropa por lo que quedó gravemente herido. No obstante ello se recuperaría para ocupar en años posteriores la Presidencia de la República, y en cuyo desempeño hubo de cometer errores muy costosos para Cuba.

Pero después de sostener una reunión con su Estado Mayor, José Miguel decidió reorganizar sus tropas en sólo dos grupos. En uno de los grupos estarían Figueroa y Quiñones que avanzarían hacia el Norte para distraer la atención de las fuerzas leales. En el otro grupo estarían José Miguel y Solano que avanzarían con rumbo centro sur y a reunirse con Méndez Peñate y Machado al Oeste de Placetas, pero desconociendo que éste último ya estaba fuera de combate. Posteriormente las tropas de José Miguel pensaban desplazarse hacia la ciudad de Santa Clara, que suponían desguarnecida, para luego seguir una marcha rumbo al Occidente de la Isla. Al menos esos eran los planes.

El gobierno por su parte había enviado tropas al mando del Coronel Pujol que habían desembarcado en la provincia de Camagüey pero que enseguida pasaron a Santa Clara para combatir los focos insurrectos que estaban más activos allí. También el gobierno de Menocal movilizó al Coronel Rosendo Collazo, que era leal al gobierno y Jefe del Distrito de Matanzas, para que se desplazara hasta la vecina provincia de Santa Clara con dos escuadrones y ayudara a derrotar los focos de insurreción aparecidos. Pujol y Collazo procedieron a la limpieza de la zona de Sancti Spíritus, y después de un breve encuentro, Collazo hizo su entrada definitiva en la ciudad.

La suerte de la insurrección en Santa Clara estaba muy comprometida, y entonces José Miguel decidió enviar una carta al Delegado Gonzales aclarándole que el objetivo del alzamiento no era otro que el de obtener que los Estados Unidos actuaran para garantizar unas elecciones libres y sin presiones. Pero ya era un poco tarde para intentar ese pronunciamiento.

En Santiago de Cuba, y después del éxito original, el Comandante Rigoberto Fernández ordenó a varios oficiales que procedieran a la captura de poblaciones de la cuenca del Cauto. Así Palma Soriano cayó pronto en poder de los rebeldes, y el jefe de la plaza que era un Capitán leal al gobierno fue a refugiarse en Bayamo. Los días 18 y 19 las fuerzas al mando del General del Ejército Libertador González Clavel toman las poblaciones de Baire y Jiguaní. Rodean a Bayamo y comienza la lucha, mas no logran tomar el cuartel y sólo pueden tomar la cárcel. Mientras el Capitán Blas Masó toma los pueblos de Songo y Mayarí. El cañonero Baire, el Yara y el buque-escuela Patria, que estaban en la bahía de Santiago decidieron mantenerse al margen de la rebelión tal como el resto de los integrantes de la Marina y zarparon con rumbo a La Habana. Pero el mismo día 18 arribó a Santiago de Cuba una escuadra de Estados Unidos a la que el Comandante Rigoberto Fernández, conociendo la simpatía de los norteamericanos por Menocal, trató de impedir la entrada en puerto mediante el hundimiento de un barco que obstruyera la entrada de la bahía, pero los buques de Estados Unidos pudieron impedir la maniobra.

El 19 de Febrero se produce una nueva declaración norteamericana conforme a la cual "el gobierno de los Estados Unidos apoya y sostiene el gobierno constitucional de la República de Cuba; la actual insurrección armada es considerada por los Estados Unidos como un acto ilegal e inconstitucional y no la respaldará; a sus jefes se les hará responsables del daño que sufran los extranjeros y sus propiedades; y el gobierno de los Estados Unidos estudiará detenidamente la actitud que ha de adoptar en cuanto a las personas relacionadas con la actual revuelta".

La respuesta del gobierno cubano a la sublevación de la provincia de Oriente fue el rápido envío de tropas. El 21 de Febrero arribó al puerto de Manzanillo una nave de la Marina de Guerra cubana a bordo de la cual venía el Coronel del Ejército Libertador Fausto G. Menocal, Representante y hermano del Presidente, con 500 voluntarios. Y tres días después, el 24 de Febrero, llegó otra nave que desembarcó tropas regulares al mando del Coronel Matías Betancourt, que también asumió el mando de los voluntarios llegados en días anteriores. Y con esos efectivos se dirigieron a Bayamo donde lograron tomar y, controlar la ciudad al costo de 16 muertos del bando de los sublevados.

En el día 21 de Febrero el Comandante Rigoberto Fernández insta a la Cámara de Comercio de Santiago de Cuba que le envíe un cable al Presidente Wilson sobre la situación que se vive en la Isla y para que el gobierno norteamericano medie en la crisis.

La respuesta del Presidente Wilson llegó dos días después, el 23 de Febrero, expresando "que la responsabilidad de los daños incumbe a los que se han rebelado contra el gobierno legalmente constituido", agregando que "su gobierno usará todos los medios a su alcance para que las disputas se resuelvan por vías constitucionales, pero no dará ningún paso en ese sentido hasta que aquellos que se han alzado depongan sus armas, acaten de nuevo al gobierno y retornen a sus actividades pacíficas".

También el día 21 de Febrero, y ante el relativo control logrado en la provincia de Santa Clara, el Coronel Pujol regresa al territorio cama-güeyano y avanza hacia Gaspar en el centro de la provincia tomando los pueblos de Piedrecitas, Céspedes y Florida, muy próximo ya a la capital provincial. Esto hizo que el ex-Gobernador Caballero y sus tropas abandonaran la ciudad de Camagüey llevando con ellos al Gobernador Bernabé Sánchez y al Alcalde Sariol. Por su parte el Coronel Pujol siguió avanzando y el 25 de Febrero ocupó la capital de la provincia.

Estando ya en posesión de la capital de aquella provincia Pujol se trazó un plan bien astuto que consistía en facilitar el encuentro de los dos jefes alzados con todas sus tropas para luego inducirlos mediante maniobras de sus propias fuerzas a entrar en una zona de 35 Km de ancho por 70 Km de largo, pero que estaba confinada por el mar al Norte, por la Sierra de Cubitas al Sur, por el río Máximo al Este y por el río Jigüey al Oeste, y donde sería más fácil presentarles combate y abatirlos.

El 25 de Febrero, Gonzales emitió un comunicado en el cual dijo que "en dos semanas de revuelta las tropas del gobierno no han experimentado un solo revés; los rebeldes no ocupan ninguna ciudad, excepto aquellas en que la guarnición se alzó desde el principio; la lealtad de las tropas que ahora tiene el gobierno parece asegurada; el número de soldados que se han alzado no pasa de 700; el levantamiento general que se esperaba no ha tenido lugar; Menocal está muy optimista; que los rebeldes trabajan hoy por la intervención lo mismo que al principio, aun cuando ahora la quieren para evitar el castigo por sus actos y es posible que para forzarla pronto se dediquen a la destrucción en masa de los ingenios y la caña; si tal es su propósito el gobierno no podrá evitarlo".

Ante la crisis militar y política que vive el país el 27 de Febrero el Presidente Menocal solicitó la aprobación del Senado para la suspensión de las garantías constitucionales, pero esta aprobación se demoraría algunos días.

El 28 de Febrero, y como parte de su campaña, Caballero ordena el incendio de los campos de caña del Central Senado con los almacenes de azúcar de Bernabé Sánchez, y también tirotea el propio central aunque sin detenerse ni tomar la población. Después se dirige a Santa Cruz del Sur donde el 6 de Marzo se encuentra con el Capitán de un destructor norteamericano y le hace entrega del Gobernador Bernabé Sánchez que hasta ese momento era su prisionero.

Es curioso que la respuesta del Presidente Wilson diera lugar al episodio más "rocambolesco" de este período insurreccional, y fueron las atribuciones que se tomó el Comandante de la cuadrilla naval anclada en la bahía de Santiago de Cuba, el Comodoro Reginald R. Belknapp. Los altos oficiales jefes de buques de la Marina de Guerra norteamericana que estaban en Cuba en aquel tiempo de la "Chambelona" no tenían ningún tipo de autoridad para mezclarse en los sucesos que ocurrían en la Isla salvo que se les ordenara por el Secretario correspondiente para que actuaran en defensa y protección de las empresas de su país radicadas en Cuba así como de los ciudadanos americanos. En otras palabras, su función era estrictamente militar.

Sin embargo el oficial Belknapp interpretó que este mensaje de Wilson significaba que los Estados Unidos asumirían el papel de garantizar la celebración de nuevas elecciones libres como forma constitucional de regresar a una normalidad, y el 2 de Marzo decidió consultar sobre ello al Secretario de Estado, que en aquel momento era Robert Lansing. El mensaje de Wilson no decía eso, pero inexplicablemente Lansing respondió que efectivamente el mensaje de Wilson implicaba que el gobierno norteamericano utilizaría todos los medios para garantizar unas elecciones justas en Cuba. Lo curioso de esta cuestión es que al mismo tiempo que Belknapp recibía la confirmación de Lansing, la propia Secretaría de Estado le estaba enviando a su Delegado Gonzales en La Habana la instrucción de que felicitara al Presidente Menocal por haber aplastado la insurrección. Con esta contradicción quedaba demostrado el grado de incompetencia que prevalecía en la Secretaría de Estado de Wilson.

Creyendo pues en el visto bueno de la Secretaría de Estado, el 3 de Marzo Belknapp decidió emitir una proclama, en la que después de relatar los pasos previos, expresaba lo siguiente: "Para disipar toda duda sobre este importante punto envié a Washington por radiograma mi interpretación, pidiendo la confirmación de si era correcta. Anoche se recibió la contestación del Secretario de Estado aprobando esa interpretación. Por esa declaración así interpretada y confirmada, al pueblo de Cuba se le garantizan elecciones justas". Y envió dicha proclama al Cónsul Griffith para que éste la transmitiera a la Cámara de Comercio de Santiago y la divulgase a toda la población.

Por esta inconsistencia el Delegado Gonzales envió a la Secretaría de Estado un cable en el que decía: "El arreglo hecho por Belknapp y el Cónsul con los rebeldes en Santiago de Cuba no sólo ha complicado una seria situación y es un insulto al gobierno cubano, sino que también anula las solemnes declaraciones de la Secretaría de Estado al pueblo cubano y viola la respuesta del Presidente Wilson a la Cámara de Comercio. Esta respuesta es una orden para los representantes de los Estados Unidos. Por el honor de la palabra de mi país hago constar esta protesta".

Este curioso incidente explica el por qué, cuando más tarde entran en la Primera Guerra Mundial, los Estados Unidos experimentan tantas dificultades con Francia e Inglaterra. Primero fue con el asunto de las tropas dirigidas por el General Pershing que ambos países europeos querían que estuviesen absolutamente a sus órdenes, y a lo cual tuvo que negarse Pershing hasta que le permitieron actuar por sí mismo. Y después por la gélida recepción que le dieron el inglés Lloyd George y el francés Clemenceau cuando viajó a París para explicar su propuesta de catorce puntos que no logró prosperar. La realidad es que esas dos potencias europeas despreciaban a los norteamericanos como potencia internacional. De la misma forma estas actitudes europeas explican el que los Estados Unidos no participaran en la organización de la Liga de las Naciones. Entendemos que estos fracasos se debieron a la ineptitud de una Secretaría de Estado que no supo lidiar con el Ministerio de Relaciones Exteriores de Francia ni con el "Foreign Office" de la Gran Bretaña.

Al mismo día siguiente de la proclama, el 4 de Marzo, Belknapp citó y se reunió a bordo del "USS San Francisco" con el Jefe de Regimiento Fernández, el Comandante Loret de Mola, el Cónsul

Griffith y dos oficiales norteamericanos. En dicha reunión Fernández manifestó que ellos depondrían las armas si se les garantizaba un armisticio con amnistía para ellos y para todos los sublevados, así como que se celebrarían unas nuevas elecciones justas y honradas. Y como muestra de su disposición el día 5 de Marzo el Comandante Fernández libera a Lores, a Rosal y a Cagigal que fueron llevados hacia La Habana en el crucero Cuba de la Marina de Guerra. Su libertad estuvo condicionada a la promesa de no tomar las armas de nuevo. Pero en cuanto llegaron a La Habana los tres se reincorporaron al Ejército.

Después de esta reunión Fernández le envió un cable a Ferrara donde le expresaba que la actitud oficial de los Estados Unidos no era esperanzadora.

El día 5 de Marzo el gobierno detiene a Juan Gualberto Gómez que era Representante electo junto con Alberto Barrera que era Gobernador electo de la provincia Habana. A Juan Gualberto lo liberan en el mismo día, pero no así con Barrera que tuvo que permanecer más tiempo.

A principios de Marzo los dos grupos insurrectos que operaban en la provincia de Santa Clara estaban acampados con una separación de doce kilómetros. El de José Miguel en Hernando, cerca del ingenio San José, y el de Figueroa en Los Jagüeyes. Mientras que las tropas leales de Collazo y de Consuegra, cada una con aproximadamente 1,000 efectivos, se reunieron en Placetas y por su superioridad auguraban una derrota de los insurrectos.

El 6 de Marzo el Comodoro Belknapp todavía no estaba consciente de su desaguisado diplomático y torpemente vuelve a la carga con otro pronunciamiento público, en el que sin mencionar nada de garantías para unas elecciones, y con tono imperativo y amenazante, conmina a "suspender las operaciones militares de la provincia, excepto bajo las órdenes del Comandante Militar" que él entendía que era el Comandante Rigoberto Fernández que había iniciado la sublevación en la provincia de Oriente. Y terminaba su pronunciamiento diciendo "y además solemnemente advierto a todos los individuos armados que no estén al servicio de dicho Comandante, que no deberán tomar parte en ninguna acción hostil ni penetrar en esta provincia con la intención de perturbar la paz; todo el que actúe contrariamente a esta advertencia será castigado con la penalidad máxima que prescriben las leyes".

Nadie supo nunca a que leyes se refería Belknapp, ni que tipo de penalidad él aplicaría a los que incumplieran su pronunciamiento. Pero el punto más dramático, o mejor dicho, el más tragicómico de todo esto, es que no hay registro de estos hechos en los archivos del Departamento de Estado norteamericano. Lo que es decir que estos hechos fueron enterrados para que no apareciesen en los récords oficiales de la diplomacia norteamericana. Basta buscar en el acápite de "Foreign Relations" de dichos archivos para constatar que no aparece ni una sola letra de estos torpes episodios ocurridos en la ciudad de Santiago de Cuba en los meses de Febrero y Marzo de 1917.

El día 7 de Marzo el Senado termina por aprobar la suspensión de las garantías constitucionales solicitada por el Presidente.

También ese día las dos columnas leales de Collazo y Consuegra que estaban acampadas en Placetas, se separan y salen en busca del contingente insurrecto de José Miguel. La columna de Collazo es la que logra sorprender a Gómez y a los suyos mientras estaban almorzando en las cercanías de Caicaje, y logran dispersarlos. Solano por su parte trata de detener el ataque para permitir que José Miguel pueda seguir adelante, pero entonces es la columna de Consuegra quien lo rechaza. No obstante Solano y Mendieta logran romper el cerco y al frente de cincuenta hombres escapan rumbo a La Solapa.

En cuanto al resto, y ante la evidencia de que estaban rodeados, las tropas alzadas se desmoralizan. Entonces trescientos jinetes al mando del Comandante Alfredo Lima terminan por reducir a los sublevados. Y ya vencidos, Gómez y su Estado Mayor se refugian en una zona montuosa donde termina por ser hecho prisionero junto a su hijo Miguel Mariano, y un numeroso grupo compuesto por Dámaso Pasalodos, Matías Duque, Enrique Quiñones, José Izquierdo Juliá, Enrique Recio Agüero, Nick Adam y otros. Al día siguiente también apareció Carlos Miguel de Céspedes y Loynaz , que se consideraba muerto, y también es apresado. En total los alzados sufrieron cerca de cien muertos en este encuentro, mientras que las tropas leales no tuvieron bajas. Todo el Estado Mayor de la insurrección en esa provincia es conducido en tren hacia La Habana, donde se les recluyó primero en la Quinta de los Molinos y posteriormente en el Castillo del Príncipe. El Secretario de Gobernación Hevia estaba entre los custodios de ese traslado.

Por su parte Solano y Mendieta logran reunirse con las tropas de Figueroa y Méndez Peñate cerca de Camajuaní para integrar una fuerza total de 1,000 hombres, y aunque Solano y Mendieta querían marchar hacia el Occidente, fueron persuadidos de dirigirse a la provincia de Camagüey donde la insurrección parecía tener mejores perspectivas.

Con la captura de José Miguel y de un gran número de sus seguidores, y con el desbande de las tropas sublevadas en la provincia de Santa Clara, la revolución estaba gravemente herida, aunque no puede decirse que vencida porque la insurrección seguía activa en gran parte de las provincias de Camagüey y Oriente con numerosos alzados.

En el Occidente de la Isla también ocurren diversos incidentes en los días 10, 11 y 12 de Marzo. En el pueblo de Artemisa es capturado Parrado, que era el Jefe de la Policía de Marianao y se había unido a la insurrección. Su captura ocurre en un combate donde mueren 3 alzados, y uno de los cuales era director de un periódico. También se presentó a las fuerzas leales al gobierno el Alcalde de Artemisa, un Representante y varios alzados que estaban con ellos. Al Norte de la provincia de Pinar del río, en el pueblo de Cabañas se presentó a las autoridades el Representante Carlos Guas.

El Comodoro Belknapp, sin autorización y queriendo seguir interviniendo para solucionar la grave crisis, el 8 de Marzo envió al Teniente Cunninghan de su escuadra en compañía de García Muñoz, que era el Gobernador liberal nombrado por los sublevados, a entrevistarse con el Coronel Matías Betancourt en el puente sobre el río Contramaestre. El propósito del encuentro era para reclamarle a Betancourt el que obedeciera la "orden" contenida en la enérgica proclama de Belknapp. Pero tal como era lógico Betancourt les respondió que él sólo recibía y obedecía órdenes del Presidente Menocal.Y a seguidas continuó su avance por el territorio oriental. Ante este fracaso en detener a las tropas leales al gobierno, García Muñoz y el Cónsul norteamericano solicitan de Belknapp la protección de tropas norteamericanas, lo que se efectúa con el desembarco de 500 infantes de marina para servicios de patrullaje. Por su parte Belknapp le pide al Comandante Fernández que evacúe la ciudad, y le asegura que él no permitiría la entrada de las fuerzas menocalistas en Santiago de Cuba.

Ante la eventualidad de tener que retirarse y con un futuro incierto Loret de Mola recogió $190,000 dólares de los fondos públicos existentes en los bancos y en la Zona Fiscal durante los días 8 y 9 de Marzo. Y el mismo 9 de Marzo el Comandante Fernández, Loret de Mola y 400 hombres abandonaron la ciudad y partieron hacia Guantánamo.

El 9 de Marzo, el Comandante Fernandez y su tropa abandonan la ciudad de Santiago, y a pedidos del nuevo Gobernador liberal y del Cónsul norteamericano desembarcan unos 500 infantes de marina para servicios de patrullaje en la ciudad. Pero muy pronto el Ministro cubano Céspedes anuncia que las capitulaciones de Belknapp con Rigoberto Fernández fueron desautorizadas, y convenciendo a Lansing de que las mismas eran una violación de la política seguida por Wilson.

El día 10 de Marzo el Delegado Gonzales recibió un despacho de la Secretaría de Estado indicándole que obtuviera una invitación de Menocal para que Crowder viniera a Cuba a actuar como mediador en el conflicto electoral, y también el que ordenara que la ciudad de Santiago no fuera ocupada por las tropas gubernamentales hasta que estas pudieran hacerlo sin pelear. Menocal accede a lo de la entrada de las tropas, pero rechaza lo del viaje de Crowder por considerar que esto sería un error.

Por su parte el Ministro cubano Céspedes anunció que las capitulaciones realizadas entre Belknapp y Rigoberto Fernández están desautorizadas, y convenciendo a Lansing de que las mismas eran una violación de la política seguida por Wilson.

Nada impidió entonces que el 15 de Marzo las tropas gubernamentales al mando del Teniente Coronel Julio Sanguily ocuparan la ciudad de Santiago, ni que al poco tiempo arribaran las fuerzas del Coronel Miguel de Varona desde La Habana, y que finalmente entraran las tropas de Matías Betancourt.Y ante la fuga del Gobernador liberal García Muñoz se restableció la gobernatura conservadora con Alfredo Guillén Morales el 17 de Marzo..

El 17 de Marzo el Comandante Fernández pidió una tregua de doce días y la concesión de una amnistía para los sublevados, pero el Presidente Menocal se negó a ello. Y las tropas de Matías Betancourt continuaron avanzando hacia el extremo Este de la Isla.

Mientras tanto en los territorios de Camagüey prosigue la lucha y los acontecimientos sangrientos. El 18 de Marzo el Coronel Pujol en campaña hacia el Sur de la ciudad de Camagüey ataca a las fuerzas del Senador Caballero en Arroyo Hondo y le causa numerosas bajas.

También en el 18 de Marzo, cerca de Morón al Noroeste de la provincia y alejado de la zona de operaciones, resultó muerto el Representante Nicolás Guillén, que era un líder liberal zayista. Hecho que por la jerarquía política del difunto no podía ser ignorado. Los conservadores dijeron que murió en combate, pero los liberales aseguraron que fue asesinado. Y Solano afirmó que el crimen fue cometido por el Teniente Andrés Bonifacio Gandarilla que había participado en la sublevación, pero que ante las derrotas había regresado a las fuerzas leales al gobierno.

Los hechos que convulsionaban la república, y especialmente las dos provincias orientales, se convirtieron en una oportunidad para que el 18 y el 19 de Marzo ocurriesen hechos de pillaje y saqueo en los pueblos de Jobabo y Elia. Los saqueadores eran en su mayoría jamaicanos pobres venidos como braceros para laborar en los trabajos agrícolas de la zafra azucarera.

El día 21 de Marzo el Coronel Collazo llega a Camagüey procedente de la provincia de Santa Clara, y el día 22 en un avance hacia el Sur de la ciudad de Camagüey encuentra a las tropas de Figueroa que estaban operando en esa zona, y les presenta batalla en Jimaguayú, con el resultado de 12 bajas causadas a los insurrectos. Después de perder esa batalla Figueroa se movió con el resto de su tropa con la idea de unirse a las tropas que comandaba Caballero.

Coincidentemente el 22 de Marzo el Presidente Menocal decidió dividir los dos Distritos Militares de las provincias de Santa Clara y Camagüey en tres Distritos. El de Camagüey al mando de Pujol. Una parte de la Trocha y la porción más oriental de Santa Clara al mando de Collazo. Y la zona occidental de Santa Clara al mando de Consuegra. También ese día Hevia, el Secretario de Gobernación, llega a Santiago.

Ese mismo día 22 de Marzo el Coronel Hevia llegó a Santiago de Cuba que ya había sido ocupado por el Brigadier Sanguily.

Para irnos acercando al final de las torpes iniciativas de Belknapp y descifrar todo este embrollo diplomático, el 25 de Marzo se propició una entrevista entre el Coronel del Ejército Libertador Jané con el Comandante Fernández a bordo del "USS Montana". A pesar de haber sido militar, Jané se había convertido en un estrecho

137

colaborador burocrático de Menocal, al punto que éste último le había encargado el seguimiento de José Miguel cuando éste se trasladó hasta el pueblo de Batabanó para zarpar en su yate con rumbo a la insurrección en Camagüey. En dicha entrevista el insurrecto Comandante Fernández insiste en su petición al Presidente de una tregua y de una amnistía, pero que nuevamente recibe el rechazo del Presidente.También en esa fecha el Coronel Varona llega a Santiago.

El Comandante Fernández y su grupo llegan a Guantánamo el 27 de Marzo. Y ese mismo día llegan por mar los Coroneles Varona y Jané con su tropa y desembarcan en Caimanera, un pueblo en la Bahía de Guantánamo y muy próximo al pueblo del mismo nombre. Enseguida empiezan las operaciones militares y tras una pequeña resistencia Guantánamo es tomado por las fuerzas de Varona.

Previamente el Teniente Acosta de los insurrectos, que tenía bajo su mando a varios cientos de hombres, había enviado un mensaje personal al Coronel Varona solicitándole una entrevista. La misma se efectuó con la asistencia de Jané, y en ella Acosta manifiestó su deseo de cesar en su condición de alzado, a la que decía haberse visto obligado por órdenes de su superior Fernández. Dijo que también había estado a punto de fusilar a Fernández, y que si no lo había hecho era por impedimentos de los norteamericanos.

El mismo día 27 el que había sido el gobernador de la provincia de Santiago de Cuba, Rafael Manduley, se presentó con su partida de insurrectos.

El 28 de Marzo el Coronel Varona le acepta a Acosta su proposición, y todos sus efectivos se reintegran al servicio activo del Ejército leal. Por su parte Menocal estimó que Varona se había excedido mas no lo contradice porque el resultado de esa decisión ayuda a liquidar la insurrección.

Pero todavía faltan semanas para el final de la insurrección. Ese mismo día 28 de Marzo tiene lugar la batalla más recia y encarnizada de la guerra de la Chambelona, que duró siete horas y se dio en el pueblo de Songo. En esa batalla los insurgentes estaban lidereados por el General del Ejército Libertador Bernardo Camacho, el Brigadier Lorenzo González y el Capitán Blas Masó. Pero tras las horas de fuerte combate las tropas leales del Coronel Matías Betancourt fueron las que obtuvieron la victoria. Y después de la cual las tropas de Betancourt continuaron su avance hacia Guantánamo.

El mismo día 28 se dijo que Caballero se había desplazado hacia el Noroeste de la provincia oriental y que se encontraba en el Manatí con 1,500 hombres, pero no existe registro de ninguna acción en esa zona.

Dos días después, el 30 de Marzo, y por nueva gestión de la Marina norteamericana se realiza en Caimanera una entrevista del Coronel Varona con el Cónsul estadounidense en Guantánamo, la que hace que Rigoberto Fernández entregue el resto de su tropa a cambio de que se le permita a él, a Loret de Mola y a cuatro oficiales de menor rango abandonar la Isla.

Al día siguiente, en Marzo 31, Rigoberto Fernández y sus acompañantes llegan a las costas de Haití que en esos momentos estaba ocupado por tropas norteamericanas. Llegaron con nombres supuestos y en posesión de los $190,000.00 dólares, remanentes de los $600,000.00 que estaban en los fondos del gobierno provincial cuando ellos se habían apoderado de la ciudad. Pero su llegada no pasa inadvertida y las autoridades los retienen. Por su parte el Ministro Céspedes en Washington le reclama al gobierno norteamericano la extradición de Rigoberto Fernández a Cuba para ser juzgado por robo e incendio, así como la congelación del dinero sustraído de los fondos públicos.

Con motivo de los saqueos ocurridos en los centrales Elia y Jobabo en el 18 y el 19 de Marzo, el Capitán Julio Cadenas detuvo en los primeros días de Abril a una serie de personas que habían participado en dichos saqueos, en su mayoría jamaicanos, y en los días 2, 4 y 5 de Abril fusiló a 22 de ellos. Esos jamaicanos no tenían nada que ver con las pugnas políticas que se enfrentaban en el país. Vale aclarar que este hecho ocasionó un incidente diplomático con Gran Bretaña y por el cual el gobierno de Cuba tuvo que pagar después una indemnización.

El día 6 de Abril, y como se venía esperando que ocurriera, los Estados Unidos le declararon la guerra a los Imperios Centrales europeos, y con ello entraron a las operaciones militares de la Primera Guerra Mundial. Y como los intereses de Cuba estaban muy ligados a la política de Estados Unidos, al mismo día siguiente 7 de Abril el Congreso de nuestra República también aprobaría su propia declaración de guerra. Además se dispuso la incautación de 5 buques alemanes que estaban en puertos cubanos.

139

Por su parte las tropas de Caballero se dirigen al Norte de su provincia para hacer sentir su presencia en el puerto de Nuevitas, y el día 6 atacan e incendian la estación de ferrocarril de esa ciudad. A seguidas de esa acción Caballero inicia una marcha hacia el Sur en el transcurso de la cual los hermanos Eleuterio Sánchez y Raimundo Sánchez, que habían alcanzado los grados de General y Teniente Coronel en el Ejército Libertador, abandonaron la insurrección y se presentaron.

En su marcha hacia el Sur las tropas de Caballero llegan al día siguiente, 7 de Abril, al pueblo de Minas, pero allí topa con una columna de artillería de las tropas leales y es batido por ellas. Entonces trata de escapar hacia la Sierra de Cubitas haciendo una trocha puesto que todos los pasos están tomados, pero durante ese tiempo sostiene seis encuentros que lo van debilitando. Y por fin el 9 de Abril se decide a atravesar la Sierra de Cubitas por el desfiladero conocido como el Paso de los Paredones.

Mientras tanto en La Habana y en las sesiones del Congreso de la República, la Cámara de Representantes elige como su Presidente a Miguel Coyula.

Todos los hechos acaecidos en la provincia de Santiago de Cuba, con la participación de oficiales de la Marina estadounidense y que concluyen con la fuga de Fernández a Haití, dan lugar a una polémica entre la Secretaría de Guerra y la Secretaría de Estado norteamericanas, pero también trae diferencias entre el Ejército y la Marina de ese país. Como parte del esclarecimiento de los hechos el Cónsul en Guantánamo había testimoniado acerca del acuerdo hecho con el Coronel Varona en la entrevista de Caimanera, así como que Fernández y sus acompañantes habían salido de la Isla bajo la protección de la Marina norteamericana. Pero de nuevo le indagan este 7 de Abril sobre el asunto del dinero que supuestamente se habían llevado consigo los prófugos. Mas el Cónsul no pudo testimoniar otra cosa que ni él ni Varona conocieron de la existencia de ese dinero.

En Occidente, en el pueblo de Calabazar al Sur de La Habana, el mismo día 9 tuvo lugar un combate en el que hubo 2 bajas de los alzados y que los liberales argumentaron que no habían sido en combate sino simples asesinatos. Asimismo el Alcalde de Guanajay, junto con un "general de la guerrita de Agosto", y unos cien hombres más, también deciden terminar su insurrección presentándose a las autoridades.

Las anunciadas, y ya inútiles elecciones complementarias de Victoria de las Tunas se celebraron el día 10 de Abril, y su resultado fue igualmente fraudulento. El Tribunal Superior Electoral certificó oficialmente el triunfo de la candidatura Menocal-Núñez en las provincias de Pinar del Río, Matanzas, Santa Clara y Santiago de Cuba, mientras que la candidatura Zayas-Mendieta había ganado en la Habana y en Camagüey. Todo este proceso transcurrió en medio de la fuerte sublevación.

Las sesiones del Congreso se siguen desarrollando y el propio día 10 de Abril el Senado eligió al conservador Ricardo Dolz como su Presidente.

En cuanto al curso de las acciones también el 10 de Abril se da un combate en el pueblo de Morón donde muere un líder zayista de Remedios. Mientras tanto el Coronel Figueroa se dirige hacia el Norte con la idea de reunirse con Caballero.

Caballero había sido electo como Senador por la provincia de Camagüey en las últimas elecciones, pero además iba siendo el único de los principales líderes insurrectos que todavía se mantenía sublevado y con acciones militares, y ello motivó que el 11 de Abril en sesión del Senado se tomara el acuerdo de anular su acta de Senador electo.

Volviendo al Occidente, el día 12, y en las Escaleras de Jaruco, al interior de la provincia Habana, muere en un encuentro el Teniente José L. Bernabeu y su ayudante Pablo Guerrero, ambos liberales, y nuevamente existe la acusación por la parte liberal de que se trató de asesinatos.

Un caso singular fue el del ex Brigadier Carlos Machado del Ejército Libertador que fue capturado en Sabana Grande del Municipio de Corralillo en la provincia de Santa Clara, mientras se escondía debajo de una cama, y que por ser un oficial en retiro fue sometido a un proceso militar.

Continúa la saga del "episodio Rigoberto". El Secretario de Marina de los Estados Unidos se queja a la Secretaría de Estado de que la detención del Comandante Fernández en Haití es ilegal pues es una flagrante violación de un compromiso de palabra contraída con la presencia del Cónsul norteamericano en Caimanera.

El 13 es capturado el General Eduardo Guzmán del Ejército Libertador que había preocupado mucho al Delegado Gonzales por su declaración de que tenía 500 hombres armados y listos para matar

141

conservadores a derecha e izquierda, pero que fue capturado sin que matara a nadie.

El 15 de Abril Mendez Peñate y Solano deciden trasladarse a la provincia de Santa Clara y lo logran.

También en ese día se presenta a las fuerzas gubernamentales el Representante Heliodoro Gil. El 16 se presenta el Teniente Eduardo Menor Calzadilla.

El 17 de Abril Figueroa se separa de Caballero y sostiene fuego con las tropas del Teniente Coronel Lezama.

El 18 se presenta Gerardo Machado que había resultado herido en un accidente de caballería que ocurrió casi al principio de su incorporación a la insurrección..

El 19 Menocal pide, y el Congreso aprueba, y se sanciona un empréstito de 30 millones para sufragar los gastos de la guerra, que se calculan en unos 12 millones, además de los siete millones que se les debían a los bonistas del dragado de puertos y bahías, y otros gastos, y para el pago de cuyo adeudo se estableció el impuesto del timbre.

El 21 Caballero es sorprendido en la finca La Caridad por las tropas del Capitán Patricio de Cárdenas que le presenta batalla. Ya la tropa de Caballero había sufrido cerca de 200 bajas, y tras una carga de caballería donde se veía que todos sus hombres iban a ser acuchillados, Caballero decidió rendirse con su tropa.

A los pocos días Figueroa vuelve a ser derrotado en Vega de Nigua. También otras pequeñas partidas fueron exitosamente abatidas, y los líderes Mendieta, Figueroa y Zayas Bazán se embarcaran en distintas fechas hacia el extranjero. Este fue el final de la insurrección en la provincia de Camagüey.

No obstante durante todo este tiempo el Cónsul británico continúa enviando a Washington notas con informaciones alarmantes, tratando de lograr la presencia de tropas estadounidenses.

El único de los principales líderes de la Chambelona que muere es el Senador Gustavo Caballero, y su sospechoso deceso ocurre el 21 de Abril en el tren en que era trasladado desde Nuevitas a Camagüey. Existe la versión de que había sido mandado a matar desde La Habana con un telegrama donde se reclamaba "que enviaran su cadáver a la capital", pero otros dicen que su muerte se debió a los problemas e intrigas provinciales. Pero lo cierto es que Caballero no murió en combate y fue asesinado.

El 22 de Abril se efectúa la votación de los compromisarios que, como se esperaba, confirmó la elección de Menocal. El mismo día 22 tomó posesión de su cargo Guillermo Fernández Mascaró, que era el nuevo gobernador conservador que había resultado elegido para Santiago de Cuba.

El día 23 Solano y Méndez Peñate, que todavía mantenían un espíritu de insurrectos, sostienen un combate en la Loma del Vaso en Las Villas. Después Solano permanecerá operando en la zona de Fomento y Trinidad aunque con acciones muy limitadas.

La declaración de guerra hecha por Cuba a los Imperios Centrales Europeos, y su alianza con los Estados Unidos, obligaban a que ambos coordinaran acciones para ese propósito común. Así el 30 de Abril el Brigadier José Martí Zayas Bazán, que fungía como Jefe del Estado Mayor del Ejército, viajó a Washington para coordinar con los Estados Unidos el esfuerzo unitario para la guerra europea.

Pero el activismo insurrecto todavía era capaz de acciones de impacto político. Así en Mayo una partida de trescientos alzados le pegó fuego al pueblo de Belona que se encontraba cerca de Yara.

El 2 de Mayo Mendieta burla a las fuerzas del gobierno y logra escapar hacia Nassau en las Bahamas.

En un acto reglamentario el 7 de Mayo el Congreso de la República declaró a Menocal como Presidente de la República de Cuba.

El activismo conspirativo se mantenía con intentos audaces. El 10 de Mayo se había planeado la colocación de una bomba en el Palacio Presidencial con la intención de asesinar a Menocal, pero dicho complot quedó frustrado y no se llegó a realizar.

También Méndez Peñate abandona las acciones militares eludiendo presentarse, y el día 11 de Mayo logra salir de la Isla con rumbo a Nueva Orleans

Ante el fracaso creciente de las acciones militares el 13 de Mayo el General del Eército Libertador Leyte Vidal se presenta en el poblado de La Maya junto con otros oficiales de su grupo y una tropa de 2,000 insurrectos.

Las cosas andaban mal para los insurrectos, pero lo que acabó de darle el tiro de gracia a la ya moribunda sublevación de la Chambelona fue la declaración que el gobierno de Estados Unidos hizo el 15 de Mayo. Esta declaración prestaba una franca ayuda a Menocal pues decía que si el gobierno de Cuba estaba cooperando para la guerra europea los alzados en su contra eran germanófilos. El texto no podía ser más claro pues decía que "los que están perturbando la paz en Cuba están ayudando al régimen alemán, que son germanófilos, y que por lo tanto serán tratados como enemigos de los Estados Unidos".

Ese mismo15 de Mayo también Menocal aceptó la consulta de la Secretaría de Estado de que los Estados Unidos recibieran en su territorio y dejaran en libertad bajo ciertas condiciones al Comandante Rigoberto Fernández que se había refugiado en Haití.

Como se ve, ya había empezado el desfile de presentaciones, rendiciones y huidas al extranjero, y los pocos hechos violentos que suceden posteriormente son más parecidos a bandidaje que a revolución política. No obstante el cónsul británico continúa enviando a Washington notas con informaciones alarmantes, tratando de lograr la presencia de tropas estadounidenses, que ocurre en distintas partes con el envío de pequeños destacamentos para proteger vidas y propiedades.

Todos los días se reportaban hechos de importancia, y sorprende la cantidad de insurrectos que participaron en aquella asonada. Así el 16 de Mayo los dos hermanos Escalona se presentaron en Holguín junto con mil insurrectos.

El día establecido para la toma de posesión de los Presidentes electos era el 20 de Mayo, que era día en que se logró la soberanía cubana con el izaje de la bandera nacional en el Castillo del Morro, y en esa fecha fue que Menocal, que ya había sido proclamado el 29 de Abril, tomó posesión para su segundo mandato, y de momento no hizo cambios fundamentales en su gabinete del primer período.

Después de la consulta realizada el día 15 con el gobierno cubano, la Secretaría de Estado norteamericana se comunicó con la Secretaría de Guerra el día 22 para informarle que podía trasladar al territorio norteamericano y liberar a Rigoberto y sus acompañantes.

Ese mismo día empieza a haber bajas en el gabinete con la muerte de Carrera Sterling que era el Secretatio de Obras Públicas. Y otro eco de la guerra llegó desde la pacificada provincia de Camagüey con un tiroteo al poblado de Santa Cruz del Sur.

Siguen las presentaciones, y el 25 de Mayo el que se entrega es el General González Clavel junto con su tropa de 300 hombres en el pueblo del Cobre.

Un hecho inusitado se produjo el 28 de Mayo cuando el General Bernardo Camacho encontró una nueva forma de abandonar la insurrección. Camacho depuso las armas con su partida de cientos de hombres y manifestó que ni él ni sus hombres se rendían sino que ellos simplemente se iban cada uno para su casa y a seguir su vida normal.

El 29 de Mayo el Capitán Blas Masó escapado de la derrota de Songo se presenta en San Luis. También Julio Antomarchi "Pitillí" se presenta, pero en El Cobre.

Dos días después, el 31de Mayo se presentan en la ciudad de Camagüey un grupo compuesto por Mariano Caballero, Abelardo Chapel, Florencio Simancos, Vladimir Mendieta y Abelardo Mora con su tropa de 50 hombres.

Comprobada la necesidad del Ejército y dado el estado de guerra foránea que vivía el país, el 5 de Junio Menocal le envió un proyecto al Congreso con vistas a organizar el Servicio Militar Obligatorio en Cuba.

Por fin el 6 de Junio es que se pudo declarar oficialmente que se daba por terminada la sublevación de la Chambelona, que ya hemos venido relatando y que constituyó una grave crisis nacional que estremeció hasta sus mismas raíces a nuestra joven república.

No obstante el final de las acciones militares al gobierno de Menocal le quedaban algunos asuntos por resolver. El 9 de Junio el Ministro Céspedes envía otra nota a la Secretaría de Estado norteamericana solicitando la extradición de Rigoberto Fernández a territorio cubano.

Con la crisis ya bajo control, el gobierno norteamericano volvió al tema de los intereses. Tan pronto como el 12 de Junio la Secretaría de Estado norteamericana urgió al gobierno cubano para que se salde con sus acreedores la deuda del dragado de los puertos cubanos.

El 14 de junio y tras largas discusiones Menocal aceptó la solicitud de que tropas de Estados Unidos se trasladaran a Cuba. Así fueron llegando tropas que al principio se suponían para reforzar la custodia de las propiedades norteamericanas. Pero pronto se corrió la voz de que hasta llegaría toda una división de efectivos para, según se dijo, recibir entrenamiento en un clima tropical, y eso ya provocó protestas generalizadas del pueblo, de la prensa y hasta de las Fuerzas Armadas. Puesto que los Estados Unidos estaban luchando en una guerra parecía sensato pensar que éste podía ser el motivo de lo primero, pero la llegada de una división convertía esta suposición en dudosa y también el que en Europa no había zonas tropicales. En definitiva Menocal actuó y lo de la división quedó sin efecto. Pero más tarde el pueblo se enteró de que la mayoría de los soldados que habían ido a Cuba "a aclimatarse" para ir a pelear a Francia sólo eran "hijos de papá" de los magnates de la industria, del comercio, de la política y aún de las Fuerzas Armadas. Y el pueblo cubano siempre con su característico humor terminó por conocerlos como los "turistas uniformados miembros del batallón perdido". Perdidos para el esfuerzo de guerra, pero disfrutando de un generoso y cálido exilio.

El 18 de Junio llega Rigoberto Fernández trasladado de Haití a Nueva York.

Del 15 al 23 de Junio sesiona un Consejo de Guerra en Camagüey para juzgar a los militares involucrados en la sublevación, con el resultado de que el Comandante Enrique Quiñones, el Capitán José Izquierdo, el Capitán Jaime Roldós y el Teniente Eduardo Calzadilla reciben una sentencia de pena de muerte, pero la cual es seguidamente conmutada por la de prisión perpetua por el Presidente Menocal.

El 18 comienza el Consejo de Guerra en Santiago de Cuba para juzgar a los sublevados de esa provincia, pero aquí no hay condenados a muerte sino a prisión perpetua, y algunos oficiales a veinte años de prisión.

El día 25 el Presidente Menocal envía un mensaje al Congreso pidiendo su autorización para terminar el arreglo pendiente con los bonistas del dragado. Y el mismo 25 el Congreso aprueba la solución definitiva de aquel enojoso problema.

El 30 de Junio el gobierno libera a Alberto Barrera que en las últimas elecciones había salido electo como Gobernador de la provincia Habana pero de momento no se le entrega el ejercicio del cargo. Alberto Barreras había sido Representante por la Conjunción, a lo que renunció para aspirar a la gobernatura de la provincia Habana por el Partido Liberal y había sido electo. Como medida preventiva el gobierno lo había detenido junto con Juan Gualberto Gómez desde los primeros momentos de la sublevación y desde entonces estaba recluido en prisión. No así con Juan Gualberto Gómez quien fue liberado a los dos días de su arresto.

El 2 de Julio tiene lugar el Consejo de Guerra contra los oficiales sublevados de la provincia de Santiago de Cuba, y donde no hay condenas a muerte, sino a prisión perpetua para el Teniente Salustiano Castillo y el Teniente Nabor Camacho, y 20 años de prisión para el Capitán Emilio Dubois. Sin embargo el grupo de Acosta que con sus 300 hombres que se habían presentado a Varona resultaron absueltos.

Otra vacante en el Gabinete fue la de Julio Cristóbal de la Guardia que renunció a su cargo como Secretario de Justicia.

El 11 de Julio fueron puestos en libertad los civiles capturados con José Miguel y su hijo Miguel Mariano, que eran Carlos Miguel de Céspedes, Dámaso Pasalodos y Matías Duque que guardaban prisión en el Príncipe.

La intensa actividad de los últimos meses por todo el país motivó que el 12 de Julio el gobierno cubano creara la Secretaría de Guerra y Marina.

Todo iba volviendo a la normalidad y el día 13 se pasó una Ley por la que se aumentaban los sueldos del Poder Judicial, aunque el Congreso le añadió una "percha" por la que se elevaba la cobertura de gastos de Representantes y Senadores de cien a trescientos dólares mensuales. Menocal no aceptó dicha Ley e hizo uso del veto presiden-cial, pero a la postre perdió la partida, porque como era lógico pensar, tanto el Senado como la Cámara la convirtieron en Ley efectiva al sobrepasar el veto presidencial con la votación requerida para lograrlo.

El 14 de Julio se reune el Consejo de Guerra en la provincia de Santa Clara para juzgar a los sublevados, y como resultado del juicio a Eduardo Guzmán, éste resulta condenado a muerte, pero su condena también es conmutada por Menocal a cadena perpetua.

El 18 de Julio muere el Representante Gustavo G. Menocal que era hermano del Presidente.

El 23 de Julio se reunió el Consejo de Guerra en Columbia para juzgar a los Capitanes Aniceto Castillo, Manuel Espinosa y Domingo Socorro, que aunque no llegaron a obtener resultados habían sido detenidos al comienzo de la revuelta. La decisión de este juicio fue de pena de muerte, pero esta también fue condonada por la de prisión perpetua por el Presidente Menocal.

El 24 de Julio el Congreso aprueba la Ley para el saldo de la deuda con los bonistas del dragado de los puertos. Al fin se aprueba la ley que autoriza al Presidente para llegar a un acuerdo con los bonistas del dragado. Siete millones de dólares costó este arreglo.

El 25 de Julio, y cerca de Fomento, Rangel detiene a Solano.

El 27 de Julio La Secretaría de Estado norteamericana le comunica al Delegado Gonzales que se va a mandar un desembarco de tropas en la provincia de Santiago de Cuba para controlar el desorden allí existente, pero Gonzalez responde con prontitud de que no hay tal desorden. El 27 de julio el Departamento de Estado "que sigue perdido" en su actuación, le dice al ministro Gonzales que van a enviar tropas a Oriente para acabar de pacificar esa provincia. Gonzales contesta que en Oriente no hay ningún problema, pues ya no queda ningún alzado.

El 28 de Julio retiran como Jefe del Estado Mayor al Brigadier José Martí y Zayas Bazán para hacerlo Secretario de Guerra y Marina. Y como nuevo Jefe del Estado Mayor es ascendido el Coronel Varona.

El 30 de Julio asesinan a Florencio Guerra que era el Alcalde interino de Cienfuegos.

El 31 de Julio el Congreso aprueba la Ley para la concertación del empréstito de 30 millones, y se establece la inmediata vigencia del impuesto de los sellos del timbre.

El mes de Agosto comenzó con el fallecimiento del Dr. Raimundo Menocal y Menocal, que obviamente era familia del Presidente y que había fungido hasta entonces como Secretario de Sanidad.

Ese mismo 1 de Agosto se nombró al Coronel Fernández Quevedo como el nuevo Jefe de la Marina en sustitución del Teniente Coronel Morales Coello, que por ser yerno de José Miguel había renunciado voluntariamente al inicio de las hostilidades pero sin que le fuera aceptada, y que en este mismo día se le nombró como Director de la Academia Naval del Mariel.

También ese día se inició una huelga de los estibadores del puerto de Matanzas que se iría extendiendo hasta hacerse general en esa provincia.

Al día siguiente, 2 de Agosto, el Congreso pasó una Ley elevando el sueldo de los empleados públicos a $45.00 pesos mensuales, y también aumentando el jornal de los obreros del gobierno a $1.50 pesos

Con fecha 3 de Agosto se pasó otra Ley autorizando un período de libre entrada de braceros antillanos para servir en la industria azucarera, y que concluiría dos años después de la terminación de la guerra europea que estaba contribuyendo a los altos precios del azúcar cubano.

Era lógico que Menocal concediese beneficios a los oficiales del Ejército que se habían mantenido leales y habían derrotado la sublevación de la Chambelona. Así el Coronel Walfredo Consuegra es ascendido al grado de Brigadier, y con el cual es retirado para pasar a servir en funciones civiles del gobierno que se definirían en días posteriores.

El día 8 se nombra al Dr. Luis Azcárate como Secretario de Justicia. Ese día también se le acepta la renuncia a Aurelio Hevia como Secretario de Gobernación, y en su lugar es nombrado Juan L. Montalvo que hasta entonces había servido como Subsecretario de Hevia. Y finalmente el puesto de Montalvo pasó a ser cubierto por el recién retirado Walfredo Consuegra.

Pero tenía que haber más ascensos. El nuevo Jefe del Estado Mayor que había sustituido a Martí era el Coronel Miguel de Varona, y ahora se nombró a los Coroneles Eduardo Pujol y Juan Antonio Lasa como sus ayudantes en el Estado Mayor. A los Teniente Coroneles Julio Sanguily y Eduardo Lores se les asciende al grado de Coronel. El Capitán Arsenio Ortiz recibe el grado de Comandante. Y así muchos otros ascensos a Tenientes Coroneles, Capitanes y Tenientes.

Ya se había celebrado un Consejo de Guerra en Columbia para juzgar a los oficiales de la intentona del 11 de Febrero, pero ahora faltaba juzgar a las clases y soldados que al inicio de la asonada habían abandonado Columbia bajo la jefatura de Baldomero Acosta. Este se celebró el 14 de Agosto y en el propio Campamento de Columbia.

Pero al gobierno le apareció una nueva inquietud en Matanzas que era la única provincia que no había participado en la Chambelona. Y fue que la huelga de los estibadores se extendió y generalizó de tal forma que se le ordenó al Ejército que ocupase la ciudad y el puerto de Matanzas.

Ese mismo día se renovó en el Gabinete la Secretaría de Sanidad que pasó a ser ocupada por el Dr. Fernando Méndez Capote.

El 22 de Agosto concluyeron las investigaciones sobre el asesinato de Florencio Guerra en Cienfuegos con la detención de Eugenio Rodríguez Cartas, que era el Jefe de la Policía Municipal de esa ciudad, bajo la acusación de ser el autor del asesinato del Alcalde interino. En contra suya obraban sus antecedentes de haber participado en un homicidio cometido en Santa Isabel de las Lajas. En dicho juicio también aparecían encartados tres cómplices también con antecedentes de intervenir en otra muerte, la de Chichi Rodríguez. El juicio fue rápido y concluyó con sentencia de pena de muerte para los cuatro, que sin embargo fue conmutada por la de cadena perpetua para los tres cómplices. Mas después de todo el proceso legal, y curiosamente, los cuatro fueron indultados y saldrían en libertad.

El mismo 22 de Agosto el gobierno cubano le entregó al gobierno norteamericano los cinco barcos alemanes incautados en puertos cubanos cuando la declaración de guerra.

Como Vicepresidente electo para el segundo período de Menocal, Eugenio Núñez había dejado vacante el puesto de Secretario de Agricultura que por varios meses venía siendo cubierto por sus subalternos. Y ahora con fecha 23 de Agosto es nombrado el General Eugenio Sánchez Agramonte para cubrir la vacante.

A finales de agosto el Senador John Foster Dulles declara que no se le debe dar el empréstito a Cuba si no se compromete a dar una indemnización a los ferrocarriles para la reparación de sus vías pero Menocal rechaza esta imposición. El Delegado Gonzales informa entonces a la Secretaría de Estado que Menocal está indignado porque ya él ha dado un millón de dólares a esa empresa y le pudiera dar otro, pero nunca a manera de indemnización de guerra. Y por fin el 11 de Septiembre la concesión del empréstito es aprobada por Washington.

Volviendo ya a la normalidad de la vida nacional el 20 de Septiembre el activo Juan Gualberto Gómez junto a otros ciudadanos de la raza de color fundaron en La Habana el Club Atenas para la membresía de color y que enriquecería la vida cultural cubana a lo largo de los años.

Pero la gravedad de la guerra europea imponía limitaciones a la ciudadanía. El día 22 por disposición de un Decreto se reguló estrictamente la exportación de alimentos, del hierro, del acero y de oro en barras al extranjero.

El 24 de Septiembre José Miguel y su hijo fueron trasladados a su finca América Arias en calidad de presos domiciliarios. También ese día Menocal firma un Decreto por el que se reorganiza la Marina de Guerra.

Como los ánimos todavía demostraban intranquilidad y soplaban vientos de huelga, el 27 Menocal dice en una proclama que serán severamente castigados los promotores de huelgas y que él no las permitiría en tiempos de guerra.

Otra medida determinada por la guerra que limitaba el comercio internacional se tomó el día 29 estableciendo el Consejo Nacional de Defensa Económica que tenía a su cargo estudiar el problema de los suministros durante la duración del conflicto, establecer las medidas necesarias y velar por su cumplimiento.

Ya los hechos del acontecer nacional se iban espaciando, pero el primero de Octubre se inicia una huelga pacífica en los ingenios de las provincias de Matanzas, Santa Clara y Oriente, y Menocal impide el que los hacendados puedan acceder a la concesión de ninguna de las demandas mientras los huelguistas continúen en su paro, y manda a detener a 30 líderes sindicales.

El día 4 de Octubre los Estados Unidos se interesan por el futuro de José Miguel y el Secretario Lansing instruye al Delegado Gonzales para que le pida a Menocal la posposición de su juicio hasta que no se termine la guerra, y que lo dejase viajar a los Estados Unidos bajo fianza para asegurarse de su oportuno regreso. Pero días después el 9 de ese mismo mes Desvernines les contesta que la celebración de ese juicio se demorará muchos meses más.

El mismo 9 de Octubre ocurre algo insólito y digno de mencionar. Ya se sabe que Machado se había incorporado a la sublevación en la provincia de Santa Clara, y que apenas entró en acciones en La Solapa sufrió un grave accidente que lo mantuvo alejado por el resto de la campaña. Pero Machado era demasiado conocido para ignorar su disposición para el alzamiento por lo que se le celebró un juicio. Pero nuevamente lo acompañó la suerte y salió absuelto bajo la tesis que esgrimió su defensa, el Dr. Barraqué, que arguyó que Machado no estaba alzado cuando fue detenido sino sólo escondido.

Increíblemente los Estados Unidos plantearon el 15 de Octubre que el gobierno de Cuba se hiciese cargo de pagar todos los gastos de estancia y entrenamiento de los infantes de marina que supuestamente vendrían a entrenarse en Cuba. Pero Menocal se negó a ello con firmeza.

El 21 de octubre se ocupan proclamas llamando a huelga general revolucionaria y. se ocupan algunos ingenios, y es que los anarquistas no cejaban en sus empeños.

El 24 llegan los primeros infantes de marina que vienen a "aclimatarse" en el trópico, desembarcan en Santiago de Cuba, y en un gesto simbólico por los caídos en la Guerra Hispano Cubano Americana, van a la Loma de San Juan.

Cambiando de escenario, el 26 de Octubre se conoció del proyecto de reforma constitucional elaborado por el Representante José María Lasa. Dicho proyecto planteaba la extensión de los períodos presidenciales de 4 a 6 años, sin reelección y pasando luego a ser Senadores vitalicios. Extendía el período de los Senadores a 12 años. También extendía el de los Representantes, los Alcaldes y Concejales a 6 años. El proyecto argumentaba que una ventaja de esos cambios era que se reducirían las convocatorias para celebrar elecciones. Fue notoria la protesta pública a través de la prensa. Por su parte Menocal, que quizás pensaba que el proyecto podría beneficiarlo, se hizo el sueco sobre dicho tema.

Al día siguiente se inició una huelga ferroviaria con los obreros de la Cuban Railroad Company y que no duraría mucho porque Menocal declaró que mientras los obreros no volvieran al trabajo no iba a haber arbitraje

El que fuera Presidente de la República en Armas durante la Guerra del 68, Juan Bautista Spotorno Gerovich, y que entre las dos guerras se hizo autonomista, falleció el 29 de Octubre.

El día último del mes, y después de una corta duración, finalizó la huelga. También ese día desembarcaron 250 infantes de marina en territorio camagüeyano y fueron a acampar en La Zambrana .

Como final de la huelga el día primero de Noviembre el gobierno cubano expulsa a diez líderes anarquistas españoles que estaban azuzando para las huelgas.

A petición de Maza y Artola el 7 de Noviembre el Senado le pide a Menocal que informe sobre el desembarco de los infantes de marina que está teniendo lugar en el territorio nacional.

Menocal demostró ser muy abierto para la concesión de indultos, y así ocurrió en esa misma fecha con el indulto a Joaquín Meruelo que cumplía condena por el homicidio de Judas Martínez, que a su vez había matado a un Alcalde de Cienfuegos anterior al caso de Florencio Guerra.

Siguiendo las medidas de alineamiento, cooperación y coordinación de los suministros con los Estados Unidos por la situación de guerra, el 9 de Noviembre se designa al Coronel Manuel Despaigne para ir a Washington a conocer y decidir la forma de participación de Cuba con un nuevo organismo que se crea en los Estados Unidos y que se llamó Board de Comercio para la Guerra Mundial y que quedaría bajo la dirección de Herbert Hoover.

Al día siguiente el gobierno hace una nueva expulsión esta vez de 15 líderes anarquistas españoles.

El 20 de Noviembre los Estados Unidos le piden al gobierno de Cuba que imponga una censura cablegráfica y de correos porque el espionaje alemán en Méjico estaba usando a Cuba como intermediaria para pasar sus informaciones a Alemania vía España.

A fines del mes de Noviembre llegó a La Habana Henry J. Morgan como representante en la Isla del recién creado Board de Comercio para la Guerra Mundial.

El 28 de Noviembre ocurre otra baja en el Gabinete de Menocal. Esta vez se trató García Enseñat que ocupaba la Secretaría de Instrucción Pública y Bellas Artes. Pero su renuncia fue por el hecho de ser nombrado Embajador de Cuba en la república mejicana. Lo sustituyó Francisco Domínguez Roldán.

Ya vimos que Menocal liberó a Barrera, que era el Gobernador electo de la Habana, aunque no le restituyó el ejercicio del cargo. Dicha demora no era una intención definitiva sino parte de un plan, y el plan necesitaba de mantener como Gobernador interino al Consejero Provincial Celestino Baizán que fungía como tal y estaba en la esfera de su dominio. Tenemos que dar antecedentes para el propósito de Menocal.

Con anterioridad se habían cedido los terrenos pertenecientes a la antigua muralla colonial a la Administración Provincial de La Habana con vistas a la construcción de su edificio de gobierno. Este edificio fue posible por la bonanza económica del país, había sido mandado a construír por Asbert y estaba casi terminado. Se trataba de un hermoso edificio que le daba mucho prestigio a la ciudad y que Menocal planeaba sustraerlo del gobierno provincial para convertirlo en el Palacio Presidencial. Para manejar estas transacciones es que Menocal necesitaba mantener a aquel Gobernador interino. Y ciertamente que lo logró en unas condiciones muy ventajosas puesto que el valor estimado de la obra y el terreno era superior a los tres millones de pesos, buena parte de los cuales ya había sido pagado por Asbert, y

Menocal lo obtuvo por sólo medio millón de pesos que era lo que faltaba por pagar.

El 3 de Diciembre se presenta por fin el proyecto de reforma constitucional del Representante Lasa en el Congreso. El proyecto es presentado por el bloque de representantes conservadores con la excepción del Representante Milanés. La Cámara aprobó el proyecto. En su discusión por el Senado, Maza y Artola y otros, combatieron la propuesta, y al final el proyecto fue rechazado.

Menocal había tenido que capear una temporada muy difícil y el 5 de Diciembre se fue a tomar unas vacaciones de 15 días en el Central Chaparra.

El día 6 los infantes de marina acampados en la provincia de Santiago de Cuba son movilizados a Bayamo para la protección de los campos de caña que estaban siendo quemados.

El día 11 ocurren dos hechos de sangre. Uno al Alcalde de Manzanillo que éste sobrevivió, no así el policía que le acompañaba y resultó muerto. El otro ocurrió en Ciego de Ávila y en el que resultó muerto un conocido bandido que respondía al nombre de Justo.

El 15 de Diciembre hay un gran acto en el Teatro Nacional en el que se le rinde homenaje a dos heroicos cubanos que habían terminado con méritos su participación en la guerra europea. Sus nombres eran Adolfo Tro y Antonio López Rubio.

Los datos para finalizar ese año es que se molió una zafra de tres millones de toneladas de azúcar, producida por 198 ingenios de los cuales 26 eran de nueva fundación bajo el gobierno de Menocal. Y el azúcar había alcanzado el precio de 4.74 centavos la libra. El balance económico arrojaba que en ese año se había alcanzado los $325,200,000.00 millones por la venta de crudos, y $7,000,000.00 por la venta de mieles, para un gran total de $332,200,000.00.

Leyes y decretos

Pero a pesar de los muchos acontecimientos internos de la Isla y de los internacionales por razones de la guerra, el mejoramiento administrativo del país no se detuvo. Pasemos ahora a enumerar las leyes y decretos de este año. Ante la emergencia de las movilizaciones armadas, el gobierno promulgó una Ley llamando al servicio regular a los oficiales militares retirados. Por Decreto se organizó una milicia nacional que a continuación se reglamentó y organizó. En Marzo el Congreso aprobó la suspensión de las garantías constitucionales. Se modificó una Ley que regulaba el enjuiciamiento de los congresistas. Ley modificando la actuación sobre los delitos de falsedades. Ley dictando un nuevo reglamento para las comunicaciones que derogó uno anterior de 1915. La necesidad de ajustar la economía por la situación de guerra hizo aprobar una Ley que creaba la Junta de Subsistencia que regulaba la compra de artículos de primera necesidad, así como establecía normas para la creación de cooperativas de producción y de consumo. Ley que prohibía la exportación de artículos alimenticios que fueran necesarios para el consumo doméstico. Ley que reglamenta la producción y el precio del pan y fija los precios de la carne, el pescado, la harina, los frijoles y el arroz. Ley que vino a reorganizar la Junta de Subsistencia y a definir sus funciones. Ley de jubilación del Poder Judicial. Ley que incorporó como auxiliares de la Marina de Guerra a todos los barcos que utilizaran la enseña nacional y prohibiendo que estas embarcaciones cambien de pabellón mientras persista el estado de guerra. Ley que estableció la Secretaría de Guerra y Marina. Ley que creó 900 nuevas aulas para la enseñanza primaria. Ley que declaró libre de derechos a la importación de petróleo crudo. Ley reorganizando la Escuela de Cirugía Dental. Ley que autorizó al Presidente para dar solución al viejo asunto del dragado de los puertos. Ley autorizando la emisión de bonos de la República por valor de 30 millones de pesos, la creación del impuesto del timbre y otros impuestos sobre las mieles. Se dictaron disposiciones para la seguridad de los depósitos de explosivos. Se creó el Registro Nacional de Capitulaciones Matrimoniales. Ley que concedía a la mujer casada la total administración y disposición de sus bienes. Ley que autorizaba la entrada de braceros antillanos hasta dos años después de terminada la guerra. En agosto se dividió el territorio nacional en 47 distritos fiscales. Ley autorizando la entrega a los Estados Unidos de los barcos alemanes incautados en puertos cubanos. Se creó el Consejo de Defensa Nacional. Se organizó la Milicia Naval. Se estableció la censura de prensa y telegráfica, y se prohibió la publicación de noticias militares o navales que instigaran a actividades sediciosas, huelgas, etc. Se creó la Oficina Internacional de Patrones de Marca. Y se realizó la declaración de guerra en contra del Imperio Austro-Húngaro.

Año 1918

Si bien es cierto que el segundo período de Menocal comenzó oficialmente el 20 de mayo de 1917, no es menos cierto que los meses de mayo a diciembre de 1917 estuvieron ocupados por la liquidación de la "guerra de la Chambelona", sus consecuencias, y la entrada de Cuba en la Primera Guerra Mundial. El final oficial de la revuelta se anunció en el mes de Junio, pero todavía durante el mes de Julio el rebelde Luís Solano se mantuvo luchando hasta que finalmente resultó detenido. Después vinieron los Consejos de Guerra en las distintas provincias para juzgar a los militares activos y retirados que habían participado en la asonada, y también para los alzados civiles que habían participado en la insurrección. La entrada de Cuba en la Guerra Mundial al lado de los Estados Unidos en abril del 1917 también exigió que el gobierno de Menocal dedicara atención y esfuerzo para esos menesteres. Todo esto junto hizo que la segunda mitad de 1917 fuera un tiempo comprometido y sin espacio para otros acontecimientos de importancia en el país. Por esta razón es que comenzaremos el segundo período del Presidente Menocal en el mes de enero del año 1918.

Este fue un año muy importante para la Historia de Cuba, sobre todo desde el punto de vista internacional, pues en el la joven república se vio inmersa, y sin haberlo buscado, en una guerra de proporciones mundiales. De inmediato su producción azucarera se convirtió en un rubro fundamental para apoyar el esfuerzo bélico de sus aliados, y que finalmente ganaron la guerra. Así Cuba resultó estar en el bando de los vencedores.Y aunque fuera como firmante secundario, esta situación le hizo participar primero en el Tratado de Versalles, más adelante en la fundación de la Sociedad de Naciones, y por último como miembro del Tribunal Internacional de Justicia donde el cubano Antonio Sánchez Bustamente, llegó a ocupar la presidencia. Por todo esto Cuba resultó reconocida dentro del ámbito diplomático, adquiriendo prestigio internacional, pero también comprometiéndose a responsabilidades y obligaciones mayores.

Hagamos un rápido bosquejo de cual era la situación de Cuba al comienzo del año 1918. Desde el punto de vista de su infraestructura ya contaba en ese entonces con 4,545 kilómetros de vías férreas y 1,965 kilómetros de carreteras. En La Habana había 5,000 automóviles de alquiler y otros tantos para uso particular. La aviación se desarrollaba y extendía, y como dato curioso tenemos que entre los pilotos cubanos había un capitán de la raza negra nombrado Teófilo Maldonado, que sin duda fue uno de los primeros pilotos de esta raza que hubo en el mundo. Los trabajadores cubanos estaban organizados en gremios y sindicatos, si bien es cierto que la influencia anarquista primero y la comunista después, hizo que estas organizaciones resultaran peligrosas para la estabilidad de la nación. En el orden educacional había instrucción desde los primeros grados hasta la universidad que era gratuita para todos los ciudadanos cubanos, sin distinción de raza, sexo o posición social. En cuanto a la práctica del deporte éste estaba extendido por toda la Isla, especialmente el "béisbol", aunque también se practicaba el baloncesto, el "fútbol" norteamericano, el balompié o "soccer", los deportes de campo y pista, la natación y las lides de remos. Había regatas en La Habana, Cienfuegos y Varadero. Y ya hemos visto como la última zafra había sobrepasado los tres millones de toneladas y dejado más de 330 millones de dólares.

En el período de 1913 a 1917 se habían fundado 24 nuevos centrales azucareros. Entre éstos estaba el coloso Jaronú, en Camagüey, capaz de moler un millón de arrobas de caña si es que contase con el suministro de caña necesario y con la cuota para hacerlo. La maquinaria para los centrales azucareros no solamente venía del extranjero sino que también provenía o se reparaba en talleres de Sagua la Grande, Cárdenas, Camagüey, Jovellanos y La Habana, que tenían la capacidad de surtir todas las necesidades de esa industria, y daban trabajo a miles de obreros.

El Dr. Carlos Manuel de Céspedes, representante cubano en Washington pudo informar al Secretario de Estado Lansing que Cuba tenía la capacidad para producir cinco o seis millones de toneladas de azúcar, aunque el gobierno norteamericano lo desestimó con descreimiento sajón. Y en demostración de lo cual Cuba, un poco más adelante, llegó a producir más de 7 millones de toneladas. También habían empezado a funcionar en Cuba plantas refinadoras de azúcar para el consumo nacional y aun para la exportación, y esto a disgusto de los dueños de plantas similares en los Estados Unidos, que hasta entonces tenían el monopolio. Otros productos de exportación eran el tabaco, la miel, la cera, las esponjas, frutos agrícolas, maderas, etc., que sumaban unos 40 millones de dólares anuales, mientras que la exportación de minerales añadía más de 11 millones de dólares

El comercio exterior en 1917 tuvo una exportación global de más de 358 millones de dólares y una importación de unos 254 millones de dólares, lo cual dejó un margen de más de 100 millones de dólares a favor de la República de Cuba. Por su parte el presupuesto nacional superaba casi siempre los 40 millones de dólares anuales, sin contar los gastos especiales para obras y decretos del ejecutivo que importaban otros 18 millones de dólares al año.

Sin embargo se había creado un problema social por la importación de braceros de Haití, Jamaica y las Antillas Menores para trabajar en la zafra azucarera por un salario muy bajo. Y terminada la zafra estos braceros perdían las fianzas de los contratantes que los habían reclamado y quedaban expuestos a la miseria hasta que no comenzase la próxima molienda. Esta situación era una especie de esclavitud del Siglo XX que resultaba muy lucrativa para quienes explotaban este negocio. Otro problema social, pero de signo inverso, era el que creaba la copiosa inmigración española ocupando todos los puestos del comercio y de las pequeñas industrias dominada por españoles que se habían quedado en Cuba y a quienes el Tratado de París les había garantizado sus propiedades. Con ello resultaba un desplazamiento de la mano de obra nativa a quien le escaseaban las fuentes de trabajo. Las cifras oficiales de 1917, que no eran de mucho fiar pero que son las que disponemos, indicaban que 10,136 haitianos habían sido importados para trabajar en el corte de caña –un 3% de ellos mujeres–; 7,889 jamaiquinos que incluía un 15% de mujeres; y también 34,790 españoles. Estas cifras indican que en aquella época en Cuba había una febril actividad económica, pero que no significaba riqueza para buena parte de la población.

También ocurrieron importantes hechos en el sector laboral. En los meses de Enero y Mayo hubo expulsión de anarquistas españoles, diecisiete de ellos en cada ocasión, porque estaban realizando agitación política entre los obreros. De hecho estas expulsiones fueron tardías y no suficientes, porque no fueron capaces de detener el fuerte movimiento huelguístico que se generaba en muchos sectores laborales. Las fuertes amenazas hechas en 1917 por Menocal en contra de las huelgas perdieron su fuerza. En Mayo se inició una serie de paros con una huelga de los fogoneros. Hay que recordar que en el mundo entero, comenzó una cadena de huelgas provocadas por los anarquistas y por el incipiente movimiento comunista que acababa de tomar el poder en Rusia, y que perseguían el logro de cambios políticos radicales en los países.

En el orden político, por el contrario, la Isla estaba en peores condiciones, puesto que el Partido Liberal, después del desastre de la "guerra de la Chambelona", quedó completamente desorganizado y con un rumbo errático. El Partido Conservador también había sufrido divisiones internas debido a las pugnas entre re-eleccionistas y no re-eleccionistas y no estaba en su mejor momento. La Conjunción Patriótica con el grupo de Asbert se había destruido también, primero por el asunto del asesinato del General Riva con la condena de Asbert y segundo por la participación directa e indirecta de muchos "asbertistas" en la "guerra de la Chambelona". Sin embargo Menocal, y por la participación de Cuba en la Guerra Mundial, continuaba disfrutando cada vez más del apoyo norteamericano.

Ante este cuadro las elecciones parciales de 1918 fueron un gran desastre político ya que la abstención fue enorme, los liberales no presentaron suficientes candidatos y Menocal aprovechó para aumentar su potencial en el Senado y en la Cámara de Representantes, así como en el número de alcaldías, gobiernos y consejeros provinciales. Algunos historiadores consideran que Menocal estuvo mediatizado con respecto a los Estados Unidos durante todo su mandato especialmente en su segundo período. Los argumentos son los siguientes: se excedió en el pago de la deuda a los bonistas del dragado de los puertos haciéndoles concesiones sobre terrenos que no estaban concertados en el tratado; también en el pago a la compañía de pavimentación y alcantarillado de La Habana y de Cienfuegos; en la concesión a la International Sugar Commission de lucrar vendiendo el azúcar cubano a un precio superior al que Cuba recibía por su producción; a la aceptación de las dos venidas a Cuba del Coronel –más tarde General-Crowder, para participar en el Código Electoral y el censo, y la segunda vez para resolver el problema de las elecciones complementarias de 1921; por la admisión de numerosas notas diplomáticas estadounidenses que se consideraban denigrantes para la soberanía nacional; por la aprobación de las Leyes de Control de la Correspondencia y la Telegrafía, la ley de espionaje, y la que estableció el servicio militar obligatorio.

Nosotros opinamos que Menocal, conociendo el funcionamiento de los Estados Unidos y de su gobierno, se aprovechó de todas estas circunstancias para su beneficio personal, y por lo cual logró su reelección fraudulenta, después logró el aplastamiento de la insurrección liberal de 1917, pudo neutralizar a su adversario –el Delegado Gonzales– durante los dos primeros años de su mandato y luego lo convirtió en un fuerte aliado para apoyar sus medidas. Con la ayuda de Gonzales más tarde, y como veremos en los próximos párrafos, haría frente al señor Henry J. Morgan que llegó a la Isla investido de grandes poderes. También, más tarde en su gobierno, utilizaría a Crowder para lograr la elección de Zayas en 1921, que dicho sea de paso también fue fraudulenta. Es decir, que se apoyó en la ingerencia norteamericana para lograr sus deseos, aunque en muchos casos, y sin la menor duda, ello implicó un menoscabo de la soberanía cubana. Pero es que el Presidente Menocal no reparaba demasiado en los medios, porque su prioridad era lograr los objetivos que perseguía.

Veamos ahora el esfuerzo de cooperación con los Estados Unidos para la guerra de 1914. En el aspecto económico, lo principal fue en la producción y venta de azúcar para proveer el consumo interno de los Estados Unidos y de sus aliados, aunque sin desatender las necesidades domésticas de la Isla. Esto se hizo sacrificando un precio que pudo haber sido más remunerativo, pero que resultó más que suficiente para impulsar la economía de los cubanos. En el aspecto de las comunicaciones se dictaron leyes de control para la correspondencia y la telegrafía con el fin de impedir que los agentes de espionaje establecidos en Cuba pudieran pasar al enemigo informaciones de carácter militar o del movimiento de buques que salían de la Isla hacia otros puertos, así como para impedir el traspaso de informaciones sobre la tecnología de guerra norteamericana. En el aspecto militar Menocal aumentó preventivamente el número de efectivos cubanos hasta 19,000. Envió artilleros de costa a Estados Unidos a mejorar su técnica. Compró varias embarcaciones con el objeto del cuidado de las costas, y de las cuales sólo cuatro llegaron antes que terminara la guerra. Cedió a los Estados Unidos los barcos alemanes que habían sido incautados en puertos cubanos. En una acción extraordinariamente demagógica, ofreció enviar una división de soldados cubanos a pelear en Europa o a cuidar las costas de los

Estados Unidos que sufrían ataques de unidades navales alemanas, pero esta "tan generosa" oferta fue declinada por lo mucho que iba a costar, y porque en Cuba no había ningún oficial capacitado para una lucha de este tipo. Era la guerra moderna y Cuba aún estaba muy atrasada en ese sentido. Sin embargo, se le aceptó el envío de un hospital de guerra compuesto por unas cien personas, entre médicos, enfermeras y personal de apoyo. Esto le ganó el respeto, la admiración y la gratitud, no solamente de los Estados Unidos sino también de Francia e Inglaterra. Además hubo voluntarios cubanos peleando en la guerra desde sus inicios, incluyendo a algunos pilotos.

La Federal Trade War Commission (Comisión para el Comercio de Guerra de los Estados Unidos), y con la cual Cuba estaba comprometida, estaba presidida por Herbert Hoover, y su representante en la Isla fue Henry J. Morgan que abrió su oficina en La Habana en Enero de 1918. Desde sus primeras comunicaciones a Washington este representante demostró su arrogante actitud informando que en Cuba había un desastre administrativo en todos los órdenes, similar al de los Estados Unidos, pero con el agravante de despilfarros, componendas, peculado y corrupción. Morgan era republicano y aprovechaba su despiadada crítica a los cubanos para atacar de paso al gobierno demócrata de Wilson, pero era manifiesto el desprecio que sentía por los cubanos. Ya para entonces Menocal se había agenciado la alianza del Delegado Gonzales que emitía sus quejas sobre Morgan a la Secretaría de Estado. Pero la realidad es que en ese momento Washington padecía de grandes dificultades burocráticas por la guerra, y nadie tenía tiempo de atender a los informes de Gonzales.

La realidad es que había dificultades con los abastecimientos. En el mes de Enero se raciona la harina de trigo para la fabricación de pan y se dedica exclusivamente para hospitales y asilos. Se prohíbe la iluminación nocturna de los anuncios comerciales. Se firma un convenio entre la International Sugar Commission –la Comisión Internacional del Azúcar–, la Administración de Alimentos de los Estados Unidos y la comisión cubana para organizar la venta del 75% de la zafra cubana a los Estados Unidos como contribución al esfuerzo bélico. El precio que se ajustó sería de 4.6 centavos por libra, de los que el colono recibiría 4.2 centavos. También los Estados Unidos acuerda comprar el 25 por ciento restante con la excepción de cincuenta mil toneladas que Cuba se reservaba para vender a otros países y que fueron rápidamente vendidas.

A finales de Enero renunció en pleno el Consejo Nacional de Defensa Económica protestando por la actuación de Morgan. Pero Menocal no les aceptó esta renuncia.

El 23 de Enero el Dr. Alfredo Zayas dice que se retira de la política y reitera la renuncia a la presidencia del partido que había hecho en 1917. No obstante ello el 20 de Abril fue ratificado como presidente del partido, y él lo acepta.

El día 30 de Enero la Cámara aprobó el proyecto de la Ley de Subsistencia en previsión de la escasez que se agudizaría en el mes de abril. El Consejo de Defensa Nacional estableció un día a la semana en que se prohibía la matanza y el expendio de carne. En Mayo se promulgó el reglamento de la Ley de Subsistencia y se nombró al Comandante Armando André como su Director.

A su vez el Ministro Céspedes, Delegado en Washington, es instruido para que proponga al gobierno de los Estados Unidos la venta de la totalidad de la zafra cubana, y esto encuentra buena acogida por el gobierno norteamericano. Y pocas semanas después se reunió una comisión presidida por Céspedes en la parte cubana.

El 1º. de Mayo se había establecido en La Habana una cocina económica por el Alcalde Varona Suárez sirviéndose alimentos a clases desposeídas a razón de diez centavos la ración. En Agosto estas cocinas populares aumentaron a cuatro. Se intenta constituir la Asociación de Productores de Azúcar Cubano pero se fracasó en el intento.

El 1º. de Agosto empezó una huelga en el sector tabaquero que dura hasta el día 28, y ese mismo día se inicia una huelga de escoberos que duró hasta el día 10. Y por fin el 18 de Agosto se restablecen las garantías constitucionales que habían estado suspendidas desde los inicios de la Chambelona.

Más tarde en Agosto habrá una nueva reunión entre las comisiones cubana y norteamericana por la que ya quedó acordada la venta de la totalidad de la zafra azucarera cubana a los Estados Unidos al precio de 5.8 centavos la libra.

En Septiembre 5 empieza otra huelga de estibadores en la ciudad de Matanzas que logró ser abortada por la rápida intervención del Vice Presidente.

Mientras tanto la gestión de Morgan no resultaba ser tan acrisolada, pues Gonzales llegó a acusarlo de tener negocios sucios con respecto a los suministros destinados a Cuba y a los procedentes desde Cuba con el millonario cubano Aníbal de Mesa y dos norteamericanos, uno de ellos apellidado Pollack. También se le acusó de un intento de importar desde Jamaica harina de trigo que los ingleses estaban vendiendo porque se encontraba en mal estado, incluso con gusanos. Esto, por supuesto, fue frustrado. E igualmente hubo otro incidente con el arroz.

De hecho Morgan estuvo a punto de decretar por sí sólo, aunque sin autorización ni facultades para hacerlo, una intervención naval de los Estados Unidos en Cuba. Ocurrió en el mes de Noviembre y a propósito de una huelga sostenida en los muelles del puerto de La Habana, que mantenía los almacenes del puerto abarrotados pero sin salida alguna de mercancías. En esa oportunidad el señor Morgan logró que el Almirante Anderson, cuya flota estaba en Cayo Hueso, enviara unos buques "de visita" a La Habana y se preparara a intervenir militarmente para dar solución al problema del puerto habanero. Morgan no tenía facultades diplomáticas ni militares para hacerlo, sin embargo logró esta "hazaña" de mover una flota de su país para amenazar una intervención en Cuba.

En otro orden de hechos en el mes de Septiembre el gobierno de Menocal concedió los derechos para la desecación de la Ciénaga de Zapata a una nueva compañía, pero nada de esto se materializaría durante el tiempo de Menocal.

También en Septiembre ocurrió el homicidio del señor Domingo Tabares, que era inspector designado para el control de la exportación de la moneda, y se dijo y creyó que este crimen se había debido a problemas de tráfico ilegal con el oro cubano.

En Noviembre, y coincidiendo con el final de la guerra, el ayuntamiento de La Habana aprobó el establecimiento del Mercado Único y se dio la concesión a Fernández de Castro.

Pero el destino de Morgan estaba sellado. El día 18 de Noviembre de 1918 se firmó el armisticio, es decir, se acabó la guerra. Con ello desaparecía el puesto de Mr. Morgan porque ya no tenía objeto la existencia del Trade War Commission. En el mes de Diciembre cerró sus oficinas y el arrogante Morgan se marchó calladamente de La Habana. Mientras tanto, y parodiando el famoso verso español, "el Presidente Menocal entre las sombras reía...".

En Diciembre Menocal prorrogó las actividades del Comité Exportador del Azúcar. Y también se desactivó la Comisión de Subsistencia que se había creado por la situación de guerra y había estado presidida por Armando André desde el 15 de Mayo, se destapó una ola de denuncias que le atribuyeron todos los vicios incluyendo la especulación, el soborno, la extorsión, los malos manejos, los abusos y sobre todo las actividades de bolsa negra.

Enfriadas las animosidades de la Chambelona se comenzaron a discutir Leyes de Amnistía para los alzados de 1917. Estas propuestas variaban en cuanto a la extensión de la amnistía y el alcance que pudiera tener para militares activos y retirados. Pero en su lugar Menocal decidió indultar a los oficiales condenados en Columbia, en Camagüey y en Las Villas. Fueron puestos en libertad Quiñones, Solano, Izquierdo, Carlos Machado y Eduardo Guzmán. También por Decreto de Menocal se eliminaron las causas contra los ex militares y los fuera de servicio como Pino Guerra, Carlos Machado, etc. Hecho esto los Representantes electos Carlos Machado y Eduardo Guzmán, que habían sido elegidos en 1916 y que eran los últimos que faltaban en la lista de los liberales, pudieron tomar posesión de sus cargos. Por su parte el Comité Nacional Liberal volvió a poner a Zayas como su presidente.

En otra nueva maniobra política se aprobó la Ley de Divorcio. El Presidente Menocal, que dominaba la Cámara y el Senado, alentó la discusión y la aprobación de dicha ley por el Congreso. Pero entonces chocó con la dificultad de que el Dr. Luis Azcárate, que era su Secretario de Justicia, se negó a firmarla por su condición de católico. Pero Menocal evadió el inconveniente concediéndole a Azcárate una licencia temporal y nombrando a Desvernine como su sustituto, y el cual no tuvo ningún reparo en firmarla. Entonces la ley pasó al despacho de Menocal para su sanción, pero éste prefirió deja transcurrir los diez días reglamentarios constitucionales para vetarla o no, con lo cual la ley ya entró en vigor. Así quedó establecida la disolución legal del vínculo matrimonial, lo que le restó apoyo y simpatía a Menocal dentro de los elementos más conservadores del país y de la Iglesia Católica. Y después de este malabarismo el Dr. Azcárate fue restituido nuevamente al cargo de Secretario de Justicia.

El Congreso aprobó en su totalidad la Ley del Servicio Militar Obligatorio, y ésta fue sancionada de inmediato por el Presidente. También con franca cooperación de los liberales el Congreso aprobó el Presupuesto para el siguiente año 1919. Se modificó la Ley de Espionaje. Se promulgó el nuevo reglamento del Servicio de Orden Público, o antigua Guardia Rural.

El 20 de Noviembre reapareció "El Heraldo de Cuba", pero esta vez bajo la dirección de Carlos Mendieta, y sólo cuatro días después es clausurado de nuevo, pero finalmente, y por gestiones de Wildredo Fernández, logró reabrir tres días más tarde.

En Noviembre hay una huelga de los obreros de bahía por cuestiones salariales. Son detenidos sus dirigentes principales. Mas adelante, por la intervención del Presidente Menocal, que plantea que solamente se resolverá el problema cuando cese la huelga, el paro termina y los patronos conceden el aumento de sueldo. Alrededor de estos días comienza una segunda huelga de los escoberos. El día 5 de Noviembre los barrenderos van a la huelga. El 18 de Noviembre empieza una huelga en los ferrocarriles de Camagüey que va a provocar una serie de paros que el día 30 degenerará en huelga general de esa ciudad requiriendo la ocupación militar de la misma. El 9 de Diciembre ocurre una huelga general en toda la República en apoyo a los ferroviarios camagüeyanos. Se paraliza el transporte y la publicación de periódicos. Se cierran todos los cafés, restaurantes y cafeterías. El día 12 termina la huelga general cuando se resuelve el problema de los obreros ferroviarios de Camagüey satisfactoriamente para los huelguistas. El Ministro Gonzales la califica de huelga completa y de carácter político. Sólo le faltó añadir la palabra internacional pues, repito, en esta época se estaba sacudiendo el mundo, especialmente después del armisticio con múltiples huelgas de carácter comunista, socialista y anarquista, que darán al traste con gobiernos en Alemania, Hungría y otros países europeos. El 21 de Diciembre termina la huelga de los gastronómicos que a diferencia de los otros paros capitalinos, no había cesado el 12 del mismo mes.

El 29 de diciembre surge una perspectiva de colaboración entre liberales y conservadores promovida por Wilfredo Fernández y Rafael Montalvo. Zayas declara que lo acepta a título personal pero no de partido, y que no lo aceptará hasta que no sean hechos consumados. Y esto provocó la retirada de Montalvo de esta gestión.

Otros hechos de interés ocurridos en 1918

En Enero se inaugura la Escuela Normal de Pinar del Río. En el mismo mes comienza el Consejo de Guerra contra el Capitán Cadenas y el Teniente Cutillas por la muerte de los jamaiquinos acusados de ser los responsables del saqueo del Central Jobabo. Los reos son declarados inocentes por Menocal sin que por esto ni por los esfuerzos de Gonzales se evitara la vehemente protesta del gobierno británico y más tarde Cuba tendría que pagar una indemnización. En el futuro, cuando al Capitán Cárdenas se le designó como Attaché Militar en la embajada cubana de Londres, el gobierno de Gran Bretaña no aceptó sus credenciales y éste fue forzado a regresar. También se inauguró la Asociación Cívica Cubana con la celebración de una velada en La Habana. En Marzo se le devuelven al Ministro Céspedes en Washington los 192,000 dólares que le habían sido ocupados a Rigoberto Fernández y a Loret de Mola. En Abril se firma la escritura que da por terminado el litigio con la Havana Port por el asunto del dragado de los puertos. Se inaugura el Club Femenino de Cuba. En Octubre llega a La Habana el vapor español Alfonso XII con pasajeros sufriendo de influenza, 22 de los cuales habían fallecido en la navegación, y se les remitió al puerto del Mariel para someterlo a cuarentena. Este fue el inicio de la pandemia que costó decenas de millones de vidas. El 10 de Octubre, al conmemorarse los 50 años del Grito de Yara, es llevada a La Habana la campana de La Demajagua. En la segunda mitad del año, y con antelación al armisticio con el Imperio Alemán, comenzaron a firmarse los armisticios parciales de las pequeñas naciones derrotadas en la guerra europea, como era el caso de Bulgaria, Hungría y Turquía.

El 24 de Octubre ocurrió un incendio en el Cine Teatro Campoamor que destruyó toda la manzana comprendida entre las calles San Rafael, Monserrate, San José y Zulueta, donde más tarde se construiría el edificio del Centro Asturiano. El 24 de Diciembre fueron abatidos en el poblado de Céspedes, de la provincia de Camagüey, los hermanos Vélez Reyes que eran unos bandoleros muy peligrosos.

El Banco Español de Cuba apareció en la "lista negra" de los Estados Unidos que incluía un total de 27 entidades radicadas en la Isla. Godoy, que era su presidente, pidió de inmediato una investigación sobre este asunto descubriéndose que dicho banco ha estado prestando dinero a compañías que sobrevaloraban sus acciones a más del doble de su valor real. Entonces se reveló que una de esas compañías pertenecía, entre otros, al presidente Godoy. Por tal motivo un experto norteamericano pidió que se hiciera una depuración y se tomaran otras medidas para evitar un desastre. Pero la realidad es que no se hizo nada, y este fue el principio de lo que más tarde desembocaría en la crisis bancaria de 1920.

El Banco Nacional estableció una oficina en la esquina de las calles Obrapía y Aguiar, y declaró que construiría un edificio propio. Por su parte el Banco Internacional anunció que tenía cuarenta y cinco sucursales en la República y fuera de ella. Y estos fueron los bancos que irían a la bancarrota en 1920 y arrastrarían con ellos a todos los bancos cubanos.

Menocal demostró una gran magnanimidad con los oficiales activos o retirados que participaron en la rebelión de la "Chambelona", puesto que primeramente conmutó las penas de muerte aplicadas a muchos de ellos, y en meses posteriores los indultó. Sin embargo este gesto tuvo una excepción, porque el Presidente Menocal manifestó gran rencor y nunca se reconcilió con José Miguel Gómez, desarrollando un gran activismo para impedir que José Miguel pudiera volver a aspirar a la Presidencia de la República.Y esto se comprobó algún tiempo después cuando Menocal apoyó y logró la elección de Zayas que era el enemigo político de José Miguel dentro del Partido Liberal.

En 1918 el mercado azucarero terminó ligeramente en baja debido al final de las hostilidades que tanto habían beneficiado a la industria azucarera cubana. Pero a pesar de esa baja el valor total de la zafra estuvo por encima de los 340 millones de dólares.

Leyes y Decretos

Hagamos ahora un recuento de las leyes y decretos aprobados o firmados durante 1918. El 7 de Enero de ese año se subsanó la omisión de una ley de 1917 referente a los delitos de fraude. También se modificó el Código Penal. Un Decreto autorizó al Secretario de Gobernación para asumir la dirección del servicio de censura por la situación de guerra que vivía el país. También por la guerra se estableció el puesto de Director de subsistencias y se definieron sus funciones, entre las que estaba la compra y venta de artículos para consumo de la población así como de combustibles. Se prohibió la exportación de artículos que se considerasen necesarios para el consumo de la población. También se prohibió la exportación de oro, de monedas cubanas y se autorizó la intervención de fábricas y otros comercios. Ley autorizando dar pensiones para estudios artísticos realizados dentro y fuera de Cuba. Ley autorizando el establecimiento y la organización de una Escuela de Aviación. Se autorizó la más pronta construcción del acueducto de Santiago de Cuba de acuerdo con un proyecto de la Secretaría de Obras Públicas.

En Junio se aprobó una nueva ley que modificó la previa sobre la otorgación de pensiones para estudios artísticos. Por ley se creó el Comité Nacional de Regatas y se autorizó la creación de premios para los ganadores de dichos eventos. Se dictó otra ley que prohibía que los súbditos de las naciones que estaban en guerra con Cuba residieran en el litoral de la República, y se facultó al gobierno para que censurase la correspondencia de dichas personas. También una ley sobre el trato a los ciudadanos de países neutrales que no participaban en la guerra y que incluía la censura de su correspondencia. A pesar de existir dos leyes anteriores que beneficiaban a los veteranos, en 1918 se dictó una nueva ley de pensiones para miembros del Ejército Libertador y sus familiares, cuyas pensiones serían vitalicias y cuyos bienes no podrían ser embargados. Una ley que determinó que el Colegio Nacional de Ingenieros era una corporación oficial y se le adscribía a la Secretaría de Obras Públicas.

Ley que derogó varios artículos del Código Civil y del Código establecido durante la primera intervención para dotar a la mujer casada de todos los derechos civiles, y para que la recién aprobada Ley de Divorcio pudiera entrar en funciones. En Agosto una nueva ley que determinaba el cierre y el descanso dominical de los empleados de comercio. Ley que declaraba de uso público la biblioteca de la Universidad de La Habana. . Ley sobre el Servicio Militar Obligatorio que a su vez concedía la amnistía a quienes habiendo sido militares licenciados de las Fuerzas Armadas y participado en la insurrección de la "Chambelona", quisieran volver a incorporarse al nuevo plan del Servicio Militar Obligatorio. Decretos que reglamentaban la Ley del SMO y la fecha inicial de su aplicación. Ley que restableció las garantías constitucionales suspendidas desde el 13 de Marzo de 1917. Ley que autorizaba la organización y puesta en marcha de la Escuela del Hogar, que había estado precedida por la llamaba Escuela de Economía Doméstica. Ley autorizando a la Guardia Rural para custodiar dentro de las poblaciones y en los puertos donde se almacenaba el azúcar.

Para pagarle a los bonistas de la Havana Port se autorizó una emisión de bonos por $7 millones para canjearlos por los que pudieran presentar los bonistas de la Compañía de Puertos de Cuba, y los cuales estarían garantizados por el 50% de los impuestos que se incrementaron por las mejoras de los puertos.

El 19 de Noviembre se firmó el Decreto que proclamaba la firma del armisticio que ponía fin al estado de guerra declarada de la República de Cuba. Y ya en Diciembre se firmó un Decreto prohibiendo la publicación de noticias que puedieran alarmar a la población con motivo de la huelga general que se había declarado en toda la Isla.

Reconocimiento internacional de la joven República de Cuba

Al finalizar la Primera Guerra Mundial era de rigor la firma de un Tratado que pusiera fin a las hostilidades y devolviera el mundo a la normalidad de las relaciones pacíficas. La reunión para dicha concertación tuvo lugar en territorio francés y se le conoció como el Tratado de Versalles. Un total de cuarenta y dos países se reunieron para dar cuerpo a ese importante documento, y a la República de Cuba, como parte beligerante en el conflicto, le tocó participar en las deliberaciones y posterior firma de dicho Tratado. Repetimos, así se dio el hecho curioso de que Cuba pudo firmar un tratado de paz a nivel mundial mientras que abusivamente no se le permitió ser parte del Tratado de París que puso fin a su status colonial.

La inestabilidad política del mundo, que recién había provocado un conflicto de escala mundial, puso sobre la mesa la iniciativa original del Presidente Wilson de organizar una Sociedad de Naciones que sirviera como foro para deliberaciones, acuerdos y solución de los conflictos entre países. La iniciativa pronto fue apoyada por treinta países a los que se les reconocía como regímenes civilistas, y entre los cuales se contó la República de Cuba. Un hecho curioso es que por el formato de bloques de países con que se quería estructurar la iniciativa, Cuba aparecía agrupada con Guatemala, Honduras, Nicaragua, Panamá, Haití, Bolivia, Brasil, Ecuador, Perú y Uruguay bajo la designación de América del Sur.

La ratificación del protocolo de la Sociedad de la Naciones se efectuó el 28 de Enero de 1921 con la firma de sesenta y cuatro países que incluían a Cuba.

Según el pacto de la Sociedad de Naciones, y mediante previo aviso de su intención, cualquier integrante podría retirarse del organismo después de dos años. Ateniéndose a esto el Brasil se retiró el 14 de junio de 1926, porque no se le otorgó un asiento permanente en el Consejo de la Sociedad. Costa Rica se retiró en 1925 por la incapacidad de la Sociedad para solucionar disputas regionales. Japón se retiró el 27 de marzo de 1933 por el informe de la Comisión Lytton sobre la invasión de Manchuria. Alemania se retiró el 21 de octubre de 1933, por disputas con respecto al rearme alemán.

Paraguay se retiró el 23 de febrero de 1935 debido a sus pérdidas territoriales en la Guerra del Chaco y otras presiones internacionales. El Salvador se retiró el 11 de agosto de 1937. Guatemala, Haití y Honduras también se retiraron. Italia se retiró el 11 de diciembre de 1937 como resultado de la revisión de la política de relaciones internacionales del gobierno italiano. Venezuela se retiró en 1938. Perú y Albania se retiraron en 1939. España se retiró el 9 de mayo de 1939 por decisión de su gobierno nacional. Y la URSS fue expulsada el 14 de diciembre de 1939, por su invasión del territorio finlandés.

También se creó el Tribunal Permanente de Justicia Internacional en Ginebra, Suiza. El 15 de Febrero de 1922 fue su reunión inaugural. Para la integración de este Tribunal se eligieron once miembros, entre los que resultó elegido el cubano Antonio Sánchez de Bustamante que ya era reconocido como un eminente jurista internacional. Este notable cubano fue elegido en primera boleta, obteniendo 26 votos de la Asamblea reunida con ese fin, y posteriormente llegó a presidir dicho Tribunal.

Año 1919

En este año comenzó la segunda parte del último gobierno de Menocal que abarcará hasta el 21 de Mayo de 1921. Es un período en el cual juegan un papel muy importante los preparativos para la próxima elección presidencial de 1920, y aunque el propósito es mencionar los hechos de 1919 va a ser inevitable que hagamos incursiones en los dos años siguientes para no descontinuar el hilo de importantes desarrollos.

El ambiente de Cuba en 1919 era bien diferente al de los años anteriores. En primer lugar había terminado la Primera Guerra Mundial, y aunque la participación de Cuba había sido muy limitada, especialmente en el orden militar, nuestra República era acreedora a participar en la firma del Tratado de Versalles que estaba llamado a restablecer la paz en el mundo.

En el orden económico Cuba estaba avanzando considerablemente a causa de la demanda de azúcar durante los años de la guerra y su venta a precios mejorados, y también por la venta de otros productos. Esto a su vez trajo escasez y un alza de precios en los productos de primera necesidad, lo que lógicamente creaba malestar social en la clase obrera y otras menos favorecidas. Por ello veremos la sucesión de huelgas que se fueron produciendo en Cuba y que llegaron hasta el punto de tener que suspender las garantías constitucionales e intervenir militarmente en varias ciudades para acabar con estos paros.

Como ya apuntamos, la conclusión de las obras del Canal de Panamá y la desocupación de sus obreros, trajo a Cuba a partir de los años 1912 y 13 a numerosos inmigrantes, que en su inmensa mayoría eran españoles y también mayoritariamente anarquistas. Y esto con el tiempo trajo inestabilidad al país pues aquellos expertos activistas fueron movilizando a la clase obrera y tomando la dirección de todos los gremios y sindicatos. Frente a los desórdenes que éstos provocaban, el gobierno reaccionó en varias oportunidades con la expulsión de pequeños grupos, pero nunca suficientes para tranquilizar los sectores laborales del país. Pero ya la siembra de las ideas anarquistas, y de las comunistas a partir de 1918, habían subvertido el mundo laboral cubano. El triunfo de la revolución bolchevique en Rusia y la creación de la Internacional Comunista pronto extendieron su activismo e influencia por todo el mundo. El colapso del imperio de los Habsburgo fue seguido por una serie de graves conflictos en Europa, el más serio de todos fue en Hungría donde el líder comunista Bela Kun, un judío ex prisionero de guerra y recién llegado de Rusia, estableció una República Soviética explotando los sentimientos nacionalistas, aunque dicha República sólo duró cinco meses, desde marzo hasta agosto del 1919. En ese breve tiempo todas las industrias y las propiedades de la poderosa Iglesia Católica húngara fueron confiscadas, y los sacerdotes y los campesinos fueron sometidos a trabajos forzados. Rosa Luxemburgo y Karl Liebknecht estuvieron a punto de hacer lo mismo en Alemania. Por todo el viejo continente se fundaron numerosos partidos comunistas, y la agitación que estos creaban se extendía y envolvía a numerosos países europeos. Y muy pronto Cuba también estuvo penetrada por esta doctrina extraña que buscaba convertirla en un "soviet".

Sin embargo, puede decirse que en términos generales la situación económica y social de la Isla marchaba hacia adelante y con paso firme. Como muestra vamos a citar algunos de los anuncios clasificados aparecidos en el periódico "El Mundo" de aquella época, y donde se refleja el desarrollo económico y los niveles de consumo que ya se habían logrado en la Isla.

Aparecían anuncios para la venta de automóviles, neumáticos, máquinas de escribir, fonógrafos, archivos metálicos. Se ofrecían para alquiler oficinas con ascensores y salas cinematográficas. La venta de bienes raíces con solares a plazos para la construcción de casas o edificios llenaban espacios en la prensa escrita. Para la ropa formal de hombre se anunciaban los cuellos flexibles. La oferta de compra de acciones petroleras denota un nivel superior de inversiones, etc. Como puede verse la sociedad isleña ya iba superando las antiguas formas coloniales e incorporándose a las formas y usos de la civilización moderna, especialmente las se iban desarrollando en los Estados Unidos.

El final de la guerra trajo la reactivación del acontecer político interno, y muy pronto comenzaron a manifestarse las aspiraciones y las acusaciones para la candidatura presidencial de las elecciones de 1920. El Representante Morales Valcárcel se dio a la propagación del rumor de que Menocal estaba preparando una prórroga de sus poderes. También en la Universidad se inició una serie de conferencias sobre reformas constitucionales y prórrogas de poder. Se rechazó un nuevo intento del Representante José Ma. Lasa de promover su reforma constitucional que extendería los períodos para el ejercicio de los cargos políticos. Ante el hecho de que el Partido Liberal no quería nombrar a Zayas como su candidato, éste declaró su renuncia al partido y anunció que se retiraba de la política. Los congresistas liberales que tenían muy menguado su poder político iniciaron una etapa de fusiones parlamentarias. Por su parte Rafael Montalvo ofreció un banquete a los líderes conservadores y lo hizo para proclamar su aspiración presidencial.

El General Menocal sabía que le era imposible una segunda reelección, puesto que tendría gran oposición de los cubanos y la desaprobación de los Estados Unidos, ya que el Presidente Wilson estaba en su misma situación, reelecto y sin aspirar a un tercer mandato. Sin embargo, Menocal maniobró y logró imponer su criterio sobre quien sería su sucesor en la Presidencia. Su propósito principal es que no fuera José Miguel Gómez pues no le perdonaba la insurrección del año 17, y en esto era injusto pues olvidaba que su propia elección de 1912 la había podido lograr por la ausencia de apoyo de Gómez a Zayas, pero así son muchas cosas en la vida. José Miguel no tenía que hacer esfuerzos para alterar psicológicamente a Menocal, pero éste tampoco aceptaba a toda una serie de figuras de su propio partido. Así pues el Presidente se pasó todo el año 19 y el siguiente maquinando intrigas políticas que iremos mencionando en detalle.

El impresionante ritmo de importantes obras públicas realizadas en los primeros seis años de Menocal ahora se vio muy disminuido, y aún paralizado, al igual que la promulgación de leyes de carácter social y promoción humana. Estos dos años que le quedaban a Menocal en el poder se dedicaron prácticamente a impedir que José Miguel pudiera llegar a ser el próximo presidente. Aunque todo ello tuvo que hacerlo en presencia de nuevos personajes de la diplomacia norteamericana, pues su gran amigo Gonzales habría de dejar su cargo a finales del año 1919, pero no sin antes hacerle un último favor a Menocal que veremos más adelante.

El año comenzó con una serie de huelgas que no es posible relatar de manera diáfana por el descontrol característico de las mismas. Se inició una huelga de tabaqueros, ferroviarios, tipógrafos, etc. en La Habana y en Matanzas. La de los tipógrafos fue en la ciudad de La Habana y se fue recrudeciendo hasta el punto de que se dejó de publicar periódicos hasta el día 13 de Febrero. Las huelgas terminaron cuando por un laudo presidencial se reconoció el derecho de los obreros a aumentos salariales. Pero el 18 de Febrero comenzó otra huelga, esta vez de estibadores en Matanzas con encuentros violentos entre huelguistas y rompehuelgas que dejaron un saldo de varios muertos y heridos y que requirió la ocupación militar de la ciudad. Sólo dos días después, el 20, se inició otra huelga en Matanzas, pero esta vez una huelga general que se extendió a los ferrocarriles y con interrupción de los mismos, lo que motivó que el gobierno norteamericano pretendiera enviar dos compañías de sus tropas acampadas en Camagüey desde 1917, los pintorescos "turistas uniformados del batallón perdido", pero cuyo envío pudo ser evitado por Menocal. Esta huelga duró hasta el día 23 en que finalizó.

El 4 de Marzo se declaró otra huelga de los obreros de la construcción en La Habana que fue apoyada por los ferroviarios, que se fue extendiendo a lo largo de la Isla y hasta logró paralizar la molienda en algunos ingenios. También el día 8 se suman al paro los basureros y los barrenderos de la capital. La huelga estaba tan generalizada que el día 9 llegaron varios barcos de guerra estado-unidenses a la bahía de La Habana. La edición de El Heraldo de Cuba fue secuestrada por publicar que el gobierno había amenazado al comité de huelgas. Ante este hecho, y al día siguiente, El Heraldo junto con El Triunfo y La Nación proclamaron que se había establecido la censura. El día 19 de Marzo se expulsó a otro grupo de anarquistas. El 21 de Abril empezó una huelga de tabaqueros que exigían un 40% de aumento en sus salarios. El 25 hay una huelga de planchadores. El día 5 de Mayo empieza una huelga en la Refinería West Indies de Regla. El día 9 el sindicato de la industria fabril de Puentes Grandes se declara en huelga. Los empleados de la Droguería Sarrá se van a la huelga y también los sastres y las costureras de La Habana. El 23 de Mayo es expulsado del país un nuevo grupo de anarquistas casi todos españoles con excepción de uno que era norte-americano. La noche entre el 23 y el 24 son detenidos muchos otros líderes anarquistas. El 24 se declara una huelga general en protesta por las detenciones y por las expulsiones. El 25 y el 26 no se publican los diarios pero reaparecen al día siguiente informando que hay noventa detenidos en los Castillos de la Fuerza y de la Cabaña. Por fin el 28 de Mayo se restablecieron las actividades normales en los centros industriales y comerciales.

Ante esta situación tan volátil Menocal solicitó del Congreso la autorización para suspender las garantías constitucionales cuando fuera necesario, y la Cámara en pleno, aprobó un proyecto de ley suspendiendo esas garantías. Al día siguiente también la aprueba el Senado con sóla excepción del voto de Maza y Artola. Por fin se suspendieron las garantías por un mes. El 23 de Junio termina la huelga de los tabaqueros sin que los obreros lograran los objetivos perseguidos con el paro. En Octubre hay otra huelga de tranviarios en Camagüey. Durante los meses de Noviembre y Diciembre se siguen expulsando extranjeros anarquistas. El 28 de Diciembre hay una gran manifestación obrera para protestar por el alto costo de la vida y exigir la disminución de los precios de los abastecimientos y de los alquileres, que derivó en un choque de los trabajadores con la policía, y donde resultó muerto el obrero Luís Díaz. Al día siguiente, durante el sepelio, se volvieron a producir choques, mas esta vez no hubo víctimas que lamentar. El 29 de Diciembre se inició otra nueva huelga de los tipógrafos que durará hasta el 13 de Marzo de 1920. Como se puede observar, este ha sido un año de tremendo movimiento huelguístico en todos los sectores de la vida nacional, y ello a pesar de las numerosas expulsiones de anarquistas, y es que, como señalamos anteriormente, el mal ya estaba inoculado.

Recorramos ahora otros acontecimientos de este año. El 2 de Abril fue la inauguración de la Escuela del Hogar en La Habana. El 15 de Abril ocurre una transacción de bienes raíces que manifiesta el poder económico que ya tenían algunos inversionistas privados y el crecimiento del valor de la propiedad urbana. Y fue la compra realizada por José López Rodríguez (conocido por Pote) del edificio del Convento de las Ursulinas situado en la plaza del mismo nombre –en la calle Egido entre Dragones y Corrales– y cuyo monto ascendió a un millón y medio de dólares. También ese mismo día ocurrió un incidente protagonizado por el Representante Carlos Manuel de la Cruz socio de negocios de José Manuel Cortina y Carlos Miguel de Céspedes, y que al mismo tiempo fungía como abogado del grupo. Ellos le habían comprado unos terrenos al norteamericano Walter Fletcher Smith, que era el dueño del Hotel Plaza, con vistas a la construcción de un nuevo reparto de viviendas. En dichos terrenos había dos casas, que por una peculiaridad en la venta de bienes raíces de entonces y por el contrato firmado para los terrenos, no se consideraban incluidas en la primera transacción y debían ser el objeto de una segunda para la que Smith pedía cien mil dólares por ambas y los inversionistas cubanos sólo le ofrecían sesenta mil. Entonces ocurrió que el Representante de la Cruz, en forma ilegal y creyéndose amparado por su inmunidad parlamentaria, procedió con una cuadrilla de 150 obreros a la demolición de dos casas. El caso fue llevado a las cortes con el resultado de que Cuba tuvo que pagarle a Mr. Smith trescientos mil dólares

El 22 de Junio se produjo el asesinato de la niña Cecilia Darcourt en la ciudad de Matanzas. Como resultado de sus pesquisas el Ejército detuvo a cinco brujos como presuntos autores del crimen, que fueron llevados al Castillo de San Severino. Allí uno de los detenidos se "ahorcó", y al enseñarle el cadáver a otro de los brujos de apellido Claro, éste optó por confesar todo lo sucedido. La niña fue asesinada por ellos que cocinaron sus vísceras, se las comieron y luego enterraron los restos de la niña en el cementerio. Dicho brujo luego condujo a las autoridades hasta el lugar del enterramiento. Este crimen tan brutal amotinó al pueblo que trató de sacar a los detenidos de la prisión para lincharlos, pero fueron repelidos por las fuerzas defensoras del castillo y en esa acción hubo dos de los atacantes muertos. Finalmente el jefe de la guarnición optó por aplicarle a los brujos "la ley de fuga" y estos fueron ultimados para liquidar este incidente. Pero con este sonado crimen se generó un estado de histeria nacional con el asunto de los crímenes de brujería. Por ello más tarde en el pueblo de Regla, se detuvo a un jamaicano que sospechosamente ofreció dulces a una niña, y esto provocó que una población exaltada asaltara el vivac, sacó al hombre, lo amarró a la cola de un caballo y salvajemente hizo que fuera arrastrado por las calles de la ciudad hasta que murió, con lo que se cometió un crimen tan horrendo como el cometido con la niña Darcourt. También en Matanzas fue necesario reprimir a otra multitud que quería asaltar la casa de otro supuesto brujo. Esta situación provocó una reunión en el Club Atenas de líderes de la raza de color, entre los que se encontraba Juan Gualberto Gómez, Miguel Ángel Céspedes y otros, que buscaban poner freno al hecho de que con el pretexto de la brujería se estaba atacando y discriminando a todos los ciudadanos de la raza negra. Todo este proceso duró un tiempo pero poco a poco la crisis se fue resolviendo hasta regresar de nuevo a la cordura ciudadana. Otro crimen que estremeció a la opinión pública en el mes de Octubre fue el asesinato a sangre fría de Raúl Mediavilla, que entonces era el presidente del trust del pescado, y que fue ultimado por un matón a sueldo. Pero tampoco la Administración del país tampoco estaba exenta de los intentos de violencia pues a principios de Junio hubo dos individuos acusados de intentar asesinar al Presidente que fueron detenidos y llevados al Castillo de la Fuerza.

El 28 de Junio, como ya hemos dicho, se firmó el tratado de paz en el Palacio de Versalles con el que legalmente terminó la Primera Guerra Mundial. Cuba fue uno de los diez países latinoamericanos que fueron signatarios de dicho Tratado. El 16 de Agosto, y mediante un proyecto de ley aprobado por la Cámara, el Estado Cubano adquirió el puente de hierro sobre el río Almendares que unía el extremo del Vedado con el Reparto Miramar. Este puente había sido construido por los dueños de estos repartos a un costo de unos ochenta mil dólares, y ahora el Estado lo adquirió canjeándolo por la finca La Osa que permitiría ampliar los repartos y cuyos terrenos al momento de la operación valían unos dos millones cuatrocientos mil dólares. Vale decir que este canje, como tantos otros ocurridos en la República era un "chivo", pero no cabe duda de que la apertura pública de dicho puente, resultó de gran beneficio para el tránsito entre la ciudad de La Habana y la vecina ciudad de Marianao.

Vale la pena registrar que el 8 de Noviembre de ese año, y en un acto celebrado en el Teatro Nacional de la Capital se fundó la Aso-ciación de Hacendados y Colonos de Cuba que habría de perdurar en el tiempo y ser un factor importante para el desarrollo de la industria azucarera. Y como su primer presidente se nombró a Miguel Arango Mantilla. El 13 de Enero el importante director de la Aduana, Manuel Despaigne, renunció a su puesto y fue sustituido por Antonio Escoto.

Ahora vamos a analizar con cierto detalle las actuaciones en el orden político nacional durante este año. El 19 de Enero la Cámara presentó un proyecto derogatorio de la Ley de Abastecimientos y Subsistencia por estimar que ya no era necesaria por la terminación de la guerra. También la Cámara propuso la eliminación del Comité Exportador del Azúcar. Días después el Senado aprobó lo primero pero rechazó la eliminación del Comité. Pero ni aún lo primero adquirió vigencia porque el Presidente Menocal vetó el proyecto.

El día 18 se derogó por innecesaria la Ley del Servicio Militar Obligatorio, y se aumentó el sueldo de las clases y soldados, así como de los marinos. Un poco más adelante, en el mes de Agosto, también se aumentará el sueldo a los jefes y oficiales del Ejército y de la Marina.

El 29 de Enero aparece un artículo en el Heraldo de Cuba firmado por su director Carlos Mendieta bajo el título "Adiós dictadura" que el gobierno consideró injurioso para el Presidente, y por lo que Mendieta fue condenado a pagar una multa de quinientos dólares que éste pagó con fondos reunidos por subscripción popular.

El 12 de Febrero el Comité Ejecutivo del Partido Liberal revivió la ponencia de Eduardo Guzmán, ya planteada en 1916, de pedir la supervisión de las próximas elecciones por parte de los Estados Unidos. La Asamblea Liberal entonces concedió un voto de confianza a su Comité Ejecutivo para que llevara a cabo la solicitud. Pero no todos estuvieron de acuerdo con ello pues al día siguiente, y por ese motivo, Manuel Márquez Sterling renunció como miembro del Partido Liberal.

Alberto Barrera había sido electo como Gobernador de La Habana en los comicios de 1916, mas había sido arrestado por su participación en la revuelta de la "Chambelona" y luego indultado en 1918. Ahora en el mes de Marzo el Secretario de Gobernación, Juan L. Montalvo, se dispuso a corregir esta situación con la instauración de Barrera en el cargo de Gobernador que le correspondía. Pero se encontró con la situación de que el gobernador interino se negaba a entregar el cargo, mas a la postre se impuso la autoridad del Secretario Montalvo.

Avanzando en la definición de quienes serían los candidatos presidenciales en las próximas elecciones, el 31 de Marzo se rumoró que Domingo Méndez Capote sería el candidato presidencial del Partido Conservador. Pero en Septiembre un nuevo rumor señalaba que el candidato sería Antonio Sánchez Bustamante. Finalmente en Diciembre el rumor era que Charles Hernández Sandino sería el seleccionado.

El 14 de Abril se eligió a Santiago Verdeja como Presidente de la Cámara de Representantes, por una diferencia de cinco votos sobre Clemente Vázquez Bello. El 30 de Abril el Capitán Lamadrid es nombrado Supervisor Militar de Cienfuegos, pero el Alcalde Santiago Rey, apoyado por el resto del Consejo Municipal se negó a entregarle el mando de la Jefatura de Policía. Esto trajo como consecuencia la intervención del Ejército y la separación del Alcalde Rey de su puesto y el que se le procesara por el cargo de desobediencia. La renuncia de Santiago Rey tendría lugar en el mes de Noviembre.

En Mayo 31 el Comité Ejecutivo del Partido Liberal decidió suspender a Zayas como su presidente y pidió que la Asamblea del Partido lo destituyera. La petición fue apoyada y Zayas se vio destituido. Sin embargo en el Partido Conservador había menos pugnas y a principios de Julio se eligió a Rafael Montalvo como presidente de su Comité Ejecutivo. Por otra parte el 24 de Julio se celebró una reunión en casa de José Manuel Carbonell con vistas a la creación de un nuevo partido, el Partido Nacionalista de Cuba.

A principios de Agosto el Coronel Rosendo Collazo fue nombrado Jefe del Distrito Militar de Camagüey, y en el ejercicio de esa función expulsó de la provincia a dos periodistas y al ex Coronel Eliseo Figueroa. Al día siguiente expulsó a un tercer periodista. Este estilo de ejercer sus funciones provocó una gran protesta de los liberales y el Gobernador Silva hizo que el Coronel Collazo fuera sustituido por Pujol en el mando de aquel Distrito. No obstante Collazo regresó al mismo mando en el mes de Octubre, pero en Noviembre se le retiró del servicio definitivamente.

Por una Ley se estableció que los jueces municipales obtuvieran el cargo por oposición y que una vez obtenidos fueran inamovibles. También se aprobó otra Ley de Amnistía Electoral para todos los delitos cometidos en las elecciones de 1916.

Volviendo a las ocurrencias internas de los partidos veamos lo acontecido en el mes de Octubre. Fernando Freire de Andrade pidió su baja del Partido Conservador acusándolo de hacer lo que tanto había criticado cuando el partido estaba en la oposición. En el mismo mes la Asamblea del Partido Liberal aprobó un nuevo programa en el que se incluía la no reelección presidencial, la abolición de la Enmienda Platt, el voto para la mujer y la aplicación del impuesto sobre las rentas personales. El 22 de octubre, y haciéndose el sordo de que la Asamblea del Partido Liberal lo había sustituido como su presidente, Menocal citó a Zayas "en su calidad de presidente del Partido Liberal", lo que obviamente era una de sus maquinaciones. Alrededor del 20 de Octubre también renuncia Francisco Domínguez Roldán como Secretario de Instrucción y es sustituido por Gonzalo Aróstegui y del Castillo. Unos días después el 4 de Noviembre Rafael Montalvo renunció a la presidencia del Partido Conservador y fue sustituido por Aurelio Álvarez de la Vega. Pero en el mismo mes Montalvo renovará su aspiración a la Presidencia de la República. Por otra parte el 8 de Diciembre fue secuestrada la edición de El Heraldo de Cuba y su director, Ruy Lugo de Viña, condenado a 31 días de arresto por supuestas injurias al Presidente.

Como se ve la situación política de Cuba en 1919 era algo así como un gran desastre por ambos partidos y en general por todos los movimientos preparatorios para las futuras elecciones. Los días pasaban sin que se lograse definir ningún candidato, y en su lugar se mantenía una "puja" entre una serie de personajes que desesperaban por hacerse con la primera magistratura de la nación. Sin embargo no todo estaba perdido. Las nuevas generaciones nacidas poco antes del inicio de la República, o justo en sus comienzos, estaban más preparadas, tenían unos niveles de cultura más altos, mostraban inquietudes cívicas y exigían respuestas a la situación de despilfarro, peculado y de mal gobierno existentes. Fue por ello que en esta época se produjo la formación de una sociedad que dio origen a la Revista Cuba Contemporánea y a ciertos periódicos que desafiaban al gobierno y denunciaban públicamente todos los actos indebidos que estaban sucediendo. También existían otras instituciones como el Ateneo y la Sociedad Económica de Amigos del País que periódicamente celebraban conferencias donde se discutía la problemática nacional. La Universidad de La Habana se había convertido en otra fuente de conferencias para explicar, denunciar y exigir una buena gestión de gobierno, lo que desafortunadamente más tarde evolucionaría hasta convertir a la Universidad en un foco revolucionario permanente.

Ya hemos visto que a mediados del año se había fundado el Partido Nacionalista de Cuba que fue una idea de intelectuales, maestros, jóvenes estudiantes y algunos de los pocos políticos que no estaban corrompidos. El partido atacaba el mal gobierno, atacaba la intervención norteamericana y por supuesto a la Enmienda Platt, exigiendo soluciones a los males de Cuba. Desafortunadamente la mayoría del pueblo cubano seguía bajo el esquema caciquista de "fulanos, fulanillos y fulanistas", por lo que a pesar de haberse extendido por toda la República, el Partido Nacionalista no llegó a constituir nada efectivo. Ya veremos que en las elecciones de 1920, y a pesar de haber proclamado que ni José Miguel, ni Zayas eran la solución para los problemas de Cuba, el Partido Nacionalista terminó aliándose al Partido Liberal. En otras palabras, se formaba lentamente la conciencia política de la nación cubana, pero desgraciadamente ya estaba infiltrada por el virus de la revolución, la intolerancia y la enemistad jurada con el adversario.

Por último revisemos ahora las relaciones y hechos ocurridos con los Estados Unidos y sus funcionarios durante 1919. Los dirigentes liberales que habían tenido que emigrar en el año 17 debido al fracaso de la insurrección y otros que habían salido previamente como "embajadores" de la causa liberal, habían terminado por establecerse en Washington y en Nueva York. Allí habían reanudado sus relaciones con aquellos empresarios norteamericanos que en la época de José Miguel habían hecho negocios con los liberales. También con periodistas destacados y con algunos políticos. Y estaban tratando de influir para que los Estados Unidos supervisara de alguna manera las elecciones de 1920 porque ellos, y con razón, no tenían confianza alguna en la legalidad de Menocal. Era una labor de "lobby" que estuvo muy bien organizada y muy bien preparada.

A su llegada a Washington, el señor Morgan había hecho abundantes acusaciones de despilfarro y peculado contra el Presidente Menocal, algunas sobre cosas reales pero también sobre otras cosas ficticias. Mas cuando se le acabaron los argumentos llegó hasta acusarlo de ser germanófilo, lo que era completamente absurdo. Pero siempre hubo oídos receptivos preparados por los liberales, de tal suerte que el 10 de Enero el Delegado Gonzales recibió instrucciones de convencer discretamente a Menocal para que le extendiera una invitación al General Crowder como asesor para tratar de organizar el Código Electoral, preparar un censo y así establecer condiciones óptimas para las elecciones del año 20. Por fin el 12 de Febrero el Presidente Menocal cedió a las presiones amistosas de Gonzales e invitó al General Crowder para ir a Cuba y a los pocos días se hizo pública la invitación.

En el mes de Marzo los muelles de la bahía habanera experimentaron una gran congestión que motivó que el día 13 el Delegado Gonzales publicara una nota por la que recomendaba que no se enviaran más barcos con carga al puerto de La Habana hasta que no se solucionara esta situación. Por ello el 18 de Marzo el General Crowder llegó a La Habana a bordo de un hidroavión acompañado del Comandante Stephenson y dispuesto a iniciar sus labores. Se nombró una comisión de congresistas cubanos para trabajar con Crowder. Por el Senado: Ricardo Dolz, Vera Ventura, Antonio Gonzalo Pérez, Cosme de la Torriente y Juan Gualberto Gómez. Por la Cámara de Representantes: Santiago Verdeja, Soto Izquierdo, Gonzalo Freire de

Andrade, José Manuel Cortina y Fernando Ortiz. También formaba parte de esta comisión el Teniente Coronel Grant T. Trent de los Estados Unidos y el Capitán Demetrio Castillo Pokorny del Ejército Cubano que era graduado de West Point. Este grupo de trabajo sesionó arduamente hasta que el día 2 de Mayo el General Crowder entregó su informe al Presidente Menocal y días más tarde, el 21, regresó a los Estados Unidos.

El 13 de Junio el Presidente Menocal envió un mensaje al Congreso exhortándolo para que apruebe una Ley del Censo Electoral y una Ley del Código Electoral acorde con los planteamientos presentados por el General Crowder. El 24 de Junio regresa este último a Cuba para tratar de activar personalmente la aprobación de las leyes propuestas. La Ley del Censo Electoral era de mayor urgencia y por ello se aprobó y fue promulgada el 10 de Julio, lo que permitió que el 18 de Julio se inaugurara la Junta Central del Censo presidida por el Magistrado Ángel Betancourt. Por su parte la Ley del Código Electoral fue aprobada por la Cámara el 4 de Agosto, y el 6 la aprobó el Senado, siendo promulgada el 12 de Agosto. El 30 de Agosto Crowder rindió un informe oficial a Washington sobre su gestión detallando la forma en que eran cometidos los fraudes en las elecciones cubanas, y las medidas contenidas en la nueva ley para impedir esos fraudes. Así el día 15 de Septiembre se pudieron iniciar las actividades del censo electoral.

Durante el mes de Noviembre y los primeros días de Diciembre, y probablemente por el activismo de los cabilderos liberales, comenzó y se extendió por todos los pasillos de Washington el rumor de que los norteamericanos se disponían a supervisar las elecciones cubanas de 1920. Esto hizo que los liberales consideraran que habían obtenido una gran victoria. Mas esta pregonada intromisión norteamericana le planteaba a Menocal una crisis con la opinión pública. Y aquí es donde el Delegado Gonzales hizo su último gran servicio al Presidente Menocal, publicando una declaración oficial afirmando que los Estados Unidos no supervisarían las elecciones bajo ningún concepto. Como esto no había sido instruido por Washington, la Secretaría de Estado le llamó la atención a Gonzales por su declaración, a lo que él contestó que la había hecho porque la consideraba oportuna, necesaria y porque era lo mejor que se podía hacer en ese sentido. En aquellos momentos la Secretaría de Estado y todos los otros departamentos gubernamentales estaban prácticamente al garete por la enfermedad del Presidente Wilson y la suplantación de sus funciones por su esposa con desconocimiento de los derechos del Vicepresidente. Por ello nadie quería tomar ninguna iniciativa contra Gonzales, y sólo se produjo una declaración de la Cancillería estadounidense en que lamentaba que el Delegado Gonzales hubiera hecho esa declaración. Pero a los efectos de la opinión pública esta festinada intervención de Gonzales frustraba a los liberales y le resolvía la situación a Menocal muy oportunamente pues ya estaba por comenzar la campaña política para las elecciones presidenciales de 1920.

Pero en general la Secretaría de Estado opinaba que Gonzales había hecho un buen trabajo en Cuba, y por ello le promovió al rango de Embajador y trasladado a la ciudad de Lima, Perú. Su sustituto fue Boaz S. Long.

Por su parte la economía seguía saludable. El año terminó con el precio del azúcar en alza, la zafra alcanzó más de cuatro millones de toneladas y su venta alcanzó la cifra de 476 millones de dólares.

Leyes y Decretos

Aunque ya hemos hecho referencia a muchas de estas leyes y decretos creemos que es útil enumerarlas de conjunto para apreciar la labor de gobierno durante 1919.

Se aprobó una Ley que autorizaba el aumento de un 15% a las tarifas de almacenamiento en los muelles. Ley derogatoria del Servicio Militar Obligatorio por el final de la Primera Guerra Mundial. Una Ley para reglamentar la Escuela del Hogar. Una Ley que deslindaba el territorio costero entre los ríos Almendares y Jaimanitas, y desde éste hasta el límite con la provincia de Pinar del Río. Ley por la que se creó la medalla conmemorativa del Centenario del Nacimiento de Carlos Manuel de Céspedes, y disposiciones para la celebración de dicho aniversario. La Ley que suspendió las garantías constitucionales por un mes en todo el territorio para controlar la proliferación de huelgas. Una Ley sobre los mercados de consumo y abasto. La Ley sobre el retiro civil que estableció normas para la jubilación de los empleados del estado, la provincia y el municipio, así como la forma en que se adjudicarían pensiones por viudez. La Ley que reorganizaba los cuerpos sanitarios, de señales, de aviación y otros de las Fuerzas Armadas. La Ley que revocaba la declaración de

183

guerra y la firma del Tratado de Versalles. Ley que autorizaba el censo y el establecimiento de la cédula electoral. Se reglamentó el estudio de los cadetes de la Academia Militar aumentando sus cursos a tres años y aumentando también los salarios. Nueva Ley de drogas por la que se regulaba la importación, producción y venta de narcóticos. Ley de amnistía para los provocadores de disturbios en las numerosas huelgas que finalizaron en el mes de Julio, aunque con algunas excepciones. En Agosto la ley que regulaba el turismo y autorizaba el juego con apuestas y los juegos de casino en las playas. Ley que derogó la ley electoral de 1908 y promulgó la nueva ley conocida como el "Código Crowder". Decreto del 9 de Agosto aprobando el reglamento general para la instrucción primaria. Otro Decreto autorizando a la Universidad de La Habana para conceder grados honorarios a nacionales y a extranjeros. Ley que reorganizó los Juzgados Municipales y otras reestructuraciones del Poder Judicial. Ley sobre indultos que reorganizaba las leyes anteriores. Ley que modificó algunos artículos del Poder Ejecutivo y otros del Código Penal. Ley sobre el retiro escolar. Ley que estableció el día 15 de Septiembre como día de inicio del censo. Ley que limitó el trabajo en las industrias a cuarenta y ocho horas semanales, lo que eran ocho horas diarias de acuerdo con un convenio internacional firmado años antes. También se suscribió un convenio sobre el trabajo de la mujer y de los niños en establecimientos industriales. Se prohibió la exportación del azúcar crudo elaborado en la zafra de los años 1918-19. Se establecieron regulaciones para la zafra de los años 1919-20. Habiéndose terminado la guerra, que había sido la causal para la creación del Comité Exportador de Azúcar de Cuba, y a pesar del intento de Menocal porque permaneciera, este Comité acabó por desaparecer al igual que el convenio existente al respecto con los Estados Unidos.

Resultados del Censo de población y electoral de 1919

La población total de la Isla arrojó 2,889,004 habitantes, lo que representó un 39% de aumento con respecto a la población existente en 1899, y un 41% de aumento con respecto a la de 1907. La población de las ciudades experimentó un aumento, y producto de ello La Habana sobrepasó los 100,000 habitantes. En cuanto al sexo la población se dividía en un 53% de varones y un 47% de hembras. En cuanto a la raza el 72% eran blancos y el 27% eran negros, mestizos o asiáticos. En cuanto al estado civil el 67% eran solteros, el 23.1% casados, el 6.1% vivían en concubinato y el 3.8% eran viudos.

Un dato bien importante, y que aporta claridad sobre los intentos de denigrar nuestro pasado, en que en ese año de 1919 el 61% de la población sabía leer. El número de analfabetos había disminuido un 80% con respecto al año 1861 de la colonia, un 72% en relación al 1887 de la colonia, y un 64% comparado con el 1899 de la primera intervención norteamericana. Y como otro dato oportuno que ilustra la preocupación de la joven república por la educación desde que asumió la administración de su país, este censo de 1919 demostró una reducción del 59% en el número de analfabetos con respecto al censo de 1907. El censo terminó de hacerse el 30 de Octubre de 1919, y los registros permanentes de electores se finalizaron el 23 de Febrero de 1920.

Año 1920

A Menocal le quedaban 17 meses y 19 días de mandato. No podía reelegirse de nuevo. Ni tenía ningún "hijo político" a quien dejarle la Presidencia. Simplemente se terminarían sus dos períodos. Después de gobernar unos cuatro primeros años muy exitosos para la República su gestión se fue deteriorando y perdiendo calidad para el país, aunque es cierto que se vio mezclado en problemas muy serios que logró ir superando. Pero ya no le quedaba nada más importante que hacer que preparar al país para celebrar unas elecciones honradas y entregarle la Presidencia al candidato que resultase ganador. Pero Menocal tenía un gran enemigo que era él mismo. Su egocentrismo y afán de seguir controlando la República como un "mayoral o timbalero mayor" era su peor consejero. Desde el año anterior a las elecciones se había propuesto que José Miguel Gómez no pudiera volver a ocupar la Presidencia, y 1920 se va a caracterizar por sus enrevesadas maniobras políticas para lograr su objetivo.

Debido a que el Presidente Wilson estaba moribundo en los Estados Unidos no había un gobierno real porque el Vicepresidente nunca le sustituyó en el cargo. Como ya hemos dicho esto explicaba la ineficacia manifiesta de la Secretaría de Estado. Pero además había otro hecho y es que también los Estados Unidos estaban abocados a una elección presidencial, y no iban a gastar energías en asuntos que no le significaran una cuestión de vida o muerte. Por añadidura el Partido Demócrata había perdido las elecciones y en los dos meses que le quedaban en el poder no se iban a aventurar en decisiones peligrosas. A los nuevos gobernantes era a quienes les correspondería lidiar con las complicaciones que pudieran generarse en Cuba.

Menocal conocía muy bien todo esto y no vaciló en aprovecharse de ello para sus propósitos. Y lo hizo prometiendo y no cumpliendo, amenazando y manipulando con todos los recursos del poder, y desarrollando su mejor demagogia. Pero este no fue su gran pecado, sino el no utilizar los increíbles recursos de la "danza de los millones" para continuar haciendo las obras de sus primeros años y no hacer el necesario esfuerzo para tratar de resolver la crisis bancaria. Bien es cierto que probablemente ni él ni ninguno de sus asesores estaban preparados para un evento de esta naturaleza. Decimos esto porque en 1929, a nueve años de la crisis bancaria cubana, en los Estados Unidos, que se entendía que era "la universidad que nos estaba enseñando", también ocurrió el "crash de la bolsa y bancario" seguidos por una gran depresión. Luego es probable que si Menocal lo hubiera intentado tampoco hubiera podido resolverlo por falta de conocimiento, pero lo culposo es que ni siquiera lo intentó.

También dejó que la especulación con el azúcar llegara a niveles increíbles lo que no sólo arruinó a los bancos sino también a muchas otras empresas en otros sectores. Con ello y en un sólo año se creó una gran crisis económica a pesar de que la zafra de 1920 había dejado más de mil millones de dólares. Fue una situación verdaderamente inconcebible, pero que desgraciadamente fue la realidad. Cuba no estaba preparada para hacerle frente a un episodio económico de esta magnitud, y como se verá en futuras actuaciones presidenciales, nada aprendió de esta terrible lección.

El balance neto de este desastre bancario fue que casi la totalidad de los bancos cubanos desaparecieron y toda la banca quedó en manos extranjeras, especialmente en bancos norteamericanos y canadienses que asumieron todo el control de la economía y de las inversiones. Pero esta no fue la única pérdida, a esta deben añadirse las pérdidas sufridas por otras industrias, especialmente la azucarera que era nuestra industria básica y que también, en gran parte, pasó a manos de inversionistas y especuladores norteamericanos.

En lo que respecta al desastre político no hay que culpar solamente a Menocal sino también a los liberales que en vez de hacer una política inteligente y de beneficio para el país, siempre trataban de involucrar a los Estados Unidos, pidiendo su supervisión en las justas electorales, provocando una intervención, amenazando con ir al retraimiento, acaudillando la "Chambelona", etc. Desconfiaban del sistema democrático que permitió que Varona Suárez ganara la Alcaldía de La Habana a pesar de que su oponente Aspiazu repartió "botellas". No tuvieron el coraje de afrontar y resolver los problemas dentro de su propia casa en vez de confiar en que un país extranjero se los resolviera.

El 10 de Enero de ese año Cuba fue firmante para la formación de la Sociedad de Naciones en unión de todos los países latino-americanos que habían firmado el Tratado de Versalles.

Veamos ahora algunos acontecimientos importantes que ocurrie-ron en la nación y no relacionados directamente con los partidos políticos. Menocal y su familia se instalaron en el edificio que inicial-mente iba a ser palacio del gobierno provincial situado entre las calles Zulueta, Refugio, Colón y Monserrate, y que ahora se inauguró como Palacio Presidencial. En los primeros días del mes de Enero el periodista Napoleón Gálvez es condenado en dos oportunidades por injurias al Presidente Menocal.

Entre los hechos de sangre cabe destacar que el bandido Augusto Puente Guillot murió en Puerto Boniato, Oriente, en una emboscada tendida por la Guardia Rural al mando de Arsenio Ortiz. Más adelante en el mismo mes en el pueblo de Manguito, provincia de Matanzas, fue secuestrado el hacendado Bernardo Sardiñas, y al día siguiente la Guardia Rural da muerte al secuestrador Manuel García Peña y rescatando al secuestrado.

A inicios de Febrero se creyó necesario el nombramiento de una Comisión Consultiva de Subsistencia. A inicios de Febrero también, y por el ambiente de iniciar huelgas, Menocal envía un mensaje al Congreso donde solicita nuevamente la suspensión de las garantías constitucionales. Ramón Vasconcelos fue condenado al pago de una multa de $200. En Marzo se produjeron ascensos y retiros en el Ejército. Se decretó el cese de los supervisores en los Distritos militares establecidos al final de la revuelta de la Chambelona. Julio Sanguily, que en ese momento fungía como Jefe de la Policía

Nacional, fue relevado de su cargo por el Teniente Coronel Gabriel de Cárdenas. La asamblea de la Asociación de Hacendados y Colonos se adhirió a la idea de un único vendedor del azúcar cubano con el fin de que se pudiera elevar su precio de mercado, o al menos mantener buenos precios.

La pena de muerte dictada contra Eugenio Rodríguez Cartas y otras dos personas acusadas de dar muerte al alcalde cienfueguero Florencio Guerra en 1918 fue conmutada. Hubo necesidad de hacerlo y se procedió a fijar el precio de la carne y del ganado en pie. El Estado había adquirido por $15,000.00 la finca "Casanova" en la demarcación de Marianao, y ahora en el mes de Mayo se la vendió a la compañía de Cortina y Carlos Miguel de Céspedes por el mismo precio más un 6% de interés anual. El día 31 de Mayo se fusiló en Matanzas a un cabo del Ejército que había asesinado a un colono que le había entregado dinero para un detenido, y este es el primer fusilamiento de un militar durante el tiempo de Menocal en el poder.

En Junio una asamblea de hacendados y colonos acordó ir adelante con la idea del vendedor único del azúcar cubano y creó un comité para canalizarlo, asimismo aprobó el retiro del mercado de un millón de toneladas del producto para que esto influyera en su precio. También hubo un manifiesto de las clases productoras de azúcar pidiendo que se retrasara el comienzo de la próxima zafra a fin de poder vender el excedente existente en los almacenes. El Secretario de Hacienda, Leopoldo Cancio, emitió un informe en contra de la suspensión de las pignoraciones del azúcar. Se prorrogaron los presupuestos existentes para el año fiscal 1919-20. En Junio se anunció que el Shipping Board de los Estados Unidos iba a prohibir los embarques dirigidos a La Habana por la congestión existente en los muelles cubanos. El 26 de Junio se dio un duelo entre Ricardo Núñez Portuondo y Sergio Carbó donde éste último resultó herido.

Pero la confianza pública en las finanzas del país había ido decayendo y poco a poco se fue iniciando la retirada de fondos del Banco Nacional de Cuba. Para el mes de Octubre ya comenzó la aglomeración de reclamantes en las ventanillas del Banco Internacional para extraer sus dineros. Del temor se pasó al pánico bancario y el día 9 de ese mes ya se había extendido a todos los bancos. Ante esta situación el gobierno no encontró otra solución que el establecer una moratoria en todas las obligaciones civiles y mercantiles que duraría hasta el 30 de Noviembre, pero que luego tuvo que extender hasta el 31 de Diciembre, y todo ello a pesar de las protestas de las Cámaras de Comercio de Cuba y de Estados Unidos.

Hubo cambios en la Jefatura de la Policía Nacional, y Plácido Hernández asumió la posición. En Noviembre se creó la Federación Obrera de La Habana con 18 representaciones. Su Secretario electo fue Alfredo López Arencibia, un belicoso líder del sector de los tipógrafos, reconocido anarquista, pero que pronto pasará a ser miembro del Partido Comunista y más tarde será asesinado en los primeros años del gobierno de Machado

El 27 de Noviembre las corporaciones económicas de Cuba le presentaron a Menocal un proyecto para resolver la crisis bancaria. A principios de Diciembre se produjo otra declaración del Secretario de Hacienda proponiendo la emisión de billetes de banco para resolver el problema monetario. Pero esta propuesta es criticada por el Presidente Menocal por haber sido publicada antes de presentársela. Entonces Cancio volvió a renunciar y esta vez le fue aceptada la renuncia, siendo sustituido por Sánchez Agramonte. Mientras tanto el Coronel Despaigne fue designado para dirigir la descongestión de los muelles habaneros con el auxilio de Jiménez Rojo y Yero Miniet.

El 13 de Diciembre llegó a La Habana un experto financiero norteamericano, Albert Rathbone, para ayudar a resolver la crisis bancaria cubana y su permanencia duró hasta el día 22. Su informe final explicaba que todo proceso de eliminar la inflación era doloroso, y que cualquier injerencia extraña agravaría la crisis. Recomendó la obtención de un empréstito de cincuenta a cien millones de dólares que se inyectarían a bancos solventes de buen crédito y actuación. Además recomendó que no se disminuyera la producción de azúcar ni de ningún otro producto y que no se controlaran los precios de ningún artículo. El 30 de Diciembre la Cámara de Comercio de Cuba, afectada por la moratoria recomendó terminar la moratoria, gestionar el empréstito recomendado por Rathbone y renunciar a la emisión de nuevo papel moneda. Pero la respuesta del gobierno fue prorrogar la moratoria por otros treinta días hasta el 1 de Febrero.

Ahora se impone referirnos a la actuación de los partidos políticos, de sus líderes y de sus candidatos, de sus diferencias y sus problemas, y también a la actuación vacilante e indecisa de los Estados Unidos en las etapas previa y post electoral del año 20, y que no sirvió de ninguna ayuda al proceso. Y hay que relatarlos juntos puesto durante ese año todos estos factores estuvieron íntimamente relacionados. Los liberales habían puesto todas sus esperanzas en que los Estados Unidos presionarían para que Menocal celebrase unas elecciones libres y justas a la que ellos pudieran concurrir con José Miguel como candidato y salir vencedores. Pero los liberales no sólo estaban equivocados en poner su confianza en factores foráneos, sino además en que eso se pudiera lograr con el Presidente Wilson enfermo, y con Mrs.Wilson tratando de llenar su vacío. Además la derrota electoral sufrida por el Partido Demócrata de Wilson acabó de "desalmidonar" al gobierno. Y de toda esa confusión se aprovecharía Menocal para sólo escuchar recomendaciones y no cumplir sus promesas, para cambiar las reglas de juego a su conveniencia, y hasta para erigirse en un ultra nacionalista como ocurrió cuando rechazó la sugerencia de otra visita de Crowder en vísperas de las elecciones. Es cierto que Menocal salió airoso en su propósito de impedir el acceso de José Miguel a la Presidencia, pero la Historia no se lo celebra, y él mismo hubo de arrepentirse más tarde. El gran pecado de Menocal fue el no aceptar la necesidad de que en su último año de gobierno él debía renunciar a imponerle su voluntad a los miembros de su partido, a los liberales y al pueblo cubano, porque todos ellos tenían derecho a ser parte de las decisiones que concernían al futuro del país.

A principios de Enero el liberal Zayas fue eliminado por el Partido Liberal como su posible candidato presidencial. Obviamente esto no le agradó a Zayas que llevaba años laborando por este objetivo. Pero invalidada ya su posibilidad dentro de la estructura liberal, Zayas comenzó a visitar al Presidente Menocal, y pocos días después hace público un manifiesto donde expone que ha decidido formar otro partido político bajo el nombre de Partido Popular.

La prensa satírica habanera no vaciló en llamar a ese partido "el de los cuatro gatos" por el pequeño número de figuras que apoyaban a Zayas, y por el escaso entusiasmo que despertó entre el pueblo. Sin embargo, Menocal lo va a apadrinar dándole   650,000 pesos para financiar su formación y un millón de pesos adicional para los gastos de campaña.

El 7 de Enero renunció Juan L. Montalvo a su cargo de Secretario de Gobernación y lo sustituyó Charles Hernández Sandino. El 15 de Enero el Tribunal Supremo confirmó el fallo de la Junta

Central Electoral que le reconocía la presidencia del Partido Liberal a Pino Guerra y los "miguelistas". El 19 de Enero una comisión formada por conservadores amigos del Vicepresidente Emilio Núñez, visitó a Menocal para tantear su opinión sobre la posible aspiración de su Vice a la Presidencia. En esa ocasión Menocal les respondió que él no tenía preferencia por ningún candidato, pero los desanimó añadiendo que él creía que Montalvo sería el elegido por el Partido Conservador. Y el día 24 del mismo mes José Miguel Gómez regresó de los Estados Unidos para empezar su campaña política.

El 16 de Febrero los líderes del Partido Nacionalista, que se había constituido el 24 de Junio de 1919 por José Ma. Carbonell y un grupo de conservadores que se separaron de su partido, declararon que por el momento apoyarían la candidatura de José Miguel Gómez por el Partido Liberal y que esperarían a que pasaran las elecciones para constituir su partido en toda la línea. El 28 de Febrero se reorganizan los Partidos y se nombran las Asambleas Municipales. En el Partido Conservador el triunfador fue Montalvo.

El 17 de Marzo el comité ejecutivo del Partido Liberal afirmó que hará un boicot en el Congreso si es que se insiste en reformar el Código Electoral, especialmente su artículo 120 que prohibía las coaliciones de partidos. Ante la posibilidad de esta reforma la Secretaría de Estado norteamericana envió por medio de su Delegado Long una nota oponiéndose a dicha reforma electoral. Pero a pesar de todo el Senado aprueba la modificación con el únido voto en contra de Maza y Artola. Posteriormente la Cámara también la aprobó, y Menocal no se demoró en aprobarla y sancionarla para su vigencia. Ante esta evidente manipulación del Presidente el nuevo Delegado Long protesta pero Menocal le contesta que si las dos terceras partes del Congreso lo habían aprobado él tenía que sancionarlo.

Tres días después, el 20 de Marzo, Enrique José Varona se pronunció en contra de esa reforma del Código Electoral. Y una comisión liberal presidida por Pino Guerra anunció que iría a Washington para protestar por las modificaciones hechas al Código Electoral, mas ese viaje se frustra cuando el Encargado de Negocios americano le dice que no serán recibidos. Entonces los liberales acuerdan cumplir su amenaza de retraerse en el Congreso.

La Secretaría de Estado no pudo menos que mostrar su sorpresa por la rapidez con la que el Presidente cubano sancionó la ley, y

Menocal, para acallarlos, ordenó el pago de $750,000 a los contratistas McGivney y Rokeby por adeudos en las obras del alcantarillado y que estaban pendientes desde el año 17.

A través del Delegado Long Washington le dijo a los liberales que no fueran al retraimiento, pero el 10 de Abril su dirigente Pino Guerra le entrega un memorando a Long donde le comunicaba que los liberales no irían a las elecciones si no había una supervisión norteamericana, y lo acompañaba con una larga lista de los atropellos cometidos contra los miembros de su partido. En estos días también ocurrió un hecho que vino a confirmar el aserto de Pino Guerra, y fue que un Representante del Partido Conservador, Pedro Rojas, en compañía de un grupo de amigos borrachos tirotearon una farmacia y un periódico liberal en Holguín. Aunque en este caso la fuerza pública respondió al ataque y el Representante Rojas resultó muerto.

Por estos mismos días empezó el Segundo Congreso Obrero Nacional que sesionó en el inmueble localizado en la calle Egido #2. Se inauguró sin ningún respaldo oficial, y fue presidido por Gualberto Hernández y con Alfredo López como secretario. En sus conclusiones se denunciaba la difícil situación de la clase obrera por el aumento de los precios de los alimentos y de los alquileres.

Ante la proximidad de las elecciones aparecieron otras movidas políticas. El 17 de Abril los seguidores de Emilio Núñez acordaron la formación de un nuevo partido, el Partido Democrático Nacionalista. Por su parte el Partido Republicano proclamó como su candidato presidencial a Juan José Maza y Artola que se había destacado por seguir una línea independiente en el Senado.

El 16 de Abril hubo una manifestación estudiantil universitaria en protesta por las disposiciones dictadas por Diego Tamayo, que era el Decano de la Facultad de Farmacia y Medicina, exigiendo reglas más estrictas en los planes de estudio. La Policía atacó la manifestación y resultaron tres heridos, Gerardo de Villiers, Carlos Dominicis y Rodolfo Sotolongo. Irónicamente, los dos últimos serían años más tarde profesores universitarios. Pero la protesta no fue desatendida pues el Rector de la Universidad dispuso que el claustro le diera participación a los estudiantes en este tipo de decisiones.

El 9 de Mayo la Asamblea Nacional Ejecutiva del Partido Conservador eligió como su presidente a Aurelio Álvarez de la Vega, y el 23 de Mayo nominó a Rafael Montalvo como su candidato presidencial.

El abarrotamiento de los almacenes en los muelles de La Habana era un problema crónico. Por ello el 5 de Junio el Delegado Long recibió instrucciones de informarle al gobierno cubano que la congestión de los muelles cubanos era un gran obstáculo para el desarrollo del comercio entre ambos países.

Pero las maniobras de Menocal enrarecían todo el ambiente político. El 17 de Junio el conservador Montalvo declaró que no renunciaría a su candidatura, y mucho menos a favor de alguien que no fuera Conservador como era el caso de Alfredo Zayas. El día 19 se publicó que Emilio Núñez y su nuevo partido estaban en negociaciones con los liberales. En Mayarí, en la provincia de Santiago de Cuba, el 27 de Junio hubo un choque entre liberales y conservadores que provocó un escándalo y un tumulto de tal magnitud que el Alcalde del lugar pidió la intervención de los militares para aplacar los ánimos. Por fin el 1º de Julio el Vicepresidente Emilio Núñez inscribió oficialmente a su Partido Democrático Nacionalista.

El gobierno de Estados Unidos observaba con preocupación los acontecimientos políticos de la Isla, y el 4 de Julio la Secretaría de Estado envió una larga nota a Menocal con referencia a las numerosas quejas de los liberales por los atropellos cometidos contra sus seguidores por los militares en todas las provincias.

El 8 de Julio el diario "El Mundo" hizo público que Menocal, en contra de la decisión tomada por la Asamblea Ejecutiva de su Partido Conservador, no aprobaba a Montalvo como candidato presidencial de su Partido, y que trataría que Antonio Sánchez Bustamante fuese el candidato real de los conservadores.

Por su parte los liberales celebraron su Asamblea Nacional el 10 de Julio en el Teatro Nacional, donde ratificaron a Pino Guerra como su presidente ejecutivo y proclamaron a José Miguel Gómez como su candidato Presidencial acompañado por Miguel Arango Mantilla en la Vicepresidencia. Es de destacar que Arango Mantilla era el presidente de la Asociación de Hacendados y Colonos, lo que le atraía un sustancial apoyo a la candidatura de José Miguel.

Siguiendo el accidentado camino hacia las elecciones de 1920, el 15 de Julio el líder Juan Gualberto Gómez envió una carta a Menocal haciendo una serie de consideraciones y apoyando la candidatura de Zayas. Pero ese tema estaba candente para la opinión pública y el 19 de Julio se dio el caso de que el Representante Conservador José

Baldo matara a Justo Coro, su compadre y Alcalde de Viñales, por una discusión sobre el apoyo a Zayas.

Siguiendo sus preocupaciones sobre la situación cubana, la Secretaría de Estado envió una nota al gobierno cubano sobre un proyecto de amnistía que se estaba discutiendo en el Congreso habanero. También el 31 de Julio llegó a La Habana una comisión norteamericana presidida por un tal Mr. Bogart, que era considerado como un experto para analizar la causa de la congestión en los muelles habaneros y su posible solución. Poco tiempo después la comisión de Bogart da su informe de que la causa del problema es que las mercancías que llegan se depositan en los almacenes de los muelles y no se sacan hasta la descarga total del barco, y que además muchísimos comerciantes estaban utilizando esas instalaciones de los muelles como sus almacenes privados y durante semanas.

Por su parte José Miguel ya se lanzó en plena campaña electoral por las ciudades orientales del país, aunque su tren descarriló al llegar a Holguín y hubo acusaciones de que se trató de un sabotaje.

Con tantas contradicciones dentro del campo conservador es lógico que hubiera una crisis, y esta llegó con la renuncia de Aurelio Álvarez que era el presidente del partido, y también la de Ricardo Dolz que estaba designado como candidato a la Vicepresidencia. Para resolver esa crisis hubo una reunión de líderes conservadores con Menocal en su finca "El Chico". En esa reunión Montalvo llegó a decir que el renunciaría a su candidatura, siempre y cuando no se designase a Alfredo Zayas, sino a un tercero que Menocal podría acordar.

El Presidente comunicó al Delegado norteamericano que él no tenía preferencia por ningún candidato, aunque suponía que el mejor podría ser Domingo Méndez Capote. Por otra parte Menocal planteó la conveniencia de crear una alianza del Partido Conservador con el débil Partido Popular creado por Zayas y a la que se llamaría la Liga Nacional. Entonces Montalvo se decidió a opinar favoreciendo a Antonio Sánchez Bustamante, y manifestó que en caso de que la Liga cristalizara, José Miguel retiraría su aspiración. Pero Menocal seguía en su agenda oculta y en otra entrevista sostenida con Montalvo el 16 de Agosto éste último montó en cólera y rechazó airadamente el renunciar incondicionalmente a su candidatura como le pedía Menocal, y dice que no lo hará por nada ni por nadie. Entonces en reuniones de ambos partidos se estuvo manejando que Zayas aceptaría ser candidato vicepresidencial si Enrique José Varona fuese el candidato a Presidente. Pero esta solución se desvaneció porque Varona declinó alegando motivos de salud.

El 22 de Agosto hubo una manifestación de los liberales en Cienfuegos que la Policía disolvió a tiros, y resultando muerto Luís Baeza, que era candidato liberal a Consejero Provincial. Por su parte en Caimito del Guayabal un ex Guardia Rural disuelve a tiros otra manifestación liberal y también da muerte a otro manifestante.

Por fin el 24 de Agosto se firmó el pacto de la Liga Nacional –Conservadores, Populares y "asbertistas"– con el compromiso de que los candidatos serían Alfredo Zayas para Presidente y Francisco Carrillo Morales como Vicepresidente. Al día siguiente Santiago Verdeja, Presidente de la Cámara y Conservador, dice que no acepta la candidatura de Zayas. Enrique José Varona, sin embargo, la apoyó. El ex Brigadier y héroe de la "guerra de la Chambelona" Walfredo I. Consuegra, ahora Representante a la Cámara, renunció a su membresía en el Partido Conservador en protesta por la nominación de Zayas. Y para finalizar el 27 de Agosto se reunió la Asamblea del Partido Conservador para anular la previa nominación de Montalvo y proclamando la nueva de Alfredo Zayas.

El Delegado Long se encontraba en Washington, pero el funcionario que se ocupaba directamente de los negocios norteamericanos en Cuba, Mr. White, hubo de informar a su país el mismo 27 de Agosto que la consigna de los liberales había cambiado de "supervisión o retraimiento" a "supervisión y neutralidad", con lo que querían significar que si los Estados Unidos no querían ser garantes de la legalidad del proceso electoral entonces deberían mantenerse neutrales y no oponerse a cualquier acción que quisieran tomar los liberales. Esta consigna era indicativa de que los liberales estaban amenazando nuevamente con una revolución armada.

A mediados de Septiembre el Delegado Long, ya de vuelta en La Habana, se hizo eco de los temores de los liberales y expuso la posible solución de que Menocal invitase a Crowder con sus asesores a La Habana para garantizar la honradez del proceso electoral. Pero al llegar la noticia a los oídos de Menocal éste se adelantó para decir con radicalidad que no podía aceptar esa visita de Crowder antes de las elecciones porque eso heriría la sensibilidad y la dignidad del pueblo cubano, y que de ocurrir, él renunciaría a la Presidencia de Cuba.

En una reunión del 28 en la Secretaría de Estado entre el Subsecretario Davis, Crowder y Sumner Welles, éste último propuso que la mejor gestión era que el General Crowder regresara a La Habana con su grupo de asesores para tratar que las elecciones se celebraran honradamente. Además la posible renuncia de Menocal y el traspaso del poder al Vicepresidente Núñez, que era proclive a los Estados Unidos, era vista con simpatía y tranquilizaba a los diplomáticos norteamericanos, y por ello Welles se aventuró a aconsejar que era preferible tomar esta medida ahora antes de tener que intervenir más tarde.

Al día siguiente, y preocupado por los manejos de Washington, Menocal promete la absoluta limpieza de los próximos comicios.

Pero de momento la Secretaría de Estado sólo envió el 30 una nota diplomática manifestando que veían tan mal la ocurrencia de una revolución como la aplicación de la intimidación como arma política. Y le dicen al funcionario White que los Estados Unidos verían muy mal el que los liberales fueran al retraimiento. Entonces Pino Guerra reunió a la Asamblea Liberal y los liberales acordaron ir a las elecciones aunque agregando que ellos no tenían ninguna confianza en Menocal.

El Subsecretario Norman Davis envió una carta al Presidente Wilson el día 31 donde le solicitaba el envío del General Crowder a La Habana. Simultáneamente el Subsecretario Davis envió una carta al Presidente Wilson pidiéndole que se le hiciera saber a Menocal que tenía que comprometerse a hacer unas elecciones honradas.

Dos días después, y como era de esperar, el burlado Montalvo sacó un manifiesto atacando violentamente a Menocal y anunciando que acudiría a los tribunales por el despojo de que había sido víctima.

El 4 de Septiembre los liberales le dicen a White que van a las elecciones confiados en lo dicho el 30 de Agosto. Y dos días después Pino Guerra envió otra violenta carta a Menocal protestando por el nombramiento de supervisores de elecciones que ya habían sido inútiles en la anterior elección, y también por el cambio de los jueces.

Por fin Long regresa de Estados Unidos y visita a Menocal, más por cortesía no le habla ni de las elecciones ni de la venida de Crowder.

El 13 de Septiembre el herido Vicepresidente Emilio Núñez también sacó un manifiesto atacando fuertemente a Menocal. Y ese mismo día Long le hizo saber a Menocal de informes recibidos donde se reporta el uso de intimidaciones del gobierno sobre la oposición. También le hace llegar una nota de la Secretaría de Estado que comunicaba que: "Los Estados Unidos no van a ejercer propiamente una supervisión pero se han opuesto tanto al fraude electoral como al uso de la violencia en cualquiera de sus formas para tratar de obtener la Presidencia de la República, por lo tanto se aconseja a ambas partes que tengan moderación, especialmente al Presidente Menocal". Terminó sugiriéndole a Menocal que enviase una invitación para la venida de Crowder, y que éste rechazó de inmediato con la aclaración de que esto nunca podría ocurrir antes de las elecciones.

Una semana después, la preocupación de Long le llevó a pedir el envío de 500 infantes de marina a la Isla para garantizar el orden, pero ello es denegado por Washington. Y días después Davis es más específico declarando que lo que menos quería Estados Unidos era el envío de "marines" a Cuba, y que si hacía falta más tropa el Presidente Menocal podía aumentar los efectivos del Ejército. Tres días después Long también tuvo que desmentir los falsos rumores circulantes de que Crowder había felicitado a Menocal por la formación de la Liga Nacional.

Por su parte Menocal declaró que aunque los "marines" no hacían falta, a él no le importaba que los enviaran siempre que lo hicieran discretamente. Mientras tanto Zayas salió hacia el oriente de Cuba en campaña política abierta.

El 4 de octubre Asbert y su grupo se separaron de la recién creada Liga Nacional y pactaron con los opositores liberales, lo que da la idea del valor ficticio que tenía la Liga, y por cuyo servicio sólo obtendrán tres alcaldías en poblaciones pequeñas.

Al día siguiente el Ministro Céspedes, que representaba a Cuba en Washington, fue citado a una reunión en la Secretaría de Estado con el Secretario Colby, Crowder y Sumner Welles que le expresaron las quejas de los liberales por el escandaloso acoso de las Fuerzas Armadas en contra de sus militantes, y advirtiendo que si Menocal no se atenía a cumplir con todo lo que había pactado previamente podían ocurrir serios problemas en Cuba. El 11 de Octubre un observador norteamericano confirmó la manifiesta intimidación de los militares hacia los liberales.

En confirmación de lo anterior el día 14 en una manifestación liberal en Santiago de Cuba, esta fue atacada a tiros con el resultado de una persona muerta y varias heridas. El 17 de Octubre José Miguel continúa en su campaña oriental, pero también hay una gran manifestación liberal en La Habana que funcionó pacíficamente y sin problemas.

También en el interior de la Isla, en la ciudad de Santa Clara, el día 19 lanzaron una bomba contra el cuarto del hotel ocupado por el senador conservador Ricardo Dolz, que ya había renunciado a la candidatura de Vicepresidente y ahora estaba haciendo campaña por Zayas, pero afortunadamente sin víctimas ni daños. El mismo 19 hubo otra concentración liberal en Cienfuegos pero sin que se reportaran alteraciones

Ante la inminencia de las elecciones el 20 de Octubre llegó otra nota norteamericana sugiriendo que se organizara una rápida publicación de los resultados de las elecciones. El 23 de Octubre todavía numerosos congresistas liberales envían un cable a la Secretaría de Estado protestando contra el gobierno de Menocal y sus supervisores militares. El 27 también hay una extraña nota de la Cancillería americana sobre la vacante creada en la Alcaldía de La Habana por el fallecimiento de su titular. Pero el Presidente del Ayuntamiento, Miguel Albarrán, la ocupó interinamente renunciando a su aspiración como Representante, y solicitó que la plaza fuera cubierta por Baquero.

También el 27, y viendo la poca cooperación del gobierno norteamericano, los liberales dudan y dan otra reunión para considerar si iban o no a las elecciones. Pino Guerra se decidió a acusar en nombre del Partido Liberal a la legación norteamericana por no impedir las presiones ejercidas por el gobierno. Y como final de campaña el día 30 hay una concentración de lo que quedaba de la Liga en la acera del Louvre de La Habana.

Por fin el día 1º de Noviembre. se celebran las elecciones, y hay numerosas protestas de los liberales por las intimidaciones y atropellos recibidos en ese proceso que se hicieron constar en actas notariales y también en telegramas enviados. Tal como era de esperar al día siguiente, 2 de Noviembre, se publicaron los primeros resultados que iban indicando que la Liga había ganado cinco provincias y sólo había perdido La Habana. Al siguiente día, 3 de Noviembre, los liberales Miguel Mariano Gómez y Miguel Arango protestaron indignados ante el Delegado Long porque soldados y liguistas habían impedido que los liberales votaran. José Miguel envía un cable desde La Habana a Ferrara en Wahington que éste lleva a la Secretaría de Estado como prueba fehaciente de que en aquellas elecciones había habido "grandes irregularidades en Santiago de Cuba, Morón, parte de Santa Clara y Matanzas. Donde quiera que se votó libremente ganaron los liberales. Solamente nos queda la esperanza de que se cumpla la nota del 30 de Agosto". El 4 de Noviembre Ferrara envió un cable a José Miguel a través de la legación americana para asegurarse de que fuera recibido, pero la Secretaría de Estado instruyó que se le dijera a José Miguel que las reglas en vigor les impedían entregarlo.

El 10 de Noviembre el Comité Ejecutivo Nacional del Partido Liberal pidió la anulación de las elecciones y que se celebraran nuevos comicios pero ahora bajo la supervisión norteamericana. A esto se opusieron Carlos Guas y Enrique Loynaz del Castillo. En otra gestión desesperada se nombró a Fernando Ortiz, a Julio de la Torre, a Miguel Arango y a Fernando Sánchez de Fuentes, para integrar una comisión que viajaría a Washington para presentar una protesta. La Asociación de Veteranos, a través de su presidente interino General Manuel F. Alfonso se opuso a esta petición liberal. Pero no obstante ello Fernando Ortiz y Julio de la Torre se entrevistaron con el Subsecretario de Estado Williamson en Washington y le explicaron que sin fraude los liberales habrían ganado cinco provincias, y que presentar recursos ante los tribunales cubanos era tarea inútil, pues aún cuando se ganase la convocatoria para unas nuevas elecciones, si estas no contaban con la supervisión norteamericana, se repetirían las amenazas aún mayores, y que sólo bajo la presencia de Crowder con sus asociados es que se podrían celebrar unas elecciones honradas. Pero la respuesta de Williamson es que aún no se habían agotado los medios legales pacíficos, que los Estados Unidos no estaban interesados en hacer ningún tipo de supervisión o intervención y sólo observaría los hechos con atención, porque la responsabilidad era de los cubanos, y sugirió que no se enviaran más comisiones pues no se les recibiría.

Pero el segundo Martes de Noviembre también habían sido las elecciones presidenciales norteamericanas y en las que el Partido Demócrata perdió. Así pues en los días posteriores al 20 de Enero vendría todo un cambio de funcionarios en todas las dependencias e incluso en la Secretaría de Estado.

Hacia finales de mes, el 27 de Noviembre, y para cerrar la frustración liberal, se celebró una reunión de los veteranos para pronunciarse en contra de la intervención extranjera, y especialmente por parte de Aurelio Hevia y de Gerardo Machado. Emilio Núñez aclaró que él no había pedido intervención sino sólo supervisión.

El año termina con el azúcar en alza. La zafra produjo 1,046 millones de dólares, cifra nueve veces mayor que la de 1905. No obstante el mes de Diciembre está lleno de la preocupación de la crisis financiera en los bancos cubanos.

Leyes y Decretos

El 1º de Enero se decretó la reglamentación del servicio de correos. Decreto que reglamentó la Ley de Indultos. Cuba se adhirió a la Unión Geodésica y Geofísica Internacional. El 1º de Febrero se suspendieron las garantías constitucionales por sesenta días. El 6 de Febrero se estableció el retiro de la Policía Nacional. El 1º de Marzo se restablecieron las garantías constitucionales. Ley que autorizó las candidaturas de Zayas y Carrillo por la Liga Nacional. Ley que liquidó y devolvió las propiedades y bienes de los países que fueron enemigos durante la guerra. Se firmó el Tratado de Paz con el Imperio Austro-Húngaro, pero Cuba no lo ratificará hasta 1922. Ley aumentando los pagos y los beneficios de los empleados públicos y el establecimiento de impuestos para costearlos. Se aprueba la edad mínima para la admisión de niños en trabajos marítimos. Ley para subsidio a los marinos en paro forzoso por el caso de naufragios. Ley Lanuza concediendo al primer expediente de la Escuela de Derecho una plaza de abogado de oficio por un año en la Audiencia de La Habana. Ley que modificó el Reglamento Orgánico de la Marina de Guerra, la división de las aguas y costas de la República en tres distritos, y la designación de sus apostaderos. La creación de una comisión para la fiscalización de los bancos, y el establecimiento del pago de un 10% de interés en las cuentas corrientes y de un 12% en las cuentas especiales. Decreto ampliando la moratoria hasta el 31 de Diciembre. Decreto prolongando la moratoria hasta el 31 de Enero. Incorporación al protocolo de la Sociedad de Naciones. Incorporación a la Corte Permanente de Justicia de La Haya. Decretos prohibiendo la importación de arroz de California, pero estos Decretos merecen una aclaración:

Cuando el norteamericano Henry Morgan vino a Cuba representando a la Federal Trade War Commission para coordinar los abastecimientos mutuos con la parte cubana, manipuló para que se estableciera un contrato de compra de arroz de California para las necesidades de la población de la Isla. Por dicho contrato los embarques eran recibidos en Cuba por consignatarios de las mismas compañías productoras y las que a su vez lo vendían a precios por encima de los normales. Esta situación había sido aceptada para la situación de guerra, pero terminada ésta, el gobierno cubano tenía que velar por los intereses cubanos. Y resultó que la Gran Bretaña ofertaba desde su colonia jamaicana la compra de arroces procedentes de Birmania y a menos de la mitad de precio del de California. Por esta válida razón es que el gobierno cubano ordenó detener los embarques de California porque los precios del tiempo de paz habían bajado y los cosecheros californianos exigían que se le siguiese pagando por los antiguos precios que resultaban excesivos. Y ahí empezó la "puja" entre arroceros de California por un lado, el gobierno de Cuba por el otro y la Secretaría de Estado de por medio. Hábilmente los arroceros norteamericanos donaron "generosamente" a la Convención Demócrata que se celebraba precisamente en su estado. Por ello, y durante todo este año, la administración norteamericana estuvo enviando notas al gobierno de La Habana pidiéndole que se comprara el arroz ordenado previamente a California, y por la parte cubana el valiente gobierno de Menocal estuvo emitiendo decretos prohibiendo la compra de este arroz. Finalmente los demócratas perdieron el poder y las presiones cesaron.

Año 1921

Últimos meses del gobierno de Menocal

Al final de su gobierno Menocal demostrará como nunca su gran habilidad histriónica. Por vía de rumor se enteró de que le iban a enviar a Crowder a Cuba para resolver la crisis ocasionada por las turbias elecciones del mes de Noviembre. Frente a esto el Presidente Cubano adoptó una actitud nacionalista manifestando que eso era inaceptable y que no lo recibiría en Palacio a menos que se le hiciera llegar previamente una petición de invitación por conducto oficial. Al mismo tiempo se instruyó al Ministro cubano en Washington para que le refrescara la memoria al gobierno norteamericano sobre todos los servicios prestados por el gobierno de Menocal a los Estados Unidos y a los Aliados durante la Primera Guerra Mundial. Pero ya era vox populi en las calles de La Habana la inminente llegada de Crowder.

El día 5 Céspedes cablegrafía a Menocal que la Secretaría de Estado le ha asegurado que la visita de Crowder no reviste características de imposición ni de supervisión y que se producirá dentro del mayor respeto para la soberanía de Cuba. Con esta explicación, que no explicaba nada, Menocal cambió y aceptó el viaje del norteamericano.

El propio día 5 de Enero llegó Crowder a bordo del acorazado "Minnesota", que era uno de los buques más nuevos de la Marina y que tenía muchísimas chimeneas y muchísimos cañones. Este navío se mantendría anclado en la bahía de La Habana durante tres meses y sólo zarpó poco antes de finalizar la larga visita de Crowder. El humor satírico de los periódicos cubanos de entonces, y especialmente "La Política Cómica", lanzó con éxito popular la frase de que *"el Minnesota... ni se nota",* que no sólo rimaba sino que también incluía una aguda intención política. Tal como era de protocolo el Delegado Long y el Secretario Desvernine visitaron a Crowder a primera hora, y a las tres de la tarde fue recibido por Menocal en el Palacio lo que satisfizo a la Secretaría de Estado norteamericana. En el transcurso de la entrevista Crowder expresó que el gobierno de Menocal ofrecía promesas pero que no cumplía ninguna, y que el gobierno estadounidense temía que este hábito continuara en busca de ventajas personales. A lo que el Presidente Menocal respondió que durante cuatro años el gobierno cubano había estado aceptando muchas recomendaciones de Washington.

El Presidente Wilson solicitó del Subsecretario Norman Davis que enviase un cable al Delegado Long para que éste le expresase a Menocal el descontento de su país por la moratoria, y advirtiendo que ésta en ningún caso debía durar más allá del 1º. de Febrero.

El siguiente paso de Crowder fue presentarle a Menocal un plan legislativo que serviría para agilizar los recursos presentados ante los tribunales por los fraudes en las recientes elecciones. Y posteriormente, el día 13, Crowder hizo una declaración pública sobre sus gestiones en

Cuba. También en Matanzas aparecieron bombas explosivas en unos depósitos de gasolina de la estación del ferrocarril.

El mismo 13, y como fruto de la venida de Crowder, que había satisfecho el deseo de los liberales, Menocal convocó a José Miguel al Palacio y de su encuentro surgió el acuerdo de influír en sus grupos parlamentarios para que se aprobaran las recomendaciones de Crowder y se acelerara el nombramiento del Presidente que finalmente resultara electo después de solventar todos los recursos judiciales presentados.

También Crowder pidió datos sobre la permanente congestión en los muelles del puerto , y acompañado por Long visitó los bancos principales. Se había dicho que éste enviado no iba a intervenir en los asuntos internos de Cuba, pero con sus hechos estaba demostrando que había venido como un Procónsul para registrarlo todo y ponerlo todo en orden.

Otra complicación política surgió el 19 cuando las compañías ferroviarias protestaron por un Decreto de Aurelio Álvarez, el Secretario de Gobernación, por el que se disminuían las tarifas que habían sido aumentadas en el pasado Noviembre.

Mientras tanto la Audiencia de Camagüey anuló los resultados de 21 colegios electorales con lo que la ventaja de 836 votos que tenía la Liga podía desaparecer ya que los colegios anulados comprendían más de 4,000 electores. Y sin esperar más, el 21 de Enero el enviado Crowder informó a la Secretaría de Estado que en realidad habría que celebrar todas las elecciones de nuevo, ya que hasta la elección presidencial estaba en serias dudas. Aunque esto afectaba a los deseos de Menocal, éste se mostró de acuerdo con esta opinión. Y en un enérgico gesto Crowder les informó a José Miguel y a Menocal que si para el 20 de Mayo próximo no se había resuelto el problema electoral cubano y aún se carecía de autoridades constitucionales que pudieran hacerse cargo del gobierno cubano, los Estados Unidos volverían a intervenir militarmente en la Isla. El 21 de Enero soplan aires de fronda y aparece el rumor de que Menocal intentará un autogolpe para permanecer en el poder con la ayuda de militares leales. También ante el rumor de una posible intervención, la prensa afín al gobierno sugería que Menocal podría reclutar un ejército de 100,000 hombres para pelear en contra de los invasores norteamericanos, mas nadie se planteaba con qué armas habrían de hacerlo.

La crisis bancaria mueve el tema de la moratorio y el 27 se aprueba la primera Ley de Torriente que decía que los pagos de los depósitos hasta el mes de octubre deberían hacerse en tres plazos, el último de los cuales sería en mayo. Esta ley incluía una comisión encargada de la liquidación de los bancos.

Mientras tanto se inauguró el correo aéreo entre La Habana y Santiago de Cuba. Y el juez Ariza de Palma Soriano es herido gravemente a tiros cuando se niega a entregar resultados electorales por estar estos pendientes de reclamaciones judiciales.

En el aspecto organizativo, para las complementarias, el 31 de Enero se publica la Gaceta Oficial en edición especial extraordinaria con la ley que autoriza a la Junta Central Electoral para que acelere y dé término al proceso electoral. El 2 de Febrero Menocal recibe una carta de Crowder instándole a proteger las elecciones evitando los actos de violencia, y continuará verbalmente su campaña durante los días siguientes.Y la fecha para las complementarias quedó señalada para el primero de Marzo.

El 9 de Febrero Long informó a Washington de que los supervisores militares están haciendo preparativos sediciosos. El 10 de Febrero un observador norteamericano dice que corren rumores de que los supervisores militares están preparando un golpe de estado, y el Cónsul de Santiago amplía la información con supuestos datos confidenciales provistos por el Gobernador liberal de Santiago de Cuba y que señala que los encartados eran Arsenio Ortiz, Bernardo Sandó y Luis del Rosal, y aclarando que si la sedición no se ha llevado a cabo es porque Matías Betancourt y otros oficiales se han opuesto. El Gobernador Fernández Mascaró por su parte niega haber suministrado los rumores del alzamiento militar.

En sesión del Comité Senatorial, y donde se trataba sobre los acontecimientos cubanos, el Senador Knox, antiguo Secretario de Estado con el Presidente Taft, planteó que el presidente de dicho comité, el Senador Johnson, viajase a la Isla, pero éste replicó que no era necesario pues con la gestión de Crowder los resultados tenían que ser satisfactorios.

En preparación de las elecciones complementarias que resolverían el limbo electoral se le pidió a Menocal que eliminara la participación de los supervisores y los jefes militares que le habían ganado la elección de Noviembre y que, interpelados sobre eso, respondían que ellos sólo habían cumplido órdenes. Y el 12 de Febrero éste firma el Decreto por el que cesaba a la mayoría de los supervisores. En cuanto a la participación de los militares, Menocal los mantuvo ejerciendo el control que ya habían tenido en la elección anterior.

Un hecho de gran magnitud ocurrido ante la insolvencia de la banca nacional fue que también el 12 de Febrero se nombraron los miembros de la Comisión de Liquidación Bancaria.

Pasaban demasiadas cosas juntas y algunas más absurdas que otras. El 16 Desvernine hizo la peregrina propuesta a Crowder de que para resolver el diferendo existente, José Miguel y Zayas debían renunciar a sus candidaturas y en su lugar los compromisarios elijieran a un tercer candidato nombrado por Menocal.

Al día siguiente los liberales reciben un nuevo revés ya que el Tribunal Supremo revoca la decisión de la Audiencia de Camagüey que anulaba los resultados en 21 colegios electorales de las elecciones de Noviembre.

A pesar de las confusiones el 18 de Febrero se celebra la segunda entrevista de José Miguel y Menocal y donde se acuerda crear una "comisión de la cordialidad".

Tan tarde como el 22 de Febrero el Tribunal Superior Electoral desplaza las elecciones complementarias para celebrarse el 10 de Marzo. Ese mismo día la Secretaría de Estado ya en manos republicanas, declara que prefiere no expresar su opinión sobre el plan del Secretario Desvernine. Y también ocurre la primera reunión de la "comisión de la cordialidad" donde se les exige a los liberales que renuncien a seguir elevando denuncias al gobierno de Estados Unidos.

Al día siguiente llega Sumner Wells sorpresivamente a La Habana y empezó por rechazar la propuesta de Desvernine de que ambos, José Miguel y Zayas, renunciaran a su aspiración para que los compromisarios eligieran a un designado por Menocal. Y luego procedió a consultas con Crowder y con Long sobre la mejor salida de aquel marasmo político cubano. Todos coincidieron en que era necesario descartar a José Miguel y a Zayas, y comenzaron a evaluar quien podría sustituírlos y ser aceptado por todos. Se pensó en Pablo Desvernine que era el Secretario de Estado actuante en Cuba, en Antonio Sánchez Bustamante que ya estaba reconocido como un prestigioso jurista internacional y en Carlos Manuel de Céspedes que venía fungiendo como Ministro de Cuba en Washington. Pero el nombre que Welles traía en cartera era el de Carlos Manuel de Céspedes que tenía amplia experiencia diplomática, prosapia cubana, honrado, y sobre todo que tenía la confianza de los norteamericanos. Pero a pesar de todo estudio, Céspedes no resultaría ser el próximo Presidente cubano. Welles sólo había venido para una rápida visita y al mismo día siguiente partió de regreso a Wahington.

Para dos días después se había programado la segunda reunión de la "comisión de la cordialidad", y en ella se dispusieron a darle estructura nacional a su gestión. Se aprobó que la formarían 4 comisionados nacionales, 4 comisionados por cada provincia y 4 comisionados por cada colegio electoral, lo que la convertía en una olla de grillos infuncional.

El Brigadier José Martí, Secretario de Guerra y Marina, es trasladado el 1 de Marzo a Washington, lo que inquieta a los liberales por la persona que lo sustituye que fue Charles Hernández Sandino, Secretario de Gobernación y de los duros del Gabinete, y que empezó por suspender a casi todos los Alcaldes liberales. No cabe duda que Menocal estaba decidido a todo, pues aprovechándose de la Ley de Indultos liberó a 135 criminales, 34 de los cuales habían sido condenados por asesinato, para usarlos como "porra" en contra de los votantes liberales. Asimismo en esa fecha se nombraron los delegados de la "comisión de la cordialidad".

Dos días después José Miguel reaccionó en carta a Crowder para se le exigiese a Menocal el desarme de los matones y se hiciera un aplazamiento de 10 días para las elecciones a fin de que el ambiente se tranquilizara. A lo que Crowder respondió con una proclama instando a todos al voto porque el país disfrutaba de las mejores condiciones para efectuar las complementarias. Y Menocal retira a los supervisores militares pero se niega a cambiar los jefes militares de Matanzas, Santa Clara y Camagüey.

Atendiendo a la solicitud de José Miguel de un aplazamiento para un ambiente de tranquilidad, la Junta Superior Electoral traslada de nuevo el día de la elección para el 15 de Marzo. Y creyendo que la presión norteamericana traería legalidad al proceso José Miguel declaró en la última semana de campaña que no habría retraimiento

En Cruces el día 7 el candidato a alcalde por la Liga Nacional José Caso es atacado a tiros por el concejal liberal Manuel Villegas. Los liberales dicen que Villegas actuó en defensa propia, y en vista de este incidente se retiran de la "comisión de la cordialidad". Paradójicamente ese mismo día Juan Gualberto Gómez publicó en un periódico la lista de peticiones cumplidas para el acuerdo de dicha comisión.

Muy inmediato ya a las elecciones Crowder declara que las decisiones de los tribunales electorales eran en su conjunto correctas. Que tanto Menocal como el presidente del Tribunal Superior Electoral habían dado todas las garantías necesarias que habían pedido los liberales, menos dos de ellas que eran de poca importancia. Y terminaba diciendo que hasta ese momento no tenía ninguna razón para dudar de Menocal ni del Tribunal Superior Electoral.

El 8 de Marzo, y sin que eso sea ya importante, el Gobernador Fernández Mascaró niega que él y otros dirigentes hayan visitado al General Carlos García Vélez para presentarlo como candidato de transacción.

El ambiente que se creó en los días que precedieron a la elección hizo que, ya fuera por precaución o por franca intimidación, muchos liberales temerosos se mudaran de municipios donde la lucha sería muy cerrada, y así perdieran su derecho al voto. Al igual que en Noviembre de 1920 el gobierno también recurrió a la quema de cédulas y su posterior sustitución por cédulas nuevas que requerían la aprobación de los supervisores militares venales. En resumen eran las mismas tácticas que habían usado en Noviembre de 1920, y a pesar de las cuales sólo habían podido obtener una mísera mayoría de 10,585 votos para Zayas.

Como parte final de su papel Crowder viajó a sitios del interior de la República. En Colón los liberales intentan tomar la estación de la Policía Municipal, hay un tiroteo y ocurren dos muertes, la del jefe de la policía y otra persona. Y el norteamericano atribuye esa acción a que se le quería impresionar a Crowder. Después sigue viaje por Santo Domingo, Cruces y Cienfuegos, más tarde a Morón, Ciego de Ávila y Jatibonico. Ese mismo día José Miguel envía una carta a la Asamblea Nacional Liberal donde pide que se vaya al retraimiento, y de no hacerse amenaza con renunciar a todos sus cargos en el partido.

Mientras en La Habana se celebra una reunión de notables: Enrique José Varona, Carlos Márquez Sterling, Manuel Sanguily y Antonio Sánchez Bustamante buscando soluciones a la crisis, pero no las encontraron.

Por su parte Crowder regresa a La Habana y declara en un informe que su viaje no descubrió signos de intimidación ni que se vaya a hacer nada indebido y por lo tanto ningún partido debe retraerse de las elecciones. Pero ese mismo día el Tribunal Superior Electoral traslada la elección en la provincia de Santiago de Cuba para el 17 o el 26 de Marzo.

Días más tarde, y convencido de que las cosas no serían diferentes, José Miguel ordenó directamente a sus partidarios para que fueran al retraimiento en las cinco provincias que votarían el día 15. Eso trajo como resultado que sólo votó un 25% del electorado del país. Y por supuesto que la Liga se llevó el triunfo, y Alfredo Zayas sería el nuevo Presidente.

Esta fue otra elección que Menocal se robó con sus manipulaciones y trucos. Con ella también se burló de la Cancillería norteamericana que había querido forzarlo a unas elecciones limpias. Logró su deseo de impedir que José Miguel volviera a la Presidencia. Sacó electo a Zayas, que fuera su antiguo enemigo, y el cual ahora le debería el favor.

El 17 de Marzo hubo un cable de Ferrara desde Washington donde informaba a José Miguel que nada más se podía esperar de los Estados Unidos porque ellos no entendían la idiosincrasia del pueblo cubano y han decidido aceptar el triunfo de Zayas. Casualmente o misteriosamente, ese día Prudencio Pujol, que era el Secretario de Zayas murió cerca del Parque Maceo y aparentemente arrollado por un automóvil. Ese día también, José Miguel declaró que se disponía a retirarse de la política.

El 19 de Marzo y a nombre del Partido Liberal, Carlos de la Rosa, Loynaz del Castillo y otros líderes de la Asamblea Liberal Nacional deciden aceptar el triunfo de Zayas. Pero comenzó el rumor de que los congresistas liberales se ausentarían para que los cuerpos legislativos no tuvieran quorum y así no se pudiera proclamar a Zayas.

El 21 de marzo comienzan reuniones entre ambos partidos para limar asperezas en el Congreso. Si se garantizan que no habrá sanciones judiciales sobre los participantes en delitos cometidos en la campaña política, y si se les concede el 30 por ciento de los puestos públicos a los congresistas liberales, estos no obstruirán el proceso legislativo.

El reporte de Crowder a Washington sobre las elecciones es que de acuerdo con las informaciones de fraude recibidas se debería celebrar otra elección total que incluyera la Presidencia porque hubo 1,400 reclamaciones de un total de 1,900 colegios electoral.

Crowder informa el 24 de Marzo sobre un grupo de hombres de negocios norteamericanos que querían que se hiciera una investigación congresional por parte de Estados Unidos para que pudiera resultar en una intervención y bajo la cual se harían unas nuevas elecciones.

Al día siguiente todavía José Miguel y el que aspiraba como su Vice, Miguel Arango, envían una carta al Delegado Long como un último esfuerzo porque se exijan nuevas elecciones.

En su día se celebraron las elecciones en la provincia de Santiago de Cuba y en algunos colegios electorles de Cienfuegos y Trinidad, pero sin expectativas porque el triunfo de la Liga ya estaba definido. Y José Miguel se marchó hacia Estados Unidos para lo que él declaró eran sus asuntos personales.

El 28 la Secretaría de Estado de Washington desmintió como inexistente la supuesta gestión de intervención solicitada por un grupo de hombres de negocio norteamericanos.

Mientras tanto Crowder en La Habana habló con Menocal para que éste tratase de posponer la confirmación de Zayas por el Congreso hasta que los compromisarios no lo declararan elegido. Pero la Secretaría de Estado le pasó un cable a Crowder orientándolo que si Zayas obtenía el quorum que se abandonara la búsqueda de otras alternativas.

El 29 de Marzo, y como resultado de la pérdida de su control del Banco Nacional y de la propiedad del Central España, se suicidó el conocido magnate José López Rodríguez, más conocido por "Pote".

El penúltimo día de Marzo los candidatos liberales burlados llegaron a Washington y José Miguel le manda un cable cifrado a su hijo Miguel Mariano donde orientaba que los congresistas liberales no hicieran quorum, pero dicho cable fue interceptado y descifrado por el gobierno de Menocal y mostrado a Crowder. Siguiendo el contenido del mensaje, y al mismo día siguiente, el Comité Parlamentario Liberal acordó no acudir a la apertura de la Legislatura. Mientras un liberal de Washington llamado Angulo y José Miguel se entrevistan con Sumner Welles y piden que les consiga una entrevista con el nuevo Presidente Harding y el nuevo Secretario de Estado Hugues, pero Welles esquivó la gestión diciéndoles que la solicitaran a través del conducto reglamentario que era Carlos Manuel de Céspedes.

La solicitud de entrevista fue conocida en La Habana el 1 de Abril y motivó que Loynaz del Castillo enviara un cable a Washington condenando a José Miguel por injerencismo.

Sin que quedara aclarado si el hecho estuvo relacionado con las recientes pugnas políticas del país, el 3 de Abril ocurrió un lamentable hecho de sangre entre dos Representantes en el que uno resultó muerto.

Se abre la sesión en el Senado el día 4 con la presencia de todos los liguistas y con la asistencia de los liberales Varona Suárez, Gonzalo Pérez y Osuna. También se abrió la sesión en la Cámara por su presidente en funciones, Pardo Suárez, y sin que éste se preocupase por verificar si había quorum o no.

Por fin llega a concederse la entrevista de José Miguel con el Presidente Harding, pero esta resulta absolutamente inútil, porque de ella no se deriva nada importante y las cosas se quedan como están.

Increíble para la diplomacia norteamericana fue que todavía el 6 de Abril, y en contra de la orientación de su gobierno, el Delegado Long sugirió en La Habana que José Miguel y Zayas retiraran sus aspiraciones, que asumiera alguno de los candidatos de transacción previstos y que éste convocara a nuevas elecciones.

Abundando en las malas noticias el 8 de ese mes Ramón G. Mendoza informó desde Washington que había fracasado en su gestión de conseguir un empréstito que pudiera salvar al Banco Nacional, que al día siguiente tuvo que acogerse a la Ley de Bancarrota y desaparecer.

Después de 3 meses el Minnesota leva anclas y zarpa del puerto de La Habana, mientras Crowder traslada su centro de acción al hotel Sevilla Biltmore.

Ya no había nada que hacer en Washington y el liberal Ferrara también abandonó esa capital y se fue a vivir a Europa.

El 15 de Abril todavía José Miguel se entrevista con el nuevo Secretario Hugues en un último esfuerzo porque no se proclame a Zayas, se nombre un interino y se convoque a nuevas elecciones, que era lo mismo dicho por Long en La Habana. Pero esta entrevista también resultó inútil pues al día siguiente la Secretaría de Estado envió una nota a Long para ser publicada en La Habana y por la que se anunciaba que los Estados Unidos declaraban válida la elección de Alfredo Zayas.

Después de esto José Miguel viaja al Sur y en una entrevista con Mendieta y con Oscar de la Torre sostenida en Cayo Hueso, les informa que Hugues le había dicho que si los Estados Unidos intervenían en Cuba esto sería por un tiempo indefinido, que eso era cosa que un patriota no podía aceptar, y por lo cual él aceptaba su derrota. También añadió que como no había podido obtener justicia de los Estados Unidos, él se retiraba a la vida privada. Pero al día siguiente Hugues quiso desmentirlo públicamente.Y la Secretaría de Estado instruye a Crowder para que inicie inmediatamente sus conversaciones con Zayas.

El 20 de Abril se eligió a Aurelio Álvarez como presidente del Senado. Y el 22 fue la votación de los compromisarios que resultó en la confirmación de elección para el binomio Zayas-Carrillo.

1921 fue un año casi enteramente ocupado por la preparación de las elecciones, desenredar la madeja de intrigas de Menocal, escuchar las denuncias de los liberales y comprobar la ineficacia diplomática de Washington. Pero también el Congreso estuvo activo durante el mismo. Las últimas legislaciones que llegaron a promulgarse en ley fueron la Ley que Ordenaba la Celebración de Elecciones Complementarias, la Ley que creó la Comisión Exportadora de Azúcar para la venta de la zafra 1920-21 y la última, que fue la Ley de Nueva Reglamentación para el Ejército Nacional.

Para finalizar diremos que Menocal ejerció el derecho de veto en cincuenta y tres oportunidades, más que ningún otro Presidente anterior a él. Machado superaría este número. Sin embargo en unas cuantas ocasiones el Congreso revertió el veto y las leyes fueron aprobadas. Divididos los cincuenta y tres vetos entre los ocho años de gobierno da a menos de siete por año, lo cual no es una gran cifra.

Realizaciones del gobierno de Menocal

En el orden institucional y jurídico: la reducción de la mayoría de edad civil y las disposiciones en materia de emancipación de menores; la regulación del divorcio con disolución del vínculo matrimonial; el establecimiento del Registro de Capitulaciones Matrimoniales; la equiparación civil de la mujer casada; la inamovilidad del Poder Judicial; la inclusión de los jueces municipales dentro del escalafón judicial con determinación de que sólo podría ingresarse como juez mediante ejercicios de oposición; el Censo de Población y Electoral de 1919 y la confección por primera vez de los registros electorales permanentes; el Código Electoral; el aumento de haberes a los funcionarios y servidores públicos incluyendo al Poder Judicial y los miembros de las Fuerzas Armadas.

En el orden de la lucha contra el crimen: la campaña contra el bandolerismo rural que quedó considerablemente reducido; la promulgación de la Ley de Indultos; la adopción de una Ley de Drogas para combatir el uso ilícito de estupefacientes; la derogación de la llamada Ley de Imprenta; la sanción de la Ley que modificaba el Código Penal de 1870 en materia de delitos de falsedad documental; el nuevo reglamento de cárceles y presidios que reemplazaba el que estaba vigente desde la época colonial; y la reorganización de la Policía Nacional.

En el orden de las obras públicas: la continuación de las obras del Canal del Roque en la provincia de Matanzas como medio de poner término a los cuantiosos daños ocasionados periódicamente por las inundaciones del río Palmillas y otros; la construcción de 551 kilómetros de carreteras de primera clase y la formulación de un plan para dotar al país de un sistema de tres carreteras que correrían de uno a otro extremo de la Isla; la prolongación del malecón habanero hasta el Torreón de San Lázaro; la instalación de la planta de bombas de Palatino con destino al acueducto capitalino; la terminación de las obras de alcantarillado y pavimentación de La Habana; la inauguración del monumento a Antonio Maceo; el otorgamiento de un crédito para destinarlo a honrar la memoria de Máximo Gómez; la erección de la estatua de Tomás Estrada Palma, develada por Zayas en junio de 1921; la construcción de varios edificios en la Universidad Nacional, todos estos en La Habana. Y la edificación de poco más de un centenar de escuelas rurales modelos.

En el orden educacional: la creación de cerca de 2000 aulas de enseñanza elemental; el establecimiento del servicio de maestros ambulantes; la promulgación del Reglamento General de Instrucción Primaria; la inauguración de seis Escuelas Normales para maestros y una Escuela del Hogar; la organización de un sistema de pensiones para estudios artísticos en el extranjero que hizo posible el perfeccionamiento de las aptitudes de muchos y muy valiosos artistas cubanos, etc. En lo relativo a la educación superior debemos mencionar la donación a la Universidad de los terrenos para campos deportivos y la entrega en usufructo del Torreón de la Chorrera junto a la desembocadura del río Almendares para ser usado por el equipo universitario de remos; la reorganización de la Escuela de Agronomía y la autorización para que la Facultad de Medicina utilizara el hospital "Calixto García" con fines docentes.

En el orden sanitario: la efectiva lucha para hacer frente al brote de peste bubónica que se presentó en La Habana, así como en la posterior epidemia de influenza; la construcción del hospital Calixto García en sustitución del Hospital Número Uno de la época colonial; la edificación de la Clínica de Maternidad e Infancia, más tarde llamada Clínica Enrique Núñez; el establecimiento en Cojímar del Preventorio "Martí" para niños pre-tuberculosos; la formulación y presentación al Congreso de un plan para construir 40 pequeños hospitales de 25 camas cada uno; la creación del Servicio de Higiene Infantil; la promulgación del reglamento de servicio de abasto de leche; la organización de los concursos municipales y el Concurso Nacional de Maternidad e infancia; la eliminación de la llamada zona de tolerancia y la supresión del servicio de higiene especial con lo cual Cuba pasó a formar parte de los países que habían abolido toda reglamentación de la prostitución; la aprobación y puesta en vigor de las nuevas Ordenanzas Sanitarias y la construcción del hospital civil de Cárdenas y del Hospital de Maternidad de Pinar del Río, entre otros nuevos centros hospitalarios.

En el orden agrícola: el establecimiento del Servicio de Sanidad Vegetal; la promulgación del Reglamento Orgánico de la minería cubana; la participación de Cuba en las exposiciones internacionales de San Francisco y Panamá; el incremento de la ganadería vacuna y caballar y la instalación con ese objeto de paradas de sementales en distintos lugares de la Isla; la creación de Juntas Provinciales de Exposiciones y la celebración de una Exposición Nacional en la Quinta de los Molinos en La Habana; la inauguración en Pinar del Río de una Granja Avícola; la ampliación de los servicios de investigación y extensión a cargo de la Estación Experimental Agronómica de Santiago de las Vegas y el aumento de los créditos para sus trabajos y publicaciones; el establecimiento de un premio para el mejor cultivador de tabaco; y la determinación de que en lo adelante las cotizaciones del azúcar se hicieran a base de centavos por libra y no de reales fuertes españoles por arrobas.

En el orden de las comunicaciones: la ampliación de los servicios ferroviarios del país con la inauguración de nuevas líneas construidas con subsidio oficial; la organización de la Dirección de Comunicaciones y promulgación de su Ley Orgánica; la aprobación de un nuevo reglamento de correos y la elevación del número de oficinas telegráficas y postales de la Isla a la cifra de 749.

En el orden social: la sanción y puesta en vigor de la Ley de Accidentes del Trabajo de 1916; la modificación de la Ley del Cierre y Descanso Dominical; la regulación de la Ley del Trabajo de la Mujer; la aprobación del reglamento y tarifas a las cuales debía ajustarse el trabajo de los obreros portuarios en la bahía habanera; el reconocimiento del carácter oficial del Colegio Médico Nacional y de la Sociedad Cubana de Ingenieros; y la creación del premio "Lanuza" para ser adjudicado anualmente al graduado más sobresaliente de la Facultad de Derecho de la Universidad y que consistía en su nombramiento por un año como abogado de oficio.

En el orden de la seguridad social: la promulgación de la Ley de Pensiones para los miembros del Ejército Libertador y su Cuerpo Auxiliar Civil; y la creación de los retiros de de la Fuerzas de Mar y Tierra, Comunicaciones, Poder Judicial, Servicio Civil, Escolar y Policía Nacional.

En el orden de las relaciones con las provincias y los municipio: el mantenimiento de subsidios a los Consejos Provinciales de reducidos recursos; la condonación de los adeudos que tenían muchas municipalidades por concepto del diez por ciento para contingente sanitario, y que debían aportar como contribución al Estado por los servicios de limpieza y desinfección; y la creación de los nuevos municipios de San Diego del Valle, Jatibonico, Melena del Sur, Niquero, San Antonio de las Vegas, Aguada de Pasajeros y Yateras.

En el orden militar y naval: la unificación del Ejército Permanente y la Guardia Rural para crear el Ejército de Cuba bajo el mando del Presidente de la República; el aumento del número de plazas en el Ejército y la institucionalización del cuerpo; la organización de la Academia Militar; la creación del Arma de Caballería; la organización de ocho distritos militares, posteriormente elevados a nueve; la creación de la Secretaría de Guerra y Marina y la determinación de varias otras medidas.

* * *

El balance de medios del país al finalizar el período de Menocal eran los siguientes: 3,850 kilómetros de vías férreas de servicio público y unos 7,000 kilómetros de vías férreas privadas, sobre todo para el uso de los centrales azucareros. Había 2,167 kilómetros de carreteras, aunque en el papel de los gastos la cifra era muy superior. Estaba establecida la comunicación aérea de La Habana con Cayo Hueso y con Santiago de Cuba en un servicio más o menos regular. Había teléfonos automáticos en las seis provincias. La compañía eléctrica había consolidado todas las pequeñas compañías en una sola empresa, y a pesar de ello el costo era uno de los más altos del mundo. Un total de 335,000 niños asistían a las escuelas públicas. Antes de la crisis bancaria, había $200 millones depositados en los bancos cubanos, y estos daban créditos a numerosas industrias que florecieron hasta que la crisis económica interna las afectó. Uno de los grandes logros de Menocal fue la reestructuración, organización y consolidación del Ejército Permanente y de la Marina de Guerra. La masa ganadera vacuna y caballar había aumentado extraordinariamente. La producción avícola era excelente. Las exportaciones superaban en valor monetario a las importaciones por más de $150 millones al año. Es decir, el panorama económico era formidable hasta la llegada de la crisis bancaria, sobrevenida por la caída de los precios del azúcar y sobre todo por la especulación en el ramo.

El juicio de los críticos es desfavorable a Menocal a pesar de sus logros, porque sus errores, sus yerros, su autoritarismo, su abuso de poder y sus dos elecciones fraudulentas hacen que el balance de la ecuación sea negativo. Nosotros también lo pensamos así.

Durante sus mandatos se hizo mucho pero se dejó de hacer mucho más cuando durante las "vacas gordas" había dinero de sobra. Por ejemplo, las tres carreteras centrales que estaban planeadas, los cuarenta hospitales de veinticinco camas cada uno que estaban planeados y otras muchas obras públicas que cesaron a partir de 1919. La opulencia y despilfarro de la clase alta durante la "danza de los millones", y la "competencia" con el género de vida que se vivía en los Estados Unidos enajenó de su realidad a la población cubana. El periódico "El Mundo", que durante todo el gobierno de Menocal lo apoyó casi siempre, y sobre todo en los momentos de crisis, no le concedió el crédito que sí le concedió a José Miguel Gómez. En un editorial de dicho periódico titulado "Acto de Contricción" escrito en 1921, y refiriéndose a algunas quejas públicas de Menocal por la actuación de Zayas, el editorialista dice que esas quejas de ahora suenan a un acto de contricción puesto que Zayas sólo fue un pecado de Menocal

CAPÍTULO IV

LA SEGUNDA REPÚBLICA
GOBIERNO DE ALFREDO ZAYAS

L legamos hoy al cuarto Presidente de la República de Cuba y tercero de la Segunda República, Dr. Alfredo Zayas y Alfonso, posiblemente el más vilipendiado, el más vituperado y el menos estudiado a fondo y al que sólo se le ha mirado desde el ángulo negativo. Sin embargo, no se le ha enfocado desde un ángulo positivo, no imitado por ningún otro Presidente y, por supuesto, muy poco mencionado.

Zayas, como se le conocía popularmente había nacido en La Habana en 1861 en una familia que había perdido muchas de sus propiedades durante los últimos años de la pre-guerra y de la Guerra del 68 debido a sus inclinaciones revolucionarias. Su padre, que había sido SubDirector y Profesor del Colegio "El Salvador", el colegio de José de la Luz y Caballero, que había venido a menos, tuvo que exiliarse. El joven Zayas estudió en la Universidad de La Habana después del Pacto del Zanjón la carrera de Derecho, graduándose con honores. Era un magnífico abogado, pero con poca fortuna para los clientes que lo solicitaban, por lo tanto sus medios económicos eran modestos. Gustaba de la Historia de Cuba y del Mundo. También escribía poesías. Escribió una lexicografía de los indios antillanos que es un libro antológico. Su mejor obra poética la escribió durante la prisión que sufrió en España a partir de 1896. En 1891 hizo unos escarceos autonomistas pero ya en el 93 pasó a las filas de los independentistas, y llegó a ser el representante de la Comisión Revolucionaria en la ciudad de La Habana. Sorprendido en estas actividades fue detenido, juzgado, condenado y enviado a España, primero a varios presidios dentro de la Península, después a una de las islas Chafarinas y finalmente a Ceuta. Puesto en libertad se dirigió a los Estados Unidos donde estuvo ayudando a las tropas insurgentes que operaban en la provincia de Pinar del Río con armas, vituallas, ropa, etc. Tenía un don de oratoria poco común, sabía captarse a la audiencia y entusiasmarla enormemente.

Durante la primera intervención ocupó los cargos de Concejal y de Teniente Alcalde de La Habana. También fue Juez Municipal y Subsecretario de Justicia. Fue electo Delegado a la Convención Constituyente de 1901 donde llegó a ocupar la Secretaría y todo el tiempo se manifestó como un enemigo acérrimo de la introducción de la Enmienda Platt como apéndice de la Constitución. Fue uno de los que votó en contra de esta medida. Recordemos este dato para el futuro.

Durante el gobierno de Estrada Palma –al cual apoyó en su primera elección– continuó en la política y fundó el Partido Liberal Nacional con el cual pensaba aspirar a la Presidencia pero tuvo que llegar a un acuerdo con el Partido Liberal Republicano de José Miguel y se conformó con la Vicepresidencia en su aspiración. Vino la "guerrita de agosto" en la cual participó, como siempre en actividades civiles, no militares. Derrocado Tomás Estrada Palma viene la intervención de Magoon y se formó una Comisión Consultiva para leyes, especialmente electorales siendo presidida por el entonces Coronel Enoch H. Crowder. Zayas fue nombrado para formar parte de esta comisión y trabajó intensamente. Es decir, se conocieron de primera mano los que iban a ser grandes rivales durante el gobierno de Zayas; sin llegar a intimar como amigos, pero se conocían.

Zayas fue electo Vicepresidente junto con José Miguel en las elecciones de 1908 y durante el gobierno de este último estuvo preparando su aspiración presidencial moviéndose inteligentemente dentro de las filas del Partido Liberal a todos los niveles de la República, de tal modo que fue nombrado su candidato presidencial junto con el General Eusebio Hernández como Vicepresidente. José Miguel no favorecía la candidatura de Zayas y de hecho no la apoyó. Además el General Asbert –"general de la guerrita de agosto"– que tenía también un número de seguidores dentro del Partido Liberal, sobre todo en la provincia de La Habana, aspiraba a la presidencia y al ver frustradas sus aspiraciones provocó una disensión importante en el Partido Liberal a la que se llamó la "facción asbertista" que apoyó a Menocal. Estas circunstancias liberales dieron el triunfo a Menocal en 1912. Durante el primer período de este último, vimos como Zayas aceptó una comisión del Presidente para escribir la Historia de Cuba a razón de $500 mensuales. Solamente escribió el primer capítulo. Cuando se presentaron las primarias dentro de los partidos para la sucesión de Menocal, cuando terminaba su primer período en 1917 Zayas fue electo por la Convención Liberal junto con Mendieta como Vicepresidente en el ticket que se oponía a Menocal en su intento re-eleccionista. Y vimos ampliamente lo que ocurrió en esas elecciones... el fraude, la "guerra de la Chambelona" y la primera ruptura importante de Zayas y José Miguel. Zayas creyó, por lo menos en pensamiento, que Gómez hacía la guerra para él mismo y para nadie más. Zayas no participó en la lucha armada y se mantuvo esperando su oportunidad.

Durante el segundo período de Menocal siguió trabajando en el Partido Liberal, pero el no haber ido a la guerra le restó fuerza e ímpetu dentro de muchos sectores, de tal forma que cuando llegó el momento de escoger candidatura para suceder a Menocal en 1920, a principios de ese año, Zayas fue rechazado y expulsado del Partido Liberal. Entonces, en una de esas raras maniobras que ocurrieron dentro de estos años –en la cual había tres grandes actores– Menocal eligió a Zayas como su candidato a Presidente pasando por encima de los aspirantes Conservadores que se creían con méritos y derechos, tales como el General Rafael Montalvo entre los más importantes.

Alfredo Zayas Alfonso fue electo Presidente con el General Francisco Carrillo de Vicepresidente en las elecciones de 1920 que fueron consideradas fraudulentas y que motivaron que los Estados Unidos enviara nuevamente al General Crowder. Este preparó leyes electorales que Menocal burló como hizo con todo lo que Crowder le proponía. En definitiva José Miguel y los Liberales fueron al retraimiento, lo cual dio el triunfo a Zayas quien el 20 de mayo de 1921, al fin, asumió la Presidencia de la República. Como dicen todos los historiadores, Zayas fue Presidente en la única elección que no ganó durante su carrera.

Para allanar el camino hacia la Presidencia Zayas fundó el Partido Popular, conocido como "el partido de los cuatro gatos" por la poca membresía que tenía. Además fundó la Liga Nacional tras el pacto entre su Partido Popular y el Partido Conservador de Menocal, con el objeto de controlar la Cámara y el Senado. El Partido Popular y la Liga Nacional estuvieron vigentes –pero sin mucha fuerza– hasta 1924 en que se disolvieron. Ya veremos esto en más detalle. Zayas había demorado casi veinte años en llegar a ocupar la Presidencia pero al fin llegó.

Realmente durante este tiempo la política cubana estuvo dirigida por tres figuras: Zayas, José Miguel y Menocal, los tres grandes fulanos que arrastraban al pueblo de Cuba en las diferentes elecciones y que se valieron de popularidad, elecciones deshonestas, fraude, triquiñuelas para cada uno de ellos llegar a la Presidencia. Eran tres caracteres muy diferentes. Eran dos generales y un doctor, como diría la famosa novela "Generales y Doctores". Zayas era el más preparado intelectualmente, el más político de los tres pero el de menos arraigo popular sin la menor duda. De tal forma que cuando terminó su período presidencial tenía muy pocos seguidores y cuando pasó al retiro, prácticamente nunca más se habló de él. No había "zayistas" como sí había "menocalistas" y "miguelistas". Sin embargo en su período presidencial ocurrieron eventos interesantísimos y situaciones verdaderamente difíciles. No obstante ha sido el presidente más ignorado en la Historia de la Cuba Republicana. Menocal había colocado a Zayas en la Presidencia con la intención de manejarlo, o por lo menos de tenerlo en una situación tan resbaladiza que podía caer y entonces Menocal volvería al poder. Esa era su intención. Además con esto había logrado que José Miguel no llegara nuevamente a la Presidencia, que realmente fue su gran empeño a partir de 1919. Claro está que si Menocal hubiera tenido una bolita de cristal hubiera podido prever los tormentosos años 21 y 22 que Zayas tuvo que enfrentar y que estuvieron a punto, no sólo de derribarlo como Presidente, sino acabar con su vida, hubiera dejado que fuera José Miguel el que estuviera en esta posición para tener una venganza más dulce sobre su eterno rival. Esto, desde luego, es un pensamiento mío.

El hecho cierto es que Menocal dejó preparada la escena de la manera siguiente: primero, tanto el Senado como la Cámara de Representantes le eran completamente afines a él; segundo, las Fuerzas Armadas, especialmente el Ejército le era totalmente fiel; tercero, los grandes empresarios extranjeros, en su inmensa mayoría estaban muy agradecidos y asociados a Menocal y le servían como un "lobby" permanente en los Estados Unidos, y eran capaces de ayudarlo económicamente en cualquier intento; cuarto, el General Crowder, en aquel momento no interventor, pero injerencista mayor, como se le llamaba en la época de la política americana en el objetivo de Cuba, y que no había podido lograr que Menocal cumpliera ni una sola de las promesas y pactos que había hecho con él, le iba a hacer la vida imposible a Zayas, y así ocurrió. Dándole esto último oportunidad a demostrar no sólo sus calidades en cuanto a resistencia, pasividad aparente y permanecer prácticamente ignorándolo todo, pero trabajando para lograr su objetivo y logró al fin y a la postre –como dice Portel Vilá– ponerle el rabo a Crowder y salirse con la suya. No es menos cierto que estuvo en el borde del precipicio, casi más en el aire que en la tierra, pero no cayó. Por otra parte en caso de Zayas ser sustituido, no era Menocal el hombre de Crowder sino Carlos Manuel de Céspedes, empujado por el criterio de Summer Wells, que ya hemos visto, que cuando se estaba hablando de una solución transitoria durante la crisis de la elección de Zayas, su candidato era Céspedes.

Esto en lo que se refiere a la herencia política que Menocal le dejó a Zayas. Lo desastroso fue la herencia económica. Cuba estaba quebrada, los bancos cubanos en fase de liquidación y como en ellos estaba depositado la mayoría del dinero de la República, ésta última no tenía dinero. Menocal había recibido en 1920 más de mil millones de dólares por concepto de la zafra y por otros capítulos así que había tenido la oportunidad de tener un presupuesto de 154 millones de pesos y había despilfarrado, robado, malbaratado el resto de esos más de mil millones de dólares que había entrado en la hacienda cubana. Es decir, Zayas recibió una República en bancarrota, con el azúcar a un precio de prácticamente dos centavos, los almacenes llenos de ese producto que no se vendía, porque nadie los quería comprar y de haberse vendido hubiese representado una gran pérdida. La banca, por el cierre de los bancos cubanos, quedaba en manos de norteamericanos y en una menor parte de los canadienses. La industria azucarera prácticamente paralizada y todas las industrias dependientes de ella, por supuesto, sufrían las mismas consecuencias. No había dinero, los sueldos de los empleados públicos no podían pagarse, un absoluto caos económico.

Como parte de lo que Zayas había heredado de Menocal estaba Crowder, "el gran reformador", con muy buenas ideas e intenciones pero despistado de la realidad. Él no estaba en un país ocupado, él no estaba en una tierra de salvajes, él no estaba autorizado para nada más que dar orientaciones, no imponer soluciones y mucho menos intimidar, atemorizar con la amenaza de intervención. Ya no se trataba de la época del gobierno o el no gobierno de los meses finales del Presidente Wilson, sino se trababa de un nuevo gobierno Republicano y que no se caracterizaba por la honradez, pues tuvo grandes escándalos, por lo que Crowder tenía que cerrar los ojos frente a esto o tenía que polemizar con Zayas con respecto a la honradez.

De todas formas, Zayas se había comprometido con Crowder antes de comenzar su mandato de tomar una serie de medidas, recortar el presupuesto, suspender las gratificaciones, eliminar las "botellas", mejorar los contratos de obras públicas y de otros sectores, sanear la Lotería Nacional, etc. Se comprometió a todo a sabiendas de que no iba a cumplir nada, que iba a hacer lo que a él le conviniera… y así fue. Esa era la situación en el año 1921 al inicio de su gobierno. Si alguien hubiera querido apostar sobre la permanencia de Zayas por espacio de cuatro años, la mayoría hubiera asegurado que no completaría su mandato. Zayas no tenía partido político, pues el Popular que había recibido el mote de "los cuatro gatos" no tenía fuerza política. Zayas no disponía de un periódico que lo favoreciera, el Congreso "no era de él" a pesar de que fueron electos juntos, las Fuerzas Armadas "no eran de él" a pesar de que se mantenían apolíticas y de que él hizo ciertos cambios iniciales discretos, el gabinete "no era de él" pues de la lista que propuso aceptó tres y después se fueron rellenando los otros puestos. Como veremos fue un gabinete no malo, no excepcional, pero Zayas no pudo contar cien por ciento con el mismo y más adelante cuando el famoso "gabinete de la honradez" muchísimo menos. No tenía inversionistas nacionales ni extranjeros en ninguno de los campos de la economía que le debieran favores ni que hubieran hecho negocios con él puesto que por primera vez gobernaba. Estaba prácticamente solo, con un grupo de amigos muy pequeño, uno de los cuales, el Dr. José Manuel Cortina –como veremos más adelante, fue el que en realidad, con sus consejos y con su actuación salvó la situación de Zayas en 1922. Añadimos a esto que no tenía dinero ni forma de obtenerlo. Un empréstito interno era imposible pues además de no haber dinero, Crowder se oponía a esto. No había posibilidades de obtener un empréstito externo, no sólo porque Crowder se opuso inicialmente sino también porque la agonizante economía cubana constituía un gran riesgo para los prestamistas. Una deuda flotante muy importante y sin forma de aumentar las recaudaciones. Esta situación caracterizó a los últimos meses del año 21 y prácticamente a todo el año 1922.

No serían éstos los únicos grandes obstáculos con los que Zayas tuvo que enfrentarse. Surgiría en 1923 el problema universitario y en 1924 el de la Asociación de Veteranos y Patriotas, además de que con mayor o menor intensidad, y a través de todo su mandato existieron las huelgas obreras, pues otro de los graves problemas que heredó de Menocal era el anarcosindicalismo que dominaban prácticamente a todos los sindicatos de la República así como las confederaciones obreras. El movimiento comunista, que aunque pequeño era pujante, captando anarquistas, captando jóvenes y profesionales, captando universitarios y trabajando, impulsados desde Moscú por la revolución mundial; pero en esa época no se le consideraba un peligro todavía…pero para Zayas si lo fue. Volveremos sobre el tema pero digamos que la cándida indulgencia conque muchos autores consideran a los comunistas de aquella época como "no comunistas en ese momento", hacía la situación mucho más peligrosa. No vemos como se pueden tener ideas comunistas en el año 23 y 24 "sin ser comunistas·y en cuestión de diez años ser presidente del Partido Comunista o delegado del Partido Comunista en eventos internacionales o líderes en diferentes ramas de ese partido siendo un "recién convertido" al sistema. Eso no es lo que sucede en el comunismo pero siempre nos han querido vender esa ilusoria papeleta con gran efectividad, esa imagen de personas que "bueno, sí, simpatizan pero en el fondo no, no son mala gente"…y así *nos llenaron de malas gentes*. Pero ese es otro tema.

De la lista de personas para ocupar posiciones en el gabinete presentada por Zayas solamente fueron tres los aceptados de inicio por Crowder: el Dr. José Manuel Cortina para la Secretaría de la Presidencia, el Brigadier Mendieta para la Secretaría de Gobernación que no aceptó y el Dr. Francisco Martínez Lufriú como Secretario de Guerra y Marina, pasando a Gobernación al no aceptar Mendieta esa posición. El General del Ejército Libertador Demetrio Castillo Duany sería entonces nombrado para Guerra y Marina, quien era el padre del ayudante de Crowder, ya mencionado previamente. Para Hacienda fue nombrado Sebastián Gelabert, un amigo de Zayas y Erasmo Regüeferos, también de su amistad, para la Secretaría de Justicia. Para Sanidad fue designado el Dr. Juan Guiteras, quien fuera ayudante del

Dr. Carlos Finlay. En gesto de correspondencia a Menocal, para la Secretaría de Agricultura, Comercio y Trabajo fue nombrado el Dr. José M. Collantes, en Obras Públicas Orlando Freyre y en Estado Rafael Montoro. En Instrucción Pública el Dr. Francisco Zayas, hermano del Presidente.

La composición del Congreso era la siguiente: En el Senado 18 Conservadores, 4 Liberales y 2 Populares; su presidente: Aurelio Álvarez, Conservador. La Cámara tenía 59 Conservadores, 50 Liberales y 11 Populares; su Presidente: Santiago Verdeja, Conservador.

Como se ve Zayas estaba bajo la influencia congresional del Partido Conservador. Para culminar este panorama negativo el Presidente tenía tres situaciones intangibles en contra de él. Primero con los norteamericanos el hecho de él haber sido uno de los mayores opositores de la Enmienda Platt y ya le pasarían la cuenta por esta actuación. Segundo, con los Liberales por no haber participado activamente en la "guerra de La Chambelona" que había sido motivada por el fraude cometido con su elección presidencial y tercero con los Conservadores por haberse "atravesado" en la aspiración de candidatos conservadores para la Presidencia, entre ellos Rafael Montalvo y Domingo Méndez Capote. Tanto los Liberales como los Conservadores le pasarían la factura. Ni norteamericanos, ni Liberales ni Conservadores lo ayudarían. Era un cuadro bien desalentador para cualquiera pero no para el "chino" Zayas.

La Jefatura del Estado Mayor del Ejército estaba en manos del Coronel Varona quien renunció inmediatamente después de la toma de posesión de Zayas. Fue sustituido por el Coronel Rogelio Caballero que poco más adelante también renunció y en definitiva quedó en manos del Coronel Armando Montes. Hay otros cambios de oficiales pero de menor magnitud. La situación económica era terrible, hubo muchísimos despidos en la administración, suspensión de pagos de gratificaciones y otra serie de medidas todas encaminadas a disminuir el presupuesto alrededor de $65 millones, aunque Crowder exigía que fuera entre cuarenta y cincuenta millones. Este último pertenecía al grupo norteamericano de la época que consideraba que lo más importante en una nación era un presupuesto balanceado. Este concepto desapareció después de la administración de Franklin Delano Roosevelt y ha permanecido como tal hasta el momento presente en la política norteamericana.

Se debía dinero al correos de los Estados Unidos por concepto de giros postales y por otros servicios, no se pagaba la deuda de Cuba...en fin, no había dinero. Zayas estuvo todo el mes de junio en discusiones con Crowder para la adquisición de un empréstito de cincuenta millones de dólares que era la opinión de Crowder pero Zayas pedía setenta. En definitiva ni lo uno ni lo otro. Entonces Zayas comenzó a utilizar los medios que habían usado sus predecesores, es decir, la Lotería Nacional: repartición de colecturías como medio de obtener apoyo de congresistas, apoyo de periodistas, etc. Esto creaba un mal precedente pero era la única forma que tenía él de seguir adelante en su batalla contra Crowder en la cual lo asistía el conservador periódico "El Día" y el liberal "Heraldo de Cuba", pero este apoyo no duró mucho tiempo,

A instancias de Crowder, Zayas envía un mensaje al Congreso para que se apruebe la ley contra los periódicos que atacan a los bancos. Este mensaje tiene buena acogida pero no hay ley.

El Banco Español se acoge al proceso de liquidación. Se promulga una ley que hace cada vez más difícil la libre reorganización de los partidos pues da a los que ya están establecidos poderes de control. El día 13 fallece José Miguel Gómez en los Estados Unidos. Su cadáver es trasladado a Cuba y su sepelio se celebra el día 21 con una gran asistencia de público. El día 16 Antolín del Cueto, Presidente del Tribunal Supremo se jubila y Ángel Betancourt es nombrado en su lugar. El día 17 de junio el Ministro Long es llamado a Washington; él había dicho que la presencia de Crowder y su actuación injerencista iba a traer grandes dificultades al gobierno de Cuba. Se equivocó en un solo punto...las grandes dificultades fueron para él que perdió el puesto que Washington le dijo que renunciara y que no regresara a Cuba. Quedaba el campo libre para Crowder. El día 19 se acoge a la ley de liquidación el Banco Internacional. El día 22 se presenta en el Senado el proyecto de ley de reformas constitucionales que es muy amplio, que prorroga poderes y elimina la alcaldía de La Habana, etc. y que nunca pasa de sólo ser un proyecto. Únicamente en épocas de Machado se convertirá tristemente en realidad.

El 1º. de julio quedan cesantes todos los empleados temporeros del gobierno y suprime 25 oficinas fiscales. El día 2 surgen las aspiraciones presidenciales, aparentemente prematuras de Gerardo Machado y de Carlos Mendieta. Digo aparentemente prematuras porque las elecciones van a ser en el año 24 pero el rumor de que Zayas no llegará a esa época en la Presidencia y que será sustituido es para estos dos políticos un hecho cierto. Se celebra un mitin en el Campo de Marte en La Habana y en otras partes de la República para protestar por el alto costo de los alquileres de viviendas. Hay protestas que se pasan de la raya y se convierten en tumultos ocasionando algunos lesionados pero los alquileres no bajan. Se comienzan las obras del alcantarillado de Camagüey y de la pavimentación de sus calles, una de las pocas obras públicas que se hacen este año. El día 7 se convoca a una legislatura especial a celebrar al día siguiente a fin de tratar de resolver cuestiones económicas muy importantes. El día 9 de julio la Secretaría de Agricultura fija el precio de la carne de primera a 30 centavos la libra.

En su mensaje del mes de julio el Presidente Zayas le pide al Congreso: 1) Poner en vigor el presupuesto de 1918-19 que asciende a 65 millones de pesos; 2) Modificación del arancel de aduana; 3) Ley de refacción agrícola semejante a la que existe en Puerto Rico; 4) Aprobación de bonos para pagar la deuda flotante y 5) Aprobación de la ley de inmigración que está pendiente en el Congreso hace muchos meses. A finales de mes Zayas envía otro mensaje pidiendo la creación de varios impuestos y el aumento de otros existentes para poder pagar los bonos que se han promulgado para la deuda flotante. El 26 de julio Crowder dice que hay 14 bancos en fase de liquidación con un pasivo de 152 millones de dólares, la mayor parte de ello del Banco Nacional. Dice Zayas que la deuda flotante, o sea, lo que el Estado debe es alrededor de 50 millones de pesos. Nombrado el Secretario de Hacienda Gelabert para presidir una comisión comercial que iba a Washington con la misión aparente de oponerse a los nuevos impuestos sobre el azúcar que se estaba planteando en el congreso norteamericano, explorar la posible modificación del tratado de reciprocidad comercial entre Cuba y los Estados Unidos y por último un nuevo empréstito del que ya hablamos.

Se anuncia que los contratos de Obras Públicas serán reducidos a los precios estimados como normales para la época. El 18 de agosto se designa a la comisión cubana que va a la Asamblea de la Liga de las Naciones y que estará formada por Cosme de la Torriente, Arístides Agüero, Guillermo de Blank y Miguel Ángel Campa. Más adelante Torriente será nombrado presidente de esta asamblea. Se crea una comisión que estudie la importación de los artículos de primera necesidad y que ajuste sus precios, El día 25 huelga de basureros de La Habana porque no se le pagan sus sueldos desde hace dos meses. Muy malamente presidiarios recogerán la basura hasta el 15 de septiembre que se resolverá el problema. Habrá una nueva huelga del 9 al 17 de diciembre por las mismas causas.

En una nueva nota Crowder dice que el presupuesto no debe ser de 64 millones sino de 55 millones de pesos. Un mensaje de Zayas al Congreso pidiendo que se apruebe rápidamente la autorización para un empréstito de cinco millones de dólares. Informa el Presidente Zayas que de los catorce puntos solicitados por su gobierno el 29 de julio sólo se ha aprobado el relativo a la misión comercial. El Tribunal Internacional de Justicia elige a sus once miembros, entre ellos el cubano Antonio Sánchez de Bustamante y Sirvén, que ocupa el cuarto lugar en número de votos entre los once jueces.

El 15 de septiembre queda constituida la Federación de Trabajadores de La Habana que agrupa a 17 gremios, presidida por Alfredo López Arencibia, anarquista luego convertido en comunista. Por decreto se dispone que se le abone a los veteranos de la guerra de independencia a prorrateo $1,088,000 equivalente al dos por ciento del presupuesto nacional y que corresponde al 38% del abono regular. Más adelante se les abonará las mensualidades completas hasta que se acabe el fondo.

La desconfianza en los bancos llega a tal extremo que se provoca un pánico entre los depositarios del National City Bank y del Royal Bank of Canada pero rápidamente desaparece el temor cuando el gobierno federal americano respalda a estas instituciones bancarias y nombra al City Bank su agente y corresponsal en Cuba

El 15 de octubre se inaugura en La Habana el Teatro Principal de la Comedia que estará operante hasta finales de los años cincuenta en que fue derrumbado para crear un área de estacionamiento de automóviles. Un periodista es condenado a 180 días de arresto por publicar un artículo sobre fraudes imputados a la familia del Presidente. El Congreso autoriza al Primer Mandatario a hacer un reajuste en el presupuesto. Se establece el Mercado Único de La Habana. Una encuesta da la cifra que en La Habana existen 3,230 automóviles particulares, 5,413 de alquiler, 3,675 camiones y 102 ómnibus; también circulan cerca de 500 tranvías. Esto indica que La Habana es una de las ciudades más motorizadas del mundo, que contrasta con la existencia solamente de 2,300 kilómetros de carreteras en la Isla, no todas en buen estado. Existen casi 4,000 kilómetros de vías férreas.

El día 8 de noviembre Zayas veta un proyecto para reorganizar el Banco Español. El alcalde de La Habana Díaz de Villegas y todos los concejales son condenados por falsedad por un juez inflexible nombrado Augusto Saladrigas debido a la existencia de nóminas conteniendo personas inexistentes y otras falsedades en documentos. Cuba cuenta con 5,843 aulas de enseñanza primaria para una población de unos tres millones, donde están matriculados 314,000 alumnos. Casi la mitad de ellos es de primer grado. Existen 297 escuelas privadas donde reciben instrucción primaria y secundaria unos 25,000 alumnos. Hay 8,300 alumnos matriculados en los Institutos de Segunda Enseñanza, más de 900 en las Escuelas Normales para Maestros y unos 3,000 alumnos en la Universidad de La Habana.

El 10 de noviembre Orestes Ferrara acusa al gobierno de corrupción, iniciándose una causa criminal que no va a ninguna parte por falta de pruebas. Los liberales Enrique Recio y Ramón Zaydin organizan un mitin para desagraviar al Alcalde Díaz de Villegas. El 16 de noviembre se presenta una moción en la Universidad de La Habana para concederle un título de Doctor Honoris Causa a Crowder pero una manifestación estudiantil aborta esta concesión. En Noviembre también el eminente intelectual Carlos de la Torre Huertas es electo Rector de la Universidad de La Habana. En su programa aparece en primer término la autonomía universitaria, o sea, desprenderse del gobierno para manejar los asuntos de la Universidad.

El Departamento de Estado se opone al empréstito de cinco millones porque el presupuesto de 65 millones no está de acuerdo con lo que ellos consideran debe ser el presupuesto cubano. La falta de dinero hace que muchos empleados públicos lleven dos y hasta tres meses sin cobrar sus haberes y la deuda con el correos de los Estados Unidos sigue creciendo. Se nombra una comisión de reforma tributaria y arancelaria compuesta por cinco cubanos y un asesor norteamericano contratado por la misma El Partido Popular presenta un proyecto de ley para reinscribir a los votantes; los electores que no pudieron votar en las elecciones de 1921 y además para suspender la reorganización de los partidos. Los Liberales apoyan esta medida. El

24 de noviembre se promulga la Ley de Retiro Ferroviario y Tranviario. Las compañías del puerto de La Habana dicen que van a contratar obreros sin contar con el gremio portuario dirigido por Gervasio Sierra. Esto va a dar origen a huelgas y conflictos. Un grupo de obreros rompehuelgas que viajaban en un tranvía son tiroteados muriendo uno de ellos. El Secretario de Gobernación ofrece garantías a los obreros que quieran trabajar en el puerto. Deja de funcionar la ley de 1917 que daba facilidades a la inmigración. El proyecto de ley de la no reorganización de los partidos es aprobado pero elimina lo de la reinscripción. Los Liberales apoyan esta medida. Una ley cancela el aumento de las tarifas ferroviarias establecidas en 1918. La huelga iniciada en los puertos se extiende cada vez más. Los veteranos envían una carta a Zayas pidiéndole que termine con la corrupción administrativa. Termina el año con el azúcar a un precio de 1.70 centavos habiéndose cotizado en abril por encima de cuatro centavos, lo que no ocurrió durante el gobierno de Zayas sino en los últimos tiempos del gobierno de Menocal. Es importante considerar que en abril de 1921 José Raúl Capablanca derrota al campeón mundial Edmund Lasker pasando el cubano a ocupar esa posición en el ajedrez.

El año 1921 no puede terminar con peores signos para el Presidente Zayas. Además de todo lo relatado Crowder continúa oponiéndose a la concertación del empréstito pequeño de cinco millones de dólares que tanto se necesitaba.

Leyes y Decretos de 1921

Ley que añade una frase al párrafo final del Código Electoral de 1920. Ley que extiende los beneficios del Servicio Civil que paga dos meses a los supervivientes de cualquier funcionario del Estado, Provincia y Municipio. Ley que suspende el pago de las gratificaciones aprobadas en 1920. Ley que crea un Juzgado Correccional de Segunda Clase en la ciudad de Pinar del Río. Ley modificando la aprobada en mayo de 1910 referente al cierre de droguerías y farmacias. Ley que elimina Distritos de Zonas Fiscales y otras reducciones presupuestales. Ley que reorganiza el Servicio Exterior y modifica el Arancel Consular promulgada en 1903. Ley que modifica el Retiro Civil de julio de 1919. Un decreto que suspende los efectos de la ley precedente. Decreto ordenando repatriar a los braceros y demás trabajadores antillanos traídos al país por una ley de 1919. Se reducen de tres a dos los Distritos Navales de la República. Ley que adjudica al Estado cubano los valores del Banco Nacional que éste había entregado como fianza en garantía de sus deberes como depositario y agente fiscal de la República. Decreto regulando el pago de los haberes a los miembros del Ejército Libertador y su Cuerpo Auxiliar Civil. Se nombra una comisión para el estudio de los expedientes.

Decreto que autoriza al Ejecutivo para poner en vigor el presupuesto de 1918-19 después de reajustados los gastos generales de la nación. Decreto que autoriza al Ejecutivo a utilizar los bonos de la emisión de 1917 como garantía para solicitar un empréstito de cinco millones. Decreto por el que se dispone que a partir del 1º de noviembre se revise el reajuste del presupuesto como se aprobó por una ley de 1921. Decreto reconociéndoles a los miembros activos de las Fuerzas Armadas servicios prestados en el Ejército Libertador y en su Cuerpo Auxiliar Civil durante la última Guerra de Independencia. Un decreto dejando sin efecto la ley que autorizaba la entrada de braceros antillanos libremente en el país bajo ciertas condiciones. Decreto dejando sin efecto la Comisión Financiera del Azúcar.

Año 1922

Este año pudiera llamarse el año crítico del Presidente Zayas en lo que respecta a sus relaciones con el General Crowder y por ende con el gobierno de los Estados Unidos. Año en el que estuvo a punto de ser "expulsado" –que es la palabra que más conviene aquí– del gobierno, porque destituido, sustituido, etc., son palabras muy suaves para lo que le hicieron a Zayas. Al iniciarse el año a pesar de que la Casa Morgan había acordado que le haría el empréstito al gobierno cubano, no se podía llevar a vías de hecho porque faltaba la "anuencia" del General Crowder. Ésta llegó el día 2 de enero y se fijó la fecha del día 22 del mismo mes para la firma del protocolo. Crowder se dirigió a los Estados Unidos puesto que se había acordado que el empréstito se firmara en Washington para que "todo fuera perfectamente claro y transparente". Morgan se había llevado el gato al agua y esperaba llevarse el próximo de los cincuenta millones debido, entre otras cosas, a la declinante influencia y capacidad de maniobra en Washington de Elihu Root, el ex Secretario de Estado norteamericano cuando la Enmienda Platt y abogado de la Casa

Speyer and Company que fue la que actuó como banco en los empréstitos iniciales de la República de Cuba. y además en Cuba por los continuos choques de Frank M. Steinhart ex cónsul y luego representante de la Casa Speyer con Crowder. Este viaja a Washington para la firma del empréstito donde se entrevistó con Céspedes, Summer Wells y con representantes de la Casa Morgan así como con Gelabert el Secretario de Hacienda cubano y empezaron a trabajar en la preparación del empréstito de los cincuenta millones.

Crowder regresa a Cuba y empezó lo que pudiéramos llamar el asedio final contra el Presidente Zayas. Comenzó a hacer una serie de demandas que incluía el efectuar más cortes en los presupuestos, aumentar el precio de los billetes de la Lotería, que una serie de auditores norteamericanos revisaran y fiscalizaran todos los datos de la Tesorería cubana. Volvió a insistir en lo de la reforma de la Constitución que ya había sido determinado por el Congreso cubano y que se acabara de hacer la reorganización y revisión honrada de los registros de electores. Todo esto ocurría en el mes de marzo de 1922 para que el Presidente y sus asesores estuvieran "entretenidos" viendo como respondían mientras él preparaba la andanada de memorandum que comenzarían en el mes de abril.

El 4 de enero se rumora que algunos congresistas Conservadores quieren iniciar un movimiento para destituir a Zayas pensando que tendrán el apoyo de Crowder. El Presidente dicta un decreto rebaján-doles el sueldo a los empleados públicos en un 10 por ciento y el de él en un 15 por ciento. Decreto reajustando los gastos de obras públicas y que contrae el presupuesto a 59.5 millones de pesos.

Durante su viaje a Washington Crowder consultó con el De-partamento de Estado como se podría aplicar más rigurosamente la Enmienda Platt. Se constituye la "Asociación del Buen Gobierno" procedente del llamado "comité de los cien" y dirigida por Carlos Alzugaray que agrupa a hombres de negocios, jóvenes intelectuales y en general ciudadanos interesados en detener la corrupción; el lema de la Asociación es "Moralidad y Eficiencia". El 18 de enero catorce generales del Ejército Libertador emiten un manifiesto protestando contra la corrupción existente en el gobierno. Se firma en La Habana la escritura del "empréstito chico". El novelista Carlos Roveira, que pertenece a la Secretaría de Agricultura es autorizado para que se mantenga en contacto permanente con la Oficina Internacional del

Trabajo con sede en Ginebra. Suiza. Regresa de Washington la comisión presidida por Gelabert quien se reintegra a su cargo de Secretario de Hacienda. El 6 de febrero regresa Crowder con las nuevas instrucciones del Departamento de Estado. Se retiran de la provincia de Camagüey los 375 "turistas uniformados" del "batallón perdido" allí estacionados desde 1917. Se publica que Zayas se ha comprado una finca cerca de La Habana llamada "María" a un precio muy superior a sus posibilidades económicas.

Se hace oficial la renuncia del Ministro Long. Una nota del Departamento de Estado exige que el gobierno cubano de a conocer todos los pormenores de la hacienda pública y que los Estados Unidos tengan acceso a toda esa información como se establece por el Tratado Permanente entre ambos países. Zayas junto a 20 Senadores se oponen a la proposición del Senador americano "remolachero" Smoot de que Cuba reduzca su producción de azúcar a cambio de ciertos cambios arancelarios. Zayas envía mensaje a Crowder informándole que gustosamente accederá a suministrarle los datos que sean solicitados y expresa muy diplomáticamente que no está de acuerdo que la falta de pago de deudas internas viole el Tratado Permanente. Crowder reacciona violentamente pero no pasa de ahí la cuestión. El 6 de marzo entrega Crowder el primero de sus "famosos" memorandum con los cuales pretende obligar al gobierno de Cuba a tomar las medidas que a su juicio son necesarias para el buen gobierno de la nación; en éste conmina a Zayas a tomar medidas para modificar el Tratado de Reciprocidad. En el segundo recomienda aumentar el precio de los billetes de Lotería y reducir gastos para que no haya desbalance en el presupuesto lo cual se prevee por la disminución de las entradas impositivas. El tercer memorandum de 10 de marzo habla de reforma constitucional con la eliminación de la Alcaldía de La Habana, es decir, la desaparición de este municipio. El 21 de marzo destaca la importancia de que sea honesto el registro de electores y que se les de oportunidad a los que no votaron en 1921 en las elecciones complementarias. El 3 de abril llega el memorandum número 5 en que dice que los reajustes en los contratos de obras públicas no son suficientes, que se están favoreciendo a determinadas personas y que se rumora se cobra una comisión de un 10 por ciento para otorgar estos contratos. Los memorandum 6 y 7 se producen en abril 13 iniciando el ciclo de los memorandum "fuertes", que al ser sometidos a la consideración del Departamento de Estado antes de ser entregados al Presidente Zayas sufren la eliminación de las amenazas veladas de intervención militar. Se insiste en el reajuste del presupuesto y que no debe pasar de 55 millones de pesos y para lograrlo deben dejarse cesantes a los "botelleros" y a los empleados innecesarios.

En una reunión con los Secretarios de Despacho y con congresistas se acuerda disminuir el presupuesto al nivel solicitado de 55 millones. El día 5 de mayo se produce el memorandum número 8 –corregido por el Departamento de Estado– en que Crowder incluye una larga lista de hechos de corrupción y que debido a esto el Estado cubano pierde un 15 por ciento de lo que debe percibir y un 25 por ciento de sus recaudaciones. Señala que de acuerdo con la prensa las Secretarías de Hacienda, Obras Públicas y Gobernación son las más corruptas y termina advirtiéndole al Presidente que deberá tomar medidas para la erradicación de esos males. El memorandum número 9 se envía el día 10 de mayo. Crowder dice que la auditoría practicada en la Secretaría de Hacienda es deficiente y solicita entrevista con el Presidente para explicarle como hacer una auditoría satisfactoria. El 15 de mayo llega el décimo memorando donde se informa de la corrupción existente en la Lotería Nacional, como se distribuyen los billetes por intermedio de las colecturías y como ingresos fabulosos llegan a manos de individuos que no prestan servicio alguno, como se distribuyen los privilegios al antojo y a la conveniencia del Presidente de la República.

El Capitán Demetrio Castillo Pokorny, amigo y ayudante de Crowder, conferencia con el Secretario de Estado norteamericano Hughes sobre la situación política cubana y a su regreso a La Habana informa al Presidente Zayas sobre esta conversación. En junio 7 se efectúa la entrevista entre el Presidente y Crowder donde tratan el contenido de los memorandos 7 y 8 e insinúa destituir a algunos Secretarios de Despacho a los que Zayas defiende. Renuncia el Secretario de Hacienda. Se produce otra entrevista al día siguiente en la cual Zayas acepta renovar el Gabinete. La capitulación de Zayas se hace para evitar no una intervención sino su destitución por parte del Congreso.

El día 9de julio todos los Secretarios presentan su renuncia. La lista de nuevos Secretarios que Zayas da a Crowder es rechazada por éste y propone otra en la que específicamente exige el nombramiento de Carlos Manuel de Céspedes como Secretario de Estado; ya está pensando en él como posible sustituto de Zayas. Una comisión de veteranos formada por Enrique José Varona, Manuel Sanguily y Pedro Betancourt se entrevistan con el Presidente para conocer cual es la gravedad de la situación y la posible intervención pero Zayas los tranquiliza y les asegura que no existe tal amenaza. El 19 de junio Zayas sustituye a la mayoría de los Secretarios con personas aceptadas por Crowder.

Nuevo Gabinete: Carlos Manuel de Céspedes, Estado; Manuel Despaigne, Hacienda; Demetrio Castillo Pokorny, Obras Públicas; Ricardo Lancís, Gobernación; Armando Montes, Guerra y Marina; Arístides Agramonte, Sanidad y Beneficencia; Pedro Betancourt, Agricultura, Comercio y Trabajo; Erasmo Regüeiferos, Justicia; Francisco Zayas, Instrucción Pública y Bellas Artes; y José Manuel Cortina, Presidencia. Los tres últimos ocupaban esas carteras y en ellas permanecen con el nuevo gabinete. Este es el mal llamado "Gabinete de la Honradez" o "Gabinete Crowder".

Vamos a ver la versión de José Manuel Cortina sobre estos hechos:

"Cuenta José Manuel Cortina que él le había aconsejado a Zayas que se adelantara a la tempestad provocando la dimisión total del gabinete…. Contrariado por la demora de Zayas…Cortina se dirigió al Palacio Presidencial y encontró a Zayas, debilitado por una fuerte gripe, solo en su despacho". "Le expuse la inminencia de la crisis y la dificultad del momento y él, después de un breve diálogo…me encomendó que yo personalmente, con plenos poderes y su total aprobación anticipada, resolviera el conflicto en la forma que mejor creyera conveniente"… "Sin tiempo que perder… forcé la crisis y la renuncia de todos los secretarios, anunciándolo sin demora a la prensa. Entonces fue nombrado el segundo gabinete de Zayas, *que se ha llamado indebidamente el gabinete de Crowder* … fue seleccionado no por Crowder, sino por mí…escogí las personalidades que me parecieron…más adecuadas para hacerle frente a la crisis nacional".

Cuando Crowder, en presencia de Clarence Marine –ex asesor de la legación americana– le hizo algunas objeciones…Cortina le manifestó que dichos nombramientos eran definitivos porque habían sido hechos por el Presidente de la República en ejercicio de sus facultades constitucionales. "Recuerdo" –dice Cortina– "que el general Crowder, después de meditar un momento, me estrechó la mano con elegante gesto y me dijo: Usted cumple su deber como gran patriota y esto puede resolver la grave dificultad por el momento, y la posible intervención americana; y espero que usted diga en el futuro la verdad, o sea, que yo no le impuse, en definitiva, el nombramiento de ningún secretario"

Posteriormente y a raíz de la compra del Convento de Santa Clara, se suscita otra crisis porque el Presidente es atacado por algunos de sus Secretarios y una nota del gobierno norteamericano le advierte que no sustituya a ningún Secretario porque esto afectaría la concesión del empréstito de los 50 millones. Con conocimiento del contenido del cable de nuevo surgía en el Congreso la posible destitución de Zayas. Reunido con Cortina y con varios dirigentes del Partido Conservador Cortina terminó su exposición diciéndole a Zayas: "Las circunstancias han puesto en sus manos la oportunidad y la necesidad de detener el avance absorbente y destructor de la independencia que realiza el general Crowder, apoyado en una errónea aplicación de la Enmienda Platt…Usted es el Presidente; es un patriota, un hombre de estado y hermano de un héroe que murió por la independencia. Yo sólo puedo ofrecerle que lo acompañaré en todos los riesgos hasta el fin, cualquiera que éste sea. Es preferible chocar y caer antes que sentar un fatal precedente de acatamiento. El momento es muy grave: ahora o nunca.". Al día siguiente Zayas y Cortina enviaron un cable al Departamento de Estado rechazando toda intervención extraña en la formación y mantenimiento del gabinete cubano y agregaban que de sobrevenir algún daño a la nación por virtud de esta actitud, sería con violación de los tratados existentes entre Cuba y los Estados Unidos.

Zayas solidificó esta victoria de la diplomacia cuando en la Quinta Conferencia de Estados Americanos envía en representación de Cuba a adversarios como Manuel Márquez Sterling y Carlos García Vélez que se pronuncian en contra del derecho de intervención apoyada por la Asamblea. Zayas logra la retirada de las tropas americanas acampadas en Camagüey y logró que Washington ratificara el Tratado Hay-Quesada reconociendo la soberanía de Cuba sobre la Isla de Pinos.

Zayas había resistido los memorandum de Crowder. El número 13 había sido dado parcialmente a la publicidad y más tarde en su totalidad. Causó indignación en el pueblo cubano la forma injerencista en que estaba redactado. Por otra parte había un movimiento para destituir a Zayas que partía de varios lugares: del Congreso, de los movimientos cívicos nacionales, de Crowder y de algunos elementos de Washington. Pero el "chino" se las arregló para mantenerse imperturbable y vencer todos estos obstáculos. Una vez aprobado el nuevo gabinete y celebrarse una nueva entrevista con Crowder, éste dio su asentimiento al empréstito de 50 millones. Por esta época ya los banqueros americanos estaban presionando en Washington para que se resolviera la situación, no se hablara más de intervención y se aprobara el empréstito pues era su negocio. La Casa Morgan seguía al frente del grupo de banqueros con mayores posibilidades y fue en definitiva la que se llevó el gato al agua.

Hubo una serie de reformas parciales, leyes que se aprobaron en el Congreso, no todas las que pedía Crowder, no todas fueron aprobadas por Zayas pues vetó algunas y en definitiva se llegó al mes de octubre y se aprobó el empréstito. Crowder intentó en un último gesto y en sus últimos memorandum que se hiciera una auditoría de los gastos de ese empréstito pero Zayas rechazó esta última petición. La capacidad de Crowder para amenazar iba disminuyendo de tal forma que llegó a desaparecer totalmente mientras que la posición de Zayas se fortalecía con la ayuda de los banqueros americanos.

El recién nombrado Secretario de Estado Carlos Manuel de Céspedes era el hombre que Summer Wells y Crowder habían escogido como posible sustituto de Zayas si por fin el Congreso se decidía y lograba expulsarlo de la Presidencia, pero Céspedes no era lo que Crowder esperaba que fuera, no era un títere y empezó a hablar mal de él en sus comunicaciones al Departamento de Estado quienes le contestaron que no comprendían como en unas pocas semanas Céspedes se había convertido de posible substituto en un hombre indigno. Así quedaba al descubierto la maniobra de Crowder.

Otras voces se elevaron en aquella época…*sorpréndanse*… la de Juan Marinello, Secretario de la Asociación de Buen Gobierno, que antes de que pasaran diez años iba a ser presidente del Partido Comunista y que en esa época tenía puesta la máscara de *"ciudadano cívico independiente"*. Algunos periódicos también participaron en la trama y por supuesto, Menocal, que aspiraba a ser el sustituto de un Zayas destituido lo visitó recomendándole una serie de cosas que el

Presidente, por supuesto, no aceptó. Pero Menocal ignoraba que él no era el favorito de Washington.

Hubo un par de intentonas de menor cuantía en campamentos militares pero que prácticamente se disolvieron "en la nada". La Jefatura del Estado Mayor del Ejército pasa a manos de Alberto Herrera y Franch porque el previo ocupante, Armando Montes, fue nombrado Secretario de Guerra y Marina. El presupuesto aprobado para el año 1922-23 era de 55 millones de dólares y los gastos fueron 54.5 millones.

Se producen cambios en la Lotería cuando su director, el primo de Zayas es cambiado y se le concede licencia a su subdirector, el hijo de Zayas, quien es sustituido interinamente por otra persona. La Asociación de Buen Gobierno con Carlos Alzugaray al frente y *Juan Marinello de Secretario* visita al nuevo Secretario de Hacienda Manuel Despaigne para ofrecerle su respaldo. El Secretario de Estado norteamericano felicita a Crowder por la "forma admirable" en que manejó la situación con Zayas y los resultados obtenidos. Ferrara, en el Heraldo de Cuba, apoya y felicita a Crowder, expresando que ese es el sentir del pueblo cubano y que es una lástima que haya tenido que ser un extranjero quien lo hiciese. Ese es el mismo Ferrara que estuvo involucrado en los "chivos" de José Miguel Gómez en su época y que después sería participante en el desastre de Machado, pero esa es la política. No todos los periódicos comparten esta posición. El Partido Liberal, a propuesta de Roberto Méndez Peñate y de Clemente Vázquez Bello se opone resueltamente a la petición del Partido Conservador de deponer a Zayas.

El nuevo Secretario de Hacienda Despaigne presenta el proyecto de ley para la aprobación del empréstito de los cincuenta millones que se utilizará principalmente para pagar la deuda flotante. Para pagar la amortización de este empréstito se implementan nuevos impuestos de los cuales el más importante es el pago del 1% sobre las ventas brutas en establecimientos comerciales. Los que se oponen al empréstito dicen que tiene que hacerse uno interno lo cual era completamente imposible porque no había capitales que lo respaldaran y los que por otra parte apoyaban al empréstito aprueban los impuestos. Como siempre existieron opiniones divergentes en temas esenciales.

En el mes de julio y por medio de una ley se reducen los gastos del Poder Legislativo casi un cincuenta por ciento. El Secretario de

Hacienda Despaigne destituye al encargado de la Zona Fiscal de Santiago de Cuba por irregularidades en el pago de los impuestos. El 21 de agosto oficialmente el Departamento de Estado dice que aprobará el empréstito de los cincuenta millones cuando el gobierno de Cuba lleve a cabo un programa legislativo de "cinco puntos" recomendado por Crowder que son: 1. Suspensión de la Ley de Retiro Civil para reducir la empleomanía; 2. Ley de contabilidad; 3. Creación de una comisión investigadora de la deuda flotante; 4. Ley facilitando la destitución de jueces corruptos; y 5. Ley creando nuevos impuestos para la amortización del empréstito. Ya hemos visto que la más importante era la del uno por ciento.

Zayas informa al Congreso de la amenaza de Crowder de que si en diez días no son aprobados los cinco puntos él regresará a su país y declarará fracasada su misión lo cual es una forma indirecta de amenazar con una intervención. Ante esta situación y los rumores referentes a la intervención, el Departamento de Estado Norteamericano se ve obligado a declarar enfáticamente al delegado cubano en Washington que no hay ni va a haber intervención militar norteamericana en estos momentos y que el Presidente Zayas cuenta con su apoyo.

En septiembre el Senado apoya una moción rechazando la imposición de plazos al Congreso cubano para la aprobación de leyes. Se aprueba la creación de una comisión para el estudio de los adeudos en la Secretaría de Hacienda para organizar el pago a los acreedores. Los integrantes de la comisión son Raúl Trelles, Magistrado del Tribunal Supremo como su presidente; los vocales son el Magistrado de la Audiencia de La Habana Gabriel Vandama, Luís Morales por la Sociedad de Ingenieros y los Secretarios de Hacienda y de Obras Públicas Despaigne y Castillo Pokorny. El Departamento de Estado se queja de la obstrucción congresional al programa de los cinco puntos. Más adelante Zayas veta un proyecto de ley sobre contabilidad porque lo estima demasiado estricto y que obstruye la labor de los fiscalizadores. Se modifica el proyecto y Zayas lo vuelve a vetar. El Ministro Céspedes obtiene de la Cancillería americana la derogación de la cláusula que autoriza nombrar a un administrador de los impuestos destinados a pagar los empréstitos por considerarla que atenta a la soberanía nacional cubana. Se aprueba el arancel que grava en 1.76 centavos por libra la entrada del azúcar cubano en los Estados Unidos. El antiguo Director y el Subdirector de la Lotería –el primo y el hijo de Zayas– son encausados por fraude, detenidos y en dos días liberados bajo fianza.

Una nueva ley suspende el Servicio Civil pero solamente por sesenta días. Ley que aprueba el impuesto del uno por ciento al ser aprobado la autorización para el empréstito.

El 10 de octubre se efectúa la primera transmisión radiofónica en Cuba que a su vez es la primera transmisión radial en Latinoamérica. La estación fue la PWX de la Cuban Telephone Company que más tarde se llamaría CMG. Fue un control remoto desde la oficina del Presidente Zayas en el Palacio Presidencial y la alocución terminó con el Presidente cubano dando tres vivas a la gloria de los Estados Unidos y tres vivas a la República de Cuba *libre, independiente y soberana*. El 30 de octubre se aumenta el presupuesto de Comunicaciones que había sido drásticamente rebajado y que era necesario para prestar un servicio adecuado. Por supuesto esto lleva implícito un aumento del franqueo de la correspondencia regular y de los certificados. En noviembre se celebran las elecciones parciales que resultan en un triunfo para el Partido Liberal que eligen a todos los gobernadores menos al de Pinar del Río y a 79 de los 116 alcaldes pero sin embargo sólo a 27 representantes contra 26 conservadores y 4 populares. El Liberal José María de la Cuesta vence al candidato Conservador y Popular. Benito Lagueruela es elegido Alcalde de La Habana.

Al terminar la licencia del hijo de Zayas en la Renta de la Lotería el Ministro de Hacienda Despaigne se niega a darle posesión porque dice que está encausado pero Crowder interviene y prepara uno de los tantos juegos malabares de la política de esa época. Le dan posesión e inmediatamente lo pasan en comisión al Palacio Presidencial. El 4 de noviembre el Departamento de Estado aprueba el empréstito de los cincuenta millones de dólares. Al confirmarse y reafirmarse el tratado de paz con Austria-Hungría queda sin efecto la ley que creó la Comisión de Subsistencia para la distribución de los artículos de primera necesidad durante la Primera Guerra Mundial. En noviembre 15 se descubre un desfalco de 253,000 pesos en la caja del Gobierno Provincial de Oriente. El tesorero es acusado y mandado a detener. Huye y se presentará en La Habana acusando a su vez al Gobernador y a los Consejeros de ser los principales culpables. El día 16 el Gobernador de Matanzas Eduardo García Vigoa es suspendido de su cargo y procesado por malversación y falsedad de documentos;

239

se encuentran cincuenta cajas municipales desfalcadas. El 21 de noviembre una circular del nuevo Secretario de Gobernación prohibe los bailes africanos.

Se celebra en la Universidad una conferencia estudiantil a la cual asiste el Profesor argentino José Arce, Rector de la Universidad de Buenos Aires, iniciador y propulsor de la reforma estudiantil argentina. Esto causará un gran impacto entre los estudiantes cubanos y determinará la "feu-volución universitaria" que será el próximo dolor de cabeza del Presidente Zayas en el año siguiente. Se preparaun proyecto de banco de emisión por la Secretaría de Hacienda cubana. El 19 de diciembre se presenta el pliego para los que quieran "pujar" por el empréstito de los cincuenta millones. El 30 de diciembre los alumnos del quinto año de la Escuela de Medicina piden la renuncia del Profesor Rafael Menocal del Cueto y van a la huelga; es el inicio de la revolución universitaria. El claustro de profesores apoya a Menocal; la federación estudiantil universitaria, FEU, de reciente creación apoya a los estudiantes en su petición. Ha comenzado la "guerra".

El 31 de diciembre aparece un comité para la reelección de Zayas. Termina el año con una importante subida del precio del azúcar que se cotiza ahora a 3.5 centavos la libra. A comienzos de año estaba a 1.5 centavos. Zayas ha logrado vencer a Crowder y a todos los otros enemigos en su tremenda lucha de 1922. Si se me permite otro símil deportivo diremos que si Zayas no conocía el judo –que a lo mejor lo conocía porque era "chino"– lo inventó y lo practicó en la política durante este año. Estuvo aprovechando constantemente el ímpetu y la fuerza del contrario hasta llevarlo a posiciones de desequilibrio para entonces aprovecharse. Se mantuvo firme, cambió personas y posiciones, mandó a aprobar leyes, vetó otras, en fin utilizó todos los recursos a su alcance y al terminar el año, con la mejoría del precio del azúcar y con el empréstito de cincuenta millones que se había aprobado, ya tenía dinero suficiente para manejar la situación a su antojo…y lo iba a necesitar porque ya se había declarado la revolución universitaria que iba a darle bastantes dolores de cabeza.

Veamos ahora otros de los acontecimientos ocurridos en este tormentoso año de 1922, que de cierta manera influyeron en la Historia de Cuba, en su forma de vivir del pueblo cubano y que seguirían moldeando y condicionando la estructura y el avance de la nación cubana.

Se promulga la ley que suspende la reorganización de los partidos políticos. Se prohiben las peleas de boxeo en La Habana, pero no pasaron muchos días sin que se volvieran a autorizar. En enero termina la huelga portuaria tratando de evitar la libre contratación de los empleados y el sindicato no obtuvo lo que pedía. Estalla una bomba en la casa del administrador de la Cervecería Polar Emeterio Zorrilla y se considera que esto ha sido obra del sindicato que está en huelga, un hecho anarcosindicalista. Regresa Menocal de su viaje por Estados Unidos y Europa. En Europa fue recibido por el Rey Jorge V e invitado a almorzar en el Palacio Real para agradecer sus esfuerzos en la Primera Guerra Mundial. Por supuesto, de las desacertadas actuaciones de Menocal en Cuba como corrupción, caos, etc., no se habló. Esto se repetirá constantemente en la Historia de Cuba. A los extranjeros no les interesa el maltrato que los gobernantes hacen sobre los cubanos.

Carlos Manuel de la Cruz le prepara un gran recibimiento a Menocal. Se está iniciando la reedificación de la imagen del Mayoral. El Representante Cano mata a tiros al Representante Liberal Martínez Alonso jefe del Cenáculo Grupo Liberal. La Cámara accede a la petición de los tribunales pero Cano se oculta y huye de Cuba. Se promulga una ley que regula la refacción agrícola en los contratos entre los colonos y los hacendados.

Después de un primer meeting promovido por Ramón Zaydin protestando contra la posible ley de reforma constitucional sobre la prórroga de poderes y esto se repite a través de la Isla. Por medio de una ley se crea la Comisión Nacional Codificadora cuyo objeto es codificar la legislación nacional. El 22 de marzo se ratifica el tratado de paz con Hungría y termina la supuesta hostilidad de guerra entre ambos países. Como resultado de las desavenencias entre el Secretario de Hacienda Gelabert y el Subsecretario Rodríguez Acosta este último es despedido y sustituido por el primo del Presidente Carlos Portela.

El 8 de abril, protestando por la no reorganización de los partidos Ricardo Dolz y Aurelio Hevia abandonan el Partido Conservador y fundan el Partido Republicano de escasa vida y de ninguna importancia política. Al día siguiente Maza y Artola funda el Partido Nacionalista de menos importancia aún. El día 12 se declaran en huelga los telegrafistas pidiendo aumento de sueldo. La huelga termina a los dos días cuando se reponen algunos de los empleados que habían sido cesanteados pero de aumento de sueldo nada. El 20 de abril se declara fiesta nacional al día 28 de enero, nacimiento de Martí y se dispone que cada municipio deberá tener una calle con el nombre de Martí. El 1º de mayo cierra sus puertas el Banco Upmann acogiéndose a la ley de liquidación bancaria. El día 3 de mayo el Senado aprueba parte de la ley de reforma constitucional excepto la prórroga de poderes. Al no estar esto en el proyecto de ley los congresistas pierden interés y muere esa reforma. El 4 de mayo se descubre que una cantidad de opio que había sido decomisada y que estaba bajo cuidado en la aduana de La Habana, ha sido sustituida por panes de jabón. Nunca apareció el opio ni quienes fueron los culpables de la sustitución.

El 14 de mayo se desmonta la grúa conocida como "Palo de la Machina" de gran significación social e histórica para la población de la Habana Vieja. El 20 de mayo se coloca la primera piedra para la construcción de un hospital que servirá a niños tuberculosos y que se llamará María Jaén en honor de la esposa del Presidente. El Representante Pedro Herrera Sotolongo pedirá a la Cámara que acuse al Presidente y a los Secretarios de Sanidad y de Hacienda por las irregularidades que según él se han cometido y que el Senado actúe en consecuencia. El 25 de mayo una delegación de la Asociación para el Buen Gobierno visita al Secretario de Gobernación para protestar por la tolerancia de los garitos de juego. La entrevista se vuelve violenta y el Secretario expulsa de su oficina a los visitantes. Muere la poetisa cubana Luisa Pérez de Zambrana. Explota una bomba en el edificio de la Delegación Española y se acusa de ello a los anarquistas.

El 2 de junio el contratista de Obras Públicas Víctor Miranda mata a tiros al jefe de los ingenieros de la ciudad de La Habana Gabriel Román. Después explica que lo ha hecho porque Román le exigía el 40 por ciento del pago que le hacían por su trabajo con sentido de comisión. Al ponerse en vigor el tratado de paz con Hungría pasan a los tribunales civiles una serie de causas contra militares. El día 27 de junio se van a la huelga los obreros de los Ferrocarriles Unidos en protesta porque la empresa quiere rebajar sus salarios en un 15 por ciento. El paro termina el 31 de julio cuando la empresa reconoce al sindicato, rebaja algunos salarios en un cinco por ciento y otros en un diez, pero a ninguno les rebaja el 15 por ciento. Por decreto presidencial se le da carácter permanente a la Delegación de Cuba en la Liga de las Naciones que está presidida por Cosme de la Torriente, quien después será elegido Presidente de la Asamblea. Se deroga el decreto que fijaba el precio de la carne en 30 centavos. El Secretario de Gobernación crea un Comité Censor de Películas como parte del reajuste para moralizar la sociedad cubana, además de combatir la prostitución y el juego. El 20 de julio visita La Habana la poetisa chilena Gabriela Mistral. En los terrenos donde están las obras paralizadas del futuro Capitolio se inaugura el parque de diversiones "Havana Park". Muere en Nueva York el periodista cubano Víctor Muñoz creador del Día de las Madres en Cuba y además creador de la principal jerga utilizada en el lenguaje deportivo y especialmente en el "béisbol.

El 26 de julio ocurren dos conatos de sedición militar en La Cabaña y en Columbia pero que fueron de pequeña importancia y fácilmente reprimido por el Ejército. Se acusa a partidarios de Menocal de ser los inspiradores. El 21 de julio se produce con gran pompa el entierro de los restos del General de la Guerra de Independencia Dr. Juan Bruno Zayas, hermano del Presidente. El 28 de agosto fallece Emilio Bacardí, patriota e intelectual cubano. El día 5 de octubre se declara como fiesta nacional el día 12 de ese mes, Día de la Raza. El 9 de octubre se promulga la ley que autoriza la contratación del empréstito de los 50 millones de dólares adicionándole la ley sobre los tributos que amortizarán ese préstamo. El 10 de octubre comienza a publicarse el Diario El País. Muere Manuel Johnson Larralde dueño y fundador de la famosa droguería que lleva su nombre. Seis meses después de la firma del Tratado de Paz con Hungría se deroga la ley de subsistencia que regulaba los precios de los artículos de primera necesidad durante la guerra.

El 27 de noviembre muere Demetrio Castillo Duany ex Secretario de Guerra y Marina. Regresa Menocal de su viaje a los Estados Unidos y a Europa y ya se habla de su candidatura presidencial para las elecciones del 24. Los aspirantes a candidatos Liberales Machado y Mendieta siguen trabajando arduamente en sus campañas. Se rumora que tal vez Crowder vete a los viejos políticos y por eso no se descarta la candidatura de Carlos Manuel de Céspedes. Visita La Habana Don Jacinto Benavente, famoso dramaturgo español.

Leyes y Decretos de 1922

Ley anulando la reorganización de los partidos. Ley que liquida la Comisión Financiera del Azúcar y que aprueba el precio neto por libra vendida por la Comisión. Ley para la reorganización del Servicio Exterior. Ley creando la medalla de los Conspiradores de la Independencia. Ley que obliga a los Corredores y Notarios de certificar las ventas de azúcar. Ley que autoriza que se emplee el 15 por ciento de la recaudación de aduana para pagar deudas atrasadas. Ley para la refacción agrícola de colonato y de molienda de cañas y que además modifica ciertos aspectos de la Ley Hipotecaria. En Marzo una ley que concede una pensión vitalicia al General Emilio Núñez Rodríguez ex Vicepresidente. Ley que crea una comisión de estudios para la legislación penal, civil y administrativa de la República. Ley sobre el alcance de la declaratoria que haga el Tribunal Supremo en Pleno al resolver favorablemente recursos de inconstitucionalidad. Decreto modificando uno del año 1906 sobre el uso de la bandera, el escudo y el sello de la Nación. Ley que crea en las facultades de Medicina, Farmacia y Cirugía Dental plazas de Profesores Auxiliares. Ley que autoriza a los profesores que han obtenido plazas auxiliares por oposición en los Institutos de Segunda Enseñanza a ocupar los cargos de profesores titulares cuando estos estuvieran vacantes. Decreto habilitando a Santa Lucía en la provincia de Pinar del Río como un subpuerto adscrito a la Aduana de Mariel. Ley referente al pago de los adeudos a los veteranos utilizando para ello diferentes impuestos a fin de crear un fondo de estabilización. Ley que aprueba el deslinde marítimo-terrestre de la zona del litoral de Santiago de Cuba. Decreto para la reorganización de las Fuerzas Armadas que incluye la supresión del Servicio Militar Obligatorio y modificación de anteriores decretos. Al día siguiente un decreto para la reorganización de la Marina. Ley que transfiere a la esposa del General Emilio Núñez la pensión a él concedida. Decreto determinando quienes serán los funcionarios públicos con derecho al uso de automóviles con chapa oficial. Ley que crea la Oficina Hidrográfica de la República. Ley reformando la venta de billetes de lotería, anulando los nombramientos de todos los colectores y confeccionando una nueva lista. Ley derogando una previa sobre obligaciones del cuerpo de la Policía Nacional por parte del Municipio de La Habana. Ley que modifica el presupuesto fijo en la parte correspondiente al Poder Legislativo. Ley que reduce la subvención concedida por una ley anterior a los Consejos Provinciales de Pinar del Río, Matanzas y Camagüey. Ley que considera obligatorios los acuerdos adoptados por la Facultad de

Derecho sobre los estudios de Derecho Público, Derecho Civil y Notariado. Ley que extiende hasta noviembre de este año los contratos de refacción agrícola. En agosto una nueva ley que reglamenta la Instrucción Primaria. Se crea la Sección de Adeudos en la Secretaría de Hacienda para el examen y calificación de dichos adeudos. Ley que autoriza al Presidente a designar Alcaldes o Gobernadores de facto cuando estas posiciones no puedan ser cubiertas por los elegidos o por sus sustitutos.

Ley que autoriza a la Cuban Telephone Company para establecer el servicio de teléfonos privados. Ley por la cual no se aplica el artículo 80 del Decreto Orgánico del Ejército a los capitanes de la Guardia Rural. Ley autorizando un aumento de plazas en la Secretaria de Obras Públicas. Ley creando registros de propiedades y mercantiles en los municipios que lo necesiten. Ley aumentando el presupuesto de la Secretaría de Sanidad para dotar a los hospitales de salas de ancianos, mujeres y niños. Decreto que deroga el que autorizó a la Cuban Telephone Company a establecer el servicio de teléfonos privados y prohibe a esas empresas la publicación de nombres de usuarios con sus números telefónicos de aquellas personas que se opongan a ello. Decreto modificando uno anterior sobre la legalización de firmas en los documentos expedidos en el extranjero y que deban surtir efecto en Cuba. Decreto modificando la reglamentación de la Ley de Jubilación de Empleados y Obreros de los Ferrocarriles y Tranvías. Decreto regulando el aprovechamiento de montes forestales que pertenezcan a más de un municipio.

Año 1923

Es éste el año de la recuperación del Presidente Zayas de la gravísima crisis que lo tuvo al borde de ser expulsado de la Presidencia o por el Congreso Cubano o por la intervención americana. Como ya dijimos, Zayas había manejado magníficamente la situación y comienza el año 1923 con su gran éxito diplomático. Él había elevado a calidad de Embajada la representación cubana en Washington a cargo de Cosme de la Torriente y el gobierno americano se vio obligado, a manera de reciprocidad, a hacer lo mismo con su representación en La Habana, y por lo tanto nombró Embajador al recomendado de Zayas, al General Crowder. Esto demoró una semana pues el Congreso de los

Estados Unidos tenía que autorizar que un General del Ejército pudiera representar como embajador a su país, cosa que no era lo acostumbrado, pero al fin y al cabo esto se logró y el día 14 de febrero de 1923 Crowder fue nombrado Embajador, presentó sus credenciales y terminó toda su actuación como el cancerbero, amenazador, director, planificador y "salvador" de la República de Cuba. Zayas lo había vencido utilizando todo su prestigio y para mayor escarnio lo había hecho nombrar embajador, de modo que ya no podía interferir en lo absoluto en ninguno de los asuntos cubanos puesto que los embajadores no están nombrados para eso.

Otro punto que resultó de gran beneficio para Zayas fue la aprobación del empréstito grande de los 50 millones con lo cual se salía de la angustiosa situación de la falta de dinero puesto que el pequeño empréstito había sido sólo un paliativo y Zayas necesitaba más de cinco millones. Por otro lado el mercado azucarero se había ido recuperando y ya estaba por encima de los 3 centavos la libra al comenzar este año. Ya con esto Zayas disponía con las armas que él sabía utilizar para manejar adecuadamente a los políticos cubanos, a los bancos norteamericanos y a los concesionarios. Estaba pues en el apogeo de su estilo. Le faltaba terminar con el "gabinete de la honradez", o sea, quitar a los Secretarios que les eran totalmente hostiles y para esto volvió a utilizar una de sus magistrales argucias políticas.

Zayas pregunta al Departamento de Estado si la Enmienda Platt prohibía que el Presidente modificara el Gabinete cuando lo estimara conveniente. El Departamento de Estado se vio obligado a decir que no había ningún problema con la Enmienda Platt y la modificación del Gabinete. Acto seguido Zayas se deshizo del Secretario de Hacienda Despaigne nombrando en su lugar a Carlos Portela. Se deshizo del Secretario de Gobernación Lancís nombrando a Iturralde en su lugar y se deshizo del Secretario de Sanidad Agramonte nombrando al Dr. Porto. También sustituyó al Secretario de Obras Públicas Castillo, nombrando a Sandoval en su lugar.

En 1923 Zayas tuvo que enfrentar lo que se llamó la "revolución universitaria" que fue el acontecimiento más importante que estuvo vigente durante muchos meses de este año. En realidad este proceso había comenzado el 5 de diciembre de 1922 cuando se celebró en La Habana el llamado Primer Congreso Latinoamericano de Estudiantes a la que asistieron no solamente estudiantes sino Profesores y Directores de muchas universidades latinoamericanas. El más distinguido de todos ellos fue el Profesor José Arce Rector de la Universidad de Buenos Aires, el cual en un brillante discurso, después de exponer el inicio de la revolución universitaria en la Argentina, que comenzó en la Universidad de Córdoba y se había extendido por la Argentina y por otros países reclamando más y mejores profesores junto a una serie de reformas modernas. Arce sembró –por así decirlo– en la mente y corazón de los estudiantes de la Universidad de la Habana la necesidad de que se aplicaran en Cuba las mismas medidas "revolucionarias".

La necesidad de reorganización de la Universidad y el mal crédito del Presidente Zayas en todos los órdenes a finales de 1922 fueron un terreno propicio para que se desarrollara lo que vamos a ver a continuación.

Los estudiantes de la Universidad de La Habana comenzaron a utilizar nombres indígenas, uno de los cuales, "caribe", permanece hasta nuestros días y también algunas frases indígenas como un rechazo a los sucesores de los colonialistas españoles, algo muy interesante y muy folklórico. "Anacarina roto" gritaban los estudiantes. Esto significaba "sólo nosotros somos la gente". La Federación Estudiantil tenía un Directorio y el presidente en ese momento era Felio Marinello, hermano de Juan y su secretario era Julio Antonio Mella que iba a ser a la postre, después de suceder a Marinello, el alma de toda la agitación estudiantil. Mella era hijo de un sastre de origen dominicano y de una mujer jamaiquina que era de descendencia inglesa, unidos ilegítimamente, lo cual ya daba un tinte psicológico a esta personalidad "revolucionaria".

Mella estuvo en varios colegios privados de La Habana, casi todos ellos religiosos y fue expulsado de ellos por indisciplina y el no cumplimiento de sus funciones o deberes religiosos y tampoco de los deberes estudiantiles. Fue a los Estados Unidos a tomar varios cursos y regresó con un odio tremendo a todo lo norteamericano. Posiblemente por su condición de mestizo fue repudiado por la entronizada discriminación que en esos años prevalecía en el país norteño.

La ingerencia de Crowder en esos momentos en Cuba acentuó aún más el rechazo de Mella por los Estados Unidos. Él fue inclinándose poco a poco y cada vez más hacia el comunismo en cuyo partido llegó a ser un dirigente y con esto arrastró a mucha gente tras él. Era un gran atleta y además un gran orador con una voz potente que sustituía a la ausencia de micrófonos de la época. Él sucedió a Marinello en la presidencia del Directorio de la Federación y fue el motor de todas las agitaciones en el año 23, pero a medida que se adentraba en el comunismo fue abandonando la lucha universitaria y después, en épocas de Machado, en 1925, fue expulsado de la Universidad. Salió de Cuba para México donde tuvo una muerte trágica, un asesinato con ribetes políticos, sobre el cual hablaremos más adelante.

La "revolución" universitaria comenzó con los estudiantes de Medicina que acusaron al Profesor Rafael Menocal y del Cueto de inepto, de incapaz y pidieron su expulsión. El Claustro se opuso como era de rigor y la FEU apoyó la petición de los estudiantes y se produjo el primer conflicto que iba a ser seguido de otros muchos. Veremos que no sólo Menocal sino otros profesores fueron separados de sus cargos. Casi inmediatamente hubo denuncias contra profesores de la Escuela de Derecho y de la Escuela de Ciencia Físico Matemáticas, de Ingeniería y de Cirugía Dental. La FEU tomó la Universidad e impidió la entrada de las autoridades y comenzaron manifestaciones estudiantiles. Otras peticiones de los estudiantes además de la "depuración" profesoral era el aumento de los créditos para mejorar los edificios y los laboratorios de diferentes escuelas, la terminación de las obras de los campos deportivos del tiempo de Menocal, la participación del estudiantado en el gobierno de la Universidad y por último la autonomía universitaria. Esto último liberaría a la Universidad de la influencia política en los años venideros y los nuestros demostraron que esto no era exactamente así, que la Universidad y la política, cada vez más y más estuvieron muy mezcladas.

Zayas trató de calmarlos haciéndoles promesas pero no surtieron efecto. Algunos de sus asesores le insinuaron la utilización de la violencia pero esto fue rechazado por Zayas pues no era su estilo como lo demostró durante todo su gobierno. La protesta y el movimiento "revolucionario" se extendió a los Institutos de Segunda Enseñanza, a las escuelas intermedias e inclusive a los colegios privados. Zayas accedió a la cesantía de dieciséis profesores cuyas acusaciones fueron estudiadas y comprobadas. Se dieron los créditos para la terminación del estadio de la Universidad y de otros campos deportivos y se estableció la Asamblea Universitaria con participación estudiantil, profesoral y de graduados. Esta Asamblea podía decidir sobre planes de estudios, nombramiento del Rector y sobre presupuestos de la Universidad.

Estos hechos no ocurrieron de la noche a la mañana sino por fases. Los primeros días de enero de 1923 el Consejo Universitario acordó constituir una comisión mixta de seis profesores y de seis estudiantes para estudiar los expedientes de los profesores que eventualmente serán cesanteados. El 13 de marzo el gobierno por un decreto reconoce la personalidad de esta comisión. A mediados de enero una imponente manifestación parte de la Universidad compuesta de estudiantes, profesores, graduados, miembros de colegios profesionales y encabezada por el Rector Carlos de la Torre y Huerta y llegan hasta el Palacio Presidencial donde el Rector es recibido por Zayas y entrega al Presidente un documento con un proyecto sobre la estructura y funcionamiento de la autonomía universitaria. El 31 de enero el Rector prolonga hasta el 14 de febrero la suspensión de clases puesto que hasta el momento todo ha quedado en discusiones y palabras pero no ha habido una solución concreta. El 5 de febrero ocurre la suspensión de los profesores acusados previamente por los estudiantes.

El 15 de febrero el Consejo Universitario aprueba una moción para reformar los estatutos de la Universidad y ese día se reanudan las clases. El 21 de febrero el Rector Carlos de la Torre solicita una licencia de 45 días por enfermedad. Ésta se irá prorrogando y prorrogando y al final de año el Rector presenta la renuncia. El Decano de la Facultad de Derecho José Antolín del Cueto y Pazos se hace cargo de la Rectoría con carácter interino. El 2 de marzo ante el aumento de los actos de indisciplina en toda la Universidad el Rector suspende las clases debido a que en la Escuela de Medicina el Profesor Francisco de Paula Hernández es vejado y expulsado de su aula por los estudiantes. El 5 de marzo la FEU pide al Rector la suspensión del catedrático Enrique Laverán prestigioso profesor de la Escuela de Derecho por haber apoyado al Profesor García Montes que era muy repudiado por los estudiantes.

El día 6 la Cámara aprueba un proyecto para la autonomía universitaria pero no pasará de eso, de ser un proyecto. El 10 de marzo debido a que va in crescendo la indisciplina estudiantil el Rector pretende clausurar las asociaciones de este tipo. El día 12 el Directorio de la FEU con el apoyo de su tropa de choque, los Manicatos, pide la renuncia del Rector por su intento de disciplinar a los estudiantes. Al día siguiente el Consejo Universitario suspende las clases por tres días pero la FEU en un acto muy violento en el Aula Magna decide convocar a clases bajo su supervisión y dirección, desconociendo y desafiando la autoridad del Consejo. El presidente de la Comisión Mixta será el profesor Hernández Cartaya y su secretario Julio Antonio Mella.

El Rector interino Antolín del Cueto renuncia a su cargo de Decano de la Facultad de Derecho y por ende termina como Rector de la Universidad lo que es una buena manera de usar una puerta falsa para salir del embrollo. Pocos días después se reintegra al decanato. El Profesor Adolfo de Aragón y Muñoz fue designado Rector interino. El día 24 renuncia a su cátedra por su pugna con los estudiantes el Dr. Enrique Lavedán y Navarrete, lo que fue una gran pérdida para la Universidad. El Superintendente nombrado por el Dr. Zayas suspende de sus puestos a los profesores Jorge García Montes y Francisco de Paula Hernández. Esto se hace para tranquilizar a los estudiantes y mantener el orden y la disciplina, que fue un gran error.

La actuación de los estudiantes es acogida favorablemente por la opinión pública desde muchos puntos de vista pero la cobertura de la prensa y la publicidad hacen que los estudiantes comiencen a inmiscuirse en asuntos políticos. De todas formas la agenda de Julio Antonio Mella, bien ligado con la estructura comunista nacional, había logrado que se estableciera la Universidad Popular José Martí para obreros y para que los estudiantes izquierdistas "enseñaran" a los obreros, sobre todo para adoctrinarlos en las teorías marxistas leninistas. Se empezaron a editar dos periódicos en la Universidad, uno llamado "Alma Máter" de carácter normal, nacional; y el otro llamado "Juventud" que era un franco libelo comunista.

El 3 de julio el periodista Eduardo González Manet es nombrado como Secretario de Instrucción Pública en sustitución del hermano del Presidente Francisco Zayas que pasa a ser Embajador en Francia. González Manet era un columnista del Periódico "El Mundo" que no se distinguía por sus elogios al Presidente Zayas y que va a escenificar muy a su pesar uno de los últimos actos "revolucionarios" estudiantil de Julio Antonio Mella. El 4 de octubre durante el acto de apertura del curso académico de la Universidad y mientras que el Secretario González Manet hablaba, Julio Antonio Mella interrumpe el discurso, acusa al gobierno y provoca una gran alteración. Al día siguiente Mella es detenido junto con otros estudiantes acusados de injuriar al Secretario de Instrucción Pública. El día 8 el Rector Aragón le pide al Presidente Zayas que no se proceda judicialmente contra los estudiantes. Al fin y a la postre todo será una tormenta en un vaso de agua.

El 23 de agosto se dicta un decreto presidencial para la constitución de la Asamblea Universitaria de 90 miembros de los cuales 30 son profesores, 30 son estudiantes y 30 son graduados, todos bajo la presidencia del Rector de la Universidad

El 15 de octubre se inaugura en el Aula Magna el Primer Congreso Nacional de Estudiantes de Cuba presidido por Julio Antonio Mella con la asistencia de universitarios, de estudiantes de Institutos de Segunda Enseñanza y estudiantes de Colegios privados de toda la República. El Rector Aragón compartió la presidencia del acto y el Gobernador de La Habana Barreras estuvo presente. Se clausura el Congreso el día 18 con los siguientes acuerdos: 1. Declaración de los deberes y derechos de los estudiantes; 2. Organización de la Universidad Popular José Martí; y 3. Formación de la Confederación de Estudiantes de Cuba. El 31 de octubre el gobierno destina 40,000 pesos para la construcción del Estadio Universitario. El 3 de noviembre se inaugura la Universidad Popular bajo la dirección de Julio Antonio Mella y del Profesor Eusebio Hernández. El acto de inauguración lo preside el presidente de los estudiantes peruanos Víctor Raúl Haya de la Torre… ¡que casualidad! Haya va a México de visita. En estos días es nombrado Ramón Grau San Martín para la cátedra de Fisiología de la Escuela de Medicina de la Universidad de La Habana. Zayas paseó la revolución universitaria sin utilizar ningún tipo de violencia. No pudo evitar que la siembra de ideas por los comunistas entre los estudiantes fuera paulatinamente aumentando. Ya veremos más adelante los nefastos efectos de esta propaganda subversiva.

Este año presentaría a Zayas otras serias dificultades producidas por el movimiento de Veteranos y Patriotas, algo verdaderamente digno de estudiarse puesto que durante la época de Menocal no hubo ningún grupo veteranista que se hiciera sentir como tal. Sin embargo, a José Miguel cuando querían que les dieran sus pensiones le hicieron un chantaje e inclusive Loynaz del Castillo por su actitud, fue expulsado de la oficina del Presidente Gómez por faltarle el respeto. En los ocho años de Menocal los veteranos estuvieron muy tranquilos. Ahora con Zayas se alborotaron de nuevo y veremos como fue el desarrollo de este movimiento, su verdadero alcance y su final de ópera bufa.

El 12 de agosto en el Teatro Maxim se celebra una Asamblea de Veteranos presidida por el General Varona a la cual acuden veteranos de las seis provincias. No solamente trata esta asamblea de la administración de las pensiones de veteranos sino que amplia su radio de acción con ataques al gobierno. Se nombra una comisión presidida por el General Carlos García Vélez quien en ese momento era Embajador de Cuba en Londres, para tratar con los dirigentes del Congreso y plantearles sus demandas. La Asamblea se declara en sesión permanente.

El General García Vélez había llegado de Londres con permiso del gobierno. Se puso rápidamente a hacer contactos con diferentes veteranos y a trabajar en procesos de organización. Al día siguiente la Cámara de Representantes en reunión secreta acuerda lanzar un manifiesto a la opinión pública contestando las acusaciones de los veteranos. La asamblea del Teatro Maxim nombró un Comité Ejecutivo que a su vez nombrará comités ejecutivos en todas las provincias y en los municipios. Carlos García Vélez preside el comité.

El tesorero será el Coronel Manuel Despaigne, ex Secretario de Hacienda. También se les dará entrada a otros ciudadanos llamados "patriotas". El primer grupo fue la Falange de Acción Cubana dirigida y fundada por Rubén Martínez Villena. Se prepara así una magna asamblea de veteranos y patriotas.

El día 12 de agosto se celebra esa asamblea en el Teatro Martí con la asistencia del Club Femenino de Cuba. Las peticiones que la Asamblea hace al Congreso son las siguientes: pedir una reunión con los líderes de la Cámara y del Senado y otra reunión con el Presidente Zayas para entregar el manifiesto. El día 30 se reúnen con Zayas y con los líderes del Congreso y entregan sus proyectos y sus peticiones. Zayas les contesta en una forma evasiva. En septiembre el gobierno toma medidas contra la agitación que están provocando en la población los veteranos y patriotas. El día 20 son detenidos Mariblanca Sabas Alomá, Rubén Martínez Villena, Generoso Campos Marqueti, Néstor Carbonell y otros. Se oculta Carlos Gacía Vélez. Son acusados de sedición e incitación a la rebelión. Se designa a Juan Manuel Valdés Anciano como Juez Especial para esta causa. El ambiente se ha puesto tenso y por tanto la Secretaría de Gobernación suspende una manifestación de maestros que se iba a celebrar pidiendo aumentos de sueldos y una mejor atención a la enseñanza.

El 5 de octubre el gobernador de La Habana Barrera celebra una reunión con todos los alcaldes de la provincia a su mando para cambiar impresiones sobre la situación planteada por el movimiento de veteranos y patriotas. Por publicar un artículo que contiene la posibilidad de un atentado a Zayas es incautada por orden del Secretario de Gobernación la edición del periódico "El Universal". El 14 se celebra un magno acto de la Asociación de Veteranos y Patriotas en el Teatro Fausto de La Habana con una nutrida asistencia que colma todo el teatro para que dicha asociación quede constituida oficialmente. Se presenta un manifiesto contra la actuación del gobierno y se nombra su directorio que está constituido de la manera siguiente: Carlos García Vélez –que está oculto– como Presidente, Enrique José Varona como su primer Vice, Manuel Sanguily su segundo vicepresidente, Oscar Soto Secretario, Manuel Despaigne Tesorero, Gustavo Gutiérrez Secretario de Actas, Rubén Martínez Villena Vicesecretario de actas, Carlos Alzugaray Secretario de Correspondencia, Juan Marinello Vicesecretario de Correspondencia. Por lo menos dos de los bien conocidos comunistas en poquitos años pertenecen a este comité. Magnífica infiltración.

El Juez Valdés Anciano dicta actos de procesamiento contra los detenidos y les impone prisión o una fianza de mil pesos. El Secretario de Gobernación prohibe la reunión de veteranos y patriotas fuera de su local social. Los alcaldes de Pinar del Río acusan al movimiento de veteranos de intervencionista, es decir, que quieren provocar la intervención. A finales de noviembre el Presidente Zayas se entrevista con el General Alfredo Rego para tratar de solucionar el conflicto con los veteranos. En las estribaciones de la Sierra Maestra en Oriente la Policía Secreta ocupa 82 cajas de dinamita.

¿Anarquistas o Veteranos? Sin lugar a dudas los dos hechos más importantes de este año son la revolución universitaria y la formación belicosa del movimiento de veteranos y patriotas que el año siguiente llevará a un alzamiento, pero existieron otros hechos de importancia en este año que iremos relatando a su debido tiempo. Empezaremos con los relacionados con la política nacional.

Ya hemos dicho que Zayas, en posesión de una apreciable cantidad de dinero y quitándose de arriba las molestas indicaciones del General Crowder va a establecer cada vez más y más su dominio político a su estilo. Seis millones de pesos se giran contra el empréstito grande para pagar la deuda con los empleados públicos. Esto ocurre en el mes de marzo. A principios de mes una manifestación de detallistas del comercio pidiendo la eliminación del impuesto sobre las ventas. La Secretaría de Gobernación descubre desfalcos en los municipios de Guamacaro y Sabanilla del Encomendador en Matanzas

El 8 de marzo toma posesión el gobernador de Oriente Rafael Barceló, Liberal. Se celebra un homenaje al Dr. Raimundo Cabrera, padre de Lidia conocida autora de libros sobre temas folklóricos de las religiones africanas; el Presidente Zayas asiste a este homenaje. Declara una comisión del Senado que la Comisión de Adeudos ha actuado indebidamente. Zayas ofrece su concurso para investigar este asunto. A mediados de marzo Zayas dicta un decreto autorizando la compra del antiguo Convento de Santa Clara a una compañía urbanizadora llamada "Santa Clara" que pide $2,350,000 por el inmueble. Zayas dice que se va a destinar a oficinas públicas. La opinión pública y la prensa protestan porque dicen que se trata de un "chivo". Esto dará inicio a unos "dimes y diretes" que involucran al Senado, a la Cámara, al Presidente y no será hasta el año 1924 en que se realice la compra. Ya estudiaremos esto en detalle.

Toma posesión el alcalde electo de La Habana José María de la Cuesta, Liberal. Toma posesión el gobernador de La Habana Berto Barreras, también Liberal. Se inicia la protesta de "los trece" que acusan a Regüeiferos de haber firmado el decreto de la compra del Convento de Santa Clara. Los trece en definitiva son José Manuel Acosta Bello, Rubén Martínez Villena, José Ramón García Pedrosa, Jorge Mañach, Félix Lizaso, Calixto Masó, Francisco Ichaso, José Antonio Fernández de Castro, Primitivo Cordero, Luís Gómez Wangüemert, Alberto Lamar Schweyer, Juan Marinello, José Z. Tallet. En esta lista tenemos tres connotados comunistas en Martínez Villena, Marinello y Wangüemert. Se constituye a continuación la Agrupación Comunista de La Habana protegida por la Confederación Obrera. En las elecciones complementarias hay tres muertes. Carlos de la Rosa es electo alcalde de Cárdenas, Liberal que será el candidato Vicepresidencial de Gerardo Machado. Constituida la Junta Cubana de Renovación Cívica. La preside Fernando Ortiz. A la Quinta Conferencia Panamericana va una delegación cubana presidida por Carlos García Vélez que incluye a Manuel Márquez Sterling, a Arístides Agüero y a José Vidal Cano.

Se organiza la Asociación Femenina de Cuba aparentemente con aspectos no políticos pero como ya veremos tiene mucho de política en su actuación. Toman posesión 29 nuevos representantes de la Cámara, la mayoría de ellos Liberales. El precio del azúcar llega a más de 6 centavos la libra lo que es buena noticia para Zayas. Aprueba el Senado una nueva ley de Lotería en forma casi misteriosa. Esto aumentará el "fondo de los reptiles" como se le llama vulgarmente a la Lotería. El Departamento de Estado se queja de la aprobación de esta ley y el Senado responde diciendo que no acepta la injerencia norteamericana criticando la ley que es vetada por Zayas, pero lo hace en una forma que al rechazarse su veto quede la cosa peor que como lo habían planteado los Senadores. El Comité Ejecutivo del Partido Conservador aprueba la ruptura de la Liga Nacional que llevó a Zayas a la Presidencia, pero la Liga no terminará en ese momento. Clemente Vázquez Bello es electo Presidente de la Cámara. Se crea la "sección del uno por ciento" con el fin de administrar el impuesto para pagar el empréstito de los cincuenta millones.

El Secretario de Gobernación Iturralde ordena secuestrar la edición de La Política Cómica por los injuriosos ataques contra el gobierno. El Consejo de Secretarios trata de la escasez de agua en Santiago de Cuba que cada vez se agudiza más. El Secretario de Gobernación da una orden de que los periódicos deben ser censurados por los administradores de correos pero debido a una protesta hay una reunión con los directores de periódicos y se resuelve la situación. Al terminar la Quinta Conferencia Panamericana se señala a La Habana como su próxima sede. El 21 de mayo fallece Raimundo Cabrera.

Como un acto de desagravio se celebra un banquete en honor de los ex Secretarios Despaigne, Lancís, Castillo Pokorny y Agramonte, organizado por instituciones cívicas y políticas contrarias a Zayas. Por causas políticas es muerto el Jefe de la Policía de Cárdenas José Hernández Chirino. En el entierro al día siguiente hay un motín que exige la presencia del Ejército ordenado por el Secretario de Gobernación. El Tribunal Superior Electoral acoge favorablemente la protesta de un grupo de miembros del Partido Conservador contra la decisión del Comité Ejecutivo de disolver la Liga Nacional. Se aprueba un presupuesto de 55 millones para el año 1923. La Cámara aprueba por mayoría abrumadora la nueva Ley de Lotería.

Se presenta el proyecto de ley llamado Tarafa sobre los sub-puertos azucareros que traerá como consecuencia un largo diferendo que terminará en el año 1924, que ya veremos con detalle. La Cámara y el Senado rechazan el veto de Zayas de la Ley de Lotería pero él estaba de acuerdo con ella. Comienza una campaña para reelegir a Zayas y apoyándola hay un desfile frente a Palacio. Muere el Presidente Harding en los Estados Unidos; lo sustituye el Vice Calvin Coolidge. Se promulga la nueva Ley de Lotería que todo el mundo considera que es peor que la anterior. En otra brillante maniobra política Zayas aconseja promulgar, después de ser aprobada "la ley de los sargentos" que está basada en que sargentos con determinado tiempo con ese grado y por años de servicio puedan optar por asistir a una academia donde se les dará el grado de segundo teniente y mientras tanto serán considerados para la paga como oficiales supernumerarios. Esto lo hace Zayas con el objeto de poder ir desprendiéndose de los oficiales que dejó Menocal y que en un momento determinado pudieran serle fieles al ex Presidente. Esta ley es aprobada y le dará los resultados apetecidos.

Por ley se pagan las gratificaciones pendientes a los empleados del estado, o sea, que habían sido suspendidas en el año anterior. Al aprobarse la ley Tarafa desencadena un movimiento de intereses norteamericanos de los que están a favor y de los que están en contra que va a resultar en que el Departamento de Estado aconseje a Zayas que no promulgue la ley hasta que todo esto se pueda aclarar. Tarafa embarca hacia los Estados Unidos a fin de explicar la ley en Washington.

Los Secretarios de Estado y de Hacienda anuncian que Cuba va a liquidar lo que queda del empréstito de diez millones de dólares que recibió de los Estados Unidos durante la guerra debido al superávit en el presupuesto ascendiente a unos doce millones de pesos, es decir pagando unos siete millones quedan unos tres millones en caja. Zayas sanciona una ley sobre el retiro de las Fuerzas Armadas.

La escasez de agua en Santiago de Cuba llega a tal extremo que el litro se vende por las calles entre cinco y diez centavos además que por falta de agua más de ochenta mil habitantes no pueden bañarse. Tarafa llega a una inteligencia con las compañías azucareras sobre su proyecto de ley. Se reanudan las relaciones diplomáticas con México, presidido por Álvaro Obregón desde 1920. Al igual que Cuba otros países de Latinoamérica han esperado a que los Estados Unidos den el primer paso. El Delegado cubano a la Liga de las Naciones Cosme de la Torriente es elegido Presidente de la Asamblea para este año lo que es un gran honor para Cuba en el plano internacional.

El gobierno de Cuba envía su pésame al de Japón por los centenares de miles de muertos ocurridos en un terrible terremoto. Carlos Manuel de Céspedes es designado Secretario interino de Hacienda en sustitución de Hernández Cartaya, manteniendo además la cartera de Estado. La Comisión de Adeudos declara dudosas algunas cuentas de gastos del Palacio Presidencial, por ejemplo 4,000 pesos en hielo entre otras cosas. El periodista de origen italiano Aldo Baroni renuncia como director del Heraldo de Cuba. Al presentar Zayas el proyecto de presupuesto para 1924 de unos 64 millones con una entrada de 76 millones, el proyecto nunca es aprobado por el Congreso. En diciembre cuando regresa Menocal de Europa dice que está dispuesto a aceptar la candidatura para Presidente por el Partido Conservador. En diciembre 17 el Comité Ejecutivo del Partido Popular lanza la candidatura de Zayas para la reelección y éste dice que siempre ha estado opuesto a la reelección y que ha tratado de suprimirla pero no puede privarse del insigne honor que se le brinda. En realidad lo que está es preparándose para ir a brindar sus servicios al mejor postor en las próximas elecciones.

Carlos Manuel de Céspedes le pasa la cartera de Hacienda a Erasmo Regüeiferos, Secretario de Justicia. El 22 de diciembre José Manuel Cortina, Secretario de la Presidencia es nombrado delegado en la representación cubana en la Liga de las Naciones, por lo cual debe renunciar a su cargo en el gabinete. Otros hechos de gran interés en este año son los sucedidos en el sector laboral: huelgas, dinamita, atentados, etc. Vamos a verlos en detalle.

El 30 de junio ocurren actos de violencia en distintos lugares de La Habana por causa de una huelga de obreros cigarreros. El 16 de julio huelga de los obreros de limpieza de calles adscriptos al Ministerio de Obras Públicas pidiendo aumento de salarios, ocasionando gran acumulación de basura en las calles de la capital. En varios días la huelga termina cuando se les promete aumento de sueldos. El 21 de agosto estalla una bomba en una fonda donde están comiendo toda una serie de obreros que están rompiendo la huelga en fábricas de cigarros. Se acusa al dirigente anarquista de los cigarreros Alejandro Barreiro.

Pocos días después estalla otra bomba esta vez en el Frontón Havana Madrid de la calle Belascoaín. Alejandro Barreiro y otros anarquistas del sindicato de los cigarreros son acusados por este hecho. Poco más adelante van a ocurrir en la Cervecería Polar hechos muy lamentables pues en un boicot de su sindicato presidido por Margarito Iglesias envenenan productos de la cervecería, poniendo en grave riesgo a la población. Este hecho es parte de las acciones del sindicato fabril respaldado por la Confederación Laboral de La Habana. Recuérdese que Alfredo López Arencibia, un conocido anarquista, es su dirigente.

El 29 de octubre estalla una bomba en la casa del Segundo Jefe de la Policía Secreta. Huelga de obreros del Ferrocarril de Cuba al este de Santa Clara por la suspensión de empleo y de sueldo de algunos de sus compañeros. Ferroviarios huelguistas son detenidos en Camagüey.

Otros hechos de importancia ocurridos durante este año 1923 fueron: presentación de cartas credenciales de Cosme de la Torriente como Embajador de Cuba en Washington. Golpe de estado en España del General Primo de Rivera con instauración de una dictadura militar que tendrá repercusiones en ciertos círculos políticos de Cuba. El Representante Cano que había asesinado al también Representante Martínez Alonso es condenado a pagar una indemnización de cien mil pesos a la viuda e hijos del fallecido. Visitaron a La Habana durante este año el violonchelista Pablo Casals, el novelista Vicente Blasco Ibáñez y el Cardenal Arzobispo de Burgos. A poco de cesar en el cargo el Alcalde de Guanajay se produce un incendio que destruye el edificio de la alcaldía y más tarde se supo que esto se hizo para ocultar fraudes. Por este hecho el alcalde es procesado. El azúcar terminó en alza de su precio.

Leyes y Decretos de 1923

Decreto que regula las concesiones a particulares para la explotación de los montes propiedad del estado. Resolución por la cual se acepta la proposición de la Casa Morgan para adquirir el empréstito de 50 millones autorizado por la ley de octubre de 1922. Aprobación de las reglas para el pago de la deuda interior reconocidas por la Comisión de Adeudos. Ley que concede pensión especial a Rafael Montoro, Juan Guiteras y Fernando Freyre de Andrade. Ley que modifica varias partidas vigentes para la Secretaría de Gobernación. Ley que autoriza al Ejecutivo para que la disposición de los fondos del estado se haga a través de los bancos asociados a la Havana Clearing House. Ley sobre atribuciones de funcionarios del estado, las provincias y los municipios. Nuevas medidas para descongestionar los almacenes del puerto de La Habana. Aprobación del nuevo ceremonial diplomático de Cuba. Decreto autorizando al Secretario de Estado para que se comunique con el gobierno francés diciéndole que Cuba se adhiere a la nueva regulación para evitar el tráfico conocido como "trata de blancas". Convención para la protección de marcas de fábrica y nombres comerciales. Tratado para impedir conflictos entre los estados americanos presentado en la Conferencia Panamericana de Chile. Decreto sobre el reglamento general de pesca. Decreto sobre el reglamento para la protección de los bosques y utilización de los mismos. Se considera fraudulento cortar árboles frutales y palmas. Ley que establece el Municipio de Guáimaro. Ley aprobando los presupuestos para los años 1923-24. Ley que prohibe por cuatro años la exportación de posturas o hijos de piña. Ley que restaura la plantilla y presupuestos del Poder Legislativo que fue modificado en 1922.

Se autoriza al Poder Ejecutivo para habilitar maestros destinados a la enseñanza en centros oficiales. Ley que modifica la de 1920 en lo referente al retiro de la Policía. Ley que vuelve a autorizar el pago de gratificaciones que se adeudan a los empleados del estado, municipio y provincia. Ley para establecer lo necesario para el pago de las pensiones de los miembros del Ejército Libertador y de su Cuerpo Auxiliar Civil. Ley regulando el cobro de los impuestos establecidos. Ley complementando un decreto anterior para el establecimiento de la Asamblea Universitaria. Ley por la que se eleva a nivel de Embajada la oficina de la misión diplomática cubana en Washington. Ley que define lo que debe entenderse como zona marítimo-terrestre. Ley que dicta medidas sobre fincas en las que uno de sus linderos sea el mar y que establece guías y licencias a sus dueños para extraer productos forestales sin incluir la cáscara y leña de mangle rojo, etc. Ley sobre las pensiones de veteranos y la creación de una comisión investigadora que establezca exactamente quienes son los beneficiarios. Ley Tarafa sobre el establecimiento de los puertos de exportación y el aprovechamiento de nuevas líneas férreas para este fin. Ley que reorganiza la Escuela de Medicina y la de Farmacia de la Universidad de La Habana. Ley que concede $40,000 para la construcción del campo de deportes y estadio de la Universidad. Con motivo de la huelga ferroviaria se emite una ley para utilizar el Ejército y la Guardia Rural dentro de las poblaciones, con el objeto de mantener el orden. Ley que declara el 27 de noviembre como un día de recogimiento en memoria de los estudiantes de medicina que fueron fusilados. Ley que establece una aduana en Bahía Honda

Año 1924

Al Presidente Zayas le queda un año, cuatro meses y diecinueve días en el poder. Muy pocos pensaron que podía llegar a este año de 1924 sin ser depuesto por el Congreso o sin sufrir una intervención norteamericana o tener que soportar una cruenta y profunda revolución civil. Sin embargo aquí está Zayas más fuerte que nunca. Ha resuelto sus difíciles problemas económicos con el empréstito de los cincuenta millones y la revitalización de la producción cubana en todos los órdenes al igual que su comercio exterior, especialmente la subida en el precio del azúcar.

Atrás ha quedado Crowder con sus memorandum, atrás ha quedado la revolución universitaria, ha quedado la obstrucción del Congreso, ha quedado el alud de la prensa en contra de él y de su gobierno. En fin quedaron obviados los problemas de los años anteriores. Sin embargo este año de 1924 no va a estar exentos de dificultades pues no podía ser así en el gobierno de Zayas.

La primera dificultad fue el "alzamiento" de los veteranos y patriotas que ya habíamos visto que se venía preparando desde agosto de 1923. Va a tener también los "tres grandes chivos" o negocios por los cuales va a ser atacado: la compra del convento de Santa Clara, la ley Tarafa y la ley sobre el dragado de la bahía de Cárdenas. Va a tener una actividad increíble dentro del sector laboral de los elementos anarquistas y comunistas con más de treinta y tantas huelgas y dificultades durante el año, casi un promedio de tres mensuales. Y por último va a tener que presidir y celebrar las elecciones presidenciales de noviembre de este año, que antes de llegar a ella veremos un largo intrincado período pre-electoral, pero todo no va a ser desagradable, puesto que va a obtener la ratificación del Convenio Hay-Quesada que llevaba veinte años durmiendo en el Senado de los Estados Unidos y resultó favorable para Cuba. Va a tener la solución pacífica del alzamiento de los veteranos y va a tener a su favor el éxito de su última maniobra política.

Comenzaremos con el alzamiento de los veteranos:

A finales de enero la Guardia Rural descubre un depósito de armas y municiones en una finca en el poblado de Báez provincia de Santa Clara. El 17 de marzo embarca secretamente para Estados Unidos Carlos García Vélez, jefe supremo del movimiento de Veteranos y Patriotas. El día 18 por medio de un decreto elimina Zayas la acción judicial emprendida contra dirigentes de la mencionada organización por injurias al Presidente de la República. El 20 de marzo aparece Carlos García Vélez en Nueva York y en una conferencia de prensa acusa al gobierno de Zayas de corrupción y deshonestidad. Al día siguiente Zayas, por medio de la Secretaría de Estado trata de preguntarle a García Vélez si esas declaraciones son ciertas o no. García Vélez desaparece de la escena pública en Nueva York. Al aceptar éste la autoría y la veracidad de sus declaraciones el 24 de marzo, mediante un decreto Zayas lo deja cesante de su cargo de Embajador de Cuba en la Gran Bretaña. Ese mismo día el gobierno clausura el periódico El Sol por estar incitando a la población a la revolución. Al día siguiente la Asociación de Buen Gobierno publica un manifiesto protestando contra la clausura de este periódico.

El día 26, también desde Nueva York el Coronel Manuel Despaigne da una conferencia de prensa y dice que el Presidente Zayas escribe a máquina con dos dedos y toma lo que puede con diez. A finales de marzo una comisión de la prensa se entrevista con Zayas y logra que éste cancele la suspensión del periódico El Sol. El 2 de abril el Departamento de Estado Norteamericano dice que ellos no intervendrán en la pugna entre la Asociación de Veteranos y Patriotas y el gobierno de Cuba puesto que éste es un asunto netamente cubano. El día 10 un Juez Correccional suspende los cargos que se habían presentado contra los miembros de la Asociación de Buen Gobierno por injuriar al Presidente de la República con motivo de la compra del Convento de Santa Clara. El 23 de abril Zayas lanza un manifiesto a toda la población pidiéndole calma. El 28 comienza el alzamiento general en la provincia de Santa Clara contra el gobierno. Son los Veteranos y Patriotas.

Las tropas al mando del Capitán Salvador González, del Tercio Táctico, salen en persecución de los alzados. En La Habana la Policía arresta a Carlos Alzugaray presidente de la Asociación de Buen Gobierno y a otros implicados en el alzamiento. Al día siguiente

Zayas, en un manifiesto da poca importancia al alzamiento y destina 400,000 pesos para lo que fuera necesario para el combate de la rebelión. Sale un tren militar para Santa Clara llevando refuerzos procedentes de Matanzas. Unos soldados que se han alzado en el Campamento Monteagudo de Santa Clara van al pueblo de San Juan de las Yeras y asaltan su cuartel. El Coronel del Ejército Libertador Federico Laredo Brú, ex Secretario de Gobernación se ha sumado al alzamiento y se presume que sea su jefe militar en Santa Clara. También se han alzado los tenientes retirados Cepero y Torriente así como el Coronel del EL Nicasio Mirabal.

Ocurren choques entre las fuerzas del Ejército y grupos de alzados en distintas partes de la provincia. Cerca de Cruces es batida una de estas partidas de rebeldes. Van llegando más refuerzos militares, entre ellos está todo el tercio táctico de Pinar del Río y un batallón de infantería del Campamento de Columbia. Por ser cuñado de Laredo Brú el Secretario de Guerra y Marina Armando Montes recibe una licencia de su cargo y es sustituido interinamente por el General Pedro Betancourt, Ministro de Agricultura.

La edición del periódico El Tiempo es secuestrada por conducta sediciosa de la población y el periodista Aldo Baroni es expulsado de Cuba. El día 2 de mayo el Presidente Calvin Coolidge declara ilegal e ilícito el envío clandestino de armas a Cuba desde territorio americano. Esto constituye un golpe fatal para las aspiraciones de los alzados en Santa Clara. Ese mismo día el Presidente Zayas sale en un tren especial para esa provincia acompañado del Jefe del Ejército y de los Secretarios de Gobernación y de Guerra y Marina. Como siempre el Presidente Zayas va vestido de civil.

El Partido Liberal y los militares que se alzaron en 1917 condenan el alzamiento de los veteranos. Se clausura definitivamente el diario El Sol. Al siguiente día llega Zayas a Cienfuegos y sostiene una entrevista privada y secreta con Federico Laredo Brú en un lugar conocido como San Blas. Mientras tanto el Ejército persigue tenazmente a todas las partidas de alzados en Santa Clara. El día 4 regresa Zayas a La Habana pero hace un alto al llegar a la ciudad de Santa Clara donde se entrevista con los prisioneros y da muestras de afabilidad, de su deseo de resolver pacíficamente el conflicto. Al administrador del Central Hormiguero le da la mano cuando lo pone en libertad diciéndole "aquí no ha pasado nada…fe y adelante".

Algunas partidas residuales de alzados tratan de ascender a las estribaciones y alturas de la Sierra del Escambray, siempre perseguidas de cerca por el Ejército.

El día 6 y ya en La Habana el Presidente Zayas emite una proclama dando un plazo de diez días a las personas que están alzadas para que se presenten a las autoridades. Tres jóvenes cubanos José Antonio Fernández de Castro, Ray García –hijo de García Vélez– y Rubén Martínez Villena llegan a los Estados Unidos con el fin de entrenarse como pilotos de aviación y tratar de llevar a Cuba aviones y sumarse a la rebelión. Son capturados por las fuerzas de seguridad norteamericanas. Comienza la presentación de alzados. El día 7 el gobierno de los Estados Unidos accede a vender armas a Cuba si las necesitara, con excepción de aviones para cuya venta es preciso tener un permiso especial del Senado.

Al día siguiente las presentaciones continúan no solamente en Santa Clara sino también en Matanzas y en La Habana donde había algunas pequeñas partidas de alzados. Zayas expide un decreto autorizando 100 mil pesos más para gastos de guerra. El 13 de mayo llega Federico Laredo Brú a La Habana, sin ser molestado por las autoridades, sin problemas de ninguna clase y se reintegra a sus labores como abogado. El 15 de mayo Zayas proclama la terminación del alzamiento. Son liberados Carlos Alzugaray, los tres frustrados pilotos detenidos en la Florida y otros muchos rebeldes en la Isla. El 18 hay una nota de prensa que aclara que las libertades concedidas a los alzados no incluyen a los militares que se alzaron estando en servicio activo y que son un par de cientos en Las Villas puesto que esto está sometido a la justicia militar y tendrán Consejos de Guerra mas adelante. Así termina la aventura de los Veteranos y Patriotas. El grupo de los "asbertistas" son los últimos en deponer su actitud belicosa.

Zayas hizo gala de paciencia, de habilidad, de tacto político pero la prensa, siempre buscando algo con que atacarlo dijo que había convencido a Laredo Brú con sus magníficas razones de a peso. En un nuevo gesto inigualable de pacificación Zayas reinstala a Carlos García Vélez como Embajador en la Gran Bretaña. Así ha terminado este episodio que pudo haber sido grave y sangriento pero que no produjo ni un solo muerto. Todo volvió a la normalidad.

El problema que sí se mantuvo durante todo el año, como ya dijimos, fue el rosario interminable de huelgas muchas de ellas con acciones violentas y muertes. Era el estallido criminal del movimiento anarcosindicalista de larga data y del incipiente pero también activo y belicoso movimiento comunista en el sector obrero. Solamente a fines de año se hará la expulsión de unos 300 anarquistas. Volvemos a decir...pocos y muy tarde. El paro de los ferrocarriles del este que había comenzado a finales de 1923 continúa, esta vez con hechos violentos. Un tren fue volado y otro es descarrilado intencionalmente en Camagüey muriendo su maquinista. Esta huelga terminará en los próximos días gracias a una magnífica intervención del gobernador de esa provincia Rogelio Caballero y del aspirante presidencial Gerardo Machado.

El 23 de febrero comienza una huelga general de los ferrocarriles provocada porque el administrador de los Unidos del oeste, Jack, se niega a reconocer a la Hermandad Ferroviaria que es el nombre del sindicato de este sector y se niega a demás a trabajar con ella en la resolución de los problemas obrero-patronales. Se decreta una huelga general en apoyo a los ferrocarrileros. El día 25 se declaran en huelga los obreros del puerto de La Habana pero esto queda solucionado por la intervención del General Pedro Betancourt. Esta huelga era en solidaridad con los obreros del muelle de Atarés que estaban en paro desde los últimos días de 1923. El día 14 de marzo se generaliza en Cienfuegos una huelga debido a un conflicto de los patrones con los albañiles. También hay una huelga de los tranviarios de Camagüey e igualmente los de Santiago de Cuba pero en esta, a diferencia de las anteriores se escuchan la explosión de varias bombas en la ciudad. Varios días después termina la huelga de Cienfuegos.

El 1º de abril termina la huelga ferroviaria en Camagüey pero continúa el paro tranviario en Santiago de Cuba. El día 7 de abril por fin termina la huelga de los ferroviarios del oeste por intervención del Presidente Zayas. La empresa reconoce al sindicato y además da aumentos de sueldo y plantea la jornada de 8 horas de labor. El 10 de abril comienza una huelga en la bahía de La Habana en protesta del sindicato por las contratas de obreros y en apoyo de ellos el día 21 estalla una huelga general. Tras una explosión ocurrida en la bahía, la Policía detiene al secretario del sindicato Gervasio Sierra y a otros miembros del gremio. El 1o de mayo los obreros del puerto de La Habana regresan a su trabajo y se retiran los presidiarios que estaban haciendo sus labores allí. El 28 de mayo comienza otra huelga ferroviaria que se conocerá como la "huelga de los 21 días". El motivo en esta ocasión es que Archibald Jack se niega a darles las 8 horas de jornada y el aumento de sueldo a los trabajadores de obras y vías y además no acepta la formación de comités de ajuste. Es mas, por celebrar el 1º de mayo un grupo de trabajadores que no asistieron a sus labores y fueron despedidos es otro motivo de las protestas. El 4 de junio los obreros del Ferrocarril de Cuba, o sea, al este de Santa Clara se unen a la huelga de los Ferrocarriles del Oeste. El día 6 interviene el Secretario de Gobernación en el conflicto. El 9 de junio Archibald Jack es agredido a balazos por un obrero llamado Emilio Marichal el cual es arrestado por la Fuerza Pública.

El Secretario de Gobernación obliga a los maquinistas a conducir trenes con la correspondencia y la carga usual. Más actos de violencia el 12 de junio en relación con esta huelga ferroviaria. El día 13 comienzan a salir trenes con el correo custodiado por personal militar. El día 14 son puestos en libertad los obreros que estaban presos por causa de la huelga a excepción de Marichal el agresor de Archibald Jack. El Presidente del Senado Aurelio Álvarez realiza serias gestiones para tratar de resolver el problema huelguista. Sin embargo los actos de sabotaje continúan contra los pocos trenes que están circulando. Al fin el 18 de junio la intervención de Aurelio Álvarez es efectiva y la empresa y la Hermandad Ferroviaria se acercan a unas bases de solución y Archibald Jack promete no tomar represalias contra los obreros en huelga. Al fin el 20 de julio queda normalizado el tráfico ferroviario en toda la República.

El 24 de septiembre comienza una nueva huelga de obreros en la bahía de La Habana. El 14 de octubre comienzan huelgas en centrales de Santa Clara y Camagüey protestando contra el desalojo de familias campesinas y el cierre de tiendas populares. A finales de octubre en algunos centrales de la Sugar Cane son cesanteados obreros que se habían significado en movimientos huelguísticos anteriores. Los obreros del Ferrocarril del Norte de Cuba se suman a la huelga de los obreros azucareros de la Sugar Cane que ya afectan a dos ingenios más en Camagüey

Después de las elecciones Zayas recibe a una comisión de colonos y hacendados de Camagüey y de Santa Clara para tratar de resolver las huelgas que todavía quedan en algunos centrales de esas provincias. Otra reunión se celebra con el gobernador Rogelio Zayas Bazán. A finales de noviembre son detenidos 25 obreros extranjeros que eran los que habían estado dando "cranque" entre los obreros de los centrales en huelga. Estos anarquistas serán expulsados del país. El 2 de diciembre una delegación de obreros en huelga se entrevista con Zayas para tratar de solucionar el problema. El día 6 la Secretaría de Gobernación inicia hasta seiscientos expedientes de expulsión contra obreros extranjeros. El 27 de diciembre termina la huelga de los ingenios afectados por la misma. El 28 de diciembre termina la huelga del Ferrocarril del Norte

Este ha sido un año record en cuanto a movimientos obreros huelguísticos así como la violencia aparejada a los mismos como descarrilamientos, bombas, atentados a tiros, etc. Es la muestra más fehaciente del incremento de la acción de anarquistas y de comunistas en el movimiento obrero que por años han venido trabajando en la elaboración de un plan de revolución social tipo Unión Soviética. Se ha aprovechado hasta el máximo la política de Zayas de no violencia y de no confrontación, que dio gran resultado en el orden político pero no tan buen resultado en el orden laboral por las huelgas de los trabajadores.

Veremos ahora que sucedió con los cuatro proyectos de desarrollo que están acusados de ser "chivos" o grandes negocios fraudulentos. En primer lugar veremos el del Convento de Santa Clara.

El Convento de Santa Clara fue fundado en 1644; era un convento de monjas clarisas de clausura y durante siglos estuvo acumulando tesoros artísticos de motivos históricos y religiosos donados por las familias de las jóvenes que hacían profesiones en el mismo. Además había sido construido ocupando un espacio de cuatro manzanas en La zona de la Habana Vieja aledaña al puerto que en aquel momento formaba parte de la Habana intramuros para brindar a las monjas un ambiente tranquilo y apartado para cumplir con su regla religiosa. Las manzanas comprendidas eran hacia el este la calle Cuba, hacia el oeste la calle Habana, hacia el norte la calle Sol y hacia el sur la calle Luz.

Morían en el muro norte del convento la calle Aguiar y en el muro sur la calle Lamas. Era un lugar espacioso con grandes claustros bien ventilados y un enorme patio central con una iglesia o capilla muy bien proporcionada. Con mucha decencia, como era el término que se utilizaba en aquella época para expresarse de los religiosos. A medida que La Habana fue creciendo hacia el sur y hacia el oeste el Convento de Santa Clara fue rodeado por edificaciones de tipo civil, muchas de ellas que sobrepasaban los altos muros del convento y por lo tanto daban visibilidad interior y restaba tranquilidad a las monjas. Con el transcurso del tiempo fueron haciéndose más y más edificios mayores. La cercanía a los muelles, los edificios colindantes, el aumento de tráfico y de población era de tal forma que ya en 1919 las monjas habían obtenido el permiso para mudarse si podían realizar la venta del inmueble para con el producto de la compra adquirir un nuevo terreno en las afueras de la capital y allí construir un convento con edificaciones más modernas para el uso de la comunidad.

El negocio de bienes raíces como todos los demás estaba en baja en ese año pues recuerden que ya estamos en "las vacas flacas" dejadas por Menocal, la quiebra de los bancos, la falta de dinero, etc. Aun así las monjas habían especificado sus necesidades …y vendieron el convento por un millón doscientos mil pesos que era lo que se había calculado que necesitarían para el nuevo terreno, el nuevo edificio, los gastos de traslado, etc. El comprador fue una compañía de bienes raíces llamada "Santa Clara SA" que pensaba inicialmente derruir el convento y edificar en sus terrenos edificios modernos de oficinas y algunos de vivienda si se presentaba el caso. Con estos planes se acababa el Convento de Santa Clara completamente, pero no pudo hacerse porque la situación económica fue empeorando y no hubo nadie que estuviera interesado en comprar ni alquilar edificios, ni tampoco comprarlos. La compañía propietaria se quedó con el convento y con las ganas.

En 1922 la cosa mejoró ligeramente y empezaron a buscar compradores. En 1923 se encontraron con que el gobierno estaba interesado en la adquisición del convento. Claro está que en estos momentos había subido el valor de las propiedades –muebles e inmuebles– y además de eso, como era de rigor en todos los casos se cargó la mano en la cantidad por la cual se iba a vender para optimar las ganancias y de paso, por otra parte, pagar las comisiones. El precio inicial fue de dos millones quinientos mil pesos, pero no fue aceptado por el gobierno. Mas tarde se bajó el precio a dos millones trescientos cincuenta mil con lo cual estaba un millón ciento cincuenta mil pesos por encima del precio que ellos habían pagado. Aunque se dedujera del mismo el aumento en el precio de los terrenos el margen era bastante impresionante lo cual dio origen a una gran protesta, pero la protesta que ya vimos…la de "los trece" y después la oposición tanto

267

de la Cámara como del Senado. Sin embargo, en 1924 la Cámara primero y el Senado después aprobaron la ley puesto que se había hecho una comisión consultiva que era favorable a la venta. Zayas sancionó la ley y el Convento de Santa Clara pasó a ser propiedad del Estado Cubano, el cual instaló allí las oficinas, talleres y todo lo referente a la Secretaría de Obras Públicas y algunas áreas para oficinas de otras Secretarías.

Este es un asunto curioso; fue un caso de corrupción planeada con la obtención de ganancias ilícitas o sea, una parte muy negativa, pero de esta parte negativa, aunque nadie se lo propusiera se obtuvieron ventajas positivas para Cuba, no para ningún individuo. ¿Cuáles fueron éstas? Pues fue la conservación de la estructura, de las paredes interiores, muchos de algunos tesoros arquitectónicos e históricos, más el Convento de Santa Clara en sí que, de haberse hecho el plan inicial hubieran ido a parar al polvo. Así, de una cosa mala…se quedó la cosa mala, pero surgió algo bueno. En estos momentos el Convento de Santa Clara es un lugar histórico, son oficinas del Estado Cubano referente a estudios de esta categoría, pero se conserva el artesonado, los claustros, en fin es una joya histórica que se enseña a los turistas y a los estudiosos. Casos muy curiosos de la historia de la humanidad.

Vale la pena añadir un par de comentarios. Primero: las monjas no tuvieron absolutamente nada que ver con la reventa del Convento de Santa Clara, cosa que no aparece muy claramente explicada en los libros de Historia. Ellas vendieron a un particular y ese particular, por su cuenta, revendió al Estado. Segundo: las monjas, con el dinero obtenido de la venta –que no fue dado "de golpe" dada la situación económica sino que fue pagado a plazos– pudieron comprar un terreno en el Reparto Lawton en la esquina de las calles Dolores y Porvenir, un gran terreno, una parcela enorme para sus necesidades. En esos días el precio de aquella tierra era prácticamente nada. Pues bien, ese terreno fue dividido por las monjas en cinco parcelas de gran tamaño. El nuevo convento se construyó en la parcela central y la parcela posterior y lateral vacía. No se construyó ni se podía construir. Había un espacio considerable hasta la calle Porvenir y por otra parte hasta los terrenos del otro lado. Al frente del convento quedaba otra gran parcela que se dividió en dos más pequeñas vendiéndose para edificaciones privadas con la explícita prohibición de que las edificaciones no podían ser de más de una planta de altura y dejando un espacio más que suficiente entre la entrada del convento y las partes posteriores de esas casas. De modo que así las monjas quedaban aisladas.

El dato curioso, por no decir indignante es que uno de los "trece" que formó el escándalo en 1923 fue Juan Marinello, a la sazón miembro de toda una serie de instituciones cívicas a favor del buen gobierno. Este mismo Juan Marinello ocupaba un puesto importante en el gobierno comunista de Fidel Castro cuando en los años sesenta se apoderaron del nuevo convento y les pagaron a las monjas el pasaje para un barco rumbo a España. Se apoderaron de todo sin que Juan Marinello dijera absolutamente nada porque se trataba de la revolución comunista "que iba a salvar a Cuba". Años más tarde, en la década de los 80 devolvieron parte del convento, o sea, la Iglesia nada más. Como se ve el gran negocio no lo hizo Zayas, el gran negocio lo hizo Fidel Castro. Se quedó con todo y nadie le reclamó nada.

El escándalo que venía también del año 23 fue el de la ley Tarafa, que era una ley muy compleja para entenderla. La presentó el Coronel Tarafa que después de muchos debates se aprobó y que afectaba a las compañías azucareras y ferrocarrileras. Las que se beneficiaban por supuesto tuvieron que dar su aporte para que los "padres de la patria" la aprobaran y el Presidente la sancionara favorablemente. Aún así después de aprobada en Washington no se decidieron porque los elementos en conflicto en este caso eran compañías americanas que se perjudicaban y compañías americanas que se beneficiaban. Por lo tanto Washington tenía que estudiar esa ley cuidadosamente.

El Coronel Tarafa estuvo más de un mes en la capital americana explicando, hablando, resolviendo, cediendo, recogiendo y al fin cuando todo el mundo quedó de acuerdo se le dio curso a la Ley Tarafa que básicamente era lo siguiente: para aumentar sus ganancias y en la época que comenzaron "las vacas flacas", para tratar de sobrevivir los centrales azucareros que estaban cerca o relativamente cerca de las costas buscaban aquellos puertos, ensenadas, lugares donde se pudiera embarcar y desembarcar mercancías. Ponían una línea férrea privada y enviaban sus azúcares a esos lugares y allí eran embarcados al extranjero. En primer lugar ahí no había aduana, no había control de lo que salía pero más aún, no había control de lo que entraba. Casi todos –por no decir todos y uno más– de esos buques traían diferentes tipos de mercancía que desembarcaban en esos sub-puertos, que eran transportadas hacia los centrales y que se vendían por los dueños y los administradores de los centrales. Puros y netos contrabandos. Pero peor aún pues este contrabando no sólo se limitaba a mercancías sino era también contrabando humano de trabajadores antillanos para la zafra , que ni pagaban fianza ni tenían que declararse y estaban completamente ilegales en Cuba, burlándose todas las leyes de inmigración y las leyes de aduana. En fin esto recordaba la época de los corsarios cuando se acercaban a las costas cubanas para hacer negocios con los pobladores. .

Con esta situación y actividades resultaban perjudicados los ferrocarriles pues el transporte de azúcares y otras mercancías se hacían utilizando líneas privadas. Resultaba perjudicado el gobierno cubano que no cobraba aduana y que estaba viendo como se efectuaba un contrabando constante y continuo por esos sub-puertos. Se perjudicaba la composición social de Cuba con el contrabando y la corrupción de la población, personas ilegales la mayoría de las cuales se quedaban en Cuba desintegrando el cuerpo social.

Ahora bien, los grandes intereses ferrocarrileros que Tarafa representaba eran los que saldrían grandemente beneficiados. En Washington, después de los "dimes y diretes", las conversaciones, reuniones, etc. a las cuales asistió Tarafa se acordó eliminar el 85% de los sub-puertos aunque siempre quedaron algunos. No era posible "atacar" despiadadamente a los azucareros a favor de los ferrocarri-leros y debido a esto, al aumento de volumen del transporte de carga ferroviario la pequeña compañía de ferrocarril propiedad de Tarafa, los Ferrocarriles del Norte, fue absorbida por el Ferrocarril de Cuba o sea, el del este de Santa Clara, aunque Tarafa no perdió.

Como se ve en esta complicada situación Cuba perdió siempre, no ganó con ninguna de las dos soluciones. Los que ganaron fueron los que recibieron la coima, la aprobación de la ley.

En el asunto del malecón el Estado compró unos terrenos para hacer una prolongación del malecón a través del Vedado, obra que aún existe. Se acusó al gobierno de haber pagado un sobreprecio grande por los terrenos que adquirió. Una reclamación presentada en la Cámara no avanzó de sus pasos iniciales.

Por último la ley del dragado del puerto de Cárdenas que después se convirtió en algo aún más insólito.

El puerto de Cárdenas tenía poco calado pues solamente había una especie de canal para alcanzar una de las riberas. No tenía calado para los buques que venían a recoger el azúcar. Las compañías azucareras transportaban cada una a su muelle los azúcares producidos y allí se embarcaban en unos lanchones que iban al centro de la bahía donde estaban anclados los buques. Allí era el sitio de carga y descarga. El procedimiento era complicado, era peligroso y era costoso. La idea del dragado era hacer canales hasta cada uno de los muelles, mejorar la calidad de estos últimos y eliminar el uso de los lanchones. Pero donde vino la parte negra del asunto es que se hizo un muñeco, es decir, se prepararon; una serie de condiciones para que una compañía específica se llevara el gato al agua; una serie de características todas ellas correspondientes a una sola compañía, la que se llevó el contrato. Esta ley tuvo que pasar subrepticiamente en medio de una avalancha de leyes que se presentaron todas juntas, primero en la Cámara y después en el Senado y metida entre ellas pasó la ley del dragado de la bahía de Cárdenas.

El Profesor Portel Vilá recomienda a los estudiosos que deseen ahondar en este tema que lean su Historia sobre la decadencia de Cárdenas para mayores detalles. Hay que añadir un par de anécdotas. La compañía que obtuvo el contrato del dragado recibió otro contrato por cincuenta años para manejar monopolísticamente todo el comercio de la bahía. El dinero de este "chivo o chanchullo" que había que repartir fue puesto en manos de un Representante que le dio la mala a sus colegas y se "levantó con el santo y la limosna" marchándose para los Estados Unidos. Así que al final del cuento hubo un solo beneficiado además de la compañía que recibió la concesión.

En este año desde el punto de vista político existía la pre-candidatura de Machado y de Mendieta. El Partido Conservador tenía ya la candidatura de Menocal anunciada y el Partido Popular pensaba tener la candidatura de Zayas pero este último y otros sabían que esto era una pantomima. El 24 de febrero se designan los delegados municipales a la asamblea del Partido Liberal.

En Junio Zayas decreta una amnistía muy amplia que fue severamente criticada porque incluye toda clase de delitos y por supuesto a su hijo, a su primo y a sus amigos. Los periódicos ponen el grito en el cielo. Nosotros nos preguntamos que hubieran dicho estos periódicos con respecto a la amnistía que promulgó el Presidente

Clinton un poco antes de dejar el poder. Sin lugar a dudas esta amnistía fue un acto netamente político.

El 10 de junio y en una sesión relámpago la Cámara de Representantes aprueba 29 proyectos de ley sin haber quórum legal, sin haber revisado ninguno de los proyectos y disfrazado entre ellos estaba el dragado de la bahía de Cárdenas. Una ley eminentemente electoral que un poco más tarde y también en forma irregular es aprobada por el Senado. Sin embargo cuando se lleva a la Cámara el proyecto de presupuesto para el año 1924-25 no hay quórum y la República se queda sin presupuesto una vez más, teniendo que prorrogar el anterior.

El Representante Ramón de León presenta un proyecto de ley para construir la Carretera Central, de manera que Machado no lo inventó. Pero no pasa de ser un proyecto. El 26 de julio el Comité Ejecutivo del Partido Popular que tiempo atrás se había opuesto a Zayas como candidato presidencial acepta mantener su candidatura y no disolver la Liga Nacional. Al día siguiente se reúne la Comisión Ejecutiva Nacional del Partido Liberal presidida por Clemente Vázquez Bello. Días después una manifestación de unas diez mil personas llega hasta el Palacio Presidencial para vitorear al presidente del Partido Popular. El 29 de julio la Asamblea del Partido Liberal elige a Gerardo Machado como candidato a la Presidencia y a Carlos de la Rosa como candidato a la Vicepresidencia. La Asamblea Ejecutiva del Partido Conservador elige a Aurelio Álvarez de la Vega como presidente de su Comité Ejecutivo, que es además Presidente del Senado.

Reaparece el periódico El Día para apoyar la candidatura de Menocal. El Partido Popular propugna la candidatura de Zayas para Presidente, pero no nomina a nadie para Vicepresidente y rompe la Liga Nacional, el pacto con el Partido Conservador. Zayas acepta la nominación repitiendo lo que ya dijo antes. En agosto 14 el Partido Conservador en su Asamblea Nacional nomina a Mario García Menocal como candidato a Presidente y a Santiago Verdeja como candidato a la Vicepresidencia. Al día siguiente una reunión del Partido Liberal en Pinar del Río es disuelta a balazos y hay cuatro muertos. El 17 de agosto el minúsculo Partido Republicano del Senador Dolz apoya la candidatura de Menocal. El 22 de agosto Zayas dice que ha decidido no ir a la reelección y que deja a su partido en libertad de acción. Al día siguiente el partido anuncia que ha decidido pactar con los liberales. El día 25 se reúnen Liberales y Populares y discuten las condiciones de esta unión que serán cuatro senadurías para los populares y tres Secretarios de Despacho, pero la condición más importante es la de darle a Zayas durante el gobierno de Machado trescientas colecturías de la Lotería y brindarles inmunidad a él y a su familia sobre cualquier acusación que se les haga. Los populares dan apoyo a todos los candidatos liberales. Ellos no postularán a nadie. Al día siguiente Menocal dice que él seguirá el programa de los veteranos y patriotas.

El 8 de septiembre el Partido Conservador cambia su candidato a Vicepresidente, en vez de Santiago Verdeja que renuncia a serlo, se nombra a Domingo Méndez Capote. El 10 de septiembre Machado y de la Rosa inician una excursión política por la provincia de Matanzas. Renuncia el Secretario de Obras Públicas Aurelio Sandoval y se nombra en su lugar a Carrerá Sterling. Lo que queda de los veteranos y patriotas apoyan la candidatura de Menocal en un manifiesto firmado por Asbert y Despaigne. El 27 de septiembre inicia Menocal una gira política viajando en tren. Al llegar a Santa Clara una enorme multitud lo aclama. En Sagua 150 "mendietistas" le ofrecen su apoyo. Estando Menocal en Santa Clara el alcalde de La Esperanza niega permiso para dar un mitin de recibimiento a Menocal pero cederá por presión ejercida por los políticos Conservadores y Liberales. A principios de octubre Machado, en una visita a Zayas, se queja de que Menocal está celebrando entrevistas con Jefes del Ejército. Al pasar por Esmeralda el tren en que viajan Menocal y Méndez Capote es agredido a tiros. En Camagüey los menocalistas Armando André, Alfredo Lima, Julio Cadenas y otros secuestran al Jefe del Distrito Roberto Quero en un intento por provocar un gran conflicto; todo esto en presencia de Menocal, pero la oposición del Gobernador Rogelio Zayas Bazán y del Tercio Táctico al mando del Capitán Vilató los obliga a poner en libertad al Coronel Quero. Inmediatamente se nombra al Capitán Pedro Martínez como Supervisor Militar de la provincia de Camagüey. Zayas envía refuerzos militares a la provincia y por si acaso, también a Oriente.

El Brigadier José Semidey es nombrado Jefe Militar de Camagüey. El 9 de octubre la Asociación de Buen Gobierno publica un manifiesto apoyando a Menocal. El Secretario de Gobernación prohibe llevar armas a los mítines y fiestas políticas y suspende esos actos desde el 20 de octubre en el presente período electoral hasta después de las elecciones. Increíblemente el Presidente del Senado Aurelio Álvarez acusa al alcalde de Camagüey, al Gobernador de Camagüey, al Secretario de Gobernación y al Presidente Zayas de ser los responsables de los hechos ocurridos en esa provincia. Recordemos que los menocalistas secuestraron al Coronel Roberto Quero y el Senado por tanto aprobó una moción acusando al gobierno de parcialidad en el proceso electoral y piden una entrevista con el Presidente, pero éste niega concederla diciendo que la sola concesión de ella implica que hay algo turbio por parte del gobierno, lo cual no es cierto según él.

El 25 de octubre Menocal y Machado se entrevistan en casa de Alejandro Rivas Vázquez. El 1º de noviembre elecciones presidenciales. Desde el primer momento se sabe que los Liberales han triunfado y van a ganar en cinco de las seis provincias. Sólo pierden en Pinar del Río por doscientos votos. Hay siete senadores Liberales, cuatro Populares y solamente uno Conservador. Veintinueve representantes Liberales, veinticinco Conservadores y cuatro Populares. El 5 de noviembre Menocal y Méndez Capote dirigen una amenazadora proclama diciendo que las elecciones no han sido legales. Pero no cabe duda que los Liberales han barrido completamente a los Conservadores. Gran recibimiento a Machado en La Habana. Al día siguiente Menocal reconoce su derrota y felicita a Machado. El día 8 de noviembre un comité de amigos de Zayas empieza a hacer una colecta para erigirle una estatua. Como es de rigor en todos los Presidentes cubanos, Machado ante una comisión de empresarios e industriales dice que no aspirará a la reelección. Todos decían lo mismo y luego hacían lo contrario.

Veremos ahora algunos hechos de no tanta importancia pero que tuvieron influencia en el pueblo de Cuba. Empezaremos repasando algunos de los eventos universitarios que todavía van quedando de la revolución del año anterior.

En enero Gustavo Adolfo Bock sustituye a Julio Antonio Mella como presidente de la FEU. Unos meses después Suárez Murias será el presidente. A finales de enero se constituye por primera vez la Asamblea Universitaria formada por estudiantes, profesores y graduados. Es nombrado Enrique Hernández Cartaya como nuevo Rector de la Universidad. En febrero se produce una manifestación de farmacéuticos apoyados por los estudiantes universitarios en la cual se pide al Presidente que derogue el decreto que permite a los farmacéuticos delegar en los "prácticos de farmacia". El 26 de febrero ocurre un ras de mar provocado por una perturbación ciclónica y se inundan todo el malecón y zonas aledañas. Se inaugura una Feria de Muestras de La Habana. Se crea el llamado "grupo minorista" formado por intelectuales de izquierda y de centro izquierda que propugna una renovación política, social y moral de Cuba. Se reúnen en cafés y en restaurantes para celebrar tertulias de intercambio. Pertenecen a este grupo Mariblanca Sabas Alomá, Jorge Mañach, Mariano Brull, Alfredo T. Quilez, Juan Marinello, Francisco Ichaso, Emilio Roig de Leuchsenring, José Fernández de Castro, Alberto Lamar Schweyer, José Manuel Acosta, Félix Lizaso y José Z. Tallet. Escribirán artículos en revistas y periódicos y dictarán conferencias.

Para sustituir en su cargo a José Manuel Cortina como Secretario de la Presidencia es nombrado Luís E. Lecuona Casado, hermano del Maestro Ernesto Lecuona. Se constituye el cuerpo directivo de la Corporación Nacional de Federaciones Económicas. Se conmemora el vigésimo quinto aniversario de la fundación de la Policía Nacional. El informe de la Fundación Rockefeller sobre la erradicación de la fiebre amarilla ignora por completo no solamente a los científicos cubanos que ayudaron al equipo norteamericano, sino como algo mucho más grave, ignoran la labor definitiva sobre las causas de la transmisión por el mosquito el trabajo de Carlos J. Finlay. Pasarán muchas décadas antes que los norteamericanos reconozcan que no fue Walter Reed sino Carlos J. Finlay el que descubrió como se transmitía la enfermedad.

Diez mil norteamericanos residentes en Isla de Pinos –el número está exagerado– solicitan la anexión de la isla a los Estados Unidos. Pide Zayas al Congreso que se conceda facultades al Ejecutivo para modificar discrecionalmente los aranceles de aduana. Toma posesión del cargo de Secretario de Hacienda Carlos Portela –primo del Presidente– quien lo estaba ocupando interinamente. Carlos Manuel de Céspedes anuncia que después de haber pagado todas las obligaciones hay un saldo positivo de 21 millones de pesos en el tesoro de la nación. A la muerte del Jefe de la Policía Judicial es nombrado el competente investigador policiaco Alfonso Luís Fors. En un solo día llegan a La Habana 268 inmigrantes chinos. Hay protestas porque esta mano de obra barata pone en peligro los empleos de ciudadanos cubanos. Por motivos políticos es asesinado el alcalde Villalón de Santiago de Cuba. A las pocas semanas se presenta un ex soldado señalado como su asesino. Desiderio Arnaz —padre del actor Desi Arnaz– toma posesión de la alcaldía de Santiago.

Debido a la gran protesta de la prensa Zayas suspende la entrada legal de chinos en Cuba. El 30 de julio muere Francisco Zayas Alfonso, hermano del Presidente, que fuera Secretario de Educación y que posteriormente estaba como Ministro en Francia. El periodista Aldo Baroni que había sido expulsado como extranjero indeseable por su labor en el Heraldo de Cuba regresa perdonado por Zayas dada la intervención de sus amigos y pasa a la administración del mismo periódico.

Muere el General del EL Juan Rius Rivera en Honduras. El 1º de octubre Antonio Sánchez de Bustamante es electo Vicepresidente del Instituto de Derecho Internacional Europeo. Se adjudica a la compañía norteamericana Purdy and Henderson por un millón setecientos mil pesos el contrato para la construcción del centro social o palacio del Centro Asturiano, cuya primera piedra se había puesto un año atrás. El 13 de diciembre Zayas inaugura en la Loma de San Juan, cerca de Santiago de Cuba un monumento a la memoria de Teodoro Roosevelt con la asistencia de su viuda.

Leyes y Decretos de 1924

Se habilita el puerto de Manatí en Oriente dotándosele con una oficina de aduana. Aumento de sueldos a los miembros del Poder Judicial y a los del Ministerio Fiscal en gastos de representación. Se autoriza el aumento del número de las Fuerzas Armadas hasta el nivel que sea necesario para terminar con el alzamiento. Que por la alteración del orden existente se autoriza retener en el servicio percibiendo sus haberes y asignaciones los alistados que hayan cumplido su tiempo de alistamiento. Aumento de los efectivos de la Marina de Guerra hasta el nivel que sea necesario a causa del alzamiento. Concesión de diez días de plazo para que se presenten todos los alzados sin que fuesen molestados y con el privilegio de reintegrarse a sus ocupaciones habituales. Llamado al servicio activo a los oficiales retirados del Ejército y de la Marina. Se crea el municipio de Antilla en Oriente y el de Florida en Camagüey. Cese de la clausura de El Sol y del Heraldo de Cuba motivada por el alzamiento de un cabo y de 30 soldados del Ejército en Santa Clara. Autorización a las compañías de electricidad en fase de expansión para la expropiación y la servidumbre de paso entre las edificaciones. Autorización de licenciamiento de los alistados que habían sido retenidos. Ley que crea los Comisiones de Inteligencia Obrera en todos los puertos donde existan obreros que presten servicios a industrias y comercios marítimos.

Creación de los municipios de Máximo Gómez, Canasí y Los Arabos en la provincia de Matanzas. Decreto relativo a la constitución y funcionamiento de la Comisión Nacional de Estadísticas y Reformas Económicas. Aumento de los efectivos de la Guardia Rural. Aumento de sueldos a maestros y directores de enseñanza común y especial y también a auxiliares de kindergarten y conserjes. Reconocimiento de la Convención Postal Universal suscrita en Estocolmo. Creación en la Secretaría de Estado de la Oficina Panamericana de la República. Firma del Código Sanitario Panamericano.

Año 1925

Durante sus últimos cuatro meses se preparará la toma de posesión del nuevo gobierno y otros asuntos de alguna importancia, sobre todo la aprobación –al fin– por el Senado norteamericano del Tratado Hay-Quesada dándole a Cuba total jurisdicción sobre la Isla de Pinos como parte de su territorio, pese a la propuesta de los supuesto diez mil habitantes norteamericanos de la isla. Esto fue un gran triunfo de la diplomacia cubana. Hecho que fue iniciado en una conversación privada que tuvo lugar durante una recepción en Washington entre el delegado cubano Carlos Manuel de Céspedes y el Secretario de Estado norteamericano Charles Hughes quien habló con su Presidente que lo autorizó para hablar con los Senadores más allegados a su administración para poner en marcha la discusión y eventual aprobación del "dormido" Tratado Hay Quesada.

El 1º de enero es asesinado por motivos políticos locales el alcalde de Guantánamo Manuel Salas. El asesino, un tal José Correoso apodado "El Dulce", fue ejecutado en el garrote y un abogado y un representante liberal que fueron los instigadores serán condenados a cadena perpetua. Por cuestiones laborales el día 7 es asesinado el administrador de la fábrica chocolatera "La Ambrosía". El asesino con sus cómplices fueron capturados pero también se formulan cargos contra el secretario general de la industria fabril Margarito Iglesias. El día 15 queda fuera de su puesto Archibald Jack Administrador de los Ferrocarriles Unidos. El 17 de enero ocurren pugnas entre blancos y negros en el parque de Santa Clara por costumbres establecidas en el parque local. El 18 de enero estalla una bomba en la Colonia Española de Santa Clara y se atribuye la autoría del hecho a los negros de esa ciudad. *El día 22 fallece Manuel Sanguily Garritte, Coronel del Ejército Libertador, ex-Presidente del Senado, ex-Secretario de Estado en el gobierno de José Miguel, ex-Convencional de la Constituyente de 1901, y ex-Director de las Escuelas Militares en el gobierno de Menocal.* Fue una de las figuras más importantes desde el punto de vista político, intelectual y cívico en la naciente República Cubana. Su sepelio constituye una imponente manifestación de duelo popular. Una gran pérdida para la nación.

En Pinar del Río se celebra un Consejo de Guerra contra un soldado que tras insubordinarse dio muerte a un cabo. Es condenado a muerte y será ejecutado en el gobierno de Machado. El día 28 se celebra por primera vez el natalicio de José Martí. El 1º de febrero se inicia un congreso obrero en Cienfuegos que durará tres días. Se inaugura el Instituto de Segunda Enseñanza de Santa Clara. Se promulga una ley dando las gratificaciones debidas a los empleados públicos hasta un 50 por ciento de su valor, gratificaciones que habían sido suspendidas en la época de la crisis económica del gobierno. El 20 de febrero se declaran en huelga los colonos, empleados y obreros de los Centrales Delicias y Chaparra porque la empresa se niega a remunerar más sus productos y servicios. Machado declara que las leyes que se hagan en los últimos meses del gobierno de Zayas y que hagan gastos excesivos fuera del presupuesto no serán tenidas en cuenta por él, por lo tanto advierte a las empresas que no se arriesguen a entrar en negociaciones bajo esas leyes. Específicamente se opone al proyecto de carretera central y a otras carreteras. El 23 de febrero le dan a Zayas los planes para la toma de posesión del nuevo Presidente. El 3 de marzo llega a La Habana John Pershing el famoso general norteamericano héroe de mil batallas en América y en Europa para la inauguración del monumento a las víctimas del Maine.

Protestan los empleados de "El Encanto" por la competencia desleal de los vendedores ambulantes llamados "polacos" pero que realmente son judíos llegados de la Europa Oriental que venden mercancías de procedencia dudosa a muy bajo precio. Se funda la Liga Contra el Cáncer cuya meritoria labor continúa en el exilio para ayudar a los pacientes de esta terrible enfermedad. El 14 de marzo se ratifica el Tratado Hay Quesada derrotado así el intento anexionista de residentes norteamericanos. La administración de los centrales Chaparra y Delicias decide suspender la zafra en vista de la huelga mencionada previamente.

El día 18 se celebra una gran manifestación en La Habana en celebración de la ratificación del Tratado Hay Quesada que produjo un gran júbilo popular. El 21 de marzo un grupo de estudiantes, entre los más destacados Julio Antonio Mella, Leonardo Fernández Sánchez y Aureliano Sánchez Arango –de tres, ¡tres!– publican un manifiesto en contra del gobierno al que acusan de sumiso debido a haberse aprobado el Tratado Hay Quesada. Esto realmente no se entiende. Los estudiantes van en manifestación hasta el Palacio y en la plaza donde está el pedestal en el cual se va a colocar la estatua de Zayas improvisan un mitin y agreden verbalmente al Presidente hasta que la Policía interviene. Hay golpes de ambos lados con heridos y Zayas manda a detener la acción policial agregando "hoy me tiran piedras…mañana me tirarán flores".

El 23 renuncia Cosme de la Torriente como Embajador de Cuba en Washington. En abril se anuncia la composición del gabinete de Machado donde hay tres Secretarios "zayistas": Rafael Iturralde, Daniel Gispert y Andrés Pereira. Se abre la nueva legislatura con 11 nuevos Senadores; Clemente Vázquez Bello preside el Senado y Ramón Zaydin la Cámara. Antonio Ruiz será gobernador de La Habana en sustitución de Barrera que fue electo Senador. El día 7 se homenajea a Machado en el Havana Yatch Club. El día 12 se resuelven los problemas de Chaparra y Delicias dando inicio a la zafra en ambos centrales. El día 14 se anuncia la disolución del Banco Hispano Cubano y al día siguiente se proclaman a Machado y a de la Rosa como Presidente y Vicepresidente respectivamente. Machado viaja a los Estados Unidos y tiene un almuerzo privado con el Presidente Calvin Coolidge y en Nueva York declara que dentro de cuatro años será la abolición de la Enmienda Platt.

El 1º de mayo hay paro general de industrias y de circulación para celebrar la fecha. El día 2 tiene que tomar el Ejército la ciudad de Manzanillo para restaurar el orden después que un Juez Electoral es agredido a balazos. El 4 de mayo regresa Machado de los Estados

Unidos y hay una manifestación en su honor a la que asisten gran cantidad de empleados públicos a quienes se les dio la tarde libre.

El 14 de mayo el Representante Cano que había matado al Representante Martínez y que después había sido indultado por Zayas es muerto a tiros para cobrarle su asesinato. El día 15 el intelectual mexicano José Vasconcelos pronuncia una conferencia en la Universidad. En el último Consejo de Secretarios Zayas pide una amplia amnistía para obreros y políticos presos en los momentos en que su estatua se coloca en el parque Zayas situado frente a Palacio. Por decreto se autoriza un crédito de cien mil pesos para los festejos de la toma de posesión de Machado. La Cámara, previamente dominada por los Conservadores no había querido aprobar este proyecto de ley. El día 19, al fin, la Secretaría de Obras Públicas se traslada al antiguo Convento de Santa Clara. Zayas y Carrillo cumplen los cuatro años de su mandato.

Leyes y Decretos de 1925

El 15 de enero se prohibe el uso de las telas caqui y de color amarillo. En febrero se crean los partidos judiciales de Artemisa y San Juan y Martínez. El 28 de febrero ley que autoriza la amortización de bonos de la República de acuerdo con una ley de 1922. Ley que autoriza el pago de una parte de los adeudos reconocidos por la Comisión del mismo nombre. Puesta en práctica una determinación tomada por la Liga de las Naciones para el uso, producción y distribución de drogas heroicas. Decreto que regula el viaje de mujeres solas desde el extranjero. Cualquier extranjero que desembarque en Cuba tiene que ser sometido al procedimiento de dactiloscopía, es decir, se tomarán sus huellas digitales.

Consideraciones finales

Zayas hizo una política azucarera moderna e inteligente que relacionó muy bien a los colonos con los hacendados y con los obreros de manera que el producto de la tierra –la caña– aunque ésta fuera arrendada, pertenecía al que la sembraba, no al dueño de la tierra. Otras medidas mas que le dieron gran auge a la industria azucarera. En cuanto al comercio exterior en el año 1920 pasó de los mil millones para caer a

505 en el año 22 y volvió a subir en el año 24 a casi 730 millones. Todo esto en consideración a la situación económica del país. Los ingresos bajaron grandemente y la situación económica se hizo crítica. Al finalizar el período había 3,627 escuelas con 6,890 maestros y casi 389,000 niños. En casi 575 escuelas privadas había 38,064 alumnos y 1956 maestros. La Universidad tenía 4,068 alumnos matriculados; 8,289 cursaban el Bachillerato en los Institutos. En el ámbito cultural teníamos el Ballet Internacional, Pro Arte Musical, el Conservatorio Nacional de Música, la Orquesta Sinfónica de La Habana bajo la dirección de Gonzalo Roig, el Patronato de la Ópera y el Salón de Bellas Artes. Estas instituciones daban conferencias, conciertos, exposiciones, publicaban folletos y revistas. Fuera de La Habana y especialmente en las capitales de las provincias había actividades culturales aunque en menor escala. Había sociedades culturales femeninas entre ellas el Lyceum pero también lo había en Matanzas, Cárdenas, Cienfuegos, Camagüey y Santiago. Se practicaban casi todos los deportes y en especial la pelota que era el más popular.

A Zayas se le conoce en la Historia como un individuo corrupto, ladrón, nepotista y "marañero". Poco pudo haber robado en el 21 y el 22 porque simplemente no había dinero. Hasta el empréstito de los cincuenta millones y el alza en el precio del azúcar no vino la bonanza económica que permitió toda una serie de corruptelas y de despilfarro. Lo que se dice que Zayas y su gobierno robaron en el negocio del Convento de Santa Clara, en el negocio del malecón, en la venta de influencias en el dragado del puerto de Cárdenas y el negocio de los sub-puertos no podemos compararlo con los 8 millones de pesos que sacó José Miguel –él solo– y los 8 millones de pesos que sacó Villalón, el Secretario de Obras Públicas cuando Menocal. Es decir, no fue un santo ni fue más diablo que los diablos anteriores, fue por el estilo.

No obstante una anécdota que de pequeño, de muchacho y de joven yo oí, primero en mi casa y después fuera de ella en conversaciones de las personas que habían vivido en la época de Zayas se recordaba el asunto del premio de la Lotería y se decía que habían hecho un truco para ganar con el 4,444 –"los cuatro gatos"– el primer premio de la Lotería haciendo que ese fuera el número que saliera. El Dr. Portel Vilá, que por razón de su membresía en la Sociedad Económica de Amigos del País estuvo en la Renta de la Lotería años después se enteró de cómo había ocurrido la cuestión. El

281

billete 4,444 salió premiado en el primer premio pero no había sido vendido, es decir, estaba en la Renta. Un millonario, suponemos que sea el mismo Falla Gutiérrez se enteró, fue a la Renta, pagó el precio del billete y entonces le dieron el premio a Zayas. Es decir, fue un "regalo" que le hicieron pero que no tuvo que ver con arreglo ninguno en el sorteo de la Lotería. Sin embargo, el 99 por ciento de los cubanos que conocen esta anécdota dicen que "arreglaron la bola para que saliera el billete que Zayas había comprado".

Sus éxitos diplomáticos fueron fantásticos. Sacó a Crowder de la circulación, obtuvo la aprobación del Tratado Hay Quesada, la Asamblea de la Liga de las Naciones de 1924 fue presidida por un cubano: Cosme de la Torriente; Sánchez Bustamante fue nombrado Vicepresidente del Tribunal Internacional de La Haya y se logró que la Sexta Conferencia Panamericana se celebrara en Cuba en 1927 Todo esto fue una actividad internacional muy importante. Recuperó la industria azucarera y durante su mandato no hubo ni un solo muerto y si exageramos un poco, no tuvo ni un herido grave. Esto no fue imitado por ninguno de sus antecesores ni por sus sucesores, desgraciadamente.

Se cuenta que en el "aerófago" que era el Parque Central por los años 40, en uno de los tantos corrillos nocturnos que se reunían para "filosofar" y discutir todo tipo de temas, a la hora de irse y por uno de los altavoces que rodeaban el parque se escuchó la bellísima canción de Sindo Garay "La Tarde" y dijo el más joven del grupo: miren, esa era la canción que más le gustaba al Presidente Zayas según me han contado en mi casa. Otro le preguntó que por qué sabía eso. A lo que el primero replicó: escucha la última estrofa…y se escuchó la estrofa: *"las penas que a mi me matan son tantas que se atropellan y como de matarme tratan, se agolpan unas a otras y por eso no me matan"*. El de más edad de todo el grupo, un señor que ya peinaba canas, vestido de traje, muy correcto aunque un poco pasado de moda dijo en una voz algo ceremoniosa: "es cierto, yo trabajé en el Palacio Presidencial en los años del Presidente Zayas y muchas veces lo oí tararear La Tarde y a veces, cantarla en voz baja. Se hizo un silencio y el grupo se disolvió con cada cual yendo a su casa sintiendo, tal vez sin saberlo, un emotivo y sentido homenaje de reconocimiento al *campeón cubano de la no violencia…EL PRESIDENTE ALFREDO ZAYAS Y ALFONSO.*

CAPÍTULO V

LA SEGUNDA REPÚBLICA
GOBIERNO DE GERARDO MACHADO Y MORALES

Vamos a considerar hoy el último gobierno de la Segunda
República de Cuba, el presidido por Gerardo Machado y Morales
que fue el quinto Presidente de la República de Cuba y el cuarto de la
Segunda República, cuyos aciertos y sobre todo desaciertos, nos dejaron con trágico problema político heredado y sufrido hasta nuestros
días, problema que no fue resuelto por los gobiernos que le sucedieron.

Hagamos un breve bosquejo biográfico de Gerardo Machado y
Morales. Había nacido el 29 de septiembre de 1871 en un lugar en las
afueras de la ciudad de Santa Clara llamado Manajanabo, de una
familia campesina con buenos medios económicos. Después de cursar
la primera enseñanza y parte de la segunda, comenzó a trabajar en la
finca propiedad de su familia junto a su padre y a su hermano hasta
que lo sorprendió la Guerra de Independencia de 1895. Rápidamente
ingresó en las filas mambisas en el arma de la caballería que era su
preferida, a las órdenes del General Manuel Suárez Delgado llegando
a ser jefe de su escolta. La provincia, como tal, estaba bajo el mando
del General Juan Bruno Zayas. Por su valentía, por su arrojo y su
decisión el joven Machado ocupó rápidamente en el transcurso de la
guerra los grados de capitán, comandante, teniente coronel y, por
último brigadier. Este rápido 192ascenso se debió a su actitud y
valentía desplegadas en varias acciones militares importantes, sobre
todo la toma del pueblo de Báez y la batalla del Güije entre otras.

Ya brigadier, entró triunfante en 1898 en la ciudad de Santa
Clara al ser abandonada ésta por las tropas españolas. Fue nombrado
alcalde de esta ciudad por el gobierno interventor norteamericano,
pero poco tiempo después renunció al cargo y pasó como teniente
coronel, a las órdenes de su jefe y amigo el General José de Jesús
Monteagudo, a la Guardia Rural donde se mantuvo hasta 1900 en que,

postulándose para alcalde de Santa Clara, fue electo y reelecto en 1901.

Durante este par de años y en unión del gobernador de la provincia General José Miguel Gómez, y bajo las instrucciones y órdenes del interventor militar General Wood, ayudó a conseguir los terrenos por donde pasaría el ferrocarril que empezaba a construir el ciudadano británico Sir William Van Horne. Burlaba así la Ley Foraker de los Estados Unidos que prohibía la concesión de permisos para industrias o empresas durante la intervención militar, pero el ferrocarril afortunadamente se hizo. Se llamó el Ferrocarril del Este que iba desde Santa Clara hasta Santiago de Cuba. También junto a José Miguel y a Monteagudo, fue parte de los fundadores del Partido Republicano Federal de Las Villas, que más adelante se convertiría en Partido Liberal. En el transcurso de los años dentro del Partido, y con José Miguel fundaron el Partido Liberal Unionista.

Fue candidato en 1905 a la gubernatura de la provincia de Santa Clara, pero debido al retraimiento de los liberales, esto no pasó de una postulación. Nuevamente se postuló en 1908 al mismo cargo, pero esta vez fue derrotado en las urnas por la división del Partido Liberal en "zayistas" y "miguelistas". Después del triunfo de José Miguel Gómez en 1908 ocupó los cargos de Inspector General de la Guardia Rural nuevamente bajo las órdenes del General Monteagudo; más adelante fue nombrado Segundo Jefe del Ejército que en aquel momento era comandado por "el general de la guerrita de agosto" Faustino "Pino" Guerra, al cual sustituyó interinamente por un corto tiempo; un poco más adelante fue nombrado Inspector General de este mismo Ejército Permanente. En 1911 José Miguel lo nombró Secretario de Gobernación. En esta posición le tocó hacer frente a la huelga de los obreros del alcantarillado, lo cual hizo en forma drástica y violenta resolviendo la huelga. Ya estaba Machado dando indicios de su carácter al frente de posiciones gubernamentales sobre todo con el movimiento obrero.

Cuando la protesta o rebelión veteranista por posiciones gubernamentales dirigida por Loynaz del Castillo frente a José Miguel, Machado no apoyó a los veteranos. Vino la guerrita con alzamiento de los hombres de la raza de color y cuando él comenzó a actuar en la misma forma, José Miguel lo separó del cargo. Esto hizo que Machado se distanciara de Gómez. En 1912 fue postulado para gobernador de la provincia de La Habana, pero fue ampliamente derrotado por el general Asbert puesto que él había sido Secretario de Gobernación durante un corto tiempo y esto no le daba méritos políticos suficientes frente a Asbert, que era de La Habana, que llevaba muchos años en política y que se había separado del Partido Liberal.

Durante el primer gobierno de Menocal, Machado continuó trabajando en una pequeña compañía eléctrica en Santa Clara que fue gradualmente comprando pequeñas, empresas similares llegando Machado así a convertirse en Vicepresidente de la Compañía Cubana de Electricidad –popularmente conocida como el "pulpo eléctrico" porque sus "tentáculos" llegaban a todas partes de la Isla. Esta compañía era subsidiaria en Cuba de la Electric Bond and Share Company, que constituyó en la década de los años 20 prácticamente un monopolio sobre la producción de electricidad en la Isla. Al mismo tiempo, fue administrador de un central azucarero familiarizándose con este sector. No obstante el no haber estado postulado para ningún cargo electivo durante el gobierno de Menocal, no hizo que se retirara de la política, sino que estuvo muy activo dentro de la política partidista haciendo conexiones, "amarres" y avanzando ascendentemente en el control del Partido.

Con respecto a la postulación de Zayas fue Machado uno de los que se opuso desde el principio pero al final lograron un acuerdo entre "unionistas" y "zayistas", decidiéndose apoyar a Zayas en las elecciones. Vino el problema del fraude de 1916 y en febrero del 1917 la "guerra de la Chambelona" a la cual Machado contribuyó no sólo en su organización sino con su participación que aunque fue efímera debido al accidente ecuestre con lesiones sufridas que lo sacó de la guerra. Fue detenido, juzgado y absuelto en Consejo Militar ya que su abogado Barraqué logró "demostrar" que su defendido no había sido detenido en el campo de batalla. Esto se pudo hacer porque Menocal estaba "tirando la toalla"a los que se rebelaron, aunque de haber sido condenado Menocal lo hubiese amnistiado en 1918 junto a otros militares.

Al venir "la danza de los millones" Machado adquirió el "Central Carmita" situado cerca de la ciudad de Santa Clara. Para esa época y gracias a su posición en la compañía eléctrica y de otra serie de negocios exitosos Machado era ya un hombre poderoso en el sentido financiero y por eso pudo comprar un central azucarero sin estar participando en el gobierno como era casi la regla unánime en aquella época. De modo que ya, desde entonces, además de su actuación en el Partido Liberal había establecido sólidas relaciones con la poderosa empresa eléctrica y las otras compañías o negocios que recibían servicios de la misma y, como si eso fuera poco, con el poderosísimo sector azucarero. Casado con su prima Elvira, la más recatada y discreta de todas las primeras damas de esa época con la cual tuvo tres hijas, aunque su fama de mujeriego era "vox populi". Ya veremos que esto dio origen al primer asesinato cometido en su mandato.

Para las elecciones presidenciales de 1920 se mencionó su nombre como posible candidato a vicepresidente pero el Partido Liberal nominó al hacendado Miguel Arango. Hemos visto también como Menocal burló las presiones de los Liberales y en concreto las de José Miguel con el fraude de 1920 y 1921, de modo que Machado volvió a estar en el lado de los perdedores.

Durante el gobierno de Zayas, cuando la situación de este se hizo extraordinariamente precaria y parecía que no terminaría su período presidencial, Machado "apretó" sus relaciones políticas dentro del Partido Liberal y tan pronto como en 1922, lanzó su pre-candidatura a la Presidencia para las elecciones de 1924. Era más bien un precandidato para 1922 si se caía Zayas. Lo mismo hizo el coronel Mendieta, otro igual, que semejante a Machado quedaba con cierta relevancia después de la trágica desaparición del único verdadero líder que era José Miguel, ya que Zayas en esos momentos no era Liberal. Mendieta era más popular dentro del elemento de base del Partido, pero no manejaba los intríngulis de la política partidista, al contrario de Machado que tenía cada vez más esos controles en sus manos y sabía como manejarlos pues él había dedicado muchos años a esto. Por otra parte Mendieta, por haber sido partidario del movimiento veteranista y por su fama de hombre honesto a carta cabal no era bien visto por ciertas capas del Partido Liberal que tras doce años de ausencia del poder soñaba con volver a reeditar lo que había ocurrido en el gobierno de José Miguel, es decir, participación en los negocios del gobierno, los famosos "chivos".

Entre otras diferencias entre Machado y Mendieta estaba el carácter personal. Este último era retraído en cuanto a palabras, muy dedicado a su trabajo, mientras Machado era locuaz, jaranero, un hombre simpático que se ganaba el afecto de las personas que lo rodeaban y con la decisión de llegar a la Presidencia a cualquier precio. Habían sin embargo similitudes entre ambos candidatos: ambos eran veteranos de la guerra, eran Liberales, eran "chambeloneros" y eran oriundos de la provincia de Santa Clara. Pero esas eran todas sus semejanzas pues en todo lo demás eran diferentes. Hasta aquí la ventaja parecía estar del lado de Machado puesto que los que votan para nominar candidatos no son los miembros de base de un partido sino los miembros de sus Ejecutivos Provinciales y Nacional, es decir, el agua donde mejor nadaba Machado.

En 1924 y como Zayas "no se cayó", se celebraron las elecciones primarias dentro de los partidos y en el Partido Liberal los contrincantes eran Machado y Mendieta. Se celebró una asamblea en el término municipal de Nueva Paz en la provincia de La Habana. Mendieta parecía ser el hombre con mayores posibilidades pero Clemente Vázquez Bello que era el director de la campaña de Machado, hombre de una extraordinaria habilidad y visión política había logrado dos importantes virajes. Uno el de Faustino "Pino" Guerra, presidente del Comité Ejecutivo Nacional del Partido Liberal y aspirante a Senador por la provincia de Pinar del Río y segundo Carlos de la Rosa que era el alcalde de Cárdenas y presidente del Comité Ejecutivo Provincial del Partido en Matanzas. Se le aseguró la senaduría al primero y al segundo se le nominó candidato a Vicepresidente. Con estos dos elementos a su favor la balanza se inclinaba hacia Machado. Además corre la especie de que Machado sobornó a los conductores de trenes de Nueva Paz a La Habana para que los delegados de Mendieta no pudieran llegar a tiempo pero esto parece un poco ridículo puesto que Nueva Paz no queda tan lejos de la capital y en esa época ya habían automóviles y por supuesto habían caballos pero el rumor "caminó" durante la asamblea Liberal.

En definitiva Machado y La Rosa fueron nominados. Mendieta, en un gesto poco usual de los políticos de la época se retiró. Lo que entonces se estilaba era que cuando un candidato era derrotado a su aspiración presidencial el vencido tratara de buscar ciertos acomodos con el candidato vencedor o con los contrarios pero Mendieta no era esa clase de hombre y se retiró a su colonia azucarera en Cunagua lo cual le ganó el apoyo de "el solitario de Cunagua". Mientras el coronel Carlos Mendieta se retiraba de la política su victorioso contrincante, el hombre de Manajanabo, iniciaba una muy activa campaña política recorriendo las calles de La Habana y desarrollando una modalidad que llegó a ser famosa. Con su ya citada simpatía y locuacidad Machado saludaba a todo el mundo y a los amigos o conocidos les decía "chico si tienes algún problema ven a verme".

En el bando opuesto, en el Partido Conservador, el candidato era Menocal ya que Zayas, en una pretendida aspiración por el Partido Popular y el mantenimiento de la Liga Nacional había obtenido una parte del Partido Conservador que quería mantener la Liga. El Partido Popular de Zayas no podía ir a ningún lado. Recuérdese que se le conocía como "el partido de los cuatro gatos", Sin embargo constituía un elemento numérico de cierto valor en las elecciones y por otra parte el Partido Conservador estaba dividido entre los que habían sido re-eleccionistas en la elección de Menocal de 1916 y los ortodoxos, estos no re-eleccionistas, sin embargo apoyaban ahora la pretendida reelección de Zayas. En definitiva la asamblea del Partido Conservador tuvo una votación muy reñida, por sólo seis votos ganó la candidatura de Menocal. Hemos visto también como Zayas y su Partido Popular llegaron a un acuerdo en el mes de agosto con los Liberales a cambio de una serie de posiciones congresionales y de secretarías, a mas de un arreglo monetario entre Zayas y Machado.

Al ocurrir esto el Partido Popular perdió a uno de sus grandes pilares… Juan Gualberto Gómez que de ninguna manera apoyaba a Machado. Suponemos que algo de lo que ocurrió en este caso fue el recuerdo de la actuación de Machado durante la guerra de los "independentistas de color". Esto es una suposición que no he leído, pero que me parece válida. Juan Gualberto apoyó a Menocal y con el primero y la popularidad del último en la provincia de Oriente los Conservadores pensaron triunfar en las elecciones. Pero Juan Gualberto ya no era un hombre joven, tenía mucha edad, muy gastado, por lo que no podía desplazarse en una campaña política como lo había hecho antaño y además los pueblos olvidan a sus valores y habían ansias entre los cubanos, en su mayoría Liberales, por derrotar al "mayoral" y obtener nuevamente posiciones en el gobierno, es decir, volver a los viejos tiempos.

Durante esta campaña los Conservadores sacaron unos carteles en los que se veía a Menocal montado a caballo en un campo y un letrero que decía "A Caballo". Los Liberales ripostaron con otro cartel donde se veía a Machado caminando al frente de una multitud que decía: "Con el pueblo a pie". El Rey Alfonso de España había regalado un caballo árabe a Menocal cuando este era Presidente y los Liberales sacaron esta conguita: "devuélveme mi caballo que tú no sabes montar". El ticket de Menocal era él con Verdeja, más tarde fue Menocal con Domingo Méndez Capote, el cual estaba alejado de la política desde la renuncia de Estrada Palma.

Además del apoyo en votos del Partido Popular los Liberales y Machado obtuvieron de Zayas el apoyo importante del Presidente de la República con sus recursos administrativos y militares. Aunque posiblemente este no haya sido el factor más importante en la victoria de Machado todo esto ayudó a su triunfo. En unas elecciones tranquilas, bastante honradas, sin grandes problemas, los Liberales obtuvieron el triunfo en las seis provincias para la Presidencia y junto con el apoyo de los Populares, casi el copo completo de los candidatos a Senadores y una holgada mayoría en los candidatos electos a la Cámara de Representantes.

Otro factor importante para los liberales fue que por primera vez se habían presentado como un Partido unido y no fraccionado como antes. A Menocal en su fallido intento lo habían aprobado los veteranos, la Asociación del Buen Gobierno con su secretario *Marinello,* capitalistas e industriales y todavía quedaban en el Ejército muchos oficiales de los que Menocal había elevado a posiciones pero nada sirvió de todo esto.

El programa de Machado era el siguiente: estricta limitación de los poderes del Estado; disminución del número de la burocracia en los servicios públicos; reforma de la Constitución que asegurase honestidad en las elecciones nacionales; revisión del Tratado Permanente con los Estados Unidos de modo que desapareciera la Enmienda Platt y las relaciones comerciales entre ambos países se llevaran a cabo en la forma de arbitraje como debe ser entre naciones que tienen iguales derechos jurídicos; reforma de las leyes de inmigración; mejoría de las comunicaciones, especialmente las terrestres; mejoría en la sanidad pública; la profesionalización de las Fuerzas Armadas y una nueva reestructuración que incluyere la modernidad de manera que no intervinieran en los asuntos públicos del Estado; honestidad en la administración de los bienes públicos y la no contratación de nuevos empréstitos; construcción de acueductos y de escuelas. Su programa se resumía en el lema: *agua, caminos y escuelas.*

Como solamente en las obras públicas Machado cumplió sus promesas y el pueblo en general se entusiasmó con este programa, sobre todo porque por primera vez en forma pública y abierta se pedía la derogación de la Enmienda Platt, algo que ya estaba en el ambiente desde hacía varios años, la masa del Partido Popular, los Liberales del gallo y del arado, la chancleta, la chambelona y el tiburón estaban sin lugar a dudas enloquecidas con el triunfo de Machado y le daban todo el crédito y el apoyo.

En su viaje a los Estados Unidos en abril de 1925, un poco antes de tomar posesión, Machado reiteró en el vecino país norteño lo que había planteado en su programa, es decir, revisión del Tratado Permanente, abolición de la Enmienda Platt y un sistema de arbitraje para las relaciones comerciales. En el mensaje de Machado hay una nueva música pero vamos a ver si sabe bailarla.

Hagamos un pequeño análisis en general de la situación de todo el pueblo de Cuba en vísperas de la toma de posesión del nuevo Presidente:

Hemos visto que estaban entusiasmados con su programa y que se le consideraba nacionalista por encima de todo. Ya hemos visto que querían un cambio y sobre todo un hombre fuerte después de la "debilidad" del gobierno de Zayas, supuesta debilidad con la que resolvió todos los problemas sin derramamiento de sangre, pero así son los pueblos. Se quería algo distinto… ¿qué cosa?...no se sabía exactamente que, pero algo distinto. ¡Bien distinto lo iban a tener!

Hasta esa época el pueblo cubano había avanzado mucho en cultura y educación aunque todavía faltaba un buen tramo por recorrer y esto hacía que estuvieran en contacto con todas las nuevas teorías que circulaban por el mundo…económicas, políticas y sociales y veía en el nuevo sistema político que se avecinaba una imposibilidad para los jóvenes de acceder a las nominaciones en los partidos puesto que se había establecido por ley, la llamada "ley del cierre" como la denominó Francisco Ichaso. Todo el control político quedaba en manos de los caciques atrincherados en sus posiciones y nominándose o nominando a sus preferidos. Aunque la Universidad había experimentado gran mejoría en cuanto a libertad en la enseñanza todavía ésta no estaba completamente consolidada. Veremos como Machado poco a poco la eliminó.

Un autor de la época nos deja ver una estampa de cómo pensaba la juventud. Posiblemente él era uno de ellos. Decía:

"Nosotros preferíamos la guagua al tranvía, la aspirina a la lavativa, el son y el jazz al danzón, la camisa remangada en vez del saco embutido, la pelambre suelta en vez del sombrero de pajilla, el cine al teatro, el radio en vez de la victrola y pasear por la noche por el Malecón en vez de tener que asistir a las cursis y atrasadas fiestas familiares". En lo social también se veía que querían cambiar. Esto era en parte copia de lo que ocurría en los Estados Unidos, país que por medio de las películas de Hollywood, aunque fueran silentes en aquella época, influía en la manera de vivir de los cubanos jóvenes estudiantes y profesionales.

Casi al empezar el gobierno de Machado se puso en práctica el cooperativismo, fenómeno político que posteriormente estudiaremos más en detalle y ocurrió un hecho muy curioso. Durante el gobierno de Zayas casi unánimemente los periódicos se dedicaban a atacar al gobierno. Casi ninguno o ninguno lo defendía y ni siquiera usaban una terminología neutral. Era el ataque, la época de las llamadas "plumas de fuego". En medio del fervor y del entusiasmo que ya hemos descrito, sube Machado a la Presidencia y la prensa da un giro de 180 grados. No sólo no se le atacaba sino que se le alababa inmerecidamente puesto que todavía no había hecho nada y los antecedentes no señalaban que hubiera necesidad de ese halago. Se le llamó *egregio, supremo, titán, cubano por los cuatro costados, simpático, nacionalista, dinámico...*en fin, todos los halagos que se puedan imaginar. Esto quizás influyó en su endiosamiento y su posterior obstinación en mantenerse en el poder a toda costa. Hasta el menú del Palacio Presidencial llegó a publicarse diariamente en los periódicos...un menú cubano puesto que el Presidente era muy cubano. Algo increíble pero así sucedió.

Cuando en el transcurso de los años Machado fue demostrando lo que era: un dictador, la prensa empezó a "dar marcha atrás". Él, con sus medidas represivas se encargó de volverlos a poner en su lugar o clausurarlos. Estudiaremos esto con más detalle. En cuanto al ámbito internacional Cuba estaba más y más inmersa en la Liga de las Naciones, en las reuniones interamericanas, en las relaciones con los Estados Unidos y con otros países, por lo tanto las nuevas corrientes de todo tipo penetraban, se discutían, se analizaban, algunos las abrazaban como en el caso del comunismo, y otros las rechazaban pero todo eso constituía el tramado social de Cuba. Otro elemento importante fue el feminismo que se abría paso en todo el mundo y

Cuba no iba a ser una excepción. Veremos que en las filas de los jóvenes revolucionarios estudiantiles de 1930 había un buen grupo de muchachas juntas coco a codo con los muchachos.

Lo que se veía, sabía y respiraba de la América era lo siguiente: dictadura revolucionaria en México; Centroamérica, especialmente en Guatemala y Nicaragua algo igual; Venezuela, Perú, República Dominicana...prácticamente en toda la América llamada Latina estaban dictadores o militares o dictadores civiles con apoyo militar. Por tanto, si Machado imponía su dictadura en Cuba iba a ser una dictadura mas, no tendría problemas. Por otro lado los norteamericanos, que habían intervenido en varias naciones con el pretexto de controlar las aduanas apoyaban a todos los gobiernos contra los movimientos revolucionarios antidictatoriales. Era de esperar que si en el caso de Cuba ocurría un alzamiento los Estados Unidos apoyarían al gobierno.

Del resto del mundo venía lo siguiente: en Europa habían dictadores; en Portugal estaba Oliveira Salazar, Primo de Rivera en España, en Italia Benito Mussolini que era un dictador de un estilo nuevo...el fascismo con su grandiosidad, sus desfiles y su teoría. El dictador Stalin en la Unión Soviética. Gobiernos fuertes en los países balcánicos y de Europa Oriental. Alemania estaba en franco estado de descomposición política y social...el "putch" de Hitler, cuyo naciente partido nazi no tenía bien definida su ideología, solamente su antijudaismo expresado en su propaganda. En Cuba en 1932 estando Machado en el poder Hitler ganó las elecciones. En China estaba la dictadura de Chan Kai Sek con sus peculiares características orientales. Francia e Inglaterra tenían alternancias en los gobiernos. En la primera los Republicanos, que eran conservadores y los socialistas. En los últimos años de la permanencia de Machado en el poder –a partir del año 27–, el socialista Aristide Briand había hecho un pacto con el gobierno alemán a fin de tratar de mejorar la situación de tensión que existía. En Inglaterra el gobierno Conservador de Stanley Baldwin lo sustituyó Francis McDonald del Partido Laborista.

Todo esto influía sobre Cuba, especialmente en el comercio puesto que la tendencia mundial durante la década del 20 fue la del proteccionismo tarifario en las aduanas, es decir imponer unas tarifas enormes a los productos importados y tratar de rebajar los que les ponían a sus productos de exportación. Aunque aquello era algo que carecía de sentido, así se funcionaba y pese a las advertencias de John

Maynard Keynes en diferentes artículos y discursos donde establecía los errores de lo que acontecía. Ya para 1931 había publicado una gran cantidad de artículos que después coleccionó y perfeccionó en su libro de 1936 que impuso una nueva doctrina económica, pero todo su trabajo durante los años 20 fue completamente inútil.

En los Estados Unidos se disfrutaba de los "roaring twenties" consistiendo en el despilfarro, el alarde de la vida, automóviles, fonógrafos, fiestas y edificaciones en las ciudades donde también estaban los barrios obreros tremendamente pobres y en el campo algo nunca visto. La novelística norteamericana de esos años –que se leía mucho en Cuba– mostraba un ejemplo de lo que realmente era la sociedad norteamericana, aparentemente vencedora en lo económico, pero que estaba carcomida por esa misma arrogancia de los banqueros y que al final en la depresión ocurrida por la caída de Wall Street –"el crash" del mercado de valores– el 24 de octubre de 1929 los llevó a la depresión; depresión que no estaba limitada a los Estados Unidos sino que fue mundial. La pobre Cuba se vio envuelta en esta situación sin la menor posibilidad no sólo ya de salir de ella sino de ni siquiera poder mejorar su posición dentro de la misma.

Hay autores que señalan el abuso con que en los centrales azucareros de Cuba –tantos los de propiedad cubana como los norteamericanos– se trataba a los obreros cortadores de caña, lo cual era absolutamente cierto. Pero si alguien quiere convencerse de que no era un fenómeno exclusivo de Cuba, que le de un repasito a la obra clásica de John Steinbeck "The Grapes of Wrath" ("Las Viñas de la Ira") y verán el trato que recibían los campesinos en los Estados Unidos al llegar la depresión. Otras famosas novelas de la época, "The Tobacco Road" ("El Camino del Tabaco") de Erskine Caldwell, así como "As I Lay Dying" ("Mientras agonizo") de William Faulkner también exponen esta situación. Esto ofrece un panorama de influencias positivas y negativas sobre el equipo gobernante de Cuba y, además, ya veremos como el tratamiento de la diplomacia, de los banqueros y de la prensa norteamericana hacia Machado en los primeros años de su gobierno influyeron mucho en el desarrollo de los tristes acontecimientos que llevaron a Cuba al desastre.

El mantenimiento del precio del azúcar durante toda la primera parte del gobierno de Machado a 2.76 centavos, que no era muy malo pero tampoco lo era para echar las campanas al vuelo, simplemente permitía la subsistencia. Pocos años después cayó hasta por debajo de un centavo. Esto estudiaremos mas adelante. Después de la guerra los campos remolacheros de Europa se habían recuperado produciendo la misma o más cantidad que antes del conflicto. Lo mismo ocurría en los Estados Unidos. Cuba no podía participar en condiciones de igualdad en la guerra de tarifas puesto que dependía de un solo producto y necesitaba de la importación de la mayoría de sus bienes de consumo especialmente porque la producción industrial era muy pequeña. Existían unas leyes aduanales muy antiguas que databan del tiempo de España que no se habían revisado ni se habían actualizado. Todo esto veremos en detalle mas adelante.

Con respecto a la actitud de la prensa hacia Machado que señalamos anteriormente es preciso puntualizar la excepción del periódico "Patria" de Juan Gualberto Gómez quien se dedicó a señalar los defectos y los peligros del endiosamiento y de darle tanto apoyo al General Machado. Este último era un hombre enérgico, con la astucia de su origen campesino, decidido, valiente, arrogante y sobre todo con su carácter dictatorial que asomó desde los inicios de su vida pública. Después se vio que era fácilmente conquistado por el elogio merecido o inmerecido, las alabanzas y lo que en Cuba dio en llamarse "guataquería". Hay una anécdota que causa tristeza: una caricatura en que Machado pregunta la hora a un funcionario y el hombre, sin mirar el reloj le contesta "la que usted quiera Presidente". Este es un ejemplo del "guataca", un término que con variantes ha permanecido hasta nuestros días porque para utilizar una guataca en el trabajo de la tierra hay que inclinarse hacia delante. Un fenómeno de idolatría nacional hacia un hombre cuyos méritos no justificaban esta actitud que pesó mucho en la trayectoria de Machado.

Machado se concentró y se apoyó exclusivamente en tres hombres: Clemente Vázquez Bello que manejaba la política y a los políticos, especialmente los senadores y representantes; Orestes Ferrara, Embajador en Washington y después Ministro de Estado que manejaba los asuntos internacionales; y Carlos Miguel de Céspedes, el Secretario de Obras Públicas que de haber vivido en esta época hubiera sido un gran publicista, aparte de su dinamismo y su conocimiento en el terreno de las obras públicas. Fue el gran promotor del Presidente con la construcción de monumentales obras de piedra y de acero. Las Fuerzas Armadas carecían de un líder.

Machado no varió en su carácter y conducta aunque las circunstancias variaran. Las relaciones internacionales, el manejo de la economía y de la situación social y la destrucción causada por Machado de elementos esenciales de la nacionalidad cubana son razones suficientes para concluir que él no fue un Presidente nacionalista como muchos gustan de afirmar. Nación no es sólo un espacio territorial ni construcciones físicas ni es sólo ciertos adelantos sociales sino nación es el conjunto de ciudadanos en un país. Machado destruyó poco a poco la fe los ciudadanos en el gobierno, en la política y les quitó la ESPE-RANZA lanzándolos a una revolución terrorista. Al destruir la ciudadanía Machado destruyó la nación cubana, luego no podemos considerarlo nacionalista. Machado tomó una Cuba próspera y dejó una Cuba en ruinas, aunque bien es cierto que había una depresión mundial no se puede negar que hizo gastos innecesarios en muy corto tiempo. Despilfarró en el aparato represivo y en los eventos internacionales donde acudieron centenares y a veces miles de invitados extranjeros que disfrutaron a cuerpo de rey y fueron recipientes de obsequios y de la "adoración" de multitudes acarreadas desde el interior en trenes y camiones. Si nota usted lo que ocurre en la Isla actualmente concluirá que no hay nada nuevo bajo el sol. El último fulano de los primeros años de la República llegó a su fin 15,409 minutos antes de lo que planeaba hacerlo. Machado decía "ni un minuto mas ni un minuto menos".

Hablemos ahora de las relaciones de Machado con los políticos cubanos: Desafortunadamente para la nación se desarrolló a plenitud el llamado cooperativismo. El inventor de esto fue Wilfredo Fernández quien acordando con Pino Guerra el mutuo apoyo en sus aspiraciones a senadores por Pinar del Río, aseguró su elección con la eliminación de otros contrincantes. Esto fue el comienzo del cooperativismo. Iniciado Machado en el poder Wilfredo hace una serie de contactos con congresistas Conservadores para convencerlos de "hacer una oposición leal", que terminó por llamarse "cooperación". Después de pasar las leyes que eliminaban la reorganización de los partidos existentes y la fundación de nuevos –quedando solamente Populares, Liberales y Conservadores– asegurando la no oposición de congresistas, gobernadores, alcaldes ni ningún funcionario que no fuera leal. Es decir, se acabó "de un tablazo" la oposición. Portel Vilá lo califica como la emasculación de la política cubana en 1925. De esta manera todo quedaba en manos del Presidente llegando en 1927 a la aprobación de la espuria "constitución" que prorrogaba los poderes, eliminaba al vicepresidente, etc.

Wilfredo Fernández no conoció límites; no pudo huir de Cuba, fue detenido y llevado a la Cabaña para ser juzgado y allí se suicidó "con un revólver que un visitante le había facilitado". El que haya estado preso sabe que no es muy fácil pasar un revólver en una requisa...es posible pero no es muy fácil, a menos que los guardias lo permitan. La duda queda de si se suicidó o "lo suicidaron". Un final infeliz para un individuo que pudo haber tenido una mejor trayectoria y que pudo y debió haber tenido un final mejor.

El cooperativismo no logró silenciar todas las voces en la Cámara y en el Senado. Hubo un momento en que ya los Conservadores se consideraban oposicionistas leales y no cooperativistas. Carlos Manuel de la Cruz fue el primero que dio su grito de alerta. Después sería Sagaró que al inicio tuvo la peregrina idea de proponer erigirle una estatua a Machado, quien le pagaría asesinándolo como también asesinó a los Representantes Miguel Ángel Aguiar y Gonzalo Freyre de Andrade. Poco a poco fue desapareciendo el cooperativismo al cual, en sus inicios, tuvo como partícipe a Menocal como Inspector de Obras Públicas durante cierto tiempo. Los políticos fueron maltratados, es decir, los quiso convertir en "guatacas" y esos eran los que estaban en el gobierno, porque los que no lo estaban como Mendieta, Méndez Capote y Juan Gualberto –que valientemente fundaron la Unión Nacionalista a la que nunca permitieron convertirse en partido político–, no sólo fueron perseguidos como el caso de Mendieta sino también arrestado después de su fallida rebelión en 1931.

Juan Gualberto fue el eje de un incidente que se comenta poco pero que para nosotros tiene un gran valor pues es simbólico de la decencia, de la honestidad y de la valentía de los políticos cubanos. Reconocemos que eran los menos y no los más, pero ***no se puede generalizar y decir que todos los políticos estaban corrompidos.*** Juan Gualberto se distinguió desde su periódico "Patria" –mientras lo pudo publicar– señalando los defectos y el peligro de lo que ocurriría de seguirse endiosando a Machado. En 1929 Machado propuso concederle la Condecoración de Carlos Manuel de Céspedes en el grado de Gran Cruz a Juan Gualberto Gómez y entregársela en un homenaje público que se celebraría en el Teatro Nacional con la esperanza de que la medalla y algunas dádivas pudieran comprar al viejo luchador. Se especuló si Juan Gualberto aceptaría el planeado homenaje, pero Gómez, grande entre los grandes, aceptó. El acto se celebró el 10 de mayo de 1929. Elocuentes oraciones son pronunciadas por el general Pedro Beancourt, Domingo Méndez Capote y Miguel Ángel Céspedes. Al imponerle la condecoración Machado dice frases enaltecedoras. Juan Gualberto agradece el homenaje y entre otras cosas dice: *"Yo me respeto mucho y respeto también muchísimo al general Machado para recoger las insinuaciones vertidas en el arroyo. No, no desciendo hasta allí. No tengo esta noche ideas distintas a las que tenía ayer y el general Machado ni un solo instante ha creído que yo habría de cambiar mi cerebro, ni variar mis sentimientos. No hay tal. El Juan Gualberto con Cruz es el mismo Juan Gualberto sin la Cruz. Y como –dejádmelo decir con orgullo– yo soy un caballero, que de otro modo no aceptaría la Gran Cruz, yo cumpliré con mi deber de caballero".*

Un año después, en el mismo mes, durante la celebración de un mitin de la Unión Nacionalista en Artemisa, mientras Juan Gualberto hablaba a los concurrentes, un teniente de la Guardia Rural ordenó que se suspendiera el acto. Comenzó la discusión, el forcejeo, el tiroteo y hubo seis muertos. Juan Gualberto fue violentamente bajado de la tribuna y fue tratado con los peores insultos, sin respeto para su ancianidad, ni para su prestigiosa trayectoria histórica a favor de su patria. Esa fue la mejor medalla concedida por Machado al viejo patriota. Juan Gualberto Gómez murió tranquilamente en su casa poco antes de la caída de Machado…casi olvidado pero con mantenida dignidad y firmeza.

Por su parte el ex Presidente Zayas disfrutó del arreglo económico que había hecho con Machado y pasó toda esta trágica etapa en las Academias de Historia y la de Artes y Letras, pronunciando discursos, dando conferencias, escribiendo; en su casa y alejado de la política, al menos públicamente. Sin embargo fue Zayas la primera persona a quien contactó Benjamín Sumner Wells en la mediación de 1933.

En progresivo aumento los errores de Machado, especialmente los de tipo represivo, se fueron alejando del cooperativismo figuras de ambos partidos. Muchos de ellos tenían que irse del país pues había que poner agua de por medio para no ser víctimas de represalias. Algunos participaron en actividades revolucionarias y otros combatieron al gobierno por medios civilistas no violentos.

Primer Gabinete

Secretario de Estado, *Carlos Manuel de Céspedes y Quesada*; Secretario de Justicia, Jesús María Barraqué; Secretario de Hacienda, *Enrique Hernández Cartaya*; Secretario de Obras Públicas, *Carlos Miguel de Céspedes*; Secretario de Gobernación, *Rogerio Zayas Bazán;* Secretario de Sanidad, *Daniel Gispert*; Secretario de Agricultura, Comunicaciones y Trabajo, *Andrés Pereira*; Secretario de Guerra y Marina, *Rafael Iturralde*; Secretario de la Presidencia, *Viriato Gutiérrez*; Jefe del Estado Mayor del Ejército, *General Herrera*; Jefe de la Marina de Guerra, *Almirante Morales Coello*; Embajador en Washington, *Rafael Hernández Aballí* más adelante sustituido por *Orestes Ferrara*; Presidente del Senado, *Clemente Vázquez Bello*; Presidente de la Cámara, *Ramón Zaydin* hasta la prórroga de poderes a la cual él se opuso. Fue depuesto y sustituido por *Rafael Guas Inclán.*

En diciembre de 1925 se aprobaron las leyes que prohibían la reorganización de los partidos existentes y la formación de nuevos partidos. Esto fue el comienzo del cooperativismo y la exclusión de la población joven en la participación política. Las irregularidades, las arbitrariedades y la violencia fueron desgastando el cooperativismo.

En las elecciones de 1926 para alcaldes y gobernadores fue electo Miguel Mariano Gómez como alcalde de la ciudad de La Habana en cuyo cargo hizo una labor excelente. La nueva "constitución" propulsada por Machado haría desaparecer el Municipio de La Habana eliminando así un obstáculo político a la reelección de Machado. La protesta presentada por el representante Conservador Carlos Manuel de la Cruz se debió a la inconstitucionalidad de las leyes que se estaban aprobando para concentrar todo el poder en las manos del Presidente. Esto no pasó de ser una protesta.

La incondicionalidad de los congresistas se lograba principalmente por medio de las colecturías de la Lotería Nacional, de las "botellas", sin que la prensa viera –porque no quería verlo– que este tipo de corrupción no se había extirpado como se había prometido.

De ser necesario se utilizaba la coacción, la intimidación y la separación de cargos públicos de individuos apadrinados por los congresistas "rebeldes". Eventualmente la eliminación física de sus opositores se convirtió en la regla usual.

A partir de 1930 quedaron bien definidas las organizaciones oposicionistas. La Unión Nacionalista, la Acción Republicana de

Miguel Mariano Gómez –el dispuesto alcalde habanero–; el Conjunto Nacional Revolucionario dirigido por Menocal y en menor cuantía el Directorio Estudiantil Universitario que entre sus actividades incluía el terrorismo; el ABC y, por supuesto, el Partido Comunista, siempre tratando de buscar ventajas como las obtuvieron en julio de 1933.

Ajenos a la realidad de lo que sucedía en Cuba los políticos de los partidos Liberal y Conservador se preparaban para participar en las justas electorales de 1935. Existían luchas intestinas en ambos. Con miras de obtener mas poder en el partido, Rogerio Zayas Bazán presenta su candidatura a la gubernatura de Camagüey. Hizo las paces con Enrique Recio para tratar de oponerse a la candidatura de Clemente Vázquez Bello. Modesto Maidique –padre del actual presidente de FIU– era el jefe político camagüeyano de la provincia al oeste de la ciudad capital. Maidique apoyaba a Clemente Vázquez Bello y a Villena para gobernador. La pugna fue acentuándose y llegó un momento en que Maidique asesinó a Rogelio Zayas Bazán, huyó de Cuba y unos años más tarde, ya de regreso fue a su vez asesinado, pero le dio el tiro de gracia al movimiento renacentista. En definitiva la muerte de Vázquez Bello eliminó al otro candidato a unas elecciones que nunca se celebrarían. El "renacentismo" contó con Carlos Miguel de Céspedes, que se hizo cargo del movimiento para impedir el "copo" por parte de Vázquez Bello.

Un párrafo aparte sobre la actuación de los políticos del gobierno de Machado merece la "constitución de 1927". Esto está relacionado con los trabajos de Crowder, que en un tiempo fue delegado casi omnipotente en la República de Cuba, que propuso cuando Zayas una reforma constitucional que contemplaba la prórroga de poderes. También Crowder propuso la desaparición del municipio de La Habana y su conversión en un distrito central que redundaría en un mayor control presidencial. Esperanzados estaban en que Crowder, aún embajador en Cuba, apoyara el cambio constitucional. La supuesta "constitución" violaba el artículo 105 de la Constitución vigente por lo que era ilegal. El Tribunal Supremo estaba atado de pies y manos y Machado tenía todos los resortes del poder. Los congresistas de 1927 fueron los que dieron al traste con la poca libertad aparente que quedaba en el país, confirmando así la dictadura de Machado. Sólo Zaydin tuvo una actuación digna y junto a él dos representantes que como mencionamos antes, pagaron con sus vidas su digna actuación. El conjunto de arbitrariedades no sólo dio al traste con el gobierno que las cometió, sino mucho más importante, dio al traste con la nacionalidad cubana al destruir la fe de la ciudadanía en las instituciones, especialmente en la Presidencia de la República. Entre las instituciones destruidas por Machado, estuvo el Partido Liberal, que de partido mayoritario en los primeros treinta años de la República se convirtió en un pequeño partido sin importancia. Recordemos que todas las acciones de Machado tenían un sentido político. Esto es, presentarlo a él como indispensable.

Entremos ahora en el relato de los acontecimientos relacionados con la política, año por año.

Año 1925

El 2 de julio crea la Secretaría de Comunicaciones. El 6 de julio fusilan a Luis Cabrera, un soldado preso en Pinar del Río desde el gobierno de Zayas. El objetivo fue amedrentar a los militares. Previos Presidentes habían conmutado similares penas por delitos mucho más graves. El 16 de agosto se reúnen miembros de varios grupos socialistas y forman el consejo organizativo del futuro Partido Comunista. Pocos días después es asesinado el comandante del EL Armando André, supuestamente por haber escrito un artículo injurioso sobre el Presidente y su familia. La víctima era un hombre muy peligroso. Su periódico no había entrado en la comparsa general y era deudor de la campaña electoral en que dirigió el secuestro del Coronel Quero en Camagüey. En agosto 27 el ex director de correos de la administración de Zayas es acusado de una malversación de $200,000 y es encausado. El 27 de septiembre es asesinado en Morón el dirigente anarcosindicalista de los ferrocarriles Enrique Varona. El 10 de octubre el anarquista José Cuxart es asesinado en la Fortaleza de la Cabaña. El 11 de noviembre la Cámara aprueba el proyecto de ley Lombard que establecía que el 75% de todos los empleos y posiciones en el país fueran ocupados por cubanos. El 23 de diciembre Julio Antonio Mella termina su huelga de hambre de 19 días de duración, por la que fue ingresado en la Quinta de Dependientes. Había sido acusado de ser uno de los que colocó una bomba en el Teatro Payret, por lo que fue detenido y condenado a 30 días de prisión. Finalmente acordó con Machado el exilarse en México.

Leyes y decretos relacionados con política y políticos (1925)

Decreto modificando uno de Zayas en que autoriza a los veteranos a reunirse fuera de su local social.

Se añade a la ley creando la Secretaría de Comunicaciones la creación de la Caja Postal de Ahorros.

Decreto poniendo en vigor los reglamentos de la comunicación postal universal sin necesitar la aprobación del Senado.

Establecimiento del convenio sobre bultos postales con los Estados Unidos. Reglamentación sobre el número de representantes a ser electos en las provincias. Reinscripción de todos los electores que habían sido inscriptos para las elecciones de 1924.

Año 1926

El Senado rechaza la Ley Lombard debido a presiones ejercidas por España y por los Estados Unidos graciosamente aceptadas por el "nacionalista" Gerardo Machado. El 9 de febrero el Congreso delega en el Presidente los derechos para modificar los aranceles y tarifas de la nación por un período de tres años. Pocos días después un grupo de congresistas Populares y Liberales lidereados por Celso Cuellar del Río visita a Machado y por primera vez se habla de la reelección. El señor Celso hizo lo mismo con Zayas durante su gobierno. Se nombra a la señora Ángela Zaldívar como Fiscal de la Audiencia de Camagüey, primera mujer que en Cuba ocupa una posición similar. En marzo de nuevo el Congreso delega facultades en el Presidente para que éste, a su gusto, reorganice el Ejército y la Marina.

Asesinado en Santa Clara Felipe Luaces, dirigente ferrocarrilero. Los ferrocarriles del Este estaban en huelga desde hacía varios días. Se aprueba la Ley Verdeja por la cual se autoriza al Presidente para reglamentar el comienzo de la zafra de los años 26 y 27 y de limitar el monto de las mismas. Un decreto presidencial autoriza la utilización de la Guardia Rural para mantener el orden en los lugares donde existan huelgas. Los líderes de la Hermandad Ferroviaria Arévalo, Fabregat y Fernández junto con el abogado de la Hermandad son arrestados. Termina la huelga ferroviaria. ¡Que casualidad! La huelga había durado mes y medio y causado grandes pérdidas. Alfredo López Arencibia, quien fuera recientemente nombrado presidente de la Confederación Nacional Obrera de Cuba y quien era anarcosindicalista, es muerto en

301

Atarés. En julio Machado proclama la nueva Ley Orgánica del Ejército y un mes después lo mismo hará con la Marina. Esta es otra actuación presidencial por encima de las facultades constitucionales del Congreso. Se ordena la instrucción militar en los Institutos de Segunda Enseñanza. El 1º de noviembre se celebran elecciones para gobernadores, alcaldes y concejales. El Partido Liberal gana todas las provincias excepto Pinar del Río. Miguel Mariano Gómez es electo alcalde de La Habana. En un discurso el 12 de noviembre Machado anuncia la posibilidad de una dictadura formal. Continúan los asesinatos de líderes obreros anarcosindicalistas en distintas partes de la República: Cienfuegos, Puerto Tarafa, Camagüey, etc. con un total de seis asesinatos más.

Leyes y decretos políticos (1926)

La ley de reorganización del Ejército.
Creación de la Orden Nacional Carlos Manuel de Céspedes.
Ley Verdeja ya señalada.
Se le añade un impuesto de cinco pesos a cada saco de azúcar elaborado por encima del número señalado por el Presidente para producir en la zafra, comenzando en los noventa sacos no en los cien.
Ley autorizando al Presidente a señalar la producción de cada ingenio.
Ley reglamentando el retiro militar.

Año 1927

En enero de 1927 se recoge una edición de El Heraldo de Cuba que, inexplicablemente, a pesar de ser un periódico Liberal se había puesto firme frente al gobierno. Se concede al Presidente el derecho de fijar la fecha de inicio de la zafra azucarera y de establecer otras medidas referentes a esta industria. Ya empieza la campaña pro reelección de Machado. En Marzo acepta la reelección en un manifiesto dirigido al país. ¿Recuerdan las promesas hechas antes de tomar posesión? La Unión Nacionalista protesta por la posible aplicación de la prórroga de poderes y condena la reelección, pidiendo además que se permita la reorganización de los partidos. El 29 de marzo, tras dos días de intensos debates y suspendidas la reglamentación de procedimientos en la Cámara se aprueba el proyecto de

Giordano Hernández y otros para la prórroga de poderosos. Recuérdese que la Sexta Conferencia Interamericana que se celebraría en enero y febrero de 1928 y que al salir de La Habana los delegados, olvidarían lo que ocurrió un mes después, esto es, la prórroga de poderes de la dictadura. En esta primera ley se prorrogaban los poderes del Presidente por cuatro años así como los de todos los funcionarios electos por dos años.

Primera protesta universitaria contra la prórroga de los poderes en la asamblea celebrada en el Patio de los Laureles. Se prohíbe a la Unión Nacionalista la celebración de mítines protestando contra la prórroga de poderes. El Directorio Estudiantil de 1927 emite un manifiesto llamando a un día de recogimiento nacional. El Grupo Minorista publica su último manifiesto editado por Martínez Villena condenando al gobierno y a la prórroga de poderes. Carlos Miguel de Céspedes organiza un fausto recibimiento a Machado al regresar de su viaje por los Estados Unidos. Se inicia una represión más directa sobre los estudiantes universitarios. El capitán del EL José Aguiar, director del semanario La Campaña, es asesinado. Al cumplirse el vigésimo quinto aniversario de la inauguración de la República Machado anuncia que ha pedido la renegociación del tratado de reciprocidad y la abolición de la Enmienda Platt durante su visita al país norteño. Se cierra la Universidad indefinidamente. Machado señala el 10 de enero de 1928 como el comienzo oficial de la zafra. El 13 de junio el Senado inicia el debate sobre las reformas constitucionales y la prórroga de poderes. Aumentan los disturbios estudiantiles. El Senado modifica la ley recibida de la Cámara y reduce el tiempo de prórroga para Machado a dos años en vez de cuatro. Todo esto es una artimaña cosmética para lograr el objetivo fundamental.

El 21 de junio se publica en la Gaceta Oficial la ley "ilegal constitucionalmente" de la prórroga de poderes. Esta ley incluye una convocatoria a una asamblea constitucional para darle al fraude visos de legalidad. En julio se autoriza al Presidente a negociar un empréstito con cualquier entidad bancaria por valor de 9 millones de dólares. Otra incumplida promesa. El 18 de agosto Machado anuncia su plan de reorganización y de reglamentación de la industria azucarera. Otro privilegio congresional usurpado por el dictador, privilegios que prontamente serán ampliados. Se limitan el uso de lugares públicos para la celebración de mítines políticos… "la ley mordaza". En octubre el Presidente promulga su nueva ley de aranceles que serán más proteccionistas que los que estaban en vigor, con motivo de que las esperanzas de que los Estados Unidos modificaran sus tarifas arancelarias fueron fallidas.

Empeora la situación universitaria con la expulsión de un número de estudiantes. Machado se manifiesta a favor de la creación de una Secretaría de Trabajo. En los últimos días de diciembre se promulga una ley indultando delitos electorales y aquellos cometidos durante las huelgas.

En mayo se reorganiza el Cuerpo de la Aviación Militar. Modificación de ciertos artículos de la Ley Electoral. Se aprueba la ley del Retiro Marítimo. Creación de la Corporación Cubana del Azúcar para vender a prorrateo el sobrante de la zafra que no haya sido comprado por los Estados Unidos. En octubre se ponen en efecto los nuevos aranceles. Autorización del Presidente para dictaminar y la puesta en funcionamiento del servicio aeropostal Habana-Cayo Hueso. Disolución de la Comisión Temporal de Liquidación Bancaria. Autorización para indultar a estudiantes por delitos cometidos dentro y fuera de la Universidad.

Año 1928

La Sexta Conferencia Panamericana se celebra en La Habana en enero y febrero. Machado va a utilizar a prominentes figuras cubanas en las Artes, las Letras, las Ciencias y la política puesto que él ha preparado todo esto para recibir los elogios, las alabanzas y la envidia de otras naciones y para servir a los norteamericanos como elemento disociador de lo que se había planeado en esta conferencia para obtener beneficios, pero no va a lograr su propósito de apaciguar a la América Latina. Entre los personajes importantes utilizados por Machado están Antonio Sánchez Bustamante, Manuel Márquez Sterling –enviado nación por nación para convencer a los gobiernos de que asistieran a La Habana–, Fernando Ortiz y otros cubanos notables de la época.

La Conferencia fue un éxito total para Machado en cuanto a "show" y al despilfarro de dinero, pero políticamente fue un desastre para Cuba puesto que perdió credibilidad internacional y no obtuvo nada de los Estados Unidos. Aunque hubo protestas Machado logró silenciar a todo el mundo. Quizás su mayor éxito fue la asistencia del Presidente Calvin Coolidge con varios Secretarios y otros funcionarios de importancia. Durante los días en que se celebró la Conferencia fueron asesinados dos activistas comunistas por repartir proclamas en la zona de la bahía habanera.

Celebradas las elecciones para la Convención Constituyente son electos 29 Liberales, 21 Conservadores y 5 Populares. Sus sesiones comienzan el 4 de abril y terminan el 19 de mayo. Ocurre otro asesinato político en San Juan y Martínez. El 24 de abril renuncia Rafael Iturralde, Secretario de Guerra y Marina. Pocas semanas después será asesinado su amigo el capitán Blas Masó. Iturralde decide irse al exilio tras lo cual es acusado por el gobierno de estar tramando una conspiración contra Machado. Termina la constituyente y en violación de su artículo 115 que solamente le permitía a esta asamblea aprobar o rechazar el proyecto de reforma constitucional, son introducidos numerosos cambios. La llamada constitución de Machado sustituye a la llamada constitución de Crowder. Entre los cambios está mantener la prórroga de todos los cargos a dos años excepto para Machado que a más de concedérsele dos años de prórroga se le autoriza a reelegirse por un período de seis años más. Se elimina la vicepresidencia de la República. Se eliminan los municipios de La Habana y de otras grandes ciudades. La Habana se convierte en un Distrito Central, eliminando así a Miguel Mariano como posible competidor de Machado. Solamente Enrique Hernández Cartaya se opuso a la transitoria de darle a Machado oportunidad de reelegirse. A su conclusión la convención declara a Machado "ciudadano eminente".

El 10 de mayo renuncia Rogerio Zayas Bazán a la Secretaría de Gobernación. En una edición especial de la Gaceta Oficial el Presidente promulga la nueva constitución. La Junta Superior Electoral le prohibe a la Unión Nacionalista presentar candidato a la Presidencia. Machado presenta su plataforma política en la cual expresa que la solución de los problemas económicos de Cuba radica en un entendimiento con los Estados Unidos para que estos rebajen los aranceles a los productos cubanos y especialmente al azúcar. Cuba deberá tratar de producir todo lo que ella consume y así prescindir de la importación de productos extranjeros. También habla de una redistribución de los impuestos, de crear la Secretaría de Trabajo y de una central obrera parecida a la AFL norteamericana. Los partidos Liberal, Conservador y Popular proclaman a Machado como su candidato presidencial. Asesinado en La Habana el Representante Bartolomé Sagaró, el mismo que propuso erigir una estatua a Machado. Asesinados en el Presidio Modelo tres líderes sindicales anarquistas. Se inicia intensa persecución de "bolcheviques, rojos y comunistas" tres nombres con igual significación que son manejados por los rusos y que operan especialmente en las provincias orientales. Machado viaja a Oriente en campaña política.

En un cálculo sin bases ciertas se estima que entre el 25 y el 29 fueron asesinados en la Isla de Pinos unos 200 presos entre políticos y comunes. El 1º de noviembre se celebran las elecciones presidenciales. Machado candidato único "sorpresivamente gana por unanimidad". Se prorrogan el resto de las posiciones electivas. Machado recibe a una comisión de la Agrupación Femenina Sufragista que lucha por el voto para la mujer. Una moción con ese propósito fue presentada en la Cámara meses atrás sin que progresara. Machado promete apoyar a las mujeres. Ramón Vera, líder obrero es asesinado.

Leyes y decretos

El acuerdo de la Conferencia Panamericana sobre como deben comportarse los gobiernos en caso de luchas civiles no fue aprobada hasta 1934, pues fue ignorada por Machado.

Ley Claret disponiendo el emolumento de los concejales y regulando la actuación de los municipios, igualmente haciendo compatibles la condición de Notario con las posiciones de senador, representante, gobernador y concejal.

Ley con la reglamentación para las nuevas elecciones que deberán publicarse en fechas previas a las mismas.

Autorización a la Guardia Rural para que haga servicios de policía en las poblaciones persiguiendo el juego, el tráfico de narcóticos y la explotación y práctica de la prostitución.

Ley que modifica el Código Electoral suprimiendo la vicepresidencia y establecimiento de nuevos criterios para la elección de los compromisarios. Decreto reduciendo la cuantía de las pensiones de los jubilados.

Año 1929

El 10 de enero es asesinado en México Julio Antonio Mella, con gran repercusión en Cuba pues Machado fue acusado no sólo por el gobierno mexicano sino por el mundo entero. Durante muchos años esta fue la especie histórica que se difundió como un hecho comprobado y verdadero. En años recientes se ha podido demostrar que Mella fue asesinado por el "Cominterm" puesto que había tenido diferencias ideológicas fundamentales con el alto mando soviético. Un caso similar al de Trotsky. Sin embargo los historiadores no acaban de exonerar a Machado por uno de los pocos crímenes que no cometió. El 16 de febrero hay una nueva amnistía por delitos electorales. A finales de febrero se arrestan a varias personas acusadas de planear un atentado contra el Presidente. El Jefe de la Policía Judicial Alfonso Fors dice que el plan consistía en crear un caos nacional tras el asesinato de Machado para provocar la intervención norteamericana. Acusa a la Unión Nacionalista, al Partido Comunista y a la Liga Antiimperialista como los autores intelectuales. Esta mezcla nos parece un poco rara.

El Congreso vuelve a aprobar una ley que extiende por otros tres años la facultad presidencial para determinar sobre las leyes arancelarias. En marzo es detenido en Cuba el periodista venezolano Francisco de Paula Laguado y posteriormente asesinado como un favor al dictador venezolano Juan Vicente Gómez. El 30 de abril el Congreso proclama a Machado para un nuevo período presidencial del 10 de mayo de 1929 al 20 de mayo de 1935. El 20 de mayo toma posesión Machado. Esta vez lo hace en el Capitolio aunque éste no está totalmente terminado. Zayas y Menocal lo felicitan. Se le otorga a Orestes Ferrara la Orden Carlos Manuel de Céspedes. Recibe Machado la insignia del grado 33 de la Masonería. Renuncia Santiago Gutiérrez de Celis como Secretario de Hacienda, el hombre que había ideado la moderna ley de aranceles; es sustituido por Mario Ruiz Mesa. El Senado aprueba la subasta para la construcción del Hotel Nacional que será edificado en los terrenos de la antigua Batería de Santa Clara.

Año 1930

Debido a la crisis económica se rebajan los sueldos de todos los funcionarios públicos entre un 10 a un 15 por ciento. Decreto prohibiendo todo tipo de reuniones políticas salvo las de los tres partidos aceptados y establecidos durante el tiempo que dure la zafra. Muere el Secretario de Educación Pública y Bellas Artes José Braulio Alemán y lo sustituye el Rector de la Universidad Octavio Averhoff, tras renunciar a su cargo universitario. Por ser electo senador renuncia Viriato Gutiérrez a la Secretaría de la Presidencia y es sustituido por Ricardo Herrera Vidal. El Tribunal Supremo declara inconstitucional el decreto restringiendo las actividades políticas. Aprovechando una huelga de "sombrereros" Rubén Martínez Villena trata de promover una huelga general en la Isla y durante 24 horas las actividades fueron paralizadas en La Habana. La huelga fracasa y su promotor es detenido. Machado contempla su eliminación física. La intervención de amigos del arrestado logra cambiar la opinión del Presidente que lo envía a la Unión Soviética de donde regresará con las mismas o peores ideas. En abril la Unión Nacionalista celebra un mitin en el Parque Central habanero. Milagrosamente no ocurren desórdenes. Los comunistas tratan de convertirse en partido político pero estatutos legales se lo impiden. El senador Rosendo Collazo se queja de haber sido maltratado por la Policía Judicial. El 28 de mayo son procesados Carlos Mendieta, Roberto Méndez Peñate y Juan Gualberto Gómez por los sucesos del mitin de la Unión Nacionalista en Artemisa.

El teniente coronel José Perdomo deja el cargo de jefe de la Policía Nacional y es sustituido por el comandante Rafael Carrerá. Se funda el Directorio Estudiantil de 1930 cuyo objetivo es promover la agitación pública contra el gobierno. Con motivo de cumplirse cincuenta años de la publicación del más importante libro de Filosofía de Enrique José Varona –quien a la sazón cuenta con 80 años de edad– los estudiantes planean una manifestación de homenaje y desagravio hasta su residencia, La Policía trata de disolverlos en su sitio de reunión que era el parque Eloy Alfaro y en forcejeo con un policía se dispara accidentalmente el arma del gendarme y Rafael Trejo resulta herido, falleciendo al siguiente día. Esto desencadena la revolución abierta contra Machado con un saldo trágico de muertes y desastres.

El 3 de octubre son suspendidas las garantías constitucionales debido a la creciente agitación popular. Dos días después el gobierno descubre una conspiración militar en la Fortaleza de la Cabaña dirigida por el coronel Aguado quien es detenido junto a otros oficiales, clases y soldados. En sus últimos meses como alcalde de La

Habana Miguel Mariano acoge en su residencia del Paseo del Prado a un grupo de estudiantes que habían dado una "tángana" y eran perseguidos por la Policía. Rosendo Collazo pide garantías para su vida a la Embajada de los Estados Unidos. La agitación es diaria. La fuerza pública utiliza ahora el plan de machete. Collazo viaja a los Estados Unidos. Estalla una bomba en la Escuela Normal de Santa Clara. Aumentan en frecuencia los atentados dinamiteros.

El 29 de octubre publica el Directorio Estudiantil su programa mínimo. El 1º de noviembre hay elecciones parciales con poca asistencia de votantes. La protesta estudiantil se extiende por toda la Isla. En una "tángana" estudiantil "tiros al aire" hiere mortalmente a la joven Herminia Barbarosa que se había asomado a un balcón para observar los eventos. Se establece la censura de periódicos y revistas; los censurados deciden no publicarlos. El 14 de noviembre el senador Barrera trata inútilmente de lograr una conciliación entre los estudiantes y el gobierno. Se van a la huelga los estudiantes de los Institutos. La Universidad sigue cerrada. Un joven norteamericano es muerto por los "disparos al aire" motivando una protesta del embajador norteamericano. Muere un policía en una manifestación estudiantil. Amnistía para delitos cometidos por obreros en huelga. Carlos Miguel de Céspedes cesa como Secretario de Obras Públicas. Ya no hay fondos para que siga gastando. Es nombrado Secretario de Instrucción Pública.

Comienza el Consejo de Guerra contra los conspiradores de la Cabaña. Carlos Miguel se entrevista con los estudiantes del Directorio pero fracasa en su gestión conciliadora. El 8 de diciembre renuncia Aballí como Secretario de Comunicaciones y es sustituido por Manuel J. Delgado. José Clemente Vivanco ocupa la vacante en Gobernación. El Claustro de Profesores Universitarios se solidariza con los pronunciamientos de los estudiantes. Suspendidas las garantías con la puesta en vigor de una ley de la época colonial. Clausurada definitivamente la Universidad. Machado declara que no renunciará. Envía fuerza para custodiar la Universidad. Se descubre la conspiración llamada de "asaltos a los cuarteles" con los arrestos de los tenientes Reyna y Nin. El 27 de diciembre son clausuradas las Escuelas Normales y se amortizan las plazas de profesores. La fama de las atrocidades cometidas por Arsenio Ortiz llega a La Habana. Rafael Martínez Ortiz, Secretario de Estado con licencia de hace varios meses presenta su renuncia y es sustituido por Francisco María Fernández que seguirá ocupando interinamente la Secretaría de Sanidad. Nunca antes conocieron los cubanos tal grado de violencia extrema en su Isla donde las ametralladoras, el terrorismo dinamitero, la "recortada", la Parabellum alemana y otras armas estaban a la orden del día.

Leyes y decretos políticos (1930)

El Tribunal Supremo de Justicia declara inconstitucional un decreto sobre misiones militares.

Creación de la Comisión Depuradora del Presupuesto Nacional.

Se crea el Registro de Abogados del Estado.

Ley que obliga a los municipios a celebrar una sesión solemne anual en memoria de Antonio Maceo y de todos los héroes y mártires de las luchas mambisas.

Ley que autoriza al Presidente a revisar algunas de las causas incoadas en la jurisdicción militar.

El Aeropuerto de Rancho Boyeros es reconocido como puerto internacional.

Ley obligando al Estado a sufragar los gastos de entierro de los veteranos de la guerra fallecidos en total estado de indigencia.

En octubre se autoriza al Presidente a suspender las garantías en la ciudad de La Habana y términos limítrofes.

Censura de los mensajes telefónicos, cablegráficos y radio-cablegráficos.

Se reducen las pensiones militares en un diez por ciento.

El 27 de noviembre se deja sin efecto la censura.

El 3 de diciembre se promulga una amnistía para delitos sociales y para el restablecimiento de los gremios suspendidos por disposición judicial.

Se suspenden de nuevo las garantías el 11 de diciembre y al día siguiente se restablece la censura.

El día 27 de diciembre se clausuran todas las Escuelas Normales.

Resumen analítico 1925-1930

Hagamos un resumen analítico de lo que hemos relatado hasta aquí. Recordemos que Machado, tras una fácil victoria electoral, sube al poder con un apoyo casi unánime de la ciudadanía y de la prensa. Que había grandes esperanzas que sus antecedentes no podían fundamentar. Un optimismo excesivo. Un programa excelente del cual sólo cumplió lo de las obras públicas. El supuesto apoyo del cooperativismo se convirtió en su peor enemigo al poner en sus manos todas las decisiones. Nuestro gran pecado nacional de creer que el mundo termina en los litorales cubanos hizo que Machado, sus asesores y sus enemigos no comprendieran lo que estaba pasando en el resto del mundo. En este año que corre ya dijimos que hay que ponerse espejuelos para ver con claridad lo que ocurría en aquella época. Los protagonistas de entonces no entendieron y eran ellos los que tenían que gobernar.

Terminada la Primera Guerra Mundial hubo cambios mundiales en la manera de enfocar la vida. Estamos hablando de la política de los comunistas en la Unión Soviética y de su extensión por medio de una campaña sistemática muy bien organizada que llegaba a todas partes; de un "capitalismo salvaje"; de una política proteccionista fuera de todo orden y concepto creando una guerra de tarifas que llevaría al desastre financiero de 1929; de un no apartamento de la mujer de la vida pública; del comienzo de organizaciones obreras que infiltradas por las teorías anarcosindicalistas caminarían el camino de la destrucción; de los intentos, a veces logrados temporalmente, de implantar soviets en el mundo; de inmaduras organizaciones de estudiantes y profesionales que estaban empapándose de todas las "doctrinas de apertura y modernidad" y que en Cuba se veían aplastadas por la "política del cierre", restringidas por las medidas represivas que impactaron a los centros educacionales, todo muy contrario a la política seguida por el Presidente Zayas que había logrado tranquilizar los ámbitos universitarios; la disminución en la influencia política del poderoso país del norte; el efecto negativo que en la población ejercían las películas de Hollywood presentando lo que ocurría en los Estados Unidos en los "roaring twenties"; pero sobre todo lo más importante era la penetración de las doctrinas comunistas y socialistas entre los estudiantes, maestros y profesionales…el futuro socavamiento institucional de Cuba. No solo estaban influenciados estos sectores sino también las clases pudientes, la "alta sociedad" estaban penetrados por estas doctrinas, pasando del capitalismo paternalista al comunismo paternalista, *de tal modo que en 1925 el Partido Comunista se organiza y comienza a influenciar en la sociedad cubana.*

Ni Machado ni sus asesores tuvieron en cuenta que los comunistas no solamente trataban de infiltrar las organizaciones obreras para producir huelgas sino, fundamentalmente, para obtener metas, para apoderarse del país. . Machado comulgó con intelectuales que estaban doctrinalmente impactados por el comunismo. Hemos visto como Mella, condenado por terrorismo, fue liberado y autorizado para abandonar el país. Posteriormente hizo otro tanto con Rubén Martínez Villena quien un tiempo después de su regreso de la Unión Soviética estaría en Palacio presidiendo la delegación comunista que pactaría con Machado para la "solución" de las huelgas. Es decir, un desconocimiento total de cómo funcionaba el comunismo, al igual que los obreros y sus huelgas eran sólo la parte superficial del gran desastre. No podía perseguir a intelectuales, profesionales de importancia y a gente de medios económicos. Todos estos trabajaban calladamente en espera de su momento que desgraciadamente les llegó en 1959. Esto lo vemos hoy con meridiana claridad pero no se veía en 1925 porque no se sabía y sobre todo no se quería aprender. No es que la revolución de 1930 hubiera sido obra de los comunistas –que no lo fue– sino que en ese ambiente de constante crítica callada o abierta, no sólo del gobierno sino de las instituciones y de los credos republicanos, aunque no llegara a convertir en comunistas a la mayoría de las personas los hacía creer en la fantasía de que tenía que haber algo mucho mejor de lo existente y abonó el terreno para que los enemigos de Cuba sembraran la semilla de la destrucción. Con todo esto pasamos del gobierno dictatorial de Machado al gobierno dictatorial de Batista que lo ejerció desde 1933 hasta 1944 incluyendo los cuatro años de su presidencia "democrática".

Como siempre ocurre los cubanos lo sabíamos todo y rechazamos la mediación en aras de una "solución cubana" al problema. Pero olvidamos que la crisis económica de la Isla estaba conectada con la crisis económica mundial y por ende no podíamos lograr una "solución cubana" al problema. No podíamos lograr que Cuba produjera todo lo que necesitaba porque sencillamente no teníamos materia prima ya que solo teníamos agricultura, pesca ganadería; un clima excelente, pero nada mas. No podíamos producir ni un alfiler porque no teníamos fábricas que únicamente podrían hacerse con capital extranjero.

El sentimiento antinorteamericano que había empezado más o menos después de la Primera Guerra Mundial y por supuesto alentado por los comunistas y los socialistas, fue aumentando. Sin embargo el deseo de los políticos y del pueblo cubano era que los norteamericanos intervinieran en Cuba. Toda esta etapa de 1925 a 1930, que pudiéramos llamar de "la preparación de la caída de Machado" lo único que demostró fue la incapacidad política del Presidente y de todos sus asesores incluyendo a los "brillantes" Clemente Vázquez Bello, Orestes Ferrara y Ramón Zaydin –este último separado de la Cámara de Representantes por su oposición a la prórroga– , etc. Aunque sin duda eran inteligentes no pudieron, o no quisieron, o no supieron interpretar los signos políticos de los tiempos y todo esto desembocó en la represión y la revolución.

Los años 1931, 1932 y 1933 están pletóricos de hechos importantes, incluyendo la celebración de dos elecciones parciales a las que acuden los partidos políticos por la ambición de obtener posiciones que no habrían de disfrutar. No se dieron cuenta que ahí no estaba la solución ni de ellos ni de Cuba. La imagen del Presidente Machado de ser un hombre fuerte, honesto, nacionalista, poseedor de nuevas ideas económicas fue disipándose progresivamente hasta terminar en una grotesca dictadura con gran derramamiento de sangre. Prevaleció el odio con deseo de muerte de los contrarios, una actitud nueva en Cuba y que desafortunadamente se instauró, perduró y sobrevive hasta el momento actual.

La culpabilidad también recae en todos los que lo rodearon durante el tiempo que duró la dictadura y especialmente culpable es la prensa por su inconcebible actuación. En julio de 1926 Enrique José Varona no encontró un periódico que quisiera publicar sus artículos de crítica a Machado. Tenían temor de agregar eslabones a la cadena de asesinato de periodistas iniciada con la muerte de Armando André. Son responsables los cooperativistas, un Congreso sumiso que cedió todo el poder al Presidente, que aprobó la prórroga de poderes, que aprobó la "asamblea constituyente", un Congreso que jamás negó nada a Machado. La protesta de Carlos Manuel de la Cruz en 1926 fue una voz en el desierto. A la cesión de poderes congresionales al Presidente se le llamó "regeneración". Para colmo de males la concesión de poderes discrecionales a Machado sobre las Fuerzas Armadas le dieron las armas necesarias para mantenerse en el poder.

En cuanto a la "honradez a carta cabal" hay que destacar varios aspectos el primero de los cuales es el otorgamiento del contrato para construir la Carretera Central a la compañía Warren Brothers y a una compañía constructora de la cual Machado era accionista. Ya mencionamos lo relacionado con la conexión de Machado con el "pulpo eléctrico". Aunque el servicio eléctrico fue eficiente su precio era el más alto del mundo. La persecución del bandolerismo en los campos fue parte de la regeneración pero como en otras cosas en esta también Machado "se pasó de rosca". El secuestro del coronel Pina por el que se pagó un rescate provocó la represión del Ejército a los canarios de la zona de la Trocha; dieron muerte al responsable del secuestro y a algunos más, pero asesinaron a más de una veintena de canarios que eran inocentes. Era la forma de dar un escarmiento y enviar un mensaje trágico…"el que se salga de la línea pagará con su vida".

Demos ahora un rápido vistazo a la actuación de los embajadores norteamericanos durante el gobierno de Machado. Fueron ellos Enoch Crowder, Judah Noble Brandon que estuvo apenas dos años y Harry F. Guggenheim que renunció a comienzos de 1933 siendo sustituido por Benjamín Sumner Wells.

Crowder tuvo una actuación discreta, era un hombre honesto con buenas ideas pero estaba equivocado con respecto a lo que había que hacer en Cuba por lo que fracasó en el tiempo de Zayas. Cuando Machado, Crowder tuvo la feliz idea de pedir constantemente a Washington la revisión del Tratado de Reciprocidad Económica, pero no tuvo éxito. A Crowder no le gustaba la Constitución de 1901 y pensaba era necesario cambiarla. Quizás esto motivó que políticos del tiempo de Machado creían esto una buena excusa para hacer una nueva constitución incluyendo una prórroga de poderes, idea o concepto que tomaba raíz en el gobierno anterior y que incluía la desaparición del Municipio de La Habana, idea que recogió Machado con la intención de neutralizar a su opositor Miguel Mariano Gómez. Crowder fue nombrado para una posición de asesor en materia azucarera con una mensualidad.

Judah Noble Brandon era un incoloro hombre de negocios que no tenía la menor idea de lo que pasaba, alguien indiferente a los sucesos cubanos. Su única protesta tuvo que ver con que el gobierno de Cuba no promulgara una ley ya aprobada por la Cámara por la cual se castigaría a todo cubano que pidiese la intervención norteamericana de acuerdo con la Enmienda Platt.

Guggenheim era un millonario frívolo para quien la posición de embajador representaba un pago por sus donaciones electorales. Su misión, o mejor dicho...su intromisión fue que al hacerse amigo de Machado y de sus asesores esperaba que la oposición confiara en él –Guggenheim– de persuadir al Presidente a solucionar los problemas políticos existentes. Agravada en 1930 la situación política, el fatuo embajador informó a su Cancillería de su mediación entre Machado y Mendieta para llegar a un gobierno de coalición, Ignorante de la Historia de Cuba "metía su cuchareta" tratando de convencer a Mendieta que en aras de su patriotismo renunciara a sus principios y se convirtiera en un títere más del coro de aduladores de Machado. El embajador consideraba que Machado se conducía con moderación mientras que los dirigentes de la Unión Nacionalista eran muy tercos y se negaban a aceptar lo que Machado proponía. El hacendado Gonzalo de Mendoza quien era uno de los dirigentes de la Cuban Sugar Cane y amigo de Mendieta aceptó actuar como mediador en el plan del embajador. Cuando Mendieta planteó que el período presidencial para el que Machado había sido electo se había agotado y que Machado estaba ocupando el poder ilegalmente el embajador se enfureció y dijo a su Secretario de Estado que "la continuada obstinación del coronel Mendieta en reclamar la renuncia de Machado hace imposible el llegar a un acuerdo pues ya Machado ha hecho todas las concesiones razonables". Jamás discutió el embajador la inconstitucionalidad de la reelección de Machado. Consideraban los diplomáticos que el Presidente tenía una buena disposición hacia la solución de los problemas. Estaban ciegos ante el movimiento oposicionista nacional que cada vez se concretaba mas, que ya era un movimiento nacional revolucionario. Funcionarios de menor cuantía de la misión americana estaban acordes con Machado que todas las dificultades eran debidas a la crisis económica y que políticamente sólo había una ligera intranquilidad.

La larga lista de asesinatos cometidos por el régimen, el cierre de los periódicos y la ocurrencia de todo tipo de violaciones no tenían importancia para la Embajada porque obviamente las desconocía y si lo sabían se hacían los de la vista gorda. La continua sucesión de acontecimientos y la obtención de imprudentes empréstitos que habían hipotecado a la República eran causas suficientes para que la Enmienda Platt se hubiera aplicado, pero encontrándose los Estados

Unidos en medio de una terrible depresión económica convertía en no existente la problemática cubana; sus problemas domésticos tenían prioridad. En noviembre la Embajada consideró que el gobierno era lo suficientemente fuerte para enfrentarse a sus enemigos y en eso tenían razón, pero no percibían que en la represión el gobierno se creaba nuevos problemas y que el movimiento popular aumentaba.

La Embajada calificaba el incidente del Parque Eloy Alfaro como una obra de los comunistas y agregaba que la Policía se había conducido con mesura y pronosticaba el pronto restablecimiento de los heridos cuando ya Trejo había muerto. En conferencia de prensa celebrada en Washington el día 2 de octubre el Secretario de Estado Stinson declaró que ellos estudiaban cuidadosamente la situación cubana pero que no intervendrían militarmente sin que los cubanos lo pidieran.

Durante las vacaciones del Embajador Guggenheim Edgard L. Reed, Primer Consejero de la Embajada siguió los lineamientos de su jefe a pie juntillas. Mr. Reed tenía fama de "play boy" y de ignorar las causales y naturaleza de la intranquilidad política, a la que además era totalmente indiferente. Regresó el embajador Guggenheim e ignorando la violencia de los acontecimientos reporta que todo estaba tranquilo y funcionaba normalmente…"sin novedad señora baronesa". Informó que las elecciones del 1º de noviembre habían contado con la asistencia de numerosos votantes.

En Santiago hubo una manifestación que destruyó monumentos erigidos por los esbirros de Machado. Todos los planteles de enseñanza superior y secundaria estaban cerrados. Al clausurarse el "Diario de la Marina" y "El País" que eran los diarios de mayor circulación, todos los demás, en gesto solidario, suspendieron su publicación. El gobierno no toleraba críticas. Las cárceles estaban llenas de presos políticos. Cuando un ciudadano norteamericano fue muerto por los "tiros al aire" de la Policía a Guggenheim no le quedó mas remedio que hablar de los motines ese día 14 de noviembre, pero todo lo que hizo fue pedir al gobierno el castigo del culpable. De nuevo se equivoca la Embajada en pronosticar la mejoría del herido… cuando ya este había muerto. El Secretario de Estado advierte a su embajador que su labor mediadora puede interpretarse como intervención norteamericana y le ordenó cesar en esa actividad.

El gobierno echaba a rodar rumores de que la oposición planeaba destruir propiedades norteamericanas y atacar a ciudadanos de ese país para provocar una intervención militar. El embajador reporta que las finanzas cubanas están en condiciones alarmantes, pero que Machado había reducido el presupuesto y recomendaba ayuda temporal de la banca norteamericana para que Machado saliera de la crisis. Dijo que los problemas políticos iban mejorando y que se planeaba cambiar la composición del Directorio Estudiantil para hacerlo mas afín al gobierno. Añadía que la inquietud revolucionaria estaba inspirada por políticos voraces y que se basaba en la miseria existente en el país. Como se ve el hombre seguía "en la luna de Valencia". Indicaba "Guggy" a su gobierno que se ejercían presiones sobre Machado sin aclarar su procedencia. Aparentemente el temor a la anarquía y al caos determinaban las opiniones del embajador que por otra parte desmentía la especie de que él había participado en una sesión del gabinete de Machado y que no pensaba hacerlo. Aseguraba que el orden se había restablecido en toda la República, que los Secretarios de Despacho habían aconsejado a Machado que no renunciara y que aplicara toda la fuerza necesaria para resolver la situación. Informaba que el periodista José Ignacio Rivero –el que supuestamente lo había influenciado a que ejerciera la mediación– había sido detenido por publicar artículos subversivos. Fue detenido el coronel Aurelio Hevia ex Subsecretario de Estado y ex Secretario de Gobernación. Antes de finalizar el año Machado recibió la grata noticia de que se le daría otro empréstito de 80 millones de dólares. Respondiendo a los papeles y pancartas de sus opositores, envalentonado, Machado exclamó: "a mi no se me tumba con papelitos". A pesar de Cuba encontrarse en plena depresión y de que no había pagado deudas anteriores se concede el empréstito. ¿Y el artículo 3 de la Enmienda Platt…en que quedó? Y el artículo 1… ¿en que quedó?

Y así, en medio de este desastre diplomático *entramos en 1931* donde continuarán las actuaciones estúpidas del embajador, quien continuó haciendo daños por acción y por omisión hasta que cesó en su cargo en 1933.

Año 1931

El 3 de enero fueron sorprendidos en la casa del periodista Rafael Suárez Solís todos los miembros del Directorio Revolucionario y son detenidos. Casi inmediatamente se forma el Ala Izquierda

Estudiantil fundado por un grupo que se había separado del Directorio por tener ideas comunistas o pro-comunistas. Se clausura el Havana Yatch Club por sospecharse que es un centro de conspiración pero vuelve a abrirse por gestiones del general Mario García Menocal. Se declaran en función de Policía a todos los militares y marinos en servicio. Se aumentan los impuestos existentes y se crean otros nuevos. El día 14 son procesados 89 de los profesores universitarios que apoyaron al Directorio.

El 15 de febrero y en la Plaza del Monumento al Maine una joven, por creerla miembro del Directorio, fue asaltada y desnudada por la "porra femenina" dirigida por una ex maletera de la Estación de Ferrocarril de Santa Clara conocida como Dolores "Mango Macho". La porra masculina se autodenominaba "Liga Patriótica" y estaba encargada de disolver a garrotazos y a toletazos las manifestaciones opositoras al gobierno. Fue creada por Leopoldo Fernández Ros ex profesor de Segunda Enseñanza que eventualmente fue ajusticiado en la Avenida Carlos III cuando esperaba un tranvía. La porra femenina ataca y desnudan a un número de mujeres de la alta sociedad habanera que habían ido en manifestación al Palacio Presidencial a solicitar la renuncia de Machado. Los obreros de una fábrica de habanos cercana al sitio salieron en defensa de las atacadas. Un poco después jóvenes deportistas universitarios vestidos como mujeres provocan la presencia de la porra femenina que recibe una golpiza de primer orden y ahí se acabaron las mujeres porristas de Dolores "Mango Macho".

Desaparece el Municipio de la Habana sustituido por un Distrito Central al estilo de la capital norteamericana; José Izquierdo como mayor y Tirso Mesa como alcalde. Izquierdo es el mismo esbirro que en la Chambelona humilló a opositores después que éstos se habían rendido. El 23 de febrero estalla una bomba en el Palacio Presidencial en el baño contiguo a las habitaciones de Machado. Son detenidos el comandante Espinoza, yerno de Miguel Mariano y el soldado Camilo Valdés quien fue el autor del atentado y quien trató de involucrar a numerosas personas ganándose el apodo de "Cotorra" Valdés. El 24 de febrero se inaugura la Carretera Central a un costo de 110 millones de pesos, muy superior a los 50 millones que se dijo costaría. Tendrá 1,143 kilómetros de largo e irá de un extremo a otro de la Isla, terminando así con el monopolio de transporte y de carga de los ferrocarriles. Se inaugura el Capitolio Nacional a un costo de 20 millones de pesos. Julio

Gaunard director del semanario político cómico Karikato es atacado en su imprenta por la porra cuyo jefe era el coronel del EL José Antonio Jiménez. Gaunard es golpeado, su taller destruido, viéndose la víctima forzado a abandonar precipitadamente el país. El civil Raoúl Martín, muy allegado a Carlos Mendieta, es involucrado en el atentado palaciego, siendo detenido y juzgado.

Comenzando en el mes de marzo la policía política comienza un sistemático y minucioso registro casa por casa en diferentes barrios de La Habana. El Consejo de Guerra absuelve al comandante Espinoza y condena a pena de muerte al soldado Valdés, sentencia que es conmutada y se le sentencia a cadena perpetua. La prensa fue autorizada a entrevistar a los acusados Espinoza, Valdés y Martín días antes del juicio sin permitirles tomar fotos. El dibujante del periódico "El Mundo", Mario Kuchilán Sol, hizo unos sketches. ¿Recuerdan a este individuo? El estado de los detenidos era deplorable, parecían tuberculosos en estado Terminal. Antes del juicio Martín apareció ahorcado en su celda. ¿Por sus propias manos o por las del teniente Crespo?

El capitán Manuel Crespo Moreno además de ser jefe del Quinto Escuadrón de la Guardia Rural es el encargado del cuidado personal del Presidente. Su tenebrosa actuación quedará al descubierto tras la caída de Machado. Se designa Secretario de Sanidad a Victoriano Martínez Barahona. El día 6 de abril se celebra la primera sesión del Congreso en el Capitolio Nacional. Varios días después se produce un fallido atentado contra Arsenio Ortiz. A finales de mes disminuye la agitación estudiantil pues todos sus dirigentes están presos. Se retiran todos los supervisores militares en las provincias. El día 17 son libertados numerosos presos políticos. El día 19 Cuba reconoce a la flamante República Española.

El comandante Ramón Cabrales es nombrado supervisor militar de la provincia de Oriente debido a que el valeroso juez Joaquín Rodríguez Balmaceda ha dictado auto de procesamiento contra Arsenio Ortiz y catorce de sus subordinados que están acusados de la comisión de varios asesinatos. Ortiz fue arrestado pero su detención fue muy breve gracias al apoyo de Machado. Más adelante Arsenio Ortiz cometerá los mismos horrores en las provincias de Camagüey y Santa Clara. Nunca pagaría por sus crímenes pues logrará escapar de la Isla. El día 6 de mayo José Clemente Vivanco es nombrado Secretario de Estado. Los políticos gubernamentales, ciegos ante la realidad, sólo estaban interesados en ser electos por medio de elecciones fraudulentas o alcanzar posiciones en los cambios ministeriales. Esto les costará la vida a muchos de ellos.

El día 19 se crea el Instituto Cubano de Estabilización Azucarera (ICEA) encargado de todos los asuntos relacionados con la producción y venta del azúcar. El ICEA permanecerá operante hasta la llegada de Fidel Castro. Antonio Ruiz, Gobernador Provincial de La Habana suspende al Alcalde de Marianao Baldomero Acosta por desafección al gobierno. A finales de mayo Machado presenta al Congreso un proyecto de reforma constitucional para que su mandato cese en 1933 en vez de en 1935. Esta es otra artimaña para engañar al cándido embajador Guggenheim puesto que el Congreso, por supuesto, no acepta el mensaje del Presidente. El 2 de junio se promulga una ley por la cual se autoriza la prórroga del vencimiento de pago por valor de 20 millones de pesos. El pago diferido de los valores adquiridos con ese empréstito es parte del financiamiento de obras públicas y que ha sido otorgado por el Chase National Bank. Días después el Tribunal Supremo se niega a admitir un recurso de inconstitucionalidad presentado por el abogado Pedro Herrera Sotolongo para que se declarara de facto al gobierno existente debido a que la constitución de 1927 fue espuria y violaba los preceptos vigentes de la Constitución de 1901. Otros recursos presentados por el mismo abogado han corrido la misma suerte. La decisión del Tribunal Supremo era esperada…el cubo de los papeles inservibles. Si algunos cubanos habían abrigado cierta esperanza en la presentación de este recurso supieron que no quedaba otro camino que la lucha frontal contra el gobierno o la intervención norteamericana, ambos grandes males para la República.

A finales del mes de junio es evidente que el cooperativismo está totalmente descompuesto y desapareciendo. Muere en París Rafael Martínez Ortiz ex Secretario de Estado y una de las figuras más brillantes de la política en los primeros años de la República. Fue autor de muchos libros, especialmente "Los Primeros Años de Independencia de Cuba" al que hemos citado varias veces.

El 14 de junio el senador Modesto Maidique asesina al también senador Rogerio Zayas Bazán y como el asesino huye de Cuba no puede ser juzgado. La acusación directa por este asesinato recae sobre Carlos Machado Valdés, teniente de la Policía del Senado y de otro individuo; ambos son arrestados y juzgados. El 15 de junio el glorioso

Eligio Sardiñas mas conocido por "Kid Chocolate" gana para Cuba el primer campeonato mundial de boxeo de los pesos ligeros. Después de sus éxitos en el cuadrilátero el resto de la vida de Chocolate será bastante desagradable pues despilfarró el dinero ganado durante su estrellato y fue finalmente olvidado por la prensa y por la fanaticada. El día 16 es frustrado un atentado contra Clemente Vázquez Bello, acusado por algunos sectores de ser el más intransigente con respecto a la renuncia del Presidente.

El 5 de agosto comienza una huelga de tranviarios en La Habana; rompehuelgas y porristas tratan de poner esos vehículos en circulación. Hay intentos de extender el paro y convertirlo en una huelga política. El día 7 son apresados en Nueva York Aurelio Álvarez Iturralde y Rosendo Collazo acusados de estar preparando una expedición para invadir a Cuba, violando las leyes de neutralidad de los Estados Unidos. El día 7, en tres yates y partiendo desde la bahía de La Habana y desde los clubs de la playa salen unas cuarenta personas lidereadas por Carlos Mendieta y Mario García Menocal para dirigirse a Playa Baracoa y desde allí iniciar una rebelión. Los planes iniciales contaban con que el cañonero Baire se uniera a la insurrección a bordo del cual irían a la zona de Puerto Padre y allí esperar la llegada de una expedición procedente de los Estados Unidos y entonces marchar con rumbo a Holguín promoviendo el alzamiento en la provincia de Oriente. En todas las provincias habría alzamientos con la participación de viejos caudillos. Además se esperaba un alzamiento de la Policía habanera y de otros elementos que respondían al ex Alcalde Miguel Mariano Gómez. Por una confidencia, el capitán Arturo del Pino es acorralado en un edificio de Luyanó donde resiste por muchas horas causándole muchas bajas a los atacantes pero la superioridad numérica de estos últimos termina con la muerte de del Pino. La casa donde él estaba era un almacén de pertrechos destinados a la insurrección y esto aborta el levantamiento en La Habana.

Numerosos cubanos son detenidos en Atlantic City y en Ocean City antes de poder embarcar hacia Cuba. El día 10 se declara en estado de guerra las provincias de Pinar del Río y de La Habana. Se suspenden las garantías. Ya han comenzado los encuentros entre alzados y la fuerza pública en diferentes regiones. En la provincia de Pinar del Río el general Erasmo Peraza y el estudiante Chacho Hidalgo al frente de una partida numerosa de alzados son abatidos en Loma del Toro. Este fue otro duro golpe para la insurrección. En Ceja del Negro hay otro encuentro entre alzados y el Ejército también desfavorable para los primeros. En el Corojal el grupo que es sorprendido allí, tras haberse rendido, es totalmente aniquilado por el Ejército. Cerca de Nueva York sale el barco "Ilse Volmauer" con una expedición armada al mando del teniente Emilio Laurent, del ingeniero Carlos Hevia y de Sergio Carbó, director de "La Semana". La expedición tiene cerca de cuarenta hombres que no eran muchos pues hacían falta más. Se efectúan más encuentros en las provincias de Camagüey y Las Villas. Los alzados toman el pueblo de Corralillo pero tienen que abandonarlo. Machado sale para Santa Clara para desde allí dirigir las operaciones. La revuelta parece crecer en las tres provincias orientales, no así en las tres occidentales donde los primeros fracasos la han hecho casi desaparecer.

El 16 de agosto llegan a La Habana Menocal y Mendieta a bordo del cañonero "Fernández Quevedo" irónicamente escoltado por el "Baire". Todos los prisioneros son internados en la Fortaleza de la Cabaña. En agosto 17 llega a Gibara la expedición de Laurent, Hevia y Carbó. Inmediatamente el pueblo los ayuda, desembarcan y repelen un intento de desembarco del crucero "Patria". A los expedicionarios se les unen 250 alzados. Su intención es marchar hacia Holguín. Entre esta población y Gibara el coronel de la Guerra de Independencia Manuel "Lico" Balart ha preparado una tropa de unos 500 hombres esperando por los pertrechos, pero las tropas del gobierno los baten; Machado ordena el cerco de Gibara por aire, tierra y mar sumando un total de 1,500 hombres. La resistencia de los insurrectos se prolonga durante tres días. Gibara es bombardeada siendo la primera población cubana que sufre este tipo de ataque. Además es cañoneada desde tierra y desde mar. No hay mas remedio que rendirse o huir hacia los montes para entregarse mas adelante. Con la ayuda del gobernador de Oriente José R. Barceló logra escapar Sergio Carbó hacia Jamaica, siendo el único que no es detenido. Gibara es tomada el 21 de agosto y entonces comienza "el ajuste de cuentas". Emiliano "El Tuerto" Machado es asesinado. Se le acusaba de ser el verdadero autor de la bomba de Palacio. Dominada la insurrección Machado regresa a La Habana el día 22.

El día 23 se presenta el coronel Roberto Méndez Peñate a las autoridades de Las Villas, siendo el único alzado de importancia que quedaba. Dispersas por los montes quedan algunas pequeñas partidas que poco a poco irán desapareciendo. De ellas la más importante era la de Juan Blas Hernández. Miguel Mariano se exilia en Cayo Hueso.

El 15 de septiembre, terminada la huelga tranviaria, montan un aproximado de más de 400,000 pasajeros en los 470 tranvías que había en La Habana. El 21 de septiembre la Oficina del Censo anuncia que la población de Cuba es de 3,962,344 habitantes con 542,000 residentes en la ciudad de La Habana. Con la reducción del presupuesto quedan cesantes 500 empleados de la Secretaría de Hacienda. Las dos sesiones de las escuelas son reducidas a la mitad. El horario de las oficinas públicas se reduce a cinco horas.

La Junta del Censo declara que los cubanos hijos de españoles tienen derecho al voto. Esto nos parece totalmente ridículo pues si son cubanos por nacimiento es lógico que tengan todos los derechos inherentes a su ciudadanía cubana. Al derrotar la insurrección Machado se cree firme y seguro. Está dispuesto a hacer unas pequeñas concesiones para "pacificar" a sus desconcertados rivales. De lo que Machado y sus asesores no se percataron era que lo que había fracasado era la "vieja escuela", la de los caudillos de las guerras mambisas. La presencia de la aviación militar y del ferrocarril que facilitaba un rápido movimiento de tropas no hicieron posible los mismos resultados de "los buenos tiempos pasados". Los viejos caudillos estaban gastados políticamente. La antorcha de la revolución pasa a manos de los jóvenes que establecerán un nuevo sistema de lucha. La lucha de la ciudad, el terrorismo, las bombas y los atentados como medio desestabilizador. Una lección terrible pero aparentemente no quedaba otro remedio. La antorcha pasó a las manos de una juventud arriesgada y que no cree en nadie. Igual que el gobierno, que tampoco cree en nadie y que incrementa el terror ante las acciones revolucionarias.

Se reúnen dirigentes políticos gubernamentales para tratar de establecer un pacto con los oposicionistas, un acuerdo cordial. Pero los líderes de la oposición que tenían algún arraigo popular o están presos o están exiliados. Por lo tanto la conversación es sólo un monólogo. De antemano el fracaso está garantizado. El 13 de octubre tenemos un nuevo Secretario de Obras Públicas en Narciso Onetti Gozne. El 22 de octubre aprueba el Senado la totalidad de la reforma constitucional que había sido propuesta antes de la insurrección de agosto y que había sido rechazada por la Cámara y que en definitiva no llegará a ninguna parte esta triquiñuela de Machado. Aprueba el

Senado ceder al Ejecutivo la facultad de reajustar los sueldos de los miembros del Poder Judicial. El 30 de octubre muere en un atentado el jefe de la Policía de Guanabacoa.

El 31 de octubre debuta el ABC, una nueva organización secreta formada fundamentalmente por profesionales jóvenes, por algunos estudiantes, obreros y gente de la clase media. Un elemento luchador completamente distinto. Tiene una organización piramidal por lo cual los miembros de la clase A tienen a su cargo diez miembros de la clase B y cada miembro de la clase B tiene a su cargo diez de la clase C, de manera que solamente se conocen aquellos miembros que están más relacionados entre si y no hay posibilidad de una barrida total en caso de ser capturados. Tienen una disciplina férrea y total sometimiento a las directrices de la organización en cuanto a orientaciones y medios de lucha que fundamentalmente será el terrorismo. Su color es el verde… el color de la esperanza y como símbolo una estrella de seis puntas. Tienen un himno y un programa que es nacionalista considerando que son prioritarios los problemas económicos. Son gente nueva con pensamiento y métodos nuevos. La esperanza de Cuba es el ABC. Su líder principal es Joaquín Martínez Sáenz un joven que labora junto a Carlos Saladrigas, ambos prestigiosos abogados. El ABC tendrá una vida azarosa después que deje de ser una organización revolucionaria y entre de lleno en la política. Se irá desintegrando lentamente hasta desaparecer, o sea, que la esperanza se esfumó.

Eliminado Machado se iniciaría un movimiento de renovación de hombres, de ideas y de procedimientos. El ABC por su estructura, disciplina y pensamiento tiene ciertos tintes fascistas que lo hacen poco agradable no sólo a los Estados Unidos sino también a los comunistas, al Directorio y a muchos otros elementos revolucionarios. Primero serán exterminados físicamente en Atarés y en el ataque de los comunistas a la manifestación del Parque Central y después lo serán políticamente. El ABC utilizará la prensa y la radio clandestina, el espionaje en el andamiaje del gobierno incluyendo a las Fuerzas Armadas. Pero nada de esto fue suficiente para que la organización se mantuviera en la vida política de Cuba.

El 4 de noviembre son puestos en libertad los Representantes Conservadores pertenecientes al grupo llamado ortodoxo que fueron arrestados durante la insurrección. Es encarcelado Ricardo Dolz. El 24 de noviembre ocurre uno de los tantos hechos inexplicables, extraños y sorprendentes de esta revolución. Un centinela dispara contra el automóvil del coronel Emiliano Amiel, Supervisor Militar de Santa Clara quien resulta gravemente herido y donde perece una sobrina suya. Se dice haber sido una equivocación pero se sospecha que el autor es el gobierno que duda de la absoluta lealtad de Amiel. El 28 de noviembre son liberados más de sesenta presos en Las Villas y en Camagüey que habían sido detenidos por el alzamiento. Regresa de Nueva York Cosme de la Torriente miembro de la Junta Revolucionaria que no aprueba su viaje. Su seguridad personal fue garantizada por Machado para que Torriente iniciara una de las santísimas fallidas gestiones de concordia política y solución de problemas que éste practicó durante toda su vida. Es autorizado a efectuar una entrevista con Mendieta y Menocal que están presos en la Cabaña. Además se reunió con otras personalidades importantes.

El 4 de diciembre aparece muerta en la bañadera de su apartamento la joven "artista" Rachel Keigester, quien realmente era una prostituta francesa. Este hecho distrae la atención pública de los dramáticos eventos políticos. Esta muerte permanece sin esclarecerse por mucho tiempo. Se popularizó una composición musical que la llamaba "muñequita de París". Su historia está plasmada en alguna película y en muchos libros. Yo tuve la oportunidad de conversar mucho en Cuba, a mi salida de la cárcel, con el que fue acusado por la muerte de Rachel y que en aquella época era un joven estudiante llamado Jiménez Rebollar. Él trabajaba como músico percusionista en el cabaret donde ella actuaba y como era su amante se convirtió en el principal sospechoso. Fue acusado de haber cometido el crimen y estuvo preso en el Castillo del Príncipe pero al fin fue exonerado.

La muerte de Rachel fue accidental a resultas de una pelea producida en su apartamento con miembros de una familia de la clase súper adinerada. Le dieron un empujón, cayó al suelo y se golpeó la cabeza con un mueble. Este era el apartamento donde ella recibía a sus "amistades", pero ella residía en el que estaba en los altos. Según Jiménez Rebollar un corpulento hombre de la raza negra que había sido esclavo de esa familia, que continuaba a sus servicios y que les era muy fiel, se echó al hombro el cuerpo de Rachel, trepó por el patio interior hasta el piso superior y allí depositó el cadáver de la francesita en la bañadera. Descendió de la misma forma y por lo tanto la puerta de entrada al apartamento no estaba abierta, dato que desconcertó totalmente a la Policía.

El 21 de diciembre el estudiante Ernesto Alpízar miembro del Directorio acusado por la muerte de un policía es detenido por el Jefe de Policía Carrerá. Es llevado al tétrico Castillo de Atarés donde es torturado, asesinado y enterrado en sus predios. Su cadáver será descubierto en las excavaciones practicadas a la caída de Machado. El vil capitán Crespo fue el autor de este crimen. El 29 de diciembre un niño resulta la inocente víctima de la explosión de una bomba, como ocurre cada vez que hay terrorismo indiscriminado. El 30 de diciembre un grupo de estudiantes que están presos en Isla de Pinos es atacado por delincuentes comunes que usan palos y cuchillos, siguiendo instrucciones del jefe del penal. Esto me recuerda a mí y a muchos de mis compañeros de prisión hechos similares que padecimos en todas las prisiones de Castro.

Nuevamente nos encontramos con el embajador Guggenheim cuando fue "regañado" por el Secretario Stinson para que no se metiera en los asuntos cubanos, intromisión que "Guggy" negó ofreciendo varias excusas, aunque bajo cuerda continuó en sus esfuerzos de convencer al inconvencible Machado de que diera una apertura política. El embajador siguió demostrando su ignorancia de la situación real así como su ineficiencia. Él era poco respetado en Washington como revela el incidente de su "oposición" a la creación de nuevos impuestos, informando a sus superiores que "no estaba de acuerdo". Le respondieron que habiendo el Departamento de Estado consultado con un magnate del consorcio eléctrico éste les informó que era una medida correcta. En los asuntos de Cuba el empresario tenía más influencia que el embajador. Las cosas continuaron con una Embajada que ignorándolo, estaba sentada sobre un volcán.

Regresa de sus vacaciones el embajador portador de una carta conteniendo instrucciones precisas de lo que había que hacer. Curiosamente esta carta no aparece en los Archivos del Departamento de Estado norteamericano. Este hecho guarda similitud con otros ocurridos con comunicaciones de funcionarios estadounidenses destacados en Cuba cuando la insurrección de la Chambelona. Cuando los documentos son comprometedores suelen desaparecer. El planteamiento del embajador a Machado de darle participación a la oposición en el gobierno era peregrino porque los oposicionistas no estaban interesados. Vázquez Bello se oponía a todo y Machado había amenazado con renunciar si se le obligaba a hacer tal cosa. Es posible que la actitud intransigente de Vázquez Bello haya en parte motivado el atentado contra su vida y su eventual eliminación física.

Se habían obtenido muchas armas y se habían distribuido pertrechos por toda la Isla antes de la insurrección. Había dinero, había una Junta Revolucionaria con sede en Nueva York con delegaciones en varias ciudades norteamericanas incluyendo a Washington y a Miami. Había bastante buena organización. Los contrabandistas de licores se habían puesto en contacto con los revolucionarios y cooperaban con ello entrando armas en Cuba a cambio de la salida de ron para los Estados Unidos durante la "ley seca". La supuesta formación y apoyo monolítico de las Fuerzas Armadas a Machado no era una realidad pues había muchos oficiales jóvenes que estaban cansados de aquello en espera de una oportunidad con poco riesgo para cambiar la situación.

Los contrabandistas, que habían enseñado una serie de barcos rápidos para ponerlos al servicio de los revolucionarios no aparecieron...ni ellos ni los barcos. Se contrató al previamente mencionado carguero alemán. Los funcionarios de la Embajada continúan diciendo y desdiciéndose, continuaban negando la existencia de una revolución que estaba a punto de producirse. El 23 de agosto Guggenheim felicita al Presidente por finalizar la insurrección con rapidez, con eficiencia y con el buen comportamiento del Ejército. El embajador llamaría al general Herrera –Jefe del Ejército y futuro Secretario de Guerra y Marina– "su buen amigo". Herrera sería un personaje de importancia en futuros acontecimientos. Cambiaba Guggenheim su ritmo de diplomático pasando de los políticos a los militares. El gobierno establece el pago de sus servicios a delatores o "chivatos".

Año 1932

Faltan un año, siete meses y doce días para que desaparezca Machado de la escena política cubana con una huida bochornosa. Ya se había hablado que el ABC estaba sigilosamente preparando un gran plan terrorista que incluía entre otras cosas la eliminación física de personeros del gobierno especialmente los llamados expertos y su jefe el capitán Calvo. De igual modo iba a utilizar el terrorismo en todas sus formas en toda la República, lo que desencadenaría una gran represión por parte del gobierno que se tornaría cada vez más brutal. Se está empeñado en dar muerte al enemigo a todo trance y desafortunadamente se estaría cumpliendo. Sin embargo, en el auge del bombardeo, esto es, de la puesta de bombas y explosivos en la capital, el "choteo cubano" nunca faltó aún en los momentos más trágicos. La radio clandestina del ABC anunció a la población que para tener sus relojes en la hora correcta no hicieran caso al "cañonazo de las nueve" sino a "la bomba de las nueve". Esto sucedió por espacio de meses.

El día 9 explota una bomba de gran potencia causando grandes daños a la Secretaría de Educación; afortunadamente no hubo víctimas. El 25 de enero la Policía de Marianao ocupa un auto-bomba –algo que hoy ocurre en Irak y en varios países del Medio Oriente–. Se detiene a sus ocupantes Rubén de León, Rafael Escalona y Ramiro Valdés Dausá, todos miembros del Directorio. El 26 de enero se frustra un intento de ajusticiamiento del capitán Calvo en una casa de la calle Flores en Santos Suárez. Se había preparado un dispositivo que explotaría una bomba cuando se descolgara el teléfono de la casa. Allí fue Calvo porque se le había informado que en la casa había elementos subversivos y materiales. Cuando no vio el teléfono de la casa –el que estaba conectado a la bomba–, fue a la casa de al lado a hacer una llamada. Uno de sus ayudantes respondió el teléfono que "daba timbre" y la bomba explotó dando muerte a un teniente y a un sargento.

Este hecho, que forma parte del plan trazado por el ABC desde finales del año pasado ha coincidido con gestos apaciguadores por parte de Machado poniendo en libertad a muchas personas relacionadas con el alzamiento del año anterior entre ellas Menocal, Mendieta, Méndez Peñate, Ramón Grau San Martín catedrático de Fisiología de la Escuela de Medicina e ídolo del Directorio Estudiantil. Se pasa una ley de amnistía por los delitos y faltas cometidos en la insurrección de agosto de 1931. Se liberan varios cientos de presos. Machado se siente seguro después de su triunfo y está tratando de llegar a un acuerdo político –en su beneficio por supuesto– con los opositores, pero las acciones del ABC no lo permitirán pues las actividades terroristas continúan.

El día 13 de febrero ocurre un terremoto en Santiago de Cuba ocasionando 15 muertos, más de 200 heridos y daños a la propiedad estimados en alrededor de diez mil pesos que era una gran cantidad para la época. El 24 de febrero llega el Profesor Seligman experto en Economía de la Universidad de Columbia contratado por el gobierno para estudiar el sistema tributario cubano. Continúan las bombas "a todo dar" y una de ellas destroza la Oficina Postal de Marianao. Se aprueba un crédito de un millón de pesos para ayudar a las víctimas del terremoto. El 27 de febrero se aprueba una ley que capacita a los tribunales militares para conocer los delitos de sedición, terrorismo, atentados, explosivos y todo tipo de alteraciones del orden público.

Aunque parezca increíble el 28 de febrero se celebran elecciones primarias para reorganizar los partidos políticos autorizados. Los políticos cubanos permanecen sordos a la explosión de bombas, ciegos a los cadáveres que aparecían todos los días y sin darse cuenta de que el gobierno no podía durar. El 17 de marzo renuncia el Presidente del Tribunal Supremo de Justicia Juan Gutiérrez Quirós por la inefectividad de los recursos de habeas corpus, el exceso de atribuciones cedidas a los tribunales militares y en general por la falta de respeto al Poder Judicial. El 17 de abril José Clemente Vivanco, Secretario de Gobernación ocupa la vacante Presidencia. El 16 de abril la Audiencia de La Habana absuelve a Carlos Machado, acusado del asesinato del senador Rogerio Zayas Bazán. El 26 del mismo mes el Tribunal Supremo declara inconstitucional el decreto que clausura la Universidad de La Habana y otros centros de enseñanza superior. Miguel de Céspedes teniente coronel médico del Ejército es designado Secretario de Sanidad.

El 19 de mayo se inaugura una farola en la intersección de las calles Infanta y 23 y se nombra General Machado a esta última vía. El Presidente indulta al ex coronel Julio Aguado y al ex teniente Feliciano Maderne que estaban presos por la conspiración de la Cabaña de 1930. El teniente Enrique Diez Díaz de Artemisa muere al explotar un paquete bomba que le habían enviado. Lo acusaban del asesinato de varios jóvenes que habían participado en el alzamiento de 1931. Otros paquetes bombas fueron enviados a Arsenio Ortiz, al Supervisor Militar de Camagüey Samaniego y a otros jefes militares de menor rango pero al ser alertados por la Policía no abrieron los paquetes. Al reiniciarse la actividad terrorista, el 23 de mayo se ordena el arresto de Menocal, Méndez Peñate y otros, pero el primero de ellos evita el arresto al asilarse en la embajada de Brasil, siendo el primer cubano asilado en una embajada Latinoamericana. Llegará el momento que fueron tan numerosos en gobiernos sucesivos y especialmente el del dictador Castro que este hecho ya no era noticia.

El 11 de junio Orestes Ferrara ocupa la Secretaría de Estado y Oscar Cintas es nombrado Embajador en Washington. Ferrara es la gran esperanza de Machado para resolver los problemas con los Estados Unidos. El 2 de junio regresa a Cuba Rosendo Collazo con la autorización de Machado. Ese día se detiene a Enrique Henriquez acusado de ser uno de los dirigentes del ABC. El día 7, en el Parque Vidal de Santa Clara ocurre uno de los hechos típicos del terrorismo indiscriminado. En noche de retreta estalla una bomba dejando a una joven muerta y ocasionando varias decenas de heridos, todos inocentes, todos ajenos a la lucha fratricida entre el gobierno y los revolucionarios. El 10 de junio por la confidencia de un jardinero la Policía descubre la llamada "bomba-sorbetera" destinada a acabar con la vida del general Machado y de los que lo rodearan en el momento de le explosión. Por este hecho son detenidos al acercarse a la casa donde estaba la bomba Ignacio González de Mendoza, Luis Pérez Hernández, Francisco Corrón Canalejos y la madre de Ignacio, la señora Mariana de la Torre. Pocos días después es detenido Pedro Herrera Sotolongo, el famoso abogado presentador de los recursos de inconstitucionalidad contra el gobierno. El día 24 el vigilante de la Policía Daniel Buttari es detenido acusado de la posesión de bombas y de armas. Llevado a los predios de Crespo en Atarés es asesinado aplicándosele "la ley de fuga". El día 27 comienza el Consejo de Guerra contra los acusados de la "bomba-sorbetera".

El día 1º. Ricardo Dolz asume el cargo de Rector de la Universidad de La Habana. El día 2 embarca rumbo a Europa el asilado político Mario García Menocal. El día 3 la Compañía Cubana de Electricidad suspende, por falta de pago, el servicio eléctrico a las ciudades de Matanzas y Santiago de Cuba, sin importar la relación estrecha existente entre el Presidente Machado y la compañía. Recordemos este viejo aforismo: "con el dinero de los músicos no se juega". El día 7 de julio termina el juicio de la causa por "la bomba-sorbetera". Todos los participantes son condenados a prisión incluyendo a Mariana de la Torre. El día 9 en las cercanías del Hotel Nacional es abatido a balazos el odiado capitán Calvo, jefe del grupo de "expertos"cuando su auto fue "encuadrillado" por dos automóviles. Calvo, que había escapado de la trampa del teléfono en la casa de la calle Flores, es ahora cazado como un conejo en plena calle y bajo el sol del mediodía. Junto a él mueren dos de sus subalternos. El atentado fue una acción combinada del Directorio y del ABC. El ajusticiado era un joven de familia acomodada que gustaba de las actividades policíacas y de las investigaciones pero que cometió el error de prestar sus servicios, su pericia y su arrojo al dictador Machado y por eso pagó con su vida. Fue una gran pérdida para Machado pues Calvo era incondicional cien por ciento y desplegaba una actividad extraordinaria en la investigación, captura y muchas veces en la ejecución de los enemigos del gobierno. Ese mismo día y en un accidente de automóvil muere en Camagüey el Supervisor Militar Samaniego.

El 22 de julio se recibe una bomba-paquete en la casa situada en Josefina 15-A en la Víbora en cuya explosión muere un adolescente. Allí vivían las hermanas Proenza, conocidas oposicionistas y miembros del Directorio. El 23 fallece el coronel Tarafa, conocido por la polémica ley de los subpuertos durante el gobierno de Zayas. El 24 en un registro domiciliario practicado por la Policía en una casa de la calle Revillagigedo, al abrir una gaveta hace explosión una bomba y mata al capitán de la Policía Carlos García y hiere de gravedad a cuatro vigilantes. El día 25 es asesinado el capitán del EL Esteban Delgado Acosta en la barriada del Cerro en un enfrentamiento con la Policía. El día 6 de agosto por fin Machado acepta la renuncia de Manuel Márquez Sterling, Embajador de Cuba en México, renuncia que el diplomático había presentado muchos meses antes. En agosto 7 la policía de los "expertos" asesina al Ingeniero Antonio López Rubio acusado de tener un almacén de explosivos en su casa para volar el puente sobre el río Almendares, el conocido como "puente Pote". El día 18 comienza una huelga de la Federación Médica contra los Centros Regionales Españoles con la pretensión de que estos modifiquen sus reglamentos, de manera que las personas con buenos recursos económicos no puedan recibir los mismos servicios que disfrutan los asociados de menos posibilidades económicas. Los médicos esperaban el apoyo de Machado pero este le da la razón a los Centros Regionales significando un gran golpe para la Federación. La opinión pública no encuentra justa la actitud de los galenos. Mariana de la Torre, presa por la causa de la "bomba-sorbetera" es indultada y viaja a los Estados Unidos.

El Tribunal Supremo de Justicia es trasladado al Palacio del Segundo Cabo enclavado en la Plaza de Armas. El día 31 renuncia Carlos Miguel de Céspedes como Secretario de Instrucción Pública por sus planes de aspirar a Senador. Otro mas que soñaba con mantener la presencia irregular de Machado y su gobierno. Es sustituido por Eugenio Molinet. El 5 de septiembre son mortalmente heridos el

Supervisor Militar de Marianao y el Jefe de la Policía del mismo término al explotar una bomba contenida en un paquete sospechoso que ambos examinaban. Ese mismo día es nombrado Jefe de la Policía el comandante Antonio B. Ainciart Raggi, figura de triste recordación, sustituyendo a Rafael Carrerá. El 9 de septiembre, presidido por el comandante José Navarro Hernández, comienza un Consejo de Guerra en Artemisa contra los jóvenes implicados en la causa de la "bomba sorbetera" esta vez acusados de enviar un "paquete-bomba"que mató al teniente Diez Díaz. Mercedes Morales, la esposa de Corrón, es acusada también. Los abogados defensores son Ricardo Dolz, Carlos Manuel de la Cruz, Pedro Cue y Fernando Freyre de Andrade.

El 27 de septiembre, mientras viajaba en su automóvil muere en un atentado Clemente Vázquez Bello que era el principal asesor de Machado y aspirante a sucederlo. Esta operación, por lo perfecto de su ejecución –dice Portel Vilá– podía dar envidia a los gángsteres de Chicago. La noticia conmueve a la nación pues a pesar que Machado decía que la víctima se oponía a su renuncia, se le consideraba un elemento conciliador. Se da rienda suelta a la manada de asesinos del gobierno y son asesinados los hermanos Gonzalo, Guillermo y Leopoldo Freyre de Andrade, el primero de ellos Representante a la Cámara. Los otros dos hermanos eran colonos de conocida buena reputación. Fueron asesinados en la residencia de uno de ellos. El Representante Miguel Ángel Aguiar también fue asesinado. Ricardo Dolz, Pedro Cue y Carlos Manuel de la Cruz escapan a la matanza asilándose en diferentes embajadas latinoamericanas.

Se descubre un túnel en el Cementerio de Colón preparado y dinamitado para hacer volar a Machado, a su plana mayor y a los diplomáticos asistentes durante el sepelio de Vázquez Bello pero por la decisión de su familia de enterrarlo en Santa Clara, su ciudad natal, el atentado se frustra. Corre la versión de que lo del túnel dinamitado es una patraña del gobierno para convencer a la opinión pública que el terrorismo fracasaba. La Policía no logra dar con los agresores de Vázquez Bello. Se publican pasquines y se ofrece una recompensa de cinco mil pesos por la captura de Manuel Fernández Vázquez, apodado "el gallego", que se supone sea el principal autor del hecho. Se rumora también que este plan fue organizado por la OCRR, un desprendimiento del ABC que responde al nombre de Organización Celular Radical Revolucionaria.

El 22 de octubre como preludio a las elecciones hay una riña a tiros entre liberales y conservadores en San Diego del Valle, provincia de Santa Clara. Liberado el abogado Pedro Herrera Sotolongo embarca el 23 de octubre con rumbo a España. El día 1º se celebran las elecciones parciales para cubrir vacantes congresionales, en los Consejos Provinciales y en los municipios. Triunfa el Partido Liberal en todas las provincias con excepción de Pinar del Río. Se limita la zafra a 2 millones de toneladas. El 7 de noviembre en el barrio de los indigentes conocido como "La Cueva del Humo" son detenidos 29 judíos comunistas europeos que estaban celebrando el aniversario de la revolución comunista rusa. El 8 de noviembre es electo Franklin Delano Roosevelt Presidente de los Estados Unidos. Muchos cubanos confían que él resuelva la situación de la Isla. El 9 de noviembre un ciclón azota las provincias de Las Villas y Camagüey. Un ras de mar casi elimina de la faz de la tierra a Santa Cruz del Sur donde hay menos de cien sobrevivientes. Se estima que perecieron aproximadamente tres mil personas.

En transmisión radial y desde Miami Menocal recomienda un cese en las actividades revolucionarias y de represión para concentrarse en la ayuda a las víctimas de Santa Cruz del Sur. El gobierno espera mucho de la gestión en Washington de su embajador Oscar Cintas por la íntima amistad de éste con el Secretario del Tesoro. El 28 de noviembre sale Ricardo Dolz, como asilado político, rumbo a París. El 28 son liberados Mendieta, Méndez Peñate y otros, rumorándose ser una concesión al embajador Guggenheim que posiblemente continúa enviando informes positivos a su gobierno. El Tribunal Militar de Artemisa condena a muerte a los jóvenes acusados pero la sentencia es conmutada por Machado quien los condena a cadena perpetua. El 6 de diciembre se atenta contra la vida de Arsenio Ortiz mientras paseaba en su auto por La Habana, pero como fue alertado por Manuel Cepero –un vigilante de la Secretaría de Obras Públicas– Ortiz se defiende hiriendo a sus agresores y causándole la muerte a uno de ellos. Los atacantes fueron Argelio Puig Jordán –que muere– Luis Orlando Rodríguez y Domingo Cañal. Estos últimos fueron gravemente heridos. Al día siguiente el vigilante Cepero es ajusticiado en su casa.

El 22 de diciembre fuerzas del Ejército asesinan a Julio M. Pérez, miembro de la Unión Nacionalista. El día 30 es detenido el joven de 17 años Juan González Rubiera miembro del Directorio del Instituto de La Habana, acusado de atentar contra un sargento de "expertos". El joven Rubiera es torturado, asesinado y su cadáver –atado de pies y de manos– aparece en un solar yermo del Reparto Miramar. Este asesinato, al igual que la muerte accidental de Rafael Trejo, crea un ambiente especial que dio más auge a la revolución. La fotografía del cadáver de Rubierita fue profusamente publicada en la prensa norteamericana. Se produce una fuerte protesta contra Machado en los Estados Unidos por parte de congresistas, periodistas y personajes de la radiodifusión. Se inició una campaña que fue muy costosa para Machado pues tras la elección de Roosevelt había cambiado el tono y la disposición del gobierno norteamericano. No obstante, la quema de cañaverales propiedad de empresas norteamericanas había continuado y aumentado esperando provocar una intervención militar en Cuba.

El 1932 había sido un año salvaje de matanzas indiscriminadas por ambas partes sin llegarse a resultados prácticos. No había un plan, solamente terror y contra terror. Ni la oposición podía derribar al gobierno ni el gobierno podía acabar con la oposición. Todas las naciones latinoamericanas que se oponían a cualquier tipo de intervención en Cuba simplemente estaban de espectadores del sangramiento, del desastre económico y de la destrucción de Cuba, sólo dedicados a emitir –como siempre sucede– opiniones "doctas y sabias" desde el punto de vista teórico pero sin nada práctico. La Liga de las Naciones estaba desacreditada. No se veían esperanzas de solución en un futuro cercano.

Principales Leyes y Decretos (1931-32)

Amnistía a todos los delitos cometidos durante el alzamiento de 1931, con algunas excepciones.

Se amnistiaba también a los miembros de las Fuerzas Armadas que hubieran cometido algún delito en la eliminación de esta insurrección o en la prevención de otros tipos de delitos.

Igualmente amnistiaba a los Supervisores Militares que se hubieran excedido en sus funciones con el fin de preservar el orden público.

El 22 de enero se reduce el presupuesto del Poder Judicial.

Cinco días más tarde se dicta una amnistía por delitos cometidos por policías desde 1929 hasta el 26 de enero de 1932 en el mantenimiento de la ley y del orden.

El día 2 de febrero se llama al servicio militar activo a todos los miembros de la Policía Nacional y de las Policías Municipales de manera que sean parte de la milicia nacional a las órdenes de los jefes militares.

El 22 de junio se dicta un nuevo reglamento para propietarios de casas de alquiler para prevenir la fabricación de bombas y el almacenamiento de explosivos.

Con excepción de unos pocos decretos todos los demás eran de carácter político para incrementar la fortaleza del gobierno. Cuba estaba en franca descomposición.

Año de 1933

Sólo unos pocos meses le quedan a Machado en el poder y durante ese tiempo continuará la tremenda ola de terrorismo y de contraterrorismo que se había iniciado dos años antes. El 4 de enero Antonio Ángel "Pío" Álvarez, un estudiante de Ingeniería de origen español es acusado de participar en la muerte de Vázquez Bello, siendo detenido, torturado y asesinado por la Policía. Mendieta, Méndez Peñate y Aurelio Álvarez se asilan en la Embajada de México. El 10 de enero se crea una milicia de cien hombres escogidos especialmente para actuar como auxiliares de la Policía. A pesar de estar clausurado el Instituto de Santa Clara hay una manifestación de estudiantes para celebrar un aniversario más de la muerte de Mella en una celebración que tiene connotaciones eminentemente comunistas. La Policía la disuelve a tiros y muere el estudiante Mirto Milián.

El día 15 aparece en el Cerro el cadáver del estudiante Mariano González Gutiérrez, completamente destrozado a balazos. Como el joven era de origen español se produce una protesta por parte de entidades de ese gobierno, pero de ahí no pasa la cosa. El 22 de enero fallece el Jefe de la Marina Almirante Fernández Quevedo. Corre un rumor totalmente infundado de que Roosevelt visitará Cuba antes de tomar posesión. Fallece en Cárdenas Carlos de la Rosa, electo Vicepresidente en 1925 en el ticket machadista. José Emilio Obregón, yerno de Machado, alegando la comisión de fraudes, pide se anulen las elecciones celebradas en la provincia de La Habana. Siguen los políticos soñando con un largo futuro en Cuba.

El 1º de febrero el capitán Eduardo González del Real es nombrado Jefe de la Marina. El día 13 en una redada en el bufete Rosales-Lavedán de La Habana es arrestado Joaquín Martínez Sáenz junto a otros abogados. Las fuerzas represivas ignoran que él es el jefe supremo del ABC. Desde Miami Menocal dice que si se deja a Machado y al pueblo de Cuba como únicos actores del drama nacional y no hay intervención extranjera, de seguro se llegará a una solución cuando mejore la situación económica. El 18 de febrero Mendieta, Méndez Peñate y Hevia son autorizados a abandonar la Isla y viajan a la Florida. Los viejos caudillos siguen quedando fuera del escenario político cubano y la juventud sigue al mando de la revolución. El día 19 el Colegio de Abogados de La Habana y el de Cuba piden garantías para Martínez Sáenz que aún está detenido.

A los pocos días de tomar posesión Roosevelt se incrementa la quema de cañaverales y aparecen grupos de alzados en las provincias de Matanzas, Santa Clara y Camagüey dedicándose a atacar guarniciones de la Guardia Rural, a destruir vías férreas e instalaciones propiedad de empresas extranjeras. Es evidente que el propósito de los alzados es provocar la intervención norteamericana. El 23 de febrero se determina la imposibilidad de que los candidatos provinciales y municipales electos en los últimos comicios tomen posesión hasta que el Tribunal Superior Electoral no resuelva los recursos presentados. El gobierno nombrará funcionarios de facto para llenar estas posiciones. *El 5 de marzo muere Juan Gualberto Gómez.* El 22 de marzo se crea en Miami una nueva Junta Revolucionaria presidida por Carlos de la Torre e integrada por Willy Barrientos y Luis Barrera por el Directorio; Miguel Mariano, Carlos Peláez y Juan Espinoza por Acción Revolucionaria; Ramón Grau San Martín y Ricardo Dolz por los Catedráticos Universitarios; Mario García Menocal, Santiago Verdeja y Pedro Martínez Fraga por el Conjunto Revolucionario Nacional; Mendieta, Méndez Peñate y Aurelio Álvarez por los Nacionalistas y Carlos Saladrigas, Carlos Hevia y Juan Andrés Lliteras por el ABC. Al fin el día 27 de marzo renuncia el Embajador Harry F. Guggenheim lo que fue una decisión muy constructiva.

El día 5 de abril Machado acepta la renuncia de Márquez Sterling como Jefe de la Oficina Anexa a la Unión Panamericana y como Ministro Plenipotenciario. El día 6 de abril el Supervisor Militar de Guanabacoa fue víctima de un atentado a balazos mientras viajaba en su auto y muere al día siguiente; la Policía captura a Carlos Fuertes Blandino del Directorio Estudiantil quien fue delatado por su compañero José Soler. Conducido el detenido a un sitio solitario es torturado y asesinado. El 13 de abril una enorme cantidad de bombas estallan en la ciudad de La Habana. El día 14 se despliega una gran actividad policíaca; un grupo de "expertos" realizan un registro en la casa del Pagador de la Secretaría de Hacienda José Valdés León que es detenido junto a sus hijos José Raimundo y José Antonio Valdés Daussá. Son conducidos al Castillo del Príncipe donde a los dos jóvenes se les aplica "la ley de fuga" haciéndolos correr por la calle G mientras que desde lo alto del farallón rocoso los esbirros les disparan hasta causarles la muerte. Estos asesinatos fueron presenciados por James D. Phillips, el corresponsal del New York Times en La Habana. Se rumora ha habido mas asesinatos de estudiantes. El 18 de abril el Presidente Roosevelt discute con el Embajador Cintas la situación cubana, planteando las opciones a mano y anuncia el envío a Cuba de Benjamín Sumner Wells –entonces encargado de la Sección para Latinoamérica del Departamento de Estado– como Embajador en Cuba. Al día siguiente Asbert, que ya no representa nada, funda un nuevo partido de oposición. El 26 de abril y por tercera vez consecutiva Rafael "Felo" Guas Inclán es electo Presidente de la Cámara de Representantes. En Oriente un grupo de alzados lidereados por López Rodón y un joven batallador del Directorio Estudiantil del 27 nombrado Antonio Guiteras Holmes asaltan el cuartel de la Guardia Rural en el pueblo de San Luis y se llevan armas y caballos. En Washington el Embajador Cintas da un banquete de despedida a Sumner Wells.

Se conceden vacaciones a los empleados públicos para que puedan celebrar el primero de mayo que es otro signo más del acercamiento entre Machado y los comunistas. El día 3 de mayo se le aplica "la ley de fuga" a cuatro alzados que fueron capturados durante el ataque al cuartel de San Luis. El día 5 estalla una poderosísima bomba frente al edificio de El Heraldo de Cuba, diario casi oficial del gobierno muriendo el policía que lo custodiaba. Se liberan más de 50 presos políticos. El día 7 de mayo llega Benjamín Sumner Wells.

Aquí interrumpimos la relación de los sucesos ocurridos en este año pues el nuevo embajador de los Estados Unidos va a ser el actor, sino principal, pero al menos "el director de escena" de aquí en adelante hasta el instante de la huida de Machado. Los actos de violencia no cesan pero lo más importante se va a centrar en este personaje que fue nefasto para Cuba, aunque trató de resolver el problema "by the book" en una forma que no era práctica para nosotros. Tuvo éxito en sacar a Machado pero más éxito aún lo tuvo en hacerse el amigo y el sostenedor de Batista después del 4 de septiembre.

Salto atrás en el tiempo

Demos ahora un giro de 180 grados, dando un salto al año 1925 para señalar aspectos del gobierno de Machado que no hemos mencionado. Para hablar de obras públicas, economía, relaciones con la Universidad, relaciones con grupos sociales –sobre todo obreros– y relaciones con la prensa, etc. Esta es la parte del gobierno de Machado que sus panegiristas –porque los tiene– ponen mayor énfasis en mostrarlas y las que aunque tienen ciertos aspectos positivos, existen sombras que las empañan y por otra parte no justifica en modo alguno la actuación global de Machado.

El 15 de junio de 1925 se aprueba la Ley de Construcciones de Obras Públicas, un plan elaborado por Carlos Miguel de Céspedes con la anuencia de Machado antes que este tomara posesión de la Presidencia. Varias estrellas tiene este plan: la primera es la Carretera Central, la segunda el Capitolio y la tercera el Hotel Nacional junto a un número de estrellas secundarias, toda de intrínseco valor estructural y de utilidad muchas de ellas pero con un gasto excesivo para una República que se encontraba en medio de una crisis económica, obras que además fueron hechas con una celeridad no requerida en esos momentos. Todo esto lo trataremos con más detalles.

El 7 de julio se celebra un congreso obrero que dará como resultado la formación de la Confederación Nacional Obrera que va a ser dirigida por el anarquista Alfredo López. El día 16 la reunión de grupos socialistas crea la conferencia del Partido Comunista. El 22 de agosto comienza la huelga del sindicato de la industria fabril. El día 27 es expulsado de Cuba Bonifacio Ruiz, español anarcosindicalista y dirigente sindical. El 27 de noviembre es asesinado Enrique Varona un líder sindical ferroviario que también es anarquista. El 1º de octubre es asesinado en la Fortaleza de la Cabaña el anarcosindicalista

José Cuxart. El 11 de septiembre se aprueba la Ley Lombard en la Cámara y que ya sabemos, por la oposición de España y de los Estados Unidos, fue rechazada por el Senado privando a los cubanos del acceso a puestos de trabajo ocupados por extranjeros. Se disuelve la Asamblea Universitaria creada por el Presidente Zayas y se prohibe toda actividad que no tenga fines recreativos o culturales, expulsando las actividades políticas de la Universidad, lo que en buen romance significa la prohibición de la FEU.

En diciembre se inaugura el nuevo Colegio Belén en Marianao. Sus edificios eran lo mejor de su clase en las Américas y estaba a cargo de los Jesuitas. Era un centro de altos estudios primarios y secundarios con el proyecto de establecer una Universidad allí. Tenía un Observatorio que durante muchos años dirigió las predicciones y observaciones meteorológicas en Cuba. El Colegio Belén era un monumento a la cultura que no había sido hecho por ningún gobierno y esto debe haber molestado a Carlos Miguel puesto que los curas se le habían adelantado en la creación de monumentos que no estaban dedicados a ningún político sino que habían sido hechos para la República de Cuba. Como se decía en el mundo entero los jesuitas educaban en sus colegios santos y diablos. Nuestro colegio, pues yo estuve entre sus alumnos, educó al diablo Fidel Castro Ruz.

Todo ese primer tiempo de Machado fue de presentación de planes y de proyectos. Importante es el asesinato de líderes sindicales de tendencia anarquista, el asesinato del periodista Armando André y la creación de la federación obrera. Se estaba además en medio de una época de euforia, de alabanzas y de "guataquerías" dedicadas a Machado.

En febrero de 1926, y por primera vez, el Congreso cede sus poderes económicos al Presidente. Aunque los proyectos arancelarios de Machado eran adecuados, el hecho de ser él el único con ese poder, hacían inadecuados sus planes. El 1º de abril cunde una alarma bancaria que obliga a Machado a depositar $100 mil en el Royal Bank of Canada donde era el gerente su yerno José Emilio Obregón. Las casas centrales de los bancos americanos y canadienses envían fondos extras para disipar los rumores de la quiebra. En abril comienza una huelga en los ferrocarriles del norte y del este que durará 46 días. La huelga incluye a diez o doce mil empleados y el transporte es grandemente afectado, sobre todo en la zona oriental del país.

El 2 de mayo es asesinado Felipe Luaces dirigente anarquista de Santa Clara. La ley Verdeja cede más poderes al Presidente incluyendo el señalar las fechas de comienzo de las zafras de 1926 y 1927 y el monto de las mismas. El 10 de mayo se aprueba un crédito para la construcción de la Carretera Central y se dice que su costo será de 56 millones de pesos, pero realmente su costo llegó a 110 millones, casi el doble de lo estipulado. El día 15 se autoriza a la Guardia Rural para actuar como Policía en los sitios donde haya huelgas. Iguales facultades se le dan al Ejército. El 28 de mayo se arresta a los dirigentes sindicales ferroviarios Juan Arévalo, Luis Fabregat y Juan Fernández. El día anterior había sido detenido el abogado de la Hermandad. Parece que los captores de estos dirigentes tenían unos argumentos "de mucho peso" pues la huelga termina al día siguiente.

El día 30 de junio la Compañía Cubana de Electricidad adquiere el control definitivo de la compañía propietaria de tranvías de las ciudades de La Habana, Camagüey y Santiago de Cuba. El 15 de julio es asesinado en Ciego de Ávila Thomas Grant apodado "el americanito" acusado de poner bombas y descarrilar trenes durante la huelga ferroviaria. En este mes también perece en el Castillo de Atarés Alfredo López Arencibia, un conocido anarcosindalista que era Secretario General de la CNOC. En agosto se anuncia que la nueva empresa tranviaria se llamará Havana Electric Railway Company. En el mismo mes la Asociación Nacional de Juristas Cubanos propone que la Enmienda Platt sea abolida y sustituida por un tratado permanente con los Estados Unidos. El 7 de septiembre la Delegación Española en Cuba se convierte en Embajada. El 31 de mayo la Universidad de La Habana le había otorgado a Machado el grado de Doctor Honoris Causa, una de las tantas ironías ocurridas en los primeros años de la dictadura. Se ordena haya instrucción militar en los Institutos de Segunda Enseñanza y que obligatoriamente se use un uniforme. El 10 de septiembre se inaugura el pabellón cubano en la Exhibición de Filadelfia con un discurso de Machado transmitido por radio.

El 20 de octubre un ciclón –"el ciclón del 26"– azota a la ciudad de La Habana ocasionando grandes daños a la propiedad y un número de personas lesionadas. El representante uruguayo en la Liga de las Naciones se refirió a Cuba diciendo que la Enmienda Platt limitaba tremendamente la soberanía de la Isla. La cancillería cubana ripostó sin obtener respuesta ni del embajador ni de su cancillería. Cuando

Cuba amenazó con romper relaciones, ese mismo día hubo un mensaje de Uruguay conteniendo excusas y explicaciones.

El 4 de diciembre hace escala en La Habana el barco en que viajaba el embajador de la URSS en México, pero no se le permitió desembarcar; episodio éste que se repite cuando el navío toca puerto norteamericano y al fin se dirige directamente a México. Se tomaron medidas para evitar manifestaciones de los pro-comunistas que ya son bastantes y nada sucede. Se inaugura el monumento de la Loma de San Juan en memoria de la contribución norteamericana en la guerra contra España. El 24 de diciembre Ferrara es nombrado embajador en Washington en sustitución de Sanchez Aballí pero logró mucho menos de lo que esperaba Machado de él.

En el mes de enero de 1927 un grupo de intelectuales cubanos presididos por Enrique José Varona publica un manifiesto protestando la intervención norteamericana en diferentes países y solicitando la abolición de la Enmienda Platt. El 2 de marzo comienzan las obras de construcción de la Carretera Central en San Francisco de Paula. El 30 de marzo se celebra una asamblea estudiantil en el Patio de los Laureles en oposición a la proyectada ley de prórroga de poderes y reelección. Se dirigen en manifestación hacia la casa de Enrique José Varona y ocurren enfrentamientos con la Policía. Acto seguido los gendarmes invaden la Universidad en violación de su autonomía. Cuba abroga el convenio postal con los Estados Unidos a partir de marzo 28 si no son disminuidas las tarifas impuestas a las pequeñas cantidades de tabaco enviadas como bultos postales. Esta es una situación similar a la existente con Francia y Alemania. En mayo y después de haber disuelto el Grupo Minorista, algunos de sus miembros fundarán la "Revista de Avance" que se publicará hasta 1930. Sobre esto daremos detalles mas adelante.

Un decreto de 15 de mayo suspende parte de los Estatutos Universitarios y se prohíbe la presencia de asociaciones en los edificios de la Universidad. El día 18 es asesinado en La Habana el capitán José Manuel Aguiar, director del periódico "La Campaña". Dos días después Machado anuncia que ha pedido la eliminación de la Enmienda Platt y la renegociación del Tratado Permanente. Por decreto se declaran terminadas las clases en la Universidad que no podrán ser reanudadas sin la autorización del Presidente de la República. En el mes de julio continúan las protestas en la

Universidad de La Habana. Por decreto se señala el comienzo de la zafra para el 1° de enero de 1928. Se autoriza a reiniciar las clases en la Universidad. La Casa Morgan pone en el mercado bonos de la República de Cuba por valor de 9 millones de pesos respaldando un crédito por la misma cantidad hecha al gobierno cubano. Por iniciativa del periodista Víctor Muñoz se establece el segundo domingo de mayo como "el día de las madres". El 7 de julio son arrestados numerosos comunistas acusados de conspirar para derrocar al gobierno. Entre ellos esta el español Martín Casanova uno de los fundadores de la Revista de Avance quien es deportado a España. Una de las frecuentes sequías, esta vez muy severa, está afectando a la Isla con serias repercusiones en la agricultura.

El 1° de agosto Guillermo Fernández Mascaró, ex Secretario de Instrucción Pública, es nombrado Embajador en México, el primero después de la caída de Porfirio Díaz. El 8 de agosto y con motivo de la ejecución en los Estados Unidos de los anarquistas Sacco y Vanzetti tras un proceso legal que se extendió por varios años, se promueven actividades de protesta en Cuba. El 1° de septiembre Cuba es elegida como uno de los miembros no permanentes del Consejo de la Liga de las Naciones. Se toman medidas más enérgicas para restringir el contrabando de licores a los Estados Unidos que se encuentran bajo "la ley seca". Se promulga la nueva ley de aranceles que es un trabajo de Santiago Gutiérrez de Celis, recién nombrado Secretario de Hacienda. La ley perseguía eliminar los altos aranceles sobre la entrada en Cuba de las materias primas para así estimular la formación de una industria incipiente. Los altos aranceles que existían en la época de la colonia impidió el fomento de las industrias nacionales. Esto no era muy sencillo pues había tres esferas económicas antagónicas siendo la primera de ellas que el gobierno necesitaba aumentar sus entradas de alguna manera; segundo que las industrias azucarera y tabacalera necesitaban medidas protectoras contra las tarifas impuestas en otros países; y tercero que las nacientes industrias nacionales necesitaban que las materias primas fueran baratas. Por ello la ley no tuvo todo el impacto esperado porque la crisis económica no estaba limitada a Cuba sino que era mundial. La espantosa guerra de tarifas y el proteccionismo existente en todo el mundo impedía que Cuba pudiera establecer criterios favorables a la solución de sus necesidades. No obstante se pudo sacar algún beneficio y comenzaron a desarrollarse varias industrias en Cuba como el cemento, la textil, la de productos lácteos, la de pintura –donde Machado tenía intereses en algunas fábricas–, la del calzado, la fabricación de vidrio, de jabones y de aceite; calcetería, cerveza y otras. Se mejoró grandemente la ganadería y se diversificó en buen grado la agricultura.

Desde 1913 el comercio con los Estados Unidos había aumentado en un 60 por ciento pero los beneficios de este incremento no se repartían equitativamente, ya que los Estados Unidos tenían la parte del león. Estos datos se los daba el Embajador Ferrara al Secretario de Estado americano pero nada cambiaba. Machado se lo repitió a Calvin Coolidge pero este le dio la callada por respuesta. Ferrara también dijo al canciller norteamericano que desde 1922 las recaudaciones de las aduanas de los Estados Unidos habían ascendido en mas de 2,704 millones de dólares y que Cuba había contribuido con la tarifa que pagaba el azúcar con 673 millones –un poco más del 25 por ciento– y que esto era completamente injusto. Ya hemos dicho que Crowder defendía la posición cubana y que muchas veces solicitó de su gobierno que se revisara el tratado de reciprocidad pero que no fue escuchado. El azúcar cubano que se vendía en el mercado mundial a 2.76 centavos tenía una tarifa arancelaria superior al centavo y medio. Machado actuaba a Dios rogando y con el mazo dando e impuso una tarifa arancelaria de un diez por ciento para los artículos de importación llamados suntuarios y del 3 por ciento para el resto de las importaciones con excepción de los alimentos.

Entre 1925 y 1927 la importación de Cuba ascendió a 245 millones de dólares pero con estos impuestos el estado recibió una cantidad de dinero considerable. Claro está que la carga de estos impuestos recaía sobre el consumidor cubano y por ende representaba un freno al dinero que Cuba tenía que enviar al extranjero facilitando el desarrollo de ciertas industrias. La balanza comercial de Cuba que había sido favorable en 237 millones bajó a sólo 46 millones en 1932. Las importaciones declinaron cada vez más debido a la crisis económica de Cuba y en 1933 sólo era de 40 millones de dólares. El Chase Nacional Bank iba prorrogando los plazos de los pagos de los empréstitos. Machado se oponía a que no se pagaran estas deudas pues temía le aplicaran la Enmienda Platt.

Hablemos ahora de las principales obras públicas que es lo que se considera su gran éxito y veremos que no todo fue color de rosa.

343

Primero la Carretera Central con una longitud de 1,143 quilómetros cuyo costo fue casi dos veces el estimado inicial. El Capitolio Nacional a un costo de más de 20 millones de pesos. La prolongación del Malecón hasta el Vedado, los parques Maceo y el del Maine y el Hotel Nacional concebido para impulsar el turismo. La alineación y ampliación de la entrada al Puerto de La Habana, la monumental escalinata de la Universidad y los edificios del Rectorado, Escuela de Ingeniería y Escuela de Derecho. El Parque de la Fraternidad hecho con miras a coincidir con la celebración en la capital de la Sexta Conferencia Panamericana. La Avenida de las Misiones y la reconstrucción del Paseo del Prado. El acueducto, alcantarillado y la pavimentación de las calles de la ciudad de Santa Clara y el Palacio de Justicia de la misma ciudad. Obras importantes en la ciudad de Matanzas. La Escuela Técnica Industrial de Rancho Boyeros y la creación de este pueblo entonces conocido como General Machado. Las mejoras en el Hospital de Dementes de Mazorra. Construcción de los pabellones para las exposiciones en Nueva York y en Filadelfia.

Hagamos un breve análisis sobre estas obras. Si nos fijamos en el tramo de la Carretera Central comprendido entre La Habana y Santa Clara veremos que la carretera no seguía una línea recta, es decir, no era paralela a la línea ferroviaria como en el este del país. La carretera baja hasta Jamaica cerca de San José de las Lajas, dobla y después baja llegando a Catalina de Güines, sube hasta Madruga, entra en Matanzas y vuelve a bajar hasta Colón, sube a La Esperanza y después llega a la ciudad de Santa Clara. Es decir, la carretera zigzaguea para tocar las poblaciones importantes. En este tramo no competía con el ferrocarril puesto que la ferrovía iba en línea recta entre las ciudades de La Habana y Matanzas y el viaje demoraba aproximadamente una hora, Después de Santa Clara la carretera bajaba un poco hasta Sancti Spiritus y una vez entrada en Camagüey marchaba paralela al ferrocarril hasta Santiago de Cuba y por eso competía con los trenes en este tramo. El ferrocarril del oeste era de propiedad británica mientras que el del este era propiedad norteamericana. Una curiosa coincidencia.

La Carretera Central que ciertamente resolvió grandes problemas a la economía cubana lastró a la hacienda pública por su elevado costo que en parte se debió a la celeridad con que se construyó pues el objetivo principal era engrandecer a Machado. Una obra buena pero pudo haberse hecho mas despacio y mas metódicamente. Fue terminada en 1930, fue una excelente obra de ingeniería, una magnífica obra vial que empleó a muchas personas y que aún hoy permanece en servicio. La rapidez conque se llevaron a cabo los trabajos determinó que al tener que pagar a la conclusión de cada tramo aún no había en caja el dinero para estos gastos y tenía el gobierno que pedir un crédito a los bancos para cumplir esas obligaciones. Al repetirse esta situación, lógicamente causó una elevación en el costo de su construcción. Ya nos referimos a la forma irregular en que se concedieron los contratos y por ello es posible que ocurrieran manejos turbios. Recordemos que en tiempo de Zayas el proyecto de ley para la construcción de tres carreteras –norte, central y sur con focos de unión entre las tres fue bloqueado por Machado. Con el transcurso del tiempo se hicieron las vías del norte y la del sur que de no haberse obstaculizado el proyecto hubieran sido hechas mucho antes. Carlos Miguel despilfarró el dinero por la premura en la realización de los trabajos creando la necesidad de tomar créditos bancarios sobre los cuales el gobierno tenía que pagar intereses.

Todos los autores son coincidentes en que la construcción del Capitolio fue una extravagancia. Se quiso hacerlo superior al de los Estados Unidos, algo absurdo y ridículo pues los recursos de Cuba no podían compararse a la capacidad económica de la nación del norte. No teníamos necesidad de esa obra que después de la llegada de Castro ha sido maltratado hasta el punto de haber sido usado para una exposición ganadera. Una obra muy costosa que se hizo en tiempo record para inaugurarlo durante la Sexta Conferencia Panamericana.

El Hotel Nacional fue otra obra magnífica que es una copia del "Breakers Hotel" de Palm Beach. Los que lo han visto han contemplado al padre del Hotel Nacional de Cuba no solamente exteriormente sino que ambos tienen la misma distribución interior. El Breakers es uno de los hoteles más antiguos de los Estados Unidos. Fue errónea considerar que para comenzar una industria turística en Cuba era necesario empezar por edificar un hotel súper lujoso. Se esperaban la visita de 60,000 turistas anualmente y por supuesto el Hotel Nacional no tenía capacidad para albergar esa masa turística. Más práctico hubiese sido construir varios hoteles de menor tamaño y dejar el proyecto del Hotel Nacional para un futuro cuando el turismo alcanzara los niveles esperados.

La escalinata universitaria es una linda estructura de la cual todos nos sentimos orgullosos, pero me pregunto si no hubiese sido mejor haberla hecho de menos anchura y hubiera costado menos especialmente sin el característico corre-corre con que Machado hizo todas las obras públicas, celeridad cuyo único propósito era el engrandecimiento del Presidente aunque las obras fueran útiles en su permanencia.

Lo mismo puede decirse del Parque de la Fraternidad, muy lindo pero la capital no necesitaba esa monumental súper plaza. Igual que la Avenida de las Misiones que fue hecha con el propósito de recibir a los delegados de la Conferencia pero totalmente incompatible con los recursos financieros de la nación. El arreglo del Paseo del Prado dio origen a un guaguancó que decía así: "vete a La Habana y verás Capitolio con brillante, vete a La Habana y verás el Prado con sus leones". Debió hacerse el Prado en consonancia con el tamaño y con el tesoro de la ciudad que no era ni Washington ni tampoco París.

Todas estas obras contribuyeron grandemente a agravar el problema económico. Ellos no pensaron que se iba a producir una gran crisis económica. Todo se lo jugaron en la ruleta a un color sin darse cuenta que podía salir el otro. Cuando la economía rodó cuesta abajo y se le fueron los frenos al carro nacional la cosa se fue complicando cada vez más y hubo que pedir préstamos que no podían pagarse. Más créditos y más prórrogas con reducción del presupuesto en un 25 por ciento y el despido de muchísimos empleados públicos a los que se adeudaban dos y tres meses de sus salarios. Este desastre económico aceleró la caída de Machado que no sería sólo de él sino también la caída del país en su totalidad.

Se habla poco de la construcción del Presidio Modelo de Isla de Pinos. Los que tuvimos la oportunidad de conocerlo a fondo gracias a la "gentileza" del gobierno de Castro podemos ofrecer los siguientes datos: unos edificios sólidos con paredes de casi un metro de granito marmóreo con cuatro edificios de almacenamiento de presos ya condenados, dos edificios más pequeños para lo que se llamaba selección y conducta, los presos de reciente arribo. Otro edificio dedicado a funciones de hospital y para albergue de los que ya estaban trabajando en un taller. Estamos hablando de la Isla de Cuba en 1926 con una población bastante por debajo de los 4 millones de habitantes. La capacidad del presidio como tal para presos condenados era de

3,720 en los cuatro edificios llamados las circulares más 500 entre selección y conducta, más otros 300 en otras instalaciones. Una fabulosa población penal que Machado estimó iba a tener. Todo se hizo de golpe, de corre-corre. Hoy ya no es presidio pues los comunistas lo tienen como museo para que no se recuerde que fue albergue de más de 5,000 hombres en distintas condiciones. Yo no he podido encontrar el costo de esta obra pero puedo afirmar que para la época en que se hizo se despilfarró el dinero.

Otra buena obra aunque innecesaria fue el pueblo de Rancho Boyeros donde se había establecido el Aeropuerto de La Habana. Estamos hablando del año 20 en que los avioncitos que llegaban eran casi todos hidroaviones. Sin embargo Machado se construyó una ciudad pequeña con todos los adelantos de asistencia médica y educacional, edificios modernos, calles anchas y otros adelantos urbanísticos, edificios públicos, etc. El pueblo era aledaño al aeropuerto y le dieron el nombre de General Machado, al que los chuscos llamaban Rancho Machado, antes General Boyeros. Para llegar allí fabricaron con gran rapidez una suntuosa avenida que también resultó muy costosa.

Las obras se hicieron de buena calidad, actualmente son de máxima utilidad pero eran desproporcionadas para la época en que se construyeron y fueron un gravamen económico para Cuba, sin embargo ellas son esgrimidas por los panegiristas de Machado.

La Revista de Avance...Sus ensayistas

Como se ha dicho previamente, los jóvenes intelectuales y los estudiantes cubanos fueron influenciados por la revolución rusa de 1917 y por la revolución mexicana de 1910. La *"Revista de Avance"* surge con el sano propósito de algunos de sus fundadores y escritores de canalizar las manifestaciones de "avant garde". El primer número se publicó el 15 de marzo de 1927 y el último el 30 de septiembre de 1930, día en que Rafael Trejo es herido mortalmente por el disparo accidental de un policía con el cual el estudiante de Derecho forcejeaba. El gobierno decreta la censura de prensa y los editores de la revista decidieron no acatarla. Como dato curioso debe señalarse que entre ellos estaba *Juan Marinello* conocido dirigente comunista que no tendría ningún problema en acomodarse a la censura de la tiranía castrista.

Aunque su nombre no era el arriba señalado sino que fue nombrada con los guarismos del año en curso, sin embargo a tono con las publicaciones de la época le ponían en letras minúsculas el subtítulo de *"revista de avance"* y fue este el nombre con el cual sería conocida. La presencia de comunistas en esta revista era significativa. Al enumerar a sus fundadores y escritores pondremos los nombres de los comunistas en negrillas.

Inicialmente sus editores fueron Jorge Mañach, *Juan Marinello*, Francisco Ichaso, *Alejo Carpentier y Martín Casanovas, un comunista español que fue expulsado de Cuba.* Tres de los cinco eran comunistas. Carpentier y Casanovas abandonaron la revista y fueron sustituidos por *José Zacarías Tallet* y por Félix Lizaso.

Los colaboradores de la "Revista de Avance" eran Raúl Maestri, Lino Novás Calvo, Eugenio Florit, Roberto Agramonte, *Raúl Roa y Medardo Vitier,* Agustín Acosta, Emilio Ballagas, Regino E. Boti, Mariano Brull, José María Chacón y Calvo, Rafael Esténger, Alfonso Hernández Catá, *Manuel Navarro Luna,* Andrés Núñez Olano, Fernando Ortiz, *Regino Pedroso, Félix Pita Rodríguez, José Antonio Ramos,* Ramón Rubiera, Luis Felipe Rodríguez, Ramón Guirao, Luis Rodríguez Embil, Enrique José Varona. Entre los colaboradores extranjeros estaban Luis Araquistáin, *Miguel Ángel Asturias*, Mariano Azuela, Rufino Blanco Bombona, Alfonso Camín, Luis Cardoza y Aragón, Jean Cocteau, *Waldo Frank, Antonio Marichalar, Carlos Pellicer,* Luis Alberto Sánchez que era el ideólogo del APRA, Miguel de Unamuno, Salvador Novo, La "Revista de Avance" dio a conocer la música de los compositores comunistas *Alejandro García Caturla y Amadeo Roldán.* De un total de 44 editores y colaboradores 14 eran comunistas. Como diríamos en buen cubano, "no será un récord, pero es un buen average".

El Bobo de Abela

El popular bobo de Abela fue creado por Eduardo Abela, caricaturista nacido en San Antonio de los Baños y aparece en el semanario "La Semana". El bobo –no precisamente el de Abela– es un personaje cuyo ancestro se remonta a los tiempos de la colonia. El semanario "El Bobo" se publicó en La Habana en 1895 y los artículos estaban firmados por "El Bobo de Batabanó", "El Bobo de la yuca" que aparece mucho antes que la popular guaracha de la década de los años 40, "El bobo de Babieca", etc.

El Bobo de Abela surge con el segundo período de Machado en 1929 y sus viñetas suelen hacer referencia a los problemas económicos como por ejemplo el Bobo caminando todo harapiento por una carretera donde también va un latifundista en su auto con chofer uniformado. A veces Abela inventa la noticia cuando oyendo una pelea de boxeo el bobo dice: "No falla, los golpes dirigidos al estómago siempre han dado mal resultado". Caricaturas como una aparecida el 22 de octubre en el Diario de la Marina le costó una suspensión al Bobo. Se titulaba NADERÍAS y decía así: "Señor mío, usted se pasa el día sentado en esta mesa y cada vez que le pregunto que desea me dice NADA...y a la verdad... –y el de la mesa dice– ¿Entonces aquí no se puede decir nada?

En 1931 Abela presta menos atención a la desastrosa situación económica y enfoca su atención al cuadro político...se amplia el vocabulario popular....la bufanda le dicen a la censura, apapipios a los delatores, la vela o la bandera es la lucha revolucionaria y a los rumores le dicen bolas. En una caricatura titulada EN COLUMBIA y en referencia al chacal de Oriente Arsenio Ortiz: "¿Y que es lo que hace el comandante Ortiz en la prisión?...De seguro se dedica a matar el tiempo".

Sentado en el muro del Malecón el Bobo mira a varios aviones que pasan y vuelven a pasar y dice "no hay duda que nuestro futuro está en el aire". Apareció el 11 de febrero de 1930 en el Diario de la Marina. El Bobo hizo sátira política, sembró inconformidad al igual que fe. Se encuentra el Bobo en la calle con una mujer andrajosa y le dice: "¿Pero antes usted no se ganaba la vida adivinando el porvenir?... Si, hijito –responde ella– pero tuve que dejar el negocio desde que la gente supo lo que iba a pasar."

Resumen de la situación económica

La situación económica en la época de Machado dependía, como en otras oportunidades antes y después, de la industria azucarera básicamente. Cuba estaba en el mundo en un momento en que había una enorme guerra de tarifas, debido al auge del capitalismo salvaje, donde Cuba tenía poca protección en esta guerra de tarifas.

Fundamentalmente, Cuba sólo dependía de dos productos: azúcar y tabaco. La mayor parte de su producción, o su casi totalidad, podíamos decir, que era vendida a los Estados Unidos. Por lo tanto, los precios de las tarifas a este país influían enormemente sobre Cuba.

El gobierno tomó toda una serie de medidas sucesivas. Las posteriores trataban de enmendar errores anteriores y dictar nuevas pautas, pero no se podía detener la caída en barrena de la producción azucarera, debido a que estaba ya al inicio de lo que iba a ser la Gran Depresión Económica Mundial. Cuba no tenía defensa, y los pactos de los productores resultaron ineficientes en este momento, debido a que no todos participaban, sobre todo cuando en 1931 se empleó el Plan Chadbourne y los Estados Unidos no quisieron entrar. Los resultados obtenidos por Cuba fueron muy pobres.

En términos prácticos estos movimientos de control de la industria trataban de reducir el monto de la zafra hasta que se vendiera el azúcar que estaba almacenado, y fijar los precios del consumo.

La industria azucarera cubana sufrió enormemente como vamos a ver ahora con algunas cifras, y sólo fue a partir del año 34 cuando los Estados Unidos cambiaron la política previa en cuanto a las relaciones económicas con Cuba, eliminando de paso la Enmienda Platt, que Cuba fue levantando lentamente su economía, no sólo en el azúcar, sino en términos generales. Así, ya en la Segunda Guerra Mundial, se estableció firmemente la presencia cubana en el mercado azucarero internacional, y con unos precios mucho mejores.

Veamos las cifras comparativas de 1927 y 1933.

El montante de la zafra de 1927 fue de 4,508,600 toneladas largas españolas. En 1933 fue solamente de 1,994,200 toneladas. El precio bajó de 2.76 centavos la libra a sólo 1.13. El valor total de la zafra, incluyendo las mieles, fue en 1927, de 228,700,000 dólares. En 1933, había bajado a 53,700,000 de pesos.

Por otro lado, la tarifa que cobraban los Estados Unidos al azúcar cubana se aumentó en 1930, en virtud de la Ley Ambley Smooth y llegó a 2 centavos. O sea, pagaban 1.13 y ponían una tarifa de 2 centavos. Era totalmente incosteable.

Entre las medidas sucesivas que fue empleando el gobierno cubano, las más sobresalientes fueron:

Primero, reducción de la producción.

Segundo: disminución de los días de zafra.

Tercero, la creación de la Comisión Nacional de Defensa del Azúcar.

Cuarto, la creación de la Compañía Exportadora del Azúcar, S.A.

Quinto, la creación del Instituto Cubano de Estabilización del Azúcar, además de otros organismos de menor amplitud, privados y gubernamentales.

Nada de esto, como vimos, dio resultado. Inclusive la adhesión al Plan Chadbourne, fue un alivio prácticamente inexistente.

Sin embargo, la crisis trajo algunas ventajas a largo plazo, aunque parezca increíble. Estas ventajas fueron que gracias a esta intervención gubernamental para tratar de ir resolviendo los problemas, los productores entendieron y llegaron a ver con satisfacción que era necesaria la intervención estatal en lo relacionado al mercado del azúcar. A medida que ésta se fue perfeccionando, y después de pasado el período negro de la Gran Crisis, quedó establecido que en el futuro sería siempre el gobierno el que diría el montante de la zafra, la fecha de comienzo, la duración de la misma, el salario de los obreros y se encargaría básicamente del precio de azúcar y de las negociaciones con países extranjeros, especialmente Estados Unidos.

Esta incurable enfermedad: lo que representaba el azúcar en la economía cubana, fue uno de los factores más importantes en la caída de Machado.

En cuanto a las obras públicas de las cuales hemos hecho mención, ocurrió que la economía disminuía a medida que aumentaba la necesidad de dinero para estas obras, y el impuesto del Fondo Especial de Obras Públicas dejado para cubrir las necesidades de las mismas, no fue en un momento dado suficiente, y hubo que recurrir a los bancos y pedir créditos para ir pagando los adelantos. Cada vez se enredaba más la cosa y terminó con petición de empréstitos que siguieron gravando durante muchos años a la economía cubana después de la caída de Machado.

Esta es la parte negativa del plan de obras públicas. No contemplar que podía haber ocurrido lo que ocurrió, y una vez que estaba ocurriendo, no detener el gasto constante de estas obras. Se prefirió siempre la egolatría del gran presidente constructor a la salud económica de la nación cubana. En total Cuba quedó endeudada con bancos norteamericanos en más de 100 millones de dólares, con sus intereses, como es lógico.

Otro aspecto a tener en cuenta, en cuanto a la economía y las obras públicas fue, que con mucho júbilo fue visto que la administración inicial del gobierno de Machado iba a eliminar la corrupción que había caracterizado a los gobiernos anteriores, y en particular al de Zayas. Sin embargo, tenemos que la segunda compañía en la subasta de la construcción de la Carretera Central, era una compañía en la cual Machado era co-propietario. Entre las industrias que se crearon, como veremos después, la industria de la pintura, era también propiedad de Machado. Y mencionaremos aunque sea de pasada, que el erario público se veía disminuido también, porque el negocio de comprar políticos con billetes de lotería continuó y aumentó en la época del general Machado.

En otros aspectos económicos, en cuanto a la agricultura en general, se creó la Comisión de Fomento Agrícola, que ayudó a los campesinos. La reforma de aranceles que detallaremos más adelante, también favoreció industrias nacionales de este sector. Se aumentó la producción de aves, carne, huevos, queso, leche y mantequilla, todos productos derivados de la agricultura y de la utilización animal.

Otro factor económico que hay que añadir es el aumento en los presupuestos a partir del 1930, incluyendo el dinero gastado por el gobierno en las diferentes fuerzas armadas regulares e irregulares para tratar de mantenerse en el poder.

La medida más importante con respecto a la economía del régimen de Machado fue la proclamación en 1927 de una reforma arancelaria, con el objetivo de proteger alguna de las incipientes industrias nacionales. Es interesante hacer notar que esta reforma arancelaria tuvo que tomar en cuenta los intereses de 3 factores económicos nacionales antagónicos entre sí. A saber: el gobierno buscaba que aumentaran sus ingresos que se estaban mermando por el problema azucarero. Las industrias azucarera y tabacalera perseguían una instrumentación de tarifas que les permitiera negociar sus tarifas de exportación con países extranjeros. Por último, los productores de mercancías nacionales buscaban una tarifa que les permitiera poder competir con los productos que venían del extranjero.

Debido a la contradicción entre estos 3 factores y además, a la debilidad de la industria azucarera frente a las tarifas que les pudieran imponer al azúcar otros países como represalia, había que, como se dice vulgarmente, hilar fino. El resultado inicial de esta situación fue una ley que le conced ía al Poder Ejecutivo durante 3 años la facultad más amplia posible para revisar los aranceles aduaneros, de manera que se pudieran formular nuevos derechos arancelarios o extinguir algunos de los existentes; establecer algunos cambios en los que ya existían y gravar productos extranjeros que compitieran con las industrias nacionales. Todo esto se podía hacer necesitándose solamente que el gobierno diera noticia al Congreso de lo que ya había hecho.

Lógicamente el impacto arancelario distó mucho de ser trascendente. Sin embargo, hubo algunas industrias que salieron beneficiadas. Y ellas fueron: calzado, cemento, algunos textiles, la industria de productos lácteos, como hemos dicho: queso, mantequilla, leche... Con esto se reducían las importaciones de estos renglones, y el consumo que el país necesitaba era sustituido con la industria nacional. Ya mencionamos que se mejoró también a la industria de la pintura en la que Machado tenía intereses económicos.

Por primera vez en la República, desde el Tratado con Italia en 1902, se negociaron tratados con España, Canadá, Francia y Japón.

Machado creó la Escuela Técnica Industrial, muy importante para este momento de desarrollo de la industria nacional. Se hizo un buen esfuerzo para diversificar la agricultura, al menos para el consumo interno.

En 1925 se había organizado una exposición de productos cubanos en New York y en 1926 se realizó otra similar en Pennsylvania.

Como habíamos dicho, todas estas medidas fueron fracasando paulatinamente debido a la situación internacional, y a partir de 1929, con la Gran Depresión, todo fue peor. Las recaudaciones continuaban descendiendo. Del 25 al 26 se recaudaron más de 87 millones, con un presupuesto de 84 millones. En el año fiscal de 1932, estas cifras se habían reducido a 43 millones recaudados y 50 presupuestados. Es decir, además de haber disminuido había un presupuesto negativo.

Daremos algunas de las medidas de esta época que resultaban un poco exóticas. Una de ellas es algo que se está haciendo hoy día, y es el uso del alcohol como combustible en vez de la gasolina. Se dispuso que las compañías extranjeras establecidas en Cuba debieran tener domicilio internacional reconocido en Cuba, y que sus libros de contabilidad se llevaran en español, y la creación de una comisión técnica que escribiera el punto de alcance del control de la riqueza cubana por parte de los extranjeros.

Según el censo de 1931, la población de la Isla de Cuba era: 3,972,340 habitantes. En relación al censo de 1919 había habido un aumento de 1,073,340 habitantes.

Añadiendo algunos datos adicionales, por ejemplo, el nivel de importaciones y exportaciones en este crítico período fueron: Exportaciones (1925): 353,984,000 dólares; importaciones, 97,342,000 dólares. Estas cifras empezaron a disminuir a partir de 1926 y al llegar 1932, fueron las siguientes: Exportaciones 80,672,000 dólares; mientras que las importaciones apenas llegaban a 51,000,000 de dólares. En 1933 las importaciones fueron sólo de 42,000,000.

Esta dramática disminución no se tradujo en una hambruna generalizada, puesto que Cuba comenzó a suplir gran parte de lo que importaba en alimentos, tanto en el sector agrícola como en el sector ganadero, avícola y de las pequeñas industrias que habían comenzado a surgir después de la reforma arancelaria de 1927. Era común escuchar a las personas mayores de nuestra juventud decir: "En la época de Machado vendían 5 pollos por un peso, pero nadie tenía el peso", porque el dinero se había esfumado, ya veremos cómo.

El tabaco hasta 1929 exportaba aproximadamente 40 millones de dólares al año. Esto descendió a 14 millones en 1933. Los principales rubros agrícolas que se incrementaron fueron: café, arroz, maíz, papas, frutas y vegetales frescos. Otra frase muy común en la época de nuestra juventud era de que: "En la época de Machado sólo se comía harina". Pero esa era una harina producida en Cuba no importada.

Los minerales, que no eran un rubro muy importante, descendieron obviamente por la crisis mundial y las tarifas norteamericanas.

Con el inicio del uso de la Carretera Central, los ferrocarriles se resintieron enormemente. Hasta 1930 los ingresos de los mismos eran alrededor de 43 millones de pesos al año. Esto cayó desde 1930 en adelante a 16 millones solamente, lo cual representaba un rudo golpe para la industria que repercutía obviamente en sus obreros y empleados.

Como hemos dicho, se crearon nuevos impuestos, se mejoraron otros, con tal de aumentar el caudal público, pero era insuficiente. Cuba en medio del mundo padecía de la depresión mundial. Los problemas de los cubanos no son sólo de los cubanos. Están influenciados por los problemas del mundo y no hemos querido aprender esta lección.

Obviamente la disminución de los presupuestos nacionales llevaba recortes en todo el estamento de la actuación pública. Es decir: funcionarios, empleados, militares, jueces, etc. Los maestros no quedaron exentos de esta situación, especialmente los primarios, y cuando el gobierno cerró la Universidad, el Instituto, las Normales, etc., amortizó los sueldos de los profesores. El objeto de este cierre fue no solamente evitar que los alumnos en los mismos produjeran acciones contra el gobierno, sino ahorrar dinero. En las escuelas públicas se llegó a disminuir la sesión de estudios a una sola sesión al día y a eliminar el desayuno escolar, un logro de muchos años y de muchas ventajas. Los sueldos de los maestros se disminuyeron y al final pasaron meses sin cobrar, al igual que los empleados públicos.

O sea, que la crisis económica perforó profundamente los cimientos de la dictadura, que por otra parte aumentaba el gasto en cuerpos represivos en un inútil intento de mantenerse y esto junto al pago religioso de capital e intereses de los empréstitos que había ido acumulando, todo lo cual empobrecía dramáticamente a la nación y la situaba, como lo llegó a estar, en un callejón sin salida. Es decir, el gobierno estaba perdido por no haber entendido ni contemplado todos los aspectos de la situación social, económica y política en la que se había metido poco a poco y ya no podía salir de ella airosamente.

Veamos algunas cifras de la educación que nos van a reflejar cómo ésta sufrió enormemente por la crisis económica. Machado había creado las Escuelas Técnico Industriales. Había dado becas, y enumeramos anteriormente todas las creaciones y logros que tuvo en este campo. Pero, cuando llegó el momento de la prórroga de poderes, y los estudiantes universitarios encabezaron la lucha contra el gobierno, aquello fue una bola de nieve que fue creciendo cada vez más.

Revisemos qué pasó con la enseñanza primaria. En 1925 la matrícula oficial en primera enseñanza era 388,345 alumnos en las escuelas públicas y 38,046 en las escuelas privadas. Una rápida y sostenida disminución en cuanto a la matrícula y la asistencia a las escuelas se pudo demostrar con las cifras de 1930. Sólo 242,000 niños asistían a las escuelas públicas. Las privadas aumentaron un poco a 39,942. Estas cifras correspondían más o menos a las de 1912, en el momento de la transición de José Miguel al general Menocal, cuando la población era más o menos la mitad de la que existía en la nación en 1930.

Oficialmente se divulgó que en 1931 que había más de 450,000 niños matriculados en las escuelas públicas y 31,000 en las privadas. Pero, indudablemente esto era parte de la propaganda que trataba de hacer ver a Cuba y al extranjero que había estabilidad nacional, lo cual era obviamente falso. Esta disminución estaba debida a varios factores. Primero: la crisis económica hacía que muchos padres, sin trabajo, con sueldos disminuidos no podían vestir, calzar y enviar a los muchachos a unas escuelas donde sólo había media sesión y se había eliminado beneficios anteriores. Y muchachitos ya de un poquito de más edad, eran utilizados por sus familias en pequeños trabajos para tratar de aumentar el anémico erario familiar.

En la Universidad que en 1927 había unos 5,000 alumnos, había sido inaugurada la escalinata, se habían establecido nuevos edificios, nuevas cátedras, nuevos equipos, etc., pero se había limitado poco a poco y cada vez más la libertad de enseñanza, ocurrió el fenómeno muy popular en Cuba de que los estudiantes tomaran a su cargo la protesta cívica. Esto ocurrió en 1927, como ya dijimos, con el propósito de combatir la prórroga de poderes. A su vez determinó la expulsión de estudiantes que fueron a parar a Europa, casi todos a Francia, lo cual indicaba que eran hijos de familias pudientes.

Más o menos se fue la cosa estableciendo en protestas continuas en los años 28, 29 y 30 en lo que se llamó o denominó "Las Tánganas", que eran grupos de estudiantes que en cualquier esquina de la capital organizaban un mini meeting rápido de protesta, que pronto era disuelto por la policía. Estos mítines o tánganas se fueron ampliando. Los alumnos de los Institutos, especialmente el de La Habana, participaban en las tánganas y llegó un momento en que hasta los niños de escuelas primarias se sumaban a las mismas.

El gobierno, en vez de utilizar medidas inteligentes, ¿qué hizo después de la muerte de Trejo? Cerró la Universidad, cerró el Instituto, cerró las Escuelas de Comercio, limitó la jornada de estudios de las escuelas primarias, creyendo que con esto resolvería el problema. Sin embargo, en vez de tener a los alumnos más o menos situados en un local, estaban dispersos por toda la ciudad y era imposible controlarlos en un momento determinado.

La Universidad fue ocupada pero ya desde antes periódicamente la ocupaban soldados, y un grupo de policías especializados en la lucha anti motines, como diríamos hoy en día, pero que entonces se llamaban "Los 30 Jorocones", por su agresividad y su forma de actuar. Una vez cerrada la Universidad, lo cual permaneció hasta 1934, con el consiguiente deterioro en la creación de técnicos, profesionales, etc., con el aumento de la agresividad estudiantil, después de la formación del Directorio, participando ya abierta, directa y preponderantemente en la lucha política, esto no mejoró la situación del gobierno, al contrario, la empeoró.

Luego, a través de los años se puede ver otro de los grandes errores del gobierno de Machado que fue el cierre de los centros estudiantiles, porque diseminó las protestas en toda la población lo cual aumentó la represión y al aumentar la represión aumentó la violencia, y muy pronto se pasó de la tángana al petardo, del petardo a la bomba, de la pistolita a la ametralladora y a la recortada. Y el número de víctimas, por parte de los estudiantes y también por parte de las fuerzas represivas iba en aumento y no se llegaba a una ventaja por ninguna de las dos partes.

En estos momentos en que las fuerzas armadas estaban más o menos controladas por Machado, sufrieron también mermas en sus emolumentos y aumento del disgusto. No conspiraba, salvo la conspiración del coronel Aguado, la llamada Conspiración de la Cabaña, y cosas menores, pero tampoco apoyaban decididamente al gobierno. Ya veremos qué fue el talón de Aquiles que utilizó Sumner Wells para derribar definitivamente a Machado.

Machado se había cuidado mucho de ir eliminando de los mandos militares a todos aquellos oficiales y suboficiales que pudieran ser o fueran menocalistas, sustituyéndolos por personal que era bien adicto a su gobierno y dictadura. Aumentó dramáticamente el número de las fuerzas armadas, como ya dijimos, de las regulares y las irregulares, a partir del año 30 con un esfuerzo de dominar a la oposición por la vía violenta. También sabemos que esto le fracasó.

La prórroga de poderes se produjo porque el cooperativismo que había emasculado al Congreso de la nación de todo acto político de oposición y había convertido a Senadores y Representantes en servidores incondicionales del presidente, al cual le otorgaron en varias oportunidades poderes omnímodos, y en otras ocasiones él se los cogía. Este estado político se llamó "política de cierre", puesto que se había establecido una entre comillas, nobleza política, que era inamovible, ya que no había posibilidad de reorganización de los partidos, ni de creación de partidos nuevos, y entonces los cargos permanecían por siempre y para siempre en las mismas manos; por supuesto, había que servir al dictador, para pertenecer a este círculo. Al principio esto funcionó, pero al final se fue desintegrando como todo el estamento gubernamental.

Pero en 1927 se aprobó una proposición cameral de Giordano Hernández para hacer cambios en la Constitución de 1901, que era la vigente, de manera que se produjera la prórroga de poderes para todos los cargos electivos que existían, para eliminar la Alcaldía de La Habana y para permitirle a Machado aspirar a la reelección en 1928, lo cual hizo, para un nuevo período de 6 años.

Esta gran vergüenza de la política cubana se debió al cooperativismo, que como hemos mencionado, estuvo dirigido por Clemente Vázquez Bello por los Liberales y por Wilfredo Fernández por los Conservadores. Los populares como no tenían fuerza para nada eran una pequeña comparsa simbólica.

Ya desde 1927 estaba planeada la Sexta Conferencia Panamericana para celebrar en La Habana. Este era un evento cuidadosamente preparado por Machado para su gran encumbramiento internacional. Detallaremos las extravagancias y los despilfarros, en momentos en que ya la economía empezaba a tambalear, y la ofensa a los estudiantes universitarios de utilizar el recinto de la misma para los principales actos de esta magna asamblea.

Se suponía que la conferencia estaba diseñada para protestar y tratar de eliminar la intervención en los asuntos de países extranjeros. Esto era una manera más suave de decir que se estaba combatiendo la intervención norteamericana en Nicaragua. Cuba se prestó a todo lo contrario, a justificar la intervención, por lo tanto, las aspiraciones de atacar la Enmienda Platt quedaron eliminadas y solamente uno o dos cancilleres demostraron su desacuerdo: el del Salvador y el de la Argentina. Todos los demás se sumaron al coro, y la conferencia transcurrió sin penas ni glorias políticas, pero con un gasto lujurioso de dinero por parte del gobierno cubano.

La presencia del presidente norteamericano, como un gesto de deferencia hacia Machado, fue utilizado por la propaganda gubernarmental como un presagio de que las peticiones indirectas de Machado y su Secretario de Estado, así como de su Embajador en Washington, de la eliminación de la Enmienda Platt se iban a hacer realidad. El presidente Coolidge viajó en un acorazado, estuvo presente, oyó discursos, pronunció discursos, pero de aquello nada y de lo otro cero.

El artífice de la labor diplomática fue Manuel Márquez Sterling, que visitó país por país para que asistieran todos al magno evento. Y efectivamente, fue una gran conferencia en cuanto a número, pero una decepcionante conferencia en cuanto a resultados políticos para América.

Era la primera vez que un presidente americano visitaba una nación de Latinoamérica, y la segunda vez después de la visita de Wilson a Francia, que un presidente norteamericano visitaba un país extranjero para una conferencia de este tipo. Esto enorgullecía, entre comillas, enormemente a Machado y su panegírico manía.

Trató por todos los medios posibles, de evitar cualquier acto que pudiera lesionar el efecto que Cuba quería lograr, a través de Machado, con los Estados Unidos. Unos comunistas empezaron a repartir unos panfletos y desaparecieron. Hay una historia que veremos más adelante sobre la identificación de uno de ellos en la bahía de La Habana. En definitiva, se controló perfectamente todo tipo de alteración pública.

La delegación norteamericana estaba presidida por Charles Hughes, antiguo Secretario de Estado, candidato republicano a la presidencia derrotado en 1916, actualmente perteneciente al Tribunal Supremo de Justicia en Estados Unidos, y miembro del Tribunal Internacional de Justicia de La Haya. El resto de la delegación eran influyentes políticos y funcionarios de la administración de Calvin Coolidge.

La delegación cubana la presidió Antonio Sánchez de Bustamante, figura internacional, de gran prestigio en el orden jurídico perteneciente al Tribunal Internacional de La Haya, y en esos momentos Senador de la República. El resto de la delegación cubana estaba conformada por Orestes Ferrara, que entonces era embajador en Washington; Fernando Ortiz, vicepresidente de la Cámara de Representantes, y que era la figura señera de la intelectualidad cubana de esa época; además, el embajador Manuel Márquez Sterling, de gran trayectoria en el campo diplomático y de reconocimiento internacional a sus méritos, sobre todo por su actuación durante la Revolución Mexicana.

La conferencia contó con de la presencia de las 21 repúblicas Latinoamericanas en un evento de esta naturaleza. Las delegaciones extranjeras estaban compuestas por plenipotenciarios, embajadores, ex presidentes y algunos futuros presidentes de dichas repúblicas, expertos en Derecho Internacional de América Latina, etc.

Toda esta pléyade de intelectuales, diplomáticos, políticos y gente de valer de las distintas repúblicas estaban en Cuba sin querer darse cuenta de que estaban endiosando a un dictador, solamente para disfrutar, como veremos, de las dádivas que él repartiría.

Por otra parte, ya se había anunciado que Machado iba a cambiar la Constitución como si se desprendiera de una camisa vieja que ya no le servía para sus propósitos. Esto no lo veían los delegados. No lo querían ver.

Ferrara, que presidía la delegación cubana estaba encargado, y así lo hizo, de favorecer la posición norteamericana para que los Estados Unidos continuaran apoyando a Machado en su dictadura.

Márquez Sterling, que había recorrido, como dijimos, la América Latina, para procurar la asistencia de los países a la conferencia en la que se iba a denunciar la intervención norteamericana en Nicaragua, pero la intervención norteamericana como un derecho se quedó de una pieza porque el discurso de Ferrara justificaba esta intervención, con muchos más argumentos y vehemencia de las que el propio Charles Hughes, presidente de la comisión norteamericana, lo había hecho.

El tema de la intervención quedaría para la próxima reunión interamericana, la sexta, que se celebraría en Montevideo, en 1933.

Hubo festejos interminables para los delegados, los periodistas, los reporteros internacionales y toda aquella multitud de extranjeros que estaban disfrutando de la opulencia del presidente Machado. A coro proclamaban en todos los diarios para los cuales servían y, también lo hacían públicamente en Cuba, que jamás habían recibido una hospitalidad como ésta en un evento internacional de este tipo.

Como es de rigor en esta circunstancia, hubo visitas a las obras públicas que se estaban efectuando: Carretera Central, Capitolio Nacional y a lo que iba a ser el comienzo del Hotel Nacional también. Se mostró con orgullo el arreglo monumental del Paseo del Prado, llamado ahora Paseo de Martí. Igualmente los jardines del Capitolio fueron mostrados a los visitantes y la Plaza de la Fraternidad, donde había estado situada antes la llamada Plaza de Marte, en la cual se sembró una ceiba simbólica con tierra de las 21 repúblicas latinoamericanas.

Escritores, poetas, artistas, intelectuales, periodistas, etc., tuvieron oportunidad de presentar conferencias, de dar charlas, obras de teatro, etc., en combinación con la entidad de cultura hispanoamericana presidida por Fernando Ortiz. Previamente Fernando Ortiz había presentado intelectuales de España en Cuba y los Estados Unidos. Un número incalculable de eruditos escritores cubanos habían trabajado durante años en la confección de una obra de divulgación cultural que compilaba y comentaba la evolución de la cultura cubana durante toda su existencia. Una obra de consulta monumental. La obra constaba de 18 gruesos volúmenes que presentaban biografías de los principales personajes y bibliografías de sus obras, así como muestras de trabajos de intelectuales cubanos en los campos literarios, filosóficos, históricos, científicos, música y artes plásticas. Esto correspondía a un período de 300 años de existencia de la Isla de Cuba bajo el dominio español y bajo su república. Las colecciones para los jefes de estado, los delegados y los ministros estaban encuadernadas en cuero con tafiletes de oro en letras de oro también, con el nombre de cada destinatario y de la obra para bibliotecas. Y otros personajes que asistían, que no tenían la relevancia de los primeros, había también muestras, pero que no estaban tan ricamente encuadernadas.

Para las sesiones de trabajo todos los delegados recibieron unas lujosas carteras con sus nombres también en letras de oro. Estos obsequios y otros más paliaron un poco la actuación de estos delegados que habían ido a La Habana a condenar la intervención americana y que, salvo las dos excepciones que dijimos de Argentina y el Salvador, habían terminado por apoyarla. Así son las cosas de la diplomacia internacional.

Poco después comenzaron en La Habana reuniones similares a ésta para endiosar cada vez más y más a Machado. Destaquemos la invitación que se hizo a los sobrevivientes norteamericanos de la Guerra Hispano-Cubano americana, para la inauguración de la Plaza del Maine, donde con piezas de artillería extraídas del fondo de la bahía de La Habana, incrustadas en mármoles y bronces, se hizo esa monumental plaza con el águila norteamericana, que duró hasta la llegada del comandante comunista Fidel Castro. Esta inauguración se acompañó también de libros conmemorativos, de medallas de recuerdo, banquetes, discursos, etc. Más gastos para endiosar a Machado.

Hubo dos congresos mucho más escandalosos desde el punto de vista moral. Uno, el de rectores de universidades latinoamericanas y el otro, el Congreso de la Prensa Latina Mundial, inventado por periodistas franceses, españoles e italianos. A este congreso se unieron las plumas llamadas "alquilonas" de la América Latina, Cuba incluida.

Como una muestra de que las contradicciones de los hechos en la esfera internacional no son nada nuevo, reunidos los rectores universitarios, se estaba preparando ya el cierre de la Universidad y se perseguía a los estudiantes que protestaban contra la prórroga de poderes y las demás arbitrariedades del régimen de Machado, y durante la reunión de los periodistas, la prensa cubana comenzó a ser amordazada puesto que ya no se desvivía en elogios por el dictador, como al principio de su gobierno. Pero esto no lo veían los invitados.

En España gobernaba Primo de Rivera y aparte de los elogios, en frases y discursos le erigieron un monumento a Cuba y a Machado en Madrid. En Japón también hubo grandes elogios para el gobernante cubano. El monumento español, quedó solo en monumento a Cuba debido a la intervención oportuna y feliz de Fernando Ortiz.

Si usted encuentra alguna similitud entre esta situación y la que hemos visto repetidamente en época de Castro, no se preocupe, es pura coincidencia.

Terminada la Conferencia Panamericana y los actos que la sucedieron, se prepararon las elecciones para presidente. Por parte de Machado, siguiendo los lineamientos de la nueva Constitución, los partidos en cooperativismo, los únicos que existían, apoyaron la candidatura unánimemente y Machado fue electo sin contrarios. Se hizo un simulacro de campaña política para satisfacción de sus seguidores y aumentar el gasto innecesario.

Ya por entonces la situación de repudio por parte del estudiantado iba en aumento, a lo cual se sumaba una cada vez más creciente sección de la ciudadanía, que se veía afectada por la crisis económica. De igual modo la prensa estaba siendo más y más constreñida. Todo esto ocurría simultáneamente en forma más o menos acelerada. Es en 1928, que con una previsión tremenda, el hermano Victorino, de los Hermanos de la Salle, funda en Cuba la Federación de las Juventudes Católicas Masculina y Femenina, a fin de dar a la juventud algo por lo cual trabajar a favor de la nación y de la república, el adecentamiento general, alejándolo lo más posible de lo que ya se veía venir, que era la violencia, que aunque claro, en este momento todavía no había disparos, bombas, ametrallamientos, etc., eso era algo que estaba en el ambiente.

La Federación con todos los tropiezos de las organizaciones cuando empiezan, y siendo una institución de tipo nacional, fue creciendo lentamente y trabajosamente, hasta que se fue estableciendo y logró evitar que un buen número de jóvenes cayeran en las redes de la violencia que se desataría.

Tuvo su actuación durante todos los años del septenio y de los gobiernos democráticos de Batista, Grau y Prío, con grandes y notables éxitos en su actuación. En el gobierno de Batista, desafortunadamente, ya en sus finales, los miembros de la Federación cayeron en la red de la violencia y esto continuó después, durante la dictadura de Castro, con lo cual se desapareció en Cuba la institución, no sólo por la persecución oficial, sino por muchos de sus miembros que al estar en grupos revolucionarios fueron encarcelados y otros partieron al extranjero. En los Estados Unidos, sobre todo aquí en Miami, se ha reconstruido esta institución y está nuevamente trabajando en forma lenta y sostenida para el encauzamiento del apostolado de la juventud, no sólo cubana, sino latinoamericana en esta zona del país.

También un poco más adelante, en 1931, cuando ya la violencia estaba en todo su furor, un sacerdote jesuita, el Padre Felipe Rey de Castro, funda la Agrupación Católica Universitaria, con el objeto también de aislar a los jóvenes de la violencia y con su preparación profesional ir poco a poco ocupando cuando llegara el momento, que todavía demoraría años, puestos en las universidades, los institutos, los colegios, etc., para que se formaran familias de católicos apóstoles trabajando con todas las capas de la sociedad que se necesitaban. Del mismo modo que la Federación se desarrolló vigorosamente hasta que en los últimos meses del gobierno de Batista también se tergiversó un tanto el objetivo inicial de su fundador, y en la época de Castro desapareció igualmente en Cuba, por las mismas razones expuestas anteriormente para la Federación.

En la ciudad de Miami se ha restablecido la Agrupación Católica, desde una pequeña casa a principios de los años 60 hasta la construcción en estos momentos de un magnífico edificio y teniendo delegaciones en diferentes partes de los Estados Unidos, Puerto Rico,

España, etc. Su obra continúa y sus miembros siguen ocupando importantes puestos en la sociedad, tratando de preservar y salvar lo que vale moralmente en la misma, en una época muy difícil, como todos sabemos.

La revolución universitaria se fue ampliando con las tánganas, como hemos dicho, y el 30 de septiembre de 1930 ocurrió la muerte de Rafael Trejo, cuando una manifestación universitaria se fue a reunir en el parque Eloy Alfaro, al estar cerrada la Universidad, para de ahí ir a rendir homenaje a Enrique José Varona. Chocaron con la policía y resultó herido mortalmente el estudiante de Derecho, Rafael Trejo, que falleció al día siguiente. Hubo otros heridos. Esto fue el detonante, no sólo para la revolución estudiantil, sino también para la revolución en general.

Se convirtió el Directorio Estudiantil en Directorio Revolucionario. En 1931 fue sorprendido y casi todos sus dirigentes encarcelados. Esto dio oportunidad a que los comunistas, con su ala izquierda, empezaran a ocupar, como ya lo habían hecho en el sector obrero, las posiciones que quedaban vacantes y se establecieran en la Universidad, no de una forma preponderante, pero sí quedaron establecidos.

La acción revolucionaria del Directorio Estudiantil llevó la bandera de esta revolución bien adelante, sobre todo después del fracaso de la expedición, y el alzamiento Menocal-Mendieta que ya veremos. Cerrada la Universidad y los centros de enseñanza media y superior, apareció a través de la radio, que se estaba estableciendo cada vez más firmemente en Cuba, la llamada Universidad del Aire, dirigida por Jorge Mañach. La misma, con varias interrupciones debido a clausuras, llegó hasta 1959, cuando definitivamente fue eliminada. La estación CMQ que la presentaba, también fue clausurada, el Dr. Mañach exilado y fue eliminado todo tipo de actuación de enseñanza y propagación de cultura, que no fuera la de las ideas comunistas.

Como se puede ver la combinación de los factores económicos, estudiantiles, sociales, de pobreza, disminución del dinero del gobierno, alteración y suspensión muchas veces de los pagos de los mismos, la prensa reprimida, el despilfarro continuando, puesto que se seguía pagando la deuda y los intereses no hacían más que aumentar porque había que obtener nuevos empréstitos para lo mismo, el aumento del gasto en fuerzas represivas, el malestar, no solamente en la política y el ejército, sino ya en toda la sociedad, crearon ese clima de terror y violencia, nunca antes conocido en Cuba y que desgraciadamente perduraría muchos años después y daría origen a la entrada de la dictadura comunista en 1959.

Al principio del gobierno de Machado las clases productoras vieron con agrado el control que ejercía Machado sobre el obrerismo, pasando por alto que este control a veces, más de una vez, era el asesinato de los dirigentes, en aquella época casi todos anarcosindicalistas. Es decir, la tranquilidad, aunque se pagara con precio de sangre, era tranquilidad para la producción. El perseguir con saña a todo elemento obrero, sobre todo anarco sindicalista, que promovían huelgas y dificultades para el gobierno y la economía, fue en aumento y en 1927 se produjo la expulsión de una buena cantidad de dirigentes extranjeros, españoles la mayoría, de tendencia anarco sindicalista, con lo cual quedaban vacantes sus posiciones en algunos gremios y sindicatos, y estos puestos fueron ocupados hábilmente por los incipientes obreros comunistas cubanos, los cuales se hicieron de la Confederación Cubana Obrera Nacional, pasando por varias manos. En primer lugar las de José del Pilar Herrera, hasta terminar en manos de César Vilar, en la cual continuaría hasta la desaparición de esta institución en épocas de Mendieta. En realidad era una confederación de pacotilla, pues solamente la constituían algunos sindicatos comunistas que habían quedado, no muy numerosos por cierto, pero les servía a ellos para su propaganda.

Machado aumentó la represión contra todo lo que fuera anarco sindicalista y dejó de lado la actuación contra los comunistas porque no los consideraba peligrosos. Error repetido muchas veces en el transcurso de los siguientes años por los diferentes gobiernos.

En 1929, siendo secretario general del Partido Comunista, Rubén Martínez Villena, que acababa de destruir con su sectarismo y terquedad al grupo minorista, se estableció una huelga en apoyo de los obreros, que fue huelga general durante 24 horas, con el objetivo de los comunistas y las órdenes de Moscú, que eran provocar huelgas revolucionarias. Ellos esperaban que, dada la situación económica que había empeorado, dada la resistencia creciente del estudiantado, dada la oposición en la mayor parte de la prensa, había llegado el momento de tomar el poder revolucionariamente. Machado aplastó la huelga y en vez de aplicarle a Martínez Villena la misma medicina de los anarco sindicalistas, se dejó influenciar por su secretario de Obras Públicas, su preferido, Carlos Miguel de Céspedes, quien por ser amigo del enigmático José Miguel Irizarri, en cuya casa estaba escondido Villena, logró que a éste se le diera la oportunidad de salir al extranjero sin más. Fue a parar a Rusia al Sanatorio Antituberculoso, y regresó a Cuba poco antes de la caída de Machado, y ya veremos cuál fue su actuación.

La Federación Obrera de La Habana era de matiz reformista, tolerada por Machado. Había pocos sindicatos organizados, entre ellos los del puerto, artes gráficas, y otros. En general el movimiento obrero no tenía fuerza y se dedicaba más bien a resolver problemas propios de cada sector y no los de todo un conjunto. Esto, como se ve, evitaba grandes huelgas y era bien visto por los industriales y comerciantes, quienes pagarían muy caro su error, como ya veremos.

Ante la depresión económica en los sueldos y los despidos obligados, y la represión en aumento, no había movimiento obrero ni constituido ni podía constituirse en esas circunstancias. Otro claro mentís a la falsa teoría propalada por los comunistas de que la revolución de 1930 fue una revolución eminentemente proletaria. Eso es absolutamente falso. Fue una revolución eminentemente política y universitaria.

El coronel Mendieta y su íntimo amigo Roberto Méndez Peñate, también coronel, habían fundado la Unión Nacionalista, con el objeto de convertirla en partido político, pero la ley de cierre del cooperativismo se lo había impedido. No obstante ellos hacían su mejor esfuerzo y estuvieron dando mítines.

Recordemos el episodio de Juan Gualberto Gómez, cuando Machado, con tal de atraerlo a su lado le dio la Medalla de Carlos Manuel de Céspedes en un acto homenaje en el Teatro Nacional. Se suponía por algunos que el viejo Juan Gualberto no aceptaría. Sin embargo, aceptó y de su discurso maravilloso sobre este hecho, dijo que él nunca renunciaría a sus principios y que aceptaba la medalla, no como un homenaje personal, sino como un homenaje a Cuba. Que no renunciaría a sus principios y dejó plantado a Machado que estaba en el público y esperaba un acto de sumisión del viejo patriota. Caro le costaría a Juan Gualberto, pues no había transcurrido un año cuando en un meeting de la Unión Nacionalista en Artemisa, estando él en el uso de la palabra, el teniente de la Guardia Rural lo interrumpió, lo bajó, hubo un tiroteo y resultaron muertas varias personas. Después se le presentó y se le radicó causa a Juan Gualberto, a Méndez Peñate y a Mendieta por lo sucedido. Este fue el pago, la venganza de Machado por el desplante de Juan Gualberto, que moriría tranquilo, en su casa, poco antes de la caída de Machado.

El cooperativismo se empezó a desbaratar con la prórroga de poderes. Menocal abandonó el apoyo que le estaba dando al gobierno y con él se fue buena parte de los conservadores, creando el Conjunto Nacional Revolucionario. Con este grupo, y basándose en los oficiales, clases y el ejército, que habían sido nombrados por él, preparó junto con Mendieta, una insurrección al estilo de los buenos tiempos. Esta insurrección iba a ser apoyada por una expedición que vendría de los Estados Unidos donde había una buena cantidad de exiliados cubanos trabajando, y existía una Junta Revolucionaria.

Menocal y Mendieta fueron a Río Verde y esperaban colaboración con elementos de la Marina. Fueron sorprendidos y en una forma trágicamente simbólica, la tripulación del cañonero Baire, que se iba a sumar a la insurrección, fue la que los condujo presos hasta La Habana. Mientras tanto, en Gibara desembarcaba la expedición al mando de Carbó, Carlos Hevia y Emilio Laurente. Fueron apoyados por el pueblo que rechazó la actuación bélica del crucero Patria, pues ya se habían desembarcado algunas armas y cañoncitos de la expedición de Gibara, pero los buenos tiempos no se podían repetir. Machado contaba con aviación y contaba con rápidos trenes, y en 3 días se acabó la insurrección de Gibara.

Sergio Carbó pudo escapar por la acción a su favor del gobernador de Santiago de Cuba, gesto que le pagaría después, cuando fue Pentarca.

En total hubo 40 muertos, el resto fue llevado a La Habana y condenados en el Castillo del Príncipe. En Holguín hubo un pequeño levantamiento de un ex coronel Manuel Lico Pérez, de la Guerra de Independencia, pero que fue también rápidamente sofocado. El último de los alzados en Las Villas, Rodolfo Méndez Peñate, a los pocos días también se rindió. Machado liquidó esta intentona rápidamente y se sintió envalentonado con su poder. Esto ocurrió entre julio y agosto de 1931.

Previamente, al comenzar el año habían sido sorprendidos los principales dirigentes del Directorio Estudiantil en una casa, con el periodista Rafael Suárez Solís, y fueron acusados y enviados a Isla de Pinos condenados.

Un hecho curioso sucedió en el mes de enero de 1931. El periódico El Mundo fue clausurado por la información dada acerca de los diferentes sucesos que estaban ocurriendo. Entonces la dirección del periódico El Mundo tuvo la feliz idea de sacar otro periódico con el nombre de Ahora, en los mismos talleres, de manera que los empleados no quedaran en la calle, y dirigido por Guillermo Martínez Márquez. Y este periódico se estuvo publicando hasta que terminó la suspensión dictaba por el gobierno a la publicación del periódico El Mundo.

Como dato curioso hay que añadir que el Diario de la Marina protestó de la aparición de este periódico Ahora, sin dar una excusa válida para estos hechos.

Ya hemos narrado los hechos de violencia del resto del año 32, la aparición del ABC, el triunfo de Roosevelt en las elecciones de noviembre, y el nombramiento en mayo de Benjamín Sumner Wells como embajador en Cuba y delegado especial del presidente Roosevelt para resolver la situación cubana. Machado aceptó esta mediación, que así fue como se llamó a la actuación del embajador norteamericano, y esto selló el final del gobierno de Machado.

Sumner Wells empezó entrevistándose en Cuba con su antiguo enemigo, el ex presidente Zayas, por considerar que era el hombre que más enterado estaba de lo que sucedía en el país. Después se entrevistó con los miembros de las diferentes sociedades cubanas de historia, arte, letras y literatura. También comenzó a hacer contactos con el Secretario de Guerra y Marina, general Alberto Herrera, porque suponía que éste era el hombre que tenía el control del ejército. Poco después anunció sus planes para la famosa mediación, que consistía en mesas redondas entre los principales líderes de la oposición que aceptaran sus propuestas, y los delegados del gobierno. Estas comenzaron en el mes de julio, con el ABC, el ABC Radical, la Acción Republicana de Miguel Mariano, los profesores universitarios y de segunda enseñanza, miembros de la Unión Nacional de Maestros, y unos miembros de la disuelta Junta Revolucionaria Cubana. Otra parte de la oposición, el Directorio y el Conjunto Nacional Revolucionario de Menocal no participaron, y trataron de sabotear estos esfuerzos.

La recién creada Ala Izquierda Estudiantil, que no era más que una representación encubierta del Partido Comunista, también se opuso a la mediación. Al frente de ella estaba Aureliano Sánchez Arango y al frente del Directorio estaba Carlos Prío Socarrás.

Por el gobierno participaron el general Alberto Herrera, Octavio Averoff y Ruiz Mesa. Antes de comenzar las deliberaciones había habido una suspensión del terrorismo por parte de la oposición y por lo tanto, una disminución en los actos de terror así como de la represión policíaca. Se había excarcelado una buena cantidad de presos políticos y otra buena parte de exiliados habían regresado a la Isla, tratando de obtener así un clima propicio para una solución pacífica a la violenta problemática cubana.

Durante este proceso el general Machado y algunas figuras de su gobierno, dijeron que Sumner Wells se había extralimitado y que estaba actuando por cuenta propia y no por parte del gobierno. Sin embargo, el presidente Roosevelt ratificó que Sumner Wells tenía todo su pleno apoyo y que estaba siguiendo sus instrucciones. En realidad las instrucciones que había recibido Wells eran tratar de impedir por todos los medios la intervención norteamericana, pero que ésta se llevaría a cabo si fuere necesario.

Después de las primeras deliberaciones y cuando todo parecía que estaba encaminado, Machado se dirigió al Capitolio y desde allí dijo que no aceptaba ninguna ingerencia extranjera, puesto que si eso fuera así, él dejaba de ser presidente y que esta actuación personal del señor Wells no lo iba a hacer dejar su gobierno y que él estaría hasta el término de su gestión en mayo de 1935, ni un minuto más ni un minuto menos. Una famosa frase, una de las tantas que resultó un ridículo rotundo. Cuando Machado hizo su acto de fuerza de ir al Capitolio a oponerse a la mediación, toda solución quedó desbaratada.

Ya terminando el mes de julio, los obreros del transporte de La Habana fueron a una huelga. Enrique Izquierdo, el sustituto del Alcalde, ya que no había Alcaldía, sino un jefe de distrito central, había impuesto un gravamen extra a los dueños de transporte. Estos no lo aceptaron, y los obreros fueron a la huelga. Este incidente provocó escalonadamente, sin que nadie lo hubiera organizado ni dirigido, una huelga general revolucionaria, a la cual se fueron sumando progresivamente todos los gremios, estuvieran sindicalizados o no lo estuvieran, y llegó a paralizarse completamente la nación, pese a los esfuerzos de las fuerzas policiales.

El 5 de agosto se corrió la especie de que Machado había renunciado. El pueblo se lanzó a las calles y fue ametrallado a mansalva en los alrededores de Palacio. Nunca pudo saberse de quién procedía la radio pirata que dio la noticia ni qué fines buscaba. Ante la grave situación que lo rodeaba, Machado trató desesperadamente de detener la huelga y creyó que los comunistas eran capaces de hacerlo. Recibió a una delegación en el Palacio dirigida por Martínez Villena y formada por Jorge Vivó y Joaquín Ordoqui, con los cuales hizo un pacto: reconocería al Partido Comunista legalmente, promulgaría un decreto ley para la jornada de 8 horas y les daría otra serie de facilidades de organización obrera a los comunistas, con tal de que ellos detuvieran la huelga.

Los comunistas aceptaron, pero no podían parar la huelga porque primero, ni la habían organizado, y segundo, ni tenían preponderancia en general sobre el sector obrero cubano, sino sobre algunos pequeños sindicatos, que no representaban ni con mucho la mayoría de la situación. La huelga continuó y la cosa se siguió poniendo en malas condiciones.

Sumner Wells llamó al jefe del ejército para que tomaran acción en contra de Machado, porque si no lo hacía así, entonces él pediría la intervención militar norteamericana. Esto, por supuesto, hubiera sido un gran desastre porque se hubiera producido una gran lucha, no sólo con las fuerzas armadas cubanas, sino también con los grupos revolucionarios que en ese momento estaban bastante bien armados. Una intervención militar no hubiera sido un desfile militar norteamericano como fue en 1905 y 1906, sino una masacre de la capital y en todas las ciudades de la República.

En definitiva, el día 11 la Cabaña se sublevó, avanzaron los soldados hasta el Castillo de la Fuerza, muy cerca del Palacio Presidencial y ahí se detuvieron, pues su interés no era luchar contra Machado, sino presionar para que éste renunciara. Machado consultó con sus ayudantes y asesores, y en un último esfuerzo se dirigió al Campamento de Columbia, cuyo jefe el coronel Regerio del Castillo, que era uno sus sostenes le dijo: "General, póngase a buen recaudo y salve su vida y la de su familia". Machado regresó y con su familia, y algunos de sus más fieles seguidores, tomó el avión y salió al exilio.

A todas estas, el canciller cubano, secretario de Estado, Orestes Ferrara, quien estaba ausente en Londres, había regresado, y ante lo precario de la situación, se mantuvo con Machado y fue de los que abandonó también la República, dejándola completamente al garete. Sumner Wells, por su parte, ya había preparado un plan de sustitución legal, entre comillas; constitucional, entre más comillas todavía, para que todo se hiciera "by the book" y no en una forma violenta.

Como en 1927 había habido una modificación en la Constitución del año 1, Machado tenía que abandonar el poder o bien por renuncia o bien mediante una licencia. No existía el cargo de vicepresidente, por ende, tenía que ser el secretario de estado, o cualquier otro secretario, pero preferentemente el de estado el que lo sustituyera. Machado nombró al general Herrera secretario de estado, presentó la renuncia y se fue. En menos de 24 horas el general Herrera nombró a Carlos Manuel de Céspedes secretario de estado, renunció a su vez, y entonces la presidencia recayó en Carlos Manuel de Céspedes.

En las reuniones de Palacio, en las que se efectuaron todos estos trucos entre comillas y seudo legales, los miembros del ejército no habían aceptado que Herrera se quedara como presidente provisional. No tenían un sustituto adecuado y no estaban muy de acuerdo con lo que se estaba haciendo. Pero ante la posibilidad de tener que enfrentarse a una intervención militar norteamericana, aceptaron los planes de Sumner Wells.

Un grupo de legisladores, por supuesto sin quórum, actuó como Congreso que aceptaba las renuncias y los nuevos nombramientos. Y así el 12 de agosto amaneció la República de Cuba con un Machado que había huido, y un presidente que duró menos de 24 horas, Alberto Herrera. El pueblo se lanzó a las calles.

Un dato curioso de la historia es que a la sazón, Herminio Portel Vilá, quien estaba en el Departamento de Estado de Washington, realizando investigaciones para una obra que estaba escribiendo, fue avisado por Lawrence Dugan, asistente de Sumner Wells para los asuntos cubanos en el Departamento de Estado, que había tenido noticias que un hidroavión de la Pan American había sido tiroteado al despegar de la bahía de La Habana y que se decía que en él iba el secretario de estado Orestes Ferrara. Así se enteró Portel Vilá de la caída de Machado, pero de lo que no se enteró nunca fue de que el señor Lawrence Dugan era el agente Frank, el número 19 de la KGB, perfectamente situado en el Departamento de Estado y que volvería a aparecer en Cuba en 1935, con la visita que ya detallaremos y que fue

uno de los tantos agentes que, durante esa época y en épocas sucesivas, estuvieron penetrados y penetrando el gobierno norteamericano
y produciendo situaciones que, como fin, tenían no sólo desacreditar y
desestabilizar al gobierno, sino preparar los pasos para la gran
insurrección "anti-imperialista" de la América.

Así terminó el régimen de Machado. Le faltaron unos cuantos
minutos para la hora que él había fijado para su salida de la
presidencia. Unos cuantos días y unos cuantos meses. Y fue derribado
por los militares, porque los revolucionarios, pese a todo su heroísmo,
su valor y sus acciones no tenían fuerza para derribar al gobierno si el
ejército no los ayudaba. Y como el ejército no estaba dispuesto a
ayudarlos, y el gobierno, a su vez, no tenía fuerza suficiente para
acabar con la revolución, la cual cada día se expandía más, ayudada
por el descontento que creaba la crisis económica galopante que
afectaba a todos. La acción terrorífica del gobierno y el desamparo en
que Cuba se encontraba con respecto a la famosa Enmienda Platt, que
como hemos dicho anteriormente, debió haberse aplicado pero no se
aplicó porque en esta época había aparecido el New Deal de
Roosevelt, otro gran engaño.

El Bobo, el sobrino y el padrino

CANICULAR
-Después de todo, hijo mio, con el sudor se
nos va todo lo malo.
-Entonces ¿Será por eso que la gente no
hace más que sudar...?

ALEGRIA
-Pero ¿cómo es que todo el mundo menos tú, se
disponen a celebrar el acontecimiento......?
-Porque no están como yo en el secreto, hijo mío:
¡El que se va es el año........

EN EL RIO
-Por lo visto aquí todo el mundo sabe nadar
-Lo que mejor saben es, guardar la ropa.

373

EN LA MESA
- ¡Yo no quiero comer más plátanos....!
-Pues no llores, hijito que ya está llegando la hora
de los mameyes.............

SOLEDAD
- ¡Que sola está esa casita, padrino:
-Sí, es una lástima que aquí no haya un pueblo.

CURIOSIDAD
-Aquí entre nosotros, Apóstol, -que fué lo que
usted quería?

CAPÍTULO VI

LA TERCERA REPÚBLICA
EL SEPTENIO DE 1933 A 1940

Cuando Machado huye en avión hacia Nassau ya ha comenzado la Tercera República de Cuba; ya tiene un Presidente provisional...el general Alberto Herrera y Franch que va a ser el Presidente cubano de más corta duración en la Historia puesto que no llegó a las 24 horas después de haber sido el Jefe del Estado Mayor del Ejército de más larga duración en la posición –desde 1922 hasta 1933–, una buena paradoja. Además fue el ex Presidente de mayor longevidad falleciendo el 18 de marzo de 1954 a los ochenta años de edad.

Tras breves horas en la Presidencia dejó de serlo para darle paso a Carlos Manuel de Céspedes y Quesada. Este proceso, que se dice en pocas palabras, fue muy laborioso, duró más de un día y se necesitó toda una serie de artimañas "legalistas" para que la institucionalidad, la constitucionalidad y la legalidad no se vieran alteradas, lo cual era un gran sofisma puesto que todo esto se hacía bajo el amparo de la "constitución" ilegal, inconstitucional y no institucional de 1928, pero en aquella época "el traje", o sea, la forma, era más importante que el que lo llevara pues esa era la primera condición de Sumner Welles ,"el mediador", que no medió nada sino simplemente despidió a Machado e hizo que se nombrara a su amigo Carlos Manuel de Céspedes.

Antes de seguir adelante diremos que hay muchos autores que consideran que la Tercera República no comienza con Herrera sino comienza con la Pentarquía y con Grau y basan su afirmación en una peregrina tesis de que las dos primeras Repúblicas estuvieron dominadas por los hombres del 95, es decir, los veteranos de esa Guerra de Independencia lo cual es algo completamente falso puesto que ya veremos que además de Herrera y Carlos Manuel, que eran del 95 por esta etapa pasaron Mendieta, Laredo Brú, Menocal como aspirante presidencial en 1936 y quien fue factor fundamental en el rumbo de la Convención Constituyente de 1940 –todos ellos hombres del 95. También nombraremos a Ferrara después de su regreso a Cuba por su importante papel desempeñado en la Convención Constituyente del 40, también hombre del 95.

En el inicio de las conversaciones celebradas en Palacio a partir del 12 de agosto de 1933 para buscar el substituto de Machado, el general Herrera era aparentemente el candidato con más fuerza para ocupar esa posición, no para las veintitantas horas que realmente estuvo, sino para un período de transición de algunas semanas, o meses, o quizás hasta de un año, antes de celebrar elecciones para una constituyente y un nuevo equipo gobernante. Sin embargo las fuerzas del Ejército, es decir los oficiales del Ejército que estaban en la reunión, principalmente el comandante Leopoldo Alonso Gramales, el brigadier Julio Sanguily, el teniente coronel Erasmo Delgado, el capitán Torres Menier y otros llegaron a la conclusión de que la oficialidad inferior a tenientes no estaría de acuerdo con Herrera. La razón fundamental era la íntima vinculación de Herrera con el dictador Machado durante los últimos tiempos de su gobierno, y el apoyo que directa o indirectamente dieran a Machado las Fuerzas Armadas por orden de Herrera. Esto, por supuesto, haría aparecer el nuevo gobierno de Herrera como un machadato sin Machado, y los alejaría mucho más aún de los grupos revolucionarios. En definitiva se acordó que Herrera sería el puente entre Machado y Carlos Manuel de Céspedes. Como se ha dicho…en este septenio vamos a ver muchos puentes.

Hagamos una breve semblanza biográfica del general Alberto Herrera. Había nacido el 1º de septiembre de 1874 en el pueblo de San Antonio de las Vueltas, provincia de Santa Clara. En diciembre de 1895 se incorporó a las fuerzas mambisas en el Cuarto Cuerpo del Ejército que cubría su provincia natal y que estaba al mando del general Juan Bruno Zayas, luchando bajo las órdenes del coronel Leoncio Vidal. Sirvió hasta la terminación de la guerra siendo técnicamente asignado al Tercer Cuerpo del Ejército en la provincia de Camagüey como ayudante del Vicepresidente de la República en Armas Domingo Méndez Capote, con el grado de Teniente Coronel.

Su posición lo relacionó con un número de hombres que en la República serían destacados en la política y en la conducción de los asuntos de Cuba, pero él escogió la carrera militar donde permaneció hasta su licenciamiento en 1933. Después de la guerra se incorporó a la Guardia Rural con el grado de capitán. En 1909 pasa a formar parte del Ejército Permanente con el grado de comandante. Entre abril de 1912 y mayo de 1913 sirvió como ayudante de campo del Presidente José Miguel Gómez, No obstante tener ciertas vinculaciones con dirigentes liberales se mantuvo fiel al gobierno del Presidente Menocal lo que le valió el ascenso a coronel en 1917, siendo designado Jefe del Octavo Distrito en Pinar del Río desde 1917 a 1921 cuando fue nombrado Jefe del Departamento de Dirección del Estado Mayor hasta que el 19 de junio de 1922 el Presidente Zayas lo nombra Jefe del Estado Mayor con el grado transitorio de mayor general, la más alta posición militar de la Isla que ocuparía hasta su nombramiento como Secretario de Guerra y Marina del gabinete de Machado. Tras el desplome completo del aparato gubernamental busca refugio en el Hotel Nacional a la sombra de Sumner Welles. Más tarde sale de Cuba a donde regresa tras unos cortos años de exilio donde vivió el resto de su vida alejado de toda actividad política. Su muerte fue apenas reportada en pequeñas notas en la prensa.

Aunque por las razones previamente apuntadas los Estados Unidos no querían intervenir en Cuba esta acción no estaba totalmente descartada como se nota en las comunicaciones de Sumner Welles a su gobierno, e inclusive este último llegó a pedirla en un momento determinado cuando creyó que su vida estaba en peligro. De todos modos se enviaron buques de guerra a Cuba y había una escuadra en Cayo Hueso preparada para una acción interventora. Pero siempre se prefirió la legalización del traspaso que fue lo que se hizo.

De acuerdo con la "constitución" vigente el Presidente de la República podía ser sustituido en dos circunstancias. La primera de forma transitoria si solicitaba una licencia por cualquier causa, y la segunda una sustitución definitiva por muerte o renuncia. Como no existía la Vicepresidencia en ese entonces, la sustitución tenía que llevarla a cabo un Secretario de despacho. Había un orden establecido donde la primera opción era el Secretario de Estado y después sucesivamente los demás Secretarios. En caso de una sustitución temporal el Secretario de Despacho debía esperar 30 días antes de tomar posesión de la Presidencia o sea el sustituto podría ser designado pero continuar funcionando como Secretario de Estado. Como se ve, esto era completamente absurdo e imposible en aquellas circunstancias. En caso de la desaparición total del Presidente el

Secretario de Estado podía desempeñar las funciones de Primer Mandatario durante un espacio de sesenta días durante los cuales debía convocar a unas elecciones para elegir un nuevo gobierno. Esto era todavía más difícil de realizar. ¿Cómo se resolvió todo esto?

Mediante un decreto Machado acepta la renuncia de todos los Secretarios de Despacho y el único Secretario que quedaba era Herrera. Segundo, el Congreso se reúne sin quórum y da la licencia a Machado para que se ausente, quien además tiene preparado una renuncia para el caso que fuese necesario. El pedido de licencia fue redactado por Ferrara, Ramiro Guerra y Alberto Lamar Schweyer. Se promulga una ley derogando la ley del 10 de julio de 1928 restituyendo la inicial redacción de los artículos 8 y 10 del Poder Ejecutivo referente al período de 30 días que debía esperar un Secretario antes de poder ocupar la Presidencia permitiendo a Herrera tomar posesión como Presidente y nombrar a Carlos Manuel de Céspedes como su Secretario de Estado y renunciar a la Presidencia con lo que Céspedes, como nuevo Primer Magistrado tomando posesión al día siguiente 13 de agosto de 1933.

Todo este cuadro "legalístico" está "amparado" por la constitución de 1928 que era ilegal, pero como que estaba vigente había que trabajar bajo esos términos El brigadier Julio Sanguily –el único hombre con suficiente prestigio para controlar la oficialidad de todos los rangos– desdichadamente sufre la perforación de una úlcera estomacal, tiene que ser intervenido quirúrgicamente y queda fuera de juego. Es sustituido por el coronel Héctor Quesada que no tenía el prestigio ni la ascendencia en el Ejército de Sanguily. González del Real es nombrado jefe de la Marina de Guerra y Loynaz del Castillo se hace cargo de la dirección de la Policía pero nunca recibe un nombramiento oficial. El hecho más importante fue que el orden público quedó al garete siendo el que en definitiva dio al traste con la "mediación", con el arreglo "legal" y con la Presidencia de Carlos Manuel de Céspedes, empezando así una serie de eventos consecutivos que llevarían eventualmente a la dictadura de Batista.

En nuestros días toda esta actuación propia de ópera bufa parece algo inconcebible. Lo más sensato hubiera sido poner una junta cívico-militar –ya que no se quería que fuera sólo militar– y con una ley marcial del Ejército ocupando las ciudades, especialmente La Habana, e imponiendo el orden a como fuere y dictando la censura de prensa y de radio que, como veremos, estuvieron constantemente fomentando los actos irresponsables de asesinatos en las calles, de asaltos a comercios así como a viviendas, robo y pillaje, se hubiera podido salvar la República. Hubiera dado tiempo a iniciar lo que ya estaba planificado de castigo a los culpables, depuración, desmantelamiento del andamiaje gubernamental de Machado, tribunales revolucionarios, etc. El frenesí que ocurrió en aquella época por parte de los grupos revolucionarios y la ineptitud del gobierno de Céspedes que trató de aplicar medios civilistas y democráticos en un momento en que eso era absolutamente imposible condujo, primero al 4 de septiembre y después al nombramiento y caída de Grau, el nombramiento de Hevia y su pronta desaparición, Mendieta y su ocaso, Barnet nombrado y desaparecido, elecciones en las que es electo Miguel Mariano para ser depuesto pocos meses después por Batista y por último llegar a la Constitución del 40 como un cierto respiro de toda aquella orgía de barbaridades y de falta de liderazgo político.

Ninguna de las organizaciones revolucionarias tenía un líder reconocido por el pueblo. El ABC por ser secreto nadie lo podía conocer. El Directorio no tenía líderes políticos reconocibles por la población, simplemente era el Directorio. El ABC Radical tampoco. La famosa Pro Ley y Justicia que surgió de la nada en estos días también carecía de líderes políticos reconocidos. La Agrupación Nacionalista de Mendieta participó tibiamente en el gobierno puesto que su líder no quería formar parte de un gobierno que solamente iba a durar unos pocos meses, hasta febrero de 1934. Menocal por supuesto estaba en contra de cualquier solución que no girara en torno a su persona como líder máximo. De los políticos comprometidos con Machado no se podía ni siquiera pensar. Los famosos profesores universitarios igualmente no tenían un líder, puesto que Carlos de la Torre que se mencionó en un momento para ser nombrado Presidente, estaba demasiado viejo y enfermo, estando impedido de entrar en este tío vivo a toda velocidad que era el inmediato post-machadato.

Por último, como parte de la desintegración total de la República, el Ejército estaba desarticulado…altos oficiales, oficiales de segunda categoría sobre todo jóvenes, sargentos y soldados…cada cual desconfiando de los demás, cada cual haciendo planes para su permanencia y apoyándose algunos –como los sargentos y soldados– en las organizaciones revolucionarias. Nadie preparado en política sino totalmente embriagados por el deseo de resolver los problemas de una forma rápida y de tener una Cuba absolutamente independiente de todo el resto del mundo, que es el gran problema de los cubanos de siempre. Cuba no es una isla aislada. Cuba es parte del mundo y eso no se puede olvidar en ningún momento. Por último, debemos recordar la acción de los comunistas que estuvieron junto a Machado buscando beneficios hasta el último minuto y de pronto salieron a la luz pública "como los verdaderos y únicos revolucionarios" y "como la verdadera y única salvación del país". Por suerte todavía no tenían la suficiente organización ni membresía lo cual irían logrando poco a poco durante el septenio como veremos más adelante.

Hagamos un pequeño bosquejo biográfico de Carlos Manuel de Céspedes y Quesada, el segundo Presidente de la República en los días siguientes a la caída de Machado. Había nacido en Nueva York en agosto de 1871 puesto que al ser concebido en la manigua su madre tuvo que exiliarse en los Estados Unidos por razones obvias pues su esposo era Carlos Manuel de Céspedes "el Padre de la Patria", el fundador de la Revolución del 68. Su nacimiento será acompañado de una hermana melliza a la que nombraron Gloria. Pasa sus primeros años en Nueva York y después es llevado a Francia donde se gradúa de Bachiller y se dedica a actividades literarias siendo la primera de ellas la traducción al francés del "Diario de Cristóbal Colón", una obra muy importante que fue introducida en una antología de un reconocido autor francés. A principios de la década de los 90 se traslada a Venezuela y se dedica a la conducción de empresas agrícolas en compañía de otros exiliados cubanos. Vuelve a París en los primeros días de 1895 y publica una biografía de su padre que es muy importante para la Historia de Cuba, por su alto contenido de documentos que no han aparecido en otras obras. Estando allí lo sorprende la noticia de la Guerra de Independencia; pasa a los Estados Unidos y desembarca en octubre del 95 en Baracoa en la expedición del vapor "Laureada". Inmediatamente ingresa en el Ejército Mambí y es designado por su preparación y capacidad a funciones político-administrativas. Fue electo Representante a la Asamblea de La Yaya que años más tarde pasará a ser la Asamblea del Cerro. Pese a no haber estado en un ámbito estrictamente militar su permanencia en el campo de batalla durante toda la guerra y sus funciones en el gobierno en armas lo hace estar en contacto con casi todas las figuras mambisas importantes de la época, las que perecieron y las que sobrevivieron a la derrota de España y que serían en buena parte los futuros dirigentes de la República de Cuba.

Durante la Primera Intervención terminó sus estudios de Derecho en la Universidad de La Habana sin abandonar los contactos dentro de la política cubana a la que se dedicó de lleno. Fue electo Representante a la Primera Cámara de 1901 y reelecto en 1905 pero con la caída de Estrada Palma su segunda elección no sirvió para ocupar ningún puesto. Durante el resto de su vida no aspiró más a ningún cargo electivo y se dedicó más bien en los gobiernos posteriores a la Segunda Intervención a participar en la carrera diplomática.

Durante el gobierno de José Miguel fue Ministro Plenipotenciario en Italia y después en la Argentina. En 1914 el general Menocal lo nombra Ministro Plenipotenciario en Washington que era la posición diplomática más importante en aquella época y en la cual con su capacidad, su conocimiento perfecto del idioma inglés –pues nació y por años vivió en los Estados Unidos– y con el idioma francés que él aprendió en Francia y que era el idioma diplomático de la época, y por supuesto hablaba también el español, o sea que Carlos Manuel de Céspedes era políglota siendo así la persona idónea para ocupar el cargo para el cual Menocal lo seleccionó. Permaneció en esa posición mucho más tiempo que ningún otro funcionario de la Isla. Es Embajador durante casi 8 años y se relaciona íntimamente con los círculos de poder de Washington en gobiernos Demócratas y Republicanos.

En 1922 regresa a Cuba y es nombrado Secretario de Estado en el llamado gabinete de la honradez del Presidente Zayas. Durante ese tiempo también ocupó con carácter interino la Secretaría de Hacienda y la Secretaría de Guerra y Marina. Representó al gobierno en la toma de posesión del Presidente de México Plutarco Elías Calles en 1924 donde se relacionaría con los círculos diplomáticos y gubernamentales de México, siendo nombrado Embajador en ese país en 1932 en sustitución de Manuel Márquez Sterling después de ocupar la Secretaría de Estado durante unos pocos meses al inicio del gobierno de Machado. En México lo sorprende la pre-caída de Machado, regresando a Cuba a petición de Sumner Wells, pues desde 1922 el norteamericano favorecía la candidatura de Céspedes. Ocupó brevemente la Presidencia de Cuba hasta ser depuesto por un golpe militar, el famoso 4 de septiembre. Pocos días después busca asilo en la Embajada de Brasil y parte rumbo al extranjero regresando a su patria unos años después. Falleció en el mes de marzo de 1939.

En 1935 publicó la biografía de su tío el general Manuel de Quesada y Loynaz quien fue el primer Jefe del Ejército Mambí. Entre otras de sus obras se encuentran "Las dos banderas", un instante decisivo en la maravillosa carrera de Máximo Gómez (1932), "Alrededor de San Lorenzo" (1934); "Cuba y el derecho de la fuerza; elogio del Doctor Rodolfo Rodríguez de Armas" (1937) y su famoso discurso de ingreso en la Academia de la Historia de Cuba "La evolución constitucional de Cuba".

Por ser un hombre de altas dotes literarias, diplomática y cosmopolita, muchos han querido hacer ver que Céspedes no estaba en contacto con las realidades del pueblo de Cuba, pero uno se pregunta ¿si desde 1922 hasta 1932 estuvo viviendo en Cuba y fungiendo como Secretario de Estado o como particular, y después de eso regresa inmediatamente cuando la mediación, qué no sabría Céspedes de lo que pasaba en Cuba? ¿O es que él no salía a la calle, no hablaba con nadie, no caminaba, no hacía nada? Esta aseveración es completamente ridícula, una de las tantas cosas dichas y repetidas en este período no se sabe por quien y que sientan base para cometer graves errores históricos. Él estaba casado con una señora italiana llamada Laura Bertini desde la época en que fue diplomático en aquella nación. Sin lugar a dudas Carlos Manuel de Céspedes fue el Presidente de la República poseedor de mayores valores intelectuales y literarios superiores aun a los de Zayas, pero en este empeño continúan ubicándolo en segundo lugar. Pero a diferencia de Zayas no tenía la habilidad política para poder manejar situaciones extremas. Carlos Manuel no aspiró al poder...se lo dieron. Cuando fue depuesto, se fue tranquilamente para su casa y luego al extranjero, continuando su obra literaria. Céspedes juró su cargo el 13 de agosto a las nueve y media de la mañana en su casa de 23 y M en el Vedado, ante el Magistrado de la Sala de Vacaciones del Tribunal Supremo. Poco después dirige un mensaje radial a los ciudadanos de la República. Casi inmediatamente se publican unas declaraciones de Roosevelt en Washington diciendo que al ser legal la transmisión de poderes de Herrera a Céspedes, no se hace necesario hacer un reconocimiento del nuevo Presidente y que todo seguirá igual con pleno reconocimiento y relaciones entre ambos países.

El Profesor Carlos de la Torre desde Nueva York y uno de los que supuestamente había sido uno de los candidatos a la Presidencia pero que debido a su edad y a estar enfermo no fue tomado seriamente en consideración, declara que Céspedes recibirá todo tipo de ayuda de parte del gobierno de Roosevelt. Esto que parecía ser un buen augurio sin embargo representó algo irritante para los ultra revolucionarios, ultra nacionalistas y ultrarradicales que empezaron a criticar al Presidente Céspedes en todas las formas.

El Bando Militar No. 2 del comandante de la plaza ordena disparar a todos aquellos que violen la ley y esto más que un bando resultó ser una banda de música puesto que no detuvo la avalancha de asesinatos o muertes por ajusticiamiento –como se le quiera llamar– de los sicarios de Machado y los asaltos a la propiedad. No hay cifras oficiales pero se calcula en varias docenas de muertos en toda la nación por esta causa. Entre los más significativos de estos hechos está el ajusticiamiento revolucionario o asesinato ilegal del director de la porra coronel Antonio Jiménez muerto en el Paseo del Prado y su cadáver arrastrado por las calles de La Habana. También está el colgamiento del cadáver del ex Jefe de la Policía Anciart que se había suicidado al ver que su casa estaba rodeada. Un hecho tenebroso y de poco valor social pero que fue utilizado y publicado por la prensa que se había desaforado desde el 13 de agosto y lo que no habían hecho en épocas de Machado lo estaban haciendo ahora con ataques constantes al gobierno, con divulgación de la excitación de las masas populares. Del mismo modo actuaba la radio. Se ocupaban además de publicar rumores como si éstos fueran noticias confirmadas y muchos de ellos, en especial la disminución en el número de alistados y reducción salarial de los de abajo en el ejército, sería uno de los factores más importantes en la sedición del 4 de septiembre.

Después de la muerte de Juan Gualberto poco antes de la caída de Machado hay una nueva baja en la fila de los intelectuales que alguna vez ayudaron a los gobiernos anteriores y es la muerte de Rafael Montoro. Mas adelante ocurrirá la de Enrique José Varona, el ex Presidente Zayas, etc.

El 14 de agosto se nombra el gabinete del Presidente Céspedes. Ese día Julio Sanguily, nombrado Jefe del Estado Mayor del Ejército, es hospitalizado por razones antes apuntadas y permanecerá fuera de acción el tiempo necesario para ver como se derrumba el Ejército y como los sargentos toman el mando del mismo. El teniente coronel Héctor de Quesada sustituye a Sanguily interinamente. Hay dos destructores norteamericanos que llegan al puerto de La Habana y se fondean en "una visita". El día 15 el Directorio adelanta en un manifiesto sus demandas revolucionarias que incluyen lo siguiente: destitución de gobernadores y alcaldes, castigo de los delitos civiles y militares del machadato, destitución de los jueces tanto los del Tribunal Supremo como los de otras instancias y como colofón declara que esto sólo lo puede hacer un gobierno revolucionario. El día 16 los jueces municipales suplentes dirigidos por Guillermo Alonso Pujol exigen la deposición del Poder Judicial completa. Acuérdense de este nombre... Guillermo Alonso Pujol. Ya hemos dicho que el general Loynaz del Castillo se había hecho cargo de la Policía pero no había sido nombrado. El día 16 toma posesión como Jefe de ese cuerpo el comandante del Ejército Alfredo Buffill. Detienen en Catalina de Güines a Generoso Campos Marqueti; no sabemos cómo, pero este mambí logró sobrevivir todas las dificultades y llegar hasta 1959.

El mismo día 16 Roosevelt da órdenes a Welles que inicie conversaciones con el Presidente Céspedes para el mejoramiento de la situación económica de Cuba por medio de un nuevo tratado con los Estados Unidos. Otra vez este hecho es visto como una injerencia norteamericana y es motivo de acres ataques al Presidente Céspedes. Parece que los revolucionarios pensaban que la economía cubana surgiría del fondo del Mar de las Antillas en una forma espontánea.

Empiezan las renuncias de los funcionarios del Poder Judicial y nuevamente un rumor difundido por la radio dice que el Congreso de la República posiblemente siga funcionando lo cual era totalmente falso. El saqueo de viviendas y propiedades continúa impertérrito a pesar de los bandos militares puesto que el Ejército realmente no hace absolutamente nada para detenerlo. El día 17 de agosto el Profesor Santos Jiménez, Secretario de Agricultura ocupa también interinamente la de Obras Públicas hasta que ésta sea ocupada por Eduardo Chibás padre. Este mismo día es aceptado Manuel Márquez Sterling como Embajador de Cuba en Washington y Carlos García Vélez como Embajador en España. Regresa a Cuba Sergio Carbó figura clave en el 4 de septiembre. El día 18 Washington anuncia que pronto partirá Sumner Welles y será sustituido por Jefferson Caffery. Es detenido Octavio Zubizarreta ex Secretario de Gobernación y es recluido en el Castillo del Príncipe. Regresa del exilio Ramón Grau San Martín con un gran recibimiento preparado por los estudiantes que la prensa dice ha sido grandioso.

Una comisión de revolucionarios y oficiales del Ejército inicia investigaciones en los alrededores del Castillo de Atarés donde ya sabemos que el Capitán Crespo –que no fue detenido ni pagó nunca por sus crímenes– había asesinado a varias decenas de revolucionarios. Como resultado de estas excavaciones se encuentran los cuerpos de Margarito Iglesias, líder obrero; Félix Ernesto Alpízar del Directorio Revolucionario; el sargento Miguel Ángel Hernández y el líder obrero José Domingo Camacho. Más adelante será encontrado el de Alfredo López Arencibia. Son arrestados tres sargentos y ocho soldados acusados de participar en estos crímenes. Continúa la detención de oficiales del Ejército altamente comprometidos con la dictadura de Machado y con sus crímenes entre ellos el coronel Manuel Benítez González, el capitán Arturo González Quijano, los tenientes Valido Borges y Ricardo Gómez. El día 19 Summen Welles declara que lo más importante es el mantenimiento del orden público.

Ese día se celebra el entierro del sargento Manuel Hernández e inexplicablemente no hay ninguna representación ni del Estado Mayor ni de la oficialidad y un sargento taquígrafo llamado Fulgencio Batista dirige la palabra a los soldados y clases. Por primera vez plantea la situación económica de las clases y soldados así como de promoción en las Fuerzas Armadas; además señala que ellos apoyan a la "verdadera" revolución.

El día 20 es designado Juan F. Edelman como Presidente del Tribunal Supremo e inmediatamente comienzan las protestas contra este nombramiento pero sin embargo veremos que él está presente en Columbia el 4 de septiembre. Entre los que protestan está el abogado Herrera Sotolongo famoso por sus críticas a Machado que le valieron el exilio. El Secretario de Justicia Carlos Saladrigas defiende el nombramiento de Edelman. En un documento que parecía una broma un grupo de Representantes a la Cámara pone a disposición del gobierno sus actas.

Regresa Menocal y como él no está en el centro del nuevo gobierno dice que el régimen de Machado murió y que no ha sido sustituido adecuadamente y que considerarse heredero de Machado es un suicidio político. Se anuncia que todos los oficiales del Ejército que han escapado –incluyendo a Machado y a Herrera– serán llamados a servicio activo y que de no responder serán declarados desertores. Detenido e ingresado en La Cabaña el ex coronel Luís del Rosal. Termina una huelga de los obreros del puerto habanero. Detienen al ex gobernador de Oriente Rafael Barceló pero en pago a la ayuda recibida de él cuando la expedición de Gibara, Sergio Carbó le salva la vida. El día 22 Cuba anuncia que espera que los Estados Unidos aumenten la cuota azucarera y rebajen las tarifas arancelarias sobre dicho producto. Renuncia el teniente coronel Erasmo Delgado como comandante militar de la provincia de La Habana y es nombrado Jefe del Quinto Distrito, siendo sustituido por el comandante Leopoldo Alonso Gramales.

El día 24 de agosto el gobierno de Céspedes por un decreto asume el carácter revolucionario que demandan los grupos más radicales y además dispone el restablecimiento de la Constitución de 1901 con la abolición de la constitución del 28, disolución del Congreso, la formal terminación del régimen de Machado, vacar los puestos del Tribunal Supremo provistos con posterioridad a mayo de 1929, terminación de todos los mandatos electivos, convocatoria a elecciones para el 24 de febrero de 1934, creación de una Comisión Consultiva que será presidida por Carlos Saladrigas entonces Secretario de Justicia e interino de Estado, reconocimiento de todas las obligaciones internacionales. El coronel Horacio Ferrer escribe un artículo para el Diario de la Marina donde acusa a Herrera de haber traicionado al Ejército. Welles informa a Washington que Cuba está en total estado de desintegración.

El Directorio exhorta a las Fuerzas Armadas a rebelarse contra el gobierno. El 25 de agosto sepultan en el Cementerio Colón los restos de Alfredo López Arencibia acompañado de una gran multitud. La circular número 11 del Estado Mayor del Ejército señala que es inaplazable la restauración del orden público pero no dice como se va a realizar. El ex alcalde de Santiago de Cuba Desiderio Arnaz –padre de Desi Arnaz– es detenido en el Hotel Saratoga. El 26 de agosto toma posesión como Presidente del Tribunal Supremo el magistrado Edelman a pesar de las protestas de Herrera Sotolongo que lo acusa de complicidad con Machado. El ABC que ha crecido mucho desde el 12 de agosto anula los carnets de sus nuevos miembros; craso error por parte de sus dirigentes. Se declara en Washington haber estudiado detenidamente el problema económico de Cuba. Detenido Wilfredo Fernández en un barco de bandera portuguesa junto al ex alcalde de Matanzas Benigno González y el ex Representante Fidel A. Caiñas. Comienzan a reunirse en distintos lugares incluyendo al Club de Alistados de Columbia la "junta de los ocho", llamada Junta Revolucionaria que más tarde se transformará en la Unión Militar de Columbia compuesta por los sargentos Pablo Rodríguez, Fulgencio Batista, José Eleuterio Pedraza, Manuel López Migoya y Juan Estévez, el cabo Ángel Echevarría y los soldados Mario Alonso Hernández y Ramón Cruz Vidal.

El día 27 de agosto ocurre un tiroteo en el Centro Obrero de Zulueta 37 con un saldo de un muerto y ocho heridos, al parecer como un resultado de un conflicto entre la Confederación Nacional Obrera de Cuba (de tendencia comunista) y la Federación Obrera de La Habana (de tendencia anarquista).

En la Finca Galope cerca de Artemisa son encontrados los restos de diez personas asesinadas el 11 de agosto de 1931 por el teniente Diez Díaz, quien como señalamos anteriormente fue ajusticiado por un paquete-bomba. El 28 de agosto se anuncia habrán cambios en el Gabinete de no celebrarse una Convención Constituyente. El ABC piensa abandonar el gobierno con las renuncias de Carlos Saladrigas, Joaquín Martínez Sáenz y Eduardo Chibás padre, anunciando que no seguirá cooperando con el Gobierno Provisional si éste no cumple con el programa revolucionario. Declara el Directorio que no acepta la Constitución de 1901 y que sólo se puede encauzar el proceso revolucionario con la celebración de una Asamblea Constituyente. Todavía no se ha recuperado el coronel Sanguily de sus dolencias. J. René Morales Valcárcel es nombrado Gobernador de La Habana. El Jefe de la Marina de Guerra Eduardo González del Real afirma que en el buque transporte "Máximo Gómez" nadie fue asesinado. El día 29 regresa a Cuba Miguel Mariano Gómez. Rafael Santos Jiménez es nombrado alcalde de La Habana, tras renunciar a la Cartera de Agricultura. El coronel médico Horacio Ferrer es designado como Secretario de Guerra y Marina. El general Armando Montes es llamado a servicio activo para ocupar interinamente la Jefatura del Estado Mayor del Ejército. Varios oficiales retirados son llamados a servicio activo para que integren el Tribunal Superior de la Jurisdicción de Guerra que deberá conocer los procesos a seguir contra los coroneles

Castillo, Cruz, Rosal, Benítez, etc. Esta medida tiene por objeto poner término al creciente grado de indisciplina en el Ejército.

Se aclara que la Comisión Consultiva tiene un carácter técnico y no legislativo. Un ciclón azota el centro de la Isla causando grandes daños entre Cárdenas y Sagua la Grande. El día 3 de septiembre el Secretario de Guerra y Marina dirige una circular a las Fuerzas Armadas negando los rumores propalados por la radio de que se reducirá el personal y el sueldo de la misma. El grupo de los ocho incita a la tropa a presentar sus reclamaciones y celebra una reunión en el Hospital Militar. Ninguno de los altos oficiales del Ejército que habían sido llamados a servicio activo desde su retiro participaron en modo alguno en el gobierno de Machado pero prácticamente todos se habían distinguido en la época de Menocal, especialmente durante la "guerra de la Chambelona" y en el gobierno de Zayas durante la intentona de los veteranos. Esto dio lugar a otros rumores malintencionados de que se estaban nombrando los oficiales que iban a provocar un golpe de estado para darle la Presidencia al general Menocal. Todo esto era absolutamente falso pero los rumores corrían e inquietaban cada vez más y más a los sargentos y soldados y a los oficiales más jóvenes.

Finalizando el mes de agosto y al principio de septiembre comenzaron a ocurrir una cadena de hechos completamente absurdos y sin la mas mínima posibilidad de que ocurrieran partiendo de mentes inteligentes y preparadas.

El primero fue el ABC deteniendo la inclusión de miembros en su movimiento cuando lo que ellos necesitaban era más masa de pueblo para imponerse, si no en un gobierno total del ABC, sí obteniendo una mayoría abrumadora en el gabinete de Céspedes y con esa gran membresía cobrar un ímpetu mayor que las otras organizaciones revolucionarias mucho más pequeñas en número aunque con métodos extremadamente agresivos.

Segundo, el ABC, que había estado conspirando dentro del Ejército detuvo esta actividad y permitió que otros grupos de reciente formación, de poca membresía, de no mucha historia revolucionaria se hicieran con el movimiento de los sargentos, por ejemplo Pro Ley y Justicia cuando el ABC tenía entre sus miembros, entre otros, al sargento Batista pero al perder el contacto con este último, al dejarlo solo y al garete, los soldados se fueron arrimando a los civiles revolucionarios que ofrecían el respaldo en la dirección del movimiento y "el pensamiento político que ellos necesitaban para sus fines". Se hicieron los tontos al principio pero "se quedaron con el santo y la limosna".

Tercero, dentro del Ejército los altos oficiales mantenían reprimidos a los oficiales más jóvenes mientras "le daban ala" al movimiento de sargentos y soldados permitiéndoles reuniones, dándoles todo tipo de facilidades y muchas veces instándolos a que presionaran al gobierno. Creían los altos oficiales –por supuesto equivocadamente– que los Estados Unidos no permitirían un golpe de estado de la parte baja del Ejército. Pensaron que ellos podrían manejar a los soldados basados en los antecedentes históricos del Ejército. Estaban completamente equivocados en los dos puntos perdiendo su posición en la revolución y algunos de ellos también la vida en el tiroteo del Hotel Nacional mientras otros tuvieron que marchar al exilio.

Por otra parte los oficiales jóvenes creyeron que chocando con, y manteniéndose separados de los altos oficiales, se hacían simpáticos a sus subordinados pudiendo usar a su favor el temor de los de arriba a los de abajo. Todo esto fue también un craso error pues ellos fueron los utilizados y pagarían igualmente sus errores en el suceso del Hotel Nacional. Otra cosa que no tuvieron en cuenta fue que una vez que la soldadesca se les escapara de las manos no se podía predecir hasta donde iba a llegar, como efectivamente ocurrió. El Ejército con todas estas actitudes ayudó a destruir el gobierno de Céspedes que ordenadamente estaba preparando el camino hacia la normalización de Cuba y que por ese mismo motivo era rechazado por los ultra revolucionarios en el frenesí de hacer una revolución sin saber a derecha lo que quería decir la palabra revolución.

Al igual que históricamente ocurrió en otras épocas y en otras latitudes, la revolución se los devoraría a todos poco a poco…unos siendo asimilados por la dictadura militar; otros eliminados físicamente; otros expulsados del país; la mayoría perseguidos, aplastados y todo esto por la imprevisión de no haber sabido esperar el tiempo necesario para que el gobierno de Céspedes, que terminaría el 24 de febrero del año siguiente –una espera de sólo seis meses– encauzara la República y mantuviera las Fuerzas Armadas lo más intactas posible. No se sabe de donde partía esa idea de revolución, para revolución y por revolución y sólo revolución, sin percatarse que una revolución no puede hacer las cosas de la noche a la mañana pues simplemente tienen que organizarse, prepararse, poner en funcionamiento sus cuadros y realizar las cosas a su debido tiempo.

Por otra parte y en esto algunos autores se embriagan en el concepto de que "por primera vez Cuba fue libre". Una solemne tontería pues Cuba, como cualquier nación, para ser libre necesita tener permanencia en el tiempo. No basta con cuatro meses de demagogia y de acciones irresponsables en las cuales creían que se estaban burlando de los Estados Unidos y simplemente le estaban dando la oportunidad de que los Estados Unidos apoyaran a fuerzas más reaccionarias que las depuestas. Pagaron su error...algunos en aquel momento y otros más tarde. El error lo pagaría Cuba y aún lo estamos pagando, porque no es posible establecer un criterio tan absurdo como el que el Directorio planteaba en su manifiesto, para un gobierno provisional para resolverlo todo ayer. Después veremos como el 4 de septiembre en Columbia, en el manifiesto que suscriben se hacen elogios de personas participantes en el gobierno de Céspedes pero fue aquella una época de contradicciones.

La propaganda negativa que se había estado llevando a cabo contra el gobierno de Céspedes incluida entre otras cosas llamarlo "el gobierno de las sombras" refiriéndose a los miembros de su gabinete que eran "sombras no conocidas por el pueblo". Vamos a pasar revista a esta situación que era totalmente falsa.

Los Secretarios que representaban al ABC de Martínez Sáenz no podían ser conocidos porque esta era una organización secreta y piramidal. El Secretario de Comunicaciones Nicasio Silverio era conocido en toda Cuba como el que había implementado el atentado a Vázquez Bello. La Secretaría de Instrucción Pública estaba a cargo de Guillermo Belt un joven abogado no muy conocido realmente pero muy capacitado que más adelante, en el transcurso de la vida pública cubana se distinguiría en posiciones importantes por su talento y capacidad. La Secretaría de Obras Públicas estaba a cargo de Eduardo Chibás padre que era miembro del ABC y que había estado mezclado junto a su hijo Eduardo y Carlos Prío en hechos revolucionarios. El coronel Despaigne había sido nombrado para sanear la Lotería; era un hombre muy conocido en Cuba desde la época del gobierno de Zayas cuando desplegó su conocida honradez como Ministro de Hacienda. En la Secretaría de Gobernación estaba el coronel Federico Laredo Brú que era muy conocido por todos los cubanos por su participación en el alzamiento de los veteranos. El capitán Demetrio Castillo Pokorny designado Secretario de Guerra y Marina –posiblemente la peor selección de Céspedes– era muy bien conocido. El Secretario de la Presidencia Raúl de Cárdenas tenía en su haber una larga actuación política. El Profesor José A. Presno Albarrán, Secretario de Sanidad tenía una vasta experiencia en el ejercicio de la Medicina, tampoco era un desconocido. Rafael Santos Jiménez representando al grupo de Miguel Mariano en la posición de Secretario de Agricultura, no era ni un improvisado ni un desconocido.

El asunto no era de desconocimiento popular de los integrantes del Gabinete de Céspedes sino era cuestión de quítate tú para ponerme yo. Luego llamar a este grupo el "gabinete de las sombras" era lo mismo que decir que Céspedes desconocía el carácter del pueblo cubano, pero la propaganda desbordada, exagerada e insidiosa echada al vuelo por los periódicos y por la radio repetía y repetía y repetía y ya sabemos que repetida la mentira, eventualmente algunos consideran que se convierte en verdad. Los periódicos se habían multiplicado en número porque muchos "revolucionarios" se habían apoderado de viejos diarios que estaban cerrados porque habían sido machadistas y habían empezado a imprimir ataques similares a los utilizados contra el Presidente Zayas. La mayoría de los ataques eran infundados, llenos de veneno y persistentes creando una atmósfera propicia para la terminación del gobierno de Céspedes. El error de no poner un orden militar con toma de las ciudades por parte del Ejército como se había hecho en gobiernos anteriores, establecer censura de prensa y de radio por un tiempo limitado, e ir haciendo las cosas despacio, pero por encima de todo, manteniendo el orden público, fue lo que básicamente determinó el deterioro, la desintegración y la caída del gobierno de Carlos Manuel de Céspedes y Quesada.

El malogrado gobierno de Céspedes pudo haber sido una buena cosa con la celebración de elecciones y terminación de este período provisional en sólo seis meses. No se iban a perpetuar en el poder. No había posibilidades de implantar una dictadura puesto que no era el carácter del Presidente ni de los miembros de su Gabinete. Pero no... había que continuar la danza revolucionaria como en la revolución francesa...guillotina y más guillotina aunque en este caso no corría la sangre en esa forma, pero lo que corría simbólicamente era la sangre de la nación cubana haciéndose pedazos y preparando el terreno para que pescaran en río revuelto los grandes pescadores del norte y los oportunistas isleños. Ya veremos en detalle como Céspedes, al ser depuesto, abandona tranquilamente el Palacio, se va para su casa y después se va de Cuba. No hizo ni el más mínimo esfuerzo por retener una posición que no buscó, una posición que prácticamente le impusieron y que desempeñó –al igual que su conducta de toda su vida– con humildad, con decencia y con coraje, rehusando poner en práctica la mano dura que hacía falta en aquel momento.

El 4 de septiembre tiene sus antecedentes en la desintegración del Ejército desde el punto de vista disciplinario y del abandono de sus funciones y deberes por parte de sus oficiales, altos e intermedios. Tiene también sus antecedentes en una inquietud innata en los sargentos del Ejército que ya en anteriores ocasiones habían participado directa o indirectamente en intentonas golpistas y tiene también sus antecedentes en la labor de infiltración llevada a cabo en las Fuerzas Armadas por los grupos ultrarradicales revolucionarios opositores del gobierno de Céspedes fundamentalmente porque había sido una idea del "mediador" injerencista Sumner Welles, o sea una imposición de los Estados Unidos y esto resultaba absolutamente intolerable para aquellos hombres revolucionarios ultra nacionalistas antifascistas anti-imperialistas y dedicados a edificar la Cuba libre independiente y soberana que soñaban.

Carlos Prío jugó un papel fundamental en el 4 de septiembre con el entonces sargento Fulgencio Batista. Manuel Arán y el grupo Pro Ley y Justicia apoyaron al 4 de septiembre y trabajaron con los miembros del Ejército incluyendo a Batista desde 1933. Los juicios militares que se seguían a miembros del Directorio Estudiantil del 30 fueron el puente para establecer contactos entre estudiantes y soldados. En uno de estos se produjo el primer encuentro entre el entonces dirigente estudiantil Carlos Prío Socarrás y el sargento taquígrafo Fulgencio Batista.

Detenidos los estudiantes Carlos Prío Socarrás y Eduardo Chibás y procesados con ellos el padre de éste último y sometidos a la jurisdicción militar por el atentado terrorista realizado a las 10 AM del día 4 de agosto de 1932 en 17 y K, Vedado contra el tranvía 590 de la línea Universidad- Muelle de Luz en el que resultó herido un vigilante de la Policía de Obras Públicas, señalándose entonces que el petardo lanzado contra el tranvía había sido tirado desde un automóvil Packard que aparentemente era propiedad del padre de Chibás. Se efectuó el Consejo de Guerra el 15 de agosto de 1932. En sus declaraciones ante el Tribunal los jóvenes Chibás y Prío eximieron de responsabilidad a Eduardo Chibás padre y ratificaron sus propósitos de lucha y los motivos que inspiraban la batalla contra el gobierno de Machado. Fue un gran alegato que no pudo evitar la posición fiscal de la pena de muerte. Terminado el juicio y condenados los estudiantes el sargento Batista se acercó a ellos y les ofreció, en disimulada conversación, enviarles copias de sus valientes declaraciones. Chibás y Prío nunca recibieron tales copias, pero en aquel momento tuvieron la expresión de solidaridad del sargento Batista.

Algunos miembros del Directorio del 30 tuvieron contactos conspirativos con oficiales jóvenes entre ellos el teniente médico Armando de la Torre que perecería en el combate del Hotel Nacional. A mediados de 1933 miembros del "Comité Pro Ley y Justicia" sostuvieron entrevistas con militares y se entrevistaron con el sargento Batista en su casa en La Habana donde con él estaban los civiles Giraldo Utrera, Francisco Pérez y Miguel A. Macau. Batista, Utrera y Pérez plantearon la necesidad de realizar un movimiento contra el gobierno de Céspedes y se identificaron como miembros de una misma célula del ABC. Manuel Arán, de "Pro Ley y Justicia", anunció su retiro de la reunión porque el ABC formaba parte del gobierno mediatizado. Batista y Pérez prometieron separarse del ABC mientras Macau ratificaba su afiliación abecedario y se retiraba de la reunión.

Ricardo Adán Silva, ex oficial del Ejército dice en sus libros que el verdadero promotor de los movimientos de las clases y soldados fue el sargento Pablo Rodríguez, quien a mediados de agosto de 1933 y con el aparente fin de oponerse a una planeada depuración del Ejército comenzó a establecer contactos con otros sargentos: José Eleuterio Pedraza, Manuel López Migoya, Fulgencio Batista y Juan A. Estévez; el cabo Antonio Echevarría y los soldados Ramón Cruz y Mario Alfonso de cuyas reuniones surgió la "Junta de Defensa" que por último se llamó "Junta de los ocho".

Sus consignas eran de carácter militar: oponerse a una rebaja de sueldos o a una reducción en la tropa, demandar el uso de gorras y botas iguales a las de los oficiales, supresión de los "asistentes" que eran verdaderos criados de los oficiales, destitución del general Armando Montes como Jefe del Estado Mayor, un balneario en la playa de Jaimanitas, etc.

Los miembros del Directorio, los de "Pro Ley y Justicia" y otras personas que eventualmente se sumarían al movimiento tenían como metas fines más altos. Se oponían al gobierno de Céspedes porque éste surgió producto de la mediación de Welles y por considerarlo supeditado al diplomático. La presencia de Welles que había actuado previamente como "pro cónsul" en Santo Domingo era inaceptable para los revolucionarios. Por dos sendas diferentes llegaron militares y civiles al 4 de septiembre de 1933.

4 de septiembre de 1933

Debido a la ausencia del sargento Pablo Rodríguez la reunión fue presidida por Fulgencio Batista presentando las demandas castrenses. La larga reunión continuó en el cine del campamento donde Batista, ya como jefe del movimiento, dictó la primera orden general disponiendo que los sargentos asumieran el mando de sus unidades. En el Club de Oficiales estaban también Pablo Rodríguez –ya regresado de Matanzas–, Manuel López Migoya, Ignacio Galíndez, Belisario Hernández, Gonzalo García Pedroso, José Eleuterio Pedraza, Juan A. Estévez Maymir, Otilio Soca Llanes, José M. Pino Donoso, Emilio Álvarez Ruda, Jaime Mariné, Ulsiceno Franco Granero, Abelardo Gómez Gómez, Francisco Tarrau, Ramón Corvo Barquín; los cabos Ángel Echevarría y Juan Capote y los soldados Ramón Cruz, Mario Alfonso; el sanitario Ramón Cernadas, el veterinario Bernardo Luna, Dámaso Montesinos, los miembros de la Marina de Guerra Ángel Aurelio González, Pedro Pascual, Nicolás Cartaya, José Águila Ruiz, Mariano Gajate, Hilario González y los oficiales Francisco Tabernilla, Raimundo Ferrer, Manuel Benítez y Gregorio Querejeta.

Los primeros civiles llegados a Columbia fueron Ramiro Valdés Daussá, Mario Labourdette, José Leyva y Guillermo "Willy" Barrientos Schweyer. Poco después se unen Carlos Prío Socarrás y Juan Antonio Rubio Padilla. De nuevo Batista da lectura al pliego de reivindicaciones castrenses. ¿Para qué nos ha mandado buscar?, pregunta Prío al terminar Batista su lectura. Con este documento ustedes se condenan al fusilamiento. Nosotros los civiles no seremos fusilados y ahora mismo abandonamos el campamento. ¿Qué se puede hacer? dijo Batista. Constituir el gobierno revolucionario y tomar el poder, respondió Prío. Batista está de acuerdo y pide ampliar el número de civiles y solicita se llame a Sergio Carbó y a José Miguel Irisarri. El Directorio y Pro Ley y Justicia demandan la inclusión de Emilio Laurent, Ramón Grau San Martín, el resto del Directorio y otras figuras civiles opuestas a la mediación. Se habla de buscar soluciones e incorporar a oficiales jóvenes que no estén manchados. Prío Socarrás insiste en darle un contenido revolucionario, nacionalista y antiimperialista al movimiento. Tras un largo cambio de impresiones se acuerda incorporar el programa-manifiesto del Directorio de Agosto 22 que es leído por Juan Antonio Rubio Padilla tras lo cual se encarga Sergio Carbó de acoplar las aspiraciones castrenses y los principios revolucionarios del Directorio. Los allí reunidos acuerdan constituirse en Junta Revolucionaria y adoptan el nombre de Agrupación Revolucionaria de Cuba ese día 4 de septiembre de 1933.

Acuerdan nombrar un gobierno colegiado de cinco miembros. Se barajan nombres y se desechan los de Carlos de la Torre por su avanzada edad y el de Gustavo Cuervo Rubio por su filiación menocalista. El Directorio avanza una propuesta concreta: *Ramón Grau San Martín, Guillermo Portela, José Miguel Irisarri. Sergio Carbó y Fulgencio Batista*

Pero este último no acepta pues entiende que él pertenece al ámbito militar. Rubén Léon propone a *Porfirio Franca* que es aceptado. Carlos Prío queda como presidente de la Junta Revolucionaria y Batista como jefe militar.

Los "pentarcas" se distribuyen las distintas Secretarías de Gobierno con el título de Comisionados de la manera siguiente: Gobernación, Guerra y Marina para Carbó; Obras Públicas y Agricultura para Irisarri; Sanidad e Instrucción Pública para Grau; Estado y Justicia para Portela y Hacienda para Franca. Ricardo Sarabasa es nombrado Secretario de la Comisión Ejecutiva y el periodista Rafael Suárez Solís Secretario de Asuntos Sociales.

5 de septiembre

Ahora sólo queda convertir en hecho los planes del movimiento. Una gran parte de los reunidos se encamina a Palacio con los "pentarcas". El sargento Pablo Rodríguez es acompañado por veinticinco soldados y el sargento Batista queda a cargo de Columbia y las Fuerzas Armadas. Pablo Rodríguez y sus hombres se apostan en la puerta principal. Mientras tanto el Presidente Carlos Manuel de Céspedes está reunido con su Consejo de Secretarios después de su precipitado regreso de Isabela de Sagua –donde recorría la zona afectada por el ciclón– cuando es informado de los acontecimientos. Entrando al despacho del Presidente los miembros de la Pentarquía demandan la entrega del poder. El coronel Horacio Ferrer, Secretario de Guerra y Marina hace resistencia. La discusión se prolonga y Carlos Prío quiere entrar al despacho del Presidente pero se inhibe por no tener chaqueta que perdió durante las horas de la agitada madrugada; toma prestada la de un amigo y entra al sitio donde se encuentra Céspedes. ¿Quién es usted joven? –le pregunta el Presidente que se encuentra en medio de los trámites para traspasar el mando del gobierno. Yo soy el presidente de la Junta Revolucionaria que ha dado el golpe de estado –responde Prío. El Presidente se muestra conciliador y se dirige a los pentarcas: Pero ustedes no me han dicho esto. Todos pueden formar parte del Gabinete y no es necesario un vuelco imprudente. Prío responde: Esto es una revolución y le aconsejo que entregue el poder a los señores designados. ¿Por quién han sido designados? –pregunta Céspedes. Por el Ejército y la revolución –responde Prío. En ese caso yo me retiro –dice calmadamente el Presidente Carlos Manuel de Céspedes, quien es acompañado por Prío hacia su automóvil donde se han congregado un número de personas. Para evitar una reacción desagradable Prío comienza a aplaudir a Céspedes siendo imitado por la turba. El Presidente marcha tranquilamente a su casa y Prío se dirige hacia Columbia en un intento de incorporar a oficiales al movimiento pero estos se niegan a tratar con los sargentos. Hasta aquí la versión de los sucesos del 4 de septiembre dada por el ex Presidente Carlos Prío Socarrás al periodista Jorge Zayas a inicios de la década de los años 70.

Ahora transcribiremos otra versión de los sucesos del 4 de septiembre brindada en entrevista a Jorge Zayas por Manuel Aran –que fue miembro de "Pro Ley y Justicia"– a inicios de la década del 70 y en la cual Carlos Prío Socarrás no tiene una actuación protagónica total con sus variantes jacobinas y girondinas como en la versión anterior pero los sucesos esenciales del hecho sigue siendo los mismos, sólo hay pequeñas variantes en los detalles. En definitiva el 4 de septiembre derrocó el gobierno de Céspedes e instaló la Pentarquía siguiendo las orientaciones de Baltasar Fernández Medina, el Ministro Plenipotenciario del Uruguay en Cuba, quien gozaba de gran influencia en los medios revolucionarios, especialmente en el Directorio Estudiantil.

Una cronología en síntesis de los hechos de esos días muestra:

El 3 de septiembre el sargento Pablo Rodríguez reúne a la tropa para presentar sus reclamaciones en el Hospital Militar.

El 4 de septiembre Céspedes se encuentra en la Isabela en viaje de inspección de los estragos causados por el reciente huracán.

En la mañana del 4 de septiembre se celebra una reunión entre oficiales y alistados en el Club de Oficiales, que es presidida por el capitán Torres Menier y que fue autorizada por el jefe del Campamento de Columbia. Las clases y soldados presentan sus demandas con la asistencia de unas mil personas entre alistados y clases. Aparentemente Torres Menier está allí con la anuencia de Julio Sanguily, Jefe del Estado Mayor, para servir como intermediario entre el alto mando y las clases y soldados. Horacio Ferrer, Secretario de Guerra y Marina se entera de lo que está ocurriendo y desaprueba esta reunión que no se celebra con su autorización.

Los sargentos Pablo Rodríguez y José Eleuterio Pedraza son enviados a Matanzas para asegurar el apoyo de la guarnición de esta provincia. Batista queda en control del movimiento en Columbia.

Por su parte el Directorio está juzgando al delator José Soler Lezama, responsable de la muerte de Carlos Fuertes Blandino quien será declarado culpable y ajusticiado.

Los oficiales Manuel Benítez, Raimundo Ferrer y Francisco Tabernilla abandonan sus propios grados y lucen los de sargento para demostrar solidaridad con el movimiento que de protesta se convierte en golpista con la finalidad de derrocar el gobierno de Céspedes. Los sublevados empiezan a entrar en contacto con varias de las organizaciones más radicales para obtener el apoyo de las mismas, algunas de las cuales –aparentemente– habían hecho contacto previo con los sargentos. Entre ellas se encuentra "Pro Ley y Justicia", el "ABC Radical", el Directorio y otras de menor importancia así como revolucionarios independientes entre los que se proclaman "profesores universitarios". Estos grupos disímiles se constituyen en la "Agrupación Revolucionaria de Cuba"que emite una proclama al país anunciando que se han hecho cargo del poder como Gobierno Provisional Revolucionario, comprometiéndose a mantener las relaciones y responsabilidades cubanas y a establecer una nueva Cuba. Hay bastante controversia sobre quienes firmaron el documento y a nombre de quien lo hicieron. En definitiva los firmantes fueron: Carlos Prío Socarrás, José Morell Romero, Rafael García Bárcenas, Justo Carrillo Hernández, Guillermo Barrientos, Juan A. Rubio Padilla, Laudelino H. González, José M. Irisarri, Oscar de la Torre, Carlos Hevia, Emilio Laurent, Roberto Lago Pereda, Ramiro Valdés Daussá, Gustavo Cuervo Rubio, Guillermo Portela, Ramón Grau San Martín, Sergio Carbó, Julio E. Gaunaurd y Fulgencio Batista Zaldívar Sargento Jefe de todas las Fuerzas Armadas de la República, quien como se ve es el único miembro de las FA que suscribe este documento.

Los firmantes van a constituir una especie de junta revolucionaria cuyo presidente será Carlos Prío y van a designar a los miembros de la Pentarquía, o sea, la Comisión Ejecutiva que gobernará a Cuba.

Como se ve lo esencial de los hechos son coincidentes en las dos versiones, en la de Carlos Prío y en la de Manuel Aran. Estos eventos son únicos en la Historia de Cuba. La Pentarquía tendrá una vida efímera, casi inexistente, pues apenas durará cuatro días.

Hay dos detalles interesantes en este relato: el primero de ellos es que en el juicio de Eduardo Chibás y Carlos Prío Socarrás en 1932, el Fiscal del Tribunal Militar que pidió pena de muerte para los acusados era el capitán Raimundo Ferrer, *uno de los que ahora "se había vuelto sargento"* lo que es una gran demostración de *"integridad y moral"...un año antes pidiendo pena de muerte a dos estudiantes y un año después apoyando el golpe de estado contra el gobierno que derrocó a Machado.*

El segundo detalle es que el Directorio, que estaba exigiendo en sus manifiestos y proclamas la formación de tribunales revolucionarios que aplicaran una justicia adecuada contra los delitos civiles y militares, por su cuenta y sin contar con nadie se erigió en tribunal con juez y fiscal acusador condenando a muerte a José Soler, un delator que realmente lo merecía, pero esa no era la forma por la cual estaba abogando la organización, y lo que es peor, el propio Directorio lo ejecutó, convertido en tribunal y en fuerza armada ejecutora. Esta errática actitud se repetiría en muchas ocasiones en determinados niveles, mostrando lo poco seguro que iba a ser el futuro de la revolución. El proceso fue detención, juicio y ejecución, tan simple como eso. Esta actuación agresiva, errática y soberbia por encima de todo lo demás, repito, daba pocas esperanzas para el futuro.

Como un elemento curioso vale la pena comparar las dos listas de firmas en los distintos relatos de aquellos que hicieron, o supuestamente hicieron o no hicieron, para avalar los hechos revolucionarios de ese día. De ahí el comentario hecho al principio de que los que firmaban, no se sabía por quien firmaban ni para que firmaban ni a quien representaban. Como se ve esta era una actuación completamente anormal, de ahí que la Pentarquía dura cuatro días y el gobierno de Grau va a durar menos de cuatro meses, puesto que este grupo denominado Agrupación Revolucionaria de Cuba o Junta Revolucionaria de Columbia no demostraba sensatez ni madurez para afrontar una situación tan complicada como la que se estaba viviendo en esos momentos. La razón es que no había ningún líder importante dentro de ellos y no había además un apoyo popular masivo. Tampoco existía una verdadera cohesión entre las fuerzas actuantes, es decir, no había un movimiento revolucionario completo y éstas eran las fuerzas que estaban determinando los destinos de Cuba. La utopía sostenida por muchos de que se estaba creando por primera vez una Cuba libre, se deshace frente a la pregunta: ¿Quiénes eran los que la estaban creando? ¿Cuál era su programa para una Cuba libre? ¿Qué estaban haciendo para que fuera realidad y verdad el programa que enarbolaban? Porque eran una serie de hechos improvisados, voluntariosos e impuestos a la población. Esa era la triste realidad que no se veía, pero que estaba presente.

El gobierno de Céspedes había entrado a formar parte de la Historia de la República después de un laborioso parto que ya hemos visto, y salió de la vida pública nacional como un aborto incompleto que dio origen a un engendro llamado Pentarquía, a la cual sucedieron, a su vez, varios mini-gobiernos…Grau, Hevia, Mendieta, Barnet y Miguel Mariano, fueron modelando lo que desafortunadamente ocurriría después…la dictadura militar de Fulgencio Batista Zaldívar. Como vemos aquellos vientos de 1933 dieron origen a tempestades posteriores, y finalmente al huracán categoría 5 de 1959 que todavía estamos padeciendo.

El depuesto Presidente Céspedes, como es lógico, había tenido que gobernar por decreto puesto que no existía un Congreso. Sus principales decretos fueron los siguientes:

Primero el mensaje Presidencial comunicándole al Congreso y al pueblo su toma de posesión.

Un decreto que suprime el último de Machado que dejaba sin efecto el pago de las obligaciones de la República de Cuba.

Decreto autorizando al Secretario de Guerra y Marina para llamar al servicio activo a aquellos oficiales retirados que se estimara conveniente.

Decreto que nombra gobernadores y alcaldes municipales de facto. Otro señalando la fecha del 24 de febrero de 1934 para celebrar elecciones generales que llenaran todos los cargos electivos de la República.

Otro creando una Comisión Consultiva y facultándola para implementar todos los aspectos de los decretos anteriores.

Decreto aceptando todas las obligaciones de Cuba incluso las posteriores a 1929. Otro estableciendo que continuará vigente toda la legislación y todos los decretos anteriores hasta que fueran derogados.

El último decreto es el que acepta la renuncia de los Secretarios de Despacho el 5 de septiembre, pero el Presidente Céspedes nunca renunció.

Así terminó el cortísimo gobierno de Carlos Manuel de Céspedes Quesada, que pudo haber sido bueno de haber recibido el apoyo necesario y de no haber estado sometido a la andanada de críticas de la prensa, radio y otros medios, infundadas la mayoría de ellas. Resultó un gobierno ineficaz y de carácter transitorio que dejó a la República en una situación igual o peor al estado en que la encontró.

El fracaso lo podemos resumir de esta manera: trató de ser moderado y civilista en medio de una situación revolucionaria y mucha agitación popular en la que se hacía absolutamente necesaria la aplicación de la fuerza para mantener el orden público. Por otra parte, al declarar que iba a ser un gobierno de transición y de corta duración ahuyentó a muchos elementos políticos que se resistían a tomar posesión en un gobierno de muy breve duración y al final del cual se verían desprovistos de toda posibilidad de volver a gobernar. Al no imponer, al menos temporalmente, una censura de prensa y radio permitió que se desaforaran todos los diarios y radioemisoras, especialmente los periódicos de nueva formación, aquéllos puestos a circular por "revolucionarios" que se apoderaron de diarios machadistas cerrados. La labor de la prensa fue muy destructora, produciendo un rápido descrédito del gobierno, el aumento de la inseguridad social y promoviendo la sublevación de la soldadesca.

Ni Céspedes, ni ninguno de sus Secretarios de Despacho ni las autoridades que pertenecieron a su gobierno tuvieron el menor problema puesto que si de algo se les podía acusar es de no haber hecho lo necesario. Nada malo habían cometido y por lo tanto al caer el gobierno cada cual se fue a su casa. De esta forma nació y murió el gobierno de Carlos Manuel de Céspedes Quesada de agosto a septiembre de 1933.

Pese a toda la aseveración sesuda de la mayoría de nuestros historiadores sobre el gran peso político que tenían los movimientos revolucionarios en la época de Machado, ninguno de ellos, ni siquiera el mayoritario en membresía que era el ABC, el cual además poseía buenos líderes políticos, estuvo lo suficientemente arraigado en el conocimiento y la mentalidad popular para recibir el apoyo necesario y formar, si no la totalidad, al menos la mayoría de un gobierno. Tampoco fueron lo suficientemente inteligentes para percatarse de que sólo con el apoyo de las Fuerzas Armadas era posible obtener el poder y mantenerse en él. El Directorio, en su manifiesto cacareaba que era el único representante del pueblo de Cuba y que era reconocido por todo el mundo, pero sus afirmaciones no tenían fundamento pues eso era falso. El Directorio no apoyó a Céspedes y dicen los historiadores que por eso cayó su gobierno. Sin embargo el Directorio apoyó la Pentarquía; es más, la hizo…y la Pentarquía cayó en cuatro días. El Directorio apoyó a Grau San Martín, y Grau no llegó a los cuatro meses. Después, aunque el Directorio no existía ya como tal, apoyó a Hevia, y éste no duró nada. Es más, el mismo Directorio en el mes de diciembre de 1933 desapareció después que una asamblea universitaria multitudinaria determinó que los estudiantes debían salirse de la política y solamente los miembros del Directorio que estaban en la Junta Revolucionaria se mantuvieron en ella. Pero el Directorio como tal dejó de existir; o sea, que toda la poesía romántico-guerrera del Directorio es preciosa, es bonita y debemos confesar que en nuestra juventud llegó a impresionarnos y a entusiasmarnos, pero analizada a la distancia y con mayor objetividad nos damos cuenta que no tenía una base real.

Los gobiernos en Cuba como en todas partes se habían mantenido siempre si las Fuerzas Armadas estaban realmente a su servicio y lo apoyaban. Machado fue derribado por el Ejército. Céspedes fue derribado –más bien "soplado"– por el Ejército. La Pentarquía no hubo que hacerle nada...se disolvió como la sal en el agua. Grau, que trató inútilmente de llegar a un arreglo con Batista y con el Ejército, al no lograrlo desapareció también. Batista, cuando ya estuvo lo suficientemente fuerte empujó y empujó, y tumbó a Grau. De igual modo Hevia, Mendieta, Barnet y Miguel Mariano fueron sucesivamente cayendo por el empuje de la dictadura de Batista que si toleró a Laredo Brú era porque ya en esa época no le importaba quien fuera el Presidente, puesto que todo se resolvía desde Columbia. El error de Céspedes por lo tanto fue el no haber contado o no haber trabajado con las Fuerzas Armadas desde el mismo momento que tomó posesión. A esto no hay que darle mas vueltas, pues es la triste realidad. Los revolucionarios oposicionistas de Machado no tenían fuerza política ni tampoco la poseían en la época de Céspedes. Fueron las Fuerzas Armadas las que hicieron el trabajo. El terrorismo no tenía cabida en la época de Céspedes como lo tuvo en la de Machado, puesto que el primero no encarceló a nadie, no mató a nadie y no ejerció el terrorismo. Las Fuerzas Armadas fueron las determinantes de su caída.

Una vez iniciado el ciclo democrático con las elecciones de 1940, Grau en 1944 tuvo que hacer muchas filigranas con las Fuerzas Armadas, y aún así se enfrentó a dos o tres conspiraciones, pero tuvo habilidad y suerte escapando a un golpe de estado. Prío no contó con la misma fortuna y las Fuerzas Armadas lo derribaron. Batista, en su segundo período, cuando necesitó el apoyo total en la guerrita que se celebraba y fue abandonado por las Fuerzas Armadas, también cayó. Estrada Palma cayó porque no tenía Fuerzas Armadas. José Miguel, Menocal y Zayas no cayeron porque contaron con el apoyo de los militares. La fuerza bruta y no la de la razón, es la imperante aunque esto nos duela profundamente, pero es la verdad.

Esto ocurre no solamente en Cuba sino en todas partes del mundo y en todos los tiempos. El único de los gobernantes cubanos que se aprendió la lección antes de ir al colegio fue Fidel Castro, que se ha mantenido en el poder porque hizo y modeló sus Fuerzas Armadas, y es su primera real preocupación. Por eso es que no ha tenido ni una gran conspiración ni ha estado cerca de ser derribado. Esto es triste, pero es así.

Hagamos ahora un esbozo biográfico de los pentarcas:

José Miguel Irizarri Gamio: Nació en Abreus provincia de Santa Clara en 1895. Cursó la primera y la segunda enseñanza en España. Esto nos hace suponer que su familia estaba relacionada con el gobierno colonial y abandonó Cuba en el momento de la Independencia. A su regreso a la Isla se graduó de abogado en la Universidad de La Habana, lo cual debe haber ocurrido en los años finales de la década del 10. Ejerció su profesión y fue nombrado abogado del Royal Bank of Canada. No es hasta 1930 que su nombre aparece en público al presentar en un simposio organizado por el Colegio de Abogados de La Habana una disertación titulada "La moneda cubana y los problemas económicos" que resultó de tal envergadura que fue publicada por el Colegio en forma de libro. En ese año de 1930 realiza su única acción contra el gobierno de Machado cuando fue nombrado como supervisor de un colegio electoral para las elecciones de ese año y rechaza el nombramiento. Dice el autor de esta mini biografía que esto ocasionó su arresto, y al ser perseguido se vio forzado a exiliarse. Nos llama poderosamente la atención que esta nadería, en un momento en que ocurrían tiroteos, explosiones, etc., fuera la causa de que el señor Irizarri tuviese que exilarse. Ya en Miami, entra en contacto –no sabemos tampoco como– con los miembros del Directorio Estudiantil que allí se encontraban –entre ellos Willy Barrientos– y se le encarga hacer la ponencia del manifiesto del Directorio que iba a ser promulgado en Cuba por primera vez en julio 18 de 1933, o sea, antes de la caída de Machado, pero que fue pospuesta su publicación hasta agosto 22 de 1933, o sea, ya en pleno gobierno de Céspedes. En este manifiesto se habla por primera vez de que se debe constituir un gobierno colegiado. ¿De quién fue la idea…del Directorio o de Irizarri? No lo sabemos. Recordemos que Irizarri fue uno de los dos civiles que Batista propuso para integrarse al movimiento desde su inicio, siendo el otro Sergio Carbó. Siendo Irizarri miembro de la Comisión Ejecutiva se le dio la responsabilidad de Agricultura, Comunicaciones, Trabajo y Obras Públicas. Fue uno de los que planteó la disolución de la Pentarquía cuando dijo "esto hay que terminarlo porque estamos sentados sobre un volcán". En 1934 fue nombrado Consejero de Estado pero no lo aceptó. Fue miembro de la llamada "liga trotskista" y fundador de la "Joven Cuba" la que abandonó en 1935 a la muerte de Guiteras. Reaparece su nombre después de la entrada de

Cuba en la Segunda Guerra Mundial como encargado de la Agencia de Exportación e Importación durante el régimen de Batista en 1942. Inmediatamente y también en este año, del 42 al 43, ocupa el cargo de Ministro de Hacienda de Batista. No entendemos como se puede haber sido fundador de la Joven Cuba y ocupar estas posiciones. Mas tarde forma parte de la comisión redactora del proyecto de ley que daría origen al BANFAIC (1949-50) durante el gobierno de Carlos Prío Socarrás. En 1951 fue nombrado Vicepresidente Agrícola del Banco de Fomento Agrícola e Industrial (BANFAIC) cargo que ocupó hasta 1952. Fue también presidente del Fondo de Estabilización Tabacalera, Asesor del recién creado Banco Nacional de Cuba. Era casado y falleció en La Habana en octubre de 1968, o sea en plena revolución castrista en el poder sin que nunca fuera molestado en forma alguna pese a sus antecedentes. Esto también llama poderosamente mi atención.

Guillermo Portela Möller: Nació en La Habana el 1º de noviembre de 1886. Estudió Leyes en la Universidad de La Habana y fue Profesor de la misma. Ocupó el cargo de Presidente del Consejo de Defensa Social. Su cátedra era la de Derecho Penal. Llegó al decanato de su escuela y por breve tiempo Rector interino de la Universidad. El gobierno de Batista en 1940 le concede la Orden Carlos Manuel de Céspedes. En 1948 fue nombrado Magistrado del Tribunal Supremo por el Presidente Prío, cargo que ocupó hasta su muerte ocurrida en 1958. Estaba casado con una hermana de Demetrio Castillo-Pokorny que antes del 4 de septiembre era Secretario en el gobierno de Céspedes. Por su colaboración con el Directorio tuvo que exiliarse en Nueva York. Fue el primero de los Pentarcas en renunciar puesto que estaba inconforme con ocupar el segundo plano que él estimaba le daba las Secretarías de Justicia y de Relaciones Exteriores.

Sergio Carbó Morera: Había nacido en La Habana el 20 de julio de 1891. Estudió Derecho y Arquitectura en la Universidad de La Habana pero tuvo que abandonar sus estudios por tener que trabajar cuando quedó huérfano a los 17 años. Entonces se dedicó al periodismo como cronista de teatro y después como reportero en *El Día, El Fígaro y La Prensa*. En 1921 funda el diario *La Libertad* de tendencia "zayista" que fue de muy breve duración. En 1925 funda *La Semana* que llegó a ser la publicación de mayor circulación en la Cuba de la época por la calidad de sus artículos, en una actitud de oposición a

Machado. Fue uno de los tres dirigentes del desembarco de Gibara en 1931 y esto lo hizo acreedor de gran popularidad. Referimos al lector a lo dicho previamente respecto a esa expedición y en la ficha biográfica de Irisarri. Como pentarca estuvo a cargo de las Secretarías de Gobernación y de Guerra y Marina. Cometió el error de promover el decreto nombrando al sargento Batista como coronel. Al cesar la Pentarquía Carbó se dedica a cultivador de café en la provincia de Oriente. Regresa a La Habana en 1937 cuando inauguró un programa noticioso radial de gran éxito llamado "Radiario Nacional" que duró hasta 1941 cuando fundó el diario *Prensa Libre* que estuvo vigente hasta el año 1960 cuando fue confiscado por Fidel Castro.

Durante su fecunda labor periodística recibió numerosos premios nacionales y extranjeros. Recibió la Orden Nacional de Céspedes. En 1957 recibe el *Premio Mergenthaler* otorgado por la Sociedad Interamericana de Prensa. Fue parte del Comité Ejecutivo de esta organización durante muchos años. Tuvo que abandonar Cuba debido al castro comunismo y vivió en el exilio en los Estados Unidos hasta su fallecimiento el 18 de abril de 1971. Además de sus artículos periodísticos escribió dos libros: *La no retroactividad de las leyes civiles como única fórmula de salvar la economía nacional* y en 1929 *Un viaje a la Rusia Roja,* donde critica acerbamente el régimen soviético.

Ramón Grau San Martín: Nació en una finca de Consolación del Norte provincia de Pinar del Río el 13 de septiembre de 1882. Se graduó de Doctor en Medicina y de Doctor en Ciencias en la Universidad de La Habana en 1912. Hizo estudios de postgraduado en Francia, Italia y España. En 1921 es designado Profesor Titular de la Cátedra de Fisiología de la Escuela de Medicina de la Universidad de La Habana. Desarrolló una actividad científica extraordinaria con numerosos artículos y libros publicados. Participó en actividades revolucionarias durante la época de Machado junto al Directorio y esto le valió varios meses de prisión en los años 1931-32. En 1933 partió al exilio del cual regresó a la caída de Machado con un gran recibimiento preparado por el Directorio. Fue uno de los profesores universitarios participantes en el 4 de septiembre. Fue nombrado pentarca por sugerencia del Directorio. Al cesar la Pentarquía Grau dijo que él no renunciaba mientras el Directorio no lo hiciera. El Directorio lo nombró –con la aceptación de los demás– como Presidente Provisional el 10 de septiembre de 1933 en un gobierno que duraría hasta el 15 de enero de

1934. Tuvo que exiliarse en 1935 hasta 1938 debido a su enemistad con la dictadura de Batista. Fue fundador del Partido Revolucionario Cubano (Auténtico) en 1934 y con esta organización participó en la Convención Constituyente de 1940 como presidente electo de la misma. Cuando Menocal cambió la posición política de su grupo Grau es sustituido por Carlos Márquez Sterling. En 1940 es derrotado por Batista en las elecciones presidenciales pero en 1944 es electo Presidente con un amplio margen, gobernando desde el 10 de octubre de 1944 hasta el 10 de octubre de 1948.

Porfirio Franca y Álvarez de la Campa: Fue propuesto por Rubén de León para ser el quinto miembro de la Pentarquía. Era banquero y economista de profesión. Ocupó una posición de importancia en el llamado Banco Nacional de Cuba antes y después del "crash" bancario en 1921. Más tarde fue gerente del National City Bank de New York en La Habana. En 1944 fue designado Director de la Renta de Lotería por el Presidente Grau, posición que ocupó por breve tiempo. Durante muchos años fue presidente del Vedado Tennis Club. Ocupó diversos cargos económicos privados y públicos en Cuba. Murió en mayo de 1950. Durante la Pentarquía estuvo seriamente disgustado con los otros cuatro comisionados debido a que sus proyectos económicos como Secretario de Hacienda no eran bien entendidos por los demás y él se oponía a las medidas radicales e improvisadas.

A Sergio Carbó y a José Miguel Irisarri –los dos civiles seleccionados por Batista para ser parte del movimiento– se le atribuye la autoría de la proclama de la Agrupación Revolucionaria emitida el 4 de septiembre de 1933, sin que exista ninguna prueba para hacer esta afirmación. Para nosotros Irisarri es el personaje enigmático, misterioso y no bien situado en los libros consultados en cuanto a su papel el 4 de septiembre y posteriormente. Otra cosa que llama la atención por aparecer en casi todos los libros de Historia, es la peregrina idea de que Cuba en esos días era absolutamente libre e independiente y que actuaba sin interesarle ni lo que hacía ni lo que pensaba el vecino del Norte. Esto es otra de las tantas falacias que se han repetido. Vamos a ver que decía Sumner Welles en su diario:

Septiembre 5… 8 AM… Se ha formado un gobierno revolucionario por elementos radicales. Un sargento llamado Batista se ha instalado como Jefe del Estado Mayor.

Septiembre 6... Parece muy improbable que un gobierno compuesto por estudiantes y soldados, que durante los últimos días han estado dedicados casi exclusivamente a asesinar machadistas, pueda ser un gobierno capaz de proteger la vida, la propiedad y la libertad individual.

Septiembre 7... Una gran concentración comunista para protestar especialmente contra los Estados Unidos y para pedir la constitución de un gobierno soviético está organizándose en el Parque Central. Soldados y policías con ametralladoras despachados por Batista han ido al parque, y a última hora se me informa que la manifestación no se llevará a efecto.

El Secretario de Estado norteamericano Mr. Cordell Hull manifiesta al Embajador Welles que no desea desembarcar Infantes de Marina en Cuba a menos que se vea obligado a hacerlo. No obstante buques de guerra de los Estados Unidos van llegando a aguas cubanas Aunque el Embajador aconseja a su gobierno apoyar un movimiento que respalde al depuesto gobierno de Céspedes, el Presidente Roosevelt se opone. Entretanto 29 barcos de guerra norteamericanos están listos para entrar en acción en Cuba y el Secretario de Marina de los Estados Unidos, Mr Claude A. Swanson llega al puerto de La Habana a bordo del crucero *Indianápolis,* pero no desembarca. Previamente el Embajador Welles había pedido al Secretario Hull el envío de buques de guerra, y con el consentimiento del Presidente Roosevelt, despachó hacia La Habana los barcos de guerra *Taylor y Claxton* al mando del Almirante Howard. Como se ve el gobierno norteamericano "non queiro non queiro pero échamelo en el sombreiro". No querían intervenir pero tenían lista una gran armada para entrar en Cuba si hacía falta, o mejor dicho, si a ellos les hacía falta.

El día 6 el secretario de la Pentarquía Ricardo Sarabasa ofreció una nota de prensa que terminaba diciendo: *"garantizada la tranquilidad...a los pocos días se les entregará el mando a los altos oficiales de las Fuerzas Armadas".* Batista, en una declaración aparecida en el periódico *El País* dice que están seleccionados los jefes y oficiales que tomarán posesión de los mandos del Ejército y de la Marina. Esto no quería decir en modo alguno que iban a ser los antiguos, y efectivamente así fue. Fueron los nuevos, designados por Batista, pero se quiso entender que eran los antiguos... por los que querían entenderlo.

Al día siguiente Márquez Sterling entregaba una nota al Subsecretario de Estado Caffery diciendo que a fin de restablecer y asegurar el orden, la Comisión Ejecutiva había decidido volver a poner en sus puestos a los antiguos altos jefes del Ejército y de la Marina. Como vemos, esto no era cierto y por supuesto no ocurrió. Un día después unos doscientos oficiales de todas las armas se reúnen en Palacio con el Comisionado de Guerra y Marina Sergio Carbó, pero no se llega a ningún acuerdo. En las notas del diario de Sumner Welles se aprecia una buena diferencia entre la primera de las 8 de la mañana del 5 de septiembre con respecto a Batista, y las subsiguientes durante días y meses posteriores en las cuales va cambiando el tono y la forma en que habla de Batista. Ya veremos esto detenidamente. Welles seguía haciendo su juego a pesar de que aparentemente había sido derrotado. Todo esto no hace más que ratificar lo que dijimos…no se estaba haciendo nada alejado e ignorado por los Estados Unidos.

Vamos a ver ahora una de las tantas cosas absurdas e insólitas ocurridas durante estos días y que tanto pesaron en el futuro de la República de Cuba. Después de la fallida reunión con los oficiales del antiguo Ejército, y en un arranque de soberbia e impetuosidad, de violencia y de resabio, el Comisionado Sergio Carbó expide el día 8 el decreto 1538 de su Secretaría que dice lo siguiente: *"en nombre de la Comisión Ejecutiva y en mi carácter de Secretario de Guerra y Marina y de Gobernación resuelvo: 1. Ascender al sargento Fulgencio Batista Zaldívar perteneciente al Sexto Distrito, al grado de coronel por méritos de guerra y excepcionales servicios prestados a la patria; 2 Nombrar al coronel Batista Jefe del Estado Mayor del Ejército"*. Este decreto lo expide Carbó después de haber consultado con Prío Socarrás y Rubén de León –miembros del Directorio– y sin haber contado con ninguno de los otros Comisionados, lo cual era un requisito indispensable para hacer una cosa semejante.

Suponemos nosotros que durante la larga vida que le faltaba vivir a Carbó en esta tierra, alguna vez en sus pesadillas le haya venido a la mente esta decisión con esos "elogios" tan inmerecidos y falsos al sargento Batista. Iniciaba con eso la carrera ascendente de Batista hacia la dictadura militar, que eventualmente alcanzaría personalmente a Carbó. Por otra parte, la aparente unidad entre el Directorio y las Fuerzas Armadas, comenzaría a desarrollarse el mismísimo día 5 de septiembre por la tarde y entonces, el todavía sargento Batista, va a visitar a Sumner Welles. Veamos lo que este último informa al Secretario Hull:

> *El sargento Batista, acompañado del sargento Santana me visitó en la embajada...ninguno de ellos parece tener una idea clara de la finalidad del movimiento de clases y soldados. El propósito de la visita es el de cerciorarse de mi actitud hacia el Grupo Revolucionario, y si la instalación de un gobierno encabezado por ese grupo sería acogida favorablemente por el gobierno de los Estados Unidos. Mi respuesta fue que no tenía comentarios que hacer. Les pregunté que medidas habían adoptado para mantener el orden público en La Habana, y me dieron las más amplias seguridades aunque era completamente claro que no habían pasado más allá de la custodia a Embajadas, Legaciones y Bancos extranjeros. Concluí diciendo que les recibiría siempre con sumo gusto y que en cualquier momento que quisiera podrían venir a visitarme".*

Más adelante veremos con detalle como Sumner Welles fue poco a poco asumiendo un control casi absoluto sobre Batista, y llegó, antes de salir de Cuba en noviembre de 1933, a dejar a su sucesor Jefferson Caffery el cuadro preparado para la deposición de Grau y eventos subsecuentes, con lo que se reafirmaría la dictadura del coronel –ya no era un sargento llamado Batista. En el transcurso de los mensajes enviados al Departamento de Estado se menciona a *"nuestro hombre en La Habana".*

Muchos autores han considerado la labor de Welles como un fracaso porque el gobierno de Céspedes fue depuesto, sin embargo nuevamente estamos en desacuerdo con una opinión demasiado cargada de sentimientos contra un personaje odioso –Sumner Welles–porque realmente él estaba al servicio de su país, trabajaba para su Cancillería; el objetivo de Franklin Delano Roosevelt era tener una Cuba "quieta" con un gobierno cooperativo al cual se le pudieran dar ciertas facilidades, del cual se pudieran obtener todas las ventajas que el caso requiriera para que los Estados Unidos siguieran manteniendo los pasos previos a la caída de Machado. Welles perdió la primera mano con la caída de Céspedes y de la Pentarquía, pero terminó llevándose el gato al agua con la caída de Grau y con el nombramiento de Mendieta, y con éste, el gobierno norteamericano cambió el tratado de reciprocidad, abolió la Enmienda Platt y estableció firmes lazos con

Batista para que Cuba, sin comerlo ni beberlo, participara en la Segunda Guerra Mundial y diera espacio a los Estados Unidos para establecer bases navales y sobre todo aéreas –la Cayuga y San Julián– así como otras ventajas, regresando al status del tiempo de Menocal y la dependencia, porque la realidad se imponía sobre la fantasía.

Si hubiera habido más cordura, más mesura, mas actuaciones sólidas se hubiera conseguido lo que logró Zayas, pero nadie aprendió de la Historia de ese período y muchísimo menos los revolucionarios del 33.

Para reafirmar lo absurdo de la situación y el golpe de estado del 4 de septiembre, vamos a transcribir literalmente unas líneas del documento o manifiesto Directorio-Fuerzas Armadas: *"Por considerar que el actual gobierno no responde a la demanda urgente de la Revolución, **no obstante la buena fe y el patriotismo** de sus componentes"*. Si lees bien esto, es lo que dijo la Agrupación Revolucionaria del gobierno que acababan de deponer. Vale la pregunta: *y si los componentes de ese gobierno tenían buena fe y patriotismo... ¿por qué lo depusieron?* Nadie puede responder a esto. Esto es un ejemplo más de la situación prácticamente esquizofrénica que se estaba viviendo.

En la proclama leída por el sargento Batista hubo una frase que todos habrán oído y leído innumerables veces, siempre con el objeto de ocultar la realidad: *"Tampoco existe el peligro comunista, que ha sido siempre el fantasma, con que desde hace años se pretende ahogar, desacreditándolo así, todo movimiento de opinión pública. El País reclama un cambio de frente: no se ha producido la revolución para que un hombre desaparezca del escenario político sino para que cambie el régimen, para que desaparezca el sistema colonial que 31 años después del 20 de mayo de 1902, continuaba ahogando al País...No será una república fascista, ni socialista, ni comunista, sino que tendrá la orientación que la voluntad de la mayoría del país quiera darle"*. ¿Quién escribió este manifiesto del Ejército? ¡De seguro que no fue Batista! Fue un civil pero no podemos asegurar quien lo redactó.

Las medidas tomadas por la Comisión Ejecutiva o Pentarquía fueron las siguientes:

1. Designar Secretario de la Comisión a Ricardo Sarabasa;

2. Nombrar a Guillermo Portela Möller representante ante el cuerpo diplomático acreditado;
3. Comunicar al cuerpo diplomático y consular la constitución de la Comisión Ejecutiva y los dos acuerdos precedentes;
4. Nombrar Jefe del Estado Mayor del Ejército al sargento Batista;
5. Nombrar Jefe de la Policía de La Habana al teniente Emilio Laurent;
6. Designar a Rafael Suárez Solís para dar viabilidad a la solución de los problemas sociales existentes.

La situación de la Pentarquía se hizo insostenible por falta de apoyo popular. Los comisionados eran jocosamente llamados "comisarios", y esto le daba un cierto tinte comunista que en realidad no tenía, pero que le hizo mucho daño. El apoyo prestado a Céspedes por los Estados Unidos, que como vimos resultó en un aumento de la enemistad hacia el gobierno de los grupos revolucionarios, ni siquiera se le ofreció a la Comisión. Es mas se dijo que el Presidente Roosevelt anunció que no había reconocido ni iba a reconocer a la Pentarquía. La situación económica no podía ser peor pues no había dinero ni forma de conseguirlo. Se fracasó en la gestión de incorporar antiguos oficiales a las Fuerzas Armadas para equilibrar la situación. Irisarri dijo que estaban sobre un volcán, Portela dijo que él no estaría ni un día mas, Franca estaba en desacuerdo en el aspecto económico con el resto de los comisionados, Carbó dijo que si esta forma de gobierno no era aceptado por el pueblo de Cuba, había que cambiarlo. Grau fue el único que dijo permanecería mientras el Directorio permaneciera y por supuesto, fue el que se quedó.

El gobierno provisional revolucionario del Dr. Ramón Grau San Martín comenzó el 10 de septiembre de 1933 y también fue de corta duración –aproximadamente cuatro meses y unos días. Se iba a caracterizar, en la parte que pudiéramos llamar positiva, por la promulgación de una serie de decretos con fuerza de ley perfeccionando y ampliando hechos que no eran esencialmente originales de este gobierno; medidas de enorme contenido social, muy populares por supuesto, que fue lo único que le dio respiro y respaldo a este gobierno, pero que a la postre no pudo evitar su caída. Debemos anotar los tres episodios que conmovieron al gobierno y que estuvieron a punto de hacerlo caer. El primero de ellos fue el famoso entierro de las cenizas de Mella. El segundo evento fue el asalto por parte de las fuerzas del gobierno y de algunos grupos revolucionarios al Hotel Nacional para desalojar a unos cuatrocientos oficiales del Ejército y de la Marina que se habían refugiado allí. Tercero, el alzamiento de parte del ABC y algunos oficiales de grado y otras organizaciones revolucionarias, el 8 de noviembre más la serie de presiones e intrigas durante toda la duración del gobierno perpetradas por Fulgencio Batista en combinación con el delegado de los Estados Unidos, que no había reconocido al gobierno de Grau, Benjamín Sumner Welles y su sucesor Jefferson Caffery, que eventualmente produjeron la caída del gobierno el 15 de enero de 1934, con ciertos ribetes similares a los de todo este período, completamente inesperados, anormales y fuera de toda lógica.

Disuelta la Pentarquía, la Junta Revolucionaria, a propuesta de Chibás y Rubio Padilla y con el apoyo de Prío y Barrera, nombran a Grau Presidente Provisional quien ante una multitud toma posesión de la Presidencia en la terraza del Palacio Presidencial el 10 de septiembre de 1933. Hay un hecho constante que hay que hacer resaltar y es que no hubo acusaciones de corrupción administrativa, de sobornos ni de ningún tipo de acciones que pusieran en duda su honradez, lo que fue el reverso de la medalla comparado con su actuación como Presidente Constitucional de 1944 al 1948. Hubo una serie de decisiones súper nacionalistas que no tuvieron resultado práctico alguno sino que por el contrario aceleraron su caída

El gobierno de Grau nombra como Secretario de Estado a Manuel Márquez Sterling, Joaquín del Riego Balmaseda en Justicia, Antonio Guiteras Holmes en Gobernación, Manuel Despaigne Rivery en Hacienda, Gustavo Moreno Lastre en Obras Públicas, Carlos Hevia de los Reyes Gavilán en Agricultura, Comercio y Trabajo más tarde transformado en Agricultura y Comercio; Manuel Costales Latatú en Instrucción Pública y Bellas Artes; Carlos E. Finlay Shine en Sanidad y Beneficencia; Miguel Ángel Fernández de Velazco en Comunicaciones; Julio Aguado Andreu en Guerra y Marina y Ramiro Capablanca Graupera en Presidencia. Guiteras fue el más combatido de todos los Secretarios.

Al igual que lo había hecho el 5 de septiembre, nuevamente Sumner Welles comienza a enviar cablegramas al Departamento de Estado. Ya pasaremos revista a estas comunicaciones enviadas desde el 5 de septiembre hasta el 13 de diciembre. La heterogénea oposición a Grau estaba compuesta por el ABC, Menocal, Mendieta y su Unión Nacionalista, Miguel Mariano, antiguos oficiales del Ejército, el Partido Comunista, los sectores económicos, y por supuesto Sumner Welles, con su aliado y compinche Batista, bajo sus recién estrenados grados de coronel, unido con todos sus sargentos y fieles seguidores.

El otro hecho de gran importancia ocurrido durante el gobierno de Grau San Martín fue la celebración de la Sexta Conferencia Interamericana el 3 de diciembre en Montevideo. La delegación hizo un trabajo magnífico, y en la cual el Secretario Hull prometió que la Enmienda Platt sería eliminada cuando en Cuba hubiera un gobierno estable. No se produjo mientras Grau estuvo en el gobierno.

Revisemos ahora la actuación de Welles durante este período. Ya hemos hablado previamente de la entrevista con Batista y Santana. En el mes de septiembre se producen entrevistas entre el diplomático y el Directorio, otra con Grau y la segunda entrevista con Batista sobre la que Welles reporta que "su actitud fue extremadamente razonable y repetidas veces hizo hincapié en el hecho de que la terquedad de los estudiantes y la de Grau no permitía arribar a una solución inmediata del problema político...*le expuse con claridad nuestra política y lo llevé al convencimiento de que no teníamos prejuicios*...Batista expresó el criterio de que había que encontrar una solución. Estaban presentes Antonio González de Mendoza, el Dr. Félix Granados del Club Rotario de La Habana, y el ayudante de Batista capitán Raimundo Ferrer. *Se planteó la sustitución de Grau por una persona que fuera capaz de formar un gobierno de concentración nacional y esta sugerencia encontró oídos favorables en Batista*

Dos días después del combate del Hotel Nacional, Batista visita de nuevo a Welles y éste informa al Secretario Hull: *"Batista vino a verme a la embajada...sostuve una conversación que duró hora y media. Me dio informes detallados de lo del Nacional y me aseguró que la muerte de oficiales y soldados después de rendirse los primeros se debió al fuego que hicieron éstos, y que por la excitación que sobrevino le fue imposible a él refrenar a sus soldados. ...le dije que él era la única persona que representaba la autoridad en Cuba...le dije que el presente gobierno no reúne los requisitos para que el de los Estados Unidos lo reconozca...me pareció a mi que lo que se interponía para un arreglo equitativo...era la antipatriótica y vana obstinación de un pequeño grupo de jóvenes que deberían estar estudiando en la Universidad en lugar de jugar a la política....y le sugerí que actuara de intermediario entre los grupos discrepantes a través de la fuerza de su autoridad para encontrar una solución razonable para que Cuba tuviera un gobierno, que tuviera la confianza de todos...Batista lo más enfáticamente estuvo de acuerdo conmigo...me recordó sus repetidas entrevistas con el ABC, Mendieta y Gómez...hizo hincapié que Menocal debería ser excluido de esa solución...que los líderes del ABC eran hombres capacitados y patriotas con los que se podía trabajar a pesar de que conspirara contra el Ejército...me preguntó si podía verme con frecuencia".*

De pleno acuerdo Welles y Batista, el 29 de octubre los sectores oposicionistas celebran una reunión y elaboran un plan por el cual Batista y Welles apoyan al coronel Mendieta para que este sustituya a Grau. Mendieta rechaza este plan pero dos días después, el 1º de noviembre, cambia de opinión y lo acepta a condición de que los civiles más allegados a Grau y los más radicales estén de acuerdo con el plan. El 2 de noviembre Batista, Carbó y Carlos Prío se reúnen en la casa de Carbó. Los dos primeros creen que debe producirse la sustitución del Presidente, pero Prío exige la celebración de una reunión más amplia y en la cual participe Grau. Enojado al ser informado, Grau dice pedirá la renuncia de su Gabinete y renunciará él mismo. El Directorio no acepta la renuncia y Grau es convencido de asistir a la reunión, cosa que él hace. El 4 de noviembre se celebra la reunión con la asistencia de los miembros de la Junta, el Presidente Grau y Batista, de nuevo en la casa de Carbó. Antonio Guiteras, Secretario de Gobernación y de Guerra y Marina, increíblemente no está en la reunión por no pertenecer a la Junta Revolucionaria, y permanece en las afueras de la casa con sus hombres de confianza. Lo que demuestra con claridad que el poder en Cuba no era el gobierno, sino la Junta Revolucionaria. Esto le costaría la vida a Guiteras, el gobierno a Grau, y a Cuba la dictadura de Batista.

La reunión se inició con un gran recelo puesto que Batista era considerado traidor por muchos miembros de la Junta y se habían complotado para darle muerte allí mismo al coronel. Enterado Grau de este plan trata de desarticularlo e increpa directamente a Batista en una forma tajante, durísima y formal, echándole en cara su deslealtad, su traición por sus reuniones con Welles con el propósito de derrocar al gobierno. Con lágrimas en los ojos Batista niega todos los cargos. A todo esto disminuyen los arrestos de los que iban a ejecutar el plan y la cosa transcurre sin mayores incidentes graves. La reunión finalizó sin ningún acuerdo y con una acentuación del abismo que separaba a los militares de los civiles de la Junta y del gobierno, y que ya era insuperable.

Ese mismo día se celebra una asamblea multitudinaria en la Universidad donde la mayoría decide que los estudiantes deben separarse de las actividades políticas, lo que trae por consecuencia la disolución del Directorio. Solamente permanecen en el gobierno los miembros de la disuelta organización que pertenecían a la Junta Revolucionaria

Pese a todas sus protestas de lealtad el 16 de noviembre Batista se comunica con Sumner Welles por intermedio de un emisario en la persona de Belisario Hernández, hombre de toda su confianza. Welles reporta a sus superiores que *"la visita tiene el objeto de informarme que él deplora los ataques contra los Estados Unidos y especialmente contra su embajador y asegurarme que ni él ni los miembros de su equipo participaban en ellos...informándome Hernández que eran la obra de los civiles más vinculados al gobierno de Grau".*

Considerando el Presidente Grau que la actuación de Welles era progresivamente injerencista, por medio del Embajador Márquez Sterling, envía una nota al Presidente Roosevelt pidiéndole "poner término a la perturbadora acción del Embajador Welles". Éste último había regresado a Washington unos días antes con el fin de entrevistarse con Roosevelt, entrevista que se efectuó en Warm Springs, después de la cual Roosevelet declaró:

"Durante los meses que han pasado desde la caída del gobierno de Machado, hemos seguido el curso de los acontecimientos en Cuba con la amistosa preocupación y con el persistente deseo de ayudar al pueblo de Cuba. Debido a las excepcionales y estrechas relaciones que han existido entre nuestros pueblos desde la fundación de la República de Cuba y especialmente a causa de las relaciones de tratados que existen entre nuestros dos países, el reconocimiento por los Estados Unidos de un gobierno supone, más que una medida ordinaria, apoyo moral y material a ese gobierno. Hemos deseado iniciar las negociaciones para la revisión del Tratado comercial entre los dos países y para la modificación del Tratado Permanente entre los Estados Unidos y Cuba. En la parte económica hemos esperado llegar a una decisión sobre tales medidas que pudiera emprenderse por mutuo consentimiento entre los dos gobiernos y que redundarían en beneficio de ambos pueblos, el americano y el cubano. No se podrá progresar en ese aspecto hasta que exista en Cuba un gobierno provisional que por medio del apoyo que obtenga por medio de la cooperación general que goce, dé pruebas de su genuina estabilidad. Mr Welles regresará a La Habana dentro de unos días. Como se ha anunciado con anterioridad, al terminar su misión, lo que será en un futuro cercano, regresará a Washington para desempeñar su antiguo cargo de Subsecretario de Estado y será sustituido por Mr. Jefferson Caffery quien actualmente actúa como Subsecretario de Estado."

La "Declaración de Warm Springs" fue un golpe mortal contra el régimen de Grau y considerado por muchos periodistas como el epitafio de ese gobierno.

De pronto reaparece sin que ningún historiador explique cómo, cuándo y por qué el señor Baltasar Fernández Medina, el ya mencionado Ministro Plenipotenciario de Uruguay en Cuba, con un nuevo plan para solucionar el problema político cubano. Y volvemos a preguntarnos: ¿Quién era este hombre y por qué razón tenía tanta influencia en los asuntos políticos cubanos como para intervenir en la forma en que lo hacía? No tenemos la respuesta a la pregunta pues ningún historiador de los consultados la ha expuesto.

El plan, en esencia, consistía en lo siguiente:

1. Mantener a Grau y a Batista en sus actuales posiciones;
2. Formar un gabinete de concentración nacional;
3. Continuar con el desarrollo de las leyes revolucionarias;
4. Preparar un plan inteligente para la sustitución de Grau.

Sumner Welles no se opone al plan pero trata, y finalmente logra modificarlo. Representantes de la oposición presentan una variante al plan y ésta es que Grau deberá abandonar el poder antes del 1º de abril de 1934 y no el 20 de mayo como el Presidente Provisional proclamaba. La razón de la fecha del mes de mayo pedida por Sumner Welles era porque para esa fecha estaba convocada la elección de la Asamblea Constituyente, que a su vez sería nombrada como sucesor de Grau. Este último dice que no se va hasta el instante en que la Asamblea Constituyente elija a su substituto. Él quería que sobre todo se celebraran las elecciones y la Convención Constituyente.

Desde Miami el general Menocal se opone tanto al plan original como a su modificación y la razón es que él no aparece para nada en el planeado escenario, y cuando él no era protagonista su oposición era segura. Sumner Welles añade otro pequeño detalle a su modificación del plan, y era que a la renuncia de Grau la Presidencia debe ser ocupada por el coronel Mendieta. Grau y Welles se reúnen el 9 de diciembre en la residencia de Raúl Fernández Fiallo y acepta la formación de un gabinete de unidad nacional y su sustitución en la Presidencia. En el mismo sitio cambia impresiones con representantes de grupos de oposición y acuerdan continuar la reunión al día siguiente en Palacio. Inconforme con todas estas gestiones, Guiteras presenta la renuncia a su cargo. El 10 de diciembre Grau se niega a recibir un grupo menos numeroso de la oposición alegando que no representan el criterio de los sectores con los que se reunió el día anterior. Al fracasar la gestión Welles abandona el país definitivamente y Guiteras retira su renuncia. Jefferson Caffery llega a Cuba el 18 de diciembre, cinco días después de la partida de su predecesor.

La conferencia de Montevideo había comenzado el 3 de diciembre con la asistencia de la delegación cubana integrada por Ángel Alberto Giraudy –que la presidía–, Alfredo Nogueira, Herminio Portel Vilá, Carlos Prío Socarrás y Juan Antonio Rubio Padilla. Esta delegación plantea con vigor el principio de no intervención y por ende la derogación de la Enmienda Platt. "Estamos dispuestos a negociar la abrogación de la Enmienda Platt cuando en Cuba se constituya un gobierno estable" respondió el Secretario de Estado Cordell Hull que presidía la delegación estadounidense. Nuevamente estaba enterrando al gobierno de Grau. El Profesor Portel Vilá pidió la eliminación de la Enmienda por primera vez, ya que nunca antes se había planteado en un foro internacional.

Grau había pensado con buen juicio que la Conferencia de Montevideo le iba a ganar a su gobierno suficiente respaldo latinoamericano para abolir la Enmienda Platt durante su mandato, pero observó con desmayo el "epitafio" trazado por Cordell Hull que a nombre de su país declaraba que el gobierno de Grau no era un gobierno estable. Sin embargo la actuación de la delegación cubana en Montevideo fue el último éxito del gobierno de Grau. El 15 de diciembre se reunió una gran multitud en los alrededores de Palacio movidas por las noticias de lo ocurrido en Montevideo. Desde la terraza del mismo se dirigió a ellos el Presidente Grau y, paradójicamente, el coronel Batista, pero es que estamos en la época de las paradojas y casi todo podía suceder en Cuba. En esta ocasión Grau reiteró que él estaría allí hasta el 20 de mayo, que discrepaba del pensamiento de Welles y de la oposición. Para entonces la inmensa mayoría de los estudiantes no apoyaban a Grau y han iniciado manifestaciones callejeras, muchas de ellas encabezadas por Eduardo Chibás con el canto de una rumbita que decía "king kong que se vaya Ramón". Si alguien hubiera pronosticado en aquellos días que el 1° de junio de 1944, al frente de las enardecidas y victoriosas masas auténticas, Eduardo Chibás llamaría a esa fecha *"la jornada gloriosa del primero de junio"* llamarían loco al que esto dijera, pero loca era la historia de Cuba en esa época y en los gobiernos sucesivos.

Después de estos actos Jefferson Caffery expresó lo siguiente: *"lo de vuestro gobierno es asunto de ustedes pues los Estados Unidos no van a intervenir en este asunto".*

Al principio de enero se reúnen Grau, Batista y Caffery para acabar de solucionar el problema del cambio de gobierno. Ante lo inevitable Grau acuerda con Batista este paso, pero pide una reunión de la Junta Revolucionaria que en definitiva fue la que le dio el poder. Esta reunión se efectúa en Columbia y después de largas discusiones, acusaciones a Batista, gritos, etc, ya en horas de la madrugada, se decide hacer un alto, descansar y volver a reunirse a la mañana siguiente. Cuando los civiles, la mayoría de los cuales eran miembros del Directorio y otros firmantes de la Junta, tratan de entrar en el campamento, los centinelas les niegan el paso y ya dentro del mismo los militares con los civiles opuestos a Grau deponen al Presidente. En un último esfuerzo un poquito romántico si se quiere Grau exige que se le ceda el poder a un revolucionario, causando extrañeza que no considerara a Mendieta como tal, cuando si se comparan las dos actitudes frente a Machado, Grau no podía competir con Mendieta que contaba con activa militancia antimachadista desde 1927 y que inclusive había sufrido prisión. Volvemos a decir que nadie puede encontrar lógica a las cosas que suceden en estos tiempos. La oposición acepta porque en definitiva da lo mismo que se nombrara a un revolucionario o a uno que no lo fuera pues Batista era el que mandaba, y de todas maneras Mendieta iba a ser Presidente. Escogen al Ingeniero Carlos Hevia a la sazón Secretario de Agricultura. Esto ocurre el día 15 de enero de 1934 pero el día 14 se había publicado un decreto refrendado por Antonio Guiteras disponiendo la intervención de la Compañía de Electricidad que nunca se llevó a efecto, pues al día siguiente Grau desaparece de la escena como actor y junto con él también su Secretario de Gobernación, Guiteras.

En la reunión antes mencionada celebrada en Columbia en el Club de Oficiales, por estar enfermo Carlos Prío, no estaba presente. No así el resto de sus compañeros y, sorprendentemente también Eduardo Chibás, quien según algunos periodistas estaba allí para asegurarse que se iba a deponer a Grau. Al igual que Céspedes, Grau marchó tranquilamente a su hogar. La muchedumbre que se había congregado frente a Palacio como apoyo a Grau fue disuelta a balazos por el Ejército con el saldo de dos muertos y decenas de heridos. Así terminó el gobierno de Grau que fue conocido como el gobierno de los cien días aunque en realidad duró 127. La foto en que aparecían abrazados Grau y Batista pudo haber sido parafraseada "como el abrazo de Judas" pues en ese momento el segundo estaba ya traicionando al primero. Nosotros no estamos de acuerdo con la opinión de muchos historiadores que Sumner Welles fracasó, pues logró su objetivo que era sacar a Grau y a su equipo de la Presidencia e impuso a sustitutos que permitieran el establecimiento cada vez mas firme de la dictadura militar de Batista, y que favorecieran las buenas relaciones con los Estados Unidos.

Grau tomó posesión en una forma irregular, como todo lo que ocurría en esa época, y le habló a la multitud congregada frente a Palacio que lo vitoreaba y a la que él enardecía como siempre lo hizo, con palabras anti-injerencistas y anti-imperialistas, mientras que los miembros del Tribunal Supremo que lo esperaban tomaban las cosas con mucha calma. Se cuenta una anécdota cuya veracidad no ha sido comprobada, que al ser informado que lo llamaban de Washington Grau dijo que esperaran porque le estaba hablando a su pueblo. Él estaba embriagado de nacionalismo, sin percatarse que le faltaba el indispensable apoyo de las Fuerzas Armadas para permanecer en el poder.

La celebración de la Asamblea Constituyente que designaría a un Presidente Constitucional iba a comenzar el día 1° de abril de 1934. El período de Grau terminaría el 20 de mayo de ese mismo año.

La elección del nuevo Presidente por los convencionales y no por los votantes cubanos, era una novedad.

El día 19 se promulgó la primera ley decreto del gobierno estableciendo la jornada de las 8 horas para todas las ocupaciones, medida que tenía precedentes de la época de Zayas y también en la presidencia de Machado. El nuevo decreto era mucho más completo y era aplicable no a un sector como anteriormente, sino a todos los trabajadores cubanos. Se establecieron nuevas tarifas para los consumidores de electricidad que eran muy altas y que los usuarios se negaban a pagar porque eran muy caras y porque la situación económica era muy precaria. Los cubanos pagaban las tarifas más altas del mundo. Se estableció una moratoria para el pago de los adeudos de los alquileres, ley que tenía un antecedente en el gobierno de Zayas. A principios de octubre se decreta la plena autonomía de la Universidad de La Habana por considerarla una entidad independiente de interés público. Se creó la Secretaría de Trabajo, esbozada y no concretada por el gobierno de Machado, y que sus funcionarios participaran como mediadores en las disputas entre obreros y patronos, algo que tenía precedentes en el gobierno de Menocal. El 18 de septiembre se estableció la primera colegiación profesional obligatoria, la de los médicos, seguidas por las de otras profesiones. Esta medida defendía el derecho al trabajo de los profesionales siempre y cuando poseyeran el correspondiente título universitario y estuvieran colegiados.

En octubre se establece el derecho de asociación en sindicatos de los obreros. Hasta este momento existían dos centrales sindicales una de ellas controladas por los comunistas y la asociación obrera de La Habana de tendencia anarcosindicalista. . Lo más importante de este decreto era que los líderes tenían que ser ciudadanos cubanos por nacimiento con lo cual se eliminaba a todo el elemento anarcosindicalista y comunista que durante años había estado provocando dificultades con huelgas legítimas e ilegítimas, y en muchas ocasiones empleando métodos muy violentos. El 8 de noviembre y coincidente con el alzamiento del ABC se promulga la ley de nacionalización del trabajo o "la ley del 50 por ciento" ordenando que en todos los empleos la mitad de ellos tenían que ser ocupados por ciudadanos cubanos nativos o naturalizados con lo cual se le garantizaba el derecho al trabajo a los cubanos, y se eliminaban toda una serie de artimañas de los extranjeros para no emplear a los naturales del país. Esta ley tenía antecedentes en la presentada en 1925 por el Representante a la Cámara Aquilino Lombard que nacionalizaba el trabajo en el 75 por ciento de los empleos. Referimos al lector a la historia de ese período. Esta ley despertó una gran oposición al punto que los comerciantes amenazaron con cerrar sus puertas, y el Secretario Guiteras los amenazó con el establecimiento de un régimen socialista con la repartición de las tierras entre los campesinos pobres, así como de las fábricas a los obreros. Esto calmó el ímpetu de los protestantes españoles que mayoritariamente controlaban el comercio. El Profesor Efrén Córdoba Cordobés, años después y desde su cátedra de Derecho Laboral en la Universidad de La Habana, dijo que fue algo muy práctico la aplicación de la ley en el momento en que se hizo pero que su mantenimiento indefinido, sin estudiar las condiciones cambiantes de los mercados laborales y de la economía, era poco práctica. Se declaran inembargables los salarios de los obreros empleados por las compañías de servicio público. El 15 de noviembre se modifica y amplía ley del tiempo de Menocal sobre los accidentes de trabajo añadiéndole el capítulo de las compensaciones por enfermedades profesionales.

En diciembre se declara una moratoria para pagar los adeudos en los préstamos ofrecidos por las casas de empeño. También una ley que da origen a la Asociación de Colonos de Cuba que tenía precedentes en el gobierno de Zayas. En enero se restablece la Escuela Superior de Comercio anexa a la Universidad de La Habana creada y posteriormente eliminada por Machado. Se establece el 22 de abril como la fecha para celebrar las elecciones para la Convención Constituyente. El día 8 de enero se restablece el desayuno escolar que había sido suspendido por Machado después de haber estado en vigencia desde la época de Menocal.

El voto para la mujer fue una de las medidas de mayor importancia política del gobierno de Grau como parte de su avanzada política social. Otra novedad fue el nombramiento de alcaldesas de facto ampliando el nombramiento de una mujer fiscal en el tiempo de Machado.

En la legislación cubana existía la llamada ley de tanteo consistiendo en que cuando había una propiedad de interés público el gobierno cubano tenía el derecho del tanteo, es decir, que era el primero que ofrecía una proposición de compra, y si ofertas posteriores eran igual o menor que la del gobierno, éste último se llevaba la licitación. La Cuban Sugar Cane Company estaba en bancarrota y a la venta; el gobierno estaba interesado en adquirirla. Se establece la sindicalización obligatoria de los cubanos que trabajan en empresas propiedad de extranjeros. Se establece la ley para la fiscalización de los préstamos de usura aplicable a las casas de empeño. Se denuncian y detienen los financiamientos de la época de Machado.

Muchas de estas leyes fueron plasmadas mas tarde en la Constitución de 1940, y muchas fueron puestas en vigencia durante la Presidencia de Carlos Prío en 1948 cuando se aprobaron las Leyes Complementarias de la Constitución.

Sucesos políticos y militares ocurridos.

El primero fue el que culminó en septiembre 29 con la manifestación disuelta en la Plaza de la Fraternidad. Mirta Aguirre y Juan Marinello habían regresado de México con las supuestas cenizas de Mella que fueron veladas en el local de la Liga Anti Imperialista que estaba en la antigua residencia del senador Wilfredo Fernández, ocupada por los comunistas a título de revolucionarios, a pesar de que ellos habían apoyado a Machado hasta el último minuto. La primera guardia de honor fue compuesta por Fabio Grobart–recientemente regresado de la Unión Soviética–, Rubén Martínez Villena –también de reciente retorno del mismo país–, Juan Marinello y Mirta Aguirre. La manifestación iría por toda la calle Reina hasta la Plaza de la Fraternidad, donde los comunistas habían construido un tosco monumento para allí enterrar las cenizas. La manifestación había sido autorizada por Guiteras, y durante su trayecto se entonaron las notas del himno comunista "La Internacional", y se gritaban consignas contra los Estados Unidos y contra el gobierno de Grau. Estaba custodiada por agentes de la autoridad, y ya en la Plaza, se armó un tiroteo donde hubo seis muertos –entre ellos un capitán que custodiaba la manifestación– y varias decenas de heridos. El monumento fue destruido por la fuerza pública, y los comunistas acusaron a Batista de ser el autor de la masacre.

Días antes los comunistas iniciaron la toma de centrales azucareros –Mabay, Jobabo y Jaronú– donde instalaron "soviets" al estilo ruso. También habían invadido el realengo 18 y habían repartido las tierras entre campesinos afines. Asaltaron el Central Delicias y mataron a los Guardias Rurales que lo custodiaban. Sus planes eran tomar el poder en Cuba. Como parte de la propaganda, el Partido Comunista de los Estados Unidos había lanzado un manifiesto apoyando a los comunistas cubanos, atacando la Enmienda Platt, y pidiendo la evacuación inmediata de la Base de Guantánamo.

Al propio tiempo los rojos cubanos se presentaban "como los únicos verdaderamente revolucionarios" promoviendo todos los desórdenes con la aviesa intención de tomar el país. No obstante, se quedaron con las ganas, y dando un giro violento, cambiaron de táctica, y pasaron a integrar el "Frente Popular" unidos a Batista, escalando así buenas posiciones en el poder y formando parte de coaliciones políticas. De esta forma establecieron a los criptocomunistas para esperar el momento oportuno, el cual les llegó en Enero de 1959.

El otro suceso fue la llamada "batalla del Hotel Nacional". Desde los primeros días de haber tomado Grau posesión se intentó reponer en sus puestos a los oficiales no maculados de las Fuerzas Armadas, pero el intento fracasó por negarse estos a someterse a los sargentos. Estos oficiales, poco a poco, fueron refugiándose en el Hotel Nacional. En este hotel residía Sumner Welles, y estaba además el Jefe del Estado Mayor, Julio Sanguily, aún convaleciente de una intervención quirúrgica, y al cuidado de su hijo, el doctor July Sanguily quien era el médico del Hotel Nacional. Eventualmente todos los huéspedes regulares –incluyendo al diplomático americano– abandonaron el hotel al igual que los empleados. Unos 400 ex-oficiales ocuparon el edificio como si este fuera un campamento militar. Su protesta era más bien simbólica pues sólo tenían 40 rifles. El hotel fue rodeado por el Ejército y por fuerzas paramilitares, como Pro Ley y Justicia, el Directorio y dos organizaciones poco conocidas que se hacían llamar Ejército Caribe y Legionarios de Gibara. El día 1º de octubre se dio la orden de asaltar el hotel y desalojar a sus ocupantes. Entre los oficiales se encontraban los mejores tiradores del Ejército e hicieron muchos estragos en las filas de los asaltantes. Al acabárseles el parque y comenzar el Crucero Patria a cañonear el hotel, los oficiales se rindieron; once de ellos fueron masacrados después de haber capitulado. Fueron detenidos, llevados a la Cabaña donde estuvieron presos durante varios meses, y después liberados poco a poco. El gobierno de Grau no intervino para nada, y se mantuvo al margen de los acontecimientos.

El 8 de noviembre hubo un levantamiento protagonizado por el ABC unidos a grupos pequeños de ex militares y civiles que tuvo gran envergadura. La Aviación en Columbia estaba de acuerdo con el movimiento, pero todo lo que los pilotos hicieron fue tirar una bomba que cayó en un solar yermo sin causar daños. Los soldados de la aviación se rebelaron contra la Infantería, ayudados por unos mil abecedarios que provistos de armas cortas habían ingresado en el campamento. Tras horas de lucha el Ejército Regular se impuso arrestando unas ochocientas personas. Se habían tomado todas las estaciones de Policía habaneras, el cuartel de San Ambrosio, el cuartel de Dragones, el Castillo de la Fuerza y el Castillo de Atarés pero la mayoría de los sublevados eran civiles incluyendo mujeres y niños, algo absurdo.

El jefe de esta operación era el comandante Ciro Leonard que estaba a cargo del cuartel de San Ambrosio. El movimiento no contó con suficientes armas y careció de organización y de coordinación pese a que los veteranos Rosendo Collazo y Rafael Iturralde se habían unido a la insurrección. El Ejército reaccionó y poco a poco fueron recuperando todo lo que los sublevados habían tomado. Los miembros del Directorio y Pro Ley y Justicia colaboraron en la recuperación de las estaciones de Policía. Los insurrectos se refugiaron en el Castillo de Atarés que fue rodeado por la Artillería al mando del capitán Querejeta, además de ataques por parte de los cruceros Cuba y Patria. Se rinden en la tarde, pero antes se suicida el comandante Ciro Leonard. Se hace cargo del castillo el ex soldado y ahora capitán Mario Alfonso Hernández, quien asesinó a Blas Hernández antiguo mambí y a decenas de insurgentes emulando las acciones del funesto capitán Crespo. El ABC fue totalmente aplastado en toda la República, pues también hubo pequeños alzamientos en el interior, y además desacreditado por el fracaso ocurrido en unas pocas horas. Grau se cruzó de brazos permitiendo que Batista eliminara a dos enemigos militares representados por el ABC y por los antiguos oficiales.

Estos episodios aceleraron la declinación de Grau en contraste con el curso ascendente de Batista y así llegamos al 15 de enero de 1934 día en que terminó el gobierno de Grau, pasando la Presidencia al Ingeniero Carlos Hevia y Reyes Gavilán, otro puente en el septenio. Carlos Hevia era un hombre de acrisolada ejecutoria a través de su vida toda. Las fuerzas que lo llevaron al poder, con algunas excepciones, fueron determinantes en la caída de Grau, con la variación de que ahora, el fortalecido Batista y el delegado norteamericano en La Habana, jugaron un significante papel.

Si Grau hubiera sacado provecho del estudio –que no hizo– de la conducta y métodos del Presidente Alfredo Zayas, y la violencia no se hubiera empleado, quizás su gobierno se hubiera mantenido. Pero el gobierno de Grau fue muy emocional aunque sin cerebro, y por lo tanto cayó con más pena que gloria, quedando Cuba peor que lo que estaba cuando él asumió la Presidencia Provisional. Ya Batista estaba estableciendo la dictadura militar que en breves años *haría un frente popular con los comunistas*, los cuales comenzarían a sembrarse en puestos importantes, aunque inadvertidos, y en 1959 los criptocomunistas saldrían, sin saberse a ciencia cierta de dónde, para apoyar al nuevo régimen. El vuelco imprudente al que Céspedes temía y el cual profetizó, había ocurrido…y ¡no sólo fue imprudente sino también nefasto! De los jóvenes revolucionarios que apoyaron a Grau y a la Pentarquía, unos cuantos vergonzosamente se pusieron al servicio de Batista, otros fueron encarcelados, otros resultaron perseguidos, otros perdieron la vida y muchos de ellos, alimentando cada vez más el odio y la violencia, se convirtieron en gangsters muy activos en los años democráticos del 40 al 52, lo cual dio pie para la copla de que la República no tenía otra solución que la dictadura de Batista con su segundo golpe de estado. Este desastre fue posible porque Batista salvó la vida en la reunión de la casa de Carbó debido a la intervención de Grau, no sabiéndose nunca cuales fueron las razones que tuvo éste para evitar su eliminación. Guiteras, que posiblemente hubiera ejecutado a Batista, quedó fuera de la reunión por no ser miembro de la Junta. Se pregunta uno ¿y a esas alturas que representaba la Junta Revolucionaria? Guiteras, sin embargo, era no sólo el Secretario de Gobernación sino también el de Guerra y Marina o sea, superior jerárquico de Batista. Todos estos hechos no sólo condujeron a la deposición de Grau, sino eventualmente a la pérdida de Cuba a manos de los comunistas. Haga usted sus propias conclusiones. Todo queda en el campo de la especulación.

Carlos Hevia toma posesión de la Presidencia con juramento prestado antes miembros del Tribunal Supremo. Los largos y complicados procesos llevados a cabo en el mes de agosto de 1933 para el cambio de poderes, ya en enero de 1934 no eran necesarios, ya no se perdía el tiempo en esas tonterías.

Carlos Manuel de Céspedes
Agosto 13 - Septiembre, 1933

La Comisión Ejecutiva (Pentarquía) Septiembre 5 - Septiembre 10, 1933
Sergio Carbó Morera, Ramón Grau San Martín, Guillermo Portela Moller,
José Miguel Irisarri y Gamio, Porfirio Franca Echarte

Ramón Grau San Martín
Septiembre 10, 1933 - Enero 16, 1934

Carlos Hevia de los Reyes Gavilán
Enero 16 - Enero 18, 1934

Carlos Mendieta y Montefur
Enero, 1934 - Diciembre, 1935

426

Carlos Hevia y Reyes Gavilán nació en La Habana en 1900. Sus padres eran el coronel Aurelio Hevia de la Guerra de Independencia, uno de los pocos que se alzó junto a Juan Gualberto Gómez en Ibarra. Fracasado el intento, pasó a los Estados Unidos dirigiendo varias expediciones y quedándose en Cuba en una de ellas a las órdenes de Calixto García primero, y de Mario García Menocal después, de cuyo Estado Mayor fue Jefe. Estuvo envuelto en política y atendiendo sus negocios privados en la Cuba Independiente. Fue Secretario de Gobernación en el primer gobierno de Menocal. Sara de los Reyes Gavilán y de la Guardia fue su madre, joven matancera y decidida partidaria de la causa independentista.

El joven Carlos cursó sus estudios de primera y segunda enseñanza en el Colegio La Salle y se graduó de Bachiller en el Instituto de Segunda Enseñanza de La Habana. Ingresó en la Academia Naval de Annapolis siendo el primer latinoamericano que estudió en esa institución. Se graduó de Ingeniero Naval. Fue nombrado oficial subalterno del acorazado Missouri durante la Primera Guerra Mundial, siendo condecorado por sus acciones. Regresó a Cuba y fomentó una pequeña empresa constructora de barcos de pequeño calado, proyecto que poco después abandonaría, asociándose con Demetrio Castillo Pokornny en la explotación de la finca Sabanilla en Oriente, propiedad del padre de su socio. Se interesó por los problemas del colonato. Fue colono del Central Miranda y del Central Santa Marta y fundador de la primera asociación provincial de colonos. Perseguido por Machado se vio obligado a exilarse. Fue el jefe militar de la expedición de Gibara en 1931. Sufrió meses de prisión y luego pasó al exilio. En Nueva York junto con su padre formó parte de la Junta Revolucionaria. Fue parte del grupo civil del 4 de septiembre y es uno de los firmantes de la proclama manifiesto emitida ese día.

Fue Secretario de Agricultura del Gobierno Provisional de Grau. Nuevamente en el exilio en 1934 fue fundador del Partido Revolucionario Cubano (Auténtico). Durante la Segunda Guerra Mundial fue el director de la Oficina Reguladora de Precios y Abastecimiento (ORPA) durante los años 42 y 43, donde se distinguió por su habitual honradez. En 1949 fue constructor de la Cervecería Modelo Hatuey en Manacas, provincia de Santa Clara. Fue Ministro de Estado durante el gobierno de Prío, luego de Agricultura hasta que fue designado Ministro sin Cartera encargado de la Comisión de Fomento Nacional, donde hizo una excelente labor. Era el candidato presidencial del Partido Auténtico en las elecciones de 1952 tronchadas por el golpe militar de Batista. Por segunda vez este último se interponía entre Hevia y la Presidencia.

Una vez nombrado Presidente Provisional, Carlos Hevia ratificó a Márquez Sterling como Secretario de Estado y nombró al coronel y ex Senador Aurelio Álvarez como Secretario de Trabajo, los únicos nombramientos que hizo en su breve gobierno. Inmediatamente encargó a Márquez Sterling que se entrevistara con Mendieta y con Cosme de la Torriente para asegurar su apoyo. Márquez Sterling informó que ninguno de los dos estaba de acuerdo con su gobierno a lo que Hevia respondió que en ese caso él tendría que renunciar pues ésa era la condición que él había puesto para aceptar la Presidencia. No obstante, a las cinco de la tarde del día 17 le dijo a Márquez Sterling que él quería tener una conversación personal y particular con Mendieta y con Torriente. El primero se excusó, pero Torriente aceptó la invitación y conversó con Hevia durante largas horas. Al día siguiente presentó la renuncia en un acta que decía *"acepté el cargo de Presidente creyendo que podría obtener paz para Cuba, después que se me aseguró que tendría el apoyo del coronel Mendieta y de su Unión Nacionalista, y que esto sería la base para obtener la cooperación de los demás sectores. Al no ser así presento la renuncia irrevocable del cargo que se me había confiado"*

Enero 18 del 34

Al renunciar Carlos Hevia fue nombrado presidente Carlos Mendieta previo el paso fugaz por la primera magistratura del Secretario de Estado, Márquez Sterling, uno de los tantos puentes ocurridos en esta época. Márquez Sterling nombró a Mendieta Secretario de Estado, entonces renunció, y ya Mendieta era Presidente.

De la Junta Revolucionaria del 4 de septiembre de 1933 solamente quedaba un participante, pero qué participante, el Coronel Fulgencio Batista y Zaldívar, que desde ese día empezaba a desarrollar su dictadura militar que duró hasta 1940 y que se caracterizó por una mano dura, aplicación de terror, presiones a los políticos, robo al erario público, corrupción, etc.

Mendieta avalado por una junta de notables juró el cargo ante miembros del Tribunal Supremo, como era de rigor. Esta junta de notables estaba constituida de la manera siguiente: el profesor Rafael Santos Jiménez, por el Partido Acción Republicana; el doctor Carlos Manuel de la Cruz, por los Conservadores Ortodoxos; el señor Arturo Comas por la Organización Celular Radical Revolucionaria; el doctor Oscar de la Torre por el Partido Radical; el Conjunto Revolucionario Cubano por el doctor Gustavo Cuervo Rubio; los doctores Roberto Méndez Peñate y Cosme de la Torriente, por la Unión Nacionalista; José O. Pérez por el ABC Internacional de Cuba; el Coronel Rafael Peña por los Conservadores Revolucionarios; el doctor J. Pérez César por el Ala Izquierda del ABC Radical.

Como se ve, la notabilidad de estos notables era bastante escasa en términos generales y los grupos que representaban. Salvo el grupo de Menocal, el Grupo Unión Nacionalista y el de Acción Republicana eran menos notables aún que sus representaciones.

La Junta Revolucionaria del 4 de septiembre había desaparecido y había fracasado en su intento de hacer una revolución desde el poder. Primero la Pentarquía, después el gobierno de Grau, y por último el efímero gobierno de Carlos Hevia, daban paso ahora a elementos políticos más tradicionales, con ciertas excepciones de minúsculos grupúsculos, valga la redundancia del diminutivo, que los apoyaban. Pero, como se ve había ausencia del elemento estudiantil, del Directorio, que veremos cómo se dispersaría en distintas organizaciones: PRC Auténtico, la Joven Cuba, etc.

Carlos Mendieta Montefur había nacido en San Antonio de las Vueltas el 4 de noviembre de 1873. En la Guerra del 95 se unió al Ejército Libertador y alcanzó el grado de coronel. Era médico de profesión, pero nunca la ejerció, fue más bien un colono azucarero.

Habiendo estado a las órdenes de José Miguel Gómez, ayudó a este en la fundación del Partido Republicano Federal a los inicios de la República y por este partido fue electo representante en 1902. En 1906 participó en la Guerrita de Agosto con Tomás Estrada Palma. Reelecto representante en 1908 cuando José Miguel gana la presidencia, se mantuvo dentro del gobierno liberal del general Gómez hasta que cuando José Miguel se inclinó más bien a Menocal que a Zayas, Mendieta rompe con José Miguel y apoya a Zayas. Es vuelto a ser electo representante en 1912. Y en 1916 acompaña a Zayas en el ticket liberal como candidato a vicepresidente y, como dijimos, habían ganado las elecciones pero fueron víctimas del fraude de Menocal.

Mendieta participa activamente siendo uno de los principales promotores y luchadores en la Rebelión de la Chambelona. Liquidado este episodio es electo como representante en 1918. Al término de su mandato se retira de la política. Fue director del Heraldo de Cuba. Recordamos el episodio de la multa que le impuso el gobierno de Menocal y que pagó el pueblo, una multa de 500 pesos.

Se distancia de Zayas, cuando Menocal apoya a este último y hace que sea electo presidente en otro fraude más perpetrado por el general.

Es precandidato por el Partido Liberal a la presidencia en 1924 y ya vimos cómo Machado se las arregló para derrocarlo en la Asamblea del Partido.

Desilusionado Mendieta por el abandono y la traición de muchos liberales, se retira a su finca y se le conoce desde entonces como el Solitario de Cunagua.

Era un criollo típico, un criollazo de sombrero alón de jipi y pelea de gallos, a los cuales era muy aficionado. Muy popular, pero no populachero.

Durante el gobierno de Machado, junto con Juan Gualberto Gómez y otros, funda la Unión Nacionalista, asociación en aquel momento porque se habían prohibido los partidos políticos y empieza a hacer oposición cívica y política contra el general que ya despuntaba y corría velozmente hacia la dictadura. Tuvo su encontronazo con el embajador Guggenheim como hemos visto. Es capturado en la expedición de Río Verde de 1931, junto con Menocal. Sufre prisión. Después pasa al exilio y en el gobierno de Céspedes, aunque su partido o su Unión Nacionalista apoya al gobierno, él no participa. No participó tampoco durante el gobierno de Grau y cuando ya éste empezó a tambalear, mencionó a Mendieta como su sustituto.

En noviembre del 33 se le ofrece la presidencia, pero no la acepta si no tiene el apoyo de todos los revolucionarios. Cuando Grau es depuesto, asocia a Mendieta con un título de NO revolucionario, algo completamente increíble, dada esta biografía que hemos relatado y eso hace que sea Hevia el que la agrupación revolucionaria del 33 escoge.

Hevia esperaba el apoyo de Mendieta. Este no se lo brinda. Hevia renuncia. Entonces Mendieta es electo y en el momento de tomar la presidencia se encuentra con que los llamados sectores revolucionarios, es decir, la resaca de la lucha contra Machado son todos opuestos a su gobierno. Esto se traducirá en la oposición del Partido Auténtico, que se fundará al mes siguiente de tomar posesión Mendieta. Oposición asimismo de la Joven Cuba, que también por esos meses la funda Guiteras. Oposición de los comunistas, que ya veremos la labor que desarrollan en el mismísimo 1934. Y por último del ABC, que inicia el gobierno de Mendieta apoyándolo y participando en el mismo, pero poco después se separa de éste y se convierte en oposicionista feroz. Todo esto lo veremos detenidamente.

Mendieta fue calificado por el cronista Gustavo Herrero, del periódico El País, como el hombre del traje blanco. Y él expresó que no mancharía jamás el color de su traje.

Hizo un gobierno que se llamó de concentración nacional y dijo que la Enmienda Platt sería prontamente eliminada, como así fue. Veremos las leyes que dictó y cómo tuvo que enfrentarse a la situación creada por los que no le daban oportunidad para amarrar, entre comillas, las manos a Batista, sino que con sus acciones terroristas le facilitaban al coronel represión y mayor control de las fuerzas armadas.

Las leyes de Mendieta fueron excepcionalmente buenas y pro-vechosas. Y durante su gobierno, ya veremos cómo se inició la lenta pero sostenida recuperación económica de Cuba que tendría su clímax durante el gobierno de Carlos Prío Socarrrás.

Mendieta es una de las tantas figuras trágicas de la política cubana. Siendo un hombre honrado, honesto, capaz y con magníficas ideas para la nación se vio envuelto en una presidencia que no era la que él se merecía, puesto que él era merecedor de una presidencia de elección popular, la cual le fue negada varias veces, y ésta fue una presidencia designada a propósito por Batista, para utilizarlo como figura decorativa.

Mendieta, que era un hombre de gran fortaleza física, de valor probado, de ímpetus y arranques violentos, se había ido desgastando con la edad. Ya tenía 60 años cuando tomó posesión, con las decep-ciones políticas y con la diabetes que iba minando lentamente su salud. Mendieta atravesó su período presidencial trágico, como decimos, lleno, más que lleno, relleno de acontecimientos tremendos. Los malos se le achacaron a él, los buenos se le achacaron a Batista. Sufrió, entre otras cosas: un atentado personal, que detallaremos; el suicidio de su amigo, más que amigo, hermano Roberto Méndez Peñate; la desintegración paulatina de todo su equipo de gobierno y la sustitución por gente fiel a Batista; el robo descarado de su Partido Unión Nacionalista por Justo Luis del Pozo; el ataque constante de las fuerzas revolucionarias, entre comillas, con atentados, bombas, huelgas, levantamientos, etc, el acoso de los comunistas... Y desde el punto de vista político, la total, absoluta y constante oposición y obstrucción del general Menocal, su enemigo de 1917 y su compañero de armas en 1931.

Entre otros factores tuvo que luchar con el enfoque burocrático del Departamento de Estado de los Estados Unidos, porque Mendieta había sido uno de los que se opuso a las acciones de González, en el gobierno de Menocal. Ahí cayó la primera bola negra. Después, durante el Machadato, Guggenheim lo acusó varias veces de obstinado y de no querer hacer ningún tipo de acercamiento político favorable con Machado para resolver la situación de Cuba.

Recordemos que Guggenheim era prácticamente un alabardero de Machado. Cuando Sumner Wells llega a Cuba no se entrevista con Mendieta. El viene con los datos que le ofrecen los archivos del Departamento de Estado, y no es hasta casi los finales del gobierno de Grau que se da cuenta que Mendieta es la gran figura que se puede utilizar para sustituir a Grau y resolver el problema de Cuba, pero ya todo el daño anterior estaba hecho.

No obstante veremos cómo Mendieta tiene la satisfacción de que en su breve período de gobierno se elimina la Enmienda Platt y se cambia el tratado de reciprocidad comercial.

Terminado su período presidencial, se retira totalmente de la política y fallece en La Habana en 1960. También con dificultades, lógicamente, con el régimen comunista de Fidel Castro, que trató de utilizarlo, pero él era indoblegable. Un hombre de principios bien arraigados.

O sea, que para el Departamento de Estado, desde la época de Menocal hasta prácticamente su nombramiento en 1934, Mendieta era el mago de la película. Por su carácter de total honestidad, Mendieta no acepta sustituir a Grau en noviembre, como dijimos. Y Grau le paga con la propaganda de que Mendieta no es revolucionario. Y uno se pregunta, ¿y Grau, sí? Si se comparan ambas biografías ¿quién sale perdiendo? Pero esta opinión de Grau se infiltra profundamente en la mente de la juventud revolucionaria de aquel entonces, y Mendieta es visto como un contrarrevolucionario, y de ahí la feroz campaña contra su gobierno, que se disfraza con que es una campaña contra Batista, mas sin embargo la bomba guiterista no es contra Batista, es contra Mendieta.

En otras palabras, vamos a matar primero a Mendieta para después matar a Batista. Eso es algo completamente ridículo. Maten a Batista y dejen a Mendieta. Pero, no fue así.

Para añadirle otro matiz doloroso a la vida pública de Mendieta, el destructor choteo criollo decía, basándose en las leyendas sobre la actuación de Mendieta en las lides de gallos cuando perdía, que les arrancaba la cabeza a los gallos a mordidas. Lo cual era totalmente falso, pero por el choteo criollo Mendieta es como el león de la Metro: ruge, pero no muerde. Y decimos nosotros: si hubiera mordido estaría en la lista de los grandes tiranos. Y sin embargo está en la lista de los grandes civilistas, que hizo todo lo que se podía y lo que no se podía por encauzar a Cuba, pero, no se lo permitieron, como decimos, los que se oponían a su gobierno así como la dictadura de Batista.

El primer gabinete de Mendieta fue constituido de la manera siguiente:

Secretario de Estado, Cosme de la Torriente; Secretario de Justicia, Roberto Méndez Peñate; Secretario de Hacienda, Joaquín Martínez Sáenz; Secretario de Comunicaciones, Gabriel Landa; Secretario de Sanidad y Asistencia Pública, Santiago Verdeja; Secretario de Educación, Luis A. Baralt, prontamente sustituido por Mañach; Secretario de Gobernación y Defensa, Félix Granados; Secretario de Obras Públicas, Daniel Ponte; Secretario de Agricultura, Carlos de la Rionda, Secretario de Comercio, Rafael Santos Jiménez; Secretario de Trabajo, Juan Artigas; Carlos Saladrigas, Secretario sin Cartera; Secretario de la Presidencia, Emeterio Santovenia.

El gabinete estaba formado básicamente por abecedarios, miembros de la Unión Nacionalista, miembros de Acción Republicana y seguidores de Menocal. No había cohesión ni buen entendimiento entre sus miembros, y pronto se vio que este gabinete estaba dividido en tres bloques: los llamados civilistas, los abecedarios, Joaquín Martínez Sáenz, Luis A. Baralt, Emeterio Santovenia y Carlos Saladrigas, y junto a ellos, los Nacionalistas Cosme de la Torriente y Roberto Méndez Peñate, así como el miembro de Acción Republicana, Rafael Santos Jiménez.

Los militaristas Gabriel Landa, Carlos de la Rionda y Félix Granados, cuñado éste último de Miguel Mariano y pese a estar representando a la Acción Republicana. Neutrales: Antiga, Verdeja y Conte. Alcalde de La Habana, Miguel Mariano Gómez Arias.

Por otra parte se nombró, por indicación de Batista, a Ulsiceno Franco Granero, un comandante del 4 de septiembre, como jefe de la casa militar de Palacio, siendo además el ayudante presidencial. Este sujeto, que antes del 4 de septiembre no era más que un cabo del ejército, tenía las órdenes y prerrogativas que le había dado Batista para vigilar de cerca las actuaciones de Mendieta en Palacio y para interrumpirlas, si lo estimara conveniente. De esa forma, Ulciseno disponía de una atronadora chicharra que daba por terminada cualquier entrevista, cualquier conversación, cualquier actividad de Mendieta con cualquier persona, incluyendo a los secretarios de despacho. Esto lo hacía ser repudiado por todos, y a que Mendieta perdiera categoría ante todos debido a esta falta de respeto y de educación. Pero, ese era parte del precio que había que pagar al coronel Batista, que su hombre de confianza en Palacio, se inmiscuyera inclusive en los consejos de secretarios para espiar lo que allí se decía y acordaba.

Por otra parte, los Estados Unidos, después de consultas con embajadores de los países latinoamericanos en Washington, acordaron el reconocimiento del gobierno de Mendieta en los últimos días del mes de enero y no fue hasta principios del mes de febrero que el delegado Jefferson Caffery tomó posesión y presentó sus credenciales como embajador al presidente Mendieta. Caffery fue a Palacio solamente a presentar credenciales. Después despachaba con Batista en Columbia, y tras estos despachos salían a pasear a caballo, fuertemente protegidos, por los alrededores del campamento militar. Esta era otra forma de humillar y desacreditar al presidente Mendieta.

Mendieta, que había anunciado en su toma de posesión que pronto se levantaría la Enmienda Platt, vio cómo se realizaba esta desaparición en el mes de mayo, al liquidarse el tratado permanente que regía desde el año 3. Cuba recuperaba todos sus derechos, con excepción de la concesión de la Base de Guantánamo que permanecía exactamente igual. Además en el mes de agosto el tratado de reciprocidad comercial también fue echado por tierra y se creó un nuevo tratado.

Los principales aranceles revisados fueron los del ron, minerales, frutas, vegetales y otros productos. Pero, básicamente, el más importante fue la rebaja del arancel del azúcar a 0.9 centavos, y un poco más adelante, otra medida de gran importancia fue la aprobación de la Ley Jones–Costigan, que se le daba a Cuba por primera vez, después de muchos años de estarlo pidiendo una cuota azucarera fija en el mercado norteamericano. Esto representó un gran alivio para la economía de la nación.

Al abolirse la Ley Seca en Estados Unidos, las ventas de alcohol cubano hacia ese país aumentaron dramáticamente y en 1934 totalizaron 3 millones 300 mil dólares. Ocho veces más de lo que había sido el año anterior.

Los minerales cubanos también tuvieron un modesto aumento en su exportación hacia los Estados Unidos. Esta era la parte de dar que correspondía a los Estados Unidos. En cuanto a la parte de tomar, ocurrió lo siguiente: Cuba se vio obligada a disminuir y, en algunos casos, a hacer desaparecer los aranceles a los productos norteamericanos manufacturados, especialmente los de la industria alimenticia y otros renglones, con lo cual, las incipientes industrias cubanas, creadas en la época de Machado, estuvieron en grave peligro de desaparecer. Sin embargo, cuando se hace la suma algebraica de este dar y tomar entre Cuba y Estados Unidos, hay un pequeño margen positivo para Cuba, lo cual permitió iniciar el lento pero constante despegue económico que tendría su clímax favorable en épocas de Carlos Prío Socarrás.

Se repitió el caso curioso ocurrido cuando el gobierno transitorio de Carlos Manuel de Céspedes. Las medidas anti-imperialistas puestas en vigor por los imperialistas norteamericanos resultaban a la vista de los anti-imperialistas criollos, medidas imperialistas. Esta paradoja era insoluble para muchas mentes, era la que sostenía el afán de los grupos revolucionarios por el derrocamiento de Mendieta, al cual acusaban de estar sometido a los Estados Unidos, entre otras cosas.

Esta aberración político económica fue la que le costó a la Junta Revolucionaria del 4 de septiembre su permanencia en el poder, puesto que durante el gobierno de Grau se habían rechazado totalmente todo tipo de negociaciones económicas con los Estados Unidos y por supuesto, no entraba dinero porque el azúcar no se vendía y los otros productos tampoco. No se pagaban impuestos porque no había dinero en Cuba y pese a que Grau con su austeridad, logró dejar 6 millones de pesos, la quiebra económica de Cuba era evidente, ya que sus entradas representaban alrededor de 45 millones de dólares, cifra igual a la 1917.

No obstante estos aplastantes datos, los revolucionarios seguían empecinados en continuar su política anti-imperialista. Era el empecinamiento de una sociedad que cometía actos esquizofrénicos desde el punto de vista político-económico.

Machado había dejado tras de sí, como hemos dicho, un caos total en la República, especialmente en lo que se refiere a sus instituciones y a la fe que el pueblo había puesto en las mismas. Una de las instituciones que más sufrió fue, como hemos visto, las fuerzas armadas. Unas fuerzas armadas respetables se convirtieron en unas fuerzas armadas dirigidas por ineptos, sargentos, cabos y soldados, con algún que otro oficial que se había sumado al carro de la victoria.

Lo único que sabían hacer estas fuerzas armadas era reprimir, y Batista utilizó esta situación para ir afianzando cada vez más y más su dictadura militar. Por tanto, el panorama que enfrentaba Mendieta era extraordinariamente difícil y complicado y él no tenía para resolverlo ni soluciones prácticas ni soluciones efectivas de momento. Tendría que utilizar toda su paciencia, toda su energía, toda su habilidad para ir saliendo poco a poco de este maremagno de problemas que los supuestamente revolucionarios que luchaban por el bienestar de Cuba enredaba cada vez más, y evitaban que políticamente se pudieran amarrar, entre comillas, las manos del dictador Batista.

Claro está, el incremento en la actividad revolucionaria que se producía en atentados, no solamente a balazos, sino dinamiteros también, hacía que Batista empleara a fondo la fuerza militar de la que disponía, en forma de represión. Creaba así un clima de violencia y de muerte que en nada favorecía, no sólo a Mendieta como presidente, sino a la República como tal.

En resumen, Mendieta tenía ante sí un panorama económicamente casi insoluble y políticamente cada vez empeorando más y más, pues los revolucionarios anti machadistas combatían entre sí a tiro limpio, y con el gobierno a tiro limpio y a dinamita limpia también.

El ejército no era el ejército de la época de Machado que no atacaba al pueblo. Era el ejército de Batista que se estaba jugando su existencia y se miraba en el espejo de los oficiales de la época de

Machado. Si los revolucionarios triunfaban, ellos lo perdían todo, incluyendo la cabeza. Y por eso a cada acto revolucionario se oponía un acto de terror y de represión muchísimo mayor, puesto que contaban con muchos más recursos. Esta fue la época de la creación del SIM, Servicio de Inteligencia Militar, que según Portel Vilá, fue entrenado y dirigido por asesores norteamericanos.

De toda la herencia que recibió Mendieta de Grau, lo peor fue Batista, de quien Grau no supo desprender en el momento en que pudo hacerlo, en la famosa entrevista en casa de Carbó, que expusimos anteriormente.

Batista, que había aumentado sus cualidades de represor, mentiroso y farsante, utilizó a Mendieta endilgándole todo lo malo que ocurría y arrebatándole lo bueno que estaba ocurriendo. Mendieta, un hombre honesto e íntegro, lleno de buenas ideas para Cuba, durante toda su vida, no pudo desprenderse de esta presión de Batista y cuando ya se le hizo insoportable terminó renunciando antes de que se cumpliera el plazo de 2 años para el cual había jurado el gobierno provisional, o sea, en diciembre de 1935 fue su renuncia.

Ya Batista había dejado de ser aquel indeciso sargento del 4 de septiembre, que le preguntó a Carlos Prío qué era lo que había que hacer. Ahora era el coronel, imprudentemente nombrado por Sergio Carbó y apoyado por el resto de la agrupación revolucionaria que se había empeñado y había logrado aprender los manejos rectos y turbios de las fuerzas armadas y que continuaba con su táctica de ningún escrúpulo, a sentimientos, mentiras, promesas y aparente sometimiento al poder civil. Estaba en franco ascenso su dictadura militar que duraría hasta la mitad del año 1940.

El 3 de febrero Mendieta anuncia que se va a eliminar la Enmienda Platt, como ya dijimos, y dicta la ley constitucional para encausar a la República por la vía civil, prometiendo elecciones para una constituyente a finales de ese año 1934.

Crea el Consejo de Estado presidido por Carlos Manuel de la Cruz, Carlos de la Torre Huerta, Pablo Desvernine, Federico Laredo Bru y Manuel Jiménez Lanier. También fueron miembros del mismo Ricardo Dolz, Juan J. Remos, Antonio Moleón, Salvador Salazar, Ramón Zaydín, Alberto Blanco, Pedro Cué, Augusto Moxó, Rafael María Angulo, Miguel Coyula, Fernando Ortiz, Gustavo G. Urrica, Estanislao Cartañá, Guillermo Alonso Pujol, Oscar G. Edreira, Rafael

Mora, José Miguel Irisarri, Candita Gómez Calá, María Gómez Carbonell, Aurelio Hevia, Rafael Santos Jiménez, Juan Guiteras, Orosmán Viamontes, Mario Lamar, Guillermo Belt, Antonio Martínez Fraga, Antonio Beruff Mendieta, Miguel A. Suárez Fernández, Nicasio Silverio Cacho, Julio Álvarez Arcos y Sebastián Repilado.

Este Consejo de Estado compartía con los secretarios de despacho, la función legislativa del gobierno de Mendieta, que pasaremos a relatar rápidamente.

En un rápido balance de la actuación del gobierno de Mendieta, especialmente la legislativa, tenemos lo siguiente: primero, la derogación de la Enmienda Platt y un nuevo tratado de reciprocidad comercial; la creación de la Secretaría del Trabajo, creación de la policía técnica gubernamental, regulación del código del tránsito, el Instituto Cubano de Estabilización del Café, dentro de la ley constitucional del 3 de febrero, ya mencionada y la creación de los secretarios sin cartera. Esta ley fue sustituida el 12 de julio de 1935.

Creó el monumento a Máximo Gómez en la ciudad de La Habana; creó la Comisión Nacional de Servicios Públicos; implantó el uso de los giros telegráficos; creó la Comisión Nacional de Salarios Mínimos; la creación del papel moneda para su uso corriente en la República de Cuba; una ley de orden público que creó los Tribunales de Defensa Nacional con salas de urgencia, que más tarde se convirtieron en Tribunales de Urgencia; creación del Instituto Nacional de Higiene; código electoral del 35 con inclusión por primera vez del voto femenino. La prohibición de exportar capital nacional al extranjero; una moratoria en los pagos de la deuda exterior; moratoria en los pagos hipotecarios nacionales; creación de la embajada de Cuba en el Vaticano; creación de más escuelas profesionales de comercio.

Realiza el Censo electoral de 1935, que arrojó lo siguiente: un millón quinientos cuarenta y un mil setenta y seis electores de ambos sexos. Retiro de periodistas y descanso dominical; reorganización de las fuerzas armadas y del Poder Judicial; creación de la Corporación Nacional de Turismo; creación de los Tribunales de Defensa; la restitución a sus propietarios de las Compañías de Electricidad y Teléfonos, que habían sido incautadas en los últimos días del gobierno de Grau. Se reglamentó el servicio de Ómnibus Aliados. Se creó la vigencia de los contratos colectivos de trabajo. Se reglamentó definitivamente la jornada de trabajo de 8 horas. Se crearon oficinas provinciales de la Secretaría de Trabajo. Disolución de la Confederación Nacional Obrera de Cuba que estaba desde 1927 bajo el dominio de los comunistas. Se prohibió la creación de sindicatos comunistas. Se crearon bolsas de trabajo a nivel municipal. Se reguló el trabajo nocturno de mujeres en fábricas y talleres. Se prohibieron los empleados honorarios en las oficinas del estado. Se creó el seguro de salud y de maternidad obrera. Se estableció el descanso o vacaciones anuales a la clase obrera: 14 días para los mayores de 18 años; cinco días para los menores de esa edad. Asueto laboral de 2 horas en las jornadas comerciales. Se reglamentaron los jornales mínimos. Se dictaba la intervención de las compañías que se negaran a la reposición de trabajadores despedidos sin un expediente adecuado.

Por un decreto se dio el derecho a la huelga, el derecho a la colegiación patronal. Se estableció en 60 pesos mensuales la pensión de los veteranos de las guerras de independencia. Se reglamentó la segunda enseñanza y así mismo el tránsito urbano. Se prohibió la permanencia de los menores de edad en sectores de trabajo. Se rehabilitaron los partidos que habían sido eliminados por Grau: Liberal, Conservador y Popular. Inamovilidad de empleados y obreros. Suspensión de autonomía universitaria debido a las actividades de la huelga de marzo. Retiro para militares, policías y marinos. Creadas las reservas militar y naval. Se le dio el nombre de Juan Gualberto Gómez al antiguo municipio matancero de Sabanilla del Encomendador.

Como habíamos visto, después de los fracasos durante el gobierno de Grau, los comunistas, con la creación de los sóviets en las provincias orientales a la caída de Machado y con el intento de pustch con las cenizas de Mella en época de Grau, hicieron un alto en las actividades públicas, bajaron su perfil público y se dedicaron a la infiltración, su arma favorita, durante todo el régimen provisional de Grau, sin hacer ruido, y penetrando en todos los sectores para esperar su momento.

En 1934 el Commintern lanzó la orden a todos los partidos comunistas internacionales de la creación del frente único donde hubiera posibilidades de revolución inmediata y frente popular en donde los gobiernos estuvieren bien establecidos y ellos pudieran participar en coalición con los gobiernos para continuar su filtración.

En el año 34 en Cuba los comunistas tuvieron 3 bajas importantes, debido a enfermedad dos de ellas, y la tercera a un duelo a

439

balazos entre José Elías Borges, médico comunista y un boticario con motivo de la huelga de las Quintas Regionales. Las bajas por enfermedad fueron Rubén Martínez Villena y Gabriel Barceló, ambos víctimas de la tuberculosis, en forma meníngea en el caso de Gabriel Barceló.

Creyendo el Partido Comunista Cubano que había llegado el momento de desatar la revolución por medio de huelgas y esperando que los otros sectores que se oponían a Mendieta se les unieran, lanzan una campaña que dura prácticamente dos meses y medio en todos los sectores en los cuales tenían cierta influencia. Su fracaso lleva a la disolución de la Confederación Nacional Obrera Cubana, que ellos pasaron a dirigir desde 1927, cuando Machado liquidó a los anarquistas. Sufrieron bajas y detenciones y estuvieron a punto de perder al líder César Vilá, que fue condenado a muerte, pero, el señor Goderich, de gran influencia con Batista, le salvó la vida. Estos comunistas siempre tenían a alguien que sacara la cara por ellos; Como había sido el caso de Martínez Villena y anteriormente el de Mella, en época de Machado.

Hagamos un resumen de las actividades del Partido Comunista en estos primeros meses de 1934. Antes de cumplirse una semana de estar en el poder el nuevo gobierno del coronel Mendieta, comienzan los comunistas sus actividades huelguísticas en aquellos sectores donde tenían presencia, aunque no fueran sindicatos comunistas, y en aquellos donde sí tenían influencia como era el sector tabacalero. Este es el que comienza la huelga: 30,000 obreros tabacaleros se declaran en huelga en el mes de enero. A continuación empiezan a desarrollarse huelgas en diferentes centros y sectores.

Veamos: en los Ferrocarriles Consolidados, en la Droguería Sarrá; en la Compañía Lechera de Cuba; en las tiendas El Encanto, la Casa Grande y los Almacenes Inclán así como otros centros comerciales de menos renombre; en la Compañía de Teléfonos y en los servicios telegráficos. De igual forma en algunos centrales azucareros, donde llegaron inclusive a amenazar el comienzo de la molienda. Estas huelgas eran acompañadas por actos de terrorismo y en más de una noche hubo que sacar al ejército y a la policía a la calle con armas largas para eliminar francotiradores esparcidos por toda la ciudad de La Habana.

Para hacerle frente a esta situación el gobierno apeló primero a la aplicación de su programa de justicia social que ya hemos mencionado:

las 8 horas de jornada laboral, los seguros de maternidad, la regulación del trabajo, pago igual, etc. Esto no tuvo efecto alguno. Entonces se promulgó un decreto por el cual se declaraban ilícitas las huelgas que no hubieran sido sometidas a un proceso de arbitraje establecido por el gobierno. Se declararon ilícitos los sindicatos que mantuvieran huelgas políticas con carteles y retratos alusivos al Partido Comunista. Prohibición de paralizar los servicios de luz, agua, teléfonos, telégrafos, cuerpo de bomberos y otros de orden público: estricta prohibición de huelgas en estos sectores. De igual forma se eliminó, prohibiéndolo, la sindicalización de los empleados públicos. Como la mayoría de estas medidas seguían sin dar el resultado apetecido, se crearon, como hemos dicho, los Tribunales de Defensa Nacional y las Salas de Urgencias, las cuales, más tarde se convertirían en Tribunales de Urgencias.

Al seguir sin resolverse el problema, en marzo se decretó la suspensión de garantías constitucionales, y entonces el ejército empleando toda su fuerza y muchas veces el terror, frenó esta actividad altamente perniciosa para la población y el gobierno. En más de una ocasión las medidas del ejército se pasaron de límite y se convirtieron en medidas de terror.

No por casualidad esta actividad comunista desestabilizadora coincidía con el anuncio del gobierno de los Estados Unidos de reconocer el gobierno de Mendieta, de proponer una reunión para resolver los problemas económicos y de anunciar que la Enmienda Platt sería eliminada.

El programa de justicia social fue proclamado el 27 de enero, justamente acabada de comenzar las huelgas. La inamovilidad de los trabajadores fue el primer punto que se dio a conocer, pero esto no tranquilizaba a los obreros puesto que la huelga era política. El día 30 de enero el gobierno suspende la ocupación militar que tenía en los centrales Delicias y Chaparra a causas del movimiento comunista. Se atribuye esta acción a una fuerte presión norteamericana.

En estos días se nombra a Manuel Márquez Sterling embajador en Washington, pero el nombramiento de Caffrey como embajador en Cuba demoraría hasta el 23 de febrero. Incidentalmente digamos que Manuel Márquez Sterling falleció en diciembre de este año 34 y fue sustituido en Washington por Guillermo Patterson.

La promulgación de la ley constitucional de la que ya hemos hablado tampoco hizo mella en la actitud de los comunistas y los que seguían sus instrucciones. El 6 de febrero por una hábil maniobra típica de los comunistas, hay una manifestación protestando contra la suspensión de la condena a muerte de los asesinos de la época de Machado. Un carro celular que conducía a un grupo de ellos es asaltado por los manifestantes y 3 de los que iban en el carro son asesinados.

Por el decreto 408 se autoriza a Batista para disponer total y absolutamente del ejército y por otro decreto se priva de los derechos de los antiguos militares al derogar la ley de 1926.

La huelga en la Quintas Regionales se acaba con la medida tomada por el gobierno de eliminar la colegiación de los profesionales.

El 5 de marzo crece la inquietud laboral cuando los obreros del puerto de La Habana se declaran en huelga solidarizándose con la huelga de los tabaqueros que fue la que había iniciado todo este proceso huelguístico. El gobierno decide no esperar más. Envía al ejército al puerto de La Habana, disuelve la huelga a como de lugar y al detener a la mayor parte de los comunistas que estaban dirigiendo esta situación, se acaba la huelga. El Partido Comunista, como ya vimos, entra nuevamente a una fase de reposo obligatorio y a duras penas logra salvar la vida de su líder obrero César Vilá, pero pierde a la Confederación Nacional Obrera de Cuba que se disuelve después de un gesto típico de los comunistas de dar por terminada la huelga, cosa que habían hecho las fuerzas armadas. Los comunistas habían quedado esperando la colaboración del resto de los grupos revolucionarios opuestos al gobierno de Mendieta. Su sueño de frente único desapareció.

En medio de toda la agitación comunista en el mes de febrero de 1934, en sus primeros días, se funda el Partido Revolucionario Cubano Auténtico, que iba a ser enemigo de los comunistas durante muchos años. El Partido Auténtico se funda por los apoderados de unas 14 organizaciones revolucionarias, entre las cuales tenemos las siguientes: Coalición Nacional Bloque Septembrista, Joven Cuba, Izquierda Revolucionaria, Legionarios de Gibara, Unión Revolucionaria, Ejército del Caribe, Comité Pro Ley del 75 Por Ciento, y otras más. También entre sus miembros había un buen número de pertenecientes al disuelto Directorio Estudiantil Universitario de 1930, como Carlos Prío Socarrás, Manuel Antonio de Varona y otros. El nombre de Partido Revolucionario Cubano se le debe a Enrique Henríquez; el apelativo de Auténtico, a Gabriel Bretón.

El partido se fundó en el local del periódico Alma Máter, en la calle Chacón de La Habana Vieja. El periódico Alma Mater lo editaba y lo dirigía el periodista Julio César Fernández.

El Partido proclamaba una política de socialdemocracia al estilo de la época.

Según la relación de Mario Riera, en su citado libro "Cuba Libre", 49 personas que se van a relatar a continuación fueron los fundadores del Partido Auténtico. Hay una cierta discrepancia en cuando a nombres, con una foto de fundadores del Partido Auténtico que aparece en el libro de la Enciclopedia Cubana. Vamos a dar la lista de Mario Riera y la lista de la foto de la Enciclopedia, para que el lector pueda hacer comparaciones.

Debemos señalar que por estar en el extranjero, a donde había partido el 20 de enero, el doctor Ramón Grau San Martín, no es de los que están presentes en la fundación del Partido Auténtico, sin embargo es nombrado presidente del Partido.

Mario Riera aclara que aunque se han mencionado en diferentes escritos, no pertenecieron al grupo de fundadores Eduardo Chibás, Eusebio Mujal, Sandalio Junco y Guillermo Martínez Márquez, entre otros. Sin embargo, estos 4 y muchos más posteriormente ingresaron en el Partido Auténtico.

El Partido Auténtico fue el de mayor arrastre popular en Cuba en los años posteriores a 1940, solamente superado en la historia por el Partido Liberal de los primeros años, fundado por José Miguel Gómez y Alfredo Zayas.

La lista la comenzamos con los ex presidentes Carlos Hevia y Carlos Prío Socarrás, Manuel Antonio de Varona, Lincoln Rodón, Rubén de León, Alberto Inocente Álvarez, Alberto Cruz, Mariblanca Sabas Alomá, Carlos Finlay, Edgardo Butari, Segundo Curti, Gustavo Moreno, Rafael Trejo Loredo (padre del mártir), Santiago Álvarez Rodríguez, Ramiro Capablanca Graupera, Félix Lancís Sánchez, Aurelio Álvarez de la Vega, Antonio Rubio Linares, Enrique C. Henríquez, Florencio Hernández, Jorge López López, Agustín Guitar, Enrique Fernández, Ivo Fernández Sánchez, Eugenio Llanillo, Segundo Ceballos Pareja, María Teresa Freyre de Andrade, Otilia André, Hilda Peraza, Josefina Pedrosa, Manuel Arán, José Fresneda,

Ciro Quintana, Salvador Massip, Laudelino González, Clara Luz Durán, Antonio del Valle, Enrique Peroso, Fidelio Durán, Julio López Masa, Eduardo Sabas Alomá, Luis Alberto Barrera, Rafael Suárez Solís, Guillermo Barrientos, Alfredo del Valle, Armando Roda, Roberto Coloma, Conchita Castanedo.

En la foto que en la Enciclopedia Cubana presenta grupo de fundadores del PRC, junto al Dr. Grau San Martín aparecen 3 nombres que no están en esta relación. Ellos son los siguientes: Pedro Vizcaíno, Luis Martínez Sáenz y Joaquín del Río Balmaseda.

El 22 de marzo, en la calle Ayesterán, es víctima de un atentado en el cual sale ileso, José Ignacio Pepín Rivero, director del Diario de La Marina. Días después sufren atentados dinamiteros y tampoco resultan lesionados, los miembros del gabinete Cosme de la Torriente, Secretario de Estado, y Emeterio Santovenia, Secretario de la Presidencia.

A principios de abril recibe Mendieta un golpe moral extraordinario con el suicidio de su Secretario de Justicia, su amigo, su hermano de lucha de muchos años, Roberto Méndez Peñate. Las versiones que corren por la capital indican que este suicidio se debe al nombramiento de Carlos Manuel de la Cruz como Presidente del Consejo de Estado, ya que de la Cruz era el principal asesor político de Batista. Además, la actitud vacilante y claudicante, que a juicio de Méndez Peñate tenía Mendieta, en cuanto a la posición frente a Batista, no sólo en el gobierno, sino en la humillación del cancerbero Ulsiceno Franco Granero, como hemos descrito anteriormente. También se añadía que la reforma constitucional que le daba a Batista todos los poderes necesarios para hacer y deshacer y controlar las fuerzas armadas, fue un gran disgusto para Méndez Peñate. Otras versiones indican que Méndez Peñate atravesaba por serios y graves problemas familiares. Sea como fuere, esto resultó un rudo golpe para Mendieta.

El día 15 de abril renuncia Carlos Manuel de la Cruz a la Presidencia del Consejo de Estado. Para sustituir a Méndez Peñate se nombra a Carlos Saladrigas que ocupaba un cargo de Secretario sin Cartera. Con éste son ya cuatro los miembros del ABC en el gobierno de Mendieta.

El día 19 de mayo regresa Grau de su viaje de vacaciones, entre comillas, y recibe un gran homenaje, una masiva concentración de bienvenida, preparada por el recién fundado Partido Revolucionario Cubano Auténtico. Su declaración a la prensa es que Sumner Wells fue el responsable de la caída de su gobierno. Esto no hacía falta que lo dijera Grau ni nadie. Esto lo sabía todo el pueblo de Cuba.

El día 27 un automóvil pasa frente a la residencia de Jefferson Caffrey, embajador de los Estados Unidos, abre fuego contra la posta militar de la misma, y mata a un soldado. Se repetirá más adelante el atentado, pero sin víctimas.

En mayo las gestiones de Márquez Sterling y Torriente, por la parte cubana, de Sumner Wells y Corder Hull por la parte norte-americana, ponen fin al Tratado Permanente entre Cuba y Estados Unidos, que traducido a un idioma popular era el fin de la Enmienda Platt y por lo tanto de la posibilidad de intervención militar norte-americana en Cuba. Lo único que quedó en pie de este Tratado fue la concesión hecha por medio de alquiler de la Base de Guantánamo a la Marina de los Estados Unidos.

Se suscribe un nuevo tratado, esta vez con más equilibrio. Por la parte cubana en Washington lo suscribe Márquez Sterling. El gobierno poco después decide declarar tres días de fiesta nacional en vista del avance diplomático y el logro obtenido por su representación en Washington. Este hecho favorable a Cuba era muy mal visto por los enemigos de Mendieta que lo consideraban como algo que respaldaba su gobierno y por lo tanto, ellos no mostraban ningún tipo de alegría.

A principios de junio corre la especie de que varios miembros del gabinete de Mendieta están a punto de renunciar en protesta por la permanencia del fuero castrense sobre el fuero civil constitucional. De hecho Santovenia presenta su renuncia, pero el ABC le pide que la retire y permanece en el gobierno. Como respuesta a esta inquietud nacional y política, Batista pide que se prorroguen las medidas de emergencia tomadas cuando se suspendieron las garantías, típico del dictador.

El 14 de julio ocurre un atentado terrorista contra Mendieta en el campamento de Tiscornia de la Marina de Guerra, en Casablanca. Refiere Santovenia en sus memorias, que se recibió la invitación por el coronel Rafael Paz., el jefe del apostadero naval. Cosa que sorprendió en Palacio, puesto que la Marina no era exactamente el cuerpo militar que tenía las mejores relaciones con el gobierno. Sin

445

embargo, el Presidente decidió asistir y Santovenia decidió acompañarlo. En el recibo se notó primero como un cambio de programa, se había adelantado y se había apuntado el número de discursos. En fin, Santovenia refiere que existía un ambiente extraño, raro y así lo comentó con Gabriel Landa, el Secretario de Comunicaciones que también asistió al evento.

Al estar hablando Mendieta hizo explosión una bomba que estaba oculta entre los pliegues de la bandera cubana. Esta bomba causó la muerte a un marino, heridas graves a un oficial y varios marinos más. Igualmente resultó herido Gabriel Landa y el Presidente Mendieta recibió una herida leve en un brazo. Se trató de sacar al Presidente por la ventana en evitación de que en la puerta hubiera algún otro artefacto. Mendieta se negó como era su carácter y su valor y decidió salir como todos los demás. Por otra parte, hubiera sido víctima del clásico chantaje periodístico, pues había varias cámaras fotográficas que hubieran captado la escena del Presidente huyendo por una ventana.

El servicio de inteligencia policiaco, dirigido por Antolín Falcón acusó a La Joven Cuba de ser los responsables de este atentado. Recuérdese que Guiteras tenía muy buenas relaciones con la Marina en general y con el Departamento de Infantería de Marina creado por él, en particular. Esto en definitiva nunca se pudo comprobar y nadie fue directamente acusado ni juzgado por este hecho. Se quería matar a Mendieta como paso previo para matar a Batista, algo que es completamente absurdo, pero así sucedió y empezó a indicar cómo estaban las cosas en el ambiente cubano.

Conjuntamente con este atentado ocurre en Santiago de Cuba un intento de sublevación por parte del comandante Eugenio Ulloa en el Crucero Cuba, pero las otras unidades navales que allí se encontraban, sofocaron la situación y no hubo que lamentar daños personales de ningún tipo.

El día 17, domingo, el ABC había preparado una grandiosa manifestación por las principales avenidas de La Habana, convergiendo primero en el Parque Central y después dirigiéndose por el Prado hasta la Plaza de la Fraternidad, para un gran meeting de confirmación abecedario. Se calcula que unas 80,000 personas habían llegado de todas partes de la República y que desfilando con los himnos del ABC en una forma elegante y ordenada, estaban celebrando esta concentración. A nuestro modo de ver, no era más que una tonta provocación por parte de los abecedarios a los demás grupos políticos que estaban con ellos en el gobierno, al gobierno en sí y a los grupos revolucionarios que veían en el ABC un gran enemigo, sobre todo porque se le comparaba a los fascistas de Mussolini y se consideraba que esta marcha era un remedo de la Marcha sobre Roma.

En definitiva, en un momento dado de la mañana, varios automóviles tripulados por personas con rifles automáticos y ametralladoras, abrieron fuego desde distintas partes a la manifestación y a la concentración. El total de muertos fue de 14 con 60 heridos. Uno de los automóviles fue atrapado por manifestantes, volcado e incendiado con sus ocupantes dentro. La manifestación terminó con el meeting en la Plaza de la Fraternidad, que por supuesto, ni fue tan grandioso ni fue de la categoría que se esperaba. El ABC logró recibir el mensaje de que no tenía nada más que enemigos.

A la semana, y en vista de que el gobierno no había hecho ningún tipo de manifestación de protesta por la agresión y de que los miembros de la policía encargados del orden público durante la manifestación y la concentración no habían hecho el menor esfuerzo por proteger a los manifestantes, los Secretarios de Despacho del ABC, Martínez Sáenz, Saladrigas, Mañach y Santovenia, deciden renunciar y abandonar el gobierno. El ABC pasa a la oposición. Mendieta comienza a debilitarse como gobernante cada vez más y más. Sólo le quedan nacionalistas, republicanos y menocalistas. Por otro lado, todos los grupos revolucionarios están en su contra, incluyendo por supuesto, al recién formado Partido Revolucionario Cubano Auténtico.

El sábado anterior, y ese mismo domingo, en distintas horas, grupos de comunistas y abecedarios se enfrentan a tiros varias veces en el Paseo del Prado. El resultado es de 15 muertos y más de 40 heridos. No cabe duda que había una guerra declarada contra el ABC por parte de los comunistas.

Antolín Falcón acusó a los guiteristas y a los comunistas de haber participado en el atentado. Los guiteristas no hablaron, pero los comunistas por boca del dirigente de acción de los mismos, Joaquín Ordoqui, se atribuyó el hecho de haber tratado de evitar que los fascistas tomaran el poder.

El día 19 se da a conocer que la comisión de juristas que Mendieta había designado para estudiar el pago de los bonos atrasados

447

del Chase National Bank informa que no se debe pagar, puesto que el gobierno no es responsable de este pago.

El día 24 un decreto del Secretario de Trabajo refrendado por el Consejo de Secretarios ordena a la compañía de Teléfonos reponer a los obreros despedidos con motivo de la huelga del 20 de enero. El 14 de agosto se aprueba la moratoria hipotecaria a favor de los propietarios de ingenios, que venía arrastrándose desde la época de las vacas flacas. Más adelante se extenderá esta moratoria hipotecaria a los colonos poseedores de tierras cañeras.

El 22 de agosto, en Pinar del Río, el teniente coronel jefe del Octavo Distrito, Mario Alfonso Hernández, uno de los participantes del grupo de los 6 militares, clases y soldados revolucionarios de 1933, o sea, de los fundadores del golpe del 4 de septiembre, es muerto a balazos, asesinado por dos soldados a las órdenes del comandante Manuel Benítez. El comandante Benítez declaró que al resistirse al arresto el teniente coronel, los soldados se vieron obligados a disparar. El origen de este asesinato era que Mario Alfonso estaba exigiéndole a Batista que cumpliera el compromiso hecho por el grupo de conspiradores de los 6 conspiradores del 4 de septiembre, acerca de que la dirección de las fuerzas armadas, sería rotatoria entre sus 6 miembros, y que ya era hora de que Batista cediera la posición. Conjuntamente con Mario Alfonso estaban en la conspiración el cabo Ángel Echevarría y otro oficial más, cabo en el 33, en este momento teniente coronel también, que fueron arrestados, condenados a muerte, aunque después se les conmutó la pena y fueron indultados por Mendieta más adelante. En premio a su proeza, entre comillas, Benítez fue nombrado teniente coronel y sustituyó como jefe de distrito de Pinar del Río al difunto Mario Alfonso. Batista no estaba dispuesto a compartir nada y menos a permitir que se le exigiese ese compartir.

El día 24 se suscribe en Washington el nuevo tratado de reciprocidad comercial entre Cuba y Estados Unidos. En este tratado se rebajaban los aranceles de algunos productos, como por ejemplo, el ron, el alcohol, las mieles y algunos minerales y sobre todo, el arancel del azúcar que quedó sólo en 0.9 centavos con lo cual había un extraordinario beneficio de momento para la economía cubana.

Esto en cuanto a lo que daban los Estados Unidos. En cuanto a lo que tomaban, era la eliminación de los aranceles de la época de Machado para los productos manufacturados, con lo cual se inundaba la República con manufacturas norteamericanas de todo tipo, y esto hacía peligrar la misma existencia de las incipientes industrias cubanas, que databan también de la época de Machado.

Estas cosas se fueron nivelando más o menos, y con este pequeño alivio al ahogo económico que tenía Cuba en esos momentos, y más adelante con la aprobación de la Ley Jones Costigan, que propiciaba finalmente la cuota azucarera que Cuba había estado reclamando desde épocas pretéritas, hizo que se iniciara el pequeño y lento, pero sostenido despegue económico, que llegaría a su clímax, como algo muy notable, en época de Carlos Prío Socarrás, entre 1950 y 1951.

Finalizando agosto los menocalistas Conte y Verdeja abandonan el gobierno de Mendieta. Sólo se mantienen en el mismo los nacionales y los republicanos. A principios de septiembre el PRC lanza su primer manifiesto político protestando por la política de terror, y a los pocos días Grau tiene que salir para el exilio.

Una práctica iniciada por Pedraza unos meses, que consistía en hacer ingerir una dosis de palmacristi a los periodistas que escribiesen en contra del gobierno, llega a su clímax con la aberración de administrarle no palmacristi, sino aceite de motor de aeroplano, al periodista Dr. Carlos Garrido. Este fallece por este envenenamiento unas semanas después. Por supuesto, nadie fue juzgado ni condenado por este asesinato.

El 31 de octubre ocurre un raro incidente en la Universidad de La Habana, en su Rectorado, cuando un grupo de estudiantes del Ala Izquierda Estudiantil comunistas, tratan de ahorcar al Rector Cadenas, so pretexto de la política de éste con relación a la matrícula gratis. Los estudiantes no comunistas reaccionan vigorosamente, y es destruido el local del Ala Izquierda y la Biblioteca Gabriel Barceló. Un poco más adelante se celebra una asamblea en la que se plantea la situación de la matrícula gratis, ésta se resuelve y se apoya al Rector Cadenas.

En los primeros días de noviembre, es asaltada la Tesorería Nacional y se produce el robo de 158,000 pesos. Por este hecho, al regresar Antonio Fernández Macho y Francisco Rodríguez Banquero de México, son detenidos, acusados y juzgados. Se supone que el dinero iba a ser empleado por miembros de la OA para actividades revolucionarias. La OA era la Organización Auténtica, brazo armado del PRC. Los auténticos fueron detenidos el 6 de diciembre.

Ya desde el día 4 de diciembre habían empezado las reuniones para integrar el Frente Único Revolucionario, el sueño dorado de los comunistas, con la diferencia de que nadie quería que los comunistas participaran en el mismo.

El 12 de diciembre el SIM, Servicio de Inteligencia Militar, asalta el periódico Acción, órgano oficial del ABC, que era dirigido por Jorge Mañach y son obligados a tomar palmacristi, entre otros, Francisco Ichaso, Jess Losada, Eduardo Héctor Alonso y otros más. El periódico es obviamente clausurado.

En este mes de diciembre le es ocupado al ABC un enorme alijo de armas y pertrechos, que curiosamente estaban situados en un almacén que había estado bajo la custodia de la embajada norteamericana y que en esos momentos estaba desocupado. No se producen arrestos.

A principios de 1935 el posible Frente Único Revolucionario se había desmembrado puesto que había grandes diferencias entre los componentes principales. Los guiteristas vetaban a los abecedarios. Los abecedarios vetaban a los comunistas y a los guiteristas. Los auténticos vetaban a los comunistas. Y por lo tanto, no había unidad en cuanto a las direcciones ni en cuanto a la organización de lo que se pensaba hacer, que era la huelga revolucionaria previa al derrocamiento de Mendieta y de Batista. Además de esta división se estaban ignorando los antecedentes de lo que había ocurrido en la huelga revolucionaria del 33 contra Machado. Primero, el ejército no actuó para reprimir dicha huelga. Segundo, el ejército de Machado era numéricamente la mitad del ejército que ya tenía Batista. Junto a eso, el ejército de Batista estaba recibiendo todos los beneficios de la corrupción que el coronel les facilitaba, y esto los enriquecía y además, si ellos perdían la huelga y el gobierno, posiblemente perderían también la cabeza.

La corrupción consistía en las gabelas para permitir la prostitución, el juego prohibido, el contrabando, el incumplimiento de las leyes. Por parte de los oficiales, el manejo de los presupuestos sin tener que darle cuenta a nadie. De otro lado, el recuerdo de la desaparición del ejército de Machado por no reprimir la huelga, estaba constantemente presente en la mente del ejército de Batista y era alentado por éste a no caer en ese error.

También cuando se estudian todos los textos de huelgas revolucionarias, desde Lenin y Trostky hasta Primo de Rivera, se olvidaban el párrafo en el que se decía que las huelgas revolucionarias se hacían con los militares y no contra los militares. Y este era el caso de 1935 en Cuba, que era contra los militares.

Ocurrió además un incidente poco comentado en los libros: en las primeras semanas de 1935 visitó a La Habana en plan de vacaciones, unas vacaciones un tanto prolongadas, nuestro viejo conocido Lauren Dugan, el Subsecretario de Estado encargado de los asuntos de Cuba, el cual hablaba perfectamente el idioma español y que estaba muy relacionado con los cubanos que habían estado exiliados en los Estados Unidos en la época de Machado y durante la posterior de Grau San Martín.

Llegó a La Habana para unas vacaciones un poco extrañas por lo prolongado de su duración, y en vez de quedarse en la embajada de los Estados Unidos se mudó a un apartamento en las calles 8 y 21 en el Vedado, donde comenzó a recibir en forma particular a todos los cubanos opuestos al gobierno que deseaban visitarlo. Estaba, al decir de Portel Vilá, como una rueda excéntrica en la maquinaria diplomática de los Estados Unidos.

Bien conocido era el favoritismo de Caffery por Batista. Dugan aparentemente estaba en contra y parecía traer un mensaje del gobierno norteamericano, del Departamento de Estado concretamente. Eso era lo que llegaron a creer los oposicionistas cubanos que conversaron con él, lo que era, lo que no era, los que creían, los que no creían, y lo que esperaban. Por supuesto Dugan estaba obteniendo información, y entre sus visitantes se contaban los miembros del Partido Comunista, quienes especulamos nosotros, pueden haberle llevado a Batista los recaditos de Dugan sobre lo que pensaban los oposicionistas. Era la forma de ir preparando el entendimiento con el dictador que ocurriría entre el año 37 y 38.

Recordemos una vez más que Dugan era el agente Frank # 19 de la KGB, jefe de los infiltrados soviéticos en el Departamento de Estado de los Estados Unidos en la década de los 30. Obviamente esto era ignorado por los oposicionistas cubanos. Y más aún, el profesor Portel Vilá también lo ignoraba, ya que, sólo años después de su muerte salió a la luz esta información, como hemos referido en el libro de Mithrokyn, "The Sword and the Shield". De otra parte, los cubanos preparaban su acción revolucionaria a la cubana, es decir, a voz en cuello, comentándolo todo en los lugares de reunión, especialmente los cafés y los parques. Luego, el gobierno estaba en cierto modo sobre aviso de lo que iba a suceder.

El 2 de enero, miembros de la Joven Cuba atentan contra la vida del ex gobernador de Oriente, José Luis Penabaz en Lawton. El atentado resulta frustrado. El 10 de enero el comandante Raymundo Ferrer, el mismo que fue fiscal en el juicio contra Chibás y Carlos Prío en 1932 pidiendo entonces la pena de muerte, y que el 4 de septiembre invirtió sus grados de capitán a los de sargento para hacerse el gracioso y sumarse al carro de los victoriosos, ahora en uno de los puestos de dirección del SIM, en una declaración pública acusa a Guiteras y la Joven Cuba, de querer implantar en Cuba un régimen soviético. Aquí había, por supuesto, un error. El régimen soviético entonces era el stalinista. Guiteras quería un régimen socialista radical, pero era enemigo de los estanilistas.

El 13 de enero los últimos esfuerzos por el Frente Único Revolucionario se deshacen al retirarse el ABC de las conversaciones. El día 17 hay fuertes rumores de una inminente renuncia de Mendieta. Estos rumores habían comenzado a finales de diciembre y Mendieta había declarado que él le entregaría el cargo a cualquier cubano que contara con el apoyo de todos los sectores y de la clase revolucionario. Este cubano había que hacerlo a mano, en un molde especial, pues no existía. A los pocos días el partido de Menocal, demócrata nacional exige elecciones generales.

Hay un detalle curioso en estos días de enero y febrero de 1935. Ya hablamos de la visita de Lawrence Dugan. Además, hemos de anotar que desde septiembre del año 34, después de un manifiesto público condenando al gobierno por el terror, Ramón Grau San Martín había salido para el exilio, donde se rumoraba que preparaba una expedición. Martínez Sáenz también se encontraba en el exilio preparando a su vez otra expedición revolucionaria. Tanto en Cuba como en el exilio existían divisiones entre los revolucionarios.

Blas Roca y Joaquín Ordoqui habían viajado a la Unión Soviética para celebrar el congreso del Partido Comunista de esa nación, como delegados invitados. Poco después el dirigente de la organización, Aníbal Escalante, también salió para la Unión Soviética, so pretexto de asistir a unos cursos especiales de marxismo leninismo.

En estos días ocurre una de esas típicas maniobras de los comunistas que da al traste con el gobierno alcaldicio de Miguel

Mariano Gómez. Un estudiante de medicina, Carlos Font Pupo, miembro del Partido Comunista, que trabajaba en la Casa de Socorros de Corrales, por incumplimiento de sus horas de trabajo, es suspendido de empleo y sueldo. Inmediatamente se declaran en huelga todos los centros asistenciales relacionados con el municipio de La Habana, y en vista de esta situación Miguel Mariano Gómez se ve obligado a renunciar. Este Carlos Font Pupo, del Partido Comunista, y dirigente del Colegio Médico Nacional en la época de Batista, colaborando con él. Después, por supuesto, en la época de Fidel Castro, lo veremos como director de la Covadonga, la Quinta Covadonga, que ya le habían cambiado el nombre, como a todos los otros centros regionales, y cuando él estuvo en ese cargo fue un verdadero chacal en contra de médicos, enfermeras y empleados. Su valerosa, entre comillas, acción de 1934 se le había borrado de la mente y él, sin motivos de ninguna clase, despedía, cesanteaba, privaba de sueldo, castigaba, y abusaba de sus subordinados.

Con esta salida de Miguel Mariano de la Alcaldía, vemos a otro dirigente político, de los que habían iniciado el gobierno de Mendieta brindándole su apoyo, y que ahora se separaba del mismo. El ex diplomático Guillermo Belt sustituye a Miguel Mariano en la Alcaldía. Más adelante Belt impondría una medalla a Pedraza por la labor contra la huelga de marzo. La cosa se iba empeorando por momentos.

El único sector con fuerza, con clarividencia y con la membresía prácticamente intacta que quedaba en ese momento era la Joven Cuba. Esta organización revolucionaria radical había sido fundada en 1934 por Antonio Guiteras, ex Secretario de Gobernación en épocas de Grau San Martín, con la colaboración de José Miguel Irizarri, el enigmático Irizarri, de Sandalio Junco, que en ese momento estaba con el troskismo, combatiendo a los comunistas, con veteranos del asalto al cuartel de San Luis, de la época de Machado y con otra serie de revolucionarios desprendidos del disuelto Directorio y algunos que habían pertenecido o pertenecían aún al Partido Auténtico.

Guiteras, un hombre de ideas radicales, socialistas radicales, según sus propias palabras, de un gran valor personal, que estaba decidido a llevar a cabo la revolución de todas formas. El había fundado la Infantería de Marina, tenía buenas relaciones con este cuerpo y con otros oficiales de la Marina cubana, y tenía puestas sus esperanzas también en parte de la aviación militar. Es decir, él estaba preparando un golpe.

Ya vimos que colaboró con los comunistas en el atentado contra el ABC. Por lo tanto el ABC y los guiteristas eran irreconciliable enemigos en ese momento. La Joven Cuba había realizado varios atentados, entre ellos se les culpaba de las bombas a Mendieta, Torriente y Santovenia. Fueron entusiastas partidarios del Frente Único para la huelga revolucionaria, pero no eliminaban del grupo a los comunistas, y por lo tanto no se dio el Frente Único y aunque participó en el entusiasmo inicial y parte de la organización, los guiteristas no apoyaron militarmente a la huelga revolucionaria.

Sus miembros se habían dedicado a buscar dinero a como fuere, y participaron en estos momentos en 3 secuestros importantes: el primero el de Eutimio Falla Bonet, hijo de Laureano Falla Gutiérrez, por el cual obtuvieron 300,000 pesos de rescate. Después el del millonario Nicolás Castaño, pero esto fracasó cuando Pedraza al frente de la policía lo rescató de su prisión en Guanajay, matando a sus custodios. Y una sección del grupo guiterista, llamada por ellos mismos los Intocables, (copia del cine norteamericano), realizó el secuestro del millonario Antonio San Miguel, pero tampoco pudieron cobrar el rescate. O sea que, la Joven Cuba apelaba a cualquier clase de acción con tal de lograr sus objetivos.

Vamos a narrar textualmente lo que nos dice Mario Riera sobre este problema de los rescates y los dineros.

> "Los fondos insurrecciónales procedentes de secuestros fueron situados en Ciudad México, de donde fueron distraídos, por no decir sustraídos, por su hermana Calixta Guiteras y por Pedro Pablo Corrado. Este último fue ajusticiado por los guiteristas. Conjuntamente, otro guiterista, Alberto Sánchez, involucrado en este robo, entre comillas, también fue asesinado por la pistola implacable de Chano Penabaz", termina el texto de Riera.

Los principales colaboradores de Guiteras fueron: Paulino Pérez Blanco, Sandalio Junco, Pepecito Milián, Oriel Estrada, Felo Balart, Favio Ruiz, que sería jefe de la policía en los gobiernos auténticos, Luis Felipe Masferrer, Benito Fernández, Vicente Grau y José Torres, entre otros.

Guiteras impulsa la huelga, pero definitivamente no participa en ella, desde el punto de vista de la acción militar. De modo y manera que quedan sólo los auténticos y los abecedarios, y sin ponerse de acuerdo. Por eso la huelga, como vamos a ver, que surgió espontáneamente y se desarrolló espontáneamente, no tuvo dirección, no tuvo coordinación y terminó en un baño de sangre por parte de los revolucionarios y de una tremenda represión por parte de Pedraza y sus policías y soldados.

Guiteras había confiado en que se desarrollara un levantamiento naval en el momento que ocurriese la huelga, lo cual no sucedió y en vista de eso trató de escapar hacia México, pero dos de los complotados de la Marina, dos alférez, Carmelo González y Rafael Díaz Joglar lo denunciaron. Carmelo González llevó al capitán Iglesias del ejército, con su destacamento hasta el Morrillo, cerca de Matanzas, donde Guiteras y sus acompañantes esperaban el yate para ir para México. Ocurrió el tiroteo en el que muere Guiteras, el coronel venezolano Carlos Aponte, y por los soldados un cabo, Man de apellido, y además, un soldado. Producto de esta delación, Guiteras fue abatido.

Al año siguiente, cuando Carmelo González, ascendido ya a comandante, iba a tomar posesión de la capitanía del puerto de Cienfuegos, los guiteristas que aún quedaban lo eliminaron mediante una bomba, un atentado dinamitero. A Rafael Díaz Joglar, años más tarde, lo eliminarían a balazos en una calle del Vedado, cuando trabajaba en un camión de reparto. Esta última acción estuvo a cargo de Pedro "Manzanillo" Fajardo, que en aquel momento se había quedado al frente de lo que había sido la Joven Cuba, organización que cambiaría el nombre por el de "Acción Revolucionaria Guiteras".

En definitiva los hechos de la huelga de marzo se desarrollaron del modo siguiente. La muerte de Guiteras ocurrió el 8 de mayo de 1935, o sea, después del fracaso de la huelga de marzo. Una gran persecución siguió a la misma, ya que aplastados los abecedarios y los auténticos, le fue mucho más fácil a Batista, que apoyándose en Pedraza y otros secuaces, logró perseguir, acorralar y en definitiva eliminar a Guiteras.

Los hechos de la huelga de marzo ocurrieron de la manera siguiente: el 18 de febrero sucede un tiroteo contra el Instituto de La Habana y el alumno Orlando Lezcano es muerto por la policía. Inmediatamente los alumnos de este centro van a la huelga y al día siguiente una asamblea en la Universidad decide apoyar esta posición de los estudiantes del Instituto de La Habana. La FEU nombra, como era de rigor, al comité que va a dirigir la huelga, lanza un manifiesto con las demandas estudiantiles las cuales estipulaban la derogación del fuero militar, cese de los supervisores militares, desmilitarización de los cuerpos policíacos, restablecimiento de los principios democráticos con respeto a la vida ciudadana y a los derechos del hombre, libertad de los presos políticos y supresión de los temidos tribunales de urgencia.

Ese mismo día el claustro universitario se manifiesta solidario con el movimiento estudiantil, y un documento del Partido Revolucionario Cubano Auténtico secunda vigorosamente la actitud de los alumnos universitarios y del Instituto de La Habana. A partir de ese día la huelga estudiantil se extendió a todos los centros, no solamente los oficiales, sino que llegó incluso hasta los colegios privados. Y las peticiones fueron transformándose en peticiones política. Lo que empezó como protesta estudiantil se había transformado en una huelga política.

El 22 de febrero dos secretarios de despacho, profesores universitarios ellos, Capote, de Educación, y Santos Jiménez, de Comercio, renuncian a sus cargos en solidaridad con la huelga estudiantil. Acto seguido renuncia, sin explicar los motivos, Cosme de la Torriente, Secretario de Estado, Cárdenas, Secretario de Justicia y Pina, Secretario de Trabajo. Cárdenas era también secretario interino de Gobernación.

El 3 de marzo aparecen muertos en la carretera de Guanajay unos estudiantes que habían sido detenidos. En el último paseo de carnaval de febrero habían explotado 7 bombas, y ahora en marzo, hay nuevamente incidentes en el paseo de carnaval. El día 6 de marzo, 5 bombas estallan en la aduana de La Habana con 10 personas resultando lesionadas. Igualmente estallan bombas en la Secretaría de Hacienda. Ha comenzado la huelga revolucionaria.

La huelga se ha iniciado espontáneamente. No ha habido orden por ninguno de los grupos importantes que participan en ella. No hay dirección de la misma, no hay coordinación, pero no obstante, la huelga estalla en marzo de 1935.

El ABC había prohibido a sus miembros que renunciaran al gobierno cuando éste organismo se separó ministerialmente del mismo, y en este momento, siguiendo las instrucciones del ABC, los empleados públicos pertenecientes a esta organización, y algunos más que han sido captados por ellos abandonan sus puestos de trabajo. El gobierno acuartela las fuerzas armadas y ordena la custodia por policías y soldados, armados de armas largas, de todos los edificios públicos. Esa misma madrugada en una sesión de urgencia del Consejo de Secretarios, se decide hacer frente a la huelga con las medidas más enérgicas que se necesiten con el objeto de aplastarla. El gobierno se ve en peligro. Se impone la censura de prensa y apenas un par de periódicos con muy escasa cantidad de hojas, sale a la luz pública, y rápidamente son eliminados. Se ordena la intervención militar de la Universidad y del Hospital Calixto García, viejo y conocido refugio de revolucionarios de todas las épocas.

Batista nombra al jefe de la policía, coronel Pedraza, como jefe militar de la provincia de La Habana, invistiéndolo de todos los poderes necesarios para frenar la huelga y poniendo bajo sus órdenes a todas las policías provinciales, municipales y ministeriales. Igualmente, la Guardia Rural es puesta bajo las órdenes de Pedraza. Al día siguiente se le dan idénticas facultades represivas a los jefes de los otros distritos de la República: Pinar del Río, Matanzas, Santa Clara, Camagüey y Oriente.

El día 9, como comandante militar de la provincia, Pedraza, lanza un bando que prohibe circular por las calles en cualquier forma, después de las 9 de la noche y una orden de cubre fuego a las fuerzas represivas para disparar indiscriminadamente contra cualquier residencia o local en el cual hubiere luces encendidas después de esa hora.

El día 10, para darle punto final a la huelga de los maestros de la enseñanza secundaria, se le da facultad al Secretario de Educación, Anaya Murillo, para cesantear y nombrar maestros, conserjes, miembros de la Junta de Educación, en fin, a todo el personal de la Secretaría a su mando.

El 11 de marzo, mediante una ley se declara en vigor el decreto presidencial 2581 de 1933, promulgado por el entonces presidente Grau San Martín, y refrendado por el entonces Secretario de Gobernación, Antonio Guiteras, que declaraba el estado de guerra en todo el territorio nacional y disponía que fuese juzgados en consejo de guerra sumarísimo, los delitos cometidos en relación con las alteraciones del orden público. El día 12 hay otra ley que determina la jurisdicción de los consejos de guerra señalando entre otras cosas, que, sus fallos, los de estos consejos de guerra, se ejecutarán con sólo la aprobación del comandante militar de la provincia.

Al amparo de esta disposición fue juzgado en La Habana un ciudadano de apellido Bellido de Luna, de Guanabacoa, y condenado a muerte. Para su suerte le conmutaron la pena unas pocas horas antes de que se cumpliera la sentencia. Sin embargo, una vez terminada la huelga, el 9 de abril, fue fusilado en Santiago de Cuba, José Angulo, acusado de poner una bomba en la residencia del administrador de la aduana de Banes. José Angulo era el nombre supuesto de un extranjero, europeo oriental perteneciente al Partido Comunista, el cual fue ejecutado.

El 8 de mayo, y coincidiendo con la muerte de Guiteras en el Morillo, fue fusilado en Santa Clara, José Castillo, acusado de haber dado muerte al teniente del ejército Juan Álvarez, cuando Castillo estaba al frente de una partida de alzados cerca de Sancti Spíritus. No se ha podido calcular el número exacto de muertos por la represión a la huelga de marzo de 1935. Hay quien dice que fueron centenares, otros que simplemente fueron alrededor de 100. En definitiva, fue una masacre espantosa. Los detenidos no se pudieron contar y eran por millares. Los allanamientos, las violaciones de todos los derechos humanos, en definitiva la huelga fue aplastada, y este aplastamiento llevó consigo a la casi desaparición del ABC como movimiento, quedando sólo un pequeño grupo que demoraría algunos años en convertirse en un raquítico partido que también a la postre desapareció.

Si se considera la desaparición del elemento más violento del Partido Auténtico, así como de La Joven Cuba como tal con la muerte de Guiteras, unidas a la desaparición de sus acompañantes que aunque no habían participado en la huelga, dejaron las manos libres a la represión. Así, después de haber liquidado a los abecedarios y a los auténticos, se dedicaron a cazar a los guiteristas y como hemos visto, cuando Guiteras trató de huir con un grupo fue muerto.

Los comunistas no participaron en la huelga, quedaron agazapados, esperando mejor oportunidad, pero el allanamiento de una de las casas de comunistas conocidos, dio por resultado que el comandante Tandron de la policía, informara que se había encontrado una serie de documentos en los cuales estaba establecido cómo iba a ser el gobierno soviético de Cuba pues los comunistas esperaban colarse en la huelga cuando ésta triunfara, para dirigirla. El presidente del Presidium iba a ser Blas Roca y se detallaban y se nombraban todos y cada uno de los miembros dirigentes a nivel nacional y de cada uno de los municipios. Es decir, el gobierno de Mendieta, o más bien la represión de Batista, tenía en su poder los nombres de todos los comunistas de cierta responsabilidad y sin embargo, no se actuó contra ellos.

El elemento trotskista de la Federación Obrera de La Habana, dirigido por Sandalio Junco, sí participó en la huelga, pero eran de escaso número. El efecto de paralización fue grande en un momento dado, sobre todo cuando los empleados públicos, el ABC y otros abandonaron sus puestos y se pensó que tal vez la huelga tendría éxito. Pero fue cuando Pedraza apretó las clavijas, y destruyó totalmente la huelga. Es decir, los resultados fueron la eliminación casi total de toda la oposición revolucionaria armada.

Los que acompañaban a Guiteras en El Morrillo que fueron capturados eran los siguientes: Paulino Pérez Blanco, Conchita Valdivieso, Xiomara O'Hallorans, Rafael Crespo, Olimpo Luna, Miguel Muñoz, Carlos Alfaraz, Julio Ayala, el cónsul hondureño Emilio Pinelli, y José Casariego, esposo de Conchita Valdivieso. Fueron juzgados, condenados a prisión y poco tiempo después fueron excarcelados. Estuvieron unos dos o tres años en el exilio, pero fueron suficientes para que La Joven Cuba, como tal, desapareciera. Quedó el nombre que se siguió utilizando en algunos actos. Ocurrió la muerte de Carmelo González, que había entregado a Guiteras, y otras actividades menores, pero a la larga desapareció La Joven Cuba. Esta fue otra de las pérdidas resultantes del fracaso de la huelga de marzo.

En este año de 1935 se dio a la publicidad el informe de la comisión de la Foreign Police Association, Asociación para Política Extranjera, con sede en Nueva York, que había visitado Cuba, a invitación del presidente Mendieta en 1934, para estudiar todos los aspectos políticos, económicos, sociales, obreros, sanitarios, en fin, todo lo referente a la situación de la nación cubana en ese momento. Esta comisión no tenía que ver ni con el gobierno de Cuba ni con el gobierno de los Estados Unidos. Era una comisión independiente, que estaba conformada por un grupo de intelectuales, la mayoría de ellos profesores universitarios en Estados Unidos de distintas ramas, y por algunos de los dirigentes de la asociación, como el señor Thompson, que fue quien escribió el capítulo referente al obrerismo, sobre el cual nos vamos a referir ampliamente. Uno de los asesores era el señor Ernest Gruenig, editor de la revista The Nation, una de las revistas de izquierda, tradicionales en los Estados Unidos, que todavía hoy en día persiste en su labor, y que tiene una tremenda circulación.

Es posible que en aquella época alguien creyera todavía en la imparcialidad de los intelectuales norteamericanos, pues hoy en día sabemos que ninguna de estas comisiones es tan inocente como tratan de aparecer a los ojos de los incautos. Los gastos para el viaje, estancia y trabajo de la comisión los facilitó la Fundación Rockefeller, haga usted lector, sus propias conclusiones.

Esta obra constituye uno de los puntos obligados de consulta sobre la situación cubana de 1935, pues en realidad es un estudio muy completo realizado por estos intelectuales. Claro está que no todas las conclusiones son aceptables, pero el estudio sí estuvo completo. Curiosamente sólo el que la presidía hablaba español, los demás tenían que depender de las personas que se fueran presentadas y situadas para el estudio. Colaboraron en Cuba intensamente con esta comisión Fernando Ortiz y Herminio Portel Vilá, que además hizo de traductor. Los trabajos de la comisión se realizaron en dos visitas a Cuba y se terminaron en el mes de agosto del 34. Se compilaron en septiembre de ese año y se publicaron como decimos en el año 35. Hubo edición en inglés y en español, con unos 15,000 volúmenes que se vendieron rapidísimamente, tanto los de español como los de inglés, en Cuba.

Nosotros vamos a hacer hincapié especial en el capítulo laboral citado, escrito por el señor Thompson, que era el especialista en Latinoamérica de la Foreign Police Association. No sabemos con quién se entrevistó este señor. No sabemos cuál era su filiación política, pero sí podemos asegurar que su capítulo es una maravillosa fantasía de las tantas que el Partido Comunista de Cuba haría y seguiría fabricando.

Casualmente, cuando la comisión llega a Cuba, la Confede-ración Nacional Obrera Cubana que dirigía César Vilá, había desapa-recido después del fracaso de las huelgas de principios del 34, y por poco César Vilá desaparece también. Y sin embargo, usted lee el libro, el informe que hizo el señor Thompson, y esta Confederación era la maravilla del siglo en cuanto a potencia, poder, organización, realizaciones, influencias sobre el pueblo cubano. Todo es falso. Suma una serie de hechos aislados que ocurrieron desde 1933, los pone inflados unos con otros y hasta llega a decir que hubo un momento en que dominaban a toda la isla. Veremos frases sueltas de este capítulo y después, el último párrafo que es para nosotros el más interesante.

En el libro "Comisión" sobre los Problemas de la Nueva Cuba, de la editorial Cubana, se puede encontrar todo el trabajo de la misma, con un magnífico prólogo de Marco Antonio Ramos. Veamos algunas de las frases de este capítulo, que repito, es pura fantasía.

- Numerosos centrales fueron tomados por los obreros y en los mismos ondeaba la bandera roja. Se instalaron soviet y se repartieron tierras entre los vecinos y campesinos.

- Los obreros, policías y soldados fraternizaban y desfilaban del brazo uno del otro. Varias de estas manifestaciones en el Oriente de Cuba fueron encabezadas por un soldado, un obrero y un campesino.

- Los trabajadores también se posesionaron del sistema ferroviario azucarero.

- La población le proporcionó alimento a los huelguistas y familiares.

- La bandera roja ondeó en el palacio municipal de Antilla.

- En Santiago de Cuba una manifestación comunista popular obligó al alcalde y al gobernador a abandonar sus puestos.

- La masa de huelguistas estaba compuesta por jóvenes y viejos, blancos y negros, nativos y extranjeros.

- Los sirvientes domésticos se declararon en huelga.

- El movimiento controlaba gran parte de la isla.

-Fueron arrestados centenares de líderes obreros.

- Una manifestación comunista, honrando las cenizas de Mella, fue tiroteada por el ejército y la policía.

- Asistieron más de 3,000 delegados obreros a una asamblea comunista en La Habana a principios de 1934. El movimiento huelguístico dirigido por los comunistas incluyó a más de 200,000 obreros.

- Las demandas de los obreros y la influencia de los comunistas eran los factores más importantes del movimiento.

- Dada la terrible situación económica de las masas y la pasión exaltada de las mismas, hacían inevitable una explosión social.

- Los líderes obreros comunistas se encontraron con un temperamento explosivo muy favorable en las masas.

- El movimiento se transformaba rápidamente en una verdadera lucha de clases. El Partido Comunista decía que el movimiento demostraba una profunda conciencia de clases. El Partido las dirige cuidadosamente, no sólo en un movimiento de masas contra las leyes fascistas y el gobierno de la contrarrevolución.

El Partido Comunista tiene entre afiliados y miembros de sindicatos, alrededor de 400,000 miembros. (Aquí el autor del artículo expresa que está un poco exagerada esta cifra).

En el párrafo final, después de hacer un pronóstico del establecimiento del gobierno soviético cubano tras la toma por los obreros, de todos los medios de producción, dice que: *"Aumentando la producción de determinados productos alimenticios, como arroz, papas y frijoles, aunque se les imponga un bloqueo por parte de los Estados Unidos, la ayuda de la Unión Soviética enviando petróleo, maquinarias, productos industriales, etc., hará que permanezca el régimen soviético en Cuba".* ¿No oyeron esto ustedes nunca en el 59 y el 60 y hasta el derrumbe de la Unión Soviética?

En julio del 35 el Partido Comunista Norteamericano envió una delegación de intelectuales, cineastas, escritores, etc., sin haber pedido permiso para ello, en un barco de New York a La Habana. Desembarcaron los norteamericanos y la policía los trató rudamente. Los hizo subir por la otra escalerilla del barco y dieron órdenes de zarpar de regreso a los Estados Unidos, sin haber logrado su objetivo, que según ellos era observar directamente el maltrato que sufrían los trabajadores por parte de la dictadura de Mendieta-Batista. Parece que en este momento había poca coordinación entre las órdenes de Moscú y el partido norteamericano o por el contrario, esto fue una cortina de humo para hacer aparecer a los comunistas como enemigos declarados, jurado y finales de Batista, preparando el camino para que, en los años 37 y 38 se pudiera dar el famoso viraje que veremos más adelante.

Curiosamente ninguna de las observaciones, ninguno de los consejos, ninguna de las realidades plasmadas fueron utilizadas ni por Mendieta ni por Batista. Es decir, todo este trabajo quedó para la historia y los estudiosos, pero no hubo resultados prácticos en una nación que hubiera podido utilizar la parte económica, política, social y sanitaria, que contenía muchas buenos datos y sugerencias, pero no se hizo. El trabajo pasó sin penas ni glorias.

En marzo 31 se produce el famoso pacto Zayas-Rivero convocado por los periodistas Jorge Zayas y José Ignacio Rivero. El pacto se produce entre los partidos políticos, a través de los dirigentes de los partidos Unión Nacionalista, Justo Luis del Pozo; Acción Republicana, Miguel Mariano Gómez; Demócrata Nacional, Mario G. Menocal; y por el Partido Liberal, que ha sido restituido por Mendieta, el eterno Ramón Vasconcelos.

Convienen en restablecer el régimen constitucional del país mediante unas elecciones que tendrían lugar el primero de noviembre de 1935. Las elecciones se celebrarían bajo las siguientes bases: sufragio universal, no reelección, mantenimiento del status quo de las fuerzas armadas, aplicación del código Crowder, imparcialidad gubernamental, reforma constitucional a ser aprobada por el Congreso que resultase electo, derecho de los partidos a nombrar en juntas municipales y provinciales a los delegados, designación de un comité conjunto para velar por la pureza de los comicios. Este comité quedó formado por: Capestany y Márquez Sterling por los Liberales; Del Pozo y Casabuena por los Nacionalistas; Pina y Ramírez por los Republicanos; Conte y Boada por los Demócratas Nacionales.

El 5 de abril se produce el secuestro de Eutimio Falla Bonet por parte de los guiteristas, y poco después el secuestro de Nicolás Castaño, hechos que ya mencionamos anteriormente.

El 15 de abril el Tribunal de Urgencias le impone a Chibás 6 meses de prisión por sus actividades en la huelga de marzo. El 6 de julio Antolín Falcón acusa, como ya hemos dicho, a Los Intocables, desprendimiento de La Joven Cuba, como los autores del secuestro del millonario San Miguel. Por este hecho son condenados a muerte Pepín Díaz Garrido, Heriberto Salabarría, Gregorio Martín y es absuelto Mario Gaedo. En definitiva se conmuta la pena de muerte por prisión.

El 22 de julio Batista, en Santiago de Cuba, dice que le esperan a Cuba días de luto y dolor. El 24 de julio Miguel Mariano rompe definitivamente con el repuesto en la política Partido Liberal y se mantiene en su Partido Acción Republicana. También en el mes de julio es enviado al Vivac el subsecretario de Obras Públicas, Francisco Díaz Rodríguez y 35 empleados más de ese organismo, acusados de pertenecer a una organización ilegal revolucionaria. La Urgencia los absuelve, puesto que se trata de una organización legítimamente inscrita, el Partido Revolucionario Cubano Auténtico.

El 27 de julio, en una entrevista Mendieta–Batista, se ratifica el propósito de celebrar los comicios anunciados en el mes de diciembre. El 29 de julio se aclara que la Universidad va a ser dada a profesores y graduados para su reapertura en un futuro, pero que las clases seguirán suspendidas.

A principios de agosto, dos senadores norteamericanos viajan a La Habana para discutir con el presidente Mendieta el asunto de los bonos del Chase National Bank que ya hemos mencionado. Mendieta se mantiene firme y dice que el gobierno no está facultado para discutir ni para resolver ese problema.

El 4 de septiembre, en la celebración del Día del Soldado, Batista en su discurso ya habitual, declara que si el ejército hubiera querido, se hubiera quedado con todo el poder, y que no quiere verse forzado a tener que hacerlo. El 30 de septiembre viene la nominación de los candidatos. Por el Partido Demócrata Nacional de Menocal, Mario García Menocal, presidente y Gustavo Cuervo Rubio, vicepresidente. Por Acción Republicana, Miguel Mariano Gómez Arias y Federico Laredo Brú como vice. Por Unión Nacionalista, también Miguel Mariano y Laredo Brú en un pacto político. Por los liberales, Carlos Manuel de la Cruz y Miguel Llaneras. Se crea un gran problema político, ya que Batista no quiere que sea Menocal electo y por lo tanto no quiere dividir las fuerzas que van contra el general. Es decir, trata de favorecer la candidatura de Miguel Mariano que cuenta con nacionalistas y republicanos. Pero, está la obstrucción de Carlos Manuel de la Cruz en el Partido Liberal. Batista le ofrece a éste la presidencia del Senado o la Alcaldía de La Habana. Carlos Manuel de la Cruz no acepta ninguno de estos ofrecimientos. Pero como ya ha sido nombrado por las asambleas provinciales y nacionales, se crea un conflicto de intereses.

Se acuerda someter el asunto a un experto extranjero, un profesor norteamericano de política. El primero al cual se le ofrece, no acepta, pero el segundo, profesor Harold W. Dodd, de Princeton, sí acepta. Dodd viaja a Cuba, estudia detenidamente el caso, y el 7 de diciembre presenta su informe. Un proyecto de modificaciones que es aceptado por todas las partes, excepto por Menocal y su Demócrata Nacional, que ven esto un grave peligro de perder las elecciones frente a una coalición tripartita.

Para darle visos de legalidad, la Asamblea Nacional del Partido Liberal revoca la candidatura de Carlos Manuel de la Cruz Llaneras e igualmente lo hacen las asambleas provinciales y en su lugar es nombrado Miguel Mariano para presidente y Laredo Brú para vice.

Esta alianza tripartita es invencible. Menocal no tiene el menor chance y entonces amenaza con boicotear las elecciones si Mendieta continúa en el poder. Una triste venganza del viejo general contra el viejo coronel.

El 9 de diciembre Mendieta declara que el gobierno sigue adelante con sus planes y que celebrará las elecciones en la fecha fijada del 10 de enero de 1936. Ante la obstrucción y obstinación de Menocal, Mendieta renuncia a la presidencia el día 12 de diciembre y es sustituido por José Agripino Barnet y Vinajeras, Secretario de Estado en funciones.

En la casi totalidad de los libros de Historia de Cuba, referentes a esta época, solamente se menciona a Mendieta como el presidente que aplastó la huelguita de los comunistas, que aplastó la huelga del mes de marzo del 35, que permitió que los comunistas y los guiteristas atacaran a los abecedarios, que permitió el asesinato de Guiteras... En fin, que permitió el establecimiento firme de la dictadura de Batista. Si hacemos un análisis cuidadoso vamos a ver lo siguiente: ese ejército dirigido por Batista, que cometió esos crímenes y otros muchos más, era el ejército de Cuba que se había formado bajo el gobierno de Grau San Martín. Y ya sabemos que Carbó, siendo miembro de la Pentarquía, apoyado por el Directorio, había nombrado a Batista coronel, y Grau lo había aceptado. Luego, los Pedraza, Belisario Hernández, Galíndez, Tabernilla, etc., no salieron del gobierno de Mendieta, llegaron ya en sus posiciones al gobierno de Mendieta surgidos en el gobierno de Grau con el coronel Batista al frente de los mismos.

Todos los calificativos de asesinos, sanguinarios, etc., que son correctos, no se estrenaron en el gobierno de Mendieta, porque de pasada recordemos el establecimiento de los soviet por parte de los comunistas y sus locos intentos de establecer una república soviética en Cuba, que fue aplastada por ese ejército. Cuando la manifestación con las cenizas de Mella fue dispersada y la represión hacia los comunistas empezó, fue ejecutado por ese ejército, esa policía y ese coronel Batista. Cuando los ex oficiales se refugiaron en el Hotel Nacional, de donde fueron expulsados a balazos, masacrados, muchos de ellos, y por poco se destruye a cañonazos el hotel, fue el ejército y la marina de Batista, siendo Grau Presidente y Secretario de Gobernación Guiteras. Cuando la insurrección del ABC fue totalmente aplastada con un buen número de muertos, heridos y detenidos y el Castillo de Atarés bombardeado por la marina, fue por las fuerzas armadas de Batista, Grau Presidente y Guiteras Secretario de Gobernación. Todos los demás incidentes menores que ocurrieron en el período de Grau fueron cometidos por esos mismos soldados y oficiales dirigidos por Batista.

Por tanto, no fue en el gobierno de Mendieta donde se estableció la escuela de represión y de terror que Pedraza y los demás manifestaron ampliamente durante la huelga de marzo de todo el período 34-35. Es decir, Grau dejó el mismo escenario. Recordemos que el decreto de estado de guerra que se promulgó en épocas de Grau por Guiteras, refrendado por el Presidente, se puso en aplicación en la huelga de marzo, con los Tribunales Militares y los juicios sumarísimos que ya vimos. Es decir que era una continuación de lo anterior. Mendieta no había tenido responsabilidad en aquello.

Al decir de Portel Vilá la cosa hubiera sido peor de no haber sido Mendieta el Presidente. Nosotros estamos de acuerdo porque el viejo coronel trató por todos los medios de hacerlo lo mejor posible, pero no tenía ni respaldo ni fuerza para oponerse a Batista. Lo único que tenía era unos grupos revolucionarios empeñados en derribarlo para después derribar a Batista, cosa que ya hemos dicho que era ridícula. Con ello, lo único que lograban era darle pretextos a Batista y a los mismos soldados del 33, que ahora en el 34 y el 35, mejor entrenados, mejor preparados, mejor armados, con más experiencia y con menos ganas de ser eliminados de sus puestos, porque estaban con la corrupción a todo dar, para aplicar la represión con mayor rigor.

De otra parte, sobre las leyes laborales y sociales ya mencionadas, que Mendieta puso en vigor, y eran de profunda significación especialmente para el elemento trabajador, apenas si se habla, se pasan por alto, no se mencionan, no se valoran, lo cual es injusto.

Después de casi 32 años luchando porque se quitara la Enmienda Platt, en el gobierno de Mendieta se quitó y pasó casi inadvertido. No hubo ningún tipo de reconocimiento a la labor de los diplomáticos y del Secretario de Estado de Mendieta. Simplemente fue algo que otorgaron los Estados Unidos. Muy bien, ¡pero se lo otorgaron a Mendieta! El Tratado de Reciprocidad Comercial fue otro de los logros que permitió a Cuba salir del marasmo económico en que se encontraba.

Veamos unas cifras que son muy significativas: el erario cubano recibió en 1933 unos 45 millones de pesos. En el año 35, 60 millones. O sea, en dos años aumentó un 30 por ciento a favor del gobierno.

A consecuencia del Tratado de Reciprocidad se empezó a inundar a Cuba con mercadería norteamericana, en una serie de renglones que perjudicaba a las incipientes industrias nacionales. Se dictó por el gobierno de Mendieta una serie de medidas restrictivas, o sea, aumento de aranceles, para disminuir esta invasión y permitir que las industrias cubanas no sólo sobrevivieran, sino que crecieran. Tampoco se habla de esto.

De pasada hemos mencionado que se hicieron emisiones de papel moneda cubano por primera vez desde el fracaso ocurrido cuando la Intervención Norteamericana a principios de siglo. La moneda cubana por la crisis económica se había devaluado. Los Estados Unidos habían abandonado el patrón oro y por lo tanto, las perspectivas no parecían muy halagüeñas. Sin embargo, Cuba con su austeridad económica y su curso lento pero ascendente, de mejoría, logró dos emisiones de billetes certificados plata en 1935 por valor de 20 millones de pesos, bien establecidos, y a partir de ese momento eso se convirtió en una práctica y la moneda cubana recuperó su posición en el mercado internacional.

Los depósitos en los bancos cubanos, es decir, que trabajaban en Cuba, aumentaron del 33 al 35 en 20 millones de dólares, lo cual indicaba que había seguridad en la industria bancaria cubana en esos momentos.

En cuanto a la industria azucarera habíamos visto cómo había ido declinando el precio del azúcar por la depresión mundial, que después la tarifa Ambley-Smooth había sido el golpe casi mortal para nuestra industria azucarera. No había dado los resultados apetecidos y Cuba estaba en una situación prácticamente de bancarrota total. Esta crisis azucarera hizo que las grandes compañías, extranjeras vieran disminuidos sus fáciles ingresos de antaño y empezaran a hacer reducciones en su participación en la industria. Sin embargo, los hacendados de pequeños ingenios, casi todos cubanos, empezaron a emerger para sustituir a las grandes empresas, puesto que el costo de producción de ellos era inferior. A la par que los hacendados, los pequeños colonos también salieron al paso de la situación y llegaron a constituir la parte más importante de la producción de azúcar en Cuba en estos años 34 y 35. Por otra parte, la moratoria hipotecaria que protegía las propiedades y la tierra de estos pequeños hacendados y pequeños colonos, dictada en épocas de Mendieta, fue el mejor espaldarazo para este revivir de la industria azucarera cubana.

Como los pequeños y medianos hacendados y colonos eran cubanos, participaban por tanto en la política nacional y tenía un cierto peso específico en las medidas que se tomaban en el gobierno, en el Consejo de Estado y en otros organismos gubernamentales.

Otras leyes de esa época que demandaron el establecimiento de la Asociación de Hacendados y de la Asociación de Colonos le dieron más vigor a este movimiento de recuperación puesto que era obligatorio pertenecer a estas asociaciones y por supuesto, estar al corriente en la cuota de las mismas. Y se establecieron deberes técnicos, sociales y económicos obligatorios para la industria y sus participantes. Por supuesto que esta era la actuación del Estado en la industria, pero recordemos que cuando se estableció esto en épocas de Machado, fue aceptado por la necesidad que había y permaneciendo esta situación, y resultó una medida muy beneficiosa. Esto era un logro colateral del Plan Chadbourne.

Esta fue la preparación preliminar para el establecimiento de la ley de coordinación azucarera que vendría más adelante. En 1933 el valor de la zafra y sus productos derivados no llegó a 53 millones de dólares, y la producción fue por debajo de los dos millones de toneladas. En 1935 la producción fue de dos millones quinientos treinta y siete mil novecientas toneladas y su valor fue más de 111 millones de dólares. Huelgan los comentarios.

La ganadería alcanzó en este año 35 cuatro millones seiscientas cincuenta mil cabezas de ganado. Con ello se garantizaba una mayor cantidad de carne, leche, queso y mantequilla para el pueblo cubano. Y con la incipiente industria de leche condensada, tasajo, embutidos, etc., se diversificaba la producción, se mejoraba la alimentación del pueblo y había más fuentes de trabajo. La pesca comercial resurgió nuevamente y Cuba comenzó a exportar otra vez mariscos y esponjas a los Estados Unidos. Sin embargo, el tabaco, quizás por ser el producto principal de la provincia de Pinar del Río, estaba en crisis. Es decir, crecía la familia de La Cenicienta. La cifra de los minerales de hierro, cobre, manganeso, etc., habían ido aumentando también paulatinamente en relación con la caída que había sufrido en la época de Machado.

En cuanto a los servicios públicos de electricidad y teléfonos, el gobierno de Mendieta mantuvo el control que había iniciado el Presidente Grau y la rebaja de las tarifas. Esto dio como resultado algo que los empresarios norteamericanos ni siquiera sospecharon que pudiera suceder. Veamos las cifras. Las compañías se sorprendieron, por ejemplo la de electricidad, pues con las altas tarifas vendían 45 millones trescientos un mil kilovatios-hora. Después que se rebajaron las tarifas, se elevó esta cantidad hasta doscientos cincuenta millones de kilovatios-hora, así pues, las ganancias eran superiores, a pesar de que las tarifas eran más reducidas.

La población en 1935 era de 4 millones setenta y un mil 65 habitantes, a pesar de que una gran cantidad de extranjeros, especialmente españoles que habían sido damnificados, entre comillas, por la ley del 50% habían regresado a su país. E igualmente una buena cantidad de braceros antillanos también habían sido regresados a sus países de origen. Como consecuencia de esto, los extranjeros que quedaron en el país se hacían ciudadanos cubanos para poder mantener ventaja en los puestos de trabajo sobre el extranjero que no era ciudadano.

La creación de 15 nuevos Institutos de Segunda Enseñanza fue un gran paso de avance en la educación. Había más de 10,000 maestros en la enseñanza pública y privada elemental, y el número de alumnos fue de 428,223 alumnos. Claro está que debemos recordar que esto todo empezó a ocurrir en el mes de abril del 35, después de los dolorosos sucesos de la huelga de marzo que ya referimos. Las Escuelas Cívico-Rurales creadas por inspiración de Batista en las áreas más desfavorecidas de la población, o sea, en el sector campesino de tierra adentro, dieron educación, albergue y otras ventajas a millares de cubanos que empezaron a ver que podían ser alguien en su Patria y lo serían más adelante. Ciertamente que, tanto los Institutos como las escuelas, en ese momento carecían de lo último en instalaciones, debido a la situación política y de revolución que había existido y que no tenían la totalidad de maestros con plena capacidad. Todo esto se iría resolviendo poco a poco en el tiempo durante los años siguientes.

Como se ve Mendieta había hecho todo lo posible por facilitar el desarrollo del pueblo, su bienestar y el levantamiento de un gobierno civil, tratando de eliminar la dictadura militar permanente, pero le fue imposible por todo lo que hemos relatado anteriormente. Haga el lector la suma algebraica de los menos y los más, y de los más y los menos, y vea si el gobierno de Mendieta sirvió para alo o no sirvió para nada.

Por su parte Mendieta, honrado y honesto como el que más, pasó por todo este gobierno sin que se le pudiera señalar en ningún negocio turbio ni en ningún enriquecimiento. No se tuvo que ir de Cuba, se mantuvo en su finca rural en las cercanías de La Habana después de su renuncia obligada por la actuación de Menocal, en 1935 y vivió 25 años más, hasta 1960, como dijimos, respetado y querido por el pueblo. Si Mendieta no fue un buen gobernante, no fue por su culpa, pero nosotros creemos que sí, que los más hacen que esta ecuación algebraica lo favorezca. El no hizo a Batista dictador militar. Ya se lo habían entregado con esas condiciones. Trató por todos los medios de disminuir esta situación, pero en eso fracasó porque no tuvo el apoyo necesario de nadie en el resto de la República.

Renuncia el Presidente Carlos Mendieta

Al día siguiente, el Consejo de Secretarios y el Consejo de Estado nombran al Secretario de Estado José Agripino Barnet y Vinageras para sustituirlo. Barnet toma posesión el 13 de diciembre y confirma en sus cargos a los miembros del gabinete de Mendieta. Fue el primer Presidente interino puesto que fue designado para llevar a cabo las elecciones. Los demás habían sido Presidentes Provisionales, sin término establecido para la terminación de sus mandatos, pero Barnet tenía un término fijo para finalizar el 20 de mayo de 1936. Fue un fiel seguidor de las "instrucciones" de Batista.

Barnet había nacido en Barcelona, región de Cataluña en España el 23 de junio de 1864. Su padre, José Barnet, era natural de La Habana y su madre, Teresa Vinageras, natural de Matanzas. En su ciudad natal cursó la enseñanza primaria y comenzó la secundaria que terminaría en el Instituto de La Habana para luego ingresar en la Escuela de Derecho de la Universidad de La Habana. A los 23 años se trasladó a Paris donde brindaría su cooperación al delegado en Francia de los insurrectos cubanos. . En 1903 comenzó su carrera diplomática y su primer puesto fue el de Vicecónsul en la Legación de París. En 1908 fue nombrado Cónsul General en Liverpool y desde 1909 hasta 1913 ocupa una posición similar en Rótterdam y en Hamburgo, regresando en 1915 a Cuba para ocupar un puesto en la Cancillería. Al año siguiente vuelve a Alemania donde permanece hasta 1917 cuando la declaración de guerra de Cuba a ese país lo obligó a trasladarse a

Suiza, y luego a París donde sería secretario de la Legación. En 1919 lo envían a Pekín donde permanece durante cinco años al frente de la Embajada Cubana, y en 1925 en Río de Janeiro como Enviado Extraordinario y Ministro Plenipotenciario, donde estuvo hasta el 1930 en que fue cesanteado por Machado. En 1931 vuelve a Cuba y dos años después es nombrado Subsecretario de Estado durante el tiempo de Grau, renunciando cuando este último fue depuesto. En 1935 Mendieta lo nombra Secretario de Estado, donde estuvo hasta el 10 de diciembre de 1935 cuando fue designado Presidente Interino, en cuyo cargo estuvo hasta el 20 de mayo de 1936 cuando le entrega al Presidente electo Miguel Mariano Gómez. José Agripino Barnet y Vinageras falleció en La Habana en 1945.

Sin duda el hecho más importante de su gobierno fue la celebración de las elecciones generales del 10 de enero de 1936, cuando se le puso fin a la serie de gobiernos provisionales e iniciaba la nueva etapa de gobiernos elegidos democráticamente. En estas elecciones no participaron el PRC ni el ABC por no haberse inscripto como partidos para la justa electoral. Tampoco participó el fantasmagórico Partido Centrista de Carlos Manuel de Céspedes y de Carlos de la Torre por su propia decisión. Las elecciones, como siempre, se celebraron con alguna violencia con un saldo de cuatro muertos, pero en general fueron tranquilas si se les compara con otras elecciones anteriores. Es de destacar que era la primera vez que las mujeres votaban en Cuba.

La coalición de los partidos Acción Republicana, Asociación Nacionalista y Liberal obtuvieron una victoria total. El Conjunto Nacional Democrático de Menocal para Presidente y Cuervo Rubio como Vice sufrió la derrota. Se había preparado un curioso sistema de Ley Electoral donde al votar por un representante ya se estaba votando por el Presidente y el Vicepresidente, por los Senadores y Gobernadores. En otras palabras, era una forma de asegurar el triunfo de los coalicionistas apoyados por la cúpula militar; quienes coparon todas las senadurías, todos los gobernadores y 90 representantes, además de la Presidencia y Vicepresidencia, así como casi todos los alcaldes.

En otra pirueta, el Gobierno acoge una supuesta iniciativa de los periodistas José Ignacio Rivero y Oscar Zayas, respaldada por Batista, para reformar la Ley Constitucional con la excusa de asegurar el derecho de la minoría y concederle 12 escaños senatoriales a los derrotados, pues los coalicionistas habían copado todas las provincias. Se determinó la extensión de los mandatos de senadores y representantes. Por un decreto se eliminan todas las reclamaciones de fraude electoral de manera que fuesen electos los que quedaron en primer lugar en el conteo de boletas evitando así llegar al 20 de mayo en medio de litigios judiciales. Justo Luis del Pozo y del Puerto fue electo Presidente del Senado y Carlos Márquez Sterling como Presidente de la Cámara. El margen de victoria de Miguel Mariano y Federico Laredo Brú fue de casi 100,000 votos, que en aquella época era una cantidad respetable. Los militantes de los grupos revolucionarios trataron de impedir las elecciones con acciones terroristas. Hubo una severa represión militar como resultado de bombas que explotaron en Santiago de Cuba. El 14 de enero el Tribunal de Urgencia de La Habana ordena el arresto del ex Presidente Ramón Grau San Martín y de otros líderes auténticos acusados de actividades sediciosas. Desaparece la Corporación Nacional Exportadora de Azúcar asumiendo sus funciones el Instituto Cubano de Estabilización del Azúcar (ICEA). Con su familia y con otros acompañantes el Presidente electo viaja el 16 de marzo a Panamá, a la costa occidental de los Estados Unidos, y luego a Washington.

El 25 de marzo toman posesión Gobernadores, Consejeros, Alcaldes y Concejales. Ese mismo día el Gabinete aprueba numerosos decretos leyes sin siquiera leerlos. Pretextando un registro en busca de armas y explosivos la Policía asalta la casa de Pérez Mesa en Guanabacoa; él y sus tres hijos son asesinados. Seis días después el Tribunal Supremo acuerda ordenar la investigación de crímenes cometidos por la Policía. El 25 de abril muere en un atentado el teniente Peña, Supervisor Militar de Guanabacoa, y en represalia son asesinados los hermanos Cuervo. El Senado se pronuncia enérgicamente denunciando los crímenes y se sienten especialmente consternados por la muerte de Octavio Seigle y Agustín Martínez, cuyos carbonizados cuerpos fueron encontrados en el interior de un automóvil en la carretera de Wajay. Una autopsia revela que ambos fueron acribillados a balazos y posteriormente incinerados. La Cámara se hace solidaria de la declaración del Senado y ambos exigen el castigo de los culpables. Nada arrojará la investigación pues los investigadores forman parte del mismo grupo donde militan los asesinos. El 4 de mayo regresa a Cuba la señora Beba Machado de Sánchez Aballí, hija del ex Presidente

Machado siendo así el primer miembro de su familia que retorna al país. En sesión conjunta celebrada el 7 de mayo el Congreso proclama a Miguel Mariano Gómez y a Federico Laredo Brú como Presidente y Vicepresidente de la República respectivamente, quienes tomarían posesión de sus cargos trece días más tarde.

Como se ve, continuaba el ciclo de violencia; la oposición pretendía llegar al poder por medios revolucionarios. No bastaba con que se hubiese iniciado una época de transición electoral y, por supuesto, la dictadura militar de Batista respondería como lo había hecho anteriormente: con terror contra la violencia y violencia contra el terror. Una situación que desgraciadamente duraría muchos años. Este era el sombrío panorama con el cual tuvo que enfrentarse Miguel Mariano Gómez Arias, además de la omnipresencia de Batista en su deseo de acapararlo todo y, por supuesto, su determinación de deshacerse de Miguel Mariano que no era dócil ni sumiso. El Presidente Gómez tomará posesión en medio de un Ejército poderosísimo, totalmente controlado por Batista, y compuesto por más de 14,000 miembros.

Los decretos leyes del Presidente Interino Barnet estaban redactados por los asesores de Batista. La única participación de Barnet era firmarlos. He aquí algunos de ellos: Nacionalización de la Policía; disueltos los Tribunales de Sanciones; autorización al Jefe del Ejército a designar militares para desempeñar el magisterio en las escuelas que carecen de ellos y en aquellos sitios donde no existan escuelas; se establece la inamovilidad docente incluyendo a maestros e inspectores; cese del Consejo de Estado; reconocer a los miembros de las Fuerzas Armadas como agentes de la autoridad dentro o fuera de territorio urbanizado; regula la expedición de licencias a plantas radiodifusoras; prohibir actividades políticas, sociales, religiosas o sectarias de cualquiera índole en los centros de enseñanza. Aunque muchos de los decretos emitidos eran merecedores de elogios, la imposición inflexible de sus deseos de permanencia en el poder enturbian las buenas obras de los dictadores así como el valor intrínseco de las medidas que signifiquen algo de beneficio social.

En posesión de un formidable equipo represivo, Batista pudo reprimir todos los movimientos huelguísticos, actividades revolucionarias y de otros matices. Además, practicar la intimidación de los políticos para llevar a cabo sus planes. El lema de Miguel Mariano,

Razón y Justicia, no coincidía en absoluto con los pensamientos de Batista. Por otro lado, el llamado grupo coalicionista con el cual Gómez había ganado las elecciones tenía mucho de ficticio. Dentro de su partido Acción Republicana había un buen número de traidores en potencia, los cuales, después, se convertirían en traidores activos; los Nacionalistas dirigidos por Justo Luis del Pozo tampoco iban a prestarle gran apoyo en su labor de gobierno; el Partido Liberal, fracasado escandalosamente con su apoyo a Machado, tampoco era confiable. Es decir, Miguel Mariano estaba prácticamente solo frente al muy poderoso Batista y, además, rodeado por un grupo de políticos cuyo mayor interés era la preservación de sus cargos e intereses privados. La prensa estaba totalmente rendida al dictador como había sucedido antes. Una ardua labor esperaba a Miguel Mariano. Otro fracaso civilista de la República.

Período Presidencial de Miguel Mariano Gómez Arias

El mismo día de su toma de posesión leyó personalmente su primer mensaje al Congreso en el cual recabó la cooperación del Poder Legislativo y entre otras cosas dijo: *"Estad seguros de que me doy exacta cuenta de las piedras del camino, pero también de que lo recorreré con ánimo confiado en apartarlas para, ejercitados todos mis derechos y cumplidas todas mis obligaciones, llegar al término de mi función"*... *"ahora que Cuba entraba en una nueva era que, sinceramente interpretada, no puede consistir en una mera mutación de apellidos en las esferas oficiales, sino en la franca y decidida ejecución de las rectificaciones, mejoras y transformaciones"*, las cuales pasaba a bosquejar.

Mencionó la necesidad de promover el aprovechamiento de las tierras baldías parcelándolas en pequeñas propiedades; la justa y equitativa distribución de la riqueza pública; el establecimiento de Bancos de Estado para ayudar en diversos órdenes; encontrar soluciones definitivas a la brusca caída de la propiedad; la urgencia de vigorizar la Hacienda Pública, restableciendo el crédito de la nación y reemplazar el complicado sistema tributario; esmerada atención de la salud pública; esenciales obras públicas; disminución del desempleo; establecer la Carrera Administrativa; modestia oficial y nivelación presupuestal; ayuda a los municipios y a la enseñanza; revisión de los códigos adaptándolos a las normas jurídicas modernas; atender a las necesidades de los obreros y armonizar sus relaciones con el sector patronal; redimir al campesino en su vivienda, en su salud, en su enseñanza y en la justa compensación por su trabajo; preferente atención al niño, al enfermo y al desvalido.

Garantizar la plena autonomía universitaria docente y administrativa, advirtiendo que el gobierno no podía tolerar desórdenes en ninguna parte del territorio nacional... *"el orden sin la libertad es opresión: la libertad sin el orden es anarquía. Libertad y orden, condiciones esenciales de la democracia y ambiente único de la ley, de permanente observancia inexcusable, porque es la norma obligatoria para todos en la convivencia social, de iguales dignidades y oportunidades, facilitándose derechos y deberes, si los regula el propio concepto de la responsabilidad que señala sus respectivos límites"... "Mucha tolerancia para todas las ideas, mucha garantía para todos los derechos, energía suficiente para obligar a estar dentro de las leyes y el rigor necesario contra los que las violen, entregándolos a los tribunales de justicia: esas y no otras serán las pautas de mi gobierno".*

Anunció la pronta aprobación de una ley de perdón... *"esperando que los estados morbosos de cruel insania de matarnos a mansalva no se reproduzcan, porque si infaustamente retornasen, nadie que sienta la responsabilidad del gobierno podría incurrir en la demencia de borrar esos delitos, que por el contrario habría que reprimir con el inexorable fallo de la ley"...*

Favoreció la celebración de una Convención Constituyente completamente soberana. Convocó a todos los cubanos... *"para abrazarnos al empeño de rescatar íntegra y definitivamente a Cuba de las turbulencias y desdichas en que ha vivido"... "estoy convencido de que debe de cesar ya el ciclo tormentoso de encrucijadas, proscripciones y tristezas para andar juntos la nueva etapa de saturación patriótica, de sosiego y de esperanza, sedante confortador del espíritu nacional, transido de desfallecimientos y dolores".*

Hizo un llamamiento a los grupos de exiliados: *"Juntos hicimos la revolución y como hermanos, para que ayuden, para oírlos, quiero tenerlos a mi lado, que yo no soy un Presidente partidario sino el de todos mis compatriotas."* Terminó predicando el amor, la cordialidad y anticipando que su gobierno se caracterizaría por la actividad, competencia y probidad en la administración de los bienes públicos, moderación en los gastos ceñidos a los ingresos normales, sin agobios intolerables, esperando traducir los impuestos y contribuciones en servicios de beneficio general, seguridad para la vida y para la propiedad, franco ejercicio de la ciudadanía *y con los tribunales de justicia como los únicos facultados para amparar y garantizar todos los derechos y decidir sobre la vida, la libertad, el honor y los bienes de las personas.*

Datos Biográficos

El general José Miguel Gómez y la benefactora América Arias fueron sus padres. Nació Miguel Mariano en Sancti Spiritus, provincia de Santa Clara el 6 de octubre de 1890 y murió en La Habana el 26 de octubre de 1950, a la edad de 60 años. Se graduó de abogado en la Universidad de La Habana y como tal trabajó brevemente para la Havana Electric. Tres veces fue electo Representante a la Cámara ocupando el escaño desde 1914. Con el valor heredado de su padre, se alzó con éste en La Chambelona. Los electores habaneros lo eligen su alcalde en 1926, derrotando así a las fuerzas de Machado. Brillante y honesta fue su ejecutoria por lo que fue honrado con el título de Alcalde Modelo. Por la Constitución de 1927 se suprime la Alcaldía de La Habana y se establece el Distrito Metropolitano. Así, al cumplirse en 1930 el período para el cual había sido elegido, marchó al exilio donde formó parte de la Junta Revolucionaria de Nueva York. De nuevo Alcalde durante el régimen provisional de Mendieta. Fundó el Partido Acción Republicana como un desprendimiento del Partido Liberal. Su programa presidencial demandaba amplias reformas sociales, políticas y económicas. La mayoría corrupta de un Congreso sometido a Batista lo separa de su cargo, fallo que acogió tranquilamente retirándose al ejercicio de sus negocios privados.

Ante el magnífico mensaje del Presidente Gómez al Congreso, Batista colmó sus inquietudes con respecto a Miguel Mariano pues el líder castrense quería desarrollar por si mismo la parte del programa de Miguel Mariano relacionada con mejoras y asistencia a las clases menos favorecidas, especialmente los campesinos. Su idea de Institutos Cívicos Militares y su plan trienal así lo perfilaban. Él no iba a permitir que un civil puesto en el cargo por su benevolencia se llevara los laudos de este plan que "le pertenecía a él y sólo a él". Además la exposición de honradez en la administración, del rechazo de los despilfarros chocaba violentamente con el tipo de vida que estaban llevando los ex sargentos, cabos y soldados septembristas, que ya no se contentaban con su sueldo de más de mil pesos mensuales, sino que a esto le añadían las comisiones que recibían por construcciones, abastecimientos, etc., y cuando nada de esto fue suficiente "empezaron a cobrar" las gabelas por el juego prohibido, la prostitución, las infracciones de las leyes comerciales, etc. El plan del nuevo Presidente no le convenía a Batista.

Por otro lado hablar de *razón y justicia* cuando él –Batista– tenía preparado un equipo, un aparato militar para *"aplicar su justicia"* en el mantenimiento del orden como él y los suyos lo entendían. Este fue el epitafio del gobierno de Miguel Mariano. Su discurso ante el Congreso fue su sentencia de muerte. Poco a poco fue apareciendo la franca enemistad de Batista hacia el nuevo gobierno, hasta que en ese mismo año y pocos meses después lo derribó en una de las peores artimañas políticas de la Historia de Cuba Republicana. El vergonzoso juicio político seguido a Miguel Mariano *por vetar una ley* que era un derecho, un privilegio presidencial que no sólo estaba en la Ley Constitucional de Mendieta sino en todos los estatutos constitucionales, y en las constituciones no sólo de Cuba sino del mundo entero. La clase política se dejó vencer por el miedo, el soborno y el temor a perder sus posiciones, contribuyendo en una forma sin calificativo, al derrocamiento de Miguel Mariano.

Si Batista le prestó cuidadosa atención al mensaje de Miguel Mariano al Congreso, los grupos revolucionarios ni siquiera se molestaron en oírlo ni en leerlo. Estaban completamente enviciados con la droga de matar y violar como únicos y exclusivos medios de llegar al poder. Así continuarían dándole a las fuerzas represivas el pretexto que éstas necesitaban para aumentar el terror. El 29 de mayo se anunció haberse frustrado un atentado contra la vida de José Eleuterio Pedraza. Ese mismo día en el Palacio del Centro Asturiano se efectuó una gran reunión popular clamando por la amnistía política.

El sargento L. Fernández Rivero y los soldados D. Castro, J. Cabrera, B. Mena y B. González son sometidos a Consejo de Guerra por supuesto delito de rebelión; el primero "se suicida" en su celda; se pide la pena de muerte para los otros acusados; un soldado nombrado

A. Serrano también "se suicida" en su celda.; 40 ex oficiales han sido arrestados. . Se asegura existe una vasta conspiración. . El 18 de julio A. Flores y D. González son muertos por la policía de Pedraza al ser asaltado el sitio donde se encontraban y donde las autoridades afirman haber ocupado armas y explosivos. En Jiguaní un revolucionario nombrado J. Pradera es encontrado muerto. El 17 de septiembre se afirma que Frank Steinhart y Celestino Joaristi han sido amenazados con ser secuestrados.

El 17 renuncia Justo Luis del Pozo como Presidente del Senado. El 20 de septiembre explota un camión bomba junto al edificio del diario El País donde mueren cuatro personas y hay una veintena de lesionados, y en la misma mañana se anuncia que un atentado similar al Diario de la Marina fue frustrado. La policía de Pedraza no da cuenta de las detenciones ni presenta a los detenidos ante los tribunales. Once presuntos miembros de la Joven Cuba son detenidos en Marianao el 22 de septiembre. El 25 de septiembre se producen disturbios estudiantiles en Santiago de Cuba y el Ejército ocupa la ciudad. Se aprueba por el Congreso y es sancionada por el Presidente una ley, aplicando la pena de muerte a los autores de actos terroristas. Ningún revolucionario es ajusticiado, pero la ley se le aplica al espía alemán Henry August Lunning en noviembre de 1942. Varias personas son detenidas, acusados de actividades revolucionarias, y uno de ellos nombrado F. Carbonell se lanza desde los altos del edificio de la Policía en Monserrate y Empedrado; la autopsia revela que ha sido cruelmente torturado y por supuesto queda sin saberse si la víctima se lanzó al vacío o si sus torturadores lo lanzaron. El 3 de octubre tres civiles y un policía mueren en un encuentro entre miembros de una organización revolucionaria y la policía en las proximidades de la Calzada de Agua Dulce.

Como se ve el sector revolucionario ha aumentado su actividad y el nivel de su acción. Pedraza y los suyos no se quedan atrás. Después de un pequeño paréntesis ha continuado el ciclo de la violencia asesina por ambas partes. Los políticos empiezan a dar muestras de por qué habían participado en las elecciones y apoyado al candidato que iba a ganar. Justo Luís del Pozo saca las uñas, los dedos y todo lo que hace falta sacar para demostrar como será este hombre en el futuro. En vez de legislar, dos senadores se baten en duelo. Mal ejemplo para un país que quiere salir de la violencia. La epidemia de secuestros que comenzó en 1935 parece que no ha cesado, y tiene intenciones de proseguir en mayor escala trayendo más dificultades no sólo al Presidente sino también a los ciudadanos. Los supuestos "suicidios" de detenidos no serán la excepción, sino la regla de eliminar a los opositores.

Renuncia el Secretario de Hacienda Wolter del Río y es sustituido por Manuel Dorta Duque. La renuncia de Wolter del Río se debe a que las fuerzas militares no ofrecen los datos oficiales de cómo emplean el dinero situado para sus gastos, y además, han aparecido listas de soldados y marinos inexistentes. Es decir, corrupción en gran escala. Secuestrados los ejemplares de las revistas norteamericanas The Literary Digest y Esquire el 15 de octubre por los militares. La tirantez entre el Presidente Gómez Arias y Batista se agudiza cada vez más.

El mando civil de Cuba manifiesta su oposición a una nueva legislación que ampliará la esfera de influencia de Batista, estableciendo un impuesto de nueve centavos por cada saco de azúcar de 325 libras, ingreso adicional al millón y medio de pesos que ya tienen las Escuelas Cívico Rurales creadas por el jefe castrense y que funcionan independientes de la Secretaría de Educación. Hay 700 de esas escuelas y se pretende establecer otras 2,300. Se opone el Presidente a una educación de tipo fascista. Miguel Mariano se obceca y echa por tierra las gestiones de su Secretario de Gobernación, propiciando una entrevista entre el Presidente y el Jefe del Ejército, que accedía a que las Escuelas Cívico Rurales pasaran al control de la Secretaría de Educación. El Presidente, actuando muy influenciado por el Secretario Luciano R. Martínez, se opone inflexiblemente a lo planteado por Batista por considerar que significa la militarización de la enseñanza. Tan firme es su posición que cuando varios congresistas lo visitan para alertarlo que varios jefes militares están reunidos en la jefatura de la Policía y se preparan para venir a Palacio a pedirle su renuncia, responde "Nadie me hará renunciar por ningún medio que empleen, tienen que matarme o destituirme". Batista sale para Pinar del Río al frente de una supuesta maniobra militar de entrenamiento. En Columbia queda Jaime Mariné manejando los hilos de la intriga para obtener una mayoría parlamentaria que sirva a los intereses castrenses.

Después de la reunión efectuada en el Centro Asturiano pidiendo una amnistía, el Congreso pasó una ley, Miguel Mariano la firmó, pero Batista con sus militares y los civiles que estaban a su servicio, establecieron todo tipo de trucos y demoras para evitar poner en libertad a los cientos de presos políticos que existían y permitir la entrada en Cuba de los exiliados. Esa era la forma de "razón y justicia" por parte de la dictadura militar. Por otro lado, César Vilar, quien fue condenado a muerte por lo de la huelga de marzo, se le conmuta la sentencia y se le permite exiliarse para el paraíso de los Estados Unidos; desde allí hace declaraciones condenando la dictadura militar. Se repite el caso de Rubén Martínez Villena en época de Machado. Mariné, quien más tarde sería Director de Deportes, cumpliendo órdenes de Batista, comunica a los congresistas que si no se hacía lo que Batista deseaba, éste iba a dar un golpe de estado militar con disolución de los cuerpos legislativos, y como "con el dinero de los músicos no se juega", los músicos decidieron tocar la música que pedía Batista.

Grau se preocupa de la validez de los bonos del Chase Bank y de su pago, mientras que el brazo armado de su partido sigue haciendo sabotajes y actos de terrorismo que es lo que más altera la situación de la República. Batista ya no tenía dinero suficiente para su plan trienal, y pensaba con la nueva ley –imposición del impuesto de nueve centavos sobre el saco de azúcar de 325 libras producidas– extraer los fondos suficientes para continuarlo. Miguel Mariano se opuso a utilizar los fondos públicos –unos dos millones de pesos anuales que no irían a parar al fondo de la Secretaría de Hacienda– para así glorificar al coronel. Desde su exilio en los Estados Unidos, el 17 de diciembre, Carlos Hevia declara que Batista se propone agudizar el conflicto con el Presidente Gómez Arias para echarlo del poder, e imponer plenamente la dictadura militar que desde hace dos años gobierna a Cuba entre bastidores.

Algunos miembros del Gabinete trataron de encontrar una fórmula para suavizar la tirantez entre Batista y el Presidente, pero Gómez, obstinadamente, ordenó cesar de hacerlo. La ley de los 9 centavos fue rápidamente aprobada en el Senado con el concurso de los senadores de Acción Republicana lo que encolerizó a Gómez. El Presidente, como había prometido, vetó la ley. Como todo estaba preparado de antemano, ese mismo día la Cámara aprobó una ley secreta acusando al Presidente ante el Senado de la República "por coaccionar a los congresistas e interferir con el libre funcionamiento del Parlamento". La Comisión de Derecho Constitucional de la Cámara, presidida por Miguel Suárez Fernández, a quien se sumaron

44 representantes marianistas, 4 del Conjunto Nacional Democrático y uno del Partido Unionista llegaron a un acuerdo que era contrario a la destitución, pero fueron derrotados por 111 legisladores. Ausentes de esta sesión de diciembre de 1936, estuvieron Leandro Cejas del CND y Carlos Márquez Sterling que presidía la Cámara y que, desde Buenos Aires donde se hallaba, por oponerse a la destitución, renunció siendo sustituido por Antonio Martínez Fraga.

Para destituir al Presidente era necesario un quórum mayoritario en la Cámara y en el Senado. El Partido Conjunto Nacional Democrático tenía doce curules en el Senado y setenta escaños en la Cámara. Los congresistas aliados al gobierno eran mayoritarios, con 24 senadores y 90 representantes. *La traición de 15 senadores y de 45 representantes de las filas marianistas, facilita el planteamiento de la crisis, y con ello, la deposición del probo gobernante, a quien no habían podido derrotar en las urnas electorales en 1936.* Los Representantes Antonio Martínez Fraga del Conjunto Nacional Democrático, Felipe Jay de Unión Nacionalista, y Carlos M. Palma del Partido Acción Republicana, fueron los fiscales acusadores ante el Senado. Rápidamente el Senado se constituyó en Tribunal de Justicia bajo la presidencia del Presidente del Tribunal Supremo, Juan F. Edelman. Los ataques al Presidente fueron virulentos. El Senador José Manuel Gutiérrez, en una brillante pieza oratoria, defendió al Presidente, pero sus palabras "cayeron en oídos sordos". En horas de la madrugada el Presidente Gómez fue destituido por el Senado. Apenas enterado de la vergonzosa resolución senatorial, el digno Presidente Miguel Mariano Gómez Arias, con absoluta entereza y de amor por su adolorida patria, regresó a su residencia en espera del fallo de la Historia que de seguro le sería favorable.

El ignominioso fallo contra el Presidente fue suscripto por los senadores Liberales Luis F. Caiñas Milanés, Alfredo Hornedo, Ernesto Rosell, Miguel Calvo Tarafa, José Manuel Casanova, Lucilo de la Peña y Francisco Rosado; los Nacionalistas Arturo Illas, Rafael Octavio Pedraza, Simeón Ferro, Gonzalo del Cristo, el poeta Agustín Acosta, Justo Luis del Pozo, Aurelio Ituarte; los de Acción Republicana Carlos Font Bécquer y los del CND Guillermo Alonso Pujol, Ramón A. del Collado, Luis Loret de Mola, Santiago Verdeja, Carlos Saladrigas, José L. Meneses y Frank Carrillo. Votaron por la absolución del Presidente los siguientes senadores: los Nacionalistas

481

Miguel A. Suárez Gutiérrez, José A. Casabuena; los del Partido Liberal Manuel B. Capestany, Enrique Recio; los de Acción Republicana Ricardo Campanería, Octavio Rivero Partagás, José Manuel Gutiérrez, y los del CND Pedro Goderich, Ricardo Dolz, Guillermo Cuervo, Wilfredo Albanés y Pedro Cué.

Los 45 Representantes que traicionaron el frente marianista fueron los del Partido Liberal Juan F. López, Baldomero Surós, Consuelo Vázquez Bello, Sebastián Beltrán, Raúl Fernández, Juan Isidro Hernández, Rafael Díaz Balart padre, Mario Abril, Marcelino Garriga, Samuel Giberga, José Madrazo, Aurelio Riverón, Juan Mendieta, Francisco Cabrera, Tomás Galdós, Mateo de las Heras, Rosa Anders, Martín Iglesias; los de la Unión Nacionalista Felipe Jay, Francisco Bermúdez, Demófilo Fernández, Juan B. Pons, Narciso Morán, Antonio Pruneda, José Ramos, Ramón Granda padre, Herminia Rodríguez, Julio Ignacio Castro, Ramón Sancerni, Marino López Blanco, Lorenzo García Rubí, José Grau Agüero, Gabriel Landa, Carlos Mata, Pedro Mendieta, Ricardo Navarro, Martín del Pino, Juan G. Rodríguez, Miguel Morales, Joaquín Pedraza y los de Acción Republicana Carlos Manuel Palma, María Antonia Quintana, Pedro Pérez Morgado, José Manuel Castillo y Néstor Carbonell Andricaín.

Votaron contra la destitución del Presidente Gómez los representantes de Acción Republicana José Manuel Quintana, Rigoberto Ramírez, Bernardo Uset, Israel Martínez, Luis Emilio Hernández, Gonzalo de Varona, Marcos Rodríguez, Cristóbal Guzmeli, Diego César Rodríguez, Francisco Duchase, Ramiro Castro, Rodolfo Romero, Alfredo Broderman, Manuel V. Lamotte, Fernando Cruz Chiner, Nemesio Berro, Calixto Manduley, Francisco Díaz, Radio Cremata y Ramón Fuentes; los Liberales Eduardo Suárez Rivas, Gilberto Pardo Machado, Alberto García, José Benito Prieto, Rafael Zervigón, Carlos Frayle, Mario Haedo, Fausto Gutiérrez, Zoilo Marinello, Pedro Ramos Chandeaux, Tirso Domínguez, Ricardo García Birba, Eduardo Zayas Bazán, Francisco Lorié Bertot, Delfín Yebra y Santiago Valera; los Nacionalistas Manuel R. Penabaz, Emilio Rodríguez López, Máximo Rodríguez Alonso, José Fernández, Alfredo Álvarez, Raúl Gómez Herrera, Rogelio Regalado y Miguel Suárez Fernández; los del CND Raúl García MenocaL, José R. Andreu, Raúl de Cárdenas, José M. Reposo y el unionista Manuel Fernández Supervielle.

Batista era mucho más hábil y astuto que lo que pensaba el Senador José Manuel Gutiérrez. Él preparaba su elección popular para Presidente manejando la República desde Columbia.

Las principales medidas legislativas del Gobierno de Gómez en 1936 fueron, entre otras, las siguientes: La primera fue la derogación del sistema de sorteos diarios semejantes al de la Lotería Nacional (esto boletos aparecerían nuevamente en época de Laredo Brú, y durarían hasta el gobierno de Grau, pues con la venta de ellos Batista obtenía una buena cantidad de dinero que no iba a las arcas de la Renta de la Lotería y por tanto tampoco a la Secretaría de Hacienda, sino al Consejo Corporativo); autorización para acuñar hasta $20 millones plata nacional y emitir, con garantía de los mismos, certificados plata por igual cantidad; medidas para combatir el paludismo; prohíbe el cultivo del berro y la malanga china y el de otros vegetales en un perímetro de 5 Km. alrededor de las zonas urbanas; autoriza la celebración de concursos y planes de regalos a empresas industriales que cuenten con colonias infantiles y hospitales para desvalidos; ley de amnistía para delitos políticos cometidos hasta el 20 de mayo de 1936; ley creando en el Tribunal Supremo, la Sala de lo Contencioso Administrativo y de Leyes Especiales; ley manteniendo la pena de muerte por ciertos delitos de terrorismo y gangsterismo; declarado el 4 de septiembre día de fiesta nacional; convocación a una Convención Constituyente; asimismo, varias medidas de carácter diplomático e internacional.

Miguel Mariano dio a Batista la fiesta del 4 de septiembre y la facultad del Consejo Corporativo pero eso no era suficiente, pues Batista quería aún más dinero. Quería, además, desembarazarse de un civil que trataba por todos los medios de imponerse a la dictadura militar. Miguel Mariano escribió un manifiesto a la opinión pública que no fue publicado por ningún periódico ni transmitido por ninguna radioemisora; tal era el terror con que Pedraza había silenciado a la prensa, la misma prensa que había destruido el gobierno de Céspedes. Se corrió el rumor de que Miguel Mariano abandonaría Cuba para dirigirse a los Estados Unidos pero él se encargó de desmentirlo en una forma sui géneris que demostraba a las claras su valor personal y su entereza. Un domingo en que se celebraba un juego de béisbol profesional en el Estadio Tropical, Miguel Mariano, que era fanático del Club Habana asistió a un partido en que su equipo preferido se enfrentaba con el Marianao. Como un ciudadano más se sentó en las gradas. Inmediatamente fue reconocido, y por el público se corrió el rumor de que allí estaba el Presidente. En un abrir y cerrar de ojos los 10,000 espectadores se pusieron en pie y empezaron a aplaudir, dándole vivas al Presidente. Los peloteros de ambas novenas se situaron en el terreno frente a donde Gómez estaba sentado y se quitaron sus gorras en señal de saludo y respeto. La vocinglería iba en aumento, y Miguel Mariano, temeroso de que una explosión popular fuera a ser reprimida violentamente por la fuerza pública –cosa que no era rara– se despidió de sus compatriotas y abandonó el estadio llevándose en el corazón el afecto de su pueblo, que entendía lo que había sucedido pero que estaba impotente para defender a su Presidente. En su calidad de civil se mantuvo al frente de sus negocios privados y en su bufete.

En el año 1950 el Congreso aprobó, en forma póstuma, una resolución devolviéndole a Miguel Mariano Gómez Arias el honor de que había sido despojado por el servil y cobarde voto de senadores y representantes, aún de su propio partido. Ya el Presidente Miguel Mariano Gómez Arias había fallecido apenas dos meses antes, el 26 de octubre de 1950. Gómez Arias fue uno de los Presidentes, que al igual que Mendieta y Céspedes, trataron de enderezar a Cuba por medios civiles. Encontró primero la oposición tremenda y cada vez más fuerte de Batista, y segundo, la estupidez de los llamados "revolucionarios radicales" que no hacían más que provocar situaciones que Batista y sus esbirros aprovechaban para asesinar e imponer el terror. Esto nos recuerda el triunfo de Fidel Castro que se debió a una situación similar en que no se dio oportunidad a las elecciones, "había que hacer revolución" y terminó en "robolución", y eso lo hemos padecido durante más de cuatro décadas.

El gabinete del honesto, pulcro y digno Presidente Miguel Mariano Gómez Arias estuvo formado por José Manuel Cortina García en la Secretaría de Estado; Carlos Manuel Peláez Cossío en Gobernación; Estanislao Castañá Borrell en Justicia; Germán Wolter del Río en Hacienda quien renunciaría y sería sustituido por Manuel Dorta Duque; Raúl Simeón González en Obras Públicas; José Gómez Mena Vila en Agricultura; Eduardo Bonet Ruiz en Comercio; Agustín Cruz Fernández en Trabajo; Luciano R. Martínez Echemendia en Educación; Manuel Mencía García en Sanidad y Beneficencia; Rafael Santos Jiménez Fernández en Comunicaciones; Rafael Montalvo Morales en Defensa y Domingo Macías Navarro como Secretario de la Presidencia.

Periodo Presidencial de Federico Laredo Bru

Después de pasar por el período de los oficialmente declarados presidentes provisionales Céspedes, Pentarquía, Grau, Hevia, Mendieta y Barnet entramos en la fase de los presidentes electos democráticamente iniciada con Miguel Mariano Gómez y su sustituto Federico Laredo Brú. Si bien es verdad que estos dos últimos técnica y constitucionalmente eran Presidente y Vicepresidente legítimos no cabe la menor duda de que este disfraz utilizado por Batista, sus asesores y sus seguidores se debió a que no era posible seguir manteniendo una sucesión ininterrumpida de Presidentes provisionales y mucho menos una dictadura militar a cuyo frente tuviera a un coronel del Ejército como Batista había proclamado y amenazado varias veces, dado que la política del "new deal" que se había estrenado en 1933, por el gobierno de Roosevelt no aceptaba este tipo de situación al frente de los gobiernos de América Latina; al menos eso era lo que se decía y que Sumner Welles había tratado de que se hiciera en Cuba.

Batista, después de despachar al coronel Mendieta y a su sustituto Barnet celebró elecciones y prefirió a Miguel Mariano antes que a Menocal pero "al salirle la criada respondona" decidió utilizar el plan previamente trazado. Teniendo a un Senado y a una Cámara casi totalmente a su disposición aprovechó la situación del veto de Miguel Mariano, que es un privilegio del Presidente como es el del Congreso de aunar suficiente mayoría para cancelar el veto presidencial pero no el deponer al Presidente con la excusa de que obstruía la función del Poder Legislativo. El asunto era que había que salir de Miguel Mariano y sustituirlo constitucionalmente por el Vicepresidente, en este caso Federico Laredo Brú. Con esto se salvaban las apariencias... "el muñeco estaba vestido todavía" con el traje que los Estados Unidos y su Departamento de Estado aceptaban como bueno.

Laredo Brú iba a ser un Presidente constitucional todo el tiempo en que sus intereses y sus acciones no chocaran violentamente con los intereses y las acciones de Batista y su grupo de poder. Por si acaso Batista tenía preparado el sustituto constitucional para Laredo Brú en el viejo general Rafael Montalvo que todavía era de su confianza. Montalvo –personaje de triste recordación– había pasado de Secretario de Gobernación con Miguel Mariano a Secretario de Estado, o sea, el potencial sustituto del Presidente Laredo Brú "si este sufría algún percance" o fuera depuesto. De ahí que se seguiría manteniendo la ficción democrática constitucional para encubrir las acciones de la dictadura militar. Hay que hacer notar que Mendieta hizo un gran esfuerzo por mantener la civilidad en el desempeño de su misión pero fracasó. Miguel Mariano también lo intentó y fracasó. Laredo Bru sin embargo pudo llevarlo a cabo por una serie de circunstancias casi milagrosas.

Mendieta y Miguel Mariano habían fallado por la acción constante, absurda, sin futuro, de los grupos revolucionarios que querían de todas formas acceder al poder por medio de la revolución armada y que contaban además con una represión cada vez más fuerte, feroz y destructiva de las Fuerzas Armadas regulares al mando de Pedraza. No dejaban a los civiles hacer el juego político para encausar a la República. Ellos no lograban su objetivo porque carecían de la fuerza necesaria para derrocar a Pedraza y sus huestes. Por lo tanto se desgastaban y se perdían vidas inútilmente y colocaban a los Presidentes civiles en situación precaria. Estas acciones no reforzaban el poder civil sino el poder militar.

Así las cosas cuando Miguel Mariano fue depuesto por el Congreso el 23 de diciembre de 1936 lo sustituyó constitucionalmente el Vicepresidente coronel de la Guerra de Independencia y Doctor en Derecho Federico Laredo Brú que había nacido un 23 de abril de 1875 en Remedios provincia de Santa Clara. Recién graduado de abogado se lanzó a luchar en la Guerra del 95 bajo las órdenes de José Miguel Gómez ganándose el grado de coronel. En los inicios de la República fue Secretario de la Audiencia de Santa Clara y en 1907 su Presidente. En 1911 fue Fiscal de la Audiencia de La Habana y del Tribunal Supremo y luego Secretario de Gobernación con el Presidente José Miguel Gómez. El gobierno de Menocal lo encuentra en la oposición. Durante el gobierno de Zayas encabeza la breve rebelión de los Veteranos y Patriotas pero el Presidente lo convence a deponer las armas. Oposicionista a Machado es nombrado a la misma Secretaría que ocupó previamente por el Presidente Carlos Manuel de Céspedes. Fue uno de los fundadores de Unión Nacionalista. En el gobierno de Mendieta ocupó durante corto tiempo la Presidencia del Consejo de Estado. Al iniciarse las actividades pre-electorales de 1936 Miguel Mariano fundó el Partido Acción Republicana –desprendimiento del Liberal– y seleccionó a Laredo como candidato vicepresidencial. El 24 de diciembre de 1936 Laredo Brú asumió legal y constitucionalmente la

Presidencia de la República a los 61 años de edad. Se las arregló para sortear toda una serie de obstáculos difíciles y gobernar hasta la toma de posesión de Batista el 10 de octubre de 1940 a cuya fecha llegó su Presidencia gracias a la prórroga aprobada por el Congreso y que se extendía desde el 20 de mayo hasta la toma de posesión del nuevo Presidente electo. Es durante su Presidencia que se producen las elecciones de delegados a la Asamblea Constituyente y su fruto es la Constitución de 1940.

Como era frecuente en la época durante el gobierno de Laredo ocurrieron toda una serie de hechos muchos de los cuales eran imprevisibles pero todos ellos de gran importancia para el futuro de Cuba. La legislación impulsada por el gobierno incluyó a veces parte de lo que Batista quería hacer y que llamó "el plan trienal" para irse preparando este último una imagen política de civismo, de progreso y de sensibilidad social en la atención de las necesidades populares y que veremos un poco más adelante.

Señalaremos ahora los procesos que en estos años se desarrollaron y que algunas veces favorecieron y otras perjudicaron al gobierno de Laredo. Un hecho que permanecía sino latente al menos con brotes esporádicos era la acción revolucionaria. El ABC y el Partido Auténtico no se habían inscripto para asistir a las elecciones de 1936 manteniendo la idea de la revolución. Grau tenía ciertas relaciones con la "revolución mexicana" pero cuando él vio la forma en que eran tratados los exiliados cubanos por el gobierno de Cárdenas, que estaba "haciéndose el gracioso" con Batista, decidió establecer relaciones con Caffery y buscar refugio en los Estados Unidos. El ABC no tenía organización política por la ineptitud de los líderes de este gran movimiento en cuanto a política se refería. El ABC fue progresivamente disminuyendo numéricamente hasta desaparecer después de las elecciones de 1940. Pero la Joven Cuba, fundada por Guiteras, la Organización Auténtica y por su cuenta grupos radicales abecedarios y otros grupos dispersos tales como los comunistas, que venían surgiendo con gran ímpetu y que todavía aunque no habían iniciado sus primeros contactos con Batista tenían ciertas inclinaciones hacia él.

La Guerra Civil Española que empezó en abril de 1936, y a la distancia del tiempo transcurrido, hoy podemos apreciar que "los muchachos del gatillo alegre" de Cuba –y de otras partes del mundo– se enrolaron en las brigadas extranjeras que peleaban al lado de los

Republicanos formando parte de la Brigada Lincoln, la mayoría de cuyos miembros eran de los Estados Unidos y se incorporaron al Ejército Popular Republicano Antifascista que a última hora estuvo manejado y totalmente dominado por los comunistas obedientes a Moscú. Llegados a España los cubanos participaron en tres formas: 1) Los que ya estaban allí como estudiantes o como exiliados políticos, 2) Los que partieron de Estados Unidos reclutados por la ORCA (Organización Revolucionaria Cubana Antifascista), liderada entre otros por Eduardo Chibás, 3) la más numerosa fue los que salieron de Cuba donde se hizo un reclutamiento en firme por los comunistas en estricto cumplimiento de órdenes recibidas de Moscú por una comisión en la que se integraban además, por los Auténticos, Jorge Agostini, y el Ala Radical del Partido Auténtico, y Pedro Cavia por la Casa de la Cultura, que era una organización comunista, así como otros líderes comunistas.

Al embarcar rumbo a España una gran parte de "los muchachos del gatillo alegre" disminuyó grandemente la actividad revolucionaria algo que se extendió hasta el año 1939 en que terminada la guerra en España empezaron a regresar algunos de ellos y de nuevo comenzaron las acciones violentas aunque ahora en menor escala. Es decir que sobre todo, los años 37 y 38 constituyeron un positivo alivio en estas actividades lo que permitió a Laredo desenvolverse en un ambiente en que la represión militar había disminuido en relación directa a la reducción en actividades revolucionarias.

He aquí una relación de algunos nombres que hemos podido encontrar de los cubanos que participaron en la Guerra Civil Española, que pasaron de mil voluntarios de los cuales murieron en combate aproximadamente 250 y tal vez un poco más, es decir, la cuarta parte de los que fueron reclutados que es una proporción bastante grande. Otros sufrieron prisión o pasaron a campos de concentración en Francia con posterior regreso a Cuba antes del inicio de la 2da. Guerra Mundial, y que si Francia hubiera sido ocupada por los nazis antes de su regreso, ellos lo hubieran pasado muy mal. Algunos nombres son: Rolando Masferrer, el pintor Wilfredo Lam, el trompetista Julio Cuevas, Rosendo Camps Mata, Pelayo Téogenes Cordero Nicot, Rolando Fernández Díaz, Enrique Gómez Corrales, Antonio Martínez López, Alberto Sánchez Méndez, Juan Pablo Valdés Laguardia, Jorge Agostini, Eufemio Fernández Ortega y otros, que mencionaremos más adelante.

Un elemento perturbador aunque de menor cuantía referente a no tener repercusión nacional fue la creación en la Universidad del llamado "bonche", una perversión de la palabra inglesa "bunch". Estaba compuesto por revolucionarios que habían sido estudiantes o estudiantes que habían sido revolucionarios y que ahora se mantenían en la Universidad como "estudiantes perpetuos", utilizando medios violentos para la intimidación de profesores obteniendo notas y beneficios económicos a base de chantajes y que llegaron a constituir grupos armados que a veces eran utilizados por las Fuerzas Armadas y por los políticos para alcanzar sus fines particulares. Aunque se titulaban revolucionarios eran más bien "gangsters". Con el paso de los años el "bonche" perdió poder hasta que fue desapareciendo pero nunca fue erradicado del todo puesto que en el año 1948 los "líderes estudiantiles" y muchos de sus seguidores siempre estaban armados y utilizaban la presión contra determinados profesores. El "bonche" era una colateral de la violencia desatada en la época de Machado y ocasionaron varias muertes de profesores y de alumnos. Sembraron una semilla importante para las guerras de las pandillas de los años subsiguientes. Fue escuela para Fidel Castro y muchos de sus seguidores.

Un hecho importante y significativo fue que al fin el ABC y el Partido Auténtico se decidieron a ser partidos políticos y presentarse a elecciones en coalición con el Partido Conservador de Menocal y el Partido Acción Republicana de Miguel Mariano con motivo de la elección a delegados para la Convención Constituyente. Lograron obtener la mayoría que más tarde se convertiría en minoría cuando con las sesiones de la Convención funcionando, Menocal abandonó la coalición y se alió a las fuerzas de Batista. Progresivamente parte de la población comenzó a favorecer la solución de los problemas por medios pacíficos y no por los de la violencia. Por último, la actuación de Batista como dictador casi omnipotente permitía muy pocas libertades a Laredo Brú y haciendo toda una serie de movidas políticas nacionales e internacionales para lograr su objetivo de ser electo Presidente llevó a la nación a ciertas mejoras económicas y de desarrollo con obvios pasos hacia atrás en los aspectos económicos y sociales, además de la ocurrencia de esporádicos brotes de terrorismo y contraterrorismo. A pesar de todo esto y al final de cada jornada se había adelantado un poquito y especialmente la Constitución de 1940 representó un salto hacia delante, aunque como veremos la Constitución no era perfecta y no llegó a terminarse en su totalidad, no en sus enunciados, sino en sus Leyes Complementarias, y que fue violada el 10 de marzo de 1952 y el 1º de enero de 1959.

Dejamos para lo último al Partido Comunista que al fin había logrado el mínimo objetivo que la Internacional Comunista había planteado y que también se había obtenido en otros países especialmente europeos, esto es, el Frente Popular. Es decir, adosarse al gobierno para obtener beneficios en posiciones, no de las más renombradas pero sí de las más útiles para ellos, la obtención de una radioemisora de alcance nacional, obtener un periódico de distribución en todo el país, conseguir el control, al menos nominal, del movimiento obrero, lograr importantes posiciones en la cultura y en la enseñanza y un buen control en el programa de los Institutos Cívicos Militares que parecían teóricamente beneficiosos pero que en la práctica fueron perdiendo valor especialmente por la acción de los comunistas. Los comunistas lograron ser aceptados como partido político para elegir representantes, senadores, concejales y algún que otro alcalde, y unir a sus pocos partidarios en las coaliciones políticas para torpedear cuanto fuera posible todas las leyes de beneficio popular que a ellos no les convenía porque les desarmaba su propaganda política. El fenómeno comunista hizo erupción abiertamente en Cuba en los años 1937 y 1938 y así se mantendría con pequeñas variantes hasta finales de 1947 y se les despojó del control de la CTC por el ministro Prío quien en 1948 siendo Presidente ya, les quitó el control de la Emisora 1010 y del Periódico Hoy, pero desdichadamente ya ellos habían sembrado suficiente número de semillas en preparación de lo que ocurrió en 1959. Si mencionamos un solo culpable hay que mencionar a Batista, aunque en realidad esta responsabilidad fue compartida, como veremos posteriormente con más detalles.

La toma de posesión de Federico Laredo Brú tuvo unas características muy peculiares. Asistieron tres de los ex Presidentes provisionales Céspedes, Mendieta y Barnet, faltando Hevia, así como el Embajador Caffery y el resto del cuerpo diplomático acreditado en Cuba, los congresistas en su totalidad incluyendo aquellos que habían hecho posible la destitución del Presidente Gómez Arias, hombres de empresa y elementos de la élite social, aquellos que habían estado diciendo que Batista garantizaba el orden público y tenía dotes excepcionales. Aunque no asistió Batista el Ejército estaba en todos los rincones de la Isla. Batista visitó Palacio el 28 de diciembre y al salir dijo a los periodistas que podían informar que su visita no había sido de cortesía demostrando el desprecio que sentía por el poder civil y la advertencia implícita de que si Laredo Brú se salía de la raya su final sería igual que el de Miguel Mariano Gómez. Sabíase que los congresistas que votaron contra Miguel Mariano estaban dispuestos a servir de nuevo a Batista y hacer lo mismo con Laredo Brú. El New York Times publicó una serie de artículos titulados "Los militares dominan el poder político en Cuba" lo que no era un secreto para nadie pues ocurría desde hacía por lo menos dos años.

El primer gabinete era muy revelador pues el general Rafael Montalvo, como ya mencionamos pasó de la Secretaría de Defensa a la de Estado; como Secretario de la Presidencia Dr. José E. Bringuier, sobrino del Presidente; Amadeo López Castro que era un Ingeniero Agrónomo conocido como confidente y cómplice de Batista; el Secretario de Defensa fue el Profesor de Literatura Juan J. Remos quien durante dos años había sido consejero de Batista en referencia a las escuelas cívico-militares ; como una "contra" nombraron en Educación al abogado Fernando Sirgo, yerno de Remos y ya curado de su radicalismo de la época de su juventud en la Universidad cuando Mella era connotado dirigente; Eduardo Montelieu como Secretario de Hacienda; en Gobernación Manuel Jiménez Lanier –íntimo amigo de Laredo– que luego pasaría a Hacienda; el Dr. Zenón Zamora como Secretario de Sanidad quien era comandante en las Fuerzas Armadas de Reserva; Juan Miguel Portuondo Domenech como Secretario de Traba-jo; Raúl Zárraga como Secretario de Comercio; como Secretario de Obras Públicas fue designado José A. Casas; Manuel Castellanos Mena en Justicia y Melanio Díaz Soto como Secretario de Comunicaciones.

Poco antes de visitar Palacio a finales de diciembre Batista había hecho unas declaraciones en las cuales se hacía responsable del hecho total de la deposición de Miguel Mariano dejando muy mal parado a los Senadores y Representantes que tan rastreramente le habían servido. Dijo que el nuevo gobierno tenía todo su apoyo así como que respaldaba la Asamblea Constituyente. Como pago de sus actuaciones en la deposición de Miguel Mariano, Antonio Martínez Fraga fue nombrado Presidente de la Cámara y como Presidente del Senado Guillermo Alonso Pujol. Tal era la situación del Presidente Laredo Brú. Por si fuera poco el general Rafael Montalvo declaró que la pasaría muy mal todo aquel que se opusiera al presente orden político nacional. Por supuesto que las declaraciones que Batista hizo el 28 de diciembre estaban de más pues no hacía falta decir que el poder real residía en Columbia. Así empezó "el mano a mano" Batista-Laredo, todos los ases en las manos del primero y el segundo utilizando su habilidad, inteligencia, paciencia y deseo de llevar hacia delante la normalización de Cuba.

Vamos a analizar separadamente –uno a uno– los hechos anteriormente mencionados puesto que aunque tengamos que ir hacia delante y hacia atrás en el tiempo es necesario ir esclareciendo y no mezclándolos para que se puedan entender un poco mejor ya que casi no pasaba una hora sin que ocurriera un suceso de importancia durante los tres años y medio que duró la Presidencia de Federico Laredo Brú.

Empezaremos por la parte legislativa, y para sorpresa de nadie, la primera ley que se aprobó fue la que el Presidente Gómez había vetado o sea el impuesto de nueve centavos por cada saco de azúcar envasado, con el producto yendo a parar a los fondos del Consejo Corporativo de Batista y que, de acuerdo con el monto de la zafra de 1936, equivalía a un millón y medio de pesos y a poco más de dos millones de pesos en la zafra del año siguiente. Conjuntamente se creó el Patronato Administrativo para las Escuelas Cívico Militares.

La zafra del 37 fue la mayor de los últimos seis años indicando que había un cierto respiro en la situación económica de la Isla aunque el precio era de 1.76 centavos, pero era el más alto de todo este período. El 8 de enero se aprueba la Ley Docente presentada por el Senador Ramón Vasconcelos consagrando al Secretario Sirgo. Esta ley reorganizaba la Universidad, crea la Comisión Reorganizadora de la Segunda Enseñanza y de las enseñanzas de nivel medio, establece el Consejo Nacional de Educación y Cultura. Se designa a Pedro Martínez Fraga Embajador en Washington mientras el previo embajador Patterson es trasladado a México en sustitución de Carlos García Vélez. El 19 de febrero se firma un convenio comercial con el Reino Unido, otro paso para la recuperación económica.

El 10 de marzo renuncia el Secretario de Hacienda Montelieu por las presiones ejercidas sobre él por los militares en relación con los presupuestos dedicados a ellos y lo sustituye Giménez Lanier que estaba en Gobernación la cual es entonces ocupada por Emiliano Amiell. El día 29 Max Borges sustituye a Casas en Obras Públicas y

Enrique Alonso Pujol a Castellanos en Justicia. En los primeros meses de gobierno Laredo había tenido amplias crisis ministeriales ocasionadas por dificultades con el poder militar. El 24 de marzo Laredo Brú anunció la formación de una comisión para estudiar el pago de los bonos de Obras Públicas vendidos en Estados Unidos en la época de Machado y a esto se añadirá más adelante el pago de una deuda de los ferrocarriles también de la época de Machado. Los corredores de los bonos presionaban al Departamento de Estado para que se reconociera la validez de los mismos. Terminados los estudios de la comisión se aprueba el pago en el mes de junio. La deuda de los ferrocarriles era de un poco más de diez millones. Finalmente se aprobó la emisión de bonos por valor de ochenta millones de pesos para pagar ambas obligaciones. Sin lugar esto constituía un "chivo" y se acusó a muchos legisladores de cierta complicidad. El Congreso aprueba la ley que es vetada por el Presidente, pero el Congreso reconsidera la decisión Presidencial.

Batista y demás jefes militares estuvieron "extrañamente callados" ante el litigio entre el Congreso y el Presidente. Se suponía que algo recibirían de la aprobación de esta ley. El abogado Manuel Pérez le pidió al Tribunal Supremo que iniciara una investigación acerca de la validez de todo esto pero el Tribunal no actuó en el caso. Por supuesto que este evento dio origen a varias fortunas. Muchos de los legisladores más comprometidos salieron del país en viajes de vacaciones hasta que la tormenta pasara. Transcurre el tiempo, ya nadie se acuerda y "poderoso caballero es don dinero". El hecho de que el pueblo les añadiera un apellido adicional con la palabra BONO a estos políticos no impidió que ellos siguieran en la vida pública y continuaran siendo electos para diversos cargos. Hubo peleas entre los políticos beneficiados. En los archivos del Departamento de Estado, en el volumen de 1939, los documentos relacionados con la Isla de Cuba, no fueron de dominio público hasta 1956 –casi veinte años después. Contienen correspondencia del asunto de los bonos y donde aparece una visita del entonces Secretario de Hacienda con un encargo directo del Presidente Laredo Brú para explicarle al embajador norteamericano cuales eran las opiniones de la Presidencia relativos a la emisión de bonos y el préstamo de los 80 millones. Entre otras personas, mencionaba a Batista, que aunque permaneció en silencio recibió los beneficios y que en 1939 estaba protegido por Washington. En cambio, en 1956 se empezaba a desprotegerlo y a combatirlo.

El Plan Trienal era una plataforma electoral inspirado por la Revolución Agraria Mexicana que se encontraba en el más izquierdista de sus ciclos bajo el mando de Lázaro Cárdenas uno de los varios dirigentes mexicanos millonarios. El Plan Trienal tenía además componentes del "New Deal" de Roosevelt, del Plan Quinquenal soviético, objetivos nazistas y fascistas y algo del libro "Problemas de la Nueva Cuba" todo mezclado y por supuesto no fue redactado por Batista. El Plan asustó a las personas adineradas de Cuba que se preguntaba de donde saldría el dinero para costearlo y alarmó también a segmentos productores de los Estados Unidos. El Plan incluía repartos de tierras que los jefes militares se distribuyeron entre si con algunos repartos a campesinos partidarios acompañados de gran publicidad. Repartió tierras a campesinos pinareños que eran precaristas dándoles permanencia en las tierras que ocupaban. Se decía que Batista repartía tierras "en cartuchos". En definitiva, el Plan Trienal fue un gran fracaso.

Con la oposición de Acción Republicana y la del partido de Menocal, la Cámara aprueba el nuevo Código Electoral el 19 de noviembre. El 23 de diciembre se promulga la ley de amnistía de los delitos políticos que incluye a los revolucionarios y a los machadistas. Ese mismo día los tribunales comienzan a ordenar la libertad de esos presos. La Policía y los miembros del Ejército ponen toda una serie de obstáculos para liberarlos que se hace muy lentamente hasta que se efectúa la liberación total de los mismos.

El 17 de enero de 1938 Max Borges renuncia como Secretario de Obras Públicas siendo sustituido por Enrique Ruiz Williams. El 5 de marzo hay elecciones para reemplazar la mitad de los Representantes pero el número de votantes es bajo.

El 31 de marzo sorpresivamente el gobierno cede a la presión diplomática mexicana y entrega a la República Española el vapor "Manuel Arnús" que se encontraba en un puerto cubano desde 1936 debido a la división de la tripulación entre Nacionalistas y Republicanos. Inconforme con esta decisión el Secretario de Estado Montalvo renuncia a su cargo y al día siguiente también renuncia el Secretario de Gobernación Amiell y es sustituido por Rafael Santos Jiménez.

A mediados de mayo Batista anuncia la suspensión del Plan Trienal hasta que termine la Asamblea Constituyente. Esto significó un gran fracaso para el dictador. El 27 de mayo los comerciantes piden la reducción de los presupuestos del Estado y como respuesta el Congreso aprueba una ley aumentando los impuestos. El 2 de agosto renuncia Antonio Martínez Fraga a la Presidencia de la Cámara. .Se producen numerosos cambios en el gabinete: tres "realistas" –una escisión del Partido Auténtico– entran a formar parte del mismo y ellos son: Aurelio Fernández Concheso en Educación, Edgardo Buttari en Comercio y Manuel Costales Latatú en Sanidad; Amadeo López Castro es el nuevo Secretario de Hacienda, Augusto Saladrigas toma posesión en Justicia, José García Montes en Agricultura y Domingo Ramos en Defensa. Como se puede ver Laredo Brú no contó con un gabinete estable para gobernar, constantemente "timoneando" con los nuevos agregados.

Se clausuran el diario marianista "La Prensa" y el semanario humorista Zig Zag. La excusa para cerrar al primero fue la publicación de artículos sensacionalistas sobre supuestos planes de Batista para destituir al Presidente Laredo. Sabemos que la sátira política hiriente de Zig Zag fue frecuentemente irritante para los gobernantes cubanos. Protesta el Congreso y se revocó la suspensión, pero "La Prensa" no pudo volver a salir porque estaba invadida por fuerzas policíacas que impedían la entrada de sus empleados.

Marcelino Garriga es electo Presidente de la Cámara el 2 de septiembre. Once días después se accede a la constitución legal del Partido Comunista de La Habana a lo que seguirán otras provincias con excepción de Camagüey cuyo gobernador Roberto Pérez Lara no lo permitió. El 24 de septiembre se produce otra crisis ministerial. Por razones de enfermedad renuncia Amadeo López Castro y es nombrado Oscar García Montes como nuevo Secretario de Hacienda; Eduardo Montelieu ocupa la Secretaría de Gobernación por renuncia días atrás de Santos Jiménez. En octubre se hacen ajustes en los gastos para reducir el presupuesto. El día 8 de este mes entra en efecto el nuevo Código de Defensa Social que sustituye al código de 1870, una medida que Laredo llevaba años gestionándola. Esta fue la primera sustitución de un código de la Cuba colonial por uno de la Isla Republicana. La fecha de los presupuestos se cambia para el primer día de enero de cada año. El 31 de marzo de 1939 el Presidente veta un proyecto de Código Electoral para elecciones generales y otro especial para la elección de delegados a la Asamblea Constituyente objetando las restricciones impuestas para organizar nuevos partidos. Aceptando algunas de las objeciones del Presidente se promulga el nuevo código en abril.

Tras el triunfo de Franco en la Guerra Civil, Cuba reconoce al nuevo gobierno el 12 de junio. Cuba se declara neutral en el conflicto europeo provocado por la Alemania Nazi. El gobierno prohíbe comentarios radiales sobre las noticias de la guerra. El Presidente pide al Congreso se le conceda facultades especiales para defender la economía nacional en vista de la situación mundial. En septiembre se aumenta al 30 por ciento la retención de divisas norteamericanas en las exportaciones de azúcar y del 15 por ciento en las demás. En octubre renuncia Edgardo Buttari como Secretario de Comercio y lo sustituye Juan Bonachea. Laredo veta el proyecto de ley de liquidación de la moratoria hipotecaria. En su mensaje de noviembre al Congreso Laredo dice que Cuba no ha recibido ninguna ventaja en la revisión del tratado de reciprocidad comercial.

Se celebran las elecciones para la Constituyente sin problemas de ningún tipo y triunfa rotundamente el frente oposicionista de los auténticos, los abecedarios y los menocalistas. En este mes se modifica la Ley de Retiro de las Fuerzas Armadas para permitirle a Batista acogerse al retiro y aspirar en las elecciones del próximo año. El 6 de diciembre Batista entrega la jefatura del Ejército a José Eleuterio Pedraza y junto con Batista se retiran Jaime Mariné y otros oficiales de la Marina. La posición que deja vacante Pedraza la ocupa ahora López Migoya que es ascendido a coronel. Ascendido a coronel Ignacio Galíndez cubre la posición que tenía López Migoya. Sigue el reparto de los "septembristas". El teniente coronel Bernardo García es nombrado Jefe de la Policía.

El 11 de diciembre los cuatro partidos de la oposición solicitan el aplazamiento de las elecciones. El Senador Justo Luís del Pozo presenta un proyecto de ley posponiendo los comicios para el 30 de marzo señalando que es imposible la coexistencia de la justa electoral y la Asamblea Constituyente. El 15 de diciembre los oposicionistas salen victoriosos cuando el Tribunal Superior Electoral rechaza la petición del Presidente Laredo contraria a la decisión del Tribunal que permitía a los delegados a la Asamblea Constituyente ser nombrados por diferentes provincias y una vez electos renunciar a favor de sus sustitutos. El 18 de diciembre se firma en Washington un Convenio Comercial de Reciprocidad complementario y un protocolo adicional actualizando el Convenio de Reciprocidad del 24 de agosto de 1934, ratificado por el Senado poco después.

En un informe inesperado la Junta de Maternidad Obrera dice que durante el año 1939 se pagaron "salarios" por valor de $136 millones. Gracias a las gestiones conciliatorias del Presidente Laredo se había llegado a un acuerdo entre los políticos de oposición y de gobierno de celebrar las elecciones generales después de la Constituyente. El 9 de febrero de 1940 Laredo da inicio a las sesiones de la Asamblea Constituyente con un sentido discurso patriótico. La Asamblea Constituyente fue uno de los grandes logros de este Presidente.

La más importante de las leyes aprobadas durante el mandato de Laredo fue la de Coordinación Azucarera en cuyo proyecto intervinieron fundamentalmente el Ministro de Agricultura Amadeo López Castro y el economista Alberto Arredondo. Una comisión mixta de hacendados y colonos asesoró a los legisladores y Secretarios. Teodoro Santiesteban, Gastón Godoy Sr., José Manuel Casanova, Tomás Felipe Camacho, Rafael Montalvo y Aurelio Álvarez formaron esa comisión. El proyecto de ley fue un trabajo del Representante Marino López Blanco que unió todas las recomendaciones y todos los estudios previamente realizados. Gonzalo del Cristo presentó la ley en el Senado. La ley disminuyó el latifundio en tierras azucareras propiedad de importantes compañías norteamericanas y de otros países; promovió la inamovilidad en las tierras de 65,000 colonos que laboraban 52,000 caballerías a quienes no se les podía privar de sus derechos ni establecer juicios de desalojo a sus ocupantes; le daba a los colonos el derecho de 30,000 arrobas de caña libres de disminuciones del precio del azúcar aunque hubieran restricciones en el monto de la zafra; estableció el sistema de tiendas comerciales en los bateyes de los centrales; prohibió el aumento de la renta a los colonos medianos arrendatarios; estableció un jornal mínimo para los macheteros y estableció el derecho de todos los colonos y trabajadores a labrar una pequeña parcela de tierra para obtener elementos de subsistencia de tipo agrícola y agrario y esto se realizaría en los terrenos baldíos de las grandes compañías y durante el "tiempo muerto" y representaban mejorías para unas 300,000 familias campesinas. Esta ley fue promulgada en 1937.

Otros logros legislativos fueron los siguientes: la ley del catastro nacional, la de la moratoria hipotecaria, la creación del Fondo de la Moneda, la Ley Electoral de 1939 con la reorganización de partidos existentes y la creación de nuevos partidos; la creación del Instituto de Artes Plásticas; clases nocturnas en los centros de enseñanza media y superior; la expatriación de braceros antillanos que disminuían las posibilidades de los obreros cubanos de trabajar en la industria azucarera; la Ley del Retiro Bancario; establecimiento de un sueldo mínimo de cien pesos para los médicos que trabajaban para el Estado; la Ley de Amnistía Política; ley creando dos Juzgados de Urgencia nocturnos, uno en La Habana y el otro en Almendares; la Ley de Minerales y Combustibles para la explotación de la nafta; sueldo mínimo de sesenta pesos mensuales para enfermeras: ley rebajando los alquileres de las casas: ley reglamentando el Fondo de Maternidad Obrera; ley creando nuevas escuelas provinciales agrícolas y ganaderas; ley de matrícula gratis en Institutos y Universidades para los alumnos pobres; ley del Seguro Social; ley docente para la autonomía y reglamentación de la Universidad de La Habana; el Código Electoral de 1938; ley creando el Retiro Marítimo; ley de los bonos o de la rehabilitación del crédito de Cuba en el extranjero; la aplicación del Código de Defensa Social que fue una de las grandes piezas legislativas; creación de la Comisión Nacional de Deportes.

Capítulo aparte merece la firma de la Constitución de 1940, modelo de Carta legislativa acorde con los mayores progresos de su época y considerada uno de los grandes logros de la era republicana. Como se aprecia, todo esto resultó en un efectivo número de leyes y decretos que dieron pasos de avance hacia la consolidación económica, social y política de la maltratada República a partir de 1933

Pasemos ahora a analizar brevemente la importancia de la Guerra Civil Española en la República Cubana. Como ya habíamos anotado en renglones anteriores en Cuba había casi un millón trescientos mil españoles residentes. De estos, cuando en el gobierno provisional de Grau se implantó la ley del 50 por ciento, muchos emigraron hacia su suelo natal pero siempre quedó una cantidad importante que se calculaba en unos 600 mil. Como era de esperar estos españoles dividieron sus simpatías políticas durante la duración de la guerra en republicanos y falangistas, como se les llamaba corrientemente.

Esto determinó el "éxodo" de muchísimos cubanos del llamado "gatillo alegre" hacia la península ibérica para pelear –mayoritariamente– al lado de la República. Mencionaremos unos cuantos nombres que hemos ido recolectando de dos fuentes principales: la obra "Cuba Libre" de Mario Riera, y un trabajo de la Revista Complutense publicada por la universidad madrileña del mismo nombre en el año 2000.

En la lista de Mario Riera se incluyen nombres de muchos que fueron encarcelados o fusilados por el gobierno de Fidel Castro, aunque no es una lista completa. En la lista de la Universidad Complutense no aparecen nombres de personas reprimidas por el gobierno castrista puesto que la mayoría de la información la obtuvieron de fuentes comunistas, en el año 2000, en Cuba, con personas involucradas con el gobierno castrista, y que en algunos casos ocupaban posiciones elevadas.

La mayor parte de las fuerzas cubanas pelearon al mando de Valentín González "el campesino" y otras al mando de Enrique Lister viejo comunista que había vivido en Cuba en la década de los años 20 y que fue parte del grupo de comunistas que formó el partido en la reunión de agosto de 1925 en La Habana. Es curioso que de los hombres que pelearon en los distintos frentes de la guerra no aparece ningún nombre ruso. Los soviéticos daban las armas y ponían jefes que no se exponían. Los muertos lo pusieron los militantes o simpatizantes comunistas o los revolucionarios antifascistas o los incautos del mundo entero engañados por la propaganda de la época.

Ya hemos mencionado algo anteriormente con respecto al reclutamiento y quienes lo hicieron. Añadiremos que Jorge Agostini estuvo envuelto en el enganche efectuado en Cuba. Reclutó en España Pedro Vizcaíno, uno de los fundadores del PRC(A) y el joven Alberto Sánchez ambos comunistas y exiliados en España en aquella época. En Cuba había una incesante campaña para recaudar fondos para ambas partes. El de los comunistas se llamaba Socorro Rojo y constantemente efectuaban fiestas, tómbolas, rifas y por supuesto extendida a todos los sindicatos obreros. El de los falangistas fundamentalmente recaudaba entre los comerciantes y empresarios españoles simpatizantes.

Entre las víctimas de los comunistas sobresale Andrés Nin, representante del trostkysmo en España, y Buenaventura Durruti líder de los anarquistas españoles. José Antonio Primo de Rivera, connotado líder falangista fue fusilado como represalia por la muerte del poeta García Lorca. Pepe Martínez Méndez, quien ayudó a Jorge Agostini en la labor de reclutamiento de elementos no comunistas en Cuba. Leonardo Fernández Sánchez y Alberto Saumell quienes ayudaron a Chibás en Nueva York. La víctima más importante entre los cubanos a inicios de la guerra fue Pablo de la Torriente Brau quien fue estudiante, poeta y agitador cubano nacido en Puerto Rico y que fue capitán de la milicia y comisario político de una importante brigada. Este individuo había sido uno de los fundadores en 1931 del ala izquierda estudiantil junto a Aureliano Sánchez Arango, Gabriel Barceló y otros.

Los nombres más connotados entre los cubanos que pertenecieron a la brigada del "campesino" y que más tarde tuvieron que ver en la vida nacional fueron: Jorge Agostini, Eufemio Fernández Ortega, Mario Morales Mesa, Mario Merino –estos dos últimos fueron parte de la Policía Secreta en tiempos de Prío y del Servicio de Inteligencia del Ministerio del Interior de Fidel Castro–, Manuel Romero Padilla –Representante a la Cámara, "Cuchifeo" Cárdenas, Pedro "Manzanillo" Fajardo, Francisco Rivero Setién, los hermanos Masferrer, Lino Novás Calvo, Policarpo Mandón, Jimmy Morales, a quien conocimos en la prisión en la Circular 4 de Isla de Pinos en 1961, igualmente Joaquín Aubí, quien también estuvo en la Circular 4 en 1961 y que había sido anarquista.

El pintor Wilfredo Lam, el escultor Porras, el Dr. Díaz Soto y su hermano, el saxofonista Aquilino, que hizo temporada radial en Cuba en al menos dos ocasiones pues residía en España por varios años. Moisés Reudí, fundador en Cuba de la Liga Hebrea Comunista, asimismo, Emilio Tró y Mario Salabarría, el estudiante de Medicina José López Sánchez, que años más tarde se encontraría en la dirección del Colegio Médico Cubano, Joaquín Ordoqui –conocido comunista que participó brevemente en el frente de batalla.

Los dirigentes comunistas no pelearon… Escalante, Carlos Rafael Rodríguez, Blas Roca, César Vilar, etc. estuvieron ausentes… enviaban pero no iban. Cuando regresaron a Cuba algunos de los voluntarios reeditaron sus antiguas tradiciones "revolucionarias" participando en muchos hechos de sangre, y otros se infiltraron en la Universidad para formar parte del "bonche" Pasaremos revista a los hechos de sangre terroristas revolucionarios que ocurrieron en el gobierno de Laredo Brú incluyendo los sucedidos en la Universidad.

Pero antes de pasar a la "crónica roja" daremos cuenta de una breve nota diplomática de 1937. Jefferson Caffery, sustituto de Sumner Wells en Cuba, fue quien alentó, ayudó y apoyó a Batista. Caffery había ido a la toma de posesión de Laredo Bru, y cuando pocas semanas después Batista presentó el Plan Trienal, no fue capaz de darse cuenta de los alcances y dañinas repercusiones a los Estados Unidos de este Plan de Batista. Fue llamado a Washington en enero de 1937, y cuando regresó, al mes siguiente, ya era un secreto a voces que su trabajo como Embajador terminaría muy pronto. A principios de marzo fue trasladado primero a Brasil y después a Egipto.

Es sustituido por Joshua Buttler Wright. Este, desde su puesto en el Dpto. de Estado había tenido que lidiar con los embajadores norteamericanos de la época de Machado. Tomó posesión el 23 de agosto de 1937, pese a haber sido nombrado semanas antes. Murió de muerte natural en La Habana el 4 de diciembre de 1939. Ha sido el único embajador que murió en La Habana durante el ejercicio de su cargo.

Caffery fue el más pernicioso de los embajadores de Estados Unidos en Cuba, desde que en 1923 se estableció este cargo diplomático. La salida de Cuba de Caffery fue celebrada por un caricaturista con la famosa lechuza criolla en pleno vuelo, y debajo aparece Caffery tomando el avión con la leyenda de "solavayas". Todo estaba dicho con esta caricatura.

A Buttler Wright le tocó vivir un incidente muy curioso. El 7 de marzo de 1938 se descubre la llamada "conspiración de la cueva de los camarones" en las proximidades de la Fortaleza de la Cabaña, con cuatro muertos y varios heridos cuando fueron sorprendidos. Batista declara que se trata de un vasto plan al que la embajada de los Estados Unidos no es ajena. Protesta el Embajador Wright. Guillermo Belt, que había sido nombrado alcalde de La Habana por el propio Batista en época de Mendieta (1934) cuando Miguel Mariano renunció, y que además había otorgado una medalla a Pedraza por su actuación durante la huelga de Marzo del 35, es detenido. Junto a Guillermo Belt son detenidos Alfredo Pequeño, Eduardo Martín, Cosme de la Torriente, Juan Marinello, Octavio Rivero Partagás, Gustavo Cuervo Rubio –quien luego iría como candidato a Vicepresidente en el ticket presidencial de Batista– y Alejandro Vergara. Tan infundada fue esta acusación que ni siquiera fueron juzgados.

Pasemos ahora a la crónica roja enumerando algunos de los hechos ocurridos. El 21 de octubre del año 1937 en plena sesión del Consejo Provincial es muerto a tiros el Consejero Severiano Pulido Yedra y se señala como autor a un desconocido; el Consejero Carlos Odriozola yerno del gobernador Baizán, con algunos amigos, es detenido como supuesto cómplice y cuando Baizán es también acusado, el Tribunal Supremo se hace cargo de las acusaciones, las cuales nunca pudieron ser probadas. En junio un muerto y varios heridos en una riña política en Pinar del Río. El ex teniente de la Policía Nacional Miguel

Ángel Rodríguez –quien fuera jefe de la "cuadrilla de la muerte"– es asesinado por un delincuente a quien él, en función de su cargo, había perseguido. En octubre ocurre otro hecho donde resultan muertos a tiros el abogado Julio Adad y Ernesto Hernández Ceballos, ex sargento del Ejército ambos antiguos miembros de la organización Joven Cuba; junto a sus cadáveres aparece un mensaje anunciando planes de venganza contra 150 delatores más.

El 7 de noviembre de 1939 estalla una bomba en la oficina de la línea de vapores Hamburguesa-Americana. El 27 de noviembre ocurren disturbios en una manifestación estudiantil que conmemoraba el fusilamiento de los estudiantes de 1871; muere un obrero y siete personas reciben lesiones. Un estudiante herido, Carlos Ruiz Rivero, muere unos días después. La Policía ocupa armas de fuego con el escudo del Partido Comunista y acusa a sus integrantes de ser los autores de la agresión. El 7 de diciembre en una casa de Batabanó aparece la cabeza de una mujer descuartizada –identificada como Celia Margarita Mena– muerta por su amante René Hidalgo Ramos. El 9 de diciembre frente a la residencia de Orestes Ferrara es muerto a balazos el ex sargento de la "sección de expertos" Miguel Balmaseda Pérez "condenado a muerte" por crímenes cometidos en tiempos de Machado. El 10 de diciembre cuatro jóvenes asaltan el Museo Nacional amordazando al sereno y apoderándose de joyas y otros objetos valuados en un cuarto de millón de pesos. Escapan en un automóvil perseguido por la Policía y cuando chocan se baten a tiros con sus perseguidores, uno es herido gravemente, dos fueron arrestados y sólo uno de los cuatro puede escapar. El botín fue recuperado en su totalidad. El 26 de diciembre Braulio Ortega Reyes, otro ex miembro de la sección de expertos es asesinado a tiros en Prado casi esquina a Teniente Rey. El 30 de diciembre se produce un atentado contra el ex vigilante Félix Robaina Crespo acusado de matar al estudiante Rafael Trejo; recibe un balazo en el pecho y el proyectil alcanza también a Celestino Ruiz Valdés.

Orestes Ferrara es herido en un atentado en Infanta y San Miguel, y pierde la vida Rufino Álvarez Tarafa, el chofer de alquiler que conducía el vehículo donde viajaba Ferrara. El secretario de Ferrara y el vigilante Ramírez resultan ilesos. El auto de los agresores atropella al ciclista Francisco González Hurtado y le causa lesiones graves y en Santos Suárez atropella a otro ciclista nombrado Juan Echevarría. Los líderes de la Convención condenan el atentado contra Ferrara. En horas de la mañana siguiente la Policía Nacional da muerte en el Reparto Kohly al ex teniente de dicho cuerpo Carlos Martí y hiere gravemente a su cuñado Joaquín Ferrer acusados por la agresión a Ferrara.

El 13 de noviembre Eduardo Chibás aparece con una herida de arma de fuego de pequeño calibre con salida por la región costo lumbar del mismo lado y declaró "no se preocupen yo muero por la revolución, voten por Grau San Martín". El suceso de la descuartizada y el intento "fallido" de suicidio de Chibás no constituyen actos de gangsterismo revolucionario, pero fueron demasiado notorios para no tomar nota de ellos. El hecho de la descuartizada estuvo muchas semanas en la prensa y la radio, y nosotros con 8 años y medio de edad y estando en tercer grado en el colegio, todos los días hablábamos de esto que por supuesto nos impactó como a toda la población. La solución del caso fue un gran éxito de Israel Castellanos y del Gabinete Nacional de Identificación. Chibás hizo lo que llamamos los cubanos "un gran papelazo" con este "intento de suicidio". Cuando quiso repetir el episodio en 1951 en los estudios de la Radioemisora CMQ, en La Habana, desgraciadamente para él le salió mal y murió en el post-operatorio en el Centro Médico Quirúrgico del Dr. Sanguily.

El 18 de abril, en Oriente, hay una sangrienta reyerta en la asamblea del Partido Nacional Realista al chocar las tendencias de Juan de Moya y Rubén de León. El 20 de abril el agente de la Policía Judicial Elías Hevia es agredido a balazos, resultando ileso, pero uno de sus acompañantes es herido de gravedad. El 8 de junio el estudiante de Derecho Mario Sáenz Buroaga muere en un atentado a balazos dentro de la Universidad y Wilfredo García Hernández es herido; el agresor escapa. En la noche del 15 de agosto es asesinado el Ingeniero Ramiro Valdés Daussá Profesor de la Escuela de Ingeniería y jefe del Cuerpo de Vigilancia de la Universidad. Los matadores son Andrés Prieto Quince, José Noguerol Conde y Enrique Martínez. La víctima fue atacada al salir de su residencia en la calle Mazón. Al chocar el auto de los agresores contra un poste en su huida, a Prieto Quince se le dispara la pistola hiriendo en la nuca a Noguerol Conde y ambos son detenidos. El tercer agresor se bate a tiros con la Policía y logra escapar.

En la peregrinación a la tumba de Trejo, el 30 de septiembre de 1940, se producen fricciones entre comunistas y no comunistas. Se toman medidas en la velada de esa noche en el Teatro Principal de la Comedia. No obstante se desata un tiroteo dentro y fuera del teatro al querer penetrar un grupo de personas carentes de invitación. A consecuencias del tiroteo muere un activista comunista y los estudiantes Francisco Flores Iturralde y Pedro Guirol Cisneros. Varias personas resultan heridas de gravedad, entre las que se encuentra Elia Pomares Blanco y Orlando León Lemus. Son arrestados Domingo Hernández Castell y Blas Puig Rosales y se les ocupan numerosas armas de fuego en el lugar. Varios acusados entre los que se halla Rolando Masferrer son excluidos de fianza. En las listas de personas participando en actos de violencia se encuentra un gran número de veteranos de la Guerra Civil Española. Su regreso a Cuba ocasionó un incremento en el número de actos de este tipo, perturbando la paz y la tranquilidad del país.

Los políticos continuaban sin ponerse de acuerdo en el período pre eleccionario y por supuesto los comunistas tenían sus planes perfectamente trazados desde las últimas reuniones del Cominterm en Moscú desde donde llegaron Fabio Grobart y Blas Roca con instrucciones precisas al respecto, comenzando a trabajar en ese sentido. Claro está que no era fácil organizar el Frente Popular de la noche a la mañana pues esto tuvo que pasar por varias etapas. La primera fue que con motivo de una redada en que Blas Roca, Fabio Grobart y Lázaro Peña fueron a parar a la cárcel y condenados a unos meses de prisión con nombres supuestos pues no se sabía que eran los dirigentes del Partido Comunista. La dirección del partido la ocupó Martín Castellanos que entusiasmado por la idea del Frente e interpretándola a su modo y no a la del Cominterm comenzó a hacer una serie de enlaces, conexiones, pactos, etc. Cuando el trío salió de la cárcel se dieron cuenta de que Castellanos había ido demasiado lejos y tras una sesión del partido éste fue acusado junto con el Dr. Chelala Aguilera y expulsados del partido. Se empezó el camino hacia la meta establecida de otra forma, haciendo contacto con otros partidos y esperando hasta 1938 para hacer contacto con Batista, después de haberlo acusado por largo tiempo de fascista, dictador, asesino, ladrón y otros improperios. Todo esto por supuesto, no era más que palabrería, puesto que por debajo se estaba trabajando muy seriamente para lograr su objetivo. Mucho contribuyó México a este propósito, con el Embajador Mexicano durante años oponiéndose públicamente a todo lo que los Estados Unidos hacía para resolver la situación cubana. Tenía él una misión concreta encargada por el Presidente Lázaro Cárdenas, que era la de atraer a Batista al círculo de intervenciones que ellos estaban realizando en México, para de ese modo consolidar su posesión en Latinoamérica y fortalecer a su vez sus acciones dentro de su país.

La Confederación de Trabajadores de América Latina (CETAL), dirigida por el comunista Lombardo Toledano, invitó a los líderes obreros cubanos –Lázaro Peña y otros– para visitar el país azteca. Tras una serie de acuerdos, conocidos como "el pacto de México", se dispuso que Peña ocupara la posición cimera de lo que entonces llamaron Confederación de Trabajadores de Cuba (CTC), que no existía en aquel momento. Se unieron a otras organizaciones sindicales, entre ellas la que presidía Ramón León Rentería, quien varió la posición de su organización a cambio de una posición para él en la CETAL, que en la práctica no tenia ningún valor para los comunistas. Sin embargo la CTC si la tendría, y muy grande en el futuro.

El 1º de mayo de 1938 se publicó el primer número del periódico *Últimas Noticias de HOY,* que más tarde se llamaría HOY solamente. Estaba bajo la dirección de Aníbal Escalante que fue el que hizo un gran trabajo para conseguir los equipos, periodistas, etc. y dirigió el periódico durante mucho tiempo y poco a poco fue moderando el tono de los ataques a Batista hasta que se llegó al elogio baboso. Lo mismo se hizo con la emisora radial 1010, que fue cadena nacional, puesta en servicio gracias a un importante aporte del gobierno por parte de Batista. Cuando se examinan los discursos de Blas Roca antes y después del pacto con Batista dan ganas de vomitar, pero así son los comunistas. Lo increíble, sin embargo, es que las reuniones finales en las que se llega al "acuerdo de ponerse de acuerdo" fueron propiciadas por José Manuel Casanova, líder de los empresarios azucareros, un magnate de recia estirpe conservadora, pero los comunistas no se detienen ante nada para lograr su propósito.

De esta forma Lázaro Cárdenas siguió influenciando sobre Batista y con una misión que envió a La Habana de tipo cultural y económica estableció toda una serie de actos para ensalzar a Cárdenas y a Batista. Durante la presencia de esta representación mexicana Lázaro Cárdenas envió un mensaje de salutación al pueblo cubano y sobre todo a Batista, extendiéndole una invitación para visitar México y ver los logros alcanzados. Además, de paso alentaba la confiscación de todas las propiedades y recursos pertenecientes a extranjeros en Cuba, fundamentalmente a los de Estados Unidos. Cuando el Representantes del grupo batistiano José Antonio Pascual presentó un proyecto en la Cámara para homenajear a Lázaro Cárdenas, el mencionado cuerpo legislativo tuvo el buen juicio de rechazarlo. Más adelante, cuando el Embajador mexicano Spindola dijo que ellos habían preparado un tratado comercial para Cuba –algo que era falso, la Presidencia, por medio de sus voceros, lo desmintió. Spindola dijo que no, que él no había dicho lo que dijo, y se promovió en la Cámara otro proyecto para que Spindola fuera declarado "persona non grata" y que fuera expulsado del país por haber desmentido a la Presidencia de la República. Batista movió sus amplios recursos políticos, y el proyecto fue rechazado. De tal manera que el giro de Batista hacia la izquierda –si es que no estaba ya en ella– no fue sólo el entendimiento con los comunistas cubanos, sino también con el gobierno de Lázaro Cárdenas, que si usted no lo quiere llamar comunista no lo llame, pero explíquenos por que ganó la medalla Stalin.

Junto a las ideas comunistas introducidas en Cuba ya se había formado también un Partido Aprista, no muy numeroso pero muy activo con mucha propaganda y en toda la República. Había también un Partido Nazi –aunque al lector le parezca muy raro– así como un fascio italiano, la Falange Española, la Casa de la Cultura –que era la fachada comunista de los republicanos españoles–, en fin toda una serie de movimientos, de ideologías de todo tipo.

El 21 de octubre de 1938 y dada la propaganda mexicana hecha en Cuba sobre el posible acercamiento práctico e ideológico de Batista con Lázaro Cárdenas, el primero dijo enfáticamente que no seguiría el ejemplo mexicano de incautación de propiedades extranjeras sino que aumentaría y haría más estrechos los lazos entre Cuba y los Estados Unidos. Aclaró que aceptaría la invitación visitar México, pero que lo haría a su regreso de Washington donde había sido invitado a celebrar el aniversario del Armisticio de 1918. El 1º de noviembre sale Batista hacia los Estados Unidos en el crucero Cuba donde visitó varios sitios. En Washington fue recibido por congresistas y el Presidente Roosevelt le dio un banquete en la Casa Blanca donde Roosevelt afirmó que su país había prometido darle todo su apoyo a Cuba cuando hubiera un gobierno estable, y habían cumplido su promesa al ascender el coronel Mendieta al poder, y que ese proceso continuaría para ayudar al pueblo de Cuba. Batista, emocionado respondió diciendo que al lado del Presidente Roosevelt y de su ejecutoria él –Batista– era un enano. Esta frase inoportuna y fuera de tono, sirvió para que una vez más el choteo criollo que no perdonaba nada comenzara a emplearla en los programas humorísticos al final de los mismos. Yo recuerdo que a la pregunta de "¿y usted quién es?" la invariable respuesta era "yo soy un enano". En alguna ocasión esto dio motivo a "palmacristazos".

Los periodistas de los diarios de Nueva York le dedicaron a Batista los mismos elogios que le habían dedicado previamente a Machado. Pero esta vez no estaban dirigidos a un Presidente, sino a un sargento llegado a coronel que cuando fue invitado a West Point para que desfilaran delante de él los cadetes, los generales americanos allí presentes no recordaron o no quisieron recordar que el personaje se trababa de un improvisado sargento taquígrafo, que cinco años antes había echado del poder a los oficiales de un ejército formado con instrucciones y enseñanzas de oficiales militares norteamericanos. Todo aquello había pasado y Batista estaba "en medio de sus glorias".

Antes de regresar a la Isla la Embajada cubana en Washington anunció que se le daría un nuevo empréstito a Cuba, cosa que fue desmentida. Al llegar a La Habana, en un "regreso triunfal", desde la terraza de Palacio Batista anunció que habría una nueva reconsideración en el Tratado de Reciprocidad concediéndole más ventajas a Cuba. Sin embargo, "olvidó" mencionar que él había concedido una extensión en el área de la Base Naval de Guantánamo. El empréstito de 50 millones –ya desmentido por los Estados Unidos– no volvió a ser mencionado por el momento. En vista de "su éxito" se le llamó "el mensajero de la prosperidad" y fue recipiente de un apoteósico y multitudinario recibimiento –estimada en 70 mil personas la concurrencia– que se efectuó "por todo lo alto" en el puerto de La Habana. Los buques mercantes cubanos en esos momentos en bahía "se les invitó" a que salieran en procesión a esperar al crucero Cuba y escoltarlo hasta su entrada en el puerto.

Yo tuve la ocasión de estar en ese recibimiento puesto que a la sazón mi tío era primer maquinista del barco Baracoa de la Empresa Naviera Cubana y fue una de las naves "invitadas". El nos llevó a mi hermana, a mí y a varios de nuestros primos que con otros civiles y miembros de la tripulación íbamos a formar parte del coro, sin realmente saber lo que hacíamos. Yo recuerdo detalles como la excelente merienda, el apiñamiento de la multitud en el Malecón y las sirenas de los barcos, pero no recuerdo haber gritado "Viva Batista", aunque tal vez lo hice. Lo curioso de este evento fue que lo habían organizado dos sectores del país: uno, los comunistas con sus sindicatos afiliados, y el segundo la Unión Nacional de Sectores Económicos lideradas por Casanova e integrada por todos los elementos empresariales, comerciales, bancarios, etc. La increíble unión del capital con el comunismo. Esas cosas curiosas que se daban en aquella época.

El viaje a México se efectuó a principios de 1939 recibiendo todo tipo de agasajos, toda clase de consideraciones. Figuró como un gran personaje que compartió con Lázaro Cárdenas parte del tiempo de su estadía, pero no optó por el acuerdo que Cárdenas quería, puesto que ya había hecho amarres en Washington. En esta ocasión Batista demostró tener capacidad para la maniobra. Este viaje sirvió para despertar celos en Washington, para después "dejarse querer" por Roosevelt, al mismo tiempo que ganó en popularidad. Claro que una de estas promesas a los Estados Unidos era en lo que ya se veía venir, que era el conflicto militar en que Batista se comprometió a estar junto a la nación norteña en lo que hiciera falta. Otro compromiso de Batista fue la de no negar asilo a los perseguidos del nazismo, que en su inmensa mayoría se trataba de judíos. Al terminar la Guerra Civil Española hubo una gran afluencia de españoles republicanos y por supuesto, mezclados entre ellos, llegaron republicanos comunistas muchos de los cuales tuvimos que padecer después en la época de Fidel Castro.

Mientras tanto los partidos políticos cubanos seguían dando palos de ciego carentes de rumbo y entre ellos un número de personas que aspiraban a llegar al poder por medio de "la revolución", gentes que no tenían ninguna relevancia política y por lo tanto sus actividades eran más gangsterismo que revolución. El Partido Acción Republicana de Miguel Mariano sufrió varias deserciones pues ya no estaba en el gobierno. El nuevo nombre del partido de Menocal era el de Partido Demócrata Republicano. En cuanto a Grau se redujo a un pequeño grupo, pues el Partido Auténtico tenía sus problemas y en medio de esas cosas Grau fue expulsado. El Partido Realista era un grupo minúsculo.

En 1938 hay elecciones parciales pero nuevamente los auténticos, el ABC, los comunistas, Acción Republicana y el Conjunto Nacional fueron al retraimiento, por lo cual el grupo que apoyaba a Batista arrasó. Estos partidos firmaron entre si un pacto que tenía un lema que era *Constituyente primero, elecciones después,* lo que constituía un obstáculo de consideración para el precario equilibrio que había logrado Laredo Brú. Los comunistas entonces abandonaron esta posición y se unieron al grupo gubernamental constituido por el Partido Liberal, el Partido Realista, el Partido Unión Nacionalista y los residuos menocalistas llamados Conjunto Nacional Revolucionario. Laredo Brú propició reuniones en la finca Párraga entre Grau y Batista, y se acordó lo mismo que quería la oposición, esto es, primero la Constitución y después las elecciones. Ya veremos que esto fue entre otras cosas una trampa para los partidos de la oposición en cuanto a las elecciones presidenciales.

Por fin se celebraron en el año 1939 las elecciones para seleccionar delegados a la Asamblea Constituyente, y la oposición ganó la mayoría con 45 delegados: 18 auténticos, 17 del bloque menocalista, 6 de Acción Republicana y 4 del ABC. Los gubernamentales obtuvieron 36 delegados: 17 del Partido Liberal, 9 de Unión Nacionalista, 6 de Unión Revolucionaria Comunista, 3 del Conjunto Nacional Democrático y 1 del Partido Realista.

Después de estas elecciones y antes de comenzar las sesiones de la Asamblea Constituyente Laredo firmó una ley modificando la Ley de Retiro de las Fuerzas Armadas permitiendo a Batista pasar a la condición de retirado y figurar como candidato presidencial en las elecciones de 1940 sin haber transcurrido un año de su jubilación de las Fuerzas Armadas. Los partidos gubernamentales fundaron la *Coalición Socialista Democrática* que formaba la base política de las aspiraciones presidenciales de Batista.

Ya como figura política Batista invita a los líderes de la oposición a una reunión en la cual se discutió los detalles de las próximas elecciones. Laredo pidió que se aplazara la fecha de celebración de los comicios que estaba señalada para marzo. Las representaciones de la oposición y del gobierno llegaron a un acuerdo y las elecciones se llevaron a cabo el 14 de julio de 1940.

Los comunistas habían logrado posiciones intermedias en la estructura gubernamental, sobre todo en educación y cultura, enquistados en la enseñanza en los Institutos Cívicos Militares. Después de la aplicación de la Ley Docente, la Universidad contaba con una matrícula de más de 6,000 alumnos, la mayor de su historia. Los comunistas trataron inútilmente de penetrar en la Universidad por medio de "bonches" con sus grupos de acción, y al no poderlo lograr, efectuaron masacres durante la celebración estudiantil del 27 de noviembre en la calle San Lázaro y posteriormente el 30 de septiembre de 1940, durante la celebración del aniversario de la muerte del estudiante Rafael Trejo, que ya hemos relatado. En ambos casos se comprobó perfectamente que los autores habían sido los comunistas. Los muertos y heridos se sumaron a la larga lista de víctimas que había comenzado en épocas de Machado, en aras "de la revolución y el bienestar de Cuba". El pistolerismo universitario aunque fue disminuyendo nunca desapareció completamente. En 1949 surgió un movimiento universitario llamado *Pro Dignidad* tratando de sanear el estado de corrupción existente en las filas de los delegados y presidentes de consejos estudiantiles de las diferentes escuelas. Aquello terminó con la coacción e intimidación a los que tratamos de gestionar esas acciones en la Escuela de Medicina, que estaba tomada por pistoleros enemigos del movimiento de Pro Dignidad. De nuevo la Universidad cayó en las manos de "grandes estudiantes revolucionarios" o "revolucionarios estudiantes". Nunca se libró la Universidad del germen vicioso de la revuelta, de la revolución, la política sectaria, la violencia y el odio.

En 1939 falleció el poeta Hilarión Cabrisas y antes de morir nos dejó un poema titulado *La Tormenta* del cual citamos el siguiente fragmento:

"Cuba, patria querida, ya no eres cristiana;
¡ya no sabes rezar ni perdonar!...Mañana
convertirán tus templos en aulas comunistas
donde den las lecciones maestros socialistas…"

Como se ve fue una profecía de Cabrisas. Se ha dicho muchas veces que los poetas, a menudo, adivinan el futuro de los pueblos de la tierra, que en el murmullo de las olas del mar y en el rumor del viento pasando entre los árboles del bosque adivinan lo que va a ocurrir, que vislumbran el futuro en las alegrías y tristezas que se suceden, y profetizan los bienes y los males que ocurrirán. Cabrisas profetizó en 1939 lo que se estableció en Cuba veinte años después.

En marzo de 1939 y con pocos días de diferencia fallecieron el ex Presidente Carlos Manuel de Céspedes y el ex Presidente Gerardo Machado. De la ejecutoria de ambos puede el lector establecer la comparación y alcanzar la opinión que mejor le parezca. El primero, un patriota; el segundo, uno que destruyó la patria.

Veamos las actividades de los comunistas en los años 38, 39 y siguientes. A principios de 1938 el Partido Comunista aún no estaba legalizado y estaba actuando en las sombras de la clandestinidad tratando de hacer amarres con otros grupos y atacando ferozmente a Batista. Pero dándose cuenta de que por ese camino no se llegaba a ninguna parte, y que especialmente la constitución del partido y el frente popular no se podían lograr desde la oposición, comenzaron en las gestiones de acercamiento que eventualmente terminó en la alianza de Batista con los comunistas. Existía la organización Unión Revolucionaria constituido por un grupo de intelectuales comunistas pero que estaba inscripto como una entidad no política presidida por Juan Marinello y donde se encontraban entre otros Salvador García Agüero, Nicolás Guillén, Regino Pedroso y Carlos Rafael Rodríguez. Con el mismo nombre, añadiéndole el de Comunista, y sin contar con sus miembros, Blas Roca hizo la inscripción del mismo como partido político en el mes de septiembre motivando una protesta muy seria por parte de Marinello y un gran disgusto. Cuando el recibimiento a Batista en noviembre todavía le duraba el berrinche a Marinello y a pesar de estar designado como uno de los principales oradores no quiso hablar, y tuvo que ser sustituido por Carlos Rafael Rodríguez.

En Cuba, como en otros países, los intelectuales en su inmensa mayoría volvían al redil, cediendo Marinello a los halagos, una invitación a México y otras medidas persuasivas enderezadas a amansar su ego y se tranquilizó. En aquella época eran los obreros los que controlaban el Partido Comunista en el mundo entero. Los intelectuales eran utilizados pero no participaban en ninguna de las decisiones. En el mes de octubre celebran los comunistas su primera manifestación pública en el Parque Central de La Habana con una asistencia no muy numerosa. Después en el mes de noviembre se celebró un sonado acto en los terrenos de la Cervecería La Polar al cual asistió como invitado de honor el secretario general del Partido Comunista de los Estados Unidos, William Foster. Cobrando la entrada a diez centavos por personas se recaudaron cinco mil pesos, al menos eso fue lo que dijo Joaquín Ordoqui pero lo que en realidad ocurrió fue que la Cervecería Polar contribuyó "espontáneamente" con cincuenta mil pesos. En su discurso Blas Roca ensalzó a Batista en un "excelente despliegue de guataquería" como los que se escucharon en el tiempo de Machado. En enero del año 1939 se celebra la primera asamblea nacional del Partido

Comunista en el Teatro La Caridad de Santa Clara, y una vez más volvieron a ensalzar a Batista, especialmente Blas Roca.

Comenzaron los comunistas a escalar posiciones dentro del aparato gubernamental pero en una forma muy discreta. Cuando se produce el famoso pacto de no agresión entre la Unión Soviética de Stalin y la Alemania Nazi de Hitler en el mes de septiembre del 39 los comunistas hacen gala de gran sinvergüencería e hipocresía para tratar de justificar a su partido y evitar una deserción masiva de sus miembros, que sí la hubo aunque no de gran significación, y lograron mantener el control del aparato político.

En las elecciones para delegados a la Asamblea Constituyente celebradas el 19 de noviembre, los comunistas con cerca de 98 mil votos obtienen seis posiciones. Esta elección que Batista pensó ganar y que perdió, le dio una idea de lo que tenía que hacer para ganar las elecciones presidenciales. Tendría que depender de los comunistas con casi cien mil votos, y de algunas fuerzas más. Si no lo hacía así, no podría salvar la brecha de 541,900 votos contra 538,000. Para asegurar los fieles votos de los comunistas continuó el reparto de las posiciones pedidas por los comunistas. Ya Lázaro Peña estaba instalado como secretario general de la CTC. Y así se siguió repartiendo posiciones que aunque no eran de las más importantes, les servían para organizar en toda la República el adoctrinamiento masivo de sus afiliados y de los potenciales reclutas que captaban en todos los niveles de la sociedad cubana. Organizaron talleres de trabajo, círculos de estudio y toda una serie de otras actividades doctrinales especialmente en el sector obrero y sus asociados que estaban al frente de "sindicatos fantasmas" que organizaban con el propósito de mostrar que tenían una membresía superior a la real. Pero con esos votos gremiales controlaban la CTC.

En los Institutos de Segunda Enseñanza fueron situando intelectuales comunistas apoyados por supuesto en los amarres y conexiones que existían con Batista a mas de algún que otro profesor en la Universidad. Una oleada de adoctrinamiento estudiantil estaba en marcha.

Echemos un vistazo a la actuación de los comunistas en las sesiones de la Asamblea Constituyente. El objetivo fundamental del partido era obstaculizar toda medida progresista que se presentara, utilizar las sesiones como tribuna a sus ideas y trabajar para demorar las deliberaciones y acuerdos. Se valían de discursos pronunciados "a grito pelao" y de una claque colocada entre el público concurrente que gritaban las consignas comunistas. Sin embargo ninguna de estas tácticas les sirvió. Todas sus proposiciones fueron derrotadas.

Por ejemplo, su oposición a invocar a Dios, su gestión para que no se mencionara la moral cristiana, el no condenar la invasión soviética de Finlandia, el planteamiento de que no se permitieran partidos totalitarios al servicio de una potencia extranjera en Cuba. Ocurrieron enfrentamientos verbales entre Chibás y los comunistas, especialmente con Blas Roca, relacionados con el uso de la bandera del 4 de septiembre. Blas Roca decía que había que permitir esa bandera porque representaba a la revolución, y bla...bla...bla. Chibás le respondió que ni el 4 de septiembre, ni el 10 de septiembre, ni el 28 de octubre, ni el 8 de noviembre, ni Ud, ni sus comunistas estuvieron al lado de la bandera del 4 de septiembre; al contrario, ¡la estaban combatiendo! La mayoría de los delegados aprobó el no permitir la utilización de la bandera del 4 de septiembre en las fortalezas militares, pero al cambiar los menocalistas su posición en su alianza con Batista, se aprobó una enmienda diciendo todo lo contrario.

No se eligieron delegados comunistas en Pinar del Río, en Matanzas y en Camagüey. Sus seis delegados fueron Blas Roca y Salvador García Agüero por La Habana, Juan Marinello y César Vilar por Santa Clara, y Sánchez Mastrapa y Romérico Cordero por Oriente. Desde el punto de vista electoral, habían obtenido delegados en las tres provincias grandes, mas no en las tres pequeñas.

Al terminar las deliberaciones de la Asamblea en el año 1940 los dos virajes que habían caracterizado al Partido Comunista fueron la alianza con Batista y el tratado de no agresión entre la Unión Soviética y Alemania. Este último duró hasta junio del 1941 en que Alemania ataca a los soviéticos. Hasta esa fecha Alemania se tragó a Polonia y a los Países Bajos, y la Unión Soviética a Finlandia. Antes del pacto los comunistas cubanos atacaban el nazi fascismo y gritaban la consigna de Cuba fuera de la guerra imperialista y atacaban al nazi-fascismo, así como ataques constantes contra Francia e Inglaterra. Cambiaron el slogan a favor del pacto nazi-soviético, y la guerra contra los países capitalistas occidentales. Toda esta conducta era tan burda que ocurrieron deserciones en las filas del partido, hubo afianzamiento y hubo enfriamiento de los que decían que la doctrina era buena pero que el partido se había equivocado. Algo que de nuevo ocurre con muchos de los recién llegados de Cuba en el sentido de decir que la revolución no se ha equivocado, sino que el equivocado es Fidel Castro y su gobierno. Esta gente tiene metida la doctrina marxista hasta su mismísima médula ósea y no quieren renunciar a ella. Tratan de buscar una justificación diciendo que los equivocados son los hombres del partido pero que la doctrina es perfecta.

El partido, por su parte, mantenía su grupo armado, "la Tcheca" para intimidar a los otros partidos y a sus propios miembros. Comienza una lucha entre grupos auténticos, ex-miembros de la OA y de la Joven Cuba, contra los grupos comunistas, con numerosas acciones violentas que el gobierno simplemente ignoraba, tolerando el gangsterismo en la República a pesar de la Constitución y de la próxima celebración de elecciones.

La Constituyente terminó el 1ro. de Junio del 40. La Constitución constó de 19 títulos cada uno con sus secciones correspondientes y un total de 285 artículos la mayoría de los cuales fueron aprobados en los aproximadamente dieciocho días en que Carlos Márquez Sterling fue su presidente. La previa presidencia de Grau, quien estuvo casi todo el mes de febrero, la totalidad de marzo y de abril y dos semanas de mayo fue totalmente inefectiva. Grau permitía grandes debates sobre temas variados, especialmente los alardes de oratoria de algunos delegados y las discusiones provocadas casi siempre por los comunistas sobre temas baladíes para entorpecer el progreso de las sesiones, y al final no se aprobaban los artículos.

Aunque la Constitución adoptada no era la mejor del mundo era una buena carta constitucional. Era un documento extenso y pragmático con medidas progresistas y hasta avanzadas, estableciendo un régimen semiparlamentario el cual dependía del apoyo congresional para impedir la dictadura. Las complementarias fueron meramente enunciadas y se dejaron para más adelante. Su aprobación definitiva se dejó en las manos del Congreso como parte de sus futuros deberes. Esto estaba descrito en las disposiciones transitorias que fueron aprobadas –casi todas– durante el mandato del Presidente Prío.

En un apretado resumen podemos decir que la Constitución del 40 se preocupó de todos los aspectos importantes de la vida nacional tanto públicos como privados, así como administrativos, laborales, individuales, familiares, políticos y electorales, asuntos de propiedad privada y pública, la pena de muerte, etc. Recomendamos a los lectores asomarse al texto de la Constitución que por razones obvias no es incluida en este trabajo.

Los delegados asistieron a esta Asamblea tras unas elecciones muy disputadas y conflictivas en cuanto a la fecha de su celebración, su reglamentación, etc. y donde compitieron dos bloques políticos que no aparecieron de la noche a la mañana sino que demoraron cierto tiempo en formarse. Todos los que participaron en la Asamblea Constituyente llevaban por lo menos diez años involucrados en los quehaceres políticos desde Machado y post-machado, o sea, una época anegada de problemas, tensiones, violencia, utilización de la fuerza pública al extremo, muertos, encarcelamientos, expulsiones, exilios... es decir, todo lo más alejado de un ambiente de paz, sosiego y tranquilidad que requeriría una constituyente para hacer un trabajo más efectivo y serio. Porque el slogan "Constituyente primero, elecciones después" constituía un reto extra a la labor de los constituyentes, quienes estuvieron sometidos a una gran presión y urgencia por terminar el documento en un espacio de tiempo relativamente corto. Los debates comenzaron a mediados de marzo y desde mayo hasta el siete de junio hubo un verdadero maratón para poder finalizar los trabajos antes que se venciera el plazo establecido, que era improrrogable. Puertas afuera continuaban los actos de violencia, por lo que considerando todos estos factores, realmente los delegados llevaron a cabo un trabajo sobrehumano. Unos habían llegado del exilio recientemente, otros acababan de salir de la cárcel o habían pasado largo tiempo en ella, otros habían sufrido atentados personales, etc. Todos los constituyentes estaban disparando hacia las elecciones generales, que se celebrarían después de la constituyente. Realmente, nada mejor pudo haberse hecho. Para hacerla perfecta se hubieran necesitado de ángeles bajados del cielo.

La Constitución murió el 10 de marzo de 1952 a consecuencia de un golpe de estado. La constitución era del pueblo y para el pueblo, pero el pueblo no la defendió. Ya había sido minada la fe del pueblo cubano en sus líderes y nada se hizo en defensa de su Carta Magna. Se consideraba que la constitución era algo así como un tótem que podía por sí misma eliminar todos los peligros y todos los obstáculos. Este craso error del pueblo de Cuba fue el que determinó la implantación de las dos dictaduras. Primero Batista en 1952 y después Castro en 1959, que todavía padecemos. No se puede tener una constitución solamente para ufanarse de ella, ya que hay que saber defenderla si se considera buena. En ese pueblo de Cuba, que no defendió la constitución, está incluido el autor de este trabajo, pero la preocupación en marzo de 1952 era el examen de Obstetricia que debía celebrarse el 11 de marzo y no nos detuvimos a pensar que había que defender la Constitución; así que nos consideramos culpables de no haber actuado en consonancia con los hechos.

La primera mesa de la Asamblea Constituyente fue presidida por Ramón Grau San Martín, el primer vicepresidente fue Joaquín Martínez Sáenz y el segundo Simeón Ferro. El cuerpo de secretarios fueron Alberto Boada y Emilio Núñez Portuondo. El 22 de mayo se nombró la segunda mesa presidida por Carlos Márquez Sterling, como primer vicepresidente Simeón Ferro, como segundo vicepresidente Jorge Mañach y Alberto Boada y Emilio Núñez Portuondo como Secretarios. El cambio se debió a la nueva alianza de los menocalistas con el grupo de Batista. El delegado Juan Cabrera Hernández propone que se firme la Constitución en Guáimaro y así se hizo el 1º de julio de 1940 y se promulgó el día 5 en el Capitolio Nacional. El 23 de febrero y ante los rumores de que los comunistas tratarían de evitar por todos los medios la invocación a Dios en el preámbulo de la Constitución, se celebra una manifestación muy numerosa Pro Patria y Reafirmación Católica.

A principios de enero Batista fue nominado candidato presidencial en el Teatro Nacional con Gustavo Cuervo Rubio como candidato vicepresidencial. Poco después hizo un pronunciamiento público sobre su programa El Senado continúa discutiendo la Ley Electoral resolviendo el problema de los legisladores que habían comenzado en abril de 1938. Antes de unirse a los batistianos Menocal acusó a Batista de haber permitido la legalización del Partido Comunista. En abril cesó la mitad de los miembros de la Cámara de Representantes y la mitad de la membresía del Senado como estaba previsto por la Ley Electoral. Cambiada su posición Menocal y Batista envían un manifiesto a la nación:

"Nuestra alianza tiene el carácter y la finalidad de una obra con proyecciones de gran servicio nacional. Haga el lector sus propias conclusiones y comentarios.

En Las Villas una fracción del Partido Liberal encabezada por Capestany quiere llegar a un acuerdo con el Partido Auténtico y con Acción Republicana para la postulación de ciertos alcaldes en la provincia basándose en un intercambio de posiciones de representantes y senadores. Pero la "cosa se enreda" y Grau renuncia a la postulación presidencial y al Partido Auténtico mientras Miguel Mariano renuncia a su postulación de candidato a alcalde de La Habana si no se resuelve el problema de Santa Clara, donde varios candidatos auténticos se niegan a renunciar a su postulación a la alcaldía a favor de los Liberales de Capestany. Pero una intervención de Chibás y de Aurelio Álvarez soluciona el problema, y Grau y Gómez retiran sus renuncias. Esta situación no era un buen augurio para los oposicionistas el día de las elecciones.

El día 1° de mayo se presentan las candidaturas de Grau con Cruz de vice por los auténticos; Oscar de la Torre por el ABC, Reinaldo Márquez –nuestro profesor de Bacteriología– por el Partido Agrario, y la que ya mencionamos de Batista y Cuervo Rubio.

En mayo se celebra una reunión entre sectores privados y gubernamentales sobre la moneda nacional. Batista hace declaraciones sobre la deseada neutralidad de Cuba en la guerra, pero con marcado apoyo a los Estados Unidos. El 28 de mayo se iba a celebrar una manifestación de comerciantes protestando contra el aumento del impuesto a la venta, pero este evento es prohibido por el gobierno. El Congreso no podrá modificar la Ley del Código Electoral salvo que el Tribunal Superior Electoral o el Presidente de la República lo determinen. Ramón Rodríguez, el Cónsul Español en Mayarí es detenido por estar inmiscuido en actividades políticas incompatibles con su cargo. Hay una alteración del orden público en el Centro Gallego cuando se trata de apoyar una moción de ayuda a la Falange en la cantidad de dos mil dólares. La Hermandad Gallega, que había ganado las elecciones en el Centro, era una filial republicana. El informe del Director del Fondo Especial de Obras Públicas declaró que en los últimos catorce años el gobierno había dejado de percibir 146 millones de dólares por "apatía" de los funcionarios locales. Tres disputas pre electorales son dirimidas a balazos en Oriente, en Santa Clara y en Matanzas. Unos días antes de las elecciones, en el mes de julio, se advierten que han aumentado la propaganda nazi y fascista en el país. Recuerde el lector que en estos momentos ellos son aliados de los comunistas.

Laredo cita a Palacio a Grau y a Batista y los conmina a que eviten por todos los medios actos violentos electorales, pues Cuba debe terminar de acabar en paz las actividades revolucionarias. Por falta de garantías se suspenden las elecciones en tres pueblos de Camagüey, en dos en Matanzas y en uno en Pinar del Río.

Hagamos ahora un breve análisis de la justa comicial de 1940. Si las tareas electorales de la Constitución fue un dolor de cabeza estas serían una verdadera pesadilla. Cuando se comenzaron los trajines electorales, el partido de Menocal se había transformado de oposicionista a parte del grupo opuesto. Los comunistas también habían pasado a ser un partido gobiernista siendo los primeros en proclamar la candidatura de Batista. El Partido Realista siguió los mismos pasos. Una asamblea celebrada en el Teatro Nacional anuncia el ticket Batista-Cuervo Rubio como candidatos de la CSD, Coalición Socialista Democrática. Un buen número de candidatos estaban en las sesiones de la Constituyente y les resultaba imposible hacer campaña electoral. La cifra de candidatos estuvo alrededor de los 26,000, donde el total de posiciones era sólo de 3,000.

El pacto Menocal-Batista había sido un "deshojar de margaritas" y se concretó porque la oferta de Batista superó a la de Grau que "nunca se había distinguido por su prodigalidad". Batista ofreció la candidatura a vicepresidente, la candidatura a alcalde de La Habana –la segunda posición política de la nación–, tres posiciones de gobernadores y doce primeros lugares en la lista de senadurías. Grau "se quedó corto" pues sólo ofreció seis senadurías, tres gobiernos provinciales y la discusión de la candidatura vicepresidencial. Por supuesto que Batista se llevó el gato al agua y la victoria en las elecciones. Ocurrieron incidentes armados con víctimas durante toda la campaña especialmente entre miembros del PRC y los comunistas, involucrando en algunas ocasiones a menocalistas. Pero los sucesos no fueron de gran magnitud. Las elecciones fueron relativamente pacíficas. Sin embargo los militares en algunos lugares se distinguieron por impedir las actividades oposicionistas, y de todos ellos el más connotado en esto fue el inefable teniente coronel Raimundo Ferrer –fiscal del juicio contra Chibás y Prío y que asomó la cabeza el 4 de septiembre con los grados de capitán invertidos para parecer sargento–, obviamente un insumergible oportunista sin escrúpulos que, conjuntamente con otros supervisores militares, tuvo que ser sustituido por protestas de los partidos de oposición. Las presiones castrenses fueron más evidentes el día de las elecciones. Grau por su parte confiando en su "infalible mesianismo", convencido de ser el hombre más popular de Cuba y un seguro vencedor, cometió varios errores que le costaron la Presidencia.

Los partidos de la oposición cayeron en una trampa al aceptar la Ley Electoral donde el elector que votaba por un representante o por un senador de cualquier partido estaba votando por el candidato a Presidente y a Vicepresidente de ese partido. La oposición no tenía la cantidad suficiente de candidatos con arraigo político personal para alcanzar la victoria en los candidatos a Presidente y a vice. Los auténticos y sus aliados, entre los que se encontraba el ABC, habían estado fuera del gobierno y al no ir a las elecciones congresionales de marzo de 1938 no tenían representación en el Congreso, ni en los gobiernos provinciales ni en las alcaldías. Esto le daba una enorme ventaja a Batista. El empecinamiento de Grau que fue muy característico de él en toda su vida política lo hizo negarse a llevar a Joaquín Martínez Sáenz como candidato a vicepresidente, que tenía buen arraigo popular, y de haberlo hecho tal vez hubiera sido provechoso para reducir o eliminar la ventaja de los candidatos de la CSD. Los viejos rencores de Grau con el ABC eran impedimentos para nominar a Martínez Sáenz. La CSD alcanzó la victoria en los dos candidatos de la cúpula así como la obtención de mayoría en el Senado y la Cámara.

El tercer error de Grau fue el no calcular que el Congreso electo en 1938 no iba a cesar en julio del 40 porque estaba a mitad de su término. El triunfo obtenido por la oposición en las elecciones de la Constituyente les nubló la visión y por falta de tacto y de astucia política no se dieron cuenta que ese triunfo se lo había dado el partido de Menocal, que posteriormente cambiaría alianzas y se convertiría en un partido pro gubernamental. Revisen los números y comprobarán la veracidad de lo que decimos. Por otra parte el tiempo empleado por Grau en la presidencia de la Asamblea Constituyente lo distrajo, mientras Batista estaba en plena libertad de acción para hacer campaña electoral, moverse por todo el país, hacer amarres y otras importantes actividades pre eleccionarias. El mesianismo de Grau lo llevó a la fantasía de creer que ganaría fácilmente las elecciones. A pesar de todas sus protestas de irregularidades ocurridas, no cabe duda que los números no lo favorecían y que la participación de la presión del ejército no fue un factor determinante en el resultado final de los comicios. La Ley Electoral y el candidato a vicepresidente que puso

Grau fueron los factores importantes en el margen de victoria de la CSD. El Dr. Carlos de la Cruz, candidato a vicepresidente en el ticket auténtico, era el abogado personal de Grau, muy conocido en su bufete y por un estrecho círculo de unos pocos amigos, pero fuera de esos pocos nadie más tenía idea de quien era, todo lo contrario a Martínez Sáenz que sí era conocido.

Los primeros partes postelectorales indicaban una franca mayoría para Batista y su grupo. La oposición acusa al Ejército de ser el responsable de su fracaso. En 1096 colegios en cuatro provincias el gobierno tiene una amplia mayoría. El 20 de julio el Tribunal Supremo Electoral da por terminados los escrutinios. Miguel Mariano perdió la elección para la alcaldía de La Habana por las mismas razones antes apuntadas. Raúl García Menocal –hijo de Mario– salió victorioso en esta justa capitalina.

La candidatura Batista-Cuervo Rubio obtuvo 805,125 votos y la de Grau-de la Cruz 573, 526. La CSD obtuvo la mayoría congresional en cinco de las seis provincias, todos los gobiernos provinciales y 95 actas de representantes. 23 obtuvo el Partido Liberal, 21 el Partido Unión Nacionalista, 22 el Partido Demócrata Republicano, 13 el Conjunto Nacional Democrático, 10 la Unión Revolucionaria Comunista, 4 el Partido Nacional Revolucionario (Realista) y 2 el Partido Popular Cubano. El bloque oposicionista logró 67 actas de representantes, el PRC(A) obtuvo 39, Acción Republicana 16, y 12 el ABC. El CSD ganó 93 alcaldías y 33 la oposición.

Entre el final de las elecciones y la toma de posesión del nuevo gobierno en octubre de 1940 ocurrieron una serie de hechos que mencionaremos. En junio se inició la Segunda Conferencia de Cancilleres de América Latina presidida por el Secretario de Estado de Cuba Miguel A. de la Campa, e inaugurada con un discurso del Presidente Laredo. Esta conferencia se efectuaba con la pomposa presunción de hacer frente a lo que pudiera suceder en la Guerra Mundial. La "Declaración de La Habana" fue aprobada, en la cual se concedían a ellos mismos el derecho de intervenir en las colonias europeas con excepción de las Malvinas y Antártica por razones de seguridad, o porque una colonia desease cambiar de soberanía; además extendiendo las aguas territoriales hasta una extensión de 20 millas, etc. Yo me pregunto con que fuerzas armadas contaban estas naciones para poner en práctica estos acuerdos. Hubo mucho alarde y mucha demagogia.

Todas las medidas de seguridad en el continente americano fueron tomadas por los Estados Unidos.

En el orden nacional se pagaron las obligaciones de bonos pendientes y se autorizó una comisión que fuera a Washington a solicitar el empréstito de 50 millones. Dicha comisión partió el 23 de septiembre hacia los Estados Unidos. El 15 de septiembre tomaron posesión los senadores y representantes, pero no podrían legislar hasta la toma de posesión del nuevo gobierno. El "mini congreso" sin embargo permanecía en funciones activas legislativas, pero no había mucho que legislar ni interés en hacerlo. Denegada la solicitud del Partido Nazi Cubano de cambiar su nombre por el de Partido de la Quinta Columna. Se producen hechos violentos como el asesinato de Valdés Daussá, el ataque a la manifestación a la tumba de Trejo y los incidentes del Teatro Principal de la Comedia. El 10 de octubre toma posesión el nuevo gobierno.

Para expresar en forma excelente la obra del Presidente Laredo Brú citaremos textualmente lo expresado por Carlos Márquez Sterling en su Historia de Cuba:

"Fue muy afortunada la actuación del Primer Magistrado. Lejos de ser instrumento del coronel Batista, como lo demostró en todos los momentos de su mando, especialmente cuando vetó la discutida ley de los bonos de Obras Públicas, por estimarla perjudicial a los intereses nacionales, sabía imponerse cuando era necesario. Conocedor del medio y de sus actores, mostraba una rara habilidad para administrar las funciones de aquel régimen, orientando al país con talento y armonía de relaciones, aun con aquellos que lo combatían, sobre todo en el Congreso, tachándolo, despreciativamente, de encargado del Poder Ejecutivo, para aludir a la forma, por sustitución, con que había llegado a la Presidencia".

Contrario a todas las opiniones y vaticinios de que Federico Laredo Brú terminaría como Miguel Mariano, el nuevo Primer Mandatario usó gran inteligencia, abundante paciencia y suficiente astucia. Su capacidad de armonizar y su civilismo lo llevaron a conducirse con gran dignidad y honestidad y a iniciar tres períodos electorales democráticos eventualmente tronchados por la estúpida ambición de Batista en marzo de 1952. Federico Laredo Brú ocupa un lugar preeminente entre los grandes Presidentes de Cuba.

Apéndice correspondiente al septenio

En este apéndice vamos a señalar algunos de los hechos más relevantes –especialmente en la parte documental– acaecidos durante el Septenio, y que marcaron definitivamente el rumbo político de Cuba durante ese tiempo. Hay documentos y hay hechos relatados por testigos presenciales. Los documentos, como es lógico, no estarán completos, sino que se mencionarán sólo algunos de sus párrafos más importantes.

Documento Programático del Directorio, 18 de julio de 1933, y dado a la publicidad el 22 de agosto del propio año 1933. Fragmentos:

"Implantación de un gobierno provisional integrado por personas que el Directorio Estudiantil seleccionará y nombrará para el cumplimiento del siguiente programa...

La Comisión Ejecutiva estará formada por cinco Comisionados de iguales funciones y jerarquía. Sus resoluciones para ser válidas deberán estar tomadas en junta y aprobadas por la mayoría, excepto en los casos en que se exija unanimidad... Dentro de los ocho días siguientes a la constitución de la CE, procederá ésta a nombrar de las listas que el Directorio Estudiantil Universitario facilite, veinticinco ciudadanos mayores de edad para integrar el Consejo Legislativo, cuidando que en él estén representados los distintos sectores económicos"...

Copiemos ahora unas líneas de la proclama de la Agrupación Revolucionaria dirigida al pueblo de Cuba el 4 se septiembre:

"Por considerar que el actual gobierno no responde a la demanda urgente de la Revolución, no obstante la buena fe y el patriotismo de sus componentes..."

Como se ve el Directorio que no tenía ni cinco mil miembros aún contando con sus familiares se abrogaba el derecho de designar, de vetar, de decidir, en fin, de gobernar sin que siquiera uno solo de sus miembros haya pertenecido a ninguno de los gobiernos provisionales. Esto es algo inaudito y además, el nombramiento de Batista fue hecho por Sergio Carbó sin contar con los demás miembros de la Comisión Ejecutiva o Pentarquía, lo cual de acuerdo con estos documentos era ilegal, pero ¿quién podía decir que las cosas eran legales o ilegales? En definitiva ya vimos como en diciembre de 1933 el DE se disolvió mayoritariamente decidido por los estudiantes en una asamblea universitaria que tomó ese paso político.

Resaltemos dos hechos importantes ocurridos en el gobierno de Laredo Brú hacia finales del septenio de los cuales el actor principal no es Laredo sino Batista. Primeramente mencionemos el compadrazgo con los comunistas con la creación en Cuba del "Frente Popular", y después la descripción completa del programa político del candidato a la Presidencia Fulgencio Batista en las elecciones de 1940, sobre el cual haremos unas cuantas anotaciones.

Posiblemente el principal asesor de Batista y el que más influencia tuvo en esta época sobre el coronel de Columbia fue el profesor Juan J. Remos, quien lo asesoró en la estructuración del Instituto Cívico Militar y en otras cuestiones. Posiblemente fue también su profesor de literatura, de redacción y de oratoria, entre otras cosas. Remos era un gran intelectual de las letras y poseía gran experiencia en labores profesorales. Sin embargo, quizá no se presentó la ocasión o no pudo explicarse el sentido de la trama que jugaba, o quizá simplemente pasó por alto la significación del momento que vivía.

El hecho cierto es que, al igual que Fausto vendió su alma al diablo Mefistófeles, también Batista vendió su alma al diablo, que en este caso era el Partido Comunista cubano que era una rama del Cominterm o sea, del Partido Comunista Internacional. En la obra de Goethe la venta del alma es un trueque por la eterna juventud y para lograr el amor de Margarita, quien al final redime a Fausto y lo salva de las fauces del diablo. En el caso de Batista "la eterna juventud" y sobre todo el llegar a la Presidencia de la República por vía electoral "con el gran aporte" que los comunistas brindaban, asegurando tener un enorme número de afiliados. Como la Presidencia de Cuba no era Margarita, sino todo lo contrario, el alma de Batista no pudo ser redimida de las manos del diablo, Así, antes de transcurrir veinte años, durante los cuales siempre estuvo apoyando y resolviendo problemas a los rojos, éstos, el día 1º de enero de 1959 no solamente lo echaron del poder sino que renegaron de él en todas las formas y lo convirtieron en el dictador asesino y canalla, que ha sido vituperado y continúa siendo escarnecido en el mundo entero por gran parte de los cubanos. Esos mismos comunistas, esos mismos hijos del diablo que cantaron loas y lo apoyaron a partir de 1937 y hasta la misma madrugada del día 1º de enero de 1959. No es posible hacer negocios con el diablo y salir triunfador, no es posible hacer negocios con el diablo sin ganarse el infierno. Batista esperó todo el tiempo creyendo que había hecho un gran negocio y le resultó todo lo contrario. No solamente perdió él, sino lo verdaderamente importante es que también perdió Cuba. Tal vez el profesor Remos alguna vez haya pensado en esto

En una tremendamente ingenua declaración política Batista afirmó lo siguiente que citamos textualmente: "el Partido Comunista de Cuba según sus estatutos es un partido democrático o sea que sus objetivos son enmarcados dentro del sistema capitalista y que renuncia a la violencia como medio de actividad política, y por lo tanto tiene derecho a la misma posición que cualquier otro partido político en Cuba". Sin la menor duda Caperucita se creyó todo el cuento del lobo, y el lobo, en su momento devoró a Caperucita.

Cuando en diciembre de 1939 Batista fue nominado como candidato presidencial para las elecciones de julio de 1940, esbozó y dio a la publicidad sus planes o programa político. Es notable que este buen programa haya sido expuesto por Batista, como si él hubiera acabado de llegar del exilio, acabado de salir de la cárcel o acabado de entrar en la política cubana. No es posible que un individuo que dominó totalmente la escena política desde 1934 desde la ciudad militar de Columbia, a través de los presidentes Mendieta, Barnet, Miguel Mariano Gómez y Laredo Brú, se aparezca ahora con un programa para resolver todos los problemas de Cuba que en esos años ignoró completamente. No era fácilmente creíble que Batista fuera a hacer nada, parte o todo de este programa una vez electo Presidente pues su poder como dictador militar en cuestiones políticas decisivas de Cuba era muy superior al que iba a tener como Presidente Constitucional, donde tenía que tener en cuenta, más o menos, sin violar completamente la Constitución, a la Cámara y al Senado de la República.

Veamos en forma sucinta los principales aspectos de este gran programa político, que durante los siete años de dictadura no se había preocupado en resolver los problemas que ahora decía iba a "resolver" durante su Presidencia.

"La tarea política más importante del nuevo gobierno… será la de consolidar la vida institucional y orgánica de la República de acuerdo con las normas que fije la nueva Constitución. El cumplimiento estricto de la nueva Constitución como primera regla de nuestra conducta política no será simplemente la obediencia a un deber. Nos proponemos además que la práctica de la democracia penetre hondamente en nuestras costumbres públicas y se arraigue en la entraña popular para que sus principios rijan espontánea y unánimemente la vida cubana. Partiendo de este principio cardinal anunciamos los siguientes puntos fundamentales de la política que desarrollaremos: 1) absoluto respeto al ejercicio de las libertades públicas...2) respeto a la esfera de acción y autonomía de los Municipios...3) persecución del soborno directo e indirecto..."

En lo internacional "nuestra política se propondrá en primer término el mantenimiento de nuestra independencia como nación y el desarrollo económico de nuestro pueblo, respetando el derecho internacional y propugnando la paz con las demás naciones. Nuestra política exterior se basará en los siguientes puntos: 1) respeto al derecho de propia determinación de todas las naciones haciendo valer los nuestros como República soberana dentro de la comunidad jurídica internacional... 2) mantenimiento de la más estricta neutralidad en la presente guerra... 3) incrementar la política de amistad y comercio con los Estados Unidos, fortaleciendo las relaciones fraternales que nos unen al pueblo norteamericano e intensificando, dentro de una política de reciprocidad el intercambio económico... 4) concertación de tratados comerciales... 5) intensificación de nuestras relaciones fraternales con todos los pueblos de América con objeto de estrechar nuestras relaciones económicas, políticas y culturales... 6) reorganización inmediata del Servicio Exterior sobre la base de su racionalización... reduciendo su personal..."

En lo económico importa decir que "el problema fundamental de Cuba estriba en la insuficiencia de su economía y la gran tarea de esta época consiste en liberar a la economía nacional de las dificultades que impiden su desarrollo agrario y sus progresos industriales, bases fundamentales de la independencia y la democracia verdaderas. Cumplir esa gran tarea de la presente etapa histórica de Cuba será la preocupación dominante de nuestro gobierno. Entre otras propugnamos las siguientes medidas: 1) previa e inmediata reorganización y saneamiento de la hacienda pública... 2) formación de los presupuestos siguiendo las reglas mas sanas de la ciencia de finanzas públicas sobre la base de su unidad y nivelación... 3) pago de todos los sueldos atrasados que se adeudan a los empleados públicos y liquidación de la deuda flotante... 4) estabilización del peso cubano hacia la paridad con el dólar… 5) legislación sobre inspección y regulación de las operaciones de los bancos, compañías de seguros y Sociedades Anónimas y creación de la Banca Nacional, con bancos agrícolas y comerciales que fomenten y dirijan el crédito y la refacción hacia los grandes fines de la diversificación y el desarrollo de la producción agraria e industrial de Cuba… 6) legislación revalorizando las hipotecas y los solares a plazos, desamortización de los censos, rebajando los derechos lógicos de los censualistas, pero de manera que se reparta la propiedad cubana inmovilizada… 7) establecimiento del catastro de todas las fincas rurales y urbanas con objeto de asegurar la identidad y posesión de las tierras propiedad del Estado detentadas por particulares y tener una base científica para la imposición territorial… 8) reformas tributarias sobre bases científicas y de justicia social, aboliendo los impuestos de consumo y sobre la venta de artículos que no sean de lujo… 9) legislación protectora del establecimiento de nuevas industrias que ofrezca facilidades para la importación de maquinarias y de materias primas; legislación que estimule y regule los yacimientos de minerales, favorezca la inversión de capitales en ese sector de nuestra riqueza… 10) incrementación y protección de la Marina Mercante Nacional… 11) creación de cooperativas de pequeños propietarios… 12) protección a los pequeños productores a fin de poder suprimir el clandestinaje comercial e industrial… 13) coordinación científica del transporte… reparación de la Carretera Central y organización del servicio para su cuidado permanente; plan de construcción de carreteras auxiliares que enlacen las costas con la Carretera Central y que comuniquen los centros de producción agraria con las poblaciones; reparación y construcción de caminos vecinales… 14) mejoramiento, extensión y abaratamiento de los servicios públicos de teléfonos, electricidad y transportes, etc. .

A fin de conjurar graves males –como el gasto extremo en materia de alimentos– propugnaremos las siguientes medidas: 1) reivindicación de los bienes del estado… 2) repartos de tierras a campesinos… 3) prohibición emergente de todos los desalojos campesinos mientras no se resuelva definitivamente sobre el régimen de los arrendamientos rurales… 4) legislación que regule los contratos de arrendamiento y aparcería… 5) impuesto al latifundio improductivo y parcelación de las grandes extensiones de tierra en producción… 6) repoblación sistemática y constante del campo cubano a fin de reconstruir la riqueza forestal devastada por una explotación sin escrúpulos... 7) organización de cooperativas agrícolas y establecimiento de servicios colectivos de conservación de frutos, granos y vegetales mediante almacenes de depósito con refrigeración, desecación y fumigación en los lugares más apropiados dentro de las áreas de producción agrícola... 8) subvención a los municipios para la construcción de locales amplios, higiénicos y de uso reglamentado destinados a mercados libres... 9) creación de una corporación oficial de venta para frutos menores, la que publicará oficialmente los precios para facilitar y difundir su conocimiento, regulando la distribución de los productos y coartando los efectos onerosos del intermediario... 10) limpieza de los ríos, reparación de los puentes y aprovechamiento de las aguas favoreciendo vastos planes de regadío... 11) evitar mediante una ley el cierre de caminos y serventías así como los impuestos de tránsito cobrados por particulares... 12) fomento y desarrollo del cultivo del arroz... 13) estímulo para el desarrollo de la ganadería, especialmente la porcina y sus derivados limitando la importación de carnes y manteca y fomentando la industria de salar y conservar carnes; cooperación del gobierno a los pequeños vaqueros para su organización cooperativa y limitación de la importación de leche... 14) fomento y desarrollo del cultivo de la morera, de las planta celulosas y de las semillas oleaginosas... 15) protección de la industria azucarera y extensión de los beneficios de la coordinación azucarera a los sub-colonos no comprendidos en ella y estudio con la concurrencia de los propios interesados de legislaciones similares para el tabaco y el café... 16) esforzarse en la apertura de mercados exteriores para el azúcar, el café y el tabaco... 17) medidas de estímulo a la agricultura, a la siembra del cacao y del coco... 18) plan para el mejoramiento efectivo y radical de la vivienda campesina... 19) centralización, tecnificación y propagación de las estadísticas de todas clases.

En lo social señala que "la elevación del nivel de vida de las masas depauperadas, la solución del pavoroso problema de la desocupación, el rescate del cubano del hambre y de la miseria endémicos ya en nuestros campos y ciudades, es en si mismo un objetivo de todo hombre progresista y humano. Un país con una enorme masa de población desocupada y entristecida no puede adelantar porque carece del poder adquisitivo indispensable para construir un mercado interior potente y para que el pueblo pueda disfrutar del bienestar a que tiene

527

derecho. Una población inferiorizada por mortales enfermedades se encuentra privada de las necesarias energías para implantar con éxito la magna obra de la reconstrucción económico-social de Cuba.

Por ello nos proponemos...llevar a cabo las siguientes medidas: 1) legislación contra los trusts y monopolios; control de precios de los artículos de consumo de primera necesidad en los casos de injustificado encarecimiento de la vida mediante una Comisión Nacional de Precios... 2) plan integral de construcción de casas económicas para trabajadores... 3) repatriación de los trabajadores contratados que permanecen aún en el país con manifiesta violación de las leyes... 4) ayuda inmediata a los desocupados de la ciudad y del campo, promoviendo nuevas fuentes de trabajo y dándoles de inmediato la manera de atender a sus necesidades ineludibles... 5) cumplimiento estricto de las disposiciones constitucionales sobre salarios mínimos, jornada máxima de trabajo de la mujer y del niño, seguros de maternidad contra el desempleo, de enfermedades, accidentes y vejez, descanso retribuido, nacionalización del trabajo, etc. ... respetaremos íntegramente los derechos democráticos de los trabajadores consignados en la Constitución, la libre organización sindical y el derecho de huelga y boicot de la manera que estuvieren reglamentados por la ley... 6) unificación de la legislación social y promulgación del Código de Trabajo con establecimiento de la jurisdicción social; reglamentación inmediata de los derechos sociales que establezca la nueva Constitución extendiendo sus beneficios a los obreros agrícolas... 7) mantenimiento del descanso retribuido los días de fiesta nacional... 8) intensificación de la campaña contra la tuberculosis y el parasitismo... 9) dotación de instrumental, material y medicinas para los hospitales y centros médicos públicos... 10) saneamiento de las poblaciones; terminación del alcantarillado de Santiago de Cuba; alcantarillado de todas las poblaciones importantes; pavimentación de calles, etc... 11) mejoramiento del servicio de abastecimiento de agua de todas las poblaciones, especialmente en la capital de la República... 12) construcción de un hospital en cada cabecera de Partido Judicial y una casa de socorros en cada centro de población y estaciones de servicio médico de emergencia para la población rural, estimulando además la prestación de los servicios médicos en el campo... 13) ampliación de la colegiación médica así como favorecer las carreras hospitalaria y forense... 14) subvención a las provincias y a los municipios para el establecimiento de los Hogares para Veteranos de la Independencia y los ancianos... 15) prohibición de la mendicidad y de la vagancia... 16) campaña de divulgación sobre el conocimiento de las enfermedades venéreas y modo de evitarlas estableciendo centros profilácticos en todo el país... 17) creación y mantenimiento en toda la República de Creches y Jardines de la Infancia... 18) hospitales de maternidad en todas las provincias y Salas de Lactancia en los lugares de trabajo donde empleen mujeres... 19) cuidado y educación de los huérfanos de los obreros, campesinos y soldados multiplicando los centros como el del Instituto de Ceiba del Agua... 20) política social práctica y legislativa que haga efectiva la igualdad de oportunidades y derechos para todos los cubanos sin distinciones de razas ni color, a fin de asegurar la unidad nacional cubana sobre bases firmes y duraderas..."

En lo educacional "será preocupación fundamental de nuestro gobierno de extender y difundir la cultura de nuestro tiempo a todo el pueblo rescatando de la ignorancia a las grandes masas que viven actualmente alejadas de la cultura y la de preparar eficientemente a la juventud para el trabajo y la lucha por la vida.... además del cumplimiento de las disposiciones constitucionales sobre educación nos proponemos llevar a cabo las siguientes medidas: 1) campaña contra el analfabetismo, interesando en ella a los ciudadanos mediante la creación de brigadas de educadores voluntarios para enseñar gratuitamente las materias elementales; 2) extensión de la enseñanza rural mediante escuelas especiales y multiplicación de las escuelas rurales y de las misiones culturales; 3) fomento de las Granjas Agrícolas existentes y creación de granjas agropecuarias y avícolas; 4) multiplicación de las Escuelas de Artes y Oficios y de las Escuelas Técnico-Industriales y creación de la Escuela Nacional de Industrias Rurales; 5) ley de protección a los aprendices; 6) dotación de material escolar completo y suficiente a las escuelas de instrucción primaria; 7) plan de construcción inmediata de edificios propios para las escuelas públicas; 8) cumplimiento estricto del escalafón magisterial; elevación del sueldo y pago de todos los atrasos que se adeudan a los maestros; 9) promoción de las diversas manifestaciones artísticas mediante la creación de Escuelas Provinciales de Bellas Artes y la Escuela Nacional de Música y Declamación, el Instituto Nacional de Artes Plásticas; 10) creación de la Casa de la Cultura Nacional con delegaciones provinciales y municipales; la primera alojará al Museo Nacional, la Biblioteca Nacional y las distintas academias nacionales; 11) apoyo a la creación del Teatro Nacional; 12) establecimiento de la Imprenta Nacional; 13) favorecer el desarrollo del deporte como medio poderoso de mejoramiento físico de la juventud, mediante la construcción de campos deportivos y gimnasios y estadios de uso público en todos los municipios.

En lo administrativo declaraba que "una re-estructuración de la vida cubana requiere ante todo la transformación de la Administración Pública en un organismo vivo de la gestión nacional, económica, social y educacional requiere como supuesto previo la organización de de la Administración Pública sobre la base de la Carrera Administrativa y su tecnificación que garanticen la idoneidad y probidad del funcionamiento de manera que los servicios a cargo del Estado se realicen mediante el instrumento adecuado para cada función y para cada gestión". Terminaba anunciando el propósito de hacer realidad esta triple consigna: "Democracia, Mejoramiento Popular, Defensa de la Economía Nacional".

La gran dosis de cinismo que aparecía en la presentación de este magnífico programa era incalculable. ¿Quién era el responsable de que Cuba estuviera en esa precaria situación que este programa pensaba resolver? ¿Quién había gobernado durante los últimos siete años a la República? Y si en esos siete años lo único que se había hecho era retroceder por falta de aplicación de estas medidas… ¿Cómo era lógico pensar que en los próximos cuatro años se iba a solucionar todo? Especialmente cuando todo el mundo sabía que la Segunda Guerra Mundial más tarde o más temprano caería como un pesado fardo sobre la República de Cuba y sus recursos. Si usted amigo lector analiza cuidadosamente muchos de los puntos planteados –que no se cumplieron en el 40, ni en el 44, ni en el 48, ni en el 52– verá como Fidel Castro se aprovechó de estos programas no realizados y los hizo propio, sin que tampoco llegara a realizarlos. Brevemente señalaremos un par de ellos: las Brigadas Conrado Benítez para la educación campesina y el Servicio Médico Rural además del desarrollo nacional del deporte y del arte y la cultura. Una vez más afirmamos que "el gran estudioso de la Historia de Cuba" es Fidel Castro que la utilizó para su propio provecho.

CAPÍTULO VII

PERÍODO CONSTITUCIONAL DE
FULGENCIO BATISTA Y ZALDÍVAR (1940-1944)

Fulgencio Batista resultó electo Presidente de la República en las elecciones de julio de 1940 y tomó posesión el 10 de octubre de ese año, iniciando un período de cuatro años que se cumpliría el 10 de octubre de 1944.

Justamente concluimos el capítulo anterior echando un vistazo al programa político expuesto por el Partido de Batista durante la campaña electoral de 1940. Eran las promesas de campaña que rara vez son cumplidas por un candidato una vez llegado al poder. Como veremos a continuación, Batista no fue la excepción. La mayor parte de aquellos esperanzadores mensajes de mejoras políticas, económicas y sociales cayeron en saco roto. Exhortamos al lector a que consulte el programa de gobierno de Batista para ver lo que cumplió y lo que no cumplió, que fue mucho más.

Fulgencio Batista y Zaldìvar había nacido en Banes, Oriente, el 16 de enero de 1901 en el seno de una humilde familia campesina. Fue obrero ferroviario en su juventud como retranquero, y también trabajó en labores de campo. Ingresó en el Ejército Nacional en 1921 y al cumplirse los dos años de enganche quedó fuera, pero al poco tiempo se alistó nuevamente esta vez como miembro de la Guardia Rural. Todo esto ocurrió al final del período presidencial de Menocal y principio del de Zayas. Durante la época de Machado no tuvo relevancia alguna, pero por su tenacidad y por su capacidad había ido ascendiendo hasta llegar a la posición de sargento taquígrafo. Aparece en la vida pública en el juicio seguido contra Carlos Prío Socarrás y Eduardo Chibás. Vuelve a la oscuridad, aunque estuvo en tratos con células abecedarias, y durante el gobierno de Céspedes fue visitado por miembros de Pro Ley y Justicia para promover un golpe militar. Forma parte del "grupo de los ocho" en la Junta Revolucionaria de Columbia, y en ausencia de Pablo

Rodríguez, él –Batista–, se hace cargo de las Fuerzas Armadas el 4 de septiembre de 1933. Durante el gobierno de Mendieta su poder militar y dictatorial se consolida comenzando a gobernar desde el campamento militar de Columbia. Cuando Miguel Mariano Gómez rehusa ser dócil, lo depone continuando en época de Laredo Brú con menor intensidad pero con mayor malignidad y consecuencias perversas, incluyendo sus relaciones con los comunistas. Aprueba la Constituyente; se acoge al retiro militar mediante una ley que fue hecha expresamente para él. Es nominado candidato presidencial y gana las elecciones democráticamente en 1940 pese a las protestas de Grau y sus seguidores. Gana, no en virtud del apoyo comunista –que no representó siquiera la diferencia en votos–, sino del apoyo dado por el general Menocal y su partido. Contaba con 39 años de edad en el momento de su elección, convirtiéndose así en el Presidente más joven hasta entonces.

En 1926 se casó con la señora Elisa Godínez con la cual tuvo cinco hijos, divorciándose de ella en 1944 para casarse con la señora Marta Fernández Miranda con la que tuvo cuatro hijos. Dio el golpe de estado de marzo de 1952 y fue expulsado por la revolución de enero de 1959. Exiliado en varios países y no aceptado en los Estados Unidos, murió en Marbella, Málaga, España el 6 de agosto de 1973 a los 72 años de edad.

Su primer Gabinete estuvo compuesto de la manera siguiente: Carlos Saladrigas Zayas como Primer Ministro, que era una nueva posición creada por la Constitución de 1940; José Manuel Cortina como Ministro de Estado; Juan J. Remos como titular en Educación; Andrés Domingo Morales del Castillo como Ministro de Hacienda; en Justicia fue nombrado Víctor Vega Ceballos y en Gobernación Juan Rodríguez Pintado; Francisco Herrera Morató como Ministro de Obras Públicas y en Agricultura Joaquín Pérez Roa. Como titular en Comercio fue nombrado José T. Oñate Gómez y Juan Antonio Vinent Griñán en Trabajo; Demetrio E. Despaigne y Grave de Peralta como Ministro de Salubridad y Asistencia Social y Orosmán Viamontes Romero en Comunicaciones. Domingo F. Ramos Delgado como Ministro de Defensa y como Ministros sin Cartera fueron designados Daniel Compte Molina, Ramón Vasconcelos Maragliano, Marino López Blanco y Alfredo Jacomino López; Aurelio Fernández Concheso como Secretario de la Presidencia. El Vicepresidente electo era el Dr. Gustavo Cuervo Rubio. El alcalde de La Habana –segunda posición ejecutiva en Cuba– era Raúl G. Menocal hijo del caudillo Mario García Menocal.

Batista disfrutaba de una holgada mayoría –al menos numérica– en el Senado y en la Cámara de Representantes, pudiendo funcionar a su antojo políticamente, aunque veremos que esto era más en papel que en la realidad.

Las Fuerzas Armadas estaban dirigidas por José Eleuterio Pedraza como Jefe del Estado Mayor, por el Comodoro Ángel González como Jefe de la Marina y por el Teniente Coronel Bernardo García como Jefe de la Policía. Teóricamente las Fuerzas Armadas estaban de lleno junto a Batista. Entre la teoría y la realidad hubo cierta diferencia que dio origen a dos incidentes importantes de orden público durante el gobierno de Batista.

La economía no estaba en muy buenas condiciones y pasaron un par de años antes de que empezara a mejorar substancialmente debido fundamentalmente a la Segunda Guerra Mundial. Las relaciones con los Estados Unidos estaban en un alto nivel y cuando en 1943 fue nombrado Spuller Braden como nuevo embajador, hubo ciertos problemas pero se resolvieron y este diplomático estuvo hasta 1945.

Al disfrutar de un clima de más o menos tranquilidad se volvió a acelerar el desarrollo social de la República en cuanto a diversas manifestaciones culturales, deportivas, educacionales, periodísticas, etc. La era del palmacristi había pasado felizmente y la de las prisiones preventivas, y otras medidas represivas casi no existían ya. Batista había dejado el uniforme, se había puesto el traje de civil como había predicho el general Menocal "sacarlo de Columbia, vestirlo de civil y que tenga roce con personas civiles". Pero a Menocal le faltó lógicamente, como a todo el mundo en aquella época, la visión de que con el comunismo no se podía ir a ninguna parte. Menocal denunció este pacto pero ya él no tenía energías ni vida por delante para poder desbaratarlo, y éste es uno de los puntos más negativo que tuvo el gobierno de Batista, a mediano y a largo plazo, para la República de Cuba…el pacto con los comunistas.

La Constitución del 40 estaba en plena vigencia "pero en el papel" pues en la práctica fue muy poco lo que se adelantó en este sentido. Una cosa es tener una Constitución y otra cosa es la aplicación a cabalidad de sus preceptos cuando hay que contar, sobre todo en este caso, con el Congreso para las disposiciones transitorias de las leyes fundamentales.

Los dos años de Pre-Guerra Mundial para Cuba –el 40 y el 41– constituyeron una lucha a brazo partido entre las diferentes teorías, predicados, programas y actividades de las potencias que estaban en guerra, es decir, los nazis, los fascistas y los comunistas, además del residuo falangista radical y pro Eje que quedaba en Cuba. No hay que olvidar al Japón, pues sin duda el hecho más importante, no sólo para Cuba sino para el mundo de esa época, fue la entrada de los Estados Unidos y sus aliados, entre ellos Cuba, en la Segunda Guerra Mundial. Esto contribuyó en gran medida al desarrollo de todas las actividades del pueblo cubano, trajo alegría, trajo luto, trajo mejoras económicas, trajo escasez, trajo corrupción con el agio y la especulación, trajo en fin una nueva visión de que esta no era la guerra del 14, allá, lejos, en Europa sino que esta guerra era también aquí, en los mares del Caribe, en los mares que rodeaban a Cuba. Nos tocaba de cerca el horror del conflicto. Como hemos hecho en ocasiones anteriores, también ahora pasaremos revista a cada uno de estos acápites yendo hacia delante y hacia atrás en el tiempo, puesto que aunque se interrelacionaban preferimos explicarlos cada uno de ellos por separado para lograr un mejor entendimiento de los mismos.

Comenzaremos con los hechos relacionados con la alteración del orden público entre los cuales se destacan los asesinatos de antiguos machadistas, las alteraciones de las relaciones con diplomáticos extranjeros, especialmente con los cónsules y embajadores de la República Española, los dos intentos de sublevación militar –uno encabezado por Pedraza y el otro por Benítez– , los actos terroristas por parte de los revolucionarios y por parte de la "quinta columna", y expondremos la acción de la Policía Nacional en relación al espionaje con los casos de dos espías alemanes. El telón de fondo de casi todas estas cosas era la Segunda Guerra Mundial.

En noviembre de 1940 es asesinado el Profesor Raúl Fernández Fiallo en la calle Jovellar en horas de la mañana, sin que nunca se detuviera ni se procesara a nadie ni se supo exactamente quien lo había asesinado. Se estimaba que la víctima se había mezclado demasiado con los elementos del "bonche universitario" y que en cierto modo había estado involucrado en el asesinato de Ramiro Valdés Daussá. La "radio bemba" universitaria sugería que Manolo Castro había sido el ejecutor de este hecho, pero no habían acusaciones directas puesto que era muy peligroso señalar y hacer este tipo de declaraciones en el recinto docente.

A principios de diciembre el profesor Portel Vilá hace una denuncia sobre las acciones quintacolumnistas del Cónsul General de España, y el Congreso decide expulsarlo del país, acción que será seguida por la de un ex embajador en Panamá. El cónsul Riestra había sido también mezclado con la desaparición de unos documentos de la oficina del agregado militar de los Estados Unidos. Esto provocó una disposición por la cual todo funcionario diplomático que estuviera ligado a acciones a favor de cualquiera de los participantes en la guerra sería declarado "persona non grata" y expulsado de Cuba.

A comienzos del mes de diciembre de 1940 J. Fernández Trevejo, ex teniente de la Policía Nacional es asesinado por los grupos de acción. Otro hecho que no cambia los rumbos de la nación sino que engrosa los actos de los asesinos llamados revolucionarios.

Año 1941

El 13 de enero el ex Senador y Representante electo *Modesto Maidique Venegas* y su secretario son asesinados en el edificio "La Metropolitana" en venganza porque Maidique había matado a Rogerio Zayas Bazán en 1931. Este hecho no tiene relación ni con el gobierno ni con los grupos de acción. El 31 de enero se hizo público y era obvio que existía una pugna entre el coronel José Eleuterio Pedraza y Batista pues ambos creen monopolizar el respaldo de las fuerzas castrenses. Pedraza no quiso correr la misma suerte de Mario Alfonso años atrás, y empezó a moverse entre la oficialidad del Ejército. Batista quita al Jefe de Policía coronel Bernardo García que conspiraba. Pedraza erró al ignorar que los oficiales aunque le temían realmente no lo apreciaban, todo lo contrario que a Batista. Pedraza habló con López Migoya y con Galíndez que eran parte del grupo de los ocho que quedaban en posiciones más elevadas para darle un golpe de estado a Batista. A través del ataché militar Galíndez hace contacto con el embajador Messersmith quien le respondió que los Estados Unidos no apoyaban ni aceptaban un golpe militar y que harían todo lo necesario para que esto no ocurriera. Ante esta advertencia Galíndez y López Migoya supieron del lado que tenían que estar. Además Batista tenía muchos amigos y muchos informantes en las Fuerzas Armadas y esperó su momento pacientemente. El día 13 de febrero los jefes militares se reunieron con Pedraza una vez más, y trataron de disuadirlo a que tomara las cosas con calma pero ya Batista no esperó más. Ausente Pedraza de Columbia se presenta Batista en el campamento acompañado por el teniente coronel Manuel Benítez y por el coronel Ignacio Galíndez controlando la situación y acabando rápidamente con la sedición de Pedraza. Los jefes militares que se inclinaban al lado de Pedraza fueron llamados y "todo el mundo entró por el aro". Junto con Pedraza fue destituido Ángel González –Jefe de la Marina– quienes junto a García, otros oficiales y sus familias, son embarcados para los Estados Unidos. En el argot cubano Batista "se había puesto el jacket y había dado un madrugonazo" por segunda vez... el tercero ocurriría el 10 de marzo de 1952. La emisora "La Voz del Aire" fue clausurada por haber dado la noticia de que Batista y Benítez habían salido de Palacio a una hora poco común con rumbo a la Ciudad Militar El coronel Manuel López Migoya es nombrado Jefe del Ejército; el ascendido coronel Manuel Benítez Valdés es designado Jefe de la Policía Nacional y el teniente coronel Jesús Gómez Casas es nombrado Jefe de la Marina renunciando tras una breve estancia en esa posición siendo sustituido por Julio Diez-Argüelles quien es ascendido para que pueda ocupar el cargo.

El 1º de febrero había sido asesinado el periodista Bernardo Menéndez al confundírsele con el ex teniente Abelardo Caro. Se asesina al alcalde de Guane José Valdés Lamas y son culpados el Presidente del Ayuntamiento Pedro Argüelles y el Consejero Provincial José M. "Mino" Suárez Suquet, pero no se aclaró quien fue el asesino así que no hubo detenciones.

El 31 de marzo explota una bomba en la casa de José Manuel Cortina, Ministro de Estado. Pocos días después otra bomba estalla en la casa del Senador Ramón Zaydín. Ambos atentados causan daños materiales pero no víctimas. El 25 de abril Julio Ayala, que fuera uno de los compañeros de Guiteras en "El Morrillo" y que ahora pertenecía al Partido Nacional Revolucionario (Realista), es víctima de un atentado sin consecuencias. Estos hechos son atribuidos a los residuos de la "Joven Cuba" que ahora se han agrupado en la "Acción Revolucionaria Guiteras". El 2 de junio la Policía anuncia que ocurrió un fallido atentado contra el teniente Mariano Faget en el que murieron sus agresores entre los cuales se encontraba el cabecilla de ARG Pedro "Manzanillo" Fajardo. El 26 de junio el Representante Gilberto Pardo Machado es muerto a tiros por un sargento político suyo que se sentía despechado; al menos eso fue lo que se dijo. Con la muerte de "Manzanillo" va a haber una disminución notable en los hechos violentos de tipo "revolucionario". En el mes de agosto hay una trifulca entre los Senadores Arturo Illa y Millo Ochoa, y este último resultó herido de cierta gravedad; unos días después, el 13 de septiembre se baten en duelo y ambos resultan ilesos.

Tras la declaración de guerra a las potencias del Eje en diciembre de 1941 se declaran indeseables y peligrosos los súbditos de Italia, Alemania y Japón quienes serán detenidos con la confiscación de sus propiedades, y situados en diferentes campos de concentración Más tarde alrededor de quinientos de ellos son confinados a una circular del presidio de la Isla de Pinos; entre estos se encuentra un Conde italiano con relaciones familiares cubanas, que fue puesto en libertad junto con otros italianos en octubre de 1942.

Año 1942

Como un hecho casi insólito el 10 de marzo de 1942 fueron detenidos tres norteamericanos que hacían labor de quinta columna con propaganda a favor de los nazis; los tres fueron entregados al FBI y llevados a los Estados Unidos. A mediados de año se crea el Buró de Represión de Actividades Enemigas como parte de la Policía Nacional. Se regulan también las transmisiones radiales de música para evitar que sirvan a los espías como medio de comunicación. El 21 de marzo de 1942 se ordenó el oscurecimiento del litoral desde la Playa Baracoa hasta Boca Jaruco debido a una amenaza radiotransmitida desde Alemania en que Hitler advertía a Batista que él vivía lo suficientemente cerca del mar para ser cañoneado desde un submarino. Esta medida que incluyó a la farola de El Morro estuvo en vigencia hasta el 31 del mismo mes en que se dejó sin efecto.

En abril se establece la censura de la correspondencia y un poco más adelante se crea la Comisión de Control Nacional de las Comunicaciones integrada por el Ministro de Defensa como su director, y como miembros, el Jefe de la Policía Nacional, el Jefe del Cuerpo de Señales del Ejército y el Jefe de Radiocomunicaciones de la Marina de Guerra. Se le concede facultades al Ministro de Defensa para determinar quienes son los extranjeros peligrosos para la nación e internarlos. El 19 de agosto llegan a bordo de un destructor norteamericano a la bahía de La Habana los ocho cadáveres rescatados de 31 marinos mercantes cubanos que perecieron tras el hundimiento de los barcos "Manzanillo" y "Santiago de Cuba" los cuales fueron torpedeados por un submarino alemán en el Estrecho de la Florida. Son llevados al Capitolio donde son velados, el Gobierno decreta duelo nacional y su sepelio constituyó una multitudinaria manifestación de pesadumbre. Yo tuve la ocasión de ir al Capitolio pues uno de los marinos muertos era familiar de mi tío Ricardo.

El 24 de agosto se frustra un atentado dinamitero en la fábrica de cemento del Mariel y al día siguiente se descubre otro intento similar en una fábrica de ladrillos en Puentes Grandes, ambos actos de sabotaje de guerra. En septiembre fracasa un atentado dinamitero contra la oficina de la Pan American Airways en el Aeropuerto de Rancho Boyeros. En agosto se menciona la posibilidad de un canje de prisioneros extranjeros en Cuba por cubanos prisioneros en Francia. El primer día del mes de septiembre en su apartamento de la calle Teniente Rey es detenido el alemán Henri Augusto Lunning, comerciante radicado en la calle Amistad entre San Miguel y San Rafael, donde tenía una tienda de quincallas, relojes y efectos electrónicos de radios y quien había llegado a Cuba con un pasaporte hondureño con el nombre de Enrique Augusto Luni. Ante las evidencias confesó haber enviado mensajes radiotelegráficos sobre movimientos de barcos. Fue el responsable del hundimiento de los dos barcos cubanos ya referidos. Un grupo de canarios amaestrados, ocultaban con sus cánticos el sonido de su radio transmisiones. Lunning había hecho dos viajes a República Dominicana y uno a Nueva York, y era parte de una banda de espías con cuartel directriz en Santiago de Chile. Un Consejo de Guerra lo condena a muerte y fue ejecutado por fusilamiento en los Fosos del Castillo del Príncipe el 10 de Noviembre de 1942. Curiosamente y no por casualidad, después de morir Lunning, disminuyeron los hundimientos de barcos cubanos.

El 20 de diciembre el Alcalde de Marianao Ortelio Alpízar es asesinado por Gustavo Pozo quien era Jefe de Apremios Municipales. Este hecho no tiene relación con la quinta columna ni con los llamados grupos de acción.

Año 1943

El 20 de enero el Central Tinguaro situado cerca de Perico en la provincia de Matanzas es casi totalmente destruido por un incendio. No pudo determinarse si fue accidental o premeditado. En febrero más alemanes y japoneses son detenidos en las provincias de Matanzas y Camagüey. Reaparece el gangsterismo revolucionario el 5 de febrero con el asesinato del ex teniente de la Sección de Expertos de la Policía Nacional José Fernández Peláez. El 26 de marzo el estudiante del Instituto de Segunda Enseñanza de La Habana G. Lamas Parra muere al explotarle una bomba que él transportaba.

El 22 de abril se crea la Oficina de Control de Correspondencia y Telecomunicaciones con Juan Govea como su director. En esos días Eduardo Chibás acusa a un grupo no precisado de actividades quintacolumnistas contra la nación, y dice que el material está en la Oficina de Telecomunicaciones del Reparto Kohly; pocos días después esta oficina es destruida por un incendio. El día 30 llegan unos ex diplomáticos y miembros del servicio exterior cubano que estaban en los países del Eje. En diciembre es hundido el buque "Libertad" –antiguo "Recca" italiano, confiscado por Cuba– y desaparecen 25 de sus tripulantes.

Año 1944

En junio ocurre la segunda intentona de sedición militar encabezada por el general Benítez, Jefe de la Policía Nacional quien ante el triunfo de Grau y las posibles represalias contra su persona y sus subalternos habla con ciertos jefes militares para tratar de dar un golpe de estado e impedir la ascensión de Grau al poder. Esto se haría cambiando los resultados electorales. Vuelven a tocar a las puertas de la Embajada Americana, y es el Embajador Braden quien no solamente desalienta a Benítez, sino que avisa a Batista de lo que está sucediendo. El Presidente destituye a Benítez y a otros jefes subalternos y los embarca con rumbo a los Estados Unidos sin tomar acciones drásticas contra ellos. El teniente coronel Antonio Brito sustituye a Benítez. Los generales Francisco Tabernilla, Manuel López Migoya y Abelardo Gómez Gómez prestan declaración acusando a Benítez por sus intentos, y de haber estado tratando de comprometerlos a ellos. Según la Revista

Time de aquel tiempo Braden amenazó a Benítez de que en caso de triunfar en sus intenciones golpistas, los Estados Unidos impondría un bloqueo naval a la Isla de Cuba, lo que era un poco irreal en esa época. La revista añade que Braden está en contra de cualquier acto antidemocrático en un momento en que los Estados Unidos se encuentran involucrados en una guerra.

El 30 de junio es detenido otro ciudadano alemán nombrado Hans Stahmen acusado de realizar actos de espionaje. El 7 de julio hay una sublevación de presos en la cárcel provincial de Camagüey. En agosto Guillermo Belt sorpresivamente se bate a pistola con Eugenio de Sosa, y ambos salen ilesos; Sosa había sostenido previamente una polémica con el embajador Braden. Decimos un duelo sorpresivo porque la mencionada polémica se había originado porque Sosa denunciaba el bajo precio que le pagaban a Cuba por su azúcar y Belt, que sepamos, no tenía nada que ver con la embajada americana ni con el azúcar ni con el Diario de la Marina del que Sosa era director. El 9 de septiembre Orlando León Lemus "el colorado" y Rogelio "Cucú" Hernandez asesinan a dos vigilantes del Ministerio de Salubridad, y un tercer vigilante que dispara contra los agresores hiriendo a uno de ellos, es asesinado al día siguiente. No entendemos la razón de este atentado contra unos simples policías ministeriales. Se publicaron pasquines con los rostros de León Lemus y Hernández ofreciendo recompensa por su captura vivos o muertos. Ni lo uno ni lo otro sucedió, y los dos quedaron vivitos y coleando para posteriormente reaparecer en la comisión de actos violentos durante el gobierno de Grau.

Cuando Juan Marinello fue nombrado Presidente del Consejo Nacional de Educación y Cultura la primera "medida" fue tratar de que se suprimieran las escuelas privadas y la enseñanza religiosa lo cual incluía a católicos, a protestantes y a judíos. Esto dio como resultado una protesta monumental con un acto celebrado en el Parque Central en contra de esta decisión; decisión típica comunistas, totalmente arbitraria y en contra del sentimiento nacional. Poco después, y no por casualidad, una bomba fue colocada en la casa del profesor Gil Beltrán quien a la sazón era el director del Instituto de Segunda Enseñanza de La Habana, y además miembro de una de las iglesias protestantes, quien sería después fundador y director del Colegio La Luz durante muchos años. A los comunistas les resultaba fácil relacionar al profesor Gil Beltrán con la organización del acto de repudio a la acción de Marinello, aunque él no era el más importante ni la denominación a la que pertenecía la más numerosa, pero era un hombre de g ran prestigio dentro de la clase profesoral y educacional.

Otro hecho de importancia fue el ocurrido el día 8 de mayo de 1942 en la ciudad de Sancti Spiritus donde se celebraba una velada en recordación del asesinato de Antonio Guiteras. Estando Charles Simeón en el uso de la palabra, un grupo de matarifes del Partido Comunista irrumpió en el local, dirigidos por Armando Acosta, el mismo que años después, en 1960, sería el jefe político de la ciudad de Sancti Spiritus y la emprendieron a balazos contra la mesa presidencial. Simeón resultó gravemente herido, y Sandalio Junco, quien estaba en la mesa presidencial fue asesinado. Junco, como hemos visto anteriormente, había sido miembro del Partido Comunista, había pasado a la "fracción trotskista" y por último había ingresado en el Partido Revolucionario Cubano (Auténtico) en su sector laboral. Era un hombre de gran capacidad, de gran historial dentro de las luchas laborales, de gran prestigio y arraigo y que sin duda constituía un formidable enemigo de Lázaro Peña –que no tenía ni los méritos ni el historial de Junco– y que en un torneo eleccionario dentro de la CTC, Junco podría resultar muy peligroso para los planes del Partido Comunista, e indirectamente para los planes de Batista que contaba con el apoyo del Partido Comunista y veía con buenos ojos sus avances. Nunca se detuvo a nadie por este atentado. Nunca se acusó a nadie por este atentado. Llama poderosamente la atención la ingenuidad de los elementos que constituían la mesa directiva del acto, que conocían perfectamente quienes eran sus rivales y sus enemigos. Compárese con lo que hicieron los estudiantes universitarios cuando la velada en honor a Trejo en el Teatro La Comedia en que ellos estaban preparados y supieron quienes eran los atacantes; el asunto se llevó a la corte y muchos de ellos fueron detenidos. En esta ocasión "madrugaron", como decimos vulgarmente, a los líderes auténticos. Los comunistas se salieron con la suya. Esta acción había sido preparada y organizada por Joaquín Ordoqui que era el brazo ejecutor de Fabio Grobart dentro de la tcheca. Era su segunda gran hazaña. La primera había sido el asalto a la manifestación abecedaria.

Esto demostraba en primer lugar que las autoridades de Batista, durante su tiempo de coronel y de Presidente, no actuaban contra los comunistas cuando estos realizaban actos de esta envergadura siempre y cuando Batista tuviera algún tipo de beneficios, y esto se repetiría en varias ocasiones. La muerte de Sandalio Junco les costó membresía, simpatía y votos a los comunistas. Los auténticos perdieron un líder de gran envergadura, de gran conocimiento y que *aparentemente* venía de regreso de la extrema izquierda y hubiera sido diferente a otros líderes que no eran tan populares, ni tan anticomunistas como Sandalio Junco. Los comunistas una vez más no se detenían ante nada ni ante nadie para lograr sus objetivos. En este caso no pudieron achacar la culpabilidad a los revolucionarios pues estos estaban dentro del local en la velada en memoria de Guiteras.

Pasemos ahora a detallar aspectos políticos de gran interés durante el gobierno de Batista. Veremos los numerosos cambios en el gabinete, no porque el régimen semiparlamentario lo permitiera, sino por razones de maniobras internas de Batista para así cumplir compromisos, hacer "amarres", pagar y pedir favores, etc.

El 17 de julio de 1941 ocurre la primera crisis ministerial y se le llamará crisis cuando cuatro o más ministros renuncien a sus cargos cualquiera que haya sido la causa de sus dimisiones. Se acepta las renuncias de los Ministros de Comunicaciones (Orosmán Viamontes Romero), Trabajo (Juan Antonio Vinent y Griñán), Comercio (José T. Oñate Gómez), Agricultura (Joaquín Pérez Ropa), Salubridad (Demetrio E. Despaigne y Grave de Peralta), Gobernación (Juan Rodríguez Pintado) y Obras Públicas (Francisco Herrero Morató). Cambian de Ministerio Víctor Vega Ceballos, de Justicia a Gobernación, Marino López Blanco que de Sin Cartera pasa a Comunicaciones, Alfredo Jacomino que de Sin Cartera pasa a Comercio y Andrés Domingo y Morales del Castillo que de Hacienda pasa a Ministro Sin Cartera. Entran a formar parte del Gabinete Federico Laredo Brú en Justicia, el Ingeniero José A. Mendigutía Silveira en Obras Públicas, Andrés Rivero Agüero en Agricultura, Oscar García Montes en Hacienda, Carlos Márquez Sterling Guiral en Trabajo, Sergio García Marruz en Salubridad y Santiago Verdeja Neyra como Ministro Sin Cartera.

Desde el primer Gabinete hasta la primera crisis ministerial se había nombrado Presidente de la Cámara a Gustavo Gutiérrez, y en el

Senado a Antonio Beruff Mendieta. La composición del gobierno de Batista era muy disímil y por tanto muy difícil de controlar, pues iba desde la extrema derecha hasta la extrema izquierda. Batista no nombró a ningún comunista para cargos ministeriales, sin embargo designó a Carlos Rafael Rodríguez en el cargo de Comisionado de Servicio Civil, un puesto aparentemente sin importancia pero de gran valor estratégico para los comunistas pues era el que nombraba los funcionarios de mediana y de baja categoría en todos los niveles del gobierno. De esa manera empezó la siembra en gran escala de miembros del Partido Comunista –familiares o simpatizantes–, en las esferas gubernamentales con el objetivo de estar allí sin hacer propaganda comunista, pero a la espera del momento en que pudieran actuar como ocurrió en 1959. Además ya vimos el nombramiento de Marinello en un cargo de gran importancia. Batista empezó "violando" el artículo 255 de la Constitución, y poniendo de nuevo en funcionamiento todas las estructuras gubernamentales que él había instalado a través de Laredo Bru, como por ejemplo la Comisión Corporativa, el Consejo Nacional de Tuberculosis, etc. para dar cabida en el gobierno a determinados elementos que le eran completamente afines. No obstante, las dificultades en el Congreso no cesaban encontrándose imposibilitado de repetir la actuación llevada a cabo en su posición de Coronel desde la Ciudad Militar de Columbia. Tenía que halagar, comprar, convencer. La oposición se mantenía firme, aunque no unida en la Cámara y en el Senado, pues eran minoría. A finales de diciembre de 1940 el Senado aprueba una ley por la cual todos los representantes diplomáticos extranjeros que fueran sorprendidos haciendo propaganda a favor de las potencias del Eje serían declarados "persona non grata" y expulsado del país. Igualmente hay una declaración del Gabinete sobre el conflicto bélico internacional.

El día 1° de enero Aurelio Fernández Concheso pasa de ser Secretario de la Presidencia al cargo de Embajador en los Estados Unidos. Amadeo López Castro es el nuevo Secretario de la Presidencia. El 6 de enero llega a La Habana W. I. Pearson, Presidente del Export-Import Bank para tratar del empréstito por un poco más de once millones de dólares para financiar la zafra azucarera, empréstito que es aprobado y quince días después se sanciona la ley. El 18 de enero el gobierno ratifica los salarios de los obreros azucareros al mismo nivel del año anterior mientras que los hacendados tratan de reducir el monto de la zafra, pero gracias al empréstito la zafra pudo realizarse al nivel previamente acordado y los colonos tuvieron una mayor participación. Las compañías norteamericanas hacen presión para mantener sus privilegios pero no logran su objetivo. Los hacendados quieren reducir los sueldos pero los trabajadores se oponen y amenazan con una huelga general en la industria. La intervención del gobierno resuelve esta situación. Por decreto Batista reinstala la Ley Orgánica del Poder Ejecutivo para realizar los siguientes cambios: devolver al Ministerio de Hacienda el servicio de los prácticos del puerto, reintegrar a Obras Públicas el servicio de mantenimiento de todos los faros de la nación y reintegrar al Ministerio de Agricultura todo lo relacionado con la pesca. Se le quita a la Marina de Guerra el servicio de alumbrado de las costas así como todo lo relacionado con la pesca y con la marina mercante. Esta última pasa a ser una dependencia del Ministerio de Hacienda. Se privó a la Marina de Guerra una serie de "fuentes" de entradas legales e ilegales lo cual, lógicamente, irrita al jefe de la misma, y esto puede haber sido entre otras, una de las causas por las cuales el Comodoro Ángel González un mes después conspira junto con Pedraza.

El Senado lanza una ley prohibiendo hacer propaganda a favor de todos los regimenes totalitarios, pero rápidamente aclaran que se exceptúa al Partido Comunista de la misma ya que éste forma parte del gobierno, y eso lo exime que la Unión Soviética sea considerada un régimen totalitario.

El gobierno cubano abre negociaciones con el norteamericano en busca de mejorar el precio del azúcar que se le paga a Cuba, ya que la cantidad que ha fijado la comisión controladora en Estados Unidos es a todas luces insuficiente y Cuba por supuesto reclama una mejoría en el precio del producto. Reunida en Manzanillo, la Asociación de Veteranos pide la expulsión de los comunistas del Congreso Nacional. Por supuesto que esta petición no prosperó. En abril el Partido Demócrata Republicano presenta una proposición de ley declarando ilegal el Partido Comunista, y como era de esperar esto tampoco conduce a nada efectivo pero sigue mostrando la escisión desde el punto de vista ideológico de la política del gobierno de Batista y de su Gabinete. El 26 de mayo el Senador Emilio Núñez Portuondo plantea nuevamente la ilegalización del Partido Comunista… otra flecha que se pierde en el viento.

Ante la grave situación económica en que está sumido el país, los rumores de todo tipo circulando en la prensa escrita y radial hablan de la posibilidad existente de suspender el pago de la deuda exterior. Ante toda esta situación que hemos señalado es que se presenta la primera crisis ministerial esperando Batista y Saladrigas que con este cambio se produzca un poco mas de calma y de cohesión en el grupo gobernante para poder hacerle frente a lo que ya está muy cerca de producirse, esto es, la inevitable entrada de Cuba en la Guerra Mundial. Ya la Unión Soviética había sido atacada por la Alemania Nazi, así que los rojos cubanos cambian de nuevo su postura.

En previsión a la escasez que sobrevendrá en los próximos meses se fija en un máximo de un diez por ciento la ganancia de los almacenistas y el de un quince por ciento la de los comisionistas pero en la práctica esto será puro "papel mojado". En esos días fallece Mario García Menocal, ex Presidente de la República y un factor fundamental en el triunfo electoral de Batista. Se decreta duelo nacional por la muerte de un hombre que fue Presidente de la República a más de un General Mambí de la Guerra del 95. Gustavo Gutiérrez renuncia a la Presidencia de la Cámara de Representantes y lo sustituye Carlos Márquez Sterling y la vacante Secretaría de Trabajo es cubierta con la designación de Oscar Gans Martínez.

Las negociaciones para efectuar una venta global de la zafra azucarera originan otra serie de fricciones puesto que el precio no satisface a los hacendados ni tampoco a los colonos, los cuales querían ampliar la producción para vender a otros mercados. Como se ve "la cosa se sigue enyerbando" a medida que nos acercamos al instante en que Cuba entra en la guerra. Tras el ataque a Pearl Harbor el 7 de diciembre de 1941, el Congreso declara la guerra a Japón dos días después, y el día 11 a Alemania y a Italia. Hubo necesidad de demorar el "papeleo" para evitar que Cuba lo hiciera antes que los Estados Unidos, lo cual hubiera resultado ridículo. Unos días después una manifestación de estudiantes –su número estimado en tres mil– llega al Capitolio exigiendo que se reorganicen las Fuerzas Armadas y que se envíen a campos de concentración a todos los ciudadanos de los países del Eje a los cuales acusan de "quintacolumnistas". Esto huele a movimiento comunista de masas favoreciendo sus intereses. Comienza la detención de los súbditos de los países beligerantes –Alemania, Italia y Japón– y son enviados a Torrens, a Tiscornia y por último a una circular del Penal de Isla de Pinos. Asimismo, se les confiscan sus bienes.

A mediados de diciembre el Congreso otorga al Consejo de Ministros y al Presidente la facultad de legislar –por un término que no exceda de 45 días– sobre materias relacionadas con la seguridad nacional. Más adelante se prohíbe la existencia de la Falange Española en Cuba. El 31 de diciembre el Consejo de Ministros comienza a usar las facultades especiales a ellos conferidas por el Congreso. El 20 de enero de 1942 se hace un acuerdo sobre abastecimiento y producción de los alimentos esenciales. Se vende a los Estados Unidos la zafra del 42 a 2.65 centavos. Renuncia Sergio García Marruz al Ministerio de Salubridad y lo sustituye Domingo Ramos Delgado, quedando vacante la posición de Ministro de Defensa que cubre el Premier Saladrigas hasta que unos días después Arístides Sosa de Quesada es nombrado para esa posición. Renuncia Juan J. Remos al Ministerio de Educación y es nombrado José Agustín Martínez-Viademonte.

Se aprueba una nueva ley de impuestos sobre la renta así como todas las disposiciones dictadas por el Consejo de Ministros. Se establece una ley sobre los grados de la oficialidad del Ejército, a Mayor General y a Brigadier General. Se otorga a Batista el grado de Mayor General, retroactivo a fecha antes de su retiro. La exportación de carne se reduce a un nivel que no exceda al 24 por ciento del consumo nacional y se aumenta el precio de la misma al consumidor… dos centavos en la de primera y un centavo en la de segunda. Habrá escasez de este producto durante los próximos cinco meses en toda la nación. En febrero se determina el monto de la zafra a un poco más de tres millones de toneladas. La guerra de los submarinos alemanes extendidas a los mares que rodean a Cuba motivan una reducción en las importaciones y en las exportaciones. Aumenta el agio y la especulación; escasean prácticamente todos los productos y sus precios escalan niveles abusivos ocasionando un gran malestar ciudadano. Productos que son considerados necesidad de guerra y que se exportan a los Estados Unidos hace que estos artículos sean imposibles de obtener en Cuba. El gobierno raciona los combustibles y los neumáticos. Se aumentan los salarios, pero no alcanzan a resolver el problema adquisitivo. En abril se prohíbe publicar el monto de la producción de azúcar, mieles, petróleo, minerales y otros productos. A finales de abril la comisión técnica norteamericana rinde un informe al gobierno cubano sobre la creación de un banco central y un fondo de estabilización de la moneda cubana. El primer informe fue en noviembre de 1941 sirviendo de base para un mensaje presidencial de Batista al Senado, dando a conocer los dos proyectos, e instándolo para tomar medidas tendientes a la creación del banco nacional, pero nunca pasó de la fase de discusión.

El 29 de abril el Representante Porfirio Pendás presenta un proyecto de ley para crear una comisión que investigue las actividades antidemocráticas en el país. El 1° de mayo, por un decreto, se fija $45.00 mensuales como sueldo mínimo. En enero se había aumentado el sueldo a los empleados del Estado. El 3 de mayo se crea por medio de un decreto la Oficina de Regulación de Precios y Abastecimiento (ORPA) que tratará de controlar el agio y la especulación. La ORPA como agencia de guerra va a recibir y a adquirir facultades que pertenecen al Ministerio de Comercio. Se nombra como Director de la misma al Ingeniero Carlos Hevia.

El 19 de junio hay una nueva crisis ministerial saliendo del Gabinete Ganz, Jacomino, Vega, Ramos y Mendigutía. Martínez pasa a Sin Cartera, Vasconcelos ocupa el Ministerio de Educación, Francisco Gustavo Adolfo Bock es nombrado Ministro de Salubridad, José Suárez Rivas en Trabajo, Varela en Obras Públicas, Gustavo Gutiérrez en Sin Cartera, Bravo Acosta en Gobernación, Wilfredo Albanés Peña en Comercio, María Gómez Carbonell Ministro Sin Cartera. Saladrigas y Batista continúan tratando de controlar la corrupción con motivo de la gran especulación que hay debido a la escasez que produce la guerra haciendo cambios ministeriales que no dan resultado práctico alguno.

El 23 de julio por decreto se declara obligatorio que los patronos vuelvan a poner en sus puestos de trabajo a los que han sido conscriptos y llamados al Servicio Militar Obligatorio. El 31 se crea la Comisión Marítima Nacional. El 1° de agosto se devuelve al Instituto Finlay su antigua autonomía. El 6 de agosto Cuba hace la primera compra de oro físico por más de un millón de dólares. Durante los cuatro años de Batista, Cuba habrá comprado cien millones de dólares en oro para garantizar la moneda cubana y es depositado en el Banco de la Reserva Federal americana en Nueva York. El 10 de agosto se produce la caída de Saladrigas por renuncia, pues no ha podido manejar este gobierno plagado de tantas dificultades y problemas.

Junto a Saladrigas salen del Gabinete el Ministro de Estado José Manuel Cortina, Rivero Agüero de Agricultura, el Ministro de Hacienda García Montes, Bock de Salubridad, el de Obras Públicas Varela. Los sustitutos son en el mismo orden mencionado antes, Ramón Zaydín, José Agustín Martínez, Sergio Valdés Alba, Luís Vidal como interino que después da paso a José Miguel Irisarri, Juan Miguel Portuondo Doménech, Evelio Govantes y Rafael Santos Jiménez Sin Cartera. Batista pide unidad nacional para el esfuerzo de guerra.

El 10 de septiembre Zaydín presenta un programa de guerra en el Senado que es aprobado al día siguiente. El día 15 se crea el Sector Femenino de la Defensa Civil. El 7 de diciembre y acompañado del Ministro de Estado José Agustín Martínez, sale Batista para los Estados Unidos en un viaje diplomático siendo recibido en el aeropuerto por el Presidente Roosevelt, continuado con honores, homenajes y banquetes con el Presidente, el Vicepresidente y otros funcionarios de importancia, entre los que se encuentra Sumner Wells. La Cámara de Comercio lo agasaja al igual que el alcalde neoyorquino Fiorello La Guardia. Regresa Batista a La Habana el día 17 de diciembre cargado de honores, elogios y promesas.

Veamos brevemente lo ocurrido durante el período de 45 días comprendidos entre diciembre del 41 a febrero del 42, referentes a la Ley de Emergencia de 1941. Con el título de *Acuerdo Ley* vamos a ver como se establecieron las leyes dictadas por el Consejo de Ministros en virtud de las prerrogativas otorgadas por el Congreso, que más tarde serían ratificadas por este último, y designados como *Acuerdo Ley:*

> Disposición clausurando las estaciones radioemisoras propiedad de radioaficionados; establecimiento de varios impuestos incluyendo el de la renta personal; reorganización de la Policía Nacional; promulgación de la Ley de Seguridad y Orden Público en sustitución de la existente desde la época colonial; implantación del Servicio Militar Obligatorio; ley sobre producción y abastecimiento, obligatoriedad de cultivos, ley sobre transporte y comunicaciones; declaración que únicamente son compatibles con el sistema tributario del Estado los impuestos municipales referidos por el artículo 216 de la Ley Orgánica de los Municipios y los relativos a la Ley de Impuestos Municipales; ley

sobre cultivos agrícolas de emergencia; ley sobre seguridad de los aeropuertos y la expropiación de los terrenos necesarios para la ampliación de los mismos; ley de Defensa Civil; ley de Cooperación para la Defensa; ley sobre materia de impuestos y aumentos de la tasa postal; aprobación de presupuesto extraordinario para la defensa nacional.

El día 9 de febrero el Congreso ratificó todos los Acuerdos Leyes adoptados durante el Estado de Emergencia Nacional. Como vemos sólo necesitó el Consejo de Ministros unos dos tercios de los 45 días para promulgar los Acuerdos Leyes que, por otra parte, no fueron tan importantes excepto la creación de impuestos.

El 4 de enero de 1943 el nuevo Ministro de Gobernación Antonio Bravo Acosta restablece la vigencia y legalidad del Círculo Republicano Español que había sido suspendido en 1936. El día 6 de enero renuncia Ramón Vasconcelos al cargo de Ministro de Educación para cuya vacante es nombrado el Subsecretario Rubén Darío Rodríguez, como interino, y esto dará origen a una nueva crisis ministerial. El 8 de febrero renuncia el Ministro de Comercio Wilfredo Albanés. El 28 de febrero Batista viola el artículo 255 de la Constitución y le devuelve al Consejo Nacional de Tuberculosis todas sus prerrogativas, segregándolo del Ministerio de Salubridad. El 5 de marzo y por decreto presidencial se autoriza al ICEA para adquirir 2,700,000 toneladas largas españolas de la zafra azucarera de 1943 para vendérsela a los Estados Unidos. El día 6 estalla la crisis ministerial que se preveía desde la renuncia de Vasconcelos. Además de Vasconcelos y Albanés, que ya habían renunciado, salen José Agustín Martínez de Estado, Sergio Valdés Alba de Agricultura y Gustavo Gutiérrez Ministro Sin Cartera, además de Marino López Blanco en Comunicaciones. Entran en el Gabinete Emeterio Santovenia como Ministro de Estado, Joaquín Martínez Saenz en Agricultura, Carlos Márquez Sterling en Educación, Anselmo Alliegro en Comercio, Abelardo Valdés Astolfi en Comunicaciones, Jerónimo Acosta Recio en Obras Públicas y Juan Marinello Vidaurreta como Ministro Sin Cartera. Al fin los comunistas llegan al Frente Popular con un Ministro, aunque sea Sin Cartera, en el Gabinete de Batista.

A los pocos días renuncia Carlos Márquez Sterling como Ministro de Educación, y lo sustituye Anselmo Alliegro. La vacante dejada en Comercio por Alliegro es ocupada por Edgardo Buttari Puig.

549

El mismo día que el soviético Maxim Litvinoff presenta sus cartas como Ministro Plenipotenciario, Batista concede pleno reconocimiento a la CTC de Lázaro Peña. Sigue Batista metiéndose en "camisa de once varas". Zaydín no ha corrido mejor suerte que su antecesor Saladrigas, y el cambio de ministros no endereza la situación de corrupción e indisciplina por parte de muchos congresistas. El 22 de abril se crea la Oficina de Control y Examen de Correspondencia, Radio y Telecomunicaciones dirigida por Juan Govea. En mayo renuncia a la cartera de Ministro de Hacienda José Miguel Irisarri, cubriendo el cargo interinamente el Subsecretario Luís Vidal hasta que en forma permanente es nombrado Eduardo Montelieu de la Torre. El 11 de mayo la mayoría de la Cámara desestima la acusación de Chibás contra el Embajador y Ministro Plenipotenciario del Perú como agente nazista y fascista. El 14 de mayo el Vicepresidente Gustavo Cuervo Rubio y el Alcalde de La Habana, Raúl G. Menocal, se separan del gobierno y de la coalición, y junto a Alonso Pujol forman el Partido Republicano que pasa a la oposición. El día 17 renuncia el Ministro de Obras Públicas Jerónimo Acosta Recio y la Ministro Sin Cartera María Gómez Carbonell, quienes serán sustituidos por José F. Tejidor en Obras Públicas y el Senador Elio Fileno de Cárdenas como Ministro Sin Cartera.

El ICEA le hace otra venta a la Comodity Corporation de los Estados Unidos de 300,000 toneladas cortas de azúcar.

Junto con la ley del censo se promulga la nueva Ley Electoral que dará un nuevo sesgo a las futuras elecciones. Esta ley establece el voto directo para elegir al Presidente de la República y demás cargos ejecutivos; el voto selectivo para la elección de senadores; mantuvo el voto de preferencia para elegir a los representantes y concejales; suprimió los consejeros provinciales y estableció el Consejo de Alcaldes, sustituye la cédula electoral por el carné de identidad del votante; hizo obligatorio el voto imponiendo multas y otras penas a los infractores; creó una Mesa de Escrutinio por cada diez colegios; impuso el sub-factor para proteger a los partidos pequeños y otorgó a las asambleas provinciales de los partidos poder de veto en materia de coaliciones nacionales.

El 1º de julio se crea la Junta de Economía de Guerra y el 5 de julio se establece un convenio de pagos con España. El 10 de octubre el Senado comienza la legislatura pero la Cámara no lo hace por falta de quórum; sigue la rebeldía de los congresistas. El 1º de noviembre se publica la lista de las afiliaciones de los partidos políticos con los siguientes resultados: el Liberal reportó 583,683 afiliados; el Demócrata 561,407; el Auténtico 467,298; el Republicano 236,571; el Comunista 122,283; el ABC 106,909 y el Nacional Cubano 30,245.

El 23 de noviembre renuncia Federico Laredo Brú como Ministro de Justicia y lo sustituye José Agustín Martínez-Viademonte. Sigue el desfile de ministros. El 12 de diciembre Chibás presenta otra moción en la Cámara para que Batista sea juzgado por mal uso de los fondos públicos con el pretexto de la guerra. Por supuesto que esto no pasó de ser una moción. El día 13 de enero de 1944 el Partido Unión Revolucionaria Comunista cambia su nombre para ahora llamarse Partido Socialista Popular, ya que la palabra comunista no le caía bien a la inmensa mayoría del pueblo de Cuba. Igualmente "abandona" la inscripción celular de sus miembros de acuerdo con el plan de Moscú de organización del Frente Popular. Esta decisión es simplemente un ardid publicitario pues ellos continuarán haciendo exactamente lo mismo que antes. Siguen siendo el "mismo perro con distinto collar".

Muere Antonio Bravo Correoso quien era el último superviviente de la Constitución de 1901 y quien también fue delegado a la Asamblea Constituyente de 1940. Su muerte produce una manifestación de duelo popular. El 14 de enero, y organizado por la CTC, miles de trabajadores azucareros rinden homenaje a Batista y a su Gabinete por la aprobación de la Ley del Retiro Azucarero. El 19 de enero se nombra a Carlos Saladrigas Presidente del Partido Demócrata con vista a las próximas elecciones. El 25 de enero Batista renuncia a la presidencia de los partidos políticos de la Coalición Socialista Democrática. En febrero el Partido Liberal arregla su pacto con otros partidos de la CSD en virtud de un acuerdo que le concede una serie de gubernaturas provinciales y un alto porcentaje de las alcaldías.

El 23 de enero se coloca la primera piedra de la Universidad de Villanueva en la ciudad de La Habana. El 1º de marzo se produce una nueva crisis ministerial pero esta vez es provocada por la renuncia de una serie de ministros que aspiran a cargos electivos en la próxima justa electoral. Los renunciantes son el Primer Ministro Ramón Zaydín, el Ministro de Estado Emeterio Santovenia, el de Agricultura Joaquín Martínez Sáenz, el titular de Gobernación Antonio Bravo Acosta, Andrés Domingo y Morales del Castillo Ministro Sin Cartera,

Juan Marinello Sin Cartera, el Ministro de Salubridad Juan Miguel Portuondo Domenech. Las vacantes se cubren de la manera siguiente: Anselmo Alliegro como Primer Ministro quien además conserva el Ministerio de Educación, Jorge Mañach y Robato como Ministro de Estado, Carlos Felipe de Armenteros como titular de Agricultura, Máximo Rodríguez Alonso en Gobernación, Alberto García Valdés es nombrado Ministro de Trabajo, Orosmán Viamontes y Carlos Rafael Rodríguez son designados Ministros sin Cartera.

El 9 de marzo por medio de un decreto se pone en vigor la colegiación obligatoria de los profesionales universitarios. El 15 de marzo la Coalición Socialista Democrática nomina a Carlos Saladrigas como su candidato a Presidente y a Ramón Zaydin como candidato a la Vicepresidencia. Una manifestación de empleados públicos desfila frente a Palacio pidiendo un aumento en sus haberes de un 20 a un 40 por ciento debido al alto costo de la vida. Los Partidos Auténtico y Republicano postulan a Ramón Grau San Martín como candidato presidencial, y a Raúl de Cárdenas como candidato vicepresidencial. Alfredo Nogueira es el nuevo Ministro de Obras Públicas.

El 29 de marzo de 1944 Batista firma una ley congelando los alquileres de las casas al nivel actual permitiendo sólo un aumento de un 10 por ciento anual. Los sueldos de los empleados públicos que hacía poco habían sido fijados en 45 pesos mensuales son subidos a 60 pesos al mes. Los miembros de las Fuerzas Armadas recibirán un aumento de un 20 por ciento en sus sueldos para tratar de compensar el alto costo de la vida, pero realmente resulta insuficiente. El 29 renuncia el Presidente del Senado José Enrique Bringuier pero al día siguiente retira su dimisión sin especificar las razones por las que hizo lo uno y lo otro. El 31 de marzo fallece José Ignacio "Pepín" Rivero que era director del Diario de la Marina y al que se le consideraba como un gran periodista. Aunque era polémico se le sabía poseedor de valentía en la exposición de su pensamiento. En abril se suspende la exportación de carne para tratar de mejorar el abastecimiento nacional pero al igual que ocurrió en épocas coloniales se continuó exportando el producto vía contrabando.

Al cumplirse el término de los senadores electos en 1938, el Senado se queda con solamente treinta y seis miembros. El gobierno mantiene la mayoría con 18, la oposición tiene 17 y hay uno que es independiente. Hasta la justa electoral del 1º de junio no se elegirán nuevos senadores. El 13 de abril muere Alejandro Vergara a la sazón director de la ORPA y ex alcalde revolucionario de La Habana. El día 29 el gobierno modifica el anterior decreto de congelación de alquileres. Ahora va a producirse una disminución del precio de los alquileres que será mayor para las casas fabricadas años atrás que han estado cobrando la renta durante ese tiempo y además su construcción costó menos dinero. La disminución de los alquileres será menor para las casas de fabricación más reciente. Los avispados pobladores de La Habana dicen que la verdadera razón de esta diferenciación es que las casas nuevas son, en su mayoría, propiedad de los que han hecho fortuna después del 4 de septiembre. Critica Grau la política de guerra del gobierno que según él es la causa de la carestía y el desabastecimiento. Esto parece un poco demagógico.

En el desfile del 1º de mayo los trabajadores protestan contra la carestía de la vida. El 3 de mayo de 1944 llega a La Habana Earl Wilson Jefe de la División de Azúcar de la Comodity Credit Corporation de los Estados Unidos para negociar sobre la compra del sobrante del azúcar cubano. El día 12 de mayo se celebra por primera vez en Cuba el Día de los Hospitales. El 16 de mayo se conocen más de 750 casos de paludismo en la Isla especialmente en la provincia de Oriente y en menor número en la de Camagüey. El 17 se ratifica el convenio comercial entre Cuba y Chile, y el mismo día Batista inaugura el Instituto Nacional de Higiene; dos días después José Manuel Casanova es electo presidente de los hacendados. El 25 de mayo se constituye la Comisión Reguladora del Alcohol. El 26 se prorroga por dos años la Ley Azucarera. El 30 de mayo se aprueba la emisión de certificados plata por valor de más de 30 millones de pesos.

El 1º de junio se celebran las Elecciones Generales; sobre ella y sus consecuencias nos referiremos ampliamente al final del capítulo. En estos días se dispone por el Consejo de Ministros la inamovilidad de los empleados públicos y la instauración de la Carrera Administrativa. A título de gratificación se aumenta en un 10 por ciento el sueldo de los miembros de las Fuerzas Armadas. Este beneficio también se aplica a los empleados públicos.

Se derogan los decretos que exoneraban los derechos arancelarios a los artículos alimenticios. El 5 de julio hay un violento brote de fiebre tifoidea en Las Villas que requiere la unión de los esfuerzos de los Ministerios de Salubridad y el de Obras Públicas a fin de contenerlo. El Ministro de Trabajo declara que se intervendrán las empresas que no cumplan las leyes sociales, aunque este aviso resulta un poco tardío pues esperó a que el período presidencial de Batista estuviera muy cercano a su terminación. En julio la Asociación de Hacendados agasaja a Ramón Grau San Martín y a Raúl de Cárdenas electos el 1º de junio como Presidente y Vicepresidente de la República respectivamente. Unos días después, la Universidad de La Habana le concede el título de Doctor Honoris Causa a Carl W. Ackerman, director de la Escuela de Periodismo de la Universidad de Columbia. El día 24 de julio toma posesión el nuevo Alcalde electo de La Habana, el incumbente Raúl G. Menocal. El 29 de julio se declaran en huelga los obreros de la mina Ponupo en La Maya, Oriente que es propiedad de la Cuban Mining Company.

El 1º de agosto la ORPA aumenta el precio de la carne –la de primera a 24 centavos la libra, la de segunda a 20 centavos y la carne de tercera a 6 centavos– para combatir la escasez y se declara el viernes como día de abstinencia de consumir ese producto. El día 2 México adquiere 11,000 toneladas de azúcar que no pagarán derechos de aduana al entrar en el país azteca. El 3 de agosto se declara Monumento Nacional a la Iglesia de Paula, situada en la esquina de las calles Oficio y Desamparados en la Habana Vieja. El 5 de agosto unos dos mil trabajadores desfilan delante del Primer Ministro Alliegro pidiendo un aumento de un 40 por ciento en sus salarios.

El 10 de agosto se designa por decreto la comisión que venderá la zafra de 1945 que estará formada por Oscar Seigle como presidente –por recomendación del Presidente electo Grau. Los colonos nombraron a Amado Aréchaga, Gastón Godoy y Teodoro Santisteban y los Hacendados a José Manuel Casanova y Federico Fernández Casas. Los obreros azucareros insisten en tener presencia en esta comisión.

Se nombra al Ministro Sin Cartera Mario Díaz Cruz como nuevo Ministro de Hacienda, posición que estaba ocupada interinamente por el Primer Ministro Alliegro. El saliente Ministro de Hacienda, Eduardo Montolieu, pasa a ser Ministro Sin Cartera. El 21 de agosto renuncia el Rector de la Universidad de La Habana Rodolfo Méndez Peñate. El 25 de agosto las Fuerzas Armadas ofrecen un homenaje de simpatía y adhesión al Presidente Batista y al Presidente electo Grau. El día 29 Grau embarca hacia los Estados Unidos y es recibido en el aeropuerto por el Secretario de Estado Cordell Hull. El 11 de septiembre el Gobierno de Cuba reconoce como Gobierno Provisional de Francia al Comité Francés de Liberación Nacional cuya figura señera es el General Charles De Gaulle, quien se encuentra en París desde la liberación de esa ciudad por las fuerzas norteamericanas.

El 19 de septiembre Aurelio Fernández Concheso renuncia como Embajador en los Estados Unidos y Ministro en Rusia, pues como se sabe, el embajador de Cuba en Washington ostentaba a la vez el rango de Ministro en Rusia. Después de su viaje a la Unión Americana Grau visita a México el 28 de septiembre, la visita se extiende a tres días y a su llegada es recibido por el Secretario de Estado Ezequiel González Padilla y otros funcionarios.

Pasaremos ahora a tratar sobre las relaciones internacionales del Gobierno de Batista incluyendo una serie de visitas de personeros de distintos países. Incluiremos las relaciones con los Estados Unidos, así como hechos relativos a la participación de Cuba en la Segunda Guerra Mundial y en un plano diferente trataremos después sobre lo relacionado con las elecciones generales de junio de 1944.

El 21 de mayo de 1942 y por espacio de dos días visita Cuba el Presidente del Perú Manuel Prado. Siete meses más tarde, el día 5 de diciembre llega, en viaje oficial que dura dos días, el Presidente del Ecuador, Carlos A. Arroyo del Río. El 10 de marzo de 1943 el Presidente de Costa Rica Rafael A. Calderón Guardia comienza una visita de cuatro días. El 26 de mayo del mismo año llega a La Habana en una visita de tres días Enrique Peñaranda, Presidente de Bolivia. El 21 de octubre visita la Isla el Presidente de Haití Elie Lescott. Nunca se ofreció una información adecuada sobre el motivo de la visita de estos Presidentes, pero si ponemos atención a sus países de procedencia veremos que no son de los más allegados a Cuba; no son estas naciones con las que Cuba ha mantenido estrechas y mejores relaciones en América Latina. En contraste con este inusitado número de visitantes presidenciales, está el establecimiento de lazos diplomáticos con la Unión Soviética el 17 de octubre de 1942, después de haber estado suspendidos por espacio de veinticinco años. El Embajador Cubano en Washington, Fernández Concheso, será también Ministro en Rusia, y Maxim Litvinoff el Embajador Soviético en Washington lo será a su vez en Cuba. Se ha considerado que este paso fue ligeramente presionado por los Estados Unidos a fin de consolidar la unión de las fuerzas antinazistas y antifascistas, pero para Cuba esto resultó nefasto. Los norteamericanos no tienen un régimen comunista, pero nosotros los cubanos sí lo tenemos. Esta apertura "coincidió" además con el reconocimiento oficial de la CTC más la participación de Marinello como miembro del Gabinete y con el nombramiento de Carlos Rafael Rodríguez como Ministro Sin Cartera. Sumemos, además, todas las posiciones que fueron ocupando poco a poco, y en silencio la mayor parte de las veces, y así los comunistas prepararon el terreno para el viraje, el golpe de estado o como se le quiera llamar por parte de Fidel Castro, con una agenda totalmente comunista.

Con respecto a las relaciones con los Estados Unidos diremos que a principios de enero de 1942 el Senador por la Florida Smathers propone la anexión de Cuba a los Estados Unidos lo que despierta una fuerte protesta desde todos los ámbitos de la nación, especialmente con una nota oficial del Senado. Sin embargo, un abogado de Guanabacoa llamado Rafael Calzadilla, es el único cubano que favorece hacer lo que el Senador norteamericano propuso, y hace propaganda en ese sentido. Por ello es detenido y enviado a prisión por actividades en contra del estado nacional.

El 19 de mayo de 1942 Mr. Braden sustituye a Messersmith como Embajador en Cuba de los Estados Unidos. Braden no era diplomático de carrera, pero llevaba muchos años trabajando en el Departamento de Estado. La labor del embajador saliente fue relativamente discreta, excepto por su activa participación para abortar el golpe de estado que pretendía dar Pedraza. A diferencia de Messersmith, Mr. Braden va a estar hasta 1945, con altas y bajas, es decir, acciones que lo favorecen y otras desfavorables. En general se trataba de un personaje muy similar en su manera de actuar y de pensar sobre la República de Cuba, al concepto que tenía el General Crowder. Así, se inmiscuyó en muchos problemas con los cuales no hubo mayores consecuencias debido a la situación internacional.

Lo primero es el encuentro o mejor dicho, "el encontronazo" con el entonces Ministro de Estado Emeterio Santovenia. Veamos lo que dice el libro de Octavio Costa:

> "Se celebró un solemne acto en el Ministerio con la asistencia de todo el cuerpo diplomático. El orador designado

para esta ocasión era el Embajador de México Romero, de altos prestigios intelectuales ganados especialmente con sus novelas. A Santovenia correspondió contestarle, y desde luego estaba el inevitable tema de la guerra y lo que podían esperar nuestros pueblos de la poderosa potencia del norte una vez que concluyera el conflicto. Mientras hablaba Romero, Santovenia observaba el interés y concentración con que Braden lo escuchaba y que le molestaba los conceptos emitidos por el mexicano. Tal como esperaba el Ministro, el Embajador hizo saber lo que él pensaba del discurso de Romero. Santovenia le replicó de inmediato diciéndole que de antemano conocía el texto de la oración pronunciada por Romero y que él –Santovenia– no encontró nada objetable en el texto. Aunque Braden no hizo comentario alguno, el Ministro Santovenia estaba seguro de que no había quedado satisfecho.

Esos eran los conceptos de la llamada América Latina… en definitiva había una América que no hablaba inglés. El embajador norteño comenzaba a ser una enconada espina para el Ministro de Estado cubano. Mr Braden tenía la intención de pasar por encima del Ministerio de Estado y actuar directamente con otros funcionarios y departamentos del gobierno. Con el pretexto de la guerra y de todo tipo, convocaba a comerciantes e industriales a los que daba instrucciones. Esta fue la situación que encontró Santovenia al llegar al Ministerio y fue la que provocó la reunión con el Embajador y el Primer Ministro a los efectos de precisar los conceptos y normas, pero el diplomático americano parecía no darse por enterado.

La reacción ante el discurso del Embajador de México fue una reiterada señal de que Braden no acababa de tener conciencia de los límites de sus funciones y su falta de respeto a la soberanía del país. Ahora estaba empecinado en provocar una acción en contra del Ministro Plenipotenciario del Perú a quien acusaba de ser un agente nazi. Ante esa situación Santovenia aspiró a dilucidarla y puesto en contacto con el Jefe de la Policía, General Manuel Benítez, promovió una exhaustiva investigación y el resultado de las pesquisas no demostraba el hecho imputado. El Ministro Santovenia llamó a Braden a su despacho y éste se encontró con la presencia de Benítez quien informó ampliamente sobre la actuación de la Policía en torno al funcionario peruano. El embajador americano dudaba de los resultados de la investigación de la Policía de Cuba. Ante esta actitud de Braden el Ministro Santovenia le hizo saber con toda serenidad y firmeza que él, el Ministro cubano, aceptaba como ciertas los resultados de la investigación y el embajador americano tenía que atenerse a ello. Santovenia le manifestó a Braden que el gobierno cubano consideraba como perjudicial y ofensivo a la República su comportamiento y apelaba a lo que eran las normas de la diplomacia que el embajador se empeñaba en ignorar. Añadió el Ministro cubano que de continuar esa conducta podría provocar una situación desagradable entre los dos gobiernos. Benítez quiso retirarse y al acompañarlo Emeterio hasta la puerta, el General le dijo que nunca sospechó que un Ministro cubano fuera capaz de hablar así al embajador de los Estados Unidos... ahora mismo informo al Presidente sobre lo que he presenciado.

Continuó la plática del Ministro y el Embajador, y mientras el primero mantenía su ecuanimidad, el segundo exhibía su incontrolable irritación. Repetía y ratificaba Santovenia la digna actitud adoptada antes por su homólogo Manuel Sanguily. Enrojecido el rostro por la violencia que hervía en su cabeza se retiró Braden del despacho de Santovenia. Se produjo una llamada de Palacio. El Presidente había sido enterado por Benítez de lo ocurrido. Santovenia puso por delante su renuncia pues había actuado por su cuenta sin previa consulta al Jefe de Estado, pero Batista la rechazó ofreciéndole las más cálidas congratulaciones y dándole todo su respaldo en cuanto a lo hecho en relación con lo que podía suceder en el futuro. El Presidente se sentía orgulloso de la actuación de su Ministro de Estado.

Santovenia sabía que el incidente con el imprudente y soberbio embajador no había terminado y no tardó en confirmarse su sospecha. Funcionarios del gobierno tenían necesidad de trasladarse a los Estados Unidos para asistir a un evento médico, pero la Embajada controlaba las prioridades de vuelo y había negado las del gobierno cubano. La insistencia del Ministro y todos los argumentos se estrellaban contra las instrucciones dadas por Braden. Santovenia le hizo saber que si los funcionarios cubanos no iban en ese vuelo, el avión no despegaría. La situación adquirió su más alto nivel de tensión. La dignidad cubana triunfó sobre el embajador de la más poderosa nación del mundo.

Otro conflicto con Braden fue provocado por el reconocimiento por parte de Cuba del gobierno de la Francia libre encabezado por De Gaulle. Cuba era la primera nación en América en hacerlo. Braden estimaba que La Habana debía haber esperado por lo que se produjera en su país. Cuando el embajador dijo al Ministro que había actuado con festinación, Santovenia le respondió no procedía esa calificación porque Cuba es un país soberano que no tiene que pedir permiso a ningún otro gobierno, ni siquiera a uno tan amigo como el de los Estados Unidos. En este caso Braden no estuvo solo, pues hubo otros países que coincidieron con él. Un grupo de embajadores liderado por Braden pidieron a Santovenia que no invitara al representante de Francia a una reunión del cuerpo diplomático. Se envió al Ministerio Santovenia un mensaje hostil contra el diplomático que actuaba en La Habana en nombre de De Gaulle. Santovenia se opuso e incluyó en la lista al representante de la Francia libre".

Tras esta exposición nos parece que sobran todos los comentarios. No toda la actuación de Braden fue tan desafortunada como los eventos que hemos relatado. Tuvo aspectos positivos como por ejemplo en el caso de la firma del convenio entre Cuba y los Estados Unidos para las bases aéreas de San Antonio y Guane. A los pocos meses de estar en funcionamiento la construcción de la base de San Antonio se descubrieron actos de peculado y de malos manejos de los fondos en combinación con los contratistas norteamericanos. Avisado el Embajador, éste se puso en contacto con el FBI y fueron detenidos varios ciudadanos norteamericanos y enviados a su país para ser juzgados.

La celebración del 4 de julio en 1943 y en 1944 se efectuó con una gran participación popular. Particularmente en la de 1944 se contó con la presencia del Presidente electo Ramón Grau San Martín. Todo esto hizo que el sentimiento antinorteamericano, que diez años antes era muy notable en Cuba, desapareciera y que un desbordante entusiasmo por la victoria ya casi segura de los aliados se manifestara en las calles de La Habana. Esos dos actos fueron presididos por Batista y por Braden.

Por último, la actuación Braden al desalentar al general Benítez en su intento de golpe de estado, detalle que referiremos, fue recogido por la revista Time y mostraba el deseo de Braden de que hubiera una continuidad democrática en el gobierno de Cuba. En este respecto recordemos también, que llamó la atención de los empresarios norteamericanos para que no fueran a contribuir con dinero a la campaña de Saladrigas que era el favorito de los empresarios, puesto que esto no sería tenido en cuenta como una deducción de impuestos a la hora de liquidar con los Estados Unidos las ganancias de sus empresas. Además, cuando Eleanor Roosevelt –la esposa del Presidente americano– visitó Cuba pasando por La Habana para inspeccionar la base naval de Guantánamo, Braden no se la presentó al entonces candidato Saladrigas porque entendió con buena lógica que esto podía influenciar a muchos cubanos a la hora de la votación. Es decir, todos estos aspectos positivos hay que señalarlos, aunque por supuesto, tenemos que compararlos o sopesarlos con las facetas negativas anteriormente mencionadas. Braden terminó su misión en 1945 ya siendo Presidente el Dr. Ramón Grau San Martín.

Pasemos a una rápida descripción de la participación de Cuba en la Segunda Guerra Mundial. Ya vimos como ocurrió la declaración de guerra de Cuba a los países del eje. En lo relacionado con el Servicio Militar Obligatorio hay que recordar que antes de 1941 los comunistas cubanos estaban ferozmente en contra de que Cuba entrara en la guerra que ellos llamaban "la guerra imperialista", pues entonces Rusia y Alemania habían firmado un pacto de no agresión. Se desgañitaban miserablemente sus principales voceros en contra de establecer el Servicio Militar Obligatorio. Cuando Rusia fue invadida por los nazis, rápidamente dieron un viraje de 180 grados en su política, y por supuesto en su propaganda. Entonces exigían que se instaurara el SMO para ayudar en el esfuerzo de guerra de los países aliados contra el nazi-fascismo. Una vez entrada Cuba oficialmente en la guerra, aumentó el vocerío de los comunistas a favor de brindar toda la ayuda posible incluyendo por supuesto la llamada obligatoria de los jóvenes cubanos a la tarea de guerra. Sin embargo Batista era renuente al Servicio Militar Obligatorio que constituiría un Ejército no manejado por él, no entrenado por él y no dirigido por él. Un ejército que estaría formado por varios miles de hombres no controlados por él. Lo que Batista consideraba "su Ejército", le era fiel, sus jefes y oficiales dependían de él y aunque fueran ineptos e incapaces para manejar una división en una guerra moderna, eso no le interesaba a él, puesto que mantenían la tranquilidad en Cuba.

No obstante sus preocupaciones al respecto, ya vimos que a la postre en uno de los acuerdos leyes del período de los 45 días se creó el Servicio Militar Obligatorio. Se produjo un inscripción masiva de más de 240,000 jóvenes pero sólo unos 2,000 llegaron a graduarse como soldados, puesto que Batista no hizo lo necesario, ni siquiera lo mínimo, para crear un Ejército numeroso sobre el cual él no tenía ningún tipo de influencia y donde sus oficiales no serían los responsables del entrenamiento de los reclutas. Para ello se llamó al servicio activo a unos cuarenta y ocho ex oficiales del Ejército Nacional que fue disuelto por el mismo Batista en 1933, y fueron estos oficiales los encargados del entrenamiento y adiestramiento de estos bisoños que nunca irían a pelear a los frentes de batalla pues carecían de oficiales suficientes ni tampoco tenían buena preparación. Una decena de jóvenes cubanos decidieron inscribirse en el ejército canadiense y estadounidense como voluntarios, para evitar servir en el ejército cubano bajo el mando de Batista y de sus militares. Un número de ellos murieron en combate y otros regresaron como héroes.

Además de las dos bases mencionadas en La Habana y en Pinar del Río, el aeropuerto de Camagüey fue acondicionado para actividades militares al igual que unas pequeñas bases en la zona Sagua-Caibarién y en Isla de Pinos, para aviones pequeños de reconocimiento y dirigibles dedicados al mismo propósito. Los Estados Unidos, que durante años habían practicado la política de aislacionismo, se vieron sorprendidos por el ataque a Pearl Harbor sin estar preparados para un conflicto guerrero. Más de dos años y medio transcurrieron antes que el poderío industrial norteamericano hiciera el "milagro" de desarrollar una potencia militar partiendo de la nada.

En lo referente a Cuba la instalación de la base de Guantánamo y otras similares fueron adecuadamente dotadas en esta época. La guerra en la que Cuba tomó parte fue esencialmente la de los submarinos alemanes que eran modernos, potentes y bien dirigidos y que hicieron presa de los barcos mercantes cubanos totalmente inermes. A los barcos mercantes cubanos se les había dotado de unos pequeños cañones, más bien para tranquilizar a la tripulación que para capacitarlos en hacer frente a un submarino germano, los cuales estuvieron campeando por sus respetos en el Mar Caribe y en el Atlántico durante los años 41 al 43.

Cuba sufrió sus bajas en el hundimiento de los barcos Manzanillo, Santiago de Cuba y Libertad, con un saldo de unas sesenta víctimas, y el pequeño barco de cabotaje Mambí, con 22 tripulantes que perecieron. Cuba tuvo cierto desquite cuando un torpedero cubano hundió a un submarino alemán en la cayería entre Sagua y Caibarién en 1943. Ya a finales de ese año los mares alrededor de la Isla se habían hecho seguros por el establecimiento de los aviones Catalina de reconocimiento, de las lanchas torpederas y de los destructores norteamericanos. Todo esto logró limpiar casi en su totalidad la presencia de submarinos alemanes en los mares aledaños a Cuba. La navegación se transformó de ser extremadamente peligrosa a ser bastante segura.

La contribución importantísima de Cuba al esfuerzo de guerra fue la producción y venta a un precio bastante bajo de su azúcar y la extracción y venta de productos minerales. En esta época fue que se inauguró la Nicaro Níckel Company con extracción del óxido de níkel y su envío a los Estados Unidos. Después de la guerra esta compañía pasó a manos de propietarios cubanos, empleando más de 3,000 obreros pero en 1959, con la llegada de la revolución castrista, ésta se apoderó de la industria para más tarde ponerla en manos de compañías canadienses.

Ocurrió un fenómeno curioso en que casi todos los embarques, tanto en su entrada a Cuba como en la salida de la Isla, de todas las materias primas se realizaban por la costa norte. Por ello, los puertos de la costa sur sufrieron un gran desempleo y hubo que subsidiar a los obreros de los mismos, mientras que todos los puertos importantes de la costa norte experimentaron un florecimiento inusitado, no solamente en la mejoría de sus instalaciones sino también en aumento de la mano de obra y por supuesto de los salarios. Los ferrocarriles y los camiones desviaban hacia el norte todas las mercancías, recibiendo las mercancías importadas y las distribuían por toda la República. Es decir, la costa norte de Cuba ascendió en economía y en importancia, en detrimento como ya dijimos, de la costa sur. La guerra trajo consigo el encarecimiento de muchas mercancías, y sobre todo el flagelo del agio y de la especulación que, conjuntamente con la corrupción política, determinó trastornos económicos y sociales que generaron muchas de las renuncias ministeriales debido a que el costo de la vida no cesaba de aumentar, y no se podían aumentar los salarios puesto que el presupuesto no aumentaba paralelamente.

Pasemos una breve vista a la situación de guerra que más interesó a Cuba, que era lo que ocurría en los mares alrededor de nuestra Isla por la acción de los submarinos alemanes. Veremos ciertas cifras y hechos muy importantes a la vez que interesantes.

La Marina de Guerra cubana en cuanto a buques era realmente nominal, pues se componía de dos viejos cruceros, el Cuba y el Patria, de la época de José Miguel y un poco más de una decena de destructores que hacían función de guardacostas y que databan de la Primera Guerra Mundial. El Cuba y el Patria fueron totalmente renovados y acondicionados en Galveston, labores que tomó un año en realizarse. Los otros barcos fueron renovados en parte en Cuba y en parte en los Estados Unidos con el objeto de acondicionarlos para la guerra antisubmarina. Los barcos pequeños se nombraban Baire, Yara, Juan Bruno Zayas, Pinar del Río, 4 de Septiembre, Matanzas, Santa Clara, Camagüey, Oriente, Donativo, Capitán Quevedo, 10 de Octubre y 24 de Febrero. Todos ellos tenían a su vez unos pequeños barcos auxiliares. Estaban pilotados por oficiales que recibieron muy buen entrenamiento en los Estados Unidos, y por más de cincuenta cadetes navales que se enviaron a las escuelas norteamericanas para entrenarlos en el manejo de unos trece o quince patrulleros que, bajo un contrato de préstamo-arriendo, Cuba adquirió de los Estados Unidos dando unos siete millones de pesos de adelanto, y los Estados Unidos unos 150 millones de dólares Los barcos mercantes cubanos hundidos, como ya se mencionó, fueron el "Manzanillo", el "Santiago de Cuba", el "Libertad" y el "Mambí"; este último un barco de cabotaje.

Desde comienzos de la guerra los submarinos alemanes invadieron el Océano Atlántico y habían efectuado varias batallas navales con las armadas inglesas y francesas, entre ellas el hundimiento de los acorazados alemanes Bismarck y Von Spee. En Aruba, la pequeña isla de las tres antillas holandesas, se encontraba una de las refinerías más importantes del mundo que suministraba combustible a los ingleses y a los holandeses. Desde muy temprano los submarinos atacaron la navegación y hasta la misma refinería, y estaban a la caza de los barcos mercantes tanqueros que entraban y salían de Aruba. En febrero de 1942, estando ya Cuba en la guerra, se produjo una huelga de los tripulantes de estos barcos debido a que no querían salir a navegar sin escolta. Las autoridades holandesas los arrestaron y los enjuiciaron, pero todo fue en vano, pues cuando regresaron al trabajo el primer barco que salió, que era un barco noruego, fue torpedeado inmediatamente. Esto, lógicamente, provocó de nuevo la negativa de los marineros a navegar, y por ello hubo que ponerles escolta para que consintieran en salir. No obstante, cuando la escolta los abandonaba aparecían los submarinos, y aquello parecía un tiro al blanco para los sumergibles alemanes que, por otra parte, eran de primera calidad, con un enorme radio de acción siendo capaces de estar varios meses en actividad, sin tener que regresar a Europa para su reabastecimiento de combustible y de armamento. No solamente torpedeaban sino también cañoneaban.

Los Estados Unidos habían sido sorprendidos por esta capacidad de los submarinos germanos y demoraron casi dos años en robustecer la seguridad con aviones cazasubmarinos y suficiente número de barcos de escolta para la navegación en el Caribe. Lo contrario a esto sucedía en el Atlántico Norte, donde los convoyes que iban a Rusia estaban bien protegidos, y aunque los submarinos atacaban, las pérdidas eran mucho menores que las que ocurrían en los mares caribeños.

En febrero 18 un submarino salió a la superficie en las cercanías de la isla Trinidad y torpedeó a dos barcos mercantes que salían de Puerto España. Tres semanas más tarde, en marzo 9, otro submarino hundió dos barcos mercantes frente a Santa Lucía. En estos dos meses fueron hundidos 23 tanqueros en el Caribe. En abril hubo once hundimientos solamente porque los submarinos estaban regresando a Europa para reabastecerse. En mayo se intensificaron los ataques, y 38 barcos fueron hundidos. En junio alcanzaron el mayor número con 48 barcos yendo al fondo del mar. En el mes de junio dos submarinos alemanes fueron detectados cerca de la entrada al Canal de Panamá, y durante dos semanas consecutivas un barco fue hundido diariamente. En julio el número de barcos torpedeados bajó a 17. Fue durante este mes que los alemanes perdieron su primer submarino, y por este tiempo colocaron minas en Santa Lucía.

En julio la Marina de los Estados Unidos inició el sistema de convoyes que consistió en barcos mercantes protegidos por barcos de guerra, aunque esto no fue eficaz porque los barcos custodios no eran los más eficientes. Además, fue por este tiempo que los submarinos germanos se hacen más grandes hasta de 700 toneladas o sea, doscientas más que los anteriores, aumentando además su radio de acción y su potencia destructora. En septiembre se ponen en acción las lanchas K o destructores ligeros con capacidad superior a las anteriores que sí fueron efectivas. Otros dos submarinos germanos fueron hundidos. Con motivo del desembarco de los aliados en África del Norte, ocurrido en diciembre, la mayor parte de la flota submarina alemana fue enviada al Mar Mediterráneo, de manera que la navegación incrementó su seguridad y no hubo hundimientos en el mes de diciembre. En nueve meses y medio los submarinos alemanes hundieron 263 barcos mercantes en el Caribe para un total de 1,362,268 toneladas. La suma de los hundimientos durante el mismo período en el Atlántico del Norte y en la costa oeste de los Estados Unidos, no alcanzó el mismo nivel de pérdidas ya que en estas dos rutas los barcos mercantes disfrutaban de mejor escolta.

En abril de 1943 la Marina Cubana se anotó su mayor éxito cuando el patrullero 115 hundió a un submarino alemán en la cayería entre Caibarién y Sagua. Este hundimiento fue confirmado en las notas del Almirantazgo Alemán obtenidas después de la victoria aliada. A partir del desembarco aliado en Normandía y de la campaña en Italia, los submarinos enemigos casi desaparecieron de los mares caribeños.

Permítaseme introducir anécdotas personales y un comentario un poco sarcástico. Mi padre era maquinista naval de uno de los barcos tanques de la Sinclair que viajaba desde La Habana a Nuevitas, a Guantánamo, Santo Domingo hasta Aruba, y después regresaban a su punto de partida. Mi padre estaba en puerto el 7 de diciembre de 1941 –tenía yo unos diez años de edad. Vamos a ver "qué es lo que está pasando" dijo mi padre, y nos enteramos por la BBC londinense del ataque a Pearl Harbor significando la entrada de los Estados Unidos, y por ende de Cuba en la guerra. Mi padre fue hasta el fondo de la casa a conversar con mi madre. El consideraba ya la ruta de navegación y la próxima salida de su barco señalada para el día 9, en peligro de muerte. Por aquel entonces mi hermana mayor y yo quedamos "al cuidado" de nuestra madre, que mostró en toda esta odisea mucha más fortaleza que nosotros cuando pasábamos varios meses sin saber nada de nuestro padre, y de vez en cuando recibíamos carta de él que por razones obvias no decía donde estaba. Los hundimientos ya relatados de los buques cubanos, y la muerte de un amigo de mi padre en el hundimiento del Mambí, aumentaron nuestros temores. En un periódico encontramos una lista de barcos hundidos el día anterior en el Paso de los Vientos, y en ella estaba el nombre del barco en que estaba mi padre. Suponga el lector la escena que se produjo en mi casa, pero el temple de mi madre se mostró nuevamente cuando me dijo que no podíamos hacer nada, y que yo debía ir, como de costumbre, al colegio. Al verme llorando el sacerdote que iba en el ómnibus me preguntó, y al llegar al colegio él avisó a los demás religiosos, y cuando se estaba celebrando la misa, el Rector, Padre Baldor mencionó mi situación y encomendó el alma de mi padre y la de los demás tripulantes a Dios exhortando a todos los alumnos que a su vez rogaran por ellos. Después de unas horas de gran tristeza en la escuela, cuando llegué a la casa, me enteré que había habido una rectificación donde se aclaraba que la lista era de los barcos que pasarían por el estrecho, pero no que hubieran sido hundidos.

Lo que realmente ocurrió fue que todos habían sido hundidos, menos el barco en que trabajaba mi padre, porque ellos iban en convoy y los barcos tanques tenían que navegar unas dos horas de diferencia con la escolta, pues cuando eran torpedeados producían un gran incendio que podía quemar a supervivientes. Tres meses después regresó mi padre y nos contó que ellos habían sido informados telegráficamente del hundimiento de cada uno de los barcos, y tenían que seguir su ruta no habiendo puerto donde refugiarse. Al llegar a la zona de hundimiento ya no quedaban rastros, y fueron avisados que había un submarino alemán por los alrededores. En la popa del barco había un "blinker" para comunicarse con las embarcaciones que venían detrás, y en un momento dado emergió un submarino a unos cien metros detrás de ellos y empezó a comunicarse por señales con ellos. Se identificó como un submarino norteamericano. El submarino los acompañó hasta las cercanías de la base naval de Guantánamo. La alegría desapareció cuando de la base les avisaron que detrás de ellos venía un submarino alemán, y que se prepararan para lo peor. Así, llegaron a Cienfuegos, vivos pero muertos de miedo. No obstante el impacto emocional sufrido por la tripulación, no hubo deserciones y todos continuaron en sus puestos hasta el final de la guerra.

Ahora el prometido comentario. En el puerto de Galveston hay un pequeño parque con una lápida adosada a un monumento donde se describen los barcos hundidos durante la guerra, y el número de ellos alcanzó la cifra de más de once mil buques mercantes destruidos por submarinos alemanes. Allá están los nombres de los buques cubanos. Yo me pregunto cada vez que ha habido un accidente de un buque petrolero en años recientes, se forma una algarabía mundial...la amenaza...la destrucción ecológica de los peces y del fondo marino... de las aves marinas, etc. no corresponde a mi modo de ver a una realidad. Por supuesto que se producen daños, pero todo esto es pálido cuando se le compara con más de once mil buques hundidos en los mares del Caribe, en el Atlántico y en otros mares del planeta, toneladas y más toneladas no solo de petróleo y de gasolina sino también de explosivos...los portaviones, los acorazados, los cruceros, los aviones caídos al mar, etc. Todos los mares del mundo asimilaron este material nocivo que iba cayendo constantemente durante la guerra y no se acabaron los peces, ni las aves marinas, ni otros miembros de la fauna, ni se acabó el fondo de mar ni los arrecifes de coral. El planeta asimiló todas estas desgracias, pero como entonces no había movimiento ecologista, no hubo pánico. Hay que cuidar el medio ambiente, por supuesto, pero no se puede poner demasiado énfasis ni demasiadas proyecciones aterrorizantes, pues la tierra se encarga de resolver estos accidentes e incidentes.

El 17 de marzo de 1942 se creó la Junta Nacional de Guerra presidida por el General Manuel López Migoya para "asesorar" al Presidente. Ya hemos visto que no había ningún oficial de carrera en el Ejército de Cuba que pudiera trazar pautas ni mucho menos dirigir ningún verdadero plan de guerra. El 11 de junio del mismo año se firma el convenio entre Cuba y los Estados Unidos para la construcción de las dos bases aéreas de San Antonio y de San Julián, bases que a la terminación del conflicto pasarían a ser propiedad del gobierno de Cuba. El día 22 en un mitin celebrado en la escalinata de la Universidad se critica la política militar del gobierno y se pide una reorganización de las Fuerzas Armadas bajo la dirección de personal técnico calificado. El 10 de diciembre de 1943 el coronel de la Marina, ascendido a comodoro, José Águila Ruiz sustituye al

Comodoro Diez Argüelles en la jefatura de ese cuerpo. El 7 de septiembre de 1942 Cuba y Estados Unidos suscriben un compromiso secreto de cooperación militar y naval que fue ratificado en febrero del año siguiente.

Demos un rápido vistazo a la actuación de los comunistas durante el gobierno de Batista. El pacto de Batista con los rojos perseguía el doble objeto de obtener los votos que los camaradas decían representar para asegurar su triunfo electoral, y obtener, además, la ausencia de huelgas debido al control que tenían los comunistas en la CTC; control que el propio Batista les había proporcionado. Esto último se cumplió. Cada vez que había dificultades Lázaro Peña iba a Palacio o al Ministerio de Trabajo, y resolvía lo que se podía resolver. Esto desde luego era un chantaje bien pagado. Como siempre lo que hicieron los comunistas fue utilizar la fuerza en el momento que estimaban conveniente. Ya vimos que poco antes de tomar posesión Batista ocurrió el asalto o tiroteo del Teatro La Comedia. Después ocurriría el asesinato de Sandalio Junco ya referido. Por último en la Universidad y en los Institutos de Segunda Enseñanza trataron de imponerse utilizando los mismos medios, pero en estas ocasiones fueron repelidos violentamente por los elementos revolucionarios que estaban en el recinto universitario, algunos de ellos formando parte del "bonche".

En las elecciones de 1940 los comunistas obtuvieron dos actas de Senadores, cuatro posiciones de Representantes, y las alcaldías de Manzanillo y de Palmira. En Palmira, provincia de Villaclara resultó electo el Dr. Alpízar, porque fue el Partido Socialista Popular el único que le dio la oportunidad de aspirar a la reelección. Al día siguiente anunciaba que renunciaba a la afiliación previa al PSP puesto que él no era de este pensamiento político. También obtuvieron varias posiciones de concejales en diversos términos municipales. Fracasaron ruidosamente en sus aspiraciones senatoriales Juan Marinello por La Habana y César Vilar por Oriente. Los comunistas siempre votaron en bloque a favor de las orientaciones del gobierno de Batista. Quedaba demostrado que la famosa representación masiva dentro de la clase obrera y del pueblo de Cuba de los comunistas era un fraude, pero Batista había creído a pie juntillas las cifras infladas previamente reportadas. En realidad los votos aportados por los comunistas no pasaron de 82,000 en toda la Isla. Sin embargo, con la dócil CTC y con el periódico HOY repartido nacionalmente con mucha eficacia más la estación radial 1010 y sus filiales que la convertían en una radiodifusora nacional, con la creación del Teatro Cubano Nacional dirigido por Paco Alfonso, así como toda una serie de actividades incluyendo las deportivas, la teoría del *Frente Popular* estaba en marcha. Los nombramientos de Marinello y Carlos Rafael Rodríguez para posiciones de gran importancia contribuyeron grandemente a los planes de los comunistas.

Todo esto representó una completa victoria para los rojos. Durante los cuatro años de Batista, los comunistas sembraron dentro de la estructura político social de Cuba el germen comunista que se mantendría bajo tierra casi siempre en espera del momento apropiado, el cual eventualmente llegó a comienzos de 1959. Batista no fue el padre del comunismo como se dijo en un folleto publicado por la Agrupación Católica Universitaria, sino más bien el padrino.

Pasemos ahora a dar algunas cifras del censo y algunos números de la economía durante el gobierno de Batista. En 1943 se efectuó un Censo de Población y de Electores que arrojó una cantidad en Cuba de 4,778,583 habitantes, o sea, 816,239 más que la población existente en 1931, aumento que se atribuyó a un número de nacimientos superior al de defunciones, al mejor nivel de vida del pueblo y al mejor estado sanitario de la nación. De esta población eran varones 2,498,810 mientras que 2,279,773 eran hembras. Un total de 2,607,490 residían en poblaciones, mientras 2,171,093 vivían en el campo. El promedio de habitantes por kilómetro cuadrado era de 41.73. La población blanca era de 3,553,312 y la de personas de color era 1,225, 271, para un porcentaje de 74.4 los blancos y 25.6 los de color. Este último grupo se dividía en 463,227 de la raza negra, 743,113 mestizos y 18,931 de la raza amarilla. El 73 por ciento de la población adulta sabía leer y escribir con más de cinco mil escuelas en toda la nación incluyendo en la enseñanza media un total de 21 Institutos de Segunda Enseñanza, además de las escuelas privadas que tenían enseñanza de tipo secundario elevado daban un total de más de 20,000 alumnos en este nivel educacional. El 90 por ciento de los habitantes eran ciudadanos cubanos por nacimiento o por naturalización. No había discriminación en las esferas sociales, en los centros estudiantiles, en los centros de trabajo ni en los deportes. Donde solamente quedaba prejuicio era en las sociedades habaneras y del interior aunque aún allí habían muchos mestizos que "pasaban por blancos". A Batista se le negó la entrada en el exclusivo Country Club por ser mestizo, pero ese fue el único lugar pues todos los demás clubes lo aceptaron. En estos años hubo el primer sacerdote católico negro y varias monjas de la misma raza. No había ministros negros en las sectas protestantes existentes en Cuba. El número de escuelas primarias aumentó notablemente, y caso curioso, las Escuelas Cívico Militares que Batista había promovido para la enseñanza rural pasaron de nuevo al Ministerio de Educación con perjuicio de la enseñanza de los campesinos, lo que fue un paso atrás dado por el General.

Debido a la intranquilidad reinante en los últimos diez años las escuelas públicas sufrieron mucho e hizo que aumentara el número de las escuelas privadas, la mayoría de las cuales eran auspiciadas por las iglesias cristianas o hebreas, especialmente la Iglesia Católica Romana que desde tiempos ancestrales fue iniciadora y puntera en esta positiva labor. La matrícula universitaria alcanzó a once mil estudiantes. La bien administrada autonomía universitaria favoreció este crecimiento. Se construyó una biblioteca en la Universidad que fue la primera Biblioteca Pública de gran envergadura, y además se edificaron los nuevos locales de las escuelas de Medicina, Cirugía Dental, Farmacia, Educación y Ciencias Comerciales. El gobierno se incautó del Central Limones en la provincia de Matanzas debido a que habían dejado de pagar los impuestos, y lo puso al servicio de la Universidad de La Habana para entrenamiento de los estudiantes de Agronomía y Agricultura. Sin embargo la Universidad administrativamente fue incapaz de lidiar con los problemas del Limones y por ende no obtuvo todo el provecho que pudo haber tenido. La Facultad de Agronomía creció en unos quinientos estudiantes y la adición de la Granja Experimental favoreció el impulso dado a los estudiantes de esta facultad.

La sindicalización obrera alcanzó un gran auge y en el Congreso de los Trabajadores celebrado en 1940 un total de 217,940 obreros cubanos estaban sindicalizados, y por tanto afiliados a la CTC. En el congreso celebrado dos años más tarde el número de obreros sindicalizados casi se duplicó, agrupados en 673 sindicatos o uniones obreras. Esta cifra alcanzó el medio millón al terminar el gobierno de Batista. Se obtuvieron ventajas de gran envergadura para los trabajadores. Una de ellas consistió en el contrato colectivo de trabajo, que progresivamente se fue estableciendo hasta llegar a generalizarse en todos los sectores. Desapareció la discriminación racial. Se avanzó considerablemente en la igualdad de la mujer en cuanto a salarios, a horarios y a la erradicación del trabajo de los menores. De acuerdo con la constitución, la semana laboral constaba de 44 horas de trabajo con pago de 48. Más adelante determinados sectores exigían jornadas de seis horas de trabajo y entre estos se encontraban los ferroviarios, los empleados de los omnibuses, los telefónicos, las enfermeras de los hospitales, etc. El pago de sobresueldo por las horas extras de labor constituyó una regla general y con esto se estimaba que había más espacio para emplear a obreros desocupados. Mejoró la estipulación de las vacaciones con sueldo, las licencias de maternidad y de enfermedad y de trabajo en los días feriados. La realidad no era tan bonita como la teoría por los abusos y la corrupción como siempre sucede, pero en términos generales la situación de los trabajadores mejoró extraordinariamente. El sueldo mínimo se fijó en sesenta pesos mensuales en las ciudades y cuarenta y ocho en los distritos rurales. Recuérdese que en el campo pagaban 25 centavos diarios de jornal diez años antes.

La Comisión de Fomento Nacional se dedicó a abrir el paso de las comunidades rurales hacia los pueblos y ciudades para hacer llegar más fácilmente a los mercados los productos de la tierra, y para mejor relacionar a la población campesina. A finales del año 41 y a medida que se agudizaba la escasez y el costo de los productos extranjeros, se establecieron leyes de defensa de la producción nacional con buenas tarifas arancelarias y se promovió la fabricación de conservas en diferentes regiones de Cuba. Se establecieron fábricas de tejidos en La Habana, Guanabacoa, Ariguanabo, Santiago de Cuba y Matanzas. Se establecieron fábricas de neumáticos, de productos de acero, asbestos, productos farmacéuticos, productos químicos, calzado, así como equipos para ferrocarriles e ingenios y otras mercaderías. Se creaba así el obrerismo industrial cubano que era muy bien pagado con trabajo todo el año, contribuyendo a un mejoramiento de la economía global. Los salarios pagados a este grupo sobrepasaba el millón de dólares anuales.

La banca se había recuperado de pasados reveses y se habían creado más bancos cubanos. Los depósitos bancarios aumentaron de 127 millones a 350 millones en los quince bancos que operaban en toda la República. Las zafras del 42, 43 y 44 se vendieron globalmente a pesar que había hacendados que querían venderlas a diferentes mercados. En 1941 se produjeron 2,406,900 toneladas de azúcar; al año siguiente la cifra subió a 3, 450,000 toneladas y en el 44 a 4,171,200 toneladas. El valor de la zafra del 41 fue de 120 millones de dólares; dos años más tarde fue de 330 millones. El azúcar refinado dio 20 millones en 1941, y subió a 33 millones en 1944. Las destilerías llegaron a producir 200 millones de litros de alcohol para combustible de automotores, el llamado "carburante nacional", que era una mezcla de alcohol y gasolina que hoy en día se vislumbra como una de las grandes soluciones al problema del alto costo de la gasolina en los Estados Unidos.

Los hacendados cubanos comenzaron a comprar y recuperar para Cuba todos los centrales que se habían perdido en 1920. Esta fue una tarea lenta pero sostenida y llegó un momento en que casi todos los centrales en Cuba eran propiedad de cubanos. El Central Tinguaro fue el primero recuperado, y fue adquirido por una corporación cubana cuando la compañía norteamericana que lo poseía quebró porque decía que era incosteable. Se puso en práctica lo que la Constitución del 40 había establecido sobre la utilización de las tierras baldías, propiedad de las grandes compañías azucareras, por los aparceros y los pequeños colonos. Se introdujeron mejoras no solamente en la fabricación de azúcar sino en la mecanización para la preparación y cultivo de las tierras de caña.

La ganadería había mejorado enormemente en calidad y en cantidad. La leche producida era excelente y se aprovechaba no sólo en las fábricas de leches condensada y evaporada, sino también en las fábricas de helados y otros productos como el queso, la mantequilla y sobre todo en el consumo de la población. Se había mejorado la producción de pollos y huevos, además de las colmenas, con una mayor producción de miel y de cera. Los productos exportados alcanzaron la cifra de un millón de dólares anuales.

Las poblaciones pesqueras de La Coloma, Caibarién y Batabanó estaban en pleno auge, con aumento en los productos del mar para los consumidores y para las fábricas de conservas, que fue creciendo vertiginosamente; se compraban en las tiendas de Nueva York bonito y langosta en lata, provenientes de Cuba. El tabaco se había ido recuperando de los recortes sufridos al principio de la guerra, y en 1944 ya se obtenían más de 50 millones de dólares de su exportación, determinados, fundamentalmente por la reanudación del comercio con

Gran Bretaña. La industria cafetalera que había comenzado a desarrollarse unos años antes, llegó a alcanzar un valor de exportación de 1,300,000 dólares en 1944. En ese mismo año se produjeron más de 17 millones de toneladas de arroz, aunque no alcanzaba a cubrir totalmente el consumo de la población cubana, pero era un adelanto indudable que continuó aumentando en los años siguientes.

Las estadísticas sobre el maíz, papas, boniatos, yuca, y viandas y vegetales en general, eran cada vez más alentadoras. La extracción y exportación de minerales aumentó considerablemente, especialmente el hierro, el cobre, el níquel y el manganeso. Como todo este incremento en la exportación, así como en la importación, requería ciertas medidas, se adquirieron 565 locomotoras modernas junto con más de 12,000 carros de ferrocarril, más de 1,300 omnibuses modernos para el uso interprovincial. Se importaron más de 13,000 camiones. Todo esto dará al lector una idea del impulso que había alcanzado el transporte de mercancías y de pasajeros en la Isla. Se instalaron y fueron puestos en servicio más de 70,000 teléfonos a cargo de unos 3,000 empleados.

Las exportaciones habían aumentado de 212 millones de dólares en 1941 a más de 473 en 1944. Las importaciones subieron de 110 millones a 235. El ingreso per cápita había aumentado de 91 a 239 dólares. No cabía duda que se producía un resurgir impetuoso, in-crescendo y positivo de todos los estratos de la economía cubana, y esto pésele a quien le pese, había que acreditárselo a Batista.

*Analicemos ahora las elecciones del 1° de junio de 1944...*La confección de las dos candidaturas que compitieron en la justa no resultó tan sencilla como pudiera parecer. En la Coalición Socialista Democrática había varios aspirantes a la Presidencia, pues a más de Saladrigas aspiraban Guillermo Alonso Pujol y los doctores Gustavo Cuervo Rubio y Ricardo Núñez Portuondo. Cuando los dos primeros se percataron que Saladrigas era el elegido de Batista, desertaron de su militancia política, fundaron el Partido Republicano, e hicieron alianza con el Partido Auténtico. El ABC pasó de la oposición al gobierno. El Partido Liberal postuló a Núñez Portuondo, negociaron con la CSD y obtuvieron gubernaturas provinciales y el 55 por ciento de las alcaldías. Dentro del Partido Auténtico hubo una pequeña escisión, de menor importancia, llamada el Ala Izquierda que estaba formada por José Villalón, Alfredo Nogueiras y Lincoln Rodón, quienes apoyaron a Saladrigas. Los comunistas se mantuvieron fieles a Batista. Al unirse al gobierno, el ABC perdió lo poco que le quedaba en prestigio político nacional. Todos estos arreglos políticos fueron calificado por los humoristas de la época como "un arroz con mango", frase que ha permanecido como pieza integrante del folclore nacional, y que designa a algo que está bien enredado y que no tiene solución.

Carlos Saladrigas fue realmente un candidato impuesto. Había sido nombrado jefe del Partido Demócrata de manera totalmente arbitraria; fue seleccionado por Batista sin haber sido electo por ninguna asamblea de partido pues él realmente no tenía partido, y la CSD no se reunía para formar una asamblea general nacional y elegir a sus candidatos. Fue, por tanto, un candidato impuesto. Saladrigas era un hombre capacitado, honesto y serio, pero tenía un defecto capital para el pueblo cubano… "era un pesao", y en Cuba se puede ser todo menos "pesao". No podía Saladrigas competir en simpatías con Grau San Martín que por otra parte "caía muy bien"… "Era el Mesías de la cubanidad"…un término éste –cubanidad– que Grau siempre mencionaba sin explicar su significado, pero que aún dentro de esa nebulosa "atraía a la gente".

El representante Eduardo Chibás –siempre combativo– había empezado desde 1943 un programa radial de gran audiencia. Además, llevó a efecto una serie de intervenciones en la Cámara que no llegaron a nada en los hechos, pero que tuvieron una gran resonancia popular. Así, desde ambas posiciones combatía el gobierno de Batista con acusaciones reales unas, supuestas otras, y hasta con acusaciones falsas, y con la vehemencia que caracterizaba a Chibás se hacía cada vez mas popular, llegando de esta forma a ser la segunda figura del Partido Auténtico. El coronel Batista hubiera resuelto este problema de Chibás como resolvió otros similares… con palmacristi, detenciones y golpeaduras, pero Batista era un Presidente Constitucional y no podía recurrir a pasados métodos. Por lo tanto Chibás siguió adelante, y cuando su media hora radial dominical llegó a todos los rincones de la Isla alcanzó una popularidad tremenda, y por ende la popularidad del candidato Grau a quien Chibás apoyaba.

Los miembros de la Coalición Socialista Democrática, a cuesta con el fardo de los comunistas, debilitaba la candidatura de Saladrigas que era un hombre de derecha, y todo hacía indicar que perdería votos a causa del apoyo de los rojos. Al ocurrir la deserción de Cuervo

Rubio, Alonso Pujol y Raúl García Menocal –alcalde de La Habana– la misma resultó muy costosa a Saladrigas. Si las encuestas hubieran existido en aquella época, sin duda que habrían declarado ganador a Saladrigas, pues la CSD superaba en más de medio millón de afiliados a sus oponentes…en el papel, por supuesto. El apoyo de los industriales y hacendados así como una buena parte de la prensa estaba con Saladrigas. Los últimos decretos de Batista en especial el que concedía inamovilidad a los empleados públicos, sumados a los naturales recursos del gobierno, favorecían el triunfo de la CSD, Recorrieron la República en el "tren de la victoria". Los auténticos tenían menos recursos económicos. A la postre la candidatura de Grau-Cárdenas ganó las elecciones por un margen de victoria muy amplio, pero lo que ganaron fue el ticket presidencial y la alcaldía de La Habana. La CSD, en cambio, ganó la mayoría de senadores, representantes, alcaldes y concejales. Los auténticos ganaron la mayoría de las gubernaturas provinciales. "El arroz con mango" se había cocinado completamente.

El ABC desapareció. Los comunistas "disminuyeron" a su punto real de miembros. El Partido Liberal se mantuvo numeroso y con fidelidad de sus miembros pero Izaguirre Hornedo perdió la alcaldía habanera a manos de su contrincante. Calificada las elecciones por Chibás como "la jornada gloriosa del 1º de junio", tonadilla que repitió por largo tiempo y que duró hasta que se peleó con Grau. Fueron unas elecciones honestas sin coacción ni violencia. El nuevo código electoral concedía el voto directo a los candidatos a Presidente y Vice, y esto fue muy importante para el triunfo de Grau con 1,041,822 votos perdiendo sólo la provincia de Pinar del Río. Favorecieron a la CSD un total de 839,220 votantes. Los expertos en predicciones eleccionarias quedaron chasqueados. La CSD ganó el Senado: 30 contra 24 y la Cámara 43 contra 23. La Alianza Auténtico-Republicana ganó cuatro gobiernos provinciales. La CSD ganó 68 alcaldías por 58 la AAR. Grau declaró que limitaría el poder y la libertad de los comunistas dentro de la Isla. En los últimos cuatro meses de su gobierno Batista lanza una serie de decretos favorables a la población, pero que establecían una carga presupuestal.

Se efectúa un hecho simbólico muy característico de los cubanos con una gran manifestación frente a la casa de Grau para celebrar el triunfo, y después de desgañitarse por varias horas se dirigieron al Palacio Presidencial para vitorear también a Batista por haber presidido unas elecciones honradas. Batista disfrutó este espontáneo gesto de su pueblo y se sintió muy complacido, equivocadamente pensando que la presencia popular borraba todos sus errores del pasado y regresando a sus viejas andadas en 1952. Batista nombró ayudante del Presidente electo al Capitán Genovevo Pérez Dámera que fue ascendido a Comandante.

El balance de Batista deberá dividirse entre su presencia en Columbia y su estadía en Palacio. Tuvo excesos inconfesables e imperdonables, sobre todo en su primera etapa. Hubo aciertos, pero su gran pecado capital que muy caro pagaría, fue su alianza con los comunistas y todos los beneficios que les otorgó. Cuba nunca perdonará esto a Batista, pues fue la plataforma de la que despegaron los usurpadores de 1959.

HOMENAJE A MI PADRE

Condecoración "Atlantic War Zone Bar. Merchant Marine Emblem" otorgada a Andrés Cao Gutiérrez por sus servicios en la Marina Mercante durante la Segunda Guerra Mundial

February 10, 1945.

Mr. Andres Cao Gutierrez
Coicuria #561
Vibora, Habana, Cuba.

Dear Sir:

We take pleasure in sending you the following:

Atlantic War Zone Bar
Merchant Marine Emblem

and hope that you will have as much pleasure and pride in wearing them as we have in sending them.

We regret that we cannot send you at this time a Combat Bar, because your application failed to give us sufficient information to correctly judge your eligibility. The Combat Bar is only issued to officers and men of the United States Merchant Marine whose ships have participated in direct enemy action. If you will kindly send us at your earliest possible convenience the details of the attack on your ship, we will be very pleased to reconsider your eligibility for the Combat Bar.

Sincerely yours,

Frank Rusk

Frank Rusk
Executive Secretary
Seamen's Service Awards Committee

Enclosure

SINCLAIR CUBA NAVIGATION COMPANY
AGUIAR 367 - HAVANA, CUBA

A QUIEN PUEDA INTERESAR:

      Por la presente hacemos constar que el Sr. ANDRES CAO GUTIERREZ prestó servicios para esta Compañía durante la Segunda Guerra Mundial en nuestro vapor "W. E. OGILVIE" como Segundo Maquinista, según detallamos a continuación:

DESDE:	HASTA:
Marzo 4, 1942	Junio 24, 1942
Junio 30, 1942	Marzo 8, 1945

      Asimismo hacemos constar que durante dicho tiempo el vapor "W. E. Ogilvie" se dedicó a hacer viajes entre Puertos Cubanos y con Puertos de los Estados Unidos, en su caso.

      Y para que pueda acreditar tales extremos ante el Sr. Ministro de Defensa Nacional, expedimos la presente en La Habana, a seis de Noviembre de mil novecientos cincuenta.

      SINCLAIR CUBA NAVIGATION COMPANY

      Vice-Presidente

HBK:g

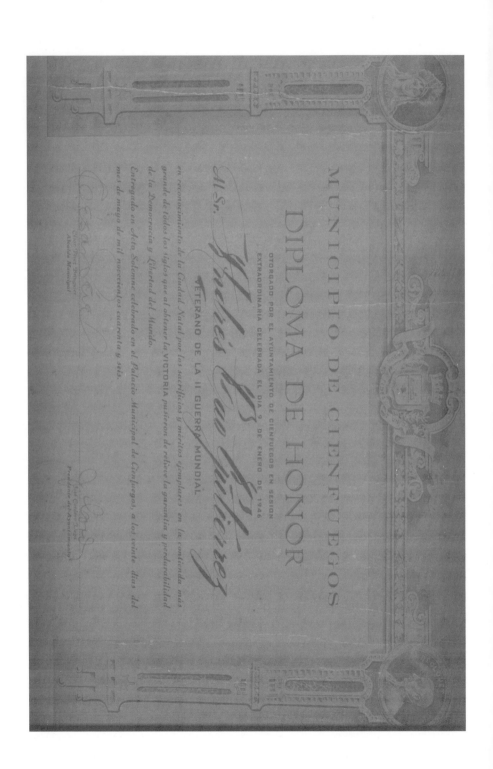

MUNICIPIO DE CIENFUEGOS

DIPLOMA DE HONOR

OTORGADO POR EL AYUNTAMIENTO DE CIENFUEGOS EN SESION
EXTRAORDINARIA CELEBRADA EL DIA 9 DE ENERO DE 1946

Al Sr.

Andrés Cao Gutiérrez

VETERANO DE LA II GUERRA MUNDIAL

en reconocimiento de la Ciudad Natal por los sacrificios y méritos ejemplares en la contienda más
grande de todos los siglos que al obtener la VICTORIA pusieron de relieve la garantía y perdurabilidad
de la Democracia y Libertad del Mundo.

Entregado en Acto Solemne celebrado en el Palacio Municipal de Cienfuegos, a los veinte días del
mes de mayo de mil novecientos cuarenta y seis.

CAPÍTULO VIII

PERÍODO CONSTITUCIONAL DE RAMÓN GRAU SAN MARTÍN (1944-1948)

Comenzaremos hoy con el segundo de los tres gobiernos demo-cráticamente elegidos después de aprobada la Constitución de 1940. Una vez apagados los estentóreos alaridos de Chibás... *"la jornada gloriosa del 1° de junio" ha terminado con el triunfo del Dr. Ramón Grau San Martín, etc, etc, etc...*que martillaron los oídos cubanos durante varias semanas después de las elecciones, hasta el día 10 de octubre de 1944 en que fue inaugurado el segundo gobierno de Grau. Su primer gobierno, como sabemos, había sido provisional, designado y tormentoso, mientras que éste había sido por voto electoral mayoritario, pero paradójicamente habría de ser mucho más tormentoso que el primero.

Grau era un político inmensamente popular; tenia una forma de hablar a las multitudes que casi las enloquecía, pero su popularidad no había logrado que los electores votaran por sus candidatos a representantes y senadores lo cual le creó dificultades. Sin embargo las elecciones parciales de 1946 le confirieron mayoría al Partido Auténtico en la Cámara y en el Senado. El "mesianismo" de Grau y su magnetismo fue siempre impresionante, independientemente de los hechos negativos ocurridos durante su gobierno que fueron muchos, grandes y más numerosos que los hechos positivos. La toma de posesión del nuevo gobierno se efectuó con la jura del Vicepresidente Raúl de Cárdenas en el Senado y la jura del Presidente que, apartándose de los usos de rigor, se efectuó en la terraza norte del Palacio Presidencial frente a una multitud.

Este gobierno se puede caracterizar como el gobierno de las contradicciones entre lo dicho por ellos y lo que hacían después; contradicciones entre lo que se había plasmado en el programa político del PRC(A) y la realidad política posterior; contradicciones entre las grandes esperanzas de probidad, erradicación de la corrupción, etc., y los resultados negativos encontrados en el transcurso de su administración. La primera de estas contradicciones fue cuando en su toma de posesión se dirigió a los miles de ciudadanos allí presentes y dijo "no soy yo sino el pueblo el que toma posesión hoy". Ese mismo pueblo vio como Grau gobernó por medio de decretos personales, ignorando al Congreso casi siempre en cuanto a la promulgación de leyes...más de 17,000 decretos en sus cuatro años de gobierno, contrastando con un escaso puñado de leyes. La excusa durante sus dos primeros años fue que él tenía minoría congresional, pero en los dos últimos años de su gestión Grau tenía mayoría legislativa y a pesar de ello continuó haciendo lo mismo. No era el pueblo el que gobernaba, sino era el Presidente Grau el que lo hace por decreto, algunos de ellos inconstitucionales como eventualmente veremos.

Estudie el lector la doctrina o programa auténtico que daremos a continuación con la realidad de la conducta del gobierno constitucional de Grau, y establezca una comparación con los hechos que se fueron sucediendo para que encuentre las contradicciones a las que nos referimos.

La mencionada doctrina redactada en el exilio y el programa del Partido Auténtico aprobado en 1934 al menos oficialmente eran el programa del gobierno y ese lineamiento doctrinal estaba basado en el trípode *"nacionalismo, socialismo y antiimperialismo"*. Primero hablaba de un nacionalismo constructivo con incorporación y rehabilitación de todos los factores auténticamente nacionales, buscando la nacionalización donde fuese necesario y oportuno. Segundo, hablaba de *un socialismo nuevo* sin plagio ni imitación de las escuelas europeas, buscador de las esencias y expresiones sociales de Cuba que conllevara a una acción política y económica beneficiosa a la mayoría... *democracia social en vez de dictadura*. En tercer lugar mencionaba *un antiimperialismo científico* considerando al imperialismo no como una palabra tenebrosa, sino como un fenómeno económico resultante de las fuerzas internas *del capitalismo*. En Estados Unidos y Europa *el imperialismo era la última etapa del capitalismo,* pero en los pueblos de Ibero América y Cuba constituía la primera. Hablaba de poner una serie de frenos y contenes en evitación de la deformación de la economía incipiente en esos países. Mencionaba la bilateralidad en los tratados, cooperación verdadera en el intercambio. La cuarta estipulación de su doctrina o programa hablaba de un frente único de clases o movimiento de integración nacional, en oposición al concepto de lucha de clases del comunismo y a su fórmula política de dictadura o hegemonía del proletariado a la que considera inmadura e incipiente en los países latinoamericanos. La quinta estipulación hablaba de una doble táctica política a través de la estrategia de un "programa máximo" y un "programa mínimo". Dentro del primero se aceptó la *política indo americanista del aprismo,* esto es la unión política y económica de América Latina excepto en la internacionalización del Canal de Panamá, que se dejó para posteriores acuerdos.

Este programa político que más bien parecía un programa revolucionario similar a lo que se utilizaba en esa época en los países latinoamericanos sin concretar absolutamente nada, y con un lenguaje que si hacen memoria caerán en cuenta que oyeron muchas veces en algunas de sus partes a partir de 1959, resumía o intentaba resumir la tercera conferencia pronunciada por Grau en Panamá en 1935, de la cual incluimos algunos párrafos a continuación:

"La política de Cuba es y sobre todo ha sido, dentro del marco en que la hemos descrito, una ficción, una enorme falsedad histórica. Hemos tenido un Partido Conservador que no era conservador; un Partido Liberal que no era liberal. Véase para dar un ejemplo extremo de su posición artificial, de su inexistencia ideológica, cual fue en definitiva el destino de esos partidos: se unieron para defender intereses y líneas políticas que no eran ni liberales ni conservadoras. Y esos intereses los conocemos bien los revolucionarios de Cuba".

"El nacimiento de nuestra República coincidió fatalmente con la *aurora del imperialismo de Norteamérica.* Conjuntamente con el siglo se iniciaba el período histórico que había de culminar en convertir a los Estados Unidos en acreedor universal. La Constituyente de 1901 y los hombres que posteriormente se hicieron cargo del gobierno, ignoraron o prefirieron ignorar este hecho, y se limitaron al mantenimiento de una soberanía nominal, que abandonaba el dominio económico de Cuba al interés extraño. Con rapidez casi fulminante *el capitalismo norteamericano* se erigió en árbitro de la vida social, política y económica de la nueva República. Los sucesivos gobiernos republicanos resultaron cada vez en mayor escala meros ejecutores de la voluntad de los intereses extranjeros. La vida económica de Cuba estuvo regida por los intereses azucareros hasta la catástrofe económica de 1920, y a partir de entonces lo ha estado por los intereses bancarios. La vida pública ha estado en todo tiempo regida por la Cancillería norteamericana que ha gobernado a Cuba en forma irresponsable. Taft en 1906, el período de la "intervención preventiva" de Mr. Knox, la acción desembozada de Mr. Gonzales, la "actuación educadora" de Mr. Crowder, la constante importación a expensas del Estado cubano de técnicos y expertos de todas clases, constituyen la fases más visibles de este dominio. La triple acción política, social y económica de la penetración del capital norteamericano ha llegado a conmover los propios fundamentos de nuestra nacionalidad. De este modo la República creada por la Constitución de 1901 era tan sólo una mera ficción legal. ...hoy, con más insistencia que nunca, pedimos que cese la intervención solapada, onerosa, sangrienta, que sin ninguna responsabilidad visible, tiene la responsabilidad profunda de todo lo malo que hoy ocurre en Cuba"...

Finaliza haciendo un breve resumen histórico de la revolución cubana desde 1923, las luchas estudiantiles y el fracasado alzamiento de los políticos tradicionales de la oposición: "En el pantano de Río Verde quedó arruinada de una vez y para siempre la reputación guerrera de aquellos generales y la confianza que en ellos algunos tenían todavía...y la juventud y el propio pueblo de Cuba se convencieron definitivamente que aquellos no eran elementos idóneos para la liberación que Cuba necesitaba".

Estas tres conferencias y en especial la tercera pueden considerarse como el programa del Partido Revolucionario Cubano (Auténtico) y el que Grau pondría a trabajar desde su toma de posesión en octubre de 1944.

La primera conferencia se refiere a LA ECONOMÍA y de ellas extraemos unos pocos párrafos:

"Es precisamente a partir del establecimiento de la República cuando se produce en gran escala la pérdida de sus propiedades y el avance a pasos agigantados del latifundio azucarero por obra del capitalismo invasor..."... "Nuestra República ha sido despojada de sus principales fuentes de riqueza y su pueblo reducido a la explotación y la miseria...”... “La cantidad de tierra que poseen hoy los ingenios americanos supera en extensión a la provincia de Santa Clara... y a las provincias de Pinar del Río y La Habana unidas”... “Hay compañías que poseen seis, ocho y hasta doce ingenios...”... “Según la propia Foreign Policy Association... aproximadamente el 30 por ciento del territorio cubano eran propiedad en 1933 de compañías azucareras o estaban arrendadas o controladas por ellas...”... “por influencia del capital foráneo se convierte a Cuba en un país monoproductor...”

De su segunda conferencia sobre LA VIDA SOCIAL recogemos los siguientes párrafos:

> “En cuanto a la ejecutoria cívica de las clases altas, es decir, de nivel económico elevado, cabe un juicio bastante severo...entre ellos están no solamente los que vendieron sus tierras y contribuyeron así a la formación del funesto latifundio azucarero, sino también los que escalaron a fuerza de dinero posiciones políticas puestas al servicio del extranjero...en inmoral contubernio...en pugna con los intereses colectivos... se hallan también los que sirvieron de abogados y sostenedores de las grandes compañías y bancos, en el proceso mediante el cual estos absorbieron la riqueza y territorio cubanos...”

Estableció Grau que Cuba debe ser para los cubanos...que el proceso de desplazamiento y esclavitud de los cubanos reconoce una causa general de acción internacional: el imperialismo financiero auxiliado eficazmente en lo civil por los políticos tradicionales y en lo militar por el Ejército mercenario... la solución del problema de Cuba no puede resultar sino de la acción de los cubanos auténticamente revolucionarios, los cuales presentan en la actualidad un frente de luchas simultáneas contra los tres factores fundamentales del malestar cubano y que en virtud de peculiares condiciones del momento histórico, están firmemente convencidos de que esa acción puede llegar a ser victoriosa. “Cuba para los cubanos” repetíase, pero no se especificó cuales eran los cubanos que iban a ser los dueños de Cuba si era el pueblo, o eran los miembros del BAGA u otros potentados políticos que fueron los que realmente disfrutaron los beneficios.

Otra frase popularizada por Grau fue la de “habrá dulces para todos”...y efectivamente casi todos los cubanos tuvieron un pirulí, pero los verdaderos beneficiarios comieron tartas y dulces finos en abundancia. "Las mujeres mandan" fue otra de las frases lanzadas a rodar por el "Mesías" sin embargo no hubo ninguna mujer en el gabinete de Grau en contraste con el de Batista que tuvo a una como Ministro sin Cartera. Tampoco hubo mujeres en el Congreso. Decían los comunistas que la frase correspondía al hecho de que Paulina Alsina mandaba no sólo en la casa de Grau, sino también en una serie de cosas en la política del gobierno. "Cada cubano tendrá cinco pesos en el bolsillo" fue otra frase lapidaria que resultó básicamente cierta, pero los bolsillos de algunos cubanos tenían cinco multiplicados por 10 o 100 mil y algunos hasta un millón. Por último señalemos la frase de "la cubanidad es amor" que fue la gran contradicción con la realidad pues durante el gobierno de Grau hubo 63 asesinatos de tipo político, 72 atentados con heridos de diferentes grados de gravedad y 14 bombas.

Señalaremos que Enrique Enríquez Ravena, quien realmente fue el alma fundadora del Partido Auténtico –puesto que Grau estaba en el exilio– y que dijo no pertenecería a ningún partido, fue incluido no obstante entre los fundadores por ser la figura emblemática, y posteriormente aceptó este rol. Enríquez tuvo a su cargo el discurso en la Asamblea donde se fundó el Partido. Estuvo él entre las primeras víctimas del terrorismo político cubano. Siendo Jefe del Servicio Secreto de Palacio, cuando el día 24 de abril de 1945 a las once de la mañana mientras viajaba en su automóvil por la calle Monte, casi esquina a Cienfuegos, frente a la Plaza de la Fraternidad, fue ametrallado. Nunca se detuvo a nadie…nunca se acusó a nadie, y por supuesto nunca se supo quien o quienes habían sido los asesinos. Un mes antes fue arrestado y posteriormente asesinado el abogado Eugenio Llanillo también co-fundador del partido; su cadáver acribillado a balazos encontrado en una carretera y por ese hecho fue acusado el comandante de la Policía Nacional Juan Roberto "Guancho" de Cárdenas quien fue arrestado y luego escapó. Fue posteriormente juzgado y absuelto al regresar a Cuba en 1949. Otros oficiales considerados cómplices fueron exonerados por un Consejo de Guerra.

La biografía del Dr. Grau fue expuesta previamente y a ella referimos al lector. Grau murió en Cuba el 3 de julio de 1969, aproximadamente a sus ochenta años de edad. Durante la dictadura "marzista" del 52 al 59 se presentó como candidato presidencial para después retirarse y "boicotear" dos veces las elecciones presidenciales, una en 1954 y la otra en 1958, con lo cual fortaleció la oportunidad que Fidel Castro y los comunistas esperaban, esto es, no hay solución política...la única opción es la revolución. Esta actitud aparentemente errática encajaba muy bien en la personalidad de Grau.

Herminio Portel Vilá hizo un breve perfil fisiosicológico de Grau a quien el autor conoció extensa y profundamente: "Nunca se había casado y varias damas de gran atractivo y distinción se encontraban entre sus amigas y parecía como que las cortejaba, pero nadie pudo señalarle concretamente una sola aventura amorosa con vistas al matrimonio. Su vida familiar era la de un hogar regido por la señora Paulina Alsina, su cuñada, viuda de un hermano del Dr. Grau San Martín quien había perecido en trágicas circunstancias. Dos sobrinas y dos sobrinos, hijos de la señora Alsina, vivían al amparo del médico solterón. Alto y delgado era un consumado esgrimista, pero tuvo que renunciar a la práctica de ese deporte por una afección ósea en la mano derecha que se decía era de origen tuberculoso y que le obligaba a saludar con la mano izquierda. Con una sonrisa atractiva, siempre de buen humor, nunca indignado, y muy dueño de sus pasiones, el Dr. Grau San Martín también era un hombre de gran valor personal e imperturbable ante todo peligro. Fue muy de lamentar que con todas esas cualidades como hombre y como político el Dr. Grau hubiese perdido los principios políticos y morales en materia de gobierno. Les permitió a los miembros de su inmediata familia, muy especialmente a su cuñada, así como a sus amigotes y protegidos que ejercieran una perniciosa influencia sobre su gobierno al tiempo que él, por su cuenta, actuaba de manera irresponsable en su gestión oficial...No había promesa que le fuese sagrada y nadie podía estar seguro de cual sería su reacción en un caso dado... conservaba algunas lealtades principalmente la de su familia, entre otras". Hasta aquí la cita de Portel Vilá.

Su primer gabinete estuvo compuesto de la forma siguiente: Félix Lancís Sánchez como Primer Ministro; Gustavo Cuervo Rubio como Ministro de Estado; Carlos E. de la Cruz como Ministro de Justicia; Segundo Curti Messina como Ministro de Gobernación; en el Ministerio de Hacienda Manuel Fernández Supervielle; Gustavo Moreno Lastre en Obras Públicas; Germán Álvarez Fuentes como Ministro de Agricultura; en Comercio Inocente Álvarez Cabrera; Carlos Azcárate como Ministro de Trabajo; Luís Felipe Pérez Espinós como titular de Educación; José Antonio Presno en Salubridad; Sergio

Clark en Comunicaciones; como Ministro de Defensa Salvador Menéndez Villoch y Julián F. Solórzano como Secretario de la Presidencia y del Consejo de Ministros.

En el tratamiento del gobierno del Dr. Grau San Martín utilizaremos el mismo sistema empleado en los capítulos previos, relacionando los principales sucesos acaecidos.

Un poderoso ciclón afecta a la provincia de La Habana el día 18 de octubre de 1944 causando destrozos y víctimas. Las llamadas brigadas autenticas de auxilio son utilizadas por el gobierno que, ayudando a la Policía, mantuvieron muy bien el orden. En noviembre el Jefe de la Policía Teniente Coronel Antonio Brito es sustituido nombrando en su lugar al retirado Teniente Coronel José M. Pino Donoso que "era bien mirado" por los elementos revolucionarios, pero éste no tardó mucho en renunciar a ese cargo. Es retirado el general Ignacio Galíndez que fungía como jefe de Columbia. En los primeros días de noviembre Grau decide asumir personalmente la dirección del orden público. El general Francisco Tabernilla Jefe de la Fortaleza de La Cabaña desmiente que se esté intentando un golpe militar. Prohibida la venta de armas de fuego. Detenido Manuel Benítez a su regreso a Cuba. El día 17 de diciembre se ordena a la Policía registrar a cualquier persona que circule por las calles después de las diez de la noche y lleve consigo bultos sospechosos. Tabernilla y otros oficiales cercanos a él, son retirados a finales de diciembre, y sustituido por el coronel Gregorio Querejeta. El 28 de febrero renuncia el mayor general Manuel López Migoya como Jefe del Estado Mayor del Ejército, y para sustituirlo se designa a Genovevo Pérez Dámera ascendido transitoriamente a mayor general.

Tres conspiraciones militares con intentos de derrocar al gobierno son descubiertas en el cuatrenio del Presidente Grau. Fueron rápidamente detectadas y neutralizadas por las Fuerzas Armadas. La primera ocurre el 16 de marzo de 1945 con el desembarco de José Eleuterio Pedraza en las cercanías del Cabo de San Antonio estableciendo contacto con oficiales que estaban en servicio activo, así como alistados y clases, además de algunos civiles. El general Abelardo Gómez Gómez y el coronel Ruperto Cabrera informaron de estos contactos a la jefatura del Ejército. Pedraza y sus asociados fueron arrestados en una finca que en San Antonio de las Vegas poseía Hilario Pedregal. La prensa la llamó "la conspiración del cepillo de dientes", porque a Pedraza, además de una pistola y una proclama, se le ocupó un cepillo de dientes, aunque realmente los complotados no intentaban dar una broma sino derrocar a un gobierno constitucional libremente elegido por los cubanos. Entre los conspiradores había un ex coronel, un ex teniente coronel, dos comandantes, siete capitanes, cuatro tenientes, unos soldados y civiles, que incluían a un concejal y un jefe de bomberos Terminado el juicio el 13 de abril, Pedraza y seis de sus asociados fueron condenados a un año de prisión. Los demás fueron absueltos.

El 17 de mayo el general Pérez Dámera, Jefe de las Fuerzas Armadas, informa que el tiroteo escuchado la noche anterior en la Ciudad Militar se debió a que se había descubierto una conspiración militar que fue abortada. Los disparos duraron aproximadamente unos treinta minutos. Pocos días después se anuncia que el sargento Felipe Díaz Rodríguez y varios alistados estaban detenidos. No hay mención de participación de civiles. La prensa continúa con sus burlas, y a esta la llama "la conspiración del mulo muerto", porque una acémila fue la única baja ocurrida. Desde Miami hace declaraciones Manuel Benítez sobre esta conspiración diciendo que hay malestar en el Ejército contra el gobierno de Grau. El 24 de octubre de ese mismo año 1946 el gobierno anuncia que han descubierto y evitado el desarrollo de una nueva conspiración militar en el Campamento de Columbia. Se supo de ella porque el sargento Jesús Rodríguez del distrito de Camagüey, y el sargento Aurelio Martínez Prieto de Columbia, fueron invitados a participar del movimiento sedicioso, pero fingieron aceptar y avisaron a sus superiores de la existencia de la trama. El Ejército sostuvo un fuerte tiroteo con un grupo de conspiradores que estaban reunidos en la finca "El Renegado" o "Villa Nena", propiedad de la hermana del ex general Manuel Benítez. Entre ellos estaban el Dr. Hildo Folgar, Daniel Vilarchao, Gumersindo Martínez Torres, Félix Díaz Arencibia, Moisés Silva Cortés, y en Pinar del Río fueron detenidos Ernesto de la Fe, y otros, entre ellos varios alistados. Habían introducido a través del puerto de Santa Lucía cuchillos comando y otras armas cortas con el objetivo de atacar y dominar un número de cuarteles. Esta es la llamada "conspiración de la capa negra". En el mes de enero de 1947 el Tribunal de Urgencia dicta condenas de tres y dos años contra 29 de los 50 acusados, sentencia que es revocada por el Tribunal Supremo. Finalmente serían indultados por Batista en 1953. El más importante de los conspiradores fue Ernesto de la Fe, quien en la dictadura "marzista" sería nombrado Ministro de Información.

Estas fueron las tres conspiraciones que desbarató el general Genovevo Pérez Dámera pese a las continuas burlas de la prensa. Pérez Dámera demostró tener la suficiente habilidad para desvertebrar todas estas intentonas. Grau no tuvo que confrontar ningún tipo de problemas gracias a la actuación de su Jefe del Ejército. Algo muy distinto sucedería con el Presidente Prío. Obviamente Genovevo sabía lo que hacía, y lo hacía bien. Con los nombres burlones, la prensa trataba de disminuir la importancia de estos movimientos sediciosos que pudieran haber ocasionado grandes dificultades al gobierno.

Pasemos ahora revista a la larga cadena de atentados con los resultantes muertos y heridos ocasionados por los llamados grupos de acción revolucionaria implantados en toda Cuba desde 1944 hasta 1952, durante los dos gobiernos Auténticos. Se decía al principio que era para vengar a los mártires asesinados por las fuerzas represivas desde la época de Machado. Esto era cierto en algunos casos, pero en otros no tenían relación alguna con la excusa dada, pues fundadores del Partido Auténtico fueron muertos así como también revolucionarios que formaban parte de agencias policíacas del gobierno. La guerra entre grupos alcanzó su mayor consecuencia en el dramático episodio de Orfila. En ocasiones murieron personas que nada tenían que ver ni con tirios ni con troyanos. Se desató una ola de violencia incontenible y cuando las clases vivas ciudadanas le exigieron al Presidente Grau que detuviera esta anarquía Grau les salió con una de sus frases "cantinflescas" de ningún contenido, pero de cierto impacto popular: "la libertad sólo se conquista con más libertad". Se pregunta uno si es preciso dar más libertad para matar. Grau hizo poco o nada por detener esta tragedia. Es más, uno diría que la agravó al nombrar en altos cargos de cuerpos policíacos a personas que eran rivales entre los grupos revolucionarios, que fue el factor determinante en el incidente de Orfila entre otras cosas.

Otro incidente fue el ocurrido entre auténticos y comunistas que, paradójicamente, siendo archienemigos, al poco tiempo de tomar posesión Grau llegaron a un arreglo y estuvieron en un maridaje que duró dos años, hasta que la Unión Soviética dictaminó que había que cambiar de política, y de nuevo empezaron las luchas que llegaron a ocasionar muchas víctimas. El control de la CTC fue el eje aparente de la actuación de los comunistas para el pacto con Grau, pero no sólo la organización obrera era el objetivo. Por otro lado, ocurrió algún que otro crimen pseudo político. Dentro de los muertos por atentados sólo mencionaremos los nombres de las figuras relevantes puesto que enumerarlos todos haría este relato demasiado largo.

Tras el asesinato de dos vigilantes, uno de ellos acusado de dar muerte al revolucionario Pedro Fajardo Boheras "Manzanillo", Grau toma la dirección del orden público y la Acción Revolucionaria Guiteras dice que hará justicia por sus manos y se responsabiliza con estos dos primeros crímenes de personas acusadas de asesinar a revolucionarios. El día 6 de diciembre de 1944 estalla una bomba en la casa del ex teniente coronel Pedro Díaz. En 1945, el día 17 de enero, estalla una bomba en el local del Comité Central del Partido Socialista Popular en Carlos III esquina a Oquendo. El 17 de febrero estalla una bomba en el edificio de la Lotería Nacional en Cuba y Amargura. . El 11 de marzo estalla una bomba en el edificio donde está el despacho del Ministro de Comercio, Alberto Inocente Álvarez. El 5 de abril es muerto el revolucionario Gustavo Pino Guerra cuando intentaba fugarse del Castillo del Príncipe. Una turba dirigida por el agitador Manolo Mazas la emprende a adoquinazos contra el Capitolio Nacional donde se efectuaban interpelaciones de varios ministros del gobierno. El senador Chibás le habló a la turba calmándola y la llevó a Palacio. La Cámara y el Senado protestaron enérgicamente y acusaron a Chibás de ser el tribuno de la plebe y de haber organizado el ataque para entorpecer la sesión. El 31 de mayo se fuga del Hospital Calixto García el estudiante José Noguerol Conde, que estaba condenado a 30 años de prisión por el asesinato del Profesor Ramiro Valdés Daussá. El 5 de junio atentan contra la vida del ex teniente de la Policía Antolín Falcón pero éste resulta ileso. El 12 de junio los familiares del estudiante Andrés Noroña reportan su desaparición desde cinco días atrás pero nunca aparece ni vivo ni muerto. El día 2 de septiembre es ametrallado y muerto en Marianao el ex capitán del Ejército y ex Jefe del Servicio de Inteligencia Militar José H. Santa Cruz Hernández. El 28 de octubre salva la vida en un atentado el ex comandante Pedro Tandrón Hernández ex Inspector de la Policía Nacional en épocas de Pedraza y poco después abandona el país. El 28 de noviembre es muerto a tiros en Arroyo Apolo el ex jefe de la Policía Nacional coronel Antonio Brito Rodríguez escapando ileso su yerno Orlando Piedra. El 31 de diciembre es muerto a tiros el ex teniente de la Marina de Guerra "Cuco" Díaz Juglar, hecho que aparentemente guarda relación con la muerte de Antonio Guiteras, pues se consideraba que Díaz Joglar había delatado el lugar por el que Guiteras abandonaría Cuba.

1946... El 2 de febrero hay un tiroteo en el interior de un ómnibus urbano en Mantilla en el que perecen dos civiles y un cabo del Ejército. El 8 de febrero estalla una bomba en el edificio del Ministerio de Hacienda en Cuba entre Obispo y Obraría. Un día después es herido de un balazo el revolucionario Abelardo Fernández "El Manquito" en un incidente entre él y Rogelio "Cucú" Hernández Vega, Segundo Jefe de la Policía Secreta. El 11 de marzo es muerto a tiros en el bar "Criollo" del Hotel Sevilla el joven estudiante oriental Hugo Dupotey Nicot, crimen nunca esclarecido. El omnipresente Chibás promete en su charla radial dominical revelar el nombre del asesino pero nunca lo hace. Desaparece el brillante del Capitolio Nacional el 25 de marzo. El brillante de 23 quilates valorado en $9,500 estaba fijado al piso. Unas semanas después aparece en la mesa de Grau... El 11 de abril es gravemente herido en el jardín de su casa el ex comandante de la Policía Nacional Rafael Campos Egües. El 6 de mayo tras renunciar el senador Diego Vicente Tejera al cargo de Ministro de Educación, grupos de pandilleros se apoderan del edificio del Ministerio para impedir la toma de posesión del nuevo titular José Manuel Alemán, por temor a perder sus prebendas. Cinco días después ocurre un atentado contra la vida de un ex cabo de la Policía llamado Otmaro Montaner, hermano de la famosa cantante Rita del mismo apellido; Otmaro resultó ileso. En la finca "El Vínculo", Alto Songo, provincia de Oriente, un alistado de la Guardia Rural mata a Niceto Pérez líder de la Confederación Campesina de Cuba. El 3 de junio es acribillado a balazos el ex chofer del comandante Mariano Faget. El 7 de julio otro ex vigilante es asesinado. El 17 de julio es herido gravemente en un atentado el ex capitán del Ejército Manuel López Lage. El 28 de julio, al abrir la puerta de su casa, es asesinado el detective de la Policía Secreta Julio Abril Rivas; el ex jefe de la policía de Obras Públicas y cuñado del muerto, Bruno Valdés Miranda, persigue a los autores y también es muerto por estos.

El 6 de agosto se produce un atentado contra el hacendado Julio Lobo quien resulta herido de gravedad, pero salva la vida. Al día siguiente al salir de su automóvil en su residencia de Miramar, es víctima de un atentado el abogado y funcionario del Ministerio de Estado Antonio Valdés Rodríguez, pero milagrosamente salva la vida. El 16 de agosto otro vigilante pierde la vida en Arroyo Apolo. El 28 de agosto es asesinado un ex cabo del Ejército que se distinguiera en el Servicio de Inteligencia Militar por los informes acusatorios que produjera contra revolucionarios. El 2 de septiembre muere en un atentado, mientras se encontraba en el interior de un café de la calzada de Belascoaín próximo a Carlos III, Francisco Rey Merodio un estudiante que abandonó su membresía en Unión Nacionalista para ocupar un cargo en la Policía Judicial en épocas de Machado. El día 6 de septiembre, en un atentado aparentemente dirigido contra su padre, muere el joven Luís Martínez Sáenz cuando viajaba en el auto de la familia por la Quinta Avenida de Miramar. La misma noche del crimen el Jefe de la Policía Nacional es sustituido por el General Abelardo Gómez Gómez. Unos días después investigaciones practicadas por Mario Salabarría y otros oficiales a sus órdenes y con el concurso de antiguos revolucionarios se esclarece el asesinato por el cual son condenados el millonario Enrique Sánchez del Monte, Abelardo "El Manquito" Fernández, Román López Lacau, Herminio González López, Diego García Álvarez y Rogelio Herrera Quintana; el chofer que conducía el auto en que viajaban los asesinos, José Herrera Peña, se suicidó en un sitio cerca del Río Almendares. Seis organizaciones revolucionarias retiran su apoyo al gobierno por el nombramiento del general Gómez Gómez. El 26 de noviembre es acribillado a balazos un ex teniente de la Policía acusado de haber matado a un revolucionario. En un tiroteo ocurrido en el Stadium Universitario el 8 de diciembre es herido de gravedad el revolucionario Leonel Gómez; en este incidente parece estar involucrado Fidel Castro.

1947… El 21 de enero durante una exhibición de fotografías rusas en el Capitolio estalla una bomba. El 27 de enero es asesinado un vigilante de la policía del Ministerio de Educación que había pertenecido a organizaciones revolucionarias. El 12 de febrero desaparece el marinero Alfonso Ramos, aparentemente complicado en la muerte del hijo de Martínez Sáenz. El 26 de febrero, y en los bajos de la Lonja de Comercio, es muerto a balazos el político y caficultor oriental Lino Mancebo Rosell quien había tenido problemas por desalojos de campesinos en la zona de La Maya provincia de Oriente. El 4 de marzo Fabio Ruiz Rojas sustituye a Gómez Gómez como Jefe de la Policía. El 6 de marzo estalla un petardo en el Consulado de la República

Dominicana. La presencia del gangster Lucky Luciano en La Habana ocasiona serios problemas...es detenido y sujeto a expediente de expulsión...Un recurso de habeas corpus es ignorado por el Ministro Alfredo Pequeño quien es acusado por Chibás de hacerlo para proteger a un sobrino político de Grau y al senador Paco Prío Socarrás. Los Estados Unidos amenazan con suspender el envío a Cuba de narcóticos para uso terapéutico, alarmados por la presencia de Luciano, quien el 19 de marzo es embarcado a Italia en el barco turco "Bakir".

El 2 de abril en Manzanillo es muerto a tiros el Representante Liberal Manuel Cuevas Rivero por un activista de su partido. El mismo día y en una finca de Guanabacoa, el Ejército recupera 500 libras de dinamita robadas del polvorín de Punta Blanca, y al día siguiente el revolucionario Carlos "El Mexicano" Duque de Estrada es acusado y detenido. Ocurre un tiroteo frente a las oficinas del Partido Socialista Popular. Tres personas heridas el 9 de abril en un tiroteo frente al Instituto de La Habana. La puerta principal del Senado es tiroteada el 21 de abril. Cuatro días después son detenidos Humberto Ruiz Leiro, Presidente de la FEU, Rafael Díaz Balart, Aramís Taboada y Fidel Castro. El 28 de abril un grupo de miembros de Acción Revolucionaria Guiteras, conjuntamente con un policía, tratan de localizar a Leonel Gómez...se produce un tiroteo y es herido un comerciante. El 8 de mayo estalla un petardo en la residencia de Ángel González, ex Jefe de la Marina. El 12 de mayo estalla un petardo en la casa del Dr. Bartolomé Selva León Presidente del Consejo Nacional Antituberculoso. Francisco Yagües, quien fuera Segundo Jefe del Servicio Secreto de Palacio en época de Batista, es muerto a balazos el 13 de mayo en la calle Consulado, y junto al cadáver dejan un letrero que ha sido en venganza por la muerte de Ezequiel Pérez. Es muerto un ex cabo del Ejército en la Calzada de Columbia. El 26 de mayo se frustra un atentado contra Orlando "El Colorado" León Lemus quien resulta ileso, pero uno de sus guardaespaldas es herido de gravedad. El 15 de junio son heridos de gravedad en un atentado el líder sindical Lauro Blanco y Ángel Yergo. Las protestas iniciadas en Gibara por el incumplimiento de la promesa de construir la Vía Mulata que abriría Baracoa al interior de la provincia se extiende a un número de poblaciones, requiriendo la acción policial y militar para controlar los desórdenes. El 5 de julio es muerto a balazos en la Calzada 10 de Octubre José "Pepito" Febles

Maury. El 11 de julio es misteriosamente herido de bala el Director de Trabajo Tomás Vega Zamora. El 16 de julio en la Calzada de Belascoaín, el abogado Néstor Piñango hiere gravemente a tiros al líder de la Juventud Ortodoxa Orlando Castro, con el que sostenía un acalorado debate periodístico. El 4 de julio se ocupan 500 libras de dinamita que iban a ser utilizadas en un acto terrorista. Trece días después tropas del Ejército custodian las calles de la capital.

El 5 de agosto al subir a un tranvía es atacado a tiros el ex jefe de la Policía Judicial en épocas de Zayas y Machado, Alfonso L. Fors, pero sale ileso y se atribuye el atentado a que, uno de sus clientes en la agencia de detectives de su propiedad, es el gobierno dominicano. El 6 de agosto, en un segundo atentado pierde la vida Otmaro Montaner, y su hermana, Rita, comienza un programa titulado "Mejor que me calle", que es un programa opositor muy popular. Un miembro del Servicio Secreto de Palacio es herido en un atentado el 13 de agosto. Otro vigilante muerto a balazos el 3 de septiembre. El 6 de septiembre se frustra un atentado contra Emilio Tro Comandante de la Policía y líder de la organización UIR. El vehículo recibe más de 60 impactos de bala. Rafael Ávila, Jefe de la Policía del Ministerio de Salubridad es asesinado a tiros el 12 de septiembre en un establecimiento de víveres en el Vedado. El 15 de septiembre se efectúa la llamada "Batalla de Orfila" que a posteriori describiremos en detalle. El 19 de septiembre el coronel del Ejército Enrique Hernández Nardo sustituye a Fabio Ruiz como Jefe de la Policía. Casi inmediatamente después de los sucesos de Orfila se produce el arresto de los hombres que iban a invadir República Dominicana, la llamada expedición de Cayo Confites, que también detallaremos más adelante. Muere el estudiante Carlos Martínez Junco el día 9 de octubre en un tiroteo ocurrido frente al Instituto de La Habana entre partidarios del Ministro Alemán y estudiantes del centro, lo que da origen a un movimiento de huelga estudiantil. Luís Díaz Hidalgo, un ex policía que participó en la llamada "conspiración de la capa negra", es muerto en Marianao en el interior de un ómnibus de pasajeros. En Santiago de Cuba el Senador Caíñas Milanés mata al Representante Arturo Vinent Juliá, ambos auténticos. La campana de La Demajagua, llevada a La Habana el 3 de noviembre por una comisión de Veteranos de Manzanillo para ser expuesta en un mitin que se celebraría en la escalinata universitaria, a cuya celebración se oponían varias organizaciones, desaparece del Rectorado donde estaba depositada, quedando en su lugar un letrero que decía "Con las reliquias no se hace política: se veneran". Bienvenida la campana gloriosa dice el Presidente Grau al día siguiente cuando el General Enrique Loynaz del Castillo lleva a Palacio la campana, que es devuelta a Manzanillo el 12 de noviembre en un avión militar, custodiada por el Primer Ministro y el Jefe del Ejército.

1948... El día 10 de febrero ocurren desórdenes en los alrededores del Parque Central provocados por estudiantes del Instituto Número 1 de La Habana, que causan daños a los tranvías y a los muebles del plantel teniendo la Policía que usar fuerza física y gases lacrimógenos para desalojarlos del edificio. Al siguiente día continúan estudiantes causando desórdenes en la escalinata universitaria y, paralelamente también, ocurren hechos similares en la ciudad de Guantánamo, pidiendo un nuevo edificio para el Instituto, y en relación con esto hay la clásica huelga de hambre que dura 85 horas. Se supone que todos estos actos son parte de planes comunistas para desestabilizar el gobierno. El 22 de febrero Manuel "Manolo" Castro y del Campo, ex Secretario General de la Federación Estudiantil Universitaria, ex Director de Deportes y muy comprometido con la expedición de Cayo Confites, es asesinado al salir del Cinecito en San Rafael y Consulado que era de su propiedad, perdiendo la vida además Carlos Puchol Sampera y quedando heridos de gravedad otros dos acompañantes; rumores atribuyen este atentado a los restos de la UIR, y se incluye a Fidel Castro entre los atacantes, pero es exonerado por los tribunales por falta de pruebas.

El 29 de marzo son liberados en un sitio cercano a la capital, el alcalde de Nuevitas Sergio Percy Brice y dos amigos, todos delegados a la Asamblea Provincial Auténtica de Camagüey, que habían sido secuestrados a finales de diciembre al salir de una casa en la calle Vista Alegre en La Habana. El 6 de abril un individuo es detenido en la Plaza del Cristo por tres desconocidos –uno de los cuales vestía uniforme de teniente de la Policía Nacional–, e introducido a la fuerza en un auto del que posteriormente es arrojado y acribillado a balazos. El 12 de abril estalla una bomba en la tienda Sears de la habanera calle Amistad, causando daños considerables. El 31 de mayo es tiroteada la residencia del Gobernador de La Habana y herido una ordenanza; es arrestado uno de los cuatro asaltantes de inmediato, y luego un segundo cuando se presentó en un hospital a que le curaran una herida de bala sufrida en la mano derecha.

El 1º de junio el candidato auténtico a Representante por La Habana Manuel Romero Padilla hiere a balazos al Presidente de un Colegio Electoral. El 6 de junio es asesinado el sargento de la Policía Universitaria Oscar Fernández Caral frente a su hogar, y entre otros, Fidel Castro es acusado de tomar parte en el crimen, pero de nuevo no se puede probar su culpabilidad. El 12 de noviembre hay otro tiroteo en el Instituto de La Habana. El 20 de junio es asesinado el ex detective de la Policía Secreta Danilo Álvarez cuando se encontraba en un bar situado en Jesús María y Compostela. Otro vigilante es asesinado el 10 de julio en el barrio Colón, acusado de haber sido muy severo en la represión de manifestantes pertenecientes a una organización revolucionaria. El 16 de julio es muerto a balazos el ex Segundo Jefe de la Policía Secreta, Rogelio "Cucú" Hernández, en el Consulado de Cuba en México, en presencia de su esposa Xiomara O´Hallorans y del Cónsul; escapan los atacantes y salen del país en el vapor Magallanes que zarpa de Veracruz. El 20 de julio es frustrado un intento de agresión contra un sargento de la Policía Nacional en la Calzada de Ayestarán, donde resulta herido de gravedad el colono oriental Ernesto Rodríguez Suárez.

El 23 de julio Antonio "Cuchifeo" Cárdenas, quien era un conocido revolucionario, es herido de gravedad en un atentado y el mismo día es muerto a tiros un obrero tranviario víctima de pugnas sindicales. El 21 de agosto es baleado y herido de gravedad Julio Salabarría Aguiar, de profesión Veterinario y líder de la agrupación Legión Revolucionaria de Cuba. El líder obrero Juan Arévalo Veitía es asesinado, y tres días después el cuerpo acribillado a balazos de Noel Salazar Callicó, Jefe de la Policía del Ministerio de Educación, es encontrado dentro de su automóvil en la carretera de San Felipe, y se culpa a Policarpo Soler de ser el autor. A mediados de septiembre estalla un petardo en una ventana del edificio del Ministerio de Trabajo. A finales del mismo mes ocurre el último crimen de origen "político" en el gobierno de Grau, cuando en el Palacio de los Deportes, es muerto a tiros Luís Perkins líder de la Juventud Auténtica. El último día del mes estalla un petardo en las oficinas del PSP en Guanabacoa.

La batalla de Orfila

La expedición de Cayo Confites que tenía como fin la invasión de República Dominicana no le dio cabida a Emilio Tro, y esto constituyó el detonante final de la "batalla de Orfila". Los hechos ocurrieron de la manera siguiente: ya hemos relatado el atentado fallido contra "el colorado" y después contra Emilio Tro, que ya presagiaban el desastre final. El asesinato de Rafael Ávila, Jefe de la Policía del Ministerio de Salubridad, motivó la iniciación de pesquisas por parte del comandante Mario Salabarría que determinó que el causante de esta muerte había sido Emilio Tro junto con su grupo, y pidió una orden al Juez Riera Medina que conocía del proceso por la muerte de Ávila. Por esa orden se ordenaba el arresto del comandante Emilio Tro de la Policía. Se consultó a Palacio, al Presidente Grau, quien dijo que cumplieran con su deber. Al día siguiente, 15 de septiembre, en horas de la mañana, el comandante Salabarría con fuerzas a su mando rodea discretamente la casa del también comandante Antonio Morín Dopico, con información de que allí se encontraba Emilio Tro, que concurría a una reunión de los dirigentes más connotados de la UIR.

Llegada la hora del almuerzo, varios de los asistentes a la reunión abandonaron la casa para después continuar la reunión en horas de la tarde. Aprovechando esa circunstancia, y alrededor de las tres de la tarde, Salabarría conmina a los ocupantes de la casa a que se rindan y éstos como era de esperar responden haciendo fuego contra los agentes que rodeaban la casa. Al enterarse de esta situación, grupos del MSR aliados de Salabarría, envían hombres de confianza y rodearon no solamente la casa en cuestión sino un perímetro de varias cuadras a la redonda para evitar el ingreso de refuerzos a los que estaban atrincherados en la casa sitiada. Continúa y arrecia la balacera durante casi toda la tarde.

Antonio Morín Dopico que vivía en esa casa con su esposa Aurora Soler, que estaba en cinta, resultó ligeramente herido, y pidió tregua para que saliera su esposa con su hija por la parte posterior de la residencia. Ya en estos momentos hay varios muertos y heridos en ambas partes. Poco después se produce la aparente rendición de los que quedaban y salen Padierne, la señora Soler y el comandante Emilio Tro al portal de la casa, y avanzan hacia el exterior, pero los que estaban en la acera abren fuego y mueren las personas previamente citadas. Todo esto fue filmado por la cámara de Guayo Hernández, que era el más sensacional de los fotógrafos periodísticos de la época y que fue captando individualmente a muchos de los sitiadores. El único que no fue filmado fue Orlando León Lemus, porque lo amenazó con matarlo si lo hacía. Por orden del Presidente, a través de su Jefe del Ejército, enviaron tanques al mando del comandante Lázaro Landeira González y se detiene la matanza. El teniente coronel Oscar Díaz Martínez detiene a Salabarría y a todos sus agentes. Le confiscaron la película a Guayo y la editaron en Columbia. Posteriormente la pasaron en algunos cines de La Habana. Yo tuve ocasión de verla en el Rex Cinema. Por supuesto esta película era la condenación de Mario Salabarría y de su grupo, a pesar de la orden judicial, y de haber sido recibido a balazos, porque las tres personas que se rindieron, incluyendo a Aurora Soler que se encontraba en avanzado estado de gestación, fueron vilmente asesinadas. Se le ocupó a Salabarría una importante suma de dinero oculta en los zapatos, cuya procedencia se negó a declarar. Fueron juzgados y condenados un buen número de ellos: Salabarría a 30 años y los demás a 25, 20, 15 años de prisión y otros a menor condenas.

Perdieron la vida en los sucesos de Orfila el comandante Emilio Tro, el capitán Arcadio Méndez, los tenientes Luís Padierne y Mariano Puertas; Alberto Díaz y la señora Aurora Soler la esposa de Morín Dopico. Fueron heridos Morín, el teniente del Ejército Ramón de la Osa, el sargento Felipe González, los vigilantes José Pérez, Manuel Calvo y Manuel Villa; los agentes Mario Sánchez, Martín Soto, Joaquín Comas y otros hasta llegar a 18... Eugenio Rodríguez Cartas, conocido como "el extraño", y Eufemio Fernández no participaron en la refriega o por lo menos no aparecieron en el asalto, y por eso no fueron detenidos. Esa misma tarde, y en el Parque Maceo, es asesinado el agente del Servicio de Investigaciones Especiales Raúl Adam Daumy, agente de un departamento dirigido por Salabarría.

El episodio de Orfila determinó que se pusiera fin a la expedición de Cayo Confites pues el escándalo había sido demasiado grande y los Estados Unidos habían expresado su preocupación, y presionaron para evitar por todos los medios la invasión de República Dominicana, puesto que esto traería grandes problemas en el área del Caribe.

El desmantelamiento de la expedición de Cayo Confites

Desde los primeros meses del año 1947 se había estado preparando una fuerza expedicionaria para invadir la República Dominicana y derrocar al dictador Rafael Leónidas Trujillo. Esta

599

fuerza estaba formada por emigrados dominicanos, aventureros de varios países, y mayoritariamente por más de 700 cubanos. Estas actividades fueron posibles porque el Presidente Grau lo había permitido, y abiertamente se le daba entrenamiento en el Parque Deportivo José Martí de la ciudad de La Habana y en otras áreas de la República, a los futuros expedicionarios. El gobierno de Acción Democrática de Venezuela envió voluntarios. En el mes de septiembre fuerzas del Ejército ocupan en la finca América, propiedad del Ministro de Educación José Manuel Alemán, un enorme depósito de armas. Para transportar este arsenal se necesitaron trece camiones. El 22 de septiembre la Cámara pide una explicación sobre este evento. El día 23 hay un acuartelamiento de todas las fuerzas militares, lo cual causa gran alarma en la población. Continúan las ocupaciones de armas en varias residencias donde vivían revolucionarios. El gobierno desmiente los rumores de que esté en peligro de ser sustituido por una dictadura militar. El 24 de septiembre continuando sus investigaciones de los grupos conectados con la expedición, las Fuerzas Armadas detienen a tres capitanes de Policía y otras personas, así como a Rogelio "Cucú" Hernández, 2do. Jefe de la Policía Secreta, y a un soldado. Se ocupan más de 400 pistolas y revólveres en varias residencias. El día 28 de septiembre el Jefe del Ejército anuncia que en una operación combinada del cuerpo bajo su mando y de la Marina de Guerra, fueron apresados al norte de la provincia de Camagüey más de un millar de hombres que aparentemente estaban recibiendo entrenamiento militar, ocupándose varias embarcaciones y equipos de guerra.

Aparentemente debido a la presión diplomática norteamericana y a los sucesos de Orfila, el gobierno se dispuso a poner punto final a la política de complacencia y de oídos sordos, y a la complicidad obvia del Ministro de Educación Alemán para que Manolo Castro, Eufemio Fernández y otros apoyaran los planes de exiliados domini-canos liderados por los generales Juan Rodríguez y Miguel Ángel Ramírez, integrantes de la llamada Legión del Caribe. Se sospecha que al fracasar los planes invasores los integrantes de la expedición planeaban emplear las armas para derrocar al gobierno de Grau, pero esto nunca fue comprobado. A pesar de todo esto, Grau no retira su confianza al Ministro Alemán. El 1° de octubre a las 8 de la noche, llega a la Ciudad Militar de Columbia un tren con los expe-dicionarios detenidos. El 2 de octubre los tribunales comienzan procedimientos sobre el caso de Cayo Confites, y la presunta participación de José Manuel Alemán. Se decreta la libertad de 365 expedicionarios. Una información cablegráfica expresa que el gobierno de los Estados Unidos siente una gran satisfacción por el hecho de haber sido abortada la expedición de Cayo Confites.

Los organizadores y dirigentes cubanos fueron Jorge Felipe Arencibia, José Manuel Alemán, José Enrique Camejo, Rogelio Caparrós, Manolo Castro, Luís Alonso Rodríguez, Alejandro del Valle, José Eufemio Fernández Ortega, Feliciano Maderne, Rolando Masferrer, Reinaldo Ramírez Rosell, Fabio Ruiz Rojas y Mario Salabarría.

Pensaban utilizar ocho barcos, aunque solamente había cinco en el momento en que fueron detenidos en el cayo, entre ellos un barco dominicano que había sido asaltado al estilo pirata y puesto al servicio de los invasores. Dieciséis aviones de diferentes tipos, aunque se planeaba tener muchos más en servicio. Entre estos habían bombarderos B24 y B25, transportes C 47, P38 y otros, incluyendo aviones de reconocimiento. Los aviones de bombardeo iban a ser equipados con bombas hasta de 300 libras, pero iban a experimentar con bombas de menos peso de diez y veinticinco libras. En la finca América aparecieron bombas de profundidad de 325 libras y variados explosivos, tres morteros 81, alrededor de 2000 granadas de mano, 10 rifles automáticos, 15 bazookas, alrededor de 50 ametralladoras pesadas de calibre 7.75, alrededor de 3,000 rifles, 4 millones de balas, más de 300 cohetes con sus lanzadores, dos cañones antitanques de 37 mm. Muchas de estas armas fueron adquiridas en la Argentina y otras en los Estados Unidos, ilegalmente. Se suponía que el día 25 de septiembre iba a producirse la invasión. Todo esto se financió a costa del erario cubano por medio del inciso K, y se estima fueron gastados unos 10 millones de dólares, entre el sueldo que se les pagaba a los expedicionarios y la compra de este enorme arsenal de guerra.

Escenario Político

Las repetidas situaciones de los diferentes "duelos" en que estuvo envuelto el senador Eduardo Chibás durante el gobierno de Grau, en cierto modo constituían noticias de orden político, pero en ninguno de ellos –ya fuera a pistola, a sable o a espada– sucedió nada que ameritara incluirlo en la crónica roja, pues era cosas de teatro bufo el retar a duelo a todo el mundo, incluyendo a gente de su partido como fue el caso de Tony Varona.

Ya mencionamos que Grau tenía minoría en el Congreso al tomar posesión, aunque acuerdos y amarres mejoraron mucho la situación numérica. A partir de 1946 tenía franca mayoría, no obstante lo cual, siguió gobernando por decreto. Esto motivó serios conflictos con su mayoría congresional Auténtica, especialmente con los senadores. Los auténticos obtuvieron 30 actas de Representantes y 6 el Partido Republicano, mientras los partidos opositores alcanzaron sólo 29. Ya no hacía falta la ayuda comunista en la Cámara y en el Senado. Este factor y otras causas, determinaron el inicio de la ruptura del idilio auténtico con los rojos, que había comenzado a finales del año 1944.

El 16 de octubre la primera reunión del Consejo de Ministros aprueba la inamovilidad de los empleados públicos, que solamente podrán ser separados de sus cargos por causas graves y mediante expedientes. Se pasa al Ministerio de Comercio la Agencia de Exportación e Importación y la ORPA. Se eliminan 19 impuestos, y tasas postales y telegráficas que producían más malestar a los usuarios que beneficios al Estado. El Congreso concede un crédito de 7 millones de pesos para los damnificados del ciclón del 44.

En su libro "Cuba Libre" señala su autor Mario Riera los logros positivos del gobierno del Dr. Grau San Martín, y de lo apuntado por él haremos una cita parcial: "Pago del diferencial azucarero; aumento de un 20 por ciento en los jornales y sueldos de los empleados y obreros de la industria azucarera; Estación Experimental de la Caña de Azúcar; Acuerdo General sobre Aranceles y Comercio (GATT); ratificación de la Carta de San Francisco creando las Naciones Unidas; supresión de once impuestos; incorporación al Ministerio de Educación de la Escuela Normal de Maestros Rurales José Martí; construcción de centros escolares y de la Politécnica de Matanzas; reparto obrero de Aranguren; censo agrícola; construcción de la Avenida de Agua Dulce, Calzada de Dolores y otras obras públicas; inicio de las obras de la Vía Mulata y de la Vía Blanca; Sanatorio Antituberculoso de Guanito; ilegalización de la CTC comunista; nuevo tratado comercial entre Cuba y España; Caja de Anticipo a los trabajadores portuarios; Bolsa de trabajo para la costura a domicilio; Reglamento de Higiene del Trabajo; Fondo de Estabilización del Tabaco; régimen de cuotas a los artículos de importación; cancelación de la bandera del 4 de septiembre y de la festividad de ese día; inauguración del Palacio de los Trabajadores; turno laboral de seis horas de trabajo con pago de ocho para los obreros de los Ómnibus Aliados; jornada de verano para los trabajadores del comercio al detalle; prohibición de los desalojos urbanos; compra de oro físico para el fortalecimiento de la moneda cubana y otras leyes de retiro y seguros.

Es oportuno recordar que Mario Riera era un auténtico cien por ciento, y en su relación de las actuaciones de Grau omite ciertas cosas de interés. Por ejemplo, digamos que la Vía Blanca la terminó el Presidente Prío, que la Vía Mulata la comenzó Grau después de las protestas ocurridas en Oriente, y ni siquiera la terminó Prío; que Grau abandonó todas las obras que Batista había comenzado incluyendo el Hospital de Topes de Collantes, que era de gran necesidad, que el Palacio de los Trabajadores se construyó bajo el mando de Lázaro Peña en la CTC con un dinero que Grau le dio. Es decir que debemos mirar con cuidado las menciones y en algunos casos las exageraciones.

A pesar del decreto de la inamovilidad de los empleados públicos Grau determinó la cesantía de todos los empleados públicos que en épocas de Mendieta no habían apoyado la huelga revolucionaria. Por supuesto que su actuación frente a los grupos de gangsters y frente a la llamada expedición de Cayo Confites resta mucho a todo lo que los panegiristas de su gestión quieren presentarnos. La situación económica mejoró extraordinariamente debido al aumento del precio del azúcar y a la formidable ley de Grau del diferencial azucarero. Me refiero a la ley en sí, porque en lo tocante a la distribución, el Tribunal Supremo determinó que era inconstitucional, pero Grau no hizo caso de esta advertencia. Lo cierto fue que el diferencial azucarero llevó una gran mejoría al campo cubano y a los obreros industriales del azúcar, lo cual le ganó una popularidad extraordinaria porque en esos medios no había guerras de pandillas, y sus condiciones de vida mejoraron grandemente. Estableció también cierto número de escuelas con el dinero del diferencial y otra serie de mejoras. Con las rebajas en los impuestos ayudó al desarrollo de las industrias que comenzaron en épocas de Machado y que habían disminuido durante el decenio de Batista. Este puñado de leyes mencionado no tiene comparación con sus más de diecisiete mil decretos, o sea más de cuatro mil decretos por año. Vamos a señalar a continuación, año por año, algunos de los hechos administrativos y legislativos.

Se anuncia el 8 de diciembre de 1944 el sorteo para la adquisición de bonos de la deuda exterior, y se anuncian los amortizados. El 16 de diciembre el Senador Carlos Prío presenta una moción que no prosperó para juzgar a Batista por malos manejos de los fondos públicos. En los últimos tres meses de este año Grau empieza a "limpiar" las Fuerzas Armadas.

Tras conferenciar con Grau en febrero del 45, los dirigentes del Partido Comunista anuncian su apoyo al gobierno auténtico. Al mes siguiente el Representante Radio Cremata presenta una proposición de ley para retirarle al Presidente las prerrogativas especiales conferidas en diciembre del 41 con motivo del inicio de la Segunda Guerra Mundial. Renuncia el Ministro de Salubridad Presno y lo sustituye Octavio Rivero Partagás; luego hará lo mismo el de Obras Públicas Gustavo Moreno y lo sustituye José "Pepe" Ramón San Martín. El 9 de abril se presenta una moción del Presidente del Senado Suárez Rivas para interpelar al Ministro de Comercio Alberto Inocente Álvarez por la política de trueques que éste conduce, especialmente el efectuado con el Ecuador. El Ministro concurre y en el curso de la interpelación se produce un incidente entre Chibás y Santiago Rey, que como es costumbre en el primero termina en duelo donde Chibás es herido en un brazo y en la espalda. Se producen interpelaciones de los Ministros de Agricultura, Hacienda, Salubridad, Gobernación y Defensa en la Cámara de Representantes. Se pone bajo la jurisdicción del Ministro de Trabajo la contratación de técnicos extranjeros que únicamente podrán serlo si no existen técnicos cubanos idóneos para desempeñar el trabajo en cuestión.

El 11 de junio se celebra un desfile comunista de apoyo a Grau como agradecimiento de los setecientos mil pesos concedidos por Grau para terminar las obras del Palacio de los Trabajadores... Con el anuncio de la próxima renuncia del Ministro de Estado Cuervo Rubio, en el mes de octubre, se inicia una crisis ministerial. Renuncia el de Comercio, Inocente Álvarez –objeto de una moción de desconfianza de la Cámara– y Félix Lancís como Primer Ministro. Son sustituidos en el mismo orden por César Casas en Comercio, Alberto Inocente Álvarez como Ministro de Estado "premiándolo" por su labor en Comercio –provocando un escándalo y considerándolo una burla–, y el Senador Carlos Prío Socarrás como Primer Ministro. El 14 de octubre Chibás defiende calurosamente a Alberto Inocente Álvarez.

Mario Salabarría, el Jefe del Buró de Investigaciones Especiales, fue el que investigó de forma cuidadosa y meticulosa los trucos de los trueques. El 26 de octubre renuncia Luís Pérez Espinós a la cartera de Educación y es sustituido por el Senador Diego Vicente Tejera. El 5 de noviembre ocurre otra nueva renuncia ministerial siendo esta vez los renunciantes el Ministro de Salubridad, Octavio Rivero Partagás, para cuya posición había sido nombrado recientemente y el Ministro de Justicia, Carlos E. de la Cruz. José Raimundo Andreu es designado titular de Salubridad y José Alberni en Justicia, ambos miembros del Partido Republicano. El 10 de diciembre empiezan a dar fruto las maniobras políticas de Grau captando al Senador Liberal Manuel Capestany, y al tener mayoría de un voto, Eduardo Suárez Rivas es destituido como Presidente del Senado y nombrado en su lugar Miguel Suárez Fernández.

El 21 de enero de 1946 el Partido ABC se suma al gobierno de Grau con lo cual aumenta y se consolida la mayoría gubernamental en el Congreso; Joaquín Martínez Sáenz es nombrado Ministro Sin Cartera. Renuncia el Ministro de Hacienda Manuel Fernández Supervielle el 22 de enero para aspirar a la Alcaldía de La Habana, y es sustituido por el Director de la Renta de la Lotería Florentino Martínez, y este a su vez, por Luís Arango Fumagalli. El 28 de febrero el gobierno anuncia su intención de restituirle a sus legítimos propietarios las propiedades incautadas con motivo de la Segunda Guerra Mundial; se trata de los ciudadanos de origen italiano. Se eleva a nivel de Embajada la legación de Cuba en el Vaticano.

El 6 de marzo en una carta abierta dirigida al Presidente de la República, la Asociación Educacional de Cuba denuncia que los comunistas están adueñándose de las asociaciones de maestros con el fin de difundir doctrinas subversivas y la intención de promover la eliminación de la enseñanza religiosa en las escuelas privadas. Esta vez los comunistas hablan de escuela libre en una Cuba libre, pero al igual que ocurrió durante el gobierno de Batista el proyecto fracasó. El 7 de marzo anuncia oficialmente el gobierno cubano que los Estados Unidos entregarán a Cuba las bases aéreas que fueron construidas por el vecino norteño durante la Segunda Guerra Mundial. El 14 de abril y por iniciativa del Senador Manuel Capestany se celebra una sesión solemne en el Senado al cumplirse el primer aniversario de la muerte de Franklyn D. Roosevelt. El Senador

Capestany es el principal orador. El 6 de mayo renuncia Diego Vicente Tejera como Ministro de Educación y en su lugar se nombrará a José Manuel Alemán.

El 13 de mayo cesa Carreño Fiallo como Jefe de la Policía y es sustituido por el Segundo Jefe, coronel Alvaro Moreno. Al primero se le destina como Agregado Militar en la Embajada de Cuba en México. El 29 de junio se establece la jornada de verano en los comercios de la Isla. Esta fue una de las medidas legislativas más populares y consistía en dos tardes cada semana de cierre completo durante los meses de junio, julio y agosto. Renuncia Segundo Curti como Ministro de Gobernación y lo sustituye el Subsecretario José Manuel Casado. A finales de septiembre muere el Ministro de Trabajo Azcárate víctima de una enfermedad de corta duración y es sustituido interinamente por el Primer Ministro Prío Socarrás. El 15 de septiembre se rompe el pacto auténtico-comunista cuya prensa y radio, imitando a Radio Moscú, comienzan a atacar a los Estados Unidos. Ha comenzado la guerra fría. El boletín informativo de la Embajada Soviética difunde similares ataques.

El 21 de octubre en una larguísima sesión senatorial que se prolonga hasta la madrugada siguiente el Senado rechaza por una votación de 26 a 10 una moción de desconfianza contra todo el gobierno de Grau. El 25 de octubre se sanciona la Ley de Relaciones entre los Cuerpos Colegisladores, y entre el Congreso y el gobierno. El 31 de octubre renuncia Joaquín Martínez Sáenz a su cargo de Ministro Sin Cartera. El 21 de noviembre se sanciona la ley de colegiación de profesiones no universitarias. El 21 de diciembre Chibás apoya la reelección de Grau haciéndose eco de un acto celebrado en la ciudad de Pinar del Río lanzada por el Representante Primitivo Rodríguez.

El 5 de enero de 1947 Aurelio Álvarez de la Vega y Carlos Márquez Sterling anuncian su intención de fundar el Partido Laborista Cubano, pero esto no pasó de ser un anuncio. El mismo día Chibás comienza su campaña de separación del gobierno denunciando figuras del autenticismo "que lucran con el diferencial azucarero". El Diario de La Marina critica agriamente el intento de reelección de Grau San Martín. Un largo artículo del New York Times analiza el desconcierto existente en la opinión pública cubana por las luchas internas en el seno del Partido Auténtico por la sucesión presidencial, el auge de los comunistas por la protección recibida de Grau, y señala que en vez de la prometida reducción de impuestos especialmente sobre la venta y entradas brutas, se han aumentado lo que en la opinión de la Cámara de Comercio Americana viola el Tratado de Reciprocidad; también menciona que Grau ha hecho miles de decretos mientras que el Congreso apenas ha aprobado unas veinte leyes. En fin un ataque despiadado contra la administración de Ramón Grau San Martín. Prosiguen los ataques de Chibás con una carta abierta a Grau señalando los principales hechos de corrupción y exigiéndole un regreso a los principios de la revolución auténtica.

El 21 de enero se acepta la renuncia de Alberto Inocente Álvarez al cargo de Ministro de Estado y es sustituido por el Subsecretario Rafael Pérez y González Muñoz. El 5 de febrero renuncia José Manuel Casado al Ministerio de Gobernación y lo sustituye Alfredo Pequeño Mejías, que era un amigo personal del Ministro de Educación José Manuel Alemán. El 10 de febrero se designa titular del Ministerio del Trabajo a su Subsecretario Francisco Benítez El 28 de febrero Grau promete a una comisión visitante el comienzo de las obras de la Vía Mulata que unirá a Baracoa con Santiago de Cuba y con Guantánamo, obra que nunca se finalizó. El 9 de marzo Chibás anuncia permanecerá dentro de las filas auténticas, y esto provoca desaliento entre los que promueven la fundación del nuevo Partido Ortodoxo. Se aprueba el decreto sobre los alquileres el 13 de marzo que limita su aumento a un determinado porcentaje anual, sin que pueda desalojarse a ningún inquilino. Se nombra a "Millo" Ochoa como presidente del Partido Ortodoxo. Chibás presenta una moción para interpelar a César Casas, Ministro de Comercio, y a Alemán, de Educación, que es rechazada por una amplia mayoría.El Senado aprueba una moción de desconfianza contra el Ministro Casas. El 21 de marzo Alonso Pujol renuncia a la presidencia del Partido Republicano. En abril Miguel Suárez Fernández anuncia que renunciará a la presidencia del Senado debido a las dificultades con el Jefe de Estado, pero su renuncia no es aceptada.

Se presentan más mociones para interpelaciones de Ministros. Renuncian el Primer Ministro y todos los Ministros el 29 de abril. Al día siguiente hay una reunión entre ellos, y el Presidente Grau encuentra una solución a la crisis con la nominación de un nuevo

Gabinete cuyos titulares en su mayoría serán los Subsecretarios. Con esto el Presidente evita la interpelación de Ministros y la moción de desconfianza contra el gobierno que es retirada el día 2 de mayo por una votación de 27 de los 29 firmantes. El Primer Ministro, y además Ministro de Agricultura, fue Raúl López Castillo; Ángel Solano en Estado; Jorge Casuso en Justicia; Nicolás Torrado en Gobernación; en Hacienda Jorge Ruiz; Pedro Suárez en Obras Públicas; Rolando Acosta en Comercio; Carlos Arazosa en Educación; En Salubridad Ramiro de la Riva; en Comunicaciones Alberto Cruz y en Defensa Luís A. Collado.

Compra el Estado cubano dos buques mercantes de cinco mil toneladas cada uno. El 4 de mayo ocurre el suicidio de Supervielle y en una nota explicativa menciona la falta de apoyo para su gestión alcaldicia en el sentido de solucionar el abastecimiento de agua para la ciudad de La Habana. Una extraordinaria manifestación de duelo popular es su sepelio y una repulsa a la Presidencia.

El 6 de mayo comienza el desmantelamiento del truco del gobierno de nombrar Subsecretarios para las posiciones de titulares de los Ministerios. De nuevo casi todos los antiguos Ministros regresan a ocupar sus cargos previos. Citados por Grau acuden a Palacio los líderes obreros auténticos y comunistas pero tras tres horas de conferencia no se logra ningún acuerdo. César Casas y un grupo de correligionarios establecen un recurso de inconstitucionalidad sobre dos artículos de la ley de relaciones entre el Congreso y el Gobierno. En la primera quincena de este mes de mayo se reúne la Asamblea Ortodoxa emitiendo una enérgica denuncia contra el gobierno y toman acuerdos definitivos sobre la constitución del nuevo partido. Se escoge el nombre de Partido del Pueblo Cubano (Ortodoxo) propuesto por Leonardo Fernández Sánchez. Alejo Cossío del Pino, nuevo titular de Gobernación, es uno de los nuevos Ministros que no había sido Subsecretario.

Anuncia Chibás su aspiración a la Presidencia en las nuevas elecciones. Tras la ocupación de armas en la finca del Ministro de Educación Alemán, se producen mociones de desconfianza contra él en la Cámara y en el Senado. Cerrado el período de afiliaciones; el Tribunal Superior Electoral informa que hay un total de 2,482,584 electores con 1,939,319 afiliados en la forma siguiente: 789,661 Auténticos, 357,069 Liberales, 282,045 Republicanos, 188,614 Demócratas, 164,705 Ortodoxos, 157,225 Comunistas; desapareciendo el ABC como partido pues apenas logró 890 afiliaciones.

El 5 de noviembre el Senado aprueba una moción de interpelación del Ministro de Trabajo Carlos Prío en relación con su política sindical. Doce días después renuncia Alejo Cossío del Pino como Ministro de Gobernación y lo sustituye José Antonio Núñez Carballo. El 19 de noviembre ocurre una crisis en el Partido Ortodoxo con la renuncia de todos los Senadores y Representantes que estaban en su comisión gestora. El 20 de noviembre se nombra a Sergio I. Clark como Ministro Sin Cartera. Ocurre una nueva crisis ministerial el 3 de diciembre posiblemente relacionada con aspiraciones en las próximas elecciones. Renuncian los Ministros Alberni de Justicia, Álvarez Fuentes de Agricultura, Prío Socarrás de Trabajo, y Andreu de Salubridad, siendo sustituidos en el mismo orden por Evelio Álvarez del Real, Román Nodal Jiménez, Francisco Aguirre Vidaurreta y Ramiro de la Riva Domínguez. También se nombra con carácter interino a Cristóbal Muñoz para la Secretaría de la Presidencia y del Consejo de Ministros. Anuncia el Ministro de Trabajo Francisco Aguirre que los comunistas deberán salir de las posiciones que ocupan en las cajas de retiros y seguros sociales.

El 22 de diciembre se constituyen las Asambleas Provinciales de los Ortodoxos con excepción de las de Pinar del Río y Camagüey. Los líderes están divididos entre los "pactistas" y los aislacionistas.

En el año 1948, el día 5 de enero, el Ejecutivo de las Asambleas Provinciales del Partido Ortodoxo, demanda de Chibás la convocatoria a la reunión de la Asamblea Nacional quien cede a las presiones ocho días después y hace la convocatoria. El 28 de enero una comisión de vecinos de San Antonio de los Baños pide al Presidente se devuelva la base a los Estados Unidos, pues cuando era norteamericana la situación económica era mucho mejor para la población.

El 7 de marzo los jefes provinciales del PPC(O) y Chibás favorecen la formación de un "tercer frente". El 11 de marzo Carlos Prío Socarrás es nominado candidato a Presidente y Guillermo Alonso Pujol a Vicepresidente por la Asamblea Nacional del PRC(A). El Partido Republicano hace las mismas nominaciones. El 15 de marzo el Tribunal Superior Electoral concede cinco días de plazo para que los partidos políticos efectúen las coaliciones y postulaciones. Tres días después el Partido Demócrata nomina como sus candidatos a Presidente y a Vicepresidente a Miguel Suárez Fernández y a Raúl Menocal. Los mismos candidatos son nominados en una tempestuosa asamblea del Partido Ortodoxo. Se esfuma el Tercer Frente cuando Miguel Suárez Fernández declina su nominación y retorna a las filas del Partido Auténtico que lo nomina candidato a Senador y le promete la presidencia de ese cuerpo legislativo. Se consolidan todas estas candidaturas de las Alianza Auténtico Republicana con el apoyo del BAGA que controla la mayoría auténtica de Oriente y de La Habana. Al fin los Ortodoxos se ponen de acuerdo y nominan a Chibás como su candidato a la Presidencia y a Roberto Agramonte a la Vicepresidencia. Ricardo Núñez Portuondo y Gustavo Cuervo Rubio son los candidatos de la Coalición Liberal-Demócrata. Juan Marinello Vidaurreta y Lázaro Peña González son los candidatos a Presidente y Vice por el Partido Socialista Popular; o sean cuatro candidaturas competirán en la próxima justa electoral. Los Partidos Liberal y Demócrata nominan a Emilio Ochoa el 1º de mayo como su candidato a Gobernador de Oriente sin embargo siendo éste presidente nacional de los Ortodoxos no es postulado por su partido. Esto es una de las piruetas políticas de la época.

El 3 de mayo el Cardenal Arteaga señala a los católicos que pueden votar por cualquier partido menos por el comunista. El 21 de mayo el presidente de la Junta de Educación de La Habana declara que son necesarios 54,000 maestros para la eliminación del analfabetismo. El Colegio Médico Nacional y los Centros Regionales ponen término a una lucha que duró más de quince años suscribiendo un pacto el día 22 de mayo. El 1º de junio se celebra las elecciones generales en un ambiente de general tranquilidad, sin coacciones ni atropellos. Contrario a la seguridad declarada por Núñez Portuondo, que sería el Presidente en unas pocas horas, los primeros partes señalan que Prío Socarrás lleva la delantera. Los candidatos opositores reconocen su derrota. El total de votantes alcanzó 1,972,705 o sea el 79 por ciento de los electores inscriptos. El Partido Auténtico obtuvo 715,243 votos y 189,955 el Partido Republicano. Los candidatos de la coalición Liberal Demócrata recibieron 599,364 votos; los Ortodoxos 324,634 y los Comunistas 142,972 sufragios. La AAR triunfó en las seis provincias, ganó cuatro de los seis Gobiernos Provinciales y 36 de las 54 actas de Senadores, divididas entre 27 para el PRC(A) y 9 para el PR. La Alianza obtuvo 40 de las 70 actas de Representantes, correspondiendo 29 a los Auténticos y 11 a los Republicanos. En julio Chibás es nombrado presidente del Partido Ortodoxo y Millo Ochoa primer vicepresidente.

El 26 de julio Prío hace una visita oficial a México y otra a Guatemala; visita Costa Rica el 5 de septiembre. El 20 de septiembre ambos cuerpos legislativos inician sus gestiones con una buena mayoría de los Auténticos, Miguel Suárez Fernández preside al Senado y Lincoln Rodón a la Cámara. Electo Senador en ausencia, Batista anuncia que regresará a Cuba en noviembre. El 5 de octubre el segundo ciclón en quince días cruza la Isla en las proximidades de La Habana ocasionando daños considerables con un saldo de 11 muertos, más de 200 heridos y más de siete mil casas destruidas; se hundieron 73 barcos y 15 quedaron encallados; causó grandes daños a las cosechas. El primer ciclón ocurrió el 20 de septiembre y afectó las provincias de Matanzas y Las Villas. Grau fue recibido por un ciclón ocurrido ocho días después de su toma de posesión y era ahora "despedido" por dos, en vez de uno. La segunda tormenta alcanzó una velocidad de 132 millas y si no ocasionó más daños se debió a la rapidez con que cruzó la Isla. Grau vuelve ante Notario para declarar sus bienes al final de su mandato.

Hemos dejado para el final de este capítulo una serie de hechos estrechamente relacionados entre si y que matizaron de una forma importante la labor política del Presidente Grau, no solamente durante el cuatrenio de su gobierno sino para la República en los años subsiguientes y que resultaron muy importantes a los efectos del asalto al poder por los comunistas en 1959. Nos referimos a la política laboral del gobierno de Grau y a sus relaciones con los comunistas.

Mientras no estuvieron en el poder, los Auténticos proclamaron tres puntos fundamentales. El primero de ellos era el nacionalismo, el segundo la oposición a todas las dictaduras totalitarias y especialmente a la comunista, y tercero postulaban la honestidad administrativa. Sobre el primer punto repetiremos que "si Cuba fue para los cubanos" lo fue para unos cubanos más que para otros. En cuanto al segundo punto diremos que los auténticos fueron capaces del más extraordinario oportunismo político cuando se hizo un pacto con los comunistas con el único objetivo de ganar mayoría congresional, y el acuerdo de que los comunistas mantendrían a Cuba libre de huelgas.

Para ello hicieron concesiones a la CTC, la cual permanecía en manos de los comunistas desde la época del mandato constitucional de Batista. La República pagaría muy caro los errores de estos dos Presidentes. El viraje de los Auténticos comenzó a finales del año 1944 cuando se celebraba el congreso de la CTC con la asistencia de Grau y su Ministro de Trabajo, Azcárate. Este último "según las malas lenguas" tenía cierta admiración por los líderes izquierdistas. Al final del Congreso se abrazaron Lázaro Peña y Grau, quien había olvidado el "abrazo de Judas" de Batista en 1933. Afortunadamente para él, Carlos Prío "le sacó las castañas del fuego" durante su gestión en el Ministerio de Trabajo "parando en seco" a Lázaro Peña y su CTC comunista, pero el mal y la siembra de los camaradas ya estaba hecho como se comprobaría más tarde.

Los trabajadores agrícolas y en especial los azucareros, se beneficiaron con el diferencial azucarero. Asimismo, recibieron del gobierno perforadoras para hacer pozos en aquellos sitios donde no había agua corriente. El gobierno facilitó al campesinado gratuitamente semillas para comenzar diferentes siembras y pesticidas para eliminar las plagas que acababan con las cosechas. La popularidad de Grau aumentó considerablemente entre los campesinos de toda la Isla. Con respecto a los obreros de otros sectores parecía que éstos tenían siempre la razón en sus demandas. Hubo un planteamiento hecho por los Auténticos en la Cámara para extender el sistema del diferencial a los obreros de todos los sectores. A mediados del 46 se planteó la jornada de verano en los comercios y la jornada de seis horas de trabajo con pago de ocho para los obreros de los Ómnibus Aliados. Con estas medidas favorecedoras del obrerismo, Grau escamoteaba a los comunistas el mito de que eran ellos los que resolvían los problemas laborales. Los traidores, los malos agoreros y los asesinos de Sandalio Junco súbitamente se convirtieron en aliados de los Auténticos. Las naciones de la Europa Oriental fueron progresivamente cayendo por la fuerza en manos de la Unión Soviética.

En 1945 estaba en boga la teoría del obrerismo en el comunismo norteamericano, con gran influencia sobre el partido comunista cubano. Blas Roca defendía el concepto de que junto con los capitalistas se podía llegar al socialismo, hasta que por órdenes emanadas de Moscú se produce una ruptura y un cambio de rumbo. Lanza Roca la consigna de que había que reclutar cincuenta mil nuevos adeptos entre la juventud, y especialmente entre los estudiantes de planteles públicos y privados. Entre los nuevos reclutas estaban Alfredo Guevara, Leonel Soto, Flavio Bravo y otros más. Fidel Castro era amigo de todos ellos pero nunca se afilió al partido ni a la juventud socialista. Se organizó el Instituto Cultural Cubano Soviético, entre cuya junta de patronos figuraba conocidos aristócratas cubanos que favorecían la llamada "coexistencia pacífica". La Embajada Soviética repartía una revista de propaganda. Mientras pronunciaba Emilio Núñez Portuondo una conferencia anticomunista en La Habana, fue asaltado el local por pandilleros que lograron dispersar a los asistentes. Esto ocurrió en septiembre del 45. En ocasión del desfile en La Habana de los comunistas, portando una profusión de banderas rojas, se dirigieron los manifestantes a Palacio a pedir la expulsión del Gabinete de una serie de elementos que ellos tachaban de reaccionarios.

Con el comienzo de y la duración de la guerra fría los comunistas criollos y la Embajada Soviética se dedican a atacar a los Estados Unidos acusándolos de tener a Cuba subyugada, y de tener pretensiones de convertir sus bases aéreas en Cuba en bases permanentes. Grau usa a sus principales voceros para contrarrestar los ataques rojos. Los hacendados le piden al Presidente que haga un estudio detallado de la agitación social y política que existía en el país. Estaban hablando de los comunistas y de las pandillas "revolucionarias", y que una vez hecho esto, tomara las medidas necesarias para restaurar el orden público. Con la influencia de los congresistas comunistas se le prestó a la legación soviética el Salón de los Pasos Perdidos del Capitolio en enero de 1946 para presentar una exposición fotográfica, pero un petardo que estalló en el lugar echó a perder el evento. Se celebra un mitin monumental en Santiago de Cuba con una multitud asistente protestando contra la presencia de los comunistas en la CTC y en otras posiciones de la vida pública nacional. El 1º de mayo se produce un desfile organizado por los comunistas en que los que desfilaban lo hacían varias veces para simular que la nación toda estaba desfilando. En las elecciones de 1946 los comunistas apoyaron a Fernández Supervielle para Alcalde de La Habana. A cambio de esto hubo un amarre electoral en Batabanó que falló pues ganó el candidato del Partido Liberal. Los comunistas apoyaron la elección de unos cuantos alcaldes cuyos candidatos no pertenecían a su partido. Durante todo el año 45 y durante los seis primeros meses del año 46 los comunistas a través de la influencia de la CTC fueron llenando posiciones en las cajas de retiro y en las de asistencia social, y trabajaron arduamente en los sectores intelectuales, artísticos y educacionales, especialmente en la enseñanza primaria.

El 15 de septiembre de 1946 se sienten los primeros efectos de la guerra fría entre los comunistas y los auténticos con los ataques de los medios de difusión comunistas a los Estados Unidos y aunque no tan directamente, también atacan al gobierno cubano siendo los ataques a la nación norteña más crudos en la revista de la Embajada Soviética. El 25 de octubre de 1946 ocurren las primeras demostraciones obreras en contra del gobierno de Grau, obviamente manejadas por los comunistas que todavía controlaban la CTC pidiendo un aumento de un 30 por ciento en todos los salarios. En diciembre los medios de difusión comunistas inician una intensa campaña para que Cuba reconozca a la República Popular Socialista de Polonia. El 23 de diciembre hay una gran riña entre comunistas y auténticos en Jovellanos, y el desorden es de tal magnitud que la Guardia Rural tiene que tomar el pueblo para restablecer el orden. Este es el primero de los hechos violentos y sangrientos que se repetirán en los meses siguientes.

En el año 1947, el día 22 de enero organizada por la Federación de Trabajadores de La Habana se produce una manifestación compuesta por más de diez mil obreros que durando desde las tres de la tarde hasta las siete de la noche interrumpe el normal funcionamiento comercial y social de la capital. En un discurso a los manifestantes transmitido por radio a todo el país, Grau dice haber tomado las medidas más severas y urgentes para resolver el problema de la bolsa negra. El 5 de abril y en preparación al Quinto Congreso de la CTC hay un hecho de sangre en el Sindicato de la Aguja cuando líderes obreros auténticos habían ido a buscar sus credenciales para el evento, fueron atacados por turbas comunistas y un líder auténtico es asesinado de una puñalada. El gobierno suspende la celebración del congreso obrero. Al día siguiente explotan bombas en locales del Partido Socialista Popular.

El día 7 de abril líderes comunistas entre los que se encuentra Aracelio Iglesias son detenidos por portar armas sin tener licencias para ello. El 27 de abril en el local de la Casa de la Cultura Española que es totalmente controlada por los comunistas estalla una pequeña bomba con pocos daños y ninguna víctima. El 1º de mayo el desfile es bastante deslucido por la escasa asistencia dado que hay temor a que ocurran actos de violencia. Al terminar el acto los elementos sindicales y el propio Presidente, al hablar desde Palacio, pide unidad en la CTC; le presentan a Grau un pliego con más de setenta demandas que él promete estudiar y darle solución en un momento oportuno. El 4 de mayo y pese a la prohibición del Ministerio de Gobernación, los delegados comunistas se reúnen y celebran el Quinto Congreso de la CTC. El 8 de mayo Grau insiste en reunir a auténticos y comunistas en Palacio pero no se llega a ninguna solución. En junio el líder azucarero y Representante a la Cámara Jesús Menéndez acusa a los Estados Unidos de comprar menos azúcar a Cuba que lo acordado, en declaración que tiene todas las características de la típica propaganda comunista. Al día siguiente y en forma sorpresiva, el Ministro del Trabajo Carlos Prío, ordena la ocupación del edificio de la CTC y se nombra una comisión para hacer un inventario de todo lo que hay en el edificio. El Consejo de Ministros aprueba lo hecho por Prío y autoriza la celebración de un Congreso Obrero para elegir a los nuevos dirigentes de la CTC. Los auditores encuentran un desfalco de más de cien mil pesos en la tesorería de la CTC. La Emisora 1010 es suspendida por ilegalidades cometidas desde su fundación. Por otro lado se le quitan privilegios al Periódico HOY, y éste tiene que reducir su tirada y eliminar el número de ejemplares que regalaban.

En el Teatro Radiocine se reúnen más de 1,400 delegados obreros sin asistencia de los comunistas. Ángel Cofiño es elegido Secretario General de la CTC, y por supuesto esto no es aceptado por los comunistas quienes presentan una demanda para ilegalizar este Congreso. Los auténticos a su vez responden con una contra demanda relacionada con la reunión en la que fue electo Lázaro Peña. Los tribunales conceden la razón a los auténticos. Los comunistas definitivamente quedan fuera de la dirección y de los locales de la CTC, pero ellos no descansan y continúan su labor dirigida por Moscú empezando a preparar una gran huelga nacional. El primer paso fue desarrollar una campaña publicitaria a todos los niveles atacando al gobierno de Grau al que defendieron hasta muy poco antes de estos eventos. Con la penetración que habían hecho en los sectores estudiantiles y con otras organizaciones de pantalla, estaban condicionando a la ciudadanía para la mencionada huelga. Sin embargo no hubo apoyo y esta es la huelga de cuatro horas a la que ya nos hemos referido, donde murió un estudiante del Instituto de La Habana.

El 16 de octubre el Tribunal de Urgencia ordena el arresto de Lázaro Peña además de ciento veinte dirigentes comunistas. El primero se ampara bajo su condición de ser parlamentario, y no es detenido. La huelga era parte de un vasto plan tendiente a derrocar al gobierno. Se esfuma Fabio Grobart y no hay forma de encontrarlo. Entre los dirigentes comunistas detenidos está Aracelio Iglesias, que es dirigente de los portuarios. Eventualmente casi todos fueron puestos en libertad. Aunque desplazados de la dirigencia nacional, continuaban los comunistas su labor de infiltración y captación en todas las capas de la sociedad cubana. Muchos de ellos permanecerían ocultos hasta que llegara el momento de quitarse las máscaras. Viajando por las tres provincias orientales y visitando los centros de trabajo de la industria azucarera, Jesús Menéndez trabaja para provocar la huelga arriba mencionada para entorpecer el curso normal de la zafra. Al llegar a Manzanillo, el capitán Casillas tiene órdenes de detenerlo y así se lo informa a Menéndez. Rehusando ser detenido blandiendo su pistola mata a un soldado, y a su vez es muerto por Casillas. Apareció "la víctima inocente" alrededor del cual los comunistas fabrican una gran trama propagandística que termina con un funeral multitudinario en La Habana narrado radialmente por el usualmente tragicómico Germán Pinelli, rodeado de un mar sonoro de "música sacra". En 1959 los comunistas fusilaron al Capitán Casilla.

La mano de los comunistas está detrás de numerosos actos de desobediencia civil entre las que descuella la declaración de Sancti Spiritus como ciudad muerta, promovida por el comunista Armando Acosta ya conocido en los anales de la criminalidad como uno de los asesinos de Sandalio Junco. El gobierno se incauta la Radioemisora 1010. En varios sitios de la nación riñen grupos de obreros auténticos y comunistas con heridos y, en algunos casos muertos, entre ellos el dirigente "cofiñista" José Díaz González que fue muerto a "cabillazos" y el asesino, Claudio Pérez Montes, a su vez muere producto de un disparo hecho por un obrero auténtico que caído al suelo estaba herido de muerte.

Ocurre más violencia sindical en el paradero de los tranvías en el Príncipe, pues los tranviarios estaban dirigidos por los comunistas. Un motorista llamado Florentino Ruiz es herido, quien es montado en un camión, llevado a un hospital donde hay un serio altercado producido por un grupo de comunistas que intentaban forzar su entrada en el Hospital de Emergencias. El herido, y este violento grupo eran comunistas. Este no fue el único incidente violento en el citado paradero tranviario. En julio es muerto un líder sindical tranviario de filiación auténtica. No obstante su rotundo fracaso en las elecciones del 48, los rojos prosiguen su labor de destrucción de los cimientos de la nación cubana. La supuestamente "auténtica" María Teresa Freyre de Andrade, usando su posición como Presidente del Lyceum Lawn Tennis, presta los salones de la organización para la celebración de conferencias y exhibiciones comunistas en el año 1945, colocando en los anaqueles de su biblioteca libros y propaganda comunista. Muy caro pagarían la próspera membresía estos irresponsables alardes de "modernidad, de alta cultura y de coexistencia pacífica".

Aspecto económico del cuatrienio

Es en la parte económica donde este gobierno es más lucido, sin embargo tenemos que hacer una anotación si se quiere un poco cínica, y es que el auge económico dependió fundamentalmente de la producción de azúcar y de los productos derivados de la caña tales como alcohol y miel. Si revisamos los postulados del partido Auténtico, veremos que ellos se oponían al monocultivo, pero se olvidaron del mono y siguieron con el cultivo. Si no llega a ser por el azúcar no hay auge económico. El azúcar era muy necesitado durante la guerra y tras finalizar el conflicto, y levantar las restricciones de consumo doméstico en los Estados Unidos, más la necesidad de los devastados países europeos, determinaron un incremento en la venta del producto. Es decir que tras buenas discusiones y negociaciones se le sacó al "imperialismo" lo más que se le podía sacar, y mucho se le sacó. El "coco" con que asustaron a los cubanos dejó de ser "coco", y al igual que en sus amarres con los comunistas, hicieron de sus postulados puro papel mojado por asuntos de conveniencia política y económica. Grau demostró una gran capacidad personal para las negociaciones llevadas a cabo con los Estados Unidos sobre el precio del azúcar. Él vendió las zafras de los años 45, 46 y 47, y dejó todo preparado para vender la del 48. La venta global de azúcar dejaba una cierta cantidad para el consumo nacional, otra determinada cantidad para vender a terceros países, y una tercera cantidad para ser refinada.

La fórmula para la obtención del "diferencial azucarero" ideado por Grau no era fácil de comprender. Trataremos de exponerla lo mejor posible. En el mes de abril de 1945 se vendió la zafra azucarera de 1945 globalmente a la Comodity Credit Corporation, y se convino que el precio sería de 3.10 centavos por libra en vez de 2.65 centavos que se estaba pagando. Es decir, el precio *mínimo* establecido para el azúcar crudo cubano fue de 45 centavos más que el del año anterior. El Presidente Grau logra además que se introduzca un elemento relativo a la vinculación del precio que deberá pagarse a Cuba conectado con el Índice del Costo de la Vida en los Estados Unidos. Segregó además 250,000 toneladas largas españolas para consumo de los cubanos, y 150,000 que se reservarían para que el ICEA las vendiera a otros países. Se venden a los Estados Unidos 70 millones en mieles finales al mismo precio de 13.6 centavos que rigió el año anterior, y 20.5 millones de galones de alcohol a 65 centavos el galón.

El 26 de febrero de 1946 el gobierno establece el monto de la zafra en 4,250,000 toneladas largas españolas, reservando 350,000 para consumo nacional y 250,000 toneladas que se pondrá bajo el control del ICEA para venderlo en el mercado mundial. Se reservan además 20,000 toneladas para la United Nations Relief and Rehabilitation Administration, y el resto para ser vendido a los Estados Unidos. El diferencial azucarero se calcula en unos 20 millones de dólares producto de la diferencia entre el precio pagado por los Estados Unidos y el precio del mercado mundial. El gobierno resuelve captar ese diferencial.

El 16 de julio del mismo año mediante acuerdos entre el ICEA y la Comodity Credit Corporation se efectúa la venta global de las zafras de este año y del siguiente, renunciando Cuba a obtener precios más elevados utilizando una política especulativa, cuidando del mercado norteamericano, y cooperando para evitar las grandes alzas y caídas de precios como las que ocurrieron en 1919 y 1920. El contrato recoge la preocupación del gobierno cubano por los elevados precios de importantes artículos de primera necesidad. Mediante una serie de fórmulas complicadas, que no detallaremos para no fatigar al lector, se establecen los precios del azúcar crudo, del alcohol y de las mieles finales con las consiguientes reservas para consumo de la nación.

La decisión del gobierno de captar el diferencial despierta fuertes protestas por parte de hacendados y colonos pero nada consiguen con ello. Se estaba haciendo una política inteligente basada en hechos reales, perfectamente entendibles por los norteamericanos. De esta manera, millones de dólares extras por encima de la obtención de su parte por los hacendados, fue destinado por Grau para que los obreros y los pequeños colonos participaran de esta ganancia extra, así como para hacer mejoras en el campo además de construcción de casas y escuelas, financiamiento para la adquisición de alimentos en el extranjero, construcción y sostenimiento de un Centro Tecnológico para el Estudio de la Caña de Azúcar y edificación de escuelas rurales. La industria azucarera cubana, no obstante las mejorías salariales y otros beneficios decretados por Grau para sus empleados y obreros, no solamente sobrevivió sino que también prosperó.

Las destilerías que eran más de cincuenta en 1945 trabajaban a toda capacidad en la producción de alcohol. Comenzó un movimiento para la compra de centrales por propietarios cubanos. Se experimentaron con varias variedades de caña. Se mejoró la ganadería. Los cubanos que negociaban las ventas de las zafras lo hacían en condiciones de igualdad, mutuamente ventajosas y sin imposiciones. De nuevo Cuba exportaba café, cacao, miel de abeja, cera, frutas, vegetales frescos y maderas preciosas. Se impulsó la industrialización. Prosperaba la industria textilera y también la de conservas que empleaba técnicos para dirigir el enlatado de pescado y otros productos del mar. En 1945 un informe económico calculaba la capitalización industrial de Cuba en casi tres mil millones de dólares. Los Estados Unidos y en menor medida la Gran Bretaña concedieron becas destinadas a cubanos para especialización y hubo centenares de solicitudes. La industria de dulces en conserva progresó considerablemente en número de plantas y en la calidad de sus productos.

Hubo mejoras sociales y de otra índole en los bateyes de centrales, que dejaron de ser jurisdicción de los dueños de los mismos en cuanto a mantenimiento de orden público y otras actividades, pasando a formar parte de los municipios donde los centrales azucareros estaban enclavados. Entre esas mejoras estaba la eliminación de la "bodega" o tienda de víveres monopolista propiedad de los dueños del central donde "había que ir a morir de todas maneras" para comprar los artículos de primera necesidad por los obreros. Esto, por supuesto, fue la imposición de la libertad de comercio. La vida de los campesinos mejoró considerablemente.

El precio que el consumidor cubano pagaba por el azúcar crudo, que en 1941 había sido de unos dos centavos la libra, continuaba sin subir en 1945. La tecnología industrial azucarera había mejorado representando economía en los costos de producción, a pesar de que los salarios y mejorías obreras habían aumentado tras poner fin a la importación de mano de obra barata antillana. El Presidente Grau aspiraba a que hubiese una más equitativa distribución de las ganancias, cosa que en cierto modo logró. Se aumentaron los salarios y jornales de obreros de industrias relacionadas con la azucarera. Cuba comenzó a refinar azúcar, una actividad que hasta entonces se hacía allende los mares, y en los años siguientes, por primera vez en la Historia del país, la exportación de azúcares refinados sobrepasó el medio millón de toneladas.

Aunque con imperfecciones Grau desarrolló la Marina Mercante, y con ello estimuló el interés de la juventud cubana en ese campo. Uno de los mayores éxitos del gobierno fue el desarrollo del transporte terrestre, no solamente en la capital, sino en otras ciudades cabeceras de provincias. El transporte urbano e interprovincial empleaba a más de diez mil personas y representaba un capital invertido de más de veinte millones de pesos. El gobierno adquirió los ferrocarriles Unidos, que operaban la red ferroviaria de la parte occidental del país. El transporte urbano de La Habana se le consideraba el mejor de la América Latina. El gobierno construyó un número de edificios de apartamentos en lo que se llamó el Barrio Obrero de Luyanó, aunque nunca decidió la forma en que se distribuirían, tarea de la que se ocuparía el siguiente Presidente Carlos Prío. La fabricación de edificaciones por parte de compañías privadas llegó a unos 130 millones de pesos, cifra que superaba considerablemente lo invertido por el gobierno.

Cuba continuó pagando las deudas contraídas por el Presidente Machado para terminar su desgobierno, así como pagaba otros empréstitos obtenidos en años posteriores. El gobierno de Grau no solicitó empréstitos, sólo un préstamo para pagar los adeudos atrasados de los veteranos.

El censo de 1946 reveló que la Isla tenía más de 5 millones de habitantes, y en 1948 la población total fue de 5,123,600 habitantes, de los cuales el 97 por ciento eran ciudadanos cubanos por nacimiento o por naturalización. El 72 por ciento de ellos era clasificado como de la raza blanca, y del restante porcentaje había medio millón de cubanos de la raza negra. Había un 22.1 por ciento de analfabetos, la mayoría de los cuales vivían en el campo, mientras que el 88.23 % de los cubanos residentes en áreas urbanas sabían leer y escribir. Más de medio millón de niños asistían a nueve mil escuelas públicas dotadas con 22,634 maestros, y un grupo adicional de 70 mil eran alumnos de escuelas privadas. La Universidad de La Habana tenía 16,000 estudiantes.

Grau redujo varios de los impuestos manteniendo el de la renta, y prácticamente no creó impuestos nuevos. Esta política, junto con otras medidas, favoreció la creación de nuevas industrias. Los ingresos del gobierno fueron de 878 millones de pesos durante el cuatrienio del Presidente Grau. En el año 47 la recaudación pasó los 257 millones de pesos, lo que era una cifra muy importante para un país con menos de cinco millones de habitantes. El ingreso nacional bruto en esos cuatro años fue de más de cinco mil millones de pesos, lo que era motivo de que Cuba fuera envidiada por un buen número de países. Increíblemente, con todos estos ingresos y prosperidad nacional, cuando Grau entregó el poder dejó un déficit de 47 millones de pesos. Se pregunta uno cómo fue posible eso, y la respuesta es muy sencilla: fue producto de la corrupción y de los despilfarros. Se gastó mucho dinero en el sector castrense, sobre todo en la adquisición de nuevas unidades para la Marina de Guerra. Sin embargo, las cifras totales de gastos militares fueron inferiores a los gastos de la anterior presidencia constitucional, la del general Batista.

Los bancos cubanos se habían recuperado del desastre ocurrido durante los años finales del gobierno del Presidente Menocal. La propiedad de ellos por parte de inversionistas cubanos había aumentado hasta el punto de haberse fundado bancos en poblaciones del interior con sucursales en La Habana, y por supuesto, a la inversa, como había sido lo usual. La Universidad había estado graduando anualmente profesionales competentes para el trabajo bancario. En 1945, y por primera vez en la historia del país, los depósitos bancarios fueron mayores de 200 millones de pesos, y en años posteriores fueron más allá de 300 millones anuales. Se compró más de cien millones de dólares de oro para fortalecer el valor de la moneda cubana que, añadido a lo que el gobierno de Batista había adquirido, las monedas de plata y las divisas extranjeras en existencia en Cuba, hizo un fondo de garantía monetaria de aproximadamente 700 millones de dólares.

El despreciado y vilipendiadado monocultivo cañero fue, sin embargo, el principal responsable de toda esta prosperidad. Por primera vez los presupuestos pasaron de 300 millones de pesos, lo cual podría denominarse como "la segunda danza de los millones", pero esta vez con una bien ordenada y dirigida coreografía que concedieron estabilidad económica a la Isla y promovió un crecimiento estable de la economía cubana hasta principios de 1959.

Las relaciones con los Estados Unidos, pese al dogmático anti-imperialismo del Partido Auténtico, fueron diferentes a aquellos cuatro meses de gobierno provisional del Dr. Grau en la década de los años 30. Estas se condujeron ahora en un clima de mutuo respeto y consideración, que resultaron muy favorables a Cuba. El Embajador Braden sostuvo muy buenas relaciones con el Presidente Grau y fue un factor beneficioso en las negociaciones para la venta de la zafra. Braden fue enviado a la Argentina para lidiar con Perón, y en su lugar fue nombrado el inefectivo e inocuo "diplomático de carrera" Henry Norweb, cuyo mayor interés residía en sus relaciones con la alta sociedad habanera. Su única actividad diplomática de alguna nota fue transmitir al gobierno cubano la intranquilidad existente en los círculos de gobierno norteamericanos por lo que se estaba preparando en Cayo Confites. No fue protagonista de ningún tipo de conflicto con los círculos de gobierno cubanos. Aquel presidente "antiyanqui" de 1933, donó ahora 10,000 pesos para que se iniciaran las obras de construcción del edificio del Instituto Cultural Cubano Americano. El Presidente Prío después habría de contribuir con 40,000 pesos para su terminación. Obviamente los tiempos habían cambiado.

En febrero de 1945 viaja a México la delegación cubana presidida por el Canciller Gustavo Cuervo Rubio para la Conferencia Interamericana sobre problemas de la Guerra y de la Paz, que tendrá efecto en Chapultepec. El 25 de abril Cuba suscribe la Carta que crea la Organización de las Naciones Unidas en una conferencia que, comenzando en abril, termina en junio en la ciudad de San Francisco en los Estados Unidos. Luego sería ratificada por el Senado de Cuba en el mes de octubre del mismo año. En su visita a Cuba en el mes de febrero, Winston Churchill es recibido con las usuales medidas de cortesía protocolar, aunque su visita no era de carácter oficial pues él había cesado como Primer Ministro en las últimas elecciones celebradas en Gran Bretaña.

Elevada a nivel de Embajada la legación cubana en el Vaticano. El Presidente de Venezuela Rómulo Betancourt pasa por Cuba en el mes de julio en ruta a México. Hay un incidente "internacional" cuando Patricia Smith da muerte a su amante en el interior de un yate privado surto en el puerto de La Habana. Esto desencadena una serie de episodios novelescos que casi termina en la "beatificación" de la matadora por las masas populares, y por la radio y la prensa de la época. La mujer es primero condenada y después indultada por el Presidente Grau. Cuba suscribe el Tratado de Reciprocidad Interamericana aprobado en conferencia internacional celebrada en Río de Janeiro. El 20 de noviembre da comienzo en La Habana la Conferencia Internacional de Empleo y Comercio que culmina con la firma de la llamada Carta o Declaración de La Habana, firmada por cincuenta y tres –Cuba entre ellas– de las cincuenta y seis naciones asistentes. Después de esta reunión se separaron los temas, y en el futuro el tema Comercio fue llamado Acuerdo General Sobre Comercio y Tarifas o General Agreement on Trade and Tariffs (GATT) que es como se le conoce actualmente. Durante el cuatrienio, en el año 45, Cuba tuvo su primer Cardenal en la persona de Manuel Arteaga.

El llamado "bogotazo"

Eventos trágicos y sangrientos ocurridos en Bogotá, Colombia, donde fue asesinado el connotado líder político Jorge Eliécer Gaitán y que ocurrieron durante el gobierno de Grau. En el mismo participan una delegación de la FEU, y los agregados Fidel Castro y Rafael del Pino.

En ese tiempo Juan Domingo Perón estaba dedicado a la formación de organizaciones con sentido nacionalista y antinorteamericano, y una de ellas fue la Organización de Estudiantes Latinoamericanos que entusiasmó al Presidente de la FEU Enrique Ovares, y al comunista enmascarado Alfredo Guevara. Bogotá sería el sitio de la reunión. Los comunistas movilizaron todas sus organizaciones estudiantiles para apoyar el proyecto. Los estudiantes que viajaban a Colombia hicieron escala en La Habana. Fidel Castro y Aramís Taboada estuvieron muy activos en su recibimiento y atención. Visitas fueron efectuadas a la Embajada Soviética, al Periódico Hoy y a la Casa de la Cultura, controlada por los comunistas. Enrique Ovares, Alfredo Guevara, el Chino Esquivel, Aramís Taboada y otros fueron nombrados delegados. Santiago Touriño hizo gestiones para que se incluyera a Fidel Castro, y a nombre del Comité Pro-Independencia de Puerto Rico se agregó a Juan Juarbe Juarbe. Fidel Castro, acompañado de Rafael del Pino, salió antes de la delegación y en su ruta visitaron Venezuela y Panamá y confrontaron ciertas dificultades para su entrada en Colombia.

Unos días antes de comenzar los trajines de la Conferencia Eliécer Gaitán advirtió que los comunistas se proponían sabotear la II Conferencia Panamericana tendiente a organizar la Organización de Estados Americanos. El inexplicable asesinato del destacado político colombiano determina el estallido de grandes violencias el día 9 de abril conduciendo a la ruptura de relaciones de Colombia con la Unión Soviética por su obvia participación en los dramáticos eventos. Buscados por la Policía de Colombia, Castro y del Pino se escabullen y esconden. Como siempre ha sido su costumbre, Castro inventó acciones inexistentes en que desplegó "su legendario valor" diciendo que desde el campanario de una iglesia se dedicó a cazar curas. Estos datos han sido tomados del libro "Historia del Partido Comunista de Cuba" de Jorge García Montes y Antonio Alonso Ávila.

Lo que no dijo Fidel Castro es que cuando desde el campanario "donde estaba matando curas" vio que se acercaban miembros del Ejército y de la Policía, se metió corriendo en la Embajada Cubana, botó el fusil y aceptó regresar a Cuba en el avión militar que le había mandado el Presidente Grau; esa fue su heroicidad. Lo triste y lo dramático de este episodio es que el pueblo de Cuba, la prensa, los políticos y todos en general olvidaron y olvidamos este incidente, y le dimos a Fidel Castro el beneficio de una duda que él no se merecía. Por otra parte la Conferencia Interamericana con la creación de la OEA fue un éxito pero el fracaso comunista del levantamiento en Bogotá mostró de lo que eran capaces y de lo que harían y siguen haciendo en los momentos actuales.

Señalaremos ahora la opinión del Periódico "El Mundo" sobre el gobierno y las gestiones del Dr. Ramón Grau San Martín: la edición del 7 de octubre de 1944 fue especialmente interesante. En ella hay una fotografía de la visita de los jefes de las Fuerzas Armadas al Presidente Ramón Grau San Martín. El Comandante Pérez Dámera aparece junto al General López Migoya, a quien eventualmente reemplazaría. El comodoro Águila Ruiz quien sobreviviría a todas las vicisitudes de la política durante la administración del Presidente Grau, aparece sentado al centro y a su derecha estaba el coronel Antonio Brito de la Policía Nacional, quien no estaría en su cargo mucho tiempo más (fue, además, asesinado pocos meses después). En otra parte de la misma primera plana, el notario Dr. Virgilio Lazaga con su hijo el Dr. José Ignacio Lazaga y el Dr. Julián Solórzano, el comandante Pérez Dámera y el reportero de El Mundo Alfredo Núñez Pascual, contemplaban la firma del acta No. 172 donde el Presidente hacía constar el inventario de sus bienes antes de tomar posesión. Debe compararse esta información con la del 18 de marzo de 1951, también en el periódico El Mundo, sobre el procesamiento del Dr. Grau en la causa por malversación de fondos públicos. La edición extraordinaria del 10 de octubre de 1944 decía que el Ministro de Hacienda de Batista había dejado 800,000 pesos en el tesoro, con una solemne afirmación de Grau que decía "organizaremos una hacienda que sea lo suficientemente honrada".

Posteriormente, en 1950, el Ministro de Hacienda de Grau, Valdés Moreno, habría de ser procesado en la famosa Causa 82, y huyó de la justicia. Días después el Ministro Fernández Supervielle decía que habían sido trasladados tres millones de pesos de los fondos especiales del Tesoro a rentas públicas. No se supo de ningún encausamiento al respecto, ni de que hubiera aparecido el dinero. Esto se verá en el capítulo referente a Carlos Prío cuando se mencione el asunto de la Causa 82.

En cuanto al entusiasmo del pueblo cubano por el nuevo gobierno, el diario dejó constancia fotográfica y en artículos. Se anunciaba que serían construidas mil escuelas campesinas, pero en realidad no llegaron a quinientas las edificadas a un costo de 9 millones de pesos o sea, a 18,000 pesos cada una lo cual era una cantidad excesiva para la época. Siete años después de la toma de posesión de Grau, que había prometido acabar con los barrios de indigentes, señaló El Mundo que éstos existían y que tenían más pobladores. Señaló el diario el incumplimiento y el fraude en esas promesas. Los abastecimientos continuarían dislocados, y el costo de la vida iría en rápido aumento. Durante el año 1945 El Mundo señalaba los primeros escándalos en relación con los artículos de primera necesidad. El Congreso desconfiaba de la gestión de varios de los Ministros, especialmente del titular de Comercio, y procedió a una serie de interpelaciones. La criminalidad "revolucionaria" alcanzó un nivel de terribles excesos. Había abandono en los hospitales y desórdenes en la enseñanza. Se concluyó que el corrompido régimen de Zayas no alcanzó los niveles del de Grau.

A pesar de todas estas revelaciones el Partido Auténtico triunfó en las elecciones generales, y Carlos Prío Socarrás fue electo como nuevo Presidente de Cuba conjuntamente con una mayoría de Senadores y Representantes y otras posiciones. Cuba era una nación "alegre y confiada". Había mejorado económicamente y disfrutaba de libertad. No se percibía ni siquiera se sospechaba la solapada labor de los comunistas.

Durante los últimos diez años se produjo una explosión en la popularidad y composición de la música popular cubana. Se hizo muy conocida e interpretada en todos los países de Hispanoamérica y también en los Estados Unidos. Los artistas cubanos eran muy solicitados en todo el continente americano. Durante el cuatrienio grausista aumentó el arribo a Cuba de artistas extranjeros para actuar en salas de fiesta nocturna y en la radio nacional. Todo esto estimulado por la gran rivalidad existente entre la CMQ y la RHC, que eran las principales radioemisoras de la Isla. De España llegaron orquestas como los Chavales y los Churumbeles, que se hicieron muy populares con cantantes como Juan Legido, el llamado "gitano señorón" que se "aplatanó". Los Panchos y Pedro Vargas hacían frecuentes temporadas en La Habana junto a Jorge Negrete, Juan Arvizu, Elvira Ríos,

Toña la Negra y otros. Se inicia un ciclo de gran fecundidad en la composición de boleros y en el estilo llamado "feeling". La gran afición de los cubanos por el béisbol se vio incrementada con la construcción del Estadio del Cerro. La pelota profesional de invierno alcanzó los más altos niveles de éxito. Los equipos cubanos triunfaban con mucha frecuencia en la Serie del Caribe. El país se distraía con la música y con los deportes. Los cubanos estaban como en un sueño con todas estas manifestaciones externas. De ese sueño despertó amargamente el primer día del mes de enero del 59 con el comienzo de una pesadilla que aún permanece.

José Agripino Barnet y Vinageras
Diciembre, 1935 - Mayo, 1936

Miguel Mariano Gómez Arias
Mayo, 1936 - Diciembre, 1936

Federico Laredo Bru
Diciembre, 1936 - Octubre, 1940

Fulgencio Batista Zaldívar
Octubre, 1940 - Octubre, 1944

Ramón Grau San Martín
Octubre, 1944 - Octubre, 1948

Carlos Prío Socarrás
Octubre, 1948 - Marzo, 1952

Fulgencio Batista Zaldívar
Marzo, 1952 - Diciembre, 1958

CAPÍTULO IX

PERÍODO PRESIDENCIAL
DEL DR. CARLOS PRÍO SOCARRÁS

Hoy trataremos del Gobierno Constitucional del Dr. Carlos Prío Socarrás... ¿recuerdas esta conguita? "Ahí viene la aplanadora, ahí viene la aplanadora, ahí viene la aplanadora con Prío alante y el pueblo atrás".

El 1° de junio de 1948 la aplanadora llegó, y Prío ganó las elecciones. El 10 de octubre de 1948 la aplanadora fue a Palacio. Prío estaba delante, pero el pueblo... absolutamente mayoritario no estaba detrás, como lo había estado en 1944, cuando Grau San Martín fue electo.

Los números indicaban lo siguiente: el 79 por ciento de los electores inscriptos votaron en las elecciones que era una cifra muy elevada en cualquier país del mundo y en cualquier tiempo. La Alianza Auténtico Republicana había obtenido 905,190 votos, mientras que la suma de los votos obtenidos por las otras tres candidaturas era 1,066,340 votos, es decir que Prío no había obtenido la mayoría absoluta, ni siquiera alcanzó el 50 por ciento de los votantes. Si a esto le añadimos el 21 por ciento de electores que no votaron, porque no tenían interés en hacerlo, vemos que la mayoría del pueblo de Cuba no votó ni por supuesto apoyó a Carlos Prío.

Todo lo arriba señalado le traería dificultades al nuevo Presidente pues aunque tenía una holgada mayoría en la Cámara de Representantes, no era así en el Senado donde el Gobierno y la oposición estaban parejos. Muchas veces esa mayoría de la Cámara le fue hostil y en algunas ocasiones completamente contraria. Lo que señalaba que el Presidente no podía fiarse de ella y Prío la necesitaba para aprobar el plan de leyes que se había trazado. La formación del Partido Ortodoxo en 1947 le había costado a los Auténticos más de 320,000 votos, que fue la cifra de sufragios que obtuvo Chibás en la elección.

Durante sus dos primeros años de gobierno Prío vio otras dos escisiones dentro de su partido…la de Castellanos y la de Grau, que iban a ocurrir mermando más aún el número de afiliados al PRC(A). De estas dos la más importante fue la de Castellanos. Recordemos que éste último estaba ocupando la Alcaldía de La Habana por ser el Presidente del Ayuntamiento en el momento que ocurre la muerte del Alcalde Fernández Supervielle. Castellanos aspiró a ser electo para esa posición en 1950, pero Prío y su partido postularon a su hermano Antonio –ex Ministro de Hacienda– quien fue decisivamente derrotado. Después de esto Castellanos formó un partido –el Nacional Cubano– que aunque no llegó a ser de una fuerza enorme, fue nacional y de cierta importancia.

Grau San Martín por sus diferencias personales con Carlos Prío y por su manera de ser, también formó un partido mucho menor que el de Castellanos pero lo organizó con elementos procedentes del autenticismo incluyendo algunas personalidades políticas de relieve, como el Ingeniero Pepe San Martín. Al llegar el año 1952 el partido de Castellanos estuvo al habla con Batista para formar un tercer frente, pero las negociaciones se rompieron y Castellanos decidió volver a la coalición con el Partido Auténtico aunque sin reintegrarse al mismo, sino como miembro de un partido coaligado. Lo mismo sucedió con Grau, quien no estuvo al habla con Batista pero al fin decidió apoyar a Carlos Hevia que era el candidato del PRC(A).

Con gran habilidad política Prío había logrado una coalición que incluía al Partido Liberal, al Partido Demócrata y al Partido Republicano que tras haber sido su aliado se había convertido en su enemigo. Es decir que contaba con cinco partidos para las elecciones de 1952. Los Ortodoxos habían crecido enormemente al menos en manifestaciones espontáneas, prensa y propaganda radial y televisiva; sobre todo el medio propagandístico de la Revista Bohemia, a favor de Agramonte, que fue el sustituto de Chibás en la candidatura presidencial de su partido, y pudieran haber dado una sorpresa de esas que a veces ocurren en la política.

El lema "vergüenza contra dinero" de los Ortodoxos se estrellaba contra las personalidades de Carlos Hevia y Luís Casero –éste último candidato a Vicepresidente– que tenían más vergüenza que cualquiera, y menos dinero que los más de los políticos que actuaban en el escenario nacional. Con honestidad y honradez probada en el ejemplar ejercicio de cargos públicos, y con intachable historia revolucionaria, eran dos candidatos de gran fortaleza. Ambos poseían hombría de bien y una ejecutoria impecable.

De todas formas se proyectaba una campaña electoral de altos quilates y una elección reñida de San Antonio a Maisí. El 1º de junio de 1952 podría haber sido otra jornada gloriosa para cualquiera de las dos candidaturas que resultaran victoriosas. Toda esta especulación a posteriori entra a formar parte del capítulo de lo que pudo haber sido pero no fue, pues lo que ocurrió fue el absurdo golpe militar del 10 de marzo. Téngase en cuenta el dato de la pobre actuación política de Batista cuando se quiera buscar explicaciones sobre el por que del golpe de estado, que por otra parte no tenía ninguna razón de haber sucedido.

Carlos Prío había nacido en 1903 según unos autores en La Habana y según otros en Bahía Honda. Era el segundo Presidente Auténtico electo democráticamente, que ocupaba el cargo después de haberse puesto en vigor la Constitución de 1940. Procedía de una familia de mambises especialmente por la rama materna con muy buena reputación y actuación desde la guerra de 1868. Muchos de sus familiares fueron héroes muertos en combate y otros fueron asesinados por los guerrilleros cubanos al servicio de España –incluyendo entre esas víctimas a algunas mujeres.

Estudió su Primera Enseñanza en La Habana y su Bachillerato en el Colegio de Belén. En 1927 ingresó en la Universidad en la Facultad de Derecho. Era aquella la época en que la Universidad abría y cerraba como las puertas de un teatro y no fue hasta 1934 en que al fin pudo terminar su carrera de Abogado. Durante la lucha contra el Presidente Machado participó como cofundador del Directorio Estudiantil Revolucionario de 1930 donde estuvo muy activo tanto en la propaganda como en la acción. Sufrió prisión y estuvo en peligro de muerte varias veces. Se opuso al Gobierno de Céspedes con el pretexto de la injerencia de Sumner Welles pero su oposición no fue de carácter violento aunque si intensamente teórica. Más adelante contribuyó en forma importante al 4 de septiembre como ya hemos visto, al nombramiento de la Pentarquía y al establecimiento del Gobierno Provisional de Ramón Grau San Martín pero lo principal de este período es que fue de los pilares para el nombramiento de Batista, primero como Sargento Jefe de las Fuerzas Armadas, y segundo cuando el sargento fue ascendido a Coronel. Batista le pagó dándole un golpe de estado en 1952.

Prío apoyó a Grau en su gobierno provisional no como miembro del mismo sino como Presidente de la Agrupación Revolucionaria que era la del golpe del 4 de septiembre, y aún después de la desaparición del Directorio, Prío continuó en su apoyo firme a Grau y luego a la breve Presidencia de Carlos Hevia. Se opuso al nombramiento de Mendieta como Presidente. Fue cofundador del Partido Revolucionario Cubano (Auténtico) y de la Organización Auténtica que era el brazo armado revolucionario del partido. Fue electo Delegado a la Asamblea Constituyente del 40 y más adelante Senador. Estuvo en la oposición durante el Gobierno de Laredo Bru y fue un dirigente clave de su partido tanto a nivel nacional como en el Congreso.

Durante el gobierno de Batista fue Prío junto a Eduardo Chibás el dúo de tribunos que llevaron la voz de ataque político contra ese gobierno, trabajando ambos activamente a favor de la candidatura presidencial de Grau.

Durante el gobierno constitucional de Grau fue Ministro de Trabajo así como Primer Ministro. Fue el principal factor para la erradicación de los comunistas de la dirección de la Confederación de Trabajadores de Cuba y de otras posiciones importantes convirtiéndose en el "enemigo público número 1" de los rojos. Prío fue depuesto por un golpe militar el 10 de marzo de 1952. Regresó a Cuba durante la dictadura de Batista por un tiempo muy breve. Desde el exilio contribuyó activamente con dinero y todo tipo de apoyo al triunfo de Fidel Castro. Era lógico pensar que tras el derrocamiento de Batista, Prío hubiese sido retornado a la Presidencia en su carácter de Presidente Constitucional que no había terminado su mandato, pero por supuesto esos no eran los planes de Castro. Después de permanecer por unos meses en Cuba "liberada" volvió al exilio y de nuevo inició la preparación de operaciones bélicas tendientes al derrocamiento del comunismo, pero desafortunadamente no tuvo éxito.

Fue acosado por las autoridades norteamericanas a pesar de ser un antiguo amigo del país y del Presidente Truman, a quienes tantos buenos servicios prestó. El último acoso fue haberlo citado para comparecer ante la Comisión Warren que investigaba el asesinato del Presidente Kennedy en la década de los setenta (1976-1977) debido a que el ex Presidente cubano había tenido ciertas relaciones con Jack Ruby, un traficante de armas que asesinó a Lee Harvey Oswald. Carlos Prío Socarrás se suicidó en abril de 1977, según algunos motivado por su fracaso personal contra el gobierno de Fidel Castro, según otros disgustado por esta investigación, aunque nuestra opinión personal es que no se debió ni a lo uno ni a lo otro sino a una severa depresión condición que sufrió toda su vida con bastante frecuencia.

Carlos Prío tenía una hermana y dos hermanos que intervinieron en política, el mayor llamado Francisco "Paco", como Senador, y el menor llamado Antonio quien fue designado Ministro de Hacienda en el gobierno de Prío, y después candidato a la Alcaldía de La Habana. En vez de sumarle políticamente al Presidente, sus hermanos más bien le restaron por sus veleidades y por sus pocos aciertos. La más escandalosa de las actuaciones de Antonio Prío fue la denuncia de la falsa incineración de billetes certificados plata que algunos calculan alcanzó una suma entre los 37 y 41 millones de pesos, que de acuerdo con los acusadores fueron repartidos entre Antonio Prío y sus amigos. Esto dio origen a una causa judicial en época de la dictadura de Batista.

En la década de los años 30 Prío era un furibundo opositor de la política norteamericana hacia Cuba especialmente las actuaciones de Welles y Caffery sin embargo durante su Presidencia fue todo lo contrario siendo considerado un buen amigo de los Estados Unidos y en especial del Presidente Harry S. Truman. El Presidente Prío apoyó a la nación norteña en las Naciones Unidas y especialmente en lo de la guerra de Corea pero una serie de declaraciones y actuaciones improcedentes e imprudentes de Carlos Prío –sobre todo en relación con el área del Caribe y con la conferencia de GATT– resultó en pérdida de consideración favorable por parte del Gobierno de Washington, que opinó que Cuba era uno de los tres países provocadores de conflictos en el área del Caribe.

Antes de su toma de posesión, el Presidente electo Carlos Prío Socarrás viajó por México y por varios países de Centro América como parte de una misión de apoyo a las democracias y de combate a las dictaduras ya que Prío tenía inclinación –o si se quiere, afiliación– con la Legión del Caribe que se había autotitulado la defensora de la democracia y la enemiga de las tiranías. Esto le creó dificultades que más adelante analizaremos. De tal suerte que públicamente combatía a las dictaduras, las cuales en su mayoría estaban apoyadas por los Estados Unidos. Como resultado de esta actuación Prío se embarcó en un peligroso "estira y encoge" al borde de la guerra, y en una ocasión con ruptura de relaciones con la República Dominicana que duró casi dos años. Esto fue muy perjudicial para el aspecto propagandístico de Prío y de su gobierno en la América, y sobre todo en los Estados Unidos. No hay que olvidar el episodio de Cayo Confite que no se apartaba de la mente de Trujillo. Cuba era el foco de reunión de los exiliados dominicanos que soñaban con el derrocamiento del dictador dominicano. Esta posición de Prío y de su gobierno rebasó los límites geográficos de los países caribeños y llegó hasta el Perú. Oportunamente veremos que constituyó un conflicto muy serio que produjo ruptura de relaciones diplomáticas.

En el orden interno, el problema fundamental fue el gangsterismo aunque él hizo que se aprobara la Ley contra el Gangsterismo, la cual no era lo suficientemente fuerte, sobre todo por el hecho de que no se aplicaba, o se hacía esporádicamente. Existían muy buenas intenciones, muchas declaraciones, pero el gangsterismo continuaba campeando por sus respetos en toda la República erosionando la credibilidad del Gobierno, y creando un clima social de gran inseguridad. Todo esto era explotado al máximo por la propaganda manufacturada por Batista para justificar lo injustificable, esto es, el "madrugonazo" del 10 de marzo del 52.

La excusa del gangsterismo era bien pobre y por supuesto no alcanzaba a justificar el golpe de estado, máximo cuando existía una bonanza económica nunca antes vista en Cuba, mejorías en el orden social en toda la Isla reconocido por la prensa extranjera, un régimen de libertad que a veces llegaba al libertinaje cuando la expresión de las opiniones y de los ataques verbales lindaban en lo procaz. Además, un crédito sólido en cuanto al pago de las obligaciones contraídas por Cuba y un aumento muy fuerte en las reservas de oro, de plata y de dólares. Comparado con todos estos datos positivos, la excusa del gangsterismo era muy débil. Tal vez esta excusa junto con el temor del ascenso al poder del Partido Ortodoxo –grandemente infiltrado por los comunistas– fue la causa del trágico evento ocurrido el 10 de marzo de 1952.

El Presidente Prío fue atacado diariamente, violentamente, virulentamente, no sólo por sus actos de gobierno sino hasta en su vida personal por su antiguo amigo transformado en irreconciliable enemigo, Eduardo Chibás. Este, aprovechando todos los fallos del gobierno y con acusaciones que a veces eran ciertas pero que la mayor parte de las veces eran totalmente infundadas, y sin presentar prueba alguna de las mismas, con su programa radial dominical más el espacio radial diario de Pardo Llada y cierta prensa escrita favorable, muy en especial la Revista Bohemia, estuvieron martillando constantemente y destruyendo la fe del pueblo en sus líderes y en sus instituciones. Esto creaba así un clima favorable para que sobreviniera el desorden y la anarquía.

Después de la muerte de Chibás, otros voceros continuaron con los ataques del PPC(O) que pensaban –tal vez con razón– que con esto movilizaban la opinión pública a su favor. Chibás, con su magnífico manejo del micrófono, su elección de los puntos de ataque contra el gobierno y la atracción que ejercía sobre las multitudes era el constante azote semana tras semana. Señalado por algunos que este encarnizamiento de Chibás contra Prío fue debido a que este último fue designado por Grau –sin ser electo por las asambleas auténticas– para ser el candidato presidencial, y que en la opinión de testigos de la época era la causal de la polémica que sostenía Chibás contra el partido. Precipitaba así su abandono del PRC(A), acompañado de otras figuras políticas que estaban descontentos con el "desgobierno" de Grau. De todas formas Chibás, en su errática actuación, terminó en un "suicidio" tonto e inútil, y determinó un pesar en el ánimo de Prío que sin tener la culpa de lo sucedido todo el mundo lo culpaba de lo ocurrido.

En su discurso inaugural el nuevo Presidente dijo quería ser un Presidente cordial, y esto lo repitió muchas veces. Sin embargo, el concepto de cordialidad, al igual que el de cubanidad de Grau, quedaba un poco difuso en la práctica. Prío fue cordial con muchos elementos políticos, pero no lo fue con todos pues por supuesto no podía serlo con los comunistas, y los Ortodoxos, además, no deseaban ser recipientes de esa cordialidad. Como veremos, en la formación de su gabinete extendió su actitud cordial hasta la época de Machado con el nombramiento de Ramón Vasconcelos como Ministro sin Cartera.

Al tomar posesión Carlos Prío Socarrás, la situación económica no era brillante puesto que los ajustes económicos del mundo de la post-guerra hacían que muchos de los abastecimientos que Cuba requería estuvieran escasos y muy caros.

Esto trajo protestas y críticas que nunca faltan en ocasiones similares, y los cubanos olvidándonos una vez más que lo que pasa fuera de las costas cubanas influye enormemente en nuestro país, culpaban a Prío y Grau por todas estas cosas, olvidando que ellos realmente no podían hacer nada para resolver estas dificultades. Prío se enfrentó a este problema, y en pocos meses logró darle una solución adecuada ayudado por la situación internacional provocada por la guerra de Corea, con el consiguiente aumento en la compra de azúcar por parte de los Estados Unidos y por otros países.

En cuanto al Congreso, el nuevo Presidente disfrutaba al menos aparentemente de una holgada mayoría en la Cámara. Usamos el vocablo aparentemente, porque en más de una ocasión y debido a los impredecibles altibajos de la política cubana, el Senado sobre todo se mostró crítico en exceso con los Ministros de Prío produciéndose interpelaciones y obligando a algunas renuncias. La prensa ponía en la picota pública a cuanto funcionario creía que no estaba haciendo lo correcto.

Durante el gobierno de Prío la casi totalidad de la prensa mantuvo una posición oposicionista. Sin embargo, bajo la excusa de la ocupación de los periódicos por los sediciosos del 10 de marzo, cuando éstos volvieron a ver la luz, no combatieron el cuartelazo sino que mostraron más bien acatamiento, y hasta cierto punto, sumisión al menos en los períodos iniciales.

Ni la prensa escrita ni la radial dejaban escapar el menor incidente en el cual pudieran explotar coyunturas para inclinar a sus lectores a una actitud de oposición al Gobierno. Esto resquebrajaba lentamente la confianza de la ciudadanía en sus líderes, pero "vendía periódicos" y por supuesto "vendía espacio" a sus anunciantes. Los noticieros radiales y más tarde los televisados, tenían como principal interés sus ingresos por concepto de anuncios, que es lo que en término general interesaba a los periodistas.

Prío tenía unas características personales de simpatía, que aunque eran inferiores a las del Dr. Grau, le servían para captar simpatizantes, admiradores y seguidores. Sin embargo en sus discursos muchas veces había pronunciamientos irresponsables, sobre todo en lo relacionado con el ámbito internacional donde Cuba cada vez más se consideraba árbitro, sin que nadie le hubiera dado esta misión. Sus estridencias verbales sobre temas políticos del Caribe y aún en asuntos de Sur América, metieron a Prío en varios problemas muy serios en el campo internacional. Ejemplo de ello fue la pugna con la República Dominicana.

Vamos a transcribir una opinión muy valiosa e interesante sobre la personalidad de este Presidente emitida por el Profesor Herminio Portel Vilá en su libro "Nueva Historia de Cuba", quien conociera personalmente al líder auténtico desde el año 1930, y quien lo introdujo al Dr. Grau a quien Prío debió considerables favores políticos. Portel Vilá fue miembro del Partido Auténtico y se le ofreció la candidatura a Vicepresidente en 1940 que él no aceptó. Permaneció en el Partido Auténtico hasta 1947 cuando Chibás se separó del mismo. El historiador trasladó su membresía a los Ortodoxos. En el PPC(O) fue electo concejal por la ciudad de La Habana en 1950, sin que en su campaña hubiese gastado ni un solo centavo.

Dice Herminio Portel Vilá de Carlos Prío Socarrás lo siguiente: "Prío había caído de nuevo en uno de aquellos episodios de abulia, abandono e indiferencia que de tanto en tanto lo afectaban y que no tenían explicación alguna para sus amigos y colaboradores, sobre todo para los más cercanos". Esto es una descripción somera sobre lo que hoy conocemos como "bipolarismo", que no es mas que una forma frustre que padecía el Presidente Prío de la enfermedad antiguamente conocida como "maníaco-depresiva", y que él sufría de forma ligera, porque cuando esta enfermedad es grave requiere internamiento en hospitales psiquiátricos donde se aplica un tratamiento enérgico y en ocasiones también electroshocks. Estos episodios sin causa aparente correspondían sin duda a fases depresivas produciendo lo que el Profesor Portel Vilá describe como "abulia, abandono e indiferencia". Esta es una enfermedad genética que se transmite por la vía femenina, los hombres la padecen pero no la transmiten. Las mujeres la padecen y la transmiten. Actualmente la depresión se trata con los medicamentos antidepresivos modernos, y la manía con los estabilizadores como el litio. En aquel tiempo no había estos tratamientos y por eso –como dice Portel– los que rodeaban a Prío no se explicaban estos cambios súbitos de ánimo y actitud.

La actuación de Prío frente al golpe de estado del 10 de marzo y lo que hizo o no hizo en Palacio en esa madrugada, con la huida posterior no se debió en modo alguno a cobardía como algunos autores han señalado, sino que en nuestra opinión se debió a uno de esos momentos de depresión en los cuales el individuo queda prácticamente paralizado desde el punto de vista psicológico y no es capaz de conducirse adecuadamente. Fue enfermedad y no cobardía; de ahí la paradoja de actuaciones decididas, firmes, valientes y arriesgadas del Presidente Prío en momentos y circunstancias donde no estaba deprimido. Es nuestro punto de vista profesional después de analizar detenidamente lo dicho por Portel Vilá. Creemos que con esto hacemos justicia a Carlos Prío en su actuación, que por otra parte y en otras circunstancias dejó mucho que desear, pues en momentos en los que no estaba en depresión cometió errores muy serios.

Añadamos que su suicidio debe haber ocurrido en uno de aquellos períodos de depresión profunda en que él se sumía, agravado por tener en ese instante unos cuantos años más de edad con una vida cargada de traiciones, de frustraciones, decepciones y abandonos que en un momento dado a estos pacientes les ocasiona una situación mental donde consideran al suicidio como su única salida cuando el agobio les hace insoportable la existencia.

De nuevo señalamos que a nuestro juicio el peor de los males del tiempo de Machado fue la instauración de una violencia caracterizada por atentados, terrorismo, asesinatos indiscriminados y sobre todo la emergencia de un odio entre cubanos como nunca antes se había visto en la Isla. Esta terrible situación se prolongó durante el decenio que siguió a la caída de Machado, continuó en el gobierno constitucional de Batista, y después, con renovados bríos, en los de Grau y Prío.

Con esta situación se enfrentó Carlos Prío no solamente como la cabeza del Poder Ejecutivo, sino como alguien que perteneció a este "mundo raro" en su juventud y conocedor personalmente de la mayoría de los actores de este drama convertido en cáncer nacional. Haberlos conocido dificultaba su obligación y su función de erradicarlos, a más que el Presidente no era un hombre violento ni tampoco sanguinario. Trató por todos los medios de resolver legalmente esta grave situación de orden público con el uso de la persuasión, pero fracasó en sus intentos. Resumiendo, podemos afirmar que si bien Prío fue una víctima incruenta del terrorismo y el gangsterismo "revolucionario", estos elementos perturbadores se aprovecharon del hecho de que el Presidente era incapaz de remedar las acciones violentas represivas de Machado y de Pedraza.

Una de sus primeras medidas fue firmar la Ley contra el gangsterismo aprobada por la Cámara y por el Senado que aumentaba las penas pero no lo suficiente, y su efecto sobre los transgresores fue mínima. Una ley buena, pero débilmente aplicada, se convierte en una ley mala y eso fue lo que sucedió. La excusa del gangsterismo y la inseguridad social esgrimida por Batista y por sus seguidores, antes y después del golpe, –y que llegó a ejercer influencia sobre la mente de ciertas gentes fuera y dentro de Cuba– era algo que no podía justificar en lo más mínimo el derribo de un gobierno a menos de noventa días de unas elecciones generales. Lo que no se decía era que el candidato Batista no tenía la más remota oportunidad de ganar, y él quería el poder.

En su planteamiento sobre su plan de gobierno, Prío esbozó toda una serie de medidas legislativas las cuales llevó a cabo, aunque en forma irregular. Pero no cabe duda de que si los Auténticos, como partido en el poder, hubieran tenido más honestidad, más dedicación a la obra de gobierno y menos politiquería con las leyes que fueron promulgadas en este Gobierno, sumando a esto la bonanza económica del momento, la situación hubiera sido totalmente diferente y el golpe de estado hubiera sido prácticamente imposible. Su derivación final, por lo tanto, el ascenso al poder de Fidel Castro, no hubiera ocurrido nunca.

El 10 de octubre de 1948 tomó posesión Carlos Prío y desde el Capitolio dirige su primer mensaje a la nación ante una sesión conjunta del Congreso. Señala que hasta hace unos pocos días él se sentaba entre ellos como legislador y que les pedía su colaboración para llevar adelante los planes de reforma que Cuba necesitaba. Añade que su gobierno se opone radicalmente a todo tipo de dictadura y especialmente a la comunista, que resueltamente está al lado de las democracias; que respetaría las libertades civiles y el sistema democrático. Prometió fortalecer la moneda, mejorar la situación de crédito de los nacionales que estaba en manos de la banca extranjera y aumentar las divisas de la Tesorería Nacional. El crédito se mejoraría una vez creado el Banco Nacional. Esbozó una Reforma Agraria con distribución de tierras y de otros beneficios. Prometió una gran mejoría en el sistema educacional, y anunció la creación de lo que se llamaría después el BANFAIC, que era un sistema crediticio para agricultores, comerciantes e industriales. Aumentaría las obras públicas y garantizaría igualdad política para todos los ciudadanos a más de la continuación de la política exterior del gobierno saliente, que realmente no estuvo definida, ni sostenida ni tampoco adecuada.

Después de su salida de Cuba al finalizar su Presidencia, y tras un periplo internacional, Batista se había instalado en Daytona Beach, en el Estado de la Florida. Desde allí aspiró y fue electo como Senador solicitando del Presidente Grau garantías especiales para regresar a Cuba, que consistía en una guardia militar seleccionada personalmente por Batista. Grau respondió que tendría las mismas garantías que cualquier ciudadano. "Por si las moscas", el flamante senador permaneció en los Estados Unidos. Repitió la misma petición a Prío, y éste cometió la tontería de concederle lo que solicitaba, lo cual equivalía a establecer una punta de lanza para iniciar su conspiración con el Ejército.

Otro aspecto es el del Vicepresidente electo, Guillermo Alonso Pujol, que no era un hombre en quien se pudiera confiar. Era un experto en combinaciones políticas, poco austero, contrafigura del Vicepresidente saliente Raúl de Cárdenas. Alonso Pujol era un "maniobrero", cubanismo aplicado a este tipo de individuos. Muy pronto este personaje dio señales de sus "habilidades" obteniendo de Prío el nombramiento de tres ministros, alcaldías y otras posiciones. Este sujeto con algunos de sus amigos estableció en el Cuartel General del Ejército una "timba", o casa de juego, donde todas las noches y con conocimiento de clases y soldados, se jugaban grandes cantidades de dinero. Esto, por supuesto, contribuyó al resquebrajamiento de la disciplina militar. El humorismo criollo inmortalizó estas situaciones tragicómicas en la inmortal frase "ojo con el vice". ´

Prío organizó su Gabinete nombrando a Manuel A. de Varona Loredo como Primer Ministro, a Carlos Hevia y Reyes Gavilán como Ministro de Estado, a Ramón Corona García en Justicia, a Rubén León García como titular de Gobernación, a Antonio Prío Socarrás como Ministro de Hacienda, Manuel Febles Valdés en Obras Públicas, como Ministro de Agricultura a Francisco Grau Alsina, en Comercio el Dr. José Raimundo Andreu Martínez, en Trabajo a Edgardo Buttari Puig, como titular de Educación a Aureliano Sánchez Arango, a la cabeza de Salubridad fue nombrado Alberto Oteiza Setién, en Comunicaciones fue designado Virgilio Pérez López, en Defensa Román Nodal Jiménez y como Ministros sin Cartera Ramón Vasconcelos, Mariblanca Sabas Alomá y Primitivo Rodríguez. Como Secretario de la Presidencia y del Consejo de Ministros fue nombrado Orlando Puentes Pérez.

El gangsterismo "revolucionario", o más bien "pseudorevolucionario", creaba un clima de inestabilidad social. El Presidente pidió cooperación a todos los estamentos de la sociedad cubana para combatir esta situación, pero una cosa era pedirlo y la otra obtenerlo.

Resumiendo los puntos principales de su mensaje, dijo que las necesidades primarias eran la creación del Banco Nacional y de su subsidiaria, el Banco de Fomento Agrícola e Industrial (BANFAIC), los Tribunales de Trabajo, el Tribunal de Cuentas, el Tribunal de Garantías Constitucionales y Sociales, la Carrera Administrativa y una lucha sin descanso contra el agio, la especulación y la bolsa negra; realizar esfuerzos por abaratar el costo de la vida que se había hecho casi insoportable a los consumidores.

El Presidente Prío recurrió al tema de la cordialidad con frecuencia, afirmando que deseaba ser un Presidente cordial. Sin embargo no pudo serlo con los comunistas, ni con los ortodoxos, puesto que estos no estaban interesados en reciprocar esa actitud, tampoco pudo serlo por supuesto con los gangsters. De hecho este concepto de la cordialidad se quedó un poco difuso. Extendiendo una mano cordial hacia Grau nombró a Francisco Grau Alsina como Ministro de Agricultura, así como a Primitivo Rodríguez, quien fuera el proponente de la fallida idea de la reelección del Presidente Grau.

Dos camaleones políticos por la facilidad con que cambiaban de partido fueron nombrados ministros; nos referimos a Rubén de León –auténtico primero, realista después y Subsecretario en el gobierno de Batista, pero era muy amigo de Prío. El otro fue Edgardo Buttari, con credenciales similares al previamente nombrado en su membresía partidista, y que fue Ministro de Trabajo en el gobierno de Batista, pero también era amigo de Prío. Ambos tuvieron más o menos permanencia en el gabinete en una u otra posición, entrando o saliendo, respondiendo a los cambios políticos necesarios. Obviamente que esto no era bien visto por los miembros del Partido Auténtico. Por las mismas erradas razones fueron nombrados Ministros Sin Cartera Ramón Vasconcelos –viejo liberal cuyo protagonismo se extendía en el pasado hasta el tiempo de Machado–, y Mariblanca Sabas Alomá quien fuera censora en la misma época, y que entonces hacía pininos –y tal vez algo más– con el Partido Comunista; pero entró en el gabinete a fuer de haber sido fundadora del Partido Auténtico y porque era amiga de Prío.

Los hechos violentos que ocurrieron durante este gobierno fueron menos de la mitad de los sucedidos durante el gobierno de Grau: menos muertos, menos atentados, menos hechos dinamiteros. Hubo veintiocho muertos por acción de los pandilleros. Ocurrieron cuatro muertos en el sector obrero por una trifulca entre comunistas y "cofiñistas", y en los Ómnibus Aliados, cuando se atentó contra la vida de Eusebio Mujal ya en su posición de Secretario de la CTC.

Hubo un atentado fallido contra el interventor de los Ómnibus Aliados. Murió asesinado el líder sindical comunista Aracelio Iglesias. Todos estos hechos tuvieron lugar a pesar de la promulgación de la Ley contra el Gangsterismo, a pesar de declaraciones solemnes y firmes del Presidente y de miembros de su Gabinete casi todas las semanas. Aunque existían los instrumentos legales no se aplicaban con firmeza, con voluntad ni con decisión.

Disturbios populares ocurrieron cuando la Cooperativa de Ómnibus Aliados puso en circulación ómnibus que el folclore cubano calificó como "las bien pintadas", que no eran ómnibus nuevos, sino viejos ómnibus regulares que habían sido pintados de color gris para poder cobrar el aumento del pasaje decretado. Un anuncio mañanero en la Escuela de Medicina donde se invitaba a una visita al Museo Dupuytren en los bajos del Teatro Martí, despertó el interés de numerosos estudiantes quienes al llegar a la esquina de la calle 23 e I para abordar ómnibus y tranvías, un carro policíaco impidió que continuara su recorrido el tranvía que allí se había detenido. Llegaron más "perseguidoras" con el Teniente Salas Cañizares, se armó una discusión con Orlando Bosh que era el Presidente de los Alumnos de la Escuela…comenzaron los estudiantes a ser golpeados, se formó el "corre corre" y regresamos a la Universidad para protestar en una acción típica de los novatos –yo entre ellos. Había una reunión de la FEU andando para protestar por "las bien pintadas" y el aumento del pasaje, y de pronto doce "kamikases" que ya estaban preparados, salieron a la calle secuestraron unas guaguas y llevándolas a la Plaza Cadenas amenazaron con lanzarlas "escalinata abajo". Se prolongaron los desórdenes durante ese día. Al fin se calmaron los ánimos y los ómnibus fueron devueltos aunque seriamente dañados.

La Policía había actuado festinadamente y por puro nerviosismo creando una situación totalmente innecesaria con un grupo de alumnos que no formaban parte de ninguna manifestación, sino que intentaban visitar un museo. Pocos días después el Gobierno reconoció su error, y el aumento del costo del pasaje se puso en espera de la llegada de los ómnibus nuevos. Ocurrirían choques entre empleados de los Ómnibus Aliados y estudiantes. Hubo un choque en San Rafael y Belascoaín entre estudiantes y obreros; otra en J y 23 donde el Profesor Bustamante resultó lesionado. Todo esto pudo haber sido evitado por parte del Gobierno si hubiese tenido un poco de madurez en sus decisiones del costo del pasaje de los ómnibus urbanos.

En la primera quincena del mes de marzo de 1949 marinos norteamericanos pertenecientes a buques visitantes al puerto de La Habana, ebrios y en horas de la madrugada, subieron la estatua de Martí en el Parque Central a la que orinaron. Inmediatamente un fotógrafo tomó las fotos que fueron publicadas y profusamente distribuidas por diarios habaneros. Una docena de ciudadanos insomnes que por allí andaban intentaron agredir a los marinos provocando la intervención de la Policía. El Embajador Butler ofreció excusas depositando una ofrenda floral en la estatua, y esa misma noche la ofrenda fue destruida por otro grupo de cubanos "insomnes". A los pocos días, no obstante, se disipó la tormenta.

Solamente los comunistas son especialistas en aprovecharse de este tipo de acciones. Unos marinos borrachos que, además, no saben nada de nada "causan un agravio", hay un fotógrafo –"por casualidad" y ciudadanos presentes "de casualidad" a las tres de la madrugada en el Parque Central. Ellos están dispuestos a vengar el agravio al honor del país, pero mansamente toda esta algarabía va desapareciendo gradualmente. Los marinos fueron detenidos y como tales, enviados de vuelta a los Estados Unidos, donde serían juzgados por su mala conducta.

Oportunamente la prensa olvidó referirse a lo ocurrido en Mayo 19 de 1934, cuando Moisés Raigorodsky, judío soviético y líder de la sección comunista hebrea de Cuba, trepó sobre la misma estatua de Martí y le vendó los ojos con un trapo negro "para que no viera los horrores del gobierno de Mendieta". Un pequeño grupo de "camaradas" lo alentaba y protegía desde abajo. La policía lo hizo descender y ahí terminó el incidente. Los comunistas repiten los mismos hechos aunque cambien a los personajes y el guión.

En otro incidente, esta vez internacional y de otra categoría, se le ocupó a un diplomático peruano cuando salía del aeropuerto una enorme cantidad de cocaína siendo detenido y juzgado. Esto se descubrió por una información recibida de la Interpol.

Continuando con la relación de sucesos de origen bien extraño, veamos la denuncia que desde Miami, donde vivía, hizo el senador José Manuel Alemán de que se estaba planeando un atentado contra los embajadores de los Estados Unidos y de México con el propósito de provocar un incidente internacional en el cual se viera envuelto el Gobierno cubano. El denunciante no ofreció detalles y la Policía pudo averiguar que se trataba de un acto que iba a ser realizado por un grupo de la UIR, donde sólo dos miembros de esa organización iban a ser los ejecutores. El Embajador norteamericano dijo ignorar todo lo referente al caso y lo mismo dijo el diplomático mexicano. Alemán dijo que las autoridades cubanas debían emplear violentas medidas para reprimir a estos elementos. Elementos –decimos nosotros– que fueron amamantados, criados y protegidos por Alemán como Ministro de Educación y jerarca del BAGA, pues fue precisamente Alemán el "padre" de la expedición de Cayo Confites y de otras lindezas. Y ahora reclamaba al gobierno que usara medidas violentas para la represión de estos grupos.

Ocurrieron sucesos curiosos sin que fueran explicados, entre estos la denuncia del general Abelardo Gómez Gómez quien también residía en Miami, desde donde acusó nuevamente –la primera fue en 1946– al Jefe del Estado Mayor Genovevo Pérez Dámera de haber malversado los fondos de los seguros y retiros de las Fuerzas Armadas. El acusado respondió publicando una relación detallada de la forma en que esos fondos fueron usados. Pocos días después Gómez Gómez viajó a La Habana donde se entrevistó con el Ministro de Defensa, planteando de nuevo la denuncia ante el Tribunal Militar correspondiente, añadiendo que el tribunal no era competente para juzgarlo puesto que sus miembros estaban también comprometidos en el turbio negocio por él denunciado. Fue encarcelado por desacato. Liberado pocos días después, Gómez Gómez regresó al Sur de la Florida. Nos preguntamos que hacía el denunciante con este planteamiento sin poder probar los hechos que imputaba al Jefe del Ejército.

De nuevo se envuelve la Universidad en los problemas gangsteriles con el rumor de que la UIR quería apoderarse del poder universitario. Enrique Ovares tuvo que desmentir lo que se decía. No obstante, en el mes de abril de 1949 fue asesinado el Vicepresidente de la FEU, Justo Fuentes, junto con un chofer que lo acompañaba, y heridas otras dos personas frente a la Radioemisora COCO. La declaración de Ovares había quedado malparada. También fue asesinado en Septiembre Gustavo Mejías, dirigente de la FEU, que estaba encargado del Balneario Universitario escapando su agresor, el cual posteriormente fue detenido.

Tras el segundo atentado que acabó con la vida de Wichy Salazar, el Jefe de la Policía coronel Caramés con agentes a sus órdenes, entró en la Escuela de Agronomía donde se habían refugiado dos de los que habían disparado contra Salazar. Encontró allí un verdadero arsenal que incluía ametralladoras, rifles, escopetas recortadas, etc. y detuvo a varias decenas de miembros supuestamente estudiantes, entre los que se encontraba el presidente de la Escuela de Agronomía, José Buján y otros dirigentes estudiantiles Fueron juzgados y unos cuantos resultaron condenados a prisión.

Inmediatamente después de tomar posesión, el Presidente Prío cesanteó al Jefe de la Policía general Hernández Nardo y lo sustituyó por el entonces comandante ascendido a teniente coronel, José M. Caramés, que procedía de los grupos revolucionarios. Más adelante el Presidente cesanteó al general Gregorio Querejeta, Jefe de la Fortaleza de la Cabaña. Ambos eran hombres de confianza de Genovevo Pérez Dámera, quien había tenido varias dificultades con la prensa que lo había atacado por distintas causas. Genovevo fue defendido por el Presidente Prío, quien dijo tener plena confianza en el Jefe del Ejército. Pero sorpresivamente, y en el mes de agosto, Prío se presentó en Columbia con su ayudante, el Comandante Izquierdo, con los Ministros de Gobernación y Defensa, con el general Ruperto Cabrera y anunció a la tropa reunida que el general Pérez Dámera sería sustituido por el general Ruperto Cabrera como Jefe de las Fuerzas Armadas. Todo esto ocurría mientras el depuesto militar se encontraba en su finca de la provincia de Camagüey. Los coroneles Quirino Uría, Otilio Soca Llanes y Elio Horta eran ascendidos a generales. Genovevo de inmediato viajó a Miami sin documentos donde por esa razón lo detuvieron, pero rápidamente fue liberado. Tras esto hizo una visita a Washington sin que se dieran detalles de ella, regresando a Cuba poco tiempo después sin tener dificultades.

Con esta cesantía el Presidente Prío se privaba por su propia mano de "un fiel sabueso", que con efectividad detectaba conspiraciones militares. Lo sustituye por Ruperto Cabrera, quien era considerado inoperante en ese aspecto, y se sabía que distaba mucho de tener el control sobre las Fuerzas Armadas que el depuesto Jefe había tenido. Y sobre todo, tenía la habilidad de estar montado siempre en una nube en relación con la realidad que ocurría, y que eventualmente desembocaría en el "madrugonazo" marcista. Tanto fue así, que el general Cabrera vino a enterarse del golpe de estado cuando lo detuvieron en su domicilio en la fatídica mañana del 10 de Marzo.

La explicación que dio el Presidente para deponer a Pérez Dámera fue pobre...*que Genovevo constituía un valladar para la comunicación entre el Presidente y el Ejército*. Se supone que Genovevo era considerado como "un hombre de Grau", y las relaciones entre este último y el nuevo primer mandatario se habían roto totalmente.

A finales de 1948 el diario The New York Times había publicado una información que como es habitual mezclaba verdades con mentiras. Entre estas últimas hablaba del gran malestar que existía en la fuerza laboral cubana que estaba impidiendo en forma casi total el buen funcionamiento económico del país.

Se puede pensar que esta falsedad era la primera nota propagandística a favor del regreso de Batista... quien era identificado como "el que había implantado el orden en Cuba".

En septiembre hay un atentado contra Rolando Masferrer cuando salía del Capitolio muriendo su chofer y son heridas otras tres personas. Al día siguiente Masferrer acusa entre otros a Alberto Oramas, Cape Franganillo, Juan Celestrín, Fidel Castro, Rafael del Pino y Guillermo García Riestra (a) Billiken, pero no se procede contra los acusados. El Presidente se reúne urgentemente con los jefes de los cuerpos encargados de mantener el orden, y se producen declaraciones típicas de esta época. Ocurre un tiroteo frente a la Escuela de Agronomía donde es herido un estudiante. El 18 de septiembre hay una riña en una reunión de obreros en el central Francisco donde mueren dos dirigentes comunistas. Después del asesinato de Mejías el 20 de septiembre, Caramés es cesanteado como Jefe de la Policía y en su lugar es nombrado el general Quirino Uría López. Continúan declaraciones por parte del gobierno prometiendo tomar medidas severas. El día 28 son arrestados 28 miembros del Movimiento Socialista Revolucionario y de la Unión Insurreccional Revolucionaria duplicándose el número de detenidos unos días después. El día 27, y a punta de pistola, es rescatado del Vivac de Guanabacoa Rafael Soler Puig (a) "el muerto", que estaba acusado de dar muerte a Aracelio Iglesias. El 30 de septiembre el general Uría reorganiza la Policía dando de baja a un número de oficiales, clases y vigilantes que se les tenía como miembros de los llamados "grupos de acción".

Segundo año del gobierno de Prío
Octubre del 49 a Octubre del 50

El 17 de octubre son sentenciados a diferentes penas de prisión los detenidos en la Escuela de Agronomía y son absueltos tres de ellos. Dos días después se inicia el juicio contra 72 acusados de asociación ilícita en grupos gangsteriles donde son condenados diez de ellos con absolución del resto de los acusados. Entre los condenados está Orlando Bosch, Presidente de la Escuela de Medicina. Se produce un motín en el Castillo del Príncipe por parte de los presos comunes que protestan por los privilegios concedidos a los presos políticos.

La muerte de Wichy Salazar fue atribuida a Policarpo Soler y a su grupo; se le extiende un cerco en una casa de la loma del Chaple en la Víbora, pero Soler logra escapar dejando tras si heridos a su novia y algunos de sus guardaespaldas entre ellos Mario Tauler (a) "el pícaro", y Pedro Vila así como algunos policías que también fueron heridos durante la refriega. El 8 de noviembre Francisco Cortés de Lara es condenado a veinte años de prisión por el atentado terrorista contra Joaquín Martínez Sáenz.

El Director del Instituto de Sancti Spiritus, Dr. Ovidio Michelena, es herido gravemente. El día 30 del mismo mes de noviembre Narciso "Chicho" Rodríguez balacea en Consulado y Virtudes a Adolfo Vázques, Secretario de la Juventud Auténtica que queda paralítico, y otras tres personas resultan heridas, incluyendo al norteamericano Douglas Burley. En las elecciones para delegados de las Escuelas Universitarias celebradas en diciembre, el Movimiento Pro Dignidad Estudiantil, combatiendo la participación de la FEU en la política, en el gangsterismo y en la corrupción, lucha por triunfar. Sin embargo las elecciones son boycoteadas pistola en mano por un número de estudiantes, y entre lo acontecido hubo una trifulca a golpes en la Plaza Cadenas que provocó la suspensión de los comicios.

El 2 de enero de 1950, en uno de los tantos alardes de los cuerpos de seguridad, realizan un registro que dura varias horas a todos los vehículos que entran y salen de la ciudad de La Habana en busca de armas y de fugitivos, pero todo sin resultados. Se produce una riña a balazos entre miembros de dos grupos "revolucionarios" en el Instituto de La Habana, donde un estudiante resulta herido y fallece al día siguiente, quedando su novia gravemente herida. Pocos días después el Ministro de Educación Aureliano Sánchez Arango expulsa

647

a catorce estudiantes de ese plantel. A finales de mes es detenido Alejandro González del Valle, asesino de Gustavo Mejías.

A mediados del mes de febrero se produce un atentado contra Humberto Rubio director del periódico "Pueblo", que resulta ileso, y por el que fueron detenidos Néstor Piñango y otros dos individuos que fueron condenados pero puestos en libertad poco tiempo después.

A principios de marzo y cuando estaba a punto de producirse la sustitución de los tranvías por los Autobuses Modernos, ocurren riñas tumultuarias en distintos paraderos tranviarios con un buen número de heridos. En mayo el Representante Eugenio Rodríguez Cartas mata a balazos al también Representante Carlos Frayle Goldarás, pero el agresor permanece en libertad porque la Cámara no accede al suplicatorio.

Un asalto al Banco Agrícola e Industrial de Güines termina con la captura de los asaltantes –uno es candidato a concejal por el PAU y otro es hermano del candidato a alcalde por el PAU en Batabanó; también son recuperados casi 19 mil pesos robados. A mediados de julio el ex jefe de policía, ex coronel Caramés, en un rapto de violencia mata a tiros a su socio Pedro Beguiristaín y hiere gravemente al Dr. José Zarranz que era el abogado de ambos; no fue detenido, ni enjuiciado ni mucho menos fue condenado. Varios días después Armando Correa y Pepe de Jesús Jinjaume –destacados miembros de la UIR, y siendo el primero oficial de la Policía– sufren un atentado en el cual mueren sus dos acompañantes y ellos resultan gravemente heridos. A principios de agosto fue detenido y procesado el chofer de Rolando Masferrer, acusado de ser uno de los principales autores en el hecho previamente mencionado. Sigue la vendetta entre pandillas.

Narciso "Chicho" Rodríguez Guerra, Secretario General de la Sección Juvenil Auténtica, y en el edificio de la CTC, ataca a tiros a Joaquín Barbosa Surí que es herido de gravedad. El recientemente nombrado Elías Horta es retirado del servicio, sin que se ofrezcan explicaciones de la razón. También ocurren una serie de traslados y de nombramientos militares. El 4 de septiembre el coronel Velasco es ascendido a general.

El 27 de septiembre, y en el edificio La Metropolitana, es asesinado el Subsecretario de Hacienda Tulio Paniagua Recalt, amigo personal del Presidente del Senado Miguel Suárez Fernández, por lo cual este último renuncia a su posición senatorial. Al terminar este segundo año, en el 10 de octubre, es preciso señalar que hubo una disminución notable en el número de hechos violentos que alimentó esperanzas de que la solución a las alteraciones de orden público finalmente hubiera llegado.

Arribamos así al tercer año que revelará cuan falsas eran esas esperanzas.

El connotado Narciso "Chicho" Rodríguez es abatido a balazos en la esquina de las calles Consulado y Virtudes. El 7 de noviembre y con motivo de otro aniversario de la revolución bolchevique intentan los comunistas celebrar en el Teatro Auditórium un acto, aprovechando el paso por La Habana de dos funcionarios mexicanos –comunistas ambos– que iban a una "conferencia de paz" –típica fachada roja– de este tipo de eventos. A ellos se habían unido Mario Dihigo, la destacada activista comunista Vicentina Antuña y el bien conocido Juan Marinello. La fuerza pública impidió la celebración del acto: los cubanos fueron detenidos y los mejicanos continuaron su viaje.

A finales del mes de noviembre se produce un atentado al ex coronel Pérez Domínguez, del cual sale ileso. En diciembre estalla una poderosa bomba en la residencia del Ministro de Gobernación Lomberto Díaz que había comenzado una limpieza en el barrio Colón de elementos proxenetas, de vendedores de drogas y de traficantes en armas. Como se ve hay actos de delincuencia común mezclados con actos supuestamente políticos "revolucionarios.

A principios de enero de 1951 Lázaro Peña es detenido a su regreso de Rusia con posesión de un enorme cargamento de propaganda política. Antonio Benito Bayer, jefe de la plana política del periódico "Tiempo en Cuba", propiedad de Rolando Masferrer, pierde la vida acribillado a balazos en un café próximo a "The Havana Post" donde resultan heridas otras tres personas. El día 18 de enero Armando Sotolongo y Sergio Acebal son reconocidos por un testigo como los que dieron muerte a Julio Paniagua; son juzgados y condenados a largas penas de presidio. El 29 de enero el hacendado José Gómez Mena es atacado a tiros en la Manzana de Gómez por el colono Ángel Machado Palma, quien a seguidas se suicida.

En febrero encuentran una potente bomba frente a la residencia del Dr. Roberto Agramonte, pero esto parece más bien un acto de provocación que no un atentado. Se concede el derecho de réplica a todo aquel que se considere agredido u ofendido verbalmente, y Masferrer se dispone a hacer uso de este derecho contra Chibás, quien

649

previamente había dicho que esto era una "ley mordaza" para silenciar a su partido, lo cual era una interpretación un poco particular del asunto. En fin, cuando Masferrer el 18 de febrero trata de ir a la CMQ a replicarle a Chibás quien ya se lo había negado previamente, una manifestación ortodoxa partiendo del domicilio de Chibás choca con la Policía en Línea y L. En el tiroteo hay varios heridos y resulta muerto un ciudadano. Se suspende el programa de la CMQ, y al final se queda Masferrer con las ganas de ejercer el derecho de réplica, pero, tristemente, ha quedado un muerto en el camino. Dos días después, la residencia del Ministro de Comunicaciones Sergio Mejías es tiroteada desde un auto, episodio que tiene todas las características de chantaje.

El 26 de febrero se informa la desaparición del exiliado líder revolucionario dominicano Mauricio Báez, el cual nunca aparece y se acusa a Bernardino, cónsul de la República Dominicana, de ser el autor de este hecho. El 2 de marzo y en la calle Lagunas entre Gervasio y Escobar es asesinado el ex chofer del ex jefe de la Policía Secreta Rogelio "Cucú" Hernández, que al instante de su muerte era vigilante del Ministerio de Hacienda y resulta herido de gravedad el que lo acompañaba en el auto. Ese mismo día, en un atentado ocurrido en las calles A y Tercera en el Vedado, muere Tomás Cabrera dueño de una vidriera de cigarros allí establecida. El 9 de abril nombran al coronel Cecilio Pérez Alfonso como el nuevo Jefe de la Policía Nacional. El 15 de junio hay una reyerta a balazos entre miembros de dos grupos "revolucionarios" en el balneario Buey Vaquita, en Matanzas, siendo la causa aparente que algunas personas destruían los pasquines del candidato a Representante Policarpo Soler; quedan gravemente heridos tres participantes, y tal vez algunos más fueron heridos de menos gravedad pero no se presentaron para ser atendidos. El Jefe del puesto de la Guardia Rural de Limonar arresta a Soler y a un grupo de sus amigos. Poco después Policarpo Soler se da a la fuga a punta de pistola, ayudado por cómplices no presos. Esta refriega echa por tierra el pacto de no agresión entre las pandillas, que había sido gestionado por Eufemio Fernández Ortega.

A finales de julio se suscita un problema entre Aureliano Sánchez Arango y Eduardo R. Chibás. Chibás acusaba a Aureliano de malversación, y de utilizar esos fondos en la edificación de un reparto en Ciudad Guatemala y la compra de una empresa maderera. Aureliano riposta y pide derecho de réplica y en definitiva el incidente, el cual relataremos más adelante, hace que Chibás, al verse privado de las pruebas que no existían y que él creía tener, se hace un disparo en el vientre durante su programa radial del 5 de agosto, tipo suicidio. Salva la vida de momento, pero muere tras complicaciones post-operatorias.

Esto produce una gran conmoción popular, una increíble demostración de duelo en su entierro y sin la menor duda resulta el muerto más importante de todo el gobierno de Prío, de tal forma que pesará sobre la conciencia del Presidente pese a que el Primer Mandatario no tuvo ninguna responsabilidad.

En los primeros días de septiembre fallecen en dos incidentes separados dos jóvenes apaleados por la Policía, el primero un joven ortodoxo que bajaba de la Universidad en una manifestación chibasista que chocó con los gendarmes y la autopsia demostró que había muerto a consecuencia de los golpes. Por este asunto fueron encausados el comandante Rafael Casals y el teniente Rafael Salas Cañizares. En el otro suceso un joven perteneciente al sector cinematográfico es detenido por tres vigilantes y golpeado en Monte y Arroyo; en este caso la autopsia revela que murió por causas naturales aunque probablemente su muerte fue precipitada por la golpiza, de tal forma que los tres vigilantes son encausados.

El día 18 el Presidente Prío anuncia su decisión de tomar medidas drásticas para eliminar el gangsterismo, declarándose dispuesto a extirpar el insulto y la incitación a la rebelión actuando con mano férrea, pero estas medidas nunca se pusieron en práctica pues a las pocas horas cede a "las presiones" de congresistas y colaboradores políticos para que no actuara de manera drástica. Al ceder Prío a estas presiones, la cosa seguirá de mal en peor.

El cuarto año del gobierno de Carlos Prío –que en definitiva durará sólo cinco meses– comienza con un tiroteo ocurrido el 17 de octubre en el Vedado, cuando tres jóvenes amigos de Masferrer atacan a la Policía, resultando heridos y detenidos dos de los agresores. El día 19 se detiene al líder obrero auténtico Jesús Artigas por una acusación de Anibal Escalante quien afirma haber sido atacado a tiros por Artigas. El 29 de octubre es arrestado Policarpo Soler en una casa del Reparto La Sierra y conducido al Castillo del Príncipe, de donde escapará "rocambolescamente"el 25 de noviembre ayudado por Orlando León Lemus "el colorado", que al frente de un grupo de su confianza lleva a efecto el rescate de Soler así como de Wilfredo Lara García, Luís

Matos, José Fayat (a) "el turquito", Manuel Salgado (a) "el guajiro"y Juan Díaz Acanda. En la fuga no puede huir José Ríos Vences quien resulta herido al caer desde lo alto del Castillo.

Jorge Gregorio Simonovich (a) "Griska el Ruso" principal figura del contrabando humano con destino a los Estados Unidos es secuestrado, llevado en avión a la Florida donde se le arresta y procesa. No cabe duda que este hecho constituye una flagrante violación de la soberanía cubana, a menos que las autoridades de la Isla hayan permitido esta operación. El día 12 el capitán Armando Argucias, Jefe de la Policía del Ministerio de Educación arremete a tiros contra al teniente coronel Antonio Borges Armenteros el cual resulta ileso. En noviembre 23 hay un tiroteo en la Escuela de Artes y Oficios donde dos alumnos resultan heridos de gravedad. Al día siguiente el ex Jefe de la Sección Radio-Represiva Dámaso Montesinos es herido de gravedad en un atentado ocurrido en Arroyo Apolo. El día 28 hay un motín en la cárcel de Matanzas donde 154 reclusos tratan de huir, necesitándose de la presencia del Ejército para sofocar la rebelión. El 13 de diciembre un "experto" de la época de Machado es asesinado a tiros en las calles 30 y 15 en el Vedado... un poco tardío este episodio de venganza. El 24 de diciembre Genovevo Pérez Dámera sufre un atentado en su finca de Camagüey y es herido de gravedad; el 29 de diciembre "Motorcito" Castañeda es detenido y acusado de ser uno de los autores de la agresión. Detenido Enrique Porto García acusado de atentar contra la vida del Dr. Manuel González Mayo.

A principios de enero de 1952 el Representante Benito Remedios involucrado en un simple problema de tráfico trata de desarmar al Policía que está a cargo del semáforo y en el forcejeo se produce un disparo que mata a Remedios, quien muere así, por un asunto sin importancia. El 17 de enero ocurre un atentado dinamitero contra la Peletería Ingelmo de San Rafael y Consulado. Los estudiantes de la Escuela de Artes y Oficios ocupan el local del plantel. El "Turquito" Fayat y el "Guajiro" Salgado son detenidos y se les acusa de participar también en el atentado efectuado contra Genovevo el pasado 24 de diciembre. A finales de enero estalla un petardo en la residencia de la Condesa Revilla de Camargo. El 5 de febrero una explosión e incendio destruye el yate propiedad del Senador Diego Vicente Tejera, y entre los restos se encuentra el cadáver de José Eugenio "Cheo" Valor Marrero, que estaba prófugo de la justicia. Mientras conversaban con Radio Cremata en un café de Belascoaín y San José, Ceferino Duque Pérez y José Ramón Mérida resultan heridos. El día 12 de febrero es asesinado a balazos el ex Representante y ex Ministro Alejo Cossío del Pino por cuatro individuos que resultaron ser delincuentes comunes. Esto se supo cuando uno de ellos, Amado Rivero (a) "calandraca" se presenta a la policía. Este hecho produjo una gran consternación entre la sociedad cubana de la época. Al día siguiente de este atentado, el teniente coronel Juan Consuegra es designado Jefe de la Policía.

El día 18 de febrero muere el capitán de la Policía Nacional Aurelio Fernández Seoane al batirse a tiros con dos delincuentes, y en este hecho dos vigilantes son heridos de gravedad. El 21 de febrero, y en un nuevo atentado contra Rolando Masferrer, el sargento Martín Pérez se bate a tiros en el Paseo de Martí con los atacantes, dando muerte a uno de ellos nombrado Emilio Grillo Ávila (a) "pistolita" donde también pierde la vida un transeúnte y un vigilante es herido de gravedad. El 5 de marzo hay un atentado dinamitero en la oficina del Senador Pelayo Cuervo Navarro. El 6 de marzo son detenidos el ex presidente de la Asociación de Alumnos de la Escuela de Agronomía, José Buján, y otras personas, todos los cuales son acusados de gangsterismo. El 10 de marzo se produce el golpe de estado de Fulgencio Batista.

Vamos a hacer un extenso y detallado análisis de los antecedentes del 10 de marzo. Para narrar los hechos ocurridos ese día hemos escogido lo que nos ofrece Alberto Baeza Flores en su libro "Las cadenas vienen de lejos", ya que en nuestra opinión este autor hace la descripción más completa, más exacta y posiblemente la más verídica de los sucesos ocurridos ese día.

Desde que Batista salió de Cuba en 1944 a raíz del triunfo electoral del Dr. Ramón Grau San Martín y tras un breve periplo internacional se estableció en Daytona Beach en el Estado de la Florida. Sin la menor duda estuvo maquinando el cuando y como volver al poder en la República de Cuba. Batista era un personaje que deseaba la popularidad alcanzada por todos los medios, el ser querido y esto tenía que lograrlo por medio del poder y éste lo lograría a las buenas o a las malas. Algunas personas consideran que más importante que este móvil psicológico primaba la ambición de dinero pues éste era el factor fundamental en el desarrollo de su conducta golpista.

Acostumbrado a un tren de vida en suelo norteamericano muy caro, junto a su nueva esposa y a sus hijos, para costear el cual no le alcanzaba todo lo que había sacado del tesoro cubano en los años en que directa o indirectamente había gobernado a la nación cubana. Esto constituye un acicate para el habitual golpista. Realmente tenía dinero, pero no había hecho inversiones que le dieran renta. Claro está que es muy difícil poder establecer la preponderancia de lo uno o de lo otro... la ambición de poder o la del dinero. Quizás una mezcla de ambas ambiciones sea la verdadera motivación para haber dado el "cuartelazo".

Desde sus días en Daytona Beach Batista mejoró sus pasados contactos con empresarios norteamericanos y estableció otros nuevos, no solo con mercaderes sino también con elementos de la política norteamericana y posiblemente, también, con funcionarios del Departamento de Estado y con oficiales de las Fuerzas Armadas de los Estados Unidos, a quienes él había conocido en su época de dictador y Presidente de Cuba. Claro está que los estadounidenses rehuían los golpes de estado en Hispanoamérica y trataban de hacerse los "desentendidos", aunque estuvieran relacionados con los hechos y más adelante se limpiaban con el reconocimiento de los gobiernos de facto, siempre y cuando todas estas cosas favorecieran sus intereses. Si analizamos someramente las relaciones entre Cuba y los Estados Unidos veremos que en la época de Batista fueron excelentes estas relaciones. Y esto fue así, no sólo por lo que aportó, sino porque el gobierno de Cuba supo mantenerse ajeno y al margen de problemas internacionales con los países del hemisferio que representaban un dolor de cabezas para la nación norteña, la cual ya tenía suficiente con los problemas creados por la Segunda Guerra Mundial, los eventos de la post guerra y el comienzo de la guerra fría.

Contrariamente a lo arriba citado Prío se dedicó con la Legión del Caribe a estar en confrontación perenne con uno o con varios países del área como Perú, Venezuela, Nicaragua y sobre todo República Dominicana. Comparados uno con el otro, Batista era más sólido para la política norteamericana. Claro que esto no era suficiente para justificar ni para apoyar un golpe de estado.

En cuanto a la cuestión de tipo económico Cuba había adelantado enormemente en su "liberación" del Tratado de Reciprocidad, lográndose esto en varias conferencias entre ellas la del GATT. Las declaraciones imprudentes de Prío fueron de mal gusto y por supuesto mal recibidas en Washington porque si los objetivos se habían logrado, no había razón para tocar "puntos oscuros" de la historia pasada, que por otra parte nada añadían a la situación presente.

Otro aspecto importante fue el nombramiento de Alberto Inocente Álvarez como delegado de Cuba en las Naciones Unidas.

Cuba tenía una larga tradición de actuación en foros internacionales, que era valiosa e importante. A los nombres de Manuel Márquez Sterling, Manuel Sanguily y Gonzalo de Quesada y Aróstegui en los primeros años de la República, se unían los de Cosme de la Torriente, Antonio De Sánchez y Bustamante, su secretario Luís Machado, Emeterio Santovenia, Orestes Ferrara y otros.

Después de la Primera Guerra Mundial se fundó la Liga de las Naciones y en 1923 Cosme de la Torriente fue elegido presidente de la Asamblea de esta Liga. También se fundó el Tribunal Internacional de Justicia de La Haya y Sánchez de Bustamante fue su vicepresidente. La fama de este último era de tal magnitud que sus teorías sobre Derecho Internacional eran reconocidas en todas las esquinas del mundo. Estos hombres sabían decir y hacer las cosas en forma diplomática, sin buscar dificultades con nadie.

Otro ejemplo de gran estatura fue el de la actuación del ex presidente Alfredo Zayas cuando se deshizo del delegado Crowder en una habilísima maniobra de pedir que las relaciones fueran a nivel de embajada. Asimismo pidió que nombraran al propio Crowder como embajador, con lo cual ataba sus manos, como ya hemos expuesto.

El nombramiento de diplomáticos improvisados fue nefasto, pues estos hombres no miraron el ejemplo de sus predecesores y creían que con una verborrea delirante de barricada se llegaba más pronto y mejor a obtener los resultados que se buscaban. Desconocían así que la política, y sobre todo la política internacional, es de paciencia, astucia, sensibilidad, halagos si hacen falta, compromisos siempre antes que la violencia, ya sea ésta verbal o física.

Los diplomáticos cubanos de épocas anteriores poseían gran preparación, estaban muy bien entrenados y con gran capacidad para este tipo de trabajo. Alberto Inocente Álvarez carecía de estas virtudes, era un improvisado y su actuación lo demostró cuando actuó en las Naciones Unidas. A Cuba no le correspondía estar tratando de igual a igual a las grandes potencias del mundo. No había que ser sumiso, sino que había que ser integliente y capacitado para ir ganando y sumando, no confrontando y perdiendo.

De igual modo él creyó que con el apoyo verbal de todo tipo durante la Guerra de Corea se ganaban méritos en las Naciones Unidas y en Washington. Esto constituyó un craso error. No sólo el nombramiento, sino la actuación en sí de Inocente Álvarez. Recordemos que su experiencia en este campo la adquirió en el corto tiempo en que fue Ministro de Estado del gobierno de Grau, cuando tuvo que salir por la puerta trasera del Ministerio de Comercio. No tenía antecedentes de grandes conocimientos de la esfera internacional. Cuba en ese momento tenía hombres mucho mejores y más capacitados para ese puesto que, a fuer de importante, era muy difícil de desempeñar. Aquí no servía para nada el alarde oratorio o el alarde de poseer y decir bellos principios, sino que requería mucha habilidad política para tratar con los distintos países, con sus distintas ambiciones y sobre todo, posibilidades de ayudar a Cuba.

Definitivamente este no era el cargo para Alberto Inocente Álvarez, pese a sus discursos llenos de frases altisonantes, emotivas y bellas, muy liberales y muy democráticas. No era precisamente él a quien correspondía fustigar a las grandes potencias, dado que el peso específico de nuestra nación, desde todos los puntos de vista, en la reunión de las Naciones Unidas era muy, pero muy pequeño y restaba favores hacia Cuba en vez de sumarlos. En otras palabras, se hacía molesta por gusto, sin obtener Cuba ningún beneficio de esta actuación. Cuba necesita sumar amigos y restar enemigos.

En lo que se refiere al apoyo cubano a la Guerra de Corea, Cuba respaldó desde el primer momento a los Estados Unidos en este empeño, respaldó con azúcar y con palabras. El compromiso de enviar al campo de batalla un pequeño batallón de más de 300 hombres se quedó sólo en compromiso. Es decir, sólo palabras, nunca se materializó. La razón de este chasco del batallón se debió a varios factores. En primer lugar, en 1950 muy pocos cubanos sabían de la existencia de la nación de Corea del Sur, de su situación geográfica en el mundo, de sus relaciones internacionales y se preguntaban: ¿qué tiene que ir a buscar Cuba a una guerra en Corea? Cuba no estaba amenazada ni fue agredida, como en el caso de la Segunda Guerra Mundial. Era en realidad un poco de arrogancia político militar por parte del gobierno cubano. Esta arrogancia llegó al extremo de que en la visita realizada por los generales Quirino Uría y Ruperto Cabrera a los Estados Unidos se llegó a decir que si la América era atacada, toda Cuba estaría en pie de guerra. Estas declaraciones aparte de fantásticas, eran un poco ridículas. Cuba no tenía ningún poderío militar en ese momento.

Por otra parte, dentro del propio ejército, oficiales de mediana y menor categoría se oponían a la creación de este batallón de combate para ir a Corea. No sólo por las razones antes apuntadas, sino porque dentro de las Fuerzas Armadas, como en todos los compartimientos de la vida nacional existían células comunistas disfrazadas, ocultas, pero activas, que explotaban el disgusto de cualquier naturaleza de los oficiales y le sembraban la duda del por qué ir a Corea.

Al ocurrir esta resistencia muchos oficiales fueron separados del ejército y esto fue parte del fermento que utilizó Batista para su golpe de estado: malestar y ex oficiales con amigos dentro del ejército, que le servirían en su momento para sus planes. Aquí se demostró que faltó una inteligente política de acercamiento, convencimiento, educación, etc. con estos oficiales disgustados, y que se empleó el método más rápido, pero el peor: separarlos del ejército. Se creaba así el fermento de la futura conspiración.

En cuanto a la población en general, además del desconocimiento, como hemos mencionado de todo lo referente a Corea, estaba sometida a una muy intensa campaña comunista a favor de sus camaradas de Corea del Norte. Esta propaganda como siempre, era sutil y consistente y sin descanso. Todos recordaremos los letreros pintados en las diferentes paredes de los edificios de La Habana y otras ciudades del interior: "Manos fuera de Corea" "Corea, guerra imperialista", "Cuba, fuera de la guerra imperialista".

Los oficiales cesanteados antes mencionados también leían estos letreros y también oían las conversaciones de la población y recibían su malsana influencia. Washington se frustró con la ausencia de las tropas cubanas en Corea, no porque las necesitaran, sino porque se le habían prometido y esto implicaba una propaganda negativa para el esfuerzo bélico norteamericano y de Naciones Unidas. Esta ausencia fue bien explotada en Latinoamérica por la propaganda comunista. Por otro lado el aporte del azúcar cubano al esfuerzo bélico ayudó a éste grandemente y, en contrapartida, Cuba recibió beneficios económicos. En resumen, el final de este episodio fue que

Cuba, con el gobierno de Prío, le demostraba a Washington que no era totalmente fiable en sus promesas.

Como remate de estos errores de política internacional, la estúpida, –y no cabe otro calificativo–, actuación del gobierno de Prío cuando el alzamiento de Albizu Campos y el atentado personal al presidente Truman, que estaba íntimamente ligado con el alzamiento, fue de la manera siguiente: Prío envió un cable a Muñoz Marín pidiendo respeto para los alzados. Una delegación de la Cámara de Representantes partió hacia San Juan con el mismo objetivo. Hicieron el ridículo, pues no sólo no los recibieron sino que no salieron del aeropuerto, y uno de ellos fue interrogado durante 5 horas, regresando todos a Cuba sin haber logrado nada y con el rabo entre las piernas, como se dice vulgarmente.

A partir de este episodio, la opinión sobre Cuba en los Estados Unidos, no sólo en los estamentos oficiales, especialmente el Departamento de Estado, sino los estamentos militares, los industriales, comerciantes y sobre todo la prensa, demostró que Cuba se había malquistado con los Estados Unidos. A continuación hubo declaraciones del gobierno cubano, hubo telegramas de mea culpa, hubo intervenciones su Ministro de Estado y de su Embajador en Washington, pero todo esto en vez de mejorar la situación la empeoraba. Al final quedó demostrado que Cuba había perdido gran parte de la confianza que los Estados Unidos tenían hacia su gobierno, y lo peor es que Cuba no obtuvo ningún beneficio de esta estúpida, repetimos el adjetivo, actuación internacional. Ninguna disculpa a posteriori pudo evitar el deterioro de las relaciones con los Estados Unidos.

Ya hemos dicho que Prío cometió la tontería de darle a Batista lo que pedía para regresar a Cuba, como un gesto de su política de cordialidad. Este error consistió en darle a Batista el punto de apoyo que buscaba para conspirar con el ejército dentro del ejército. Todo el mundo sabía que Batista no tenía el menor chance político de salir electo, y por tanto de asumir el poder; luego la única vía que tenía era el golpe militar y eso fue lo que hizo.

Ciertos capitanes y tenientes que no estaban en el complot de Batista, que no lo querían, que se oponían, muchos de ellos del servicio de inteligencia militar, establecieron una vigilancia muy estrecha a través de una venduta colocada cerca de una de las puertas de Columbia, desde donde se podía vigilar quién entraba, quién salía, con quién hablaba. Es decir una contra conspiración. Después de haber obtenido todos los resultados, lo informaron a sus superiores, al general Cabrera y por escrito, se lo informaron al presidente Prío, quien se contentó con llamar a Cabrera y conversar sobre el tema. Cabrera le dio seguridades, Prío las aceptó y tras unos mínimos cambios en los mandos militares quedaron felices y contentos, parece que esperando el golpe, decimos nosotros.

Prío había cesanteado a Genovevo porque temió que éste le diera un golpe de estado. Cabrera no se lo dio, pero permitió que se lo dieran. Batista no podía demostrar públicamente su íntima relación de antaño con los comunistas, puesto que se estaba en plena Guerra Fría, y esto no era bien visto por Washington, como es obvio. Sin embargo, en la reorganización de 1951 aceptó que el Partido Comunista le "cediera" unos cuantos miles de afiliados para engrosar las decaídas filas del PAU.

Batista no tenía ya el apoyo laboral de los sindicatos, que bajo la CTC dominada por Lázaro Peña, había tenido en su anterior gobierno. Los esfuerzos de un tercer frente con Castellanos y los Liberales habían fracasado. Castellanos decidió volver a unirse con el Partido Auténtico, no ingresando sino como coaligado. Los liberales, después del fracaso del tercer frente, Suárez Rivas fue amenazado por Batista. Suárez Rivas comunicó esta amenaza a Prío pero tampoco Prío hizo caso de este aviso.

El fracaso de la coalición con Castellanos por parte de Batista se debió a que Batista sólo ofrecía promesas y Prío le reembolsó a Castellanos el dinero que había gastado en la fundación del partido.

Como vemos, fracasadas las posibilidades electorales, en las cuales de todas maneras él no confiaba mucho, Batista se decidió a dar el zarpazo y con un puñadito, un puñadito de capitanes y tenientes, todo muy bien preparado, articulado y ejecutado, se produjo el 10 de marzo.

Debido al estado de enajenación en el campo político, dada la cercanía de las elecciones y todo lo que había que ir preparando, amarrando, haciendo partido, etc., nadie se fijaba en Batista, desde el punto de vista conspirativo.

Dada la incapacidad de Ruperto Cabrera como jefe del ejército para detectar movimientos subversivos y aún para escuchar lo que sus subalternos del Servicio de Inteligencia Militar le informaban, dada la extrema confianza de Prío en Ruperto Cabrera y no escuchar las otras voces de alarma que se le acercaron, y dada la perfecta utilización, repetimos, de todos los recursos a su alcance, Batista pudo consumar el golpe de estado.

A principios del 52 en una fiesta política a favor de Batista que se celebró en Guanabacoa, fue notorio el gran número de ex oficiales del ejército y aún de oficiales en servicio que estaban en la misma. Fue notable la presencia de varios carros de la motorizada, policía motorizada, que estaban "cuidando el orden". Nadie prestó atención a esta combinación de hechos. La fiesta de Guanabacoa pasó sin que nadie fuera capaz de vislumbrar siquiera el complot que se estaba urdiendo.

Salas Cañizares, el jefe de la policía radio motorizada, o sea de las perseguidoras, estaba encausado e iba a ser juzgado a finales del mes de marzo por el asesinato del joven ortodoxo que ya referimos. Y por lo tanto, por la gran posibilidad que tenía de ser condenado, se lo jugó todo al golpe. Batista aprovechó muy bien esta coyuntura.

Ya veremos que con la radio motorizada en sus manos tuvo prácticamente el control de toda la ciudad de La Habana. Con esta ventaja el asalto a los medios de difusión fue cosa muy fácil. El pueblo de Cuba quedó desprovisto de noticias, de informes, de avisos, de recomendaciones y orientaciones. No hubo ni radio ni televisión ni periódicos durante la madrugada del 10 de marzo.

El viernes 7 de marzo se había producido una crisis ministerial total, debido a la gran cantidad de ministros que aspirarían en las próximas elecciones. Por lo tanto, no había técnicamente gobierno en Cuba, ya que los ministerios no tenían nadie que los dirigiera, no había autoridad, no había orden, puesto que esto es un procedimiento habitual cuando hay normalidad y las elecciones están próximas.

El día 8 era sábado, el día 9 era domingo y en estos dos días no se tramitaban, puesto que no había trabajo, los asuntos de este tipo. Prío había calculado y planeado para el 10 de marzo el nuevo gabinete, pero, lógicamente, durante el día. Día que no llegó nunca, puesto que en la madrugada no existían ministros, ni autoridad, ni gobierno.

Otro golpe maestro fue el de marcar como día del golpe aquel en que uno de los complotados, el capitán Dámaso Sogo, estaba a cargo del Campamento de Columbia como oficial superior. Este, con sus órdenes y sus hombres permitió la entrada de Batista por la Posta 6, "encerró" las armas del Campamento, impidiendo que otros oficiales no complotados pudieran utilizarlas y pudieran arengar a la tropa. En una palabra, todo quedó listo para el general.

Hay que hacer énfasis en que Batista basó prácticamente toda su conspiración con elementos militares, retirados, cesanteados o en activo, –un pequeño número de estos últimos–, eliminando la mayor parte de elementos civiles de esta jugada, de tal forma se reducía el número de personas complotadas y se hacía más difícil para los cuerpos policíacos la investigación y el seguimiento. Ya vimos que la parte militar que fue descubierta por el SIM fue desechada por Cabrera y por Prío. El único civil que acompañó a Batista en la entrada en Columbia fue Nicolás Colacho Pérez, que después sería nombrado ministro de defensa. Todos los demás eran militares.

Ni siquiera el futuro primer ministro que él iba a nombrar, Carlos Saladrigas, estaba enterado del golpe de estado. Fue Herminio Portel Vilá quien le avisó en la madrugada a Saladrigas de lo sucedido. En definitiva aquel no aceptó la posición que Batista le ofrecía en el gobierno. Por otra parte, Batista sabía que había suficientes personas, tanto civiles como militares, disgustados por una u otra razón con el gobierno de Prío, y si el golpe triunfaba se le sumarían para darle validez y justificación al mismo. La posibilidad de filtración a los cuerpos investigativos disminuía en relación directa al pequeño número de complotados y, siendo estos en su mayoría militares, la eliminación de los civiles aumentaba las posibilidades del secreto.

Analicemos por último el papel de los comunistas. Batista no podía abiertamente mostrar la estrecha relación que había tenido con éstos desde 1938 y durante su presidencia del año 40 al 44, puesto que estábamos en plena época de la Guerra Fría y esto sería mal visto por Washington. O sea, que aparecía alejado de los comunistas, pese a lo que mencionamos de la adición de afiliados del PSP al PAU. De otra suerte, la excusa de la infiltración comunista en el Partido Ortodoxo, que existía sin la menor duda, fue de las principales cosas que utilizó Batista en su propaganda posterior para justificar el golpe. El argumento sería: "hay que atajar el triunfo electoral de los ortodoxos para que los comunistas infiltrados en este partido no tomen el poder".

Durante su dictadura utilizaría todo lo posible a los comunistas, y ellos a su vez lo utilizaron a él. Para guardar de cierta manera la forma, los comunistas en su primer editorial del periódico Hoy no criticaron el golpe y simplemente dijeron que había sido un cambio de nombres en el gobierno, que el nuevo gobierno era tan imperialista, capitalista y opresor como el anterior, tan enemigo de la clase obrera como todos los anteriores. Esto, que expresó en el mes de abril en un editorial Blas Roca, trataba de alejar de la mente de cualquier suspicaz el apoyo comunista a toda la labor de Batista. La lectura de esta actuación se reduce a "no ha existido golpe de estado, es más de lo mismo". Sin embargo desde el mismo 10 de marzo empezaron su labor o continuaron su labor incrementándola en plena inteligencia con Batista.

Nótese que el gobierno de Batista durante los 8 años hizo numerosísimas declaraciones de persecución al comunismo, ataque al comunismo, loas a la democracia, etc. pero ni un solo capitoste comunista fue detenido, mucho menos preso, mucho menos torturado y mucho menos muerto durante la sangrienta represión del régimen batistiano. La mayoría de los comunistas de alto rango permanecieron tranquilamente en Cuba, disfrutando de las prebendas que le daba el gobierno, y con entrada y salida libre del país hacia la metrópolis en Moscú. El "clandestino" periódico comunista "Carta Semanal" era repartido como un periódico cualquiera por todo el país, y se leía provocativamente en los sindicatos y en los centros de reunión del Partido Socialista Popular.

Los argumentos de Batista fueron pueriles. Dijo que el gangsterismo tenía a Cuba prácticamente paralizada, que la victoria electoral del Partido Ortodoxo, infiltrado por los comunistas, les daría a éstos el poder, pero, la más infantil de las argumentaciones fue la acusación a Carlos Prío de estar preparando un golpe de estado para el mes de abril. Y uno se pregunta ¿a quién le iba a dar el golpe de estado? ¿A su candidato a las elecciones para la presidencia, Carlos Hevia? ¿Al candidato del Partido Ortodoxo, Roberto Agramonte, que aún no había ganado esas elecciones? O ¿al candidato sin posibilidades de ningún tipo, Fulgencio Batista? Esto era como para hacer reír a cualquiera.

La primera excusa: el gangsterismo. Si comparamos las cifras que tenemos y que hemos expuesto de los atentados, muertos, bombas, etc., de la época de Grau con los de la época de Prío, vemos que habían disminuido más de un 50%, y eso que los actos violentos de los primeros meses del 52 eran altamente sospechosos de no pertenecer a la misma categoría de los perpetrados anteriormente. Por ejemplo, a Cossío del Pino lo asesinan 4 delincuentes comunes. De 63 muertos en época de Grau, la cifra bajó a 28 en el gobierno de Prío. Los atentados de bombas también disminuyeron y hubo varios sospechosos: uno la residencia de Roberto Agramonte, otro en la oficina de Pelayo Cuervo Navarro y un tercero, más sospechoso todavía, en la casa de la Condesa de Revilla Camargo.

Muchos contabilizan entre los muertos del gobierno de Prío a los tres vigilantes y soldados que perecieron durante el asalto al Palacio en la madrugada del 10 de Marzo, a los tres presos comunes muertos en Isla de Pinos al intentar fugarse, el suicidio de Chibás, el suicidio del colono que atentó contra Gómez Mena, el asesinato de Carlos Fraile por el también representante Rodríguez Cartas y la muerte accidental en un estúpido incidente de tránsito del represen-tante Benito Remedios. Dos transeúntes accidentalmente muertos en el episodio del atentado a Masferrer, el caso de la muerte de Beguiristain por parte de Caramés y la muerte del prófugo Cheo Valor en el yate del senador Diego Vicente Tejera.

El asesinato de Alejo Cossío del Pino, que fue prácticamente el leitmotiv para justificar el 10 de marzo, ya dijimos que fue por delincuentes comunes, lo cual se supo cuando Amado Olivera, alias Calandraca, jefe del grupo, se presentó a las autoridades y lo denunció. Este episodio, desafortunado por cierto, fue el punto central de la propaganda gubernamental en todos los periódicos y noticieros radiales y televisivos durante los siguientes días al homicidio. También de furibundos ataques por parte del Partido Ortodoxo, y por supuesto, de Batista, argumentando que la posible continuidad de un gobierno auténtico en el poder no haría más que empeorar la situación de desorden público que existía. Era un golpe demoledor que, quizás como las elecciones iban a ser en junio, se hubiera ido disolviendo, pero, en ese momento era la efervescencia de la política nacional.

La declaración enfática de Batista después de este asesinato de que el estado de inseguridad era insostenible y de que había que buscar la manera de resolverlo cuanto antes, pudo haber alertado, como tantos otros indicios, a Prío, pero no lo alertó. Poco después añadió que la amenaza del Partido Ortodoxo infiltrado de los comunistas constituía el mayor peligro para la estabilidad de la na-ción. La realidad era que quien estaba de acuerdo con los comunistas era Batista.

Como colofón a estas declaraciones fue lo del supuesto golpe de estado de Prío en el mes de abril. Estas argumentaciones de Batista las creyeron aquellos que creían todo lo que él decía. Es decir los que querían creer lo que él decía. Entre los crédulos estaba la prensa extranjera, fundamentalmente la norteamericana y el Departamento de Estado, dirigido en esos momentos por el inefable Dean Acheson que había entregado China a los comunistas y que había torpedeado todas las posibilidades de éxito en la Guerra de Corea. Pero "el peligro comunista" en Cuba era insostenible.

La conclusión de todo esto era bien sencilla: Batista representaba el orden y la salvación del pueblo de Cuba y la protección de los Estados Unidos. Y así, este plan previamente calculado y meticulosamente ejecutado por Batista, dio al traste con la Cuarta República y preparó el camino para el advenimiento de los comunistas, no a través de los ortodoxos, sino a través de la revolución de Fidel Castro.

Ya mencionamos que el problema de Batista era la ambición de poder y dinero, y no había realidad detrás de su actuación. Batista había hecho una especialidad del madrugonazo: primero el 4 de septiembre para derribar a Céspedes; segundo el que le dio a Pedraza cuando éste último quiso darle un golpe de estado y éste era el tercero y también le fue exitoso. No podía ganar las elecciones, pero ganó el poder que era lo que a él le interesaba.

Quizás la mejor finta política de desinformación de este período por parte de Batista fue la que realizó en uno de sus viajes electorales de propaganda a la provincia de Oriente. Comenzó con una entrevista con el alcalde de Holguín, Eduardo "Guarro" Ochoa, hermano del candidato a vicepresidente por el Partido Ortodoxo, Emilio "Millo" Ochoa, quien estaba legítimamente preocupado por la infiltración comunista del Partido Ortodoxo. En su libro "Cuba Libre", Mario Riera nos da la versión de la entrevista que sostuvo con Guarro Ochoa en Miami, cuando ambos estaban exilados. Textualmente Riera dice lo siguiente: "En corroboración de lo arriba referido, logramos en el destierro anti Castro de Miami, que el doctor Eduardo Ochoa nos ratificara lo ocurrido, lo que hubo de satisfacer las siguientes y firmadas declaraciones. En la privada entrevista hube de plantearle al general Batista la congruencia patriótica de que se sacrificara su candidatura presidencia y uniérase con su Partido Visión Unitaria, de robusta militancia a la del Auténtico Carlos Hevia. Y argüí que su apoyo electoral a Hevia garantizaba el triunfo de este candidato, frente al de filiación ortodoxa, Roberto Agramonte y Pichardo, cuyo partido hallábase penetrado de elementos comunistas. Al propio tiempo señalé a Batista que su alianza con Hevia y con el presidente Carlos Prío, que respaldaba a este candidato, reagruparía en un nuevo y alto servicio a Cuba a los hombres que acompañaron a Batista en la Revolución de los Sargentos y en la firma de la Proclama de Septiembre".

"Finalizada mi exposición, por Batista silenciosamente escuchada, éste hubo de aceptar lo por mi sugerido en complacida y solemne respuesta y al propio tiempo me autorizó a que lo trasladase al conocimiento para su resolución del presidente de la República. Conmovido agradecí la importante misión y posteriormente la satisfice en Palacio en presencia del gobernante Carlos Prío Socarrás, en audiencia privada".

"El cordial presidente me informó que en meses anteriores había pensado en apoyar la candidatura de Batista por la fuerza que ésta iba tomando y que, consultado este deseo con el presidente del Senado, doctor Manuel Antonio de Varona, éste hubo de rechazarlo y por consiguiente estimaba Prío que la proposición que le hice conocer con anuencia de Batista hallaría igual resultado con el jefe del Partido Revolucionario Cubano en Camagüey. Las palabras de Carlos Prío cerraban las puertas a un acuerdo de un principio y formalidad de inteligencia patriótica entre las dos vertientes antagónicas. De inmediato finalicé mi gestión mediadora de una solución nacional".

"Transcribimos la respuesta de Batista a lo planteado por el doctor Ochoa. El apoyo a Hevia de nuestro partido constituiría un sacrificio desde el punto de vista de la consecuencia ética, porque los afiliados del Partido Acción Unitaria han sido y son perseguidos por elementos del gobierno y no sólo en el orden ideológico sino por medio de la violencia. Yo mismo vengo siendo objeto de agresiones personales y hasta humillan mi domicilio registrándose a las personas de la amistad privada de la familia que nos visitan. Los grupos pistoleros alimentados por la administración de Prío organizan atentados constantemente y una alianza con Prío significaría una claudicación política a los ojos de la opinión pública. No obstante si con la coalición auténtico-unitaria se eliminan esas prácticas inciviles y deprimentes y se lograse pedir que en las elecciones, el extremismo ortodoxo y comunista lleguen al poder, no tendríamos inconvenientes en escuchar a líderes responsables que señalara el presidente de la República. Desde luego que si se llegara a algún acuerdo, lo cumpliríamos digna e íntegramente, pero sin aceptar yo cargo alguno en las postulaciones". Hasta aquí la cita de Mario Riera.

Como se puede observar, Batista había aprendido mucho desde aquella noche que en casa de Sergio Carbó en octubre de 1933, lloró delante de Grau y de los miembros de la Agrupación Revolucionaria del 4 de Septiembre, y le creyeron. Entre ellos estaba Prío. Ahora no sólo lloraba lágrimas de cocodrilo, sino que hacía promesas que no cumpliría. Es decir, se presentaba como un protector de las elecciones cuando ya tenía en mente la destrucción de las mismas. Prío le creyó en el 33 y le volvió a creer en el 52, porque aunque no llegó al pacto solicitado por Guarro Ochoa, creyó que Batista estaba por la justa electoral y se descuidó por segunda vez.

En el 33 Grau fue la víctima, en el 52 Prío fue la víctima. En ambas ocasiones Batista fue el victimario. Ruperto Cabrera quedó tranquilo y tranquilizó a Prío con los cambios de menor cuantía en el ejército y desoyó al Servicio de Inteligencia Militar. Batista continuó con las manos libres y con 5 capitanes y 4 tenientes dio el golpe de 1952.

La fortaleza de Atarés fue tomado por un solo capitán, unos cuantos oficiales tomaron La Cabaña. Un oficial de menor cuantía se hizo cargo de la Marina. El teniente Salas Cañizares, de la Motorizada se hizo cargo de toda la policía.

Veamos ahora la narración de Baeza Flores.

"Una caravana de automóviles llegó al campamento de Columbia, avanzando como tigres. Los focos delanteros tijereteaban las sombras. Un grupo de ex oficiales y ex soldados lo acompañaban en los autos. Había un solo civil. Los oficiales de mando en el campamento los recibieron y los soldados los apoyaron. Los capitanes serían los futuros generales, los tenientes los futuros coroneles.

El jefe del ejército constitucional, Ruperto Cabrera, despertó en su casa cuando una ametralladora le apuntaba. El golpe de Batista lo encontró dormido. Y dormía también en su finca y hacienda La Chata, el presidente Prío.

El palacio presidencial estaba en manos de una guardia rutinaria. Los ajetreos electorales tenían demasiado ocupados a los políticos y líderes de los partidos.

El 10 de marzo no había ministros. Era una hora cero para la República. El presidente Prío iba a designar el nuevo Consejo de Ministros precisamente el día que Batista eligió para el golpe.

Los primeros automóviles de la policía que se acercaron al Palacio exigiendo la rendición, fueron alejados por las ametralladoras de Palacio. En la refriega cayeron algunos. Exactamente tres. El presidente Prío logró llegar a Palacio. Estaba medio dormido por lo imprevisto del golpe. Batista movió tropas hacia las estaciones de radio y televisión, suprimió las noticias y las estaciones abandonaron el aire. Batista cumplía con precisión la técnica del golpe de estado moderno. La técnica del ladrón que, antes de entrar a robar, anestesia con cloroformo a su víctima.

Al ser silenciados los medios de comunicación, sólo quedó en el aire una estación: la estación particular del Ministerio de Obras Públicas, que se usaba para transmitir las órdenes a las obras que se estaban realizando, es decir, que estaban en construcción en ese momento. No fue silenciada porque era escuchada solamente por funcionarios del Ministerio de Obras Públicas, por eso los autores del golpe no la tuvieron en cuenta en la elaboración del plan, fue un descuido pequeño y que no tuvo consecuencia alguna.

Los miembros de la FEU olvidando querellas anteriores, fueron a Palacio a pedirle armas al Presidente. Conversaron con él y en eso llegaron otros líderes del partido de gobierno, y uno de ellos propuso volcar los autobuses modernos del transporte urbano en los puentes y el túnel, de modo que los tanques que ya rodaban desde Columbia hacia Palacio, quedaran del lado de allá del río Almendares al no poder atravesar la barrera de los autobuses.

Era una medida completamente lógica y fácil de realizar, puesto que los autobuses estaban en manos de los sindicatos adictos al gobierno y al presidente Prío. Este hecho hubiera sido suficiente para cortar las comunicaciones entre La Habana y Marianao.

Rolando Masferrer decidió atrincherarse en la Universidad. Con su experiencia de la Guerra Civil Española llevó armas a la misma, pero una orden de Palacio frenó a los estudiantes y a Masferrer. Era pues posible defender el Palacio Presidencial y con ese gesto, las guarniciones que permanecieron leales, Pinar del Río, Matanzas y Oriente y tal vez las restantes, hubieran apoyado al gobierno constitucional. En Matanzas, el pundonoroso coronel Martín Elena mantenía una insobornable subordinación a la Constitución y a la República.

Por la calle Monserrate, al costado de Palacio, el ruido de las armas automáticas informó a los que se acercaban a tomar el Palacio, que había intención de resistir y estos se replegaron. Un teniente y un vigilante de los complotados cayeron en las calles aledañas a Palacio. Un sargento de la guardia de Palacio también murió en la refriega.

Por medio del teléfono se supo que los bandos de Matanzas y Santiago permanecían leales al gobierno. El resistir significaba sangrar y el presidente Prío dudó, vaciló. Aquel hombre valeroso de las luchas en la época de Machado, perdió preciosos minutos sin decidirse. Batista tenía a su favor la sorpresa. Prío tenía a su favor al pueblo.

Los auténticos y los ortodoxos se unirían frente al peligro común, que fue lo que sucedió en Matanzas y en Santiago de Cuba. Si esto hubiera sucedido en La Habana se hubiera concretado el deseo de resistir por parte del presidente constitucional.

Alguien propuso: podemos organizar la resistencia desde Matanzas, pero otro, vacilante dijo: Prío no llegará vivo a Matanzas. Uno de los hermanos de Prío insistió en marcharse de Palacio antes de que llegaran los tanques. Su voz era una apelación a Prío, el presidente. "Tú no puedes hacer que maten a toda esta gente". Sería una carnicería horrible. Si fuera una cuestión tuya personal, yo sé que te quedarías, pero no puedes permitir que maten a toda esa gente. Aquí termina la apelación.

Era curioso que el argumento ecuánime procedía de uno de los que más se había beneficiado en el lucro del poder y que había aprovechado todas las oportunidades y ventajas para acumular dinero a la sombra del gobierno de su hermano. La voluntad de resistir fue maniatada por el interés en preservar los recursos económicos que se habían conquistado. Por temor a la sangre de entonces, la República se iba a desangrar lentamente en los años sucesivos.

El presidente Prío subió a un automóvil y se dirigió a Matanzas con otro automóvil que lo seguía con su escolta. Más que un hecho de resistencia, era una fuga. El automóvil prontamente regresó sobre sus pasos y nuevamente en La Habana se dirigió hacia la embajada de México. El presidente Prío no llegó a Matanzas mientras que el coronel Martín Elena siguió leal y se negó a aceptar el golpe de estado.

El teniente Salas Cañizares a través de los carros de la policía y su radiocomunicación controlaba la ciudad de La Habana y al fin llegaron los tanques y rodearon el Palacio. La guardia presidencial, siguiendo instrucciones de Prío, se rindió. Era la orden dejada por Prío antes de abandonar la mansión presidencial.

En Columbia desbordó la algarabía. Un antiguo compinche de Batista, ahora militar retirado, volvió a escalar la tribuna para hablarle a la tropa, "Cumplió el viejo Pancho", comentó Batista. Francisco Tabernilla, después de haber sublevado y ocupado La Cabaña se convertiría en jefe del ejército y brazo derecho del poderoso Batista, y rápidamente se puso sobre un tanque como un símbolo de lo que estaba sucediendo.

Poco a poco Columbia se vio inundada por la marejada de los que habiendo sido desplazados, o sintiéndose como tal, estaban delante de una oportunidad para progresar y escalar, que el golpe de Batista les abría un portalón que llevaba a un redondel donde todavía no aparecían los toros.

La provincia de Oriente, la heroica y combativa, se quedó como la popa de un barco incomunicada por el rápido cierre de las compuertas. Batista al controlar la radio y la televisión dejó sin voz al país. Había dos candidatos: el profesor de la Universidad de La Habana y el propulsor del progreso económico quien era el candidato del partido de gobierno, el Partido Revolucionario Cubano Auténtico. Las fuerzas estaban repartidas y cualquiera de los dos que hubiera sido el triunfador, era la superación de la etapa de los políticos gobernantes para llegar a figuras de menos resonancia popular, pero de muchísima mayor actividad y calidad técnica. El profesor Agramonte era un experto en los asuntos sociales, era un socialdemócrata. Hevia, por su parte, un ingeniero formado en disciplinas sajonas. No eran populares a la manera de Chibás y Grau, pero significaban un paso hacia delante en un nuevo estilo de gobierno y con las elecciones muy próximas, se hacía muy difícil pensar en un golpe de estado por parte de Batista. Hasta aquí la magnífica descripción de Baeza Flores.

Análisis de la situación política durante el gobierno de Prío

Hay tres figuras descollantes que salen del grupo de los políticos de la época. Ellos son: el presidente Prío, el senador Chibás y el senador general Batista.

Ya vimos cómo Prío ganó las elecciones en alianza con el Partido Republicano, aunque sin obtener la mayoría absoluta de los votos. Esta alianza se rompería poco tiempo después de tomar posesión para rehacerse en los primeros meses del 52 en preparación de las futuras elecciones.

Ocurrieron las escisiones del Partido Auténtico, la de Castellanos y la de Grau y sus seguidores, como ya lo hemos visto y comentado. Dos errores en nombramientos ministeriales fundamentales. El primer ministro, Tony Varona, íntimo amigo de Prío, hombre honesto como el que más, honrado como el que más, pero también incapaz políticamente como el que más. El otro error, el nombramiento de su hermano, primero para ministro de Hacienda y después imponerlo para candidato a Alcalde de La Habana. Esto ya lo hemos visto y comentado.

Errores menores, el nombramiento de 3 ministros republicanos para complacer a Alonso Pujol en el primer gabinete. Pronto tendría que deshacerse de ellos y Alonso Pujol abandonaba el gobierno y la alianza pese a ser el vicepresidente. También comentamos que el nombramiento como ministros de dos amigos íntimos de Prío, veteranos de la lucha contra Machado, tránsfugas políticos, camaleones que habían servido en distintos puestos bajo el gobierno de Batista, pero que eran amigos de Prío, Rubén de León y Edgardo Buttari, ambos fundadores del PRC, como ya relatamos. No eran incapaces sino inseguros políticamente.

Igualmente los ministros sin cartera, Mari Blanca Sabas Alomá y Ramón Vasconcelos, dejaban mucho que desear. Los pactos políticos hicieron que los gabinetes sucesivos siempre tuvieran errores como los que hemos mencionado, con otros nombres, por supuesto. No tuvo Prío nunca un gabinete totalmente ajustado a sus deseos y a sus necesidades como presidente Auténtico. Esto tuvo su punto culminante cuando se acercaban las elecciones del 52 y Prío con buena habilidad política logró coaligar a una serie de partidos, pero el precio fue posiciones en ministerios y otros cargos ejecutivos. Esto lo hizo Prío para garantizar el triunfo electoral de Carlos Hevia.

El PRC ya estaba bastante debilitado numéricamente comparado con el PRC de las elecciones de Grau, y Prío necesitaba sumar votos. De ahí la coalición con el Partido Liberal, con el Partido Demócrata, con el Partido Republicano, con el Partido de Castellanos y con el Partido de Grau.

Estos dos últimos, como se sabe, escisiones auténticas. Es decir, de membresía previamente perreceísta.

Algo que no se entendió nunca claramente es qué quería decir Prío con cordialidad política, porque ¿cordialidad con Batista para que regresara? ¿Cordialidad con Vasconcelos para nombrarlo ministro sin cartera y que después lo traicionara? ¿Cordialidad con Alonso Pujol que se hizo oposicionista y que duró muy poco tiempo? ¿Cordialidad con Mari Blanca Sabas Alomá en el gabinete, que en un momento dado estuvo a punto de echar a perder una jugada política, porque ella no era la figura predominante? O sea que esta cordialidad de Prío con los políticos fue poco acertada, poco feliz.

Pese a todo lo que hemos dicho, Prío tuvo ministros excelentes y mencionamos en primer lugar a Aureliano Sánchez Arango, con una ejecutoria primero en educación y luego en estado, de primera calidad. Carlos Hevia, ministro de estado, ministro de agricultura, presidente de la Comisión de Fomento, con actuación impecable también y otros nombres más que ya hemos visto.

El gran éxito de Prío fueron las leyes que logró que el Congreso pasara, aprobara y él sancionó. Pero no cabe duda que hace falta algo más que buenas leyes escritas para que haya un buen gobierno funcionando. La mayoría de estas buenas leyes no se pudieron poner en práctica por falta de tiempo. A Prío le quedaba poco tiempo en el gobierno y Carlos Hevia ya sabemos que fue despojado de un posible triunfo electoral.

En el asunto del empréstito, Prío tuvo otro buen éxito al obtener el empréstito interior de bancos cubanos, sin comprometerse con el extranjero y empleando este empréstito en obras y situaciones que se necesitaban urgentemente. Por ejemplo, el pago a los veteranos, el impulso a las obras públicas, el impulso al BANFAIC, etc. Recordemos que siendo Casero ministro de obras públicas hubo un vertiginoso desarrollo de obras públicas, prometió 60 en 60 días y cumplió 72 en 60 días.

Las relaciones económicas con el exterior fueron muy bien manejadas, de tal suerte que en 1951, el año de mayor bonanza económica en la historia de la República, récord de rentas públicas, récord de zafra, récord de recaudación de impuestos, presupuestos fijos establecidos, etc.

Un magnífico gobierno, sobre todo después de 1950 con su política de los nuevos rumbos. No obstante, el azote ortodoxo ya estaba presente, ya había crecido, ya era muy popular y ya se encargaba de destruir, la mayor parte de las veces con falsedades, toda la obra de gobierno, combatiéndolo todo sin tregua, sin razón la mayor parte de las veces y en escasas ocasiones con razón.

Increíblemente el pueblo se satisfacía con todos estos ataques políticos violentos y oía, leía, comentaba y propalaba todo lo que se decía en contra del gobierno. Por fin la presencia del gangsterismo se resistía a desaparecer, a pesar de las declaraciones, reuniones de estado, nombramientos de jefes de policía, etc. El gangsterismo no desaparecía. Esto daba oportunidad a los periódicos a su campaña tremenda de los grandes titulares que voceaban los vendedores callejeros al mediodía y a la caída de la tarde, y los periódicos salían de sus manos para el público como pan caliente.

En más de una ocasión el hecho que se narraba no había tenido lugar o no era de la gravedad con que la letra impresa lo llevaba a conocimiento público. Pero de todas formas, se hacía este tipo de periodismo, no sólo en la prensa plana, sino en radio y televisión. Esta situación era algo muy apetecido por los ortodoxos que martillaban y martillaban y martillaban. Hemos dicho muchas veces con fundamento, pero la mayor parte de ellas sin fundamento. Y sirvió como una de las tres excusas de Batista para el golpe.

La segunda figura de esta época fue la del senador Eduardo Renato Chibás y Rivas. Discutible y discutida, adorada y abominada, con una actuación política errática en todo momento.

Vamos a citar una de las críticas más feroces, y por lo mismo injusta en gran parte, sobre la personalidad de Chibás. Pertenece la crítica a Mario Riera, y la expone en su nuevo libro Cuba Libre.

"El sagitario de la política, epónimo empleado por el cronista político del periódico El País, Gustavo Herrera, Chibás era un obseso de la letra de molde y de la estridencia de la crónica radial. Apologista del gobierno de Grau, conviértese en alacranesco difamador al no serle concedida la candidatura presidencial en el Partido Auténtico y habérsela brindado a Carlos Prío Socarrás. Lengua incisiva y descarnante la de este demagogo de la política cubana. En su haber parlamentario no queda ni una sola ley de beneficio público y sí abundante pirotecnia verbal en contra de todos los gobernantes.

Procedía de la Colina Universitaria en los años 1927 y de 1930. Años después hizo valer en la Junta Revolucionaria del 4 de Septiembre, en Columbia, la designación presidencial de Ramón Grau San Martín. Posteriormente lo combatiría, yendo frente a Palacio al frente de una insultante e histérica manifestación en su contra. Vicioso de un poder que las urnas le negaron en 1948, pues su candidatura fue superada no sólo por la de Prío Socarrás, sino también por la de Ricardo Núñez Portuondo, poniendo en ridículo el eslogan chivacita "Vergüenza contra dinero".

Fundador en 1947 del Partido del Pueblo Cubano Ortodoxo, cuyas masas fueron infiltradas desde el primer momento por los miembros del comunismo internacional, aguardando el triunfo político de Chibás y la ganancia total del poder político en Cuba. Un disparo suicida del líder de la ortodoxia, le evitó a Cuba en 1952 el adelanto de un régimen que pensaban imponer en Cuba los agazapados rojillos de su partido". Hasta aquí la cita de Mario Riera.

A nuestro modo de ver llena de insultos innecesarios y de frases fuera de tono.

Nosotros vemos a Chibás de la manera siguiente: era un político valiente, decidido, honesto, pero con falta de tacto, como se llama en la política. De tal forma que, durante el gobierno de Grau impuso récord, no sabemos si mundial, de duelos con oponentes suyos en el Senado e inclusive con miembros de su partido, como fue el caso del duelo con Pelayo Cuervo. Después que fundó el partido ortodoxo sostuvo duelos con Tony Varona y Francisco Prío, sus compañeros de las luchas contra Machado. Chibás no rehuía ninguna ocasión de notoriedad y no oía tampoco ningún consejo. Se lanzaba al ruedo no como el torero sino como el toro, donde él veía un paño rojo de la deshonestidad, de la corrupción o de la mala política. Esto determinaba que se equivocara con muchísima frecuencia.

Denunció al peronismo avanzando en Cuba, cosa sin sentido porque ni había peronismo en Cuba ni a los cubanos les interesaba el peronismo ni lo que sucedía en la Argentina. Los cubanos tenían muchos problemas que resolver dentro de Cuba para ocuparse de Perón y el peronismo.

Chibás había acusado en época de Batista al embajador del Perú como agente nazi, cosa que no era cierta, y por otro lado, no tenía ninguna prueba para presentar la acusación. Chibás acusó a Prío de

673

malversar los fondos del empréstito para comprar rascacielos en la ciudad de Nueva York.

La revista Bohemia, con su tremenda circulación de cientos de miles de ejemplares, a lo largo y ancho de la República y su constante información en contra del gobierno de Prío, la mayor parte de las veces infundadas, le daba alientos a Chibás para su campaña opositora y sin cuartel. Cuando en 1951 se estableció el derecho de réplica ocurrió el incidente con Masferrer que ya hemos relatado. Esto disminuyó un tanto la popularidad de Chibás. Aquí demostró que él no aceptaba su posible error y mucho menos que se le pudiera replicar.

Poco después acusó, como ya mencionamos también, el Ministro de Educación, Aureliano Sánchez Arango, de que con los dineros del desayuno escolar entre otras partidas de este ministerio, había adquirido en Guatemala una empresa maderera y estaba fabricando un reparto residencial de lujo.

La revista Bohemia le había prometido a Chibás las pruebas, pero las pruebas no existían. Aureliano ripostó exigiendo pruebas. Surgió el tedioso episodio de la maleta de Chibás y sus pruebas dentro. Hubo un intento de debate en el Ministerio de Educación, Chibás dijo que no iba, después fue, no lo dejaron entrar y Aureliano planteó cuatro debates en cuatro días sucesivos para dilucidar este problema y todo esto frente a las cámaras de televisión. Chibás se vio perdido al no poder resistir este contraataque de Aureliano y en su programa dominical se hizo un disparo en el vientre con la frase: "Este es el último aldabonazo". Esto no se oyó puesto que al haber pasado de tiempo, los micrófonos habían sido cerrados. Fue llevado al Centro Clínico Quirúrgico del doctor Sanguily, intervenido quirúrgicamente y falleció de complicaciones post operatorias varios días después. Hubo una vigilia permanente de sus seguidores en los alrededores del hospital.

Este gesto de Chibás fue un intento de salvar la popularidad que creía que se le había destruido, lo cual no era cierto. Es decir, no estaba destruida sino dañada. Su muerte ocurrió el 16 de agosto de 1951. Ésta era una pérdida muy sensible, no sólo para su partido, para la política cubana y sobre todo para el pueblo que lo seguía. Su entierro constituyó la mayor manifestación de duelo popular hasta ese momento.

674

Vamos a transcribir la opinión del doctor Carlos Márquez Sterling, muy juicioso, muy preciso y muy imparcial sobre hechos, dichos y la actuación de Chibás.

"Chibás fue un opositor enérgico de la política del gobierno de Prío Socarrás. Chibás fue un fiscal implacable del régimen desde los micrófonos de la CMQ, donde transmitía por radio todos los domingos. Su programa llegaba a todos los rincones de Cuba desde San Antonio a Maisí, acaparando el primer lugar en los ratings. Chibás, consciente de la debilidad del gobierno, debido al pistolerismo y a la incuria de muchos de los funcionarios gubernamentales, especialmente el hermano del presidente, Antonio Prío, exponía a la opinión pública muchos hechos, algunos reales, otros no existentes, como aquellos de los cuales acusó al ministro Sánchez Arango, los de Guatemala a los que nos hemos referido. Sánchez Arango exigió pruebas pero Chibás no las pudo presentar porque no existían las pruebas. La revista Bohemia le había prometido a Chibás las pruebas, pero no las había. El trágico final de este episodio es de todos conocido". Hasta aquí la opinión de Márquez Sterling.

Y así cayó el gran sagitario, epónimo del centauro de arco y flechas de la mitología romana, Eduardo Renato Chibás y Rivas.

La tercera figura fue Fulgencio Batista y Zaldívar, general de ninguna batalla, quien gobernó a Cuba de 1933 hasta 1944. Del 33 al 40 como dictador militar, con varios presidentes manejados por él desde Columbia. Del 40 al 44, desde el Palacio Presidencial, como presidente electo democráticamente, con un gobierno aceptable y sin las agresiones y/o las violaciones de los derechos humanos típicas de los años anteriores.

Ya vimos como Batista fue sorprendido por el triunfo de Ramón Grau San Martín, debido a que numéricamente los afiliados y su coalición socialista democrática superaban ampliamente a los del Partido Auténtico y el Republicano unidos.

En el 44 Batista entregó el poder y con los "ahorros" que había logrado durante sus 11 años de dominio sobre Cuba, salió a recorrer el mundo, disfrutó de halagos y homenajes de gobiernos, intelectuales, políticos, prensa, etc. y terminó radicándose en Daytona Beach, en la Florida.

Hemos apuntado anteriormente lo que hizo en Daytona, lo que le pidió a Grau para regresar a Cuba, que Grau se lo negó y lo que le pidió a Prío, que Prío sí se lo concedió.

En 1946 fue electo en ausencia Senador de la República. Tomó posesión, también en ausencia y tras su llegada a Cuba, con la gracia de Prío, él nunca asistió a una sola sesión del Senado. No se preocupó jamás del trabajo de este cuerpo legislativo y tampoco se interesó en conocer el funcionamiento del Senado. El estaba en otra tesitura, lo de Senador le servía para tener inmunidad parlamentaria, absoluta libertad de movimiento, adquisición de influencias, etc. Todo lo que no fuera trabajar en el cargo de Senador. Recordemos de pasada que trató de entrar en el Partido Demócrata infructuosamente y entonces fundó el Partido Acción Unitaria, con los fieles seguidores de su gobierno anterior. Era un partido pequeño, pero le servía para disfrazar sus intuiciones, haciéndole creer a todo el mundo, especialmente a Prío, que él estaba interesado en la política. Sus trajines políticos con liberales, Castellanos, Ochoa, etc. ya han sido detallados ampliamente.

Castellanos se había comprometido con Batista a que el partido que obtuviese de ellos dos mayor cantidad de afiliados recibiría el apoyo del otro partido para la postulación presidencial. Batista obtuvo más afiliados, gracias al apoyo de los comunistas, como ya vimos y entonces Castellanos, a la hora de los mameyes cambió de palo para rumba, como se dice en el argot cubano y habló con Prío, ofreciéndole el apoyo del Partido Nacional a cambio de recibir del presidente dineros gastados en la reorganización de su partido.

Tras la amenaza a Suárez Rivas y la finta con Guarro Ochoa, Batista, ya decidido, inició todos los movimientos del plan que desde hacía años venía preparando.

Batista, astuto e inteligente oportunista y capaz de llorar si hacía falta, lo había hecho en casa de Carbó, engañó por segunda vez a Prío con la finta de Guarro Ochoa.

Podemos parafrasear que la política de Prío no fue de cordialidad sino de credulidad. La ambición desmedida de Batista de poder y dinero, de dinero y poder, fue la causa directa de su actuación. Hay que señalar en justicia su inclinación por mejorar el status de la vida de los campesinos y de la clase obrera, pero esta inclinación estaba siempre relacionada con la imagen personal que él quería dar para su ascenso en la vida política.

Por último, y no menos importante, el pacto con los comunistas desde 1938, que todavía existía, aunque con un disfraz completamente distinto, como ya hemos dicho. No olvidar la vida libre y segura de los líderes comunistas durante su dictadura y la circulación "clandestina" de la carta semanal.

El había jugado la baraja de Lázaro Cárdenas, junto con la baraja de Roosevelt y le había dado buen resultado. Ahora repetía el mismo juego: pro norteamericano en apariencias y asociado a los comunistas bajo cuerda. Pero esta vez el final fue diferente. Ya veremos en su momento cómo los norteamericanos lo abandonaron totalmente para que el comunismo, a través de Fidel Castro, se implantara en Cuba. Sus peores detractores, tanto en Cuba como en el mundo entero, después de su fuga en 1958, fueron los comunistas, de tal suerte que no fue admitido en los Estados Unidos y murió en Marbella, España, apestado como un enfermo incurable e indeseable.

En estas breves semblanzas podemos apreciar que estas tres figuras fueron figuras trágicas, como si estuviéramos asistiendo a la representación de una tragedia griega clásica. Prío despojado de su gobierno, Chibás muerto tras el suicidio y Batista tras un aparente triunfo, despreciado y vilipendiado 8 años después por el mundo entero.

Otras figuras políticas de interés fueron: Nicolás Castellanos, que por un golpe de suerte de un oscuro Concejal de la Ciudad de La Habana se convirtió en un líder nacional con partido político y todo lo deseado. Esto fue posible por la imposición de Antonio Prío como candidato a la Alcaldía de La Habana, como ya vimos.

El ex presidente Ramón Grau San Martín, inicialmente mentor de Prío, luego opositor de Prío, acusado en la causa 82, libre de esta maraña judicial en forma nunca bien explicada, y que, al final volvió con su pequeño Partido de la Cubanidad, a unirse en coalición con el Partido Auténtico, pero esto le falló debido al golpe de estado del 10 de marzo.

Principales hechos ocurridos durante la Presidencia de Carlos Prío Socarrás:

En 1948 Pelayo Cuervo Navarro hace su denuncia sobre la malversación ocurrida en el gobierno de Grau y esto origina la Causa 82. La primera acusación formal de Chibás es contra Eugenio de Sosa

Chabau ex Director del Diario de La Marina, al que acusa de haber adquirido un central ilegítimamente y haber participado ilegítimamente en los arreglos para la construcción de la Terminal de Ómnibus. Sosa Chabau refuta y públicamente prueba el error de Chibás y no vuelve a ser atacado. En el Ministerio de Agricultura, regido por Francisco Grau Alsina, su tío el Dr. Grau desde su Ministerio dice a los obreros azucareros que no pueden permitir que le sean rebajados sus salarios puesto que eso es un logro de la revolución. Prío responde con un decreto congelando los haberes de los trabajadores de ese ramo, pese a que en ese momento había una baja en la situación de la industria azucarera. Sánchez Arango es llamado al Senado para que explique la razón del aumento de cesantías que dictadas en Educación, y el convocado expone y prueba que no ha habido cesantías, sino que una buena cantidad de plazas que se habían dado sin cumplir los requisitos de la ley han quedado sin efecto. Igualmente determinados nombramientos de maestros habían sido vendidos lo cual fue comprobado y por ende los mismos quedaron sin efecto. Se produce un debate en el que intervienen Suárez Rivas, Pelayo Cuervo y Tony Varona. Días después Batista visita a Prío en Palacio como una cortesía personal.

El 23 de diciembre el Consejo de Ministros aprueba la Ley del Banco Nacional, la del pago de los adeudos a los veteranos y otras leyes más aprobadas por el Congreso. Al finalizar el año el Presidente Prío expone los logros de su gobierno en estos casi tres meses de su administración y dice se trabaja intensamente para abaratar el alto costo de la vida.

Durante todo el año 1949 hay un recrudecimiento de la violencia lo que pone en precario la estabilidad del Gobierno coincidiendo con la acentuación de la crisis de las relaciones entre Grau y Prío. El rompimiento entre ambos lo que determina la salida del Gabinete de Francisco Grau Alsina y Primitivo Rodríguez. El primero es sustituido por Virgilio Pérez, que a su vez deja Comunicaciones que es ocupada por Carlos Maristany. El Partido Liberal anuncia su oposición a nuevos empréstitos, a la creación de nuevos impuestos y que apoya la ley de los presupuestos regulares; además, pide la abolición de la Ley de Emergencias y otra serie de medidas, la existencia de las cuales no había sido preocupación para ellos cuando ellos formaban parte del gobierno.

Comienzan los trajines de la Causa 82 y Grau es encausado declarando que él no ha hecho nada indebido, que esto es simplemente un ataque político, que él no tiene nada personal contra el Presidente Prío y que defiende su derecho a la expresión libre de su opinión. El Presidente con todo su Gabinete se trasladan a Santiago de Cuba celebrando allí por primera vez un Consejo de Ministros, en el que se declara al Morro de esa ciudad como Monumento Nacional y además se dictan otras medidas. Guillermo Belt es trasladado de su cargo de Embajador de Cuba en Washington a una Embajada Latinoamericana, pero no acepta y renuncia. Es sustituido por Oscar Ganz. Debido a los problemas del Vicepresidente Alonso Pujol con su partido y con el Gobierno, sale del Gabinete Román Nodal quien es sustituido interinamente por el Premier Varona. Continúan los ataques a diestra y siniestra del Senador Chibás. Ahora acusa a tres jueces del Tribunal Supremo y esto le costará una condena de seis meses por desacato, pero el Presidente Prío le conmuta la pena. A continuación sostiene otra polémica esta vez con el Senador pinareño Casanova con relación a la industria azucarera.

Al no poder controlar el voto mayoritario el presidente del Senado Miguel Suárez Fernández renuncia a su cargo, pero la renuncia no es aceptada. El Presidente Prío continúa haciendo declaraciones optimistas sobre el problema del gangsterismo. El Consejo de Ministros sitúa las tarifas eléctricas al nivel de 1943 lo que significa una rebaja de las tarifas vigentes con la consiguiente protesta de la Compañía de Electricidad. El Consejo de Ministros critica al Alcalde Castellanos por haberle cedido las aulas de la Escuela Municipal Valdés Rodríguez al Partido Comunista para que celebren un congreso obrero tratando de hacer un paralelo con el de la CTC. Castellanos replica declarando tener derecho de jurisdicción sobre la escuela.

Segundo Curti toma posesión del Ministerio de Defensa. El Ministro de Salubridad Alberto Oteiza renuncia a su cargo y es sustituido por Carlos Ramírez Corría. En la ciudad de Camagüey se celebra un acto en memoria de Enrique J. Varona, con discursos de Prío y del Premier, así como un desfile militar. El New York Times publica un artículo favorable al gobierno cubano señalando el adelanto económico y social de muchas poblaciones del interior. En Julio se producen protestas populares ante los rumores de la concertación de un empréstito con bancos extranjeros, manejadas por partidos de la oposición y sobre todo por Chibás. En agosto sale el primer manifiesto del partido batistiano PAU. También en Agosto ocurre la llamada "rebelión de Cangrejeras" llamada así porque sucede en la finca de Rivero Setién, y que se trata de veinticinco Representantes auténticos que se declaran en rebeldía de la autoridad del Presidente y de su partido debido al empréstito, y llegan hasta el punto de declararse oposicionistas, alegando que no hubo licitación para el empréstito. Es curioso señalar que no ha habido empréstito y que muchos de los "rebeldes" son "grausistas" bien conocidos.

Aureliano Sánchez Arango Ministro de Educación anuncia que por primera vez las plazas de maestros se darán por concurso oposición y que han sido suspendidas dos mil plazas innecesarias dentro del Ministerio…traducción al cubano…"botelleros", que eran residuos de la labor de José Manuel Alemán. Los alzados de Cangrejeras exigen ahora una renovación total del Gabinete. El Embajador Ganz en Washington anuncia que Cuba prefiere hacer el empréstito con bancos cubanos. José Raimundo Andreu asume la presidencia del Partido Demócrata –antiguamente pertenecía al Partido Republicano. El 25 de agosto los "alzados de Cangrejeras" deponen su actitud. Recordemos que es en este mes y año cuando se produce la destitución de Genovevo Pérez Dámera, y el nombramiento de Ruperto Cabrera.

En el asunto de la Causa 82 se desestima un pedido de sobreseimiento y se ordena la detención de Grau y de algunos de sus asociados comprometidos en la situación. Esto determina la escisión del grupo grausista que formará el Partido de la Cubanidad un poco después.

Anuncia Cuba que tiene en reserva doscientas siete toneladas de oro y dos mil toneladas de plata. El oro vale 310 millones de dólares en el mercado internacional. El valor de la moneda circulante es más de 264 millones de dólares. El per cápita es de 126.04 pesos incluyendo además 75 millones de dólares y 5 millones en certificado plata. Estas cifras indican que la situación económica de Cuba ha mejorado notablemente pero todas estas buenas nuevas son obliteradas por los titulares sobre el gangsterismo que son los que llenan la primera página de los periódicos.

En su discurso del 10 de octubre, al cumplirse el primer año de su Presidencia, Prío hace énfasis en la situación económica, explica que el empréstito será nacional y no se usará para pagar ninguna deuda extranjera, habla de otras mejoras obtenidas pero por primera vez silencia totalmente el problema del gangsterismo. El día 18 el Gobierno presenta al Congreso el proyecto del empréstito pidiendo su autorización para concertarlo. El 8 de noviembre comienza la incineración de los billetes certificados plata que por estar deteriorados hay que sacarlos de la circulación. Esto constituirá el gran "chivo" de este Gobierno, un gran desastre político puesto que no hubo tal incineración sino repartición de los billetes viejos para ponerlos en circulación clandestinamente. La cantidad de dinero no incinerada fue estimada por algunos en 41 millones de pesos, por otros en 39, y los más conservadores la calcularon en alrededor de 37 millones.

Se dan a conocer el número de afiliados a los partidos políticos para las próximas elecciones. El total de electores era de 2,577, 864. Se afiliaron 2,093,410 votantes o sea el 81 por ciento. Los auténticos tenían 879,184, los liberales 502,349, los republicanos 253,704, los demócratas 220,230, los ortodoxos 159,171, el PAU 143,005, los comunistas 126,524.

El 20 de diciembre se inaugura la Dirección General de Asuntos Económicos de la Cancillería cubana.. El 22 al fallecer el Senador por Pinar del Río Casanova queda una vacante a discutir en las elecciones.

En enero de 1950 renuncia Antonio Prío al Ministerio de Hacienda para aspirar a la alcaldía de La Habana. Contrastando con este gran error político se anota Prío a su haber el nombramiento de José "Pepín" Bosch para cubrir la vacante ministerial que fue uno de los grandes aciertos de este gobierno. El día 20 queda consumado la ruptura con el Partido Republicano y renuncian los dos miembros de ese partido que estaban en el Gabinete, Corona e Illa. El día 4 de febrero, en una reunión especial, celebrada en Palacio el Presidente Prío hace un pronunciamiento profundo y renovador "anunciando que habría un cambio total en la política del Gobierno con el desprendimiento de factores políticos entorpecedores y de la mala herencia trazando un camino como lo quiere el pueblo, como lo requiere el autenticismo y como lo exige el historial revolucionario del Presidente y su capacidad como gobernante del país".

Se nombra el nuevo Gabinete permaneciendo en sus cargos el Premier Manuel Antonio de Varona, el Ministro de Hacienda Bosch, el Ministro de Obras Públicas Manuel Febles Valdés, el de Educación Aureliano Sánchez Arango, el de Salubridad Carlos Ramírez Corría, los Ministros sin Cartera Ramón Vasconcelos, Mariblanca Sabas Alomá y el Secretario de la Presidencia y del Consejo de Ministros Orlando Puente. Carlos Hevia pasa de Estado a Agricultura, Rubén de León de Gobernación a Defensa. Entran en el Gabinete Oscar Ganz en Justicia, Ernesto Dihigo en Estado, Lomberto Díaz en Gobernación, José Morell Romero en Trabajo, Sergio Clark en Comunicaciones y Miguel Fuentes como Ministro sin Cartera. Salen del gabinete Evelio Díaz del Real, Segundo León Curti, Edgardo Buttari, y los ya mencionados Corona e Illa.

El Consejo Nacional de Economía expone que el Gobierno cuenta con 132,125 empleados públicos incluyendo a las Fuerzas Armadas, pero no a los empleados de los organismos autónomos, de las provincias y de los municipios. Raúl García Menocal, miembro del Partido Republicano, ofrece sus servicios y su apoyo al Presidente Prío. El 7 de febrero el Ministro de Hacienda Bosch elimina 400 inspectores de cobro de impuestos lo que constituye un golpe fuerte a la corrupción. El Partido Republicano le ofrece al ex Presidente Grau postularlo para Senador por Pinar del Río, pero éste no acepta. En abril, por medio de un decreto se inicia una campaña de alfabetización. El Partido Liberal anuncia que apoyará a Antonio Prío como candidato para alcalde de La Habana. A renglón seguido el Partido Demócrata hace lo mismo. En un hecho incongruente, la Asamblea del Partido Republicano nombra a Grau Presidente Permanente de la Alianza Auténtico-Republicana, algo que ya no existe. El Cardenal Arteaga hace una declaración de que ningún católico puede contribuir con su voto al avance del comunismo. Son desmentidos los rumores de conversaciones entre Batista y Grau.

El Ministro de Agricultura Carlos Hevia y Reyes Gavilán esboza un plan que dará permanencia en la tierra a los campesinos, facilidades para construir sus viviendas y la construcción de frigoríficos comunales para guardar sus productos. Declara el Presidente que el Gobierno está dispuesto a disminuir el plazo de prescripción fiscal. El inicio de las obras de reconstrucción de la Catedral de La Habana son presididas por el Primer Magistrado. Tras unas declaraciones de Tony Varona que el Vicepresidente Alonso Pujol considera insultantes, las refuta y pide respeto a su persona y a su investidura. Luís Machado Ortega es nombrado Embajador en los Estados Unidos el día 1° de marzo sustituyendo a Oscar Ganz. El PAU nomina a Nicolás Castellanos como su candidato a la alcaldía habanera.

Comienzan los rumores y comentarios del paso de tranvías a autobuses mediante una complicada operación financiera, ocurriendo motines en los paraderos de los tranvías. El Ministro Bosch comparece ante el Senado para disipar los rumores y explicar la situación. Después de esto el Consejo de Ministro el día 9 hace firme este cambio en el transporte de la capital cubana. Se anuncia que el Gobierno no invertirá un solo centavo, que no se despedirá a un solo obrero y que la nueva empresa revertirá grandes beneficios al erario público

El día 24 de marzo muere José Manuel Alemán produciendo una nueva vacante en el Senado para llenar la cual hay cuatro aspirantes...siendo los principales Virgilio Pérez por los partidos de gobierno y Eduardo Chibás por los ortodoxos. El consejo de ministros fija en 5 años el plazo para la prescripción fiscal. En abril José Pardo Llada es acusado y condenado por desacatos e injurias al Gobierno. Días después se inaugura el Banco Nacional. El Consejo Superior Electoral declara que Virgilio Pérez sólo puede aparecer en la boleta del Partido Auténtico y no en los de la coalición lo que virtualmente concede el triunfo a Chibás. En el mes de mayo se crea la Comisión Nacional de Viviendas. El 17 de mayo se traspasan oficialmente los tranvías a la empresa de Autobuses Modernos. Días después fallece en Boston el ministro sin cartera Miguel León Fuentes.

A partir del día 21 Chibás empieza una campaña demoledora contra los tres candidatos contrincantes a la senaduría habanera. El día 30 el Presidente Prío ofrece todo tipo de garantías a los partidos en las próximas elecciones. El día 1° de junio en unas elecciones tranquilas es ampliamente derrotado el hermano del Presidente y aspirante a ser Alcalde de La Habana. Igualmente resulta derrotado el hermano de Tony Varona que aspiraba a la alcaldía de la ciudad de Camagüey. Esto nos hace recordar aquel cantico de "Aspiazu me dio botella y yo voté por Varona". La coalición gubernamental obtiene una buena mayoría en la Cámara de Representantes y en el número de alcaldías con 67 alcaldías ganadas por el PRC y 18 el resto de la coalición para un total de 85 poltronas municipales.

El Consejo de Ministros aprueba mantener la libre expresión de pensamiento y palabra pero castigar las ofensas, injurias y calumnias.

683

También aprueba la equitativa distribución de las aguas del Río Almendares para las industrias ubicadas en sus márgenes. El día 15 el Presidente Prío anuncia un nuevo y vasto plan de obras públicas. Comienza la llamada política de "los nuevos rumbos" que tropieza con algunos escollos entre los cuales está, aunque en grado menor, el del gangsterismo, y otros errores en la política internacional, sobre todo en el área del Caribe. Un nuevo ministro de estado y un nuevo embajador en Washington, ambos con altas calificaciones, no pueden atajar el embrollo que ocurrirá en el Caribe en los próximos meses.

El Presidente Prío pide al Congreso la urgente aprobación del Tribunal de Cuentas, el Banco de Fomento Agrícola e Industrial, el Tribunal de Garantías Constitucionales y Sociales, los Tribunales de Trabajo y la Carrera Administrativa. Se anuncia la primera parte del empréstito de 45 millones para distribuir en la forma siguiente: dragados de puertos, acueductos, caminos, pago a los veteranos y otras obligaciones. Todo aquel que se sienta calumniado o injuriado por la prensa radial, escrita o televisiva tiene el derecho de réplica.

El día 21, en una sencilla ceremonia en Palacio, se firma la escritura del empréstito ofrecido por bancos cubanos. Los 45 millones del empréstito serán en la forma siguiente: 12 millones por el Banco Gelats, 17 millones por el Trust Company of Cuba, 10 millones por el Banco Núñez, el Banco del Comercio y el Banco Continental 3 millones cada uno. El pago de esta deuda está garantizado por una serie de impuestos productores de 10.3 millones de pesos anuales. Los fondos del empréstito serán administrados por la Comisión de Fomento Nacional.

Se ordena la intervención del Periódico Hoy. Otros dos periódicos comunistas, el publicado en lengua china en Santiago de Cuba, y el semanario América Deportiva también son intervenidos. Ramón Vasconcelos renuncia a su cargo en protesta por esas intervenciones.

En Septiembre el Tribunal de Garantías Constitucionales y Sociales resuelve que el decreto ley que le otorgó a los obreros de los Ómnibus Aliados el pago de ocho horas por trabajar seis horas es inconstitucional. Al inicio de una nueva legislatura un mensaje Presidencial solicita la aprobación de las Leyes Complementarias de la Constitución que faltan. El 20 de septiembre renuncia Ramírez Corría como Ministro de Salubridad y en su lugar es nombrado Juan

Antonio Rubio Padilla. El Consejo de Ministros aprueba cinco millones de pesos para la construcción de viviendas populares. El día 30 y en un avión militar llega desde los Estados Unidos el ex Presidente Miguel Mariano Gómez Arias que se encuentra en gravísimo estado de salud.

Abandonando su posición como Primer Ministro, Tony Varona pasa a ocupar la Presidencia del Senado vacante por la renuncia de Miguel Suárez Fernández debido al asesinato de Tulio Paniagua. Félix Lancís es designado Primer Ministro. Sergio Megías sustituye a Sergio Clark como Ministro de Comunicaciones. Renuncia el ministro de gobernación y lo sustituye Lomberto Díaz. Dándole forma legal distinta, se promulga un nuevo decreto y otra vez los obreros de los Ómnibus Aliados recuperan el 6 x 8. Prío explica en la toma de posesión de Lancís el significado de la política de nuevos rumbos identificándola con honestidad, buen manejo administrativo, mejoría en las obras públicas y en las construcciones de beneficio social e intolerancia al gangsterismo. Presiona, además, para que el Congreso apruebe las nuevas leyes.

El senado cita a los ministros Bosh de Hacienda y Romero Padilla de Trabajo para que expliquen el asunto tranvías/autobuses.. El 25 de octubre de 1950 Gaspar Pumarejo inaugura CMBF, Canal 4, que es el primer canal de televisión cubano. Ese mismo día fallece el ex Presidente Miguel Mariano Gómez. Arias. El Ministro de Trabajo Romero Padilla renuncia al día siguiente y es sustituido por Arturo Hernández Tellaeche que fue el que instituyó el aguinaldo pascual para todos los trabajadores cubanos que fue conocido como el "arturito". El día 28 el Presidente del Senado Tony Varona presenta un proyecto de ley para la ampliación del Instituto de Tierras como primer paso para llevar a cabo la Reforma Agraria. El 3 de Noviembre ocurre la primera declaración de Grau en la causa 82. En sesión secreta de seis horas de duración la Cámara de Representantes ratifica a Lincoln Rodón como su Presidente y aprueba la ley para las universidades privadas. El 15 de noviembre y en un gesto muy típico de él y de su actuación pública, Aureliano Sánchez Arango, como Ministro de Educación, se presenta en una improvisada asamblea universitaria donde explica su gestión administrativa y señala que hay que levantar la moral del estudiantado de ese centro docente.

El 17 de noviembre un senador peruano denuncia que el Presidente Prío había visitado Guatemala clandestinamente para una reunión con Arévalo sobre asuntos de la Legión del Caribe, y que previamente había visitado Colombia. Este informante será desmentido por los apristas y por el Gobernador de Puerto Rico Muñoz Marín aunque parece que efectivamente el Presidente cubano salió del país sin previamente obtener permiso para hacerlo.

Son citados por el Senado los ministros de Hacienda y de Trabajo para una nueva discusión del asunto de los tranvías convertidos en autobuses. Se lleva a cabo un debate motivado por la presentación por parte de Chibás de una carta de Prío al antiguo dueño de los tranvías. En el debate participaron Varona, Suárez Rivas, Chibás y otros. No tiene consecuencias este debate, y la explicación de los ministros de Hacienda y de Trabajo se acepta como satisfactoria.

Dos días después de este debate se inaugura el nuevo edificio de la Audiencia de Holguín. Después de una sesión de casi 24 horas se aprueba una ley creando el BANFAIC y se hace desaparecer de da las actas del senado el juicio y condena a Miguel Mariano Gómez, restaurando así el buen nombre del ex Presidente. Al día siguiente se aprueba la ley sobre la construcción del Palacio de Comunicaciones. El día 20 de noviembre Prío firma 16 de las últimas leyes aprobadas. Los bancos cubanos que concedieron el impuesto ya señalado acuerdan prestar 25 millones más.

El 9 de enero de 1951 Justo Carrillo es nombrado Presidente del Banco de Fomento Agrícola e Industrial (BANFAIC). Seis días después Chibás hace las más fantásticas de sus acusaciones diciendo que Prío ha malversado los dineros del empréstito y ha adquirido rascacielos en la ciudad de Nueva York. Sin mencionarlo directamente el Presidente Prío responde diciendo que las democracias reclaman la utilización correcta de las libertades públicas y pregunta al resto de los dirigentes del Partido Ortodoxo si ellos apoyan a Chibás en estas declaraciones. También un manifiesto de los líderes parlamentarios Varona, Lincoln Rodón, Pérez Espinós, del Río, Carbonell y Martínez Fraga es dirigido a los líderes de los partidos de oposición para saber si ellos apoyan las festinadas acusaciones de Chibás sobre los rascacielos. Esta petición al igual que la hecha por el Presidente "cayó en oídos sordos". No hay respuesta pues no podía haberla.

Se aprueba la cuota sindical obligatoria y la congelación de los salarios de la industria azucarera. El Tribunal de Garantías Constitucionales y Sociales rechaza tres recursos impuestos contra la ley del empréstito. El Juez Justiniani niega una petición de Carlos de la Cruz para procesar a Grau y a otros implicados en la causa 82. En una gira política Prío visita Nueva Paz, Güines, San Nicolás y Madruga siendo calurosamente acogido en todos estos pueblos. En una mesa redonda transmitida por radio y en la que junto al Presidente de la República participan el presidente del BANFAIC, el presidente del Senado, el de la Cámara, el Ministro de Hacienda y el presidente del Banco Nacional, declaran que el empréstito es para fomentar la producción y la riqueza.

Prío dice días después que la libertad del hombre deberá tener primacía sobre la propiedad de la tierra. Esta declaración es parte de un discurso pronunciado en la Universidad de Villanueva. El 30 de este mes declara el Tribunal de Garantías Constitucionales y Sociales que no es inconstitucional la intervención del Periódico HOY. En una reunión de "los cinco" (estaciones de radio y TV y periódicos), Chibás declara ser el único candidato que nunca ha tenido ningún tipo de negocios con los rojos. A principios de febrero y en una reunión en Palacio se trata sobre la Ley de Emergencia , sobre la crisis mundial y la posible participación de tropas cubanas en la guerra de Corea. Se reúnen con el Presidente el Fiscal del Tribunal Supremo Rafael Trejo, el Jefe del Estado Mayor General Cabrera y el Coronel Barquín, agregado militar de la Embajada de Cuba en Washington. Tratando los mismos tópicos se efectúa días después una reunión en la oficina del Primer Ministro Lancís, señalando que la participación cubana en Corea representaría un gesto simbólico pues el número de hombres sería solamente de unos trescientos.

La Sociedad de Amigos de la República (SAR) protesta por la falta de acción gubernamental contra el gangsterismo y por la ley de retiro del Congreso, siendo evidente que ningún miembro de esta sociedad era ex-congresista. En la celebración del 17º aniversario de la fundación del PRC se nota la ausencia del Premier Lancís, motivando especulaciones de su próxima salida del Gabinete. Prío solicita la aprobación del envío a Corea de 328 militares. Se reúnen los líderes auténticos en la residencia de Tony Varona para analizar el pacto con los liberales

El 28 de febrero el Ministro de Hacienda "Pepín" Bosch explica ante el Congreso los nuevos impuestos que se van a poner en práctica. En una reunión con los directores de los periódicos Prío dice que el Ejército Cubano cumplirá fiel y lealmente el compromiso de ir a Corea si el Congreso lo aprueba. Renuncia "Pepín" Bosch el 6 de marzo y es sustituido por el Subsecretario José Álvarez Díaz, ambos hombres de la misma altísima calidad. Al día siguiente al fin Miguel Suárez acata la unión con el Partido Liberal. El día 12 los Ministros de Estado y Defensa informan al Congreso sobre el pacto militar con los Estados Unidos. El día 15 y debido al pacto con los Liberales hay una crisis total del Gabinete.

El día 17 de marzo el Juez Justiniani decreta el procesamiento del Dr. Ramón Grau San Martín, quien es detenido y libertado bajo fianza. Se procesa igualmente aunque con exclusión de fianza al ex Ministro de Hacienda Isauro Valdés, al ex Ministro de Educación Miguel de la Guardia, a Manuel Reyes Pérez ex Tesorero General de la República, a José Fernández Pérez ex Director General de Contabilidad, a Augusto Vega ex Pagador del Ministerio de Educación y Armando Dalama alto funcionario del Ministerio de Educación. Grau era procesado porque tuvo conocimiento y tenía facultades para haber puesto punto final a las irregularidades que se estaban cometiendo y no lo hizo. Durante todo este proceso no se dice si Grau lucró o no.

Al conocerse el pacto firme entre Liberales y Auténticos los Demócratas presentan sus demandas pues "todo el mundo quiere participar del dulce". Se anuncia que la recaudación de la Aduana ha alcanzado una cifra record. Entre los hechos insólitos de la política cubana de la época el Presidente del Senado Manuel Antonio de Varona y presidente del PRC defiende la actuación de Grau y de su partido.

El 3 de abril el nuevo Gabinete queda formado de la manera siguiente: Eduardo Suárez Rivas en Agricultura, Ramón Zaydin y Márquez Sterling en Comercio, Edgardo Buttari Puig en Trabajo, Félix Lancís Sánchez en Educación, José R. Andreu Martínez en Salubridad y Asistencia Social, Sergio Megías Pérez permanece en Comunicaciones, Rubén de León García sigue en Defensa así como Orlando Puente Pérez como Secretario de la Presidencia y del Consejo de Ministros, Oscar Ganz Martínez como Premier, Ernesto Dihigo en el Ministerio de Estado, Jorge Casuso y Díaz Albertini interinamente en Justicia, Segundo Curti Messina en Gobernación, José Álvarez Díaz en Hacienda y Luís Casero Guillén en Obras Públicas. A los existentes Ministros sin Cartera se unen Carlos Hevia Reyes Gavilán, Juan Antonio Rubio Padilla, Antero Rivero Morales y José Manuel Casado Guerrero.

El Senador Luís Baire Llópiz presenta una proposición de ley amnistiando todos los delitos cometidos hasta el 10 de octubre de 1948 que no hubieren sido denunciados hasta esa fecha. La Sociedad de Amigos de la República se opone al intento de amnistiar a Grau y a los demás acusados en la Causa 82. El 9 de abril de 1951 el Ministro de Gobernación y Senador por Pinar del Río Lomberto Díaz acusa al periódico ALERTA, y a su director Ramón Vasconcelos, de estar al servicio de Trujillo. El 13 de abril el Ministro de Obras Públicas Luís Casero da a conocer una lista de 60 obras que se propone terminar en 60 días. Renuncia Zaydin como Ministro de Comercio a finales de abril pero la retira a petición del Premier Lancís. El renunciante estaba inconforme con la nueva ley de impuestos. Los problemas universitarios son discutidos en una reunión entre el Presidente y un grupo de profesores y alumnos que lo visitaron con ese propósito.

A principios de mayo renuncia Ernesto Dihigo como Ministro de Estado y es sustituido por Miguel Suárez Fernández. Tras un largo debate la Cámara aprueba el proyecto senatorial sobre la creación de nuevos impuestos, el producto de los cuales se dedicará para las cajas de retiros de obreros, para aumentar el sueldo a los miembros del Poder Judicial y para adquirir tierras que serán repartidas entre campesinos. El novelón de la Causa 82 no se detiene; el Juez Justiniani es recusado y el nuevo Juez Gilberto Mosquera rechaza un recurso del abogado de Grau que solicitaba el sobreseimiento de la causa.

El 22 de mayo y al finalizar la reunión de Torquay Prío pronuncia quizás su más imprudente e improcedente discurso, fuera de oportunidad y totalmente a destiempo, y creemos fue el peor de todos los pronunciados por él durante su mandato. Estaba relacionado con los resultados obtenidos por Cuba en la Tercera Conferencia del GATT celebrada en Gran Bretaña. Las palabras del Presidente no añadían nada positivo sino que sin proponérselo, insulta gratuitamente a los Estados Unidos destacando que el triunfo en Torquay "significa la independencia económica de Cuba, al no oponerse los Estados

Unidos a ninguna de las ofertas hechas por Cuba a otros países en materia de negociaciones arancelarias habían quedado rotos los grilletes del Tratado de Reciprocidad Económica de 1902" añadiendo "que hasta ahora éramos en forma teórica económicamente libres pero en realidad éramos una colonia comercial atada a las conveniencias administrativas y mercantiles de los Estados Unidos, país que en virtud del tratado arriba citado pasaba a tener el monopolio del mercado consumidor cubano a cambio de permitirnos vender nuestro azúcar dentro de sus fronteras". Estas increíbles declaraciones de Prío no añadieron nada a la independencia cubana y si levantaron grandes resquemores entre los círculos de poder en Washington. Todo lo que él expresó era cierto, pero resultaba imprudente manifestarlo en ese momento y en esa forma, irritando a los Estados Unidos a cambio de la satisfacción de decir cuatro verdades. En el mismo discurso dijo que ya casi todas las leyes complementarias de la Constitución del 40 estaban aprobadas y que pronto comenzaría la construcción del Hospital Infantil Regla Socarrás.

Carlos Saladrigas dice que el sector privado no ha recibido el apoyo necesario, que las nacionalizaciones que se han hecho habían sido improvisadas e ineficientes. El 30 de mayo y a propuestas del Ministro de Gobernación Lomberto Díaz, se crea el Servicio Social Penitenciario. Comienzan a cobrarse los sellos semipostales para contribuir a la construcción del Palacio de Comunicaciones y ese mismo día el BANFAIC recibe 25 millones de pesos en bonos. El Juez Mosquera también es recusado de la Causa 82, y es sustituido por el Juez José A. Riera Medina. El 13 de junio el Consejo de Ministros aprueba nuevos requisitos para obtener la Carta de Ciudadanía. El día 16 los auténticos pinareños declaran candidato Presidencial a Carlos Hevia y Reyes Gavilán. Al día siguiente hay una manifestación "espontánea" en el Parque Central protestando contra la carestía de la vida. El día 18 el Juez de Primera Instancia del Sur Eduardo Núñez devuelve el periódico HOY a los comunistas. Varios días después el Consejo de Ministros ordena al titular de Gobernación que ocupe el local del citado periódico e invoca para ello el Artículo 37 de la Constitución. Fuerzas policíacas al mando del Comandante Cornelio Rojas ocupan el edificio del periódico comunista. Se aprueba un crédito de un millón de pesos para el Tribunal de Cuentas.

El día 28 de junio los Auténticos orientales proclaman a Carlos Hevia como su candidato a la Presidencia de la República. En ese mismo día se inaugura la Terminal de Ómnibus de La Habana que, sin duda, fue un magnífico logro del Gobierno de Prío.

A finales de este mes se realiza el segundo entierro de Martí trasladándose sus restos a un nuevo panteón erigido especialmente para la ocasión en el cementerio Santa Ifigenia de Santiago de Cuba, constituyendo esto un gran evento patriótico nacional. Se contó con la asistencia del Presidente y de todos los miembros de su Gabinete, el Alcalde de La Habana, Nicolás Castellanos, y los líderes de todos los partidos políticos cubanos. Con este motivo, se celebraron grandiosos actos donde hubo numerosos discursos.

Al terminar el plazo de sesenta días con sesenta obras prometidas por el Ministro de Obras Públicas Luís Casero Guillén, éste presenta 72 obras concluidas, es decir, 12 más de las prometidas. Se aprueba un crédito de 2 millones de pesos para el Palacio de Comunicaciones. Emeterio Santovenia y Armando Coro, condueños de unos terrenos situados en el Reparto Capdevila, donan 20 mil metros cuadrados para la edificación del Hospital Infantil planeado por el Gobierno. Tras el golpe dado por Batista el hospital no llevará el nombre de Regla Socarrás, sino que será de la ONDI (Organización Nacional de Dispensarios Infantiles). El 12 de julio Arturo Mañas es nombrado Presidente del ICEA. El 13 de julio tiene lugar un solemne acto en el Palacio Presidencial para cumplir la ley por la cual se repara moralmente el buen nombre del fallecido ex Presidente Miguel Mariano Gómez Arias eliminando la sentencia por la cual éste fue destituido. Se encuentran presentes su viuda Serafina Diago y sus dos hijas. Hablaron el Presidente, el Representante Dr. Pastor del Río y el también Representante Dr. Manuel Dorta Duque a nombre de la familia Gómez. El Presidente Prío declaró que el pueblo de Cuba sintió en su conciencia la injusticia cometida.

El Tribunal de Urgencia vuelve a insistir en devolver el Periódico HOY a los comunistas y el Gobierno acata. La ya referida polémica entre Chibás y Sánchez Arango está en pleno vigor. El 17 de julio Cosme de la Torriente es homenajeado por las Academias de Ciencias, de Historia, de Artes y Letras y de Lengua por sus servicios prestados a Cuba. Las primeras Órdenes Lanuza son entregadas por el Primer Magistrado a estudiantes distinguidos. El día 28 es inaugurado

691

el puente "Antonio Guiteras" sobre el Río Canímar en la Vía Blanca, una de las obras de ingeniería más importantes de los últimos años.

Después del entierro de Chibás el Partido Ortodoxo nombra al Profesor Roberto Agramonte como su candidato Presidencial y a Emilio "Millo" Ochoa como Vicepresidente. Esto ocurrió porque en una asamblea celebrada sin quórum, Luís Orlando Rodríguez, Enrique de la Osa y Conchita Fernández alegan que existía un testamento de Chibás pidiendo este tipo de nominación. Realmente dicho testamento nunca fue exhibido. Estos tres personajes serían figuras prominentes en la dictadura comunista de Fidel Castro.

Cuba entra en un año record de prosperidad en 1951 y este hecho es destacado por la prensa internacional. Por si solo esta información constituiría un rotundo mentís a la campaña de Batista que afirmaba existía una intranquilidad social de tal magnitud que tenía paralizada a la República. Esto no era compatible con la bonanza económica que era un record en la historia de Cuba Republicana. El 24 de septiembre hay una crisis ministerial con la renuncia en pleno del Gabinete pues se están preparando los candidatos para las próximas elecciones. Un grupo de desconocidos invade el edificio del Periódico HOY y destruye a "mandarriazos" toda su maquinaria. Los comunistas reciben una buena dosis de su propia medicina. Desaparece el citado periódico. En una reunión entre el Ministro Interino de Justicia Casuso y los fiscales del Tribunal Supremo y de Urgencia, se anuncia el inicio de una campaña para terminar de una vez y para siempre con el uso de la injuria y de la calumnia por la prensa escrita, radial y televisiva.

El día 4 de abril el Consejo de Ministros aprueba la formación de una comisión de expertos que mejore la red telefónica. Al día siguiente Miguel Suárez Fernández es destituido como jefe del Partido Auténtico en Las Villas y es sustituido por el alcalde de Camajuaní apellidado Urquijo. Al mismo tiempo son destituidos todos los delegados a las Asambleas Provincial y Nacional. Dos días después hay una publicación de dos páginas hecha por Tony Varona sobre la actuación de los gobiernos auténticos en el poder. El día 9, en el edificio de la Lonja del Comercio, el Presidente Prío inaugura las oficinas del BANFAIC. Días después el Premier Ganz inaugura una conferencia sobre prostitución, sus orígenes, el daño que produce y la forma moderna de combatirla.

Se cierra el período de afiliaciones el 21 de octubre y de 2.764.757 electores inscriptos se afilian 2,097,960 distribuidos en la forma siguiente: PRC (A) 689,894 –una gran disminución– los Ortodoxos 358,118, el PAU 227,457, los Demócratas 215,179, el Partido Liberal 208,745, el Partido Nacional Cubano 195,022, el Partido de la Cubanidad 94,257, los comunistas 59,900 –una disminución increíble porque le han dado miembros al Partido Acción Unitaria de Batista– y 49,338 en el Partido Republicano, que está a punto de desaparecer. La Coalición que apoyaría a Hevia en las elecciones de 1952 alcanzaba 1,452,485. Sumando los afiliados al PPC(O) más los votos del PSP, a los que Blas Roca ordenó votar por los Ortodoxos, muestran una ventaja amplia y clara para la candidatura Hevia-Casero. La candidatura presidencial de Batista, por supuesto, quedaba completamente descartada, aunque sabemos que una cosa son los números de afiliados y otra los que votan siguiendo las líneas de los partidos en los cuales están inscriptos. De todas formas el triunfo Hevia Casero parecía estar asegurado no solamente por los números sino también por la calidad de ambos candidatos.

Lo dicho por Guarro Ochoa a Mario Riera revela la existencia de un gran malestar dentro del Partido Ortodoxo debido al apoyo de los comunistas y la tendencia y orientación marxista de un número de miembros dentro del PPC. El respaldo de los comunistas a la candidatura ortodoxa enfrió en buen grado el apoyo de muchos electores por esta fórmula, mucho más que el efecto negativo que puede haber producido a la candidatura contraria los atentados ocurridos a finales del año. No obstante el prestigio y la honestidad del Profesor Agramonte, éste no tenía comparación con Carlos Hevia que poseía una larga trayectoria revolucionaria y de experiencia en la vida pública donde alcanzó grandes éxito, un candidato prometedor en el cual se podía confiar. Su compañero de "ticket", Luís Casero Guillén, –héroe político oriental– no se quedaba atrás en actuación exitosa y honesta en la Alcaldía de Santiago de Cuba y en su posición como Ministro de Obras Públicas. El lema "vergüenza contra dinero" de los ortodoxos no tenía vigencia y no podía ser utilizado. Por último, la ausencia de Chibás acentuaba aún más la desventaja de los ortodoxos.

El 29 de octubre el Presidente insta a los congresistas a aprobar las leyes complementarias que faltaban, así como el aumento de sueldos a empleados y maestros y el presupuesto del Tribunal de

Cuentas. El 10 de noviembre se suspenden las clases en la Universidad en señal de protesta contra el propósito de equiparar a los contadores privados con los contadores públicos graduados en la bicentenaria. Tras la muerte del Gobernador de Camagüey Caballero Rojo el Consejo de Alcaldes proclama Gobernador a José Salas Miranda Alcalde de Nuevitas; el PNC de Castellanos protesta porque no se nombró al Alcalde de la ciudad de Camagüey, y la excusa dada es que este último no era ciudadano cubano nativo. El Presidente inaugura el Instituto de Segunda Enseñanza de Consolación del Sur y el Hospital "León Cuervo Rubio".

El día 18 de noviembre, y en el Teatro Nacional de la capital, se reúne la Asamblea Nacional del Partido Auténtico presidida por el Primer Mandatario concluyendo sus sesiones dos días después; entre sus acuerdos está pedir la ilegalización del Partido Comunista. En su discurso el Presidente dice haber recibido del gobierno anterior tres males que se desarrollaron sobre todo en sus dos últimos años...el peculado, el gangsterismo y la corrupción; critica severamente el caudillismo político que trató de imponerse en su partido y dice que la hacienda cubana jamás ha sido conducida con mayor pulcritud y honestidad que en sus dos últimos años de gobierno; señala que aunque ha habido una disminución en el gangsterismo no se puede decir que haya desaparecido pues sus raíces son muy profundas y que no se puede cantar victoria pues ese mal pudiera resurgir en cualquier momento; menciona la aprobación de las leyes complementarias. Añade que pedirá al Senado haga un plan para una Ley de Reforma Agraria y que el PRC(A) deberá hacer una campaña intensa para captar a la juventud.

El 18 de diciembre el Senado aprueba la ley de los presupuestos del Tribunal de Cuentas y deroga la enmienda o "percha" de Tapia sobre la equiparación de los contadores. Al día siguiente el Estado adquiere la finca "Ventas de Casanova" para repartirla entre campesinos sin tierras. Poco más de una semana antes Pepe San Martín se separa del Partido de la Cubanidad y reingresa en el Partido Auténtico. Se suspenden los desalojos de los campesinos precaristas. Tony Varona renuncia a su aspiración Presidencial para apoyar a Carlos Hevia. El día 17 la actitud obstruccionista del Senador Mujal en la discusión de la ley sobre los Tribunales de Trabajo provoca que Tony Varona califique su actitud como "posición insurreccional". Continúa sin embargo Mujal en su oposición a discutir este asunto. Tras prolongado debate la Cámara aprueba el aumento de sueldo para los maestros y empleados públicos. Carlos Hevia inaugura la carretera de Ciego de Ávila a Morón, otra obra importante del Ministro del ramo Luís Casero.

Toda una serie de hechos positivos del Gobierno se vieron empañados por el atentado a la vida del ex general Genovevo Pérez Dámera y la fuga de Policarpo Soler y otros del Castillo del Príncipe. Lo más significativo del atentado a Pérez Dámera fue que lo realizaron tres ex-miembros del partido Auténtico y de grupos de acción: "Motorcito" Castañeda, el "Guajiro" Salgado y el "Turquito" Fayad, quienes habían sido condenados por los hechos de Orfila y puestos en libertad antes de cumplir su condena, lo cual desacreditaba al gobierno de Prío.

A principios de enero de 1952 comienzan los trabajos del Tribunal de Cuentas siendo su primer acto el arqueo de la Tesorería General de la República. Pocos días después los Senadores Porfirio Pendás, Aniceto Cabezas y otros amigos de Suárez Fernández se reintegran al PRC. Batista anuncia en una asamblea de su partido los fundamentos para establecer un tercer frente que nunca pasó de los preliminares. El día 12 en la Asamblea del Partido Ortodoxo se da a conocer la increíble noticia que Ramón Vasconcelos había sido invitado a pertenecer al partido, y sería candidato a Senador por la provincia de Oriente. Nos preguntamos en que quedaron todos aquellos editoriales de José Pardo Llada con aquello de Vasconcelos…. "vasconplata". Dos días después se anuncia la candidatura presidencial de Batista cuyo lema es "junto al pueblo y frente al gobierno". Tiene una cierta reminiscencia con el lema de Machado… "a pie con el pueblo". El 23 de enero el Ministro de Hacienda José Álvarez Díaz, tras una discusión con el Secretario del Consejo de Ministros Orlando Puente, presenta su renuncia la cual no fue aceptada por el Presidente, y todo queda resuelto tras conversaciones "tripartitas". De nuevo Prío viaja a Consolación del Sur, esta vez para inaugurar el acueducto. El 29 de enero el Alcalde de La Habana Castellanos anuncia destinará 9 millones de pesos para terminar las obras del acueducto habanero.

El Tribunal de Cuentas crea una comisión el primer día del mes de febrero que se encargará de depurar la deuda flotante. Dice Batista al periodista Gastón Baquero que la situación económica de Cuba es

695

artificial lo que está en total contradicción con la realidad. Prepara el ambiente para dar el golpe. El 8 de febrero se celebra un almuerzo en Palacio conmemorando la fundación del PRC y al terminar Prío hace una visita de cortesía al Dr. Grau. El Presidente inaugura el Palacio de Justicia de Oriente el 10 de febrero. El día 19 los Veteranos de la Independencia rinden homenaje de agradecimiento al Presidente por terminar de pagar sus adeudos. Continúa viajando el Presidente en campaña electoral esta vez visitando la provincia de Matanzas donde inaugura una serie de obras públicas. El 4 de marzo el Partido de la Cubanidad anuncia apoyará la candidatura Hevia Casero. Los cargos electivos de la Coalición Gubernamental son distribuidos entre los partidos que la integran. Al no poder resolver el problema de los obreros gastronómicos, renuncia el Ministro de Trabajo Edgardo Buttari. El resto del Gabinete hace otro tanto para preparar las candidaturas de algunos miembros a posiciones electivas. Este vacío ministerial fue aprovechado por Batista y el 10 de marzo se produce el golpe de estado, "madrugonazo…cuartelazo"…llámese como se quiera.

Consideramos que el Presidente Prío desde el punto de vista político y en el ámbito nacional tuvo un gobierno con altas calificaciones, o sea, hechos positivos que corrían paralelos a algunos aspectos negativos. Entre estos últimos en primer lugar estaba la falta de aplicación de medidas enérgicas para la erradicación del gangsterismo pese a contar con la base jurídica apropiada. Pensamos nosotros que por conocer personalmente a muchos de los causantes de este mal, y el haber estado junto con ellos en la época de Machado y en los años dictatoriales de Batista, resultaba difícil emocionalmente para el Presidente la aplicación de las necesarias medidas drásticas. El Primer Magistrado se caracterizaba por no ser sanguinario ni tampoco vengativo, lo cual dificultaba aún mas tomar las medidas adecuadas. Sin embargo "sus amigos" aprovecharon esas circunstancias haciendo y deshaciendo cuanto les vino en gana dañando grandemente la popularidad del Presidente, la estabilidad de la República y dándole pábulo a una de las excusas favoritas usadas por Batista para tratar de justificar el "cuartelazo".

Otro gran error por parte del Presidente Prío fue el manejo de las Fuerzas Armadas por el temor a Genovevo y la elección de Cabrera –que a nadie infundía temor– que obviamente facilitó la labor de los conspiradores. Si el temor a Genovevo era fundado, debía el

Presidente haber escogido a alguien mejor entre los numerosos oficiales de calidad que había en el Ejército. Como no lo hizo, ese error le costó la Presidencia y a Cuba los muchos años de innecesario calvario. Los diferentes cambios efectuados en la Policía Nacional no ayudaron en absoluto a la solución del problema del gangsterismo. No sabemos si esto era debido a la incapacidad de los jefes o a las limitaciones impuestas sobre ellos desde Palacio, impidiéndoles actuar con efectividad. Podemos resumir la actitud del Presidente diciendo "que él quería convencer pero no vencer a sus amigos los gangsters".

Otro error del Presidente Prío fue la práctica consuetudinaria de no responder a los ataques de Chibás la mayor parte de los cuales no solamente eran infundados sino fantásticos. Hubiera sido muy fácil para el Presidente Prío desarmarlo como lo hizo en su oportunidad Aureliano Sánchez Arango, y el no hacerlo cada vez envalentonaba más a Chibás . Estos ataques constantes debilitaron grandemente la popularidad del Presidente puesto que el atacante era un líder natural que arrastraba multitudes que quería oir lo que Chibás decía, sin detenerse a pensar y a discernir. El gobierno reaccionó en la persona de Masferrer primero, y sobre todo en la de Sánchez Arango que utilizando términos pugilísticos "llevó a Chibás contra las sogas" derrotándolo en toda la línea. Esto demuestra que si el Gobierno hubiera ripostado desde los primeros ataques la situación hubiera sido completamente distinta. Por supuesto que no se podía defender lo indefendible como fue la falsa incineración de los billetes pero si podía defender una serie de acusaciones infundadas como la supuesta malversación del empréstito, el supuesto "chivo" de los tranvías y de los autobuses, y otros más que quedaron sin respuesta por parte del Gobierno. Cuando Chibás lanzó las falsas acusaciones de la compra por parte del Presidente de rascacielos en Nueva York, Prío podía haber hecho lo mismo que hizo Aureliano, esto es decir a Chibás que probara sus acusaciones. Otro error fue el mucho tiempo que tomó a los congresistas auténticos aprobar la ley de réplica y la ley contra las calumnias e injurias en las actividades políticas, dando lugar a que se desbordaran los voceros de la oposición especialmente Pardo Llada en el ortodoxismo, Bohemia en la prensa y Rita Montaner en el ámbito radial.

Por otra parte la Causa 82 que aunque no involucraba al Presidente Prío ni a su Gabinete fue explotada por los voceros oposicionistas llevando a la mente popular a hacer una equivalencia entre esta causa como juicio contra el Partido Auténtico en el Gobierno. Eventualmente toda esta novela de la Causa 82 se disolvió como una columna de humo y ninguno de los encausados terminó en la cárcel, ninguno tuvo que devolver dinero y aquí no ha pasado nada, quedando únicamente el descrédito para los auténticos.

Otro gran error –como hemos dicho con anterioridad– fue el imprudente nombramiento de su hermano Antonio Prío como Ministro de Hacienda para cuyo cargo el nominado carecía de las más elementales calificaciones. Esto costó muy caro al Presidente, a su Gobierno y a su partido. El empecinamiento de nominar a Antonio como candidato a la alcaldía de La Habana no obstante su fracaso en Hacienda fue otro gran error convirtiendo en víctima del poder a Nicolás Castellanos, que contaba con simpatía popular fue otro gran error. Esta situación fue por supuesto aprovechada por los líderes de la oposición. El grado de pérdida en la popularidad del Presidente y su partido no pudo medirse a cabalidad al frustrarse las elecciones de junio del 1952 por el "madrugonazo". La labor de zapa de los comunistas en todos los estamentos sin duda contribuyó a dañar al Gobierno, incluyéndose en esto la falta de apoyo popular para la guerra de Corea que ya sabemos produjo malestar en las Fuerzas Armadas que no se entusiasmaban ante la posibilidad de ser enviados a la península asiática. Más adelante y en forma detallada analizaremos los graves errores cometidos en materia de política internacional.

No cabe duda que desde el punto de vista legislativo el Gobierno del Presidente Carlos Prío Socarrás ha sido el mejor que ha tenido la República. Algunos podrán decir que "se quedó corto" pero era tanto lo que había que hacer, que era imposible realizarlo todo en un período presidencial. Revisaremos a continuación los principales aspectos positivos de las leyes aprobadas durante este tiempo.

Aumentó el sueldo de los maestros, de los empleados públicos, de las Fuerzas Armadas y de las enfermeras; congeló el salario de los trabajadores de la industria azucarera o sea, se ocupó de aquellos ciudadanos que vivían del cheque mensual. Se establecieron cajas de jubilación en algunos sectores y leyes de retiro en otros; creó la Junta Nacional de Economía. Situó al Ingeniero Hevia al frente de la Comisión de Fomento con un éxito notable. Por ley se estableció el nombramiento de los maestros públicos por oposición y no por designación; aumentó el número de Escuelas Normales, de Escuelas del Hogar, Escuelas de Artes y Oficios y Escuelas de Comercio. Repartió las tierras de las "Ventas de Casanova" y los "Limpios de Taguasco" valoradas en cinco millones de pesos que era el comienzo de un vasto proyecto de Reforma Agraria que no hubo tiempo de presentarlo al Congreso. Dispuso el descanso sabatino de los empleados bancarios y se promulgó la Ley de Contabilidad del Estado por primera vez. Una ley que fue muy popular fue la del aguinaldo pascual que como ya mencionamos se llamó "Ley Arturito" por haber sido el ministro de Trabajo, Arturo Hernández Tellaeche, su propulsor; el "Arturito" duró hasta que llegó la revolución comunista. Creación de universidades en Oriente, en Las Villas y en Camagüey. Ley del empréstito interno; ley para la construcción del tan necesario Palacio de Comunicaciones; ley de presupuestos anuales por primera vez en la historia de Cuba Republicana. Todas las profesiones universitarias y no universitarias fueron dotadas de ley de retiro y seguro social.

Sin la menor duda las joyas de esta corona de leyes fueron el Tribunal de Cuentas, el Banco Nacional, el Banco de Fomento Agrícola e Industrial (BANFAIC), el Tribunal de Garantías Constitucionales y Sociales y los Tribunales de Trabajo. Estos eran los cimientos de lo que iba a hacer la futura democracia institucional cubana desde el punto de control fiscal y desarrollo económico.

El Banco Nacional centralizaba las reservas monetarias, vigilaba y regulaba el crédito, creaba y retiraba medios fiscales, actuaba como agente financiero del Fondo de Estabilización de la Moneda Cubana, determinaba la política de cambio monetario de la nación, hacía la función de agente y asesor financiero del Estado Cubano, actuaba como cámara de compensación con respecto a la banca privada, era una institución autónoma que se mantenía fuera del control de otras instituciones gubernamentales lo cual lo alejaba también de los cambios políticos de turno y de las altibajas que con frecuencia ocurrían. El Banco Nacional estaba regido por cinco miembros cuatro de los cuales eran inamovibles. Sus disposiciones eran de obligatorio cumplimiento. Su capital inicial fue de diez millones de pesos. El banco podía hacer préstamos, dar anticipos y hacer redescuentos a los bancos privados sobre los cuales tenía facultad de fiscalización o sea que el Banco Nacional afianzó la solidez de los demás bancos existentes en Cuba. Ajustó nuestro fondo monetario a los imperativos industriales y comerciales, compensó las intermitencias del comercio exterior del país y promovió la producción que se orientaba hacia el mercado doméstico.

El Banco de Fomento Agrícola e Industrial (BANFAIC) era también autónomo sin embargo debía someter a la dirección del Banco Nacional algunos de sus acuerdos fundamentales. Su finalidad era la de crear, fomentar y mantener las facilidades financieras para acelerar el desarrollo de la actividad productiva en Cuba para en último término elevar el nivel de vida de la población cubana. Para ello habría que dictar aquellas disposiciones que sirvieran para mejorar los aspectos del crédito que las instituciones bancarias privadas no podían alcanzar. Sus beneficios estaban destinados fundamentalmente a dos vitales aspectos: el desarrollo agrícola y el desarrollo industrial. Su capital inicial fue de 15 millones de pesos. Además de dar crédito tenía un carácter hipotecario sobre la propiedad misma basado en la fórmula de no desprendimiento de la propiedad en si ni de los aperos de labranza ni de los animales ni de los otros objetos necesarios para el desarrollo de la vida del campesino. Debería atender que el contrato de refacción sirviera no sólo para realizar la labor campesina sino incorporar al mismo guajiro al estado de producción permanente y continua que era tan necesario en el país. Estas medidas siempre estuvieron respaldadas por el Estado.

En cuanto al aspecto industrial el Banco hacía préstamos para la adquisición, construcción o reparación de instalaciones o inmuebles destinados a la producción industrial así como para la compra de los equipos y maquinarias necesarias. El objetivo principal del Banco era el de atender aquellas solicitudes de crédito que presumiblemente lograran la mayor productividad nacional lo cual disminuiría el desempleo y mejoraría el estado económico de la nación. Básicamente se trataba de producir aquellos artículos que se importaban. Se fomentó la investigación y experimentación en los sectores agrícola e industrial siendo los principales los trabajos en la caña de azúcar y el kenaf para su mejor aprovechamiento industrial.

El Banco Nacional y el Banco de Fomento Agrícola e Industrial estimularon e impulsaron el desarrollo económico de la Isla que hicieron de estos años los de mejor rendimiento económico en la historia toda de Cuba hasta el presente.

En cuanto a las obras públicas ejecutadas durante este Gobierno están el Mercado de Carlos III, la carretera doble vía de Rancho Boyeros a la calle 23, la Terminal de Ómnibus, el Instituto de Cirugía Cardiovascular dentro del Hospital Ortopédico, el Palacio de Comunicaciones, la Estación Experimental del Café en Trinidad, el establecimiento de almacenes frigoríficos en La Coloma, Artemisa, Melena del Sur y Holguín; la extensión de la Calzada de Rancho Boyeros hasta el Cacahual y otras como hospitales, Institutos de Segunda Enseñanza, etc. que hemos mencionado ya. Los Hospitales Nacional y el Infantil "Regla Socarrás" estaban prácticamente terminados al ocurrir el golpe de estado. Se construyeron hospitales en otros sitios del país. La construcción del túnel bajo el río Almendares fue otra de las magníficas obras públicas llevadas a cabo por este Presidente que dio eficiencia y rapidez a la comunicación entre las ciudades de Marianao y La Habana.

En su gestión obrera el Presidente Prío tuvo que enfrentarse con los bien atrincherados residuos del Partido Comunista en la CTC pues todavía controlaban algunos sindicatos como el azucarero, el marítimo especialmente en el puerto de La Habana, el gastronómico y otros. De tanto en tanto ocurrían movimientos huelguísticos inspirados por estos elementos. Durante muchos años el Sindicato de los Ómnibus Aliados estuvo controlado por los rojos. El Presidente sorteó estas dificultades de forma práctica e inteligente. A mediados del 1949 Ángel Cofiño fue sustituido por Eusebio Mujal en la jefatura de la CTC.

La obtención por el Gobierno de los ferrocarriles con la intención de más adelante pasárselos a capitalistas cubanos, disminuyó la tensión obrera crónica que había existido en este sector. El monopolio que del transporte tuvieron por años los ferrocarriles, se había quebrado grandemente por el aumento del transporte motorizado por carretera, del transporte aéreo y del de cabotaje. El Ministerio de Trabajo intervino en el logro de avenencia entre sectores patronales de la industria azucarera en pugna. La zafra de 1952 sobrepasó los 7 millones de toneladas de azúcar y casi había alcanzado 6 millones el año anterior. No obstante las quejas de colonos y hacendados por tener que pagar los aumentos salariales y el costo de mejoras sociales para los obreros, ambos disfrutaron de gran prosperidad en sus ganancias.

La Ley Azucarera de 1948 en los Estados Unidos lesionó gravemente los intereses cubanos especialmente la cláusula 202 que estipulaba "la toma de represalias contra los países productores en los cuales ciudadanos norteamericanos fueran afectados por medidas legislativas o ejecutivas en esas naciones". Afortunadamente dos años después esta cláusula fue derogada pero durante dos años provocó una disminución de la cuota de azúcar que se vendía a los Estados Unidos generando un importante sobrante de azúcar cubano aunque afortunadamente la guerra de Corea solucionó este problema y el sobrante se convirtió en "faltante", obligando a Cuba comprar azúcar para satisfacer demandas contractuales. Varias leyes como la rebaja de alquileres y la prohibición de desalojar a los campesinos precaristas, aliviaron la situación del costo de la vida. Como efecto de esta última medida tuvo Cuba un aumento en la producción de productos agrícolas. Los técnicos agrícolas egresados de las universidades, especialmente la de Oriente contribuyeron mucho al incremento de esta producción.

Por vez primera el Gobierno implantó reformas estructurales en la industria azucarera que serían de una importancia capital. A partir del año 48 las exportaciones de azúcar a otros países casi igualaron al monto de la exportación del producto a los Estados Unidos. El total de la importación azucarera fue de 631 millones pagándose en salarios más de 381 millones. Entre las ventajas que el Gobierno concedió a los obreros azucareros y que motivó quejas de los colonos estaban el descanso retribuido y semana de 44 horas de trabajo con pago de 48 así como el pago de los días feriados. El jornal mínimo diario estaba regulado por las leyes. Las quejas de hacendados y colonos eran totalmente infundadas. Se obligó a los hacendados a modernizar los bateyes, eliminar los barracones y construir casas con la eliminación del monopolio de las tiendas llamadas "comerciales" propiedad de los dueños de centrales y establecer un comercio libre en los abastecimientos. Todos sus llantos no podían ocultar que nunca antes tuvieron más ganancias que en esta época.

Otros sectores que mejoraron notablemente fueron el tabacalero, el cafetalero, las industrias de conservas de alimentos, las industrias textiles y de la construcción, pues se edificaron más de 200 mil casas. En cuanto a los minerales, con la producción de óxido de zinc y la adquisición por capitalistas cubanos de las minas de níquel y las de cobre en Matahambre, los minerales tuvieron un gran impulso favorecido entre otras cosas por la guerra de Corea. La Nicaro, que por creerla agotada, fue vendida a precio de ganga por el gobierno norteamericano a propietarios cubanos. Finalizada la Segunda Guerra Mundial ya no hacía falta tanto cobre. Las minas de Matahambre también fueron adquiridas por cubanos a precio bajo. Con el hallazgo de nuevos filones y la mejoría en la técnica de extracción lograda por estudios realizados por técnicos cubanos, se obtuvieron 24 millones de pesos por concepto de ventas de minerales, lo cual constituyó un record.

La entrada de la renta del país aumentó de 229 millones en 1948 a más de 325 tres años más tarde. Como un reflejo de toda esta bonanza económica las cifras de los depósitos bancarios pasaron de 558 millones a algo más a 656 millones durante el Gobierno de Carlos Prío. La cantidad de dinero prestada e invertida por los bancos cubanos superaba con mucho a la de los bancos extranjeros existentes en Cuba en esos años. El aumento del poder adquisitivo condujo al incremento de la importación de automóviles…esta fue la época de los famosos "colas de pato" de la Cadillac. La fuga de divisas no representó un gran problema para la economía cubana. Aumentó la producción de una serie de artículos que antes fueron de importación como los neumáticos, los productos textiles, el nylon, etc. lo que aumentaba las oportunidades de trabajo, el ingreso de los cubanos y dismiminuía las salidas de divisas.

En 1951 la Comisión de Fomento Nacional puso en manos de inversionistas privados una emisión de bonos de 20 millones de pesos para un ambicioso programa que entre otras cosas contenía dragados de puertos, construcción de caminos y acueductos, creación de plantas refrigeradoras y de frigoríficos para guardar los productos agrícolas. El dinero de las rentas públicas también se utilizó en el sector educacional acercándose al porcentaje de un 25 por ciento del presupuesto que los expertos mundiales estiman debe gastarse en educación y que en esa época alcanzó a más del 20 por ciento.

A partir del mes de mayo de 1951, cuando se aprobó la ley de presupuesto anual del Estado, podía saberse donde habían ido a parar los fondos públicos y esto era una gran ventaja para el control de la corrupción, un trabajo que fue comenzado por el anterior Ministro de Hacienda Bosch y su Viceministro José Álvarez Díaz quien después ocuparía la posición de ministro. Esta obra excepcional hacía de la hacienda pública la mejor herramienta económica de la Isla.

Aumentaron las reservas monetarias de Cuba existentes en el Banco Nacional a 495 millones de dólares. Existían 101 millones de dólares en las reservas de los bancos privados. En este año Cuba era el segundo país en América Latina en posesión de oro, de plata y de dólares, solamente superado por Brasil muy superior a Cuba en extensión territorial, en su población y en su riqueza.. El desarrollo de la banca privada cubana fue impresionante con la existencia de nueve bancos importantes y 41 bancos de menor fuerza económica en poblaciones del interior de la Isla.

La industria azucarera que en 1930 estaba en un 75 por ciento en manos extranjeras, en los años 50 y 51 era solamente en un 40 por ciento propiedad de extranjeros. El tabaco tanto en su producción como en su exportación aumentó a pesar de la competencia de Indonesia y de Filipinas. Los productos europeos comenzaron a aumentar su entrada en Cuba con precios que eran menores que similares productos venidos de los Estados Unidos. Comenzaba el camino de la independencia económica de la Isla. La Gran Bretaña se comprometió a comprar un millón y medio de toneladas largas de azúcar entre los años 51 al 53 a los precios del mercado mundial. Sin duda que se había dado un gran paso de avance en el comercio exterior. Cuba negoció tratados bilaterales con Alemania Occidental y con el Canadá y un poco más adelante con Chile.

A mediados de 1951 Cuba estableció una lista de tarifas para los paises con los que tenía convenios comerciales y para los que no los tenían. En el mismo año y debido al "calentamiento" de la guerra fría Cuba concedió dos bases aéreas a los Estados Unidos y envió pilotos cubanos a una base norteamericana para entrenarlos en el uso de los equipos modernos.

Los aspectos negativos en la política internacional del gobierno sobre todo en el área del Caribe son en primer lugar el incidente con el General Odría que había dado un golpe de estado al Presidente Bustamante en Perú. Cuba dio asilo en su embajada a dos dirigentes apristas. Tras varias semanas fueron sacados clandestinamente del edificio de la legación cubana en Lima y llevados a Cuba burlando de este modo todas las reglas diplomáticas internacionales establecidas para casos similares. El gobierno peruano protestó enérgicamente. La explicación cubana fue poco convincente. Nada ganaba Cuba con este conflicto. Participar en aventuras de esta índole no beneficiaba en nada a la Isla, sino que por el contrario hacía aparecer al país caribeño como una nación aventurera. De igual forma cuando el Presidente Rómulo Gallegos fue depuesto por el golpe de estado de Pérez Jiménez, apareció en Cuba el depuesto mandatario venezolano. Esto no hubiera tenido nada de particular ya que abandonó su país con un salvoconducto concedido por el gobierno, pero a su llegada a Cuba fue recibido con grandes honores y en una sesión celebrada por la Cámara de Representantes se le dio pleno apoyo al depuesto Presidente de Venezuela. El gobierno venezolano protestó como es lógico, y al final de cuentas Cuba no ganó nada en prestigio sino todo lo contrario.

Otro incidente esta vez con el gobierno de Nicaragua se produjo cuando un avión cubano no de la propiedad de una línea comercial establecida que supuestamente se dirigía a Costa Rica tuvo que hacer un aterrizaje forzoso en Nicaragua. Somoza detuvo a los pilotos, los interrogó y Cuba protestó. Somoza aducía que el avión llevaba armas a Nicaragua para una supuesta rebelión. Los pilotos fueron devueltos a Cuba terminando el incidente. Nuevamente estaba la Isla en el escenario internacional sin que ganara nada y con pérdida de prestigio.

Un poco más tarde se produjo el viaje de Prío a Guatemala sin solicitar permiso para hacerlo como fue denunciado por un senador peruano como ya relatamos. En cuanto a la República Dominicana ya hemos mencionado un número de problemas ocurridos por ser Cuba fundadora y protectora de la Legión del Caribe empeñada con dar fin a las dictaduras latinoamericanas, sin que nadie la hubiese nombrado como vigilante y redentor de la democracia caribeña. Ya hemos mencionado también la errada actuación del Gobierno de Cuba en relación con el asunto Alvizu Campos en Puerto Rico y el atentado contra la vida del Presidente Truman.

Todos estos imprudentes incidentes internacionales beneficiaron los intentos golpistas de Fulgencio Batista. Sin base ni fundamento en 1950 Prío pide la incorporación de la América Latina en el Plan Marshall y en el Pacto del Atlántico que, terminada la guerra dejó de existir, y se transformó en Tratado del Atlántico Norte.

El Embajador de los Estados Unidos Willard L Beaulac poseedor de una larga experiencia diplomática, entró en funciones en Cuba desde unos meses antes al 10 de marzo de 1952. Había sido él quien ocupara la misma posición en Colombia cuando el "bogotazo" y era

705

un buen conocedor de los "tejes y manejes" de la política latino-americana, especialmente la de los paises caribeños. Sin embargo, nunca hizo ninguna declaración que hubiera podido paralizar los intentos golpistas de los complotados marxistas. Contrastando con ese silencio, es de notar que después del "cuartelazo" hizo varias declaraciones explicando sus contactos con los nuevos funcionarios del gobierno cubano.

La "amistad" de Prío con el Presidente Truman no sirvió para evitar su derrocamiento siendo pertinente señalar que en ese momento la posición política del Presidente norteamericano era sumamente precaria dentro de su partido y en sectores extrapartidistas.

De regreso el Presidente cubano de su sofocante antiimperialismo de los años 30, sus relaciones con los Estados Unidos fueron amistosas aunque dañada por su conducta imprudente en política internacional especialmente en el área del Caribe. El verdadero trasfondo de la opinión hostil de cierta prensa norteamericana hacia el Gobierno de Prío era el desalojo de los comunistas de la CTC llevada a cabo por el Primer Magistrado de Cuba. Sin embargo las relaciones entre el entonces Embajador de los Estados Unidos y el Gobierno cubano eran cordiales. Invitado por su colega estadounidense el Presidente de Cuba viaja a los Estados Unidos en el mes de diciembre de 1948 y en esa nación recibe los agasajos de costumbre. El viaje fue considerado exitoso. Con anterioridad nos hemos referido a incidentes de menor cuantía que no repetiremos. La Casa Morgan declara que Cuba es un país que cumple con exactitud sus obligaciones.

Hay expresiones de disgusto por parte de los productores de textiles norteamericanos por la limitación en su importación a Cuba en beneficio de los elaborados en la Isla. William Fullbright, representando al Estado de Arkansas –gran productor de arroz– ataca a la nueva ley azucarera por considerarla perjudicial a Cuba. Según él, Cuba ha comprado la tercera parte de la producción arrocera de los Estados Unidos y los turistas cubanos gastan un aproximado de 70 millones de dólares anuales, lo que equivale al monto de la producción cítrica de dicho Estado. En noviembre la Secretaría de Agricultura estadounidense dice que Cuba debe recibir un mejor trato que el brindado en la ley azucarera, la cual estaba en discusión en el Senado en ese momento.

Irritado por la instalación de un molino harinero en el pueblo de Regla en 1950, el Representante Anderson pide tomar medidas severas contra Cuba por considerar que tal molino perjudica a la industria norteamericana. Alrededor de febrero de 1950 el Senado norteamericano deroga la cláusula 202, que tan seriamente amenazaba a la industria azucarera, como ya hemos mencionado. La nueva ley arancelaria de Cuba, aún en discusión, provoca malestar en el país norteño por el arancel que se impondrá a la madera importada. Remolacheros norteamericanos visitan Cuba en abril. En junio se reducen las tarifas de llamadas telefónicas entre Cuba y los Estados Unidos. Derechos arancelarios impuestos a las medias de nylon y a los neumáticos –que comienzan a producirse en la Isla– provoca lamentos en Washington.

Publica The New York Times a principios de 1951 un anuncio o artículo del Presidente Prío diciendo que Cuba está y estará siempre apoyando a los Estados Unidos. Se produce un cambio de Embajadores de Washington en Cuba... marcha Butler y llega Beaulac. Declara el Subsecretario de Estado norteamericano que Cuba es el primer país latinoamericano que presenta un plan detallado y coherente de cómo será su ayuda en la guerra de Corea. Previamente hemos dado detalles sobre este tema.

Desmiente el Embajador de Cuba que en su país hayan más de 200 mil personas en espera de entrar legal o ilegalmente en los Estados Unidos. Once años después de haber declarado la guerra a Japón, este país firma la paz con Cuba. A diferencia de la actitud hostil hacia Prío y su gobierno por parte del Departamento de Estado, con Dean Acheson a la cabeza, la posición del Departamento de Defensa fue todo lo contrario.

Dean Acheson había fracasado con el asunto China cuando consideró a Mao Tse Tung como un líder agrario y no un comunista y favoreció su ascenso al poder. El bloqueo de Berlín lo cogió desprevenido, sus agentes en Europa y especialmente en Alemania no estaban enterados de nada, La invasión de Corea del Norte a Corea del Sur también lo cogió desprevenido. Cuando el General Douglas Mac Arthur quiso terminar la guerra de Corea con una victoria, Acheson junto a otros elementos de Washington y del Departamento de Estado se opusieron, por temor a Rusia y a China. La guerra fría continuaba y por tanto había que hacer algo contra los comunistas y Batista "era el hombre que podía impedir esto". Por otro lado, el Departamento de Estado se encontraba bajo la mirilla del ataque del Senador Joseph Mc Carthy y su campaña contra los comunistas, que fue paralizada cuando este Senador descubrió demasiadas cosas. Uno de los acusados fue Alfred Hiss, que era un alto funcionario del Gobierno americano. Acheson lo defendió, y pese a eso fue condenado. Cuando después de la caída de la Unión Soviética se abrieron parte de los archivos de la KGB, se ha podido demostrar que el Senador Mc Carthy tenía razón en casi todo de lo que decía sobre el Departamento de Estado y en particular sobre Alfred Hiss. Pero Dean Acheson tenía que hacer su papel pues para eso era Secretario de Estado y se estaba en medio de la guerra fría. A nosotros nos tocó pagar por esas actitudes de Acheson.

En cuanto a las mejoras sociales digamos que en 1951 habían 21 escuelas secundarias oficiales, 19 Escuelas Normales, 14 Escuelas del Hogar, 7 Escuelas de Artes Plásticas y Música, 12 Escuelas de Comercio, Escuelas de Artes Dramáticas, escuelas para entrenar agentes de turismo, para publicitarios y para todo tipo de deportes. Los Institutos de Segunda Enseñanza tenían aproximadamente 2,000 alumnos cada uno. Paralelamente 74 escuelas privadas con instituciones de enseñanza secundaria que estaban dotadas de laboratorios y otros departamentos comparables con las existentes en cualquier parte. Entre las instituciones docentes de segunda enseñanza pública y privada casi alcanzaban un total de setenta mil estudiantes. Había 17,146 aulas de enseñanza primaria oficial donde los alumnos recibían desayuno gratis con un total de más de 800,000 alumnos en el país. A este número se añadían 80,000 de las escuelas privadas. Aproximadamente un poco más del 20 por ciento del presupuesto de la nación se empleaba en enseñanza primaria, secundaria y universitaria acercándonos a lo que la Constitución de 1901 había sugerido, esto es, que se empleara la cuarta parte del presupuesto para la enseñanza. El analfabetismo alcanzaba un 21 por ciento solamente un poco superior al de los 3 punteros de la América Latina: Argentina, Chile y Costa Rica y alejado del resto de los otros paises de la misma región.

Un total de 72 bibliotecas públicas incluyendo a la de la Universidad, tenían en sus anaqueles más de 2 millones de volúmenes. Estaba en construcción el magnífico edificio de la Biblioteca Nacional así como el Museo y el Teatro Nacional. Cuba ocupaba el primer lugar en cuanto a la cantidad y la calidad de periódicos y revistas en Hispanoamérica y estaba compitiendo también por el primer lugar en cuanto a radio y a televisión. Existía una incesante actividad cultural caracterizada por conferencias, conciertos, sesiones folclóricas, representaciones teatrales, etc. Estaba en marcha una importante impresión de libros de texto y de lectura en general. En la Universidad de La Habana había más de 20 mil estudiantes y aproximadamente una cuarta parte de los mismos tenían matrícula gratis. Se habían creado otras tres universidades ya mencionadas además de la Universidad Católica Santo Tomás de Villanueva, dotada de excelentes edificios y equipos de primera calidad.

De nuevo planteamos la pregunta: ¿Por qué razón había que dar un golpe de estado? Todo estaba en ascenso con excepción del pistolerismo, que como dijimos antes, iba en declive. Los comunistas estaban atrincherados en algunos sindicatos continuando su labor destructora. En 1949 los rojos atentaron contra la vida de Eusebio Mujal entonces Secretario General de la CTC. Hubo bajas comunistas. Hubo un número de heridos producto de los violentos encuentros entre obreros auténticos y comunistas. Los comunistas infiltraron las directivas de todos los colegios profesionales colocando uno o más de sus peones. Siguiendo las orientaciones de sus amos moscovitas provocaron dificultades de todo tipo. Los comunistas infiltrados entre los planos bajos de las Fuerzas Armadas, esto es, como soldados, cabos y sargentos cumplían la consigna de obstaculizar la intentada ayuda militar a los Estados Unidos en la guerra de Corea. Ocurrían manifestaciones y actos de protesta supuestamente "espontáneos". Desplegaron una gran actividad de proselitismo entre los estudiantes, nunca mayoritarios pero siempre presentes en todos los organismos dirigentes. Un buen ejemplo es el de Alfredo Guevara como Vicepresidente de la FEU y Baudilio Castellanos en la presidencia de la Escuela de Derecho. La ridícula protesta del gobierno soviético por las caretas carnavalescas con la cara de Stalin fue rechazada por el Gobierno de Prío y dio lugar a una ruptura de relaciones diplomáticas. El cierre de la Emisora Comunista "regó" comunistas por las otras emisoras. Entre ellos citaremos a los músicos González Mantici, Adolfo Guzmán, Arcaño y Valdés Arnau; locutores como Manolo Ortega e Ibrahín Urbino: actrices como Raquel Revuelta y actores como Paco Alfonso. Advertido Goar Mestre que sus predios estaban llenos de comunistas respondió que perdería el "rating" si se deshacía de ellos…"vendió la soga conque lo ahorcaron". Infiltraron todos los partidos políticos, y en especial el ortodoxo.

Los auténticos combatieron el comunismo en la superficie pero nunca llevaron a cabo una investigación seria para determinar el verdadero alcance de la penetración en los niveles medios e inferiores de los gobiernos nacionales, provinciales y municipales. En todos los foros internacionales el gobierno proponía la ilegalización de los partidos comunistas sin embargo no se hizo ni el menor intento de hacerlo en Cuba. No dudamos que el trabajo de Prío y de su equipo frenó en cierto modo a los comunistas pero la labor subterránea de los rojos desconocido por las autoridades continuó lentamente socavando todos los estratos de la sociedad cubana. Increíblemente se permitió la presencia del enemigo entre nosotros a diario para hacer todo lo posible por destruir a la República como finalmente lo consiguieron.

Los últimos dos años de la Administración del Presidente Carlos Prío Socarrás fueron de una actuación ejemplar, coronados por la aprobación de las leyes complementarias de la Constitución de 1940, y con una honradez en la hacienda pública como nunca antes la había habido, con una situación económica increíblemente buena como nunca antes había existido, con un régimen de libertad –quizás demasiado a veces–, sin presos ni represiones políticas. El gangsterismo estaba como ya dijimos en proceso de disminución. Creyó en lo que le dijo su Jefe del Ejército de que no habían problemas conspirativos, erróneamente creyó en la inexistente sinceridad de Batista con quien había sido cordial y generoso. Las elecciones próximas serían sin duda justas y honestas, y el mando sería traspasado adecuada y democráticamente. Desdichadamente el Presidente estaba afectado por el "bipolarismo" y la depresión se cernía sobre él. Súbitamente despierta esa aciaga madrugada como el que ha perdido un familiar muy cercano y querido, como el que ve a su casa arder y desaparecer, como el que pierde todos sus negocios en la bolsa…en fin como el que sufre un gran desastre, de esos que tanto abundan en la vida. Llega a Palacio y se encuentra con sus más cercanos colaboradores…y con sus hermanos que lo desalientan, que no lo ayudan, incapacitado psicológicamente como se halla para tomar decisiones como las que tomó en los años de su mocedad en la década del 30. No sabe que hacer, no puede con esa situación, intenta ir a

Matanzas pero desviando el rumbo de su automóvil termina asilándose en la Embajada de México.

El Presidente Carlos Prío Socarrás no era un hombre cobarde, sino un hombre enfermo sumido en un estado de depresión. Nadie sea injusto con el Presidente Prío.

Apéndice

Vamos a hacer una revisión de algunas de las cosas que no hemos mencionado en el transcurso de este trabajo y en primer lugar el obituario de toda una serie de personalidades que fallecieron en estos tres años y medio del Gobierno del Presidente Prío algunas que no estaban relacionadas con la política.

Los Senadores José Manuel Casanova y José Manuel Alemán; el Representante Emilio Surí Castillo; Arturo Carricarte conocido como un fervoroso martiano, el Comandante Miguel Coyula Llaguno, Aurelio Ituarte y Gutiérrez de la Solana ex Jefe del Distrito Central y ex Secretario de Justicia, Aurelio A. Álvarez de la Vega ex Presidente del Senado, Antonio Ruiz Álvarez ex gobernador habanero, el pintor Fidelio Ponce de León; Doña Dolores Bonet y Mora viuda de Falla Gutiérrez quien era una conocida benefactora; el Magistrado Francisco Llaca Argudín Presidente del Tribunal Superior Electoral, Gregorio de Llano y Raymar Presidente de la Sala de lo Criminal del Tribunal Supremo; el prominente azucarero Manuel Rionda; el sabio naturalista Don Carlos de la Torre y Huerta; José López Fernández fundador del Banco Continental y del Banco Popular; los Representantes Enrique Collot Pérez y Carlos Álvarez Recio; el ex pentarca Porfirio Franca; el Ministro Sin Cartera Miguel A. de León y Fuentes; el Coronel y ex Senador Rosendo Collazo; los gobernadores José Maceo González de Oriente y Jorge Caballero Rojo de Camagüey; el ex Presidente Miguel Mariano Gómez Arias; el Profesor y Doctor en Medicina Pedro L. Fariñas Mayo; el General Calixto García Enamorado hijo del Mayor General Calixto García Iñiguez; el bibliófilo Carlos M. Trilles y del Portillo; el presidente del ICEA Teodoro Santiesteban; el notable jurista internacional Antonio Sánchez Bustamante; el Mayor General Pablo Mendieta Montefur ex Jefe del Ejército y de la Policía Nacional; la compositora Ernestina Lecuona; el Senador Agustín Hevia, el Senador Miguel Calvo Tarafa; el pintor Leopoldo Romañach, el profesor

711

universitario Juan Manuel Dihigo Mestre, los profesores médicos Luís Ortega y Emilio Martínez y el compositor Eliseo Grenet.

Dos accidentes de aviación cuestan la vida a sus tripulaciones y a pasajeros cubanos. Algunos accidentes navales también ocasionaron pérdidas de vidas en la Costa Sur cerca de Cabo Cruz y en la costa opuesta a la altura de Santa Cruz del Norte. El pesquero Begoña naufraga en el Mar Caribe. Ocurren varios accidentes de vehículos motorizados con un saldo de varios muertos y heridos. Ocurrieron dos ciclones uno afectando a la provincia de Camagüey y el otro atacó la provincia de Pinar del Río ocasionando 13 muertos. Ocurrió una tormenta invernal en La Habana que causó grandes daños. Santiago de Cuba fue afectado por un terremoto Fue en esta época que ocurrió la trágica muerte de la actriz radial María Valero en un accidente que tuvo lugar en el Malecón de la capital cubana. Los camagüeyanos rinden un apoteósico homenaje a su Eminencia el Cardenal Arteaga. Monseñor Pérez Serantes fue nombrado Arzobispo de Santiago de Cuba.

La pelota continuaba siendo el pasatiempo nacional con las principales actividades de la Liga Invernal Profesional en el Estadio del Cerro. Se celebraban las Series del Caribe. Kid Gavilán en 1951 conquistó el campeonato mundial "welter" La música popular seguía a todo tren destacándose mundialmente Dámaso Pérez Prado con el mambo. Artistas cubanos hacían giras continentales y europeas especialmente la Orquesta Havana Cuban Boys bajo la dirección de Armando Orefiche. Principalísimas figuras internacionales del canto hacían temporadas en emisoras de radio y televisión de Cuba.

CAPÍTULO X

PERÍODO COMPRENDIDO DEL 10 DE MARZO DE 1952 AL 31 DE DICIEMBRE DE 1958

El final de la verdadera República de Cuba sobrevino tras el golpe de estado, o "cuartelazo", que el 10 de Marzo de 1952 dio lugar a la dictadura de Fulgencio Batista. Los detalles de este golpe de estado ya fueron expuestos en el capítulo anterior y no es necesario que ahora los repitamos.

Batista dio el golpe de estado cuando sólo faltaban dos meses y diez días para que Cuba pudiera celebrar el advenimiento de su república en 1902, y en el curso de cuya historia hubo tanto logros y aciertos como errores y fracasos, pero siempre con el resultado de que la república fuese progresando en todos los órdenes. Como ya estudiamos previamente, el último año y medio del gobierno del Presidente Prío fue un período brillante con éxitos en todos los aspectos, tanto en el orden político como en el económico y social, aunque hay que reconocer que lo que era una necesidad urgente para el país, que era la erradicación del gangsterismo, sólo se pudo lograr un éxito parcial. Las leyes complementarias a la Constitución del 40 que fueron aprobadas por la Cámara y por el Senado, y refrendadas por el Presidente, constituían una sólida espina dorsal para el futuro desarrollo democrático de Cuba. Las numerosas obras públicas que se realizaron no se planearon ni decidieron con motivaciones políticas, sino para un claro beneficio y mejoría de toda la sociedad. Asimismo la sabia y oportuna creación del BANFAIC, junto con el "boom" azucarero ocurrido durante esos últimos 18 meses de ese gobierno, permitió una diversificación industrial y un auge económico notable. Y todo ello sin dañar las libertades públicas, pues no hubo prisioneros políticos –con el único antecedente en la administración del Presidente Zayas–, ni tampoco auto exilios por motivos políticos. En otro orden de cosas el apaciguamiento de la trifulca con la República Dominicana, que estuvo a punto de conducir a la Isla a una guerra, y la ausencia de deportaciones a extranjeros por motivos políticos, permitían vislumbrar que Cuba recuperaría unas relaciones internacionales sin conflictos. No existía pues la menor razón para dar un golpe de estado.

El entusiasmo y la confianza pública para la celebración de las elecciones generales del 1º de junio de 1952 indicaban que esta justa electoral iba a ser un gran éxito democrático, pues casi un 90 por ciento de los electores demostraban el interés con su afiliación a los distintos partidos políticos. Y claro está que ello también estaba motivado por la aspiración presidencial de dos excelentes candidatos como era el Ingeniero Carlos Hevia por el Partido Auténtico, y el Profesor Roberto Agramonte por el Partido Ortodoxo. Había un tercer candidato recién venido del extranjero, que pertenecía a un tiempo político anterior, a quien no se le descifraba su interés por aquel retorno político, que además contaba con muy poca popularidad en el país, y tenía una confusa credibilidad democrática. Este tercer candidato era Fulgencio Batista y no tenía la menor oportunidad de ganar estas elecciones, pero la historia posterior demostró que había regresado con la ambición de hacerse con el poder del país a cualquier precio.

Ninguna de las excusas que presentaría Batista para justificar su acción tenía validez, porque ni "la situación económica era problemática", ni "Prío tenía preparado ningún golpe de estado", ni "los candidatos de la Ortodoxia eran comunistas", ni existía ninguna otra razón que lo justificara. La verdadera y única razón que tuvo Batista para dar el fatídico golpe de estado que llevó a la destrucción de la República de Cuba fue su ambición de poder y el deseo de enriquecerse. El 10 de marzo de 1952 constituyó pues la base para la hecatombe ocurrida el 1º de enero de 1959 en que los comunistas, que habían estado trabajando sigilosamente y con astucia desde los años 20, y a quienes el propio Batista había dado acceso al poder en 1938, tomaron realmente el poder. Es fácil concluir que de no haber habido un 10 de marzo de 1952 tampoco hubiera llegado un 1º de enero de 1959.

Es justo añadir, que aparte de haber inaugurado la secuencia de hechos que llevarían al totalitarismo comunista, Batista no fue el único responsable de la toma del poder por los comunistas en Cuba. Ni siquiera fue el máximo responsable, aunque sí aportó el escenario perfecto para el éxito del laborantismo comunista. La responsabilidad mayor correspondió a varios organismos, tanto nacionales como internacionales. El 10 de marzo permitió que el trabajo subterráneo del Cominterm, y más tarde el del Cominform y el Partido Comunista cubano, penetrara y lograra influir en todos los estratos de la sociedad cubana, desde el sector educacional hasta el gubernamental pasando por el periodismo, las artes, la literatura, la cultura en general, y por supuesto que también los partidos políticos. Conjuntamente el Departamento de Estado de los Estados Unidos de América colaboró estrechamente para la comunización de Cuba desarrollando políticas elaboradas y dirigidas por agentes soviéticos que actuaban infiltrados desde cargos importantes, y que hoy han quedado al descubierto con la apertura de los archivos de la KGB. Tampoco hay que olvidar el estilo grandilocuente del cubano que se cree facultado para resolver sus problemas tanto por las buenas como por las malas, y su debilidad ante la seducción de los caudillos, lo que alcanzó su cima en el irreflexivo y masivo recibimiento de La Habana a un Fidel Castro de violento y tenebroso historial.

El libro "Cuba Libre" de Mario Riera brinda una relación bastante completa de los personajes militares y civiles que ayudaron a Batista a violar la nación cubana con el golpe del 10 de marzo y que fueron: "Pancho Tabernilla, José Rodríguez Calderón, Pedro Rodríguez Ávila, Colacho Pérez, Rafael García Cañizares, Jorge García Tuñón, Orlando Piedra, Roberto Fernández Miranda, Luís Robaina Piedra, Leopoldo Pérez Coujil, Dámaso Sogo, Manuel Larrubia, Martín Díaz Tamayo, Juan Rojas González, Pilar García, Silito Tabernilla, Julio Sánchez Gómez, Aquilino Guerra, Dr. Márquez –después nombrado teniente coronel–, Carlos Cantillo, Hernando Hernández, Pelayo Balbín, Pedro Barreras, Martín Pérez, Juan P. Casanova, Juan Valdés Mendive, José Rodríguez Hernández, el después coronel Pascual, Manuel Ugalde Carrillo, Nicolás Cartaya y los escoltas Marcelino Sierra, Patrocinio Bravo, Sadulé y Ruiz Señán y además los conjurados Ramón Cruz Vidal, Víctor Dueñas, Varela Canosa, Pedro de la Concepción, Sixto Sierra, Dámaso Montesinos, Mario Rubio Baró, Víctor Negrete, el coronel Palau, Pedro Zaragoza, José Salgado, Antonio Arias, Álvarez Nardo, Efraín Hernández, Rogelio Fernández Febles, Eladio Bas, José Ferro, Gumersindo Fernández y el teniente Díaz", de los cuales no todos llegaron a 1959. García Tuñón fue ascendido y designado embajador y su nombre desapareció de la lista de protagonistas del "cuartelazo". Salas Cañizares murió en el asalto a

715

la Embajada de Haití. Larrubia murió en la Sierra Maestra siendo de los pocos que enfrentaron a los rebeldes. Otros como Hernando Hernández, Sixto Sierra y Dámaso Montesinos sufrieron prisión. Unos pocos de ellos escaparon a Santo Domingo junto a Batista.

A los dos días del golpe los Estados Unidos reconocieron de palabra al gobierno de Batista, pues el Embajador Beaulac comenzó de inmediato una serie de entrevistas con el Ministro de Estado Miguel Ángel Campa a fin de conocer la posición de Batista en varios aspectos. El informe de esas entrevistas está en los archivos del Departamento de Estado pero su lectura es poco aclaratoria porque el texto está lleno de espacios en blanco que aun permanecen clasificados. El primero de los aspectos que interesaba al embajador era conocer cual sería la nueva política con respecto a los comunistas, pues este era un punto fundamental para la nación por él representada en aquellos momentos de la Guerra Fría. El segundo aspecto era la posición del gobierno golpista con respecto a las inversiones norteamericanas, así como el reconocimiento que se le daría a la deuda de Cuba con los Estados Unidos. También se indagaban las garantías que se ofrecerían para las inversiones de norteamericanos en el país. Al concluir estas indagaciones Beaulac recomendó un rápido reconocimiento del nuevo régimen.

Según el Departamento de Estado, el Secretario de Estado Dean Acheson estaba meditando cuidadosamente sobre el reconocimiento al gobierno marcista, ya que la política de los Estados Unidos en ese momento era el no reconocer a ningún régimen que no fuera electo democráticamente. Esto causa risa pues ya estaban reconocidos los gobiernos de Somoza en Nicaragua, de Pérez Jiménez en Venezuela, de Trujillo en Santo Domingo y el de Duvalier en Haití. Tampoco existieron dificultades para reconocer el gobierno golpista de Rojas Pinilla en Colombia de manera que no desciframos a qué se refería el Departamento de Estado. Finalmente los Estados Unidos optaron por dar su reconocimiento oficial al régimen de Batista a los diecisiete días del "madrugonazo", habiendo sido precedidos por varias naciones de los continentes americano y europeo como México, Venezuela, República Dominicana, Perú, Francia e Inglaterra. A nuestro juicio la demora norteamericana sólo fue para asegurarse de no ser los primeros ni el único en reconocer al gobierno de Batista. La política tiene sus lados turbios, su vista gorda para disimular la mentira, y contemporizaciones que luego no se pueden publicar. Y de todo eso Fidel Castro, que era un concienzudo estudioso de la Historia de Cuba, aprendía que la mentira puede ser aceptada como verdad, y que no es necesario cumplir las promesas dadas.

Después del 10 de Marzo Batista no sabía con exactitud que tipo de gobierno iba a llevar a cabo puesto que no contaba con elementos civiles idóneos para cubrir los cargos de importancia, pues ni siquiera Carlos Saladrigas estuvo enterado con anticipación del golpe de estado. Por ello Batista optó por autonombrarse para ocupar todas las posiciones claves y cimeras del gobierno. Dijo que sólo estaría en el poder el tiempo necesario "para pacificar al país", que dicho sea de paso no estaba en guerra, y para garantizar la celebración de unas elecciones, que ya habían estado convocadas para el mes de Junio y él las había saboteado con su golpe de estado. También mintió cuando dijo que él no tenía deseos de poder, y con la posposición indefinida de las elecciones que había prometido se le comprobó otra mentira.

Rápidamente se puso en contacto con viejos políticos de poca credibilidad que llegaban en interminable desfile a Columbia en busca de puestos que permitieran organizar un gobierno con visos de respetabilidad ante los crédulos ojos nacionales, y especialmente los extranjeros. Pero estos últimos no parecieron tener muchas dudas pues dieron un rápido reconocimiento diplomático al régimen golpista.

El Gabinete quedó formado de la manera siguiente: Miguel Ángel Campa, Ministro de Estado; Miguel Ángel Céspedes, Ministro de Justicia; Enrique Saladrigas Zayas, Ministro de Salubridad; Amadeo López Castro, Ministro de Hacienda; Andrés Rivero Agüero, Ministro de Educación; Alfredo Jacomino, Ministro de Agricultura; José A. Mendigutía, Ministro de Obras Públicas; Ramón Hermida, Ministro de Gobernación'; Ernesto de la Fe, Ministro de Información; Pablo Carrera Justiz, Ministro de Comunicaciones; Nicolás "Colacho" Pérez Fernández, Ministro de Defensa; Oscar de la Torre, Ministro de Trabajo; Andrés Domingo Morales del Castillo, Secretario de la Presidencia y del Consejo de Ministros. El Gabinete se completaba además con los siguientes Ministros sin Cartera: Leonardo Anaya Murillo, María Gómez Carbonell y Julia Elisa Consuegra. Como Alcalde de Santiago de Cuba se nombró a Justo Salas, y a Justo Luís del Pozo como Alcalde de La Habana. Éste último y Andrés Domingo Morales del Castillo sirvieron a Batista en todo, por todo y en cualquier momento, siendo además el segundo el único cubano que ha ejercido en los tres Poderes, pues sustituyó a Batista en el Ejecutivo antes de las elecciones de 1954, fue miembro del Tribunal Supremo y también Senador del Congreso.

Como resultado de los nuevos nombramientos de dedo, y la revisión de fidelidades, las Fuerzas Armadas se fueron desintegrando. Primero por las numerosas cesantías de oficiales jóvenes, y de los que se sospechaba que no respondían al 10 de marzo. También por los altos niveles de corrupción a que daba lugar el arribo masivo de oportunistas. Pero tampoco se puede ocultar la total ineficacia de Tabernilla como Jefe del Ejército, ni la incapacidad militar de Batista para dirigir siquiera una patrulla.

Se había violado la Constitución vigente, y en ese momento urgía establecer una base legal para la gestión del régimen. Así se procedió a improvisar unos Estatutos que se promulgaron el 4 de Abril, y que por ser algo doloroso para el país y celebrarse ese día el Viernes de Dolores, vinieron a ser apodados como los "Estatutos del Viernes de Dolores". Este era su contenido:

Los Estatutos del Viernes de Dolores

1º Asumo la Jefatura de Estado y declaro cesadas en sus cargos a las personas que ejercían el Poder Ejecutivo. Este poder se ejercerá mientras dure la actual situación y sean electos por el pueblo sus gobernantes y mandatarios por un Consejo de Ministros, en el que el Primer Ministro asumirá la Jefatura de Estado y del Gobierno con todas las facultades que le están atribuidas al Presidente de la República por la Constitución y por las Leyes.

2º Los Ministerios del Gobierno y las entidades y corporaciones autónomas que nazcan de la ley, continuarán funcionando de acuerdo con su organización y las autoridades provinciales y municipales seguirán en el desempeño de sus funciones propias mientras otra cosa disponga el Consejo de Ministros.

3º Se suspenden las funciones del Congreso, pero sus miembros, funcionarios y empleados continuarán percibiendo sus emolumentos legales hasta que otra cosa se disponga de acuerdo con las circunstancias. El Poder Legislativo se ejercerá por el Consejo de Ministros.

4º Las funciones, prerrogativas y resoluciones de los Tribunales de Justicia tendrán todo el respeto, acatamiento y total respaldo del Gobierno.

5º Se pone en vigor la Ley de Orden Público y se prohibe el derecho a la huelga durante cuarenta y cinco días.

6º Las familias no abrirán las puertas de sus casas a ninguna persona que no esté revestida de la autoridad competente. Los que posean armas clandestinas, quedan autorizados para llamar a las Estaciones de Policía y entregarlas sin que esté obligado a dar su nombre, exonerándolos del delito cometido por tenencia de arma de fuego sin licencia. Esta promesa estará en vigor durante cinco días, pasados los cuales caerá sobre el culpable todo el rigor de la ley.

7º Las obras públicas serán continuadas y respetados los contratos que las amparan.

8º El Gobierno cumplirá los convenios y acuerdos internacionales tanto bilaterales como multilaterales o emanados de acuerdo con las Naciones Unidas, así como los compromisos contenidos por la República en el orden interior, siempre que con unos y otros estén de acuerdo con la Constitución o emanen de las leyes.

9º Continúan vigentes la Constitución y las leyes en todo cuanto no se oponga al régimen que por el presente se establece a reserva de las modificaciones que las necesidades públicas demanden y acuerde el Consejo de Ministros.

Según estos Estatutos, Batista quedaba nombrado como Jefe de Estado y Primer Ministro, en espera de que más adelante se le nombrara Presidente. Y se estableció que estos Estatutos eran de obligado juramento para los funcionarios del Poder Judicial y para todos los ocupantes de cargos electivos, que de no aceptarlo quedarían automáticamente cesantes de sus cargos. Se exceptuaba del juramento a los miembros del Congreso, que por otra parte habían sido suspendidos en el articulado. Ramón Zaydín, Eduardo Suárez Rivas y Pelayo Cuervo Navarro presentaron una reclamación ante el Tribunal de Garantías Constitucionales sobre la inoperancia de estos Estatutos, pero su solicitud fue desestimada.

Tras los Estatutos hubo algunos cambios en el Gabinete pues Antonio Casado pasó a ser el nuevo Ministro de Justicia, Jesús Portocarrero pasó al Ministerio de Trabajo y Oscar de la Torre pasó al Ministerio de Comercio.

El Poder Judicial se doblegó a la nueva situación casi en su totalidad, y prestó servicios a los usurpadores como si estos hubieran sido electos democráticamente. El Banco Nacional y el BANFAIC fueron rápidamente ocupados cesanteando a todos los que no aceptaban los Estatutos y nombrando nuevas direcciones. Para la Presidencia del Banco Nacional fue nombrado Joaquín Martínez Sáenz, y para la Presidencia del BANFAIC fue nombrado Emeterio Santovenia, ambos fundadores y miembros prominentes del desaparecido ABC que luchara contra Machado. Estas dos instituciones económicas fueron de las pocas que pudieron desenvolverse con efectividad, con progreso, sin corrupción, y al margen de la poderosa garra de Batista. Los gobernadores de Pinar del Río, Cirilo Bugallo, el de La Habana, Francisco Batista (que era hermano del golpista), y el de Las Villas, Orencio Rodríguez, juraron los Estatutos. No así el de Matanzas, José R. Soberón, ni el de Camagüey, José Salas, ni tampoco el de Oriente, Miguel Mesa. Otro incidente importante es que un teniente del Ejército impidió la entrada al Ayuntamiento del Alcalde electo Nicolás Castellanos, y comunicándole a éste que había sido eliminado del cargo. Como seguimiento a este atropello puede decirse que los partidos municipales controlados por Castellanos, y por otros Alcaldes en situación semejante, se unieron y continuaron su vigencia política a través de la propaganda radial por espacio de dos años.

Como un hecho paradójico, y al cual ya hemos aludido, la mayor purga ocurrió en las Fuerzas Armadas afectando a oficiales, clases y soldados sospechosos de no adherirse totalmente al cuartelazo. Un enorme número de oficiales, sobre todo los egresados de las Academias Militares, quedaron fuera de sus cargos. Mientras que muchos adictos a Batista aprovechaban para cubrir esas vacantes. Tantos fueron los despidos que hubo que imprimir ediciones especiales de la Gaceta Oficial para que pudieran aparecer los nombres de todos los afectados y sus reemplazos. Con ello Batista desconocía el favor que le debía a las Fuerzas Armadas por abstenerse a reprimir su golpe. Entre los oportunistas beneficiados con la purga estuvieron los dos hijos de Tabernilla que pasaron a ser Coroneles, el hijo de García Tuñón que ascendió de Capitán a General, el Capitán Dámaso Sogo que estaba a cargo de la Posta 6 por donde entró Batista al Campamento de Columbia fue ascendido a Coronel. El Capitán Martín Díaz Tamayo que había sido licenciado en tiempos de Prío pasó a ser

General. Igualmente Eulogio Cantillo y Rodríguez Ávila entre otros fueron ascendidos a General. Roberto Fernández Miranda, que era cuñado de Batista, recibió los galones de General. Y Rafael Salas Cañizares pasó de Teniente a ser Brigadier y puesto a cargo de todos los cuerpos policíacos del país. Es de destacar que esta era la segunda ocasión en que Batista destruía el Ejército Nacional.

El 17 de Marzo del 52 el Congreso emitió un documento suscrito por los Presidentes de la Cámara y el Senado –ambos cuerpos suspendidos por Batista– y por los líderes de los partidos, con la excepción de los comunistas, donde se enjuiciaba severamente el golpe militar y se condenaba la inexcusable acción del Poder Judicial –fundamentalmente el Tribunal Supremo, el Tribunal de Garantías Constitucionales y el Tribunal de Cuentas– solicitando de ellos que ejercieran sus respectivas facultades y jurisdicciones para desaprobar y anular todos los actos que venían siendo realizados por los usurpadores del poder, y denunciando que los fueros y prerrogativas congresionales se veían impedidos de funcionar por la carencia de garantías indispensables. En Abril del 52, cuando debía comenzar la legislatura oficial, los congresistas trataron de entrar en el Capitolio que se mantenía ocupado por fuerzas militares, mas fueron recibidos a balazos por lo que se vieron forzados a abandonar sus intentos. Pero a pesar de la suspensión y la represión Batista dispuso que se le continuara pagando el sueldo a los congresistas, y esto fue aceptado por la casi totalidad de ellos.

Al igual que los miembros del Congreso, los de las Universidades y otras instituciones autónomas también quedaron excluidas del juramento de los Estatutos.

Vamos ahora a transcribir literalmente dos declaraciones públicas de Batista hechas al periódico "El Mundo", la primera en Diciembre de 1948 al regresar a Cuba tras su "exilio" en Daytona Beach y su elección al Senado: *"He regresado como un cubano que tiene derecho a vivir en su patria, y la obligación de amar y defender a Cuba, y porque anhelo un clima de paz democrática, y por eso rechazo toda alusión que me implique en ningún contubernio contra el sistema que debemos defender y proteger para el bien de todos. En resumen, ni conspiramos ni permitimos que se nos hable de conspiración. Propendemos a que las Fuerzas Armadas cumplan con su deber al margen de tendencias".* Así termina la cita de Diciembre del 48. Y el 12 de Marzo de 1949, y en el mismo periódico, aparecieron estas otras declaraciones: *"En Cuba debe hablarse de todo menos de golpe de estado pues la educación popular lo impediría. Si cualquiera por alto que esté se arriesgara a intentarlo, y por desgracia tuviera éxito, su triunfo sería fugaz, aunque ya habría hecho mal al país por muchos años. El mezclar al Ejército en actividades de ese tipo es una gratuita maldad que se le infiere al mismo. Relacionarme con movimientos que no tengan el carácter civil que reclama mi actuación de hombre público y político es intentar sembrar cizañas que por torpes e injustas deben desecharse. La estabilidad de las instituciones es esencial a la paz y al progreso. Sólo la Constitución y el respeto a sus mandatos puede darnos esa seguridad. Yo estoy sometido a sus preceptos y me siento responsable de su vigencia, quiero defenderla con toda la vehemencia de un cubano".* Así termina la cita de esta segunda entrevista. Pero a pesar de las declaraciones anteriores Batista dio un golpe de estado. Y sería Pelayo Cuervo Navarro quien tres meses después del golpe, y en un artículo de la revista Bohemia titulado "El Dictador Batista", destacaría el manifiesto contraste entre estas declaraciones de Batista y el reciente golpe de estado perpetrado por él.

Pero podía decirse más, porque además de las dos declaraciones citadas arriba, Batista había jurado anteriormente su lealtad a la Constitución como Jefe del Ejército, después como Presidente electo y más tarde como Senador que nunca asistió a ninguna sesión. Había suficiente información para saber quien era Batista. Entonces nos preguntamos como fue posible que al poco tiempo muchos cubanos de todas las clases sociales, de todos los niveles culturales y de toda la escala económica, llegaran a creer que el golpe del 10 de Marzo había sido necesario, que iba a ser beneficioso para el país, y que traería la felicidad a Cuba. Y es que la mentira repetida con descaro y desenfado puede llegar a convencer a muchos ingenuos. Así no puede extrañarnos que años después Castro se aprovechara del mismo candor nacional.

Los partidos tradicionales cubanos que se oponían a Batista estaban completamente desorientados, porque como se dice vulgarmente habían sido sorprendidos "fuera de base". Discrepaban entre sí y además tenían divisiones internas. Puede decirse que demostraron una gran incapacidad por su abstencionismo, su fallida concurrencia a elecciones o pobre acción revolucionaria. Nunca tuvieron una unidad de acción política contra el usurpador a pesar de que hubo algunos intentos serios. Un ejemplo de esto ocurrió en el Partido Auténtico donde Grau propuso la tesis electoralista de "votos contra balas", mientras Prío y Varona sostenían la tesis insurreccional, lo que debilitó al Partido Auténtico en las dos oportunidades electorales que no llegaron a materializarse por el retraimiento de Grau. En los Ortodoxos estaba Millo Ochoa favoreciendo la vía electoral mientras Agramonte sostenía una tesis abstencionista, y algunos pequeños grupos se alinearon con Fidel Castro. Los partidos Demócrata y Republicano desaparecieron del panorama nacional. Por su parte el Partido Liberal se puso al lado de Batista como venía haciendo desde el machadato. Es importante recordar que ante el plegamiento del Partido Liberal a Batista, su líder Eduardo Suárez Rivas renunció y pasó a ser miembro del Partido Revolucionario Cubano (A).

Puede decirse que los partidos políticos nunca tuvieron una unidad de acción política contra el usurpador a pesar de que hubo algunos intentos serios. Además los intentos de solución se estrellaban contra el empecinamiento del gobierno, pero también por la testarudez de una oposición que quería obtener el cien por ciento de sus demandas. Y también es cierto que los comunistas maniobraban con su doblez de siempre para evitar la normalización en una democracia.

La prensa también demostraba estar desconcertada para aquel momento político y su crítica al nuevo régimen era muy tibia y cautelosa. Eusebio Mujal había declarado que el movimiento obrero apoyaba y estaba a la disposición de Batista, pero esto era irreal dentro de la masa obrera.

La Universidad estaba clausurada pero ello no impedía que los estudiantes expresaran abiertamente su oposición al "cuartelazo" y al gobierno espurio. De hecho fueron los únicos opositores activos al régimen, aunque de modo incipiente y sin mucha fuerza protagónica. El acto de mayor significado simbólico fue "el velorio de la Constitución" llevado a cabo en lo alto de la escalinata universitaria conjuntamente con un libro en que los firmantes confirmaban su repudio a la situación existente. Varias veces intentaron los estudiantes "enterrar" la Constitución y durante una de ellas hubo un choque con la Policía en la calle 23 caracterizado por el uso de la violencia física, y finalmente se armó una balacera donde cayó herido el estudiante Rubén Batista, que no era familia del dictador, y quien fue llevado al Hospital Calixto García, intervenido quirúrgicamente, y tras varios días de tormentoso post operatorio falleció el 30 de enero de 1953. Su sepelio fue una gran demostración de duelo. Este joven fue la primera víctima estudiantil de la dictadura de Batista, y su nombre sólo es recordado por los que fuimos estudiantes universitarios en aquella época tormentosa, pues no aparece en los anales de las luchas revolucionarias. Las numerosas víctimas posteriores del batistato sepultaron el recuerdo del protomártir Rubén Batista.

Para ir consolidando su poder Batista concedió aumentos salariales a los miembros del Ejército y de la Policía y fundó el Partido Acción Unitaria (PAU) para que los consabidos oportunistas se inscribieran en él y configuraran una fuerza política. Y cubriendo el vacío institucional que se había creado para la elaboración de nuevas leyes, dispuso la creación de un Consejo Consultivo que tendría a su cargo esa función para que luego el Consejo de Ministros sancionara esas leyes.

El Consejo Consultivo designado por Batista estaba formado por representantes de las instituciones bancarias, la industria, la prensa, los obreros, los hacendados, los comerciantes, los políticos, las mujeres y los estudiantes. Algunos periodistas conocidos que integraron dicho Consejo Consultivo fueron Luís Ortega Sierra, Ramón Vasconcelos, Claudio Benedí y Raúl Lorenzo. Un dato pintoresco es que en la representación de la industria estaba Burke Hedges que era un norteamericano aclimatado en Cuba. Los últimos cuatro presidentes del Consejo Consultivo fueron Carlos Saladrigas, Generoso Campos Marqueti, Justo García Rayneri y Gastón Godoy.

No cabe duda que el gobierno de Batista de los primeros tiempos tras el cuartelazo, fue aceptable desde el punto de vista de la gestión económica y de la continuación de las obras públicas y de beneficio social, pero absolutamente inaceptable por la intolerancia política que demostró interrumpiendo y mutilando la Constitución de 1940 y suspendiendo las actividades del Congreso Nacional. Pero además era inaceptable por su institucionalización de la corrupción y la prebenda en busca de lograr el apoyo de los sempiternos aprovechados y "guatacas", con lo que comenzó la desmoralización del país y que terminaría por derrocarlo. Cabe especular que si Batista no hubiera sido corrupto, ni terco en política, quizás hubiera podido evitar el ascenso de los comunistas al poder, pero este no fue el caso.

Sintiéndose seguros en el poder Batista y sus seguidores comenzaron a modelar un sistema de control económico que les permitiera hacerse de grandes fortunas. Para ello organizaron una serie de corporaciones muchas de las cuales transgredían la órbita de acción de los Ministerios. La gran mayoría de las corporaciones creadas en ese tiempo estaban controladas por Batista y le permitían embolsillarse grandes cantidades de dinero, y salpicar a sus más fieles servidores, mediante "mordidas" de hasta un 30 por ciento en todas las obras y créditos concedidos para el establecimiento de nuevas industrias privadas. Estas corporaciones eran el Consejo Nacional de Tuberculosis, el Patronato de Lepra y Sífilis, Organización Nacional de Administración de Hospitales, Organización Nacional de Dispensarios Infantiles (ONDI), Organización Nacional de Rehabilitación de Inválidos (ONRI), Corporación Nacional de Asistencia Pública, Organización Nacional de Comedores Escolares Populares, Patronato de Asistencia para Niños y Ancianos, el Instituto Cívico Rural, los Hogares Campesinos Rurales, la Comisión Nacional de Viviendas, la Comisión Ejecutiva Nacional de Patronatos Locales Urbanos y Campesinos. Comisión Ejecutiva Nacional de Cooperativas Agrícolas y Mineras, Jurisdicción Autónoma de Topes de Collantes en la cual además se incluyó la Playa del Ancón y el Puerto de Casilda, Autoridad del Centro Turístico de Varadero, Centro Turístico de Barlovento, Instituto Nacional de la Pesca. Comisión Nacional de Playas Populares, Instituto Cubano del Turismo, Comisión Aeronáutica Civil, Organización Nacional de Estacionamientos y Parquímetros, Organización Nacional de Parques y Áreas Verdes (ONPAV). Convirtió la Renta de Lotería en un organismo autónomo que sólo estaba obligada a rendirle cuentas al Presidente de la República. Recordemos que ésta era una dependencia del Ministerio de Hacienda. Se creó el Centro de Desarrollo Económico adscrito al Ministerio de Hacienda. Creó el Banco de Comercio Exterior y la Comisión Financiera Nacional para darle préstamos a los municipios y a organismos autónomos lo cual estaba prohibido por la Ley del Banco Nacional. Convirtió al FHA en organismo autónomo y lo puso a las órdenes de uno de sus incondicionales. El Banco de Desarrollo Económico se convirtió en otras de sus fuentes de riqueza pero Martínez Sáenz logró rescatarlo tras grandes esfuerzos confirmados por él en sus memorias. Claro que toda esa gran maniobra era facilitada por un Consejo Consultivo y un Consejo de Ministros nombrados por el propio Batista. Es interesante aclarar que el Consejo Consultivo era sólo un remedo del organismo, que con el mismo nombre, había sido creado durante la Presidencia provisional del Coronel Mendieta, y más tarde desechado, aunque la idea original procedía de organismos similares creados en la década de los años 30 por Hitler en Alemania y Mussolini en Italia.

El 23 de octubre del mismo año ya había caducado el período presidencial legal de Carlos Prío, y el Bloque Cubano de Prensa inició otra gestión para tratar de solventar la situación e hicieron las siguientes peticiones: restablecimiento pleno de la Constitución de 1940, el restablecimiento del Código Electoral de 1943 con elecciones inmediatas, y según establecía la Constitución, que la Presidencia de la República fuera ocupada por el Magistrado más antiguo del Tribunal Supremo hasta que hubiera un nuevo Presidente electo. Pero todas estas peticiones fueron rechazadas por el régimen. Mientras tanto el expresidente Carlos Prío empezaba a preparar una acción revolucionaria desde los Estados Unidos con el fin de derrocar a Batista, siendo apoyado políticamente en Cuba por Tony Varona, y desde el punto de vista de acción armada por Aureliano Sánchez Arango que fundó la Triple A como organización sucesora de la vieja OA que había combatido a Machado.

El Domingo de Resurrección del año 1953 fue abortada una conspiración que pretendía tomar el Campamento de Columbia por la vía insurreccional. Sus complotados eran los miembros del grupo denominado Movimiento Nacionalista Revolucionario (MNR) creado por Rafael García Bárcena que era el profesor universitario, filósofo, poeta y veterano de las luchas contra Machado. El MNR contaba aproximadamente con un millar de miembros y contaba además con integrantes del Partido Ortodoxo al que Bárcena pertenecía, con elementos universitarios, algunos jóvenes profesionales y personas procedentes de otros sectores. Según se dijo en el juicio el plan consistía en penetrar en el campamento justo al mediodía del día 5 de Abril por la posta número 13 para sublevar a la tropa. Se pensaba que esto era posible porque el líder del grupo había sido profesor de la Escuela de Guerra durante muchos años y estaba bien relacionado con un buen número de oficiales que no habían sido purgados. Pero dos horas antes de la acción García Bárcena y varios de sus seguidores fueron detenidos en la casa de Eva Jiménez que era una activista del Partido Ortodoxo. La propaganda oficial dijo que se había ocupado una gran cantidad de armamentos en esa casa y en otros escondites, pero posteriormente se demostró que estas afirmaciones del Gobierno eran absolutamente falsas. Probablemente García Bárcena fue denunciado por algunos infiltrados del SIM y del Buró de Investigaciones. Armando Hart, que era miembro del MNR y que luego formaría parte del Movimiento 26 de Julio, fue el abogado defensor de García Bárcena y algunos de sus colaboradores que fueron sentenciados a pequeñas condenas. Así desapareció el MNR de la escena nacional. Aunque el gobierno calificó esta acción como una locura y una tontería ciertamente tomó nota de que había un movimiento popular que podía poner en peligro la estabilidad del régimen y comenzó a incrementar la vigilancia y la represión.

Los comunistas continuaban en su doble juego y su cortina de humo desde los primeros meses que siguieron al "cuartelazo". Para ello usaban su periódico HOY, que no había sido clausurado, y manteniendo con Batista las mismas buenas relaciones de antaño, salvo que ahora debían conducirlas en una forma semiclandestina. En los editoriales de HOY se decía públicamente que el golpe de estado había sido realizado para frenar la labor del Partido Comunista, llamado ahora Partido Socialista Popular (PSP), al frente de unas masas que cobraban cada vez más y más conciencia de la necesidad de hacer una revolución en Cuba y de activar la lucha contra el imperialismo. Era absolutamente ridículo pretender que se había dado el golpe de estado para contrarrestar la acción de los comunistas, pues las relaciones de Batista con los comunistas eran de sobra conocidas, y además porque su número de afiliados era tan escaso –al menos aparentemente– que nadie podía imaginarse que constituyeran un peligro para la nación. En realidad esta era una cortina de humo para ocultar el verdadero entendimiento que existía entre los rojos y Batista, aunque los jóvenes comunistas se fueron infiltrando en las incipientes organizaciones revolucionarias.

El desconocido Fidel Castro, por solicitud suya y valiéndose de la gestión de su cuñado Rafael Díaz Balart, había logrado tener una entrevista con Batista con obvias intenciones de ofrecer sus servicios y de lograr el padrinazgo político del hombre fuerte que regía el país, pero su reclamo fue desoído y rechazado. Y fracasada esa vía para escalar al poder, el ambicioso joven optó por buscar otra, y comenzó a organizar su ataque al Cuartel Moncada. Para ello se dio a la tarea de buscar y agrupar jóvenes que tuvieran inquietudes patrióticas, sobre todo pinareños de los pueblos de Artemisa y Guanajay, y también de la provincia de La Habana. Contrario a lo hecho por Bárcena el plan de

Castro era provocar un derramamiento de sangre que alcanzara las páginas de los diarios cubanos lo que le daría la popularidad y la fama que él no tenía.

Por otra parte los partidos políticos aceptaron una invitación del ex Presidente Prío para reunirse en la ciudad de Montreal en el Canadá en el mes de junio de 1953. Asistieron representativos de los partidos Ortodoxo, Auténtico y el llamado Movimiento de la Nación formado por Enrique Huertas y Aramís Taboada, una agrupación que nunca llegó a nada y que fue jocosamente calificado de "meneíto" en lugar de movimiento. Los comunistas no fueron invitados a esta reunión, y Fidel Castro, que entonces era un "personajillo" dentro del Partido Ortodoxo, tampoco fue invitado, por lo que denunció el Pacto de Montreal y lo atacó furiosamente desde la Revista Bohemia. Los conferencistas de Montreal elaboraron un programa político que se hizo público y un programa revolucionario que se mantendría en secreto. Pero como casi todos los secretos cubanos éste muy pronto también fue divulgado. Públicamente solicitaron elecciones generales a celebrarse cuanto antes, vigencia del Código Electoral de 1943, restitución de la Constitución del 40, amnistía política y garantías plenas para la reorganización de los partidos, las afiliaciones y las elecciones. Pelayo Cuervo no viajó a Montreal pero fue firmante del pacto. Los otros ortodoxos firmantes fueron Millo Ochoa e Isidro Figueroa que era un comunista "reciclado". Fue notable la ausencia de Grau y de sus seguidores. Y por supuesto que el Gobierno no estuvo dispuesto a hacer ninguna de estas concesiones.

El asalto al Cuartel Moncada en Santiago de Cuba, ocurrido el 26 de julio de 1953, dio un argumento al régimen y deshizo la posibilidad de que pudieran lograrse unas elecciones a corto plazo. Atrincherado en su poder, Batista no cedería a la celebración de comicios hasta el 1º de noviembre de 1954. La acción del Moncada no contaba con suficiente número de atacantes, ni suficiente armamento, ni tampoco apoyo popular. Simplemente fue un escalón sangriento preparado por Fidel Castro para obtener popularidad. Ni él ni su hermano entraron en el cuartel, ellos huyeron y se refugiaron "bajo la sotana" de Monseñor Pérez Serantes, contando con la intercesión de sus familias para salvarles sus vidas. Su esposa Mirta Díaz Balart, cuyo padre y hermano ocupaban influyentes posiciones en el Gobierno, jugaron un papel importante para evitar que los mataran. Así, desentendiéndose de todos los muertos que sus irresponsables planes habían ocasionado, los dos hermanos se pudieron entregar con garantía para sus vidas, y más tarde fueron sometidos a juicio civil, en lugar de la jurisdicción militar como correspondía por su acto de sedición, y obteniendo una condena de 15 años de prisión. Fue actuando en su propia defensa que Castro hizo el alegato con la supuesta gran frase de "la historia me absolverá", y que investigaciones posteriores han puesto al descubierto que sólo fue una copia de lo dicho por Adolfo Hitler en su defensa cuando fue enjuiciado por su primer intento subversivo. También se puede añadir que en el folleto posterior que se dio a la publicidad sobre este discurso hubo manipulaciones. El texto de dicho folleto no es fiel a los hechos, porque en realidad fue escrito en la prisión de Isla de Pinos donde las condiciones eran óptimas y se permitía el acceso a todos los libros que se desease. Y resulta curioso que en la parte programática del folleto haya una gran cantidad de citas del libro "Fundamentos del Socialismo" del comunista Blas Roca.

El mismo día del ataque el periódico HOY fue clausurado. Y esto quizás ocurrió por el sospechoso hecho de que los principales dirigentes comunistas del país, como lo eran Lázaro Peña, Joaquín Ordoqui y otros se encontraban en Santiago de Cuba. De hecho fueron detenidos por sospechas y acusados de complicidad. Estos se defendieron con la absurda excusa de que estaban allí para celebrar el cumpleaños del camarada Blas Roca, que no estaba en el grupo de los arrestados, y no había nacido en Santiago sino en Manzanillo. Finalmente estos detenidos fueron trasladados a La Habana donde tuvieron un corto tiempo de reclusión en La Cabaña y fueron puestos en libertad.

Estos hechos pueden apuntar en dos direcciones posibles. La primera es que o los cuerpos de seguridad del régimen estaban muy mal informados sobre el asalto cuartelario, o que sabían del mismo y lo aprovecharon como advertencia de fuerza y posible represión para los dirigentes que habían participado en el Pacto de Montreal. Por supuesto que esto no es más que una observación y especulación del autor. Pero los comunistas si estaban bien enterados de lo que iba a pasar.

Algunos criticaron la intervención humanitaria de Pérez Serantes, pero ignorando o pretendiendo desconocer que un sacerdote y obispo católico tiene que hacer todo lo que esté a su alcance para salvar la vida de cualquier ser humano, y aunque éste sea su peor enemigo. Puede no haber sido una decisión políticamente correcta, pero hay que reconocer que una vez contactado el obispo no podía actuar de otra manera. Y sabiendo esto, y aprovechando el gran prestigio de este prelado, fue que el oportunista Fidel Castro no vaciló en buscar su amparo después de abandonar la insegura casa de Felipe Salcines el Rector de la Universidad de Oriente donde de haber sido encontrado lo habrían matado de inmediato.

En la segunda quincena del mes de agosto ocurrió otro hecho al que nunca se le ha dado mucha publicidad, y que consistió en que las fuerzas del Buró de Investigaciones y la Policía de La Habana irrumpieron en el Palacio Cardenalicio sin orden judicial para hacer un registro que pretendía ocupar los informes que Monseñor Pérez Serantes le había enviado al Cardenal Arteaga sobre la protección y entrega de Fidel Castro a las autoridades. Enfrentado el Cardenal a los intrusos les exigió que mostraran la orden judicial que los autorizaba para tal acción. Esto dio lugar a una discusión donde uno de los esbirros del régimen se atrevió a golpear con la culata de su revólver en la frente del Cardenal causándole una amplia herida y pérdida del conocimiento. Enseguida el personal religioso llamó telefónicamente a Palacio, desde donde se emitió una orden de retirada además de conducir al Cardenal hasta el Centro Médico Quirúrgico del Dr. Julio Sanguily, donde fue hospitalizado y atendido por varios días, al cabo de los cuales viajó a Roma. Las fotos tomadas al Cardenal en el aeropuerto mostraban la evidencia del trauma, que las fuentes gubernamentales explicaron como producto de una caída accidental del prelado.

Se dijo también que la razón de enviar fuerzas policíacas a la residencia del Cardenal no se debió a la búsqueda de los documentos enviados por el obispo Pérez Serantes, sino que pretendían ser una advertencia a la Iglesia Católica por ciertas críticas al Gobierno lanzadas por sacerdotes en sus sermones dominicales, y por también por la actitud de algunos líderes de la Juventud Católica, como Andrés Valdespino y José de Jesús Planas, que entre otras cosas habían hecho declaraciones de que la Juventud Católica Cubana sólo se arrodillaba Dios. Y este lenguaje por supuesto que era intolerable para los mandantes.

En el Moncada ocurrieron asesinatos perpetrados por ambos bandos. La prensa nacional y extranjera no tuvieron sonrojo en publicar exageraciones de consideración en torno a este episodio del ataque a los cuarteles de Santiago de Cuba y de Bayamo. Confundido por la sorpresa y satisfecho por su supuesto triunfo sobre los atacantes el gobierno no se percató que había comenzado el principio del fin para ellos. Y lo decimos porque no varió en un ápice su línea de corrupción e intolerancia favoreciendo con ello el crecimiento y desarrollo del recién nacido monstruo castrista.

Dos meses después, el 23 de septiembre de 1953, el Jefe de la Policía Rafael Salas Cañizares con fuerzas a su mando invadió los predios de la Universidad de La Habana con el pretexto de que allí existían armas ocultas que no llegaron a encontrarse porque en realidad no existían. De hecho con esa invasión y la destrucción de propiedades del plantel la autonomía universitaria dejaba de existir. Esta acción fue un aviso para los miembros de la Federación Estudiantil Universitaria (FEU) y el estudiantado en general de que no podían contar más con el recinto universitario como un santuario seguro para refugiarse después de sus acciones ni para organizar sus desfiles de protesta.

En el juicio por los sucesos del Moncada se incluyó a políticos de los Partidos Ortodoxo y Auténtico a quienes se acusó de autores intelectuales. Y curiosamente también fueron incluidos algunos miembros del Partido Socialista Popular, pero ninguno de ellos fue condenado. Esto pareció ser una de las tantas jugadas del Gobierno de Batista para asustarlos y advertirles lo que les pudiera pasar. Pero todavía Castro no había llegado al penal para empezar a cumplir su condena, cuando ya se había iniciado una intensa campaña dentro del Partido Ortodoxo cuyo adalid era Luís Conte Agüero y apoyado por la revista Bohemia en pro de la amnistía de aquellos presos políticos. Dando un salto en el tiempo es curioso constatar que a Castro no le faltaron entusiastas simpatizantes que animaron una fuerte campaña por su amnistía, pero este beneficio no se extendió a los prisioneros políticos que luego el propio Castro encerró, y todavía lo hace, con condenas que roban una tercera parte de la vida del hombre.

Batista consideró que la concesión de elecciones en 1954 podía regularizar su régimen para que dejara de ser un gobierno de facto, y se convirtiera en uno elegido democráticamente. La fecha designada fue el 1º de noviembre de ese año, y prontamente el gobierno comenzó a maquinar las manipulaciones que podían garantizarle la victoria. Estas elecciones revestían además la importancia de que en ellas se votaría nuevamente por Senadores y Representantes para elegir y establecer un Congreso que llenase el vacío del que había sido suspendido de funciones desde los primeros momentos del golpe. Las elecciones no se convocaron bajo el Código Electoral de 1943 que es lo que pedía la oposición, sino bajo la misma fórmula que se había empleado en 1940 para asegurarse la victoria del propio Batista sobre el Dr. Ramón Grau San Martín que era el candidato opositor. Según esta fórmula no era necesario el voto directo para favorecer a un candidato presidencial, pues bastaba que se botase por un Representante o Senador de su partido para que ya se le contase como un voto al que encabezaba la boleta. Aunque esto parecía una ventaja igualitaria para todos los candidatos, no era así en la realidad por las condiciones políticas que vivía el país, y por eso es que Batista lo imponía. También durante el período de campaña electoral el régimen practicó grados mayores y menores de intimidación sobre las actividades políticas de la oposición, así como presiones sobre la prensa, etc. lo que provocó el retraimiento de sectores importantes de la oposición tales como el pleno del Partido Ortodoxo. Por su parte el Partido Auténtico se dividió entre los electoralistas liderados por Grau que aspiraba a la Presidencia, y los abstencionistas que eran seguidores de Prío, asistido principalmente por Aureliano Sánchez Arango, y habían optado por la estrategia revolucionaria.

Grau batalló para que las elecciones fueran lo más limpias y honradas posible, planteando la necesidad de que se hiciera el conteo de los votos al pie de las urnas en los colegios electorales, y que el resultado fuera informado de inmediato, lo que fue rechazado por el régimen. Como Batista iba de candidato se requería que renunciase a su posición "presidencial" antes de la elecciones, y en este caso le sustituyó provisionalmente Andrés Domingo Morales del Castillo. En el campo grausista las opiniones estaban divididas entre los que favorecían la abstención y los partidarios de concurrir a las urnas. No obstante Grau se mantuvo como candidato hasta ocho horas antes del inicio de los comicios, momento en que hizo público su retiro de la contienda porque no le ofrecía garantías. El autor de este libro tiene la opinión de que esa retirada fue un error ya que a pesar de los fraudes el Partido Auténtico podía haber obtenido un importante número de Senadores, Representantes, alcaldías y gobiernos provinciales sin descartar la posibilidad de que Grau hubiera obtenido una mayoría inocultable. No obstante la abstención de Grau siempre hubo Representantes y Senadores auténticos que resultaron electos y de quienes Grau solicitó que no tomaran posesión de esos cargos, pero sólo uno de ellos, José Miguel Morales Gómez acató la orientación. Todos los demás desoyeron a Grau y tomaron posesión de los cargos para los que habían sido elegidos, lo que el autor de este libro entiende que fue la decisión correcta. Como consecuencia de estos hechos Grau perdió prestigio dentro de su partido. Por supuesto que Batista ganó las elecciones y el 24 de febrero de 1955 tomó posesión de la Presidencia. Su nuevo Gabinete estuvo fundamentalmente integrado por los mismos individuos de antes con algunos cambios de posiciones.

Después de este fiasco electoral las actividades revolucionarias contra el régimen de Batista fueron en aumento y la dictadura recurrió a la persecución y la represión en escala creciente.

Aquellas elecciones fueron un escándalo para la ciudadanía, al punto de que apareció una fuerte opinión de que aquellas elecciones debían ser invalidadas. La campaña la realizó Don Cosme de la Torriente al frente de la Sociedad de Amigos de la República (SAR) que trató de aunar a todos los partidos de la oposición y otras instituciones cívico sociales, para obligar al gobierno a descartar aquellos "resultados" electorales espurios, e iniciar un camino serio para regresar al orden constitucional, pero su gestión estaba destinada al fracaso por la tozuda oposición de Batista y sus amigos que habiéndose apoderado de la República para enriquecerse no era lógico que aceptaran renunciar a su mina de oro.

Después de cumplir poco más de dos años de su condena, y por el fuerte activismo en pro de su amnistía, Fidel Castro y sus compañeros presos por el fracasado ataque al Moncada lograron salir en libertad el 7 de Julio. Sus simpatizantes quisieron convertir su salida en un gran acontecimiento que lo proyectara públicamente, y para ello se dieron a la tarea de organizarle un gran recibimiento a su llegada a la estación ferroviaria de La Habana, pero fracasaron por falta de apoyo popular. En sus primeras declaraciones al salir del penal de Isla de Pinos dijo que no estaba dispuesto a formar ningún partido ni movimiento político, pues abogaba por una renovación en las filas del Partido Ortodoxo y la unión de todos los grupos opositores dentro de un marco democrático, y esto recibió una enorme publicidad por todos los medios periodísticos. Sin embargo al poco tiempo rompió con el Partido Ortodoxo y fundó el Movimiento 26 de Julio aceptando como miembros a conocidos jóvenes marxistas leninistas. Pero Castro no encontró eco favorable a sus gestiones en Cuba y embarcó hacia los Estados Unidos donde con el concurso del Partido Comunista internacional organizó grupos de propaganda que operaban en casi todas las ciudades norteamericanas, realizaban actividades de proselitismo y recaudaban fondos para los proyectos revolucionarios de Castro.

A mediados de 1955 Justo Carrillo fue el primer líder auténtico en viajar a Méjico a entrevistarse con Fidel Castro para formalizar la ayuda económica y la militar porque ya Castro era el líder indiscutido de la insurrección. Por aquella época ya Castro había acuñado una frase que repetiría hasta el cansancio: "en 1956 seremos héroes o seremos mártires". Y es que Castro resultaba ser un verdadero maestro en el arte de la guerra psicológica.

El ex-Presidente Prío regresó a Cuba a mediados de 1955 después de la promulgación de la amnistía, y comenzó a establecer contactos políticos por toda la República para movilizar la oposición, y por supuesto que también con los dirigentes de la Sociedad de Amigos de la República. Y es que se había percatado de que su oposición a la vía electoral de 1954 había beneficiado a Batista con una gran bancada afín en el Congreso que le facilitaría su hacer y deshacer desde el Capitolio.

A finales de 1955 y en respuesta oficial el gobierno trató de descalificar a Don Cosme declarando que el mismo no tenía la representación de los diferentes partidos de oposición, sino solamente la de algunos grupos políticos que giraban a su alrededor. Pero la labor de Cosme de la Torriente fue gradualmente ganándose el apoyo de sectores representativos, y no sólo de organizaciones políticas, sino también económicas, sociales y de la prensa.

Diciembre del 55 es la fecha en que Castro lanza su llamado "manifiesto de Nassau", muy poco divulgado y por ello poco conocido, en el que daba muestras muy claras de su inclinación hacia el comunismo. Castro se había hecho miembro de la Sociedad Cultural Soviético Mexicana y por entonces ya su filiación comunista era bien conocida por los servicios secretos de México y de los Estados Unidos. La apertura de los archivos de la KGB ha dado a conocer muchas de estas asombrosas informaciones y por ellas se sabe que Castro recibió considerables sumas de dinero de la Embajada Soviética y de China Comunista, a través de vías mejicanas, pero también desde Costa Rica, Chile y Argentina. Funcionarios diplomáticos fueron los que le consiguieron los servicios del entrenador Alberto Bayo, un coronel comunista que peleó en el bando republicano durante la Guerra Civil Española. Y se supo que, conjuntamente con Bayo, también estuvieron otros comunistas españoles en la labor de entrenar a los futuros expedicionarios.

Aumentando su presión sobre el régimen Torriente decidió, con la ayuda de Miró Cardona, convocar a una demostración masiva de apoyo popular a las gestiones de la SAR y que tuviera valor demostrativo como un plesbicito nacional. El mitin fue convocado para celebrarse en la Plaza del Muelle de Luz y en la noche del sábado 19 de Noviembre. La respuesta a dicho mitin fue masiva pues se congregaron más de cien mil personas y contó con la presencia de oradores de los distintos sectores políticos y de otra índole. Baeza Flores describió que "la reunión fue un éxito a pesar de ser disuelta violentamente por parte de los comunistas, que estaban haciéndole el juego a Batista que no quería oír hablar de elecciones, y haciéndole el juego al 26 de Julio. De la Torriente demostró que el pueblo mayoritariamente buscaba y quería una solución pacífica no una revolución pese a algunos gritos que pedían lo contrario esa noche y pese a los feroces ataques que desde Miami hacía Fidel Castro. Logró aglutinar esa noche a numerosas organizaciones…todos los partidos y todas las tendencias demandando una salida cívica y política a la crisis…una solución democrática y electoral,…todo el pueblo de Cuba cerró filas alrededor de la SAR. Los comunistas desarrollaron labores obstruccionistas violentas y los cuerpos represivos recibieron órdenes de no reprimirlos. Infiltrados los comunistas gritaban sus consignas cuando se les daba la orden: unidad, unidad, abajo el imperialismo yanqui…acusaron a los organizadores de ser latifundistas…el primer orador fue José Antonio Echevarría Presidente de la FEU manifestando que el régimen se había engendrado en una traición a las instituciones democráticas…de pronto uno de los miembros del Buró del Partido Comunista de Cuba Salvador García Agüero impecablemente vestido fue empujado por la ganga comunista hacia la tribuna entablándose una lucha entre los muchachos de la FEU y las brigadas comunistas impidiendo los propósitos de los rojos… se escuchaban gritos de fuera los comunistas… fuera los saboteadores. Los comunistas fueron físicamente empujados hacia la periferia del mitin…El orador Raúl Chibás a nombre de los Ortodoxos dijo al

Coronel De la Torriente le podrán cerrar las puertas de Palacio pero lo que no podrá cerrar nunca el Gobierno es el ansia de libertad y democracia de todo un pueblo... Apareció un nuevo grupo de jóvenes que se juntaron a los comunistas gritando revolución, revolución...eran elementos fidelistas...se armó una trifulca a silletazos siendo de nuevo expulsados los saboteadores...El ex Presidente Prío en su oración pidió elecciones y garantías para las mismas el único cauce posible añadiendo que para sabotear el acto habían venido los que siempre han estado al lado de Batista ...En su turno Amalio Fiallo dijo que no era una lucha entre oposición y gobierno sino una lucha entre la República y la Colonia...la unidad es contra el tirano, contra los comunistas, contra el totalitarismo...el referéndum está aquí presente y se extiende desde Oriente hasta Pinar del Río...Habló Grau que tras dejar gritar un poco a los saboteadores les dijo que la revolución es para hacerla no para gritarla. El acto lo terminó José Miró Cardona en su condición de Secretario de la SAR diciendo que creía en la fuerza de la opinión pública de todo el país proyectada en esta noche...no hay gobierno que pueda resistir el empuje de esta fuerza. Los incidentes gráficos y los textos de los discursos aparecieron en la edición del 27 de noviembre de la Revista Bohemia y también en la Revista Carteles". Y es curioso que en esta actitud pública y desordenada las fuerzas represoras de Batista brillaron por su ausencia.

Días después Batista trató de contrarrestar el impacto del mitin de la SAR celebrando un acto en el Palacio de los Deportes. Pero dicho evento no tenía ningún valor público pues la totalidad de los concurrentes a dicho acto eran miembros de la juventud del PAU que asistieron uniformados, y a quienes Batista arengó diciendo que ellos eran los glóbulos rojos que nutrían los organismos del partido que él se honraba en presidir, y mintió añadiendo que ningún ciudadano honesto había protestado por la caída del que llamó "régimen corrupto defraudador de los dineros y de las esperanzas del pueblo".

En esos mismos días, y desde un teatro de la calle Flagler en Miami, Fidel organizó un mitin para atacar a todos los políticos que habían participado en el mitin de la Plaza del Muelle de Luz acusándolos de buscar componendas con el dictador para obtener limosnas.

El Partido Ortodoxo, que se había opuesto en pleno a las elecciones de 1954, y sufrido una fragmentación interna, trató de reorganizarse. Por estas fechas ya tenía una facción electoralista bajo la lideratura de Carlos Márquez Sterling. Millo Ochoa seguía favoreciendo la vía revolucionaria. Un intento de reunión de líderes ortodoxos para arreglar los problemas internos del partido en la residencia del Dr. Manuel Dorta Duque fue interrumpida por un grupo de jóvenes ortodoxos que siguiendo las instrucciones de Fidel Castro dispersaron violentamente a los asistentes. Carlos Márquez Sterling sufrió un atentado armado en su bufete y del cual pudo escapar ileso milagrosamente. El Senador "Fico" Fernández Casas volvió a inscribir al Partido Ortodoxo, y de acuerdo con Millo Ochoa, quiso celebrar una asamblea unitaria del partido en el local del Sindicato de los Yesistas, pero esta fue interrumpida a tiros.

En los primeros días de Enero de 1956 Don Cosme de la Torriente se entrevistó con Batista y a su salida de Palacio declaró lo siguiente: "se ha convenido en efectuar una reunión entre los líderes del gobierno y de la oposición pues es necesario tratar de buscar una salida a la crítica situación en que está el país". Y la reunión se fijó para el día primero de Marzo.

A ciencia y paciencia del Gobierno el Partido Comunista continuaba en su labor desintegradora del proceso político. La "Carta Semanal" de los rojos, que comenzó a publicarse después de la clausura del periódico HOY, era el principal instrumento en esta tarea. La Carta era enviada por correo en sobres que no se hacían sospechosos de su contenido y se repartía profusamente en los centros de trabajo en los planteles educacionales y en general en todas partes.

A mediados del mes de Febrero el régimen detuvo al militante comunista Segundo Quincosa y otros miembros del partido. Ante este hecho la Carta Semanal reaccionó de una forma estridente y escandalosa como si aquello hubiera sido el crimen más horrendo cometido por la dictadura que ya tenía una larga lista de asesinatos. Terminaba este número combatiendo la petición hecha por la SAR de tener conversaciones con el gobierno, lo que calificaba como una componenda con la tiranía, y acusando a Cosme de la Torriente y a sus asociados de estar vendidos al imperialismo. En lugar de ello los comunistas pedían que se formara un frente democrático popular para presionar al gobierno y donde ellos estuvieran incluidos. Pero su verdadera meta era el sabotaje a todas las gestiones de solución.

Baeza nos describe la Carta Semanal correspondiente al 29 de Febrero, víspera del inicio de la reunión, que llegó a su buró de Radio

Cadena Habana. La publicación costaba cinco centavos, tenía once páginas y cada una dividida en dos mitades y dos columnas en cada mitad. El editorial se refería al congreso del Partido Comunista de la Unión Soviética y contenía ataques al "imperialismo". Terminaba dando "honor y gloria a los compañeros del Partido Comunista de la Unión Soviética abanderados de la lucha mundial por la liberación nacional, la paz y el socialismo. Contenía un artículo dedicado a la muerte de Stalin…"el mejor homenaje al compañero Stalin es el recuerdo por su inquebrantable lucha y contribución al acerbo de la revolución mundial". Como se ve el PSP se mantenía fiel al culto de la personalidad de Stalin, mientras que Krushev lo condenaba en la URSS. Por supuesto no hacía mención de la lucha del pueblo cubano contra la dictadura de Batista.

Para complicar más las cosas un poco antes del inicio del diálogo cívico señalado para el primer día del mes de marzo de 1956 el gobierno lanzó una Ley Decreto modificando la Constitución en lo referente a las elecciones parciales y a la función de los Representantes. Ante este abuso de poder de modificar la Constitución por un Decreto el líder ortodoxo Márquez Sterling presentó un recurso de inconstitucionalidad ante el Tribunal de Garantías Constitucionales y Sociales. Pero tal como se esperaba este Tribunal desechó el recurso porque era notorio que sólo respondía a los intereses de Batista. Y el día primero de marzo se celebró la primera reunión del llamado diálogo cívico en la Casa de la Cultura situada en la Avenida de los Presidentes y Malecón. A esa reunión asistieron 30 representantes de distintos partidos y grupos oposicionistas, y un grupo menor de delegados del gobierno dirigidos por Justo Luís del Pozo.

Por supuesto que el diálogo cívico fracasó. Veamos un comentario de Mario Riera sobre el fracaso del diálogo cívico. Este autor escribió que "lo que hizo fracasar el diálogo fue el infecundo apasionamiento de los personeros tanto los de una parte como los de la otra". Los voceros de la oposición reclamaban elecciones generales a corto plazo con el consiguiente acortamiento del período "constitucional" de Batista. Los personeros gubernamentales respondieron dilatoriamente con que ese tema debía ser aprobado por una Asamblea Constituyente que a ese efecto se convocaría. Pero esas reuniones no produjeron ningún acuerdo y la SAR sacó un "Manifiesto al País" donde culpaba a la dictadura por el fracaso. Márquez Sterling dice que después del fracaso del diálogo cívico sólo quedaron dos líderes políticos que estaban por la vía electoral, Grau y él, pues sabían que sólo había dos caminos, los votos o las balas, y ellos preferían el primero.

Hubo otra gestión conciliatoria poco conocida por parte de Guillermo Alonso Pujol pero que resultó fallida porque el personaje contaba con muy poco prestigio en ambos bandos del problema nacional.

Todavía en el mes de Mayo un grupo de políticos fue a ver a Batista solicitándole que se celebrasen las elecciones parciales que tocaba realizar dentro de seis meses y que tuvieran todas las garantías requeridas. En medio del diálogo Batista llegó a decir que lo que querían es que él le cediese la Presidencia a Cosme de la Torriente, pero que eso no ocurriría porque él se mantendría en el poder hasta Febrero de 1959.

Más tarde el gobierno hizo una contrapropuesta conocida como el Plan de Vento que fue anunciado por los voceros Justo Luís del Pozo, Alfredo Jacomino y Santiago Rey Pernas, donde el gobierno ofrecía aumento del número de los senadores, elecciones parciales dentro de diez meses y elecciones generales dentro de un año. Pero la oposición también rechazó esta oferta e insistió en su reclamo de elecciones a corto plazo. Después de la insistencia en la petición oposicionista de elecciones a corto plazo los voceros se encontraron con un Batista enfurecido nada receptivo a una posible solución además del hecho de que su cercano consejero Andrés Domingo y Morales del Castillo opinaba que Batista debía continuar en el poder a toda costa.

Años después al analizar los acontecimientos del diálogo cívico Eduardo Suárez Rivas diría –usando un símil del fútbol norteamericano– que ninguno de los dos bandos quería soltar el balón por temor a perderlo, pero no se percataron que al mantener sus inflexibles posiciones el balón se inclinaba cada vez más a caer en las manos de Fidel Castro.

Tras el fracaso del diálogo cívico Carlos Márquez Sterling fue atacado a balazos al salir de una comparecencia en la emisora radial CMQ. Con ello se demostraba claramente que los pandilleros habían sentenciado a este dirigente y que su vida estaba en extremo peligro. Y es que Fidel Castro no sólo utilizaba a los elementos más "calientes" del Partido Ortodoxo, sino también a sus viejos amigos de la Juventud Socialista con quienes había confraternizado en reuniones sostenidas en la residencia del Encargado de Negocios de la URSS durante los gobiernos anteriores de Batista y Grau. Así, y aunque Fidel Castro no pertenecía al Partido Comunista, tenía amistad con Flavio Bravo, Alfredo Guevara, Baudilio Castellanos, Noel Domenech y otros que estuvieron infiltrados en la Federación Estudiantil Universitaria y en los partidos políticos.

Dice Portel Vilá que Batista "después de ratificar su negativa a todo acuerdo el 24 de marzo de 1956 viajó a Daytona Beach donde recibió un homenaje de ciertos políticos norteamericanos cuyo nombre no menciona pero que los califica de politicastros irresponsables". Batista se creía seguro por contar con respaldo internacional –que incluía a los Estados Unidos–, por el respaldo de las Fuerzas Armadas de Cuba –que pronto veríamos que no era así–, por la actuación de su policía política –que cada vez lo metía más en camisas de once varas– y por la inexistente popularidad que creía tener. Además de creer equivocadamente que tenía el apoyo secreto del Partido Comunista.

El vacío ocasionado por el fracaso de la solución política estimuló la insurrección que comenzó a manifestarse en diferentes formas. El 6 de Abril Batista fue sorprendido por una conspiración seria dentro del Ejército del que él se sentía tan seguro. Fue la llamada conspiración de "los militares puros" liderada por Ramón Barquín e integrada por los oficiales Enrique Borbonet, Manuel Villafaña, José Orihuela, Reynaldo Pérez Figueres, Ernesto Despaigne, Hugo Vázquez, Ramón y Raúl Travieso, Manuel Varela Castro, José Manuel Planas y Enrique Ríos Morejón. El 10 de Marzo, y por órdenes del Partido Auténtico, todos estos oficiales se habían abstenido de solicitar su retiro con vistas a una futura conspiración dentro del Ejército que derribara a Batista. Ellos planeaban secuestrar a Batista y nombrarían a Justo Carrillo del Movimiento Montecristi y extracción auténtica, como Presidente del país. El complot fue denunciado por el Comandante Ríos Morejón que era uno de los conspiradores. Esto motivó que el gobierno suspendiera las garantías constitucionales. Mas hay muchas razones para dudar sobre la supuesta "pureza" de algunos de estos militares pues posteriormente Enrique Borbonet se convertiría en un dócil seguidor de Castro. Los "guatacas" de Batista, que temían perder su vinculación con el poder del país, sugirieron que se debía fusilar a los encartados porque además no se sabía la extensión de su sedición dentro de las filas de las Fuerzas Armadas.

Pero Batista se decidió por condenarlos a prisión, y después de este episodio entregó su confianza más plenamente al grupo de los llamados "tanquistas" del Ejército, que a diferencia de los "puros", no eran oficiales formados en las academias militares. Ello sirvió para promover a los dos hijos de Tabernilla, uno para ser jefe de los tanques y el otro jefe de la aviación.

La mayoría de los autores son de la opinión que la conspiración de Barquín no era legítimamente democrática, sino que había estado motivada por el disgusto de los conjurados ante la influencia que habían ido adquiriendo los oficiales "tanquistas", que como ya hemos dicho no eran graduados de academias. Mario Riera es el más severo crítico de los miembros de esta intentona: "de esa insatisfacción y codicia y no otra causa surgió la conspiración militar que en 1956 encabeza el coronel Ramón Barquín López quien hasta ese momento fue representante de Cuba en la Junta Interamericana de Defensa. Todo lo que se diga contrario a lo antes referido es jarabe de pico y cuentos de velorios. El vehemente afán de mando castrense es lo que motiva la conspiración o barquinazo que encubre esta apetencia lanzando el consabido programa de los inconformes y los despechados".

Poco a poco Batista iba perdiendo prestigio en los Estados Unidos por los métodos policíacos y su torpe política. Pero también conspiró contra Batista algo que no era necesariamente un error suyo. Nos referimos a la concertación de contratos y negocios con compañías de otros países que no eran los Estados Unidos. Esto molestó especialmente a Washington. El caso más notorio fue la concesión de los trabajos del túnel bajo la bahía de La Habana a una compañía francesa porque su precio era más favorable que el propuesto por la empresa norteamericana competidora. Esto sin duda que era buena administración, pero es que también concurría el hecho de que la compañía francesa ofrecía una comisión más abultada para el bolsillo de Batista.

La temperatura política del país estaba al rojo vivo, y el 29 de Abril se produce un serio ataque al Cuartel Goicuría en la ciudad de Matanzas. Los atacantes fueron un grupo auténtico de la Triple A dirigidos por Reynold García. Viajaban en tres camiones, pero sólo uno logró penetrar en la fortaleza militar donde fueron aniquilados por la guarnición que estaba al mando de Pilar García. Estos jóvenes se habían adelantado a un plan general que abarcaría varios puntos del país lo que podía traer un resultado político mayor, pero se ve que no

741

había una disciplina para coordinar los esfuerzos, lo que beneficiaba al gobierno. Finalmente el SIM obtuvo confidencias de que se iba a producir dicho asalto y la guarnición pudo prepararse para rechazar la acción. Mas la matanza tuvo repercusiones internacionales perjudiciales para el régimen de Batista. Poco después las fuerzas policíacas descubrieron la existencia de un enorme alijo de armas en el Country Club de La Habana, que se dijo pertenecía a la Triple A, y que podía estar relacionada con este plan.

Después del Goicuría y lo del Country Club la Policía fue a la casa de Prío quien manifestó a los gendarmes que "o tienen que matarme o embarcarme", optando los represores por tomar el segundo camino de ponerlo en un avión hacia Miami. En el mes de Mayo se restablecieron las garantías constitucionales.

Con la crecida revolucionaria Batista creyó que podría acabar la insurrección presente en las ciudades y especialmente en La Habana, con una repetición de los trágicos episodios de 1935, en que Pedraza controló la situación a través de una ola de asesinatos y maltratos. Para ello el golpista disponía ahora de otros "pedrazas" que militaban en varios de los cuerpos represivos como el encabezado por Emilio Laurent en el SIN, el dirigido por Ugalde Carrillo en el SIM, a Salas Cañizares en la Policía Nacional con sus distintos cuerpos que incluía al BRAC, a Esteban Ventura y otros, que asumieron los nuevos asesinatos y maltratos. Pero ahora ocurría que estos trabajaban cada uno por su lado, y muchas veces en competencia, sin que resultara una acción policíaca coordinada y efectiva para detener la insurrección. Su modus operandi fue crear un clima de terror, no sólo en la capital, sino a todo lo largo de la Isla con la aparición de cadáveres en sitios públicos, desapariciones, detenciones que luego se liberaban con señales de tortura.

Otro de los negocios sucios fue la construcción de la represa del Hanabanilla manejado por la Financiera Nacional, que era un organismo gubernamental. La represa fue terminada, pero en vez de dar servicio con fluido eléctrico a los habitantes de la zona, le fue arrendada a la Compañía Cubana de Electricidad cuyas tarifas de servicio, como se sabe, eran muy superiores a los que hubiera cobrado el Gobierno. También se modificó la Ley del Banco Nacional que prohibía que el Gobierno obtuviera préstamos que excedieran del 8 por ciento del promedio anual de los últimos cinco años. Igualmente se emitió una nueva disposición sobre el pago de los pagarés de la Tesorería Nacional que debían ser abonados en el mismo año fiscal. Por dicha disposición se eliminaba el requisito de pago dentro del mismo año fiscal y se estableció que el pago de esos pagarés se podía prorrogar indefinidamente. Así se abolían las medidas legislativas que protegían al Banco Nacional para que no se viera en peligro su estabilidad económica y la del país como sí se venían respetando durante el gobierno del Presidente Prío.

A lo anterior hay que añadir el pésimo manejo que Batista y sus amigotes hicieron de la situación política del país, negando la realidad y rechazando toda salida pacífica. Coexistiendo con lo anterior estaba el contubernio de Batista con el Partido Comunista y sus amigos Blas Roca, Carlos Rafael Rodríguez, Lázaro Peña, Joaquín Ordoqui y Juan Marinello, que disfrutaban de plena tranquilidad, sin dificultades para entrar y salir de Cuba en busca de las instrucciones de los amos moscovitas. Añádase la permisividad del activismo comunista clandestino, que por no estar relacionado con la insurrección laboraba a sus anchas para ampliar los cuadros escondidos que sorprenderían en los inicios de 1959.

Mientras tanto seguía funcionando el saqueo del país. Esta tiene que haber sido la causa principal por la que Batista y sus socios de fechorías estaban empecinados en no querer soltar el poder, poniendo todos los obstáculos que pusieron a las soluciones políticas cívicas y pacíficas que se propusieron. Y hasta trataron de "jugar a la guerra", los militares incluidos, porque esto les ofrecía nuevas oportunidades de corrupción para su enriquecimiento personal, sin preocupación de que esta desvergüenza estaba deslizando el país hacia un catastrófico final.

En la reunión de Presidentes y Jefes de Estados Americanos presididas por el entonces presidente estadounidense Eisenhower, Batista en forma cínica y mentirosa denunció "la constante y peligrosa invasión del comunismo en los países de la América", y señaló que aunque hablar de este asunto era algo desagradable para todos los presentes, lo que hacía posponer la solución radical de este peligro, había llegado el momento en que teníamos que encarar el problema. Y afirmaba que Cuba consideraba "que mientras más pronto se aceptara este hecho y se dieran los pasos necesarios para eliminar esta calamidad, mejor sería la oportunidad de sobrevivir como naciones libres y soberanas". Todo esto a pesar del contubernio que él mismo mantenía con los comunistas cubanos.

En el número de Bohemia del 26 de Agosto del 56 Castro continuaba proclamando su anticomunismo y acusaba a Batista de lo contrario. Aseguraba que toda esta andanada de acusaciones calificándolo de comunista era una gran mentira, pues todo el mundo conocía su pasada actuación. Nadie se acordaba que en sus primeras actuaciones estuvo ligado con los comunistas, recordar su participación en "El Bogotazo".

En septiembre del 56 un segundo raid de Salas Cañizares descubre armas dentro del recinto de la Universidad. El allanamiento fue motivado por noticias llegadas al gobierno de que José Antonio Echevarría había ido a México y allí había firmado un pacto con el 26 de Julio.

La insurrección también iba escalando sus acciones. En el mes de Octubre murió Antonio Blanco Rico, Jefe del SIM, a la salida del Cabaret Montmartre en un atentado efectuado por el Directorio Estudiantil. En realidad dicho atentado había sido planeado para eliminar a Santiago Rey, el entonces Ministro de Gobernación, que salvó la vida por no haber asistido esa noche al cabaret como habitualmente hacía, y lo que motivó que la acción se desviara hacia otro personero del régimen.

Al día siguiente el Jefe de la Policía, Rafael Salas Cañizares, fue ultimado durante el asalto policíaco a la Embajada de Haití donde se había asilado un grupo de miembros del Directorio acusados de diferentes actos terroristas, y diez de los cuales perecieron también en el ataque. El ángulo de entrada de la bala que mató a Salas indica que el disparo fue hecho desde el suelo, probablemente por uno de los jóvenes heridos. Es lógico que este hecho recrudeciera la brutal represión que ya se vivía en la ciudad de La Habana con incontables muertos, heridos y detenidos.

La acción del BANDES no fue siempre productiva y según los estudiosos económicos de la época Batista se refieren a que una buena parte de la inversión se disipó en burocracia y en proyectos que nada tenían que ver con el desarrollo económico de la Isla, es decir corrupción y robo al fisco. Otras inversiones resultaron eminentemente beneficiosas, pero como en la época de Machado, se repitió el hecho de que fue más perjudicial el presupuesto deficitario ocasionado que el beneficio de las obras hechas. Datos de esta época señalan que la empresa Cubanitro recibió 20 millones de pesos en crédito mientras que su capital era de sólo 400 mil pesos. La Rayonera de Matanzas estaba tasada en 10 millones de pesos, y el gobierno pagó 16 millones por ella, e inmediatamente se la arrendó a los antiguos dueños, lo que sin duda fue un robo. Lo mismo sucedió con el empréstito de 20 millones beneficiando a una empresa para el monopolio del transporte motorizado. El mismo "chivo" de la Rayonera se repitió en el Central "Australia", adquirido por el Gobierno y de inmediato arrendado a sus antiguos propietarios. Otro "chivo" fue hecho en combinación con la Compañía Cubana de Aviación, que era de un amigo de Batista, y a quien el BANDES le prestó 16 millones para constituir el "trust fosforero". También a la Compañía Técnica de Cárdenas que convertía el bagazo en papel se le prestaron varios millones de pesos cuando su capital invertido era de solamente 100 mil pesos.

Cuando Castro llegó a México procedente de Cuba encontró en ese país una acogida muy favorable por parte de una serie de cubanos que allí estaban, muchos de ellos miembros del Partido Comunista, además de una amistosa acogida por parte de los políticos mexicanos de izquierda encabezados por Lázaro Cárdenas. Este último quizás tenía además el motivo adicional de vengarse de la tomadura de pelo que Batista le dio en 1938, como ya previamente se ha señalado. Según Barquín en su libro, Batista le envió diez mil dólares a Fidel cuando éste llegó a México.

Mientras tanto Fidel Castro viajaba repetidamente entre México, Centroamérica, los Estados Unidos y otros lugares, apoyado y subvencionado por el comunismo internacional, para la organización de núcleos subversivos. Con su gran habilidad Castro usó a los líderes de la llamada "izquierda democrática latinoamericana". También fue invitado por periodistas a participar en programas radiales de los Estados Unidos, como Jules Dubois que lo llevó al escuchado programa "Ante la Prensa", otro fue Ed Sullivan que lo presentó en su muy popular programa dominical de variedades, y Herbert Mathews que lo conoció entonces y después sería el propagandista principal para que el Departamento de Estado lo adoptase como la mejor opción para Cuba. Otra observación es que en los discursos que pronunció en los Estados Unidos decía que jamás entraría en contubernio con los depravados políticos de épocas anteriores que habían defraudado al pueblo y acabado con el tesoro de la República. También calificó a la oposición política a Batista de decadente, desacreditada y oportunista, lo que constituía un claro ataque al sistema de democracia representativa. Así llegó a disfrutar de una gran propaganda de la que en Cuba se hacía eco la revista Bohemia. De hecho ya Castro se había convertido en el principal líder del movimiento insurreccional.

Pero lo que Castro dijo en sus discursos de Estados Unidos no estorbó para que aceptar colectar fuertes ayudas monetarias de los llamados "corruptos" para los gastos que originaba su plan de invasión a la Isla. Justo Carrillo y su organización Montecristi le hicieron entrega de una importante suma que se considera cercana a los cincuenta mil dólares. Barquín afirma que Prío donó cien mil dólares, que fue otro de los grandes errores políticos de Prío. Una cantidad similar se dice fue donada por Pepín Bosh y otro tanto hizo el banquero Agustín Batista. Julio Lobo dio cincuenta mil dólares. Todo este dinero era para costear la invasión a Cuba. Una de las cosas más increíbles ocurridas en esta época fue la confesión que hiciera más adelante George Smathers, Senador de la Florida, de que él había contribuido con 100 mil dólares. Con estas contribuciones fue que se pudo comprar el yate Granma de su propietario que era un médico norteamericano retirado en Tuxpan. Baeza dice que el Granma tenía 25 metros de eslora, aunque Barquín dice que sólo tenía 21, tenía un desplazamiento de 21 toneladas y una velocidad de seis nudos por hora.

Pero no sólo los grandes capitalistas sino que también los elementos de la industria, el comercio y la banca cubanas iniciaron su apoyo a Fidel Castro, ignorantes de que preparaban su propia destrucción. Y esa ayuda continuaría durante el período de la Sierra Maestra, en que era apoyado por Teodoro Babún el famoso maderero oriental y muchos otros líderes cubanos, que no eran comunistas pero que compartían la línea insurreccional, empezaron a viajar a México para entrevistarse con Castro.

Algunos autores han dicho que Ernesto Guevara fue el que puso en contacto a Castro con la Embajada Soviética en Méjico, pero la realidad fue a la inversa, fue la Embajada Soviética la que puso a Castro en contacto con Guevara, quien probablemente era un agente ruso.

Entre las acusaciones de comunista que se lanzaban contra Castro estaba la evidencia de que Blas Roca, que se encontraba en Méjico, le había conseguido un pasaporte cubano. Pero este hecho no sólo demostraba la cooperación existente entre el PSP y Castro, sino que también demostraba la estrecha relación de Batista con Blas.

Mario Llerena que ya estaba dentro del 26 de Julio, que sería nombrado delegado en los Estados Unidos y que con seguridad ocuparía cargos importantes tras el triunfo de la insurrección también fue a México. Llerena a la sazón ocupaba el cargo de representante en La Habana del Congreso por la Libertad de la Cultura que tenía su sede en París, organismo al que se acusaba de ser manipulado por la CIA y esto le costó a Llerena ser expulsado por Castro a su llegada al país azteca.

Por su parte Batista protestaba ante el gobierno de Méjico por permitir las actividades conspirativas de Castro en su territorio. El gobierno mexicano del Presidente Ruiz Cortines, obligado por esas protestas, fingió que hacía pero en realidad no hizo nada para detener el progreso del citado entrenamiento que se efectuaba en distintas partes del país. Ruiz Cortines ordenó algunas detenciones a Castro y un número de sus parciales, algunas con ocupación de armamentos, pero gestiones y presiones de poderosas organizaciones de izquierda produjo la liberación de los detenidos y la devolución de todo lo que le habían confiscado. Por su parte Castro se defendía en esos arresto diciendo que los policías mexicanos y el Ministro de Gobernación habían sido sobornados por el gobierno de La Habana. Mientras tanto en La Habana la revista Bohemia publicó en su edición del 15 de Julio de 1956 un artículo titulado "Basta de mentiras" donde negaba la filiación comunista de Castro.

Durante los allanamientos que tuvieron lugar para las detenciones de Castro se descubrió la existencia de verdaderas prisiones políticas donde se encerraba, torturaba y a veces se ejecutaba a aquellos reclutas cuyo pensamiento y dedicación estaban puestos en duda. Nos referimos específicamente a una casa prisión que estaba ubicada en la Colonia Linda Vista y en la cual fueron ejecutados tres jóvenes, uno de los cuales se nombraba Jesús Bello Melgarejo y había sido miembro de las Fuerzas Armadas de los Estados Unidos en la guerra de Corea. Es en estos tiempos que ocurre la deserción de Rafael del Pino, que después de asentarse en los Estados Unidos cayó prisionero en una trampa tendida por el gobierno comunista de Cuba, el cual padeció muchos años de prisión en la Isla, y que tras sufrir una serie de torturas y maniobras psicológicas terminó suicidándose. El tirano no perdona y ejerce su venganza inexorablemente.

En el número de Bohemia del 26 de Agosto del 56 Castro continuaba proclamando su anticomunismo y acusaba a Batista de lo contrario. Aseguraba que toda esta andanada de acusaciones calificándolo de comunista era una gran mentira, pues todo el mundo conocía su pasada actuación. Y su pasada actuación estaba llena de mentiras porque en sus primeras declaraciones al salir del penal de Isla de Pinos había dicho que no estaba dispuesto a formar ningún partido ni movimiento político, pues abogaba por una renovación en las filas del Partido Ortodoxo y por la unión de todos los grupos de la oposición dentro de un marco democrático.

La fecha del anunciado desembarco se acercaba y Frank País, que había organizado el Movimiento 26 de Julio en Santiago de Cuba, voló a Méjico para coordinar los eventos que el Movimiento produciría en Santiago con el fin de desviar la atención de los militares y proteger así el desembarco. También viajó José Antonio Echevarría donde firmó a nombre del Directorio Revolucionario lo que se llamó el Pacto de México, o también llamado "generacional o de la juventud", y que adquirieron el compromiso de producir en La Habana actos distractivos con el mismo propósito de los eventos de Santiago. También Aureliano Sánchez Arango, que ya tenía preparada una invasión a la Isla, se trasladó a Mèxico, e increíblemente se dejó convencer por Castro de que suspendiera o pospusiera sus planes para que colaborara con los de él. No obstante todas estas entrevistas y acuerdos Castro continuaba añadiendo mentiras y falsedades a su ya larga lista para seguir trepando en busca de su meta personal.

En septiembre del 56 un segundo raid de Salas Cañizares descubre armas dentro del recinto de la Universidad. El allanamiento fue motivado por noticias llegadas al gobierno de que José Antonio Echevarría había ido a México y allí había firmado un pacto con el 26 de Julio.

En noviembre del 56, víspera de su desembarco, Castro le manifestó al diario Alerta que el objetivo fundamental de su expedición era triunfar para convocar a elecciones para todos los cargos electivos en un plazo de noventa días. Lo que obviamente no cumpliría.

Por fin el día 25 de Noviembre el Granma zarpó del puerto de Tuxpan después de un mes empleado en trabajos de acondicionamiento para la misión expedicionaria. El viaje fue lento siguiendo la costa sur de Cuba. El barco estaba capitaneado por el ex oficial de la

Marina de Guerra Roberto Roque que había renunciado después del golpe del 10 de marzo.

En cumplimiento de su compromiso el 27 de noviembre del año 1956, tres días antes de la fecha señalada para el desembarco del Granma, el Directorio llevó a cabo una manifestación muy belicosa que provocó un grave incidente con la Policía de La Habana con el saldo de muchos heridos y detenidos. Y en Santiago de Cuba el levantamiento producido en el mismo día del desembarco, 30 de Noviembre, fue muy sangriento por la muerte de varios líderes civiles del Movimiento 26 de Julio aunque Frank País y Jorge Sotús lograron escapar de la represión. Las acciones llevadas a cabo por José Antonio Echeverría y Frank País respondían a la conocida sed de Castro porque ocurrieran derramamientos de sangre cuando él estaba lejos de la escena y a buen recaudo.

Pero la expedición arribó con dos días de atraso a la Playa Colorada donde fueron diezmados por el Ejército quedando un pequeño grupo donde "casualmente" estaban Fidel, su hermano Raúl, Ernesto Guevara y otros hasta el número de veintidós. El bandolero serrano Crescencio Pérez –guardaespaldas del Representante comunista Romérico Cordero– los esperaba y les sirvió de guía.

Se ha dicho que más que un desembarco lo del Granma fue un naufragio pues la embarcación encalló antes de tocar la costa con la pérdida de gran parte del material que traían. Y este autor se pregunta como es posible que navegando toda la costa sur de la Isla, contando Cuba con una buena cantidad de barcos para custodiar sus costas, además de una buena aviación, y sabiendo de antemano el día, la hora y el sitio aproximado donde tocarían tierra, que las Fuerzas Armadas de Batista no hayan podido impedir que la nave tocara tierra. Más sorpresivo aún cuando la velocidad de crucero del yate Granma era de sólo 6 nudos, lo que lo hacía casi tan lento como un bote de remos.

El gobierno envió un destacamento no muy grande al mando del coronel Cruz Vidal que hostigó al grupo castrista y cuando ya estaba a punto de destruirlo o capturarlo ocurrió otra intervención de la Iglesia Católica para salvar la vida de Fidel Castro y su gente. A solicitud de la madre de los Castro que pedía un alto en las acciones de las tropas del Gobierno para que sus hijos pudieran rendirse y permitirles que se asilaran y marcharan al extranjero, la Iglesia aceptó mediar nuevamente en nombre de la caridad que debe representar. El Cardenal junto a la señora Lina Ruz fueron a Palacio a visitar a la Primera Dama, la que comprendió y presentó el caso al Presidente que accedió tal como ya lo había hecho antes con lo del Moncada y ordenó la tregua. El Ejército paralizó las operaciones y sólo sobrevoló la zona con aviones que lanzaron los panfletos en que se anunciaba la tregua y la oferta del gobierno para que se presentasen y pudiesen salir del país. Sin embargo los hermanos Castro despreciaron aquella oportunidad, no se presentaron y aprovecharon la tregua para seguir adentrándose en la zona montañosa hacia las partes más elevadas y menos accesibles de la Sierra Maestra, con lo que se harían más difíciles las operaciones del Ejército. Y siguiendo su propaganda de guerra los insurrectos no vacilaron en mentir con que los aviones habían estado bombardeando a la población civil.

Esta intervención caritativa permitió que Fidel Castro se repusiera de la serie de fracasos que había tenido desde su desembarco. Entretanto el gobierno cometió el error de darlo por muerto y publicarlo así para señalar el fracaso definitivo de la expedición. Pero este error del gobierno le dio la oportunidad a Fidel Castro de reaparecer dramáticamente y dar evidencias de vida con el asalto a un simple aserradero de Teodoro Babún y donde había una pequeña guarnición que fue ultimada. Con ello los insurrectos, que sólo eran un pequeño grupo, crearon la leyenda de que habían ganado una gran batalla en el Uvero. Y es que desde el mismo principio la muy efectiva propaganda comunista falseó la realidad para manipular la opinión pública. Sin embargo en los meses subsiguientes al desembarco del Granma donde se libraba la lucha real era en las ciudades con acciones terroristas y no en la Sierra Maestra donde nada estaba ocurriendo.

Entonces los comunistas comenzaron una gran campaña internacional que se inició con el Delegado Soviético en las Naciones Unidas pidiendo al mundo entero que se ayudara al líder revolucionario Fidel Castro que estaba sitiado en la Sierra Maestra, y que se exigiera del Gobierno de Batista el respeto para sus vidas. Ni siquiera esta desusada e inesperada intervención de los soviéticos se tomó como evidencia del comunismo de Fidel Castro. Nadie se percató que la URSS nunca hacía eso por un líder que no fuera comunista o dirigido por ellos. Por otra parte Felipe Pazos, que era uno de los líderes auténticos que desde el principio estaba ingenuamente comprometido con Castro, logró contactar a Herbert Matthews del diario The New York Times que era el más leído de los Estados Unidos. Matthews era un liberal de izquierda con una larga trayectoria en eventos internacionales, que no figuraba como comunista, pero cuyo trabajo periodístico solía ser útil a los intereses del comunismo internacional. Como periodista era una magnífica pluma que había debutado a principio de los años 30, cuando las tropas de Mussolini invadieron Abisinia, narrando matanzas reales e irreales. Luego pasó como corresponsal a informar sobre la Guerra Civil Española donde siempre demostró su parcialidad por los Leales, que era como se hacían llamar los Republicanos. Sus crónicas rivalizaban con las de Hemingway en hacerle propaganda a los comunistas. Después Matthews estuvo en todos los frentes de batalla durante la Segunda Guerra Mundial haciendo magníficos reportajes. También cubrió la Guerra de Corea, que era una manifiesta confrontación del comunismo con la democracia, pero en sus envíos periodísticos no era fácil encontrar elogios para las tropas de su país sino más bien una buena cantidad de críticas. Producto de su historial, y del poder de la prensa en los Estados Unidos, Matthews creó una relación muy destacada con altos funcionarios del Departamento de Estado que, con independencia del partido que gobernase, siempre permanecían en sus puestos. Era amigo íntimo de Roy Rubbotom, veterano del "Bogotazo", y que fungía como Subsecretario de Estado a cargo de la América Latina. El Secretario adjunto de Rubbotom para los asuntos cubanos era William A. Wieland, un infiltrado comunista que no pudo ser detectado por el Senador McCarthy por las gestiones con que el Presidente Eisenhower quiso neutralizar las acusaciones del Senador de Wisconsin. Y esto se conocía porque en los años 57 y 58 Rolando Masferrer lo había denunciado desde La Habana. Según la denuncia de Masferrer el verdadero nombre de William A. Wieland era Guillermo Arturo Wieland Montenegro, hijo de un irlandés con una mujer española, y que había sido subcomisario político en la brigada en que militó Masferrer durante la Guerra Civil Española. Wieland era pues uno de los tantos comunistas que escaparon de España al final de la Guerra Civil y llegó a los Estados Unidos, y que por la gran penetración roja que existía en todos los departamentos gubernamentales de la época, logró ser situado en un cargo de bajo nivel del Departamento de Estado, del que luego pudo ir ascendiendo hasta llegar a ser el encargado de los asuntos cubanos.

Mientras tanto en La Habana el Embajador norteamericano era Arthur Gardner que favorecía abiertamente a Batista y enviaba pruebas sobre la infiltración comunista dentro del Movimiento 26 de Julio. Por ese tiempo Herbert Matthews quiso hacer un reportaje de la insurrección cubana, y se valió de su influencia en el Departamento de Estado para que se cursaran instrucciones a Gardner de gestionarle una entrevista con Fidel Castro en la Sierra Maestra y que se le garantizase el atravesar desde La Habana hasta la sierra oriental sin ser molestado. Así se dio la entrevista y Matthews escribió un reportaje que presentaba a Fidel Castro como el gran "Robin Hood", salvador de la democracia cubana, e incluía una foto del reportero junto a Castro para desmentir la falsa noticia de que el líder guerrillero había muerto. Pocas semanas después la CBS mandó otro periodista que también fue llevado a la Sierra Maestra donde filmó un documental donde Castro era presentado como un gallardo joven revolucionario que sólo deseaba derrocar a Batista para devolver la Isla a la Constitución del 40 y a la democracia, y donde Castro también aparecía arrodillado rezándole a la Virgen de la Caridad del Cobre. Es claro que toda esa propaganda fue diseminada a lo largo y ancho de los Estados Unidos y del mundo entero e influyó en la percepción que la opinión pública mundial tenía sobre los aconte-cimientos cubanos. En esto el equipo de propaganda de la Unión Soviética realizó un estupendo trabajo en servicio del desastre cubano. Pero la maniobra de Matthews no terminó con su reportaje, sino que volviendo a hacer valer su enorme influencia en el Departamento de Estado logró que el Embajador Gardner, que era hostil a Castro, fuera removido de su cargo en La Habana.

Por su parte las tropas insurrectas de la Sierra Maestra, confi-nadas a un área poco accesible y remota, corrían el riesgo de convertirse en algo meramente simbólico y sin desarrollo. Pronto su dirección lo comprendió así y en cuanto pudo desplazó parte de su tropa hacia el Norte de la provincia de Oriente para fundar un segundo frente en la Sierra Cristal, lo que ampliaba el eco de sus acciones.

En la larga cadena de errores políticos cometidos por Batista a partir del golpe del 10 de Marzo el peor fue el de no combatir o tratar de neutralizar la intensa propaganda política que se llevaba a cabo en su contra en los Estados Unidos. Batista creía en el apoyo original de Washington y pensaba que los detalles escandalosos de su gobierno le pasaban desapercibidos. Pero torpemente no se daba cuenta que la campaña hostil iniciada con el reportaje de Mathews le estaba telegrafiando que su afortunado maridazgo con el gobierno de Washington había llegado al punto del divorcio.

Prío había suspendido el negocio comercial, especialmente el azucarero, con la Unión Soviética. Pero el 14 de Agosto de 1953 Batista decidió reanudar las relaciones comerciales entre ambos países y permitió nuevas ventas de azúcar a la Unión Soviética a través de dos compañías norteamericanas basadas en Nueva York. El representante en Cuba de una de estas compañías era Jacinto Torra quien era un viejo comunista de una familia comunista que más adelante en el gobierno de Castro llegaría a ser Ministro de Comercio Exterior. El negocio se inició con una venta de 20 mil toneladas de azúcar, a la que después siguió una venta de 200 mil, y más tarde otra de 100 mil, y luego siguieron otras. Como consecuencia lógica de estas relaciones comerciales en Julio de 1955 visitaron Cuba dos enviados soviéticos supuestamente funcionarios comerciales, y que por supuesto dieron nombres falsos. Se alojaron primero en el Hotel Royal Palm, sito en las calles Amistad y San Rafael, y después pasaron al Hotel Nacional. Desde esos lugares estuvieron celebrando entrevistas, y también recibiendo los agasajos que le ofreció la sociedad de hacendados, el ICEA, etc. Mas su presencia no pasó desapercibida para el Buró de Represión de Actividades Comunistas (BRAC) que los detectó rápidamente y de inmediato pasó la información al Ministro de Gobernación que era Santiago Rey Pernas. Pero Batista dio la orden de que no se les molestara porque los soviéticos ya habían comprado más de 640 mil toneladas de azúcar, que aunque la habían pagado a un precio algo menor que el del mercado norteamericano, había sido un negocio redondo ya que era un remanente de azúcar que no se había podido vender en el mercado mundial. En esa época el panorama mundial estaba dominado por la Guerra Fría y los Estados Unidos se oponían a todo tipo de comercio con los rusos. Por tal motivo Batista había dispuesto que dichos embarques se realizasen a través de puertos pequeños que pudieran burlar el conocimiento de Washington, pero no se daba cuenta que esos puertos menos controlados también favorecían que los soviéticos pudieran traer e introducir en la Isla materiales y personal subversivo. Demás está decir que durante este tiempo las relaciones entre el Gobierno y los comunistas criollos continuaban siendo buenas, mientras los rojos aumentaban su infiltración en todos los niveles de la sociedad cubana. Ya Fidel Castro estaba en la escena política, y aunque los viejos comunistas cubanos lo consideraban como "un burguesito recién pescado", esa camaradería se mantenía oculta.

Otro hecho que irritaba a los influyentes círculos comerciales de los Estados Unidos fue la creciente importación de automóviles de fabricación europea, que se popularizaron en la Isla por sus precios más bajos y más eficiente utilización del combustible. También los europeos vendían a Cuba toda una serie de productos a precios que eran muy ventajosos para la Isla y ello iba en perjuicio de la importación de mercadería estadounidense. Pero además hubo un incidente que puso en duda la calidad de los productos del Norte, fue el caso de la llegada a Cuba de un embarque de manteca porcina de procedencia norteamericana y que los investigadores cubanos encontraron que era hepatotóxica, o sea dañina al hígado, por lo que Batista se vio forzado a suspender la importación de manteca de cerdo procedente del vecino país norteño.

Y muy probablemente "le puso la tapa al pomo" la concesión de la fabricación del túnel bajo la bahía de La Habana a una compañía francesa, que como ya hemos dicho, ofrecía una subasta más baja y le daba a Batista una "comisión" de más de 5 millones de dólares.

Simultáneamente el gobierno corrupto de Batista se dio cuenta de que podía haber un negocio muy lucrativo, sobre todo para los bolsillos de los personeros del régimen, si se emprendían negocios con los elementos gangsteriles norteamericanos y europeos. Así se empezaron a instalar casinos de juego en los lujosos hoteles Capri y Riviera, al mismo tiempo que se permitía una masiva introducción de drogas, trata de blancas y todas las lindezas que rodean las actividades del hampa. Esto por supuesto que contribuía a aumentar las arcas del tesoro gubernamental, pero también los bolsillos de sus principales personeros. Coincidentemente por ese tiempo las autoridades estadounidenses comenzaban a perseguir el tráfico de drogas, lo que obviamente chocaba con lo que estaba ocurriendo en Cuba.

Hasta la Sierra Maestra comenzó a ser un gran negocio para Batista y sus militares. El primero que anduvo por ese camino fue el coronel Barreras, que había sido enviado para liquidar la insurrección en la Sierra Maestra, y que en muy poco tiempo renunció y se marchó llevándose el dinero que se le había confiado para el pago de la tropa y todos los demás gastos de la operación militar.

El gran susto de su vida lo pasó Batista el 13 de marzo de 1957 en que ocurrió el ataque al Palacio Presidencial por un grupo de comandos del Directorio y una sección del Partido Auténtico con algún apoyo de los Ortodoxos. Se trató de un acto heroico que comprendía forzar la entrada armada al Palacio Presidencial para ultimar a Batista, con el apoyo de otros complotados desde algunos edificios circundantes y la trasmisión de un mensaje radial al país donde se informaba sobre la muerte del dictador. También había un grupo dentro de las Fuerzas Armadas que se había comprometido a realizar acciones en el Campamento de Columbia. La trasmisión radial estaba cronometrada para coincidir con el asalto a la mansión palatina, y así se hizo. José Antonio Echevarría tomó por asalto la emisora Radio Reloj y emitió una arenga a todo el país informando sobre la acción y la muerte de Batista. Por su parte los asaltantes lograron entrar al Palacio Presidencial y llegar hasta la oficina del Presidente, pero éste no se encontraba allí. La acción de búsqueda del dictador no se pudo continuar por la llegada de tropas leales a Batista y el fallo del apoyo planeado desde los edificios adyacentes. Por su parte los complotados militares, viendo que la muerte del dictador no se había materializado, no produjeron los hechos que se esperaba de ellos. Pero la infiltración comunista tuvo mucho que ver en el fracaso, porque el Partido Comunista no quería un derrocamiento de Batista que le quitase la batuta de la lucha a su ya apadrinado de la Sierra Maestra. Uno de los fallos del plan es que un apoyo al asalto, que iba a operar desde un edificio adyacente donde estaba el Centro de Dependientes, no tuvo lugar porque el conserje del edificio que tenía la llave del cuarto donde estaban las armas y el propio dirigente de la acción eran del Partido Comunista y no se presentaron a lo acordado. También años más tarde, y a propósito del famoso juicio a que fue sometido "Marquitos" por la delación de los revolucionarios ultimados en Humboldt 7, se conocería mejor sobre las infiltraciones que había dentro del Directorio. Y es que como ya dijimos, un triunfo del 13 de Marzo hubiera dejado sin sentido a la Sierra Maestra, y Fidel Castro, que criticó el valeroso ataque, hubiera perdido su oportunidad de hacerse con un poder totalitario. No obstante los fuertes sentimientos de rechazo que provocaba Batista, las llamadas "clases vivas" del país acudieron a Palacio sin sonrojo alguno para felicitar y "honrar" a Batista por haber salvado la vida.

Batista no valoró que había salvado la vida por pura casualidad, y lo que hizo fue aumentar la represión. De inicio ordenó la eliminación física de los líderes políticos que se le enfrentaban llevando al cobarde asesinato de Pelayo Cuervo Navarro cuyo cadáver fue abandonado junto al laguito del reparto Country Club, también fueron asesinados una serie de opositores políticos de menor influencia, y ya hemos hablado de los cuatro jóvenes asesinados en la casa de la calle Humboldt 7. Pero además bloqueó totalmente el diálogo interparlamentario que algunos de sus asociados trataban de llevar adelante. Y por último, decidió meterse a fondo en su empeño de que Andrés Rivero Agüero, su candidato para las elecciones que deberían celebrarse al año siguiente, resultase el "ganador".

El oráculo del Departamento de Estado, el periodista Herbert Mathews, había anunciado con su famoso reportaje que los días de Batista en el poder estaban contados. Y todo seguía marchando en esa dirección por la insaciable ambición de dinero del dictador y su incapacidad de analizar y comprender su circunstancia. Mas lo peor de ello es que no sólo se determinaba la suerte de su régimen, sino lo que era mucho más importante, el futuro de Cuba.

En mayo de 1957 se inició el juicio a los expedicionarios del Granma que habían sido detenidos cuando la dispersión del desembarco, y también a los sublevados de Santiago de Cuba. Y desde el punto de vista de sus propios intereses Batista cometió otro error al permitir que aquellos acusados de sedición y alzamiento fueran juzgados por un tribunal civil, en lugar de la jurisdicción militar como era de rigor. Esto condujo a un mayor descalabro que el ocurrido durante el juicio a los detenidos del Moncada en que el tribunal no pudo condenar a los políticos encausados por falta de pruebas. Pues ahora en este otro juicio el Magistrado Manuel Urrutia Lleó, amparándose en el artículo de la Constitución que decía que el ciudadano tenía derecho a resistir los abusos perpetrados contra el fuero civil, emitió un voto particular de absolución. Esto unido a la retirada de la acusación por parte del Fiscal Mendieta, convirtió este juicio en el mayor revés político de esos años para el gobierno de Batista, y también un golpe fatal para la escasa moral existente entre los militares.

No hay que olvidar el pésimo manejo del caso Fidel Castro por el gobierno de Batista, de él personalmente y de sus asesores militares, que no supieron o no quisieron terminar la insurrección porque estaban más ocupados por la corrupción que los enriquecía. Ello unido a la propaganda soviética que convirtió al líder de la Sierra Maestra en un héroe legendario, y a la capacidad de engaño y de mentira de dicho caudillo, permitió que éste obtuviera el apoyo de todos los sectores de la vida nacional, incluyendo los grandes capitalistas que más tarde pagarían su error, y algunos estamentos religiosos que desconocían las persecuciones que los estrangularían en un futuro próximo. Todos ellos fueron importantes factores que contribuyeron a materializar la gran tragedia que aún se vive en Cuba.

El 19 de mayo de 1957 desembarcó la expedición del Corintia en Oriente en un sitio diferente al planeado. Este desembarco estaba liderado por Calixto Sánchez, un valeroso luchador del Partido Auténtico, y se dijo que iban con rumbo a la Sierra Cristal a unirse a Raúl Castro. Pero en realidad los estaban esperando y los soldados de Cowley mataron a casi todos los expedicionarios. Baeza Flores dice que la expedición había sido denunciada por Marisol Alba, una artista cubana que era espía de Batista, y estaba operando en Miami.

Mientras tanto en La Habana estallaban bombas que asustaban a la ciudadanía y la mantenían recogida en sus casas. Los carros celulares de la policía recorrían la ciudad y todos los veían como una amenaza que los asustaba. Los sabotajes en las industrias, los cines, los centros nocturnos y otros lugares se multiplicaban en La Habana y otras ciudades importantes del interior. Menudeaban los periodiquitos clandestinos y las pintadas con mensajes de oposición en las paredes. Se sabía de desapariciones, de detenciones brutales con apaleamiento y sin la protección del hábeas corpus, de crueles sesiones de tortura y de la aparición de cadáveres admonitorios esparcidos por los distintos barrios de la ciudad.

El Senador Suárez Rivas, que se había presentado a la elecciones de 1954 por el Partido Auténtico y había salido electo, presentó una moción ante el Senado para la formación de una comisión interparlamentaria, compuesta por miembros de la oposición y del gobierno, para que se pusiera freno al derramamiento de sangre. Ambas Cámaras la aprobaron y Anselmo Aliegro, que era presidente del Senado se encargó de presidir la comisión en representación del gobierno. También se dispuso que además de los congresistas pudieran asistir representantes de todos los partidos políticos. Los puntos que se llevarían a discusión serían los siguientes: 1- el cese de las medidas represivas, 2- garantías para la vida y las libertades públicas, 3- amnistía política y militar, 4- celebración de elecciones generales a la mayor brevedad usando el Código Electoral de 1943, y 5- utilización de los carnets electorales existentes o emisión de nuevos carnets. Toda esta gestión fue ampliamente apoyada por la prensa. A propósito de ello Suárez Rivas declaró que "en medio de la tormenta había surgido para el pueblo un arco iris de esperanza".

El trabajo de esta comisión comenzó con los mejores augurios, pero pronto se vio que iba a ser un nuevo fracaso porque el gobierno dijo que a lo único a que accedería sería a la celebración de unas elecciones y a un aumento del número de las minorías senatoriales. Con ello moría la penúltima oportunidad de solucionar el espanto de la guerra civil. La última sería en las elecciones de 1958, aunque a esta altura de los hechos esa expectativa resultaba más teórica que real.

Pero la infamia sostenida del régimen hacía que ya no se detuviera la ola de acciones opositoras. Y el 5 de Septiembre de 1957 se produjo una rebelión militar en la Base Naval de Cayo Loco en Cienfuegos. El alzamiento estaba dirigido por el ex Teniente Dionisio San Román que había sido retirado a raíz de la llamada "causa de los puros", y que para esta acción recibió el apoyo de los auténticos, los ortodoxos y por parte del Movimiento 26 de Julio. Inicialmente los alzados lograron controlar la ciudad de Cienfuegos, pero una increíble falla en las comunicaciones impidió que en La Habana se produjera una acción similar como estaba previsto. La excusa de la falla en las comunicaciones resultaba sospechosa, como anteriormente lo fue la falta de acción de una parte de los comandos involucrados en el asalto al Palacio Presidencial. Una serie de raras coincidencias donde siempre había presencia de elementos comunistas.

El gobierno de Batista dio la orden y las unidades del Tercio Táctico de Santa Clara acudió a sofocar la rebelión con tanques y carros blindados que pronto terminaron con la asonada de Cienfuegos. Hubo combates con numerosos muertos y heridos, pero el número de los mismos nunca fue revelado. También hubo detenidos que fueron llevados a La Habana y muchos de los cuales fueron ultimados lanzándolos al mar en el puerto capitalino. Pero nunca hubo un bombardeo de la ciudad como propaló la propaganda comunista. El jefe civil de la insurrección era Tony Varona, que tras el fracaso se asiló en una embajada y mediante salvoconducto pudo volar hacia Miami.

En Noviembre del mismo año se fundó el Segundo Frente del Escambray bajo la coordinación de Eloy Gutiérrez Menoyo. Con Menoyo estaban Armando Fleites, Max Lesnick, Nazario Sargén, William Morgan, Jesús Carreras y otros. También lo formaban grupos de la OA con Plinio Prieto a la cabeza, del Directorio Revolucionario con Faure Chaumón y Rolando Cubela, y algunos elementos del 26 de Julio dirigidos por Víctor Bordón. A diferencia de la guerrilla de la Sierra Maestra que operaba en un área remota y poco poblada, con este nuevo frente situado en la región central de la Isla se hacía sentir más presencia de la insurrección que retaba al gobierno.

Sin embargo la propaganda y el continuo desfile de personalidades por la Sierra Maestra fortalecía la posición de Fidel Castro. Entre los visitantes se encontraban ciertos miembros del Partido Comunista que en forma oportunista habían roto recientemente con el gobierno. Carlos Rafael Rodríguez fue el principal personero rojo, al que según Mario Riera, siguieron Ladislao González Carvajal, Antonio Núñez Jiménez, Oscar Ortiz, Ursinio Rojas, Armando Acosta que estaba en el Escambray y Rafael Ávalos. Entre otras figuras que se hicieron presentes estaban José Pardo Llada, Raúl Chibás y Felipe Pazos. Por cierto que Carlos Rafael llegó portando la cantidad de 800 mil pesos enviados por el Partido. Donaciones como ésta añadidas a los "impuestos revolucionarios y extorsiones" que colectaba el Movimiento 26 de Julio daban un monto de varios millones de pesos de los que disponía Fidel Castro. Todo este reconocimiento llevó a que la dirección del campamento de la Sierra Maestra se tomara la atribución de proclamar lo que ellos llamaron "Leyes", la primera de las cuales estuvo dirigida a impedir la celebración de elecciones con amenazas a los candidatos, y cuyas amenazas al menos se cumplieron con tres ejecuciones de importancia, la del hermano de Andrés Rivero Agüero, la del líder obrero Barrios y la del profesor camagüeyano Anibal Vera, todos ellos asesinados en sus propios hogares.

Eduardo Suárez Rivas, refiriéndose al período pre electoral de 1958, dice en su libro "Un Pueblo Crucificado" que "el gobierno había estado funcionando con las garantías constitucionales suspendidas y las restableció por última vez, y sólo por un breve tiempo, el 27 de Enero de 1958. La reorganización de los partidos y los comicios iban a celebrarse bajo una agitación subversiva que se agigantaba por segundos. El Poder Ejecutivo solicitó del Congreso una Ley de Emergencia, una medida de carácter extraordinario que tenía como antecedentes la misma Ley de Emergencia de 1941 cuando la Segunda Guerra Mundial. La ley del 31 de Marzo de 1958 declaró el estado de emergencia nacional". Suárez Rivas manifestó ante el Congreso que el texto de dicha ley estaba delegando facultades del Poder Legislativo al Ejecutivo, muchas de las cuales eran indelegables por la misma Constitución, y que al hacerlo se estaba estableciendo una férrea dictadura. Más tarde el 15 de Mayo, y en virtud de esa Ley, el Poder Ejecutivo dictó acuerdos y leyes que modificaban las facultades del Poder Judicial, lo que al hacerse manifiesto para el Senado dio pié para que Suárez Rivas manifestara: "cuando combatí la Ley de Emergencia por las excepcionales facultades que se le daban al Poder Ejecutivo anuncié que las mismas se iban a utilizar tal como ha ocurrido, no sólo para vulnerar la Constitución, sino convertir al régimen en una monarquía absoluta sujeta a los caprichos, necesidades y ambiciones de un sólo hombre".

En 1956 el gobierno había ofrecido el Plan de Vento que había sido rechazado por la oposición porque no era más que un engendro de continuismo, pero en estas fechas el gobierno todavía insistía en que esa era su oferta.

El 7 de marzo de 1958 se celebró la Asamblea Nacional del Partido Auténtico presidida por el Dr. Grau. Fue una sesión polémica caracterizada por fuertes incidentes personales. Su conclusión fue pedir un aplazamiento del proceso comicial, y le hicieron al gobierno una serie de demandas específicas para garantizar la pureza electoral, tales como 1- la concertación de una tregua en la lucha contra las facciones en armas con la intervención del venerable Episcopado y de Bloque de Prensa, 2- amplia amnistía política y militar, 3- nuevos términos para la inscripción de nuevos partidos y nuevos electores, 4- cese de la represión política, 5- la supresión de la segunda minoría acordada en Vento y 6- un gobierno de unidad nacional. Pero el gobierno no atendió ninguna de estas peticiones, y muy por el contrario tomó una serie de medidas que agudizaban la crisis existente.

Algunos sectores de la oposición habían lanzado la iniciativa de una huelga revolucionaria para el 9 de Abril, utilizando la misma consigna que se había usado en Julio y Agosto de 1933 y también contra Mendieta en Marzo de 1935. Y tal como se había anunciado se intentó realizarla en todo el país con tan pobre respuesta que fue un fracaso, aunque hubo muertos, heridos y destrucción económica a lo largo de la República. La Sierra Maestra había estado respaldando esta huelga, pero una vez que fracasó trató de tomar distancia del asunto diciendo que el Movimiento 26 de Julio no la había apoyado. No obstante había evidencias en contrario, y para resolverlas se achacó el fracaso a Faustino Pérez que era su representante en La Habana, con lo que Fidel Castro que era quien había ordenado la huelga, quedaba exonerado de culpa. Entre las causas del fracaso estaba que la huelga se convocó por razones políticas pero esto no movió a los líderes sindicales que estaban usufructuando los cuantiosos fondos generados por la cuota sindical obligatoria, ni a los trabajadores que seguían disfrutando de las conquistas sociales obtenidas durante el autenticismo.

Más adelante, y como un simple trámite, el Tribunal Superior Electoral aplazó la fecha de los comicios apoyando su decisión en la huelga de Abril y en las peticiones del Partido del Pueblo Libre. Por su parte los jefes provinciales del Partido Auténtico reiteraron su apoyo a Grau y también ofrecieron sacrificar las postulaciones en sus boletas municipales y provinciales para que se pudiera incluir a cualquier otro candidato o aspirante con el fin de gestar una unidad política de la oposición, pero ya era muy tarde para conseguir este objetivo, y porque además el Plan de Vento lo impedía.

En Junio 20 de 1958 la Asamblea Provincial Auténtica de Las Villas acordó no efectuar postulaciones debido a la situación imperante. El Gobierno había recogido cerca del 70 por ciento de las cédulas electorales por lo que era obvio que los comicios serían una farsa. El Dr. Grau demandó la fiscalización de los comicios por organismos internacionales pero el Gobierno se opuso pese a las gestiones realizadas por Earl Smith, que era el Embajador norteamericano en funciones y había ofrecido lograr la presencia de la OEA. Una añadidura para la abstención ocurrió en el mes de Julio en que se celebró el llamado Pacto de Caracas con la asistencia de representantes de todos los factores oposicionistas y que concluyó dando un espaldarazo al abstencionismo sostenido por todos los que se encontraban fuera del país. Este fue el golpe decisivo que liquidó la posibilidad de una solución a través de las elecciones, y al mismo tiempo representaba una subordinación total a la política revolucionaria sostenida por Fidel Castro.

Desde su lecho de enfermo Grau seguía manteniendo su oposición a la abstención y se mantenía como candidato presidencial del

Partido Auténtico porque, según opinaba, ante la crisis total del país el Gobierno no tenía otra alternativa que entregarle el poder a la oposición. Eso era lógico pero no como pensaba Batista. Por su parte el Dr. Márquez Sterling que también aspiraba por el Partido del Pueblo Libre, solicitó de Eduardo Suárez Rivas la difícil misión de que le consiguiera el apoyo de Grau, ya que la jerarquía de Grau dentro del Partido Auténtico era indiscutible. Suárez Rivas gestionó entonces un encuentro entre Grau y Márquez Sterling, y antes de que este se pudiera celebrar viajó a Las Villas para ejercer sus buenos oficios previos en una reunión de aquella Asamblea Provincial. Mas el Gobierno conoció de estas gestiones y de inmediato empezaron las represalias. De entrada la reunión de la Asamblea Provincial fue disuelta, y a la llegada de Suárez Rivas a Santa Clara éste fue detenido por un piquete armado al mando del Teniente Ruperto Jaramillo, que sin respetar su investidura senatorial lo condujo a la presencia del Coronel Cornelio Rojas. Puesto después en libertad viajó de regreso a La Habana, pero ya en ese momento Grau y el Partido Auténtico habían cambiado y hecho pública su decisión de abstenerse y no concurrir a las elecciones.

El periodista Salas Amaro también se retiró de la contienda quedando solamente la candidatura de Andrés Rivero Agüero y Gastón Godoy por parte del Gobierno y la de Carlos Márquez Sterling y Rodolfo Méndez Peñate por el Partido del Pueblo Libre. Y como se esperaba las elecciones fueron totalmente fraudulentas y con muy pobre participación del electorado. Enseguida el Gobierno proclamó el triunfo de su candidato Andrés Rivero Agüero, mientras Carlos Márquez Sterling presentó un recurso ante el Tribunal Superior Electoral por la comisión de fraude electoral, mas como era de esperar su recurso fue desestimado por dicho tribunal. Entonces la situación del gobierno de Batista se hizo crítica cuando los Estados Unidos por medio de su embajador Smith le manifestaron que no aceptarían los resultados de estas elecciones espurias. Y sin embargo ya nada podía esperarse por la vía política.

Carlos Márquez Sterling en su libro Historia de Cuba nos cuenta acerca de hechos que ocurrieron en 1958 y principios del 59 que no fueron del dominio público pero que tuvieron importancia y cita, como a principios del 58, y a pesar de que no era funcionario diplomático, Herbert Mathews visitó nuevamente a Cuba con la misión de informar que el Departamento de Estado no apoyaba al Gobierno de Batista sino que respaldaba la revolución de Castro. Cuenta como en Marzo Batista había nombrado al Dr. Emilio Núñez Portuondo como su Primer Ministro, pero éste renunció a las pocas semanas porque se habían suspendido nuevamente las garantías constitucionales sin su conocimiento. Añade que con el fracaso de la huelga de Abril el Gobierno había abrigado la esperanza de que las elecciones de 1958 pudieran volver a ser manipuladas para su permanencia en el poder, y sin embargo ser consideradas como una solución electoral válida. También que los analistas políticos de la época, incluyendo a Rafael Esténger, suponían que el Gobierno no intervendría aunque su candidato perdiera las elecciones, pero que una vez más erraron en su juicio.

La cancelación de toda ayuda militar a Batista en el año 58 por parte de los Estados Unidos desconcertó grandemente a los altos mandos corruptos y fue una causa suficiente para que un ejército de unos 40 mil hombres bastante bien armados y entrenados se sintieran debilitados y fueran derrotados por 3 o 4 mil guerrilleros. En realidad estos últimos no fueron los vencedores, sino que las propias Fuerzas Armadas fueron quienes se derrotaron a sí mismas. Con esta decisión los Estados Unidos abandonaron sus compromisos y pactos previos utilizando argumentos absurdos y ridículos, y dejaban al Ejército cubano sin armamentos mientras que las fuerzas rebeldes seguían recibiendo armas desde el propio territorio norteamericano, desde Venezuela y desde Costa Rica. Este abandono por parte de Washington dio al traste con la poca moral que quedaba entre los militares isleños.

Mientras tanto el país seguía dominado por el terrorismo de ambas partes. Las fuerzas de la insurrección, a pesar de ser muy pequeñas con respecto a las Fuerzas Armadas del país, seguían ganando terreno militar y político, mientras al Gobierno se le reducía el poder y reconocía su falta de control del país con retenes militares en las principales carreteras. La vida era insostenible para la ciudadanía que preveía que aquella situación tenía que estar llegando a su fin, pero no se le veía la forma en que eso podría ocurrir.

Se habían terminado las elecciones pero la insurrección seguía a todo tren y avanzaba a pasos agigantados. Mientras tanto la corrupción galopante dentro de las Fuerzas Armadas aprovechaba sus últimos minutos de rapiña, carcomiendo su moral, destruyendo su espíritu de grupo y acelerando la hora de su derrota.

De hecho los insurrectos de la Sierra Maestra se sintieron fuertes para bajar al llano, y mucho más aún de iniciar una invasión simbólica hacia el centro de la Isla. Fue el caso del paso de dos columnas guerrilleras al mando de Camilo Cienfuegos y Ernesto Guevara a través de las llanuras camagüeyanas hasta llegar a la provincia de Las Villas, y lo que sólo fue posible porque el Coronel Víctor Dueñas que tenía el mando militar de la provincia de Camagüey lo permitió a cambio de que le pagaran lo que pedía. La columna de Guevara llegó al Escambray en plan de asumir la dirección de aquel Frente. Enseguida se pusieron bajo su mando las tropas de Víctor Bordón, las del Directorio y las del Segundo Frente del Escambray con la excepción de Eloy Gutiérrez Menoyo que había sido fundador del frente y algunos líderes ortodoxos que no tenían mayor importancia bélica ni política.

Por su parte la columna de Camilo Cienfuegos se dirigió más al Norte y avanzó sobre Yaguajay donde puso sitio al cuartel militar que estaba bajo el mando del Capitán Lee y tuvo lugar un fuerte combate de varios días que terminó con la toma del cuartel.

Pero una tras otra las diferentes poblaciones se fueron rindiendo. Ambas fuerzas convergieron entonces sobre la capital provincial, Santa Clara, cuyo regimiento se rindió sin siquiera presentar batalla. Y la llegada de un tren blindado procedente de La Habana para reforzar militarmente la provincia fue un verdadero fiasco porque ya había sido vendido por el Coronel Rosell y por el General Alberto de Río Chaviano que era el Jefe del Regimiento, y por lo cual no venía en plan de zafarrancho. A pesar de que luego el castrismo querría presentarlo como una gran batalla militar.

No obstante la formidable propaganda del régimen de Castro sobre "las grandes batallas, las tremendas victorias y las heroicas actuaciones "de los guerrilleros que vencieron al Ejército de Batista, la realidad fue muy diferente. Nótese nada más que el asalto al Moncada, el asalto al cuartel de Bayamo, el asalto al Goicuría, el asalto a Palacio, la rebelión de Cayo Loco en Cienfuegos, la expedición del Corintia y el inicio del desembarco del Granma, todos fueron episodios en que dominaron las fuerzas militares de Batista. Pero lo que sí fue muy exitoso fue la lucha en las ciudades y el manejo de la propaganda en lo que los comunistas son verdaderos maestros.

Los grandes golpes propagandísticos fueron el secuestro de Fangio y el izamiento de la bandera del Movimiento 26 de Julio en el Empire State Building de Nueva York. Entre esos eventos también figura el secuestro de un grupo de ciudadanos y militares norteamericanos ejecutado por Raúl Castro, y el corte del servicio de agua a la Base Naval de Guantánamo.

Pero también hubo otra propaganda, no dirigida por Castro pero de gran beneficio para su causa, y fue la que le orquestó la maquinaria soviética con la entrevista de Herbert Mathews, la entrevista de Jules Dubois, el documental de la CBS y en general la prensa y la televisión norteamericana. A esto debe añadirse la incapacidad demostrada por Batista y sus asesores para manejar los acontecimientos cubanos.

La situación ya era tan crítica para el gobierno, y tanto el miedo de los personeros del régimen, que el mismo Jefe del Ejército, el General Tabernilla, se fue a ver al Embajador norteamericano sin conocimiento de Batista para pedirle que gestionara una intervención norteamericana, lo que le fue denegado. Pero vale la pena llamar la atención sobre lo ridículo que resulta que un Jefe de Ejército, que no supo usar su superioridad militar para liquidar unas guerrillas y mal usó su cargo para enriquecerse, fuera a mendigar que un país extranjero le sacara las castañas del fuego. Después de conocer el fracaso de esta gestión de Tabernilla, el Jefe del Regimiento de Santa Clara, el General Río Chaviano, puso pies en polvorosa abandonando su tropa a su propia suerte y se marchó al extranjero.

Riera también menciona en su libro el caso del Comandante Quevedo que pertenecía a la tropa de Sánchez Mosquera cuando esta fue movilizada para combatir a la guerrilla en la Sierra Maestra. Sánchez Mosquera emprendió su tarea con seriedad, y a resultas de su dedicación recibió heridas en combate que requirieron su retirada del frente. El mando de la tropa pasó entonces al Comandante Quevedo al que no se le ocurrió nada mejor que gestionar con los rebeldes su paso y el de su tropa a las filas de la insurrección. Ha sido curioso saber que el mismo continuó con el Ejército Rebelde llegando al rango de General y que después de muchos años se ha asilado en los Estados Unidos, y que actualmente presume de su inocencia y honor militar.

El caso del General Eulogio Cantillo fue diferente, pues él recibió órdenes de Batista para iniciar conversaciones con Fidel Castro, donde no se podía confiar en las palabras de este último.

Además Castro ya preveía su victoria y no estaba dispuesto a compromisos con los derrotados. Las conversaciones no fueron exitosas, y terminaron con la posterior prisión de Cantillo que estuvo a punto de ser fusilado. Finalmente cumplió larga condena.

Con la pérdida del control militar en la provincia central de Cuba Batista se sintió derrotado y comprendió que había llegado el momento de huir. Habían transcurrido siete años de mantenerse en el poder a contrapelo de la voluntad popular y mediante la represión y el terror. Su período "presidencial" debía concluir el 24 de febrero de 1959, pero ya no era tiempo de lamentarse sino de partir. El día escogido fue el último día de Diciembre de 1958. Tomó "sus pequeños ahorros", estimados en 300 millones de dólares, y acompañado de su familia, de un número de acaudalados amigotes y un menor número de ayudantes militares, abandonó la falsa fiesta de fin de año que no se había querido suspender, y con un avión sobrecargado de fugitivos voló a refugiarse en la República de otro dictador, Rafael Leónidas Trujillo. Vergüenza y desprestigio para todos ellos y dolor y tragedia para el pueblo de Cuba.

La huída de Batista definía que el Ejército ya no tenía nada más que hacer. Pero todavía algunos vieron la oportunidad del negocio. Y este fue el caso del Coronel Manuel Rego Rubido que le entregó el Cuartel Moncada a los rebeldes mediante el pago de una cantidad estipulada por él.

Tras la vergonzosa huída de Fulgencio Batista y Zaldívar muere la verdadera República de Cuba. Al despegar el avión del aeropuerto de Columbia quedaba sin cumplirse aquella su famosa promesa de que tenía "una bala en el directo", y la no menos famosa frase de Tabernilla de que había que "darle candela al jarro hasta que suelte el fondo". Es oportuno recordar que este llamado General nunca había participado en ningún combate, ni siquiera cerca de ninguno de los teatros de operaciones, pero sí estaba muy cerca de la mejor forma de robar, de contrabandear y de desmoralizar a sus subordinados. Y estos alardes verbales de ambos han quedado como tristes monumentos de unos aspirantes a dirigentes políticos y militares que no tenían ni capacidad, ni calidad, ni valor para llevar las cosas hasta sus últimas consecuencias.

En el momento que se produce la huída de Batista su gabinete estaba integrado de la manera siguiente: Gonzalo Güell como Primer

Ministro y Ministro de Estado; Ramón Jiménez Maceda en Gobernación; Alejandro Herrera en Hacienda; Manuel Ampudia en Salubridad; Pedro Menéndez Rodríguez en Agricultura; Vicente Cauce Carrazana en Educación; Ramiro Oñate en Obras Públicas; Leopoldo Pío Elizalde en Trabajo; Miguel Ángel de la Campa en Defensa; Alberto García Valdés en Comunicaciones; José Ramón Pérez en Comercio; Bernardo Caramés en Justicia; Luís F. Ramos en Transporte; Andrés Domingo y Morales del Castillo Secretario de la Presidencia y del Consejo de Defensa; Gustavo Gutiérrez en el Consejo Nacional de Economía; y como Ministros sin Cartera estaban Generoso Campos Marqueti, Raúl Valdivia Pérez, María Gómez Carbonell y Octavio Montoro Saladrigas.

Es de notar que los devaneos de Batista con los comunistas durante los años de 1938 al 44 no le trajeron ningún beneficio al golpista en los finales de la década del 50. En los estertores de 1958 le tiene que haber sorprendido la imprevista aparición de personeros del Partido Socialista Popular en la Sierra Maestra. Pero es que además el comunismo internacional desarrolló una poderosa campaña propagandística internacional que convirtió a Batista en un apestado que ni siquiera lograría poder exilarse en los Estados Unidos.

Balance de la dictadura de Batista

Todos los gobiernos, aún los espurios, como el que es objeto de nuestra atención, tienen sus aspectos positivos y en este caso hay que reconocer que en los años de la dictadura de Batista se erradicó el gangsterismo. Durante su régimen murieron a manos de la Fuerza Pública tres de los principales gangsters que habían operado durante los gobiernos auténticos. En enero de 1953 muere el guajiro Salgado con cuatro de sus confederados. Un mes después mueren Vicente Larruz (a) "el Italianito" y dos de sus asociados. En febrero del 55 Rafael Salas Cañizares da muerte a Orlando León Lemus (a) "el Colorao" junto con un asociado cuando fueron sorprendidos en una casa del reparto Santo Suárez y fueron acribillados a balazos por la espalda. La cuarta víctima importante fue Evaristo Benereo que no murió por la acción del gobierno, sino en la Sierra Maestra y por la mano de Fidel Castro. Benereo era un antiguo compinche de Castro desde los tiempos de los grupos de acción, y que subió a la Sierra

Maestra para unirse a los insurrectos y ponerse a la disposición de Fidel Castro. Como Benereo no era cobarde se distinguió en algunas pequeñas acciones lo que lo hizo muy popular entre los elementos del Ejército Rebelde, y esto fue su sentencia de muerte. Castro lo acusó de ser un espía infiltrado de Batista que había venido a la Sierra con la misión de asesinarlo a él, por lo que le celebró un Consejo de Guerra que lo encontró culpable y fue fusilado. Policarpo Soler y sus familiares pudieron escapar hacia Santo Domingo donde fue hecho oficial de las Fuerzas Armadas por el dictador Trujillo, pero en los años 61 y 62 tuvo serias diferencias con el auto proclamado "Benefactor de la Patria" y fue ultimado por orden de Trujillo.

La presencia de Emeterio Santovenia en el BANFAIC y de Joaquín Martínez Sáenz en el Banco Nacional aminoraron un poco el pillaje y el despojo del tesoro público, ya que estos hombres eran personas honorables que no permitían corrupciones en el campo de sus funciones. Con la perspectiva del tiempo transcurrido uno se pregunta ¿hasta que punto valió la pena que estos prestigiosos y capacitados cubanos se unieran al equipo de un dictador para administrar correctamente los bienes públicos y salvar unos cuantos millones de pesos del pillaje avaricioso de los golpistas, los oportunistas y los militares sin escrúpulos?, ¿valió la pena fundar una serie de asociaciones agrícolas que promovían al campesinado, así como el financiar obras públicas e industriales de gran utilidad para el país?. Y nos lo preguntamos porque después llegó Fidel Castro para usufructuarlo primero y malbaratarlo después. Es que acaso ¿no hubiera sido más apropiado que la dictadura dejada a su incapacidad fracasara en más corto plazo?, o ¿que la irresponsable avaricia hubiera vaciado las arcas públicas y dejado sin medios a una revolución mentirosa? Pero todo esto es sólo una estéril especulación porque la decencia humana siempre nos exige que en todo tiempo y lugar rindamos nuestro mejor esfuerzo para el beneficio de la sociedad que nos incluye.

Las asociaciones agrícolas a que nos hemos referido fueron trece organismos de crédito agrícola que se establecieron en diferentes poblaciones y tenían más de 111 mil asociados distribuidos en 116 fincas. A estas asociaciones se les daban nombres de cubanos que se habían distinguido en el campo de la agricultura. Cada año estas asociaciones recibieron más de dos millones de pesos en créditos que beneficiaban a los más desvalidos de los campesinos cubanos. Una de ellas, la Asociación Manuel Lazo en Pinar del Río, se fundó en una finca adquirida por el gobierno y sus tierras distribuidas entre más de 300 familias que se dedicaban al cultivo del tabaco. La Comañonga se destinó a pienso, la Diago a ganadería y frutos menores, la José Martí a tabaco, arroz y maíz, la Lugareño a ganadería y arroz. Además se fabricó un frigorífico para conservar los productos del agro. El BANFAIC también asignó más de 60 millones al organismo administrador del FHA, cuya función era asegurar la construcción de viviendas, y se edificaron más de nueve mil quinientas casas. Otra obra importante para el ornato monumental de La Habana fue la instalación del Cristo de la Habana en la margen este del canal del puerto, y que fue inaugurado en Diciembre de 1958.

Como ya hemos dicho la responsabilidad dentro de los institutos económicos era muy diferente a la política seguida por el Presidente Prío. El contraste lo plantea Martínez Sáenz en un libro que fue escrito por él desde su prisión en la Fortaleza La Cabaña. Allí dice el autor que "Prío pierde el poder en 1952 cuando la situación económica de Cuba alcanzó sus más elevados niveles. Durante su gobierno el ingreso nacional bruto pasaba de 2,000 millones de pesos y el per cápita era de 350 pesos habiendo aumentado un 67 por ciento desde el año 45, o sea un aproximado de un 9 por ciento anual de incremento. El producto nacional bruto se elevó un 7 por ciento durante el mismo período hasta llegar a un 11 por ciento. Estas cifras eran las que en las Naciones Unidas y sus organismos económicos internacionales eran consideradas como las óptimas para el despegue de cualquier economía subdesarrollada". Mas a la llegada de Batista todo esto cambió porque todos los hilos con que se manejaban los títeres pasaban por sus manos y las de sus principales secuaces cuya prioridad era enriquecerse y que "hicieron su Agosto".

Para exaltarse y justificar su gestión los comunistas aseverarían falsamente que Cuba era un país subdesarrollado, pero eso no era cierto. Son muchos los índices oficiales verificables que demuestran que Cuba, si bien no era un país desarrollado, ya estaba muy adelantada y en un camino seguro para lograrlo. Los exégetas del gobierno de Batista han sido los más interesados en aclararlo con el fin de justificar la dictadura, y se han apoyado en esos índices oficiales en sus demostraciones. Mas debe quedar claro que todos esos

769

índices no fueron el resultado de la gestión de Batista, sino que la mayoría de ellos ya se habían logrado durante los gobiernos auténticos previos de Grau y Prío.

Una comparación entre las gestiones de Prío y Batista arroja los siguientes resultados. El 31 de Diciembre de 1951 la deuda pública era de 217 millones de pesos y el 31 de Diciembre de 1958 se elevaba a la cifra de 788 millones, lo que era debido a los presupuestos deficitarios del gobierno golpista. En 1951 los activos en moneda extranjera en los bancos nacionales eran de 539 millones, y al huir Batista habían disminuido a 77. 4 millones.

En el aspecto social la vida cubana se fue deteriorando progresivamente durante el régimen de Batista. Sobre todo en los dos últimos años de ese régimen, y especialmente en el último, en que las Universidades estuvieron cerradas al igual que los Institutos de Segunda Enseñanza, las Academias de Ciencias, de Historia, de Literatura y Artes por temor a los actos terroristas. Hubo una paralización con las actividades de alta cultura y científicas, así como un retraimiento progresivo de todas las actividades sociales, lo que se tradujo en un deterioro de la calidad de vida ciudadana. Durante este tiempo la única obra importante editada fue "Historia de la Nación Cubana" publicada en diez volúmenes y con la participación de numerosos autores. Portell Vilá era un poco duro en su apreciación de la obra pues destaca que en ella participaron cuatro comunistas destacados. Mas no es justo que por ese detalle se demerite una obra tan valiosa.

Otra cosa ocurrió con los deportes que siguieron su ritmo habitual. El campeonato nacional de béisbol había comenzado en su fecha normal, atravesó la fecha de la huída de Batista, y terminó en Enero de 1959. El campeonato de la Liga Internacional de los Estados Unidos en que participaban los Cuban Sugar Kings también se desarrolló normalmente, aunque hubo amenazas para que el equipo de Buffallo no viniese a La Habana para el partido inaugural. Los mismos periódicos de Buffallo pedían que sus atletas se abstuvieran de viajar a La Habana, pero a pesar de la amenaza y los consejos, el equipo vino para la inauguración y el partido fue protegido por la policía y no hubo incidentes. También se mantuvieron funcionando los cabarets y los centros de vida nocturna, aunque hacia el final también languidecieron.

Discernimiento de culpas

Aunque los culpables y las causas de la tragedia cubana fueron múltiples el que carga la mayor culpa es Fulgencio Batista Zaldívar, porque interrumpió una democracia que se estaba perfeccionando con un absurdo golpe de estado, porque abolió la Ley, que es el arma que tiene la democracia para defender los derechos de todos, y porque desmoralizó a las Fuerzas Armadas que tenían la función de mantener el orden constitucional, y todo ello para satisfacer sus ansias de poder y de mayor enriquecimiento. Pero sus pecados no se redujeron al golpe de estado, a la suspensión de la Constitución y al descabezamiento de las Fuerzas Armadas por sus conmilitones cómplices. Su culpa fue más allá y se extendió a lo largo de siete años de obcecación en rechazar salidas políticas, de crear escepticismo en el pueblo por su constante burla de los métodos democráticos, y sobre todo por instaurar una corrupción galopante que destruyó el respeto que todo ciudadano debe tener a sus gobernantes y a sus Fuerzas Armadas. Podríamos añadir que fue irresponsable pactando con los comunistas, dándole alas y permitiéndoles que minaran toda la sociedad cubana. Y todo sin siquiera un arrepentimiento, porque Batista todavía pretendía manipular decidiendo quien habría de sucederle en el poder.

Pero no es fácil señalar un sólo responsable del desastre de 1958, aunque ciertamente algunos tuvieron más culpa que otros. Fue un complejo interactuante de factores que permitió que un joven abogado desconocido y sin clientes, pero muy ambicioso y sin límites morales, se encumbrara usando todos los recursos imaginables para llegar a ser el dictador absoluto de Cuba y establecer un régimen comunista totalitario. Hubo inmadurez en haber subestimado su inteligencia, su habilidad para mentir, su capacidad de maniobra para lograr el apoyo de quien le sirviera para lograr sus fines, y de su desfachatez para no respetar a nadie ni agradecer a quienes lo habían ayudado. De todo esto fue buena prueba la maquiavélica manipulación que realizó con el Partido Comunista de Cuba, los de otros países, y hasta el de la misma Unión Soviética hasta su derrumbe. Pero los comunistas no fueron sus únicas víctimas, pues en el largo camino de antes, durante y después del asalto al Cuartel Moncada hasta su triunfo en 1959, no vaciló en irse deshaciendo de fieles seguidores que en el futuro podrían hacerle sombra a su poder, y no dudó hacerlo en la forma deleznable de delaciones para que la represión batistiana hiciera el trabajo sucio. Esta posibilidad amenazaba a todos los que compartían su entorno con la única excepción de su hermano Raúl. Visto desde la distancia del tiempo transcurrido y analizando los hechos uno se asombra de que todas estas pérfidas maquinaciones de Castro lograran su objetivo, pero es que no sólo actuaba el cálculo del caudillo cubano, su éxito se pudo lograr en gran medida por los planes del Partido Comunista internacional con su vieja ambición de apoderarse de Cuba como base americana firme desde donde operar hacia los otros países del Caribe y las demás ex colonias de España y Portugal, y sin olvidar el valor estratégico de Cuba por su cercanía geográfica de los Estados Unidos.

También los partidos políticos antepusieron sus interesas sectarios a los intereses fundamentales de la nación cubana y no se percataron, o no quisieron percatarse, de la persistente infiltración que a lo largo de los años los comunistas habían venido haciendo en sus partidos. Muchas organizaciones cívicas y profesionales estaban realmente dirigidas por comunistas agazapados que con devoción obstruían los caminos de posibles soluciones pacíficas. Todos sabemos el gran daño que la revista Bohemia le causó a los cubanos por su "enamoramiento" con Fidel Castro y el servirle siempre de tribuna para sus manipulaciones de la opinión pública. La corrupción de los "oficiales de dedo" de las Fuerzas Armadas que sin sonrojo alguno vendieron a la República por dinero. Y los políticos oportunistas que circulaban alrededor de Batista con la única divisa de sus intereses personales y el enriquecimiento ilícito.

Mas tampoco el pueblo de Cuba se salva porque también es responsable. Es cierto que el golpe de estado sorprendió a todos, pero nuestras convicciones democráticas vacilaron y no hubo un inmediato y decidido repudio del "cuartelazo", cuando en sus primeros días era débil y tenía muy poco apoyo. Los eventos básicamente fueron una edición corregida y aumentada de los aconteceres del tiempo de Machado.

Pero además se puede señalar, que por el peso de sus acciones y de sus omisiones, hay otro gran responsable, el Departamento de Estado de los Estados Unidos. Ello se haya muy bien documentado en el libro El Cuarto Piso escrito por Earl E.T. Smith, que fuera el embajador norteamericano en La Habana durante el último año y medio de Batista y al triunfo de la insurrección castrista. El embajador

Smith hace una afirmación que es muy importante y esclarecedora: "En nuestra patria hay un error general de que los acontecimientos cubanos fueron provocados por el bajo nivel de vida y las desigualdades sociales. Los hechos desmienten esta creencia".

Al mismo tiempo Smith dice: "Cuba se encontraba demasiado cerca de los Estados Unidos histórica, económica y geográficamente para que no la afectaran los diarios acontecimientos de los Estados Unidos. Éstos intervenían todos los días en una u otra forma en los asuntos cubanos. El gobierno cubano lo reconocía así; el pueblo cubano lo sabía". Y nosotros añadimos que dada esta realidad el Departamento de Estado tenía la obligación de actuar responsablemente, y no ocurrió así.

Refiriéndose al establecimiento de un régimen comunista en Cuba Mr. Smith dice: "Mi experiencia en Cuba me ha llevado a la conclusión de que no tenía que haber sucedido así forzosamente", ... "no quisimos apoyar a la Iglesia, la oposición política y los grupos cívicos para hacer un esfuerzo general a fin de crear una atmósfera que fuera favorable a la celebración de elecciones honradas de manera que el pueblo de Cuba pudiera elegir a su gobierno"... "Ningún grupo, salvo la Iglesia, tenía el valor suficiente de incurrir en la enemistad tanto de Castro como de Batista queriendo dar una solución sin el apoyo activo de los Estados Unidos. La Iglesia intentó una y otra vez encontrar una solución pacífica y una y otra vez tuvo la esperanza que fue vana, de que los Estados Unidos darían su apoyo". "Repito que estoy convencido de que la alternativa de Batista no tenía que haber sido Castro, el comunista. Los Estados Unidos hubieran podido contribuir a que se formara un gobierno de unidad nacional en Cuba sin Batista y sin Castro",... y regresando a la realidad del comunismo que se impuso en Cuba, dice: "El hecho de que sucediera se debió en grado sorprendente a la política de muchos que ocupaban puestos importantes en el Departamento de Estado basado en que era preferible un dictador izquierdista a un dictador derechista, aún cuando el dictador derechista fuera amigo de los Estados Unidos y el dictador izquierdista fuera nuestro enemigo". Y sigue aseverando que el criterio adoptado por estos señores para decidir fue "lo que encajara con sus puntos de vista doctrinarios acerca del mundo futuro".

El Departamento de Estado tenía suficiente información sobre los acontecimientos cubanos durante el tormentoso régimen de

Batista, pero sus acciones demostraron que prefirió desconocerla, bien sea por ineficiencia o intencionalmente. "No es posible sostener que el gobierno de los Estados Unidos ignoraba que Raúl Castro y el Ché Guevara, dos hombres principales del Movimiento 26 de Julio fueran comunistas, afiliados a la Internacional Comunista", ... "El Departamento de Estado y la Agencia Central de Inteligencia tenían conocimiento de que el Che Guevara era un comunista activo en Guatemala y en México y de que Raúl Castro había participado en el movimiento estudiantil comunista internacional", añade que la Cancillería norteamericana tenía información sobre los contactos de Fidel Castro con los comunistas en México, de su participación en el "bogotazo", y también reportes de la tendencia comunista manifestada por Castro en sus discursos en Costa Rica, México y otros lugares ,... "Además tenían en sus archivos los informes sobre las afiliaciones comunistas de Fidel Castro que habían dado los embajadores de los Estados Unidos en Cuba, México probablemente en Colombia y de muchas otras fuentes". La informaciones eran abrumadoras y "era imposible que el subsecretario de Estado Roy Rubottom, su compañero William Wieland y el Cuarto Piso no estuvieran enterados de las afiliaciones comunistas de Fidel Castro. "Ahora estoy convencido de que ni al Presidente Eisenhower, ni al Secretario de Estado John Foster Dulles, se les dio la información de que disponían los funcionarios del Departamento de Estado y la Agencia Central de Inteligencia".

"Sin embargo la complejidad de los órganos gubernamentales de los Estados Unidos, la prensa y los miembros del Congreso con sus acciones incomprensivas, contribuyeron en mucho para provocar la caída de la dictadura de Batista. Muchas personas influyentes del Departamento de Estado simpatizaban con lo que a su parecer era una revolución de masas que se producía en Cuba. Estas personas influyentes estaban dispuestas a correr el riesgo de provocar la caía de un dictador derechista para que tomara el poder un dictador izquierdista".

"En este libro he demostrado que varias veces, cuando la ocasión era propicia y había oportunidades de encontrar una solución sin Batista ni Castro, nuestro Departamento de Estado se negó a dar su apoyo. La negativa se basaba en que acusarían a los Estados Unidos de intervenir en los problemas internos de Cuba. Sin embargo, con el tiempo, el Departamento de Estado indicó a Batista que había llegado el momento de que se ausentara del país. Esa fue una intervención positiva a favor de Castro".

Pero otras cosas salen a la luz con este libro. Cuando el Embajador Smith fue nombrado y se preparaba para desempeñar su cargo necesitaba que se le instruyese sobre la situación de Cuba y sobre la política de Estados Unidos hacia Cuba, porque entre otras cosas el nuevo embajador tendría que vérselas con el intento revolucionario que actuaba en el país y sobre el cual lo ignoraba todo. Esto era algo que le correspondía hacer a los responsables de ejecutar esa política, que eran los funcionarios del Departamento de Estado, y así se reunió con diversos funcionarios que le designaron. Pero además, el Director de la División del Caribe y México, que era William Wieland, le indicó que se entrevistara con Herbert Matthews, de reconocidas preferencias izquierdistas, y a quien calificó como un gran experto en la situación cubana. Es de notar que Matthews sólo era un periodista a quien no le correspondía orientar sobre un tema tan delicado como las relaciones diplomáticas entre Cuba y los Estados Unidos. Sin embargo Matthews le dio la opinión de que Batista caería muy pronto, y sobre Castro repitió los términos encomiásticos de su famoso reportaje. Y cabe hacernos una pregunta, ¿por qué esa promiscuidad de algunos funcionarios del Departamento de Estado de delegar sus obligaciones en personal ajeno a sus funciones? Esas fueron las instrucciones que Smith recibió, y que no incluyó advertencia alguna sobre las evidencias comunistas que se le conocían a los líderes de la insurrección, ni sobre la conveniencia de observar atentamente ese desarrollo.

Pero hubo otra intervención directa de Herbert Matthews en actividades que sólo correspondían a un funcionario diplomático. Fue el 3 de Enero de 1959 cuando ya Batista se había marchado. En dicha ocasión el Embajador Smith se personó en Palacio junto con otros embajadores para realizar una gestión colectiva del Cuerpo Diplomático que quería preguntarle al General Cantillo si el gobierno provisional sustituto respetaría el derecho de asilo y daría protección a las diversas embajadas latinoamericanas. Mas tarde cuando ya salían el Embajador Smith se topó sorprendido con la presencia de Matthews en las escaleras interiores de la mansión palatina, y el cual mirando con extrañeza al embajador se atrevió a preguntarle inquisitivamente sobre cual era el propósito de su visita al Palacio, a lo que Smith respondió con la verdad. Y el libro aclara pero "evidentemente, no me creyó, pues poco después fui llamado al teletipo de la Embajada por el Departamento de Estado. William Wieland se encontraba en el otro extremo de la línea, en Washington, acompañado por William Snow, subsecretario auxiliar de Asuntos Latinoamericanos. El señor Wieland dedujo que yo había ido al Palacio Presidencial con el propósito de respaldar a una junta militar que impidiera que Fidel Castro tomara el poder. Confesó que la fuente de su información era Herbert Matthews, y preguntó si era cierto. No sé si Herbert Matthews informó a William Wieland para verificar el propósito de mi visita al Palacio o si su objetivo era el de cerciorarse de que los Estados Unidos no harían nada para impedir que su amigo, Fidel Castro, tomara el gobierno de Cuba. Sin embargo, este es otro indicio de la estrecha asociación que existía entre Herbert Matthews y el Cuarto Piso del Departamento de Estado".

Se ha recordado en páginas anteriores como ya desde 1957 se había revelado que el señor William Wieland tenía su nombre cambiado, que había participado en la Guerra Civil española como sub-comisario político de una brigada, que eran un cargo ideológico, y lo cual definía sus preferencias políticas. Sin embargo a esto no se le prestó la debida atención. Mas años después de la publicación de El Cuarto Piso y de la caída del régimen comunista en la URSS en que se pudieron conocer los archivos de la KGB, salieron a la luz muchas cosas que están reflejadas en el libro "The Sword and the Shield". En el aparecen los nombres de una serie de individuos que eran agentes de la KGB dentro del gobierno norteamericano desde el lejano tiempo de Franklyn D. Roosevelt en la década de los años 30. Ellos eran los siguientes:

Lawrence Duggan insertado en el Departamento de Estado y conocido como Agente 19 más tarde llamado Frank.

Michael Straight en el Departamento de Estado conocido como Nigel.

Martha Dodd Stern (Liza) hija del ex embajador de los Estados Unidos en Alemania William Dodd y esposa del millonario Alfred Kauffman Stern quien también era un agente soviético.

William Dodd hermano de la arriba mencionada Marta que aspiró sin éxito a un escaño en el Congreso por el Partido Demócrata.

Harry Dexter White en el Departamento del Tesoro con el nombre de Kassir late Jurist).

Un agente con el nombre de Moses en el Departamento de Justicia.

Borris Morros conocido como Frost encasillado en Hollywood y que fue el productor de la película "Flying Duces" de Stan Laurel y Oliver Hardy y de otras producciones peliculeras.

Además se cita en el libro a nuestro viejo conocido Benjamín Sumner Welles, mas no como agente ni como simpatizante, sino como un personaje del gobierno que sin saberlo favorecía indirectamente la penetración comunista. El arriba citado Welles prohijó en 1933 al William Wieland a quien nos hemos referido con anterioridad. Y no nos cabe la menor duda de que este agente, que logró ascender hasta una posición de influencia política, fue un factor decisivo en el ascenso de Fidel Castro al poder.

* * *

Apéndice

De acuerdo con Salvador Díaz Versón Fidel Castro empezó a trabajar para la Unión Soviética en 1943 y cuando triunfó la insurrección sabiendo que el Expediente A-943 de la Liga Anticomunista contenía pruebas irrefutables de ese vínculo suyo mandó a requisar los archivos el 23 de enero de 1959. En el mismo expediente había fotos y otros documentos que substanciaban su conexión con Moscú. Castro perteneció a ese grupo de comunistas embozados que infiltran y trabajan dentro de organizaciones democráticas tanto políticas, como educacionales, científicas, etc. Tales fueron los casos de Vicente Lombardo Toledano en México y Jacobo Arbenz en Guatemala quienes no militaban en partidos comunistas.

En 1943 había ciento cincuenta "diplomáticos" soviéticos acreditados en Cuba y uno de ellos "aparentemente" nombrado Gomer Bashirov era el agente encargado de reclutar jóvenes para la causa roja. Este individuo había estado en España durante la Guerra Civil y hablaba español con fluidez. Se ubicó en Miramar una dirección diferente de la Embajada Soviética. En la lista de visitantes aparece Fidel Castro Ruz, Manuel Corrales, Luís Mas Martín, Baudilio Castellanos, Eduardo Corona, Antonio Carneado, Jaime Grabalosa, Juan Bradman, Jorge Quintana, Flavio Ortega, Arquímedes Poveda, Agustín Clavijo, Raúl Valdés Vivó, Antonio Núñez Jiménez, Alicia Alonso, Oscar Camps, Walterio Carbonell, Alfredo Guevara Valdés, Abelardo Adán García y Baldomero Álvarez Ríos. Algunos fueron seleccionados para entrenarse en Checoslovaquia o en Moscú y algunos salieron con pasaportes falsos hacia México, Venezuela y Guatemala.

La Embajada Soviética en La Habana era el centro de operaciones subversivas para Iberoamérica. La residencia de Bashivov sirvió de campo de entrenamiento. A mediados de 1944 Bashirov trajo instrucciones de Moscú de que algunos jóvenes ingresarían en la Juventud Socialista o en los partidos burgueses para trabajar dentro de ellos siguiendo pautas que les serían trazadas; otros jóvenes quedaban reservados para planes futuros y en ese grupo se encontraban Fidel Castro, Alicia Alonso y Antonio Núñez Jiménez.

Elementos comunistas llegaron a La Habana el 2 de febrero de 1948 con 70 mil dólares para propaganda contra la Conferencia Panamericana a celebrarse en Bogotá donde se adoptarían resoluciones anticomunistas. Se le ordenó a Lázaro Peña viajar a Colombia para fomentar huelgas, sabotajes y revueltas. Previamente hemos hablado de la intervención de Castro y del Pino en el "bogotazo" donde ciertamente atacaron templos, sacerdotes y monjas. Una carta de Fidel Castro dirigida a Abelardo Adán en Praga e interceptada por Salvador Díaz Versón decía: "Nuestro amigo me dijo que me mantiene reservado para mayores esfuerzos y que no debo quemarme viajando ahora. Ellos tienen un plan en el cual yo seré el eje que se implementará muy pronto. Es posible que entonces volvamos a vernos sin temor al imperialismo yanqui".

Castro con Vicentina Antuña y Eduardo Corona eran piezas de la subversión comunista infiltrados en el Partido Ortodoxo. Durante su período en el penal de Isla de Pinos Castro siguió recibiendo ayuda económica soviética por medio de una joven que se hacía llamar Caridad Mercado. La existencia del expediente A-943 fue informado a Castro por un reportero del periódico Información que había trabajado en la oficina de la Liga Anticomunista.

CAPÍTULO XI

LOS COMUNISTAS DEVORAN LA REPÚBLICA

Como habíamos anunciado al principio de nuestro trabajo vamos a ver como el comunismo no llegó a Cuba en 1959 sino alrededor de 1922. Por supuesto que no podemos hacer una historia prolija y detallada del Partido Comunista relativo a Cuba desde los primeros agentes extranjeros hasta 1959, pues estaría fuera de los límites que nos hemos impuesto en este trabajo. Pero sabe el lector que hemos ido añadiendo pequeños sub-capítulos conteniendo las acciones llevadas a cabo por los comunistas.

Los escritores comunistas, especialmente Blas Roca, Joaquín Ordoqui, José A. Portuondo, Héctor de Arturo y Fabio Grobart entre otros, se empeñan en hacer creer que el marxismo revolucionario estaba en Cuba desde 1865. Para esto se atribuyen todos los movimientos obreros de aquella época como si fueran pre marxistas o marxistas. Hay una gran falsedad en esta afirmación...Primero en esa época los movimientos laborales eran de tipo gremial por conquistas económicas, cooperativas de consumo, sociedades de socorro mutuo, etc. Si bien es verdad que el primer periódico obrero "La Aurora" surgió en 1865, su objetivo era dar cierta cultura a los tabaqueros puesto que ocurrió en un centro laboral de este ramo, además de hablar someramente sobre las necesidades de los obreros. No se planteaba ningún tipo de teoría socialista –que eran las que estaban en boga en el mundo en ese momento. El primer sindicato o agrupación obrera fue el de los tabaqueros en 1868, tampoco sin fines de obtener reivindicaciones sociales, sino de lograr mejoras en el modo de vida de los tabaqueros.

La primera huelga ocurrió en una fábrica de tabacos de la época por la forma en que se maltrataba a los aprendices, y terminó cuando los dueños decidieron cambiar de actitud. Las corrientes socialistas aparecen en Cuba a finales del siglo XIX pasando por las ideas de Proudhon, Bakunin, Prokotkin, Lasalle y otros, incluyendo los reformistas, hasta llegar a Marx que no hizo su aparición en Cuba hasta que los emigrados cubanos en los Estados Unidos regresaron a la Isla después de la Independencia. Los escritores comunistas se empeñan en hacernos creer que hubo protocomunistas desde el siglo XIX.

Irónicamente el primer nombre que aparece en su lista es el de José Martí. Cualquiera que se haya detenido a leer con cuidado su pensamiento político se dará cuenta que él era la antítesis no sólo del comunismo sino del socialismo en general. Sin embargo, los comunistas repiten y repiten que fue uno de los primeros comunistas de Cuba. Junto a Martí mencionan a Pablo Lafargue, que sí fue comunista y, aunque había nacido en Santiago de Cuba de padres franceses, emigró a Francia y allí se casó con una hija de Marx, y por supuesto se hizo marxista. Pero jamás mencionó a Cuba, nunca hizo nada por Cuba y jamás pensó volver a Cuba. Luego, este personaje no es uno de los llamados fundadores o protocomunistas cubanos. En tercer lugar citan a Carlos Baliño, sobre quien los historiadores cometen dos falsedades: la primera es que Baliño era anarcosindicalista y no comunista originalmente. Se convierte al comunismo mucho más tarde, en 1921, tal vez 1922, y murió en 1926 después de haber sido utilizado en la fundación del partido. De manera que no era un protocomunista del siglo XIX. La otra falsedad es presentarlo como amigo de Martí, para hace creer que este último también era protocomunista. Baliño fue un tabaquero, entre otros muchos, que emigró a los Estados Unidos y, respondiendo a las prédicas martianas, se inscribió en uno de los clubes de Tampa, hizo propaganda, recogió dinero, pero cuando Martí hizo resonar el clarín para ir a luchar a Cuba, Baliño estaba sordo y se quedó en Tampa, regresando a la Isla después de la derrota de España.

El otro ejemplo es el de Enrique Roig de San Martín, otro anarcosindicalista, que publicaba en La Habana el periódico "El Productor" y que murió en 1895. En los números de ese periódico que han podido conservarse, jamás se habló del marxismo y mucho menos del marxismo revolucionario. Así que nos quedamos sin protocomunistas en el siglo XIX.

Referente al protopartido comunista se menciona la labor del poeta Diego Vicente Tejera, quien era socialista de los que los comunistas llaman "utópicos". Fundó dos partidos durante la intervención norteamericana. Uno de ellos para las elecciones de delegados a la Asamblea Constituyente de 1901, al que llamó Partido Socialista Cubano y que fracasó rotundamente. El segundo partido fue organizado con vistas a las elecciones generales a celebrarse, y al que dio el nombre de Partido Popular Obrero, con el que también fracasó. Igual suerte corrió cuando lo volvió a inscribir para las elecciones de 1905.

Blas Roca tiene la osadía de decir que durante la intervención americana no pudo haber un Partido Socialista porque estaba prohibido por el gobierno interventor, olvidando, a propósito, la formación del primer partido de Diego Vicente Tejera.

El primer congreso obrero se celebró en 1892 y fue dirigido por un anarquista. Su demanda fundamental fue la jornada de 8 horas de trabajo. Este fue un congreso típicamente anarquista, sin que los historiadores comunistas hayan podido señalar a un solo miembro del mismo que se declarara marxista.

Así, arribamos a la instauración de la República. En el movimiento obrero disperso y desorganizado, y entre los escasos intelectuales de la época dedicados a las gestiones sociales, se va abriendo paso el pensamiento socialista europeo, específicamente el anarquismo de Bakunin y Prokotkin. Apenas se conocía el marxismo en Cuba en ese momento.

La lucha por el predominio sobre la opinión pública y los obreros, se libraba entre los furibundos anarquistas y los socialistas moderados, que aspiraban a llegar a una mejoría de la situación social obrera empleando pasos firmes. La primera huelga obrera de Cuba ocurre durante el gobierno de Don Tomás, y fue llevada a cabo por los aprendices de una tabaquería que eran sometidos a un trato injusto e inhumano por parte de los capataces españoles y por los dueños. La huelga se extendió y el alcalde habanero O´Farrill destituyó al Jefe de Orden Público por emplear métodos represivos violentos. El alcalde O¨Farrill y el Ministro de Gobernación Tamayo fueron separados de sus cargos por considerárseles simpatizantes de los huelguistas. Elementos marxistas no participaron en estos eventos.

Para participar en las elecciones de 1904 se fundó un Partido Socialista Obrero en el cual participó Carlos Baliño, pero se desintegró. El Club de Propaganda Socialista fue fundado un año después (1905) por Baliño, pero corrió la misma suerte del partido por la frialdad con que fue recibido y la poca preparación teórica de sus fundadores. En 1906 se funda en Manzanillo otro Partido Socialista Obrero de alcance local, organizado por un tal Agustín Martín Veloz, conocido como Martinillo, que aseguraba haber sido un diputado socialista en España. Este partido era para los obreros de la raza negra. Este parece haber sido el punto de partida de los secesionistas negros Ivonet y Estenoz que, después de la Ley de Morúa Delgado (1910) contra la formación de partidos basados en la raza de sus miembros, iniciaron la "guerrita" que ya describimos. Esto se encuentra como antecedente de la "franja negra" que el comunista Martín Castellanos trató de fundar a la caída de Machado y que también fracasó estrepitosamente.

Los comunistas empezaron a funcionar como tales a partir de 1925 y continuarían persistiendo en su empeño de sembrar la división entre cubanos de la raza blanca y cubanos de la raza negra. Por esta época se fundó la Asociación Socialista de La Habana por un grupo de socialistas libertarios y socialistas reformistas. Era la época de la fiebre "prokotkinista" –idea del príncipe anarquista ruso Prokotkin– ideas éstas contenidas en folletos repartidos por la citada asociación y de igual forma se distribuían libros con las ideas de Bakunin. Baliño estuvo también en esta asociación que, como se ve, nada tenía que ver con el marxismo. Fracasó por la indiferencia de los obreros y del pueblo en general.

En 1912 se fundó en el pueblo de Cruces, Las Villas, un Centro Obrero, asociación también de tipo anarquista, que se caracterizó por ser escandalosa y tumultuaria y por tener asimismo una vida breve; en 1915 publicaron un manifiesto que se conoce como el "Manifiesto Anarquista de Cruces". En la calle Egido número 2, La Habana, se abrió en 1914 el Centro Socialista, con teorías de todos los aspectos de esta doctrina. Se celebraban reuniones periódicas para discutir sus dogmas y encontrar soluciones a los problemas. Existían dos tendencias, una partidaria de ir obteniendo lentamente ventajas para los obreros, y la otra favoreciendo la subversión total del orden establecido. Éstos últimos eran los anarquistas.

Otros dos fundadores del Partido Comunista en el año 25 José Herrero y Alejandro Barreiro, eran en esta época anarquistas furibundos. En 1914 se celebró el primer congreso obrero nacional que es presidido por un sindicalista reformista llamado Pedro Roque, y con una asistencia de 1,200 delegados. Adelantándose a los tiempos, reclaman primeramente que el 75 por ciento de los obreros sean cubanos –recuérdese que Aquilino Lombard habría de presentar una ley similar al Congreso en 1925. En segundo término pedían la creación de una Secretaría del Trabajo, adelantándose también a lo que posteriormente plantearía Machado y que vino a concretarse durante el gobierno provisional de Grau San Martín. Tercero, la creación de un instituto de revisión de normas de servicio social. La cuarta petición era la de protección contra los accidentes de trabajo mediante una ley. Asimismo, solicitaban estimular las cooperativas de consumo para los trabajadores, y por último la sindicalización de todos los obreros en todos los sectores. Como se ve en todos estos acuerdos y peticiones no hay nada de revolucionario y mucho menos de toma del poder.

La Ley de Accidente del Trabajo fue presentada por José Manuel Cortina en el tiempo del Presidente Menocal, y aprobada. El gobierno creó una comisión de asuntos legales a fin de recopilar todo lo que había sido legislado en la época de España sobre la materia. El objetivo era redactar un código de trabajo. Fue en esta época que Cuba envía una comisión, por primera vez, a Ginebra, para participar en la Conferencia Internacional del Trabajo.

Como no había prácticamente marxistas, y los que existían no tenían ningún protagonismo, estos hechos no aparecen en ninguno de los trabajos de Blas Roca, Ordoqui, Escalante, Héctor Arturo y otros que hemos mencionado, acerca de la historia del movimiento obrero cubano.

Al terminar la Primera Guerra Mundial el espíritu internacional de la juventud había quedado completamente vacío de ideas al haber fracasado todas las existentes en la evitación de la gran masacre humana de la guerra. Ese vacío fue ocupado por los comunistas hábilmente después de la Revolución Rusa. En Cuba se había desatado un espíritu crítico contra lo existente puesto que no tenían los intelectuales nada de donde agarrarse, y empezaron las novelas contra lo que había, –es decir lo que hoy en día se llamarían novelas de protesta. De esta época es la novela socialista "Generales y Doctores" en la que el autor, Carlos Loveira, consideraba que todo era un fracaso, algo que es falso, como ya hemos visto, en la exposición que hemos hecho de los gobiernos republicanos de la época. Había habido grandes adelantos, pero el pesimismo típico de la mayoría de los intelectuales presentaba un panorama sombrío y sin futuro. En una novela del año 23 titulada "los Ciegos", también de Loveira, por primera vez aparece un personaje bolchevique que, aunque no bien tratado, le da ocasión el autor de exponer sus ideas y su doctrina, sus esperanzas y su sola aspiración de una revolución calcada del modelo ruso para cambiar la vida cubana.

El pesimismo de los intelectuales cubanos frecuentemente rayaba en el cinismo y eso se ve bien en la novela "Las Impuras" de Carrión, donde para el autor, la República se derrumbaría de un momento a otro. En la novela "La Conjura" de José Antonio Ramos – que después sería un ardiente comunista– presenta la situación del campesino que en esos tiempos era realmente mala, pero él la presenta aún peor de lo que era en realidad.

Los anarquistas seguían avanzando dentro del movimiento obrero, cada vez más radicales, y como muchos de ellos creían que la revolución rusa era también para ellos, enviaron el primer mensaje de solidaridad a los comunistas de Rusia. Por supuesto que no tardaron en desencantarse de su peregrina idea cuando los anarquistas fueron borrados de la Rusia Soviética.

La pugna continuaba entre los anarquistas y los reformistas. Entre los grupos importantes de reformistas estaba el Fabril de Puentes Grandes, los obreros del puerto de La Habana y los torcedores de tabacos. Referimos al lector a los sucesos en torno a la huelga de portuarios habaneros en el tiempo de Menocal, quien reprimió violentamente la huelga y al invadir a tiro limpio el Centro Obrero, resultó muerto un obrero, lo cual enardeció más aún los ánimos. Después de un laudo de Menocal que más o menos tranquilizó las cosas, se celebra un acto en el Payret donde predominaron los anarquistas y los reformistas, no los marxistas. Sin embargo, los anarcosindicalistas volvieron a felicitar a los obreros rusos por "su revolución".

El Segundo Congreso Obrero que más tarde fue calificado como primero por razones que desconocemos, se celebró en enero de 1920 en el local de Egido 2 y en el mismo predominaron los anarcosindicalistas, con una escasa representación de los reformistas. La mesa ejecutiva estuvo formada por Alfredo López, Antonio Penichet, Marcelo Reina, Alejandro Barreiro y el líder tabaquero José Bravo. Se aprobaron medidas sociales y de mejoras obreras. Tras una fuerte disputa nuevamente volvió a enviarse un cablegrama de felicitación a los "proletarios" rusos.

A partir de este congreso se desencadenó una serie de protestas, manifestaciones, huelgas, agresiones… había una verdadera fiebre anarquista revolucionaria. Las diferencias entre éstos y los reformistas se ahondaban y el gobierno reprimió violentamente la mayoría de todas estas actividades hasta que logró controlarlas. En medio de ese ambiente en el que los anarquistas jóvenes disputaban con los anarquistas viejos a quines consideraban acomodados, siendo los jóvenes los principales líderes de toda esta actividad subversiva. En 1920, en el mes de diciembre, se fundó la Federación Obrera de La Habana en el local de lo que había sido el Centro Obrero dirigida por los líderes anarquistas Margarito Iglesias, Enrique Varona, Antonio Penichet, Sandalio Junco, Alejandro Barreiro, José Rego y José Peña Vilaboa. Todos estos individuos eran anarcosindicalistas y estaban dirigidos por Alfredo López. Formaron parte de este grupo Juan Arévalo, Luis Fabregat, José Bravo y Salvador Nieto, que eran de tendencia reformista, es decir, enemigos de los anteriormente mencionados. De inicio se le unieron dieciocho organizaciones obreras, pero se notó la ausencia de la Federación Marítima dirigida por Arévalo y la de Dependientes de Cafés, la cual se opondría más adelante a los atentados en la cervecería Polar.

Como se ve el único socialismo vigente era el socialismo reformista, contrario al anarquismo sindicalista. El marxismo no aparecía por ninguna parte. Se fundó el Partido Socialista Radical, pero de radical sólo tenía el apellido. Sus dirigentes eran Juan Arévalo, Luis Fabregat y Francisco Domenech. En las siguientes elecciones parciales lograron elegir a un concejal, lo que demostraba la ausencia de apoyo tanto obrero como popular.

El Partido Socialista de Manzanillo, del tal Martinillo, languidecía, quedando sólo los obreros de su fábrica de tabacos a los cuales les leía algunos trabajos de Marx y Engels. Era la primera manifestación de divulgación teórica del marxismo.

Durante el gobierno de Zayas, y aprovechando la gran tolerancia de este Presidente, nuevamente aumentaron los motines y las huelgas ocurriendo el famoso sabotaje de la Cervecería Polar, ya mencionado. La prensa de la época, con tal de atacar a Zayas, respaldaba todo este tipo de movimiento sin sentido, lo cual estaba engendrando el germen del "revolucionarismo", un ente nocivo que se acentuaría a la caída de Machado. Los obreros estaban polarizados hacia los anarcosindicalistas, cuyas consignas eran fundamentalmente económicas, al igual que las de los socialistas reformistas, pero con una agresividad mucho mayor.

Los reformistas fundaron la Unión Nacional del Trabajo dirigida por José Bravo. Sin embargo, sus esfuerzos por organizar una federación obrera reformista fracasaron. El sabotaje de la Polar, la creación de la Hermandad Ferroviaria y la huelga de los 21 días del año 1924, así como el Tercer Congreso Obrero Nacional, son los hechos sobresalientes en el campo laboral durante el gobierno de Zayas. A consecuencia del sabotaje de la Polar la Policía detuvo a los principales implicados en el mismo, especialmente al dirigente sindical de la cervecería, el anarcosindicalista Margarito Iglesias. Fueron condenados a presidio provocando una enorme protesta de la Federación Obrera de La Habana. Ocurrieron nuevas alteraciones del orden público y Zayas, con su política de apaciguamiento, dictó una amnistía para favorecer a los obreros detenidos. De esta amnistía también se benefició Alejandro Barreiro, que estaba preso por una bomba que había colocado en un café y que había ocasionado la muerte de un individuo, acción que estaba unida a una protesta existente en una fábrica de cigarros.

Como mencionamos, en el año 24 había surgido la Hermandad Ferroviaria en la provincia de Camagüey, que estaba presidida por Andrés Otero, quien era un socialista reformista. Una huelga se declaró por un despido de obreros; fue violenta con el uso de mucha dinamita, volando puentes y alcantarillas y la explosión de una potente bomba en los rieles de la vía en la ciudad de Colón. Los rompehuelgas que intentaron operar los equipos fueron ferozmente golpeados por "comités de estaca" de los huelguistas. Entre otros incidentes, ocurrió un atentado contra el administrador de los ferrocarriles por un obrero anarcosindicalista que fue detenido y condenado.

Un hecho que iba a ser muy importante en la formación del Partido Comunista fue la actividad bolchevique en la Universidad de La Habana, donde los estudiantes estaban pidiendo reformas que realmente el plantel necesitaba. Aprovechando la visita del profesor argentino Arce, desencadenaron lo que se llamó la revolución estudiantil del 23-24, ya tratada anteriormente, y cuyo principal dirigente fue Julio Antonio Mella. Este era un gran simpatizador del comunismo, aunque su base teórica era muy pobre, pero como era un "arengador" de primera, movía a los estudiantes. Sin embargo, a la hora de transmitir ideas no lo hacía, porque realmente no las tenía. Pese a ello, se convirtió en la figura relevante de esta época en la

Universidad, tratando de llevar al estudiantado hacia el comunismo o marxismo-leninismo dictado desde Moscú por medio de los agentes bolcheviques que ya habían ingresado en Cuba. Entre estos estaba el que sería su principal guía por muchos años, nombrado Fabio Grobart. Mella era popular por sus ataques, pero no por sus ideas políticas Para que pudiera pertenecer a la FEU, hubo que crear una asociación estudiantil paralela a la de la Escuela de Derecho para que Mella, por medio de ella, perteneciera a la Federación Estudiantil Universitaria... así eran las cosas en aquella época. La idea básica del pensamiento de Mella eran las de Rodó e Ingenieros, ambos intelectuales suramericanos –chileno y argentino respectivamente– radicalizadas por su temperamento, y que lo llevarían a la muerte.

Recordemos que tras el congreso estudiantil presidido por Mella y donde estuvo la presencia de Víctor Raúl Haya de la Torre, entonces líder estudiantil peruano, se creó la Universidad Popular, que no era más que un centro de divulgación de ideas comunistas que venían de Europa, especialmente de la Unión Soviética. Los hechos de esta revolución estudiantil los tratamos cuando hablamos sobre el gobierno del Presidente Zayas.

Otro elemento que surgió en esta época fue el Grupo Minorista, al cual mencionamos previamente, exponiendo su composición y la presencia de más de un individuo que eventualmente serían figuras importantes en el Partido Comunista cubano. Según Félix Lisazo, los miembros de este grupo se proponían poner en circulación una serie de ideas contrarias al conformismo existente, tanto en lo social como en lo político. En otras palabra, minoristas para dirigir a la mayoría... "un buen concepto". Surge la figura de Rubén Martínez Villena que, sin contar con Mella y sus teorías, impulsa el grupo a la protesta social. La primera ocasión que se le presenta, y que hemos referido previamente, fue la compra por el Gobierno del Convento de Santa Clara. Perturbaron la celebración de un acto de la Sociedad Feminista que se celebraba en la Academia de Arte y Literatura para agasajar a una poetisa uruguaya invitada. Cuando hacía uso de la palabra el secretario Erasmo Regüeiferos, que era quien había autorizado la compra del convento, Rubén Martínez Villena lo interrumpió y lanzó su primera arenga pública contra el gobierno. De tal magnitud fue el escándalo que tuvo que intervenir la policía y se llevó detenido a Martines Villena. Al día siguiente estaba nuevamente en libertad por orden de Zayas. En una reunión en el bufete de Emilio Roig de Leuchering con sus compañeros minoristas, empezaron a trazar el plan de lucha contra el Gobierno del Presidente Zayas

Martínez Villena y Fernández de Castro –otro futuro comunista– fundaron la Falange de Acción Cubana que fue de muy corta duración. Entonces, como recordará el lector, cuando se produjo la protesta de los veteranos, se instalaron con Juan Marinello entre otros, en la élite dirigente de la protesta veteranista. El Presidente Zayas resuelve estos problemas con su característica paciencia y tolerancia. El episodio ridículo protagonizado por Martínez Villena y Fernández de Castro de comprar un avión para bombardear, fue malogrado por la actuación de las autoridades norteamericanas.

Hacia finales del año 1922 Mella había creado la Revista Alma Máter con objeto propagandístico dentro de la masa estudiantil, sobre las necesarias reformas en la Universidad. Desde sus primeros números aparecieron mensajes comunistas en esta publicación, como fue publicar algunos poemas del incipiente "gran poeta" Nicolás Guillén. Apareció una caricatura de Perico Monreal sobre Mella que decía, entre otras cosas, en un pie de grabado, "Julio Antonio Mella Embajador de Lenin". Aumentaba el contenido de eventos ocurridos en la Unión Soviética, apoyaba al gobierno de la URSS y se quejaba del "injusto aislamiento" a que se le sometía por parte del mundo exterior. Urgía además al gobierno de Cuba a reconocer al soviético.

Cuando Mella abandona sus estudios universitarios dedica todos sus esfuerzos a la prédica del comunismo, para cuyo fin funda la Revista Juventud (Alma Máter ya había desaparecido). Juventud era un órgano totalmente bolchevique, atacando a todos y a todo. Además, trataba de imponer por medio de su palabra y de su literatura, el régimen tipo soviético en la nación cubana, siguiendo las instrucciones, guía e indicaciones de los elementos bolcheviques que activamente trabajaban en la Isla. Como el comunismo propugnaba "la dictadura del proletariado" y Mella no era proletario, pues nunca había trabajado ni sabía lo que era trabajar, sus "manejadores comunistas" le indicaron que debía comenzar a visitar diferentes centros de trabajo para ponerse en contacto con los obreros, haciendo labor de propaganda y proselitismo. De paso, reclutaba alumnos para la "famosa" Universidad Popular aprobada en el congreso estudiantil. La primera fábrica que visitó fue la de tabacos de Larrañaga, pues los obreros tabaqueros tenían una larga historia de luchas sociales y por ello era el mejor punto de comienzo de su nueva labor de propaganda.

Cuando comenzó la Universidad Popular, por supuesto que lo menos que se hacía en ella era impartir enseñanzas y lecciones de ninguna materia, sino que se empleaba el tiempo en la discusión de temas políticos, y sobre todo los temas básicos del comunismo. Entre los profesores seleccionados por Mella estaban por supuesto él, Gustavo Aldereguía, Rubén Martínez Villena, José Zacarías Tallet, Alfonso Bernal, Jorge Vivó, Aureliano Sánchez Arango y Raúl Roa. Como verá el lector ésta era una nómina comunista de arriba abajo.

En esos días los comunistas dieron buenos pasos de avance. Trajeron de España a Pilar Zaragoza, una supuesta intelectual, creándole una aureola de distinción literaria. Ella fue la creadora en Cuba de la Liga Anticlerical, que fue el primer organismo pantalla del futuro Partido Comunista. La española dictó varias conferencias cargadas de odio y de improperios contra la Iglesia Católica Romana. Una vez creada, su primer presidente fue Emilio Roig de Leuchering, quien organizó varios actos de propaganda a través de toda la Isla donde quiera que se presentara una ocasión. Entre ellos estuvieron un acto en el Teatro Sauto de Matanzas y otro en San Antonio de los Baños con motivo de la clausura en esta última ciudad de un cementerio católico por falta de capacidad. Ya los comunistas tenían un orador para cuanto acto se celebrara en cualquier parte de la república: Emilio Roig de Leuchering.

En los actos organizados por los comunistas, el tema recurrente era el patriótico, pese a que estaban promoviendo doctrinas de un país extranjero, pero esas son las contradicciones "lógicas" del comunismo. El principal ataque contra la Iglesia Católica era que durante la Guerra de Independencia los curas habían sido "guerrilleros" pues pertenecían a las tropas españolas, pero no decían que los curas cubanos que, aunque en realidad no eran muchos, bendecían a las tropas mambisas. Esta propaganda de la Liga Anticlerical chocaba con la petición hecha en 1915 –de la que también hablamos ya– por parte de los mambises, para el patrocinio de la Virgen de la Caridad del Cobre, que le fue otorgada por el Papa Benedicto XV.

El otro organismo pantalla creado en esta época fue la Liga Antiimperialista –más bien la Liga Antiyanqui– en cuyo fin fueron protegidos por el ambiente antinorteamericano que se respiraba, sobre todo por la ingerencia del Embajador Crowder. Esta posición antiestadounidense que prevalecía entre los intelectuales cubanos era la que Rodó, por medio de su Ariel, había manifestado de no dejarse cautivar por la civilización del Norte que, aunque admirada, no podía permitirse ser absorbido por ella. Los comunistas lo que querían era una actitud vibrante de combate y de lucha, preparatoria de la revolución que era su meta final.

La Liga Antiimperialista se fundó en julio de 1925, cuando ya Machado había tomado posesión de la Presidencia de Cuba. Su primer presidente –honorario– fue Julio Antonio Mella, y entre sus dirigentes figuraban Gustavo Aldereguía, Rubén Martínez Villena y por primera vez aparecía el filocomunista Alejandro Barreiro. Nuevamente Emilio Roig de Leuchering se asocia a este organismo pantalla comunista, y le presta su colaboración intelectual y económica. Se le pagó a Mella la producción e impresión de un libro. Titulado "Cuba: Un pueblo que ha sido libre desde 1924". Fue en este año que el Gobierno de Washington, con el Tratado Hay Quesada, aceptó la soberanía cubana sobre la Isla de Pinos que dio lugar a una manifestación popular de alegría por este acontecimiento ansiado durante tantos años. Por supuesto que los comunistas no podían permanecer silenciosos ante un evento que ponía de manifiesto la buena voluntad de los Estados Unidos, por lo que publicaron un manifiesto atacando a la nación norteña, al Gobierno de Zayas, a la Enmienda Platt y al Embajador Crowder, aunque todos estos ataques iban en contra de los sentimientos populares, pero ellos tenían que hacer presencia de una forma bien ruidosa, como de costumbre.

Un manifiesto estudiantil que fue firmado por Mella, Gustavo Aldereguía. Leonardo Fernández Sánchez, Aureliano Sánchez Arango y Álvarez Recio, provocó que fueran acusados de desacato y ofensa al Gobierno. Los abogados defensores fueron Eusebio Hernández, Rubén Martínez Villena y Germán Walter del Río entre otros. Fueron condenados a 200 pesos de multa cada uno de ellos. Terminado el juicio se reunieron en un mitin relámpago en la esquina de Cuatro Caminos e iniciaron una marcha por la calle Belascoaín, luego siguieron por la calle Reina hasta llegar al Parque Central donde improvisaron otro mitin relámpago siendo en las dos ocasiones Julio Antonio Mella el orador. Del Parque Central se dirigieron a Palacio y al llegar al parque situado en la calle Colón empezaron a apedrear la estatua de Zayas, acompañado de insultos contra el Presidente, siendo de tal magnitud el escándalo que la Policía intervino disolviendo la manifestación.

Al día siguiente y siguiendo la costumbre de la época, la prensa presentó a los estudiantes como víctimas y a la Policía como victimarios. Poco después Mella y Bernal del Riesgo fundaron el Instituto Politécnico Ariel que era un nombre pomposo para una institución de adoctrinamiento marxista leninista cuyo objetivo era el obtener recursos de la Unión Soviética pues su ritmo de vida no podía sufragarse con lo que ellos "ganaban". Fueron ellos los únicos profesores iniciales.

En estos tiempos el grupo comunista estaba más interesado en participar en el próximo congreso obrero que en la fundación del partido, pero Mella, por el contrario, favorecía esto último, puesto que en el partido –pensaba él– sería una figura prominente y Mella necesitaba protagonismo a toda costa. Así, el día 1º de mayo, en el desfile de los anarcosindicalistas, también participan los comunistas, y lo que ocurrió nos los dice Héctor Arturo poniendo las palabras en boca de Grobart: "Machado había sido electo y faltaban pocos días para la toma de posesión. Se organizó una gran manifestación en la Plaza de Marte que sería después la Plaza de la Fraternidad, y se dirigió hacia el nuevo Frontón en la calle Belascoain. Había muchísimas banderas rojas en medio del desfile y al pasar frente a los balcones les tiraban flores. Estas banderas rojas llevaban la hoz y el martillo. Cuando llegaron al frontón y ante una gran muchedumbre habló Lázaro Peña, denunciando por primera vez a Machado que aún no había tomado posesión. Lo acusó de ser un Mussolini tropical. En la tarde nos reunimos, esta vez en el pueblo de Regla con una enorme masa humana que llenaba los pequeños botes y lanchas que atravesaban la bahía. De nuevo habló Mella, y entonces comprendí el cariño que sentían los obreros por este líder estudiantil". Hasta aquí el relato epopéyico de Fabio Grobart.

Las palabras de Mella en el acto de Regla, por supuesto, fueron loas a la Unión Soviética, a su partido y un llamamiento a los obreros para luchar "por su libertad". De esa forma, los bien organizados y disciplinados comunistas les robaron el 1º de mayo a los anarquistas. Por medio de los grupos pantallas comenzaron a formarse las primeras organizaciones comunistas que serían el núcleo para la futura formación del partido. La primera de ellas había sido fundada en el Centro Obrero por José Peña Vilaboa y Carlos Baliño. Recordemos que éste era un centro anarcosindicalista, pero ya sabemos que astutamente los comunistas siempre estuvieron robando a los demás. Algunos dirigentes anarquistas que se fueron inclinando hacia el comunismo, promovieron esta reunión para reanudar sus actividades socialistas de acuerdo con Baliño, y escamotear el lugar, el nombre y la agrupación. A pesar de todas estas maniobras, sólo unos treinta obreros se inscribieron en la agrupación comunista sin que fueran marxistas leninistas puros, sino "comunistas libertarios" pero pronto caerían en la red donde se habían metido.

Usando la misma táctica continuaron constituyéndose las agrupaciones comunistas; la de San Antonio de los Baños con Emilio Rodríguez y Miguel Valdés como dirigentes; en Manzanillo se formó otra agrupación dirigida por el ex diputado socialista español y dueño de la Tabaquería La Siempreviva, "Martinillo", el fundador del fracasado Partido Socialista anteriormente mencionado. Con sus relaciones comerciales, constituyó otra agrupación comunista en Media Luna. Las agrupaciones de Baracoa estaban controladas por los comunistas "libertarios" y por los socialistas moderados. En Regla se fundó la agrupación presidida por el alcalde que, presumiendo de socialista, luego resultó que era comunista y que también fundó la Colina Lenin para rendir un póstumo homenaje al líder de la revolución bolchevique y luego celebrar peregrinaciones anuales.

El 14 de agosto de 1925 y en un viejo edificio de la calle Calzada 81 presentó Carlos Baliño las credenciales de las agrupaciones comunistas que formarían el partido. La agrupación de La Habana estaba representada por Baliño, Mella y Barreiro. Valdés y Rodríguez representaban a San Antonio de los Baños; Venancio Rodríguez a Guanabacoa. Manzanillo no había podido asistir, pero por carta había delegado su representación en Mella y Barreiro. José Miguel Pérez, un español de las Islas Canarias, fue otro de los asistentes. El mexicano Flores Magón estaba como delegado de la Internacional y no está claro si Fabio Grobart estuvo o no en la reunión. Según Alfonso Bernal del Riesgo, el delegado argentino de la Internacional Comunista, Echerry, llegó tarde, pero de todas formas nada de esto importa. Tres hebreos participaron en la formación del partido...Yoska Grimber y Yunger Semovich por la Sección Hebrea y Félix Gurbich delegado fraternal por la Juventud Comunista Hebrea.

Baliño propuso crear una comisión para cada una de las sesiones. Otro de los presentes dijo que debía haber un presidente y un secretario de actas, así como un secretario de prensa. El presidente de la primera sesión fue Alejandro Barreiro y el delegado mexicano internacional, Enrique Flores Magón, como secretario de actas y Julio Antonio Mella secretario de prensa y propaganda. El intérprete hebreo Vassiman propuso que se guardara un minuto de silencio a la memoria de Lenin y de todos los compañeros caídos en las luchas por el marxismo leninismo y en aras de la lucha proletaria. Acto seguido Grimber, otro hebreo propuso que se enviara un saludo al Partido Comunista de México gracias al cual se estaba celebrando esa reunión. Mella propuso que se ampliara el saludo a todos los partidos comunistas del mundo. Se propuso formar una comisión que visitara a Pérez Vilaboa que por encontrarse enfermo no había podido asistir. Antes de terminar se propuso que se visitara a los marinos de un barco soviético surto en la bahía de Cárdenas porque el gobierno no había querido que desembarcaran en La Habana. Mella propuso se regalara una bandera a los marinos.

Se terminó la sesión declarándose que todavía no se estaba en condiciones de elaborar un programa de lucha y trabajo, pues esta reunión había sido para constituir el partido y para presentar su afiliación a la Internacional de Moscú. Se acordaron constituir los clásicos grupos juveniles, femeninos, etc. Se aprobaron los estatutos del partido que estaban basados en el centralismo democrático igual que el partido de la Unión Soviética. Se dieron instrucciones para constituir el partido en todos los centros de trabajo. Grobart informa que el congreso duró dos días, que celebró quince sesiones y preparó un plan de trabajo; este informe de Grobart, como todos los de él, fue fantástico y exagerado. Al final se eligió un comité central de nueve miembros, pese a que sólo concurrieron diecisiete personas, la mayor parte de los cuales eran extranjeros que permanecen en la penumbra en la historia de los diferentes escritos sobre la formación del partido, siendo Grobart el que ha dado más detalles y ha señalado algunos nombres: Mella, sección estudiantil; Barreiro, Valdés y Pérez Vilaboa a cargo de la sección obrera. Venancio Rodríguez, que fue uno de los nombrados al comité central, ha sido borrado de las historias sectarias por haber desertado del comunismo posteriormente. Hay tres extranjeros, también señalados, pero no mencionados por sus nombres.

Según Alonso Ávila, los nueve miembros del comité central fueron: José Pérez –español procedente de Canarias–, Carlos Baliño,

Julio Antonio Mella, Joaquín Valdés, Benito Expósito, Juan Cabrera, Félix Gurbach, José Peña Vilaboa y Venancio Rodríguez. Grobart dice que no se hizo un programa porque estas personas eran revolucionarios comunistas de corazón, pero no de conocimiento que no habían transitado por los estudios del marxismo-leninismo. El partido cubano quedó adscrito al buró que radicaba en Nueva York, aunque se esperaba que fuera al de Méjico. Las oficinas radicaban en el local del Socorro Rojo Internacional, un organismo fachada del comunismo, que era el encargado de suministrar todo lo necesario para que los agentes bolcheviques trabajaran en los lugares y misiones asignadas a ellos. Tenían un comedor popular en Luz y Compostela para servir a los que trabajaban en el Partido Comunista cubano y para los que se encontraban de paso por el país para traer instrucciones de Moscú y llevar trabajos realizados.

El primer acto público fue lo que se había acordado en las sesiones del congreso de visitar a los marineros del barco ruso anclado en la bahía de Cárdenas, que era simplemente un acto de vasallaje a la Unión Soviética, llevado a cabo en representación del partido, por Mella y José Rego López. En una conferencia posterior celebrada en el Sindicato de Torcedores, Mella pronunció una conferencia bajo el título de "Cuatro horas bajo la bandera soviética". El programa de difusión doctrinaria y captación de adeptos se iba a realizar en diferentes sectores… obreros, intelectuales, estudiantiles, grupos femeninos, con los mejores resultados obtenidos entre los intelectuales.

Días antes de la fundación del partido se había celebrado el Tercer Congreso Obrero y los comunistas, ya con cierta organización, se dedicaron a tratar de dividir y evitar el crecimiento y estabilidad de los grupos anarquistas así como entre los reformistas. Todos estuvieron de acuerdo en formar la Confederación Obrera Nacional de Cuba. La discusión sobre la composición de la mesa ejecutiva fue ardua, pero al fin se decidió nombrar una con carácter provisional, designándose a Alfredo López –conocido anarcosindicalista– para que la presidiera.

La Confederación se inscribió en La Habana en el mes de noviembre de 1925 y aunque los comunistas tuvieron que hacer muchas concesiones, lo cierto es que lograron estar dentro del organismo donde seguirían trabajando astuta y lentamente hasta apoderarse de la misma. Incluyeron en la mesa a Baliño que ya viejo y enfermo moriría unos meses después. Alejandro Barreiro, Joaquín Valdés, Emilio Rodríguez, Ramón Nicolau, Roberto Castellón –aparentemente todos unidos a los anarquistas trabajarían en los asuntos comunes a ambas vertientes, pero preparando el zarpazo para apoderarse de la organización.

Para la organización del sector femenino se trajo desde Le Havre, Francia, a la joven rusa Dora Vainstoch el 6 de septiembre de 1925; la misma realizó su labor de propaganda sin éxito de significación. Ya existía en Cuba el inicio del sentimiento feminista que primordialmente exigía, entre otras cosas, el derecho a votar. Este era un movimiento del mundo civilizado, corrientes culturales llegadas a Cuba desde sociedades libres. Los comunistas trataron de apropiarse de estos grupos haciendo ver que eran ellos los propulsores de estas ideas progresistas, pero todos sus esfuerzos sólo ganaron fracasos. El 26 de agosto de 1926 la rusa Dora fue sorprendida en una reunión de comunistas donde también se encontraba un delegado de la Internacional Comunista. La rusa fue expulsada de Cuba.

Un poco después los comunistas dieron entrada en el Comité Central a mujeres del patio como Sara Pascual, que era una comunista universitaria captada por medio de los intelectuales jóvenes, y se le encomendó la tarea de dirigir el sector femenino del partido.

Entre los intelectuales jóvenes de ideas comunistas aún confusas, trataban de presentar algo nuevo desconocido para ellos, y reclamaba "mejoras para todas las capas de la sociedad", pero no acababan de cuajar como para pertenecer directamente al Partido Comunista. Martínez Villena era el más conocido y activo de ellos, al igual que Julio Antonio Mella, pero este último, rebelde por naturaleza, había comenzado a tener grandes dificultades dentro del Partido por no seguir las orientaciones, discutirlo todo, colocarlo todo en tono de polémica, y esto era contrario al centralismo democrático. Esta turbulencia de carácter, esta impetuosidad y este espíritu de absoluta independencia que Mella exhibía, lo fueron llevando a tener grandes problemas con el partido hasta que fue expulsado del mismo.

En septiembre del 25 y debido a que un amigo suyo había sido suspendido en la asignatura Legislación Obrera por el Profesor Méndez Peñate, Mella sostiene una violenta discusión con el Profesor y le da una bofetada. Inmediatamente el servicio de seguridad de la Universidad lo pone a buen recaudo y se dicta una sentencia de expulsión por el Consejo Universitario, prohibiéndole la entrada en el plantel por un período de un año. Mella apela la decisión alegando que en la época de la revolución universitaria hubo cosas peores que esa y ahora por una simple falta de respeto toman esa acción. Por supuesto que la decisión queda en pie, pero el 27 de noviembre en un acto en memoria de los estudiantes fusilados en 1871, Mella aparece en medio de la celebración y empieza con sus arengas incendiarias de siempre. Se arma un tumulto, es detenido y es encarcelado pues se le estaba buscando acusado de poner un petardo en el Teatro Payret. Es condenado a cárcel antes de ser presentado a juicio, se declara en huelga de hambre, es ingresado en la Quinta de Dependientes, tratado por el Dr. Aldereguía y, mientras allí estaba, el Juez cambia el auto de procesamiento y le impone una fianza con lo cual Mella sale libre después de haberse recuperado. Temeroso por tener pendiente el problema de la Universidad decide salir del país y Machado se lo permite. La prensa alabó su actuación y la consideró como una protesta política. Su abogado en el proceso del petardo había sido Rubén Martínez Villena. Salió del país, pasó por Honduras y Guatemala, y mediante gestiones del comunista mexicano delegado de la Internacional, se le concede permiso de entrada en México. Los argumentos del Partido Comunista para expulsarlo, entre otros, se le acusaba de ser un pequeño burgués, ser indisciplinado y otros más. Era una forma clásica del Partido de manejar situaciones como esta.

El grupo comunista universitario tuvo que replegarse, abandonar el nombre de comunista y mantenerse "a la sombra". De los seguidores de Mella solamente quedaron Leonardo Fernández Sánchez, José Chelala Aguilera, José Elías Entralgo, Francisco Pérez Escudero, Gabriel Barceló, Israel Soto Barroso, José Elías Borges, Manuel Guillot, Anibal Escalante, Aureliano Sanchez Arango, Raúl Roa y otros. Fuera de la Universidad, Martínez Villena trataba de reiniciar las actividades de la Universidad Popular fundada por Mella, tratando de reunir a los profesores antiguos de esa entidad comunista, aprovechando la presencia en Cuba de estudiantes latinoamericanos expulsados de sus países de origen, especialmente venezolanos y argentinos. Al empezar a discutir los comunistas cubanos con los apristas peruanos los detalles de esta Universidad, la misma terminó por desaparecer.

En el campo laboral Machado empezó a liquidar a los anarquistas, sobre todo porque le estaban provocando huelgas. Recordemos el asesinato de Enrique Varona y de Alfredo López, y más tarde fue eliminado Margarito Iglesias que era el líder anarquista del sindicato de la Cervecería Polar. Comenzó la expulsión de anarquistas españoles, especialmente los dos Bonifacios...Ruiz y Pérez. Cada vez que un anarquista era asesinado, los comunistas se apoderaban de su posición en las organizaciones obreras. La Confederación de Trabajadores pasó a manos de Pilar Herrera y tras varias sucesiones, entre ellas, la de Joaquín Ordoqui, César Vilar se hizo el dueño absoluto de la Confederación. Este triunfo inicial fue seguido por el fracaso de la pérdida en el número de miembros, debido a la posición sectaria de los comunistas. También desapareció el Grupo Minorista porque Martínez Villena se había embarcado en una desenfrenada carrera sectaria pretendiendo involucrar a todos los componentes del Grupo. Alberto Lamar Schwer le dio el golpe de gracia con la publicación de su libro titulado "Biología de la Democracia". El Grupo Minoritario realmente nunca fue un grupo político, sino de amigos que se reunían para discutir problemas.

El desprendimiento de los miembros del Grupo Minorista dio como consecuencia que muchos participaran en la Revista De Avance o en otras actividades independientes con los comunistas, tratando de captar aquellos que no les eran afines. El gran fracaso de los comunistas en el reclutamiento de intelectuales fue el ocurrido con el poeta Agustín Acosta, que fue víctima de ataques verbales usando los peores epítetos y calificativos negativos. Otro proyecto que fracasó fue el de incorporar a los exiliados extranjeros que había en Cuba para protestar contra el gobierno nacional y los gobiernos extranjeros. Se recibió una queja del gobierno del Perú que condujo a la detención de extranjeros, algunos de los cuales fueron expulsados, y algunos comunistas cubanos fueron condenados a prisión. Otra vez el deseo de abarcar mucho les hizo perder lo poco que ya habían conseguido. Uno de los expulsados, recordemos, fue Martín Casanovas, uno de los fundadores de la revista De Avance.

Por este tiempo Rubén Martínez Villena ingresa oficialmente en el Partido Comunista, creyéndose que la demora en hacerlo se debió a varias causas, siendo una de ellas que él era más útil desde una posición "independiente" que como miembro del partido. La otra razón era que su cercanía a Mella lo hacía sospechoso a los miembros del comité central, que le temían por esta razón. Por su parte, Mella había ingresado en el comunismo internacional durante su estancia en

México, y desarrollaba una incansable actividad de propaganda y de organización de los exiliados cubanos en el país azteca. Formó parte de la secretaría del Partido Comunista mexicano, organizó la Liga de Campesinos Mexicanos Comunistas, y como miembro y dirigente de ella fue invitado al Congreso antiimperialista que se celebraría en Bruselas.

El ingreso de Martínez Villena en el Partido Comunista coincide con su famosa polémica con Jorge Mañach, que se originó cuando José Antonio Fernández de Castro, un comunista y redactor del Diario de la Marina, lanzó en las páginas de ese periódico la idea de organizar un plan de recaudación de fondos para publicar los "versos" de Martínez Villena. Mañach, desde su sección "Glosas", escribió que había una gran contradicción entre el "prestigio" literario de Martínez Villena y el escaso valor literario de su producción. Martínez Villena se siente herido en su orgullo y declara "no habrá homenaje y no habrá libro" y, como si se tratara de un ataque a los poetas, dijo "yo, aunque he escrito versos, los desprecio y los destrozo, los regalo y los olvido". Esto se parecía a la fábula de la zorra y las uvas.

Esta fue la peor etapa inicial del partido, pues Baliño había muerto de vejez, José Pérez había sido deportado, y el partido andaba totalmente al garete. Pese a estos fracasos se le ha dado una vuelta en escritos posteriores, especialmente los de Fabio Grobart que, como se sabe padecía de una gran fantasía, para exaltar las cosas que nunca existieron. Blas Roca dice que el partido declarado ilegal fue perseguido y sus líderes acosados, y para completar la mentira, dice que Baliño murió mientras estaba sometido a un proceso judicial, lo cual es históricamente falso.

Después de la celebración del congreso de la Liga Anti Imperialista con la asistencia de Mella, se llevó a cabo una reunión de partidos comunistas latinoamericanos para establecer una unidad internacional, con una dirigencia distinta a la de los partidos. Mella se había hecho popular en parte de los delegados asistentes, pero el argentino Codovila, que obedientemente seguía las instrucciones de Moscú, había sido encargado de evitar a toda costa el ascenso de Mella ya que Moscú tenía los informes del partido cubano que no eran favorables a Mella. Con ese fin Codovila ideó una estratagema comunista genial. La votación se celebraría una mañana, y él citó para la primera hora a los que iban a votar por su candidato, y unos treinta minutos más tarde a los que estaban indecisos, y cuarenta y cinco minutos después a los que estaban a favor de Mella. Cuando estos últimos llegaron, ya Mella había sido derrotado por los primeros y los segundos votantes. Los que llegaron en la tercera hora fueron acusados de irresponsables, de no saber cumplir con su deber, etc. Disgustado con lo sucedido, Mella pasó a Nueva York trabajando en varios oficios, y finalmente regresó a México reintegrándose al partido mexicano, pero su habitual indisciplina, unida a su independencia, lo fue convirtiendo en un elemento indeseable del cual había que deshacerse.

El episodio de la enseña cubana organizado por Mella, donde reunió a los exiliados cubanos, y en el cual no se permitió exponer la bandera cubana sino la soviética, quedando para Cuba sólo un cartel con la bandera pintada, que además fue ultrajada por Mella al cortarle la estrella, provocó un gran incidente. El embajador cubano al enterarse protestó ante las autoridades mexicanas, quedando de manifiesto que Mella actuaba por su cuenta sin importarle los intereses del partido. Días después cuando salía de una reunión con su amante, la italiana Tina Modotti, lo asesinaron disparándole por la espalda, muriendo al siguiente día. La Modotti dio una versión increíble de palabras pronunciadas por un hombre que estaba inconsciente, y la muerte de Mella se convirtió en un símbolo, seguida por un entierro apoteósico. Inmediatamente acusaron al imperialismo yanqui y a Machado de ser los instigadores del asesinato. Machado realmente nada ganaba con su muerte, pues ya Mella no tenía ninguna representación en Cuba. Así se tejió esa leyenda que duró años. El partido comunista de los Estados Unidos, inclusive, hizo una grave acusación a Machado por este hecho. Después de la muerte de Trotsky se pudo saber que el asesinato de Mella había sido obra de los comunistas por orden de Moscú, por ser Mella un elemento disociador en los planes internacionales del comunismo.

Martínez Villena, después del fracaso de la resurrección de la Universidad Popular y tras el desmembramiento del Grupo Minorista, inicia el año 29 con una huelga de los obreros textiles y sombrereros que llegó a hacerse general y duró unas 24 horas, reprimida por la Policía de Machado. Martínez Villena busca refugio en la casa de nuestro "viejo conocido" José Miguel Irisarri, enigmático personaje de nuestra historia. Tenían que ser muy buenos amigos estos dos individuos para que el perseguido buscara refugio allí y el casero fuera tan hospitalario. Irisarri que, a su vez, tenía muy buenas relaciones con Carlos Miguel de Céspedes, obtuvo que Machado le diera un pasaporte a Martínez Villena y lo dejara salir del país, a diferencia de lo que había hecho anteriormente con los anarquistas, que fue asesinarlos. A Rusia se dirigió el joven comunista a donde llegó enfermo siendo ingresado en un sanatorio en varias ocasiones y a la postre regresó a Cuba en 1933, En Julio de ese año pactó con Machado para frenar la huelga revolucionaria como ya vimos, un nuevo fracaso.

El partido estaba en malas condiciones después de la caída de Machado e hicieron el intento fantasioso de implantar sóviets en la provincia de Oriente, fantasía que repetirían durante la huelga de Marzo de 1935. Esperaban que se les unieran los soldados lo cual no ocurrió, y la "fantasía" fracasó ruidosamente. Luego vino el ya también mencionado entierro de las "cenizas" de Mella con los incidentes asociados con el mismo. Cautelosos, los comunistas bajaron el nivel de sus actividades puesto que eran repudiados por el resto de la oposición y no lograban conectarse con el gobierno.

Al comenzar el año 34, en los inicios del Gobierno de Mendieta, los comunistas desarrollan una intensa campaña de huelgas, atentados, actos terroristas y otras actividades subversivas para establecer un clima que permitiera la unión de las otras fuerzas oposicionistas para derrocar revolucionariamente al gobierno. La huelga más importante fue en el puerto de La Habana, sofocada ferozmente por la represión batistiana, bajo la mano dura de Pedraza.

En los primeros meses de ese año el partido sufre grandes descalabros, no sólo por el fracaso de sus acciones y la detención de muchos de sus miembros, de tal manera que la CNOC (Conferencia Nacional Obrera Cubana) fue declarada ilegal y fue disuelta, y así mantuvieron un perfil bastante discreto tratando de unirse a las fuerzas revolucionarias que iban en aumento. Entre ellas, el Partido Auténtico recién formado, la Joven Cuba, y el ABC después de haber abandonado el gobierno tras el tiroteo del Parque Central en el cual participaron los comunistas, según reconoció posteriormente Joaquín Ordoqui. Los anarquistas de la Federación Obrera de La Habana, donde permanecían los anarquistas dando coletazos y el nuevo elemento trotskista, después de su separación del comunismo estalinista en 1929, representado por Sandalio Junco. La oposición no se ponía de acuerdo y cada cual actuaba por su cuenta. Al gobierno le resultaba más fácil controlarlos y eliminarlos uno a uno. No obstante, en Marzo de 1935, en una forma casi espontánea surgió la llamada huelga de Marzo donde concurrieron todos los sectores de oposición, excepto los comunistas que se replegaron a ver qué pasaba y qué podían obtener. Como sabemos, la huelga fue reprimida y eliminada trágicamente en menos de una semana por Pedraza, con lo cual Batista aumentó su control sobre la nación. Durante esos días Pedraza dictó el famoso bando de "a dormir a las nueve de la noche".

Al caer Machado comenzaron a regresar a Cuba los estudiantes expulsados en 1927, primero llegaron los que no habían podido terminar sus estudios, y años más tarde los que los finalizaron en Francia. Del grupo que fue expulsado por haber quitado los letreros de propaganda de Machado de la escalinata universitaria, solamente dos, Eduardo Chibás y Ramón Hermida, no se convirtieron al comunismo. Los demás ya iban con algo de comunismo o lo adquirieron durante su estadía en Francia. En definitiva llegaron a Cuba como comunistas con la particularidad que ya no se consideraban jóvenes estudiantes comunistas, sino dirigentes comunistas, que habían aprendido marxismo leninismo en las escuelas francesas. Esto dificultaba en algo la situación del partido, pues no había donde ponerlos a funcionar de acuerdo con sus pretensiones. El partido necesitaba con mayor urgencia elementos que trabajaran dentro de la masa obrera, también organizar los cuadros universitarios y continuar el trabajo con los intelectuales, que había sido el más efectivo. Esto se decía fácil, pero era difícil de instrumentar y más en los momentos en que el partido estaba decidido a llevar a cabo una lucha totalmente revolucionaria contra el gobierno de Mendieta. De Moscú venían las consignas de frente unido cuando hubiera una situación pre-revolucionaria, y de frente popular cuando estuvieran establecidos los partidos políticos y el país tuviera gobiernos estables. Por lo tanto en ese momento la situación en Cuba era de frente unido pero no hubo oportunidad de constituirlo antes, durante, ni inmediatamente después de la huelga de marzo.

Las experiencias de 1931 y 1932 le habían servido de muy poco al partido. En aquella ocasión iniciaron las marchas por la Isla protestando por las privaciones que sufrían distintos sectores obreros y de aquello, salvo en Manzanillo, no despertó la atención de nadie más.

Más tarde trataron de convertir huelgas locales de tranviarios y tabaqueros en La Habana en huelgas generales, utilizando el sistema de frente único, pero por entenderlos ellos en forma sectaria también fracasaron. A principios del año 1934 volvieron los rojos a la carga con sus huelgas parciales, intentando convertirlas en paros nacionales revolucionarios, y lo único que lograron fue la disolución de la Confederación Obrera. Por esa razón, en la huelga de marzo nadie quiso aliarse a los comunistas que como ya dijimos no participaron en la misma. Con esta abstención perdieron gran parte del poco crédito que tenían entre los obreros.

Expulsiones fueron dictadas por el comité central contra aquellos miembros que se negaban a obedecer sin discutirlas las directivas lanzadas por la élite dirigente. Estas expulsiones que se produjeron después de la caída de Machado y en el tiempo de Mendieta, redujeron considerablemente la membresía del Partido Comunista. Recordemos que en enero de 1934 y con el Coronel Mendieta ocupando la Presidencia de la República, ocurrió la muerte del Dr. José Elías Borges –que aparecía en varias listas de comunistas– ocurrida en una riña que sostuvo con un farmacéutico debido a la huelga médica. Los comunistas tomaron al fallecido como bandera y lo calificaron como un mártir. Inexplicablemente la clase médica permitió que el pabellón del hospital Calixto García dedicado a la atención de los médicos se llamara Pabellón Borges, cosa que nosotros, al arribar a ese hospital ignorábamos su significación. Aparentemente, coincidiendo con la propaganda roja lo consideraron un mártir que ciertamente no fue, pues pereció como resultado de una pelea con un farmacéutico y simplemente la perdió. Pero como era un comunista, se le honró como a un mártir, pues las cosas eran así.

En la segunda mitad del año 1934 los comunistas fueron extendiéndose lentamente, fundando el periódico "La Palabra", curioso nombre que años después utilizaría José Pardo Llada en sus emisiones radiales. El primer director fue Carlos Carrera Justiz y el segundo Andrés Núñez Olano, que en aquella época sufrían de un grave caso de sarampión. Los estudiantes regresados de Europa se infiltraron en el ala izquierda estudiantil manteniendo una constante agitación revolucionaria, aumentando su campaña contra los Estados Unidos sin importarles que Washington hubiera abrogado la Enmienda Platt y mejorado el Tratado Comercial, no en una forma definitiva pero permitiendo el inicio de una leve recuperación económica.

Finalizando este año Joaquín Ordoqui y Blas Roca fueron a la Unión Soviética para celebrar, junto a sus camaradas, el Congreso del Partido Comunista de la URSS. Coincidía esto con el inicio de los procesos en la gran purga consecuencia de la muerte de Kirov y que se extendieron todo el año 35 y 36. A principios del 35 todos los sectores oposicionistas estaban preparando la huelga revolucionaria "a la cubana", es decir, que todo el mundo estaba enterado de lo que preparaban. Aníbal Escalante, quien había quedado a cargo del partido, aprovechó el pretexto de que tenía que asistir a unas sesiones de marxismo leninismo en la Unión Soviética y abandonó también la Isla. La excusa fue que el partido no participó porque su dirigencia estaba fuera de Cuba, pero en realidad, lo que habían ordenado era la "no-acción" para ver lo que estaba sucediendo. En uno de los allanamientos efectuados por la Policía en los días de esa trágica semana, refiere el comandante Tandrón que se encontraron todos los documentos del partido y de sus planes inmediatos para después de la huelga, confiando que al triunfo del paro ellos, los comunistas, podrían hacerse cargo no sólo de la dirección de los trabajadores, sino también del gobierno de Cuba. Los planes existían para la República Soviética Cubana con Blas Roca como presidente del presidium con dirigentes nombrados para todos y cada uno de los municipios, de las provincias y de todos los estamentos republicanos, lo cual era una fantasía, pues no contaban con suficientes miembros para eso.

En estos tiempos los trotskistas de Sandalio Junco les estaban haciendo una guerra frontal al igual que el ABC y el Partido Auténtico, encontrándose acorralados los rojos y desapareciendo el periódico "La Palabra" después del fracaso de la huelga. Todos sus planes frustrados en los diferentes niveles en los que trabajaban, la Universidad y la clase obrera, entre otros.

Antonio Guiteras, con el cual los comunistas estaban en pugna, es asesinado en el mes de mayo y sin sonrojo alguno los comunistas cubanos tratan de convertirlo en héroe del panteón comunista. Temprano ese año había muerto Rubén Martínez Villena de tuberculosis en el Sanatorio La Esperanza, y por supuesto la historiografía comunista lo hace aparecer como un mártir de la revolución. Es obvio que la palabra mártir tenía múltiples significados para ellos. También murió Gabriel Barceló que fue uno de sus líderes juveniles de aquel tiempo afligido por la misma enfermedad de Martínez Villena, pero éste no fue colocado en la categoría de héroe.

Los comunistas se oponen a las elecciones de 1936 anunciadas por Batista que era la misma posición declarada por los auténticos y los abecedarios. Tras fracasar en sus intentos de formar un frente único en los años 1936 y 1937, de nuevo ejecutan una pirueta de las acostumbradas, dando un viraje político, pactando con Batista, presentando excusas que sólo fueron "tragadas" por los crédulos incautos de todas las épocas. Para poder disfrazar su anterior posición de enfrentamiento a Batista hubo que hacer mil y un cuentos en su propaganda: Batista –dijeron– estaba dando "pasos progresivos", Batista estaba "ayudando a la clase obrera", Batista, Batista, Batista,… entonces todo lo que hacía Batista era bueno y lo malvado era lo que hacían los que se oponían a Batista. Por ese tiempo también se apoderan de la bandera de la República Española atribuyéndose la representación de esa vertiente política en Cuba. Algunos dirigentes comunistas españoles llegan a La Habana y tratan de apoderarse del Centro Gallego, pugnando con otros republicanos; crearon la Casa de la Cultura, recogían dinero para los "combatientes", pero por esas cosas de la vida, los dineros quedaban en las arcas del Partido Comunista de Cuba.

En definitiva vino la unión con Batista, y todos aquellos ataques y acusaciones de muertos y atropellos, pasaron, en su mejor repertorio, a la alabanza, primero encubierta y abierta y descarada después loando al "gran revolucionario" Batista. En su criterio, ya había llegado la oportunidad esperada por ellos del Frente Popular, pues venían las elecciones para la Constituyente. Batista creyó que los comunistas tenían suficientes votos para el control de la asamblea, pero ya vimos en su momento que realmente no fue así. Los comunistas tenían más gritería que afiliados verdaderos, más alboroto que votos reales. De esta forma, la constituyente cayó en manos de la oposición.

Los comunistas se enfrascan en debates durante las sesiones de la Asamblea Constituyente con Eduardo Chibás y la muy famosa con Orestes Ferrara, cuando Salvador García Agüero le dice "sepa usted que yo he pasado por la Universidad", a lo que Ferrara riposta "los tranvías también pasan por allí y con eso no hacen nada". Se mantienen los comunistas al lado de Batista y éste los premia entregándoles la CTC tras la fundación por parte de los rojos de sindicatos y federaciones fantasmas para tener más representación. Engañaron a León Rentería en la reunión obrera latinoamericana de México, y éste cedió la posición de dirigente de la central obrera cubana por una posición en la central latinoamericana que no tenía la menor importancia práctica. Lázaro Peña quedó así al frente de la CTC.

De esta forma, como miembros que son de la Coalición Socialista Democrática, apoyan a Batista en su triunfo electoral y para las siguientes elecciones apoyan furibundamente la candidatura de Carlos Saladrigas. Pero tras el triunfo de Grau, efectúan un viraje espectacular, sin desenfado alguno, pactando con Grau a principios de 1945 y esto dura hasta 1947, cuando instrucciones llegadas de Moscú les ordena atacar a los Estados Unidos. No obstante, permanecen en la CTC con gran influencia en los diferentes sectores obreros. No olvidemos el puesto que Batista le da a Carlos Rafael Rodríguez, colocándolo en posición de darle empleo a los funcionarios de menor categoría, desde donde coloca a numerosos camaradas. Asimismo, los nombramientos del ya referido personaje y de Marinello como Ministros sin Cartera, así como la existencia de otros electos Representantes por la Coalición Socialista Democrática. Bien establecidos por Batista en diferentes ramas del poder, continuaron trabajando en el sector intelectual con más fuerza que antes, pues contaban con el respaldo oficial. Prío es quien los desbanca desde su posición como Primer Ministro y Ministro del Trabajo en el Gobierno de Grau en 1947. La CTC es colocada en manos diferentes a las de los comunistas. Primero, Ángel Cofiño y después Eusebio Mujal, miembros ambos del Partido Auténtico. Recordemos que en 1942 los comunistas habían asesinado a Sandalio Junco, quitando de en medio a un líder con gran arraigo que hubiera sido, probablemente, el sustituto de Lázaro Peña.

Blas Roca ordena a los miembros del partido apoyar a los candidatos ortodoxos en las elecciones de 1952 y previamente habían cedido decenas de miles de afiliados al PAU de Batista. Sorprendidos por el golpe de estado del 10 de marzo y tras unos ataques de prensa superficiales, ni tardos ni perezosos pactan "bajo cuerda" con Batista logrando así los "marxistas" no ser molestados por los cuerpos represivos "marzistas". Se infiltran en todas las organizaciones revolucionarias y logran un componente de consideración en el Movimiento

26 de Julio. La vieja guardia roja por una parte, y la juventud por otra, los cuadros políticos rojos tradicionales por un lado y los de nuevo cuño por el otro. Así, atacan a todas las actuaciones revolucionarias en la que no estuviera en forma predominante el movimiento 26 de julio, como fueron el ataque a Palacio, el ataque al cuartel Goicuría y la insurrección de Cienfuegos entre otras. Siempre, en estos casos, acusan de "putschismo" a los que las llevaron a efecto.

Un proceso de persistente infiltración en los grupos subversivos, especialmente cuando estos cobran niveles de prioridad en el panorama nacional. El Partido Comunista internacional mueve todos sus recursos a favor de Fidel Castro en México antes del desembarco. Luego, en el mismo país y en otros países de Latinoamérica, así como en los propios Estados Unidos, después del desembarco del Granma. Continúan recibiendo los viejos camaradas sus mesadas en sus casas y en los propios Estados Unidos, y sin una gota de vergüenza ascienden las laderas de la Sierra Maestra para subirse al carro rojo de Fidel Castro.

Los años anteriores al 1944 se caracterizan por la existencia de luchas intestinas dentro del partido cuando Blas Roca destituye a Martín Castellanos y a Chelala Aguilera por sus intentos de hacer un frente único en el que el partido no sea prioritario. Luego se producen otras cuando el pacto Molotov-Ribentrop entre Alemania y la Unión Soviética, píldora más difícil de tragar para una buena parte de los intelectuales cubanos pertenecientes al partido, aunque no todos se desilusionaron. Además de ser marxista-leninista, un buen comunista tiene que estar dispuesto a apoyar cosas que hoy son malas y que mañana Moscú y sus partidos satélites las transforman en buenas, o viceversa. Su éxito final se debió a los esfuerzos de los miembros más distinguidos del partido, a la ausencia de moral en su conducta tal como mentir, engañar, defraudar, dar giros de 180 grados sin que para hacer estas cosas les quede ni un átomo de molestia en una conciencia que no poseen, siempre protegidos por la Unión Soviética y sus grandes recursos. Todos estos factores unidos a los errores de los partidos y de los movimientos democráticos cubanos fueron los que llevaron a Cuba a caer en las redes comunistas.

APÉNDICE FINAL

"CUBA EN 1958"

Seguro social. Los trabajadores cubanos disfrutaban de un salario o sueldo mínimo que estaba establecido por comisiones paritarias de patronos y obreros. Estaba prohibido hacerles descuentos en sus salarios y sueldos. También se prohibía pagarles con vales, fichas, mercancías o con cualquier otra cosa que pretendiera sustituir el pago con la moneda de curso legal. Los trabajadores cubanos estaban favorecidos con un Seguro Social Obligatorio que incluía los riesgos de invalidez, vejez, desempleo y otros aspectos referentes a sus ocupaciones. Tenían el derecho de jubilarse por antigüedad y de pensión por causa de muerte. Todos estos beneficios incluían, por supuesto, a los trabajadores agrícolas, siendo Cuba el primer país del mundo que reconocía estos derechos a los obreros del campo. También había un seguro que los patronos pagaban en su totalidad y que cubría las enfermedades profesionales y los accidentes del trabajo.

Beneficios laborales y sindicalismo. La jornada de trabajo era de 8 horas, que se reducía a 6 horas para los mayores de 14 años y menores de 18, y una labor semanal máxima de 44 horas con pago de 48. Los trabajadores cubanos tenían vacaciones con sueldo de un mes por cada once de labor, para lo que se les deducía mensualmente un 9.09% de su salario. La maternidad obrera estaba protegida, pues la mujer descansaba –con pago de su salario– desde las seis semanas anteriores al parto y hasta seis semanas posteriores al mismo, tiempo éste que podía ampliarse si es que su médico lo estimaba necesario por especiales razones de salud.

Los obreros y empleados tenían libertad para sindicalizarse o no. Los trabajadores cubanos tenían derecho a la huelga y se prohibía el "lockout". La contratación colectiva de trabajo era obligatoria para patronos y obreros prohibiéndose renunciar o disminuir los derechos laborales. Los trabajadores isleños eran inamovibles en sus empleos y para despedirlos era preciso demostrar causas establecidas por las leyes laborales. Por su parte el Estado estaba obligado a construir viviendas al alcance de la economía de los obreros. Es importante el dato de que Cuba ocupaba el séptimo lugar mundial en el salario promedio del trabajador agrícola ($3.00 diario) y el segundo lugar en América. La participación del pago a obreros y empleados en el ingreso nacional ocupaba el cuarto lugar del mundo sólo superada por Gran Bretaña, Estados Unidos y Canadá. Sin embargo la colegiación profesional era obligatoria para las profesiones universitarias y no universitarias. La Confederación de Trabajadores de Cuba era una de las poderosas organizaciones obreras de este hemisferio, con una membresía de 1,353,000 obreros distribuidos en unos 2000 sindicatos que constituían 33 federaciones de industrias.

Educación y cultura. En el aspecto de la Educación y la Cultura existían 1,864 Jardines de la Infancia, 8900 escuelas primarias públicas y 1,700 privadas, así como 240 escuelas primarias superiores. En cuanto a la Enseñanza Secundaria, Cuba tenía 171 Institutos de Segunda Enseñanza divididos en 21 públicos y 150 privados. Existían 14 Escuelas Normales para Maestros, 7 Normales de Kindergarten, 14 Escuelas del Hogar y 168 Escuelas de Comercio, de las cuales 18 eran oficiales o públicas. La Isla contaba con 22 Escuelas Tecnológicas, 6 de Periodismo, 6 de Bellas Artes, 6 Provinciales de Agricultura, una Escuela Forestal y 12 de Agrimensura.

En 1958 Cuba tenía 12 Universidades de las cuales 3 eran oficiales, la de La Habana, la de Oriente y la de Las Villas, pero además tenía 4 oficializadas y 5 privadas. Su profesorado y personal de asistencia era altamente calificado y existía absoluta libertad de cátedra. La Universidad de La Habana, además de la educación profesional, ofrecía a los alumnos universitarios los servicios de la Clínica del Estudiante y del Balneario Universitario. En el año 1960 la UNESCO reconoció que en Cuba en el año 1940 todos los maestros de enseñanza primaria y secundaria estaban en posesión de títulos Normales o Universitarios, siendo el único país latinoamericano que había alcanzado ese nivel. Cincuenta mil hombres y mujeres eran educadores graduados y pertenecían a Colegios Profesionales. Un total de 34,000 maestros trabajaban en 30,000 aulas de enseñanza primaria con un alumnado de 1,300,000 educandos. Habían 1700 escuelas privadas con una matrícula de 200,000 alumnos, que aunque funcionaban bajo la orientación del Ministerio de Educación, no percibían ni un sólo centavo del gobierno para su sostenimiento. Los textos de autores cubanos y editados en la Isla habían ganado prestigio internacional y eran utilizados en toda la América Latina tanto para los niveles primarios y secundarios, como para el nivel universitario, con una venta que llegó a alcanzar los 10 millones de dólares anuales, hecho que fue reconocido por la tiranía castrista en 1959.

Contrario a lo dicho por la propaganda comunista, Cuba ocupaba el tercer lugar en la América Latina en la alfabetización de su población con un 77.9% que tenía las capacidades de leer y escribir. En cuanto al nivel universitario en 1958, y según el Anuario Estadístico de las Naciones Unidas, la Isla junto con Argentina, Uruguay y México ocupaban los primeros lugares con 3.8 universitarios por cada 1000 habitantes. Cuba era una nación que concedía gran importancia a la cultura y tenía excelentes instituciones que la atendían y desarrollaban, y prueba de eso es que la Isla fue cuna de ilustres figuras en las ciencias, las artes, las letras y los deportes. Como testimonio de ello podemos citar al médico cubano Carlos J. Finlay que fue el descubridor de la vía de transmisión de la fiebre amarilla, y el naturalista Carlos de la Torre que adquirió reconocimiento y fama internacional. Jorge Mañach fue un ensayista de fama mundial; los compositores Ernesto Lecuona, Gonzalo Roig, Ignacio Cervantes y Sánchez de Fuentes, fueron exquisitos creadores de música que ha recorrido el mundo.

Medicina. Agustín Castellanos fue un médico pediatra que en 1937, y después de seis años de estudios y trabajos iniciados en 1931, fue el creador de la Angiocardiografía, sistema mediante el cual es posible radiografiar el corazón y los vasos. Tan grande fue esta aportación a la ciencia médica que en 1960, y ya exilado de su patria, fue propuesto por las naciones latinoamericanas como candidato al Premio Nobel de Medicina, cosa que no pudo lograr porque otro médico norteamericano le disputaba la paternidad de su descubrimiento. Sin embargo en 1966 el Colegio de Cardiología de Estados Unidos, con todo el peso de su prestigio, lo reconoció y declaró como el verdadero autor del sistema, otorgándole la Medalla de Oro de la Institución, lo que lo convirtió en el segundo extranjero que la recibía, pues con anterioridad sólo la había recibido la famosa Madame Curie.

En el área de la Sanidad y la Asistencia Social fue bien sabido que los servicios de asistencia médica de Cuba eran superiores a los de casi todos los países latinoamericanos. El Estado prestaba servicios de salud mediante Hospitales Nacionales, Provinciales y Municipales así como Casas de Socorro, todos sostenidos por el Estado, y cuyos servicios eran absolutamente gratis. Los hospitales de maternidad obrera estaban presentes a través de toda la Isla, eran de calidad superior y estaban totalmente dedicados a cuidar de la salud de las obreras grávidas. Existían hospitales públicos especializados para el cuidado de los enfermos con tuberculosis, con enfermedades infecciosas, con enfermedades mentales, con dolencias ortopédicas, contra el cáncer, para la rehabilitación de inválidos, etc. Para el cuidado de los niños se había creado la Organización Nacional de Dispensarios Infantiles que contaba con unidades estratégicamente distribuidas por todo el país con estupendos hospitales nacionales y provinciales.

Pero también había Clínicas Privadas, la mayoría de las cuales ofrecía un cuidado total de la salud a cambio de pagar una módica cuota mensual. En esto colaboraron mucho los inmigrantes llegados de España y organizados en los llamados centros regionales que crearon un sistema asistencial para sus miembros con hospitales de primera calidad y a los cuales también se podía suscribir el resto de la población. Nos referimos a los Centros Gallego, Asturiano, de Dependientes, de Hijas de Galicia, etc. Para describir los servicios de estos Centros citaremos como ejemplo al Centro de Dependientes que en 1958 y por una cuota mensual individual de $2.85 daba a sus miembros una total asistencia médica y hospitalaria y también les suministraba las medicinas. El asociado además tenía derecho al uso de su palacial centro social en el Paseo del Prado, su club en la Playa, escuela para sus hijos con transporte de ómnibus, asilo de ancianos y un funeral básico. Inspirados por este novel sistema otros grupos de médicos fueron creando también hospitales y clínicas en La Habana y en las capitales de provincia que ofrecían asistencia hospitalaria y médica, aunque no estaban incluidas las medicinas. Todas estas organizaciones tenían delegaciones en un número de municipios donde ofrecían servicios médicos y un limitado número de remedios. En 1958, había 2,524 médicos trabajando en estas instituciones y atendían a una membresía de más de medio millón de pacientes.

Cuba estaba entre los primeros cuatro países del mundo en cuanto a la reducción de la mortalidad infantil con sólo un 3.76% de los nacimientos y que era la más baja de América Latina. En la Isla trabajaban 6,500 médicos, lo que arrojaba 128.6 médicos y dentistas por cada 100,000 habitantes, y ocupando así un tercer lugar en América Latina después de la Argentina y Uruguay. En cuanto a la capacidad hospitalaria en 1958 Cuba tenía cerca de 100 instituciones hospitalarias que proveían 1 cama por cada 170 habitantes –incluyendo el sector público y privado– y ocupando así el primer lugar en los países latinoamericanos.

Economía. En el área de la Economía podemos decir que el sistema bancario cubano estaba formado en su sector oficial, por el Banco Nacional, el Banco de Fomento Agrícola e Industrial, el Banco Cubano de Comercio Exterior, el Banco de Desarrollo Económico y Social, la Financiera Nacional y el Fondo de Hipotecas Aseguradas. Existía además un moderno y eficiente sistema de bancos comerciales que ya alcanzaba la cifra de 48 bancos, con 273 sucursales por todo el país y 8,035 empleados. La Isla tenía 11 bancos de capitalización y ahorro, para facilitar la construcción de viviendas privadas. En 1957 y 1958 los depósitos bancarios fueron superiores a los mil millones de pesos, y de los cuales el 60% estaba en bancos cubanos. Los ahorros llegaron a $443 millones y los préstamos aprobados a $784,500,000. Debemos aclarar que en ese tiempo el peso cubano se cotizaba a la par con el dólar, y que Cuba, con sólo seis millones y medio de habitantes, ocupaba el tercer lugar entre los países latinoamericanos en el monto total de reservas de oro, dólares y valores convertibles en oro con $373 millones, sólo por debajo de Venezuela y Brasil que tenían muchos más habitantes. En 1958 el ingreso nacional bruto de la Isla era de $2,834 millones con cuya cifra ocupaba el sexto lugar en América Latina y el 40 mundialmente según la escala de Ginsburg, mas si se calcula el per cápita correspondiente a la menor población de la Isla se obtiene un mejor índice comparativo sobre la salud económica de Cuba. Otra cifra que testimonia la solidez de la economía cubana se puede deducir del Presupuesto Nacional de 400 millones que dividido entre el número de habitantes arrojaba el per cápita presupuestal más alto de América Latina. En 1962 los profesores MacGaffey y Barnett publicaron un estudio basado en los últimos años de la República donde afirmaban que: "es indudablemente cierto que el grupo de ingresos medios de Cuba era el mayor de Latinoamérica".

No obstante lo pequeño de su territorio, en 1958 la Isla de Cuba era el cuarto país exportador de América Latina, y el quinto en su capacidad de importación.

Alimentación. Un informe de la Organización de las Naciones Unidas para la Agricultura y la Alimentación (FAO) de esa época citado por Ginsburg señalaba que la dieta del pueblo cubano era de 2730 calorías, sólo superada por la Argentina, Y por encima de todas las demás naciones del hemisferio latinoamericano.

Uso de la tierra. Como un dato del uso de la tierra diremos que el 25.8% de la tierra cubana estaba dedicada al cultivo, 40.8% a pastos, 13.3% a bosques, 0.8% estaba ocupado por matorrales y al 19.3% se le daba otros usos. El 61% de las áreas cultivadas estaban dedicadas a la caña, el 29.7% a viandas, hortalizas y frutos menores, 5% al café, 2.3% al tabaco y el 2% a otros usos.

Industrias. En 1958 Cuba era el primer país del mundo en la producción y la exportación del azúcar de caña. Las zafras duraban un promedio de 99 a 131 días. En este año de referencia la industria azucarera cubana llegó a producir un poco más de 5 millones 600 mil toneladas con los 161 centrales azucareros que molían en esa época, y de los cuales el 75% eran propiedad de cubanos.

En 1958 Cuba ocupaba uno de los primeros lugares en Latinoamérica en manufacturas, construcciones, electricidad, transporte, comercio y servicios públicos. La Isla ya se autoabastecía de artículos que no se producían quince años atrás. Las refinerías de petróleo producían más de lo que consumía el país; la industria textil producía el 65% de nuestro consumo, el calzado más del 90% y las confecciones más del 95% de las necesidades isleñas. Las industrias licoreras, cerveceras, tabacaleras, de refrescos, alimenticias, jabones, perfumes, materiales de construcción, pinturas, productos farmacéuticos y otras habían alcanzado un gran nivel de eficiencia. Existían en Cuba 38,384 fábricas y 65,872 establecimientos comerciales con un valor total de 4,778 millones de dólares empleando alrededor de 1,214,770 obreros y empleados.

En la producción energética, Cuba ocupaba el vigésimo quinto lugar lo que representaba un per cápita de 11.8 megavatios-horas anuales, para una media mundial de 10 megavatios-hora anuales. En esta área la Isla ocupaba el primer lugar en América Latina.

Ganadería. La riqueza ganadera era de más de 6 millones de cabezas de ganado vacuno, o sea, 0.84 de res por habitante, lo que casi triplicaba el per cápita mundial que era de 0.32 en 1957. El promedio de reses sacrificadas alcanzaba el 10 por ciento anual del total existente y el precio de la libra de carne bovina de primera al consumidor era de $0.40, lo que era un promedio más bajo que el de casi todos los países latinoamericanos. Unas 30,000 fincas ganaderas empleaban a más de 100,000 personas, dos terceras partes de las cuales trabajaban durante todo el año. Cuba exportaba ganado en pie a Canadá y a Venezuela, que de 1956 a 1959 alcanzó 3,000 cabezas de ganado con un ingreso total de un millón doscientos mil dólares. En la Isla se logró la crianza de un ganado cebú de alta calidad, del que en diciembre de 1958 había más de 20 mil vacas, 16,000 crías y 20,000 toros. Expertos no cubanos eran de la opinión que Cuba tenía la mejor ganadería tropical del mundo habiendo desplazado a los Estados Unidos en la venta de sementales de cebú en el mercado latinoamericano. Al calor del número y calidad de la ganadería se desarrollaron siete plantas de leche enlatada, 50 plantas productoras de queso y mantequilla; carne en conserva y salada, así como curtidos de pieles y suelas.

Minería. En el sector de la minería la República cubana tenía 287 minas en producción: 68 de manganeso, 9 de cobre, 12 de cromo, 6 de hierro, 4 de pirita, 2 de plomo, 1 de plata, 1 de tungsteno, 1 de zinc, 2 de níquel, 2 de cobalto, 4 de baritina, 3 de oro, 3 de turba, 4 de mármol, 6 de caolín, 8 de yeso, 1 de lignito, 42 de arena silícea, 21 de nafta. En el año de referencia la producción de níquel llegó a 50 millones de libras y la de cobalto a casi 4 millones y medio. Existía una poderosa planta de concentración de níquel en Nicaro, provincia de Oriente y comenzaban a funcionar las gigantescas instalaciones de la Moa Bay Mining Co. La Moa tuvo que atender y resolver los problemas de la vivienda y las comunicaciones, contando con 270 casas de tres categorías y diferentes diseños. El transporte era por vía aérea y marítima y se había construido un aeropuerto. Disponía de tres aviones que realizaban vuelos diarios a Santiago de Cuba. La Compañía Cubana de Aviación hacía escala en Moa dos veces al día con itinerarios nacionales. También había en marcha 84 exploraciones de petróleo y 2 de gas natural. En este sector el capital invertido era de unos 80 millones de dólares y en el laboraban cerca de 23,000 obreros. Y en 1958 se exportaron minerales por un valor de 360 millones de dólares.

Radio, televisión y prensa escrita. En 1958 funcionaban en Cuba 160 radioemisoras (tercer lugar en América Latina) con aproximadamente un millón de receptores. Cuba fue de los primeros países del mundo en tener televisión, asimismo inauguró la emisión de televisión en colores antes que todas las naciones al sur del Río Grande. La existencia en la Isla de 23 plantas telemisoras tambien le daban a Cuba el primer lugar entre los países latinoamericanos. En todo el país había unos 400,000 receptores, que arrojaban el per cápita de un televisor por cada 17 habitantes, y esto tambien colocaba a la Isla en el primer lugar de América Latina.

La prensa escrita cubana había alcanzado un alto índice de calidad informativa y educacional. Se publicaban 58 periódicos diarios con un tiraje de 796 ,000 ejemplares diarios, y 126 revistas o semanarios.

Redes de transportación. En el área de las Comunicaciones la Misión Truslow, en la página 264 de su "Report on Cuba" señaló: "... en comparación con otros muchos países de similar desarrollo económico y social, Cuba posee un gran activo en sus carreteras y caminos. Pocos países –si alguno– del mismo estado económico, tienen algo comparable a la Carretera Central, ni en calidad ni en extensión, la cual vía atraviesa todo el territorio nacional". La Carretera Central cubana fue construida entre los años 1927 al 1931, tenía 1,144 kilómetros y fue inaugurada el 24 de febrero de 1931. Existían además 794 kilómetros de otras carreteras en buenas condiciones, se estaban construyendo y reparando 1,619 kilómetros, y había 1,164 kilómetros de caminos vecinales. Así la longitud total de las carreteras secundarias era de 3,588 kilómetros.

En 1958 Cuba era el país con mayor cantidad de kilómetros de vías férreas, con 1 km de vía por cada 8.08 km cuadrados de superficie, lo que superaba a los Estados Unidos. El sistema ferroviario servía a toda la Isla con excepción de las subregiones de Baracoa y del norte de Pinar del Río. Había un total de 18,059 km de vías férreas, 6,000 eran del servicio público y el resto era de uso privado especialmente de las compañías azucareras.

En cuanto al transporte terrestre la Isla de Cuba era uno de los países de América Latina con mayor número de vehículos motorizados en relación al número de sus habitantes. La Cooperativa de Ómnibus Aliados ofrecía excelentes servicios urbanos en la capital cubana con 1,400 unidades circulando por el área metropolitana, y tambien servicios interprovinciales con 617 unidades en el interior del país. En 1958 Cuba tenía 303 compañías de ómnibus para el servicio urbano, interurbano, municipal y provincial con un total de 4,459 unidades. El número de camiones era de 45,242, de los que 3,193 eran propiedad de 72 empresas de servicios públicos y de alquiler por carretera, y el resto pertenecía a firmas agrícolas, comerciales, industriales, etc. En cuanto a los automóviles particulares –excluidos los oficiales– eran 140,266, o sea un coche por cada 27 habitantes lo que le concedía a la Isla el tercer lugar en América.

La Isla disponía de 20 puertos con aduanas y las comunicaciones marítimas eran realizadas por 30 líneas, aunque el gran volumen de las operaciones se llevaban a cabo por seis de ellos, y de dicho volumen era el puerto de La Habana el que manejaba de un 65 al 68 por ciento. Además la flota pesquera cubana disponía de cerca de 7,000 unidades para su operación.

Las comunicaciones aéreas se establecieron en 1920, y en 1958 ya existían alrededor de 100 aeropuertos entre públicos y privados. Las compañías aéreas daban un servicio de tráfico internacional por los aeropuertos de La Habana, Varadero, Santiago de Cuba y Camagüey. Es digno de recordarse que la primera línea aérea comercial internacional operó entre Miami y La Habana. Tambien había un servicio de vuelos nacionales entre puntos distantes del país.

Correos. El correo oficial, al igual que en otros países era de relativa eficiencia. Había una red telegráfica de más de 15,000 kilómetros. Cuatro cables submarinos comunicaban a Cuba con otras naciones desde La Habana, Santiago de Cuba, Manzanillo y Guantánamo.

Teléfono. En 1958 la red telefónica se extendía a toda la Isla siendo automáticos más del 90 por ciento de los receptores. Existían 191,414 teléfonos o sea, un teléfono por cada 38 habitantes ocupando así el tercer lugar en América Latina sólo superado por Argentina y Uruguay.

Salas cinematograficas. Parece un dato trivial pero es revelador. En toda Cuba había 600 salas cinematográficas, y en la Gran Habana, que incluía a Marianao, había más de 90, increíblemente más que en París o Nueva York. A continuación se da una relación de los mismos según la 19 Edición Anual del "Anuario Cinematográfico y Radial Cubano" de 1959: Actualidades, Águila de Oro, Alba, Alameda, Alfa, Alkazar, Ambar, Ambassador, Acapulco,

América, Apolo, Arenal, Arsenal, Astral, Atlantic, Atlas, Avenida, Auto Cine Tarará, Auto Cine Mediodía, Auto Cine Vento, Astor, Bélgica, Blanquita, B'Lisa, BuenosAires, Campoamor, Cándido, Capitolio, Central Cinema, Chic, Capri, Cervantes, Cineacción, Cine 23 y 12, Cinecito, City Hall, Club de Alistados, Coloso, Continental, Cuatro Caminos, Cuba, Dora, Duplex, Edison, Erie, Esmeralda, Fausto, Favorito, Fénix, Finlay, Florencia, Florida, Foxa, Gallizo, González, Gran Cinema, Gran Teatro, Habana, Ideal, Infanta, Jorge, La Punta, Lara, La Rampa, Lawton, Lido, Los Angeles, Luyanó, Lux, Majestic, Manzanares, Maravillas, Martha, Maxim, Martí, Metropolitan, México, Miami, Miramar, Ma'Ra, Moderno, Mónaco, Nacional, Negrete, Neptuno, Norma, Novedades, Nodarse, Nuevo Continental, Olimpic, Omega, Palma, Patria, Payret, Prat, Pacífico, Palace, Principal Cerro, Principal (Marianao), Radio Cine, Radio Centro, Récord, Regio, Reina, Rex Cinema, Rex, Rialto, Ritz, Riviera, Rodi, Roli, Roosevelt, Rosario, Royal, Roxy, Salón Rey, San Carlos, San Francisco, San Miguel, Santa Catalina, Santos Suárez, Sara, Shanghai, Strand, Tosca, Trianón, Universal, Valentino, Vanidades, Verdún, Victoria.

Los cines principales estaban organizados en circuítos que estrenaban películas todas las semanas y que luego pasaban a los otros cines, llamados de barrio. Las películas eran de todas las nacionalidades: norteamericanas, mejicanas, italianas, francesas, españolas, etc.,. Los cines daban dos funciones diarias, tres los domingos, y cada función incluía la proyección de dos películas, cortos de variedades y en algunos cines principales se incluía un show en vivo.

En los teatros Martí y Nacional, principalmente, tambien se presentaban obras musicales nacionales o extranjeras: revistas musicales, zarzuelas, operetas, etc,. El teatro Blanquita, el mayor del mundo de su tiempo, tambien ofrecía espectáculos especiales como el Follie Bergère de París.

El teatro Auditorium estaba específicamente dedicado a representaciones de mayor nivel cultural. Funcionaba bajo el patrocinio de la Sociedad Pro Arte Musical que se creó en 1928. En el se celebraban temporadas de música clásica interpretada por la Sinfónica Nacional y por acreditadas orquestas extranjeras. Con frecuencia había famosos directores y solistas invitados. Este teatro tambien ofrecía temporadas de ballet, y ocasionalmente obras de teatro.

Pero tambien en las ciudades del interior de la República había profusión de salas cinematográficas donde no sólo se proyectaban películas, sino que ocasionalmente se presentaban variedades musicales y obras teatrales.

Teatro. En 1958 La Habana experimentaba un auge de las actividades teatrales que se expresaba en la proliferación de pequeñas salas de teatro: Talía, Prometeo, Centro Gallego, Bellas Artes, Las Máscaras, Farseros, El Sótano, Arlequín, Teatro Universitario, etc.,. En ellos se representaban obras de autores nacionales e internacionales que atraían a un público culto y creciente.

Centros de vida nocturna. La Habana tenía fama en el mundo entero por la calidad y variedad de sus centros nocturnos. El cabaret Tropicana era el más famoso de todos, pero tambien había otros cabarets de primera categoría como el Sans Souci y el Montmartre, y que rivalizaban entre sí para ofrecer las mejores producciones con atracciones nacionales e internacionales. Pero además en todos los principales hoteles de La Habana, el Nacional, Hilton, Riviera, Capri, etc., había excelentes cabarets de primera calidad. En otros lugares del país hay que destacar al Hotel Internacional en la playa de Varadero.

En la capital además había cabarets de menos lujo, más populares, donde actuaban los mejores artistas nacionales y que siempre se llenaban de público. Entre otros estaban el Alí Bar, el Bamboo, el Chateau Madrid, el Sierra, etc.

Tambien había elegantes e incontables clubs nocturnos, más pequeños y fundamentalmente en el área del Vedado, donde se podía disfrutar tanto como en los grandes centros.

Pero el disfrute de la vida nocturna no era privativo de la capital, tambien en las grandes ciudades y pueblos de provincia existían centros nocturnos para el disfrute de los locales.

Béisbol. El béisbol era el deporte nacional de Cuba. Durante el invierno funcionaba una Liga Profesional que ocupaba todo el interés del país, y donde venían a jugar famosos jugadores de las Grandes Ligas norteamericanas. Cuba tambien participaba en la Liga Internacional de los Estados Unidos con el equipo de los Cuban Sugar King que jugaba en stadiums de la Isla, de los Estados Unidos y Canadá. Además estaba la Liga Amateur de Cuba y las Ligas Provinciales. Toda esta actividad deportiva requería stadiums que estaban distribuidos por todo el país.

Pero el más famoso y codiciado era el Stadium del Cerro de La Habana donde se desarrollaban los campeonatos de la Liga Profesional. Y ya hemos hablado anteriormente de como el béisbol cubano era una verdadera cantera de valores para enriquecer el béisbol organizado de los Estados Unidos incluyendo las Grandes Ligas y la Liga Mejicana.

Ciudad Deportiva. En 1958 estaba prácticamente concluida la construcción de la Ciudad Deportiva situada en la Avenida de Rancho Boyeros y la Vía Blanca capitalina, y en cuyo stadium circular ya se ofrecía un boxeo de calidad internacional todos los sábados.

Jai Alai. La Habana era una de las pocas plazas del mundo donde se ofrecían encuentros de Jai Alai, y de hecho se la consideraba la principal. El Frontón Jai Alai de La Habana era reconocido como el de más calidad en el mundo de entonces. Tambien existía el Frontón Habana-Madrid pero este era de segunda categoría.

Circo. Había varios circos cubanos que recorrían anualmente el país y rendían funciones que animaban la vida de los pueblos grandes y pequeños, pero el mayor y más prestigioso de todos era el Circo Santos y Artigas. Tan codiciado era el mercado de La Habana que la ciudad era visitada anualmente por el famoso circo Ringling Brothers & Barnum & Bailey Circus de los Estados Unidos.

Relación de los hombres y mujeres ilustres de la Cuba Republicana

Religión: Manuel Arteaga, Arzobispo de La Habana, primer Cardenal cubano de la Iglesia Católica.

Medicina: Joaquín Albarrán, Arístides Agramonte, Juan Guiteras, Díaz Albertini, Domingo Gómez Gimeranes, Agustín Castellanos, Ricardo Núñez Portuondo, Pedro Fariñas, Pedro Castillo, Pedro Iglesias Betancourt, Carlos Cárdenas Pupo, Pedro Curie, Israel Castellanos, Vicente Pardo Castelló, Antonio Rodríguez Díaz, Pedro León Blanco.

Física: Manuel Grant

Física Nuclear: Marcelo Alonso, Juan Luis Planas.

Economía: Julián Alienes, José Álvarez Díaz, Felipe Pazos.

Ciencias Naturales: Carlos de la Torre.

Diplomacia y asuntos internacionales: Antonio Sánchez de Bustamante, miembro del Tribunal Internacional de La Haya, tratadista internacional de Derecho Jurídico. Gonzalo de Quesada y Aróstegui, José Agripino Barnet Vinajera, Carlos Manuel de Céspedes y Quesada, Cosme de la Torriente, Orestes Ferrara, Guillermo Belt, Luis Machado.

Literatura y ensayos: Jorge Mañach, Félix Lisazo, J.M. Chacón y Calvo, Fernando Ortiz, Raymundo Lazo, Salvador Salazar, Juan J. Remos, Luis Rodríguez Embil.

Historiadores y biógrafos: Gonzalo de Quesada y Aróstegui, Rafael Martínez Ortiz, Joaquín Llaverías, Manuel Márquez Sterling, Ramiro Guerra, Francisco de Paula Coronado, Herminio Portel Vilá, Emeterio Santovenia, Octavio Costa, Fermín Peraza, Néstor Carbonell, Vidal Morales, Carlos Márquez Sterling, René Lufriú, José Luis Pérez Cabrera, Rafael Stenger, Calixto Masó.

Filósofos y educadores: Enrique José Varona, Alfredo M. Aguayo, Arturo Montori, Luciano Martínez, Roberto Agramonte, Rafael García Bárcena, Diego González, Tomás de Justis del Valle, Aurelio Baldor, Gustavo Amigó (sacerdote jesuíta), Manuel Foyaca (sacerdote jesuíta).

Geógrafo: Leví Marrero

Oradores y parlamentarios: Manuel Sanguily, Rafael Montoro, Eliseo Giberga, Juan Gualberto Gómez, Martín Morúa Delgado, Mariano Aramburu, Pedro González Llorente, Orestes Ferrara, José Manuel Cortina, Juan José Maza y Artola, Cosme de la Torriente (presidió la Sociedad de Naciones en 1923 y fue miembro del Tribunal Permanente de La Haya), Ramón Zaydín, Mario García Coli, Pablo S. Lavín.

Juristas y tratadistas: José Antonio González Lanuza, Antolín del Cueto, Ricardo Dolz, nuevamente Antonio Sánchez de Bustamante (autor de la Doctrina Sánchez Bustamante aplicada en el mundo entero), Enrique Hernández Cartaya, Guillermo de Montagú, Emilio Menéndez, Evelio Tabío, Emilio Ruíz, Carlos Azcárate, Pablo Desvernine, Antonio Moleón, Estanislao Cartañá, Julián Modesto Ruíz.

Novelistas y cuentistas: Alfonso Hernández Catá, Emilio Bacardí, Raymundo Cabrera, Enrique Labrador Ruíz, Lydia Cabrera, Enrique

Serpa, José Antonio Ramos, Onelio Jorge Cardoso, Guillermo Cabrera Infante, Severo Sarduy.

Autores teatrales: Luis A. Baralt, Rafael Suárez Solís, Virgilio Piñera, Agustín Rodríguez, Carlos Robreño, José Sánchez Arcilla, Félix B. Caignet, Delia Fiallo.

Periodistas: José Ignacio "Pepín" Rivero, Sergio Carbó, Ramón Vasconcelos, Raúl Maestri, Miguel de Marco, Eladio Secades, Víctor Muñoz, Francisco Ichaso, Enrique Gae Calvó, Miguel Coyula, Antonio Iraizós, Gastón Baquero, Arturo Alfonso Roselló, Raúl Alfonso Goncé, Humberto Medrano, Guillermo Martínez Márquez.

Poetas: Agustín Acosta, Bonifacio Byrne, Gustavo Sánchez Galarraga, Hilarión Cabrisas, Nicolás Guillén, José Ángel Buesa, Lezama Lima, Gastón Baquero.

Músicos y compositores: Jorge Ankermann, Eusebio Delfín, Ernesto Lecuona, Moisés Simons, Eduardo Sánchez de Fuentes, Joaquín Nin, Gonzalo Roig, Ernestina Lecuona, Eliseo Grenet, Antonio María Romeu, Rodrigo Prats, Luis Casas Romero, Alberto y Jorge Bolet, Hubert de Blanc (el holandés naturalizado cubano), y una lista interminable de autores de música popular.

Pintores: Leopoldo Romañach, Miguel Melero, Sebastián Gelabert, Armando G. Menocal, Antonio Rodríguez Morey, Esteban Valderrama, Domingo Ramos, Fidelio Ponce, Ramón Loy, Amelia Peláez, Eduardo Abela, Enrique García Cabrera, Luisa Fernández Morell, Juan Emilio Hernández Giró, Armando Maribona, Mariano Miguel, Víctor Manuel, Wilfredo Lam, René Portocarrero, Cundo Bermúdez, Teok Carrasco, César H. Oñativia, José Mijares, Mario Carreño.

Escultores: José Villalta Saavedra, Aurelio Melero, Isabel Chappotín, Ramiro Trigueros, Esteban Betancourt, Félix Cabarrocas, Juan José Sicre, Teodoro Ramos Blanco, Florencio Gelabert, Fernando Boada, Rita Longa, Jesús Casagrán, Mario Santí, Roberto Estopiñán.

Deportistas: Alfredo de Oro (campeón mundial de billar en 5 ocasiones), Ramón Fonst (campeón mundial de pistola y esgrima), José Raúl Capablanca (campeón mundial de ajedrez por seis años consecutivos). *Béisbol*: Martín Dihigo (miembro del Hall de la Fama del Baseball Norteamericano en Cooperstown), Adolfo Luque (champion pitcher de la Liga Nacional de 1923), Roberto Estalella (cuarto bate de los

Atléticos de Filadelfia durante toda su estancia en las Grandes Ligas), Orestes Miñoso (con el récord del mayor número de temporadas participando en juegos de Grandes Ligas), Camilo Pascual (estrella del Washington). Y numerosos peloteros formados durante la Cuba Republicana antes de 1959 y que a partir de 1960 fueron triunfando en las Grandes Ligas. **Boxeo:** Kid Chocolate (campeón Junior Ligero en 1931-1932), Kid Gavilán Campeón welter de 1951 a 1954). Los dos campeones cubanos sin corona, Kid Tunero, en los pesos medianos y el Niño Valdés en los heavy weight.

Delegados a la Convencion Constituyente de 1940

Delegados Liberales: Manuel Benítez González, César Casas, José Manuel Casanova, Miguel Calvo Tarafa, José Manuel Cortina, Felipe Correoso, Arturo Don, Rafael Guas Inclán, Orestes Ferrara, Quintín George, Alfredo Hornedo, José R. Mendigutía, Delio Núñez Mesa, Emilio Núñez Portuondo, Juan Antonio Vinent Griñán y Fernando del Villar.

Delegados Nacionalistas: Francisco Alomá y Álvarez de la Campa, Fernando del Busto, Nicolás Duarte Cajides, Simeón Ferro Martínez, Ramón Granda, Felipe Jay Raoulx, Amaranto López Negrón, Juan B. Pons Jané, Francisco Prieto.

Delegados Comunistas: Romárico Cordero, Salvador García Agüero, Juan Marinello Vidaurreta, Blas Roca, Esperanza Sánchez Mastrapa y César Vilar.

Delegados Conjuntistas: Antonio Martínez Fraga, Eugenio Rodríguez Cartas y Alberto Silva Quiñones.

Delegados Realistas: José Maceo González

Oposición:

Delegados auténticos: Salvador Acosta Casares, Aurelio Álvarez, Ramiro Capablanca, Eduardo R. Chibás, Mario Dihigo, José Fernández de Castro, Ramón Grau San Martín, Alicia Hernández de la Barca, Emilio Laurent, Gustavo Moreno, Eusebio Mujal Barniol, Manuel Mesa Medina, Emilio Ochoa, Manuel Parrado Robés, Carlos Prío Socarrás, Primitivo Rodríguez, Miguel Suárez Fernández y María Esther Villoch.

Delegados Demócratas: José R. Andreu, Rafael Álvarez González, Antonio Bravo Acosta, Antonio Bravo Correoso, Alberto Boada Miquel, Juan Cabrera, Ramón Corona, Miguel Coyula Llaguno, Pelayo Cuervo Navarro, Francisco Dellundé, Joaquín Meso, Manuel Orizondo, Mario Robau, Santiago Rey Pernas y Manuel Fueyo.

Delegados Republicanos: Adriano Galano, Félix García Rodríguez, Carlos Márquez Sterling y Guiral, Ramón Zaydín y Márquez Sterling. El doctor Zaydín renunció mediada la Asamblea y le sustituyó el doctor Manuel Dorta Duque.

Delegados Abecedarios: Francisco Ichaso Macías, Joaquín Martínez Sáenz, Jorge Mañach y Salvador Esteva Lora.

EPÍLOGO

Durante un azaroso siglo XIX, el régimen colonial español se empeñó de todas formas en liquidar en Cuba todo brote no sólo de independencia, sino también de autonomía, reprimiendo a sus mejores pensadores como Saco, Varela, Del Monte, etc. Igualmente impuso Capitanes Generales con facultades omnímodas como Tacón y Vives, entre otros, que apretaban cada vez más las clavijas y ahogaban el posible desarrollo de Cuba en algo que no fuera la colonia azucarera. Por si fuera poco, apretaron también las clavijas en cuanto a los impuestos comerciales, y de otro tipo, provocando los alzamientos primero de los anexionistas, pese a las prédicas de Saco, después las de Céspedes, en el 68, la Guerra Chiquita y por fin la Guerra del 95 con Martí, cuando ellos fueron eliminando las diferentes posibilidades de dar autonomía a Cuba, similar a la que ya los ingleses habían efectuado con Canadá. Por el contrario, la guerra la hicieron a sangre y fuego, quedándose con las propiedades de cubanos, como sucedió después de la Guerra de los Diez Años. Así, llegó el momento de la Guerra del 95 y tras el nefasto y opresivo período de Weyler, se aparecieron con una tardía autonomía, que lo único que sirvió fue para sacar de la escena política cubana a la mayoría de los buenos estadistas y pensadores de la época; sólo quedaron en pie Montoro, Giberga y unos pocos más.

Cuba llegó a su independencia tras la Guerra Norteamericano Cubano Española, llamada así hiperbólicamente, puesto que desde 1868, tras más de 30 años de guerra desgastando a España, los Estados Unidos se aprovecharon de ello y en sólo dos meses desbarataron a los españoles. Estos, arrogantes como siempre, no solamente perdieron la guerra en tierra, sino que sacrificaron estúpidamente su armada, bajo el mando del Almirante Cervera, en el intento de romper el bloqueo en la Bahía de Santiago, lo cual resultó ser un tiro al blanco para los buques norteamericanos.

Eliminada España del dominio de Cuba se llevó a cabo el Tratado de París, donde una España rencorosa, vengativa y odiando como nunca a los cubanos, los eliminó de las conversaciones. Trató por todos los medios de que los Estados Unidos no dieran la independencia, sino que hicieran un protectorado o una anexión, pero estos se habían amarrado las manos con la Joint Resolution y tuvieron que dar la independencia. No obstante, siguieron trabajando en el sentido de la anexión, y el gobierno del general Wood no fue nada más que eso, siempre apoyado por los españoles que habían quedado en Cuba. Estos estuvieron atacando la independencia cubana desde todos los ángulos que podían, hasta los años en que se produjo la caída de Machado.

España nos traicionó después de haber perdido la guerra, y nos siguió traicionando durante la República que nació anémica de recursos económicos, anémica de población, anémica de políticos y estadistas capaces de enfrentar esa situación, pero que sin embargo, como hemos visto, fue creciendo, fue mejorando, fue subsanando errores y cometiendo otros, pero sobre todo fue convirtiendo un territorio devastado en una República. Así, llegó el momento en que tras la maniobra del presidente Zayas, se eliminó al "delegado", entre comillas, del presidente norteamericano, quien en realidad fungía como verdadero interventor. Lo sustituyeron embajadores que trataron también de continuar siendo interventores, pero no pudieron.

Cuba crecía en todos los órdenes poco a poco, no a la velocidad con que los cubanos intelectuales, como siempre, exigían. Los enemigos de Cuba también exigían, y a partir del año 25 los comunistas trataban de hacer ver que todo era un fracaso total.

La desgracia sobrevino con el gobierno de Machado, por su egolatría y obcecación en mantener el poder, además de construir elementos arquitectónicos muy buenos y muy bonitos, pero muy caros y fuera de tono con la situación de la economía mundial, todo lo cual condujo a la Mediación. Esta fue mal interpretada, peor entendida, pésimamente combatida por los elementos revolucionarios, so capa de un nacionalismo y un anti-imperialismo que no respondía a la realidad. Así, fueron desgastándose en sucesivos turnos de poder, y dando la oportunidad al surgimiento de la dictadura militar primero, y paralelamente al crecimiento sostenido del comunismo.

Cuando Cuba, aprovechando la coyuntura de la Segunda Guerra Mundial, empezó un despegue económico importante, y con la Constitución del 40, más o menos cumpliéndose, sumado a la elección de 3 gobiernos democráticos sucesivos, estaba en la cúspide de lo que pudiéramos llamar el desarrollo, ocurrió el nefasto golpe del 10 de marzo. Este tuvo, como vimos, varios padres, varios apoyos y por supuesto, que condujo a la revolución de 1959, donde también vimos con detalle que tuvo más de un responsable.

Cuba, que alguna vez pensó que estaba protegida por los Estados Unidos, llegó a la triste realidad de que esto no había sido cierto, o por lo menos no fue cierto cuando hizo falta. El desastre de 1959 se debió en buena medida a esta falta de voluntad.

Muchas veces los cubanos cuando conversamos decimos: "La República que perdimos". Yo prefiero decir: "La República que nos robaron los ladrones y sus cómplices. Los ladrones y los que siendo cubanos, hicieron todo lo posible por la desaparición de la República".

Para justificar el robo se ha utilizado la mentira en gran escala. Se ha calificado a todo lo anterior de malo y pésimo. No hubo un buen político, no hubo una persona decente, no hubo un pensador adecuado, no hubo adelanto de ninguna clase. Hemos tratado de demostrar, mediante la revisión de datos reales de la República, que Cuba no era, ni con mucho, un desastre como nación.

Ahora bien, en lo que sí Cuba era un desastre era en el conocimiento del pueblo de lo que era el peligro del comunismo internacional. En el conocimiento o más bien desconocimiento del pueblo, de que era menos catastrófico una mala política que una buena revolución

BIBLIOGRAFÍA

Enciclopedia Cubana, tomos 13 y 14, capítulos 1 al 10, ambos inclusive.

Nueva Historia de Cuba, Herminio Portell Vilá, cap. 1, 10 a.

Historia de Cuba, Carlos Márquez Sterling, cap 1, 10 at it.

Historia de Cuba, Calixto Masó, cap 1, 5 a.

José Ignacio Rodríguez, Cuba y la Anexión a los Estados Unidos, Editorial Cubana, cap 1.

Luis Machado, La Enmienda Platt, la Isla de, cap. 1 al 6.

Rafael Martínez, Los Primeros Años de la Independencia, Editorial Cubana, cap. 1.

Manuel Márquez Sterling, Lamentos Políticos de la Enmienda Platt (agotado).

Juan Gualberto Gómez, Biografía, Octavio Costa, cap. 1, 5 a.

Herminio Portell Vilá, Historia de un Gran Periódico, 50 años del periódico El Mundo, Cap. 1 - 9 a.

Historia de la Nación Cubana, varios autores, cap 1 - 9 a.

Memorias de Winston Churchill, cap. 6 - 7 y 8.

Antonio Alonso Ávila, Jorge García Montes, Historia del Partido Comunista Cubano, cap. 5.

Manual del Perfecto Fulanista, José Antonio Ramos, cap. 3 y 4 a.

Presidentes de Cuba, varios autores, cap. 1 - 5.

Emeterio Santovenia, Biografía, Costa, Editorial Cubana, cap. 6 al 9 a.

Enrique José Varona, Estudios y Conferencias, Editorial Cubana, cap 2, 3, 4 y 5.

Rafael Montoro, Discursos y Estudios, cap. 2, 3 y 4.

Manuel Sanguily, Cuba Infinita, José Guerra Alemán, tomos 3 y 4, cap. 6, 7, 8,9 y 10.

Cuba en sus Manos, Esteban Roldán, cap. 1 al 6 a.

Cuba Libre, Mario Riera, caps. 6, 7, 8, 9 y 10.

Cuba, un Pueblo Crucificado, Eduardo Suárez Rivas, cap. 9 y 10.

Alberto Baeza Flores, Las Cadenas Vienen de Lejos, cap. 9 y 10.

Manuel Sanguily, Selección de Trabajos y Discursos, cap. 1 al 4, a.

La Ultima Noche que Pasé Contigo, Bobby Collazo, capítulos 8 y 9.

Cuba y su Historia, Emeterio Santovenia.

Enciclopedia Británica, Primera Guerra Mundial: Tratado de Versalles. Creación de la Liga de las Naciones. Organización del Tribunal Internacional de Justicia de La Haya.

Eugenio Sánchez de Fuentes, Cuba Monumental, Estatuaria y Epigráfica, La Habana 1926.

Edición Facsimilar limitada, cortesía de la señora Conchita Sánchez de Fuentes, viuda de Beltrán.

Alfredo Sánchez y Alfonso, Biografía, Néstor Carbonell Cortina.

Historia y Estilo, Jorge Mañach.

Iglesias de La Habana intramuros, Manuel Fernández Santelices.

Vida y Milagros de la Farándula Cubana, Rosendo Rosell, tomos 1 y 4, cap. 4.

Historia del Convento de Santa Clara en La Habana, obra en preparación.

Conversaciones con el Rvdo. Padre Fray Rafael Fernández, ofm, cap. 4.

La Decadencia de Cárdenas, Herminio Portell Vilá, agotada, cap. 4.

Canción "La Tarde" de Sindo Garay, cap. 4.

Asamblea General de la Liga de las Naciones, 1924, cap. 4.

V Microking y Christopher Andrews.

The Sword and the Shield y The Goer is Going a Ward Way, cap. 6, 7, 8, 9 y 10.

Ideario Abecedario, cap. 5, 6 y 7.

Problemas de la Nueva Cuba, Editorial Cubana, cap. 6.

Revista Ideal, Primer Trimestre, 2006, cap. 6.

Cubanos en la Guerra Civil Española, revista Complutense, 2006, cap. 6.

Ciclo de Conferencias sobre la Constitución de 1940, por el Colegio Nacional de Abogados en el Exilio, cap. 6.

Grandes Debates en la Constituyente de 1940, por Néstor Carbonell, cap. 6.

Prado y Teniente Rey, Historia Parcial del Diario de la Marina, cap. 7.

Varios Autores y títulos sobre la Segunda Guerra Mundial, cap. 7 y 8.

U.S. States Department Cuba, 1901- 1958, cap. 1 to 11, 8 y 9.

El Cuarto Piso, traducción al español, el Folklore, Hebert T, Smith, cap.10.

Salvador Díaz Versón, Experiencias A 943, cap. 10.

Diario de la Marina, archivos, cap. 2, 6 y 7.

Conversaciones con el Arquitecto Ovares Enrique, en el Presidio de Isla de Pinos, cap. 8.

Memorias de la OEA, 1948 - 1952.

Memorias de las Naciones Unidas, 1948 - 1952.

Reporte sobre Cuba, resumen del trabajo de más de 1,060 páginas, publicados por la delegación del Banco de Reconstrucción, Fomento y Desarrollo, perteneciente al Banco Mundial, 1950 - 1952.

Memorias de las reuniones del GAE, 1949 - 1951.

Tratado de París de 1898.

Les Juries, Puerto Rico, cap. 1.

Memorias de la Sexta Conferencia Panamericana, La Habana, enero 1928, cap. 5.

La Cúpula del Capitolio, novela histórica, Carlos Márquez Sterling, cap. 5.

Breve historia de la Agrupación Católica Universitaria, Salvador E. Subirá, cap. 5.

Eduardo Abela, el Bobo, Internet.

Rosario Rexach, revista Avance, Internet.

Salvador Villa, Cuba, Zénit y Eclipse, Apéndice.

Historia del Baseball Cubano, Ángel Torres, cap. 8, 9, 10 y Apéndice.

Diario de una Traición, Dr. Leovigildo Ruiz, www.idealpress.com /326/ Historia de una Traición.

Diccionario de la Literatura Cubana, www.cervantesvirtual.com /sirveobra.

Audiencia ante el Sub Comité Judicial del Senado para investigar a la administración en lo relativo al Acta de Seguridad Interna de acuerdo con las leyes vigentes. Este es el Comité Judicial del Senado de los Estados Unidos en el Congreso, Número 86, Segunda Sesión, Novena Parte, 27 y 30 de agosto de 1960, cap 10.